三明市人民政府主办

三明年鉴

SANMING YEARBOOK

2017

三明市地方志编纂委员会 编

方志出版社
Publishing House of Local Records

图书在版编目（C I P）数据

三明年鉴. 2017 / 三明市地方志编纂委员会编. —
北京：方志出版社，2017.12
ISBN 978-7-5144-2876-6

Ⅰ. ①三… Ⅱ. ①三… Ⅲ. ①三明—2017—年鉴
Ⅳ. ①Z525.73

中国版本图书馆 CIP 数据核字（2017）第321381号

三明年鉴（2017）

编　　者：三明市地方志编纂委员会
责任编辑：丛　珺
出 版 人：冀祥德
出 版 者：方志出版社
地址　北京市朝阳区潘家园东里9号（国家方志馆4层）
邮编　100021
网址　http://www.fzph.org
发　　行：方志出版社发行中心
电话（010）67110500
经　　销：各地新华书店
印　　刷：福建二新华印刷有限公司
开　　本：889×1194　1/16
印　　张：27
字　　数：1105千字
版　　次：2017年12月第1版　2017年12月第1次印刷
印　　数：001~800册
ISBN 978-7-5144-2876-6　定价：280.00元

三明市地方志编纂委员会
《三明年鉴》编辑部

编辑说明

一、《三明年鉴》是三明市人民政府主办的地方综合年鉴，由三明市地方志编纂委员会承编，每年一部，公开出版。

二、《三明年鉴（2017）》坚持以习近平新时代中国特色社会主义思想为指导，深入贯彻落实党的十九大精神，以实施福建省年鉴精品工程试点工作为抓手，围绕打造精品年鉴目标，全面、客观、系统地记述2016年三明自然、政治、经济、文化、社会、生态等方面的情况，突出各条战线的新发展、新经验、新成就。

三、本年鉴资料收录时间范围，原则上以2016年1月1日至12月31日为限。为交代相关背景以及资料的完整性，个别条目内容有适当上溯或下延。

四、本年鉴除特载、专记、附录收录综合性文章外，主体部分采用综合年鉴规范性记述，按栏目、分目、条目三级框架结构编排，部分层次较多的在分目下增设二级分目。栏目依次有特载、海西三明生态工贸区专记、市情总貌、大事记、中共三明市委、三明市人民代表大会常务委员会、三明市人民政府、政协三明市委员会、纪检监察、民主党派与工商联、人民团体·社会团体、人民武装、法治、资源·环境、综合经济管理、农业·农村、林业、工业、交通·通信、城乡建设、开放开发、商贸·旅游、财政·税务、银行·保险、教育·科技、文化·体育、卫生·计生、人力资源·社会保障、民政·民族·宗教、县（市、区）、先进个人和集体、附录32个，分目（含二级分目）273个，条目2081条，表42张，地图1幅，随文彩照135幅。特载、专记、大事记、名录、附录中的内容，不作条目统计。

五、本年鉴各栏目之首设综述（个别除外），各分目之首设概况，记述各行业、各单位的总体情况。为便于检索，设置目录和索引，均列至条目标题。

六、本年鉴所用数据资料，除部分来源于三明市统计局外，由全市各有关党政机关、人民团体、企事业单位等供稿单位提供并审核确认。因资料来源、统计口径及统计方法不同，相关供稿单位提供的同项数据可能会有差异，引用时以国家统计部门正式公布的数据为准。

《三明年鉴》编辑部

2017年12月28日

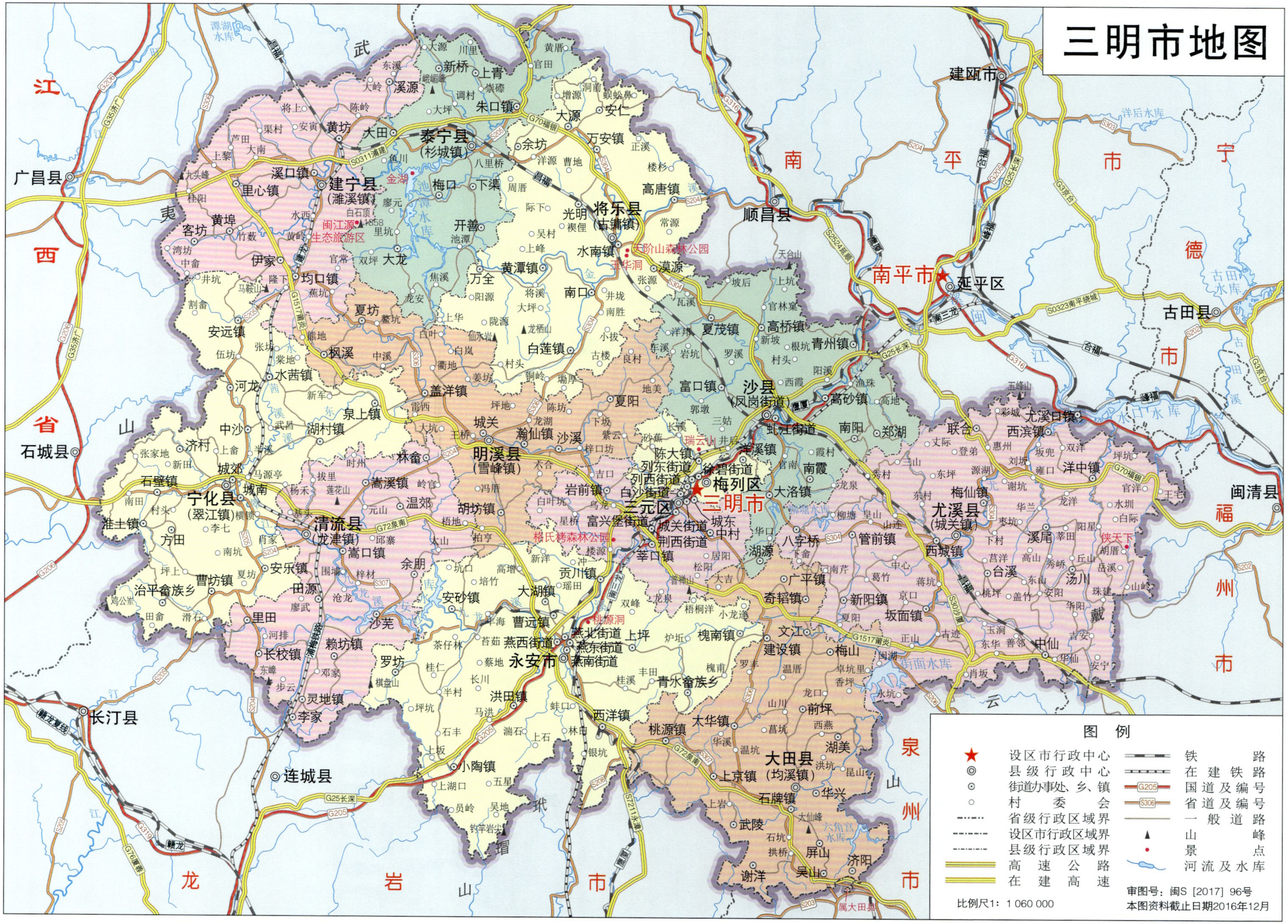
三明市地图
图例
设区市行政中心
县级行政中心
街道办事处、乡、镇
村委会
省级行政区域界
设区市行政区域界
县级行政区域界
高速公路
在建高速
铁路
在建铁路
国道及编号
省道及编号
一般道路
山峰
景点
河流及水库
比例尺1：1 060 000
审图号：闽S［2017］96号
本图资料截止日期2016年12月
三明市
梅列区
三元区
永安市
明溪县
清流县
宁化县
大田县
尤溪县
沙县
将乐县
泰宁县
建宁县
南平市
延平区
建瓯市
顺昌县
古田县
闽清县
长汀县
连城县
石城县
广昌县
江西省
南平市
宁德市
福州市
泉州市
龙岩市

纪念中国工农红军长征胜
重走红军路 重思
中共三明市

2016年10月19日，市委中心组开展“重走红军路、重思长征源、重温苏区情”主题教育活动 （俞 杰 摄）

2016年6月18日，省委书记尤权（前右二）到海交会院士专家馆参观，关注大田县威斯特环保科技公司的“大田制造” （林建伟 摄）

2016年5月31日，省长于伟国（右二）调研中国重汽福建海西汽车有限公司 （三明埔岭汽车工业园提供）

2016年9月27日，市委九届一次全会选举产生的中共三明市第九届委员会常务委员会委员集体亮相 （周志鸿 摄）

2016年9月20日，市委书记杜源生（前右二）带领市几套班子领导和市中级人民法院、市人民检察院及市直有关部门负责人参观全省“大道之行——‘两学一做’学习教育廉政书画巡展” （周志鸿 摄）

2016年12月7日，代市长余红胜（右一）到宁化月兔科技有限公司开展工作检查　（杨燕蓉　摄）

2016年5月12日，市人大常委会主任徐铮（左三）到司法服务中心调研　（刘日瑶　摄）

2016年7月9日，市政协主席朱昌贤（右一）到清流县指导超强台风防御工作 （市政协提供）

2016年7月20日，世界银行行长金庸（前左一）考察三明医改工作（市卫计委提供）

2016年3月7日，三明沙县机场通航启动仪式　（周志鸿　摄）

2016年3月7日10时35分，三明沙县机场首航航班上海吉祥航空公司H01109安全降落（三明沙县机场有限公司提供）

2016年3月7日，三明沙县机场正式通航　（周志鸿　摄）

2016年11月6日，第十二届海峡两岸（三明）林业博览会暨投资贸易洽谈会开幕　（周志鸿 摄）

2016年3月31日，三明电商产业园创客中心投入使用　（海西三明生态工贸区管委会提供）

2016年8月10日，在里约奥运会举重女子63公斤级比赛中，邓薇打破女子63公斤级挺举和总成绩两项纪录夺得金牌，是三明籍运动员获得的首枚奥运会金牌

（市体育局提供）

2016年8月14日，市委书记杜源生（左五）、代市长余红胜（左七）会见从里约载誉归来的奥运冠军邓薇 （周志鸿 摄）

梅列徐碧新城夜景　（曹建平 摄）

三明市区城市空间“北拓”新貌 （曹建平 摄）

2016年，三明市荣获“国家森林城市”称号 （林文斌 摄）

三 明 速 览

Overview of Sanming

建置名称 1960 年设立三明市。市治所历史上是沙县属地，1940 年始置三元县。1956 年三元、明溪两县合并时，各取首字合为“三明”，成立三明县。1958 年三明辟为重工业基地后成立三明重工业建设委员会，1960 年 1 月设立三明市人民委员会，1983 年 4 月设立省辖三明市。

位置面积 位于福建省中部连接西北隅，地处北纬 25°30′~27°07′、东经 116°22′~118°39′之间。东依福州市，西毗江西省赣州市、抚州市，南邻泉州市，北傍南平市，西南接龙岩市，全境总面积 22965 平方千米。

自然环境 全市林地面积 190.27 万公顷，占土地总面积 82.50%；森林覆盖率 76.80%，森林蓄积量 1.65 亿立方米，全市地表水资源量为 391 亿立方米。

区划人口 辖梅列区、三元区、永安市、明溪县、清流县、宁化县、建宁县、泰宁县、将乐县、沙县、尤溪县、大田县，2016 年末户籍总人口 287.46 万人，常住人口 255 万人。

语言民族 三明境内通行普通话，方言种类多、差异大，主要有闽方言、客方言和赣方言；居民以汉族为主，有畲族等 30 个少数民族。

经济指标 2016 年地区生产总值 1860.82 亿元，公共财政总收入 134.37 亿元，居民人均可支配收入 22173 元。

交通运输 国家级公路枢纽城市，公路通车里程 14915 千米，其中高速公路 652 千米，实现县县通高速；向塘至莆田铁路通车，南平至龙岩、浦城至梅州、兴国至泉州铁路在建；三明沙县机场通航，开通北京、上海、广州、武汉、深圳多个城市航线。

三明精神 开明、清明、文明

市花市树 三角梅、迎春花；黄花槐、红花紫荆

三明荣誉 全国文明城市、国家卫生城市、国家园林城市、国家森林城市、国家公共文化服务体系示范区、中国优秀旅游城市、全国综治“长安杯”等

总　目

COMPREHENSIVE TABLE OF CONTENTS

目　录

特　载

海西三明生态工贸区专记

市情总貌

大事记

中共三明市委

三明市人民代表大会常务委员会

三明市人民政府

政协三明市委员会

纪检监察

民主党派与工商联

人民团体·社会团体

人民武装

法　治

资源·环境

综合经济管理

农业·农村

林　业

工　业

交通·通信

城乡建设

开放开发

商贸·旅游

财政·税务

银行·保险

教育·科技

文化·体育

卫生·计生

人力资源和社会保障

民政·民族·宗教

县（市、区）

先进个人和集体

附　录

CONTENTS

CULTURE AND SPORT

HEALTH AND FAMILY PLANNING

HUMAN RESOURCES AND SOCIAL SECURITY

CIVIL AFFAIRS, ETHNIC AND RELIGIOUS AFFAIRS

COUNTIES (CITIES, DISTRICTS)

ADVANCED INDIVIDUAL AND COLLECTIVE

APPENDIX

特 载

SPECIAL DOCUMENTS

中共三明市委工作报告

——在中国共产党三明市第九次代表大会上

杜源生

（2016 年 9 月 26 日）

中国共产党三明市第九次代表大会，是在实施“十三五”规划关键时期、全面建成小康社会决胜阶段召开的重要会议。大会的主要任务是，总结市第八次党代会以来的工作，部署未来五年三明发展的目标任务，动员全市各级党组织和广大党员干部群众，践行新理念、开启新征程、再上新台阶，奋力建设更富活力更具实力更有竞争力的新三明。

一、回顾过去五年工作，坚定再上新台阶、建设新三明的信心和决心

市第八次党代会以来，我们在党中央、国务院和省委、省政府的正确领导下，团结带领全市各级党组织和广大党员干部群众，全面贯彻党的十八大和十八届三中、四中、五中全会精神，认真贯彻习近平总书记系列重要讲话精神和对福建工作的重要指示，按照省委“再上新台阶、建设新福建”的部署，坚持“念好发展经、画好山水画”工作主题，全面推动三明经济、政治、文化、社会、生态文明建设和党的建设取得新进展、新成效。

五年来，我们致力机制活，改革开放纵深推进。发扬三明人民务实进取的精神、开放包容的特质，不断凝聚改革创新合力，增强经济社会发展活力。全面深化改革成效凸显。医改做法向中央深改组第 21 次会议汇报、在全国卫生与健康大会上发言、被中央深改组第 27 次会议充分肯定，“三医”联动模式成为全国可借鉴的医改样板。林业金融产品、经营主体等创新取得成效，林改做法在全省推广。“348”精准扶贫工作机制得到省上肯定，成为国家扶贫改革试验区。村级融资担保基金进一步创新扩面，农村金融普惠制改革成为全国试点。融资担保体系建设、增信增贷工作扎实推进，园区投融资体制创新取得进展，混合所有制经济改革实现突破。国家中小城市综合改革试点等一批国家试点、试验任务落地三明，成为全国 20 个国务院“免督查”地市之一。对外开放水平不断提高。向莆快速铁路建成通车、三明沙县机场建成通航、三明“陆地港”建成运营，实现县县通高速，“海陆空”立体交通体系基本形成。拓展对外经贸文化交流，承接自贸区“溢出”效应，加强区域协作，发展民营经济，扩大民间投资，外向型经济发展水平得到提升。全市出口增幅多年位居全省前列，民间投资年均增长 25.2%，“11·6”林博会向“天天林博会”转型。创新活力持续迸发。强化创新驱动发展，推进大众创业万众创新，成为全国小微企业创业创新基地城市示范，三明高新区升格为国家级，引进中机院海西分院等 6 家“国字号”分院分所，一批行业领军人才或团队来明创业创新。

五年来，我们致力产业优，综合实力持续增强。主动适应经济发展新常态，坚持稳中求进工作总基调，积极应对经济运行波动。经济保持平稳增长。全市地区生产总值、规模以上工业增加值、地方公共财政收入等大部分指标保持年均两位数增长，去年实现地区生产总值1713.05亿元，人均地区生产总值突破1万美元。永安、沙县保持全省县域经济实力“十强”县，大田、建宁入围全省县域经济发展“十佳”县。5个省级扶贫开发工作重点县加快发展，地区生产总值、地方公共财政收入、城乡居民收入等主要经济指标，年均增幅高于全市平均水平。产业加快创新转型。从供给侧发力，推动一产组织再造、二产创新改造、三产业态创造，三次产业比重由17.3:49.2:33.5调整为14.7:51.1:34.2。农民专业合作社、家庭农场等农业新型经营主体成倍增长，“中国稻种基地”等项目加快实施，三明现代农业科技示范园被列入国家农业科技园区，建宁成为全国农村产业融合发展试点示范县。技改提升、机器换工、智能制造、数控一代、“两化”融合等行动稳步实施，全市重点规模以上工业企业全部完成一轮技改，6条特色产业链产值突破2000亿元，战略性新兴产业产值占规模以上工业总产值的13.9%。电子商务、现代物流、旅游、金融、文化创意、健康养老等业态加快发展，实现电子商务进农村示范县全覆盖，新引进5家区外银行入驻。项目持续滚动开发。开展“敢担当、解难题、立新业”活动，落实“五个一批”项目工作机制，实行重点项目视频点评、重点跟踪、现场推进、挂牌服务，加快“十百千”、市区重中之重、扩大有效投资、补短板等项目实施，全市固定资产投资年均增长21%，一批扩投资、促转型、惠民生的重大项目相继建成。

五年来，我们致力百姓富，人民生活明显改善。每年超过七成的财政支出用于保障和改善民生。群众生活水平稳步提高。城乡居民收入年均分别增长11.1%和13%。精准扶贫有力推进，全市50020名贫困人口实现脱贫。每年办成一批惠民实事，市区“六馆一场一宫”建成使用，群众反映集中的就医、就学、就业、住房、养老等问题得到较好改善。社会事业全面发展，提前实现“双高普九”和国家义务教育发展基本均衡县创建目标，教育教学质量稳步提高，群众的就医费用下降、健康水平提升、可享受到更加健全的公共卫生服务，“两孩”政策平稳实施，成功承办全国首届青年运动会乒乓球赛事，三明籍运动员邓薇、柯丽婷分别夺得里约奥运会、残奥会金牌，老龄、残疾人事业和档案、地方志、水文、气象、防灾减灾等工作取得新进展。群众生活保障得到加强。养老、失业、工伤、生育保险覆盖面稳步扩大。城乡居民医保实行市级统筹，实现参保范围、缴费标准、待遇水平等“六统一”。城乡最低生活保障平均标准、农村“五保”人均供养标准、重点优抚对象抚恤补助标准逐年提高，全面建立80岁及以上老人高龄补贴制度。群众生活品质不断提升。社会主义核心价值观教育、群众性精神文明创建深入推进，荣获全国文明城市、全国未成年人思想道德建设工作先进城市。红色文化、客家文化、闽学文化、朱子文化、抗战文化等特色文化进一步凸显，沙溪十里闽学文化长廊加快建设，万寿岩国家考古遗址公园建设取得突破，成功举办世界客属第25届恳亲大会，12个县（市、区）全部列入原中央苏区规划范围，成为国家公共文化服务体系示范区。军民融合深入推进，实现全国双拥模范城“七连冠”。“法治三明”“平安三明”建设持续深化，荣获全国综治“长安杯”。

五年来，我们致力生态美，生态环境不断优化。坚持把生态资源作为三明最宝贵的资源，生态优势作为三明最具竞争力的优势，生态文明建设作为三明最花力气的建设。生态环保责任有效落实。健全完善生态环保目标责任落实机制，“河长制”做法在全省推广，企业环境信用评价、排污权交易、环境污染责任保险三项改革取得积极进展。自然生态环境保持优良。大气、水、土壤污染防治行动计划有序实施，节能减排降耗工作超额完成省下达任务，各县（市、区）空气质量均达到或优于国家二级标准，6个县入选全国“深呼吸小城百佳”，我市流域水质位居全省前列，入围全国生态城市竞争力十强，获国家森林城市称号，新增国家4A级景区7家，峨嵋峰成为国家级自然保护区。生态城镇建设扎实推进。把生态文明理念和原则融入新型城镇化全过程，生态新城列入国家低碳城试点，城市绿道一二期建成使用，205国道、306省道改线和“一河两岸”改造提升工程加快实施，县域城市特色凸显，小城镇试点和美丽乡村建设加快推进，常住人口城镇化率从51.1%提高到56.3%。

五年来，我们致力党要管党、从严治党，党建工作科学化水平全面提升。把抓好党建作为最大政绩，认真履行全面从严治党政治责任，为加快三明各项事业发展提供坚强保证。党委领导核心作用充分发挥。加强对市人大常委会、政府、政协和法院、检察院的领导，支持各套班子依法履行职责、积极开展工作，每年与市人大常委会、政府、政协举行加快发展座谈会，人大常委会推进民主法制建设力度明显加大，政府行政效率和服务效能明显提升，政协协商民主建设取得明显进展，各民主党派、工商联、无党派人士和港澳台侨外、民族宗教，以及老干部、工青妇等方面围绕中心、服务大局的合力明显增强。思想政治建设持续加强。精心组织学习习近平总书记系列重要讲话精神和对福建工作的重要指示，以及在闽工作期间对三明工作的重要指示要求，党的群众路线教育实践活动、“三严三实”专题教育取得实效，“两学一做”学习教育扎实推进，党委意识形态工作得到加强，市县党委领导班子内部制度不断健全完善，全国现场交流推进会在沙县观摩，广大党员干部的政治意识、大局意识、核心意识、看齐意识进一步增强。党建工作机制不断创新。党员“110”获评全国基层党建创新优秀案例，“168”基层党建工作机制、“一月一议”“住村工作室”等做法在全省推广，基层组织运行不断规范，激励约束机制不断健全。尤溪被确定为全国加强干部日常管理监督工作示范点，“3+1”实绩公示法在全省推广，在一线培养选拔干部的导向得到有效落实，结合县乡党委换届，实质性推动干部能上能下，一批想干事、会干事、敢担当、作风正的干部充实到县乡领导班子。党风廉政建设和反腐败斗争深入推进。出台落实“五抓五看”要求的责任清单，推动党风廉政建设主体责任可考评、可追究，巡视整改扎实有效，巡察工作有序开展，中央八项规定精神深入落实，监督执纪“四种形态”成为全面从严治党常态，保持整治不正之风和惩治腐败的高压态势，风清气正的干事氛围进一步持续。

五年的奋斗历历在目，五年的变化有目共睹，五年的成绩来之不易。这是党中央、国务院和省委、省政府正确领导的结果，是全市上下不懈奋斗的结果，是社会各界共同努力的结果。我谨代表中共三明市第八届委员会，向所有为三明发展付出努力、作出贡献的同志们、朋友们，表示衷心感谢和崇高敬意！

五年的探索实践，让我们在事关三明全局、关系三明长远的重大问题上，形成共识，奠定思想和工作基础：一是必须坚持科学发展不动摇。只有牢牢把握发展第一要务，切实通过发展增强经济实力，增创发展优势，增添产业竞争力，增进民生福祉，才能在探索经济发展、生活改善、生态良好的路子上越走越稳、越走越宽。二是必须坚持改革开放不停步。只有坚定不移高举改革开放旗帜，以改革的办法解决难题，以创新的精神探索新路，以开放的胸怀融入全局，才能进一步增强经济社会发展的活力动力。三是必须坚持共建共享不懈怠。只有牢固树立以人民为中心的发展思想，增加公共服务供给，维护社会安定稳定，保障改善民生，营造人人参与、人人尽力、人人享有的浓厚氛围，不断增强人民群众获得感，才能凝聚起推动发展的磅礴之力。四是必须坚持从严治党不松劲。只有以严的要求、实的标准加强党建工作，推动各级领导干部敢担当、会担当、能担当，发挥广大党员的先锋模范作用、基层党组织的战斗堡垒作用，才能为各项事业发展提供坚强组织保证。对这些业已形成的思想共识和工作基础，我们应当继续坚持、持续巩固、不断提升。

五年来，全市经济社会发展取得长足进步，但面对新形势新任务，我们也清醒认识到，在前进的道路上还有不少困难与挑战，有的工作还有不小差距和不足。一是面临总量不够大与质量不够高的双重困难。经济虽然有发展，但总量仍显不足，对全省再上新台阶的贡献不够，全市经济总量仅占全省7%左右，且三次产业结构不优，传统产业占比超七成，资源、能源消耗较高，环境容量有限，在经济结构性调整和周期性波动的形势下，进一步提升发展速度、壮大经济总量、优化经济结构的任务繁重。二是面临传统动力减弱与新兴动力不足的双重压力。从需求侧看，五年来投资贡献率均在七成左右，大项目好项目不多、投资增长后劲不足、民间投资意愿还需提振；从供给侧看，高新技术产业占比偏低，新兴产业体量不大，企业创新能力不强，新旧动能接续转换仍需时日。三是面临城镇承载力不足与乡村建设比较薄弱的双重考验。存在城乡“二元”结构，中心城市辐射带动力不强，市区经济发展不够充分，县域发展不平衡，乡村基础设施、村集体经济亟需加强，民生社会事业领域还存在不少短板，还有部分群众生活比较困难，统筹城乡发展任重道远。四是面临少数基层组织作用发挥不够与少数党员干部能力不足的双重问题。少数基层党组织的党内组织生活不够规范，非公企业、社会组织党的工作有效覆盖还有差距，少数党员干部运用政策法规解决问题的水平有待提升，少数党员干部存在为官不为、为政不廉、不敢担当的现象。对这些情况，我们必须引起高度重视，采取有效措施，认真加以解决，努力把各项工作做得更好。

二、把握难得发展机遇，明确再上新台阶、建设新三明的目标和要求

今后五年是全面建成小康社会的决胜期，是全面深化改革的攻坚期，是全面依法治国和全面从严治党的关键期。在新起点上推动三明各项事业继续前进，有挑战更有机遇，有压力更有动力。党的十八大以来，习近平总书记发表系列重要讲话，并亲临福建视察、作出重要指示，要求加快建设机制活、产业优、百姓富、生态美的新福建，为三明发展再上新台阶创造难得机遇；省委、省政府作出“再上新台阶、建设新福建”的部署，鼓励各地市用好“五区叠加”优势，融入全局、比学赶超、竞相发展，支持老区发展、扶贫开发、生态建设的政策多、举措实，为三明发展再上新台阶提供更大空间；市第八次党代会以来，全市各项事业取得长足进步，特别是在推进发展过程中，全市上下加快发展的氛围更加浓厚、改革创新的激情更加高涨、干事创业的劲头更加充足，为推动三明发展再上新台阶创造重要的物质基础和精神动力。全市各级党组织和广大党员干部群众要坚定信心、振奋精神，顺势而为、实干兴业，不断开创三明各项事业发展新局面。

今后五年工作的指导思想是：高举中国特色社会主义伟大旗帜，以邓小平理论、“三个代表”重要思想、科学发展观为指导，深入贯彻落实习近平总书记系列重要讲话精神和对福建工作的重要指示，围绕“五位一体”总体布局和“四个全面”战略布局，践行创新、协调、绿色、开放、共享发展理念，融入全省“再上新台阶、建设新福建”发展大局，突出“念好发展经、画好山水画”工作主题，坚持稳中求进工作总基调，坚持把创新驱动发展作为优先战略，坚持以人民为中心的发展思想，坚持以供给侧结构性改革为经济工作主线，坚持以提高发展质量和效益为中心，全面推进经济建设、政治建设、文化建设、社会建设、生态文明建设和党的建设，推动各项事业发展再上新台阶，奋力建设更富活力更具实力更有竞争力的新三明。

今后五年的奋斗目标是：团结带领全市各级党组织和广大党员干部群众，抢抓机遇、奋发进取，全面实现“十三五”规划确定的目标任务，全面打赢脱贫攻坚战，全面建成小康社会。建设更富活力的新三明，就是改革活力持续释放，全面深化改革部署有效落实，有三明特色的重点改革取得决定性成果，若干领域继续走在全国、全省前列；创新活力竞相迸发，创新驱动发展战略深入实施，大众创业万众创新蓬勃兴起，科技进步对经济发展的贡献率持续提升；开放活力不断增强，建成一批互联互通的开放通道、互利共赢的开放平台，开放型经济发展水平明显提升。建设更具实力的新三明，就是经济发展迈上新水平，在提前实现地区生产总值和城乡居民收入比2011年翻一番的基础上，力争到2021年全市地区生产总值、公共财政总收入分别突破2800亿元和200亿元；产业转型取得新突破，三次产业结构不断优化，力争到2021年全市特色现代农业总产值超1200亿元、规模以上工业增加值超1500亿元、服务业增加值超1100亿元；人民生活实现新改善，群众生活更加富足、社会事业更加繁荣、社会保障更加完善、社会环境更加和谐，贫困人口实现全部脱贫。建设更有竞争力的新三明，就是让良好生态转化为生产力，创新生态文明体制机制，使绿水青山变成三明发展的“金山银山”、成为人民健康的重要保障；让特色文化形成内聚力，繁荣文化事业，发展文化产业，促进文明创建成果进一步提升，文化特色进一步彰显，文化软实力进一步增强；让发展环境增强吸引力，打造廉洁高效的政务环境、公平公正的法治环境、规范守信的市场环境、健康向上的人文环境、舒适便利的生活环境。

建设更富活力更具实力更有竞争力的新三明，是深入贯彻习近平总书记系列重要讲话精神和对福建工作重要指示的必然要求，是服务全省“再上新台阶、建设新福建”发展大局的责任所在，是顺应群众期盼、推进富民强市的客观需要。我们坚信，有省委、省政府的坚强领导，有全市上下的共同努力，这个目标一定要实现，也一定能实现。

三、践行五大发展理念，突出再上新台阶、建设新三明的方向和重点

把践行创新、协调、绿色、开放、共享发展理念，贯穿于经济社会发展全过程和各领域。

（一）崇尚创新，推动经济发展再上新台阶。把创新作为引领发展的第一动力，切实以理念、机制、产业、科技等各领域创新，适应和引领经济发展新常态，推动经济保持中高速增长、产业迈向中高端水平。

保持经济平稳较快增长。做好传统动力挖潜工作，统筹发挥投资、消费、出口的协调拉动作用。发挥投资对增长的关键作用。抓住国家和省上扩大有效投资机遇，把投资重点放在“调结构、补短板、惠民生”上，落实“五个一批”项目工作机制，突出基础性项目与产业性项目并举、国有投资与社会投资并重、项目投资与项目筹资并行，跨区域、跨系统推进项目策划生成，深化与央企、省企、民企、外企项目合作，拓展现有项目的市场体系、管理体系和品牌体系，发挥市属国有企业的投资支撑引领作用，落实发展民营经济、扩大民间投资的各项政策措施，保持固定资产投资合理增长。发挥消费对增长的基础作用。顺应群众收入水平逐步提高后的消费需求，培育壮大新兴消费热点，着力升级旅游休闲消费、鼓励健康养老家政消费、扩大信息消费、促进绿色消费、稳定住房消费、提升教育文化体育消费，改善消费环境，拓展农村消费市场，释放农村转移人口等群体的消费潜力。发挥出口对增长的促进作用。优化出口结构，巩固提升农林、纺织、化工等传统优势出口产品，鼓励地产品生产企业自营出口，扩大技术和资金密集型产品、高新技术产品和节能环保产品出口比重，扶持服务贸易发展。开拓多元化市场，鼓励外贸企业发展跨境电子商务，积极出境参展，拓展“一带一路”沿线出口市场。

实施创新驱动发展战略。以建设创新型城市为目标，以科技创新为核心，以产业转型升级为主线，积极探索人才强、科技强、产业强、经济强的创新发展路子。培育创新主体。强化企业创新主体地位，引导创新要素向企业集中，扶持更多企业成长为高新技术企业、科技小巨人领军企业，培育创新企业群。深入实施“海纳百川”高端人才聚集计划，加快特色产业链集聚基地和企事业人才高地建设，留住本土人才，培育适用人才，引进高端人才，努力造就一支留得住、用得上、带不走的创业创新人才队伍。打造创新平台。加强高新技术产业园区建设，推进中机院海西分院等“国字号”研发机构建设，整合提升一批院士专家工作站、工程技术研究中心、企业技术中心，引进高水平科研院所，共建一批符合三明产业发展需求的科研创新平台，构建开放共享互动的创新平台网络体系，增强关键共性技术特别是核心技术的自主研发能力。营造创新环境。推进全国小微企业创业创新基地城市示范建设，发展众创、众包、众扶、众筹等新模式，推动大众创业万众创新。健全完善产学研用协同创新、科技创新多元投入、科技成果转化运用、知识产权使用和保护等机制，营造良好的创业创新生态。

推动产业转型升级。深入推进供给侧结构性改革，落实“三去一降一补”任务，全力打造三明产业升级版。推动农业大市向农业强市转变。坚守耕地红线、稳定粮食生产。大力发展高产、优质、高效、生态、安全农业，做强5大特色优势产业和20条特色农业产业链，推进现代农业“一区三园”和“中国稻种基地”建设，促进农业“接二连三”融合发展。加快新型农业经营主体发展，培育新型职业农民，支持多种形式的农业适度规模经营，完善农业经营组织与农民的利益联结机制，构建特色现代农业体系。推动老工业基地向先进制造业基地转型。改造提升传统产业，突出汽车及机械装备、冶金及压延、林产加工、纺织等传统产业，实施新一轮技术改造和机器换工、智能制造、数控一代、“两化”融合等行动计划，推广网络化协同制造、云制造等新型制造，支持三钢集团开展行业整合，促进产业链向高附加值、高技术含量和高税性环节延伸。培育壮大新兴产业，依托三明丰富的矿产、道地药材等资源，推动矿产资源向国有企业集中、往产业方向延伸，促进生物医药及生物、新材料、新能源、节能环保等新兴产业扩量提质，力争到2021年四大新兴产业总产值达1500亿元。实施“三品”专项行动，弘扬“工匠”精神，推动消费品工业增品种、提品质、创品牌，增强产品对市场需求的适应能力。推动传统服务业向现代服务业升级。顺应产业转型和消费升级的趋势，推动生产性服务业与生活性服务业协调发展，做强商贸物流、休闲旅游、健康养老三大主导产业，发展电子商务、创意设计、文化体育三大先导产业，提升金融服务、服务外包、科技服务三大配套产业，争创省级服务业集聚示范区。树立互联网思维，注重用“互联网+”升级传统服务业、催生新兴服务业，抓好国家、省级电子商务进农村示范县建设，构建“一县一电商产业园”格局，培育新兴消费热点，推动服务业提质、增效、升级。

全面深化重点领域改革。在全面落实中央和省上改革部署的同时，持续深化医药卫生体制改革。巩固、创新、提升“三医”联动改革模式，继续在完善分级诊疗、现代医院管理、全民医保、药品供应保障、综合监管等5项基本医疗卫生制度上深化探索，扩大药品、耗材联合限价采购“三明联盟”，加快建设国家中医药综合改革试验区，调动各方参与支持医改的积极性，为全局改革探路、为全民健康尽责。突破林业综合改革。加快全国集体林业综合改革试验示范区建设，培育发展新型林业经营主体，鼓励林权规范有序流转，引导林地规模经营。创新推广林业金融产品，完善林权收储运营机制，扩大林权抵押贷款规模，引导金融资本和社会资金参与林业发展。完善林业服务体系，建设市林权交易中心，深化生态公益林管护、碳汇交易等探索，保持林改领先地位。推进农村产权制度改革。以农村金融体制改革、土地流转制度改革等为重点，加快普惠制农村金融体系建设，扩大村级融资担保基金规模和覆盖面，推进农村土地确权登记颁证工作，助力农村林、地、房等资产规范有序流转，争创全国农村金融改革创新试验区。推进投融资体制改革。加强政银企合作，鼓励金融机构顺应市场需求，创新金融产品、融资方式、金融服务，探索适配性强、利率优惠、贷款周期灵活、办理程序便捷的金融产品，破解中小微企业融资难题，积极防范和化解金融风险。推进园区企业资产按揭贷款工作，组建资产经营平台，开展资产收购、管理、处置和租赁等业务，为园区内优质企业发展提供金融支持，并在总结经验的基础上，逐步向第三产业和城市建设等领域拓展，提升金融服务经济发展的质量和效率。

（二）注重协调，推动城乡建设再上新台阶。正确处理发展中的重大关系，重点以新型城镇化为抓手，促进城乡、区域协调发展，构建以中心城市为核心、县域城市为骨干、特色小镇为支撑、美丽乡村为基础的城镇化新格局。

加快新型城镇化进程。统筹城乡规划、建设、管理，推进以人为核心的新型城镇化。发展壮大中心城市。加快市区与沙县、永安同城化进程，依托生态新城“一带六区”建设，加快沙县与市区联动发展，推进市区南拓北扩西进，注重与永安的产业分工协作，进一步理顺管理体制，优化空间布局，完善公共设施，培育产业体系，促进人口集聚，加快建设区域性中心城市。提升县域城市特色。突出产城联动，按照“一县一园区”方向，推动园区与城区融合发展，增强县城承载能力。鼓励各地在县城建设中融入生态、文化等元素，凸显建设风格，优化城市基础设施，打造人文山水相融的宜业宜居小城市。统筹推进永安、大田新型城镇化试点和尤溪洋中“小城市”培育。推进美丽乡村建设。落实“六好六美”标准，把美丽乡村建设与发展生产、改善生活、保护生态相结合，与培育特色产业、促进就业创业相结合，与凸显文化特色、培育乡风文明相结合，保护历史文化名镇、名村和传统村落，培育一批“望得见山、看得见水、记得住乡愁”的美丽乡村示范点。

提升县域经济实力。引导各地融入全市发展大局和产业布局，走差别化、差异化发展的路子。永安、沙县、梅列、三元等生态工贸区规划范围内的县（市、区）要继续发挥引领带动作用，做大做强市区经济，推动永安、沙县保持全省县域经济实力“十强”地位。尤溪、将乐、大田等县要进一步壮大经济总量，提升发展质量，全力争先进位，争创全省县域经济发展“十佳”县。明溪、清流、宁化、建宁、泰宁等5个省级扶贫开发工作重点县要加快脱贫步伐，深化精准扶贫，补齐发展短板，培育特色产业，增强“造血”功能，尽早脱贫摘帽。

凸显文明城市特色，深化精神文明建设。继承和发扬三明群众性精神文明创建的优良传统，以“为文明点赞·为三明点赞”为载体，培育和践行社会主义核心价值观，弘扬新时期苏区老区精神，提升城市管理水平，加快建设智慧城市，提高市民文明素质和社会文明程度，为在新时期巩固拓展全国文明城市创建成果作出新贡献。推进文化事业繁荣。深化文化体制改革，完善公共文化服务“六联六创”等机制，构建网络健全、结构合理、发展均衡、运行有效、惠及全民的公共文化服务体系。培育特色文化品牌。深入挖掘红色文化、客家文化、闽学文化、朱子文化、抗战文化等特色文化内涵，加快文化产业“一县一品牌、一县一园区、一县一实体”建设，加强历史建筑、文化遗产保护和利用，推动红色文化革命遗址保护立法，抓好万寿岩国家考古遗址公园建设。

（三）倡导绿色，推动生态文明再上新台阶。坚持“绿水青山就是金山银山”，推动生态优势转化为发展优势，建设天更蓝、地更绿、水更净、环境更友好的美丽家园。

推进生态文明制度建设。弘扬“滴水穿石”“钉钉子”精神，落实国家生态文明试验区《福建方案》涉及三明的改革试验任务。突出探索试验。按照“三年三步走、年年出成果”的要求，围绕国土空间规划和用途管制、环境治理和生态保护市场体系等六个方面改革任务，积极推进改革试验，努力在空间规划编制、自然资源资产负债表编制等试点上率先取得改革成果。突出统筹协调。在深化生态文明体制改革中，同步推进绿色金融发展、激励约束机制、考核评价办法等方面改革，促进改革协调联动、整体推进。突出督查落实。落实生态环保“党政同责”、部门“一岗双责”制度，完善党政领导干部绩效差别化考核机制，综合运用行政、法律、经济等措施，推动生态保护和环境治理工作落实。

推进绿色低碳循环发展。加快培育绿色发展新动能。落实主体功能区规划布局。实行国土空间开发和生态保护红线管控制度，推动重点开发区、农产品主产区、重点生态功能区等按照功能定位加快发展，有序推进空间管控“多规合一”，加快形成生产空间集约高效、生活空间宜居适度、生态空间山清水秀的空间开发格局。推动节能减排降耗。实行产业准入负面清单，发展循环经济和节能环保产业，推动节能量、水权、碳排放权交易试点，组织实施重点用能单位节能低碳行动，开展能效对标活动，强化高耗能行业治理，推进重点企业清洁生产，实施园区循环化、生态化改造，有序淘汰低效产能，抓好生态新城国家低碳城试点建设。注重节约集约。实行最严格的水资源管理制度，坚持最严格的节约集约用地制度，实行能源和水资源消耗、建设用地等总量和强度双控，引导企业建设多层厂房，鼓励城镇地下空间开发利用，加强矿产、森林等资源深度开发，提高资源产出效益。

推进生态环境保护。树牢保护生态环境就是保护生产力、改善生态环境就是发展生产力的理念。加强生态系统修复保护。实施山水林田湖生态保护和修复工程，强化重点流域、饮用水源地等水环境综合整治，加强重点生态功能区、敏感区、脆弱区保护，抓好植树造林、水土流失治理，让三明青山常在、绿水长流。加强重点污染防治。落实大气、水、土壤污染防治行动计划，深入推进主要污染物减排和治理，强化污染物源头防控和排放标准把控，深化落实“河长制”。健全环境监测网络，加强重点污染企业日常监管，推进环境信息公开，提升环保监管水平。加强生态意识培育。抓好生态环保法治宣传，推动生态文明创建，提高群众生态环保意识，倡导绿色发展方式和生活方式，营造有利于建设资源节约型、环境友好型社会的良好氛围。

（四）厚植开放，推动对外开放再上新台阶。以更加开放的姿态，联系世界、联接沿海、联通内陆、联动周边，拓展三明对内对外开放的广度和深度。

构建对外开放格局。按照“立足两岸、服务全省、面向未来”的发展定位，融入“两区”。主动融入海上丝绸之路核心区建设，加强与“海丝”沿线国家的经贸文化交流合作，建设“海丝”核心区拓展腹地的重要支撑点。深入对接福建自贸区建设，复制推广自贸区创新成果，鼓励市内外贸企业到自贸区设立子公司、功能性机构，吸引自贸区内的企业来明投资或开展业务，放大自贸区“溢出”效应。联通对接周边地区。加快与周边地区的基础设施互联互通，加强经贸交流、产业对接，积极承接沿海产业转移，提升三明联接沿海地区、拓展内陆腹地的区位优势。拓展对外交流交往。加强与台港澳地区交流，深化明台产业、经贸、文化、科技、教育等领域交流合作，争取纳入全国赴台个人游试点城市。

优化对外开放环境。持续加强软硬环境建设，努力构建充满活力、富有效率的开放环境。改善区位条件。对接全省综合交通“五个工程”，加快推进南龙、兴泉、浦梅铁路和莆炎、厦沙高速等重大交通基础设施建设，提升三明沙县机场航空发展水平，基本建成“两纵两横”铁路网、“一纵三横四联”高速公路网、“四纵三横三联”国省干线公路网，实现县县通铁路。提升开放平台。加强各类产业园区建设，促进产业集聚、要素集中、资源集约，将园区打造成三明扩大开放的重要平台。提升“11·6”林博会办展实效，加强项目网上对接、常年对接，推动林博会展示展销常态化。拓展三明“陆地港”功能，完善关检合作通关模式，创新口岸查验机制，促进通关提速降费。优化营商环境。深化“放管服”改革，全面推行网上审批、投资项目并联审批，提升中介服务质量和水平，构建“亲”“清”新型政商关系。创新外商投资管理服务体制，推行负面清单管理模式，促进投资贸易便利化。

提高对外开放水平。加快转变对外经济发展方式，促进开放共赢。鼓励有条件的企业“走出去”。扶持企业到境外上市融资，支持钢铁、汽车、机械装备、化工、水泥等行业的优势企业，以三明为基地，走出三明、走向全国、走进世界，拓展竞争新优势。提升“引进来”水平。深入推进新一轮招商引资工作，拓展三明特有资源的整体招商对接，开展专业招商、园区招商、产业链招商，吸引更多有实力的企业来明投资兴业。

（五）推进共享，推动人民生活再上新台阶。践行以人民为中心的发展思想，按照全民共享、全面共享、共建共享、渐进共享的要求，扩大基本公共服务供给，加强民生和社会事业建设，努力让人民群众在三明生活得更具安全感、幸福感、获得感。

打好精准扶贫攻坚战。将脱贫攻坚作为头等大事和第一民生工程来抓，立下愚公志、落实责任状，促进精准扶贫、精准脱贫。深化扶贫机制。全面推进国家扶贫改革试验区建设，支持5个省级扶贫开发工作重点县加快发展，围绕“扶持谁、谁来扶、怎么扶”，落实精准扶贫“九个一批”任务，深化“348”精准扶贫工作机制，重点在精准脱贫“八种模式”上深化探索，在精准扶贫到户、到村、到县等16个方面加强实践，做到真扶贫、扶真贫、真脱贫。整合扶贫资源。坚持政府投入在扶贫开发中的主体和主导作用，整合各类扶贫资源资金，引导政策性金融和商业性金融加大投入，吸引社会资本参与扶贫开发，多渠道增加扶贫开发资金。积极构建专项扶贫、行业扶贫、社会扶贫“三位一体”的大扶贫格局，广泛调动社会各界参与扶贫开发的积极性。落实扶贫举措。因户因人施策，采取发展生产、易地搬迁、生态补偿、发展教育、社保兜底等措施，确保到2018年，国定扶贫标准的贫困人口全部脱贫，实现不愁吃、不愁穿和义务教育、基本医疗、住房安全有保障。到2020年，省定扶贫标准的贫困人口全部脱贫。

推进基本公共服务均等化。坚持量力而行、尽力而为，着力改善就业、教育、社会保障、医疗卫生等人民群众关心关注的问题。增加城乡居民收入。多渠道增加居民工资性、经营性、财产性和转移性收入，实施更加积极的就业创业政策，统筹抓好高校毕业生、城镇就业困难人员、农村剩余劳动力等重点群体就业，鼓励以创业带就业，完善就业创业服务体系，稳定居民收入来源。健全社会保障体系。实施全民参保登记计划，提高社会保障参保率，健全社会救助制度体系，完善城乡低保、特困人员供养等兜底性制度。积极应对人口老龄化，发展养老服务业和老龄产业，完善农村“三自三助”养老模式，探索建立以居家为基础、社区为依托、机构为补充、医养相结合的多层次养老服务体系。完善保障性住房体系，改善中低收入家庭居住条件。繁荣发展社会事业。坚持优先发展教育，加大教育投入，加强师资队伍建设，扩充普惠性学前教育资源，推动义务教育优质均衡发展，普及高中阶段教育，推进现代职业教育，促进高校应用型、内涵式发展。落实计划生育基本国策，执行“两孩”政策，传播婚育新风、创建幸福家庭，促进人口长期均衡发展。重视做好老干部工作，发展残疾人、社会福利和慈善事业，维护妇女儿童合法权益。发展卫生健康事业。把人民健康放在优先发展战略地位，树立大卫生、大健康观念，贯彻预防为主方针，坚持防治结合、联防联控、群防群控，抓好重大疾病防控、少年儿童健康、重点人群健康等工作，努力全方位、全周期保障人民健康。实施“全民健身工程”。引导社会力量办医。

提升社会治理水平。构建全民共建共享的社会治理格局，维护人民群众根本利益。创新社会治理方式。完善党委领导、政府主导、社会协同、公众参与、法治保障的社会治理体制，深入推进社会治安综合治理，加强社会组织建设，推行城乡社区网格化管理、社会化服务，加强公共安全基础性、实战性教育培训，提升社会治理科技信息化水平。推进依法治市工作。深入开展法治城市、法治县（市、区）创建活动，抓好重点领域地方立法，完善党委依法决策机制，推进法治政府建设，落实司法体制改革部署，加强普法宣传教育，完善公共法律服务体系，加强社会诚信体系建设，推动全社会形成尊法学法守法用法的良好氛围。深化“平安三明”建设。抓好综治信访维稳工作，完善社会稳定风险评估机制，加强矛盾纠纷排查调处和信访积案化解，依法严厉打击各类违法犯罪活动，抓好突发公共事件应急和防灾减灾工作，强化食品药品安全监管，进一步完善安全生产责任体系，落实安全生产责任制，防范遏止重特大事故，维护社会安定稳定，保障人民群众生命财产安全。

四、坚持全面从严治党，凝聚再上新台阶、建设新三明的共识和合力

实现今后五年的奋斗目标，关键在党、关键在人。我们要坚持党要管党、从严治党，增强党建主业意识、强化党建主体责任，不忘初心、继续前进，不断把党的建设新的伟大工程推向前进，为推动三明各项事业发展再上新台阶提供坚强保证。

（一）坚定理想信念，增强继续前进的意志力。打牢思想根基。把加强思想政治建设摆在首位，扎实开展“两学一做”学习教育，推进学习型党组织建设，动员各级党员干部以更深的感情、更努力的实践，深入学习贯彻习近平总书记系列重要讲话精神和对福建工作的重要指示，以及在闽工作期间对三明工作的重要指示要求，进一步坚定道路自信、理论自信、制度自信、文化自信，进一步增强政治意识、大局意识、核心意识、看齐意识，在思想上政治上行动上与党中央保持高度一致。把好舆论导向。落实党委（党组）意识形态工作责任制，坚持团结稳定鼓劲、正面宣传为主的方针，切实做好新形势下的宣传思想工作，推动传统媒体与新兴媒体融合发展，巩固壮大积极健康向上的主流思想舆论，加强网上舆论阵地建设、管理和使用，牢牢掌握意识形态工作的领导权、管理权和话语权。激发精神动力。扎实开展中国特色社会主义和“中国梦”宣传教育，繁荣发展哲学社会科学，坚持以人民为中心的文艺创作导向，加强爱国主义教育基地建设，培养传承良好家风家训，高昂主旋律、汇聚正能量，凝聚全社会继续前进的强大动力。

（二）突出总揽全局，增强方方面面的凝聚力。发挥党委领导核心作用。加强和改进党委对人大常委会、政府、政协的领导，增进同民主党派、工商联和无党派人士的合作共事，加强党外代表人士队伍建设，做好新的社会阶层人士工作，抓好民族、宗教、外事、侨务和对台工作，发挥工青妇等群团组织的桥梁纽带作用，坚持党管武装，推动军民融合深度发展，调动各方干事创业的积极性。严明政治纪律和政治规矩。坚持党的基本理论、基本路线、基本纲领、基本经验、基本要求，坚决维护中央权威，坚决贯彻中央和省委的决策部署，在关系全局的重大问题上，保持头脑清醒、立场坚定，决不允许散布违背党的理论和路线方针政策的意见，决不允许公开发表违背中央决定的言论，决不允许泄露党和国家秘密，决不允许参与各种非法组织和非法活动，决不允许制造、传播政治谣言及丑化党和国家形象的言论。严肃党内政治生活。贯彻民主集中制，落实“三重一大”事项决策制度，完善议事规则和决策程序，发扬党内民主，保障党员权利。严格党内生活制度，发扬批评和自我批评优良传统，认真落实“三会一课”、民主评议党员、缴纳党费等基本制度，增强党内政治生活的政治性、原则性、战斗性。

（三）夯实基层基础，增强各级党组织的战斗力。树立大抓基层的鲜明导向。把基层党建工作放在更加突出位置，坚持“三级联述联评联考”制度，继续开展党委书记抓基层党建工作述职评议，完善党委书记抓基层党建的问题清单、任务清单、责任清单，统筹推进农村、社区、机关、学校、非公企业、社会组织等领域党建工作，促进基层党建工作责任层层传导、层层落实。强化基层党组织政治功能。自觉学习宣传党的方针政策，贯彻落实党的决策部署，重点在强化组织覆盖与工作覆盖上下功夫，在抓好后进基层党组织整顿转化上下功夫，在加强基层党组织带头人队伍建设上下功夫，在严格党员队伍教育和管理上下功夫，在组织群众、宣传群众、教育群众、引导群众上下功夫，做到哪里有群众哪里就有党的工作，哪里有党员哪里就有坚强的党组织。推进服务型党组织建设。落实“四下基层”制度，推动基层党组织的工作重心转到服务改革、服务发展、服务民生、服务群众、服务党员上来，突出党建引领精准扶贫，深入实施“党建富民强村”工程，深化落实基层党建“四项机制”，巩固提升“一月一议”“住村工作室”“五民工作法”等做法，继续推动在职党员到社区报到服务、选派干部驻村任职和驻村蹲点，加强基层组织运转保障，提升基层组织服务能力，畅通联系服务群众“最后一千米”。

（四）强化实干担当，增强干部队伍的执行力。注重在一线培养选拔干部。坚持党管干部原则，坚持新时期“好干部”标准，深化干部人事制度改革，多渠道、多层次、多侧面识别干部，突出在一线了解干部、培养干部、选拔干部，及时把那些想干事、会干事、敢担当、作风正的干部用起来，引导更多干部在改革发展主战场、服务群众最前沿、维护稳定第一线经受锻炼、成长进步。提升“马上就办”能力。建立完善“马上就办”的工作体系和工作载体，深化“敢担当、解难题、立新业”“千名干部服务千家企业”等活动，提高干部用好政策、破解难题、精准服务的能力水平，让“马上就办”成为各级干部的行动自觉。认真落实习近平总书记“三个区分开来”的重要指示精神，尊重实干，鼓励创新，旗帜鲜明地保护干部干事创业的积极性，让敢于担当、干净干事者轻装上阵。整治“为官不为”现象。坚持从严管理干部，健全完善考评、激励、问责和民主监督等制度，深入开展“庸懒散拖”专项整治，坚决整治不作为、慢作为、乱作为等问题，切实解决对发展、对工作“不冷不热”“不急不忙”“不疼不痒”等现象，推动干部能上能下，促进广大干部履职尽责。

（五）深化正风肃纪，增强挺纪在前的行动力。强化责任落实。按照省委“五抓五看”要求，全面落实党风廉政建设党委主体责任和纪委监督责任，深入开展党风廉政建设责任制专项检查，严格执行“一案双查”、责任倒查要求，推动“两个责任”落实到位。强化教育管理。注重平时教育与专题教育、正面引导与警示教育一体推进，加强廉政文化建设，落实廉政谈话提醒机制，健全干部日常管理监督“四个三”制度，引导全市党员干部做到忠诚干净担当。强化纪律约束。认真执行《中国共产党章程》《中国共产党廉洁自律准则》《中国共产党纪律处分条例》《中国共产党问责条例》，驰而不息落实中央八项规定精神，以严的纪律约束党员干部，让纪律规矩立起来、严起来。加强对权力运行的制约和监督，健全完善制度，扎紧制度“笼子”，强化制度执行，切实用制度管人管事管权。强化监督执纪。积极实践监督执纪“四种形态”，认真落实信访举报“零暂存”要求，推进巡察监督全覆盖，保持惩治腐败高压态势，盯住“关键少数”，加大纪律审查力度，防治干部“带病提拔”，坚决整治侵害群众利益的不正之风和腐败问题，构建不敢腐、不能腐、不想腐的有效机制，促进干部清正、政府清廉、政治清明。

三明市人民政府工作报告

——在三明市第十三届人民代表大会第一次会议上

余红胜

（2017 年 1 月 13 日）

一、过去五年工作回顾

刚刚过去的一年，是我市实施“十三五”规划的开局之年。面对复杂的经济形势和繁重的改革发展稳定任务，在省委省政府和市委的坚强领导下，全市各级政府各部门凝心聚力、攻坚克难，深入开展“敢担当、解难题、立新业”和“大干 150 天，加快推进‘五个一批’项目建设活动”，全力抓好稳增长、调结构、强动力、惠民生、防风险各项工作，经济保持缓中趋稳、稳中向好的发展态势。初步预计，全市生产总值 1855 亿元，增长 7.8%；规模以上工业增加值 847.9 亿元，增长 7.5%；地方一般公共预算收入 94.7 亿元，增长 1.08%；固定资产投资 2141 亿元，增长 12%；外贸出口 133 亿元，增长 13%；实际利用外商直接投资 1.71 亿美元，增长 9.3%；社会消费品零售总额 482 亿元，增长 9.8%；城镇居民人均可支配收入 29749 元，增长 8.6%；农村居民人均可支配收入 14023 元，增长 9.5%；居民消费价格总水平上涨 1.1%，实现“十三五”良好开局，标志着市十二届人大一次会议确定的五年主要目标任务顺利完成。

五年来，我们深入学习贯彻习近平总书记系列重要讲话精神和对福建、对三明工作的重要指示，全面贯彻党的十八大和十八届三中、四中、五中、六中全会精神，按照省委省政府和市委决策部署，主动适应经济发展新常态，有效应对经济下行压力，经济保持稳定增长，各项事业全面进步，一些重要领域取得突破：

——综合实力明显增强。五年地区生产总值、地方一般公共预算收入年均分别增长 9.8%、4.11%，人均生产总值达 1.06 万美元，固定资产投资累计完成 8083 亿元，机科院高端机械装备产业园、中节能环保产业园和台明球墨铸管、金明新材料、三农氟化工、月兔空调、翔丰华新能源材料等一批重大产业项目建成投产。

——交通条件更加完善。在全省率先实现县县通高速，动车从无到有，三明沙县机场实现通航，三明“陆地港”投入运营，综合交通体系初步形成。

——改革创新走在前列。医改、林改、金改等品牌在全国全省打响，国家扶贫改革试验区、全国小微企业创业创新基地城市、三明生态新城国家低碳城等一批国家试点试验任务落地三明。

——民生改善成效显著。五年实施为民办实事项目 145 个，脱贫 7.6 万人，提前实现“双高普九”和国家义务教育发展基本均衡县创建目标，被评为国家公共文化服务体系示范区、全国创业先进城市，城乡居民人均可支配收入年均分别增长 10%、11.3%。

——城乡魅力大幅提升。跻身全国文明城市，荣获全国双拥模范城“七连冠”、全国综治“长安杯”，入选全国生态保护与建设示范区、国家森林城市，12 个县（市、区）全部列入中央苏区范围，海西三明生态工贸区和生态新城建设取得重要进展。

五年来的主要工作是：

（一）持续调结构促转型。加快传统产业改造提升，五年实施重点技改项目 1658 个，累计完成技改投资 3245 亿元，去年冶金及压延、汽车及机械装备、林产加工、纺织等四大传统主导产业产值突破 1900 亿元。着力培育壮大战略性新兴产业，坚定不移推进资源往产业走，稀土、氟化工、石墨（烯）、生物医药等新兴产业发展势头良好，高技术产业增加值年均增长 18.4%，三明高新技术产业开发区升格为国家级高新区。加快发展现代农业，实施千亿现代农业产业跨越发展行动计划，大力发展高优粮食、绿色林业、精致园艺、生态养殖和现代烟草等 5 大产业，现代特色农业产值突破 1000 亿元，三明现代农业科技示范园被列入国家农业科技园区。大力发展现代服务业，电子商务、现代物流、旅游、金融、健康养老等产业加快发展，新增 3 个创建国家全域旅游示范区、2 个国家地质公园、1 个国家级自然保护区，实现省级以上电子商务进农村示范县全覆盖，新引进 5 家区外银行，服务业增加值年均增长 8.8%。强化创新驱动发展，新建机科院海西分院等 6 家“国字号”研发中心，新设院士专家工作站 18 家。三次产业比重由 16.1:50.4:33.5 调整为 15.3:49.7:35。

（二）持续建城乡美环境。加快推进中心城市建设，科学编制三明市城市总体规划，205 国道市区过境线、三明南站、万达广场、碧桂园等项目顺利实施，快速通道一期和市区“六馆一场一宫”、城市绿道一二期、第二供水工程建成投入使用，市区建成区面积从27.85平方千米拓展到37.45平方千米；启动三明生态新城建设，三明陆地港、电商园、职教园、湿地公园等一批项目建成，有效拓展市区发展空间。大力发展县域经济，永安、沙县入选全省县域经济实力“十强”县，大田、建宁入围全省县域经济发展“十佳”县，5个省级扶贫开发工作重点县发展步伐加快。稳步推进新型城镇化建设，永安、大田分别列入国家、省级新型城镇化试点，尤溪洋中镇被确定为省级“小城市”培育试点，明溪药谷小镇、永安石墨小镇入选全省首批特色小镇，一批美丽乡村成为旅游热点。积极推进生态文明建设，五年完成造林绿化面积196万亩、综合治理水土流失283万亩，县级以上饮用水源水质达标率100%，辖区三条主要水系省控断面水质合格率100%，市区空气质量达到国家二级标准；三明成为省级生态市，6个县成为国家生态县，87%的乡镇成为国家级生态乡镇，泰宁入选首批国家主体功能区建设试点并纳入国家重点生态功能区。全市城镇化率从51.1%提高到56.3%。

（三）持续抓改革增活力。深化医改，实行“三医联动”和“四级联推”医药卫生体制改革，中央深改组第21次会议专门听取三明医改情况汇报，全国卫生与健康大会指定典型发言，“三医联动”“两票制”等改革做法在全国推广。推进林改，在全国率先推行林权按揭贷款、林业互联网金融等产品，全市累计发放林权抵押贷款102亿元。探索金融改革，沙县农村金融改革和园区企业资产按揭贷款经验做法在全省推广，新增3家企业在境内外上市、6家企业在“新三板”挂牌，发行公司债、企业债总额超过60亿元。深化商事制度改革，推行“多证合一”。稳妥推进农村改革，探索形成土地入股、土地托管等多形式土地流转模式，沙县建成全省首个县级农村产权交易中心。健全生态保护机制，建立“河长制”，排污权交易、企业环境信用评价、环保责任保险三项改革得到中央深改办肯定，大田县生态综合执法项目获第四届中国法治政府奖提名奖。深化财政体制改革，推进预算管理制度和国库集中支付改革，全面推开营改增试点。进一步扩大开放，外贸进出口额累计104亿美元，实际利用外资累计到资6.9亿美元；积极承接自贸区外溢效应，推进电子口岸建设，进口商品直销中心、“陆地港”保税仓库等项目建成运营；深化明港澳台侨合作，举办世界客属第25届恳亲大会和第七届海峡两岸客家高峰论坛，把“11·6”林博会办成“天天林博会”。

（四）持续惠民生保和谐。五年累计财政民生支出807.7亿元，占财政总支出78.2%。五年累计实现新增城镇就业13.2万人、农村劳动力转移就业22.25万人。五年建设保障性住房3.42万套、竣工2.2万套，完成造福工程搬迁和危房改造3.9万户、16.5万人。稳步扩大社会保险覆盖面，城乡社会救助和应急灾害救助体系不断完善，困难群众基本生活得到保障。优先发展教育事业，义务教育标准化学校建设完成率100%，中小学生“幸福成长工程”经验做法在全省推广。加强卫生和人口计生工作，医疗卫生资源总量快速增长，“诚信计生·幸福家庭”创建全面推进。大力发展文化事业和文化产业，4个县被评为全国文化先进县，文化产业增加值增幅保持全省前列。广泛开展全民健身活动，成功承办全国首届青年运动会乒乓球赛事，三明籍运动员邓薇、柯丽婷分别勇夺我市首枚奥运会、残奥会金牌。深入推进群众性精神文明建设，全国“五讲四美三热爱”30周年研讨会在我市召开。有效应对泰宁开善泥石流等严重自然灾害，进一步建立健全科学高效的防灾减灾机制。创新社会综合治理，强化信访工作，抓好安全生产，有效保障食品药品安全，社会保持安定稳定。老龄、工会、青少年、妇女儿童、残疾人工作扎实开展，司法行政、统计、科普、民族宗教、档案、地方志、水文、气象、防震、库区移民等工作取得新进展。人民防空、民兵预备役、国防后备力量建设得到加强。

（五）持续优服务转作风。深入开展党的群众路线教育实践活动、“三严三实”专题教育和“两学一做”学习教育，严格落实中央八项规定精神，驰而不息反对“四风”。全面推进依法行政，法治政府建设取得新成效。认真执行人大及其常委会决议决定，依法接受法律监督和工作监督，认真办理人大代表意见建议。自觉接受人民政协民主监督，开展多形式协商，认真办理政协提案。推进简政放权，市级行政审批事项从543项精简到214项，推行“六张清单”制度，在全省率先设立市级中介服务中心。强化政府绩效管理，机关效能建设不断加强。开展“千名干部服务千家企业”活动，推动干部到一线服务项目、服务企业。健全完善政务公开，加强行政监察和审计监督，党风廉政建设和反腐倡廉工作深入推进。

各位代表，过去五年成绩来之不易，这是省委省政府和市委正确领导的结果，是全市人民团结奋斗的结果，是社会各界大力支持的结果。在此，我代表市人民政府，向为三明建设发展付出辛勤劳动的全市人民，向给予政府工作有力支持与有效监督的人大代表和政协委员、各民主党派、工商联、各人民团体、无党派人士、离退休老同志及社会各界人士，向积极发挥作用的中央和省属驻明单位、驻明部队、武警官兵、政法干警，向关心支持三明发展的港澳台同胞、海外侨胞、国际友人，致以衷心的感谢和崇高的敬意！

在看到成绩的同时，我们也清醒地认识到，三明经济社会发展仍面临不少困难和问题，主要是：经济下行压力较大，部分产业和企业发展仍较困难，财政增收比较乏力，信贷风险防控难度加大；高新技术产业比重偏低，企业创新能力不强，新旧动能接续转换仍需时日；投资增长后劲不足，支撑经济转型发展的大项目好项目不够多，民间投资和制造业投资增速下降；民生社会事业领域还存在短板，与群众期盼还有差距；有的干部办事效率、服务水平有待提高，不作为、慢作为等现象在部分单位和领域仍有存在，等等。对于这些问题，我们一定认真对待，创新举措，切实加以解决。

二、新一届政府总体要求、主要目标和重点任务

今后五年，是全面落实“十三五”规划、全面建成小康社会的关键时期，任务繁重、使命光荣。政府工作的总体要求是：高举中国特色社会主义伟大旗帜，以邓小平理论、“三个代表”重要思想、科学发展观为指导，深入贯彻以习近平为核心的党中央治国理政新理念新思想新战略，紧紧围绕“五位一体”总体布局和“四个全面”战略布局，牢固树立和落实五大发展理念，主动融入全省“再上新台阶、建设新福建”发展大局，按照市第九次党代会部署，突出“念好发展经、画好山水画”工作主题，坚持稳中求进总基调，着力提高发展质量和效益，着力创新驱动和供给侧结构性改革，着力改善民生和创新社会治理，着力加强生态文明建设和环境保护，推动各项事业发展再上新台阶，奋力建设更富活力更具实力更有竞争力的新三明。

主要目标是：在提前实现地区生产总值和城乡居民收入比2011年翻一番的基础上，力争到2021年地区生产总值、一般公共预算总收入分别突破2800亿元和200亿元。

重点任务是：

——推动创新发展再上新台阶。把创新作为引领发展的第一动力，实施创新驱动战略，强化产业创新，深入推进供给侧结构性改革，力争全市农林牧渔业总产值超520亿元、规模以上工业增加值超1500亿元、服务业增加值超1100亿元；强化企业创新主体地位，加快建设一批科研创新平台，深入实施“海纳百川”高端人才聚集计划，高新技术产业增加值占地区生产总值的比重达13%。强化改革创新，“三医联动”改革、集体林权制度改革继续保持全国领先地位，农村产权制度改革、投融资体制改革稳步推进，不断增强发展动力和活力。

——推动协调发展再上新台阶。围绕构建以三明中心城市为核心、县域城市为骨干、特色小镇为支撑、美丽乡村为基础的城镇化新格局，推进市区与沙县、永安同城化进程，全力打造区域性中心城市；提升县域经济特色，按照“一县一园区”方向，引导各地融入全市发展大局和产业布局，走差异化发展的路子；推进小城镇综合改革建设，打造一批“产、城、人、文”四位一体有机结合的特色小镇；推进美丽乡村建设，落实“六好六美”标准，保护历史文化名镇、名村和传统村落，培育一批美丽乡村。力争到2021年常住人口城镇化率达65%。

——推动绿色发展再上新台阶。坚持“绿水青山就是金山银山”理念，推进生态文明制度建设，落实国家生态文明试验区福建方案涉及三明的改革试验任务，努力推出更多可复制、可推广的工作机制。推进绿色低碳循环发展，落实产业准入负面清单，突出发展节能环保的战略性新兴产业，积极谋划核电、抽水蓄能、风电等绿色能源。落实主体功能区规划布局，实行能源和水资源消耗、建设用地等总量和强度双控，抓好三明生态新城国家低碳城试点建设。推进生态环境保护，落实大气、水、土壤污染防治行动计划，加强生态系统修复保护，倡导绿色发展方式和生活方式，建设天更蓝、地更绿、水更净、环境更友好的美丽家园。

——推动开放发展再上新台阶。努力构建立足两岸、服务全国、面向世界的开放格局，深入对接福建自贸试验区建设，加强与港澳台地区交流。努力构建充满活力、富有效率的开放环境，加快推进“两纵两横”铁路网、“一纵三横四联”高速公路网、“四纵三横三联”国省干线骨架网建设，实现县县通铁路；拓展三明“陆地港”功能，推行外商投资负面清单管理模式。努力构建“双向”投资、合作共赢的开放路径，积极融入“一带一路”，支持行业优势企业加快“走出去”，把更多有实力的企业“引进来”。

——推动共享发展再上新台阶。打好精准扶贫攻坚战，全面推进国家扶贫改革试验区建设，支持5个省级扶贫开发工作重点县加快发展，力争在2017年完成现行国定扶贫标准贫困人口脱贫任务，巩固一年后确保实现全部脱贫；在2019年完成省定扶贫标准贫困人口脱贫任务，巩固一年后确保建档立卡贫困村、贫困空壳村、市级扶贫开发重点乡镇、省级扶贫开发工作重点县实现全部脱帽。推进基本公共服务均等化，坚持量力而行、尽力而为，着力解决就业、教育、社会保障、文化体育、医疗卫生、健康养老等人民群众关心关注的问题。广泛开展群众性精神文明创建活动，持续推进“平安三明”建设，加强和创新社会治理，努力建设法治三明，始终保持社会和谐稳定。

三、2017年主要工作

2017年是实施“十三五”规划的重要一年，是供给侧结构性改革的深化之年。我们将坚持稳中求进总基调，适应把握引领经济发展新常态，以提高发展质量和效益为中心，以供给侧结构性改革为主线，以振兴实体经济为重点，突出产业升级，突出项目带动，突出改革攻坚，突出民生保障，突出风险防范，促进经济平稳健康发展和社会和谐稳定。今年我市经济社会发展主要预期目标是：地区生产总值增长8.5%；地方一般公共预算收入增长5%；固定资产投资增长15%；外贸出口增长3%；实际利用外商直接投资增长6%；城镇登记失业率控制在3.8%以内；社会消费品零售总额增长11%，居民消费价格涨幅3%左右；城镇居民人均可支配收入增长8.5%，农村居民人均可支配收入增长9%；完成单位生产总值能耗降低和主要污染物减排年度任务。围绕上述目标，重点做好以下六个方面工作：

（一）推进供给侧结构性改革，加快产业转型升级

深化“三去一降一补”。落实省上下达的去产能任务，坚决淘汰一批落后产能，坚决防止已关闭企业“死灰复燃”。落实好房地产各项政策措施，指导各地因城因地发展房地产，促进房地产市场平稳健康发展。加大企业帮扶力度，扩大股权融资规模，强化企业债券杠杆约束，降低企业杠杆率；落实企业减费措施，进一步降低用能、物流等要素成本和制度性交易成本；引导企业用好用足惠企政策，扶持做大现有龙头企业，帮助协调解决各类发展要素问题。坚持既补硬短板也补软短板、既补发展短板也补制度短板，重点围绕基础设施、产业发展、社会事业和民生保障等领域短板，继续策划实施一批投资工程包项目。

推动制造业中高端发展。突出发展战略性新兴产业，培育壮大氟化工、石墨（烯）、稀土、生物医药等新兴产业，加快推进海斯福高端含氟材料、锂离子正极材料二期、石墨负极材料、汇天药业扩建等重点项目，力争实现产值620亿元以上。改造提升冶金及压延、汽车及机械装备、林产加工、纺织等4个传统产业，支持龙头企业增资扩股、兼并重组，力争实现产值2000亿元以上。实施新一轮技术改造专项行动计划，完成技术改造投资800亿元以上，抓好310项重点技改项目建设，统筹推进“两化”融合、智能制造。整合提升15个重点工业园区，加快石墨（烯）产业园、氟化工专业产业园、信息经济产业园、生物医药产业园等特色专业园区建设，积极开展园区“二次招商”，完成固定资产投资220亿元以上，规模以上工业总产值突破1400亿元。

促进现代服务业全面发展。加快发展商贸物流、休闲旅

游、健康养老三大主导产业，推进全国物流标准化试点城市和三明陆地港冷链物流、海鑫钢材物流配送等项目建设，力争新增冷链库容2万吨、限上商贸企业30家以上；推进泰宁、尤溪、建宁创建国家全域旅游示范区，大力发展乡村民宿、汽车露营地等旅游新业态；推进医养结合试点城市建设，打造一批健康养老基地。积极培育电子商务、创意设计、文化体育三大先导产业，推进10个省级以上电子商务进农村示范县、56个文化产业重点项目建设，加快竞赛表演、健身休闲等体育服务业发展，文化产业增加值达55亿元。提升发展金融、服务外包、科技服务三大配套产业，拓展服务外包行业领域，推广园区企业资产按揭贷款、小微企业助保贷等业务，力争年内新增贷款130亿元。

加快发展特色现代农业。深入推进农业供给侧结构性改革，把增加绿色优质农产品供给放在突出位置。持续壮大高优粮食、绿色林业、精致园艺、生态养殖、现代烟草5大产业20条产业链，扶持壮大龙头企业，强化品牌创建和经营，新增“三品一标”农产品20个以上。加强现代农业“一区三园”建设，大力推广农业“五新”，加快“中国稻种基地”建设，新增设施农业面积2000亩以上。加强粮食产能区和高产示范片建设，确保粮食播种面积稳定在320万亩、总产量稳定在110万吨以上。大力培育家庭农（林）场、专业大户、农民合作社等新型经营主体，因地制宜发展农业观光、农家乐等休闲农业。积极发展“互联网+农业”，鼓励发展定制农业、众筹农业和农产品线上销售，不断衍生农业新业态，推进一二三产融合发展。

（二）实施创新驱动战略，推进创新型城市建设

加大产业创新力度。加强产业研发平台建设，在汽车及零部件、铸锻工艺及设备、机械装备等领域提升一批工程（技术）研究中心，在高端纺织、氟化工、石墨新材料和生物医药等产业再建一批产业研发平台。强化企业自主创新，力争新增省级以上重点（工程）实验室、工程技术研究中心、企业技术中心5个以上，新增院士工作站10家以上，新增国家高新技术企业15家以上。加快实施科技小巨人领军企业行动计划，精准帮扶种子期、初创期、成长期的企业发展，新增科技小巨人领军企业20家以上。

深化大众创业万众创新。加快全国小微企业创业创新基地城市建设，培育“一县一特色”双创示范基地，探索形成更多可复制的示范经验，确保通过国家考核验收。注重“双创”平台建设，加快打造一批低成本、开放式的众创空间、星创天地，提高入驻企业创业创新成功率；支持社会力量创办中介服务机构，培育一批区域性中小企业服务中心、创新驿站等服务机构。健全创新创业服务和政策支持体系，鼓励科技人员、大学生、返乡农民工等重点人群创新创业，新增小微企业4200家以上。

完善创新体制机制。建立财政性科技投入稳定增长机制，落实好高新技术企业所得税减免、研发费用加计扣除等税收优惠政策。积极引进风险投资公司，鼓励开展专利权质押贷款、科技保险等业务，促进科技与金融协同创新。落实企业研发、购买和使用首台（套）产品奖励政策，提高科技成果完成人和作出重要贡献人员的奖励比例。深入实施“海纳百川”高端人才聚集计划，建立“星期天工程师”“假日教授专家”等柔性引才机制，重视发挥本地人才作用。加大知识产权保护和利用力度，注重科普工作实效，营造鼓励创新的良好氛围。

（三）强化项目带动，积极扩大有效投资

加快重点项目建设。全力抓好1005个、总投资6403亿元的“五个一批”项目。着力抓好464个列入省行动计划重大项目，全年完成投资450亿元以上。突出重大基础设施项目建设，全面推进浦梅铁路建宁至冠豸山段、兴泉铁路、莆炎高速永泰梧桐至尤溪中仙段建设，确保年内南龙铁路、厦沙高速和三明西互通建成通车，莆炎高速尤溪至建宁段全线开工建设，续建和新开工国省干线197千米；开工建设生态工贸区安全生态水系示范区项目，加快14个中型水库及烟基水源工程建设，推进闽江上游重点流域防洪工程；新建、改造城市道路和地下管网500千米以上，全市新增城市公共停车位1500个，推进海绵城市建设；抓好海西天然气管网三明段一期、泰宁池潭电厂扩建等项目建设，推进农村电网改造升级工程。突出重大产业项目建设，实施200个以上总投资超5000万元工业重点项目，着力推进三钢生产线升级改造及物联云商、青山纸业超声波制浆、建新轮胎二期、住宅产业化等项目开工建设。大力挖掘投资潜力，加快策划和实施一批国家专项建设基金项目。

健全项目推进机制。开展“五比五晒”项目竞赛活动，落实“五个一批”项目工作机制，加强项目策划储备和动态管理，实现项目持续滚动发展。完善重点项目“一月一协调、一季一督查、一季一通报”和重大项目挂牌服务机制，强化各类要素保障，增强项目建设实效。继续实施一批经营性项目，发挥国有投资支撑引领作用。落实鼓励民营投资政策，促进更多社会资本投向基础设施、公共服务领域。

强化招商引资工作。拓展深化与机科院、中节能的合作，持续加强与中化集团、中核集团、中纺院、国机集团等央企对接，力争取得新突破。推进与省属企业、厦门企业对接合作，力争年内新对接签约项目投资额230亿元以上。深化民企对接，实施“明商回归”工程，确保对接民企合同项目投资额300亿元以上。紧盯世界500强和中国台湾百大企业、港澳侨大型企业，用好“9·8”投洽会、“11·6”林博会等平台，力争新批办外资项目增长12%。

（四）着力壮大区域经济，促进城乡协调发展

做优做强市区经济。全面落实《市区经济重点项目建设行动计划》，健全8个重点项目工作组推进机制，着力实施207个市区经济重点项目，增强市区的凝聚力、向心力和带动力。推动市区产业提升，统筹推进9个特色产业园建设，抓好72个工业重点项目，力争年内市区工业增加值占全市比重提升1~2个百分点；推进徐碧商务区、海鑫市场群、三明郊野国家地质公园等现代服务业项目建设，提升梅列中心商贸区、三元产业配套商贸区发展水平；加快发展都市现代农业，着力打造“一园二带三基地”。推动市区城建提效，全面推进中心城市路网建设，205国道市区过境线全线建成通车，尽快形成市区公路外环，促进市区与各开发区互联互通；有序推进北部新城、南部新城等重点片区开发，开展市区生态修复、城市修补，抓好18项重点城建项目。推动市区社会事业提质，教育方面重点推进优质教育扩容工程，支持普通高中优

质发展，开展与厦门名牌学校交流合作；医疗卫生方面重点推进市属医疗机构与省内外高水平医院合作办医，加快市第一医院外科病房综合楼、市妇幼保健院等项目建设；文化体育方面重点提升一批街道社区综合文化服务中心，积极组织品牌赛事，提高市区集聚人口能力。

壮大县域特色经济。支持县域发展特色产业，鼓励各地依托特色资源，走差异化发展路子；支持永安、沙县发挥引领带动作用，持续争创全省县域经济实力“十强”县；支持尤溪、大田、将乐壮大经济总量、提升发展质量，争创全省县域经济发展“十佳”县；支持明溪、清流、宁化、建宁、泰宁加快脱贫步伐，补齐发展短板，增强自我发展能力。深入实施“大城关”战略，抓好县城规划和建设，有序推进新区开发和旧城改造，推动县城向区域中小城市提升。深化全市国家中小城市综合改革试点和尤溪洋中镇省级“小城市”培育试点，推进永安国家级、大田省级新型城镇化试点建设，全面实施居住证制度，加快基本公共服务向常住人口覆盖，引导人口向城市和建制镇集聚。

优化美化城乡环境。贯彻实施《三明市城市市容和环境卫生管理条例》，深化全国文明城市建设，推广“街长制”“微城管”，完善公交网络系统、建设公共自行车系统，开展交通拥堵综合整治，加强社区建设与管理，提升城市精细化管理水平。深化城乡宜居环境建设行动，整治提升城镇“三边三节点”，实施农村人居环境治理工程，推进美丽乡村建设。深化水流域环境综合治理，强化畜禽养殖面源污染整治，加强饮用水水源保护；推进大气污染防治，突出重点企业治理工程建设，深化扬尘面源治理；加强土壤环境保护与治理，实施山水林田湖生态保护和修复工程，完成造林绿化和森林经营222万亩，综合治理水土流失20万亩。

加快生态新城建设。积极推进三明生态工贸区建设，继续以“十同”为重点，加快市区与沙县、永安同城化步伐。大力推进生态新城“一带六区”建设，抓好国家级现代农业科技示范园、国家级高新技术产业园区、国家低碳城试点建设。全面推进生态新城核心区建设，做好总体城市设计工作，重点实施湿地公园三期、商业文化中心、水上乐园、商业综合体等项目，加快医养特色小镇、三甲医院规划建设，构建宜居宜业的中央商务区；抓紧陆地港专业市场、电商产业园三期等项目建设，大力发展保税延展、保税展示交易和跨境电商业务，促进商贸金融产业发展；加快职教园二期、北大附属实验学校、新城小学建设，打造优质教育体系。

（五）深入推进改革开放，增创体制机制优势

深化重点领域改革。持续深化“三医联动”改革，探索全民健康四级共保新机制，健全城乡居民健康档案，努力为群众提供更高水平的健康服务和保障。持续深化林改，创新普惠制林业金融，力争全市新型林业经营主体覆盖面达55%，新增林权抵押贷款10亿元，林权交易面积达20万亩。持续深化金融改革，引导银行机构加大对实体经济支持力度，加强信贷风险防范和处置工作，探索发行绿色债券，鼓励和支持企业上市，做大直接融资规模。推进农村承包土地经营权抵押贷款试点，探索农村林、地、房“三权”抵押贷款业务，激活农村产权资源。开展国资国企改革，推进国有资产重组和国有企业分类改革，做强市属国有企业。深入推进城市执法体制改革，改进城市管理工作。全面落实国家生态文明试验区18项年度改革任务，巩固提升“河长制”，建立生态保护执法、司法双保险机制，持续抓好全国生态保护与建设示范区工作。

积极扩大对外开放。持续承接自贸区溢出效应，复制推广自贸区试验创新成果，拓展陆地港口岸和保税仓储功能，提升对外开放和口岸通关便利化水平。稳定外贸增长，力争培育年出口总额超千万美元企业75家以上；主动融入“海丝”核心区建设，推动我市钢铁、机械装备、汽车、水泥等优势产业产品“走出去”，力争对“一带一路”沿线区域出口增长10%以上。扩大对外交流交往，深化明台交流合作，密切与港澳地区、国外友城的沟通联系，加强与海外华侨华人及其社团的友好往来。

（六）注重保障改善民生，扩大基本公共服务

打好精准扶贫攻坚战。深入推进国家扶贫改革试验区建设，统筹用好老区苏区政策和扶贫开发专项资金，构建专项扶贫、行业扶贫、社会扶贫互为补充的大扶贫格局。拓展提升“348”精准扶贫工作机制，实施精准扶贫“九个一批”和“五项工程、三大行动”，大力开展产业扶贫，因地制宜开展乡村旅游扶贫、光伏扶贫、电商扶贫等，扩大扶贫小额贷款覆盖面，深化扶贫资金量化折股、资源资产入股分红、保险扶贫等改革试点，确保全年1.7万人脱贫。推进造福工程易地搬迁，全年实施造福工程1.03万人。支持少数民族乡村加快发展，继续加强库区移民安置和后期扶持工作。

全面加强社会保障。落实就业创业各项扶持政策，统筹做好农民工、高校毕业生、就业困难人员等重点群体就业工作，新增城镇就业1.9万人以上。加大社会保险扩面力度，推进基本养老保险法定人员全覆盖。稳步提高城镇企业退休职工养老保险待遇和城乡居民基础养老金，进一步提高优抚对象抚恤和生活补助、城乡低保补助水平。加大棚户区改造力度，实施棚户区改造4660套，基本建成保障性安居工程住房2200套。加快完善养老服务体系，推进医养融合发展，打造“15分钟社区居家养老服务圈”。健全未成年人、农村留守儿童、妇女、残疾人关爱服务体系，大力发展社会福利、社会救助、红十字会、慈善、老龄事业，支持关心下一代工作。

加快发展社会事业。推进学前教育三年行动计划，普惠性学前教育覆盖面扩大到75%；全面改善义务教育薄弱学校基本办学条件，全面推广中小学生“幸福成长工程”经验，全面推进“教育强县”创建工作，促进义务教育均衡发展；深化普通高中质量提升工程，力争再创高考佳绩；大力促进职业教育发展，推进“二元制”和现代学徒制人才培养模式改革试点；支持三明学院争创国家示范性应用型本科高校，推动三明医学科技职业学院、福建水利电力职业技术学院争创省示范性现代职业院校，促进校市融合发展；支持特殊教育、民族教育、终身教育、民办教育发展。巩固提升国家公共文化服务体系示范区创建成果，完善公共文化服务“六联六创”机制，推进基层综合性文化服务中心建设；深入挖掘客家文化、朱子文化、闽学文化等特色文化内涵，推动红色文化遗址保护立法，抓好万寿岩国家考古遗址公园建设。加强计划生育工作，完善医疗卫生服务体系，加强产科、儿科、精神科等薄弱专科建设，强化疾病预防控制，提升突发公共

卫生事件应急处置能力，持续开展爱国卫生运动。落实全民健身实施计划，积极发展老年体育，培养竞技体育后备人才，做好参加第十三届全运会服务保障工作。

加强和创新社会治理。加快推进法治三明建设，深入开展“七五”普法。全面加强社会信用体系建设，强化守信激励和失信惩戒。完善群众性精神文明建设长效机制，大力弘扬三明精神，打响“为文明点赞，为三明点赞”品牌。深化“平安三明”建设，建立立体化治安防控体系，扎实做好社会稳定工作。全面落实信访工作责任制，持续推进阳光信访、责任信访、法治信访建设，依法公开处理信访事项。强化食品药品监管，健全食品药品追溯、监测体系。完善和落实安全生产责任制，深化重点行业领域专项整治，坚决遏制重特大安全生产事故发生。加强应急处置能力建设，提高防灾减灾救灾水平。密切与各民主党派、工商联、无党派代表人士的联系与协商，支持工会、共青团、妇联等群团组织发挥更大作用，做好外事侨务、民族宗教工作。深化双拥共建，加强国防动员、国防后备力量和人民防空建设，推进军民融合发展。

四、加强政府自身建设

我们要牢固树立政治意识、大局意识、核心意识和看齐意识，坚决维护以习近平为核心的党中央权威，更加扎实地把党中央、国务院和省委、省政府及市委的各项决策部署落到实处。

（一）注重务实。坚持深入调查，摸清实际情况，认真贯彻落实上级部署，针对性研究出台政策措施，增强主动性、减少盲目性、克服片面性。坚持问题导向，多到贫困偏远的农村去，多到矛盾集中的地方去，多到项目建设的现场去，及时协调解决困难和问题，努力为基层和企业排忧解难。坚持一抓到底，弘扬“滴水穿石”“钉钉子”精神，撸起袖子加油干，对各项工作建立明细账，画好施工图，倒排时间表，立下军令状，确保干一件成一件。坚持循序渐进，树立“功成不必在我”发展观，坚决克服急功近利、短期行为，多做打基础、利长远、惠民生的事，扎扎实实把一张蓝图画到底。

（二）注重高效。落实“马上就办”，对作出的部署、决定的事项、安排的项目，做到雷厉风行抓执行，立说立行抓落实，力争最短时间见成效。提高服务效率，深化“放管服”改革，探索运用“互联网+政务”模式，进一步完善网上办事大厅，推进行政服务规范化、标准化建设，实施行政审批“三集中”，让群众少跑腿、项目早落地。强化效能督查，健全常态化督查问责机制，着力整治懒政怠政为官不为，对效率低、服务差、企业和群众意见大的，该问责的严肃问责，坚决消除“中梗阻”，打通工作落实“最后一千米”。

（三）注重创新。践行新理念，把五大发展理念始终贯穿落实到政府工作全过程、各环节。激发新活力，进一步解放思想，更新观念，坚决冲破一切妨碍发展的思想观念，坚决改变一切束缚发展的做法规定，坚决革除一切影响发展的体制弊端。探索新办法，深化“敢担当、解难题、立新业”和“千名干部服务千家企业”活动，建立健全正向激励机制和容错纠错机制，鼓励干部敢于负责、勇于创新、善于攻坚，在破解难题中推进发展。追求新标准，把工作放到更高位置来谋划，对标先进地区，借鉴先进经验，强化“比学赶超”，力求各项工作有特色、创品牌、争一流。

（四）注重廉洁。坚决推进全面从严治党，严格执行党内政治生活若干准则、廉洁自律准则和纪律处分条例、问责条例、党内监督条例，持之以恒落实中央八项规定精神。坚持依法行政，严格依照法定权限和程序行使权力、履行职责，自觉接受人大及其常委会的法律监督、工作监督和政协的民主监督，主动接受社会监督和舆论监督。深入推进政务公开，实现决策、执行、结果公开透明。加强行政监察，发挥审计监督作用，对重要领域、关键岗位严加监管。健全完善惩治和预防腐败体系，严肃查处违纪违法案件，努力打造风清气正的廉洁政府。

各位代表，蓝图已绘就，奋进正当时。让我们更加紧密团结在以习近平同志为核心的党中央周围，在省委省政府和市委的领导下，不忘初心、继续前进，艰苦奋斗、真抓实干，奋力建设更富活力更具实力更有竞争力的新三明，以优异成绩迎接党的十九大胜利召开！

2016 年，三明市区南部新城建设加速　　（江可腾 摄）

三明市人大常委会工作报告

——在三明市第十三届人民代表大会第一次会议上

徐 铮

（2017年1月13日）

一、过去五年工作回顾

过去五年，市十二届人大常委会在中共三明市委的正确领导下，全面贯彻党的十八大和十八届三中、四中、五中、六中全会精神，认真贯彻落实习近平总书记系列重要讲话精神和对福建工作的重要指示，围绕中心、服务大局，认真行使宪法和法律赋予的职权，加强和改进人大各项工作，为推动我市经济、政治、文化、社会和生态文明建设作出了积极贡献。五年来，共召集本级人民代表大会6次，召开常委会会议36次、主任会议98次，作出决议决定55项，制定2部地方性法规，听取审议“一府两院”专项工作报告104项，组织开展执法检查10项，开展专题询问7次，开展满意度测评8次，开展视察、检查和专项调研162项，任免国家机关工作人员389人次，全面完成了本届常委会的各项目标任务。

（一）始终站位全局，牢牢把握正确方向

常委会始终坚持党的领导，自觉从全市大局中定位和谋划地方人大工作，使依法履职与服务大局相协调、相促进，努力推动各项工作不断发展。

坚持正确的政治方向。常委会始终保持政治定力、政治自觉，坚决维护以习近平为核心的党中央权威，牢固树立政治意识、大局意识、核心意识、看齐意识，坚定道路自信、理论自信、制度自信、文化自信，坚持党的领导、人民当家作主、依法治国有机统一，不断推动人民代表大会制度在我市的生动实践。坚持和依靠市委的集中统一领导，坚决贯彻市委决策部署，健全重大事项向市委请示报告制度，认真落实市委对人大工作的决定和要求，确保党的领导得到充分实现。依法行使重大事项决定权，就全面推进依法治市、生态市建设等重大事项作出决议决定，通过法定程序把市委的重大决策转化为全市人民的共同意志，进一步凝聚全市人民的共识和力量；依法行使人事任免权，完善人事任免工作程序，坚持任前法律知识考试等制度，全面落实宪法宣誓制度，实现党管干部和依法任免的统一。

推进市委决策部署贯彻落实。积极跟进、主动服务市委中心工作，使常委会工作与全局工作保持同步、形成合力。围绕市委关于全面深化改革的工作部署，对行政审批制度改革、创新林业经营体系、公立医院改革等方面工作开展监督，积极参与全市民主法制领域改革工作，推动改革事业不断向前发展。围绕市委《关于进一步加快推进三明科学发展跨越发展的实施意见》，针对三明生态工贸区与生态新城建设、三沙永同城化面临的新情况新问题，深入调研、建言献策，提出了明确工贸区主体功能、突出园区经济考评体系、拓宽投融资渠道、完善管理体制等有针对性的意见建议。围绕市委《关于进一步加快产业转型升级的实施意见》，就我市加快产业转型升级、智能制造工程实施等情况开展专题调研，建议市政府从制定优势产业发展专项规划、建设产业技术服务平台，实施“数控一代”“智能一代”工程等方面，加快我市产业转型升级步伐。

推动地方人大工作完善发展。深入学习贯彻习近平总书记在庆祝全国人大成立60周年大会重要讲话精神，以更加积极有效的民主法治实践，推动我市人大工作迈出新步伐。人大职权进一步拓展。监督、决定、任免等职权的行使不断深化，依法履职的形式不断完善；依法获得地方立法权后，坚持党对立法工作的领导，统筹谋划、稳步推进，实现地方立法工作良好开局。人大组织建设更加完善。按照预算法、立法法的新要求，筹备成立财经、法制两个专门委员会，充分发挥专门委员会审查把关、智囊参谋作用，预算审查监督和立法工作向专业化、规范化迈进。基层人大建设不断加强。认真贯彻落实中发〔2015〕18号文件精神，指导和推动县乡人大工作与建设，总结推行基层人大设立代表工作室、开展代表述职评议、加强乡镇人大主席团建设等好经验、好做法，努力提高基层国家权力机关履职水平。圆满完成代表换届选举。加强指导监督，严肃换届纪律，新一届9062名市、县、乡人大代表顺利选举产生，代表结构进一步优化，为坚持和完善人民代表大会制度提供了坚实基础。

（二）坚持突出重点，切实增强监督实效

常委会始终围绕关系改革发展稳定和群众切身利益、社会普遍关注的重大问题，突出监督重点，改进监督方式，寓支持于监督之中，推动我市经济社会持续健康发展。

围绕经济发展开展监督。顺应经济发展新常态、新变化，提高对经济工作监督的质量，促进经济稳定增长和质量效益提升。一是加强规划计划执行监督。听取审议年度计划执行情况、“十二五”规划中期评估报告，促进规划计划的有效执行。从重点内容、规划衔接等方面入手，对“十三五”规划编制情况进行调研和审议，为市十二届人大六次会议审查和批准规划纲要打好基础。二是深化预决算审查监督。认真贯彻预算法，推动市本级从2015年起实现全口径预算管理，使预算更加全面规范、公开透明。听取审议年度预算执行、决算、同级审计等工作报告，对政府性债务、土地出让金收支管理、专项资金管理使用等情况开展监督，督促市政府依法理财，管好用好人民的“钱袋子”。2016年首次听取审议部门预算执行审计问题整改情况报告，发挥审计的职能作用，增强预算执行的严肃性。开展市区税源建设、增加财政收入等专题调研，推动市政府进一步重视和加强市区财税建设，增强财政保障能力。三是促进经济持续稳定增长。开展中小企业、生产型出口企业、台资企业发展及地产品市场开拓、氟化工人才需求等情况监督，建议市政府从市场、融资、人才等方面出台政策措施，帮助企业解决实际困难、应对经济下行压力。对旅游产业、现代物流业、文化产业、竹产业、茶产业、林下经济等发展情况进行监督，推进供给侧结构性改革和相关产业可持续发展。听取审议电子商务等新兴业态发展情况报告并进行专题询问，开展科技创新体系建设、创新农业生产经营机制等情况调研，推动大众创业、万众创新，提升区域经济竞争力。

围绕民生保障开展监督。坚持以人民为中心的共享发展理念，运用多种监督方式，推动惠民政策落实，提升人民群众的幸福感和获得感。一是高度关注公共安全。加强对食品、饮用水、农产品质量、道路交通、生产、消防、防震减灾等公共安全事项的监督，对一些群众反映强烈的热点问题，紧“督”不放、力求实效。年年关注“食”，每年开展食品安全监管情况监督，积极推动发现问题的整治整改和食品安全监管机制的不断完善，我市食品检测检验资源整合、餐厨废弃物资源化利用和无害化处理等工作走在全省前列。紧紧抓住“水”，每年都对市区饮用水源保护情况进行检查，促进东牙溪饮用水源和薯沙溪备用水源保护工作持续加强，目前市区第二供水工程已正式通水。牢牢盯住“行”，连续2年对道路交通安全工作情况进行监督，针对测评结果为“不满意”的事项开展跟踪监督，督促市政府加大市区交通秩序和停车难问题的整治力度，对公交站点设置不合理、人行道被占用等群众反映问题进行整改。二是促进社会事业发展。听取审议学前教育、职业教育等工作情况报告，对地方高校转型发展进行调研，推进职教园区建设和教育事业均衡化发展。听取审议公共文化服务体系建设工作情况报告并开展满意度测评，对基本公共卫生服务、人口与计划生育、全民健身等工作进行监督，推动国家公共文化服务体系示范区和健康三明建设。开展社会保障和老年人、少数民族、台胞台属、归侨侨眷、安居工程等群众权益保障情况监督，促进保障机制的完善，维护群众合法权益。三是推进精准扶贫工作。围绕脱贫攻坚目标，听取审议精准扶贫工作情况的报告，有针对性地开展农村扶贫开发、省级扶贫开发工作重点县有关情况等专题调研，促进我市国家扶贫改革试验区建设，加大扶贫开发和精准扶贫力度，加快贫困群众脱贫致富，促进人民共享改革发展成果。四是推动城乡建设与管理。听取审议《三明市城市总体规划》及编制情况报告，开展城区规划建设管理情况调研并进行跟踪检查和满意度测评，推动城市总体规划的进一步完善和依法实施，提升城市规划建设水平。连续3年就城市管理工作进行监督，开展市区市容和环境卫生管理情况专题询问，市政府认真研究处理常委会审议意见，进一步健全城市管理机制，完善基础设施建设，加强城市常态化管理，为成功创建全国文明城市夯实基础。开展深化小城镇改革、重点水利工程建设、农村饮用水安全建设、农村环境连片整治等工作监督，促进农村居民生产生活条件改善。

围绕生态文明开展监督。坚持和落实绿色发展理念，加强对环境保护和生态建设的经常性监督，推动我市生态文明建设与经济社会发展同步。依法作出《加强生态检察监督推进生态环境保护的决定》《加强生态环境审判工作推进生态文明建设的决定》，督促“两院”围绕生态领域问题，强化行政执法监督职能，深化司法体制改革，为大力推进我市生态文明建设提供司法保障。听取审议三明生态市建设“十二五”规划实施、生态市创建工作情况报告，支持和推动市政府抓好规划实施、完善创建体系、解决生态问题，采取更加有力措施推进生态市建设。听取审议大气污染防治、市区空气环境综合整治、畜禽规模养殖污染防治、水土保持等工作情况报告，组织矿产资源法、土地管理法执法检查，开展绿化造林跟踪检查、森林资源培育专题调研，促进我市节约集约开发利用资源，推进绿色低碳循环发展，为生态文明先行示范区建设奠定基础。坚持每年组织中华环保世纪行（三明）宣传活动，倡导绿色发展理念和生活方式，推动群众反映的环保热点问题解决。

（三）加强法治建设，持续推进依法治市

常委会始终致力推进民主法治，以获得地方立法权为契机，以加强法律监督、工作监督为抓手，不断提高践行法治、推动法治的能力，扎实推进法治三明建设。

开启地方立法。积极发挥人大在地方立法中的主导作用，建立健全立法工作机制，统筹制定立法规划和年度立法计划，扎实推进立法工作。加强立法能力建设，在全省新获立法权的设区市中率先设立人大法制委员会，健全工作机构，强化学习培训，夯实地方立法工作基础。坚持科学立法、民主立法，2015年以来制定并实施了我市首部程序性法规——《三明市人民代表大会及其常务委员会立法条例》，严格规范立法程序，保障立法质量和效率；立足城市发展需要和文明城市特色，制定颁布了首部实体性法规——《三明市城市市容和环境卫生管理条例》，从政府部门的管理职责和公民应遵守的行为规范等方面作出明确规定，把共创共建、“门前三包”等好传统、好经验以地方立法的形式加以传承和提升，为巩固全国文明城市创建成果、提升城市管理水平提供法制保障；组织开展万寿岩遗址保护与管理、饮用水源保护、建筑施工扬尘防治管理、土堡保护等立法调研，为制定相关地方性法规做好前期准备。

推进依法行政。开展职业教育法、道路交通安全法、农民专业合作社法、台湾同胞投资保护法等10部法律法规执法检查，对森林防火条例、宗教事务条例等5部法律法规贯彻实施情况进行调研，针对执法检查发现的问题，从强化政府法定职责、健全完善机制、解决重点难点问题等方面提出具体意见建议，促进法律法规的贯彻实施。听取审议市政府贯彻落实国务院《关于加强市县政府依法行政的决定》，以及行政审批权改革、行政裁决和行政复议、人民调解、社区矫正等工作情况报告，推动政府转变职能，改进治理方式，规范执法行为，促进效能提升。开展“六五”普法工作情况调研，作出《关于开展第七个五年法治宣传教育的决议》，大力弘扬法治精神，促进全市普法宣传工作。做好规范性文件备案审查，五年共审查规范性文件122件，努力维护法制统一。

促进公正司法。听取审议“两院”关于加强基层基础建设，法院关于民事执行、涉诉信访、生态审判，检察院关于查办和预防职务犯罪、生态检察等工作报告，对法院人民陪审员、检察院反贪污贿赂及“两院”规范司法行为开展联动监督，推动“两院”完善工作机制，规范司法行为，提升案件办理及执行成效，增强司法透明度和公信力。改进人大信访工作，引导群众依法上访，将涉法涉诉信访纳入法治轨道。五年来共受理人民群众来信来访4125件次，加强信访事项的交办、转办、督办，促进群众合理诉求的解决。

（四）完善服务保障，充分发挥代表作用

常委会始终突出代表主体地位，不断改进和完善工作机制，支持和服务代表依法履职，保障代表参与国家事务管理的权力。

加强代表建议督办。五年来，人大代表在大会和闭会期间提出的938件意见建议已经全部办理，代表对建议办理表示满意或基本满意达98.1%，代表所提问题当年已经解决或基本解决的占90%。完善代表建议交办、督办机制，坚持开展代表建议“督办月”、办理结果“回头看”活动。健全重点督办制度，五年共确定28件建议由常委会主任、副主任领衔重点督办，并对其中19件重点督办建议办理情况进行满意度测评，测评结果向社会公开，接受代表和社会监督。改进和优化督办方式，运用跟踪督办、现场督办等方式，切实推动建议办理和问题解决。如连续3年将代表提出的扶持小微企业发展的建议列为重点督办建议，督促市政府及其有关部门采取措施，帮扶小微企业发展。对代表提出的改善三明北站市区公交车专线候车现状的建议，进行实地督办、跟踪落实，推动了三明北站公交场站改造工程的实施，方便了来往乘客。

组织代表闭会期间活动。制定出台市人大代表在闭会期间活动的暂行规定，进一步规范活动的形式和内容。定期组织代表开展专题调研和集中视察，支持代表依法行使监督权力。扩大代表对常委会工作的参与，邀请代表参加常委会组织的立法、监督、调研、检查等活动，充分采纳代表提出的合理化建议；根据常委会会议议题，有针对性地邀请代表列席会议，保证每位基层代表在届内至少列席一次常委会会议。五年来，共邀请代表334人次列席市人大常委会会议，组织省人大代表215人次、市人大代表2594人次参与考察、检查、调研等活动。

保障代表依法履职。认真做好代表大会的组织筹备和服务保障工作，保障代表依法行使国家权力。完善和落实常委会组成人员联系代表制度，加强与代表的经常性联系，注意听取代表意见建议，切实帮助解决代表履职中的实际问题。加强对代表小组活动的指导，召开全市代表小组长会议，指导和促进代表小组常态化开展活动。定期寄送人大刊物和人大工作信息，利用人大网站、手机信息等平台，通报常委会工作动态，拓宽代表知情知政的渠道。健全代表学习培训机制，组织新当选的市人大代表集中学习，开展代表履职培训和履职经验交流研讨活动，提升代表履职能力。五年来，共组织省人大代表82人次、市人大代表426人次参加专题学习培训。

（五）强化自身建设，不断提高履职水平

常委会始终注重加强自身建设，积极探索新形势下依法发挥职能作用的有效形式和途径，着力提升依法履职能力和水平。

加强思想作风建设。采取常委会党组学习会、组成人员读书班、法律知识讲座等形式，加强政治理论和业务知识学习。扎实开展党的群众路线教育实践活动、“三严三实”专题教育和“两学一做”学习教育，进一步坚定理想信念，践行为民宗旨，保持干事创业、开拓进取的精气神。严格贯彻中央八项规定精神，认真落实“四下基层”制度，积极参与“敢担当、解难题、立新业”活动，深入基层、入企进村，改进工作作风，密切联系群众。认真贯彻从严治党要求，强化常委会党组主体责任，以党章为根本遵循，深入贯彻廉洁自律准则、党内监督条例等党内法规，推动党风廉洁建设落到实处。

完善制度规范。坚持依法按程序办事，集体行使职权，组织修订了市人民代表大会、常委会党组、常委会会议和主任会议议事规则，推进人大议事决策的科学化、民主化。修改完善常委会组成人员守则，强化责任约束，增强依法履职的自觉性。修订完善任免国家工作人员办法、满意度测评办法、加强和改进调查研究的意见、接受委托开展执法检查和工作调研的规定、办理“一府两院”研究处理审议意见报告的规定以及机关管理等14项制度，进一步提升常委会和机关工作的规范化水平。

改进工作方式。完善专题询问和工作测评。专题询问内容从群众关注的民生领域扩展到新兴产业等经济领域，询问方式更加注重随机提问和跟踪追问；工作测评范围从“一府两院”专项工作扩展到重点督办建议、审议意见办理情况等方面，测评内容由总体测评细化到分项测评，增强了专题询问和满意度测评的效果。注重综合运用各种监督方式。在听取审议专项工作报告的基础上，运用联动监督、跟踪检查、专题询问、满意度测评等多种方式，加大监督力度，持之以恒跟踪问效。深化调研成果应用。对事关我市发展的热点难点问题，在送交审议意见的基础上进行延伸调研，提出针对性、操作性更强的建设性意见，以报送呈阅件的形式为市委决策提供参考。如在生态工贸区建设、市属企业国有资产监管方面所提的意见建议，被转化为具体政策措施，推动了问题的解决和工作的开展。

增强工作合力。自觉接受省人大常委会的监督和指导，配合省人大常委会做好执法检查、立法调研和专项工作调研等102次。加强对基层人大工作的指导，每年召开市县人大常委会主任座谈会和委室工作座谈会，邀请县（市、区）人大常委会负责人列席常委会会议，开展县乡人大工作专题调研，召开全市乡镇（街道）人大工作会议，举办了8期全市人大干部培训班，提高基层人大工作水平。重视地方人大工作理论研究，先后围绕行使重大事项决定权、监督工作实践创新等5个课题开展研究；成立了三明市人大工作理论研究会，促进人大工作实践与理论相结合。加强人大新闻宣传,结合纪念全国人民代表大会成立60周年、地方人大设立常委会35周年和国家宪法日活动，广泛开展宪法法律、人大工作与制度宣传，为人大工作营造良好社会氛围。

各位代表，市十二届人大常委会已圆满完成了历史使命。五年工作成绩来之不易，这些成绩是在市委的正确领导和省人大常委会的精心指导下，全体人大代表和常委会组成人员共同努力的结果，是市“一府两院”和各县（市、区）人大常委会密切配合的结果，也是全市人民积极支持的结果。在此，我代表市十二届人大常委会表示衷心的感谢和崇高的敬意!

回顾五年的实践和探索，我们对坚持和完善人民代表大会制度，进一步做好新时期地方人大工作，有了更加深刻的认识和体会：

第一，必须坚持党的领导。这是做好人大工作的根本保证，只有把党的理论和方针政策贯穿于依法履职全过程，把中央关于走中国特色社会主义政治发展道路、坚持和完善人民代表大会制度的重大部署落实到工作各个方面，在思想上政治上行动上同习近平为核心的党中央保持高度一致，在市委的领导下开展工作，才能使人大工作沿着正确的方向前进。

第二，必须坚持服务大局。这是做好人大工作的关键所在，只有自觉从全市工作大局出发，找准服务大局的切入点、着力点，通过监督保证宪法、法律有效实施，促进依法行政、公正司法，通过讨论决定重大事项，凝聚全市人民群众的智慧和力量，在履职中有作为、在尽责中显成效，才能使地方国家权力机关的职能作用得以充分发挥。

第三，必须坚持以人为本。这是做好人大工作的本质要求，只有深入践行党的群众路线，不忘初心，为民履职，把实现好、维护好、发展好最广大人民的根本利益作为人大工作的出发点和落脚点，发挥人大密切联系人民群众的优势，察民情、集民智、解民忧、聚民心，才能使人大工作根植于人民群众、保持蓬勃生机和活力。

第四，必须坚持开拓创新。这是做好人大工作的不竭动力，只有坚持解放思想、与时俱进，积极探索新形势下做好人大工作的新途径、新方法，以改革创新精神研究新情况、总结新经验、解决新问题，不断完善工作思路、健全工作机制、规范工作程序，才能使人大工作更好地体现时代性、把握规律性、富于创造性。

第五，必须坚持民主集中制。这是做好人大工作的根本原则，只有严格遵循民主集中制原则，既充分发扬民主，实行集体行使职权，调动全体组成人员参与管理国家事务的积极性和聪明才智，又坚持依法按程序办事，实行有效的集中，把集思广益和统一意志结合起来，才能使人大议事决策实现民主化、科学化。

在总结五年工作成绩的同时，我们也清醒地认识到，常委会工作还存在一些不足，主要是：立法工作刚刚起步，能力建设需要进一步加强；监督工作的针对性还不够，监督实效需要进一步提升；代表活动的内容还不够丰富，发挥代表作用的途径需要进一步拓展；常委会自身建设有待加强，机关服务保障能力需要进一步提高等等。这些方面有待在今后工作中切实加以改进。

二、今后工作建议

各位代表，今后五年是全面建成小康社会的决胜期，是全面深化改革的攻坚期，是全面依法治国和全面从严治党的关键期。新一届市人大常委会要在中共三明市委的领导下，高举中国特色社会主义伟大旗帜，以邓小平理论、“三个代表”重要思想、科学发展观为指导，深入贯彻落实习近平总书记系列重要讲话精神和对福建工作的重要指示,坚定维护以习近平为核心的党中央权威，围绕“五位一体”总体布局和“四个全面”战略布局，践行五大发展理念，坚持党的领导、人民当家作主和依法治国有机统一，认真行使宪法和法律赋予的职权，充分发挥地方国家权力机关的职能作用，为建设更富活力更具实力更有竞争力的新三明作出更大的贡献。

——坚持围绕中心，更好地服务改革发展大局。深入学习贯彻中央治国理政新理念新思想新战略，更加自觉地服从服务于工作大局。今年要围绕贯彻落实省第十次党代会、市第九次党代会精神，切实把思想和行动统一到党代会精神上来，按照市委对全市工作的总体部署，以“再上新台阶、建设新三明”为主题，把服务和促进稳增长、促改革、调结构、惠民生、防风险工作作为今年的主要着力点，依法行使立法、监督、决定、任免等职权，努力推动我市经济平稳健康发展和社会和谐稳定。

——加强地方立法，更好地推进法治三明建设。立足我市经济社会发展的新形势新要求，科学编制和认真实施五年立法规划和年度立法计划，加强法律贯彻实施情况的检查，强化法治政府建设和司法工作监督。今年计划制定《三明市万寿岩遗址保护管理条例》，审议《三明市东牙溪和薯沙溪水库饮用水源保护条例》，做好规范性文件备案审查工作；听取审议市政府依法行政、法院执行工作、检察院贯彻落实加强生态检察监督决定情况等工作报告，积极推动法治宣传教育，持续推进法治三明建设。

——改进监督工作，更好地促进经济社会发展。围绕事关经济运行情况和重大民生工作的事项，科学确定监督议题，综合运用监督方式，进一步增强监督工作实效。今年安排对计划、预决算、同级审计，全国小微企业创业创新基地城市示范建设、种子产业发展、农村土地承包经营权确权登记、市区地下停车场整治、物业管理、科技成果转化、林业科技创新、消防工作、妇幼保健、民间信仰管理、贯彻实施水土保持“一法一例”、《三明市城市市容和环境卫生管理条例》等工作情况进行监督；就加强建筑施工扬尘污染防治工作作出决定；听取审议市本级专项资金管理使用、精准扶贫工作审议意见研究处理等情况报告并开展测评，开展义务教育法、环境保护法执法检查并进行专题询问，扎实推动监督工作向纵深发展。

——密切联系代表，更好地保障代表依法履职。坚持和尊重代表主体地位，健全和完善服务保障机制，保障代表依法履职，充分调动代表履职积极性。今年要加快构建、全面启用代表履职网络平台，建立代表履职信息库，拓宽代表知情知政、发挥作用的渠道，密切常委会同代表、代表同群众的联系；加强代表学习培训，分期分批安排新当选代表培训，切实提高代表履职的素质和能力；完善闭会期间代表活动制度，增强代表小组活动实效；进一步完善代表建议办理、重点督办建议办理评议制度，不断提高代表建议办理质量。

——提升履职能力，更好地发挥人大职能作用。始终把坚定“四个自信”、增强“四个意识”和提高履职能力作为常委会自身建设的主题。今年要围绕学习贯彻《关于新形势下党内政治生活的若干准则》和《中国共产党党内监督条例》，进一步加强思想政治建设，落实全面从严治党责任，巩固和扩大“两学一做”学习教育成果，持续加强和改进作风；与时俱进推进制度建设，健全和完善适合国家权力机关特点、充满活力的运行机制；进一步加强人大专门委员会建设，提高工作的规范化、专业化水平；全面加强机关建设，深入开展人大理论和工作研究，更好地发挥服务和参谋作用；自觉接受省人大常委会的指导和监督，加强对县（市、区）人大常委会的工作联系和指导，共同开创我市地方人大工作的新局面。

各位代表，让我们更加紧密地团结在以习近平同志为核心的党中央周围，在市委的正确领导下，依法履职、务实为民，奋发有为、开拓进取，为“再上新台阶、建设新三明”而努力奋斗，以优异成绩迎接党的十九大胜利召开！

2016年9月8日，全国人大代表、省人大代表、人民法院监督员等一行到三明市中级人民法院检查执行工作　　（刘日瑶　摄）

政协三明市常委会工作报告

——在政协第十届三明市委员会第一次会议上

朱昌贤

（2017年1月9日）

一、过去五年工作回顾

五年来，在中共三明市委的正确领导下，市政协常委会深入贯彻习近平总书记系列重要讲话精神和对福建工作的重要指示，牢牢把握团结民主两大主题，认真履行政治协商、民主监督、参政议政职能，为推动我市经济社会发展作出了积极贡献。

（一）坚持党的领导，保持正确政治方向

常委会始终坚持党的领导，自觉站在政治的高度、全局的角度来谋划推进政协工作，确保人民政协事业沿着正确方向前进。一是坚守共同的政治信念。认真学习贯彻中共十八大和十八届三中、四中、五中、六中全会精神，全面落实中央关于推进人民政协事业发展的一系列重要部署，扎实开展党的群众路线教育实践活动、“三严三实”专题教育和“两学一做”学习教育，做到真学、真懂、真信、真用，自觉同以习近平同志为核心的党中央保持高度一致。把握人民政协成立65周年、抗日战争胜利70周年、中国共产党成立95周年和红军长征胜利80周年等重大契机，举办具有政协特色的庆祝纪念活动，积极引导各党派、各团体、各阶层和各界人士，不断增进对中国特色社会主义的政治认同和思想认同。二是坚持一致的目标追求。紧扣省第九次、第十次党代会和市第八次、第九次党代会确立的奋斗目标和主要任务，科学安排市政协工作，扎实开展协商议政、调研视察等活动，确保心往一处想、智往一处谋、劲往一处使，努力在推动三明改革发展稳定中发挥更大作用。三是坚定同向的工作步伐。主动争取党委政府的重视和支持，建立市政协与党委政府协商议政常态化机制，同谋大势，共议良策，保证了政协工作与党委政府合拍同步。市委、市政府主要领导十分重视政协工作，重大活动有请必到、重要建议有文必批、重点问题有问必答，有力推动了政协事业发展。

（二）突出第一要务，主动服务发展大局

常委会坚持以五大发展理念为引领，紧紧围绕发展大局准定位、谋良策、建真言、出实招，以履职新成效彰显政协新作为。一是加强民主协商。充分发挥人民政协协商民主重要渠道作用，与党委政府建立“议题共同确立、计划共同制定、人员共同参与、实施共同推进”的工作机制，先后围绕“十三五”规划、做大做强市区经济、苏区老区振兴发展等全局性的重大课题，组织开展常委会专题协商10次、对口协商和界别协商24次、提案办理协商25次，连续举办5届政协论坛，一批有价值的建议得到市委、市政府的采纳，有的还促成相关政策文件的出台，转化为推动发展的实际举措。二是突出问题导向。坚持把调查研究作为基本功，充分发挥政协人才荟萃、联系广泛的优势，引导委员针对中小企业融资难融资贵、结构性产能过剩、民营企业发展困难等问题，有针对性地开展调研视察，形成相关调研报告69篇，提出了一批切实中肯的意见和建议。坚持把政协提案作为参政议政主渠道，引导委员聚焦改革发展中的重点难点，撰写站位高、分析准、建议实的提案。五年来，共交办提案1540件，全部按期办理答复，意见建议采纳率达93.9%，满意和基本满意率达98.6%。三是强化责任担当。围绕加强民主监督，选派51名政协委员担任26个部门民主监督员，加强司法、食品药品、行政审批等重点领域的监督，增强了民主监督的实效。围绕推动难题化解，市政协班子成员主动协助市委、市政府，做好重点项目的推进落地、招商引资、精准扶贫、金融风险防范等工作，为促进三明发展发挥了积极作用；广大委员积极投身实践，涌现出一批优秀代表。围绕做好救灾济困，在遭遇洪灾、强台风等紧要关头，市政协班子成员第一时间赶赴现场，指导抗灾救灾工作；各界委员积极主动支持，带头捐款捐物2000多万元，体现了强烈的社会责任感。

（三）践行履职为民，切实维护群众利益

常委会坚持群众路线、牢记为民宗旨，听民声、察民意、议民事、解民忧，努力让广大群众有更多获得感、幸福感。一是关注民生民计。围绕推进公立医院改革、城乡教育均衡发展、沙溪十里闽学文化长廊建设等课题，组织调研视察和提案督办，促进惠民政策落到实处。五年来，委员们从群众最为关注的教育、医疗、住房、物价、环保、食品安全等问题入手，共提出民生提案871件，占提案总数的56.6%，其中民办幼儿园发展、市区饮用水源地保护等22件民生重点提案办理成效明显，得到了群众认可。二是畅通民情民意。通过邀请群众代表列席常委会、面向社会公开征集提案、聘请特约信息员等形式，广泛收集整理社会动态信息，切实把群众的呼声反映准、反映好。五年来，向全国政协、省政协和市委、市政府报送社情民意信息2210件。其中，省领导作出重要批示34件，5份专报件被全国政协采用，321份专报件被省政协采用，8份专报件被省政协评为优秀社情民意信息。三是化解民忧民困。更加主动回应群众关切，下乡村、进社区走访调研，积极反映群众停车难、看病难看病贵等热点问题，真心实意为群众办实事、解难事，一些群众反映强烈的问题得到及时解决。更加主动开展帮扶，组织委员开展送医药、送文化、送科技“三下乡”活动，五年来，共义诊患者7000多人次，免费发放各类书籍1万多册，发放宣传资料2万多份，受到了群众广泛好评。

（四）汇聚各界之力，促进社会和谐稳定

常委会坚持把握大团结大联合的主题，充分调动一切积极因素，努力营造民主团结、平等议事、真诚合作的浓厚氛围，为三明改革发展凝心聚力。一是广泛凝聚各界共识。切实加强与各民主党派、工商联和无党派人士的经常性联系，做好民族宗教界人士的工作，定期召开座谈会听取意见和建议，主动为他们参政议政提供有利条件，扩大了各界人士有序政治参与。创办《三明文史》期刊，出版《三明记忆——我们的老照片》《万寿岩——三明旧石器遗址保护记》等专辑，五年来，共交流文史资料10余种、3万多册，充分发挥了存史、资政、团结、育人的作用。二是广泛集中各界智慧。以专委会为依托，开展界别座谈、界别调研、界别提案等特色活动，调动界别参政议政的积极性。研究制定《关于进一步发挥民主党派在政协中作用的意见》，鼓励和支持各民主党派、人民团体充分发表意见。五年来，各民主党派、工商联、无党派人士提交的大会发言、提案、社情民意信息，分别占总数的61%、46%、59%，许多意见建议得到充分吸纳。三是广泛集聚各界力量。加强与台湾工商业界、客家社团等方面的广泛接触，深化明台在经济、文化等领域的交流合作。加强与港澳台同胞、海外侨胞和明籍乡贤的沟通联系，借助世客会、“11·6”林博会等平台，为三明发展牵线搭桥、贡献力量。加强与商会、行业协会的联络，适时将部分商会、行业协会会长等代表性人士吸纳为政协委员或特邀委员，增强了委员队伍的行业代表性。加强与上下级政协、兄弟市政协的联系，建立了纵向有效协同、横向密切沟通的工作机制。

（五）注重固本强基，持续推进自身建设

常委会坚持勤勉务实、内外兼修，主动适应新常态、新形势、新任务，为政协履职提供有力保障。一是提升履职能力。立足委员岗位需要，有针对性地举办委员读书班、专委会以会代训等活动。五年来，共举办67场培训班，2300多人次参加学习，进一步提高了委员政治把握、调查研究、联系群众、合作共事的能力。每年听取市纪委、法院、检察院工作情况通报，组织住明省政协委员开展调研视察，帮助委员知情明政。二是增强履职动力。积极探索“广开言路”的履职举措，畅通委员发表意见的渠道，有效维护委员的民主权利。密切与各级主流媒体的合作，在《人民政协报》和《中国政协》《政协天地》等报刊刊发稿件112篇，扩大了政协的影响力。办好《三明政协》和三明政协网站，为委员建言立论、献计献策提供了有效平台。表彰优秀提案，提高委员的履职热情。三是激发履职活力。积极创新“互联互通”的尽责机制，发挥委员主体作用，使委员履职更加经常有序、生动活泼。强化委员联系服务，制定出台《市政协主席会议成员联系常委、常委联系委员制度》等文件，在市区、各县（市）和港澳地区、三明学院、市第一医院成立23个委员小组，委员活动规范有效开展。强化基层组织建设，全市共组建120个乡镇（街道）联络组，使政协工作更加贴近基层、贴近群众。强化政协机关思想、组织和作风建设，机关服务水平进一步提升。

刚刚过去的一年，我们认真按照习近平总书记“懂政协、会协商、善议政”的要求，主动谋事、认真干事、努力成事，政协工作取得新成效，呈现新亮点。一是着力构建同心协力、共谋发展的新格局。市政协主动融入市委全局工作，扎实开展务实有效的履职活动，全面完成了市委交办的各项任务。市委把政协工作纳入重要议事日程，统一研究、统一部署，统筹解决政协工作中的重大问题，出台了《关于加强人民政协协商民主建设的实施意见》。市政府大力支持政协工作，重大事项主动听取政协意见，及时通报有关情况，为政协履职创造有利条件。各级政协组织站好位、履好职、尽好责，充分发挥了政协应有作用。二是着力展现协商议政、建言献策的新作为。围绕市委、市政府重大决策部署，精选深化精准扶贫、推进供给侧结构性改革两大课题，成功举办重实效、接地气、有特色的专题协商会，市委杜源生书记、市政府余红胜代市长亲自到会，与政协委员、基层干部、群众代表互动交流，并在第一时间对建议案作出批示。两场协商会共提出建议39条，一批意见得到市有关部门的采纳。围绕大力发展农村电子商务、推进种业发展等17个重点问题，深入开展对口协商、界别协商和提案办理协商，市政府分管领导参与协商，提升了协商成效。三是着力落实服务基层、惠及民生的新举措。从群众关心的问题着眼，围绕社区养老服务业发展、电梯安全运营管理、城市绿道规划建设等民生实事，开展调研视察、提案督办，促进了民生事业发展。从企业面临的困难着手，帮助委员企业出谋划策，积极应对经济下行压力。从社会关注的领域着力，发挥社情民意“直通车”的作用，《我省农村水环境整治存在“三大短板”》信息获得省委尤权书记、于伟国省长等省领导批示。四是着力打造创新履职、集智聚力的新平台。搭建智力支持平台，在全省政协系统率先建立专家智库，联系筛选近100名产业、城建、社会事业等领域的国内知名专家，为我市经济社会发展提供智力支持。搭建委员管理平台，率先建立委员履职管理系统，实现委员履职管理数字化、科学化。搭建信息交流平台，定期发布政协相关信息，让政协机关干部和委员及时了解动态、掌握情况。五是着力强化勤学善思、履职尽责的新形象。牢固树立政协工作一线意识，注重加强委员学习培训，做到学以立身、行以立效。结合“两学一做”学习教育，强化政协干部管理，着力解决少数干部存在的“不能为、不想为、不敢为”的问题。严格落实党风廉政建设主体责任，从严抓班子、带队伍，树立政协良好形象。

各位委员、同志们，第九届市政协工作所取得的成绩，是中共三明市委坚强领导的结果，是市人大、市政府大力支持的结果，是社会各界鼎力帮助的结果，是政协各参加单位和广大委员共同努力的结果。在此，我谨代表第九届市政协常委会，向所有关心、支持政协工作的同志们、朋友们，表示衷心的感谢和崇高的敬意！

五年来，我们在实践中开拓，在开拓中奋进，探索和积累了一些经验和体会：

一是必须始终坚持党的领导，把握政协工作的同向性。坚持党的领导是政协事业发展进步的根本保证。只有坚定不移地服从市委的领导，坚持重大事项主动请示、重点问题主动汇报、重要精神主动落实，始终与党委同心、政府同向、委员同力，政协工作才能赢得市委的重视和支持，才能方向明、思路清、效果好。

二是必须始终坚持服务发展，增强政协工作的时代性。服务发展是时代赋予人民政协的崇高使命。三明发展正处在爬坡过坎的关键阶段，面临着许多困难和挑战，解决所有问题的关键在发展。只有把政协工作摆到全局中去把握、去谋划，一切从发展出发，一切以发展为重，政协才能释放出更大的潜能、发挥更大的作用。

三是必须始终坚持根本宗旨，突出政协工作的人民性。牢固树立履职为民的工作理念，是人民政协的性质所决定的。只有做到参政为民着想、监督为民维权、建言为民谋利，全力推动为民、利民、惠民措施的落实，政协事业发展才能获得源源不断的力量支持，政协工作才能真正赢得群众的拥护和社会的尊重。

四是必须始终坚持和合思想，彰显政协工作的包容性。人民政协的实质是增进大团结、促成大联合。只有把促进团结和发扬民主紧密结合起来，坚持“求同”与“存异”有机统一，做好增进了解、达成共识的工作，才能把各方面的智慧和力量广泛凝聚起来，才能进一步维护好三明和谐稳定的发展大局。

五是必须始终坚持担当有为，体现政协工作的主动性。政协事业大有可为、大有作为。我们必须进一步深化一线意识，在服务大局中激发力量，在改革创新中勇于作为，在参政议政中扩大影响。只有这样，才能更好地发挥政协的重要作用，才能更加凸显政协存在的价值。

回顾五年来的工作，我们清醒地看到，政协工作还存在不少问题和不足，主要是：界别优势与作用有待进一步发挥；民主监督的渠道、方式、方法有待进一步探索；参政议政的成果转化有待进一步深化；调研、提案和反映社情民意的质量有待进一步提高；委员履职能力和机关服务水平有待进一步提升等等。对这些问题，我们将高度重视，切实加以改进。

二、今后五年工作建议

今后五年是全面建成小康社会的决胜期，是全面深化改革的攻坚期，是全面依法治国和全面从严治党的关键期。我们要高举中国特色社会主义伟大旗帜，以马克思列宁主义、毛泽东思想、邓小平理论、“三个代表”重要思想、科学发展观为指导，深入贯彻习近平总书记系列重要讲话精神和对福建工作的重要指示，牢牢把握团结民主两大主题，以平常的心态、务实的姿态、奋发的状态，为“再上新台阶、建设新三明”贡献智慧和力量。

（一）保持忠诚坚定，打造同心政协

上下同欲者胜，风雨同舟者赢。牢固树立“四个意识”，始终与党委同轴运转、同向推进，不断巩固共同的思想政治基础。一要保持定力不动摇。全面贯彻中共十八大和十八届三中、四中、五中、六中全会精神，以更深的感情坚决维护以习近平为核心的党中央权威，坚定不移地走中国特色社会主义道路，切实把思想和行动统一到中央和省委、市委的决策部署上来，增强政治自觉性和坚定性。二要把准定位不偏离。深刻理解中央关于政协工作的新观点新要求，深化对政协工作性质、特点和规律的认识，找准党政所需、群众所盼、政协所能的结合点，充分发挥政协在推动发展、维护稳定中的独特作用，做到尽职而不越位、帮忙而不添乱、切实而不表面。三要担当使命不推卸。担当是人民政协的可贵品质。在共同的目标面前，政协是推动各项事业发展的重要力量。我们要强化一线意识、保持一线作风，坚决克服“浮躁”情绪、“无为”心态，主动担负起凝聚改革共识、汇聚发展合力的重任，脚踏实地，迎难而上，充分彰显政协的担当精神。

（二）重在实干实效，打造有为政协

集众智可献良策，合群力必成新业。助力三明更好更快发展，是人民政协的应尽之责、有为之举。一要紧扣全局发挥作用。牢固树立和落实五大发展理念，深刻领会和把握省第十次党代会、市第九次党代会作出的战略部署，围绕建设更富活力更具实力更有竞争力的新三明，选择关系三明发展的综合性、全局性、前瞻性重大课题，用独特的视角、独到的眼光，认真思考发展路径，精心组织协商议政，多提新建议、新举措。二要紧扣主线出谋划策。准确把握“十三五”发展重大任务，聚焦供给侧结构性改革、创新驱动发展战略、产业转型升级、全面深化改革、新型城镇化建设等重点领域，找准切入点和着力点，多建睿智之言。善于抓住事关三明发展的重点问题，针对生态文明建设、市区经济发展、矿产资源整合、旅游业发展、精准扶贫等关键环节，深入开展调查研究，提出更多有价值的意见和建议。三要紧扣重点开展监督。党政中心工作推进到哪里，政协民主监督就跟进到哪里。坚持在参与中支持、在支持中服务、在服务中监督，重点就有关政策落实、重大项目推进、依法治市等开展民主监督，提出改进工作的建议。积极探索民主监督与其他监督相结合的形式，创新监督内容、形式、方法和机制，进一步增强民主监督的实效。

（三）突出团结民主，打造和谐政协

团结凝聚力量，民主可收众益。实现“再上新台阶、建设新三明”的奋斗目标，需要众志成城、发扬民主，进一步聚民心、集民智、汇民力。一要强化团结联谊。坚持求同存异、增同减异、聚同化异，多做理顺关系、理畅情绪的工作，兼听各种意见诉求，兼容各方智慧力量，兼顾各界利益表达，寻求最大公约数，形成最大凝聚力。加强与各民主党派、工商联和无党派人士的合作共事，支持党派团体开展各项协商议政活动。加强与港澳台同胞、海外侨胞的联络联谊，进一步扩大对外交流合作。重视民族宗教工作，增进民族团结、宗教和睦。进一步完善市县政协联动机制，搭建互动平台，形成整体合力。二要强化为民意识。切实把履职为民的理念落实到实际工作中，俯身接地气，躬行暖民心，紧紧围绕人民群众关心的教育、医疗、住房、就业、社会保障等重大民生问题，综合运用调研、视察、提案、反映社情民意等形式，多立为民之言、多谋富民之策、多成利民之事，不断增进人民群众福祉。三要强化协商理念。坚持有事多商量、有事好商量、有事会商量，认真贯彻落实中央和省委、市委关于加强人民政协协商民主建设的实施意见，更加灵活、更为经常地开展专题协商、对口协商、界别协商和提案办理协商，做到协商内容与发展需要相适应、与群众期盼相呼应。注重适时适度适用，不求多而求真求实，不求全而求早求新，努力提出高质量、有说服力的意见和建议。

（四）夯实履职基础，打造活力政协

源静则流清，本固则丰茂。新一届市政协要开拓创新、共图奋进，努力展现政协新风貌、新形象。一要培养一支素质过硬的委员队伍。委员是政协工作的主体。要进一步强化委员学习培训，优化委员服务管理，让委员谋事有办法、干事有舞台、建言有渠道、履职有作为。政协委员要依照政协章程履职尽责，自觉提高理论素养，加强政治涵养，注重品德修养，切实发挥在本职工作中的带头作用、界别群众中的代表作用。二要完善一套规范有序的制度规章。落实和完善政治协商、民主监督、参政议政各项规定，进一步健全会议、调研、视察、提案、信息、对外联谊等制度，提高政协工作制度化、规范化、程序化水平。丰富和规范界别活动，发挥界别纽带作用，提高界别履职的组织化程度。落实专委会与有关部门的对口联系制度，强化专委会工作职能，发挥专委会的基础作用和整体力量。三要建设一个作风优良的政协机关。坚决贯彻中央和省委、市委关于全面从严治党的部署要求，自觉把纪律和规矩挺在前面，做守纪律、讲规矩的表率。巩固提升“两学一做”学习教育成果，注重发挥政协党组在政协组织中的领导核心作用，加强学习型、服务型、创新型机关建设，增强机关干部爱岗敬业、忠诚服务的责任感和使命感，促进政协各项工作更加务实、高效、有序，推动政协事业不断向前发展。

各位委员、同志们，“此际扬帆正当时，乘风踏浪谱华章。”让我们更加紧密地团结在以习近平同志为核心的党中央周围，在中共三明市委的坚强领导下，同心同德，群策群力，为“再上新台阶、建设新三明”作出更大贡献！

责任编辑：陈声华

2016 年 12 月 13 日，市政协召开九届二十四次常委会议，围绕“推进我市产业供给侧结构性改革”进行专题协商　（市政协提供）

海西三明生态工贸区专记

SANMING ECOLOGICAL INDUSTRY AND TRADE PARK OF CROSS-STRAITS ECONOMIC ZONE SPECIAL ACCOUNT

综述

海西三明生态工贸区是福建省委、省政府确定的全省十大新增长区域之一。2011 年 11 月 12 日省政府正式批复海西三明生态工贸区发展规划。

海西三明生态工贸区地处福建省中心地带，范围包括：梅列区、三元、沙县、永安市、明溪县的 28 个乡镇（街道），规划总面积 3157 平方千米，目前常住人口约 77 万人。其中，核心区包括三明中心城市规划区的核心功能区、工业园区和物流园区规划区，面积 258.9 平方千米。

海西三明生态工贸区的总体布局为“一带、双城、四片、九园区”，“一带”指永安—三明—沙县城镇和产业发展主轴带；“双城”指打造三明市区与沙县的联合中心城区，推进同城化；“四片”指以三明市区为中心，打造中部现代服务业核心片区、北部工贸产业集聚片区、西部新产业集聚片区、南部先进制造业集聚片区；“九园区”指三明经济开发区，三明高新技术产业开发区金沙园、尼葛园（永安），埔岭汽车工业园（永安）、三明现代物流产业开发区，三元经济开发区，梅列经济开发区，沙县金古工业开发区、三明（沙县）国家农业科技园区。

为进一步拓展三明市区发展空间，加快市区与沙县同城化步伐，2013 年 7 月，市委市政府研究确定推进生态新城建设。生态新城位于三明市区与沙县的连接带，控制面积 300 平方千米，规划建设面积 96 平方千米，由“一带六区”组成，“一带”为三明至沙县沙溪沿河两岸生态休闲带，“六区”为中央商务区（14 平方千米）、现代物流园区（6 平方千米）、高新技术产业园区（45 平方千米）、空港经济区（15 平方千米）、现代农业科技示范园区（4 平方千米）和生态休闲度假区（12 平方千米）等六个功能区。

其中，生态新城核心区规划建设用地面积 24 平方千米，由中央商务区、现代物流园区、现代农业科技示范园区构成。集中了三明机场、三明动车北站，以及福银、长深、厦沙 3 条高速公路，鹰厦、向莆、杭广 3 条快速铁路，205 国道等重要交通基础设施，是全国 100 个交通枢纽之一。核心区建设将紧紧围绕“以城促产，以产促城，产城联动”的战略部署，全力打造五大板块：一是大力引进启迪科服公司、市第一医院、三明医学科技职业学院等单位，实施智慧医疗、医养特色小镇、健康金融三大工程八大项目，打造医疗养生板块；二是依托三明北大附属实验学校、三明职教园，建设全省先进教育示范区，打造文化教育板块；三是充分利用湿地公园、欢乐大世界、瑞云山景区、沙县小吃文化城等旅游资源，发挥三明良好的交通区位优势，建设三明旅游集散中心，打造休闲旅游板块；四是以三明陆地港为依托，对接自贸区政策溢出效应，建设商贸文化中心，发展绿色金融产业，打造商贸金融板块；五是以国家低碳城为平台，同中国城市规划研究院密切合作，建设宜居宜业山水旅游城，打造绿色低碳板块。把三明生态新城核心区建设成为三明发展的新引擎、同城化的新载体、宜居宜业的新地域，三明发展的经济先行区、体制创新的实验区、创业兴业的示范区。

到 2020 年，海西三明生态工贸区将基本形成海西先进制造业重要基地、海西重要的综合交通枢纽、海西中部现代服务业集聚地、福建中部宜业宜居中心城市、福建生态低碳发展示范区，区域综合交通等基础设施日益完善，三明市区与沙县、永安同城化整合基本完成，城市发展空间持续拓展，服务功能持续增强，综合实力持续提升，生态建设和环境保护取得明显成效，山水相间的宜业宜居中心城市发展格局基本形成。

生态新城建设

产业先行 绿色发展
——生态新城发展建设驶入快车道

三明生态新城位于三明市区与沙县的连接带，规划建设面积 96 平方千米。2013 年，市委市政府决定，三明生态工贸区生态新城建设发展领导小组办公室与海西三明生态工贸区管委会、三明现代物流产业开发区管委会合署办公，加快三明生态新城建设。这是加快生态工贸区发展，促进三明市区与沙县同城化，拓展三明中心城市发展空间，推动三明新一轮发展的又一强力举措。生态新城坚持“以产促城、以城助产，产城融合”的发展思路，建设三明发展经济的先行区、体制创新的实验区、创业兴业的示范区。

一、抓规划、强基础，对接自贸区经济发展先行一步

（一）规划布局和产业基础已经成型

生态新城在建设之初坚持高起点规划，在2009年海西三明现代物流产业开发区规划的基础上，由厦门城市规划设计院编制详细控规、中国城市规划设计研究院进一步提升，把城市规划为“一带六区”：中央商务区、现代物流园区、高新技术产业园区、空港经济区、现代农业科技示范园区、生态休闲度假区、沙溪生态休闲带，大力发展商贸金融、文化教育、休闲旅游、医疗养生、绿色低碳五大产业板块，最大限度聚集人气，促进以产促城、以城助产、产城融合。截至2016年年底，生态新城已累计完成投资40亿元，完成三纵三横城市主干道、三明陆地港、电商产业园、闽中快递物流园、进口商品直销中心、北大附属学校、三明职教园、新城第一小学、湿地公园、欢乐大世界等项目建设，大力推进清华启迪“健康三明”项目和北大青鸟集团旅游项目。

（二）对接自贸区政策溢出效应发展经济

生态新城高度重视对接自贸区政策溢出效应，抓住三明陆地港是厦门港在内陆的延伸这一有利平台，在承接自贸区溢出效应上充分发挥“先手优势”，一是依托陆地港保税仓库，积极开展保税延展平台、保税展示交易业务、跨境电商三大业务。将分属不同关境的交易主体，通过电子商务平台达成交易、进行支付结算，并通过跨境物流送达商品、完成交易。现已有厦门港务进口商品自营店、福建味民购集团、厦门优迈进出口有限公司、三明佳乐优选电子商务有限公司等自贸区内外企业入驻生态新城进口商品直销中心。二是在三明海关支持下，三明港务物流有限公司向三明海关提供100万关税金融担保，对分批出保税库的法检货物，采用“分送集报”通关模式，大幅减少了企业通关手续，提高企业物流效率，保障企业随时配送需求，实现企业零库存管理，充分发挥保税仓缓税、缓证、金融担保功能。三是在自贸区港口优势的影响下，生态新城电商产业和物流产业逐步发力。2016年，三明电商产业园已有苏宁易购、中鑫智谷、味民集团、票付通等43家企业签订入园意向协议，国铭新能源汽车、幸福家园VR、神州易桥财务等26家企业入园；圆通快递和韵达快递已入驻闽中物流园，设立分拨中心，月处理快递单量可达400万件。

二、抓管理、重服务，体制创新成果丰硕

（一）创新和健全各项管理制度

一是在项目招标、设计、采购、管理、监督、验收等各方面制订完善流程制度，如：《工程建设项目招标管理办法》《工程建设项目现场管理办法》《三明生态工贸区核心区“三不准”制度》等17项，既加快了项目进展、节约了资金，又加强廉政建设。二是把项目建设与干部队伍建设相结合，在项目一线锻炼干部、考察干部、使用干部，建立了目标考核、督查考评、综合考察三项制度，树立了“以项目论英雄，凭实绩用干部”的选人用人新标杆。三是加强机关管理，根据管委会实际推行使用阿里钉钉软件，对干部实行考勤管理和记录工作日记，通过手机GPS使干部在工地一线就可以考勤，提高工作效率。

（二）创新和引进多种合作模式

一是申报国家试点，探索发展方式。在2010年10月列为中国物流实验基地、2015年8月列为国家首批8个低碳城（镇）试点之一的基础上，配合市委、市政府开展申报国家（三明）全民健康科技示范先行区等，接轨时代潮流，探寻城市发展方向。二是突破办学理念和办学模式，与东盛集团合作创办三明北大附属学校，提升教学质量；引入清华启迪教育集团与三明医学科技职业学院联合办学，提升办学能力。三是创新招商模式，在2015年12月14日与信迈润土集团签订中标合同，12月24日注册成立三明智慧谷产业园投资开发有限公司的基础上，运营三明电商产业园，实现以商招商。四是创新融资模式，积极推进产业基金、绿色金融等工作，降低融资成本，促进企业发展。五是创新检察工作，支持三明检察院入驻生态工贸区成立检察室，延伸检察院监督触角，深入一线履行法律监督职能,打击和预防犯罪,维护社会稳定，为生态工贸区经济健康发展提供服务。

三、抓招商、聚人才，创业兴业热火朝天

一是把招商引进项目视为生态新城发展的生命线，建立周一项目推进工作例会、经济运行分析联席会和招商引资工作联席会等制度，推行一线工作法，对入园的每个重点项目，实行挂项目领导“一对一”服务、“保姆式”服务、现场服务“每日零报告”制度，项目业主只需提供审批必备材料、缴纳行政事业性规费、盖章签字等，其他审批手续由专门的工作团队全程无偿代办。三明北大附属实验学校、闽中快递物流园、欢乐大世界等项目从洽谈、签约、落地都仅用不到5个月的时间。二是实施人才集聚工程推行智力服务，省委组织部分别于2014年、2016年先后从团省委、省林业厅、国税局、财政厅、环保局、交通集团等单位抽调干部到生态新城挂职，每批次15人，挂职时间2年；制定《关于实施海西三明生态工贸区“111”人才集聚工程的若干意见》，为生态新城发展提供人才保障，已累计引进高层次创业创新人才（团队）、招聘选拔急需紧缺专业人才、招聘培高技能人才2000余名。三是以电商产业园为平台，引入青春起航公社、启迪孵化器、大学生实践基地、智慧医疗等项目，打造生态新城“双创”发展新引擎。以湿地公园为平台，促进“百姓富、生态美”，支持征迁村兴办农家乐、创业者入驻创业，现已有梦林陶瓷、茶花小镇、闽学堂等项目入驻，民宿园、红色文化实践基地、动植物园等项目正在洽谈。四是利用政府资金引导投资。在高标准做好城市路网、水电设施的同时，加快人才社区、商业文化中心、电商产业园三期、城市综合体、三明陆地港金融商贸区和专业市场、仓储区等项目建设，掀起生态新城创业兴业热潮。

四、布产业、谋项目，真抓实干描绘新篇章

（一）规划先行，谋划产业项目布局

根据生态新城五大产业板块发展的需求，以及创建国家（三明）全民健康科技创新先行区的要求，深入对接中国城市规划设计院，进一步提升城市规划，优化完善“一带六区”空间布局，加快湿地公园一、二期提升改造及三期规划设计、水南山绿道规划设计；深入对接中国铁路总公司，推动铁路冷链物流、动车存车所等项目落地。力争2017年完成三明陆地港仓储区整体搬迁与铁路冷链物流特色小镇建设相结合的规划，完成翁坑安置特色小镇规划，抓好医养特色小镇规划，推动长虹村现代考训中心特色小镇规划，协助市发改委开展市低碳云平台（含生态新城）规划设计。

（二）加快“健康三明”项目落地

根据市政府部署，与启迪科服公司签约的“健康三明”项目将在生态新城实施，同时开展创建国家（三明）全民健康科技创新先行区工作，推动生态新城医疗养生产业板块跨越式发展，打造三明医改成果产业化和对外输出的基地，夯实城市化基础。

1.健康医养产业区。以三明市第一医院生态新城分院及启迪六大营利性中心为载体，在迎宾大道南侧规划3.5平方千米建设国际医养健康产业区，包含建设启迪国际医学城、启迪国际医养社区、三明医学科技职业学院、三明启迪健康教育学院、启迪医疗健康产业园等项目。

2.健康产品自贸区。以冷链物流特色小镇为载体，建设健康产品自贸区。有效利用陆地港的口岸功能和保税仓库作用，发展跨境电商、冷链物流等业务，推动全球健康产品和健康食品在三明以及周边地区的自由贸易。

3.健康中医药产业集聚区。以现代农业科技示范园区为载体，位于生态新城东南部，规划面积4平方千米，与名院名校和国内知名科研机构合作，打造高科技中医药产业孵化示范平台、中医药科技研发基地、建立中药种植基地；以高科技产业园区为载体，建设中药汉方生产基地，该园区规划面积45平方千米，现有艾迈博单克隆抗体、麦丹生物、天泰药业共10多家生物医药企业；以三明医学科技职业学院、“健康三明”智慧医疗产业园为载体，创建或引进中药汉方研究机构，推进中药汉方的标准化、成药化和全球化。

4.智慧医疗产业园。以中央商务区的三明电商产业园为载体，建设“健康三明”智慧医疗产业园，包含三明国家医疗健康大数据、三明数字医疗中心、“三明健康云”中心、三明互联网医院、三明互联网药品交易中心、启迪之星（三明）孵化基地、三明启迪健康保险公司等项目。

（三）加快三明陆地港发展

陆地港的建设带动基础建设、物流商贸的发展，是生态新城的立城之基，也是生态新城对接自贸区政策溢出效应，加快发展的重要平台。要着重加快冷链物流集散中心、进口肉类指定查验场、三明商贸文化交流平台三大项目建设；加快保税仓库、集装箱海铁联运、跨境电商三大业务发展。进一步夯实基础、释放自贸区溢出效应。

1.建设冷链物流特色小镇项目。进一步奠定三明陆地港进出口货物集散中心的地位，推动我市商品出口份额增长，促进种养、食品加工、交通运输、电子商务、电力消费等行业发展。要完善配套功能，设立冻品公共保税仓库、冻品出口监管仓库，申请入库退税政策，加快冷库建设。争取区域级铁路冷链物流基地项目入驻，充分发挥三明陆地港延伸港口、辐射内地的作用，以及全国综合交通枢纽的区位优势，打造海、铁、空的全方位冷链物流。

2.建设进口肉类指定查验场项目。是三明陆地港打造区域级冷链物流集散中心的必备条件。可使通关检验时间大幅缩短，为进出口企业节省仓储、运输成本，提升我市肉类产品在全国乃至全球市场的竞争力。

3.建设三明商贸文化交流平台项目。深度融入国家“一带一路”发展战略，放大自贸区溢出效应优势，将生态新城文化广场（原名三明陆地港专业市场）打造成为三明商贸文化交流平台，更好地发挥陆地港“引进来、走出去”配套服务功能。建设三明优质特色产品“一站式”展示馆、进口商品服务平台、房车自驾旅游集散中心、平行汽车进口集散中心，完善文化教育服务和其他配套服务。

4.加快三明陆地港保税仓库业务发展。与金融机构的创新合作方式，为有潜在需求的企业提供担保、融资、缓税等服务。从加大政策宣传和财政政策支持力度两方面，推动保税

2016年5月18日，三明陆地港保税仓库首单入库　（海西三明生态工贸区管委会提供）

仓库发展，把保税仓库优势宣传到位，把保税仓库的作用讲解到位，分类型有重点地帮助保税仓库开展招商活动，对接三明地区进出口企业，同时建议对保税仓库经营企业按照实际仓储数量，给与一定的仓储费补贴。

5.加快三明陆地港集装箱海铁联运业务发展。充分融入国家“一带一路”的战略规划，依托三明北站（铁路平台），三明陆地港（货源平台）及厦门港（港口平台）等综合资源，借用火车、船舶等交通工具，在交通基础设施（水路、铁路等）上，完成集装箱运输的最优化。为三明陆地港集装箱通道奠定基础。

6.加快跨境电商业务发展。让三明的农副产品“走出去”，同时把外省的产品“拿进来”，让境外产品“放进来”，集中在电商平台上流通，形成针对性更强、符合三明商贸物流需求的更大范围的贸易集群。

（林 炜）

新闻媒体关注

三明生态新城建设取得首季开门红

3月24日，虽然下着蒙蒙细雨，但在三明生态新城，到处可见热火朝天的建设场景，大卡车来回穿梭，各种工程机械的轰鸣声不绝于耳，工人们正在紧张施工。

在闽中北规模最大的闽中游乐园建设现场，土建工程基本完工，已转入路面施工；太空漫步、碰碰车等16个游乐项目开始动工，再有一个月的时间便可初具规模。在三明北大附属实验学校建设现场，百余名工人正在争分夺秒，抓紧建设。目前，学校高中部教学楼、办公楼、图书馆、食堂、宿舍等项目正扎实推进。

今年以来，三明生态新城继续发扬“金戈铁马、激情创业”的工贸区精神，认真落实“三比一看”，深入开展“敢担当、解难题、立新业”活动，各产业项目推进顺利、形势喜人，建设取得首季开门红，呈现出“大、好、快”的局面。

规模大，投资大。2016年生态新城的产业项目共61个。其中北大附属学校、三明职教园、闽中游乐园等在建项目25个；湿地公园二期、低碳城云管理平台、电商园三期等新开工项目25个；三甲综合医院、地下停车场等重大策划项目5个；平行进口汽车展销中心、电商产业园运营等其他项目6个，项目总投资44.6亿元，今年计划投资16.6亿元。

进展好，前景好。去年底，三明生态新城被国家发改委确定为八个国家低碳城试点城市中的两个直接蹲点扶持城（镇）之一，打造出了低碳环保品牌。以此为契机，低碳城云管理平台项目将通过碳排放核算与管理、大气污染远程监控、移动低碳执法等九大系统的建设，探索国家低碳城建设的新模式；湿地公园现在已经成了生态新城乃至三明的一张新名片，累计接待游客约90万人次，为新城聚集了大量人气，湿地公园提升改造和二期工程投资近1亿元，将在提升品质、丰富内容上进一步下功夫；占地5公顷的闽中游乐园包括省内首次出现的火箭蹦极、省内最大的跑马场项目以及高空飞翔、摩天轮、过山车等30多个游乐项目。

建设快，见效快。北大附属学校项目从招商到签约不到两个月，目前项目正在紧锣密鼓施工，9月将迎来第一批学生；职教园项目进展顺利，将于5月移交校方，9月1日前正式投用；闽中游乐园6月底即可对外试营业；三明电商产业园创客中心将于3月底正式启用，味民公社、信迈润土等一批电商项目入驻。

（俞 杰 2016年3月25日《三明日报》）

三明生态新城：全力打造“五大板块”

3月24日上午，在三明生态新城电商产业园的青春启航创新公社，某文化传媒有限公司负责人陈上宇和几名工作人员在电脑屏幕前忙碌着，他们制作的三维游戏角色，将卖给一家成都的手游公司。陈上宇说，电商产业园提供了免费场地和电脑等基本设备，解除了资金不足的后顾之忧，让公司带着项目，在这里尽情发挥，不断孵化、壮大。

随着电商产业园的蓬勃发展，三明生态新城的现代商贸物流板块可见端倪：在青春启航创新公社不远处的单体省内最大的创客中心施工现场，工人们在进行最后的清理、布置，该中心再过几天就可以正式启用，味民公社、信迈润土等一大批电商项目入驻，将在这里掀起一场“头脑风暴”。

科学谋划，准确定位。今年三明生态新城将着力打造“五大板块”建设，包括以花园式三甲医院为依托，按全省一流的标准建设医养城，打造医疗养生板块；以北大附属实验学校、三明职教园为依托，打造文化教育板块；以湿地公园、小吃文化城为依托，打造休闲旅游板块；以三明陆地港为依托，打造现代商贸物流板块；以生态低碳城为平台，打造宜居宜业的低碳绿色板块。

明确目标，扎实推进。如何确保“五大板块”工作顺利开展？生态新城一改过去土地抵押贷款为主的方式，通过成立产业投资基金的方式，抓好资金运作，计划融资16亿元；加大力度，做好水南村等重点区域的土地收储工作，让土地征收工作走在项目建设之前；在充分吸收低碳城工作理念的基础上，将旅游元素融入每个项目，以旅游城市的标准加强城市规划建设工作。

同时，实施精准招商、以商招商的策略，把引入医养项目做为今年招商工作的重中之重，着力引进全国百强的央企、国企、大型民企和外企等大商、好商；以文明单位创建工作为载体，融入绿色生态、精神文明的概念，全力推进生态新城“五大板块”建设。

（俞 杰 2016年3月29日《三明日报》）

满城尽是生态绿
——三明市加快推进生态新城国家低碳城试点建设侧记

9月1日，三明职教园内的三明职业中专学校和三明市高级技工学校正式开学，1300多名新生在新校区开始新的学习生活。

位于沙县金沙园的三明双轮化工机械有限公司，与已有

178 年历史、全球领先的塑料和橡胶加工机械设备制造商——德国克劳斯玛菲集团合作，打造国际高端注塑机制造基地。目前正在进行注塑机技术消化和工艺对接。

通过收集、利用工业废催化剂，实现稀贵金属、有价金属及其他资源再生循环利用。这是位于中节能海西（三明）节能环保产业园，总投资 1.2 亿元的全省首个废催化剂再生综合利用项目，当下，年可处理废催化剂 3000 吨，回收贵金属 40 多吨的生产线已正式投入生产。

9 月，三明生态新城这片投资热土处处红红火火。

响应市委、市政府“大干 150 天，加快推进‘五个一批’项目建设活动”，围绕沙县县委、县政府“增激情、敢担当、破难题”活动部署，深入开展重大项目百日攻坚大会战，突出绿色发展，生态新城重大项目建设取得了一个又一个突破。

从“绿”出发

生态新城建设伊始，决策者就把前沿的理念引入生态新城规划，把符合低碳要求的做法植入生态新城建设。

生态新城邀请北京大学清洁能源研究院制定《三明生态新城国家低碳城建设战略研究》《三明生态新城国家低碳城试点实施方案》，邀请福建省规划设计研究院、厦门城乡规划设计研究院编制《三明生态新城控制性详细规划》。

同时，学习借鉴江苏镇江等国内先进城市好的做法，深化海峡两岸低碳建设合作，积极参与中法、中德、中英等国际低碳交流合作，引进借鉴欧美等发达国家和地区低碳技术，加大力度探索后发山区新型工业化、城镇化进程中的绿色低碳发展道路。

三明生态新城被国家发改委列为重点扶持的两个低碳城试点之一，被福建省发改委列为重点联系单位和“两学一做”挂钩联系点，共同打造全国低碳城建设的样板和典范。

按照生态、低碳、绿色的发展要求，高度融合“生态、生产、生活”三大元素，优化绿色低碳发展布局，着力推进实施海绵城市建设，加快构建“六区一带”，形成中央商务区、现代物流园区、高新技术产业园区、现代农业科技示范区、空港经济区、生态休闲度假区、沙溪生态休闲带。同时，积极开展低碳园区、低碳社区、低碳企业、低碳景区等各类试点建设，推进低碳发展向深层次延伸。

一座商贸创业、教育文化、休闲旅游、医养健康、低碳宜居的生态新城正呼之欲出。

用“绿”发展

从“绿色”出发，更要坚持用“绿色”发展。

三明生态新城把产业发展融入城市建设和生态建设全过程，强化低碳生产、低碳生活、低碳服务、低碳运营，实现“以产促城、以城助产、产城融合”。

如今，已经初步形成现代农业、现代物流、节能环保、机械制造、教育医疗、文化旅游等产业集群，新增企业 266 家，新增就业岗位 1.2 万个。

城市基础设施也同步推进，完善道路、绿化、水、电、气、通讯地下管网等基础设施建设，配套建设学校、医院、湿地公园、文化中心、社区等民生项目。

目前，已完成道路 15 千米，形成三横二纵主干路网，水、电、气、通讯设施配套齐全，电商产业园一、二期投入使用，三明北大附属实验学校已经于今年 9 月开始招生，国际水上乐园、闽中大型游乐场、三明职教园项目等加快建设，三甲医院、健康医养城项目等实现签约。

绿色发展，招商是关键。三明生态新城制定项目入驻评价体系，既要金山银山也要绿水青山，着力策划、引进、建设一批绿色低碳、节能环保、生态健康的产业项目，严控高能耗、高污染项目。

目前已累计引进重点项目 24 个，总投资 122 亿元。其中总投资 30 亿元的中节能产业园项目，是集研发、孵化、展示、生产、销售、服务为一体的节能环保示范园区；总投资 20 亿元的三明陆地港项目，是区域性的物流中心和外向型产业公共平台；总投资 12 亿元的三明电商产业园项目，是集电子商务、办公、物流、管理、营销、培训为一体的新型创业园；2015 年被科技部确定为国家农业科技园区，三明现代农业科技示范园引进的方智远院士工作站、谢华安院士工作站、航天育种项目、神州克劳沃高档花卉项目、药材种苗繁育中心等高端农业项目，先后取得国家科技进步奖 4 项、省部级奖项 33 项。

节能减排是绿色发展的重要抓手。引进中国机械科学研究总院海西分院项目，为企业开展“技术孵化”服务，已帮助企业申请专利 400 多项，提供技术服务 600 多项次；应用先进技术改造厦工三重、双轮化机等传统产业，推广节能变压器、变频等节能技术，打造金沙园国家级高新技术产业开发区。

以“中节能”等央企为龙头，引进废弃电器电子产品处理、废线路板深加工、报废汽车回收拆解等节能环保项目，打造金古园循环经济示范基地，年可为企业减少碳排放 27 万吨以上。

目前，生态新城拥有国家级和省级重点实验室、工程技术研究中心、企业技术中心 22 个，省级科技企业孵化器 3 个，院士工作站 4 个，博士后工作站及创新实践基地 2 个。

建“绿”生活

最近，生态新城的第一批电动公交车投入使用；湿地公园自行车绿道正在抓紧建设，已建成 13 千米。

从构筑低碳交通体系、创建低碳文化体系、建设低碳社区、践行低碳生活方式等方面入手，生态新城积极构建绿色宜居生活。

日处理 400 吨污水的生态水处理系统已建成对外科普展示，日处理 2 万吨污水的污水处理厂正在建设，明年 3 月将投入使用。同时，在照明工程中全面运用 LED 节能、太阳能光伏、光能等技术，在新建建筑中全面执行绿建标准。

积极推行绿色建筑，推广具有显著节能、节地、节水、节材和环保性能的绿色建筑技术，减少对环境的污染。如三明北大附属实验学校、三明职业中专学校、三明市高级技工学校、三明市少年体育运动学校、新城第一小学等，全部建设采用自然通风、自然采光、低能围护结构，绿色建材和智能控制等高新技术，充分利用太阳能、空气源等可再生能源作为学生宿舍及食堂的供热系统，大量降低能源消耗。

据了解，生态新城新建的绿色建筑达标率要求达到 70%以上；为建设海绵城市，生态新城要求到 2020 年，建成区 20%以上的面积达到 70%的降雨就地消纳和利用，到 2030 年建成区 80%以上面积达到 70%的降雨就地消纳和利用。

休闲旅游也融入生态新城。以“山水林田湖”为理念造营景观，不大拆大建，整合自然山水，依托湿地公园、欢乐大世界、开心农场、渔家乐等项目打造低碳休闲旅游。

值得一提的是，湿地公园采用师法自然的建设理念，基本保留原有山水，同时配套建设休闲步道、亭台楼榭等休闲设施，着力打造全省最大的山地式湿地公园，目前一期100公顷已经建成供游客观光，第二期占地300公顷山谷栈道和骑行车道9月中旬建成，第三期占地266.67公顷规划设计。

利用生态新城低碳生态优势，推动低碳生态与医疗养生有机融合，积极引进三甲医院、老人康复养护中心等医疗养生项目，植入低碳环保、生态自然、清洁无污染等概念，塑造生态新城低碳养生之地的形象。

三明生态新城邀您来创业

为拓展三明市区发展空间，加快推进市区与沙县同城化步伐。三明市委、市政府于2013年7月规划建设三明生态新城。三明生态新城位于沙县境内，控制面积300平方千米，规划建设面积96平方千米，核心区面积24平方千米。

一带六区。六区：中央商务区、现代物流园区、高新技术产业园区、现代农业科技示范区、空港经济区、生态休闲度假区；一带：三明至沙县沙溪沿河两岸生态休闲带。

五大优势。区位优势、交通优势、产业优势、生态优势、政策优势。

六个重点招商项目。医疗养老健康城项目、休闲旅游项目、三明电商产业园项目、高端装备产业项目、生物医药产业项目、种苗繁育中心运营项目。

（肖首洲　2016年9月11日《三明日报》）

重规划 树精品 强落实
将生态新城打造成“三位”一体新城区

绿意葱葱、生机盎然。三明生态工贸区生态新城集团有限公司（简称集团公司）大力开展生态文化建设，依托“双城”“一带”的区域优势，遵循“绿色、环保、低碳”的规划理念，努力将生态新城建设成为一流的园林式城市。目前，集团公司被评为“全国绿化先进单位”。

该公司主要承担生态新城核心区（简称生态新城）的规划和建设，是海西三明生态工贸区下属的国有全资企业。2015年，生态新城被国家发改委列入全国八家首批国家低碳城试点之一。

建设之初，规划先行。为将生态新城打造成为“生态、生产、生活”三位一体的新城区，他们遵循规划理念，依托低丘地形的自然资源条件进行适度开发建设，尽可能保留山体，以减少对生态环境的破坏，使生态新城建设成为绿化覆盖率达50.2%、绿地率达52.5%、城市人均公园绿地面积为34.2平方米/人的福地。对生态新城内，形态优美、植被覆盖率较好的山林绿地，在建设过程中都加以保留和抚育改造，规划成公园绿地；对生态新城周围环抱的山体林地和水系，面积约为1600公顷，具有一定的景观价值，本着尊重场地现状，整合现有的规划，努力挖掘本土的文化特色，将其融入到整个生态新城的绿地系统建设中，把生态新城作为大型的公园体来进行规划建设，最终形成“城在园中、园在城中”的特色人文山水格局。

为把生态新城建成宜居、宜业的绿色城市，集团公司树立精品，大力实施生态新城绿化美化，不断提升绿地系统品位，投入各项生态景观建设资金达3亿元。共计绿化、美化面积约150公顷，种植120余种植物。首先打造生态旅游休闲区，在如意湖湿地公园项目建设中，集团公司以“师法自然”为理念，整合现有的鱼塘、农田、水系、山林植被等资源，建成三明市最优的湿地生态休闲区域。规划用地面积约360公顷，分三期建设。其中，一期工程已基本完成，绿地面积达100公顷，占建设用地的95%，种植乔灌木达25000多株，投入资金约12000万元。该休闲区已建成亭台水榭、生态步道、茶花小镇、百竹园、百花园、百荷园、百草园、百树园、百果园等，为三明生态旅游打造名片效应。其次，推进道路网络绿化工程，先后启动了金桥路、金泉路、迎宾路、金港路、港区路、金源路等6条主干道绿化工程，形成三纵三横的道路绿地网。绿化道路总长约9.5千米，绿化面积约15公顷，共计种植40多种植物，其中乔灌木树种16700多株，地被植物12种，资金投入约10000万元。再次，推进景观绿化工程。如大洲大桥南侧匝道、如意湖南侧山体、联检大楼周围景观项目、电商产业园一期景观项目等四大景观绿化工程，绿化面积约35公顷，种植120余种植物，投入资金约4000万元。

集团公司高度重视生态文明建设，精心组织实施各项绿化美化工程，紧紧围绕着“生态、生产、生活”融合的智慧城、休闲城、创新城的总体目标，各部门密切配合，把生态新城建设成为绿化、花化、彩化、香化相统一园区。定期研究生态新城景观绿化工作，不断完善园区绿化管理水平，制定了各项园林绿化规章制度和措施。结合“3·12”义务植树节，及时组织园区的广大干部职工开展义务植树。园区参加义务植树达350人次，累计完成义务植树达1750株，义务植树尽责率98%。坚持适地适树原则，严格执行树木移植相关规定，顺利地完成了82株位于304省道上的废弃行道树移植入园的工作。及时组建起一支绿化种植养护队，顺利地完成了25公顷的绿地管护任务，工作开展中未出现绿地植物失绿或大面积枯萎现象，确保了绿化成果，顺利完成了湿地公园一期、金桥南路、港区路三大项目的绿化工程建设。

（巫瑞万　庄　丽　2016年10月25日《三明日报》）

生态新城吸引游客近21万人次

体验一次惊险刺激的火箭蹦极，在跑马场骑着马儿欢快奔跑，坐上摩天轮感受甜蜜与幸福……欢乐大世界的20多个游乐项目其乐无穷，让市民流连忘返；灿若云锦的格桑花花海、山水交映的如意湖、曲径通幽的茶花小镇……湿地公园一幅幅美景映入眼帘，令游客陶醉不已；全新的三明职教园、三明北大附属实验学校也迎来了大批前来参观的市民，不少来自南平、龙岩等周边地区。

国庆长假期间，三明生态新城成为我市最热门的旅游出行地之一，吸引了省内外大量游客。生态新城内的湿地公园、欢乐大世界等地游人如织，据统计，有近21万人次到此观光游览，日均游客量近3万人次，其中，欢乐大世界累计接待游客8万多人次，湿地公园累计接待游客12万多人次。

10月7日上午，虽然天空飘着微微细雨，但是欢乐大世界停车场仍停满了汽车，前来游玩的市民络绎不绝，很多都是结伴而行。在欢乐大世界的各个游乐项目点，都有不少游客游玩体验，有些热门项目前，甚至排起了长队。游客们玩得不亦乐乎，欢呼声、欢笑声响彻了整个游乐园。

随着云消雨散，越来越多的游客涌入生态新城各个景区。其中，湿地公园的山水、花草再一次刷爆了微信朋友圈。在"百蝶花海"景点，5.33公顷彩色花田里，百日草、硫华菊灿烂绽放，犹如仙境，游客们漫步其中，尽情地欣赏美景；在如意湖畔、陶瓷创意园、休闲步道等景点，游客们品味自然风光，并拿起手机拍照留念。

据了解，生态新城正在加紧推进后期工程，湿地公园二期森林景区占地300公顷，其中山谷栈道和骑行车道将在近期对外开放，占地266.67公顷的三期正在规划设计；欢乐大世界的海洋馆、水上乐园等二期项目，预计明年6月前投入使用，项目建成后将形成一个集娱乐、运动、科普、健身为一体的新型大中型游乐园。届时，生态新城将以更加低碳绿色的环境，更加完善的设施体系，更加热情周到的服务，迎接八方来客。

（俞 杰 2016年10月8日《三明日报》）

三明职教园迎来首批新生

8月27日至28日，三明职教园内的三明职业中专学校和三明市高级技工学校正式开学啦，来自三明各县（市、区）的1300多名新生前来报到。

三明职教园是市区职业教育"退城入园"的一大部署，包括三明职业中专学校、三明市高级技工学校和三明市少年儿童体育学校三所学校。位于海西三明生态工贸区生态新城西南侧，毗邻湿地公园暨如意湖公园，距离三明万达广场、三明碧桂园、三明火车北站、三明机场、沙县城区大约十分钟车程，风景优美，交通便利。

园区于2014年10月开始建设，总投资约7亿元。项目规划总用地面积66.67万平方米，其中主校区建设用地26.4万平方米，户外拓展、训练基地40万平方米，规划招收中职学生和运动员学生6500人。其中，一期总投资约4亿元，总建筑面积8万平方米，建有行政楼、教学楼、宿舍楼、餐厅、实训基地、图书馆等，体育场馆、图书馆由三个学校共享。

三明市高级技工学校与三明职业中专学校联合办学，现有教职工289人，其中高、中级教师占七成以上。新校区集技能人才培养、学历教育、职业技能鉴定及就业服务指导于一体，设有机械工程、电工电子、信息技术、财经商贸、师范教育、旅游服务、交通运输、化工、冶金9大类30多个专业。学校实行多层次办学，形成五年制大专班、自考大专班、高职升学班、中职班等办学形式。

同时，学校实行产学联动，职教园内设2万多平方米的实训基地，有汽车工程、机械、机电、商贸物流等多个实训项目，既可满足学校教学需要，又能面向社会开展技能培训。

按照"对接产业，工学结合，有效服务当地经济发展"的职业教育发展思路，三明职教园旨在打造一所"以实训工场为主阵地，实行学历教育与职业培训并举、职前教育与职后培训并重"的职业教育新园区。

（邓书榕 2016年8月31日《三明日报》）

三明北大附属实验学校一期项目投入使用

12月7日，三明北大附属实验学校学生在做课间操。地处三明生态新城的三明北大附属实验学校项目总投资3.6亿元，总建筑面积约6万平方米，实施从小学到高中的全程教育计划，项目分二期建设，一期工程建设于去年11月启动，本月初全面竣工并投入使用，二期主体工程完成，开始内装修施工。

（林文斌 徐咏荣 2016年12月8日《三明日报》）

源于山水 止步山水
——再探湿地公园文化印迹

在湿地公园生态水处理科普文化长廊，一个个透明的方形玻璃水缸里悄悄地进行着一场"革命"：浑浊的生活污水，经过淤泥、植物、有机微生物等几道程序的净化，最后清澈见底。

"这个水处理系统演示的是湿地特有的污水处理方法。"生态工贸区规划建设局副局长朱城华说，系统综合利用厌氧好氧工艺、人工湿地工艺及物化工艺，运用物理、化学、生物三重协同作用，对污水进行生态处理，使之达到国家地表水二类排放标准。

湿地公园，因水得名；湿地文化，因水提升。水处理系统让公园的水循环往复，成了这个原汁原味的"山水园"的点睛之笔。

一道八园十六景，前不久，湿地公园景区征名结束。揽月园、百花园、平湖泛舟、花溪叠韵……在这些大部分以山水、田园之味命名的景点中，似乎也在昭示着公园"源于山水、止步山水"的意念。

追求原味山水

因景命名，而非造景命名。在湿地公园取名上，规划局一直秉承着这样的理念。从早期的如意湖的命名，因为有如意的形状，而得名。到此次的"一道八园十六景"的命名，都是这样。

"这是公园追求原味山水的一种体现。"朱城华说，要让游客在景中与心中的情愫产生共鸣。比如说，百蝶花海，是看到那种花朵绽放、蝴蝶纷飞的情景，而想到了这个景点的名字。

不刻意，求自然，湿地公园没有辜负这片自然山水的期望。利用原有鱼塘，从墩头水库引水而下，稍加改造而成的湿地公园，更多的是追求"原味"。

原味山水让人驻足，原味山水让人流连。这一点，从公园开园以来，每天平均1000人入园的人流量就可以看得出来。湿地公园已然成为市区、沙县及周边地区的游客休闲娱乐好去处。

让游客再享“自然”，湿地公园还在努力。

在二期工程建设中，一条通往森林的自行车骑行道路正在建设中。这条长达 3.8 千米的道路，“穿梭”在墩头溪两岸从林里，让游客在森林里畅想深呼吸。

值得一提的是，整条骑行道建设在一条上世纪 70 年代修建的水渠上面，设计者有意将其中 5%的水源露出来，分成 6 个点，让游客在骑行中见山望水。

骑行爱好者杨青文对这条道路充满期待。他说，去过全国各地许多地方，但真正能在半山腰上，在高森林覆盖率的道路上骑行还是头一次。尽管只有 3.8 千米，但连着景区近 10 千米的景观道，加起来也有 10 余千米，那必将是一次淋漓尽致的骑行之旅。

此外，为了避免骑行中“单一”的绿色风景，公园还将对沿路的林带进行改造，植入银杏、红枫等带有其他颜色的树木，让游客的眼中不再“孤单”。

品味自然文化

感受自然山水，品味自然文化。

湿地公园在山水中注入了文化因子，让整个公园“立”起来。

占地 2000 多平方米的闽学广场，矗立着闽学四贤：杨时、罗从彦、李侗、朱熹的塑像，照壁上则记载着闽学文化的传承和发展。顺着闽学广场，走上一条林荫小道，这是“十六景”中的“理道溯源”，在这条 400 多米的小道上，每隔几米，就有一块小石头上刻着红色的字，分别是“礼、乐、射、御、书、数”，这是儒家的“六艺”。

“爸爸，什么是御？”“御就是驾驭，指的是一种驾驶技能。不管是古代还是现在我们都需要这种技能。”7 月 30 日，在市区上小学三年级的小艺和他的父亲张景漫步在这条小道上，每遇到一块石头，小艺都要发问。

2016 年 8 月，位于三明生态新城内的如意湖湿地公园

（海西三明生态工贸区管委会提供）

“在湿地公园，我们要看的不仅是山、水和花，我们还要看文化，前期的词牌文化让我着迷，这次又新增了儒学、闽学，孩子们在山水中学知识，实在是一种寓教于乐的好办法。”张景如是说。

“让游客在山水中悟道，体验儒学、理学等文化，并不断地传承，这也是山水文化的独特魅力所在。”负责湿地公园文化提升的市规划局党组书记吴长树说。

以青山为依托，以绿水为灵气，这是湿地公园的文化提升路径。

一片绿竹林下，几间错落有致的小屋组成了湿地公园的陶艺馆。和着水的陶泥，在陶艺大师罗梦林的手中仿佛成了活物，旋转、抚平、旋转……不一会儿，一个个精致的工艺品呈现在游客眼中。

“立足自然，这是我们在公园产业的选择上一直在坚持的，要生态、环保，不能带来污染的。”生态工贸区招商中心主任罗光海说。

的确，放眼看看周围的产业，如茶花、民宿、游船等项目，都是与青山绿水融为一体的，这也与生态新城这个国家低碳城的定位相吻合。

下一步，公园还将充分利用这里的自然山水，引进古法制笋、古法造纸、农耕文化等项目，让传统乡村工艺在这里得到传承。

不久的将来，这里的田园文化也将兴起。在景区的二期规划中，在条件允许的情况下，公园将引进艺术家等文化人士，比如知名的收藏家、音乐家、画家等，运用他们的影响力来带动景区人气，进而不断提高游客的文化素质。

城市里的田园乡村，湿地公园有意让更多人回归“本土”，回到心灵最纯净的地方。

（2016 年 8 月 10 日《三明日报》）

圆通快递物流园厉兵秣马备战“双 11”

11 月 10 日晚上 10 点，三明生态新城圆通快递物流园灯火通明，一派热火朝天的景象，60 多名工作人员按照分工，有序地进行着进港卸货、拆包分解、安检扫描、装车转运等步骤，迎接即将到来的“双 11”。

“双 11”对于快递行业而言，就像“春运”之于交通运输业，据圆通速递现场负责人介绍，今年“双 11”期间预计收发包裹一百五六十万票，相当平时一个月的量。11 月初才投入运营的三明生态新城闽中快递物流园正在厉兵秣马，全力迎战“巅峰时刻”，做好场地、车辆等硬件条件完善，加强人员的配备，确保不爆仓，不滞留。

三明生态新城圆通快递物流中心占地 3.6 公顷，年吞吐量 3000 万票，是福建省内除福州、泉州以外的第三个圆通速递分拨中心，外省经由福银高速进入福建的所有圆通包裹都要到这进行分拨，再转运到福州、泉州等地，三明、南平地区的包裹配送时效更是比过去提前一天。

（2016 年 11 月 11 日《沙县新闻》）

责任编辑：陈声华

市情总貌

SURVEY OF SANMING

自然环境

【位置面积】 三明市位于福建省中部连接西北隅，地处北纬25°30′~27°07′、东经116°22′~118°39′之间。东依福州市，西毗江西省赣州市、抚州市，南邻泉州市，北傍南平市，西南接龙岩市，全境总面积22965平方千米。

【地质地貌】 三明市境域地层结构发育完整，自下元古界至新生界共有12个系，37个地层单元包括变质岩、侵入岩、火山岩、沉积岩四大岩类。最古老的岩石层分布于建宁一带晚太古代天井坪组，是华夏古陆核的组成部分，代表福建省最古老的岩石层。

由于三明地跨福建三大构造单元，地质结构上存在四条断裂带：沙县—南日岛北西向断裂带，途经泰宁、将乐、沙县、尤溪等地；永安—晋江北西向断裂带，途经明溪、永安、大田等地；邵武—河源北东向断裂带，途经泰宁、建宁、宁化等地；政和—海丰北东向断裂带，贯穿尤溪、大田、永安、沙县及三明城区。

三明境内以中低山及丘陵为主，北西部为武夷山脉，中部为玳瑁山脉，东南角依傍戴云山脉。峰峦耸峙，低丘起伏，溪流密布，河谷与盆地错落其间，全境地势总体上西南部高，北东部低，海拔最高（建宁白石顶）1858米，最低50米。

【自然资源】 三明市的自然资源主要包括土地资源、矿产资源、森林资源、旅游资源等。

土地资源 2016年，三明土地总面积229.65万公顷。其中，耕地面积19.54万公顷，占土地总面积8.51%；园地面积6.9万公顷，占土地总面积3%；林地面积183.01万公顷，占土地总面积79.69%；草地面积3.44万公顷，占土地总面积1.5%；城镇村及工矿用地面积5.36万公顷，占土地总面积2.33%；交通运输用地面积2.75万公顷，占土地总面积1.2%；水域及水利设施用地面积4.52万公顷，占土地总面积1.97%；其他土地面积4.13万公顷，占土地总面积1.8%。

矿产资源 三明市矿产资源较丰富，但由于地质构造差异，矿产资源分布不均，造成资源空间分布不均匀。煤矿主要分布在大田、永安、清流、将乐等地，且品种单一；铁矿主要分布在大田、永安等地；金矿主要分布在尤溪、泰宁、建宁一带；铅、锌、铜、硫铁矿主要分布在大田、尤溪、永安、将乐一带；钨矿分布在宁化、清流等地；重晶石分布在永安、明溪等地；石灰岩主要分布在永安、大田、清流、将乐、宁化、三元等地；萤石主要分布在将乐常口、明溪胡坊、清流余朋。矿业经济中占重要地位的矿种有：无烟煤、铁矿、重晶石、铅锌矿、金矿、钨矿、石灰岩、大理岩等，矿石质量好，已大量开采。截至2016年年底，全市发现各类矿产79种，其中探明储量的矿产49种，主要有：煤、铁、铅、锌、钨、锡、金、银、石灰岩、重晶石、萤石、钾长石、高岭土、硫铁矿、蓝宝石等。探明储量的矿区中，大型矿床6个，中型矿43个，已开发利用矿产43种。全市各类在册矿山企业455家，矿山从业人数12075人，2016年产矿石量2036.51万吨，原矿总产值19.12亿元左右。

森林资源 三明是全国全省重点林区、国务院批准建立的全国集体林区改革试验区、全国集体林业综合改革试验示范区、国家森林城市、全国唯一的海峡两岸现代林业合作实验区。三明林业资源丰富，森林生态环境优越。2016年，全市林地面积190.27万公顷、占土地总面积82.5%，森林覆盖率76.8%，森林蓄积量1.65亿立方米。全市国家级自然保护区5处，省级6处、保护小区704处，省级以上自然保护区数量占全省的1/3。全市国家森林公园6处、省级森林公园19处，国家湿地公园1处，森林康养旅游形势向好。三明林业积极搭建绿水青山通往金山银山的桥梁，主要林产品产量约占全省的1/4，林业是三明经济支柱产业之一。

旅游资源 三明是中国优秀旅游城市。境内国家级风景名胜区有中国丹霞·泰宁世界地质公园——泰宁金湖风景区、将乐玉华洞风景区、永安桃源洞—鳞隐石林风景区3个；省级重点风景名胜区有宁化天鹅洞风景名胜区、梅列瑞云山风景名胜区、沙县七仙洞—淘金山风景名胜区、清流九龙湖风景区4个。

国家历史文化名镇（村）有尤溪县洋中镇桂峰村、清流县赖坊乡赖坊村、泰宁县新桥乡大源村、三元区岩前镇忠山村、将乐县万全乡良地村、明溪县夏阳乡御帘村、宁化县石壁镇7个；省级历史文化名镇名村有永安市吉山乡、永安市贡川镇、宁化县石壁镇、建宁县溪源乡上坪村、三元区岩前镇忠山村、大田县济阳乡济阳村、宁化县曹坊乡下曹村、将乐县万全乡良地村、永安市槐南镇洋头村、永安市西洋镇福庄村、尤溪县台溪乡书京村、大田县桃源镇东坂村、大田县华兴乡杞溪村、大田县屏山乡许坑村14个（其中永安市吉山乡行政建制已撤销，现为燕西街道吉山村）。国家森林公园有梅列区仙人谷国家森林公园、三元区三元国家森林公园、泰宁县猫儿山国家森林公园、将乐县天阶山国家森林公园、建宁闽江源国家森林公园、永安九龙竹海国家森林公园6处。国家级重点文物保护单位有泰宁尚书第建筑群、永安安贞堡、三元区万寿岩旧石器文化遗址、三明市区列西正顺庙和建宁红军总政治部旧址5处，省级文物保护单位56处。全国科普教育基地有将乐龙栖山国家级自然保护区、泰宁大金湖世界地质公园、福建闽江源国家级自然保护区、沙县天宝岩自然保护区、三明市农业科学研究院、三明仙人谷国家森林公园等6个。全国爱国主义教育基地有建宁县红一方面军领导机关（总司令部、总前委和总政治部）旧址暨反“围剿”纪念馆1处，省级爱国主义教育基地有三明市精神文明建设展览馆、尤溪县博物馆、宁化县革命纪念馆、三明市万寿岩遗址博物馆等4处。世界地质公园有泰宁世界地质公园1处；国家地质公园有宁化天鹅洞国家地质公园、永安国家地质公园、三明郊野国家地质公园、清流温泉国家地质公园4处。

国家AAAAA级旅游景区1处（泰宁风景旅游区），国家AAAA级旅游景区有永安桃源洞—鳞隐石林、梅列瑞云山、三元格氏栲、将乐玉华洞、沙县小吃文化城等11处。还有国家级自然保护区5个（峨嵋峰国家级自然保护区、将乐龙栖山国家级自然保护区、天宝岩国家级自然保护区、闽江源国家级自然保护区、君子峰国家级自然保护区）；国家级水利风景区2个（永安桃源洞、尤溪闽湖）；国家级农业旅游示范点1个（建宁修竹荷苑）。

全市拥有36家星级旅游饭店，其中五星级3家、四星级12家、三星级17家、二星级4家；全市共有旅行社49家，其中AAAAA级旅行社3家、AAAA级旅行社11家、AAA级旅行社12家。

全市国家级非物质文化遗产项目5个，分别是传统戏剧类的永安大腔戏、泰宁梅林戏，舞蹈类的龙舞（大田板灯龙）、民俗类的祭祖习俗（石壁客家祭祖习俗），传统技艺类的竹纸制作技艺；省级非物质文化遗产项目有31个。

【水文】 2016年，三明地区金溪、沙溪、尤溪水系共出现17站次超警戒水位洪水，均为小于10年一遇的洪水。

年内，三明三大流域径流水量412亿立方米，比常年偏多80%。

2016年，三明地区4座大型水库年初蓄水总量30.57亿立方米，年底蓄水总量29.84亿立方米。

全市主要河流中，沙溪流域年降水量为2240.3毫米，折合水量287.22亿立方米，比2015年多12.17%，比多年平均值少43.18%；金溪流域年降水量2731.1毫米，折合水量189.13亿立方米，比2015年多8.58%，比多年平均值多53.97%；尤溪流域年降水量2261.5毫米，折合水量122.94亿立方米，比2015年多32.4%，比多年平均值多43.67%。

地表水资源量　地表水资源量是指地表水体动态水量，即河川径流量。2016年全市地表水资源量为391.00亿立方米，折合年径流深1701.9毫米，比2015年多49.9%，比多年平均值多81.03%，属丰水年份。

全市主要河流沙溪、金溪、尤溪的地表水资源量分别为202.97亿立方米（含入境水量27.73亿立方米）、135.47

2016年三明市行政分区地表水资源量

表1

县(市)	当年地表水资源(亿立方米)	多年平均(亿立方米)	与多年平均比较(±%)
市区	18.93	10.36	82.72
永安	48.45	27.77	76.56
明溪	30.76	16.64	84.88
清流	32.20	17.74	81.51
宁化	44.50	24.22	83.72
大田	32.07	19.79	62.06
尤溪	46.48	29.05	60.00
沙县	30.97	15.34	101.91
将乐	42.17	21.5	96.13
泰宁	31.13	15.52	100.55
建宁	33.34	18.39	81.31
全市	391.00	215.99	81.03

亿立方米（含入境水量 5.39 亿立方米）、73.7 亿立方米（含入境水量 9.38 亿立方米），与多年平均值相比尤溪少 14.73%，金溪、沙溪分别多 44.92%、22.0%。

洪水　2016 年三明市三大河流中，沙溪、金溪、尤溪干流均发生超警洪水。

2016 年三明市洪水情况

表 2

流域	站名	警戒水位（米）	保证水位（米）	日期	时间	洪峰水位（米）	备注
金溪	建宁	291.50	295.00	5 月 8 日	9:30	294.87	超警戒水位 3.37 米
				5 月 10 日	10:40	291.80	超警戒水位 0.30 米
				6 月 18 日	14:30	293.12	超警戒水位 1.62 米
	泰宁	277.00	279.00	5 月 8 日	12:25	278.38	超警戒水位 1.38 米
				5 月 9 日	8:00	277.35	超警戒水位 0.35 米
	将乐	147.00	151.00	5 月 8 日	19:40	150.80	超警戒水位 3.80 米
				6 月 18 日	15:30	150.3	超警戒水位 3.30 米
沙溪	沙县	106.50	109.60	4 月 18 日	7:40	106.68	超警戒水位 0.18 米
				6 月 18 日	18:30	106.87	超警戒水位 0.37 米
				7 月 10 日	4:25	106.85	超警戒水位 0.35 米
	梅列	127.00	130.50 131.70	7 月 10 日	3:25	127.16	超警戒水位 0.16 米
尤溪	大田	354.60	357.30	4 月 18 日	1:30	356.04	超警戒水位 1.44 米
				4 月 26 日	22:15	355.30	超警戒水位 0.70 米
				7 月 9 日	16:50	355.47	超警戒水位 0.87 米
				9 月 15 日	11:00	354.75	超警戒水位 0.15 米
				9 月 28 日	12:35	355.03	超警戒水位 0.43 米
	尤溪	104.50	108.50	1 月 29 日	6:20	104.63	超警戒水位 0.13 米

说明：表中主要记录各站超警戒水位洪水

【气候概况】　2016 年，三明市气候属偏差年景，突发性、局地性和极端天气气候事件频发。全年气温异常偏高、降水异常偏多，日照时数偏少。降水主要集中在春季，冬季最少。

2016 年全市平均降水量 2495.8 毫米，多于常年，时空分布不均，北多南少，冬季、秋季异常偏多，春季北部偏多，夏季正常偏多。年平均气温 19.6℃，较常年偏高 1.0℃，极端最高气温 39.1℃,极端最低气温-8.2℃。

【主要气象灾害】　2016 年，主要灾害性天气是暴雨洪涝和台风。

暴雨　2016 年，三明市共出现 20 场暴雨过程，以 5 月 7~10 日过程为最强。其中，泰宁、将乐、建宁受灾较重。

（1）5 月 7~10 日大暴雨至特大暴雨

5 月 7~10 日，三明市金溪流域出现较大范围大暴雨至特大暴雨过程。其特点是：过程雨量大，建宁、泰宁、将乐出现大暴雨至特大暴雨，8 日泰宁、将乐破当地历史最大降水量纪录，建宁破历史 5 月份日最大降水量纪录。短时降雨强，此次过程降水强度强，最大 1 小时降水达 71.7 毫米（建宁修竹），最大 3 小时降水达 139.5 毫米（将乐周厝），最大 24 小时降水达 300.9 毫米（泰宁梅口）。暴雨区集中，此次过程强降水地点集中，大暴雨区集中在将乐、建宁、泰宁。

（2）5 月 20~21 日暴雨至大暴雨

5 月 20~21 日将乐、建宁、泰宁、宁化、清流、明溪、沙县出现暴雨，局部大暴雨，以泰宁将溪水库 220.8 毫米为最大。

（3）6 月 14~18 日暴雨至大暴雨

6 月 14~18 日三明市普降暴雨，局部大暴雨。此次暴雨过程具有范围广、强度强、落区集中、累计雨量大的特点。共有 229 个雨量站超过 100 毫米，其中 47 个雨量站超过 250 毫米，2 个雨量站超过 400 毫米，以将乐玉华洞 408.9 毫米为最大。受降雨及水库调蓄影响，三明市各地河道水位均有所上涨，将乐县、建宁县、沙县发生超警戒水位洪水，其中将乐县超警戒 3.3 米，接近保证水位，建宁县超警戒 1.62 米，沙县超警戒 0.37 米。

台风　2016 年，共有 4 个台风登陆或影响三明市。其中，3 个登陆台风分别为 1 号台风“尼伯特”（超强台风级）、14 号台风“莫兰蒂”（超强台风级）和 17 号台风“鲇鱼”（超强台风级），登陆个数偏多。其中 3 个登陆台风均对三明市造成严重影响，以“尼伯特”灾害最为严重。

（1）受1号台风“尼伯特”影响，7月8~9日三明市普降暴雨至大暴雨，累积雨量共有225个雨量站超过50毫米，64个雨量站超过100毫米，其中以大田谢洋213.2毫米为最大。

（2）受14号台风“莫兰蒂”影响,9月14~15日三明市普降暴雨到大暴雨，累积雨量有172个雨量站超过50毫米，33个雨量站超过100毫米，其中以尤溪上仙村177.5毫米为最大。

（3）受17号台风"鲇鱼"影响，9月28日全市普降暴雨，其中，三明市区、大田、建宁出现大暴雨。累积雨量有266个雨量站出现50毫米以上降水，其中117个雨量站雨量超过100毫米，5个雨量站雨量超过250毫米，以永安吴地村305毫米为最大。

强对流　2016年共经历10次强对流天气。主要的强对流天气过程简述如下：

（1）4月3~4日，三明市出现大范围雷雨天气，雷雨时局地伴有强雷电、7~9级雷雨大风、冰雹等强对流天气。其中尤溪县4月4日下午强对流最为明显，主要经过尤溪县西城镇、台溪乡、新阳镇、溪尾乡。

（2）4月15日，三明市出现大范围雷雨天气，雷雨时局地伴有强雷电、7~9级雷雨大风等强对流天气。其中建宁严田村、湾坊村、黄埠乡出现直径3~4毫米的冰雹。

（3）4月26~27日建宁助家井村出现小冰雹、伊家乡兰溪村出现3~4毫米冰雹；泰宁大田乡出现3厘米冰雹和24.9米/秒大风，朱口镇出现37.9米/秒大风，县城附近也出现短时冰雹大风；将乐余坊乡出现小冰雹。

寒潮　受强冷空气影响，1月22日起三明市气温明显下降，22~23日全市出现雨雪冰冻天气，并伴有道路结冰；24~26日天气转为晴冷天气，全市出现霜冻结冰。

23日夜间到24日晨三明市西北部建宁、泰宁、将乐、宁化、清流、明溪县和其他县市高海拔山区均出现小雪或雨夹雪天气，并伴有积雪和道路结冰。全市过程极端最低气温均≤-4℃，其中县城以明溪-8.2℃最低（高海拔山区最低气温降至-12℃以下，以泰宁峨嵋峰-16.8℃为最低）。

倒春寒　3月下旬受冷空气影响，低温持续时间长，西部、北部出现倒春寒过程。

高温　受副热带高压控制，7~8月天气较热，出现多次高温天气过程。7月阶段性出现35℃以上高温天气，4~7日、22~31日部分县市出现37℃高温，将乐7月25、31日出现39.1℃月极端最高气温，亦是年度极端最高气温。

秋寒　受冷空气影响，9月20~23日西北部出现“23型”秋寒天气。10月10~12日大部分县（市）同时出现“23型”和“20型”秋寒天气。

【主要气候特征】　2016年，全市平均气温异常偏高、降水异常偏多、日照时数偏少。冬季降水多日照少，春季温度高北部降水多，夏季温度高降水略多，秋季温高雨多日照少。

气温　2016年，各县（市、区）平均气温在18.2℃（建宁）~20.6℃（沙县、永安）之间，与常年同期相比，为异常偏高。

年极端最低气温为-8.2℃，1月25日出现在明溪；年极端最高气温为39.1℃，7月25日、7月30日两次均出现在将乐。

日照　2016年各县（市、区）日照在1247（尤溪）~1551（三明）小时之间，与常年相比，尤溪异常偏少，宁化、沙县显著偏少，大田偏少，其余各县正常。由三明、泰宁、永安日照时数逐月变化分析得，1月、4月、10~11月日照时数较少，而全年日照最多的月份是7月。

2016年三明市各季和年平均气温分析评价

表3　　单位：℃

季节 / 站名	冬季(12~2月)			春季(3~5月)			夏季(6~8月)			秋季(9~11月)			2016年全年(1~12月)		
	平均气温	异常度	评价	平均气温	异常度	评价	平均气温	异常度	评价	平均气温	异常度	评价	平均气温	异常度	评价
三明	11.4	0.5	正常	20.2	1.4	偏高	28.2	1.4	偏高	22.1	1.8	显著偏高	20.5	2.6	显著偏高
建宁	7.9	0.7	正常	17.9	1.2	偏高	26.9	1.5	显著偏高	19.7	2	异常偏高	18.2	2.6	异常偏高
泰宁	8.4	0.5	正常	17.9	1	正常	26.7	1.1	偏高	20.3	2.2	异常偏高	18.4	2.4	异常偏高
将乐	10.6	0.5	正常	19.5	1.1	偏高	28	1.4	偏高	21.9	2.2	异常偏高	20.1	2.2	异常偏高
宁化	9	0.5	正常	18.9	1.6	显著偏高	26.9	1.4	偏高	20.6	2.2	异常偏高	18.9	2.6	异常偏高
清流	9.3	0.5	正常	19.2	1.7	显著偏高	27	1.6	显著偏高	20.8	2.5	异常偏高	19.2	3.1	异常偏高

续表 3

站名＼季节	冬季(12~2月)			春季(3~5月)			夏季(6~8月)			秋季(9~11月)			2016年全年(1~12月)		
	平均气温	异常度	评价	平均气温	异常度	评价	平均气温	异常度	评价	平均气温	异常度	评价	平均气温	异常度	评价
明溪	9.8	0.4	正常	19.1	1.4	偏高	26.8	1.2	偏高	21	2.9	异常偏高	19.2	2.4	异常偏高
沙县	11.3	0.6	正常	20.2	1.3	偏高	28.4	1.5	显著偏高	22.2	1.9	异常偏高	20.6	2.8	异常偏高
永安	11.2	0.3	正常	20.5	1.3	偏高	28.3	1.4	偏高	22.3	2.1	异常偏高	20.6	2	异常偏高
大田	11.4	0.4	正常	19.7	1.1	偏高	26.9	1.3	偏高	21.8	2.8	异常偏高	20	2.3	异常偏高
尤溪	11.2	0.6	正常	19.5	0.9	正常	27.5	1.1	偏高	21.9	2.2	异常偏高	20.1	2.4	异常偏高

说明：表中主要记录各站超警戒水位洪水

表 4

2016 年三明市各季和年平均降水分析评价

单位：毫米

站名＼季节	冬季(12~2月)			春季(3~5月)			夏季(6~8月)			秋季(9~11月)			2016年全年(1~12月)		
	降水量	距平百分率%	评价	降水量	距平百分率%	评价	降水量	距平百分率%	评价	降水量	距平百分率%	评价	降水量	距平百分率%	评价
三明	481	120	异常偏多	807	16	正常	758	37	偏多	568	186	异常偏多	2461	48	异常偏多
建宁	556	118	异常偏多	1191	60	显著偏多	701	13	正常	528	144	异常偏多	2777	51	异常偏多
泰宁	510	106	异常偏多	1231	70	显著偏多	636	7	正常	537	152	异常偏多	2734	53	异常偏多
将乐	481	107	异常偏多	1110	51	显著偏多	773	33	偏多	518	164	异常偏多	2701	55	异常偏多
宁化	542	128	异常偏多	937	28	偏多	811	36	偏多	518	139	异常偏多	2607	46	异常偏多
清流	568	128	异常偏多	920	24	正常	713	16	正常	543	153	异常偏多	2550	40	异常偏多
明溪	533	123	异常偏多	937	23	正常	673	11	正常	584	186	异常偏多	2522	39	异常偏多
沙县	498	109	异常偏多	847	22	正常	744	40	偏多	605	170	异常偏多	2519	49	异常偏多
永安	434	109	异常偏多	728	12	正常	538	9	正常	490	159	异常偏多	2048	33	异常偏多
大田	446	126	异常偏多	708	21	正常	602	8	正常	571	174	异常偏多	2200	42	异常偏多
尤溪	454	133	异常偏多	807	27	偏多	618	14	正常	583	174	异常偏多	2337	47	异常偏多

表 5　2016 年三明市各季和年平均日照分析评价

单位：小时

季节＼站名	冬季(12~2 月)			春季(3~5 月)			夏季(6~8 月)			秋季(9~11 月)			2016 年全年(1~12 月)		
	日照时数	异常度	评价	日照时数	异常度	评价	日照时数	异常度	评价	日照时数	异常度	评价	日照时数	异常度	评价
三明	217	–1	正常	350	1.3	偏多	602	0.5	正常	278	–2.4	异常偏少	1551	–0.1	正常
建宁	233	–0.6	正常	281	–0.2	正常	570	0.2	正常	212	–2.7	异常偏少	1369	–0.9	正常
泰宁	232	–0.8	正常	302	0.6	正常	581	0.5	正常	264	–2.6	异常偏少	1465	–0.4	正常
将乐	218	–0.8	正常	307	0.3	正常	601	0.5	正常	274	–2.6	异常偏少	1476	–0.4	正常
宁化	218	–1.3	偏少	248	–1.1	偏少	523	–0.7	正常	256	–3.2	异常偏少	1347	–1.8	显著偏少
清流	220	–1	正常	306	0.5	正常	594	0.5	正常	252	–2.7	异常偏少	1461	–0.8	正常
明溪	212	–1.3	偏少	324	0.9	正常	604	0.8	正常	269	–2.5	异常偏少	1507	–0.5	正常
沙县	172	–1.6	显著偏少	287	–0.4	正常	557	–0.3	正常	241	–3.3	异常偏少	1348	–1.5	显著偏少
永安	181	–1.4	偏少	302	–0.3	正常	640	0.6	正常	294	–2	异常偏少	1465	–0.8	正常
大田	191	–1.7	显著偏少	289	–0.3	正常	487	–0.3	正常	250	–2.4	异常偏少	1314	–1.2	偏少
尤溪	163	–1.9	显著偏少	253	–1.7	显著偏少	525	–0.6	正常	223	–3.8	异常偏少	1247	–2.1	异常偏少

建置沿革

【中华民国以前建置】 三明境域夏商时期属于扬州地，周代隶七闽地，战国时期属楚国地，秦汉时期属闽中郡及扬州会稽郡东冶县。

三国吴永安三年（260），设立将乐县、绥安县（绥安县于东晋义熙元年即 405 年改为绥城县，至唐贞观三年即 629 年最终废置后未再恢复建制），隶属建安郡。

东晋义熙元年（405），升沙戍堡为沙村县，是为沙县设县之始；后于唐武德四年（621）改称沙县，先后隶属建安郡、建州。

唐朝开元十三年（725），将沙县西部原黄连峒地带之黄连镇升格为黄连县，后于天宝元年（742）改名为宁化县，隶属临汀郡；开元二十九年（741）在原尤溪山峒地带设置尤溪县，隶属福州。

五代十国南唐中兴元年（958），将原绥城县地之永安场、归化场分别升格为建宁县、归化县（后归化县于宋元祐元年即 1086 年改名泰宁县），隶属建州。

宋朝元符元年（1098），析宁化县地设置清流县，隶属汀州。

明朝景泰三年（1452），析沙县新岭以南地、尤溪宝山以西地设置永安县，隶属延平府；成化七年（1471），析宁化、清流、将乐、沙县 4 县地设置归化县，隶属汀州府（后于民国 22 年即 1933 年 4 月改名为明溪县）；嘉靖十四年（1535），析尤溪、永安、漳平和德化地设置大田县，隶属延平府。隆庆元年（1567），析龙岩、大田、永安地置宁洋县，隶漳州府。

清代基本沿明制，设福建布政使司，辖 9 府 2 州，先后增设龙岩州、永春州和台湾府。雍正十二年（1734），大田县改隶永春州（直隶州）。翌年，宁洋改隶龙岩州。

【中华民国时期建置】 民国时期民国初年（1912），改府为路，并改厅、州为县。三明境域属北路观察使署。民国 3 年（1914），改路为道，沙县、将乐县、泰宁县、尤溪县、建宁县、永安县统属建安道；宁化县、清流县、归化县、宁洋县统属汀漳道；大田县属厦门道。民国 17 年（1928），废道制，实行新的省、县制，各县直隶福建省政府。

三明是革命老区。自民国16年(1927)开始，中国共产党就在宁化、清流、归化、建宁、泰宁、将乐、沙县、永安、尤溪、大田等县传播革命思想，进行革命活动。此后，工农武装斗争的星星之火四处点燃。进入20世纪30年代前期，境域内红、白两种政权、两种行政区域并存，并普遍建立工农政权苏维埃政府。各县苏维埃成立及存续时间为：宁化县苏维埃政府成立于民国20年(1931)11月，存续至民国23年(1934)12月；清流县苏维埃政府成立于民国21年(1932)8月，存续至民国23年(1934)11月；彭湃县苏维埃政府成立于民国22年(1933)8月，存续至民国23年(1934)12月；泉上县苏维埃政府成立于民国22年(1933)8月，存续至民国23年(1934年)12月；归化先是于民国20年(1931)7月成立县革命委员会，后于民国23年(1934)1月成立县苏维埃政府，存续至当年10月；建宁县苏维埃政府成立于民国21年(1932)10月，存续至民国23年(1934)5月；泰宁先是于民国20年(1931)6月成立县革命委员会，后于民国22年(1933)11月成立县苏维埃政府，存续至民国23年(1934)3月；将乐先是于民国20年(1931)6月成立县革命委员会，民国22年(1933)8月后相继成立各区苏维埃政权，民国23年(1934)2月红军再度解放将乐县城时又重新成立县革命委员会，存续至当年3月；沙县于民国23年(1934)1月成立县苏维埃政府，存续两个月；永安于民国23年(1934年)5月初成立县革命委员会，存续1个月。

民国22年(1933)11月，“闽变”发生，国民党十九路军在福建成立中华共和国人民革命政府(即福建人民政府)，下辖闽海、延建、兴泉、龙汀4省及福州、厦门两个特别市。三明境域的沙县、将乐县、尤溪县、永安县、泰宁县、建宁县属延建省；清流县、明溪县(原归化县)、宁化县、宁洋县属龙汀省；大田县属兴泉省。民国23年(1934)，“闽变”失败，4省撤销。

民国23年(1934)7月，改组后的福建省政府实行行政区督察专员制，将全省划分为10个行政区。三明境域的沙县、尤溪属第三区(称南平专署)；大田属第四区(称仙游专署)；永安、宁洋、清流、明溪、宁化属第八区(称长汀专署)；将乐、泰宁、建宁属第九区(称邵武专署)。民国24年(1935)10月，又将全省原划分的10个行政督察区缩并为7个行政区。尤溪县、永安县、将乐县、沙县属第二行政区；大田县、宁洋县属第六行政区；宁化县、明溪县、清流县、建宁县、泰宁县属第七行政区。

民国27年(1938)4月，省政府内迁永安。6月，省保安处、县政人员训练所、三青团等一些国民党党、政、军机构相继迁到三元、梅列。民国28年(1939)2月，为便于管理，福建省政府决定以三元镇为中心，划出人口万余人的各乡，成立三元特种区，辖三元城关、列东、列西等地，仍视为沙县境内的一部分。民国29年(1940)，由于三元特种区辖境小，财政入不敷出，遂将原沙县、永安、明溪3县属地各划出部分并入三元特种区，成立三元县。全县土地面积为1031平方千米，人口约3.8万人，隶属第二行政区。

民国35年(1946)9月，全省行政区调整为9个行政督察区。三明境域的沙县、将乐县、泰宁县、建宁县、尤溪县仍属第二区(南平专署)；宁化县属第七区(长汀专署)；永安县、宁洋县、大田县、清流县、明溪县、三元县改属第九区(永安专署)。民国36年(1947)，全省行政区又调整为7个行政督察区，永安专署改称第六区，三明境域各县隶属不变。

【中华人民共和国成立以后建置】 1949年冬至1950年春，三明境域各地先后解放，分属龙岩、永安、南平专署。

1950年2月，福建省人民政府在永安县设立专(市)级建制的省督察机关即第七行政督察专员公署。同年4月，改称永安行政督察专员公署。下辖三元县、永安县、明溪县、清流县、宁化县、大田县、宁洋县、德化县(同年10月27日划归晋江专区)。

1956年6月，永安专署撤销。7月间，三元、明溪2县合并成立三明县，隶属南平专署。永安县、清流县、宁化县、宁洋县(1956年7月9日国务院第34次会议决定撤销)隶属龙岩专区，大田县隶属晋江专区。

1958年4月，三明辟为重工业基地后即成立三明重工业建设委员会，为党政合一领导机构，负责领导三明工业区工业建设以及各项市政建设与管理工作，直属省委、省人委领导，并与南平地委、行署双重领导三明县。

1959年2月，经中央批准，三明重工业建设委员会与三明县机构合并，成立三明人民公社筹委会(省辖)。

1960年1月，三明人民公社筹委会改名为三明市人民委员会(为省辖三明市)。

1961年11月，恢复三明县建制，辖区为原明溪县行政区域。同月，清流、宁化、永安3县从龙岩专区划归三明市，辖区扩大为4县。

1963年5月，国务院批准设立三明专员公署，将三明市降为地辖市，专署下辖三明市、三明县、永安县、清流县、宁化县、大田县(同月从晋江专区划入)，共计1市5县。

1964年4月，三明县恢复为原明溪县名。

1967年2~3月，三明军分区奉命介入地方执行“三支两军”任务，成立生产领导小组，负责三明地区工农业生产。同年7月，福州军区党委决定成立三明专区军事管制委员会。

1968年10月，成立三明专区革命委员会，为党政合一的领导机构，行使原地委、专署的全部职能。

1970年6月18日，省革命委员会决定将尤溪、沙县、将乐、泰宁、建宁5县划归三明专区，7月正式划入。三明专区辖区扩大为1市10县。同年12月，三明专区革命委员会改为三明地区革命委员会。

1978年3月29日，三明地区革命委员会改称为三明地区行政公署，辖区不变。

1983年4月，经国务院批准，将原地辖三明市改为省辖市，并撤销三明地区行政公署，实行以市带县的管理体制，辖三元区、梅列区、永安县、明溪县、清流县、宁化县、大田县、尤溪县、沙县、将乐县、泰宁县、建宁县，计2区10县。1984年9月，经国务院批准，永安县改为永安市(县级市)。

至2016年三明市建置不变。

(市方志委)

区划人口

【政区变更】 2016年4月19日，根据《尤溪县人民政府关于成立东祥社区居民委员会的批复》，尤溪县增设东祥社区居民委员会。7月8日，根据《福建省人民政府关于清流县赖坊乡撤乡设镇的批复》，清流县赖坊乡撤乡设镇，设立赖坊镇。7月21日，根据《三元区人民政府关于成立中村乡思源社区居民委员会的通知》，三元区增设中村乡思源社区居民委员会。12月9日，根据《宁化县人民政府关于同意成立城南乡城南社区居民委员会的批复》，宁化县增设城南乡城南社区居民委员会。12月21日，根据《大田县人民政府关于同意将广平镇龙宫林果场改设为龙宫村民委员会的批复》，大田县新增龙宫村民委员会。

【市区命名新地名】 2016年10月，根据市政府《关于梅列部分地名命名的批复》，命名梅列区政府上报的位于贵溪洋地块，西临新市北路、北临东乾二路佳和人家建设项目建设的住宅小区为佳和人家。

【地名管理】 2016年，全市共增设或重新设置地名标志牌130块（其中市区新设置35块）、破损地名牌维修293块（其中市区275块）。市第二次全国地名普查工作有序推进，年内已完成全部外业采集和部分审核工作，全市采集地名信息约7万条。

【界线联检】 2016年，三明市完成设区市间县级界线4条，市内县级界线9条，乡级界线35条。具体是尤溪—延平线、沙县—延平线、沙县—顺昌线、建宁—邵武线；沙县—明溪、清流—永安、宁化—清流、建宁—宁化、永安—大田、明溪—建宁、大田—尤溪、大田—沙县、沙县—将乐。乡级界线具体是：梅列1条、永安10条、明溪2条、大田7条、尤溪6条、沙县4条、将乐5条。

【行政区划】 2016年，三明市辖2个区、1个市、9个县，共有63个乡（含2个民族乡）、66个镇、13个街道、社区178个、村1736个。

表6

2016年三明市行政区划

县(市、区)	乡、镇、街道
梅列区	列东街道、列西街道、徐碧街道、陈大镇、洋溪镇
三元区	城关街道、白沙街道、富兴堡街道、荆西街道、莘口镇、岩前镇、城东乡、中村乡
永安市	燕东街道、燕西街道、燕南街道、燕北街道、西洋镇、贡川镇、安砂镇、小陶镇、大湖镇、曹远镇、洪田镇、槐南镇、上坪乡、罗坊乡、青水畲族乡
沙　县	凤岗街道、虬江街道、夏茂镇、青州镇、大洛镇、富口镇、高桥镇、高砂镇、郑湖乡、南阳乡、南霞乡、湖源乡
尤溪县	城关镇、梅仙镇、西滨镇、新阳镇、洋中镇、管前镇、西城镇、坂面镇、尤溪口镇、联合乡、汤川乡、溪尾乡、中仙乡、台溪乡、八字桥乡
大田县	均溪镇、上京镇、广平镇、桃源镇、太华镇、建设镇、石牌镇、奇韬镇、华兴乡、屏山乡、吴山乡、济阳乡、武陵乡、谢洋乡、文江乡、梅山乡、湖美乡、前坪乡
明溪县	雪峰镇、盖洋镇、胡坊镇、瀚仙镇、城关乡、沙溪乡、夏阳乡、枫溪乡、夏坊乡
清流县	龙津镇、嵩口镇、嵩溪镇、灵地镇、长校镇、赖坊镇、林畲乡、温郊乡、余朋乡、沙芜乡、李家乡、里田乡、田源乡
宁化县	翠江镇、泉上镇、湖村镇、石壁镇、曹坊镇、安远镇、淮土镇、安乐镇、水茜镇、城郊乡、城南乡、济村乡、方田乡、中沙乡、河龙乡、治平畲族乡
将乐县	古镛镇、万安镇、高唐镇、白莲镇、黄潭镇、水南镇、光明乡、漠源乡、南口乡、万全乡、安仁乡、大源乡、余坊乡
泰宁县	杉城镇、朱口镇、新桥乡、上青乡、大田乡、梅口乡、下渠乡、开善乡、大龙乡
建宁县	濉溪镇、里心镇、溪口镇、均口镇、伊家乡、黄坊乡、溪源乡、客坊乡、黄埠乡

【城镇常住人口稳定增长】 据福建省人口变动情况抽样调查资料，三明市2016年常住人口255.0万人，比2015年增加2.0万人，全年出生人口3.8万人，出生率为15.0‰；死亡人口1.7万人，死亡率为6.8‰；自然增长率为8.2‰。呈现城镇人口增长、乡村人口下降态势。2016年，三明市城镇人口146.6万人，比2015年增加4.2万人，增长2.9%，占总人口比重57.5%；全市乡村人口108.4万人，占比42.5%；男性人口133.4万人，占52.3%，女性人口121.6万人，占47.7%。0~14岁人口41.3万人，占16.2%；15~64岁人口189.2万人，占74.2%；65岁及以上24.5万人，占9.6%。

【多数县人口流出趋势明显】 三明市12个县（市、区）中有9个县是人口净流出地区，只有3个区（市）人口净流入。2016年，梅列、三元两区常住人口分别为18.1万人和20.1万人，比户籍人口分别多3.7万人和6.1万人，三明市区净流入人口达9.8万人；永安市常住人口35.3万人，比户籍人口出多出

2.0 万人净流入人口。净流出人口最多的是宁化、尤溪和大田 3 县，净流出人口分别达 9.6 万人、8.8 万人和 8.7 万人，其余 6 县净流出人口在 1.7 万人到 3.9 万人不等。

【城镇化率提高幅度居全省前列】 2016 年，三明市继续加快推进新型城镇化建设步伐，全市城镇人口总量不断扩大，城镇化水平持续较快上升。据全省人口变动情况抽样调查结果，三明市 2016 年常住人口 255.0 万人，其中城镇人口 146.6 万人，占总人口比重即城镇化率为 57.5%，居全省第五位，较 2015 年提高 1.2 个百分点，提高幅度比全省平均水平高 0.2 个百分点，居全省九地市第三位。分县（市、区）看，城镇化水平前三位的是梅列区、三元区和永安市，城镇化率分别为 97.9%、85.3%、67.5%；城镇化水平后三位的是宁化县、建宁县和尤溪县，城镇化率分别是 42.7%、42.9%和 43.1%。

（蓝　捷　郑翠玉）

三明市领导干部名录

中共三明市委

书　记：杜源生
副书记：余红胜　黄建平
常　委：王　刚　黄建波　游宇飞
陈炎标　陈龙德　纪熙全
肖明光　林　斌（女）

三明市人大常委会

主　任：徐　铮
副主任：张知通　王　庆　廖小华（女）
陈仪代　肖长根

三明市人民政府

代市长：余红胜
副市长：黄建波　肖明光　林俊德
肖华鑫　张元明　陈育煌

三明市政协

主　席：朱昌贤
副主席：李茂胜　许清华　曾明生
李宝兰（女）　朱一勤
阎伟强　伍成康　蔡光信
陈　欣

中共三明市纪律检查委员会（三明市监察局）

书　记：游宇飞
副书记：张　健　黄金伙　黄惠元
常　委：李道聪（女）　张　连
邹长福　郑碧云（女）
刘义俊
监察局局长：张　健
监察局副局长：纪熙进

三明市中级人民法院

院　长：陈　明
副院长：张苏闽　曾明生（兼）
罗继民　杨泽民
政治部主任：蒋方鸣
纪检组长：暂　缺

三明市人民检察院

检察长：张时贵
副检察长：饶跃和　张　弘　陈文盛
李剑平
纪检组长：高爱华（女）
政治部主任：邱良植

中共三明市委综合部门

三明市委办公室
主　任：温欣传
副主任：罗敏华（女）　吴钟民
陈谊声　廖才添

三明市委组织部
部　长：陈炎标
副部长：李　明　伍武林（兼）　赵　明

三明市委宣传部
部　长：林　斌（女）
副部长：洪华堂（兼）　陈红兴

三明市委统战部
部　长：肖明光
副部长：颜虎成（兼）　邓源明
张　引（女）

三明市委政法委
书　记：纪熙全
副书记：陈育煌（兼）　肖文波
政治部主任：马　骏

三明市委台湾工作办公室（三明市人民政府台湾事务办公室）
主　任：魏亚鹏
副主任：戴建勤　林秀华（女）

三明市委机构编制委员会办公室（三明市人民政府机构编制办公室）
主　任：余迭荣
副主任：陈宝文　凌与仙

三明市委巡察工作领导小组办公室（巡察组）
主　任：袁富力
副主任：吴其术
组　长：范与红
副组长：谢幼宏

三明市委市直机关工作委员会
书　记：陈炎标（兼）
常务副书记：龚其明
副书记：陈细荣　林淑英（女）

三明市委、市政府信访局
局　长：陈丁权
副局长：黄建渊　杨善彻

三明市委老干部局
局　长：伍武林
副局长：萧方友　李　勇（女）　王永康

三明市委精神文明建设办公室（三明市精神文明建设指导委员会办公室）
主　任：张炜琳（女）
副主任：陈里平　梁闽菊（女）

三明市社会管理综合治理委员会办公室
主　任：纪熙全（兼）
副主任：刘尔法　陈鹏飞

三明市委防范和处理邪教问题领导小组办公室（三明市政府防范和处理邪教问题办公室）
主　任：冯明生
副主任：张发强

三明市人民政府工作部门

三明市人民政府办公室
主　任：杨永忠
副主任：黄圣团　王　冬　肖世宣
陈晓翔　吴建勇　夏寿南
黄功华
纪检组长：江长明

三明市发展和改革委员会
主　任：谢家芹
副主任：刘世繁　郑文理　张勇民
肖世龙
纪检组长：胡伟诚

三明市教育局（三明市委教育工作委员会）
局　长：陈　兴
副局长：邱　伟　黄茂锋　林　晖
陈瑞迈
纪检组长：谢贵水

三明市科学技术局
局　长：李荣安
副局长：李炳芳　赖龙君
纪检组长：暂缺

三明市经济和信息化委员会
主　任：王立文
副主任：陈俊华　郭明星　姚庆焕
苗雨润　林道兴
纪委书记：曹祥聪

三明市民族与宗教事务局
局　长：王　灏
副局长：邓日杨　赖德农
纪检组长：林新跃

三明市公安局
局　长：陈育煌
副局长：涂忠阳　黄祖谋
纪委书记：田年清
政治部主任：邱　萍（女）

三明市民政局
局　长：曾永生
副局长：林起棉　邓秀广　葛明华
孙玉霞（女）
纪检组长：曾昱明

三明市司法局
局　长：暂　缺
副局长：时建华　陈官钳　陈春兰（女）
纪检组长：王小涛
政治部主任：郑仁武

三明市财政局
局　长：刘万年
党组书记：邓永辉
党组副书记、纪检组长：陈建芳（女）
副局长：郑长秋　林　坚　陈占功

三明市人力资源和社会保障局
局　长：吴成城
副局长：黄美清（女）　陈永连
赖德金　明　政　高　伟
纪检组长：暂　缺

三明市国土资源局
局　长：林建星
副局长：谢　军　陈锦生　王　争
黄春华
纪检组长：陈和平（女）

三明市环境保护局
局　长：吴成球
副局长：张德乾　翁永福
纪检组长：徐东海

三明市住房和城乡建设局
局　长：曹榕庆
副局长：朱一勤　吕永青　王国平
郑礼群
纪委书记：胡为民

三明市交通运输局
局　长：张国球
副局长：李　光　陈梅兰（女）
陈华洲　叶小菁（女，兼）
纪检组长：曹　剑

三明市农业局（三明市委农村工作领导小组办公室）
局　长：郑加录
副局长：张志坚（兼）　王小坚
曾荣儿　杨　敏
张冬松　刘　辉
纪检组长：陈　浩

三明市林业局
局　长：詹学齐
党组副书记：张运茂
副局长：潘子凡　黄　敏（女）
陈美高　温国良
纪检组长：石　坚（女）

三明市水利局
局　长：章新华
副局长：吕谋才　李朝阳
纪检组长：肖家榕

三明市商务局
局　长：张建林
副局长：邓兆盛　郑明增
林韶华（女）　吴锡胜
纪检组长：暂　缺

三明市文化广电新闻出版局
局　长：陈丽珍（女）
副局长：苏世斌　林日上
黄月珍（女）　史建榕
纪检组长：熊　烽

三明市卫生和计划生育委员会
主　任：蔡金明
副主任：于修芹　许文盛　卢叶文
茅声禄　何干晶
纪检组长：冯爱平（女）

三明市审计局
局　长：卢维沙
副局长：林寿佰　郭澍锡　周永东
纪检组长：林明芳

三明市人民政府外事侨务办公室
主　任：江　鸣
副主任：肖光炎　吴　强
纪检组长：庄瑞峰

三明市人民政府国有资产监督管理委员会
主　任：暂　缺
副主任：暂　缺
纪委书记：邓荣贵

三明市体育局
局　长：张清水
副局长：戴绍松
纪检组长：陈文耕

三明市安全生产监督管理局
局　长：暂　缺
副局长：张清华　高荣钢
纪检组长：夏玉冬

三明市统计局
局　长：郑建勋
副局长：黄居中
纪检组长：卢小青（女）

三明市旅游局
局　长：陈　欣
党组书记、副局长：廖荣华
副局长：罗振青　肖仕德
纪检组长：黄晓玲（女）

三明市人民防空办公室
主　任：张元江
副主任：罗兴木
纪检组长：唐晓峰（女）

三明市城乡规划局
局　长：暂　缺
党组书记、副局长：吴长树
副局长：吴义丰
纪检组长：暂　缺

三明市工商行政管理局
局　长：杨建利
副局长：刘建国　杨开吉　赖向红
纪检组长：张亚东

三明市质量技术监督局
局　长：单新民
副局长：徐东胜　聂晓平
纪检组长：刘继善

三明市食品药品监督管理局
局　长：肖贵瑞
副局长：雍建章　肖美淡　陈春平
纪检组长：黄伟明

三明市民主党派与工商联

民革三明市委员会
主　委：张知通（兼）
专职副主委：潘慧瑾（女）

民盟三明市委员会
主　委：曾明生（兼）
专职副主委：许丽华（女）

民建三明市委员会
主　委：黄月珍（女，兼）
专职副主委：沈　杰

民进三明市委员会
主　委：许清华（兼）
专职副主委：暂　缺

农工党三明市委员会
主　委：陈　欣（兼）
专职副主委：赖　荣

九三学社三明市委员会
主　委：朱一勤（兼）
专职副主委：郑季武

三明市工商业联合会（三明市总商会）
主　席：连　锋（兼）
党组书记、副主席：颜虎成
副主席：陈映哲　连期望

三明市群众团体

三明市总工会
主　席：暂　缺
党组书记：陈兴万
副主席：陈立兵　李伸安　张素梅（女）
纪检组长：周　彬

共青团三明市委员会
书　记：余志伟
副书记：马方明　夏智勇　郑　丽（女）

三明市妇女联合会
党组书记：包　萍（女）
党组副书记、主席：廖丽青（女）
副主席：陈小红（女）　吴淑贤（女）
　　　　郭春晖（女）

三明市科学技术协会
主　席：吴联派
副主席：张知通　林小霞（女）
　　　　薛京翔

三明市残疾人联合会
理事长：刘闽华
副理事长：陈建尧　卢　军

三明市社会科学界联合会
主　席：蔡建境
副主席：曾世庆

三明市文学艺术界联合会
主　席：黄莱笙
副主席：连诒庄

三明市归国华侨联合会
主　席：关文良
副主席：邓　江

三明市台湾同胞联谊会
会　长：叶劲光
副会长：沈蓉梅（女）

三明市中华职业教育社
主　任：曾明生（兼）
副主任：陈永钰

中国国际贸易促进委员会三明市支会（中国国际商会三明商会）
会　长：杨大荣
副会长：王　敏

三明市计划生育协会
会　长：吴金容

常务专职副会长：苏泉福
专职副会长：郑龙华

三明市红十字会
会　长：詹积富（兼）
常务副会长：刘岁美

三明市直属事业单位

三明市委党校（三明市行政学院、三明市社会主义学院）
校（院）长：陈炎标（兼）
常务副校（院）长：赵圣宏
副校（院）长：林美金（女）

三明日报社
社长、总编辑：洪华堂
副总编辑：谢孔铨　詹昌政　陈保生
纪检组长：罗庆一

三明市经济技术协作办公室
主　任：陈木旺
副主任：许修星

三明市档案局（馆）
局（馆）长：李永松
副局（馆）长：池明娥（女）

三明市委党史研究室
主　任：王仁荣
副主任：伍旭东

三明市政府行政服务中心管理委员会
主　任：杨永忠
副主任：黄霖军　吴良述

三明市地震局
局　长：廖上斌
副局长：王其铨　郑景辉

三明市供销合作社联合社
主　任：陈忠杰
副主任：邹兵兵　纪建利　阮初喜
纪检组长：吕前程

三明市城镇集体工业联合社
主　任：曹春荣
副主任：李永富

三明市地方志编纂委员会
主　任：林善涛
副主任：巫少鹏

三明职业技术学院
党委书记：王怀毅
院　长：陶　榕
副院长：赖焕标
纪委书记：暂　缺

福建广播电视大学三明分校
校　长：耿　鸣
副校长：邓小和　张国照　周泰谦

三明市农业科学研究院
院　长：许旭明
党委副书记：蔡新民
副院长：乐开富、黄宇翔（科技）
纪委书记：王爱琴（女）

三明市管企业

三明市国有资产投资经营公司
董事长、总经理：李芳洲
副总经理：叶其兴　邱辉忠
纪委书记：黎明文

三明市交通建设集团有限公司
董事长：童　浩
总经理：张燕清
副总经理：陈　思（女）　吴存兴
　　　　　蔡俊华
纪委书记：黄泽彩

三明市城市建设投资集团有限公司
董事长、总经理：郭正青
副总经理：冯阿清　黄连东
纪委书记：许家旺

三明市物资集团公司
总经理：魏　项
党委副书记：肖振声
副总经理：魏炽愿　张能清

福建一建集团有限公司
董事长：吴建雄（聘任）
副董事长、总经理：林镇土
党委副书记：奚建刚（聘任）
副总经理：张常涛（聘任）
　　　　　林怀志（聘任）
纪委书记：巫立忠

福建三明机场有限公司
董事长：陈小春
副总经理：苏中才（聘任）
纪委书记：潘丽华（女）

各县（市、区）

梅列区

中共梅列区委
书　记：杨　胜
副书记：张昌平　马玉华（女）
常　委：蔡建明　曹祥勇　吴茂生
　　　　朱跃锋　陈占昌　曹盛生
　　　　朱兴亨

梅列区人大常委会
主　任：张淑华（女）
副主任：王大俊　蔡燕燕（女）
　　　　唐　毅　陈江火

梅列区人民政府
区　长：张昌平
副区长：陈占昌　冯火珠（女）
　　　　陈　兴　田富远　薛　军

梅列区政协
主　席：范纯文
副主席：林金来　卓月珍（女）
　　　　范其鉴　苏荣祖

三元区

中共三元区委
书　记：郑清华
副书记：廖卫国　刘叶爱
常　委：方　艺　王秀文（女）
　　　　詹承钎　李　德
　　　　陈力夫（挂职）　揭卫华
　　　　周庆裕　张清宝

三元区人大常委会

主　任：邓秀忠

副主任：林　冰（女）　周金涛　黄小荣

三元区人民政府

区　长：廖卫国

副区长：周庆裕　尤阿生　林镇斌　张景明　黄丽鸿（女）　朱建平

三元区政协

主　席：李世福

副主席：罗裕明　王树勇　黄忠灶　邓享华

永安市

中共永安市委

书　记：蒋先东

副书记：陈文华　廖艳希（女）

常　委：姜长华（挂职）　李　辉　郑晓星　郑李成　吴健成　陈章明　徐　文　王兴南　林增坚

永安市人大常委会

主　任：曾　胜

副主任：丁　玮　范　明　林亚蓉（女）　蓝积文

永安市人民政府

市　长：陈文华

副市长：吴健成　罗祥华　伍　伟　郑晓英（女）　蔡清辉　张继树　张凤玺　周智伟（科技）

永安市政协

主　席：张新兴

副主席：周淑宁　张文周　林　海　林添洪

明溪县

中共明溪县委

书　记：李　腾

副书记：苏迎平　丁韵芳（女）

常　委：谌良福　谭细华　缑泽昆　周　凯　吴文明　朱昶凯（援疆）　吴　洲

明溪县人大常委会

主　任：廖善朋

副主任：戴玲玲（女）　施茂隆　黄锦波

明溪县人民政府

县　长：苏迎平

副县长：吴文明　聂建兴　陈锋毅　林建忠　蔡丽青（女）　费宏笋（科技）

明溪县政协

主　席：吴焰生

副主席：王汉英　陈永洋　陈书宁　李　斌

清流县

中共清流县委

书　记：池芝发

副书记：张春华　李光明

常　委：廖祥初　陈锦忠　彭平刚　陈孝秉　欧阳圣雄　谢锦山　刘远隆　郭　芳（女）

清流县人大常委会

主　任：张仕权

副主任：刘剑英（女）　邱文宁　林新建　李兴荣

清流县人民政府

县　长：张春华

副县长：刘远隆　周美华（女）　陈　姜　江　勇　邹卫东　胡立峰（科技）

清流县政协

主　席：邓炳辉

副主席：李志明　雷根旺　马卫强

宁化县

中共宁化县委

书　记：余建地

副书记：姚文辉　刘小彦

常　委：林移发　陈　健　郑丽萍（女）　江向荣　陈　恩　钱　锋　刘小帆　黄树荣

宁化县人大常委会

主　任：潘闽生

副主任：张如梅（女）　张金炎　李恭清　周文庆

宁化县人民政府

县　长：姚文辉

副县长：陈　健　张清祥　黄光成　谢　忠　周　颖（女）　兰其锋　邵东珂（科技）　王兴国（科技）

宁化县政协

主　席：李平生

副主席：王盛通　吴金珠（女）　伍秉曲　张运华

建宁县

中共建宁县委

书　记：郑剑波

副书记：陈显卿　许家源

常　委：钱　超　王　楠（挂职）　陈华伟　余传贵　邓军安　林大茂　阴晓萍（女）　林金明

建宁县人大常委会

主　任：吴国根

副主任：谢忠喜　许银燕（女）　吴碧英（女）　何志高

建宁县人民政府

县　长：陈显卿

副县长：王　楠（挂职）　林大茂　沙陈龙　黄立辉　连云进　孙元玲（女）　牛　弋（科技）

建宁县政协

主　席：陈海涛

副主席：杨宗群　陈华秀（女）　陈朝利

泰宁县

中共泰宁县委

书　记：吕国健

副书记：王胜文　方剑峰
常　委：胡维茂　陈　红（女）
江求荣　李文昌　廖晶波
毛维军　乐仁昌

泰宁县人大常委会
主　任：黄志远
副主任：江玉兴　黄子兴　邱源华
严生英（女）

泰宁县人民政府
县　长：王胜文
副县长：江求荣　谢翠姬（女）
黎辉平　方俊钦（科技）
张骏鑫　饶秀健
孙　韬（科技）

泰宁县政协
主　席：高惠斌
副主席：蔡秀琴（女）　林家祥
李先华　廖应龙

将乐县

中共将乐县委
书　记：刘润宇
副书记：温　毅　马志凡
常　委：冯崇平　江太生　谢朝阳
王进南　邱晓明　陈孝连
方　红（女）
李世旭（挂职）

将乐县人大常委会
主　任：俞德光
副主任：谢桥生　王亚珍（女）
郑红星（女）　吴长和

将乐县人民政府
县　长：温　毅
副县长：冯崇平　李世旭（挂职）
张运明　廖荣才　黄小勇
肖玉琴（女）　熊建云

将乐县政协
主　席：吴国宝
副主席：丁建华　林金顺
黄海洪（女）　廖满红

沙县

中共沙县县委
书　记：杨兴忠
副书记：汪志红（女）　陈聚宝（兼）
常　委：刘志平　黄志平
王丽艳（女）　吴江潮
黄斌江　施剑峰　赵振华
赖王庭

沙县人大常委会
主　任：余荣生
副主任：陈应添　乐生龙　谢善勇
龚祖清

沙县人民政府
县　长：汪志红（女）
副县长：施剑峰　乐荣光　钟旗胜
卓　强　郭日建　邹阿松
郭贤辉（女）

沙县政协
主　席：林昭闹
副主席：林启明　陈家驹　邓荣华

尤溪县

中共尤溪县委
书　记：杨永生
副书记：廖金辉　王盛雄
常　委：柯德忠　林　蔚　杨金笔
张文静（女）　于慧明
林翠玲（女）　施明光
林景源

尤溪县人大常委会
主　任：杨永生
副主任：张金华（女）　王桂华（女）
谢启增　肖方杰

尤溪县人民政府
县　长：廖金辉
副县长：林翠玲（女）　纪优梓
叶其勇　刘怀明　陈志勤
吴初增　彭琴莲（女）

尤溪县政协
主　席：林思文
副主席：谢高兴　赖诗洲
李青君（女）　陈三英（女）

大田县

中共大田县委
书　记：熊旭明
副书记：林金龙　连仁魁
常　委：施正立　黄　芳（女）
黄家发　林其秋　陈剑生
蔡兴山　茅有温　王怀斌

大田县人大常委会
主　任：陈汉良
副主任：章　玲（女）　张爱兰（女）
刘永生　郑宜堆

大田县人民政府
县　长：林金龙
副县长：陈剑生　余维语
涂林瑢（女）　涂剑峰
吴文旗　詹冬华

大田县政协
主　席：余真华
副主席：陈庆建　陈钦梅（女）
杨兴和　阮　芳（女）

说明：以上领导名录资料由市委组织部提供，以2016年12月底在职为准。收录范围：市级党委、人大、政府、政协、纪委和法院、检察院领导班子成员，市直正处级以上党政群机关、事业单位和部分市管企业领导班子成员；县（市、区）党委、人大、政府、政协领导班子成员

责任编辑：陈声华

大事记

CHRONICLE OF EVENTS

1月

1日，由省艺术馆、市文广新局主办的纪念朱熹诞辰885周年全国书法展在市艺术馆举行，展出128幅作品。

2日，“舞动两岸杯”第三届海峡两岸青少年国标舞艺术节活动在三明市体育馆举办，比赛设144个单项，来自海峡两岸的上千名拉丁舞选手参赛。

5~6日，省委常委、省纪委书记倪岳峰到挂钩联系点大田县调研。

6日，三明市第九个“福建爱心公益日”活动在列东文化宫广场举办，本次活动由市红十字会、市总工会、团市委、市妇联、市残联、市社会志愿者协会联合举办。

5~7日，国家督导检查组到大田县、宁化县检查义务教育工作。

7日，三明市7家林业专业合作社被国家林业局评为全国林业专业合作社示范社。其中，宁化县、清流县、沙县、尤溪县各1家，永安市3家。

8日，民航华东地区管理局完成三明沙县民用机场飞行区、航站区、空管、安检消防、供油等工程验收及工程档案归档和工程概算执行情况的验收。

同日，福建省首批候鸟之家森林康养基地落地建设计划在将乐县大源乡肖坊村签约启动。

12日，数字明溪地理空间框架建设项目验收暨成果交接与发布仪式在明溪县举行，该县成为三明市首个完成数字地理空间框架建设项目的县。

15日，首批从澳大利亚进口的43.72吨优质牛肉运抵三明市，是三明市首次直接进口牛肉，之前三明市场上流通的进口牛肉都是外地进口商进口，通过内销流转到三明市场。

22日，中国共产党三明市第八届纪律检查委员会第七次全体会议召开，受中共三明市委书记邓本元委托，市委副书记、市长杜源生传达十八届中央纪委六次全会和省纪委九届七次全会精神并在会上讲话；市委常委、市纪委书记游宇飞主持会议并代表市纪委常委会作工作报告。

24日，三明市举办首届“小戏小品”展演，11个小戏小品剧目120余人参演。

25~28日，中国人民政协协商会议第九届三明市委会第五次会议召开，选举朱昌贤为主席，补选张健为常务委员，表彰2012~2015年度20件优秀提案、10个提案办理先进单位和20位先进工作者。

26~29日，三明市第十二届人民代表大会第六次会议召开，表决通过《关于〈三明市人民政府工作报告〉的决议》《关于〈三明市国民经济和社会发展第十三个五年规划纲要〉的决议》等七个决议，以及《三明市人民代表大会及其常务委员会立法条例》、关于修订《关于修订〈三明市人民代表大会议事规则〉的决定》的决定。

29日，市政府第一次全体会议召开，市长杜源生主持，副市长林俊德、纪熙全、肖明光、张丽娟、潘东升、林守钦和市政府党组成员陈瑞喜出席。

30日，首届华语诗歌春晚（三明分会场）暨《诗意中国 盛世梦想》迎春音舞诗会在市三明市艺术馆举办。这台晚会由三明市艺术馆、三明市诗歌朗诵协会主办，并作为福建省唯一的分会场，与北京、上海、深圳等全国30多个城市同时举办。

2月

2日，由三明市住房公积金管理中心和兴业银行三明分行联合推出的住房公积金贷款资产证券化产品——兴乾2号在上海证券交易所挂牌交易。该产品将三明市近80亿住房公积金存量贷款资产盘活，首开全省住房公积金贷款资产证券化先河。

2~3日，省委书记尤权到泰宁县开展推进精准扶贫、建设美丽乡村和发展旅游产业调研，看望慰问革命“五老”和基层干部群众。（注：革命“五老”是指在革命战争年代为革命作出贡献的老地下党员、老游击队员、老接头户、老交通员、老苏区区乡干部）

5日，民航华东地区管理局下发《关于颁发三明沙县机场使用许可证的批复》，标志三明沙县机场具备商业运营的资质。

17~18日，全国政协副主席、九三学社中央主席韩启德率领全国政协深化医药卫生体制改革专题调研组到三明市调研医改工作。

21 日，国务院办公厅印发《关于对落实有关政策措施成效较明显地区予以激励支持的通知》，对落实有关政策措施成效较明显的全国 20 个市（州）、20 个县（市、区）给予表扬，三明市成为福建省唯一入选的地区。

22 日，永安市人民法院获得“全国模范法院”称号，是本次评选中福建省唯一获此荣誉的法院。

23 日，市长杜源生赴三明沙县机场调研，实地检查指导机场正式通航前的相关准备工作。

2~25 日，福建省美术馆馆藏漆画精品展在三明市书画院举办，展出作品 50 多幅。

26 日，《人民日报》在头版头题的“改革追踪看落实”专栏中，以《三明医改破冰前行》为题，报道三明市深化医改取得的成效，并整版刊发记者的深度调查报道。

3 月

1 日，省委常委、秘书长叶双瑜到三明市开展党风廉政建设责任制落实情况专项检查。

3 日，省政府发布通知，授予全省 552 项产品为“2015 年度福建名牌产品”称号，三明市 45 个产品上榜。

7 日，三明沙县机场正式通航。首航由上海吉祥航空股份有限公司安排空客 320 机型，执飞上海浦东机场至三明沙县机场的往返航班。

9 日，中国两化融合服务联盟公布第二批 160 家两化融合管理体系贯标咨询服务机构，三明学院成为全国首家名列两化融合管理体系贯标咨询服务机构的高等院校。（注：两化融合即以信息化带动工业化，以工业化促进信息化，推动信息化和工业化深度融合）

10 日，厦工三重公司 2 台工程机械样机经三明检验检疫局检验合格，出口苏丹，标志着继埃塞俄比亚后，三明辖区又添一个政府协议检验出口国。

14 日，南平—三明—龙岩铁路沙县城关隧道贯通。该隧道全长 7306 米，是南平—三明—龙岩铁路全线的重点控制性工程。

20 日，由福建省教育厅、省科协等共同主办的第 31 届福建省青少年科技创新大赛在莆田市落幕。沙县涌溪中心小学张慧琳同学创作的《海产加工机》和泰宁县水南小学陈雨晰同学创作的《荷花中的古村落》2 幅科幻画获得一等奖。

23 日，全市领导干部“学习贯彻十八届五中全会精神”专题研讨班开班，市长杜源生作主题报告，徐铮、朱昌贤、余红胜、詹积富、王刚、黄建平、陈炎标等领导出席。

29~30 日，由世界银行卫生、人口与营养发展局副局长托马斯·帕卢，首席卫生专家高若石，国家卫计委中央项目办主任张朝阳等组成的医疗卫生改革促进项目专家团到三明市调研医改工作

31 日，三明市举行三明电商产业园重点企业签约暨创客中心启用仪式。苏宁易购等 21 家企业正式签约落户。至此，园区入驻企业 32 家。

同日，中国台湾“国立”空中大学校长陈松柏率团到三明电大考察，了解远程教育办学和社区教育开展情况。

4 月

1 日，尤溪县被国家森林防火指挥部、国家林业局授予“2013~2015 年度全国森林防火先进单位”称号。

5~6 日，省委常委、常务副省长张志南到三明市调研三明电商产业园和医药生产企业，并主持召开 2016 年闽江流域河长制会议。

7 日，在获准行使地方立法权后，三明市首部地方程序性法规《三明市人民代表大会及其常务委员会立法条例》出台。

11 日，原中央政治局常委贺国强到梅列区、沙县等地调研福建省三钢（集团）有限责任公司（以下简称“福建三钢”）、三明生态新城湿地公园、三明陆地港保税区进口商品直销中心、三明沙县民用机场，省委常委、组织部部长王宁等领导陪同调研。

18 日，2016 年亚洲击剑锦标赛在江苏省无锡市落幕，三明市沙县籍选手乐慧林所在的中国女子花剑队获女子花剑团体金牌。

同日，美国当地时间 17 日，第 49 届休斯敦国际电影节举行闭幕式颁奖典礼。由博越（福建）记录机构黄建东执导的电视纪录片《我们的鹭鸟》获短纪录片最高奖——白金雷米奖。该片讲述尤溪县梅仙镇半山村居民爱鸟护鸟的故事。

19 日，省文化厅大型舞剧《丝海梦寻》在市影剧院上演。

21 日，国务院办公厅《关于印发深化医药卫生体制改革 2016 年重点工作任务的通知》正式发布，文件明确，总结完善福建省三明市改革做法和经验，在安徽、福建等综合医改试点省份推广。

同日，浦城—梅州铁路建宁至冠豸山段铁路开工建设。

21~22 日，省委常委、纪委书记倪岳峰到三明市区和将乐、沙县等地调研，检查侵害群众利益的不正之风和腐败问题的整治情况。

21~24 日，三明市创建国家公共文化服务体系示范区工作接受文化部全国公共文化发展中心验收组实地检查，并通过验收。

25 日，中国卫生经济学会会长、全国人大常委会预算工作委员会原主任、卫生部原部长高强到三明市调研公立医院综合改革工作。

27 日，全市劳动模范表彰大会召开，表彰 130 名 2013~2015 年度市劳动模范。

5 月

2 日，国务院办公厅发文，公布全国 18 处新建国家级自然保护区名单，泰宁县峨嵋峰晋升为国家级自然保护区。

5 日，三明市首届杰出人民教师座谈会召开。市长杜源生为获市首届杰出人民教师 15 位教师颁发荣誉证书，常务副市长余红胜宣读表彰决定。

5~6 日，全省法院诉讼服务中心建设推进会在三明市召开。

7 日，三明沙县机场开通货运业务，三明沙县机场货运 HO1110 航班由吉祥航空公司承运。

8 日，泰宁县开善乡发生泥石流灾

害，造成 35 人遇难，1 人失踪，14 人受伤。

9 日，福建省首个法庭同步视频作证室在三明市中级法院投入使用。此举通过技术手段，依法保护证人的权益，有助于消除证人作证顾虑，提升庭审工作质量，促进司法公正。

9~10 日，省委常委、省纪委书记倪岳峰到尤溪、将乐、建宁等地督查指导抗洪抢险工作。

11 日，泰宁县文化馆被文化部评为“国家一级文化馆”。

同日，三明市首条定制公交线路——第一医院定制公交线路正式开通运营。该路线从左海家居到市第一医院，每周共计营运 88 个趟次。（注：定制公交，也称商务班车，是公交公司根据特定客户要求开通的点对点一站直达式班车，具有社会公共服务的性质）

15 日，福建省第九届大学生结构设计竞赛在三明市举行，来自全省 23 所院校共 66 支队伍 198 名学生参赛。

18 日，三明市闽学研究中心在三明学院成立。

同日，三明市陆地港保税仓库正式运营后首批进口货物——原产于智利的两个标箱葡萄酒进入公共保税仓库存储，缓缴进口税款 10.5 万元。

14~20 日，2016 年三明市科技活动周暨首届创新创业大赛举行。

25 日，中科动力（福建）新能源汽车有限公司在首次全国小型电动车测试大赛中获得最佳综合性能奖、最佳续驶里程奖、最佳能耗奖、最佳年度车型奖 5 个奖项。

26 日，由全国妇联副主席、书记处书记焦扬带队的“两纲”中期评估督导组督查三明市实施《中国妇女发展纲要》《中国儿童发展纲要》情况。

27 日，宁化县通过国家“书法教育示范区”验收。

27~28 日，肯尼亚、坦桑尼亚、尼泊尔、孟加拉国等 7 个发展中国家的 31 位茶业官员到尤溪县考察茶产业。

25~29 日，2016 中国乒乓球俱乐部甲 A 比赛第一站在三明市体育馆举行，共有 55 支代表队 254 名运动员参赛。

6 月

5 月 31 日至 6 月 1 日，省长于伟国到永安市、三元区、梅列区、沙县等地开展推进制造业转型升级专题调研。

2 日，国务院考核组到尤溪县和三元区考核最严格水资源管理制度执行情况。

同日，真实再现永安抗战史、弘扬传承永安抗战文化精神的文献纪录片《从永安出发》（上下集）在中央电视台“发现之旅”频道分两天播出。该片由永安市于 2013 年开始筹拍，历时 3 年完成。

6 日，由三明市推荐的“智能挤压铸造生产专用设备研发”“智能工程机械关键零部件及产品研究与开发”2 个项目成功入选 2016 年省科技重大专项“智能制造产品及系统”专题项目，共获经费资助 1740 万元，占此次省科技厅下达经费总额的 53.7%。

8 日，第二届福建省当代花鸟画大展在三明市举办。本次展览共收到 244 件作品，其中获得优秀奖作品 62 件。

9 日，三明市调整公立医院院长年薪制考核及工资总额计算办法。调整后，院长考核分与医院总会计师考核分挂钩，医院工资总额不再包括床位费、不计费耗材。

13 日，中共三明市委八届十二次全会召开。全会审议通过《关于召开中国共产党三明市第九次代表大会的决议》。

16 日，国家卫计委、民政部联合下发通知，确定北京市东城区等全国 50 个市（区）为第一批国家级医养结合试点单位。三明市作为福建省首推两个试点城市之一，位列其中。

18 日，在福州举行的第五届世界闽商大会上，省政府表彰 93 位非公有制经济人士，授予他们“福建省非公有制经济优秀建设者”荣誉称号，三明市邓黄贵、罗建峰、章旭升、谢伟东、郑逢源 5 位企业家名列其中。

28 日，杜源生、朱昌贤、余红胜、詹积富、王刚等市领导到宁化县、三元区开展市委常委“两学一做”学习教育第一个专题学习研讨会。

29 日，三明市召开市直机关纪念建党 95 周年暨优秀共产党员、优秀党务工作者和先进基层党组织表彰大会。杜源生、徐铮、朱昌贤、余红胜、詹积富、王刚、游宇飞等市领导出席。

30 日下午 3 时，中国电信三明分公司最后一台传统程控交换机被关闭。至此，全市原有的高耗能、低集成的传统程控交换机全部更换为 IP 智能化通信网络。三明市自 2012 年 2 月起进行全光纤网络改造，累计投入 6.5 亿元。

同日，三明市司法强制隔离戒毒所民警、“托举哥”卢东升入选 6 月份“中国好人榜”名单。

7 月

1 日，三明市城镇职工基本医疗保险参保人员门诊医保目录内的中药饮片报销比例由原来的 30%提高到 100%。

同日，由市委宣传部、市直机关工作委员会、市委党史研究室、市教育工作委员会主办的庆祝中国共产党成立 95 周年大型图片展“辉煌壮丽的史诗”在三明市艺术馆广场举行。

4 日，市长杜源生会见新加坡驻厦门总领事池兆森。

5 日，省委常委、省军区司令员熊安东带领省军区相关部门负责人到建宁县客坊乡调研扶贫工作。

同日，三明市地方文化研究中心在三明学院成立。

同日，三明纺织股份有限公司从澳大利亚进口的 187 吨棉花（价值 31 万美元）运抵公司仓库。这是三明市首次从澳大利亚进口棉花。

6 日，三明市中级人民法院被评为“全国老年法律维权工作先进集体”。

8 日，省商务厅转发商务部、财政部关于 2016 年物流标准化试点城市批复文件，三明市成功入选国家物流标准化试点城市，在今后两年内可获 1.6 亿元中央财政试点扶持资金。

10 日，三明市在全国率先成立医疗保障管理局，其职责主要包括医疗保险、生育保险管理；药品集中采购管理；拟订医保基金、生育基金的预决算（草案）；医疗保险定点医疗机构、市本级定点零售药店的资格审查、管理等。

15 日，市委宣传部、团市委、市

委党史研究室、市教育局在市图书馆联合举办纪念中国工农红军长征胜利80周年“红色基因我们传承——三明人与长征”主题演讲比赛。来自全市机关、企事业单位、学校等不同领域的27名青年选手参加比赛。

16日，国家食药监总局吴浈副局长到三明市调研医改工作。

同日，永安市检察院被最高人民检察院授予第六届“全国先进基层检察院”称号。

20日，世界银行行长金墉到三明市考察医药卫生体制改革工作。

21日，全省首个废催化剂再生综合利用项目在沙县投产。该项目位于中节能海西（三明）节能环保产业园，总投资1.2亿元。

22日，三明市从摩洛哥进口的首批16万尾欧洲鳗鲡苗进入沙县高桥杉口土池养鳗场，进行为期30天的隔离检疫。

25~27日，三明市首届微商大会在建宁县举行。

19~28日，由国务院侨办、福建省侨办、三明市外侨办主办，以“手牵手海丝情”为主题的2016年中国台湾青少年学生客家之旅夏令营活动在三明举行。来自中国台湾台北、新竹和台中的170名师生参加此次活动。

8月

1日，三明市委召开全委（扩大）会议。省委组织部常务副部长袁毅宣布省委任免决定：经省委九届十六次全会票决作出决定，杜源生任中共三明市委书记；邓本元不再担任中共三明市委书记、常委、委员职务。省委常委、组织部部长王宁到会讲话。杜源生主持会议。

2日，市十二届人大常委会举行第三十三次会议。会议经审议和表决，决定余红胜代理市人民政府市长职务，任命黄建波、肖华鑫为市人民政府副市长，任命陈育煌为市人民政府副市长、市公安局局长；免去张丽娟、林守钦的三明市人民政府副市长职务。

4~5日，民建福建省委八届十六次常委会议暨市级组织换届工作会议在三明召开。

7月27日至8月6日，由市小微企业创业创新基地示范城市工作领导小组主办，由市委宣传部、市双创办、市科技局承办的第五届中国创新创业大赛（福建·三明赛区）暨三明市首届创新创业大赛复赛在三明市举行报名参赛的企业（团队）135家，产生93家企业（团队）晋级复赛，共有6个领域的30家企业（团队）进入决赛。

12日，市政府与省农信联社签订促进三明农信系统转型发展三年帮扶战略合作协议。

10日，三明籍举重运动员邓薇在里约奥运会女子举重63公斤级决赛中，以抓举115公斤、挺举147公斤、总成绩262公斤夺得金牌，并打破挺举和总成绩两项世界纪录。14日，市委书记杜源生、代市长余红胜会见从里约载誉归来的奥运冠军邓薇。

16日，中共三明市委八届十三次全会召开。全会审议通过《关于实施创新驱动发展战略建设创新型城市的实施意见》《中共三明市第八届委员会第十三次全体会议决议》，会议讨论《关于推进供给侧结构性改革的总体方案》及其相关配套文件。

25日，三明沙县机场高速互通连接线正式通车，该路线始于福银高速公路沙县高砂镇龙慈村路段，主线全长1.2千米，连接线1.912千米，总投资3.16亿元。

同日，世界银行贷款中国医疗卫生改革促进项目信托和安保评审会议在三明市召开。

26日，中国林业产业联合会评出首批29家中国林业产业信用评价3A企业，福建省永安林业（集团）股份有限公司和福建金森林业股份有限公司名列其中。

8月，环保部、国土资源部、水利部等7部门，对全国39个国家级自然保护区2015年管理状况进行评估，明溪县君子峰国家级自然保护区管理局以总分93分位列第一。

9月

1日，在中国侨联第六届新侨创新创业成果交流暨中国侨联新侨创新创业联盟成立大会上，由三明市侨联推荐的沙县宏盛塑料有限公司荣获“中国侨界（创新企业）贡献奖”；三明市侨联青年委员会会长、福建省汉堂生物制药股份有限公司董事长魏佰兴获聘中国侨联新侨创新创业联盟理事。

1~2日，全省深化基层医药卫生体制综合改革现场推进会在三明市召开，省长于伟国、副省长李红出席。

4日，首次全省法官、检察官入额考试（三明考点）开考，全市共有57名符合条件的助理审判员、助理检察员报名参加入额遴选考试。

6日，尤溪县梅仙镇半山村被中国生物多样性保护与绿色发展基金会被列为全国首个中华鹭鸟保护地，纳入中国绿色发展基金会21个中华保护地统一管理体系。

9日，三明军分区党委第一书记任职大会召开。省委常委、省军区司令员熊安东宣读任职决定并颁发任职通知书，市委书记杜源生任三明军分区党委委员、常委、第一书记。

同日，三明尤溪籍选手柯丽婷获里约残奥会女子S7级100米仰泳比赛金牌。这是里约残奥会福建省首枚金牌，也是三明史上首枚残奥会奖牌。

11日，省长于伟国带领有关设区市和省直有关部门负责人到三明市检查生态新城进口商品直销中心、月兔高效节能空调生产、石壁镇杨边村精准扶贫整村推进等项目进展情况。

12日12时48分，海航HU7197航班抵达三明沙县机场。标志三明沙县机场正式开通至武汉、北京的新航线。

16日，农村淘宝乡村游服务中心在尤溪县联合乡开业，是村淘旅游在全国的首创。

19日，三明市被国家林业局正式批准为“国家森林城市”。

18~20日，省委常委、政法委书记陈冬到宁化、清流、明溪等地实地调研政法综治维稳工作。

7~23日，全国城市公立医院综合改革培训班在三明市开班，分四期对30个省（区、市）和新疆生产建设兵团的卫计委、医改办等与医改相关部门的处室负责人，100个试点城市的卫计委、医改办分管公立医院改革负责人，市级和区级公立医院院长，县级公立医院综合改革示范县人民医院、中医院院长等 1000 多人进行集中培训。

25 日，闽中最大游乐园——三明欢乐大世界正式开业。该项目占地 6.67 公顷，总投资 1.3 亿元。

26 日，省委常委、常务副省长张志南带领省直有关部门负责人，到清流县检查兴泉铁路先行开工段开工情况。

26~27 日,中国共产党三明市第九次代表大会召开。市委书记杜源生代表中共三明市第八届委员会向大会作题为《践行新理念、开启新征程、再上新台阶，奋力建设更富活力更具实力更有竞争力的新三明》的报告，会议选举杜源生、余红胜、黄建平、王刚、黄建波、游宇飞、陈炎标、陈龙德、纪熙全、肖明光、林斌为中共三明市第九届委员会常务委员会委员，选举杜源生为市委书记，余红胜、黄建平为市委副书记。

27 日，市行政服务中心梅列区工商局注册登记窗口颁发全市首张个体工商户“两证整合”改革试点营业执照。

30 日，三明市在麒麟山公园聚英园广场举行烈士纪念日公祭活动。杜源生、余红胜、徐铮、朱昌贤等市领导及各机关事业单位、驻明部队、烈属、老战士的代表参加公祭。

同日，三明市举行“风展红旗如画”纪念红军长征胜利 80 周年摄影和剪纸艺术作品展，展览由市委宣传部、三明军分区政治部、市民政局、市委党史研究室、市文广新局、市文联联合举办。

同日，列东大桥左右幅全部建成通车，桥长 234 米，桥宽 38 米，设计车速每小时 40 千米。

10 月

1 日，位于沙县生态工贸新城的闽中快递物流园开业，是福建省首个快递产业园区。该物流园总投资 3 亿元，入驻快递企业 10 家、货运企业 30 家、电商企业 40 家。

6 日，2016 年度“全国十大魅力茶乡”和“全国三十座最美茶园”评选结果揭晓，大田县获评“全国十大魅力茶乡”，该县的屏山“雾海茶人家”茶园获评“全国三十座最美茶园”。

9 日，省委常委、宣传部部长高翔到三明市征求省第十次党代会报告意见。

11 日，文化部、财政部公布第二批国家公共文化服务体系示范区（项目）名单，三明市被正式认定为国家公共文化服务体系示范区。

13 日，省长于伟国到建宁县与老红军后代座谈并调研精准扶贫工作。

15 日，第二十二届世界客属石壁祖地祭祖大典在宁化县举行，来自海内外的 111 个客属社团及当地姓氏宗亲共 4000 多人参加活动。

6 月 20 日至 10 月 16 日，三明市举办第 21 届群众广场文化活动，活动以“忆长征·跟党走·奔小康”为主题，历时 4 个月。

16 日，第八届中国丹霞（泰宁）文化旅游节暨“舒华杯”环大金湖世界华人山地马拉松赛在泰宁县开赛。来自美国、法国、澳大利亚、帕劳等国家和中国香港、中国台湾等地区的 5000 余名华人跑步爱好者参加。

17 日，省纪委、省文化厅主办的“不忘初心·廉政先行——‘八闽清风’全省廉政文化巡演三明专场”在三明市举行。

19 日，杜源生、徐铮、朱昌贤等市领导到明溪县、清流县、宁化县参加“重走红军路、重思长征源、重温苏区情”主题教育活动。

15~20 日，国家生态县考核验收组分别到沙县、明溪县、清流县、建宁县、将乐县考核验收国家生态县创建工作，5 县均通过验收。

23 日，参加“福天福地福建全境双飞 6 日游”的 105 位游客由武汉飞抵三明沙县机场。这是沙县机场启用后迎来的首个大型包机旅游团。

同日，2016 中国森林氧吧论坛在北京发布第二批 47 个“中国森林氧吧”名单，三明市的三明仙人谷国家森林公园、将乐龙栖山国家级自然保护区、泰宁国家级风景名胜区、建宁闽江源国家级自然保护区名列其中。

24 日，位于沙县的三明电网首座 220 千伏智能变电站投入运行。

24~25 日，省委常委、常务副省长张志南到宁化县调研扶贫开发工作。

26~27 日，三明市举办首届农业科技成果推介对接会，向 120 多个农业企业、合作社、家庭农场等农业经营主体，展示推介市农科院自主选育及从省内外引进的名特优新品种 400 多个。有 28 家企业与市农科院 5 个研究所，签订 45 项成果转化合作协议。

28 日，南平—三明—龙岩铁路最长隧道南戴云山隧道全线贯通，该隧道进口位于永安市西洋镇，出口位于漳平市双洋镇，全长 12.17 千米。

30 日，三明市成立由 25 人组成的食品安全专家委员会。该委员会的职责是在食品安全决策、风险评估预警、重大安全事故处置、科研培训、知识普及宣传等方面提出可行性意见建议。

10 月，三明生态新城湿地公园二期建成投入使用，湿地公园二期规划用地 300 公顷，总投资 2000 万元。

11 月

1 日，市委书记杜源生会见以柬埔寨人民党中央委员、菩萨省委员会主席、省理事会主席考伊索卡为团长的柬埔寨人民党青年干部考察团。

1 日，海南航空执飞广州—三明—唐山航线经停三明沙县机场首航成功，至此，三明至北、上、广、深一线城市的航线全部开辟。

6~9 日，三明市举办第十二届海峡两岸（三明）林业博览会暨投资贸易洽谈会。

9~10 日，国家安监总局副局长、国家煤监局局长黄玉治率国务院国务院安全生产委员会办公室督查组到三明市开展安全生产工作专项督查。

10 日，国家工商总局副局长甘霖带领相关部门负责人到三明市调研网络市场监管工作和电子商务发展情况。

15 日，全国人大常委会委员、财经委副主任委员乌日图到三明市调研统筹推进城乡社会保障体系建设工作。

17 日，由市委宣传部、市社会科学界联合会主办的“闽学与三明”学术研讨会在明溪县召开。

17~18 日，福建省“红领巾讲坛”走进基层首场活动在三明市举办。

18 日，由福建省闽学研究会、安徽省朱子学研究会、台湾朱子学研究协会、上饶师范学院朱子学研究所联合举办海峡两岸四地朱子学论坛——朱子文化与中华民族核心价值学术研讨会在尤溪县召开。

18日，由中华朱子学会和尤溪县朱子文化研究会联合举办的“南溪书院学术奖”首次在三明市尤溪县开奖。从80多篇参评作品中遴选出的1部论著和2篇论文获奖，它们代表近两年朱子学研究的最新学术成果。

6~19日，三明市举办首届优秀歌手大赛，近100名选手参赛。

18日，第一财经金融价值榜在北京揭晓，法国巴黎银行首席经济学家、尤溪籍乡贤陈兴动获第一财经金融价值榜“年度机构首席经济学家”大奖。

18日，沙县芋饺获评首届中国金牌旅游小吃，是三明地区唯一上榜的小吃。

18~21日，英国莱斯特皇家医院眼科主任、莱斯特大学眼科系教授艾琳·戈特洛布和英国诺丁汉大学女王医院神经内科主任、诺丁汉大学医学院教授克里斯·康斯坦丁到三明市开展学术交流。

24日，三明市首堂VR（Virtual Reality，即虚拟现实，简称VR）公开课在梅列区第一实验学校举行，该教室是全省首个VR专用教室。

25日，三明市区域经济与绿色发展研究中心在三明学院成立。

12月

2日，中共三明市委九届二次全会召开。市委副书记、代市长余红胜，市委副书记黄建平，市委常委王刚、黄建波、游宇飞、陈炎标、陈龙德、纪熙全、林斌，市委委员、候补委员出席会议。会议审议通过《中国共产党三明市第九届委员会第二次全体会议决议》。

同日，三明市首部地方实体性法规《三明市城市市容和环境卫生管理条例》经福建省第十二届人民代表大会常务委员会第二十六次会议审查批准。

3日，2016中国·将乐国际皮划艇马拉松公开赛在将乐举办，来自美国、加拿大和中国的20多支代表队共计150名选手参赛。

4日，全市首批386名入额法官和297名入额检察官在国家宪法日向宪法宣誓。

10日，首批36家“全国森林康养基地试点建设单位”命名及授牌仪式在北京举行，将乐国有林场金溪森林公园名列其中，成为福建省唯一入选的国有林场。

12日，第一届全国文明家庭表彰大会在北京举行，梅列区列东街道东安社区的邱菊珍家庭入选首届全国文明家庭。

14日，三明市红色文化研究中心在三明学院成立。

14~15日，全国人大教科文卫委员会副主任委员王学军率调研组到三明市开展医药卫生体制改革、基本医疗卫生法立法和药品管理法监督等工作调研。

15日，市政府与中国电信福建公司签署《共同推动“十三五”数字三明建设暨加快发展互联网经济战略合作框架协议》。

16日，代市长余红胜带领市教育部门及市属、区属学校校长赴厦门开展教育学习考察活动，签署两地《关于开展山海协作对口帮扶工作备忘录》。

7~17日，三明市首次举办全市大学生职业技能竞赛。三明学院、三明职业技术学院、福建水利电力职业技术学院3所高校组织3000多名学生参加初赛，300名学生进入决赛，7个比赛项目30名学生（团队）获奖。

19日，市政府与华侨大学签订全面合作协议。

23日，市区第二供水工程正式通水。该工程2014年11月动工，预算总投资近3亿元，总供水规模10万立方米/日，其中一期供水规模3万立方米/日。

24日，民盟三明市第七次代表大会召开，大会选举产生民盟三明市第七届委员会，曾明生当选为主任委员。

25日，民革三明市第五次代表大会召开，选举产生民革三明市第五届委员会，张知通当选为主任委员。

26日，全省市县党委巡察工作推进会在三明市召开。省委常委、省纪委书记、省委巡视工作领导小组组长刘学新出席会议并讲话。

同日，国家质检总局公布第三批“中国出口质量安全示范企业”名单，三明市丰润化工有限公司名列其中，成为三明首家荣获“中国出口质量安全示范企业”称号企业。

26~27日，全国扶贫改革试验区工作座谈会在三明市召开。

27日，农工党三明市第六次代表大会召开，选举产生农工党三明市第六届委员会，陈欣当选主任委员。

同日，福建省首个电网投资及建设管理采用租赁方式的项目工程——尤溪35千伏长门配电化站正式投运。

9~28日，马来西亚华裔青少年“中国寻根之旅”冬令营161名师生到三明开展寻根访祖、参观学习活动。

28日，民进三明市第四次代表大会召开，选举产生民进三明市第四届委员会，许清华当选主任委员。

同日，全市首个商务区党群服务中心——徐碧中央商务区党群服务中心成立。

29日，市政协九届二十五次常委会议召开，协商通过政协第十届三明市委员会参加单位、界别设置、委员名额和委员名单，审议通过政协第十届三明市委员会第一次会议有关事项。

同日，九三学社三明市第六次代表大会召开。选举产生九三学社三明市第六届委员会，朱一勤当选主任委员。

30日，民建三明市第六次代表大会召开，选举产生民建三明市第六届委员会，黄月珍当选主任委员。

至12月，福建三钢全年产钢1038.91万吨，实现销售收入298.48亿元，实现利润12.26亿元，从2015年巨额亏损到成功实现扭亏为盈。

责任编辑：徐　辰

中共三明市委

SANMING MUNICIPAL COMMITTEE OF THE COMMUNIST PARTY OF CHINA

综　述

【中央、省各项决策部署全面贯彻】　2016年，中共三明市委坚决维护以习近平为核心的党中央权威。引导全市各级党员牢固树立“四个意识”，始终做到“两维护、三看齐”。推动市、县党委常委挂钩联系习近平总书记在闽工作期间到三明调研过的46个乡村、企业，努力把联系点打造成示范点。学习贯彻省第十次党代会和省委全会精神。推动各级党组织和广大党员干部把思想和行动统一到省党代会部署要求上来，强化创新驱动发展，推进供给侧结构性改革，制定出台《建设创新型城市实施意见》《关于推进供给侧结构性改革的总体方案（2016~2018）》和去低效产能等5个配套文件，使“再上新台阶、建设新福建”成为引领三明发展的主旋律和最强音。组织召开市第九次党代会。明确在提前实现GDP和城乡居民收入比2011年翻一番的基础上，力争到2021年全市GDP、公共财政总收入分别突破2800亿元和200亿元的目标任务，以此引领全市上下奋力建设更富活力更具实力更有竞争力的新三明。开展“两学一做”学习教育。注重以上率下，由市委常委带头参加学习教育、过双重组织生活会、上党课，推动学习教育持续深化。注重以学促行，组织市委常委到宁化谷文昌纪念园进行现场教育，开展向黄秀泉学习活动，用身边的典型激励人、感召人。注重问题导向。对学习教育过程中查摆出来的问题，由市委常委班子带头认领并逐一制定整改措施，全力推进整改落实。

【经济平稳健康发展】　2016年，三明市加快推进“五个一批”项目建设活动，争取到中央和省精准扶贫、低碳试点、农业示范园、物流节点城市等扶持资金近6亿元，以及财政部的5亿元提前调度资金和1275万元奖励资金。全市实现GDP1860.82亿元、比2015年增长7.8%，固定资产投资、实际利用外资、出口总值、城乡居民收入等指标保持较快增长。改造传统产业，培育新兴产业，发展现代服务业，做特现代农业，科荟种业、绿田食品在“新三版”上市，汉堂生物等7家企业列入省上市后备。7个乡镇、60个村列入国家农村产业融合发展“百县千乡万村”试点示范工程。巩固医改，突破林改，提升“金改”，推广园区企业资产按揭贷款。医改做法向中央深改组第21次会议汇报、在全国卫生与健康大会上发言、受到中央深改组第27次会议肯定，“三医联动”“两票制”等做法在全国推广。推进整乡镇林改工作，实现林权收储中心县（市、区）全覆盖，创新推出农村林、地、房“三权”抵押贷款业务，有关做法在全国农业农村工作会议上交流。统筹对内对外开放，统筹城乡协调发展，统筹两个文明建设。巩固提升全国文明城市创建成果，获国家公共文化服务体系示范区称号。

【人民群众获得感增强】　2016年，三明市深化“348”精准扶贫工作机制，成立扶贫开发投融资平台，设立乡村扶贫担保基金，推进扶贫资金量化折股、金融小额信贷扶贫、造福工程易地搬迁等工作，实现脱贫2.68万人，全国扶贫改革试验区工作座谈会在三明召开。农村低保标准、企业退休人员基本养老金、城乡居民养老保险基础养老金、医疗救助和临时救助资金筹集等标准进一步提高，荣膺国家卫生城市。防抗“尼伯特”“莫兰蒂”台风等自然灾害，灾后重建工作有力推进，受灾地区重建户春节前搬入新居。实施水、大气、土壤污染防治行动计划，党政领导生态环保目标责任书考核位列全省前三名。深化环保体制改革，企业环境信用评价、排污权交易、环境污染责任保险等改革得到中央深改办肯定。深化平安三明建设，严厉打击涉恐涉邪、涉黑涉恶、制毒贩毒、电信诈骗、涉枪涉爆等违法犯罪活动，综治“三率”居全省前列。

【从严治党责任落实】　2016年，三明市健全“三级联述联评联考”制度，完善党委书记抓基层党建的问题清单、任务清单、责任清单，落实“三会一课”、民主评议党员、谈心谈话、缴纳党费等基本制度，推动全面从严治党抓在日常严在经常。实施“党建富民强村”工程。制定出台《贫困空壳村村财增收行动实施方案》，全市247个贫困空壳村全部脱帽。抓好服务型党组织建设。推动县乡挂村工作队、驻村干部岗位前移，打通联系服务群众“最后一千米”。抓好党风廉政建设和反腐败斗争。深化“讲廉、学廉、研廉、考廉”系列活动，促进各级党员干部筑牢拒腐防变的思想防线。强化作风建设。驰而不息纠治“四风”，推动中央八项规定精神落地生根。强化巡察监督，强化执纪问责，推动问题整改。支持纪委“三转”，全市每个乡镇3名纪委专职人员编制全部落实到位。

重要会议与重大活动

【市委八届十二次全会】 2016年6月13日，中共三明市委八届十二次全会召开。全会审议通过《关于召开中国共产党三明市第九次代表大会的决议》。受市委书记邓本元委托，市委副书记、市长杜源生主持会议并讲话。号召全市各级党组织和全体共产党员进一步解放思想、开拓创新、抢抓机遇、奋力争先，贯彻五大发展理念，突出“念好发展经、画好山水画”工作主题，以优异的成绩迎接中国共产党三明市第九次代表大会的召开。

【市委八届十三次全会】 2016年8月16日，中共三明市委召开八届十三次全会，学习贯彻习近平总书记系列重要讲话精神和对福建工作重要指示，践行五大发展理念，落实省委九届十六次全会部署，研究部署实施创新驱动发展战略、推动供给侧结构性改革的思路举措。市委书记杜源生讲话，市委副书记、代市长余红胜作有关文件说明。全会审议通过《关于实施创新驱动发展战略建设创新型城市的实施意见》《中共三明市第八届委员会第十三次全体会议决议》。讨论《关于推进供给侧结构性改革的总体方案》及其相关配套文件。

【市第九次党代会】 2016年9月26~27日，三明市召开历时2天的中国共产党三明市第九次代表大会。会议听取杜源生代表中共三明市第八届委员会所作题为《践行新理念、开启新征程、再上新台阶，奋力建设更富活力更具实力更有竞争力的新三明》的报告，选举产生中共三明市第九届委员会委员45名、候补委员8名，市纪律检查委员会委员38名，三明市出席中共福建省第十次代表大会代表37名。审议通过《中国共产党三明市第九次代表大会关于中共三明市第八届委员会报告的决议》《中国共产党三明市第九次代表大会关于中共三明市第八届纪律检查委员会工作报告的决议》。

【市委九届一次全会】 2016年9月27日，中国共产党三明市第九届委员会第一次全体会议召开。本次会议应到市委委员45名，实到44名，符合规定人数。会议以差额选举的方式，无记名投票选举杜源生、余红胜、黄建平、王刚、黄建波、游宇飞、陈炎标、陈龙德、纪熙全、肖明光、林斌为中共三明市第九届委员会常务委员会委员。杜源生当选为市委书记，余红胜、黄建平当选为市委副书记。

2016年9月27日，市第九次党代会上，代表进行投票选举　　（周志鸿　摄）

【市委九届二次全会】 2016年12月2日，中共三明市委九届二次全会召开。会议学习贯彻党的十八届六中全会精神、省第十次党代会和省委十届一中全会精神，听取和讨论市委书记杜源生代表市委常委会所作的报告，审议通过《中共三明市第九届委员会第二次全体会议决议》。全会强调，全市各级党组织和广大党员要以更深感情，坚决维护以习近平为核心的党中央权威。要以更严要求，加强和规范党内政治生活。要以更实举措，落实党内监督责任。要以更高标准，发挥党员领导干部带头表率作用。要以更好实践，推动重要精神和省委部署在三明落地生根，以优异成绩迎接党的十九大召开。

【省“两会”精神传达贯彻】 2016年1月18日，市委召开常委（扩大）会议，传达贯彻省“两会”精神。受市委书记邓本元委托，市委副书记、市长杜源生主持会议。市人大常委会主任徐铮、市政协副主席李茂胜先后传达省十二届人大四次会议和省政协十一届四次会议精神。会议要求，要领会省“两会”精神，准确把握“十三五”目标，围绕省政府工作报告提出的8个方面重点工作，研究具体落实举措，不折不扣地把省委、省政府对三明发展各项要求落到实处。

【省纪委九届七次全会精神传达贯彻】 2016年1月18日，受市委书记邓本元委托，市委副书记、市长杜源生主持召开市委常委（扩大）会议，传达贯彻省纪委九届七次全会精神，研究部署贯彻落实意见。会议强调，各级党组织要深刻领会全面从严治党主体责任，时时刻刻把管党治党责任放在心上、扛在肩上、抓在手上，把纪律挺在前面，努力营造良好的政治生态。各级纪检监察机关要在全面从严治党中找准职责定位，强化执纪监督问责，从严教育监督管理，推动全市党风廉政建设和反腐斗争不断取得新成效。

【县（市、区）党政领导综治（平安建设）、环保目标责任书签订】 2016年1月24日，受市委书记邓本元委托，市委副书记、市长杜源生代表市委、市政府，与各县（市、区）党政主要领导签订2016年综治（平安建设）和环保目标责任书，并向市直单位颁发2016年综治责任书。市委副书记余红胜宣读市委、市政府关于表彰2015年度综治（平安建设）先进单位和平安乡镇（街道）的决定，市委常委、秘书长、政法委书记王刚通报2015年各县（市、区）党政领导班子落实综治责任书检查考核情况。副市长纪熙全主持签订仪式。

【党风廉政建设党委主体责任落实】 2016年2月18日，市委书记邓本元主持召开市委常委会议，学习贯彻省委《关于深化落实党风廉政建设党委主体责任的暂行规定》，进一步增强落实主体责任的政治自觉、思想自觉、行动自觉，建立横向到边、纵向到底的党风廉政建设责任体系，切实做到履责有依、问责有据，推动主体责任落到实处。

【中央深改组第21次会议精神传达贯彻】 2016年2月23日，中共中央总书记、国家主席、中央军委主席、中央全面深化改革领导小组组长习近平主持召开中央全面深化改革领导小组第二十一次会议，听取有关改革情况汇报，并发表重要讲话。作为发言代表之一，市委书记邓本元在会上汇报三明市关于深化医药卫生体制改革情况。24日上午，受市委书记邓本元委托，市委副书记、市长杜源生主持召开市委常委（扩大）会议，传达学习中央全面深化改革领导小组第二十一次会议精神，研究初步贯彻意见。要求按照中央和省改革部署，谋划改革目标任务和举措，对接省委即将召开的医改专题会议精神，进一步细化措施、完善机制、深化探索，努力把实践成果上升为制度成果，推动各项改革举措落地、生根、开花。

【习近平总书记在新闻舆论工作会上重要讲话精神学习贯彻】 2016年2月29日，受市委书记邓本元委托，市委副书记、市长杜源生主持召开市委常委会议，学习贯彻习近平总书记在党的新闻舆论工作座谈会上的重要讲话精神。会议要求，全市各级宣传系统和新闻媒体要学习领会，切实按照习总书记的要求做好新闻舆论工作，增强传播力、引导力、影响力、公信力。

【习近平总书记在省部级专题研讨班上重要讲话精神学习贯彻】 2016年2月29日，受市委书记邓本元委托，市委副书记、市长杜源生主持召开常委会议，学习贯彻习近平总书记在省部级主要领导干部学习贯彻党的十八届五中全会精神专题研讨班上的重要讲话精神及省委书记尤权在全省领导干部学习贯彻党的十八届五中全会精神专题研讨班开班式上的讲话精神，认识讲话的重大意义，领会精神实质，切实把思想和行动统一到讲话精神上来，全力推动全市经济社会发展再上新台阶。

【全国"两会"精神传达贯彻】 2016年3月21日，市委召开常委（扩大）会议，传达贯彻十二届全国人大四次会议、全国政协十二届四次会议和省委常委（扩大）会议精神。受全国人大代表、市委书记邓本元委托，全国政协委员、市长杜源生主持会议并传达全国"两会"精神。会议要求全市各级各部门迅速组织传达学习，研究贯彻意见，把思想和行动统一到中央精神和省委部署上来，学在深处、谋在新处、抓在实处，推动三明发展再上新台阶。

【部署"两学一做"学习教育】 2016年4月13日，受市委书记邓本元委托，市委副书记、市长杜源生主持召开常委会，传达贯彻全省"两学一做"学习教育工作座谈会精神，研究贯彻实施意见。4月15日，市委召开全市"两学一做"学习教育工作座谈会，动员部署全市学习教育工作。市、县两级党委常委率先建立学习教育联系点，乡镇（街道）建立党委班子成员挂包联系村（社区）党支部制度。各级党员领导干部以上率下带头学习，带动党员真学真改，把"四讲四有"党员标准内化于心，外化于行，帮助联系点解决问题，形成上行下效、整体联动、进展有序、成效凸显的良好效应。

【基层党风廉政建设】 2016年4月23日,受市委书记邓本元委托,市委副书记、市长杜源生主持召开常委（扩大）会议，贯彻落实中纪委十八届六次全会、省纪委九届七次全会精神，以及省委常委、省纪委书记倪岳峰在明调研时的讲话要求，对加强基层党风廉政建设进行再部署，持续释放严查不手软、反腐不停步的强烈信号，从严从快查处侵害群众利益的不正之风和腐败问题，切实筑牢拒腐防变思想道德防线，全力营造"零容忍""不敢腐"的氛围。

【全市劳动模范表彰大会】 2016年4月27日，三明市召开劳动模范表彰大会，表彰130名2013~2015年度市劳动模范。受市委书记邓本元委托，市委副书记、市长杜源生出席会议并讲话，动员和号召全市广大职工以劳动模范为榜样，爱岗敬业、恪尽职守，扎实工作、奋力拼搏，推进三明更好更快发展，为建设新福建、再上新台阶作出更大贡献。劳模代表刘宝强向全市劳动者发出倡议。

【全市脱贫攻坚精准施策工作视频会】 2016年4月28日，三明市在收听收看全省脱贫攻坚精准施策工作视频会后，召开全市脱贫攻坚精准施策工作视频会议，贯彻省会议精神，对扶贫开发工作进行再部署。受市委书记邓本元委托，市委副书记、市长杜源生在会上讲话，要求认清扶贫形势，强化责任，精准施策，逐年推进，坚决打赢扶贫攻坚战。市委副书记、常务副市长余红胜就贯彻全省、全市会议精神提出具体要求。

【举行庆祝中国共产党成立95周年大会】 2016年6月29日，市委举行庆祝中国共产党成立95周年大会，回顾党的光辉历程，缅怀党的丰功伟绩，表彰优秀共产党员、优秀党务工作者和先进基层党组织，动员全市各级党组织和广大党员进一步凝心聚力、锐意进取、开拓创新，把三明经济社会发展各项事业不断推向前进。受市委书记邓本元委托，市委副书记、市长杜源生代表市委致辞，市委副书记、常务副市长余红胜主持会议并宣读表彰决定。市委、市人大常委会、市政府、市政协四套班子领导，三明军分区领导，原任副厅（副师）以上职务离退休老同志，市直各单位和在市区的中央、省属部门及省、市属企事业单位主要负责人和部分党员干部代表，各县（市、区）委书记、组织部部长等参加庆祝大会。

【组织防抗“尼伯特”台风】 2016年7月8日，三明市在收听收看全省防御第1号台风“尼伯特”视频会议后，紧接着召开视频会议，贯彻落实省会议精神，部署全市防台风工作。7月9日，“尼伯特”台风正面袭击福建，并从三明境内经过，尤溪、清流、将乐、建宁、大田、宁化等县遭受暴雨和特大暴雨袭击，受灾较重。7月8~11日，杜源生、余红胜、徐铮、朱昌贤等市四套班子领导，分赴全市各地检查指导防抗台风工作，到受灾乡镇，组织抢险救灾和做好灾后恢复重建工作，最大限度保障人民群众生命财产安全。

【研究落实党风廉政建设主体责任和监督责任清单】 2016年7月12日，市委召开常委（扩大）会议，专题研究落实党风廉政建设主体责任和监督责任清单，切实推动“两个责任”落地生根。受市委书记邓本元委托，市委副书记、市长杜源生主持会议并讲话。要求各级党委、纪委要以“严”的态度和“实”的措施，在制度设计上“定责”，在压力传导中“尽责”，在保证实效上“问责”，守好“主阵地”，种好“责任田”，共同构建落实党风廉政建设责任制的完整体系。

【传达贯彻省委九届十六次全会精神】

2016年7月28日，受市委书记邓本元委托，市委副书记、市长杜源生主持召开市委常委会议，传达贯彻省委九届十六次全会精神，研究贯彻落实意见。会议指出，省委九届十六次全会对当前和今后一个时期全省实施创新驱动发展战略、坚定不移推进供给侧结构性改革作出部署，必将对福建长远发展产生重大而深远的影响。会议要求，着力研究政策用好政策、对接项目落实项目、扶持主体做强主体，深化改革突破改革，推动省委全会精神在三明落地见效。

【市委常委议军会议】 2016年7月29日，市委常委会召开议军会议，回顾总结研究部署人民武装和双拥共建工作，讨论研究市区驻军部队提请解决的有关问题。三明军分区政委陈龙德代表军分区党委作工作汇报。市双拥办负责人汇报2015年以来双拥工作情况，并就市区驻军部队提请解决的有关问题作说明。受市委书记邓本元委托，市委副书记、市长杜源生主持会议并讲话。要求弘扬三明革命老区苏区优良传统，以荣获全国双拥模范城“七连冠”为契机，找准国防建设和地方发展的切入点和突破口，健全完善工作机制，强化拥军优属服务保障，齐心协力推动双拥工作再上新台阶。

【宣布中共三明市委书记的任免决定】

2016年8月1日，市委召开全委（扩大）会议。省委常委、组织部部长王宁到会讲话，省委组织部常务副部长袁毅宣布省委关于中共三明市委书记的任免决定。省委决定：杜源生任中共三明市委书记；邓本元不再担任中共三明市委书记、常委、委员职务。杜源生表示，要在省委、省政府的正确领导下，与市几套班子一道，依靠全市干部群众，努力做到以学立身，以实兴业，以人为本，以和共事，以责为重，以廉奉公，保证中央和省委各项决策部署在三明落地见效，推动三明发展再上新台阶。

【研究部署深化三明医改工作】 2016年8月5日，市委书记杜源生主持召开市医改领导小组会议，专题听取医改工作情况汇报，研究部署下阶段深化医改工作。杜源生指出，要按照习总书记对医改工作的重要指示要求，坚持“医疗、医保、医药”三医联动，立足三明实际，保持改革韧劲，持续探索创新，提升医改成效，在药品采购、病种付费、分配机制，基层卫生服务机构建设、分级诊疗和双向转诊等领域加大探索，为全国全省创造更多有益经验。

【安排部署全市禁毒工作】 2016年8月11日，市委书记杜源生主持召开市委常委会，专题研究落实全市禁毒工作。会议通报全市禁毒工作开展情况，分析当前毒情形势及禁毒工作存在的问题，规划下一步工作措施。审议通过以市两办名义出台《禁毒工作责任制》，推进全市禁毒工作。

【县（市、区）人武部党委第一书记述职报告会】 2016年8月15日，三明市召开县（市、区）人武部党委第一书记述职报告会，听取各县（市、区）人武部党委第一书记履行党管武装工作职责情况报告。市委书记、三明军分区党委第一书记杜源生出席会议并讲话。市委常委、三明军分区政委陈龙德代表军分区党委对各县（市、区）人武部党委第一书记近年来履职情况和各县（市、区）党管武装工作进行点评。三明军分区司令员林耀明主持会议，并就贯彻落实会议精神提出要求。三明军分区司令员政治部主任徐林森宣读《“党管武装好书记，武委会好主任”表彰决定》。

【传达贯彻全国卫生与健康大会精神】

2016年8月23日，市委书记杜源生主持召开市委常委会议，传达学习全国卫生与健康大会精神。会议指出，习近平总书记在全国大会上所作的重要讲话，是指导新形势下卫生与健康事业发展的纲领性文献。三明作为全国8家在会上发言的代表之一，体现党中央、国务院对三明医改探索的肯定和支持。全市各级各部门要以此为契机，把人民健康放在优先发展的战略地位，着力提高医疗卫生服务质量和水平，不断提升生态环境建设水平，培育健康产业，倡导健康文明的生活方式，推动全民健身和全面健康相互融洽。

【开展向优秀共产党员黄秀泉学习活动】 2016年8月26日，中共三明市委下发《关于开展向黄秀泉同志学习活动的通知》，决定在全市开展向黄秀泉学习活动。黄秀泉现任沙县农业科学研究所副所长、党支部副书记。参加工作以来，他始终把事业放在首位，身患重病，仍坚守在科研生产第一线，在平凡的岗位上书写出不平凡的业绩，成为全国、全省、全市农业战线的优秀楷模。通知要求，全市各级党组织要把学习宣传黄秀泉的先进事迹作为开展“两学一做”学习教育的重要内容。以黄秀泉为榜样，践行为民务实清廉的工作要求，弘扬精研业务、精益求精的工作作风，不断增强“四种意识”，争做“四讲四有”合格党员，努力为三明经济社会发展再上新台阶作出新贡献。

【推动发展现代服务业】 2016年8月29日，市委、市政府召开推动现代化服务业加快发展座谈会，传达贯彻全省推动现代服务业加快发展座谈会精神，对全市现代服务业发展作出安排部署。市委书记杜源生，市委副书记、代市长余红胜出席会议并讲话。市委常委、常务副市长黄建波主持会议，市发改委、经信委、交通局、商务局、金融办、旅游局、民政局、卫计委等市直有关部门代表作发言。

【三明生态新城开发建设】 2016年9月2日，市委书记杜源生、代市长余红胜带领市直有关部门负责人调研三明生态新城，指导推动生态新城开发建设。杜源生强调，建设生态新城是加快推进市区与沙县、永安同城化的重要抓手，是增强区域经济发展的新引擎。各级各有关部门要以金戈铁马、激情创业的干劲，大干150天，促进生态新城开发建设提速。坚持统筹发展，强化产城融合，完善功能配套，加强新城管理，为市民营造便捷、安全、舒心的生活环境。

【传达贯彻全省工作检查总结会精神】

2016年9月19日，市委书记杜源生主持召开市委常委（扩大）会议，传达贯彻全省工作检查总结会精神，研究贯彻落实意见。三明市的进口商品直销中心、月兔空调、杨边村精准扶贫整村推进等受检项目得到检查组肯定。要以此为动力，进一步增强发展的紧迫感和责任感，弘扬“马上就办、真抓实干”的精神和作风，推动全省工作检查总结会精神在三明落地生根。

【传达学习贯彻党的十八届六中全会精神】 2016年10月28日，市委书记杜源生主持召开市委常委（扩大）会议，传达学习贯彻党的十八届六中全会和省委常委（扩大）会议精神，研究初步学习宣传贯彻意见。会议指出，这次全会，正式确立习近平总书记的领导核心地位，反映全党全军全国各族人民的共同愿望。全会审议通过的《关于新形势下党内政治生活的若干准则》和《中国共产党党内监督条例》，是坚持思想建党和制度治党相结合的重大举措，习近平总书记在全会上的重要讲话，是推进全面从严治党、开创党的建设新局面的行动纲领。省委书记尤权在省委常委（扩大）会议上的讲话，为学习宣传贯彻六中全会精神明确重点、指出方向。各级各部门要以高度的政治责任感和使命感，学习广泛宣传，推动党中央各项决策部署的贯彻落实。

【传达贯彻省第十次党代会和省委十届一次全会精神】 2016年11月28日，市委召开常委（扩大）会议，传达学习贯彻省第十次党代会和省委十届一次全会精神，研究初步学习宣传贯彻意见。会议完全赞同和拥护省第十次党代会和省委十届一次全会审议通过的报告、决议，完全赞同和拥护省党代会选举产生的新一届省委、省纪委班子。要求全市各级党组织和广大党员干部要学习，领会精神实质，迅速把思想和行动统一到省第十次党代会、省委十届一次全会精神上来，推进中央及省委重大决策部署落到实处，取得实效。

【传达贯彻全省脱贫攻坚现场推进会精神】 2016年12月7日，市委书记杜源生主持召开市委常委会议，传达贯彻全省脱贫攻坚现场推进会精神，研究初步贯彻意见。会议要求，各县（市、区）党政主要领导要把脱贫攻坚摆在重要位置，关心过问，及时协调问题，用足用好政策，充实人员力量，把中央和省、市各项部署落到实处，坚决打赢脱贫攻坚战。

【市委市政府检查组赴各县（市、区）开展工作检查】 2016年12月8~10日，由市委书记杜源生、代市长余红胜分别率领的两个检查组，重点围绕供给侧结构性改革和加快产业转型升级，到各县（市、区）察看产业发展、生态环保、扶贫攻坚、民生保障等领域的30个项目，达到检查、督促、交流的预期效果。12月2日，市委、市政府召开工作检查总结会，进一步总结工作检查的成效与收获，促进各地相互交流，比学赶帮，挖掘优势，补齐短板，加快发展。杜源生主持会议并讲话，余红胜对有关工作作出部署，市委常委、常务副市长黄建波通报工作检查情况。

（吕宝元）

组织工作

【概况】 2016年，市委组织部以落实全面从严治党要求为主线，以严肃党内政治生活为重点，精准施策、真抓实干，切实提高基层组织建设工作质量水平。“两学一做”学习教育活动开展。按照中央、省委和市委统一部署，通过党员领导干部以上率下、示范引领，组织全市党员学习党章党规和习近平总书记系列重要讲话；梳理汇编习近平总书记在福建工作期间到三明调研的指示精神，组织党员重温学习；注重以身边典型教育党员，开展向黄秀泉学习活动，引导党员干部以知促行，以实际行动争做“四讲四有”合格党员。推进各领域基层党组织建设，落实“三级联述联评联考”制度，组织开展县乡党委书记抓基层党建述职评议工作；建立健全村级领导班子内部制度并向机关、社区、学校等领域延伸拓展，加强基层服务型党组织建设，增强基层党组织政治功能和服务功能；着力抓党建促脱贫攻坚，加大后进基层党组织整顿力度，加强村级组织运转经费保障，推动非公有制企业和社会组织“两个覆盖”；统筹抓好社区、机关、学校、企业等领域党的建设。党员队伍建设不断加强，推动大规模党员教育培训工作，做好党员集中培训轮训。从严落实基层党建7项重点任务，推动组织生活经常化规范化。深化“疏通党员队伍出口”改革试点工作，开展即时评议党员。继续推行“5+1”发展党员工作模式，截至2016年年底，全市共有党组织7532个，其中党委435个，党总支243个，党支部6854个；党员173424名，其中女党员39365名，占党员总数的22.7%；新发展党员3104名，其中，35岁以下2399名，占77.3%，高中及以上学历的2858名，占92.1%，女党员1183名，占38.1%。

2016年，市委组织部围绕市县乡领导班子换届这个主线，统筹推进干部人事制度改革、干部监督管理，完成选干部、配班子、聚人才各项工作任务，领导班子和干部队伍建设取得新的成效。注重创造性地开展工作，按照“十三五”规划和脱贫攻坚任务要求，坚持优化班子结构服从强化班子整体功能，抓实换届风气监督，实质性推动干部能上能下，完成换届各项工作任务，营造重基层、重实干、重公认的正确用人导向。全市围绕“十三五”规划和脱贫攻坚选干部配班子、坚持优化班子结构服从强化整体功能、实质性推动干部能上能下等经验做法被中组部《组工信息》《中国组织人事报》刊登。县乡换届结束后，及时转移工作重点，对新一届县乡领导班子跟踪“回访”，加强思想政治建设；制定出台一线考察解干部办法，开展干部专项考核，以此传导压力、激发动力，激励干部在一线工作中履职担当。同时，注重发挥党校主阵地作用,突出理论教育和党性教育，分批次对县乡党委班子成员进行集中培训、轮训加大对8个人才政策性文件的宣传解读，落实好经费投入、住房保障等人才政策。围绕落实“十三五”规划，探索实施“五个一”产业人才工作模式，选派第二批干部服务企业，形成产业发展与人才发展互进互促双赢局面。落实“海纳百川”高端人才聚集计划，抓好本土人才培养，为三明经济社会发展提供人才保障。

【开展“两学一做”学习教育活动】 2016年4月，全市“两学一做”学习教育动员会召开，成立学习教育领导协调小组和3个督导组。5月，市委下发《关于在全市党员中开展“学党章党规、学系列讲话，做合格党员”学习教育实施方案》，正式启动学习教育，实现党组织百分百开展学习教育、党员领导干部百分百带头参加、党员百分百全覆盖。在抓好规定动作的同时，结合三明实际，创新载体形式，整理汇编习近平总书记在福建工作期间到三明46个农村、企业调研时的指示精神，纳入学习教育重要内容。9月，下发《关于深入习近平总书记调研点开展“学指示精神做合格党员”主题实践活动的通知》，着力把习近平总书记的调研点打造成为学习教育示范点。开展向沙县农科所党支部副书记、副所长黄秀泉学习活动，黄秀泉入选八闽楷模。编印知识图解、资料选编等，举办全市“两学一做”学习教育知识竞赛，挖掘本地历史、红色、文化资源，提升学习实效。学习教育中，市县两级共召开现场会或推进会40多次、开展巡回督查165次、专项检查66次。编发《情况通报》23期，尤溪县洋中镇防抗台风“尼伯特”做法在中组部《情况通报》刊发，将乐县委、明溪县御帘村经验做法在全省推进会作典型交流。

【市第九次党代会筹备召开】 2016年3月，市第九次党代会组织与选举工作安排表制定。3~5月，做好前期筹备工作，提请市委召开常委会研究市第九次党代会有关事宜，并与省委组织部进行沟通。6月，市委召开全委会，作出关于召开市第九次党代会的决议，并向省委呈报《关于召开三明市第九次党代表大会的请示》。7~9月，召开市第九次党代会代表选举工作会议，部署代表推荐选举工作，组织各推荐单位采取党内自下而上、上下结合，反复酝酿、逐级遴选的办法，选举产生市第九次党代会代表。同时，做好会务准备工作。9月26~27日，市第九次党代会召开，选举产生新一届市委委员、候补委员和市纪委委员以及出席省第十次党代会代表。9月27日，召开市委九届一次全会，选举产生新一届市委常委和市委书记、副书记。

【省第十次党代会代表推选】 2016年8月15日，市委召开部署会议，对出席省第十次党代会代表推荐工作进行部署和培训。8~9月，组织全市各级党组织采取自下而上、上下结合、充分酝酿、逐级遴选的办法进行推荐提名，全市100%的党支部和97.6%的党员参与推荐；同时，组织人员对有关人选进行考察，征求意见等。9月9日，召开市委八届十四次全会，采取圈选的办法确定代表候选人预备人选。9月27日，召开市第九次党代会，选举产生三明市出席省第十次党代表大会代表。

【党建制度改革深化】 2016年，市委组织部配套制定出台《市委组织部2016年重点改革任务分工方案》，提出8项改革任务，明确牵头领导、责任科室、完成时限，把各项改革任务落到实处。截至2016年年底，共制定出台《关于强化在一线考察了解干部的实施意见（试行）》《后进基层党组织整顿工作制度》《关于做好选调生转正定级驻村任职工作的意见》《三明市非公企业党建工作十项制度（试行）》《关于加强社会组织党的建设工作的实施意见（试行）》等5项制度。

【抓党建促脱贫攻坚】 2016年，三明市实施“党建富民强村”工程，总结推广发展壮大村级集体经济“五大实招”“五促三保”等经验做法和措施，促进村财、村民双增收。3月，制定《后进基层党组织整顿工作制度》，突出“一村一策”，实行销号管理，排查出的197个软弱涣散党组织全部实现转化升级。7月和12月分两批安排380名建档立卡贫困村党组织书记开展异地挂职锻炼。发挥460个市县挂点联系单位、323名驻村任职干部作用，帮助争取资金1.45亿元，带动项目718个，全市247个贫困空壳村全部实现“脱帽”。

【开展党委书记抓党建述职评议】 2016年12月，市委组织部转发《中共福建省委组织部关于开展2016年度市县乡党委书记抓基层党建工作述职评议考核的通知》，组织开展县乡党委书记抓基层党建述职评议工作，并推进述职评议向机关、学校、农村等各领域拓展延伸。全市12个县（市、区）、142个乡镇（街道）、1735个村、194个机关单位、495个学校和14个非公有制企业和社会组织党组织书记向上一级党委进行党建工作专项述职。

【村级组织运转经费保障】 2016年，三明市加大财政投入力度，市县乡三级财政拨补经费8144万元，将村级组织运转保障经费最低保障标准提高至每村每年10万元。严格落实《加强村干部队伍规范化管理意见》，全市村主干和其他村干部基本报酬均达到省定标准；实行正常离任村主干生活补助，全市共有3482名离任村主干享受离任生活补助。加强村级组织活动阵地建设，加大经费投入，从市管党费中下拨218万元，争取省党费补助1028万元，共补助72个村进行新建重建、171个村进行修缮，村级党组织办公环境和条件明显改善。

【全国全省全市“两优一先”推荐表彰】 2016年4月，市委组织部下发《关于做好全国、全省、全市优秀共产党员、优秀党务工作者、先进基层党组织推荐工作的通知》。6月底，市委召开庆祝建党95周年大会，表彰52名全市优秀共产党员、50名全市优秀党务工作者、80个全市先进基层党组织。同时，向中央、省委推荐一批优秀共产党员、优秀党务工作者和先进基层党组织。永安市小陶镇五一村党支部书记许光园被中共中央授予“全国优秀党务工作者”荣誉称号；有9名党员、7名党务工作者、15个基层党组织分别被省委授予“全省优秀共产党员”“全省优秀党务工作者”和“全省先进基层党组织”荣誉称号。

【大规模党员教育培训】 2016年3月，市委组织部印发《2016年党员教育培训示范班计划》，示范带动各地各部门做好各类党员教育培训工作。7月，联合市委教育工委举办全市中小学校党组织书记示范培训班1期、50人参训。8月，举办新一届乡镇（街道）党（工）委组织委员培训班2期、142人参训。12月，举办全市社区党组织书记培训班1期、117人参训。各地依托十百千万阵地开展党员就业创业技能培训，共培训党员10.26万人次。

【发挥“党员e家”平台作用】 2016年3月，市委组织部举办全市“党员e家”平台骨干人员培训班1期，动员全市党员入驻平台，参加在线学习与活动。6月，下发《关于在“党员e家”平台开展全市“两学一做”知识竞赛的通知》，组织党员参加全省、全市平台竞赛。截至2016年年底，平台设有“抢险救灾”“两优一先”“两学一做”等特色栏目，上传资讯16期320条，有97.73%的党员入驻平台，党员参加“两学一做”知识竞赛参与率居全省前列。

【选派第二批干部驻村蹲点】 2016年7月，全市第一批728名驻村蹲点干部驻村期满。2016年11月，继续选派第二批308名干部到308个村驻村蹲点，其中，省派77人、市派80人、县派151人。

【基层党组织按期换届专项检查】 2016年6月，市委组织部下发《关于开展基层党组织按期换届情况专项检查的通知》，在全市范围内开展基层党组织按期换届情况摸底排查。7月，形成基层党组织按期换届情况问题清单反馈给相关党（工）委，并督促各有关单位按期整改落实。全市未按期换届127个，全部完成整改。

【党员组织关系集中排查工作】 2016年2月，市委组织部印发《〈关于在全市开展党员组织关系集中排查工作的实施方案〉的通知》,全市基层党组织通过组织集中排查、逐一联系查找、调查核实，共找回超过6个月以上未与党组织取得联系的党员1335名，在此基础上，做好规范管理和组织处置工作。

【“五类重点”人员排查清理】 2016年6月，市委组织部转发《中共中央组织部关于对党代会代表和党员违纪违法未给予相应处理情况进行排查清理的通知》，经排查，全市有“上一届（乡镇含本届）应当终止代表资格、停止执行代表职务的党代会代表、本届任期内被终止人大代表资格、暂停执行人大代表职务和撤销政协委员资格的党员以及2013年1月1日以来受到过刑事责任追究、因涉及“黄赌毒”等案件被受到过行政处罚的党员”相关人员1142名，截至11月底，对排查前未给予处分、处理的185名党员全部进行处分、处理。

【“疏通党员队伍出口”试点工作】

2016年，市委组织部继续深化永安市全省“疏通党员队伍出口”改革试点工作，指导除永安以外11个县（区）的11乡镇（街道）做好不合格党员处置试点工作。2016年，共处置不合格党员217名。

【慰问帮扶困难党员】 2016年元旦前夕，市委组织部下发《关于在元旦春节期间开展走访慰问生活困难党员、老党员和老干部活动的通知》，市、县两级共走访慰问老党员、老干部、老模范和生活困难党员1.31万人，发放慰问金464.15万元、慰问品2.16万元。“七一”前夕，下发《关于纪念建党95周年划拨党费开展走访慰问老党员和生活困难党员活动的通知》，市、县两级走访慰问老党员和生活困难党员2117名，发放慰问金130.75万元。“尼伯特”台风灾害中，省、市、县三级共下拨党费救灾补助款82.3万元，走访慰问受灾党员66户，发放慰问金3.3万元；补助修缮受损的基层党员教育设施79万元。

【非公企业和社会组织“两个覆盖”】

2016年1月，市委组织部制定下发《三明市非公企业党建工作十项制度(试行)》，突出抓好园区非公企业，总结推广园区党群共建理事会；1月，市委办印发《关于加强社会组织党的建设工作的实施意见（试行)》，以民办学校、民办医院、律师事务所等重点行业的实体性社会组织为抓手，推动全市社会组织党建工作整体提升。10月，将市委非公企工委更名为市委非公企业和社会组织工委。截至年底，全市建立非公企业党组织1586个、社会组织党组织503个，非公企业党组织覆盖率85%，社会组织党组织覆盖率54%，党的工作覆盖率均为100%，完成省委组织部下达的目标任务。

【市县领导班子换届工作】 2016年2月3日，全市组织部部长会议召开，部署市县乡领导班子换届工作。2月5日，市委成立市县乡换届工作领导小组。3月21~22日，召开全市市县乡换届工作业务培训会，对换届工作进行再动员再部署。4月17日，举办考察工作业务培训班。4月18~30日，组建12个干部考察组对各县（市、区）同步开展换届考察工作。5月2日，市委组织部部务会听取考察情况汇报。5月5~27日省委组织部和省纪委对三明市市级领导班子、领导干部和县（市、区）党政正职进行换届考察。5月24日，召开市委常委会，研究换届市级领导班子和县（市、区）党政正职会议推荐建议人选。5月25日，召开市委常委会，研究市纪委换届会议推荐建议人选。5月28日，召开市委常委会，研究市级领导班子、市纪委领导班子和县（市、区）党政正职换届继续提名、新提拔（新提名）人选名单并上报省委。5月31日至6月2日，省委组织部干部考察组对三明市拟提拔（新进）市级领导班子和县（市、区）党政正职人选进行考察。6月25日，召开市委常委会，研究新一届县（市、区）党政正职建议人选并上报省委。6月27日，省委正式任命和提名各县（市、区）党政正职人选。7月7日，省委组织部正式批复三明市各县（市、区）党委、人大、政府、政协领导班子和法院院长、检察院检察长换届人事安排方案。各县（市、区）于7月29日前召开党代会完成党委换届选举。8月23日，召开市委常委会，研究新一届市级领导班子换届人事安排并上报省委。9月18日，省委正式批准市委、纪委候选人预备人选名单。9月19日，召开市委常委会传达贯彻全省市县乡三级人大换届选举工作会议暨业务培训会精神。9月25~27日召开市第九次党代会，选举新一届市委委员、候补委员、市纪委委员和省第十次党代会代表。9月27日，分别召开市委九届一次全会、市纪委九届一次全会，选举产生新一届市委常委和书记、副书记及新一届纪委常委和书记、副书记。10月8日，省委正式批准三明市新一届人大、政府、政协领导班子成员和市中级人民法院院长、市人民检察院检察长候选人人选。12月22日，市委正式向市“两会”主席团推荐市人大、政府、政协和法院院长、检察院检察长换届候选人。12月24日前，各县（市、区）完成人大、政府、政协和法院院长、检察院检察长换届选举。

【乡镇领导班子换届工作】 2016年3月底，全市各县（市、区）集中开展乡镇换届考察，至5月31日，全市12个县（市、区）129个乡镇党委换届工作完成。11月，全部乡镇完成人大主席团和乡镇人民政府班子换届选举。换届工作中，广泛推行“3+1”实绩公示、反向测评、延伸考察等做法，精准识别干部；拓宽选人用人渠道，从乡镇事业编制人员、村主干、大学生村干部、非公企业党组织书记、驻村第一书记、驻村蹲点干部等“六类人员”和企事业单位领导中选拔一批优秀人员进入乡镇班子，激发基层干部干事创业动力，形成重基层、重实干、重公认的鲜明用人导向。

【围绕脱贫攻坚选配班子】 2016年年初，市委组织部组建5个专题调研组到各县（市、区）进行调研，摸清各地“十三五”期间产业发展、功能布局，区分梳理贫困乡镇的致贫原因。在此基础上，兼顾县乡班子结构性、专业性和功能性，测算出县乡领导班子预计缺额和补充需求，有针对性地充实一批产业发展、脱贫攻坚急需的专业型干部，进一步增强县乡班子整体功能。换届后，县乡两级班子配备一批熟悉工业、金融、法律、旅游开发的专业型干部；全市12个县（市、区）党政班子中，至少配备1名以上熟悉精准扶贫的干部，5个省级扶贫重点县的乡镇班子成员中有扶贫经历或熟悉扶贫工作的占8成。5月5日，中组部《组工信息》2016年第42期以《福建三明市以落实“十三五”规划选干部配班子》为题；6月6日，中国组织人事报第786期以《福建三明市围绕扶贫攻坚精准选配乡镇领导班子》为题，刊发三明市相关经验做法。

【干部专项考核】 2016年，市委组织部围绕市委市政府中心工作，完善干部专项考核制度。10月26日，制定下发《关于在推进“五个一批”重点项目建设中开展干部专项考核的通知》《关于在县乡人大和县政协换届选举中开展干部专项考核的通知》，在推进“五个一批”重点项目建设和县乡人大、县政协换届选举工作中开展干部专项考核，形成良好的用人导向。

【推动干部能上能下】 2016年，市委组织部贯彻落实中央、省委关于干部能上能下的要求，对县级党政班子中因工作失误受过处分但敢担当、会干事、实绩突出的6名干部，继续留任党政班子；对县级人大、政协班子中虽然年龄相对较大但表现优秀、符合继续提名条件的7名干部，调整到党政班子任职；县级党政班子配备46名年轻干部、占县级班子成员总数的24.9%；有54名处、科级干部因个人有关事项报告不实等方面问题被终止提名或暂缓提拔；有26名县级党政班子成员因表现较弱或工作不适应被交流或调整。2016年8月29日中组部《组工信息》2016年第96期、2016年9月28日《中国组织人事报》第834期以《福建省三明市结合县乡换届推进干部能上能下》为题，刊发三明市经验做法。

【第六批对口支援新疆】 2016年12月31日，第六批对口援疆工作任务结束，人员返回。三明市第六批对口支援新疆自治区昌吉州玛纳斯县，2013年8月进疆交接工作，2014年3月10名援疆干部人才进疆，2013~2016年，全市共派出教师、医生、农业技术干部25名（其中长期18人，短期7人），累计投入援疆资金2458万元，完成“十二五”援疆项目13个，“十三五”开局之年开工建设援疆项目11个，先后建成以“闽玛生态村”为示范的游牧民定居工程、县中等职业技术学校、“双语”幼儿园。继续把食用菌作为产业援疆的重点，建设24.67公顷设施农业大棚，培训新型菇农5500人次，2016年全县栽培食用菌规模760万袋、实现产值7300万元，分别比2013年增长435.21%和471.16%。

【公务员管理】 2016年，三明市共录用党群系统公务员105名，安排12名组织人事干部参加全省公务员三级面试考官资格培训班，重新注册146名已持有面试考官资格证书的人员。建立选调生、大学生村干部和乡镇机关公务员“最低服务年限”督查机制，推进县以下机关公务员职务与职级并行常态化管理。3月4日，在全省公务员管理工作视频会议上，市委组织部作题为《创新方式精准培养，大力加强乡镇领导班子队伍建设》的经验交流；承担省委组织部课题并形成《三明市乡镇机关公务员队伍建设情况分析报告》，获得全省2016年党内统计、干部（公务员）统计分析报告一等奖。

【选调生和大学生村干部的管理培养】

2016年，三明市接收安置选调生（含2014届大学生村干部考录选调生）86名、大学生村干部77名。8月30日，制定出台《关于做好选调生转正定级驻村任职工作的意见（试行）》，2015年应届党政类选调生全部安排驻村任职。做好2014年服务期满68名大学生村干部考核安置工作。抓好选调生和大学生村干部培训工作，全年培训311人次。建立生活困难档案，“两节”期间共慰问特困选调生、大学生村干部和长期工作在一线的优秀选调生31人，总计发放慰问金3.16万元。注重加强选调生的培养使用，2016年县乡领导班子换届中，有12名选调生转任或提任县级领导班子重要岗位，其中1名选调生提任县委书记，有79名选调生新进乡镇领导班子、9名选调生从乡镇副职直接提拔为乡镇党政、人大正职。

【“千名干部服务千家企业”活动】 至2016年，三明市首批245名干部（人才）累计帮助229家企业争取政策支持697项、项目资金1.5亿元，解决融资贷款近5亿元，化解各种债务纠纷近4亿元，帮助协调解决436个难题，为企业节约开支和降低成本近8000万元；开发新产品64个，企业累计增加销售额近3.5亿元。2016年11月，选派第二批356名干部（人才）到321家企业继续开展帮扶活动。

【“海纳百川”高端人才聚集计划】 2016年，市委组织部组织引进高端人才申报国家“千人计划”、省“百人计划”，有10人被评价认定为省首批引进高层次人才、19人被评价认定为省工科类青年专业人才；有2个团队、1名个人入选省第五批引才“百人计划”，5人入选省第二批6类特支人才“双百计划”，6人入选省第二批5类优秀人才“百人计划”。组织将乐经济开发区、明溪医药产业和永安林竹产业申报福建省第二批产业人才聚集基地；组织福建金森集团有限公司、福建翔丰华新能源材料有限公司、机械科学总院海西分院和海斯福化工有限公司申报福建省第二批企业人才高地，福建铙山纸业集团有限公司入选省首批企业人才高地。

（邱烈泉　陈荣旺　吴其木　苏建章　罗水河　陈秋芳　雷泉明　周巧玲　孔鹏飞　陈　磊）

宣传教育

【概况】 2016年，市委宣传部学习贯彻习近平总书记系列重要讲话特别是关于意识形态工作和宣传思想文化工作的一系列重要论述，紧扣市委“念好发展经、画好山水画”工作主题，推进宣传思想文化各项工作，巩固壮大健康向上的主流思想舆论，为再上新台阶、建设新三明提供有力的思想保证、精神动力、道德滋养和文化条件。

【落实意识形态工作责任制】 2016年，市委宣传部落实全面从严治党要求，依据中央《党委（党组）意识形态工作责任制实施办法》、省《实施细则》，结合三明实际，于9月底印发实施本市《实施细则》，并建立学习宣传、督查考评机制抓好落实。将意识形态工作纳入各级党委（党组）中心组学习内容，纳入县（市、区）宣传部长和乡镇（街道）宣传委员培训内容，市委宣传部还组建意识形态工作责任制宣讲团，到各县（市、区）党委和机关、企业、学校、乡镇等基层党委（党组）开展宣讲辅导；在《三明日报》、三明广播电视台开辟“党委（党组）书记谈意识形态工作责任制”专题专栏，市委书记杜源生带头接受访谈，连续刊播12个县（市、区）和部分市直单位党委（党组）书记访谈录；强化专项考评，将落实意识形态工作责任制情况纳入基层党建述职，纳入市级文明城市（城区、县城）、文明单位测评指标体系，纳入各县（市、区）绩效考核指标体系，组织开展专项督查。“三个强化”做法在10月21日《福建日报》头版作专题报道并配发评论。

【重要理论宣传学习】 2016年，市委宣传部开展习近平总书记系列重要讲话精神学习宣传教育活动。结合开展“两学一做”学习教育活动，组织开展《习近平总书记系列重要讲话读本（2016年版）》等原著原文学习宣传。市委宣传部先后召开学习习近平总书记在文艺工作座谈会、在网信工作座谈会、在哲学社会科学工作座谈会上重要讲话精神专题会议；开展习近平总书记在新闻舆论工作座谈会上重要讲话精神学习培训活动；召开全市新闻工作者代表座谈会，学习交流习近平总书记在会见中国记协第九届理事会全体代表和中国新闻奖、长江韬奋奖获奖者代表时的重要讲话精神；组织开展党的十八届六中全会和省、市党代会精神宣传宣讲活动。成立市委宣讲团，举办全市理论骨干研讨班，分组赴各县（市、区）和基层单位集中开展宣讲。继续发挥“百支宣讲小分队、百个学习创建工作先进点、百例理论进基层工作案例”作用，推动党的十八届六中全会和省、市党代会精神进机关、进学校、进企业、进农村、进社区。市委宣传部与三明学院联合开展“智哺行动”，13位专家教授到各地各部门开展专题辅导讲座。市委讲师团开展“五大发展理念”“两学一做”等主题宣讲300余场次；完善各级党委（党组）中心组学习制度。市委中心组坚持每月一次集中学习制度，全年开展集中专题学习16次，并于11月在省委宣传部、省委组织部召开的全省党委中心组学习经验交流座谈会上作题为《坚持“三结合”，增进中心组学习实效》的经验交流。12月12日，市委宣传部、市委组织部召开全市党委中心组学习经验交流座谈会；县乡换届后，有针对性举办意识形态工作责任制、突发事件新闻处置、网络安全和信息化工作、新媒体运用等培训班，分期分批对各县（市、区）宣传部长、乡镇（街道）宣传委员、网络阅评员及市县两级新闻网站、重点商业网站负责人进行轮训。

【中心工作宣传】 2016年，市委宣传部开展“念好发展经、画好山水画”主题宣传，讲好三明故事，唱响三明声音。强化新闻宣传，开展以习近平为核心的党中央治国理政新理念新思想新战略主题宣传，抓好党的十八届六中全会、省市党代会，中央、省、市经济工作会议及全国、全省、全市“两会”精神宣传，围绕市委“全面落实‘三比一看’开展‘敢担当、解难题、立新业’活动”“大干150天 加快推进‘五个一批’项目建设”“着力推进供给侧结构性改革”“全面深化改革”“全面从严治党”“打赢攻坚战”等重大决策部署，组织实施系列战役宣传报道，在主要新闻媒体开辟“再上新台阶、建设新三明”“全面深化改革进行时”“十三五·开好局起好步”共60多个专题专栏；扩大网络宣传，实施“一报一台一网”建设工程，组建完成三明广播电视台，共有47家市直党政机关、事业单位和人民团体开通微信公众号，“聚焦三明”“三明电视台”“福建微尤溪”及《三明日报》等主流媒体微信公众号影响力明显增强。开展网络媒体“三好一优”（网络好新闻、网站好专栏、微信好文章、优秀新闻网站）评选活动，引导地方商业网站开展网上正面宣传。

加强舆情信息的分析研判，及时编发《网络舆情动态》《舆情专报》《今日媒体关注》；做好对外宣传，健全新闻发言人制度，邀请中央和省级媒体、外宣媒体到三明开展专题采访，宣传三明改革发展的新变化新亮点。精心策划开展“6·18”“9·8”、海峡论坛、“11·6”林博会、沙县机场首飞、邓薇摘得三明首枚奥运金牌等战役性宣传报道，近百家境内外媒体进行集中报道。全年累计在报纸、电视、广播、网站等省级以上媒体刊播稿件3700多条，其中头题、摘要等约占27%。妥善处置泰宁“5·8”泥石流自然灾害舆情，通过及时发布信息、做好媒体记者采访接待工作，被中宣部选入突发事件处置典型案例；统筹各类宣传，突出市委、市政府打赢脱贫攻坚战、为民办实事等民生工程的宣传报道，开展普法、国防、统战、科普、党风廉政建设、环境保护、扫黄打非、反恐、禁毒等各项社会宣传工作。

【重大宣教活动】 2016年，市委宣传部持续开展中国特色社会主义理论和中国梦宣传教育活动。推进社会主义核心价值观宣传教育活动，11月10日在永安召开全市社会主义核心价值观宣传教育现场交流会，开展社会主义核心价值观“九进”活动，社会主义核心价值观主题公园、社区和街道建设有序铺开，梅列东乾社区被中宣部命名为全国社区宣传思想文化工作示范点。在市区49个社区推出“一社区一长廊”公益广告宣传，设置2300版善行义举榜；三明头条、聚焦三明等主流微信公众号在每日推送的消息顶部插入一张“图说我们的价值观”配图，点击量超过120万人次。广泛开展纪念建党95周年、红军长征胜利80周年系列宣传教育活动，以“忆长征 跟党走 奔小康”为主题，策划开展主题创作、文艺展演、专题展览和主题文艺作品展映、展播等30多项全市性纪念活动；组织市委中心组成员开展“重走红军路、重思长征源、重温苏区情”主题教育活动；组织中央、省、市级40多家媒体100余名记者开展“重走长征路”主题采访活动；开展文化科技卫生“三下乡”活动，1月8日，在大田县屏山乡启动2016年全市“三下乡”活动。继续实施“半台戏”公共文化服务配送，开展“四进社区”“送欢乐下基层”“深入生活、扎根人民”“全民阅读”等活动，举办第21届群众广场文化活动和流动舞台车百场下乡巡演活动，全年累计举办30场广场文艺演出，完成80个乡镇、村巡演。三明市荣获第二批国家公共文化服务体系示范区，公共文化服务体系建设“六联六创”工作机制列入全省全面深化改革第一批复制推广典型经验，市委宣传部被评为全省“三下乡”活动先进集体。

2016年9月8日，省委宣传部组织开展的“青年新闻人 重走长征路”大型联合采访活动到革命老区宁化县 （市委宣传部提供）

【文化改革发展】 2016年，市委宣传部以实施重点文化项目建设为抓手，推动文化繁荣发展。推进红色文化立法保护，9月2日，制定下发《三明红色文化保护、传承和弘扬“六个一”工程实施方案》，并于9月14日、11月7~8日两次召开全市红色文化保护传承弘扬工程联席会议，策划生成的47个项目已有30个付诸实施。12月，成立红色文化保护利用工作领导小组和红色文化研究中心，组织起草全省首部以政府规章形式对红色遗存进行保护的《三明市红色文化遗址保护管理办法》。实施爱国主义教育基地改版升级，新命名第五批市级爱国主义教育基地10个，其中红色主题基地8个，《保护弘扬三明红色文化的探索实践》的做法被中宣部编入全国《宣传思想工作创新百例》；打响闽学（朱子）文化品牌，组织实施闽学（朱子）文化品牌“五个一”工程建设，邀请两岸四地研究机构在尤溪联合举办“朱子文化与中华民族核心价值”学术研讨会。11月18日，举办“闽学与三明”学术研讨会和首届南溪书院学术奖颁奖大会。12月18日，尤溪朱熹诞生地被国台办增设为海峡两岸交流基地；实施文艺精品创作，推进福建（泰宁）文艺创作基地等14个省级特色文艺示范基地建设，1月24日，举办全市首届小戏小品展演、11月6日，举办首届优秀歌手大赛、6月8~15日，举办第二届福建省当代花鸟画大展等文艺赛事和展演活动，推出一批体现三明特色的精品力作；做强文化内容产业，完成《三明市“十三五”文化改革发展专项规划》编制，三明万寿岩遗址公园、尤溪朱子文化城项目入选“福建文化产业十大重点项目”，60个重点文化产业项目完成投资34.3亿元，尤溪朱子文化旅游开发有限公司、中煌立体文化有限公司入选省级文化产业示范基地，“文化+旅游”“文化+互联网”等新业态加快发展。

（陈首龙）

统一战线

【概况】 2016年，全市统一战线开展坚持和发展中国特色社会主义学习实践活动、非公有制经济人士理想信念教育实践活动，宣讲中央、省委统战工作会议精神，引导全市统战干部和统一战线广大成员牢固树立“四个意识”，不断增强中国特色社会主义道路自信、理论自信、制度自信、文化自信，把思想和行动统一到中央和省委、市委的决策部署上来，共同推动统一战线事业发展。

组织建言献策。在市政协九届五次会议上，各民主党派提交大会发言70篇、提案112件，7篇提案被定为重点提案，5篇提案获得市委市政府主要领导批示。

服务非公经济发展。新组建南宁三明商会、上海三明商会，指导12个县（市、区）工商联完成换届工作。投身“敢担当、解难题、立新业”活动，调研非公经济发展情况，为党委政府决策提供参考。持续推进“回归工程”，举办各界人士经贸恳谈会，参与第五届世界闽商大会、民企对接洽谈会、“6·18”等活动，引导异地明籍企业家和港澳台海外客商到三明投资兴业。

加强多党合作。召开市民主党派、无党派代表人士新春团拜会和党外代表人士情况通报会、座谈会，规范开展市级党员领导干部与党外代表人士联系交友和部领导与民主党派、工商联负责人谈心交友活动。支持民主党派加强基层组织建设，协助各民主党派完成换届工作。

促进民族团结进步事业发展。实现全市43个民族村市县部门挂钩帮扶全覆盖，支持民族乡村发展生产项目、建设特色村寨。深化民族团结进步活动，列东中学荣获全国民族团结进步创建活动示范单位。

维护宗教和谐稳定。依法加强宗教事务管理和爱国宗教团体建设，开展以“教风”为主题的和谐寺观教堂创建活动，协调有关部门做好宗教领域排查维稳工作。

深化海外联谊。组团参加香港福建三明联会、澳门三明联谊总会活动，组织市客家艺术团赴马来西亚文化交流，举办马来西亚华裔青少年“中国寻根之旅”冬令营2期，协助宁化县举办第22届世界客属石壁祖地祭祖大典和第四届石壁客家论坛。

推进明台交流。举办中国台湾青少年学生“手牵手 海丝情”客家之旅三明夏令营，协助尤溪朱熹诞生地成功申报为国家级海峡两岸交流基地。助力民生改善。开展“百企帮百村”精准扶贫行动，组织91家非公企业、商会与26个贫困村结对帮扶，累计投入帮扶资金800多万元。

开展光彩助学行动，帮扶贫困大学新生628名，发放助学金151万元。实施“侨爱心工程”“侨爱心365”行动，奖励资助学生476人。加强机关建设。开展“两学一做”学习教育，改进机关作风，提升服务水平。

【党外代表人士座谈会】 2016年1月19日，市长杜源生主持召开党外代表人士座谈会，就《政府工作报告（征求意见稿）》《三明市国民经济和社会发展第十三个五年规划纲要（草案）》征求市各民主党派、工商联和无党派人士意见建议。9月19日，市委书记杜源生主持召开党外代表人士协商座谈会，就市第九次党代会《报告》（征求意见稿）征求意见和建议，市政协主席朱昌贤，市委常委、市委秘书长王刚出席会议，市各民主党派主委、专职副主委、工商联和无党派人士代表参加座谈。12月21日，代市长余红胜主持召开党外代表人士座谈会，就《政府工作报告(征求意见稿)》征求党外代表人士的意见建议

【各界人士经贸交流恳谈会】 2016年2月11日，三明市举行各界人士经贸交流恳谈会，市领导林俊德、阎伟强出席会议，来自省内外16个异地三明商会和11个国家及中国香港、中国台湾等社团的130多位回乡人士代表参加会议。

【全市统战部部长暨高校统战工作会议】 2016年2月24日，三明市统战部部长会议暨高校统战工作会议召开，学习贯彻全国统战部部长会议、全国高校统战工作会议和全省统战部部长会议暨高校统战工作会议精神，总结2015年统战工作，部署2016年工作任务。

【“百企帮百村”精准扶贫行动】 2016年3月15日，市委组织部举行“百企帮百村”精准扶贫行动启动仪式，学习贯彻习近平总书记关于扶贫开发系列重要讲话精神。

【党外科级干部培训班】 2016年5月3日，全市2016年第11期党外科级干部培训班在市社会主义学院开班，37名来自市直单位和各县（市、区）的优秀党外科级干部参加培训，本期培训7月1日结束。

【民主党派新发展成员培训班】 2016年7月8日，市委统战部、市社会主义学院联合举办的民主党派新发展成员培训班开班，市委统战部负责人作“《中国共产党统一战线工作条例》和省《实施细则》解读”专题讲座，41名民主党派新成员参加培训。

【“手牵手·海丝情”客家之旅夏令营】 2016年7月20日，由国侨办、省侨办、市外侨办主办，市关工委、侨联、台联等联办，三明侨报社、中国台湾“中华华夏青年关怀总会”等单位承办的2016年中国台湾青少年学生“手牵手·海丝情”客家之旅三明夏令营开营，共有100余名中国台湾青少年参加活动。

【民建省委会议在三明召开】 2016年8月4日，民建省委八届十六次常委会议暨市级组织换届工作会议在三明市召开。省政协副主席、民建省委主委郭振家到会讲话，民建省委副主委吴志明、程思怡、黄世忠、郭学军、王宗华出席会议。

【“亲”“清”政商关系主题报告会】
2016年8月15日，市委统战部、市工商联会同市纪委联合举行“亲”“清”政商关系主题报告会，邀请市反贪局负责人作《民营企业家腐败风险防控》主题报告。市中级人民法院、市检察院有关负责人，市工商联（总商会）主席（会长）、副主席（副会长），市直属商会会长、驻会秘书长，异地三明商会会长，市工商联常委，各县（市、区）工商联党组书记参加报告会。

【九三学社省委工作会议在三明举行】
2016年8月28~30日，九三学社省委2016年组织发展与青年工作会议在三明举行，来自社省委青年工作委员会的部分班子成员、全省各地九三学社地方组织的青年社员和组工干部50多人参加会议。市政协副主席、九三学社市委主委朱一勤出席会议并讲话，市委统战部负责人向与会人员介绍三明市情和经济社会发展概况。

【成立市委统一战线工作领导小组】
2016年9月6日，市委下发《中共三明市委关于成立市委统一战线工作领导小组的通知》，正式成立市委统一战线工作领导小组。领导小组由市委书记杜源生任组长，市委常委黄建平、市政府党组成员张文珍任副组长，26个市直部门和人民团体主要负责人任小组成员。领导小组办公室设在市委统战部，办公室主任由黄建平兼任。

【市委专题研究民主党派市级组织换届工作】 2016年9月21日，市委书记杜源生主持召开市委常委会，专题听取市委统战部关于全省民主党派工作座谈会精神的汇报，研究讨论《市委统战部关于协助各民主党派市级组织做好换届工作的实施意见》。

【统战系统干部大会】 2016年9月30日，市委统战部召开系统干部大会，宣布市委关于肖明光担任市委统战部部长的决定。市委书记杜源生出席会议并讲话，市委常委、组织部部长陈炎标主持会议并宣读市委决定，市委常委、副市长、统战部部长肖明光在会上讲话。

【全市统战部部长会议】 2016年10月27日，市委统战部召开全市统战部部长会议，传达省委统战部关于市县两级人大、政协换届工作座谈会和省工商联关于市县两级工商联换届工作会议精神，部署安排贯彻落实工作，市委常委、统战部部长肖明光出席会议并讲话。

【会见香港福建三明联会访问团】
2016年11月14日，市委书记杜源生会见以全国政协委员王明洋为团长的香港福建三明联会访问团，市委常委、统战部长肖明光参加会见。

【走访商会及社团】 2016年12月2~4日，市委常委、统战部部长肖明光，市政协副主席阎伟强专程走访深圳三明商会和粤港澳福建商会，了解商会和企业的所想所需所困，广泛听取商会和 企业的意见建议，共谋发展良策；5~6日，访问澳门，拜会中联办副主任陈斯喜、澳门福建同乡总会理事长陈明金，走访澳门三明联谊总会，看望旅澳乡亲。

【赴港开展联络联谊工作】 2016年12月6~9日，市委常委、统战部长肖明光率团赴港开展联络联谊工作，拜访香港中联办、香港福建社团联会、旅港福建商会、香港福建同乡会、香港南益集团等机构社团企业，走访看望香港福建三明联会和香港永安、大田、宁化联谊会乡亲。

【“中国寻根之旅”冬令营福建三明营】
2016年12月9~28日，由国务院侨办、省侨办、市外侨办主办，市侨联、三元区侨联等协办，三明侨报社、马来西亚柔佛州华校校友会联合会等3家单位承办的“2016年马来西亚华裔青少年‘中国寻根之旅’冬令营福建三明营”在三明举办，市委常委、统战部部长肖明光出席闭营式，161名马来西亚华裔师生参加此次冬令营活动。

（徐书健 张建川）

对台事务

【概况】 2016年，三明市对台工作学习贯彻习近平总书记对台工作重要思想和中央、省委对台工作决策部署，把握两岸关系发展新变化和新局势，突出“念好发展经、画好山水画”工作主题，用好清流国家级台湾农民创业园、宁化石壁、尤溪朱熹诞生地海峡两岸交流基地等平台，深化明台经济、文化、社会等各领域的交流合作，对台工作取得新成效。

【三明和台湾经贸合作】 2016年，全市新批办台资企业9家，投资总额3836万美元，合同利用台资646万美元。三明台湾青年创业基地、海峡两岸节能机械研发孵化基地、台明铸管科技有限公司三期建设——总投资6000万元的免开挖顶管生产项目等一批重点台资项目进展顺利。其中，“三明台湾青年创业基地”在第十二届林博会上举办启动仪式，由三明市台协会注资成立明台电子商务管理有限公司，具体负责基地筹备运营。

【三明和台湾文化交流】 2016年，朱熹诞辰886周年祭祀典礼及朱子文化交流会、第二十二届世界客属石壁祖地祭祖大典及客家文化交流会2个涉台交流活动被列入国台办对台交流重点项目。尤溪朱熹诞生地获批海峡两岸交流基地，这是三明市第二个海峡两岸交流基地，三明市也成为全国第三个同时拥有2个海峡两岸交流基地的城市。第八届海峡论坛尤溪分会场成功举办“朱子文化与旅游交流活动”，邀请海峡两岸朱子文化促进会、朱氏宗亲会、台湾大学、台中市社区以及台湾农业、旅游开发企业代表等中国台湾嘉宾80人参加。第十二届林博会期间，举办以“两岸一家亲·明台心连心”为主题的明台交流合作成果展。分平台建设、经贸合作、交流交往、旅游协作四个部分，共展出客家文化、朱子文化、乡镇交流、宗亲交流、“两湖两水”对接共80多幅图片。

【三明和台湾基层交往】 2016年，三明市先后组织清流林畲乡、大田县屏山乡、宁化县曹坊镇等10个乡镇交流团以及清流巫氏宗亲交流团、梅列心家园交流团等4个民间小型团组赴台开展交流。

【台商权益保障】 2016年，市台办深化“台商服务年”工作，结合“两学一做”，开展“情暖台企一帮一”活动，帮助台资企业协调解决生产经营中出现的问题和困难。完善“涉台纠纷多元化解与诉讼协调工作机制”“涉台巡回检察工作制度”等各类涉台审判服务机制，促进涉台审判工作的专门化和规范化。推动台资企业利用仲裁方式解决经贸争议，为处理涉台经贸纠纷提供制度保障。2016年未发生台商台胞越级上访、矛盾上交的情况。

（胡国栏）

机构改革

【概况】 2016年，中共三明市委机构编制委员会办公室（以下简称市委编办）按照全国机构编制工作会议、全省机构编制工作会议的部署要求，围绕“创新体制机制、服务科学发展”这个主题，推进“放管服”（简政放权、放管结合、优化服务）改革，组织开展事业单位分类工作，推进相关领域改革，为建设更富活力、更具实力、更有竞争力的新三明提供强有力的体制机制保障。

【“放管服”改革】 2016年，三明市推进行政审批制度改革，落实行政审批事项清理精简工作，组织开展市级行政审批事项清理工作，以《三明市人民政府关于取消、下放和调整一批市级行政许可项目的通知》文件形式公布清理结果，并在市政府网站公开，市级取消行政审批事项101项、下放3项、调整1项、承接省政府下放和委托29项，市级30个部门单位共保留行政审批事项214项。组织开展2011~2016年国务院和省政府取消下放行政审批事项落实情况“回头看”自查工作，经自查梳理，2011年1月至2016年5月，国务院和省政府相关文件共取消涉及设区市的行政审批事项237项，市级对应取消行政审批事项148项，有89项行政审批事项本市市级无对应项目；省政府及其部门共下放行政审批事项164项，市级承接行政审批事项129项，承接再下放24项，承接后取消7项，本市无对应业务4项；省政府共委托行政审批事项36项，市级承接32项，承接后依照规定取消4项，落实2011~2016年国务院和省政府取消的行政审批事项本市，省政府下放的行政审批事项已全部承接到位；推进清单管理工作方面，对部分县（市、区）行政许可事项清单、公共服务事项清单存在项目分类不统一、项目设置不规范、清单事项不全等问题，指导相关县（市、区）进行调整完善，重新公布清单。组织指导县（市、区）开展乡镇（街道）权责清单编制工作，2016年10月底前各县（市、区）完成乡镇（街道）权责清单的梳理编制和公布实施，实现全市权责清单全覆盖。市级共保留公共服务事项343项、权力事项4057项、责任事项6598项，推进前置审批和中介服务事项清理规范工作。本次市级共取消调整前置审批事项24项，保留行政审批的前置审批事项147项；取消调整行政审批中介服务事项41项，保留行政审批中介服务事项108项。结合权力事项的调整，依照有关规定及时动态调整前置审批事项和中介服务事项，共调整规范市级前置审批事项12项、行政审批中介服务事项8项。至2016年年底，市本级共保留前置审批事项152项，保留行政审批中介服务事项106项。同时，清理规范年检和政府指定培训项目，清理减少相关证照的年检，取消与证照申领和年检等挂钩的政府指定培训，凡省级清理取消的相关行政审批事项和相关证照所需的年检类事项，本市一律对应取消，或者将年检改为年度报告公示制度，减轻企业和群众负担；推进“双随机一公开”监管工作，贯彻落实全省“双随机一公开”电视电话会议精神，组织市直各部门单位制定随机抽查事项清单，合理确定随机抽查频次，建立随机抽取检查对象、随机选派执法检查人员的“双随机一公开”抽查机制。市政府29个部门单位制定“双随机一公开”工作方案、编制“一单两库一细则”，其中21个部门单位组织实施“双随机一公开”检查工作，共实施“双随机”抽查186次，推进公开、公平、规范监管；推进“放管服”改革督查工作。会同效能办组织人员对12个县（市、区）政府和29个市直部门单位“放管服”改革相关工作进行督查，并下发《关于进一步深化“放管服”改革抓好存在问题整改的通知》《关于进一步推进市直部门“放管服”改革工作的通知》，督促相关单位将“放管服”改革中存在的问题限期整改到位。

【事业单位分类改革】 2016年，三明市推进事业单位整合工作。推进规模小、职能弱化、服务能力不足的事业单位整合，对市直编制3名及以下、县（市、区）直编制2名及以下以及职能弱化、服务能力不足的事业单位进行整合。全市共整合精简147家事业单位，其中市属事业单位共精简16家，县属事业单位共精简129家。推进市属承担行政职能事业单位改革试点。三明市及所辖的将乐县、尤溪县被中央编办确定为承担行政职能事业单位改革试点市县。根据试点的有关要求，依据部门权力清单和责任清单，梳理106家市属事业单位的行政职能，共筛选出行政许可、行政处罚、行政强制、行政监督检查、行政征收、行政确认、行政给付、行政裁决等998项行政职权，其中除行政处罚、行政强制以及与行政处罚密切相关的行政监督检查职能由行政执法机构继续承担外，其他行政职能全部回归行政机关。草拟《三明市承担行政职能事业单位改革试点方案》，确定三明市159家事业单位为承担行政职能事业单位改革试点单位（其中市属68家事业单位，将乐县44家事业单位，尤溪县47家事业单位），分类提出改革试点单位的改革路径、编制置换、人员安置等意见。推进事业单位法人治理结构建设试点工作。继续指导永安市立医院、三明市少儿图书馆等单位推进事业单位法人治理结构建设试点工作，探索管办分离的有效途径和实现形式。

【行政体制改革】 2016年，三明市推进医药卫生体制机制改革。12月14日，在全省率先整合医保管理职责，提请市委编委研究同意在市财政局加挂“市医疗保障管理局”牌子，将分散在人社、卫计、物价、民政等部门的医保管理职责，统一交由市医保局承担，实行集中管理；在市财政局（市医疗保障管理局）增设医疗基金管理科、医疗服务价格科、药械采购配送监管科等3个内设机构，增加行政编制12名，增加处级领导职数1名、科级领导职数6名；6月7日，理顺市医保基金管理中心和各县（市）管理部的编制关系，将各县（市、区）用于配备市医保基金管理中心各管理部工作人员的205名事业编制上划到市医保障基金管理中心。年内还推进综合行政执法体制改革，指导永安市制定和落实综合行政执法体制改革试点工作方案，分别对市场监管领域、城市管理领域、农业执法领域等三个领域内的执法机构进行整合，每个领域内只设置一支执法队伍，解决多头执法、多层执法、重复执法和推诿扯皮等问题；将永安市商务局、农业局等部门涉及市场监管方面的行政执法权统一划转给永安市市场监督管理局事项报经省政府批复同意后，由永安市市场监督管理局集中行使市场监管行政处罚权。推进小城镇机构改革，指导永安市、大田县分别制定和实施永安市小陶镇、大田县均溪镇的小城镇机构改革试点工作方案，努力为小城镇加快发展提供体制机制和机构编制保障。大田县均溪镇还设立全省首个乡镇级党风廉政巡察中心，在全镇机关事业单位、村（居）委会范围内开展巡察工作；设立全省首家乡镇生态综合执法机构，集中生态执法力量，加大生态执法力度。

（罗凤清）

机构编制管理

【经济社会发展的机构编制】 2016年，三明市重点保障全面深化改革工作。6月7日，提请市委编委研究确定三明市全面深化改革领导小组办公室设在市委办公室，具体负责统筹协调全市全面深化改革相关工作，同时在市委办公室增设综合改革科，具体负责三明市全面深化改革领导小组办公室的日常工作；重点保障经济发展，对接省委编办，跟踪落实三明经济开发区管理委员会机构规格确定事项审批进展情况，提请市委编委研究。6月7日，确定三明国家农业科技园区管理委员会机构规格为正科级；7月20日，确定清流经济开发区管理委员会，分别为清流县政府、沙县政府的派出机构。6月7日，同意成立三明市政府与社会资本合作（PPP）管理中心，鼓励社会资本参与政府项目合作；重点保障国家级生态市建设。6月7日，同意成立三明市排污权储备和管理技术中心，开展排污权有偿使用和交易工作；12月1日，同意在三明市环境监察支队加挂三明市固体废物与化学品管理技术中心牌子，加强环境污染治理工作。

【社会稳定的机构编制】 2016年，三明市做好纪检监察和巡察工作的机构编制服务保障工作。6月16日，提请市委编委研究同意市县两级设立巡察办，为党委工作部门，统一设在同级纪委，核定巡察工作专项行政编制和领导职数。12月21日，市委编办下发专门文件，要求加强乡镇（街道）纪检监察工作人员力量，确保各乡镇（街道）专职从事纪检监察工作的干部在3名（含3名）以上，乡镇（街道）纪委（纪工委）书记、副书记必须是公务员；做好政法部门的机构编制服务保障工作，6月7日，提请市委编委研究同意在市中级人民法院增设金融与破产审判庭，统筹指导金融、破产案件审理工作，加大金融、破产案件审判力度；11月30日，治安管理支队三大队加挂食品药品环境犯罪侦查大队，加强交通安全宣传和受理、查办食品药品环境犯罪案件职责。做好民众关切领域的机构编制服务保障工作，6月16日，提请市委编委研究同意增加市安监局总工程师副处级领导职数和市安全生产应急救援中心事业编制，进一步提升安全生产监管能力；1月29日，同意将梅列区、三元区公安部门承担的烟花爆竹安全监管职责分别划转给两区的安监部门，确保监管力量不削弱、监管工作不断档；6月7日，同意市地震局优化调整内设机构和增加事业编制，11月4日，由市委编办下发文件要求加强各县（市、区）地震工作部门的机构和人员队伍建设，确保防震减灾工作有机构承担、有专人负责，进一步加强防震减灾和应急工作。

【民生事业的机构编制】 2016年，三明市优化文化教育体育领域的机构编制资源配置。6月7日，提请市委编委研究确定将泰宁县明清古建筑文化研究院机构规格确定为副科级；6月7日，同意增加三明市实验幼儿园、三明市第二实验幼儿园、三明市少年儿童业余体育学校的事业编制，并分别增加编外聘用人员控制数，为加强教师、教练力量提供编制支持；3月30日，同意将三明市中小学生示范性综合实践基地管理中心更名为“三明市示范性综合实践基地管理中心”，规范校外实训基地名称，并增加事业编制，确保校外实训专业技术人员力量；12月6日，同意优化调整三明学院附属小学，12月12日，市文学艺术院等事业单位的人员编制结构，将工勤人员编制调整为专业技术人员编制，加强教育、文化领域事业单位专业技术人员力量。优化卫生保健领域的机构编制资源配置。6月7日，向省委编办申请将三明市卫生局卫生监督所更名为三明市卫生计生监督所，理顺卫生计生监督机构的名称和主要职责。6月7日，将三明市委干部保健委员会办公室设在市卫计委，加强市委干部保健委员会的日常工作。优化民政残联领域的机构编制资源配置。3月30日，提请市委编委研究同意优化调整市民政局内设机构，将老区事务协调科和老区建设发展科的职责整合，设立老区工作科，将救灾救助和福利慈善科分设为救灾救助科、福利慈善科；6月7日，同意优化设置三明市殡葬管理服务中心，加强现代殡葬管理服务工作。

【机构编制综合管理机制】 2016年，市委编办执行机构编制执行评估机制。对市级机关事业单位执行机构编制情况进行每五年一次的评估，组织人员对市国土局、市环保局、市住建局、市交通运输局、市城乡规划局、市城市管理行政执法局、海西三明生态工贸区管理委员会、三明经济开发区管理委员会8个市直机关单位及其所属的62个事业单位执行机构编制情况进行评估，将评估过程中发现的问题反馈给被评估的部门单位，并要求其限期整改，提升机关事业单位执行机构编制自觉性和履职服务水平。严格执行机构编制动态管理机制，按照中央和省里控编减编的要求，落实市委、市政府《关于全市控编减编工作的实施意见》，切实加大机关事业单位控编减编力度。2016年，精简收回市本级党政群机关行政编制64名，精简收回市属事业单位事业编制201名，确定市属事业单位事业编制使用控制数1714名。切实指导县（市、区）精简机关事业单位编制，指导各县

（市、区）结合实际制定控编减编工作实施方案，进一步明确控编减编的总体要求、主要任务和保障措施。各县（市、区）共精简收回党政群机关行政编制524名、收回事业编制2293名。市、县两级精简收回的编制，重点用于保障事关中心工作、全局工作和重大民生事项方面的用编需求。行机构编制监督检查机制，注重开展定期比对核实，实施“机构编制核编证”年审工作，查阅市直各单位《机构编制情况一览表》、工资基金核定单，对实有人员数与财政供养人员数进行一一核对，着力从源头上杜绝“吃空饷”问题的发生。严格执行机构编制信息公开机制，按照《关于在机关事业单位中推行机构编制信息公开制度的通知》要求，指导和督促全市各级非涉密的机关、事业单位推行机构编制信息公开制度，以会议公开、文件公开、公开栏公开、网站公开等方式，定期或不定期公开机构编制信息，以切实保障各级机关、事业单位工作人员和社会公众对机构编制管理工作的知情权和监督权，提高机构编制工作的透明度。严格执行机构编制联动管理机制，落实机构编制管理工作责任制、信息沟通共享制度、工作联席会议制度，推动形成纪检监察机关、组织人事部门、机构编制部门、财政部门、审计部门各负其责、密切配合、执行顺畅、监督有力的机构编制管理整体合力。

【机构编制服务标准化建设】 2016年6月，市委编委研究制定《三明市委编办机构编制服务标准化建设实施方案》，对机构编制服务标准化建设提出明确要求，明确市委编办机构编制服务标准化建设的目的意义、目标任务、主要内容、方法步骤、保障措施，成立机构编制服务标准化建设工作领导小组及办公室，实行“领导统筹、专家指导、人人参与”的标准化建设工作机制，将标准化建设任务细化到各科局、落实到每个人。制定通用基础标准体系，11月，结合机构编制业务工作和日常事务性工作，厘清机构编制服务基础标准及机构编制服务标准化导则、术语和缩略语标准、符号和标志标准、信息编码规则。制定服务保障标准体系，明确人力资源管理、信息管理、安全管理、环境管理、设备设施管理、后勤管理、财务管理、党的建设管理、精神文明建设管理9类标准。制定服务提供标准体系，明确服务规范、服务提供规范、运行管理规范、服务质量控制规范、服务评价与改进5类标准。制定岗位工作标准体系，明确机关职责规范、机关科室职责规范、决策层人员岗位工作标准、科室负责人岗位工作标准、一般工作人员岗位工作标准、其他工作人员岗位工作标准6类标准。

【事业单位登记管理】 2016年，三明市注重创新登记管理工作，推进事业单位开办资金验资登记制度改革，减少事业单位登记的时间和费用成本，进一步提高事业单位登记效率。推进事业单位“三证合一”登记制度改革，完成“三证合一”换证工作。2016年，共完成变更登记119家、设立登记12家、证书补领3家、注销登记12家、事业单位年度报告公示321家。同时，注重创新监督管理方式。实行事业单位实地核查制度，加强对事业单位法人的事中事后监管，及时对相关事业单位贯彻执行法规、开展业务活动、实现公益目标等情况进行实地核查，针对发现的问题，提出整改要求，确保监管到位。对三明市示范性综合教育实践基地管理中心、三明市电子商务创业中心等9家有变更登记事项的事业单位进行实地核查。实行事业单位法人重要事项公开制度，督促相关事业单位对本单位登记事项、变更事项等重要内容进行公开，接受社会监督。实行监督管理督办制度，对逾期没有按规定报送并公示年度报告的事业单位发放书面督办通知书，要求其限期完成。注重加强网上名称管理工作，推进机关、事业单位、行政村（居委会）政务和公益中文域名注册工作，进一步提高中文域名注册覆盖率。2016年，共完成179家单位的政务或公益中文域名管理的续费工作。全市共有406家市直单位持有有效政务中文域名或公益中文域名425个。加强党政群机关和事业单位网上名称管理，提高党政群机关和事业单位网上名称管理的规范性和权威性。市直单位共有266个域名成功申请党政机关或事业单位标识。注重加强社会信用代码赋码工作，4月20日，举办全市机关、群团统一社会信用代码赋码工作培训班，各县（市、区）委编办分管副主任或登记管理局局长及业务经办人员参加培训。组织开展机关、群团统一社会信用代码赋码工作。2016年，完成市直机关、群团统一社会信用代码赋码105家，办理变更1家；完成事业单位统一社会信用代码赋码321家。落实协调配合机制。严格执行《事业单位法人监督管理工作联席会议制度》，加强与相关职能部门的协调配合，加强对法人证书使用的监督检查，进一步提高对法人证书使用的监管水平。12月，组织召开事业单位法人监督管理工作联席会议，市委组织部、市法院、市检察院、市发改委、市公安局等18个联席会议成员单位分别通报2016年落实事业单位法人证书使用监管情况，共同研究探讨加强事业单位法人监管工作。

（罗凤清）

机关党建

【概况】 2016年，三明市直机关党的建设紧紧围绕市委的中心工作，以落实全面从严管党治党为主线，以“两学一做”学习教育为契机，以创建“党建服务品牌”为载体，突出服务中心、建设队伍两大任务，主动履职、主动作为、主动创新、主动监督，机关党的思想、组织、作风、反腐倡廉和制度建设得到有力推进，

【“党建服务品牌”创建】 2016年3月，市直机关党工委部署开展“党建服务品牌”创建，进一步树立“用党建指导业务，用业务丰富党建”的理念，把开展“党建服务品牌”创建作为推进服务型党组织建设、落实“马上就办、真抓实干”、提升机关党建服务市委工作大局的重要抓手。工委精心部署督促，建立班子成员挂钩联系制度，每月指导推动，年中进行2次工作情况通报，并应用电视、网络等媒体常态化进行专题宣传，营造创建的良好氛围。2016年，市直79个单位创建105项“党建服务品牌”，内容涉及重点项目、民生改革、效能建设等方面，推动中心工作的完成。“党建服务品牌”创建工作得到市委领导的肯定和批示。

【机关党员干部讲坛】 2016年，市直机关党工委每季度围绕市委、市政府中心工作举办一期“市直机关党员干部讲坛”，邀请有关领导或专家作辅导报告。市直各单位安排学习中心组成员、党务干部和党员参加讲坛。2016年，先后举办精准扶贫、“两学一做”、工业转型升级、十八届六中全会等专题讲坛，受教育人数1900多人。同时应用报刊、网络、微信等形式及时传播讲坛信息，引导机关党员干部融入和服务中心工作。

【“抓党建促发展”新闻宣传】 2016年，市直机关党工委在三明电视台新闻栏目开辟机关党建专栏，每月刊播两条机关党组织抓党建、促发展的专题新闻。2016年共播出市地税局、市商检局等20个单位在推动营改增税制改革、服务外贸企业、服务重点项目建设等方面的党建专题新闻。

【党员志愿服务活动】 2016年春节和“七一”前夕，市直机关党工委围绕巩固文明城创建成果，先后组织2次党员志愿服务统一行动，3000多名市直机关党员到挂钩联系社区、卫生责任路段参与环境整治。5000多名在职党员开展进社区报到服务工作，每位党员结合自身工作特点和技能，落实“六带头”“五不准”，每人帮助社区办理1件以上实事好事或认领2个以上“微心愿”。开展“爱心志愿行·家园清洁”行动，抓好城市绿道党员志愿服务示范带创建，引领社会文明风尚。通过“道德讲堂”“我们的节日”等形式，深化公民道德建设，推动机关党员干部践行社会主义核心价值观。

【“两学一做”学习教育】 2016年，市直机关党工委抓好市直机关“两学一做”学习教育。在促进深学方面，制定计划、精选篇目，分类设计到支部，精准施策到党员，开展4轮专题督导，坚持按月督查、逐月通报，促进真学真做。全程跟踪各党组织三个专题的学习研讨，组织机关党员参与“党员e家”网上测试，7月底至8月底，举办市直机关和全市“两学一做”学习教育知识竞赛3场，29支代表队参赛，1300多名党员现场观摩。开通党建“公众微信”号，每月编发《机关党员理论学习辅导材料》，为机关党员开展学习提供帮助。在促进真做方面，组织在职党员进社区报到并开展服务，为党员立足岗位作奉献搭建平台。引导党员干部参与本单位“党建服务品牌”创建活动，做到亮岗履职，争当服务先锋、服务标兵。开展向身边先进典型学习活动，“七一”期间开展“两优一先”表彰。

【党组（党委）中心组学习】 2016年，市直机关党工委围绕9个专题下发党组（党委）中心组学习意见，对进一步规范党组（党委）中心组学习提出指导意见。同时，抓好党的十八届六中全会、省第十次党代会和市第九次党代会精神的学习，利用三明机关党建网站及时报道机关各党组织的学习动态。推广“带着问题学”学习法，促进中心组学习成果的转化。加强面上指导，制定党组（党委）中心组学习指导意见，督促各单位制定党组（党委）中心组学习方案，工委每月选取部分单位党组（党委）开展巡听，2016年对30个部门单位党组（党委）中心组学习进行巡听，促进党组（党委）学习中心组“六有”制度落实。注意发现和培育党组（党委）中心组学习典型，市委办、市检察院、市地税局、市交通局、市电业局等5个单位在市中心组学习交流会上作典型发言。

【党建重点课题研究】 2016年，市直机关党工委下发年度重点调研课题指导意见。机关党组织发动理论骨干，成立课题组，开展工作调研，形成一批有观点、有分析的理论成果，机关政研会从125篇调研文章中，评出获奖论文30篇，并对2016年三明市机关党建重点课题调研成果予以通报表彰。同时，加强与省对接，向省直机关思想政治工作研究会上报调研报告5篇，2篇获奖。

【推动《中国共产党党和国家机关基层组织工作条例》贯彻落实】 2016年6月，市直机关党工委通过省委对三明市贯彻《中国共产党党和国家机关基层组织工作条例》情况的督查，对省委督查组提出有关规范党组织隶属关系、加强党务干部的培养使用等方面的内容，工委及时作出研究并向市委反映。落实工委领导挂钩联系基层党组织制度，每位班子成员分别挂钩联系2个县（市、区）党工委和不同层次的7个党组织，定期到挂钩联系的县（市、区）党工委和机关党组织检查督促《条例》的贯彻落实，为机关党建工作的开展创造有利条件。

【党建责任制落实】 2016年年初，市直机关党工委向直属机关党委、总支、支部颁发党建工作责任书，明确全年党建工作重点任务。并要求机关党组织层层向下签订党建工作责任书，把压力逐级向下传导。年中，开展工作督查，督促各单位主要领导和分管领导履行“一岗双责”。2016年年底，开展党组书记抓机关党建述职评议和党建考评，选取10个单位的党组（党委）书记围绕抓机关党建第一责任人的履职情况进行述职。市委有关领导到会点评，与会人员逐一对述职情况进行民主测评打分。

【严肃党内政治生活】 2016年，市直机关党工委贯彻落实《关于新形势下党内政治生活的若干准则》，抓好“三会一课”、民主生活会、领导干部双重组织生活、民主评议党员、谈心谈话、党员党性分析等组织生活各项制度落实。加强对“三会一课”制度落实情况的动态管理。11月，下发《关于进一步严格落实基层党组织“三会一课”制度通知》，切实把依规管党治党的要求向每个支部延伸。抓好基层党建七项重点任务落实，组织开展党员关系排查，党费收缴标准普查，抓好支部书记培训，规范党员发展工作，坚持党组书记兼任机关党委书记的做法，从严把好机关党委书记、专职副书记（党办主任）、机关纪委书记人选配备。9月9日，市直机关党的代表会议召开，选举81名代表出席市第九次党代会。抓好党组织的按时换届，677个基层党组织按期完成换届。

【“1263”机制建设】 2016年，市直机关党工委继续深化“1263”机制创建，倡导“一系统一品牌、一支部一特色”。建立市地税局、市交通运输局等一批“1263”机制建设示范点。8月10~11日，在尤溪县召开“1263”机制建设现场经验交流会，发挥省级示范点的引导和辐射作用。继续推动行政服务中心党建工作标准化建设，深化“态度、时效、便利、质量”为主要内容的“四优”服务竞赛，推行“党员先锋岗”，各级办事窗口实行“亮岗履职”。

（注：“1263”机制，即实现机关党建走前头“一个目标”；落实“服务中心、建设队伍”两大任务；抓好“一岗双责”、促进履职、思想作风、党内监督、文明和谐、基层组织“六个重点”；坚持省、市、县“三级联创”，不断提高机关党建科学化水平，引导机关党员为推进福建科学发展跨越发展做出新的更大贡献）

【开展“党员之家”创建】 2016年，市直机关党工委推动“党员之家”创建常态化，机关党组织年初统一制定活动方案，精心设计活动主题，坚持每月一主题开展活动。市检察院、市地税局、三明电业局等单位的“党员之家”创建有特色、有成效，走在机关前列。落实党内激励关怀帮扶机制，帮助解决党员干部在工作、生活中遇到的困难和问题。建立健全慰问特困党员日常化的工作机制，实行“六必访”，增强党组织的向心力和凝聚力。2016年走访慰问生活困难党员425人，发放慰问金22.33万元。

【工委系统“三级联动”】 2016年，省市两级机关党工委的沟通联系更加密切，省工委领导先后3次到三明调研指导。同时，省直工委多次召开联席会议，交流工作情况，7月份组织三明市14名党务干部到中央党校学习培训，并重新恢复工委系统表彰工作，三明市1个集体，4名党务干部受到表彰。市直工委进一步加强对县（市、区）党工委的指导，落实工委领导挂点联系制度，8月份在尤溪召开市县两级工委现场经验交流会，推进“一县一品牌”创建。

【机关党风廉政建设】 2016年年初，市直机关党工委向市直各单位下达党风廉政建设工作责任书，并将“两个责任”落实情况纳入机关党组（党委）书记党建述职的重要内容。加强机关纪委书记队伍建设，落实新任机关纪委书记谈话制度。开展警示教育，组织市直机关党员干部参加先模人物事迹报告会和廉政书画巡回展，组队参加全市纪检监察系统“学党章党规知识竞赛”，组织市直机关党员参加法院庭审旁听，组织机关党员干部到市廉政教育基地参观，推动廉政风险防控工作开展。开展纪律审查和专项检查，5月份，联合有关部门，对市直机关所属12家科级单位食堂进行专项巡查，对发现的问题督促整改。开展“一案双查”、全年共受理检控类初信初访和上级移送问题线索10件，已全部办结，诫勉谈话2人，廉政提醒谈话4人，党纪处分5人,移送司法机关2人。

【党群机构绩效考评工作】 2016年，市直机关党工委抓好30家党群部门的绩效考评工作；12月底，制定下发《关于2016年度绩效考评方案的通知》，对30家党群部门上报的工作方案进行审核把关。修改完善考评细则，使整个考评工作突出导向性，更具操作性和科学性。年底派出考评组对有关指标进行考评。

【举办市直机关运动会】 2016年9~11月，由工委牵头，联合市体育局、市总工会成功举办市直机关第七届机关运动会。本届运动会共有64支代表队，1858人次报名参赛，设男子篮球和拔河等9个大项、16个小项的比赛，决出16个比赛项目前八名，有128名运动员获奖，并评出8个团体锦标奖和10佳优秀志愿者。运动会的成功举办，体育比赛与文明风尚“双丰收”。

（谢盛时）

老干部管理

【概况】 2016年，市委老干局围绕老干部工作为党的事业增添正能量的价值取向，以贯彻落实《关于进一步加强和改进离退休干部工作的意见》精神为主线，开展“展阳光心态，看三明变化”增添正能量活动，推进离退休干部两项建设，推进“三个示范”阵地建设，持续落实老干部各项待遇，努力为老干部办实事做好事。截至2016年12月30日,全市共有离休干部624人，其中市直单位273人，各县（市、区）351人；行政258人，事业125人，企业241人；省内易地安置38人，省外易地安置21人；80~89岁424人，90岁以上200人，平均年龄88.4岁。宏观管理的厅级退休干部57人。“5·12”退休干部（1950年5月12日前参加工作的干部）274人。省直在明单位委托医疗单项管理的离休干部、“5·12”退休干部118人。2016年度全市共有97名离休干部逝世。

【落实《关于进一步加强和改进离退休干部工作的意见》】 2016年，市委老干局加大学习贯彻落实《关于进一步加强和改进离退休干部工作的意见》（以下简称《意见》）力度，采取多种形式，引导老干部和工作人员准确把握3号文件的精神实质。市局分四个组到基层和老干部中开展调研督查，进一步宣讲《意见》精神，摸清情况，进一步推进3号文件精神的贯彻落实。共召开离退休干部代表座谈会29场，听取38名机关、企业事业离休干部代表、40名“5·12”退休干部代表、52名处级退休干部代表、89名科级及以下退休干部的意见建议，发放调查问卷200余份，撰写反映老干部对中办发〔2016〕3号文件看法和心声调研报告《“党没有忘记我们”》。年初，在全省增添正能量活动经验交流会上作典型发言；8月，全省贯彻落实《关于进一步加强和改进离退休干部工作的意见》座谈会暨开展正能量活动推进会在三明召开；深化“倾情服务365”活动，并在全省“三级联创”活动现场会上作经验交流；新增沙县、将乐县、泰宁县、建宁县等4个省级示范性老干部活动中心。

【离退休干部党组织建设】 2016年，市委老干局向市委汇报和提请成立离退休干部党工委，组建党工委筹备组，抓好永安、沙县、尤溪、清流四个试点县工作。先后召开党建试点座谈会二次，投入10多万元建立“市离退休干部党员之家”，制定完善党建制度17项,下发指导性文件11份。2月29日，市委常委会议同意成立离退休干部党工委。6月16日，市编办批复同意增设三明市委离退休干部工作委员会办公室、组织科，增加编制2名，核定专职副书记和正科级领导职数。各县（市、区）及时跟进、强化落实，于8月前各县（市、区）全部成立离退休干部党工委，明溪、沙县、尤溪落实离退休干部党工委人员编制等事宜,实现机构、编制、经费三到位。至2016年年底，全市共有单独离退休干部党支部255个，2016年新增63个，离退休干部临时党支部15个。选好、配强党支部书记和委员，把党支部骨干培训纳入全市干部教育培训计划，每年办一期培训班，五年轮训一遍，2016年共参训离退休干部党支部骨干42人。同时，依托市、县委党校，采取专题培训、学习研讨等方式，有计划地组织学习培训，提高离退休干部党员骨干队伍的整体素质。

【"正能量活动"】 2016年，市委老干局以“展阳光心态，看三明变化”为主题，突出“十个结合”,在离退休干部中开展为党和人民事业增添正能量活动，组织广大离退休干部讲好三明故事、弘扬三明精神、传播好三明声音。依托三明红土地文化、客家文化、抗战文化、地域文化特色，结合建党95周年、纪念长征胜利80周年，精心设计开展“精准扶贫、助力三农”“传家训、树家风”征集展示以及采风、“重温入党誓词”“不忘初心、信念永恒”大合唱比赛等一系列活动，进一步深化“展阳光心态，看三明变化”增添正能量活动。先后两次召开座谈、推进会，开展贯彻《关于进一步加强和改进离退休干部工作的意见》和正能量活动情况交流，并对今后正能量活动的开展，尤其是党工委成立后的运行进行安排部署。通过“走基层、看变化、谈发展”参观考察、诗书画影采风等活动，组织离退休干部就近就地参观工农业生产160多次。全市各级各部门共举办各类庆祝中共共产党建党95周年书画摄影展20多场，文艺演出、歌咏赛10多场，100多个离退休干部党支部组织开展“重温入党誓词”活动，先后组织9批次离退休干部到三个乡镇以及6个社区开展“精准扶贫、助力三农”科技、文化、卫生“三下乡”活动20多场，发放科技书籍300余册，开展义诊100多人次、题写赠送春联200余幅等，老干部政策宣讲团开展宣讲活动200多场。组织全市离退休干部参加全国“纪念中国共产党成立95周年和长征胜利80周年的知识竞赛”活动，1000余名离退休干部参加竞赛，三明市荣获优秀组织奖，7位名老党员荣获优秀个人奖。

【思想政治工作】 2016年，市委老干局持续抓好老干部政治理论学习、组织生活、阅读文件、参观考察、领导干部联系老干部等八项制度落实，建立健全市委常委、党员副市长联系老干部，重大节日市领导走访慰问原任厅级离退休干部和重要会议邀请离退休老领导参加制度，市、县两级党政领导共向老同志通报工作28场次，召开各类征求意见、建议座谈会120多场，组织老干部就近就地参观考察经济社会发展情况156次，参加重要会议和重大活动90多次，举办老干部读书班14期，举办各类专题辅导讲座50场，专题讲座36场，座谈会30多场。其中市本级组织部分离退休干部参加全市经济工作会议、传达全国“两会”精神、市委扩大会议、情况通报会、学习报告会等活动，共15场，织织参加市委党校培训的离退休干部骨干学员到宁化参观谷文昌纪念馆，组织6名厅级老同志参加市里举行的升国旗仪式，组织五批次厅级老同志到大田、清流、永安、宁化以及漳州等地参观考察工农业生产和重大项目建设，举办为期10天的厅级老同志“增添正能量，助力新三明”主题读书班。组织开展“最美老干部”评选宣传活动，共收到评选材料110份，推荐最美老干部人选62人。加强离退休干部网络宣传工作，组建离退休干部网络宣传员队伍，先后投稿信息类文章21篇，转发正能量网络文章130多篇。建立、开发、推广“三明市老干部”微信平台，着力引导离退休干部通过微信平台为党委政府工作点赞，为三明市改革发展增添正能量，已发布传播老干部信息50多期350余篇。

【"两费"保障落实】 2016年，市委老干局持续抓好老干部各项政策落实，抓好“两费”保障机制管理运作。落实看望慰问厅级离退休干部生病住院工作制度，坚持经常与市第一医院干部病房联系，了解老同志生病住院情况，协助市财政等部门做好纳入“两费”保障机制的离休干部、“5·12”退休干部去世一次性抚恤金、一次性困难补助费审核拨补和发放工作。将市属51家困难（改制）企事业单位的164名离休干部“两费”纳入保障机制，争取市财政年贴补专项经费2000万元，争取新纳入“两费”保障机制2人。市直新核批6名离休干部因瘫痪生活完全不能自理享受护理费。组织召开厅级老干部关于医保政策、医疗服务等方面座谈会，及时请市卫计委、第一医院、医保中心等部门负责人进行医改政策解释和听取意见。同时，做好老干部来信来访工作，共接待来电来访咨询政策100多人次，收到来信5件。

【走访慰问帮扶工作】 2016年元旦春节期间，全市走访慰问离休、“5·12”退休干部、原任厅级退休干部和离休干部遗偶特殊困难户3231人，发放慰问费166万元。其中，市直走访慰问568人次，发放慰问费35万元，市局走访慰问易地安置离休干部33人，协助配合做好省老干部局到三明慰问有关工作。做好遭自然灾害、家庭重大变故以及长期重病在床等原因造成家庭生活有特殊困难的离休干部及遗偶帮扶工作，向458位困难离休干部及遗属发放困难帮扶补助金15.5万元。做好2017年春节期间离休干部和离休干部遗属生活困难补助工作，向省局上报三明市困难补助人员112人。明溪、清流、建宁三县向省局申报2017年贫困县特困家庭离休干部救助经费4人，全年申报购买服务费共18.72万元，其中省级财政补助9.36万元。

【省级示范活动中心建设】 2016年，各级老干部门围绕“建设、管理、使用、创建、提升”的十字方针，继续加快推进新的活动中心建设。在上一轮市区、永安、大田、清流获省级示范中心的基础上，泰宁、建宁、将乐、沙县等县开展申报省级示范活动中心创建工作并通过省级评选授牌。梅列区新建活动中心已启用，尤溪、宁化新建活动中心已进入内部装修阶段，明溪、三元等已完成基础工程。市、县（市、区）两级活动中心全年共举办时事政治、知识讲座、春节、元宵、各类彩排、文艺展示等活动200余场次，各类气排球、乒乓球、台球、扑克、棋牌等比赛120余场次，全年共接待活动人数130万人次。

【省级老年大学示范校建设】 2016年12月6日，市老年大学以“汇集正能量，30再启航”为主题，开展老年大学30周年校庆“五个一”系列活动，即：召开一次庆祝大会，表彰一批老年教育工作先进集体、个人、组织一台文艺汇演、举办一个成果展览、出版一批老年人作品集。省老年大学、三明市主要领导、省、市、各县（市、区）老干部局领导和老年教育工作者、学员共800多人参加活动。市老年大学、永安市老年大学被评为全国示范校，一名学员获评“2016年全国百姓学习之星”。市老年大学荣获三明市“三八红旗集体”荣誉称号。2016年，全市有2所国家级示范校，1所省一级示范校，8所省级示范校，占老年大学总数的75%，已创建省级精品课程10门，走在全省前列。同时，学校教学理论研究成果丰硕，先后有6篇论文登载国家级刊物、3篇论文获得国家级奖项，有4篇登载在省级刊物，2篇获得省级奖项，并荣获中国老年大学协会第11次老年教育理论研讨会论文组织奖。

【省级“四就近”服务示范点建设】 2016年，各级老干部门围绕“向社区延伸，向市场拓展”工作思路，着力整合本地老年教育、文化活动资源，推进社区老年大学、活动中心学习活动资源向社区延伸。进一步规范利用社区与周边社会化服务机构签订有偿、低偿或无偿服务协议，为离退休干部提供生活照料、代购代买、配餐送餐、水电维修以及家政服务的日常生活预约服务模式，引导“四就近”服务在全市全面铺开。全年全市有56个社区建立日常生活预约上门服务制度，13个省级服务老干部示范社区通过进一步加大社区服务老干部资源整合的力度，推动利用社会资源服务老干部工作开展，确保社区老干部“就近学习，就近活动，就近得到关心照顾，就近发挥作用”落到实处。

（伍志辉）

精神文明建设

【概况】 2016年，三明市精神文明创建活动以中央文明办和省文明委重点工作为核心，落实市委、市政府的各项工作部署，培育和践行社会主义核心价值观，创新开展“为文明点赞、为三明点赞”系列主题活动，不断巩固提升全国文明城市创建成果。年内，创城工作推进，实施文明单位“四级”督查工作机制，督促问题整改，推进常态化创建。定期开展创城专项督查，抓好整改落实，编发创城通报26期，发现问题500多个，基本得到解决。发布3次诚信“红黑榜”，共40余条信息。持续做好中国好人、福建好人挖掘推荐工作，入围中国好人3人、福建好人8人，邱菊珍家庭被评为全国文明家庭。特色品牌创新取得突破，创新开展“为文明点赞、为三明点赞”主题系列“十个一”活动。广泛开展“日行一善，为文明点赞”为主题的志愿服务活动。市区有5个志愿服务驿站列入全省示范驿站，其中市文明办建成三明“文明爱心微城”；在全市推广使用“志愿云”系统，全市志愿者总数189631人，同比增长23.15%。市客家文化艺术中心文化志愿服务队荣获全国最佳志愿服务组织，列东派出所民警黄灿辉荣获“中国青年优秀志愿者”称号。主题实践活动开展，开展“9·20”公民道德宣传日活动，组织全国文明单位和有关职能部门在各传统节日举办以“为文明点赞、为三明点赞”为主题的传统文化展示展演系列活动，“为文明点赞——‘我们的节日·中秋’主题活动”文艺晚会得到省文明办肯定。围绕纪念建党95周年和红军长征胜利80周年广泛组织开展“网上祭英烈”、学习和争做美德少年、“童心向党”歌咏活动以及“向国旗敬礼”等主题教育实践活动，全市未成年人参与率100%。

【农村精神文明建设】 2016年5月，三元区莘口镇楼源村（省级文明村）、宁化县石壁镇石碧村（全国文明村）被列入第二批省美丽乡村文明建设示范村，12月通过验收。5月，省委文明办公布确认三元区岩前镇忠山村、清流县赖坊镇南山村入选第一批“五古丰登”活动示范点。市委文明办定期跟踪指导示范点建设，与县、镇、村及有关部门通力合作，开展一系列既有经济效益又有良好社会效益的主题活动，以点带面、拓宽广度，提升“五古丰登”示范点建设的创建水平。年内，市文明委开展农村社会风气突出问题专项治理，针对农村铺张浪费、炫富攀比、大操大办、薄养厚葬、封建迷信、赌博败家等陋习，持续深化农村社会风气突出问题专项整治行动，开展宣传教育，加强乡风文明建设，提倡勤劳节俭美德，倡导现代文明理念，培育健康生活方式，推动乡风民风美起来。

【诚信建设】 2016年，市委文明办依托三明市政府门户网，基本建成“信用三明”诚信公共信用信息平台，正逐步归集各政府职能部门掌握的信用信息记录，做到统一查询、联合惩戒。组织《诚信建设制度化实施意见》各责任单位，召开全市诚信建设制度化工作例会。定期做好“红黑榜”发布工作，2016年共发布“红黑榜”3次40余条信息。广泛开展“守合同重信用企业”“做精工产品，做诚信企业”“创建诚信、一条街”“感动三明的诚信事迹”“3·15”消费者权益日、“食品安全宣传周”“百城万店讲诚信”“创建诚信经营示范店”等一系列诚信创建活动，在《三明日报》、三明广播电视台等主流媒体开设诚信建设专题专栏总结宣传一批基层单位在诚信建设方面的好经验好做法，推动诚信建设制度化开展。

【文明旅游】 2016年，三明市建立文明旅游联席会议制度，定期召开会议研究制定本市推进文明旅游工作的措施办法，安排确定文明旅游工作的具体分工和职责任务，听取各成员单位文明旅游工作落实情况。完善旅游团队“行前教育、行中引导、行后总结”工作，开展文明旅游教育实践活动，持续做好从业人员文明旅游教育工作，推动形成文明服务的行业风气。在春节元宵节期间，开展“为文明点赞，与文明同行”系列文明旅游主题实践活动；在2016年中国旅游日组织开展“泡温泉，秀美腰，炫腹肌”主题活动，弘扬文明旅游。联合市旅游局、市总工会、市妇联开展“中国梦·劳动美”2016年三明市导游风采大赛总决赛，进一步倡导“游客为本、服务至诚”的旅游行业核心价值观，展现三明市导游人员的职业风采和魅力。在春节、元旦、五一等重要时间节点，组织开展“诚信经营，文明旅游”“提升公民素质、倡导文明旅游”“文明旅游、欢乐出行”等宣传活动，制作发放三明旅游“十大文明旅游提醒语”和“三明文明旅游手册”，刊播“讲文明、树新风”公益广告，在三明文明网、三明旅游网开设“文明旅游”专栏，全方位宣传文明旅游，开展文明旅游督查活动，引导广大旅游从业者和旅游者说文明话、办文明事、做文明人。

【群众性创建活动】 2016年5月25日、11月8日三明市先后召开创城工作会，研究部署创城迎检工作。组织业务骨干分别对全国文明县城提名城市沙县、泰宁，省级文明县城明溪、清流、宁化进行业务培训。实施创城“四级”督查机制，采取“定人、定时、定期、定量、定责、定方式”等“六定”工作法，对街道社区、主次干道、“五小行业”、集贸市场、服务窗口等公共场所进行常态督查，2016年组织创城督查2次，共发现问题500多个，编发创城通报26期。完善省级以上文明单位（学校）创建动态管理系统，实施一季度一通报，动态跟踪督促创建工作，进一步加强文明单位日常管理；4月13日，在市地税局召开省级文明单位（学校）动态系统培训会。组织开展市级以上文明单位（学校、社区、村镇）初评工作，推进文明单位创建工作规范化、制度化、正常化。8月29日，在永安召开全市文明社区创建工作现场推进会，总结推广先进经验，分类指导推进文明社区创建工作。受省委文明办委托，市委文明办组织开展省级文明行业初评工作，对全市34个行业，230个省、市、一般级行业示范窗口进行软件审核、窗口暗访，现场指出存在问题，提出整改意见，持续深化文明行业创建。在全市开展五好文明家庭评选表彰暨寻找2016年“最美家庭”活动，评选表彰三明市五好文明家庭标兵户10户、三明市五好文明家庭50户、三明市“最美家庭”50户、三明市“最美家庭”提名奖29户。做好第一届全国文明家庭推荐工作，本市邱菊珍家庭入选全国文明家庭，并受到习近平总书记接见。

【“结对子、种文化”活动】 2016年，三明市部署开展“结对子、种文化”活动，并把“结对子、种文化”的结对帮扶工作纳入《三明市2016年精神文明建设工作要点》，作为省市级文明单位、文明村镇、文明社区测评体系一项重要内容，推动文明单位与街道社区、乡镇文化单位等开展结对帮扶工作，推动文化共建落实落地，促进文明共建和文化共享。各共建单位成立结对帮扶工作领导小组，制订年度工作计划，每年结合实际签订“结对帮扶协议书”，保证结对共建活动制度化、常态化。2016年，全市组织12个全国文明单位和191个省级文明单位，与129个街道社区、74个乡镇文化单位进行“一对一”文化共建，建成文化文明墙83个、公益文化电子屏470幅、固定公益广告1100面、宣传栏108个。

【“为文明点赞·为三明点赞”系列活动】 2016年，市委文明办围绕巩固提升全国文明城市创建成果，继承和创新30多年来“共建联创”“满意在三明”等老品牌，2016年创新推出“为文明点赞·为三明点赞”新品牌，开展“十个一”系列活动。面向全市征集“为文明点赞·为三明点赞”Logo；创作“为文明点赞·为三明点赞”主题曲，在全市各级文明单位（社区、学校、村镇）广泛开展传唱；编创“为文明点赞、为三明点赞”广场健身舞，成为广大市民喜爱的广场舞之一；设计创作30幅“为文明点赞·为三明点赞”公益广告，在全市广泛采用；在各级文明单位（社区、学校、村镇）广泛开展“向陋习说不，为文明点赞”活动；发动各志愿者分会和各级文明单位广泛开展“日行一善，为文明点赞”志愿服务活动；发动各级文明单位（学校、社区）广泛开展养成“少用纸巾，重拾手绢”好习惯文明公益活动；在市级主要新闻媒体开通“双为”专题专栏，《三明日报》、三明广播电视台、三明网、三明文明网均开通“为文明点赞·为三明点赞”专题专栏；市委文明办、市文联、市人民检察院联合举办一场“双为”书画展；在《福建日报》和市级主要新闻媒体及各级文明单位（社区、学校、村镇）广泛开展“双为”主题活动战役性宣传。

【举办“我们的节日·中秋”】 2016年9月13日晚，由福建省委文明办主办，三明市委文明办承办的“为文明点赞·为三明点赞”——我们的节日·中秋主题晚会在三明广场举行。晚会上，把中华经典诵读、诗歌吟诵纳入活动内容，诵读杜甫的《八月十五夜月》、苏轼的《水调歌头》等经典，弘扬中华传统文化，推进社会主义核心价值体系建设。晚会还邀请市区道德模范、身边好人、美德少年代表12人登台，接受党和政府以及社会各界对道德模范、身边好人、美德少年的关爱与礼遇。

【道德论坛活动】 2016年，市委文明办围绕培育和践行社会主义核心价值观这条主线，突出“满意在三明，做文明有礼的三明人”主题，采取大型论坛集中和小型教育活动分散的形式，在全市

2016年2月28日，市委文明办举办三明市“为文明点赞·我们的节日——元宵”主题晚会

（苏贵丁 摄）

组织开展社会主义核心价值观、诚信、感恩、节俭、好家风好家训等专题性论坛活动。4月19日，由市委文明办主办、市委党校承办的以“为文明点赞·节俭养德”为主题的道德论坛在市委党校举办。论坛在一段“外出吃饭，你是否做到打包”的公益视频及问题中开始。看完视频后，分别代表50、60、70、80年代4位学员结合实际谈自己节俭观的认识，推动人们养成健康文明生活方式。

【“中国梦”主题教育实践活动】 2016年4月1日，三明市2016年清明“网上祭英烈·弘扬长征精神”主题教育实践活动启动仪式在三明学院附小举行。清明期间，全市共有26万人次未成年人参与网上祭英烈活动，未成年人参与率100%。集中开展“学习和争做美德少年”网上签名寄语活动。5月30日，三明市2016年“学做美德少年·为文明点赞”网上签名寄语活动启动仪式在将乐县举办。三明文明网开设“学做美德少年·为文明点赞”专栏，集中展播本市27名省、市级美德少年先进事迹。“六一”期间，全市共有28万人次未成年人参与“学做美德少年”网上签名寄语活动。集中开展“童心向党”歌咏活动。5月27日，三明市2016年“童心向党”歌咏展演活动在宁化县举办。“七一”期间，全市各级学校集中组织未成年人开展传唱歌颂党、歌颂祖国、歌颂中国梦的歌咏活动百余场次，未成年人参与率100%，有3个歌咏活动光盘在省文明风“童心向党”歌咏展演网上展播中播出。9月30日，在三明市陈景润实验小学举行2016年“向国旗敬礼·为文明点赞·为三明点赞”网上签名寄语活动启动仪式，国庆期间全市各级各学校开展向国旗敬礼等线上线下道德实践活动2000余场次，64万人次参与活动。

【“学长征精神 做红色传人”主题教育实践活动】 2016年9月24日，福建省暨三明市“学长征精神 做红色传人”主题教育实践活动在红军长征出发地之一的宁化县举办，活动由中共福建省委文明办、福建日报社、三明市文明委主办，福建日报社（集团）新媒体中心、省未成年人思想道德建设中心协办，宁化县文明委承办。省市县及有关部门领导、部分红军后人、宁化县文明单位和学生代表共800余人参加活动。活动进行现场拉歌，诵读红色经典，2.5千米“重走长征路 千人健步行”及红色知识有奖竞答活动。

【乡村学校少年宫建设与活动】 2016年，宁化县中沙中心学校、建宁县均口中心小学、明溪县瀚仙中心小学、清流县灵地中心小学、泰宁县开善乡中心小学、沙县大洛中心小学6所学校被列入2016年度中央专项彩票公益金支持乡村学校少年宫建设项目，每个项目建设资金15万元，当年建成并投入使用；省委文明办向6个项目学校分别赠送一套价值3万元的教学音响设备。4~7月，市委文明办、市教育局联合组织开展全市乡村学校少年宫实物作品征集评选活动，共收到书法类作品122幅、绘画类作品126幅、手工类作品164件、科技及其他类作品33件，经组织专家评选，评出获奖书法作品56幅、绘画作品39幅、手工作品63件、科技及其他7件。11~12月，市委文明办、市教育局、团市委联合在市青少年宫举办全市乡村学校少年宫实物作品展示活动，展出期间有近万名师生、家长和社会群众参观。

【优秀童谣征集评选活动】 2016年，市委宣传部、市委文明办、市教育局、团市委、市妇联联合开展“征集传唱优秀童谣·为文明点赞”活动，全市共收到童谣作品近2000首，评选出获奖作品15首（成人组10首，未成年人组5首）。宁化县、尤溪县、三元区、清流县获优秀组织奖。宁化四中沈进龙老师创作的童谣《这样相处多和睦》荣获全国第六届童谣征集评选优秀奖，3首童谣作品分获省成人组、未成年人组一、二等奖，市委文明办获省优秀童谣征集评选活动优秀组织奖。

【“三关爱”学雷锋志愿服务】 2016年，全市学雷锋志愿者参加志愿服务140万人次，累计服务时长367万小时。关爱他人志愿服务，结合春运、高考等特殊时段，组织开展“快乐返乡”便民志愿服务、“为文明点赞·爱心送考”志愿服务，为农民工返乡和高考学子赴考提供便利；利用春节、“五一”、端午、中秋等时节，组织志愿者开展关爱空巢老人、农民工、留守儿童、残疾人等困难群体活动，为他们提供生活照料、医疗保健、心理抚慰、文体健身、应急救助、亲情关爱等服务。关爱社会志愿服务，每天上下班高峰期，在主要交通路口、公交站点组织市区百名公共文明引导员开展文明引导志愿服务。每月5日，组织法律、文化、体育、科技、卫生等专业志愿者进社区，为社区居民提供医疗服务、文体指导、体质监测、法律咨询等服务。8月起的每周末，省级以上文明单位结合单位各自职能，走进文明爱心微城，开展系列便民志愿服务活动，共开展21期。在林博会、全国健美操锦标赛、沙县小吃文化节、永安笋竹节、宁化客家祭祖大典等赛会期间，各志愿者分会组织志愿者为赛会提供车辆指引、安全保障、酒店服务等志愿服务。关爱自然志愿服务，3月5日，市委组织部、市委文明办举行“爱心志愿行·家园清洁”行动启动仪式，拉开关爱自然志愿服务序幕，市直机关党工委、市教育局、市国资委、三明学院、福建三钢，梅列区、三元区7支党员志愿服务队千名党员志愿者，每周末到三明城市绿道开拾捡白色垃圾、文明引导等志愿服务活动。市委文明办、市林业局、团市委等单位开展植绿护绿活动，各县（市、区）组织相关单位开展保护母亲河志愿服务活动。

【文明爱心微城志愿服务活动】 2016年7~8月，市委文明办在梅列区东新五路大桥下建设省级志愿服务驿站——文明爱心微城。从8月起，在节日期间和每周六上午，市委文明办分别组织市中级人民法院、市气象局、市残联、市特殊教育学校、中国建设银行三明分行等市区省级以上文明单位学雷锋志愿服务队，到文明爱心微城开展“日行一善，为文明点赞”系列志愿服务活动21场，项目涉及文化表演、公益按摩、文明交通宣传、反诈骗防假币宣传、义诊等，服务群众4000多人次。

【道德模范基层巡讲巡演活动】 2016年8月下旬至9月上旬，市委文明办在全市组织开展道德模范基层巡讲活动。市报告团成员由三明学院教师、第二届全国孝老爱亲道德模范曹阳飞宇，梅列区个体理发师、第四届福建省助人为乐道德模范庄彩男，三明市红十字会赈济救护部部长、第二届福建省助人为乐道德模范林瑞班，清流供电公司职工郑扬飞（介绍第四届、第五届全国助人为乐道德模范提名奖获得者黄小清事迹），将乐县百花社区居委会工作人员廖燕辉（介绍第二届全国诚实守信道德模范提名奖获得者张水英事迹），沙县人民法院办公室副主任郑锦利（介绍第四届福建省见义勇为道德模范陆晓梅事迹）组成。9月18~23日，市委文明办、市文化广电新闻出版局（以下简称“市文广新局”）依托半台戏配送形式，在清流县、泰宁县、将乐县、沙县、尤溪县、永安市等地共同举办“三明市道德模范基层巡演”活动。尤溪县4位音乐老师表演的男声四重唱《爱的守望》，褒扬福建省第四届孝老爱亲道德模范蒋菊英10余年照顾半身不遂的丈夫和植物人儿子的质朴举动；沙县六中学生陈沛林的单口快板《火海金刚陆晓梅》，歌颂第四届福建省见义勇为道德模范陆晓梅两进火海勇救3名老人和孩子的感人事迹；将乐县胡欣的《一节诚信的竹筒》，讲述全国诚实守信道德模范提名奖获得者张水英历尽时艰，不埋不怨，替亡夫还债的故事；国网供电公司职工表演的歌伴舞《你是好人黄小清》，展现全国孝老爱亲道德模范提名奖获得者黄小清25年敬老爱老、不离不弃的动人场景。

【“我推荐，我评议身边好人”活动】 2016年，市委文明办发动干部群众参与由中央文明办和省文明办组织开展的“我推荐，我评议身边好人”活动，年初就下发《关于深化2016年度“我推荐、我评议身边好人”活动的通知》。各县（市、区）委文明办共推荐身边好人候选人75人，市委文明办向省委文明办推荐36人，其中14人荣登中国好人榜和福建好人榜。明溪县曾庆根入围中国敬业奉献好人榜、梅列区卢东升入围中国见义勇为好人榜、沙县黄秀泉入围中国敬业奉献好人榜。沙县陈永华、尤溪县郭先飞、明溪县揭荣华、宁化县付贵明入围福建敬业奉献好人榜，建宁县林丽华、将乐县蔡春宝入围福建孝老爱亲好人榜，尤溪县黄春国、大田县陈华庭、泰宁县张汉隆入围福建见义勇为好人榜，梅列区邹满生、明溪县聂清根入围福建诚实守信好人榜。

（王幼萍）

党校教育

【概况】 2016年，市委党校（市行政学院、市社会主义学院）全年举办各类干部培训班、进修班共34期，共培训各类干部2087人次，其中，主体班16个班次704人，专题班18个班次1383人，完成市委干训领导小组下达的培训任务。同时，拓宽培训渠道，抓好对外办班，先后与市直党工委、市老干局及三元党校举办7期各类培训班，培训432人次；省委党校在职研究生班三明教学点各班次的教学工作有序开展，其中2013级毕业，并完成2016级招生和入学任务。

【全市领导干部专题研讨班举办】 2016年3月23~24日，市委党校和市委组织部联合举办全市领导干部“学习贯彻十八届五中全会”专题培训班，市委副书记、市长杜源生作主题报告，市委副书记余红胜主持开班式。杜源生强调，新常态是全国经济发展的大逻辑，要适应引领新常态不断开创发展新局面；新理念是引领发展实践的指挥棒，要让人民群众有更多获得感；供给侧是全面深化改革关键点，要把握供给侧结构性改革内涵优化转型升级；敢担当是干部干事创业试金石，领导干部要坚定政治定力提升工作能力。培训班还邀请省发改委副主任叶飞文，省委党校马列主义研究所所长杨小冬，省委党校经济学教研室主任何福平作专题报告。

【举办“为文明点赞·节俭养德”道德论坛】 2016年4月19日，由市委文明办主办、市委党校承办的以“为文明点赞·节俭养德”为主题的道德论坛在市委党校举办。通过看视频、学员谈感悟、现场互动、专家点评、领导讲话等多样化的形式，传承中华民族节俭养德的核心价值理念。

【举办以公共文化为主题的专题培训班】 2016年6月20~24日，市委党校和市文广新局联合举办全市提升公共文化服务能力主题培训班。市政府副市长张丽娟作题为《三明市“半台戏”公共文化服务配送模式实践与探索》的专题讲座，进一步提升基层文化队伍的综合素质、业务水平和创新能力。

【举办全市“精准扶贫”专题培训班】 2016年8月21~27日，市委组织部、市农业局和市委党校联合举办全市“精准扶贫”专题培训班。本次培训班着眼提高学员对精准扶贫工作的认识，为即将在三明召开的全国扶贫现场工作会议奠定基础。

【全市党校工作会议召开】 2016年10月14日，全市党校工作会议召开。会议主题是学习贯彻全国、全省党校工作会议精神，研究部署当前和今后一个时期全市党校工作。市委书记杜源生出席会议并讲话，市委副书记、代市长余红胜主持会议。会议要求，要认真学习习近平总书记重要讲话精神和全国、全省党校工作会议精神，深刻领会思想内涵和精神实质，结合实际抓好贯彻落实；要增强做好党校工作的使命担当，不断加强和改进党校工作，努力开创党校事业发展新局面；要提高党校工作的整体水平，着力服务中心大局，不断把党校事业推向前进，为建设新三明作出更大贡献。市领导徐铮、朱昌贤、黄建平、黄建波、陈炎标、纪熙全、肖明光、张文珍，市直各单位和全市党校系统主要负责人参加会议。

【举办“三明大讲堂”】 2016年，市委组织部和市委党校联合主办“三明大讲堂”，围绕市委、市政府中心工作和当前经济社会发展的热点难点问题，邀请国内、省内知名专家学者或相关领域领导作专题报告，市委常委、组织部部长、党校校长陈炎标主持报告会。10月13日，举办的第三期报告会邀请中国人民银行金融稳定局副局长黄晓龙作“防范金融风险，促进民营和微小企业发展”专题报告；12月5日举办第四期，邀请中央组织部人才工作局巡视员、副局长、中央人才工作协调小组办公室主任李志刚作“创新发展与人才驱动”专题报告。市领导杜源生、余红胜、游宇飞、程鹏鹰，市直各单位和两区部分处级以上干部、党校在校学员及部分教师等参加报告会。

【全省党校、行政学院系统科研工作会议在三明召开】 2016年12月2日，全省校院系统学习贯彻十八届六中全会精神理论研讨会暨2016年学术年会、科研与决策咨询工作协作会议在三明市委党校召开，福建省委党校、行政学院副校（院）长刘大可出席会议并讲话。会上颁发全省党校、行政学院系统中国特色社会主义理论体系研究基地2015年度优秀成果奖，并有85篇论文入选年会。

（李 超）

政策研究

【服务决策能力水平提升】 2016年，市委政研室制定年度重点课题调研方案，确定加快供给侧结构性改革与三明产业转型升级、实施创新驱动战略加快培育三明经济增长新动力、进一步推进三明生态建设和环境保护等一批重点调研课题。强化课题的组织实施、跟踪落实。采纳运用各县（市、区）和市直部门调研成果，有8篇文稿在市委内刊《决策参考》上发表，为党委议大事、谋大事、抓大事提出有参考价值的决策建议。推荐4篇调研文稿在省委《调研文稿》上发表，《加快三明市生产性服务业发展的研究》获2016年省重点课题优秀调研成果三等奖，市委政研室荣获2016年度省重点课题调研组织奖。参与市委重要文件、文稿的起草，为市委八届十三次全会、市第九次党代会、市委九届二次全会等重大会议的召开、重要工作的部署，提供决策服务。呼应市委工作部署，有针对性地开展专题调研，市委政研室牵头撰写《关于培育新材料产业（氟、稀土、石墨）的调研报告》《坚持绿色发展，建设低碳新城——三明市加快推进生态新城国家低碳城试点建设》《三元区富兴堡街道探索“三三三”社区居家养老服务模式》等一批调研报告。及时收集国内外经济发展形势和政策走向信息，及时掌握本市改革发展稳定动态，为领导定期提供准确、快捷的决策信息服务。把省内外改革发展稳定的好思路好做法以信息动态的形式报送市领导，编发《调研内参》3期，编发《三明改革情况》5期。

【推进全面深化改革工作】 2016年，市委政研室牵头研究全市年度改革工作目标任务，制定《三明市全面深化改革领导小组2016年工作要点》，重点改革任务包括11个方面、66项内容。向省全面深化改革联络员会议汇报改革进展情况，争取省对三明市改革工作的支持，市改革办工作机构和人员得到落实。强化改革专项督查，要求各个专项工作小组和各县（市、区）对改革完成情况进行自查，针对各县（市、区）改革机构没有完全到位，改革工作力量比较薄弱等问题，要求整改到位。年底再一次对各专项工作小组和各县（市、区）的改革进展情况进行督促。学习借鉴周边市好的改革做法，及时总结推广改革好的经验，以点带面推动工作。2016年5月，三明市深化改革领导小组制定下发《三明市复制推广福建省全面深化改革典型经验实施方案》，复制推广12项改革典型经验，发挥改革典型的示范带动作用。总结提炼基层干部群众创新创造的好经验好做法，邀请省改革办到三明实地考察重点改革推进情况，在《福建改革情况》刊登“六联六创”、沙县农村产权制度改革、大田县生态文明建设体制机制改革、沙县集体林权制度改革等改革典型经验。注重营造改革创新的良好氛围，1月22日在《三明日报》头版头条及第二版全版，以《扬帆前行亮点纷呈》为题，对2015年三明市全面深化改革所取得的成就进行综述。在市委内刊《决策参考》开设“全面深化改革”栏目，反映各级各方面推进全面深化改革展现出来的好思路、好做法。年内，分别有北京市、浙江省衢州市、湖南省怀化市、广东省河源市、福建省龙岩市等省内外改革办考察团队到三明学习考察医改、林改、精准扶贫等方面的经验做法。

【内刊平台建设】 2016年，市委政研室突出市委导向，围绕市委中心工作，宣传三明市“五位一体”建设和改革发展稳定等方面的好经验、好做法。把握《决策参考》办刊导向，在卷首语中分别就实施“十三五”规划、落实“五大发展理念”、增强“四种意识”、开展“两学一做”学习教育、做好县乡党委换届、推动创新发展、贯彻党的十八届六中全会精神、做好阶段性经济社会发展工作等发出市委的声音，体现市委的工作要求、思路导向。同时，改革栏目设置，把办刊要求与中央和省委、市委的部署结合起来，体现三明特色，针对“十三五”规划开局之年、省市县乡党委换届选举之年、脱贫攻坚决胜阶段的关键之年的特点，重点打造新开局新思路、新征程新作为、学习贯彻市第九次党代会精神、扶贫攻坚等一批主打栏目，同时，新开设新理念新发展、“两学一做”学习教育、党委（党组）书记谈意识形态责任制等一批特色栏目。提升内刊质量，鼓励编辑人员苦练内功，强化对特定事件的敏感性、判断力，提高对选送稿子的审定力、鉴赏力，提升入选稿件的层次水平。创新工作思路，改进编排方式，注重处理好主打栏目、特色栏目和一般栏目的关系，以点带面提升整体办刊质量，扩大《决策参考》的知名度和影响力。至2016年年底，与三明市进行内刊交流的城市96个。

（张作章）

党史工作

【概况】 2016年，中共三明市委党史研究室以贯彻落实“三个文件”（《关于加强和改进新形势下党史工作的意见》《中共福建省委关于加强和改进新形势下党史工作的实施意见》《中共三明市委关于加强和改进新形势下党史工作的实施意见》）精神为主线，开展党史编纂、资料征集、宣传教育、红色文化传承保护等方面工作，开展“两学一做”学习教育，努力提高党史科学化水平。

【党史编研】 2016年，市委党史研究室加快推进三明党史正本二卷编纂的进度。根据2015年11月底召开《中共三明地方史》（第二卷）审阅情况座谈会的意见，组织编写人员有针对性地时进行修改补充，形成第二次修改稿，并上报省委党史研究室审阅。同时，加强对各县（市）党史二卷编纂工作的指导、督促工作，全市党史二卷编纂工作按序时进度展开。年内，完成编撰出版“风展红旗闽山碧”系列宣传挂图和宣传手册工作。组织人员收集整理三明苏区革命斗争历史部分资料、图片，并进行文字编辑和图片编排，分别印刷发行2000册，“七一”期间分发到市直有关单位和县市区进行张贴宣传。

【纪念红军长征胜利80周年系列活动】 2016年，市党史研究室从6~10月组织征集党史工作者和专家、学者撰写相关论文参加纪念红军长征胜利80周年征文研讨活动。《三明党史》2016年第2期起开辟了“纪念红军长征胜利80周年”专栏，并出版“纪念红军长征胜利80周年”宁化专刊。在9月、10月参加与市直有关单位联合举办的三明市“风展红旗如画——纪念红军长征胜利80周年摄影及图片展、“忆长征跟党走奔小康”主题诗歌征集创作比赛、“红色基因我们传承——三明人与长征”主题演讲比赛等3项纪念活动。10月19日，市党史研究室主要领导参加举办三明市委中心组成员开展“重走长征路、重思长征源、重温苏区情”主题教育活动，实地参观明溪滴水岩红军医院旧址、清流林畲毛泽东旧居、宁化革命纪念馆，出席三明市纪念中国工农红军 长征胜利80周年仪式。10月23日，参加省委党史研究室、宁化县政府举办的“骑聚红土地重走长征路”中国宁化山地自行车骑游文化活动。另外，为《三明日报》、三明电视台等主流媒体提供红色文化专题文章、专题片宣传报道资料。

【育人和资政服务】 2016年，市委党史研究室参加由市委办牵头组织参与对习近平在闽期间对三明工作的重要指示精神的梳理摘编工作，11月完成《习近平同志在闽期间对三明工作的重要指示精神摘录》送审稿。同时，开展毛泽东《如梦令·元旦》创作地的研究探讨工作。针对毛泽东《如梦令·元旦》创作地多种说法的问题，通过查阅大量史料，征集党史界专家、党史爱好者的研究成果以及亲历者口述史，并组织专题研讨，撰写出初步判断结论报告提交市委。做好革命旧址重点项目编制工作，促进红色文化遗址保护和红色旅游。参与《三明市红色文化遗址保护利用规定》（简称《规定》）起草制订工作，向各县（市、区）党史部门发出《规定》征求意见稿征求相关意见，11月底到福州市参加《规定》初稿论证会，听取省室党史专家对三明革命遗址保护和红色文化保护传承弘扬工作的意见和建议。同时，继续挖掘整理毛泽东、周恩来等革命领袖在三明的革命斗争史迹详细路径，完善《革命遗址遗迹文物保护项目编制方案》，做好文物保护单位基础性工作，抢救一批濒临灭迹的重要旧址旧居，立牌保护一批红色旧址群，促进红色文化资源保护，推进三明红色旅游工作。办好《三明党史》刊物，利用全市丰富多彩的党史资源，做好集中性宣传和红色品牌宣传，全年共编辑出版6期。年内，参加市关工委开展的“两史”、“三爱”主题教育活动，为三明市优秀高中生苏区行夏令营学生宣讲三明苏区发展史。在11月份开通“三明党史”官方微信公众号，全方位、多视角、多维度介绍中共三明党史，展示党史研究成果，传播红色文化，向全社会提供了解三明党史一个重要窗口和平台，已推出《风展红旗闽山碧》《毛主席在三明》等相关内容。做好维护运营“海西红色在线”三明网站，更新网页内容，宣传党的历史，阐述党的理论，把党史信息、党史成果推向社会。

（罗朝才）

保密工作

【保密法制宣传教育】 2016年，市保密局推动保密法制宣传教育进理论中心组学习。开展保密委员会主任、保密局局长为领导干部和涉密人员讲一堂保密专题党课活动，将保密政策、法规和保密工作新形势等纳入理论中心组学习内容。年内，党校（行政学院）分别有处级进修班、科级进修班、中青年干部培训班和行政学院公务员任职班、公务员初任班等班次组织学员600多人进行保密宣传教育。市国家保密局负责人应邀到市委党校（行政学院）给各个班次的学员上保密课。同时，市、县国家保密局分别到市直各部门、县（市、区）、乡镇、驻明部队开设保密讲座175场次，1.6万多人次参加保密讲座。采取宣传栏形式开展宣传教育活动，将保密法的有关图片、文字等内容通过宣传栏、横幅LED屏幕等媒体，以及广播、电视、报刊、网络等宣传阵地进行广泛宣传，增强宣传活动的针对性和实效性。

【保密“三大管理”】 2016年，市保密局规范定密管理，要求全市各级机关单位定密责任人变化、定密事项一览表、定密责任人和承办人培训等，及时向保密行政管理部门报备。保密部门和各机关单位保密工作机构加强日常定密业务指导和监督检查，建立违规定密通报机制。规范网络保密管理，切实提高对涉密网络测评审批工作的认识，抓好涉密网络测评审批工作。加强电子政务外网和互联网使用保密管理，严格互联网信息发布保密审查，规范内网计算机和涉密计算机安全保密监控管理工作，并对违反制度的相关单位及人员进行严肃处理。规范涉密人员管理，按时完成省国家保密局下达的关于涉密人员确定、审查和备案工作，强化对涉密人员上岗、在岗、离岗和因私出国（境）的管理，落实涉密人员保密承诺制度，形成长效管理机制。

【保密自查自评督查】 2016年，市保密局要求市直机关、单位开展保密自查自评工作，坚持高标准、严要求的原则，围绕集中开展保密自查自评工作，做到“四个到位”，即重视到位、措施到位、落实到位和督促到位。年内，市国家保密局共对102家单位的自查自评进行督查。

【保密基础设施建设】 2016年，市保密局加大关键保密技术装备强制配备力度，重点加强机关单位保密要害部门部位、涉密信息系统、保密会议室技术防护装备；加强涉密信息管理，实现涉密计算机、涉密移动存储介质“户籍化”“全寿命”管理；加快技术检查检测、网络检查和系统工具等装备配备，从硬件上为保密工作开展创造有利条件。加强计算机和网络保密管理。严格涉密网络建设使用的保密管理，落实涉密信息系统分级保护措施，做好机关单位在用网络核查分类。

（伏　明）

责任编辑：谢　凌

三明市人民代表大会常务委员会

THE STANDING COMMITTEE OF SANMING MUNICIPAL PEOPLE'S CONGRESS

综 述

【概况】 2016年，市人大常委会召开人民代表大会会议1次，召开常委会会议7次、主任会议20次，作出决定决议16项，开展执法检查2项，组织开展考察调研34次，进行专题询问2次，组织工作测评3次，配合全国、省人大常委会开展立法调研、执法检查、工作调研等活动19次，任免国家机关工作人员104人次。

【监督工作】 2016年，市人大常委会加强对预算和国民经济发展情况的监督，听取和审议计划、预算执行情况报告，审查和批准决算。组织开展海西三明生态工贸区生态新城建设情况、三明市智能制造工程实施情况、台资企业发展现状专题调研，开展农民专业合作社法执法检查并进行专题询问，推动产业转型升级，促进三明市经济健康发展。组织开展城市市容和环境卫生管理"一例一办法"执法检查并进行专题询问，听取和审议三明城区规划管理工作审议意见的研究处理情况报告并进行满意度测评，督促政府加强城市管理工作，提升城市治理水平。听取和审议三明市科学技术普及、少数民族权益保障、精准扶贫、公共卫生、防震减灾等工作和道路交通安全"一法一例一办法"执法检查审议意见研究处理情况的专项报告，并对道路交通安全工作进行满意度测评；开展市区禽类宰杀专业市场建设情况调研，促进社会事业发展，推进民生保障和改善，推动发展成果更多更公平地惠及全市人民。听取和审议贯彻实施省森林防火条例、河道管理工作等专项报告，开展中华环保世纪行（三明）宣传活动，推动环境保护和生态建设。

【法治建设】 2016年，市人大常委会着力加强立法工作，实施三明市立法条例，建立健全立法工作机制，拓展代表和群众有序参与立法的形式和途径。突出三明地方特色，组织制定三明市首部地方性实体性法规——《三明市市容环境卫生管理条例》，该条例报省人大常委会批准。开展三明市万寿岩遗址保护与管理、三明市饮用水水源保护、建筑施工扬尘防治管理、土堡保护等立法调研，科学编制立法规划和2017年立法计划。推动法律实施，听取和审议政府"六五"普法、法院涉诉信访和检察院生态检察等工作情况的报告，督促"一府两院"依法行政、公正司法；做好规范性文件备案审查工作，维护法制统一。

【代表工作】 2016年，市人大常委会完善和落实常委会人员联系代表制度，密切与代表沟通联系，帮助解决代表履职中的实际问题。定期向每位代表寄送人大刊物和人大工作信息，通报人大常委会工作动态，保障代表知情知政。组织代表开展专题调研和集中考察，支持代表依法行使监督权力。扩大代表对常委会工作的参与，邀请代表参加常委会的立法、监督、调研、检查等活动，采纳代表提出的合理建议；有针对性地邀请代表列席常委会会议，安排届内未列席常委会会议的基层代表参加会议。注重改进代表建议督办方式，加强承办单位与代表的沟通与反馈，灵活运用重点督办、集中督办、跟踪督办、现场督办等方式，做好代表建议督办工作，特别是确定重点督办建议并开展办理情况满意度测评，加大跟踪督办力度，督促提高代表建议办理的效率和质量。

重要会议

【概况】 2016年，三明市召开市第十二届人民代表大会第六次会议，召开常委会会议7次、主任会议20次，在永安市举办市县（市、区）人大常委会主任座谈会暨市人大常委会组成人员读书班，在三元区召开市县乡三级人大换届选举工作暨人大人事代表工作座谈会。

【市第十二届人民代表大会第六次会议】 2016年1月26~28日召开，应到343人，实到317人。听取和审议市长杜源生作的《政府工作报告》；审查和批准三明市国民经济和社会发展第十三个五年规划纲要。听取和审议市发展和改革委员会主任杨兴忠关于三明市2015年国民经济和社会发展计划执行情况及2016年国民经济和社会发展计划草案的报告；审查和批准三明市

2015 年国民经济和社会发展计划执行情况的报告及 2016 年国民经济和社会发展计划。听取和审议市财政局局长刘万年关于三明市 2015 年预算执行情况及 2016 年预算草案的报告；审查三明市 2015 年预算执行情况的报告及 2016 年预算草案；批准三明市 2015 年市本级预算执行情况的报告及 2016 年市本级预算。听取和审议市人大常委会主任徐铮关于三明市人民代表大会常务委员会工作的报告。听取和审议市中级法院院长陈明关于三明市中级法院工作的报告。听取和审议市检察院检察长张时贵关于三明市检察院工作的报告。审议市人大常委会关于提请审议《三明市人民代表大会及其常务委员会立法条例（草案）》的议案。审议市人大常委会关于提请审议《三明市人民代表大会议事规则（修订草案）》的议案。表决通过选举事项。

【市十二届人大常委会第三十次会议】 2016 年 1 月 21 日召开。会议表决通过市人大常委会工作报告（送审稿）；表决通过市十二届人大六次会议安排意见的报告；听取并审议《三明市第十二届人民代表大会常务委员会代表资格审查委员会关于个别代表的代表资格的报告》；审议《三明市人民代表大会议事规则（修订草案）》；听取并审议市政府关于三明市南部新城台江片区（一期）城乡一体化项目建设资金筹措办法的报告；表决通过有关人事事项。

【市十二届人大常委会第三十一次会议】 2016 年 4 月 21~22 日召开。会议听取并审议《市人大常委会执法检查组关于检查城市市容和环境卫生管理“一例一办法”贯彻实施情况的报告》，并以联组会议形式开展市容和环境卫生管理工作专题询问；审议《市政府关于提请审议福建三明国家农业科技园区总体规划的议案》；听取并审议《市政府关于三明市河道管理工作情况的报告》《关于三明市防震减灾工作情况的报告》；听取并审议《市中级法院关于法院涉诉信访工作情况的报告》；听取并审议《市检察院关于开展生态检察工作情况的报告》，审议通过《关于加强生态检察监督推进生态环境保护的决定（草案）》；听取、审议并通过《市第十二届人大常委会代表资格审查委员会关于个别代表的代表资格的报告》；听取并审议《市人大常委会主任会议关于提请审议许可对市十二届人大个别代表依法采取刑事强制措施的议案》；表决通过有关人事事项。

【市十二届人大常委会第三十二次会议】 2016 年 6 月 27~28 日召开。会议听取并审议《三明市市容和环境卫生管理条例（草案）》；听取并审议“一府两院”关于道路交通安全“一法一例一办法”执法检查报告审议意见研究处理情况的报告，并开展道路交通安全管理工作满意度测评；听取并审议市政府关于 2015 年市本级预算执行和其他财政收支情况的审计工作报告；听取并审议市政府关于 2015 年市本级决算情况的报告，审查和批准 2015 年市本级决算；审查和批准《市人民政府关于 2016 年市本级财政收支预算调整事项的议案》；听取并审议市政府关于《福建省森林防火条例》贯彻实施情况的报告；听取并审议市中级人民法院关于开展生态审判工作情况的报告，并作关于加强生态环境审判工作推进生态文明建设的决定；听取并审议《三明市第十二届人民代表大会常务委员会代表资格审查委员会关于个别代表的代表资格的报告》，表决通过《三明市人民代表大会常务委员会公告》，表决通过有关人事事项。

【市十二届人大常委会第三十三次会议】 2016 年 8 月 2 日召开。会议审议并决定接受杜源生辞去三明市政府市长职务的请求，报本级人民代表大会备案；会议听取关于提请决定余红胜代理三明市政府市长职务的议案的说明，决定余红胜代理市政府市长职务；会议听取关于提请市政府组成人员任免的议案的说明、关于提请审判人员职务任免的报告的说明、关于提请检察人员职务任免的报告的说明、关于提请市人大常委会机关工作人员任职的议案的说明，经审议和表决，决定任命黄建波、肖华鑫为市政府副市长，任命陈育煌为市政府副市长、市公安局局长，决定免去张丽娟、林守钦的市政府副市长职务；会议决定接受廖卫国辞去市人大常委会委员职务的请求，并报本级人民代表大会备案；会议还表决通过市人大常委会决定免职的其他政府组成人员名单、任免的市人大常委会机关工作人员名单、任免的审判人员名单及任免的检察人员名单。

【市十二届人大常委会第三十四次会议】 2016 年 8 月 30~31 日召开。会议听取并审议市人大常委会执法检查组关于《中华人民共和国农民专业合作社法》《福建省农民专业合作社条例》贯彻实施情况执法检查的报告，并开展农民专业合作社发展运行情况专题询问；听取并审议市人大法制委员会关于《三明市市容和环境卫生管理条例（草案）》修改情况的报告；听取并审议市政府关于 2016 年上半年国民经济和社会发展计划执行情况的报告、关于 2016 年上半年预算执行情况的报告、关于深化行政审批制度改革工作情况的报告、关于科学技术普及工作情况的报告；听取并审议市政府关于市十二届人大六次会议重点督办建议办理情况的报告，并进行满意度测评。表决通过市人大常委会决定任免的政府组成人员名单、审判人员名单及检察人员名单。

【市十二届人大常委会第三十五次会议】 2016 年 10 月 18~19 日召开。会议听取并审议市人大法制委关于《三明市城市市容和环境卫生管理条例（草案修改稿）》审议结果的报告；审议《三明市人民代表大会常务委员会关于召开三明市第十三届人民代表大会第一次会议的决定（草案）》《三明市人民代表大会常务委员会关于开展第七个五年法治宣传教育的决议（草案）》《三明市人民代表大会常务委员会关于三明市第十三届人民代表大会代表选举问题的决定（草案）》；听取并审议市政府关于“六五”普法工作情况的报告、关于市精准扶贫工作情况的报告、关于市本级部分政府专项资金管理使用情况的报告、关于市基本公共卫生服务情况的报告、关于《福建省少数民族权益保障条例》贯彻实施情况的报告；听取并审议市政府关于三明城区规划管理工作审议意见办理情况的报告，并开展三明城区规划管理工作审议意见研究处理情况满意度测评，根据表决的情况，会议对市政府研究处理三明城区规划管理工作审议意见情况的测评结果为基本满意；会议表决通过《三明市城市市容和环境卫生管理条例法规草案》《三明市人民代表大会常务委员会关于开展第七个五年法治宣传教育的决议》《三明市人民代表大会常务委员会关于召开三明市第十三届人民代表大会第一次会议的决定》《三明市人民代表大会常务委员会关于三明市第十三届人民代表大会代表选举问题的决定》；表决通过有关人事事项。

【市十二届人大常委会第三十六次会议】 2016年12月28日召开。会议审议市人大常委会工作报告（送审稿）；听取和审议关于市十三届人大一次会议安排意见的报告；听取和审议《市人大常委会代表资格审查委员会关于市十三届人民代表大会代表的代表资格审查的报告》；听取和审议市人民政府关于市十二届人大六次会议代表建议办理情况的报告；审查和批准《市人民政府关于2016年市本级预算调整事项的议案》；听取市政府关于贯彻落实国务院《关于加强市县政府依法行政的决定》的报告；听取市人大法制委员会工作报告；听取市人大财政经济委员会工作报告；表决通过有关人事事项；审议并表决通过《市人大常委会关于接受黄晓玲辞去省十二届人民代表大会代表职务的决定（草案）》，补选省十二届人大代表。

【市县（市、区）人大常委会主任座谈会暨市人大常委会组成人员读书班】 2016年9月18~20日在永安举办。读书班期间，省人大常委会委员、研究室主任、法制委员会委员徐平作《立法技术规范和立法审议》、市委党校副教授陈锦琪作《学习习近平总书记“七一”重要讲话精神》和副教授包锦阔作《供给侧结构性改革与创新驱动》专题讲座；考察调研永安市部分重点项目；永安市和大田、尤溪、将乐、宁化、建宁县人大常委会领导作交流发言。

【市县乡三级人大换届选举工作暨人大人事代表工作座谈会】 2016年10月13~14日在三元区召开。各县（市、区）人大常委会分管人事代表工作室领导、人事代表工作室人员参加会议。会议围绕全市市县乡三级人大换届选举工作进行交流，对市本级人大换届选举作部署和安排，讨论换届选举工作有关问题。

立法工作

【概况】 2016年，市人大及其常委会加强立法工作，常委会制定落实2016年立法工作计划，市十二届人大六次会议审议通过《三明市人民代表大会及其常务委员会立法条例》，组织制定三明市首部地方性实体性法规——《三明市市容环境卫生管理条例》，开展三明市万寿岩遗址保护与管理、三明市饮用水水源保护、建筑施工扬尘防治管理、土堡保护等立法调研，编制2017年立法计划和2017~2022年立法规划。

【三明市人民代表大会及其常务委员会立法条例正式颁布施行】 2016年1月29日，经市人大常委会会议两次审议，市第十二届人民代表大会第六次会议表决通过《三明市人民代表大会及其常务委员会立法条例》。4月1日，省十二届人大常委会第二十二次会议表决批准《三明市人民代表大会及其常务委员会立法条例》。4月8日，该立法条例由三明市人大常委会颁布正式施行。

【立法工作推进】 2016年，三明市立法项目分正式项目、预备项目、调研项目3类。其中，正式项目1个，即《三明市城市市容和环境卫生管理条例》；预备项目1个，即《三明市万寿岩遗址保护管理条例》；调研项目3个，分别为《三明市饮用水水源保护条例》《三明市建筑施工扬尘防治管理条例》《三明市土堡保护条例》。1月，在市人大网站上发布《三明市人大常委会2016年立法计划》；2月，主任会议通过《2016年市人大常委会立法工作计划细化方案》，明确市容和环境卫生管理条例的立法时间安排及责任要求；分别于3月和5月召开《三明市城市市容和环境卫生管理条例》和《三明市万寿岩遗址保护管理条例》起草工作协调会议，协调部署相关立法工作；11月，开展万寿岩遗址保护管理、饮用水源保护、建筑施工扬尘防治管理、土堡保护等立法调研，为制定相关地方性法规做好前期准备。

【《三明市城市市容和环境卫生管理条例》制定】 2016年，《三明市城市市容和环境卫生管理条例》（简称《条例》）经市十二届人大常委会第三十二次、第三十四次、第三十五次会议三次审议后表决通过，并于12月2日获省第十二届人大常委会第二十六次会议表决批准，2017年3月1日起正式施行，是三明市首部实体性地方性法规。在制定《条例》过程中，市人大常委会充结合执法检查和立法调研，先后赴9个县（市、区）就市容和环境卫生工作开展检查、调研；通过公布草案、召开座谈会、发送征求意见函等形式，向社会广

2016年12月2日，《三明市城市市容和环境卫生管理条例》经福建省第十二届人民代表大会常务委员会第二十六次会议批准　（市委宣传部提供）

泛征求意见；3次委托省人大常委会相关委室召开专家论证会，为立法决策提供重要参考；将三明文明创建过程中“好在共建，贵在坚持，重在建设”“门前三包”等基本经验、传统做法提升到法制层面。《条例》获批后及时发布公告，利用好实施前的时间节点，通过召开法规贯彻实施座谈会、给基层授课、撰写解读文章及通讯报道等形式，加强《条例》的宣传，扩大《条例》的社会知晓面。同时，督促政府抓好配套规范性文件制定工作。

【《三明市万寿岩遗址保护管理条例（草案）》立法调研开展】 2016年11月24日，市人大常委会开展《三明市万寿岩遗址保护管理条例（草案）》立法调研。调研组召开座谈会，听取市政府法制办、文广新局、住建局等市直有关部门相关情况汇报，重点对如何通过立法解决万寿岩遗址保护管理过程中存在的困难和问题，以及对条例（草案）存在的问题提出意见和建议。在实地察看后,调研组召开三元区和相关职能部门以及万寿岩遗址所在镇、村负责人、区人大代表等座谈会，对条例（草案）的整体框架、条款设置和主要内容进行讨论，提出相关意见和建议。

【立法项目调研开展】 2016年，市人大常委会成立调研组，对《三明市饮用水水源保护条例》和《三明市建筑施工扬尘防治管理条例》立法调研项目必要性、可行性进行调研。结合三明实际，建议将饮用水源保护具体化，《三明市东牙溪、薯沙溪水库饮用水源保护条例》列入市人大常委会2017年立法计划项目；针对全市的建筑施工扬尘防治管理工作的实际情况，建议市政府研究落实有关规范性文件或政府规章，对大气污染防治的相关法律法规内容进行细化、补充和完善。

【2017年立法计划及2017~2022立法规划编制准备工作】 2016年，市人大常委会在《三明日报》和三明市人大、市政府的网站发布《三明市人大常委会关于征集地方立法项目建议的公告》，向全社会公开征集立法项目建议；寄送《关于征集2017年度立法项目建议的函》，向市人大代表征集立法项目建议；发出《关于做好地方立法项目建议征集工作的通知》，向市委办、市政府办、市政协办、市中级法院、市检察院和各县（市、区）人大常委会征集立法项目建议，共收到立法项目建议14件，扣除重复建议3件、超越立法权限1件及项目建议不具体1件，其余9件中，涉及城乡建设与管理的3件，环境保护1件，历史文化保护5件。

重大事项审议决定及人事任免

【概况】 2016年，市人大常委会作出决议决定16项，其中人事8项、财政2项、法制5项、召开会议1项。

【接受洪明德辞去市人大职务请求的决定】 2016年1月21日，市十二届人大常委会举行第三十次会议，决定接受洪明德辞去三明市第十二届人大常委会副主任和人大法制委员会主任委员职务的请求。

【接受陈有极辞去市人大职务请求的决定】 2016年1月21日，市十二届人大常委会举行第三十次会议，决定接受陈有极辞去三明市第十二届人大财政经济委员会主任委员职务的请求。4月22日，市十二届人大常委会举行第三十一次会议，决定接受陈有极辞去三明市第十二届人大常务委员会副主任职务的请求。

【加强生态检察监督推进生态环境保护的决定】 2016年4月22日，市十二届人大常委会第三十一次会议审议通过加强生态检察监督推进生态环境保护的决定，加强检察法律监督职能，促进行政机关发挥推进生态文明建设的作用。

【许可对市十二届人大代表黄某某依法采取刑事强制措施的决定】 2016年4月22日，市十二届人大常委会第三十一次会议，三明市第十二届人大代表黄某某涉嫌虚开增值税发票罪。依照地方组织法和代表法的有关规定，决定许可三明市公安局对市十二届人大代表黄某某依法采取刑事强制措施。

【批准2015年市本级决算的决议】 2016年6月28日，市十二届人大常委会第三十二次会议，听取和审议市政府关于2015年三明市本级财政决算情况的报告和关于2015年度市本级预算执行和其他财政收支情况的审计工作报告，对2015年市本级决算草案进行审查，同意市人大财政经济委员会在初步审查报告中提出的意见，决定批准2015年市本级决算。

【批准2016年市本级收支预算调整的决议】 2016年6月28日，市十二届人大常委会第三十二次会议，听取和审议市政府关于2016年市本级财政收支预算调整情况的报告和市人大财经委的初步审查报告。会议决定批准该报告。

【接受杜源生辞去市政府市长职务请求的决定】 2016年8月2日，市十二届人大常委会举行第三十三次会议会议，决定接受杜源生辞去三明市政府市长职务的请求。

【余红胜代理市人民政府市长职务的决定】 2016年8月2日，市十二届人大常委会举行第三十三次会议，决定余红胜代理三明市政府市长职务。

【接受廖卫国辞去市人大常委会委员职务请求的决定】 2016年8月2日，市十二届人大常委会举行第三十三次会议，决定接受廖卫国辞去市人大常委会委员职务的请求。

【第七个五年法治宣传教育的决议】 2016年10月19日，市十二届人大常委会第三十五次会议审议通过《关于开展第七个五年法治宣传教育的决议》。

【召开市第十三届人民代表大会第一次会议的决定】 2016年10月19日，市第十二届人大会常委会第三十五次会议决定，市第十三届人民代表大会第一次会议于2017年1月在三明召开，会期4天。建议会议的主要议程为：听取和审议三明市人民政府工作报告；听取和审议三明市2016年国民经济和社会发展计划执行情况及2017年国民经济和社会发展计划草案的报告，审查、批准三明市2016年国民经济和社会发展计划执行情况的报告及2017年国民经济和社会发展计划；听取和审议三明市2016年预算执行情况及2017年预算草案的报告，审查、批准三明市2016年预算执行情况的报告及2017年预算草案的报告，批准三明市2017年市本级预算；听取和审议三明市人大常委员会工作报告；听取和审议三明市中级法院工作报告；听取和审议三明市检察院工作报告；选举事项。

【三明市第十三届人民代表大会代表选举问题的决定】 2016年10月19日，市第十二届人大常委会第三十五次会议通过关于三明市第十三届人大代表选举问题的决定。市第十三届人大代表名额为345名，决定：各县（市、区）选举三明市第十三届人大代表的名额，按每一代表所代表的城乡人口数相同的原则，依据2015年末各县（市、区）的人口数确定，由根据人口数计算确定的名额数、相同的地区基本名额数和其他应选名额数三部分构成。在三明市第十三届人大代表中，确定中国人民解放军驻三明部队、武警三明支队、消防支队和森林支队的代表名额；少数民族代表和归侨代表要按照法律规定予以保证；妇女代表的比例不低于20%；非中共党员代表的比例不低于35%，有条件的地方应有民主党派代表。三明市第十三届人大代表，应于2017年1月3日前选出。

【加强生态环境审判工作推进生态文明建设的决定】 2016年6月28日，市第十二届人大常委会第三十二次会议审议通过加强生态环境审判工作推进生态文明建设的决定。

【接受黄晓玲辞去福建省第十二届人民代表大会代表职务请求的决定】 2016年12月28日，市十二届人大常委会举行第三十六次会议，决定接受黄晓玲辞去福建省第十二届人大代表职务的请求，报福建省第十二届人大常委员会备案、公告。

2016年三明市人大常委会任免的国家工作人员

表7

时间	会议	任免名单
1月21日	市十二届人大常委会第三十次会议	免去：朱昌贤市政府副市长职务 任命：李荣安为市科技局局长 杨泽民为市中级法院审判员、审判委员会委员、副院长 李剑平为市检察院检察员、检察委员会委员、副检察长，任命邱敏良、王华为市检察院检察员 免去：张春明的市检察院检察员职务
4月21日	市十二届人大常委会第三十一次会议	任命：余红胜、张元明为市政府副市长 免去：纪熙全的市政府副市长职务 决定任命：陈兴为市教育局局长、吴成城为市人力资源和社会保障局局长、卢维沙为市审计局局长、郑建勋为市统计局局长、杨建利为市工商行政管理局局长 决定免去：曹建华的市人力资源和社会保障局局长职务、卢维沙的市统计局局长职务、林金龙的市安全生产监督管理局局长职务 任命：吴小琼为市中级法院行政审判庭庭长 免去：张雄的市中级法院审判员职务、吴小琼的市中级法院民事审判第四庭副庭长职务、孙斌的市中级法院立案庭副庭长职务、廖春的市中级法院立案庭副庭长职务、林炬火的市中级法院执行庭副庭长职务、王建芬的市中级法院行政审判庭副庭长职务、阙斌的市中级法院审判监督庭副庭长职务 批准任命：陈福东为永安市检察院检察长、张春明为大田县检察院检察长。 批准免去：李剑平的永安市检察院检察长职务、陈福东的大田县检察院检察长职务
6月27日	市十二届人大常委会第三十二次会议	决定免去：潘东升的市政府副市长、市公安局长职务
8月2日	市十二届人大常委会第三十三次会议	决定任命：黄建波、肖华鑫为市政府副市长，决定任命陈育煌为市政府副市长、市公安局局长 决定免去：张丽娟、林守钦的市政府副市长职务 决定免去：杨兴忠的市发展和改革委员会主任职务 任命：陈昂为市中级法院审判员、审判委员会委员，朱文绣为市中级法院审判员

续表 7

时间	会议	任免名单
8月2日	市十二届人大常委会第三十三次会议	免去：白威的市中级法院审判委员会委员、民事审判第一庭庭长、审判员职务，邓长峰的市中级法院立案庭庭长、审判员职务，杨绍东的市中级法院审判员职务 批准免去：谢复兴的将乐县检察院检察长职务、傅祥儒的建宁县检察院检察长职务、黄小斌的宁化县检察院检察长职务；郭建武、许秀婷的市检察院检察委员会委员、检察员职务；苏洁、谢晓谊、陈建钢的市检察院检察员职务 任命：谢复兴为市人大常委会内务司法委员会副主任、林承日为市人大常委会法制工作委员会副主任，任命陈宝熙为市人大常委会华侨、台胞委员会副主任
8月30~31日	市十二届人大常委会第三十四次会议	决定任命：罗金水为市政府秘书长、谢家芹为市发展和改革委员会主任 决定免去：谢家芹市商务局局长职务、程鹏鹰的市政府秘书长职务 任命：刘月娥为市中级法院审判监督庭副庭长，徐浩、邓群生、徐娟、贲丹丹、郑景上、吴良盛为市中级法院审判员 任命：阴长焰、邓松、严永洪、余桂芳、吴水益为市检察院检察员
10月18日	市十二届人大常委会第三十五次会议	决定任命：林建星为市国土资源局局长 决定免去：邓永辉的市国土资源局局长职务
12月28日	市十二届人大常委会第三十六次会议	决定任命：蔡金明为市卫生和计划生育委员会主任、张建林为市商务局局长； 决定免去：包著彬的市卫生和计划生育委员会主任职务、张虹的市人民政府国有资产监督管理委员会主任职务、黄国城的市司法局局长职务 任命：张连财为市中级法院审判委员会委员、邓淑萍为市中级法院审判委员会委员；李杰、林玮玮为市中级法院审判员； 免去：黄德志、赖培榴的市中级法院审判委员会委员、审判员职务；谢永健、陈少华、黄吉明、贲丹丹的市中级法院审判员职务 批准任命：程凤娟为梅列区检察院检察长、卢新桦为三元区检察院检察长、陈福东为永安市检察院检察长、张春明为大田县检察院检察长、杨良文为尤溪县检察院检察长、黄金丹为沙县检察院检察长、傅祥儒为将乐县检察院检察长、叶建朝为泰宁县检察院检察长、许秀婷为建宁县检察院检察长、郭建武为宁化县检察院检察长、董新为清流县检察院检察长、廖才玉为明溪县检察院检察长 任命：贾梦好、熊辉、余欣雯、廖华山、谢俊翔为市检察院检察员；黄铁良、吴康财市检察院检察员职务 任命：郭颖为市人大常委会副秘书长

说明：2016年，市人大常委会决定任免国家工作人员104人次。其中任免市政府工作人员34人次、市人大常委会机关工作人员4人次，任免审判、检察人员60人次，决定接受辞职6人

监督工作

【概况】 2016年，市人大常委会听取和审议市政府、市法院、市检察院专项工作报告20项，听取和审议市政府工作计划、财政预算和审计工作报告4项、开展执法检查2项，进行专题询问2次，组织工作测评3次，开展考察、调研工作34次，配合全国、省人大常委会开展立法调研、执法检查、工作调研等活动19次。

【关于三明市城乡一体化项目建设资金筹措办法报告审议】 2016年1月21日，市人大常委会第三十次会议审议《三明市人民政府关于三明市南部新城台江片区（一期）城乡一体化项目建设资金筹措办法的报告》，认为该项目对三明市实现城市“北扩南拓”，稳步推进旧城改造和城乡结合部改造具有重要意义，应做好政府购买服务相关的资金筹措、管理和监督，项目建设资金在今

后的预算中统筹安排。

【听取和审议市法院关于涉诉信访工作情况报告】 2016年3月，由市人大常委会副主任廖小华及部分常委会委员、市人大代表组成的调研组对市法院涉诉信访工作进行调研，听取市法院和永安、清流法院的汇报，并与信访部门进行座谈，实地察看诉讼服务中心、信访接待室、远程视频接访系统。4月21日，市人大常委会第三十一次会议听取市法院关于涉诉信访工作情况的报告，结合市人大常委会调研组的调研报告，常委会组成人员进行审议并提出建议：要进一步提升审判质量和效率，加大案件执行的力度，完善司法救助制度，强化诉讼服务中心建设，加强协作与配合。

【听取和审议市检察院生态检察工作情况报告】 2016年3月，由市人大常委会副主任廖小华及部分常委会委员、市人大代表组成的调研组对市检察院开展生态检察工作进行调研。调研组听取市检察院和永安、清流检察院的汇报，并与所在县（市）国土、环保、住建、林业、水利等部门及部分人大代表座谈，实地察看永安生态补植复绿基地。4月21日，市人大常委会第三十一次会议听取市检察院关于加强生态检察工作情况的报告，结合市人大常委会调研组的调研报告，常委会组成人员进行审议并提出建议：要进一步增强生态环境保护的使命感，完善行政执法与刑事司法衔接工作机制，加强对行政违法行为的监督，强化生态检察队伍建设。

【听取和审议三明市河道管理工作情况报告】 2016年3月，市人大常委会组成调研组对全市贯彻落实《福建省河道保护管理条例》、河道管理工作情况进行调研。调研组先后察看梅列区小溪流域弃土场、泰宁县朱口镇游源村朱溪河道治理工程、大田县桃源镇蓝玉村河道整治现场等13个调研点，听取市政府，梅列区、泰宁县、大田县政府及相关部门工作情况汇报，与部分“河长”、河道管理负责人座谈，了解市河道管理工作取得的成效和存在的问题，研究探讨对策建议。4月21日，市人大常委会第三十一次会议听取市政府关于三明市河道管理建设情况的报告，结合市人大常委会调研组的调研报告，常委会组成人员进行审议并提出建议：要深化宣传教育，增强河道保护意识；强化生态水系建设，突出重点区域整治；拓展投融资渠道，加快河道建设规划工作；完善部门监管体系，加强河道执法保障。

【听取和审议市防震减灾工作情况报告】 2016年3月15~25日，市人大常委会副主任廖小华带领调研组到将乐县、建宁县和永安市，通过听取汇报、座谈了解、实地察看等方式，对三明市防震减灾“一法一例”贯彻实施情况、防震减灾工作体系建设、建设工程抗震设防管理和农村住宅抗震设防等情况开展调研。4月21日，市人大常委会第三十一次会议听取市政府关于三明市防震减灾工作情况的报告，结合市人大常委会调研组的调研报告，常委会组成人员提出审议意见：要严格把关，切实把建设工程抗震设防要求与强制性标准相衔接落到实处；全面排查，加大安全隐患的整治力度；常抓不懈，切实提升防震减灾意识和应急能力；未雨绸缪，夯实防震减灾工作基础。

【听取和审议三明国家农业科技园区总体规划编制情况报告】 2016年4月11日，市人大常委会副主任张知通带领调研组，对福建三明国家农业科技园区总体规划与建设情况进行调研，先后察看市农科院原始创新与集成创新成果展示中心、克劳沃园艺、种苗繁育中心组培室等9个调研点，听取市政府，沙县政府及相关部门工作情况汇报，研究分析讨论《福建三明国家农业科技园区总体规划》内容，了解福建三明国家农业科技园区总体规划与建设情况及其存在的问题，研究探讨对策建议。4月21日，市人大常委会第三十一次会议听取市政府关于福建三明国家农业科技园区总体规划编制情况的报告，结合市人大常委会调研组的调研报告，常委会组成人员进行审议并提出建议：要进一步理顺园区体制机制，研究论证政策可行性，修定完善规划文本，并将园区规划文本广泛征求相关部门意见，及时向市人大常委会报告。

【听取和审议道路交通安全执法检查审议意见研究处理情况报告】 2016年5月，由市人大常委会副主任廖小华、部分常委会委员和市人大代表组成的跟踪检查组，通过听取汇报、实地察看等形式，对道路交通安全执法检查审议意见研究处理情况进行跟踪检查。检查组召开2场汇报会，听取市政府、市法院、市检察院及市公安、住建、交通、规划、城管等部门单位研究处理审议意见的情况汇报和两区公安、财政、城管等部门有关情况汇报；实地查看市区部分停车场规划建设和管理使用情况、梅列区第一实验学校人行天桥规划建设情况、道路交通标志设置情况和道路限速整改情况等。6月27日，市人大常委会第三十二次会议先后听取市政府、市法院、市检察院关于对市人大常委会道路交通安全执法检查审议意见研究处理情况的报告，结合市人大常委会跟踪检查组的检查报告，常委会组成人员进行审议，并对“一府两院”研究处理审议意见情况进行满意度测评。常委会组成人员建议市政府以问题为导向，从解决具体问题入手，改进工作，要加强停车场规划建设与管理，强化道路交通安全管理，落实道路交通安全问题整治。

【听取和审议省森林防火条例贯彻落实情况报告】 2016年5月9~16日，市人大常委会副主任张知通带领调研组，对全市贯彻落实《福建省森林防火条例》情况进行调研。调研组先后察看尤溪县城关镇八都片三防护林协会、将乐县金森智慧林业建设、大田县石牌镇泓湖森林消防队伍建设等12个调研点，召开4场座谈会，听取市政府，尤溪县、将乐县、大田县政府及相关部门工作情况汇报，了解全市贯彻实施《福建省森林防火条例》工作取得的成效和存在的问题，研究探讨对策建议。6月27日，市人大常委会第三十二次会议听取市政府关于省森林防火条例贯彻落实情况的报告，结合市人大常委会调研组的调研报告，常委会组成人员进行审议并提出建议：要深化森林防火宣传教育，着力推进护林防火队伍建设，加强森林防火基础设施建设，完善森林防火长效管理机制。

【听取和审议关于生态环境审判工作情况报告】 2016年5月，市人大常委会副主任廖小华带领调研组对市法院生态环境审判工作进行调研。调研组听取市中级法院和梅列区、三元区、宁化县法院关于生态环境审判工作情况汇报，并实地察看宁化安乐谢坊生态复绿管护基地，与宁化县环保局、林业局、水利局等单位进行座谈，征求对法院生态环境审判工作的意见建议。6月27日，市人大常委会第三十二次会议听取市中级人民法院关于开展生态环境审判工作情况的报告，结合市人大常委会调研组的调研报告，常委会组成人员提出建议：要加强生态环境审判队伍建设，发挥生态环境保护司法职能，强化司法预防、修复生态环境的职能作用，扩大生态环境审判的宣传效果。

【听取和审议财政预决算执行和其他财政收支情况的审计工作报告】 2016年6月27日，市人大常委会第三十二次会议听取市政府关于2015年三明市本级决算情况的报告和关于2015年度市本级预算执行和其他财政收支情况的审计工作报告，并听取市住建局、市林业局关于2014年度市本级预算执行审计发现问题整改情况的报告，结合市人大财经委的初审报告，在审议中，常委会组成人员针对两个报告和市人大财经委的初审报告中反映的问题，提出意见和建议。

【听取和审议2015年市本级决算情况报告】 2016年6月28日，市人大常委会第三十二次会议，听取市政府关于2015年三明市本级财政决算情况的报告和关于2015年度市本级预算执行和其他财政收支情况的审计工作报告。会议结合审议审计工作报告，审查2015年市本级决算草案，同意市人大财政经济委员会在初步审查报告中提出的意见，决定批准2015年市本级决算。

【听取和审议关于三明市科学技术普及工作情况报告】 2016年7月11~18日，市人大常委会副主任廖小华带领调研组到尤溪、泰宁、沙县，通过听取汇报、座谈了解、实地察看等方式调研《中华人民共和国科学技术普及法》《福建省科学技术普及条例》和《全民科学素质行动计划纲要（2006~2020年）》在三明市贯彻落实情况。8月30日，市人大常委会第三十四次会议听取市政府关于三明市科学技术普及工作情况的报告，结合市人大常委会调研组的调研报告，常委会组成人员进行审议并提出建议：要主动作为，切实增强科普工作合力；注重建管，更多更好地发挥科普场馆作用；立足创新，不断提升科普活动实效；加强保障，为科普工作提供支撑。

【听取和审议国民经济和社会发展计划执行情况报告】 2016年7月18日，由市人大常委会部分组成人员、人大财经委部分委员组成的调研组，对三明市2016年上半年国民经济和社会发展计划及预算执行情况进行调研，听取市发改委、财政局、国土资源局、经信委、农业局、商务局、统计局、国税局、地税局、人民银行10个部门的相关情况汇报，并赴沙县实地察看科飞安全气囊超细材料等重点项目进展情况，了解上半年计划各项指标完成情况、预算执行情况、经济运行情况、存在的困难和问题，以及完成全年目标任务的措施。8月30日，市人大常委会第三十四次会议听取市政府关于三明市2016年上半年国民经济和社会发展计划执行情况的报告和关于三明市2016年上半年市本级财政预算执行情况的报告，结合市人大常委会调研组的调研报告，常委会组成人员进行审议并提出建议：要紧盯全年目标任务，全力做好下半年经济工作；强化投资拉动作用，增强经济发展后劲；更加注重调结构，加快产业转型升级；狠抓财政增收节支，增强财政保障能力；着力保障改善民生，维护社会和谐稳定；加强省相关政策的跟踪衔接和贯彻落实。

【听取和审议关于深化行政审批制度改革工作情况报告】 2016年7月19~22日，由市人大常委会副主任肖长根及部分常委会委员、人大代表组成的调研组，对三明市深化行政审批制度改革工作情况开展调研，听取市政府及市编办、法制办、发改委、行政服务中心管委会等12个部门的相关情况汇报，并到大田、永安等2个县（市）与当地政府及有关部门开展座谈，实地察看相关项目，发放200份调查问卷，征集市县代表、部分企业主意见建议。同时，各县（市、区）人大常委会均按省、市要求开展深化行政审批制度改革工作监督。8月30日，市人大常委会第三十四次会议听取市政府关于深化行政审批制度改革工作情况的报告，结合市人大常委会调研组调研报告，常委会组成人员进行审议并提出建议：进一步规范行政审批、推行清单管理；强化改革相配套的人员机构、制度措施；提升行政审批服务水平，加强行政服务标准化建设，加强行政审批事中事后监管。

【听取和审议重点督办建议办理和落实情况报告】 2016年8月30日，市人大常委会第三十四次会议听取市政府关于市十二届人大六次会议重点督办建议办理和落实情况的报告，常委会组成人员进行审议，并逐件进行满意度测评。会议建议：要进一步加大重点督办建议落实力度，促进重点督办建议成果转化，进一步推进代表建议办理工作。

【听取和审议关于市精准扶贫工作情况报告】 2016年9月5~9日，市人大常委会副主任张知通带领调研组，对全市精准扶贫工作情况进行调研，先后察看宁化县南方牧业“基地托养”扶贫示范点、清流县怡达农业发展有限公司、建宁县里心镇精准农机专业合作社等10个调研点，走访贫困户，召开4场座谈会，听取市政府，宁化县、清流县、建宁县政府及相关部门工作情况汇报，了解掌握三明市精准扶贫工作取得的成效和存在的问题，研究探讨对策建议。10月18日，市人大常委会第三十五次会议听取市政府关于三明市扶贫开发工作情况汇报，结合市人大常委会调研组的调研报告，常委会组成人员进行审议并提出建议：要进一步推动试验区建设。配齐配强机构队伍。完善精准识别机制，提升政策实施效果。差别化实施搬迁造福工程，差别化实施搬迁造福工程，探索平衡扶贫开发资源多元化投入机制。

【听取和审议贯彻实施《福建省少数民族权益保障条例》情况报告】 2016年9月，市人大常委会组织部分常委会组成人员和市人大代表对三明市贯彻实施《福建省少数民族权益保障条例》的情况进行调研。在市人大常委会副主任王庆的带领下，调研组到宁化县、永安市、大田县和市直有关部门开展调研。10月18日，市人大常委会第三十五次会议听取市人民政府关于三明市贯彻实施《福建省少数民族权益保障条例》情况汇报，结合市人大常委会调研组的调研报告，常委会组成人员进行审议并提出建议：进一步加强少数民族地区人才队伍建设，加大对民族乡村的帮扶力度，加大对少数民族文化的保护力度。

【听取和审议关于“六五”普法工作情况报告】 2016年9月，由市人大常委会副主任廖小华及部分常委会委员、市人大代表组成的调研组，对三明市“六五”普法工作进行调研，听取市政府及司法局、教育局、公安局、农业局、民政局、人力资源和社会保障局（以下简称“市人社局”）、林业局、政府法制办等相关部门关于开展“六五”普法的工作情况汇报，并到宁化县和明溪县，听取县政府及相关部门汇报，实地察看宁化县烟草局、宁化一中、宁化九洲骏豪小区及明溪县检察院、县青少年法治教育基地、雪峰镇城南社区等。10月18日，市人大常委会第三十五次会议听取市政府关于“六五”普法工作情况的报告，结合市人大常委会调研组的调研报告，常委会组成人员进行审议并提出建议：要增强普法的针对性和实效性，发挥普法工作在依法治市中的基础作用；细化职责分工，加强检查督促，促进普法责任制的落实；强化保障机制，确保普法工作进行；改进和完善考核考评机制，推动普法工作走向制度化、规范化。

【听取和审议三明城区规划管理工作审议意见办理情况报告】 2016年9月13~14日，由市人大常委会副主任王庆为组长，部分常委会委员和市人大代表为成员的跟踪检查组，通过听取汇报、实地察看等形式，对审议意见研究处理情况进行跟踪检查，听取市政府和有关部门及梅列、三元两区政府关于审议意见办理的情况汇报，实地察看“两馆一宫”（图书馆、博物馆、青少年宫）停车规划、市第一医院周边交通疏导情况和梅列、三元两区的部分项目点。10月18日，市人大常委会第三十五次会议听取市政府关于三明城区规划管理工作审议意见办理情况的报告，结合市人大常委会跟踪检查组的检查报告，常委会组成人员进行审议，并对市政府研究处理审议意见情况进行满意度测评。针对本次跟踪检查发现的问题，提出加快编制，完善规划体系；重点突破，加快实施进度；对症下药，提升公共服务；持之以恒，加强监督检查。

【听取和审议关于三明市基本公共卫生服务情况报告】 2016年9月5~18日，市人大常委会副主任廖小华带领调研组，在听取市政府及相关部门情况汇报的基础上，先后到大田、宁化、明溪，着重就基本公共卫生服务体系、服务项目、基础设施和人才队伍建设等情况开展调研，听取当地政府及相关部门的情况汇报，实地察看卫生监督所、妇幼保健院、疾控中心和部分乡镇卫生院、社区卫生服务中心和村卫生所，并与相关人员座谈。10月18日，市人大常委会第三十五次会议听取市政府关于三明市基本公共卫生服务情况的报告，结合市人大常委会调研组的调研报告，常委会组成人员提出建议：要夯实基层基础，补齐人才短板，健全工作机制，提升服务均等化水平。

【听取和审议关于市本级部分政府专项资金管理使用情况报告】 2016年9月下旬，市人大常委会副主任肖长根带领调研组，对市本级部分政府专项资金管理使用情况进行调研，听取市政府及有关部门的情况汇报，并到大田县、永安市，与当地政府及有关部门开展座谈，实地察看相关项目，重点了解市本级扶持企业发展资金、农业产业化专项、旅游专项经费、公共文化服务体系建设（运行经费）、教育费附加支出等5个政府专项资金安排分配、管理使用、绩效评估等相关情况、存在的主要困难和问题，以及进一步加强市本级政府专项资金管理使用的建议意见。10月18日，市人大常委会第三十五次会议听取市政府关于市本级部分政府专项资金管理使用情况的报告，结合市人大常委会调研组的调研报告，常委会组成人员进行审议并提出建议：要提高思想认识，更加重视专项资金管理使用工作；建立项目库管理机制，从源头上规范专项资金的管理使用；清理规范现有专项资金，杜绝二次分配；严格预算执行，确保专项资金支出落实到位；明确资金监管职责，加强预算绩效管理。

【城市市容和环境卫生管理“一例一办法”实施情况执法检查】 2016年3月7~15日，市、县（市、区）人大常委会联动开展《城市市容和环境卫生管理条例》《福建省城市市容和环境卫生管理办法》（简称“一例一办法”）执法检查。执法检查组听取市政府和有关部门关于三明市 “一例一办法”贯彻实施情况汇报，并分2个小组分别到梅列区、三元区、永安市、尤溪县、沙县、大田县等县（市、区）开展执法检查。与此同时，明溪县、清流县、宁化县、建宁县、泰宁县、将乐县等6个县人大常委会自行开展执法检查。此次执法检查实行市、县（市、区）人大常委会联动，采取听取汇报、召开座谈会、实地察看等方式，重点检查 “一例一办法”宣传教育，城市容貌标准制定及市容管理，环境卫生标准制定及环境卫生管理，城市环境卫生设施规划、建设和管理，城市市容和环境卫生管理工作面临的困难和问题及改进的措施和建议等相关情况。4月21日，市人大常委会第三十一次会议听取市人大常委会副主任、执法检查组组长王庆所作的关于检查“一例一办法”实施情况的报告，并以联席会议的形式开展专题询问和审议，市政府副市长林俊德和市直有关部门负责人到场接受询问。询问以“一问一答”的形式进行。

【农民专业合作社“一法一例”实施情况执法检查】 2016年7月4~7日，市人大常委会开展《中华人民共和国农民专业合作社法》《福建省农民专业合作社条例》（简称“一法一例”）贯彻实施情况执法检查，听取市政府关于三明市农民专业合作社“一法一例”贯彻实施情况汇报，并分两路，分别到永安、明溪、宁化、三元、沙县、尤溪等地进行实地检查，重点了解三明市在贯彻“一法一例”过程中存在的问题和困难，提出进一步促进农民专业合作社依法规范发展的建议意见。8月30日，市十二届人大常委会第三十四次会议听取市人大常委会副主任、执法检查组组长张知通所作的关于三明市农民专业合作社“一法一例”贯彻实施情况执法检查的报告，并以联席会议的形式开展专题询问和审议，市政府副市长肖华鑫和市直有关部门负责人到场接受询问。专题询问会上，11 位市人大常委会委员和 3 名市人大代表先后围绕百姓关注的农民专业合作社转型升级、规范发展、人才培养等问题发问，并得到对应的答复。常委会组成人员建议：要进一步提升政府服务质量，加强法律法规宣传学习；推进政策落实，增强合作社市场竞争力；强化合作社规范化建设；重视解决专题询问提出的问题。

2016 年 11 月 30 日，梅列区第九届人民代表大会代表第一选区选举，选民在投票站投票 （周志鸿 摄）

代表工作

【市县乡三级人大换届选举】 2016 年 9 月，市人大常委会组织人员陆续到各县（市、区）调研指导换届选举工作；10 月，全市人大常委会人事代表工作室座谈会召开，听取各县（市、区）有关换届选举工作情况，研究部署县乡两级人大换届选举工作；11 月，做好对市人大代表的提名、推荐工作。12 月底，新一届 9062 名市、县、乡人大代表选举产生。

【代表闭会期间活动】 2016 年 8 月，市人大常委会组织三明市 23 名省人大代表赴建宁县、宁化县开展主题为“坚持绿色发展、推进生态文明建设”的专题调研活动。11 月，组织三明市部分省人大代表和漳州部分省人大代表开展集中考察活动；组织三明市 11 名省人大代表到龙岩市参加异地考察活动。指导各县（市、区）人大常委会组织市人大代表开展专题调研，全市 109 名市人大代表参加专题调研。12 月底，新一届市人大代表依法选举产生后，市人大常委会指导各县（市、区）组织代表开展调研活动。

【代表建议督办】 2016 年，市人大常委会坚持开展建议“督办月”和办理结果“回头看”活动，完善重点建议督办机制，对主任会议确定的 7 件重点督办建议加大跟踪督办力度，并开展办理情况满意度测评。

【代表资格审查服务保障】 2016 年，三明市有 7 名代表的代表资格终止，市人大常委会依法补选三明市第十二届人民代表大会代表 12 名，并对 12 名代表的代表资格进行审查，确认有效并公告。12 月底，市人大常委会代表资格审查委员会依法对新当选的市人大代表进行代表资格审查，及时把 340 名新当选的市人大代表有关资料进行整理，并提交代表资格审查委员会，保证代表资格审查委员会依法履职。

信访工作

【概况】 2016 年，市人大常委会受理群众来信 221 件，接待群众来访 164 批 464 人，督办信访件 16 件。到各县（市、区）人大开展信访工作情况调研，加强信访督办，提高信访件办理情况的解决率。每月按时编印信访情况反映，及时掌握了解信访动态，全年编印信访情况反映 12 期。

【重要会议期间信访工作】 2016 年 1 月，市十二届人大六次会议期间，市人大常委会接待群众来访 30 批 257 人(其中集体访 9 批 235 人)，协调处理信访问题及做好老访户的疏导劝返工作。

【常委会接待日】 2016 年，市人大常委会组织“常委会接待日”12 次，接待群众 27 批 33 人。其中，当场解答和劝息访 22 件、交有关单位办理 5 件。

【信访信息工作】 2016 年，市人大常委会编写《信访情况反映》12 期，分析信访问题的特点及原因，并提出相应的建议。做好每月向市信访联席办填报《信访事项办理情况统计月报表》《地方有关部门信访数据统计表》等统计报表工作。

【配合省人大信访局调研】 2016 年 7 月，市人大常委会协助配合省人大信访局做好“落实中央涉法涉诉信访改革和依法逐级走访办法情况，存在问题以及建议意见”“修订完善《福建省各级人民代表大会常务委员会信访工作条例》”等有关信访工作专题调研活动。

（范逸民）

责任编辑：谢 凌

三明市人民政府

SANMING MUNICIPAL PEOPLE'S GOVERNMENT

综 述

【概况】 2016年，三明市各级政府在省委省政府和市委的领导下，开展“敢担当、解难题、立新业”和“大干150天，加快推进‘五个一批’（谋划一批、签约一批、开工一批、投产一批、增资一批）项目建设活动”，抓好稳增长、调结构、强动力、惠民生、防风险各项工作，经济保持缓中趋稳、稳中向好的发展态势。全市生产总值1860.82亿元，增长7.8%；规模以上工业增加值845.78亿元，增长7.5%；地方一般公共预算收入94.7亿元，增长1.1%；固定资产投资2141.72亿元，增长12%；外贸出口131.02亿元，增长12%；实际利用外商直接投资1.71亿美元，增长9.3%；社会消费品零售总额480.63亿元，增长9.6%；城镇居民人均可支配收入29677元，增长8.3%；农村居民人均可支配收入13918元，增长8.7%；居民消费价格总水平上涨1.1%。

【产业转型升级】 2016年，三明市实施新一轮技术改造专项行动计划，推进325个投资千万元以上技改项目，改造提升传统产业，实现机器换工140台（套），130个项目列入省“两化”融合重点项目库。重点加快氟化工、稀土、石墨、生物医药等战略性新兴产业发展，培育壮大新兴产业，全市新兴产业产值550亿元，增长21.1%。落实《关于加快发展现代服务业的实施意见》，组织开展100个年度投资超100亿元的服务业发展双百工程建设，抓好梅列区省级服务业综合改革试点工作，发展现代服务业，第三产业增加值653.03亿元、增长10%。

【开展“五个一批”项目建设】 2016年，三明市健全“五个一批”工作机制，开展“大干150天、推进‘五个一批’重点项目建设活动”，建立“一月一协调、一月一督查、一月一考评、一月一通报”和重点项目挂牌服务机制，推进项目建设。全年新增“五个一批”项目704个、总投资3530亿元，闽中快递物流园、闽申棉纱生产等181个项目动工，电力物资配送中心、立雪山泉水等71个项目建成投产。

【推进市区经济和生态新城建设】 2016年，市政府制定出台《加快市区经济重点项目建设行动计划》，建立八个重点项目工作组，出台8个具体工作方案，强力推进市区重点项目建设。同时，谋划新项目，策划生成项目207个、总投资860.4亿元。加快生态新城建设，抓好核心区开发，实施56个重点项目，完成投资15亿元，三明电商园、闽中快递物流园、职教园、北大附属中学、湿地公园欢乐大世界等一批项目建成。

【强化招商引资】 2016年，市政府推进央企、外企、民企、省企、厦企对接，全市新对接项目150个、新开工项目118个、完成投资460亿元。根据发展形势，突出抓好与省企、厦门企业的对接。与省企对接方面，与省能源集团、轻纺集团、交通集团、投资集团等17家省属企业对接项目81个、总投资371.6亿元，建成项目10个，并有38个项目动工，完成投资35.35亿元。与厦门企业对接方面，中国国际投资贸易洽谈会（以下简称“9·8”）期间在厦门举办专场项目合作座谈会，并加强后续跟踪对接，共与厦门企业对接项目27个、总投资145.17亿元，其中合同项目12个、总投资56.06亿元。

【防控信贷风险】 2016年，市政府开展“八个一”专项工作，即设立一批投贷联动基金、设立一批政府性融资担保机构、开展一次专项督查协调、召开一次政银企对接会、组织一次打击恶意逃废债专项行动、组织一次公职人员欠债追讨专项行动、建立一个促进实体经济和中小微企业融资增长的激励机制、建立每月一次通报约谈制度，降低全市信贷不良率。创新提出企业资产按揭贷款做法，全市12个县（市、区）均组建园区资产经营公司，覆盖15个省级以上重点工业园区。

【推进三项重点领域改革】 2016年，市政府集中力量推进医药卫生体制、集体林权制度、金融等三项重点领域改革。医药卫生体制改革重点探索医养结合发展新路子，实行医用耗材（检验试剂）联合限价采购，理顺医疗服务价格，落实分级诊疗和双向转诊制度。集体林权制度改革启动整乡推进工作，实现林权收储中心县（市、区）全覆盖。金融改革做法在全国农业农村工作会议上作交流，全市设立村级融资担保基金137个。

【抓好民生保障】　2016年，市政府坚持人民利益至上，合力防抗“尼伯特”“莫兰蒂”等台风，应对“5·8”“5·21”等自然灾害，灾后重建推进，社会保持和谐稳定。强化民生保障，做好就业和社会保障各项工作，23件省市为民办实事项目完成。发展社会事业，坚持问题导向，抓好教育、医疗卫生、文化、体育等一批补短板项目，提升公共服务水平。加大扶贫攻坚力度，推进国家扶贫改革试验区建设，深化“348”精准扶贫工作机制，完成造福工程搬迁2.2万人，全年减少贫困人口2.7万。

（吴大优）

重要会议与活动

【第一次常务会议】　2016年1月19日，市长杜源生主持召开市政府常务会议，研究禁止升放系留气球和无人驾驶自由气球、三明沙县民用机场二期一条垂直联络道工程实行跟标施工、市直行政事业单位租赁资产管理办法规范、梅列经济开发区小蕉工业园和城市物流园开发建设、市城投集团企业债券2015年度跟踪审计等问题，审议《政府工作报告（送审稿）》《三明市国民经济和社会发展第十三个五年规划纲要（草案，送审稿）》《三明市2015年国民经济和社会发展计划执行情况及2016年国民经济和社会发展计划（草案）的报告（送审稿）》、2016年市本级财政收支预算安排、《三明市临时救助暂行办法（送审稿）》《三明市区城镇土地级别与基准地价（2015年修编，送审稿）》《三明市水污染防治行动计划工作方案（送审稿）》。

【第二次常务会议】　2016年2月19日，市长杜源生主持召开市政府常务会议，研究三明市残疾人综合服务中心功能布局和管理运营、中心城市快速通道一期工程路段管养、三明市中小企业创业创新发展风险基金设立、浦梅铁路三明段使用国家开发银行专项建设基金等问题，审议《奖励银行业金融机构处置不良资产暂行办法（送审稿）》《2016年市委、市政府为民办实事工作计划（送审稿）》《福建三明国家农业科技园区总体规划（2016~2018年度）（送审稿）》。

【第三次常务会议】　2016年4月8日，市长杜源生主持召开市政府常务会议，研究安全生产工作、三明市妇女儿童发展纲要实施、全省教育工作会议和职业教育工作会议精神贯彻落实、市国投公司发行企业债券、三明市永安汽车城建设发展有限公司贷款担保、京福高速公路三明连接线土地使用权变更等问题，审议《关于化解房地产库存促进房地产市场稳定健康发展的指导意见（送审稿）》《关于加快发展现代职业教育实施意见（送审稿）》、海西三明生态工贸区2015年度开发建设考评结果、三明市第一届杰出人民教师推荐人选。

【第四次常务会议】　2016年4月25日，市长杜源生主持召开市政府常务会议，分析一季度经济运行形势，研究三明市旅游发展有限公司组建等问题，审议市级行政审批事项取消下放调整和承接结果、市级前置审批事项和行政审批中介服务事项清理结果、《三明市市容和环境卫生管理条例（草案送审稿）》《三明市人民政府2016年规章立法计划（送审稿）》。

【第五次常务会议】　2016年5月16日，市长杜源生主持召开市政府常务会议，研究企业资产按揭贷款方案、2016年享受政府特殊津贴人员有关问题。

【第六次常务会议】　2016年6月7日，市长杜源生主持召开市政府常务会议，研究深化供销合作社综合改革、交通银行三明分行入驻奖励、铁路建设资金出资原则和筹措、不动产统一登记过渡期间林权登记发证等问题，审议《三明市安全生产巡查工作制度（试行）（送审稿）》《关于创新重点领域投融资机制鼓励社会投资的实施意见（送审稿）》《三明市区政府购买棚户区改造服务管理办法（送审稿）》《关于深化市委管理企业负责人薪酬制度改革的意见（送审稿）》。

【第七次常务会议】　2016年6月29日，市长杜源生主持召开市政府常务会议，研究三明海关经费拨补、市林权交易中心和三明金晟林权收储有限公司设立、梅列区新力源小贷公司国开行贷款化解、寄递业发展等问题。

【第八次常务会议】　2016年7月19日，市长杜源生主持召开市政府常务会议，分析上半年经济运行形势，研究梅列区立丰棚户区改造、三明动车南站武装联勤驻勤点建设有关问题。

【第九次常务会议】　2016年8月8日，代市长余红胜主持召开市政府常务会议，审议《关于实施创新驱动发展 战略的实施意见（送审稿）》《关于推进供给侧结构性改革的总体方案(2016~2018年）（送审稿）》《关于化解部分行业低效产能的实施意见（送审稿）》《关于降低企业成本减轻企业负担的实施意见（送审稿）》《关于补齐发展短板扩大有效供给的实施意见（送审稿）》《关于有序降低杠杆率水平防范化解金融风险的实施意见（送审稿）》。

【第十次常务会议】　2016年8月31日，代市长余红胜主持召开市政府常务会议，研究三明职业技术学院更名改建问题，审议《关于加快发展现代服务业的实施意见（送审稿）》《市区“十三五”现代服务业发展专项规划（送审稿）》《“十三五”生态文明建设专项规划（送审稿）》《“十三五”工业创新转型专项规划（送审稿）》《“十三五”科技发展和创新驱动专项规划（送审稿）》《浦梅铁路三明境内征地拆迁安置工作指导意见（送审稿）》。

【第十一次常务会议】　2016年9月9日，代市长余红胜主持召开市政府常务会议，审议《三明市公务用车制度改革实施方案（送审稿）》《“十三五”现代农业发展专项规划（送审稿）》《三明国家扶贫改革试验区保险扶贫试点工作方案（送审稿）》。

【第十二次常务会议】　2016年10月14日，代市长余红胜主持召开市政府常务会议，分析前三季度经济运行形势，研究市区污水处理费价格调整、加快市区经济重点项目建设、全省军转安置工作会议精神贯彻落实、市职教园区学校教职工交通出行、市直单位干部周转房和机关食堂改造建设、市政府部分领导成员分工调整等问题，审议《三明市“十三五”安全生产专项规划（送审稿）》《三明市“十三五”旅游业发展专项规划（送审稿）》《三明市“十三五”卫生计生事业发展专项规划（送审稿）》《三明市“十三五”综合交通运输发展专项规划（送审稿）》《三明市“十三五”数字三明专项规划（送审稿）》《在全市公民中开展法制宣传教育的第七个五年规划（2016~2020年）（送审稿）》《关于深化改革推进出租车行业健康发展的实施意见（送审该）》《网络预约出租汽车经营服务管理实施细则（试行）（送审稿）》《关于进一步做好新形势下就业创业工作的实施意见（送审稿）》《关于做好2016年普通高等学校毕业生就业创业工作的实施意见（送审稿）》《关于做优做强加快市区工业的若干意见（送审稿）》和市第四次民族团结进步模范推荐评选结果。

【第十三次常务会议】　2016年11月17日，代市长余红胜主持召开市政府常务会议，研究市区贵溪洋B地块和万达广场北侧地块土地出让、市食品集团公司市区牲畜定点屠宰场迁建、瑞云山宾馆经营、三明生态工贸区安全生态水系示范区项目建设、富兴陵园城市公益性公墓项目建设，以及市政府与省移动公司、省电信公司、福建农科院签订合作协议等问题，审议《三明市“十三五”食品药品安全专项规划（送审稿）》《三明市“十三五”城乡基础设施建设规划（送审稿）》《三明市万寿岩遗址保护管理条例（草案送审稿）》《三明市省属国有林场改革实施方案（送审稿）》《三明市贯彻落实〈国家生态文明试验区（福建）实施方案〉任务分工方案（送审稿）》。

【第十四次常务会议】　2016年12月13日，代市长余红胜主持召开市政府常务会议，研究全市农村土地承包经营权确权登记颁证市级经费补助、兴泉铁路三明境内征迁模式和资本金出资、三明沙县机场新开航线航班补贴、组建三明市配售电公司、市行政服务中心智能化系统建设等问题，审议《实施小流域生态修复与发展试点工程的意见（送审稿）》《关于规范公共服务领域PPP项目的通知（送审稿）》《三明市企业破产处置专项资金管理使用暂行办法（送审稿）》《全面推行政府法律顾问制度的实施意见（送审稿）》。

【第十五次常务会议】　2016年12月22日，代市长余红胜主持召开市政府常务会议，审议《政府工作报告（讨论稿）》《三明市2016年国民经济和社会发展计划执行情况及2017年国民经济和社会发展计划（草案）的报告（讨论稿）》和2017年市本级财政收支预算安排。

【市政府第一次全体会议】　2016年1月29日，市“两会”闭幕之后，市政府召开第一次全体会议，动员各级政府各部门以“敢担当”的精神和“马上就办”的作风，狠抓各项工作落实，促进蓝图目标实现。市长杜源生，副市长林俊德、纪熙全、肖明光、张丽娟、潘东升、林守钦，市政府党组成员陈瑞喜出席会议。杜源生在会上要求，政府领导干部首先要把敢担当作为抓落实的基本素质，在履职尽责、服务全局、一线协调中体现担当；要把“马上就办”作为抓落实的第一效率，既定的事快速办，困难的事要创新办，“明天”的事超前办，跨界的事协同办；要营造促进敢于担当、马上就办的良好氛围，建立正面激励机制，强化机关效能督查，加大财政支持力度，推动工作落实和项目落地。

【全市金融工作会议】　2016年2月19日，市政府召开全市金融工作会议，贯彻落实全省金融工作会议精神，研究部署2016年三明市金融工作。市领导杜源生、朱昌贤、潘东升，市法院领导陈明出席会议，市政府党组成员陈瑞喜主持会议。市长杜源生在会上强调，要立足稳增长，做大金融总量；要立足保稳定，防范信贷风险；要立足优环境，服务金融发展。市政协主席、市工业金融工作小组组长朱昌贤，副市长潘东升，市法院院长陈明就做好相关工作作了部署。会上，市政府向各县（市、区）政府和市级银行业金融机构颁发责任书。梅列区、大田县、泰宁县和市工行、市农行作表态发言，市金融办、人行、银监局在会上发言。

【市政府廉政工作会议】　2016年4月7日，在收听收看省政府廉政工作视频会议后，市政府接着召开会议。市长杜源生主持会议并讲话，市领导游宇飞、林俊德、纪熙全、肖明光、林守钦、陈瑞喜出席会议。市监察局负责人在会上发言。市政府组成部门、市有关单位负责人在主会场参加会议，各县（市、区）长和政府有关人员在分会场参加会议。

【全市职业教育工作会议】　2016年5月5日，市政府召开全市职业教育工作会议，学习贯彻习近平总书记和李克强总理对职业教育工作的重要指示批示精神，落实全省职业教育工作会议部署要求，推进市职业教育发展。市领导杜源生、廖小华、张丽娟、蔡光信，三明学院领导刘健，三明职业技术学院领导陶榕，福建水利电力职业技术学院领导江勇出席会议。市委副书记、常务副市长余红胜主持会议。市长杜源生在会上强调，要提高认识，增强办好职业教育的责任感和紧迫感；要突出特色，提高职业教育办学质量和水平；要强化职责，营造职业教育发展的良好氛围和环境。副市长张丽娟对全市职业教育和职业培训工作进行具体部署。尤溪县、三明职业技术学院、三明农校、三明市高级技工学校负责人分别在会上发言。

【政府自身建设】　2016年8月3日，市政府代市长余红胜主持召开市政府党组（扩大）会议，对领导班子成员分工进行调整，对政府领导班子建设和当前政府工作提出要求。余红胜在会上提出建设务实、高效、创新、廉洁政府的目标。要求践行务实作风，实实在在做人，踏踏实实做事，减少文山会海，少开会、开短会、讲短话，腾出更多时间和精力去抓落实、促发展；高效推动落实，秉持高效工作的态度，按照“工作不过夜”的要求，及时协调，一抓到底；发扬创新精神，敢于创新、敢于突破，抓项目、创特色、出品牌，再创出一批具有引领作用的典型；保持清正廉洁的好形象，始终把纪律挺在前面，遵守各项廉政规定，坚持依法行政，落实党风廉政建设责任制，打造为民、务实、清廉的政府。

【大干150天加快推进“五个一批”项目建设活动】 2016年8月16日，市委市政府大干150天加快推进“五个一批”项目建设活动动员会召开后，市政府先后召开城建、工业、交通、社会事业、农业、商贸等系统项目推进会议，并带队到县（市、区）现场办公会，加快“五个一批”项目建设。

【全市安全生产工作暨第四季度防范重特大生产安全事故会议】 2016年10月14日，市政府召开全市安全生产工作暨第四季度防范重特大生产安全事故会议，对安全生产工作进行再动员、再部署、再推进。代市长余红胜，市政府党组成员张文珍、副市长陈育煌出席会议，市政府党组成员程鹏鹰主持会议。余红胜在会上要求，要强化思想意识、压实安全生产责任；要坚持以防为主、推进安全生产治本攻坚；要提高保障能力、补齐安全生产“短板”，落实已出台的各项工作机制，为“再上新台阶、建设新三明”营造良好的安全环境。程鹏鹰通报全市安全生产情况，并对下阶段安全生产工作提出具体要求。市政府安委会成员单位主要负责人，各县（市、区）政府主要领导、分管领导和安监局局长参加会议。

【全市促进有效投资推进经济平稳增长视频会】 2016年11月15日，在收看全省促进有效投资推进经济平稳增长视频会后，市政府接着召开视频会议，对贯彻落实全省会议精神、促进全市有效投资工作进行部署。代市长余红胜，副市长林俊德、张元明和市政府党组成员张文珍在主会场出席会议，常务副市长黄建波主持会议。

【政务信息采编】 2016年，三明市政府系统信息工作围绕省、市政府中心工作，以文辅政职能，在宣传发展、提炼特色、总结典型、反映问题、提出建议等方面取得较好成效，为领导了解动态、掌握情况、科学决策提供大量详实、具体、有较高参考价值的资料。三明市政府办公室全年共编发《三明要讯》24期，与市委办合作编辑《三明快讯》118期。被省政府办公厅采用政务信息110条，三明市政府办公室被省政府办公厅评为信息报送先进单位。

【人大建议办理】 2016年，市政府收到市十二届人大六次会议建议191件，占人大建议总数的96%。这些建议按要求书面答复代表，办复率100%。在办复的建议中，所提建议解决51.8%。代表对承办部门办理情况表示满意和基本满意率为100%。

【政协提案办理】 2016年，市政府收到市政协九届五次会议提案268件。这些提案按要求书面答复委员，办复率为100%。在办复的提案中，提案内容全部采纳或部分采纳的有251件，占93.7%；受条件限制当年度无法采纳的有17件，占6.3%。市政协委员反馈意见的满意率99.5%。

（吴大优　陈开桩　金敏婕）

为民办实事项目

【概况】 2016年，三明市投入资金66.72亿元，实施办实事项目23个，解决一批与人民群众息息相关的社会生活保障、公共教育、基础卫生、旅游交通、文化体育等热点难点问题，进一步改善人民群众生产生活条件。

【农村居民最低生活保障标准提高】 2016年起，三明市农村低保标准由家庭年人均收入2300元~2820元提高到2650元~3000元，财政年人均分档补助标准由1720元提高到2070元。其中，梅列区、三元区、永安市从2016年7月1日起，再次提高农村低保标准，分别为每人每年5904元、3504元、3720元。全年共发放农村低保资金7562万元，全市3.2万多名低保对象受惠。

【城乡医疗救助基金政府筹集标准提高】 2016年起，三明市城乡医疗救助基金政府筹集标准提高到每人每年400元，共筹集资金7112万元。全年实施城乡医疗救助23万人次，发放医疗救助金2800万元。

【城乡居民基本医疗保险政府补助标准提高】 2016年起，三明市新型农村合作医疗和城镇居民基本医疗保险政府补助标准提高到每人每年410元，全年共下达补助资金12亿元。

【基本公共卫生服务能力提升】 2016年起，三明市基本公共卫生服务项目政府补助标准提高到每人每年45元，全年共下发补助资金1.13亿元。

【义务教育薄弱学校基本办学条件改善】 2016年，三明市完成投资1.07亿元，占年投资计划的115.1%。85所93个校园校舍建设项目全部开工，其中，实施校园校舍建设面积3.57万平方米，竣工面积3.49万平方米；完成运动场项目27个、面积6.83万平方米，完成围墙建设4658米、护坡建设1.1万立方米。添置图书22.2万册、学生课桌2.2万套、计算机5300台。全市义务教育学校条件配备（包含基础教育信息化）均达到省定标准，学校教育资源配置差异状况得到改善，义务教育均衡发展水平进一步提高。

【公办幼儿园建设】 2016年，三明市完成投资1.08亿元，占年投资计划的100%。17个项目全部开工建设，总建筑面积6.25万平方米，竣工4个，全部竣工后可新增学位4350个。

【公共体育服务】 2016年，三明市投入资金1754万元，占年投资计划的204.7%。城市社区全民健身场地设施建设项目完成城市社区多功能运动场建设14个、新增场地面积1.05万平方米；完成室内健身房建设6个、新增面积600平方米；完成笼式足球场建设6个、新增场地面积4284平方米；完成拆装式游泳池建设1个、新增场地面积1250平方米。全民健身赛事活动205场，直接参与活动人数5万多人次。通过政府购买服务等方式，委托市级20个体育协会及市直有关部门，联合组织开展市级体育活动赛事近40场，参与人数2万多人次。

【助残工程】 2016年，三明市投入资金4690万元。发放困难残疾人生活补贴1864.5万元、重度残疾人护理补贴2195.7万元，惠及7万余人；扶助500名贫困残疾人开展就业创业，发放补助资金250万元；资助机构托养残疾人140名、居家托养重度残疾人1550名，发放补助资金380万元。

【扶贫搬迁造福工程】 2016年，三明市完成投资12亿元，占年投资计划的120%。全市实施造福工程异地搬迁安置20050人，涉及项目全部竣工；建设造福工程集中安置区35个，完成投资4.05亿元。边远偏僻自然村农户、地质灾害农户、贫困残疾人农户等困难群众的异地搬迁需求得到逐步解决，居住条件逐步改善。

【农村危房改造】 2016年，三明市完成投资7272万元、危房改造2942户，分别占年计划的145.4%、168%。农村居民居住条件得到进一步改善。

【道路交通安全隐患整治和公路安保工程】 2016年，三明市完成投资3978万元，占年投资计划的170.5%。完成事故多发及危险路段安全隐患整治11处、农村道路交叉口安全设施建设168处、国省道安保工程65千米、农村公路安保提升工程193.7千米。

【公交服务便民和游客公共交通服务工程实施】 2016年，三明市完成投资1.08亿元，占年投资计划的110.5%。新增更新公交车160辆、新增公交线路8条、优化公交线路19条，建成公交电子站牌90个、公交停靠站25个。尤溪县闽中旅游集散中心建成并投入运营。

【农村“村村通客车”工程】 2016年，三明市完成投资1.04亿元，占年投资计划的315%。建设与改造农村公路246千米，建成农村港湾式客运站7个、新型候车亭60个。农村居民出行条件得到进一步改善。

【供水管网改造工程】 2016年，三明市完成投资9150万元、老旧供水管网改造54.2千米，分别占年计划的104%、120.4%。

【水土流失治理工程】 2016年，三明市完成投资5758万元，实施重点县、重点乡镇水土流失治理面积9920公顷，占治理任务的100%。

【保障性安居工程建设】 2016年，三明市完成投资15.93亿元，占年投资计划的147.1%。开工改造各类棚户区5828套（户），开工率占年计划的101%，其中：城市棚户区改造3325套、国有工矿棚户区改造253套、垦区危房改造57套，棚改货币安置2193户。基本建成6375套（含竣工3173套），基本建成率182.14%。

【“千村整治、百村示范”美丽乡村建设工程】 2016年，三明市完成投资10亿元，占年投资计划的166.7%。完成142个村庄整治、12个美丽乡村示范村及12条美丽乡村特色景观带建设。累计整治裸房1490幢，新增垃圾转运处理能力265吨，新建污水处理设施59个，拆除临时搭盖建筑13.8万平方米，硬化村道6.8万平方米，新增绿化面积10.5万平方米。

【“食品放心工程”建设】 2016年，三明市投入资金951万元，占年投资计划的204.5%。食品安全治理方面：2016年累计组织开展食品安全执法13002次，出动人员30211次，查处各类食品违法案件289起，查获各类不合格食品29634公斤，罚没431万元，共抽样检测主要食品139074件，加工食品抽检合格率98.83%。食品安全示范区建设方面：大田、泰宁通过省验收，成为全省首批食品安全社会共治示范县；明溪、将乐纳入省食品安全社会共治示范县创建试点。尤溪、清流、将乐、泰宁4个省级农产品质量安全县创建工作正有序推进，蔬菜农药残留抽检超标率控制在1.62%以下，生猪“瘦肉精”阳性检出率为零，水产品养殖环节药残抽检合格率99.6%；2016年12月，尤溪县被农业部命名为第一批“国家农产品质量安全县”之一。食品监督抽检方面：全市共完成食品监督抽样3987批次，检出不合格食品28批次；53个基层食品药品监管所食品安全快速检测设备全部配备到位。食品犯罪案件查处方面：全市共破获食品犯罪案件18起，食品领域违法犯罪活动得到震慑和遏制。

【贫困人口临时救助制度出台实施】 2016年，三明市出台《三明市临时救助暂行办法》，并按每人每年7元标准筹集资金，共筹集资金2094万元。全年共实施临时救助7600人次，发放临时救助资金722万元。

【扶贫小额贷款政策完善】 2016年，三明市千户以上贫困人口的10个县（市）均设立扶贫担保基金，共筹集基金1.42亿元。全市新增扶贫小额信贷担保贫困户2620户，并为有带动贫困户的208家农民合作社和专业大户等经营主体提供担保服务，共发放风险担保贷款17077万元。

【“平安三明”视频监控一期升级改造项目】 2016年，三明市区200路视频监控升级改造全部完成，并投入使用。全市视频监控网络信息综合平台更加完备，社会治安防控能力进一步提升。

【三明市区第二供水工程】 2016年，三明市完成投资3.38亿元。市区第二供水工程是以市区应急供水为主要任务的城市备用供水工程，包括第二水源工程和贵溪洋供水工程，引水线路南起三元区薯沙溪电站3#支洞，北至梅列区徐碧贵溪洋芦山，新建洞线16.7千米，与现有的东牙溪引水隧洞相连接。新建的贵溪洋水厂总供水规模为10万立方米/日，一期供水规模3万立方米/日。2014年11月，市区第二供水工程开工建设。2016年4月引水系统全线贯通，8月底隧洞衬砌、喷锚等后续工作完成。12月23日，正式通水。

【列东大桥及两侧桥头改造工程】 2016年，三明市完成投资1.55亿元。列东大桥改造任务完成，于10月1日正式通车。新列东大桥为三明市境内首座水上大跨度现浇箱梁桥，水深6~10米，最大跨度为50米桥梁，全长234米，桥梁跨度38米，分两幅建设，每幅宽度19米，双向6车道。

（金敏婕）

信访工作

【概况】 2016年，三明市信访工作坚持目标和问题导向相统一，坚持制度改革和依法化解双驱动，打造阳光信访、责任信访、法治信访，妥善化解信访突出问题，维护信访群众合法权益，维护社会和谐稳定，呈现“五下降一好转”的良好局面（即全市信访总量、群众进京非访、进京越级访、赴省和到市上访下降，信访秩序持续好转），实现“三个确保”的工作目标（即确保不发生大规模进京到省集体上访、不发生因信访问题处置不当引发群体性事件、不发生个人极端事件和负面炒作）。

【领导干部每月定期接访】 2016年，市党政主要领导、市委常委、市政府副市长坚持参与每月和每周“三固定”接访活动。通过每月15日的书记、市长接待活动，先后协调解决翁墩新村张某林等162户群众反映小区排污、碧湖小区36户群众要求接通市区自来水、陈大镇机床厂39户职工要求列入棚户区改造、龙泽小区255户居民要求办理土地证等多年信访难题。2016年，先后有20多位市领导60余人次接访群众317批1546人次，对群众反映的合理合法诉求，在第一时间作出批示，帮助群众排忧解难，市领导接访件按期办结率100%。

【信访积案化解】 2016年6月30日，市信访局按照信访积案化解“清仓见底”的要求，制定出台《关于市级党政领导挂钩联系包案化解信访积案的工作方案》，强化领导包案化解工作举措，实行挂牌督办，一案一督，国家、省、市排查交办信访积案57件，办结化解57件，办结化解率100%；其中息诉息访52件（省级信访积案全部息诉息访），息诉息访率91.2%。

【“三跨三分离”信访事项处理】 2016年，省信访局交办三明“三跨三分离”问题8件（其中行政类4件、涉法涉诉类4件），息诉息访5件。三明市成立“三跨三分离”（即跨地区、跨部门、跨行业和人事分离、人户分离、人事户分离）信访事项工作领导小组，由市政府分管副市长任组长，市信访局主要领导、相关县（市、区）分管领导任副组长，破解“三跨三分离”难题，本市范围内“三跨三分离”问题基本得到解决。省下达三明市开展公开听证评议24件、专案评审25件；全市完成公开听证24件，完成率100%；完成专案评审27件，超额完成8%。

【信访工作考评】 2016年，市信访局在全市范围内开展“三无”（无进京越级上访、无大规模集体上访、无因信访问题引发极端恶性事件和舆论负面炒作）县（市、区）创建活动。市委常委会对创建工作进行专题研究，把创建工作纳入年终综治考评，成立由市委副书记、市联席会议总召集人任组长“三无”创建工作领导小组，发挥县、乡两级党委政府的领导和村级组织的主导作用，完善县、乡、村三级信访工作网络和责任体系，形成一级抓一级、层层抓落实的工作格局，打造一批有特色、可复制、可推广的“三无”县乡村示范典型。2016年，全市12个县（市、区）、142个乡镇（街道）、1910个村（居）委会中，有110个乡镇（街道）、1874个村实现“三无”创建目标，分别占乡镇（街道）、村总数的77.46%、98.12%。

【网络信访】 2016年，三明全市建成并注册省信访信息系统952家，登录使用952家，登录使用率100%；自办应用952家，自办应用率100%；手机绑定952家，绑定率100%，均居全省前列，实现省信访信息系统市、县、乡三级全应用、信访信息全录入、业务全流转、办理全公开。全市全年受理群众投诉请求12896件，其中网络信访8721件，占比67.63%，网络信访逐步取代传统的来信和来访，成为群众反映诉求的主要渠道。

（陈三优）

外事侨务及港澳台事务

【概况】 2016年，三明市外侨办围绕市委、市政府中心工作和省外办、侨办重大部署，统筹资源，创新思维，加强出入境管理，加强对外交流合作，加强依法护侨，积极做好为侨服务工作，推动地方经济发展和社会和谐。

【因公出访审批】 2016年，三明市办理三明市党政、事业、企业各类因公出国（境）团组66批137人次；其中本地团组25批77人次；省组团41批60人次，厅级领导6人次，处级领导72人次，制止调整压缩无实质性出访团组5批10人次。

【对外交流活动】 2016年，三明市接待外宾13批187人次，其中接待外国驻华使领馆官员4批51人，接待副部级以上外宾5批18人。2月，日本驻广州总领馆领事到泰宁县考察日本利民工程援助项目——杉城镇丰元小学教学楼综合楼项目；3月，菲律宾驻厦门总领事馆付昕伟总领事25人到大田县济阳乡考察当地历史文化建筑和风土人情；7月，新加坡驻厦门总领事池兆森先生及企业家到三明考察旅游资源、城市规划等项目；8月23日，香港特别行政区驻福建联络处主任潘婉慈女士2人在三明考察科技、体育、教育及青少年交流合作可能。10月27日，泰国驻厦门总领事馆总领事邱塔泰9人访问三明；11月5日，柬埔寨中央委员、菩萨省委员会主席、省理事会主席考伊索卡为团长的柬埔寨人民党青年干部考察团20人在三明进行为期5天的考察。在做好外宾接待的同时，6月22日，市外侨办应付昕伟总领事的邀请，参加庆祝菲律宾宣布独立118周年招待晚宴活动。7月29日，市外侨办应池兆森总领事邀请，参加新加坡国庆招待晚宴活动。

【友好城市建设】 2016年，泰宁县经省友协办牵线搭桥，与艾瓦耶市建立联系。11月12~13日，比利时列日省议会常务委员会副主席凯蒂·菲尔盖带领列日省政府代表团访问泰宁，泰宁县与列日省艾瓦耶市签署建立友好交流城市关系意向书，泰宁县成为三明市第一个与国外城市缔结友好交流城市意向关系的县。12月7日，在巴中经济贸易促进会会长王尊兴（明溪籍）的推动下，明溪县在东莞市举行专场项目推介会时，与巴西坎皮纳斯市签订战略合作框架协议书。

【青少年联谊】 2016年6月27日至7月3日，三明市23名师生赴马来西亚开展夏令营活动，以“开拓国际视野，培养国际人才”为主题，与当地华侨华人客家社团和华校的文化交流。10月27日至11月3日，三明客家艺术团35人先后赴马来西亚彭亨州和关丹举行为期7天的文化交流演出，吸引近两千名观众前往观看，引起当地媒体高度关注和赞誉，推动三明与马来西亚在人文艺术领域的交流合作。举办台湾青少年“手牵手·海丝情”客家之旅夏令营和马来西亚柔佛州、霹雳州华校校友联合会组织的海外华裔青少年“中国寻根之旅”冬令营三明营，共计3期320人次。此外，三明选派明溪县2名教师前往马达加斯加任教，三明华文教育工作首次走进非洲。

【省级扶贫开发重点县内外架桥暨精准扶贫活动举办】 2016年，三明市外侨办对接省“一带一路”战略活动平台，与省侨办联合举办三明市省级扶贫开发重点县内外架桥暨精准扶贫活动，邀请来自15个国家和地区的53位海外侨商齐聚宁化，针对三明市明溪县、清流县、泰宁县、建宁县、宁化县5个省级扶贫开发重点县，开展引资引智和慈善公益活动。架桥活动达成初步意向26项，涉及旅游、养生、电商、生态农业等领域。同时，确定帮扶5个县贫困学生50名，每年每人给予1万元补助，4年共计200万元。

【侨务工作】 2016年，三明市外侨办办理“三侨子女”证明98份，华侨到福建定居证明20份。在三元区、明溪县、清流县等新华侨和出国人员较多的县（区），举办3场“省侨办侨爱工程——送温暖医疗队义诊暨侨法宣传活动”，为归侨侨眷开展义务诊治800余人次，提供涉侨法律政策咨询1000余人次，发放侨法宣传资料3000余份。在归侨侨眷较为集中的明溪和宁化县，举办2期归侨侨眷实用就业技能培训班，由农业、畜牧等专家授课，培训归侨侨眷120余人。开展侨界困难群体摸底调查工作，向省申报贫困归侨低保救济和精准扶贫对象17个，贫困归侨家庭32个，残疾归侨32个，侨界失依儿童2名。全年走访慰问归侨侨眷48人，发放慰问金6.82万元。

（钟　畅）

行政服务工作

【概况】 2016年，市行政服务中心管委会突出改革创新，落实“马上就办”，加大“互联网+政务服务”融合，推进政务实体办事大厅和网上办事大厅建设，规范政务中介服务和公共资源交易管理，推动政务公开，营造优良政务服务环境。

【政务服务】 2016年9月，市行政服务中心管委会制定《三明市项目并联审批流程实施方案》，实行投资项目审批、用地批准、方案审查、施工许可等四个阶段并联审查审批。市直部门单位共梳理投资事项60项，通过平台办理企业投资项目申请64件，投资金额21.2亿元。落实行政服务“三集中”要求，市（区）入驻80个单位，进驻事项1370项。完善工程项目建设、企业注册、综合审批、公共便民服务、规范行政审批中介服务、重点项目服务、网上审批、公共资源交易及电子监察八大服务平台。全市142个乡镇（街道）便民服务中心和1880个村（居）全部完成便民服务代办点完成标准化建设。制定《关于进一步规范行政审批和公共服务事项办理工作的通知》，从规范受理、加强审查、严格办结、落实送达、强化建档和责任追究等六个方面，加强审批规范性管理。落实项目代办工作，进一步明确责任主体，按照“谁引资谁代办”的原则，全程无偿代办一切审批手续，全市完成全程代办事项504项。建成省市县三级互联互通网上办事大厅，在全省率先推进乡镇一级网上办事大厅，对业务办理量大面广、涉及民生、与群众和企业密切相关的事项，优先推进网上办事服务，市级行政审批事项网上全流程办理率80%以上。

【行政审批中介服务】 2016年，三明市行政服务中心入驻中介机构283家，新增57家。业务报备560件，合约内办结539件，合约内办结率96.2%；全年总体缩短办结时间12200多个工作日，比原承诺时限缩短41.7%；中介服务比原取费节约3200万元，总体降低32.8%。完成国有投资项目中介服务事项比选27场，工程总量13多亿元，实际降低费用460多万元，比原取费下降约62.1%。完成财政助审比选77场159个项目。完成中介网上办事大厅建设，设立办事指南、诚信建设、网上办事、项目信息、通知通告、在线互动等六个板块，网上完成业务报备156件，在办59件，中介机构注册277家。2016年6月，三明市政务中介服务中心加挂“三明市人民政府采购中心”牌子，负责市直机关、事业单位和团体组织委托的集中采购项目方案的制定和具体实

2016年6月27日至7月3日，三明市青少年赴马来西亚参加夏令营活动
（市外侨办提供）

施；负责组织实施政府采购活动等职责，11月正式运行。

【公共资源交易管理】 2016年6月30日，市行政服务中心管委会制定《三明市公共资源交易平台整合实施方案》，将县级公共资源交易平台整合为市级平台的分支机构，全市“一个平台”开展公共资源交易活动。对符合市场化配置条件的公共资源项目，实行交易目录管理制度，全市“一张清单”明确进场交易事项。建设市、县一体化的公共资源电子化交易平台，全市“一张网”实现公共资源交易电子化。建立清理和规范公共资源交易规则长效机制,全市“一套制度规则”管理公共资源交易活动。整合全市评标专家资源，“一个专家库”管理评标专家。2016年完成各类公共资源交易活动499场次，总成交金额71.38亿元，增收节支5.71亿元。

【政府信息公开】 截至2016年12月底，三明市调整充实政务公开工作机构582个，工作人员604人，其中专职39人。全市各级行政机关建立政府信息公开网站专栏582个，专栏访问量536.77万人次。全市各级各部门制作政府信息4.4万条，其中，主动公开信息占80.5%、作为依申请公开信息占11.42%、涉密不予公开信息占12.83%，政府信息公开及时率100%，绩效考核名列全省第一。全市受理依申请公开事项150件，全部依法按时办结；回应公众关注热点和重大舆情112次，举办新闻发布会12次；发布政策解读稿件108篇，政府网站在线访谈75次。建立健全实时在线电子监察，每月网络巡查，每季重点抽查，全年点对点发出督办通知单28份。

（毛荣光）

机关事务管理

【办公用房管理】 2016年，市机关事务管理局对全市党政机关办公用房使用情况开展一月一督查活动，先后检查10多个市直单位的50多名处级领导干部和12个县（市、区）的100多名处级领导干部、30多名科级领导干部办公用房使用情况。开展深化党政机关办公用房清理整改工作，全市党政机关从11月中旬开始，用一个月时间清理整改超标违规办公用房。2016年，全市有50多名处级领导干部带头整改不符合标准的办公室，市直单位腾退办公用房约7800平方米，调剂使用约4200平方米。

【公务用车制度改革】 2016年11月，市机关事务管理局开展公务用车制度改革前的情况摸底、方案制订、费用测算等各项工作，制定下发《三明市公务用车制度改革实施方案的通知》和一系列改革配套文件，市、县车改办与闽通汽车租赁服务有限公司联手新建机关公务用车服务平台。11月18日，召开全市公务用车制度改革工作动员会。12月23日下午18时市涉改单位封存公务车辆，12月31日前各县（市、区）涉改单位封存公务车辆，机关公务用车服务平台于12月20日进入车辆约车运行阶段。

2016年，梅列区工商局窗口服务优质快捷　（市行政服务中心管委会提供）

【公共机构节能】 2016年，市机关事务管理局围绕“节能领跑、绿色发展”和全国低碳日“绿色发展、低碳创新”主题，开展节能宣传教育活动，全市发送节能宣传短信3.2万余条，张贴节能宣传画等450张；组织32名人员参加三期节能远程管理岗位培训，组织公共机构节能管理部门或教科文卫体等行业系统开展节能管理培训3次230人（次）。2016年，全市公共机构投入500余万元资金，实施一批节能技术改造项目；推广新能源汽车311台（其中：财政资金购买222台，引入社会资本运营89台），财政资金建设充电基础设施112套；全市1609个公共机构通过信息化手段报送能耗统计数据，占公共机构总数的98%。全市基本实现“全年人均能耗下降15%，单位建筑面积能耗下降12%”的目标。三明职业技术学院、沙县机关事务管理局等10个单位被省机关管理局、财政厅、经信委联合评为省级节能示范单位。

【市政府机关大院管理】 2016年，市政府投入50余万元，在机关大院新建44路视频监控系统，在办公大楼新建4个门禁设施和大楼的雨披及大门，维修喷水池、大楼主楼屋面渗漏等损毁部位。落实市政府机关大院管理制度，开展安全保卫、卫生保洁、绿化美化等工作。着眼便民，做好服务工作，在办公大楼主楼一层大厅安装1台“文化一点通”点读机，更新办公大楼单位分布示意图等。

【相关房产规范管理】 2016年，市机关事务管理局对红岩新村、梅岭新村、双园新村共20余处受损公共部位实施维修建设，解决一批事关干部、居民生活的问题。完善所管辖的店面租赁台账和管理档案，督促承租者自觉履行合同、守法经营，向财政上缴店面租金100多万元。及时收回“好多多超市”租赁场所，终止周边5个店面的租赁合同，保障市直机关食堂改造建设工程需要。

（李建华）

机关效能建设

【概况】 2016年，三明市制定出台《关于推进政务和效能督查工作的实施意见》《进一步规范行政审批和公共服务事项办理工作的通知》《2016年深化“比服务”活动实施方案》《关于强化便民服务“马上就办”的通知》《关于进一步加强日常机关效能巡查工作的通知》等机关效能建设工作制度，规范机关单位日常效能建设工作。6月，市长杜源生专题召开全市机关效能建设领导小组会议，要求全市各级各部门抓好机关效能建设，在转作风、促发展、提效能上下功夫。市县两级效能办强化力量配备，市效能办效能综合科、绩效管理科分别增设1名工作人员，从事效能的工作人员从原有7人增加到9人（含兼职领导），各县（市、区）效能办依托政府办人员也有所增强，基本落实效能工作人员特岗津贴相应待遇。同时，将市政府办的效能综合科、效能督查科、绩效管理科与政府督查室从人员力量层面进行整合，实现工作统管、力量统筹，信息共享、结果共用，形成政务督查、效能督查资源共用、合力共为的“大督查”工作格局。

【效能服务】 2016年，市效能办在原有注重对“人”进行监督基础上，加大对“事”进行监督的工作力度，将决策部署落实情况和机关履职尽责情况纳入效能督查的常态工作。在落实“行动计划”、防汛抗灾、重点项目建设等重大事项上，统一督查行动，市县集中联动，提升督查效果。跟紧市政府领导关注、社会反映强烈的热点难点问题，强化要素保障，解决好“大干150天”项目推动，实行一月一协调、一月一督查、一月一考评、一月一通报，促进各项工作落实，化解疏通制约发展的问题。突出服务项目，贯彻落实省委、省政府关于推进“五个一批”项目建设的总体部署，以挂牌服务、现场督查、项目约谈的方式，推进“大干150天”项目实施。

【效能督查】 2016年，市效能办开展省“行动计划”督查，实地查看交通、能源、农林水、工业、社会事业、城建环保和商贸服务业等七大行业市重点项目114个,查看“行动计划”“五个一批”和工程包项目96个，促进重大项目按时推进。开展“比服务”和简政放权督查，重点督查推进“四下基层”“马上就办”深化审批改革、强化要素保障、帮扶企业发展等情况及存在的突出问题，2016年，解决全市62个工作难题中13个、推进44个；清理审批前置条件和行政审批中介服务事项，精简率分别达到14%和27.5%。开展机关效能纪律作风督查，加强日常机关效能巡查，到机关、基层一线开展纪律作风督查4次，发出通报4份，查处违反机关纪律作风行为59人次，效能问责处理81人次，其中效能告诫21人次，通报批评14人次，诫免教育46人次。全市各类便民服务诉求电话统一整合到12345网络平台，依托市信访局网络信息中心，全市受理机关效能投诉件169件，应办结169件，办结率100%，逾期办理率下降至1.36%。

【效能考评】 2016年，市效能办加大金融债务化解、生态文明、民生改善和依法治市在指标设置中的权重，将省对市绩效考评结果纳入2016年度市直绩效考评范围，对指标得分位列全省前3名的指标责任单位，在年度考评总分中分别加2分、1分、0.5分，对指标得分位列全省后两名的指标责任单位，分别扣2分、1分。完善考评方式，将工作目标分解到被考核的12个县（市、区）政府和88个市直各部门及中央、省属在明单位，细化绩效管理指标和内容，推广省绩效管理系统。绩效考核方面坚持公众参与、多部门联动、指标数据面对面、建立行政服务业绩电子管理系统等多种模式相结合的考评方式；公众评议方面依托政府门户网站进行市直部门绩效满意度测评，向党代表、人大代表、政协委员以及工代会、团代会、妇代会代表发放调查问卷1230份；察访核验方面采取明察与暗访相结合的方法，加大对党政机关为官不为、作风懈怠等突出问题的督查力度，做到察访核验在平时、跟踪指标到一线。完善过程监控，落实绩效管理责任制，把绩效管理相关制度落实情况纳入绩效考评。

（市效能办）

责任编辑：巫少鹏

2016年，三明沙县机场全景　　（三明侨报社提供）

政协三明市委员会

SANMING MUNICIPAL COMMITTEE OF THE CHINESE PEOPLE'S POLITICAL CONSULTATIVE CONFERENCE

综　述

【服务中心工作】 2016年，政协三明市委员会（简称市政协）增强服务发展的主动性，广泛协商议政，献计建言，为市委、市政府科学民主决策提供参考。紧扣市委、市政府工作重点，围绕深化精准扶贫工作、推进产业供给侧结构性改革两大课题，分别于7月和12月举办政协专题协商会，两场协商会提出意见建议39条。在政协全会期间，组织委员开展协商议政活动，有10件大会发言、专报件和重要提案摘报得到市委、市政府主要领导批示。围绕发展农村电子商务、推进种业发展、传统沙县小吃互联网化、加强避灾场所建设等17个重点问题，开展对口协商、界别协商和提案办理协商，市政府分管领导参与协商，提升协商成效。举办以“创业创新助推我市产业升级”为主题的第九届三明政协论坛，征集到论文53篇，8位获奖代表上台交流，为创新发展建言献策。市政协班子成员协助市委、市政府，做好重点项目的推进落地、招商引资、精准扶贫攻坚等工作。在面对“尼伯特”“莫兰蒂”等强台风紧要关头，市政协班子成员第一时间到挂钩联系点做好各项防御工作。

【履职能力增强】 2016年，市政协增强履职为民的自觉性，坚持参政为民、监督为民、建言为民，推动惠民利民措施的落实。从群众切身利益问题入手，围绕小区物业管理、社区养老服务业发展、城市绿道规划建设等民生实事，开展调研考察、提案督办，促进民生事业发展。2016年，交办提案274件，所提意见采纳率94.2%，提案者满意率和基本满意率98.5%。探索提案办理新机制，完善“三个主动”“三个引导”“五步工作法”“五个一”等工作方法。聘请16名有较高参政议政能力、热心政协工作的委员和民主党派人士为社情民意信息特约信息员，广泛收集整理社会动态信息，及时反映群众意愿诉求。全年报送社情民意信息316条，23条意见建议被省政协采用，《我省农村水环境整治存在“三大短板”》等专报件获得省委尤权书记、于伟国省长等省领导批示，《关于推进我省排污权交易试点的建议》获得常务副省长张志南批示。探索民主监督形式，市政协选派51名政协委员担任部门民主监督员，围绕事关群众利益的司法公正、食品药品、公共服务、行风政风等重点领域开展民主监督，一些群众反映的突出问题得到解决。在全省政协系统率先建立专家智库，联系筛选近100名国内知名专家，自2016年起，对市委、市政府重大决策部署和群众关注的热点问题，定期开展调研协商，为三明市经济社会发展提供智力支持。搭建管理平台，在全省率先建立委员履职管理系统，实现委员履职数字化、科学化管理，提高委员参政议政水平。搭建信息交流平台，通过手机短信等形式，定期发布政协相关信息，让政协机关干部和委员及时了解动态、掌握情况。

【党派合作交流】 2016年，市政协增强政协工作的包容性，发挥大团结大联合的作用，努力为三明和谐稳定聚智集力。通过召开专题座谈会、情况通报会，联合开展政协论坛、调研考察等形式，支持各民主党派、人民团体和无党派人士在协商议政中挑大梁。年内，市各民主党派、工商联、无党派人士提交提案238件，调研材料和大会发言材料75件，社情民意信息161条，分别占总数的87.2%、84.3%、52.1%，发挥在政协参政议政中的“主力军”作用。举办港澳委员履职座谈会，首次开展港澳委员述职评议。贯彻党的民族宗教政策，听取民族宗教界代表人士的意见，促进民族团结、宗教和睦。加强对县（市、区）政协的指导，选择全市性的重大课题，开展市县两级政协联动调研、联合考察9场活动。注重加强与省内外兄弟市政协的交流，参加闽粤赣三省八市政协联系协作会议，年内先后有湖北、安徽等省15个地市政协到三明考察。

【文史宣传】 2016年，市政协加大对政协工作的宣传力度，《人民政协报》《政协天地》等报刊，刊登《精准聚焦“靶向”挖掘内生动力》等25篇文章，《福建三明：履职为民“三重奏”》等3条新闻获得第二十届福建省政协好新闻奖。发挥政协文史工作“存史、资政、团结、育人”的作用，出版《万寿岩——三明旧石器遗址保护记》等专辑。召开全市政协文史工作暨红军长征胜利 80 周年研讨会，出版发行《三明红色岁月——纪念红军长征胜利八十周年专辑》。

【培训学习】 2016 年，三明市举办培训班 18 场，450 多人次参加学习，提高委员政治把握、调查研究、联系群众、合作共事的能力。坚持高标准、严要求，配合市委组织部、统战部做好政协换届工作，做好委员的推荐提名工作。

重要会议

【市政协九届五次会议】 2016 年 1 月 25~28 日，政协第九届三明市委员会第五次会议在三明召开。会议审议通过主席程立双委托副主席李宝兰所作的常委会工作报告和副主席李茂胜代表政协第九届三明市委员会常务委员会所作的提案工作情况报告。会议以无记名投票方式，选举朱昌贤委员为中国人民政治协商会议第九届三明市委员会主席，补选常务委员 1 名。委员们还列席三明市第十二届人民代表大会第六次会议，听取市长杜源生所作的三明市政府工作报告，听取三明市 2015 年国民经济和社会发展计划执行情况及 2016 年国民经济和社会发展计划草案的报告、三明市 2015 年预算执行情况及 2016 年预算草案的报告和三明市国民经济和社会发展第十三个五年规划纲要草案，听取三明市中级人民法院、市人民检察院工作报告。会议收到大会发言材料 89 篇，有 19 位民主党派、有关团体负责人和委员在大会上发言，杜源生、市委副书记余红胜到会听取意见建议；收到提案 267 件，立案 263 件，杜源生对 5 件重要提案摘报作出批示。

【市政协九届二十一次常委会】 2016 年 1 月 27 日，政协第九届三明市委员会常务委员会举行第二十一次会议。会议听取市委常委、组织部部长陈炎标所作的关于选举政协第九届三明市委员会主席名单（草案）、补选常务委员名单（草案）的说明；审议通过选举政协第九届三明市委员会主席候选人名单（草案）、补选常务委员候选人名单（草案），决定提交全体委员讨论；审议通过市政协九届五次会议《选举办法（草案）》，决定提交全体委员讨论；审议通过市政协九届五次会议《决议（草案）》，决定提交全体委员讨论。

【市政协九届二十二次常委会】 2016 年 3 月 25 日，政协第九届三明市委员会常务委员会举行第二十二次会议。会议传达学习贯彻全国“两会”和市委常委（扩大）会议精神；通过有关人事事项。

【市政协九届二十三次常委会】 2016 年 7 月 6 日，政协第九届三明市委员会常务委员会举行第二十三次会议。会议围绕“深化精准扶贫工作”进行专题协商，邀请人行福州中心支行副行长吕进中作“中国自贸试验区制度创新的实践与探索”讲座。

【市政协九届二十四次常委会】 2016 年 12 月 13 日，政协第九届三明市委员会常务委员会举行第二十四次会议。会议围绕“推进产业供给侧结构性改革”进行专题协商，审议通过市政协常委会工作报告（讨论稿）、提案工作报告（讨论稿）和关于召开市政协十届一次会议的相关文件及人事任免事项。

【市政协九届二十五次常委会】 2016 年 12 月 29 日，政协第九届三明市委员会常务委员会举行第二十五次会议。会议协商通过政协第十届三明市委员会参加单位、界别设置、委员名额和委员名单，审议通过政协第十届三明市委员会第一次会议有关事项；听取市政府党组成员张文珍所作的关于市政协九届五次会议提案办理情况的通报和市纪委、法院、检察院有关负责人所作的关于 2016 年工作情况的通报。

2016 年 1 月 28 日，市政协九届五次会议当选主席朱昌贤（中）与副主席、秘书长合影 （市政协提供）

参政议政

【概况】 2016 年，市政协常委会和各专门委员会先后组织开展深化精准扶贫工作、推进产业供给侧结构性改革、发展农村电子商务、推进种业发展、规范电梯安全运营管理、推进社区养老服务业发展、完善中小学生实践教育基地、土堡的保护和开发利用等调研协商活动，并形成调研报告，报市委、市政府供决策参考；举办主题为“创业创新助推产业转型升级”的第九届“三明政协论坛”；协助全国政协和省政协开展基本公共卫生服务工作、打造文化与生态相融合的大武夷旅游圈、加强小流域水质监测与治理、推进 PPP 模式在公共基础设施中的应用等调研活动，一批参政议政成果得到市主要领导批示，并被有关部门采纳。

【重点项目建设调研】 2016 年 3 月 2~3 日，市政协主席朱昌贤到中科动力（福建）新能源汽车、中国（永安）竹天下文化旅游产业园、三明福特科光电公司、宁化月兔科技有限公司、海斯福化工有限公司、福建通飞航空制造有限公司、机械总院（将乐）半固态技术研究中心、福建三洋浆纸装备自动化股份有限公司等项目现场，调研重点项目建设情况，指导推进重点项目建设。

【“深化精准扶贫工作”专题协商】 2016年3月14~17日，市政协组织明溪、清流、宁化、建宁、泰宁5个苏区县政协领导和市扶贫相关部门负责人赴浙江衢州、丽水，学习考察当地精准扶贫的经验和做法。4月7日，市政协召开“深化精准扶贫工作”专题调研情况通报会，听取市农业局、市扶贫办负责人通报三明国家扶贫改革试验区建设情况，三明学院专家作关于《中国扶贫的回顾与展望》专题讲座。4月12~27日，市政协主席会议成员带领7个调研小组，分赴明溪、清流、宁化、建宁、泰宁、将乐、沙县等县，就“深化精准扶贫工作”常委会协商课题开展调研，并召开座谈会，听取市发改、民政、财政、农业、老区办、金融办、扶贫办等30多个部门负责人介绍有关情况。7月6日，市政协召开九届二十三次常委会议，围绕“深化精准扶贫工作”进行专题协商，市政协副主席阎伟强代表市政协“深化精准扶贫工作”课题调研组进行发言，建宁、宁化等扶贫开发重点县代表和专题调研组部分成员进行专题发言，政协常委、委员和应邀与会同志围绕协商专题进行即席发言，市财政局、民政局、农业局、卫计委、残联等部门负责人协商回应课题组和委员，提出相关意见建议。市委副书记、市长杜源生出席会议并讲话，市政府副市长林守钦、秘书长程鹏鹰和市直有关部门单位负责人参加会议。7月11日，杜源生在市政协报送的《关于深化精准扶贫工作的建议案》上作出批示：请分管领导和有关部门研究，落实好建议意见。

2016年7月6日，市政协召开九届二十三次常委会议，围绕“深化我市精准扶贫工作”进行专题协商 (市政协提供)

【“推进产业供给侧结构性改革”专题协商】 2016年5月，市政协组织调研组分赴三元、永安、清流、宁化、将乐、沙县等县（市、区）和市规划设计院，开展“推进产业供给侧结构性改革”调研。12月13日，市政协召开九届二十四次常委会议，围绕“推进产业供给侧结构性改革”进行专题协商。会上，市政协副主席伍成康代表课题调研组介绍三明市产业供给侧结构性改革的基本情况、存在问题和对策建议，省政府发展研究中心原副主任、研究员王开明代表专家组发言，14位与会代表就传统产业改造提升、新兴产业培育、旅游资源整合、房地产去库存、营改增等方面，摆问题、谈看法、提建议。市发改委、科技局、经信委、住建局、商务局、金融办负责人现场回应，提出改进工作的具体措施。市政府代市长余红胜出席会议并讲话。市政府党组成员程鹏鹰、秘书长罗金水出席会议。会上，余红胜在《关于推进产业供给侧结构性改革的调研报告》《推进供给侧结构性改革工作汇报》《三明市旅游企业受“营改增”的影响分析及对接适应的几点思考》等3份专题协商材料上作出批示。12月19日，余红胜在《关于推进产业供给侧结构性改革的建议案》上作出批示：请市政府办公室按我上次专题协商会上的批示抓好落实，把市政协的意见建议吸收到市政府明年工作安排中去。12月21日，市委书记杜源生在《关于推进产业供给侧结构性改革的建议案》上作出批示：市政协建议很好，特别是对存在的问题看得准，若干建议可吸纳为政府工作。

【指导抗洪救灾】 2016年5月9日，市政协主席朱昌贤带领市直有关部门负责人到沙县虬江街道琅口社区地灾点现场、厦沙高速沙溪特大桥施工现场、华电集团高砂电站等，检查指导防汛备汛工作。7月9日，朱昌贤到清流县指导超强台风“尼伯特”防御工作，先后到县防汛办观看卫星云图和防汛抗旱监控系统，听取相关部门关于天气分析以及当前防汛抗台风工作等情况汇报，并到嵩口镇、沙芜乡和赖坊乡等地实地察看地质灾害点的群众转移情况，了解排洪疏浚及台风防御工作进展情况。9月14~16日，朱昌贤赴清流县检查指导防抗强台风“莫兰蒂”工作，先后到县防汛抗旱指挥部、龙津镇横溪岭村、水南街地质灾害点、余朋乡蛟坑村地质灾害点等地，详细了解清流县防抗台风工作各项措施的落实情况，现场指导防御台风工作。9月27~29日，朱昌贤赴清流县检查指导防抗台风“鲇鱼”工作，先后到清流县长校镇和里田乡地质灾害点进行实地检查，检查防台风应急措施落实情况。

【“推进种子产业发展”界别协商】 2016年4月12~17日，市政协组织调研组到甘肃省张掖市，实地考察张掖国家级玉米种子产业园种子基地建设、运作管理等方面的做法和经验。6月16~17日，市政协组织部分委员赴沙县、建宁县开展“推进种子产业发展”专题调研，实地察看沙县夏茂镇儒元村国家级水稻新品种展示基地、西街村绿色超级稻新品种展示基地、俞邦村彩色稻栽培田和建宁县种子产业园、禾丰种业仓储加工中心建设项目、里心镇精准农机专业合作社等，并与相关部门及企业负责人座谈。6月21日，市政协组织调研组走访市农科院，了解市种子产业园建设和杂交水稻种子研发情况。7月12日，市政协召开“推进种子产业发展”专题协商会，与会政协委员、专家、部门负责人从三明市种子产业发展的基础优势、规划布局、基地监管、综合服务、政策扶持、机制创新等方面提出意见建议。

【“三明土堡的保护和开发利用”对口协商】 2016年6月17日，10月11日、17~18日，市政协组织部分委员、相关专家到永安、沙县、尤溪、大田等县（市）和市博物馆开展“三明土堡的保护和开发利用”专题调研，了解土堡保护和开发利用情况。11月10日，市政协召开“加强三明土堡保护和开发利用”协商座谈会，提出加强保护规划，推动保护立法；实施保护项目，对列入国保、省保的土堡，实施安防、消防等工程；落实保护责任，构建文物安全监管体系；重新启动土堡申报“世界文化遗产”程序等意见建议。

【“大力发展农村电子商务，促进农村经济发展”对口协商】 2016年6月24日，市政协组织部分委员赴建宁县开展“大力发展农村电子商务，促进农村经济发展”专题调研，实地察看福建闽江源绿田实业有限公司、电商产业园、首条O2O示范街区项目建设情况，听取相关情况介绍。7月8日，市政协召开“大力发展农村电子商务，促进农村经济发展”对口协商座谈会，市政协经济委通报农村电子商务发展调研情况，各职能部门、政协委员和电商代表就如何加快农村电子商务发展进行互动交流与协商，并提出意见建议。

【“规范电梯安全运营管理”对口协商】 2016年6月28日，市政协组织部分委员和市直有关部门负责人，开展“规范电梯安全运营管理”专题对口协商考察活动，先后察看嘉捷机电设备有限公司远程监控系统、广景城小区十年以上电梯情况、东新三路供电局生活小区旧房加装电梯情况以及市第一医院自动扶梯、病床电梯运行管理情况，并在门诊大楼电梯机房现场，听取维保单位关于电梯应急救援情况介绍。7月14日，市政协召开“规范电梯运营安全管理”对口协商座谈会。与会委员及参会代表就三明市电梯运营安全管理工作中遇到的问题提出意见建议，市直有关部门负责人进行面对面的协商和答复。

【“推进社区养老服务业发展”对口协商】 2016年8月18~19日，市政协组织部分委员赴永安、宁化等县（市）开展“推进社区养老服务业发展”专题协商调研，实地察看永安市社会福利中心、下洋村、上吉山村及霞岭村“三自三助”颐老院、益民社区居家养老服务站和宁化县翠江镇朝阳社区、双虹社区、双虹社区医养结合服务站、县福利中心等，并召开座谈会，听取相关情况介绍。9月27~28日，市政协组织部分委员和永安市、明溪县政协主要负责人，到南平浦城、政和学习考察养老服务业和美丽乡村建设情况。12月2日，市政协召开“推进社区养老服务业发展”对口协商会，围绕三明市社区养老服务发展现状，研究探讨推进社区养老服务业发展的对策措施。

【第九届三明政协论坛举办】 2016年10月11日，市政协举办主题为“创业创新助推产业转型升级”的第九届三明政协论坛。市政府分管领导介绍三明市产业转型的基本情况、面临的压力和重点方向。本次论坛征集到论文53篇，8位获奖代表上台交流发言。

【“完善中小学生实践教育基地”界别协商】 2016年3月4日，市政协组织教育界委员赴将乐县，调研中小学生综合实践基地建设情况。11月23日，市政协组织部分教育界和文学艺术界委员，考察永安市中小学生实践教育基地运行情况，以及在建的三明市中小学生实践教育基地筹建情况；并召开“完善中小学生实践教育基地”专题界别协商会，听取市教育局情况介绍，就如何进一步完善中小学生实践教育基地建设进行协商。

民主监督

【概况】 2016年，市政协围绕促进工作落实，开展民主监督。选派8位委员担任检察院、法院人民监督员，15名委员担任食品药品荣誉监督员，51名委员担任部门民主监督员，围绕事关群众利益的司法公正、食品药品、公共服务、行风政风等重点领域开展民主监督，一些群众反映的突出问题得到解决。

【市行政服务中心运行情况调研】 2016年5月30日，市政协组织部分委员、民主监督员调研市行政服务中心管委会，实地察看行政服务中心服务窗口、市公共资源交易中心、梅列区行政服务中心，听取有关情况介绍，并提出意见建议。

【民爆物品使用和管理情况调研】 2016年10月20日，市政协组织部分委员、民主监督员调研民爆物品使用和管理情况，实地察看海峡科化富兴建设工程有限公司民爆物品存储仓库、福建水泥厂矿山爆破作业点、永安煤业有限公司丰海矿作业点等，并与有关负责人座谈交流。

调研考察

【界别活动开展】 2016年4月7日，市政协组织文艺界委员，到市客家文化中心活动场所、沙县肩膀戏传习所开展调研。11月24日，市政协组织科协界委员到市农科院和现代农业科技示范园开展考察活动。

【邵武市宗教活动考察】 2016年3月11日，市政协组织部分委员，到邵武市考察佛教、伊斯兰教等宗教活动开展情况和当地落实党的宗教信仰自由政策、依法管理宗教事务情况。

【小流域水质治理与监测工作考察】 2016年4月29日，市政协组织部分委员到明溪县开展“加强小流域水质治理与监测”考察活动，实地察看县污水处理厂污泥处理设施建设项目、瑶奢水质自动检测站、凯辉生态养殖有限公司、夏阳村河道治理项目等，并听取相关情况介绍。

【爱国宗教团体建设考察】 2016年5月17~18日，市政协组织部分委员，赴清流、大田考察爱国宗教团体建设情况，实地察看清流县灵台山寺庙、城关基督教堂，大田县龙兴殿道场、吴山乡阳春村普照堂等宗教场所，并召开座谈会，听取两县政府有关负责人介绍相关情况。

【人防工作考察】 2016年5月17日，市政协组织部分委员考察人防工作情况，实地察看人防地面指挥所、吉祥福邸地下庇护中心、老旧防空洞平时应用工程、战时移动指挥所等，并听取有关负责人介绍相关情况。

【“平安边界联防、联建工作”考察】 2016年6月1~2日，市政协组织部分委员到宁化、建宁两县开展“平安边界联防、联建工作”考察活动，实地察看宁化县治平乡、县公安局巡特警反恐大队、双虹法制社区和建宁县法制主题公园、城区网格化服务管理中心、里心镇上黎闽赣平安边界联动中心等，并听取相关情况介绍。

【自然保护区建设管理考察】 2016年7月21-22日，市政协组织部分委员到将乐、明溪县开展“自然保护区建设管理情况”考察活动，实地察看龙栖山、君子峰国家级保护区建设管理情况，并召开座谈会，听取相关情况汇报。

【矿泉水企业生产经营情况考察】 2016年10月11日，市政协组织部分委员到福建省仙师泉山泉水有限公司，实地察看企业生产车间和水源地源头，听取相关情况介绍，了解企业生产经营情况及存在的困难和问题。

【民宿旅游工作考察】 2016年11月9~10日，市政协组织部分委员到三元区顶太村酒村人家、十八寨“鸡窝”山庄、格氏栲栲花憩园、曹源村栲林客栈和大田县桃源镇东坂村大熊小屋、巫婆婆的家、牛栏茶吧，屏山乡雾海茶人家、老苏民宿、岩屏民宿，济阳乡灵动济阳、凤来居、九龙峰等民宿旅游点，考察民宿旅游工作情况。

提案工作

【概况】 2016年，市政协坚持“围绕中心、服务大局、提高质量、讲求实效”的提案工作方针，按照“三个主动、三个引导”的工作思路，把提案办理协商贯穿于提案工作“提、立、办、督、评”各个环节，推进提案工作制度化、规范化、程序化建设。全年征集提案277件，经审查立案274件。其中，会议期间提案263件、闭会期间平时提案11件；委员提案134件、集体提案140件。提案分别由51个市直部门和3个县（区）具体承办，提案办理答复率100%，承办单位反馈全部采纳或部分采纳委员建议的258件，采纳率94.2%，因受条件限制当年无法采纳的16件。当年提案办理反馈满意率98.5%。

【重点提案督办协商情况】 2016年2月26日，经市政协第58次主席会议研究，确定2016年重点督办提案9件。案由分别为市民革《关于适应全面二孩政策，及早规划配置我市学前教育发展的建议》、市民盟《关于理顺我市小区物业管理机制的建议》、市农工党《关于在供给侧结构性改革中，增强我市经济发展活力的建议》、市民建《关于积极推进PPP模式，扩大民间资本参与公共领域项目投资的建议》、市九三学社《关于进一步完善市区城市绿道规划建设的建议》、市民进《关于加强避灾场所建设，提升应急管理能力建设的建议》，陈澄等5名委员《关于加强市区（东牙溪水库）饮用水源地保护的建议》、郑季武委员《关于加强我市水库漂浮物防治的建议》、吴晓萍委员《关于推进传统沙县小吃互联网化的建议》。将重点提案督办协商纳入市委、市政府、市政协年度协商工作计划。明确“重点提案办理协商由市政协与市政府共同商定，由市政府、市政协领导共同督办。”并分别由市政府办公室、市政协办公室行文，具体安排年度重点提案的督办协商工作。抓好“五个一”督办协商机制的落实。市政协方面：每件重点提案由一位市政协领导牵头、一个专委会跟踪、一份总体计划推进、一项具体方案督办协商、一件办理协商结果通报。承办单位方面：形成重点提案办理协商的“五步工作法”（领导批示；承办单位会商；与提案者沟通协商、征求意见；协商后办理答复；开展协商座谈会，进行深度协商办理，抓好落实）。通过“五个一”督办协商机制的落实，至10月底，完成9件重点提案的督办协商工作，提案办理取得明显成效，较好地发挥重点提案办理高质量、高效应的示范引领作用，促进提案办理协商整体水平的提高。

【“增强提案办理实效”对口协商】 2016年4月起，市政协先后到沙县、尤溪、清流、宁化、永安等县市，以及市政府办、市经信委、市农业局、市林业局、市教育局、市工商联、市行政服务中心等市直提案办理单位进行走访调研，了解九届市政协5年来的提案办理落实情况。在调研和沟通协商的基础上，8月9日，市政协组织召开“增强提案办理实效”对口协商座谈会，市各民主党派、市工商联、市直有关提案办理单位单位负责人、部分提案单位代表和提案者参加会议。

【提案工作“回头看”活动】 2016年，市政协组织对九届政协5年来的提案工作进行梳理总结，特别是对提案的征集、审查立案和提案的办理、督办情况进行量化考察；加大对委员的知情服务和培训服务，通过举办提案撰写培训班、为委员和团体提供提案选编、提案参考选题、年度提案目录，在党派团体中开展提案质量民主评估活动等，7月26日，市政协组织对农工党三明市委员会5年来提交的提案质量，开展“回头看”民主评估活动；市政协通过对九届市政协5年来的24件不立案提案进行梳理分析，严格审查程序、坚持立案标准、保证提案质量；2016年，市政协集中对近5年的17件不满意提案进行梳理，其中14件，经过提、办双方开展办理协商活动，进行二次办理答复，委员表示满意或基本满意；7月10日，市政协下发《关于开展部分经济类重点提案办理“回头看”评议的通知》，8月9日，召开评议座谈会，对市经信委、农业局、林业局、工商联等单位办理九届市政协部分经济类重点提案的后续办理落实进行民主评议，推动承办单位办理协商工作的开展。

【提案工作宣传情况】 2016年，市政协通过新闻媒体公开向社会征集提案线索，鼓励广大市民参与，及时向新闻媒体通报提案的征集、立案审查和交办情况；宣传提案办理协商情况，特别是突出重点提案督办理情况的宣传，协助做好在《三明日报》上刊发重点提案办理落实情况的专版宣传；运用《三明政协》“提案之窗”栏目，宣传三明市和各县（市、区）开展提案办理协商的经验和做法，2016年，分别组织尤溪、大田、清流、沙县等4个县（市）政协提案工作的稿件，在《三明政协》“提案之窗”进行交流；通过市政协网站，向社会公布提案目录、重点提案原文、承办单位办理结果等，推进提案办理工作实现信息资源化、传输网络化和结果公开化。

其他活动

【全国政协副主席、九三学社中央主席韩启德到三明调研】 2016年2月17~18日全国政协副主席、九三学社中央主席韩启德带领全国政协“深化医药卫生体制改革”专题调研组，到三明调研医改工作。全国政协社法委副主任、全国妇联原副主席、书记处书记甄砚，全国政协委员、人社部原副部长胡晓义，全国政协委员、国家预防腐败局原专职副局长崔海容，人社部副部长张义珍，国家卫计委副主任王培安，省政协副主席陈义兴等参加调研。

【第十届全国政协副主席张怀西到三明考察】 2016年3月19~21日，第十届全国政协副主席张怀西到三明考察万寿岩、尤溪朱熹文化园等。

【省政协副主席陈绍军到三明慰问、调研】 2016年1月31日至2月2日，省政协副主席陈绍军到清流县慰问15户困难群众，并先后走访驻将乐、沙县和市区的3位省政协委员。同时，还考察将乐绿景米业、三明农科院、三明真菌研究所、清流闽晖农业发展和怡达农业等农业科技企业发展情况。3月29日，省政协副主席陈绍军带领调研组，到三明开展《关于化解部分产业的产能过剩问题》重点提案督办调研，实地考察福建三钢、三明生态新城、福建福维股份有限公司、永安宝华林实业发展有限公司、永安智胜化工有限公司等，并召开座谈会，与市直有关部门和企业负责人座谈交流。6月27~29日，省政协副主席陈绍军带领调研组到将乐、尤溪开展“三明市分级诊疗模式”专题调研，了解三明市医改工作分级诊疗开展情况。10月19~20日，省政协副主席陈绍军带领部分省政协委员，到三明考察基本公共卫生服务工作开展情况，实地察看沙县高桥镇中心卫生院、新桥村卫生所、凤岗街道城区社区卫生服务中心、西园小区医养服务站等，并召开座谈会，听取市政府、市卫计、市财政等有关负责人，以及梅列、永安、沙县等地乡镇卫生院、社区卫生服务中心负责人汇报有关情况。

【省政协副主席张燮飞、陈向先到三明调研】 2016年3月10~11日，省政协副主席张燮飞、陈向先带领“打造文化与生态相融合的大武夷旅游圈”调研组，到三明开展专题调研，实地考察永安市山地自行车公园、曹远镇霞鹤乡村天然公园、国民党中央直属台湾党部旧址复兴堡、中国（永安）竹天下文化旅游产业园、万寿岩国家考古遗址公园、三明格氏栲国家森林公园、三明市博物馆、三明生态新城湿地公园等，并召开座谈会，听取市政府有关负责人关于三明市旅游工作情况的汇报，以及市直有关部门和旅游企业负责人关于“打造文化与生态相融合的大武夷旅游圈”的建议发言。

【广西壮族自治区政协副主席高枫到三明考察】 2016年4月14日，广西壮族自治区政协副主席高枫带领考察组，到三明考察三明市医改情况。

【省政协副主席陈义兴到三明调研】

2016年4月16~17日，省政协副主席陈义兴带领省政协港澳委员和特邀委员到泰宁县，就“打造文化与生态相融合的大武夷旅游圈”进行专题调研，实地察看明清园、尚书第和金湖等文化旅游项目，了解泰宁县在对接大武夷旅游联盟工作的主要做法和成绩。

【省政协副主席刘可清到三明调研】

2016年4月21~22日，省政协副主席刘可清带领调研组，到三明开展“加强小流域水质监测与治理”调研活动，实地察看沙县富口溪流域，青山纸业铁路线泄洪沟、青山纸业污水处理及出水口、青州镇涌溪村环境连片整治项目、豆士溪、沙县虬江东路排污口等，并召开座谈会，听取意见建议。

【省政协副主席杨根生到三明调研】

2016年4月27~28日，省政协副主席杨根生带领调研组，到尤溪县开展《关于加快小城市培育的建议》重点提案专题调研活动，实地察看朱子文化园，洋中镇省级农民创业园食用菌核心区祥云生物科技公司，机电高新产业园鼎天农业设备制造公司、唐力纵横科技发展公司，洋中校地合作共建农业科普示范基地，梅峰新城社区，以及历史文化名村——洋中镇桂峰村等，并召开座谈会，听取意见建议。

【省政协副主席郭振家到三明调研】

2016年6月29~30日，省政协副主席郭振家带领调研组，到三明开展“推进PPP模式在公共基础设施中的应用”专题调研，实地察看梅列区新城大道、小微企业创业园、福建三洋浆纸、百特智能装备科技有限公司及永安高铁南站站前广场、健康管理中心项目等，并召开座谈会，听取意见建议。

【省政协副主席陈向先到三明调研】

2016年8月3日，省政协副主席陈向先带领省政协专门委员会、提案办理单位负责人到三明，就“互联网+医疗”重点提案工作进行督办调研，实地察看三明市第一医院、沙县医院，听取医院关于信息化建设工作汇报，并与医务人员座谈交流。

【“三下乡”活动开展】 2016年4月24日，市政协组织专家服务队到清流县嵩溪镇开展文化、科技、卫生“三下乡”活动，接待咨询和义诊300余人次，免费赠送药品4000余元，赠送书籍、图册600余册，发放农业生产、健康保健等宣传单1000余份。

【第五期委员读书班举办】 2016年8月25~26日，市政协举办第五期委员读书班，学习中共十八届中央委员、全国政协文史和学习委员会副主任叶小文作“文化自信五题”专题讲座，国防大学战略咨询小组副组长、军事战略专家王宝付教授作“当前国际战略形势与周边热点问题”专题讲座，市政协副主席、市旅游局局长陈欣作关于“‘十三五’三明旅游发展路径思考”专题讲座。

【驻明省政协委员考察项目建设】 2016年9月7日，市政协组织驻明省政协委员实地考察福建翔丰华新能源材料有限公司、中科动力新能源汽车有限公司、永安竹天下文化旅游产业园、国道205线三明市区过境段等项目，并听取有关情况介绍，了解项目建设情况。

【赴港澳联谊】 2016年12月5~9日，市政协副主席阎伟强带领市政协有关人员赴中国香港、中国澳门联谊参访，并分别在两地组织召开港澳地区市政协委员座谈会，通报市政协九届一次会议以来，尤其是2016年工作情况，了解港澳委员履职情况。

【新任委员培训班举办】 2016年12月27日，市政协举办新任委员培训班，近200名新任委员参训。听取省政协提案委副主任曾少鸿作政协提案撰写知识专题讲座。

文史资料工作

【概况】 2016年，市政协加强新闻宣传工作，统筹搞好“两会”集中宣传与常规报道，通过报刊杂志、电视台、网络等多种宣传媒体，加大对政协工作的宣传力度，扩大人民政协的影响力。《中国政协》《人民政协报》《政协天地》等报刊刊登《福建三明：追忆红色历史 延续长征精神》《精准聚焦“靶向”挖掘内生动力》等文章117篇，展现全市各级政协服务发展、履职为民的风采。加强特约信息员队伍，及时将委员有关精准扶贫、供给侧结构性改革、医疗卫生、金融和林权制度改革等建议，报送省政协和市委、市政府。全年提供社情民意信息316条，其中《加大归难侨群体帮扶力度补齐侨界民生短板》被全国政协办公厅采用，《我省农村水环境整治的三个“短板”影响生态省建设》获得书记尤权、省长于伟国等省领导批示，《关于推进我省排污权交易试点的建议》获得常务副省长张志南批示，《扶贫资金量化折股模式值得探索》获得副省长黄琪玉批示，为党政科学民主决策提供坚实的民意基础。市直各新闻单位媒体共刊（播）发有关政协工作的报道100多条。发挥文史资料的作用，出版《万寿岩——三明旧石器遗址保护记》《三明红色岁月——纪念红军长征胜利八十周年专辑》等书籍，举办《土堡神韵——福建三明客家民俗文物展》，做好《三明市政协志（2007.2~2017.2）》编撰工作。

2016年，市政协发挥文史资料的作用，出版《万寿岩——三明旧石器遗址保护记》《三明红色岁月——纪念红军长征胜利八十周年专辑》等书籍 （市政协提供）

【文史学习工作暨红军长征胜利80周年研讨会召开】 2016年3月23~24日，市政协文史学习工作暨红军长征胜利80周年研讨会在大田召开。会议传达贯彻全省政协文史工作研讨会精神，通报2016年市政协文史资料征编和开展三明土堡的保护与开发利用对口协商等工作情况，研讨政协文史工作经验和红色文化研究成果。

【《万寿岩——三明旧石器遗址保护记》出版】 2016年2月，市政协编纂出版《万寿岩——三明旧石器遗址保护记》。该书约10万字，收集120余张珍贵图片，分为卷首篇、地理篇、保护篇、发现篇、闽台篇、后记篇等6个篇章。

【《三明红色岁月——纪念红军长征胜利八十周年专辑》出版】 2016年7月，市政协编纂出版《三明红色岁月——纪念红军长征胜利八十周年专辑》。该专辑收集59篇文章、近200幅珍贵标语、字据和图片。

【土堡神韵——福建三明客家民俗文物展】 2016年10月，市政协文史学习委与市博物馆联合主办的土堡神韵——福建三明客家民俗文物展在吉林省博物馆博物院展出。本次展览精选100余件（套）服装、银器、木雕、剪纸等文物精品，展示三明客家文化的魅力。

（蔡荣鑫）

责任编辑：谢　凌

纪检监察

DISCIPLINE INSPECTION AND SUPERVISION

综 述

【当好政治生态“护林员”】 2016年，市纪委把抓好巡视整改作为一项重要政治任务，针对清流县违规出借财政性资金问题，坚持“严肃追责、全力追款、严厉追查”的工作思路，对17名党员领导干部进行责任追究，追回违规出借的财政性资金3010万元，肃清清流县委原书记案件影响。在全市开展对财政性外借资金使用情况专项检查，重申财经纪律，坚持边查边改，全市违规出借财政性资金问题基本得到纠正。加强对市县乡三级党委、纪委换届工作的监督检查，把好党风廉政意见“回复关”，全市协审拟在换届中使用的干部100批3084人次，提出暂缓提拔或不宜使用的建议52人；协审符合省、市党代表资格和市委委员、市纪委委员资格的人选6批110人次。落实中央八项规定精神，全市查处违反中央八项规定精神问题164个，处理263人，给予党纪政纪处分161人，通报56期89起。

【巡查机构建立】 2016年，三明市在全省率先建立巡察机构，全市划出行政编制93个，专设处级机构3个、科级机构34个，市县巡察机构实现全覆盖；制定《2017~2021年巡察工作规划》，确保巡察对象全覆盖；市县巡察铺开，市委先后组建4轮5批次12个巡察组，完成13个单位的常规或专项巡察，12个县（市、区）组建29个巡察组，完成30个单位的常规或专项巡察。2016年12月26日，全省市县巡察工作推进会暨巡察业务培训班在三明市举行，市委书记杜源生在会上介绍三明经验。

【纪检监察队伍管理】 2016年，市纪委开展“两学一做”学习教育，组织班子成员到大田县习近平总书记曾调研过的6个点调研学习，开展各支部与省市纪委挂钩大田的乡（镇）、村三级“结对子”“三级联创”活动，使“两学一做”学习教育更加深入。完成市县两级纪委换届工作，新一届市县纪委班子知识、专业结构和年龄梯次更加合理。加强内部监督，坚决纠正纪检队伍“灯下黑”问题。

重要会议

【市纪委八届七次全会】 2016年1月22日，中共三明市纪委八届七次全会召开。市委、市人大常委会、市政府、市政协领导，市直单位党组（党委）主要负责人，中央、省属部门和部分省、市属企业事业单位主要负责人，各县（市、区）党政主要负责人，各县（市、区）监察局局长，各乡镇（街道）党（工）委书记等参加会议。省纪委第六纪检监察室领导到会指导。受市委书记邓本元委托，市委副书记、市长杜源生传达十八届中央纪委六次全会和省纪委九届七次全会精神并在会上讲话，市委常委、市纪委书记游宇飞主持会议并代表市纪委常委会作题为《坚持纪在法前，忠诚履行职责，坚定不移推进全面从严治党》的工作报告。

【市纪委九届一次全会】 2016年9月26~27日，中国共产党三明市第九次代表大会召开。大会选举产生中国共产党三明市第九届纪律检查委员会，通过《中国共产党三明市第九次代表大会关于中共三明市第八届纪律检查委员会工作报告的决议》。9月27日下午，中国共产党三明市第九届纪律检查委员会召开第一次全体会议，全会选举游宇飞、张健、黄金伙、黄惠元、李道聪（女）、张连、邹长福、郑碧云（女）、刘义俊为中国共产党三明市第九届纪律检查委员会常务委员会委员。全会选举游宇飞为中国共产党三明市第九届纪律检查委员会书记，张健、黄金伙、黄惠元为副书记。

【全省巡察工作推进会暨巡察业务培训班】 2016年12月26~27日，全省市县巡察工作推进会暨巡察业务培训班在三明举行。省委常委、省纪委书记、省委巡视工作领导小组组长刘学新出席会议并讲话，中央巡视办副主任王瑛到会指导。省委巡视组组长、副组长，全省各设区市和平潭综合实验区纪委书记等参加会议，全省各县（市、区）纪委书记列席会议。市委书记杜源生在会上介绍三明巡察工作经验，厦门市、漳州市和大田县介绍巡察工作开展情况。

（范　军）

反腐倡廉教育

【反腐倡廉宣传】　2016年，三明市在中央和省、市主要媒体上刊稿1286篇，位居全省全列。其中，全市在中国纪检监察报上刊稿249篇，市本级和大田县分别位居全国地市级排名第三、县级排名第二。持续用好网络阵地，改版市纪委网站，12个县（市、区）纪委全部建立网站，部分县纪委建立微信公众号。

【党风廉政教育】　2016年，市纪委围绕新出台的五项重要党内法规，成立以市纪委书记任组长的宣讲团，2月和8月两次对各县（市、区）及部分市直部门开展巡回宣讲，并通过编印学习辅导本、举办学习辅导专题展、在市级主流媒体开展专题访谈等方式，营造浓厚的学习宣传氛围。开展“讲廉、学廉、研廉、考廉”系列活动，组织207批1300余名拟提任科级以上干部参加任前廉政法规知识测试，9月，举办新任处级领导干部廉洁建设专题研修班。探索“1+N”警示教育联动机制，11月，改版“三明市廉政教育基地”，进一步规范永安监狱、清流监狱警示教育，完善建宁反围剿纪念园、宁化红军纪念园、大田集美学村旧址三个廉政教育基地功能。通报2015年以来查处的27个典型案例，组织庭审旁听60场（次），教育党员干部2000余人（次），并通过出租车流动标语、制作专题动漫片、创作漫画等方式，提升教育实效。

（注：“1+N”警示教育联动机制，1指的是市纪委，N指市直党工委、统战部、党校、检察院、法院、永安监狱、清流监狱）

【廉政文化建设】　2016年，市纪委结合三明实际，探索廉洁文化标准化建设，挖掘传统文化的廉洁内涵，组织拍摄的杨时家规家训视频《立雪精神传千秋》，3月，在中央纪委网站和省纪委网站播出。8月，市纪委举办“两学一做”廉政书画巡展，12月，举办“不忘初心·廉政先行”廉政文化巡演。各县（市、区）都推出具有地方特色的廉洁文化专题活动。如：8月，建宁县纪委举办纪念长征胜利80周年·莲乡清风廉政书画展；10月26日，将乐县纪委和县供电公司联合举办“树清廉家风，立崇廉家规”——“家风家规”主题文艺晚会；10月，清流县纪委举办廉政文化书画展。

（叶水江）

2016年10月17日，“八闽清风”廉政文艺巡演走进三明　（叶水江　摄）

党风廉政监督

【“两个责任”落实】　2016年7月，市委印发《〈三明市各级党委（党组）落实党风廉政建设主体责任清单〉和〈三明市各级纪委（纪检组）落实党风廉政建设监督责任清单〉的通知》。制定“两个责任”清单，将省委“五抓五看”要求量化、细化为38条具体规定，进一步明晰责任内容，强化责任担当。坚持问题导向开展责任制检查，对梳理出的145个各类问题，以问题清单形式下发各县（市、区）党委，并通过适时检查、动态销账、倒推责任等办法，督促责任落实。狠抓巡视整改，纠正财政性资金违规出借问题，并举一反三，切实整治基层专项资金违规使用问题。2016年，全市对137名领导干部实施党风廉政建设责任追究。在严肃问责的同时，准确区分责任，研究制定《关于建立党员干部改革创新容错免责机制的实施办法（试行）》，为敢于创新担责忠诚干净的干部提供制度保障。

【纠治“四风”】　2016年，市纪委看住“关键少数”，一个节点一个节点地抓中央八项规定精神落实，严肃查处顶风违纪行为和“四风”变异问题。开展“1+X”专项督查，建立“月报告、季会商、半年总结”工作机制，发挥部门职能作用，形成工作合力。2016年，全市查处违反中央八项规定精神问题164个，处理263人，给予党纪政纪处分161人，通报56期 89起147人。

（注：“四风”是指形式主义、官僚主义、享乐主义和奢靡之风）

【维护群众利益】　2016年，三明市查处侵害群众利益的不正之风和腐败问题138个、处理210人，给予党纪政纪处分191人。特别是通过督办、查处、追责、曝光“四管齐下”，严肃查处扶贫领域违规违纪问题，以“精准监督”保障扶贫资金“精准投入”，切实让群众共享反腐败成果。全年查处扶贫领域违规违纪问题79件，给予党政纪处分57人，诫勉谈话、廉政谈话、批评教育、组织处理等105人，通报曝光典型案件18期34起。

（张兴森）

违纪违法案件查办

【概况】 2016年，三明市各级纪检监察机关坚持有腐必反，有贪必肃，始终保持惩治腐败高压态势。全年市纪检监察机关受理信访举报1683件次，其中检控类信初访件1418件；新立党纪政纪案件1194件，其中，处级干部27件、科级干部184件，移送司法机关124人。推行检控类初信初访件办理"零暂存"，促进基层信访举报公信力明显提升，全市重复访、越级访明显下降。落实"一案一整改"制度，加强典型案例剖析，用活反面教材，发挥警示、震慑和惩教功能。

【典型案件查处】 2016年，市纪委重点审查不收敛不收手、问题线索反映集中、群众反映强烈、现在重要岗位且可能还要提拔使用的领导干部。2016年，市纪委严肃查处尤溪县人大常委会林某某、永安市委陈某某、福建一建集团有限公司李某某和陈某某，大田县陈某某，明溪县委叶某某，清流县罗某某等一批典型案件。

【践行"四种形态"】 2016年9月30日，市纪委制定《关于把握运用"四种形态"加强监督执纪工作的意见》。加强谈话函询，做到"有信必核、有核必谈"，把苗头性、倾向性问题遏制在初始阶段，防止小问题演变为大错误，真正体现对干部的严管厚爱。2016年，全市开展廉政谈话函询2638人，轻处分585人、适当处理1298人；全市运用第一、二种形态合计占比90.82%。

（注："四中形态"即第一种党内关系要正常化，批评和自我批评要经常开展，让咬耳扯袖、红脸出汗成为常态；第二种：党纪轻处分和组织处理要成为大多数；第三种：对严重违纪的重处分、作出重大职务调整应当是少数；第四种：而严重违纪涉嫌违法立案审查的只能是极极少数）

【执纪审查配套措施完善】 2016年2月，市纪委加强执纪审查点建设，建立执纪审查"两规""两指"安全看护队伍，并指导协助县级纪委建立专职看护队伍，进一步解决看护难的问题。严格落实"先处后移"的要求，及时回应上级和社会关切。8月，中央纪委到三明市开展执纪审查点安全监督检查并给予肯定。

（叶承桃）

责任编辑：谢　凌

2016年6月30日，市纪委举办"党在我心中"全市党章党规知识竞赛　（叶水江　摄）

民主党派与工商联

DEMOCRATIC PARTIES AND FEDERATION OF INDUSTRY AND COMMERCE

民革三明市委会

【概况】 2016年，中国国民党革命委员会三明市委员会（简称民革三明市委会）通过主委会、全委（扩大）会、支部主委座谈会、培训等形式开展专题学习，指导全市民革组织开展学习，12月，召开市委会委员（扩大）会议，学习中共三明市第九次代表大会精神，号召各支部组织党员学习贯彻中共三明市第九次代表大会精神，确保正确的政治方向，把思想统一到中共党委的重大决策部署上来，市委会作出《关于认真学习贯彻中国共产党三明市第九次代表大会精神的决定》等4项决定。稳妥发展党员，注重综合素质高、参政能力强的党员发展工作，保持民革特色，2016年发展党员11名，平均年龄38.6，全部为大学以上学历，为历年来发展党员平均年龄最小的一年。截至2016年有党员202名，党员数量首次突破200人。

【民革三明市第五次代表大会】 2016年，民革三明市委会召开支部主委以上的骨干党员会议，对民革三明市第四届委员会的主委、副主委就履职情况进行述职，测评民革第四届委员会组成人员，民主推荐新一届委员会人选。根据民主推荐的结果，初步提出并与中共三明市委统战部协商的新一届委员会委员规模、委员和领导班子候选人名单，之后市委统战部、民革福建省委先后对有关候选人进行考核协商并取得一致意见。根据民革市委会审议通过、民革省委会批准的《民革三明市第五次代表大会代表产生办法》，85名代表全部按相关程序产生。12月25日，民革三明市第五次代表大会召开，选举产生民革三明市第五届委员会。张知通任主任委员，潘慧瑾、冯火珠、陈春华、伍平任副主任委员。

【两会提案】 2016年，民革三明市委会提交20件"两会"提案，8件大会发言，《关于加快推进电子商务进农村的几点建议》由副主委潘慧瑾代表民革界别在市政协九届四次会议上发言，由党员郑登武撰写《关于适应全面二孩政策及早规划配置我市学前教育发展的建议》获得2016年重点提案。民革三明市委会提交的《关于进一步提升我市公交服务质量的建议》《关于促进全市电子商务健康快速发展的建议》获得2012~2015年度三明市政协优秀提案。民革三明市委会对年内报送的提案进行把关、审核、确认，提交2017年市"两会"大会发言7篇，提案13篇，其中《关于做大做强市区旅游产业的建议》《关于促进我市纺织行业发展的建议》等2篇文章获得市长的批示。

【协商调研工作】 2016年，民革三明市委会筹备做好市委统战部安排"双月一协商"的工作。3月，民革三明市委会选定"推进精准扶贫工作"作为协商课题；4月，民革三明市委会组织筹备，组织"推进精准扶贫工作"协商课题组成员到宁德、宁化、市农办开展调研座谈活动，市人大副主任、民革主委张知通带队对宁德、宁化"精准扶贫"具体实施工作进行实地考察和了解，到市农办开展座谈互动交流。产生7个协商课题小报告，1个课题调研大报告，9月，民革三明市委会在三明市委、市政协召开的全市精准扶贫协商会议上作专题发言；另外由党员张赟先撰写《关于创新我市精准扶贫工作机制的建议》刊登在市委办《决策咨询专报》第10期。

【服务经济社会】 2016年，民革三明市委会挂靠帮扶联系清流县嵩口镇大元村，4月，由主委张知通到挂靠帮扶村开展挂点扶贫村工作调研，并形成精准帮扶实施方案，市委会针对该村交通和水利滞后情况，多次帮忙协调该村申报交通和水利项目，帮忙该村联系有关油茶专家进行农村技术指导。

【学习实践活动】 2016年1月，民革三明学院支部全体党员来到红色革命圣地——清流林畲毛泽东旧居纪念馆"诒燕第"，考察红色旅游开发现状。3月，民革沙县支部党员参加沙县妇联牵头组织的"建设法制沙县，巾帼在行动暨《中华人民共和国反家庭暴力法》实施宣传活动"。5月，综合支部、农经支部、工贸支部三个联合开展"重走红色革命路线"的学习实践活动，组织党员前往红色故地井冈山接受红色革命传统教育活动，12月，三元区基层委员会、沙县支部联合组织党员联合开展生态文明考察活动；梅列区基层委员会、农经支部和工贸支部分别组织党员开展思想政治交接教育学习活动。

（刘小霞）

民盟三明市委会

【概况】 2016年，中国民主同盟三明市委员会（简称民盟三明市委会）以严格标准、注重质量为原则，吸收35位政治素质好、知识层次高、有代表性的中青年加入民盟，其中副高职称的8人，平均年龄38.3岁。截至年底，全市盟员人数647人。2016年，民盟三明市委会获“2014~2015年度民盟福建省组织建设工作先进集体”“2014~2015年度民盟福建省思想宣传工作先进集体”和三明市“2015年度全市政协系统信息工作先进单位”称号；民盟三明学院基层委员会获盟中央授予的“坚持和发展中国特色社会主义学习实践活动先进集体”称号。2016年年底，民盟盟员中任新一届三明市人大常委1人，市人大代表2人；任新一届市政协副主席1人，市政协常委2人，市政协委员12人；任新一届县级市、区级人大代表、政协委员共38人。其中，8人任县级政协常委，3人分别当选为三元区、永安市、沙县人大常委会副主任。

2016年，民盟三明市委会学习贯彻中共十八大、十八届三中、四中、五中、六中全会精神和习近平总书记系列重要讲话精神；学习贯彻全国“两会”精神，学习《中国共产党统一战线工作条例》，贯彻落实中共三明市委九次党代会精神，贯彻落实全市统战部长会议精神，持续开展“坚持和发展中国特色社会主义学习实践活动”“不忘合作初心，继续携手前进”专题教育活动，通过盟史讲座、组织报告会、研讨会等形式，引导广大盟员学习，增强围绕中心服务大局的意识和责任意识，在道路、方向、目标上形成统一意志和步调。

【建言献策】 2016年，民盟三明市委会向九届五次市政协会议提交大会发言11篇，提案23件，提案立案23件，重点提案1件（《关于理顺我市小区物业管理机制的建议》），获领导批示提案1件（《关于发展碳汇林业，打造“清新福建”后花园—绿色三明的建议》）。民盟市委副主委许宗得代表民盟市委作《加强城市老社区居住环境适老性建设》大会发言，民盟市委副主委邱宁江作《防范恶意逃债 建设信用三明》大会发言。民盟市委近年来提交的《关于未成年人在讯问阶段无法定代理人到场，保护其合法权益的建议》和《关于我市职业教育集团化办学与区域经济协调发展的建议》2件提案，民盟市委副主委许宗得作为政协委员个人提交的《关于提升文明城市建设成果，依法常态长效管理城市的建议》提案，获市政协表彰，被评为2012~2015年优秀提案。

【参加各类协商平台】 2016年1月，民盟三明市委领导曾明生、许丽华分别参加市政府与市政协领导及各专委会负责人，市政府领导与各民主党派、工商联负责人和无党派人士代表《政府工作报告（征求意见稿）》《三明市国民经济和社会发展第十三个五年规划纲要（草案）》征求意见建议座谈会；3月，参加三明市委干部选拔任用工作“一报告两评议”会议。

【课题调研】 2016年5月，民盟三明市委会承接民盟省委《我省闽江上游小流域水质监测与管理的对策建议》《关于进一步推进和完善分级诊疗与双向转诊制度的建议》2个调研课题，在7~10月到市医管中心、建宁县、永安市、沙县、漳州市等地开展调研，并完成调研任务；民盟三明市委副主委许丽华参加民盟省委课题组开展调研（中共福建省委重点课题《统一战线面临的新情况新问题研究》的子课题《新形势下我省民主党派提高解决自身问题能力研究》）；完成中共三明市委统战部调研任务，提交《发展产业集群行业协会，加快推进产业集聚集群》《关于三明市创建全国社区教育示范区的若干建议》《建立文化产业园为主体的多元经济体系，促进三明市经济转型》3篇调研报告。

【民盟论坛促发展】 2016年3月26~27日，民盟三明市委领导曾明生、许丽华出席由民盟福建省委会参与主办的第五届海峡金融高峰论坛暨民盟“一带一路”（福建）研究院首届研讨会；9月，民盟三明市委委员刘菊春出席第四届民盟教育论坛，其提交的论文《当前福建省基础教育均衡发展的冷点与思考》被评为第四届民盟教育论坛优秀论文；10月，盟市委主委曾明生及6位盟员参加三明市政协在市图书馆多功能报告厅举行第九届政协论坛等。

【民主监督】 2016年5~8月，民盟三明市委主委曾明生带领部分政协委员开展“加强小流域水质治理与监测”“生态环境供给侧改革”“自然保护区建设管理情况”等视察调研活动；5月，盟员陈洋锋参加三明市住房和城乡建设局就《三明市物业服务收费实施办法》等文件召开的通报会；6月，民盟三明市委会专职副主委兼秘书长许丽华、盟员汪旋参加市政协重点提案《关于理顺我市小区物业管理机制的建议》办理协商活动；11月，盟员柯白杨、谢寿星参加市政协委员赴三明、永安等地中小学生实践教育基地建设调研及专题界别协商会等等。年内，9位盟员参加三明市2016年度公务员和参公人员录用面试工作的民主监督；5位盟员参加三明市2016年市属事业单位公开招聘面试工作的民主监督。

【宣传平台】 2016年，民盟三明市委会发挥三明民盟网站及《三明民盟电子月报》《三明民盟年刊》这三个平台在宣传三明民盟、扩大三明民盟在社会影响方面的作用。其中，三明民盟网站累计点击量21万余人次，民盟三明市委会2016年在三明民盟网站上发布各类信息100余条，被省民盟网站录用近90条，《三明民盟电子月报》创办92期。

【“三下乡”活动】 2016年1月31日，民盟三明市委会组织由民盟三明市属医疗支部、书画支部、法制金融支部以及民盟沙县支部的技术专家团队组成的“三下乡服务队”18人到三明沙县凤岗街道西园社区开展法律咨询、农业技术咨询、书赠春联、迎新春义诊赠药及预防艾滋病宣传等“三下乡”惠民活动，该活动接受邻里物权物业、遗产继承、债权等法律咨询，医疗专家接诊近120人次，书法家们书赠春联160余副，活动现场发放科普宣传册500册，发放疾病防控、艾滋病预防等宣传单300余份，赠送价值600元的药品。

【慰问困难群众】 2016年2月，民盟三明市委会领导和民盟梅列区基层委员会的专家们与三明市城区烟草专卖局11人到三明市芦桥养老院开展新春送温暖活动。送温暖活动为老人们送去植物油等生活用品及新春慰问金4000千余元，盟内医疗专家接诊81人，盟内律师提供法律咨询6人次。3月，在市委统战部带领民盟三明市委会到三明民盟的"同心·点对点"扶贫活动挂钩村参加"同心·点对点"扶贫座谈会，了解该村及该村贫困户的基本情况，并走访4户重点贫困户，了解他们的日常生活情况、经济状况、家庭成员现状等。

【教育实践活动】 2016年6月，民盟三明市委会完成《三明市政协志(2007~2017)》民盟专记初稿的编纂工作；7月，三明市政协副主席、民盟三明市委会主委曾明生，专职副主委兼秘书长许丽华，常委柯白杨、苏志忠、罗方益，机关干部刘兆明、杨荫惠等，参加中共福建省委统战部召开的坚持和发展中国特色社会主义学习实践活动经验交流暨推进会（视频）；10月，《福建乡土·永安专刊》首发式暨"民盟福建省委员会传统教育基地"揭牌仪式在永安举行；10月，民盟中央批准同意在三明成立民盟中央美术院三明分院。

【盟员风采】 2016年1月，在三明市人大、政协会议召开前后，《三明日报》以《许宗得：你我的关注将改变生活》，三明电视台以《市政协委员许宗得：心系百姓 服务大众》为题报道民盟三明市委副主委许宗得的履职事迹；《三明日报》以《黄海滨：只为春蕾在阳光下绽放》为题报道市人大代表、民盟三明市委委员黄海滨的履职事迹；《三明日报》的《携良谋善策 商发展之计——三明市政协九届五次会议委员报到侧记》以《郑文楷委员：气象工作者"三农情结"》为题报道市盟员郑文楷的履职事迹。1月27日《三明日报》的《委员心声》栏目报道市盟员龚祖清"加快生态新城建设，多举措促进新区人气聚集"的建议。民盟三明市委会专职副主委兼秘书长许丽华被确认为民盟福建省监督委员会委员；民盟三明市委委员、文艺支部主委童桂贤当选为新一届市青联副主席，有6位盟员被推选为新一届市青联委员。许丽华、范明等2人获"2014~2015年度民盟福建省组织建设工作先进个人"；柯白杨、杨荫惠、廖传良等四人获"2014~2015年度民盟福建省思想宣传工作先进个人"；许宗得获"2014~2015年度民盟福建省参政议政工作先进个人"；刘友乾获"2014~2015年度民盟福建省社会服务工作先进个人"；罗方益获"2014~2015年度民盟福建省思想宣传工作先进个人"和"2015年度民盟福建省反映社情民意信息工作先进个人"。

【基层换届选举】 2016年上半年，全市民盟30个基层组织完成换届（成立）工作；下半年，民盟永安市委会召开第八次代表大会、民盟三明市委会召开第七次代表大会完成换届工作。

【骨干培训】 2016年3月，民盟三明市委会举办2016年社情民意信息培训班，来自民盟三明市委会市属各基层委员会、支部及永安市委会的19名参政议政骨干参加此次培训；11月，民盟市委在市图书馆4楼多功能报告厅举办2016年度参政议政工作（培训）会，来自民盟三明市委会市属各基层委员会、支部、永安市委会各支部及机关的80余名盟各级组织主委、参政议政骨干参加会议。

（杨荫惠）

民建三明市委会

【概况】 2016年，中国民主建国会三明市委员会（简称民建三明市委会）获2016年度全省民建社会服务工作先进单位、全省民建组织管理信息系统工作二等奖、2015~2016年度全省民建新闻宣传工作二等奖、2015~2016年度全省民建社情民意信息工作三等奖。2016年，发展新会员15人，本科以上学历12人，非公经济代表人士5人，中等职称以上1人，副科以上干部2人。7月，成立三元区基层委员会。

2016年，民建三明市委会组织会员参加各项政治理论学习，开展"坚持和发展中国特色社会主义学习实践活动"。5月，会员陈泽尊参加民建中央举办的"民建全国基层组织主委培训班"；会员邹淑玉、张帆、冯崇景、安传勇、范美灯参加民建福建省委培训班；7月，选派8位会员参加三明市各民主党派新会员培训班；8月，市委会在将乐县举办2016年基层支部委员培训班；9月，会员马鸥飞参加福建省委统战部举办的全省第三十一期各民主党派、无党派人士进修班。

【换届选举】 2016年，民建三明市委会按照民建章程规定，组织下属14个支部及永安总支进行换届。12月30日，民建三明市委会第六次代表大会召开，大会听取和审议通过李茂胜代表民建三明市第五届委员会作题为《不忘初心 携手奋进 共谱多党合作新篇章》的工作报告；选举产生由安传勇等19位组成的第六届委员会，沈杰兼任秘书长。审议并通过《民建三明市第六次代表大会决议》。

【履行参政职责】 2016年，民建三明市委会向市政协九届五次会议提交大会发言11篇，提案18件，其中《关于积极推进PPP模式 扩大民间资本参与公共领域项目投资的若干建议》被市政协确定为九届五次会议重点提案。由主委李茂胜、副主委胡东生分别撰写《关于大力发展包装饮用水产业的建议》和《关于推进新型城镇化，建设幸福三明的五点建议》提案被市政协评为"2012~2015年度20件优秀提案"。民建三明市委会各级人大代表和政协委员们履行职能，建言献策，其中城关第二支部提交的《关于加强我区食品安全管理的建议》被评为团体优秀提案》被三元区政协评为团体优秀提案。

【反映社情民意】 2016年，民建三明市委会向省民建、市统战部、市政协提交社情民意40件，其中，会员黄筱雄反映的《对慈善法修改的建议》被中央统战部《零讯》刊用；会员张运明、胡东生、袁景被评为2014~2015年度全省民建社情民意信息先进工作者。

【参与社会调研】 2016年，民建三

明市委会组织会员专业人士开展“水产业文化化”专题调研，组织调研组成员赴三元区、泰宁、建宁、大田、永安、龙岩、南平等地水企业开展调研，多次召开调研协商会议，最终形成调研报告。6月15日，组织会员参加重点提案《关于理顺我市小区物业管理机制的建议》调研。同时配合民建省委会的调研工作。6月下旬，省政协副主席、民建省委主委郭振家带队到三明开展换届情况调研，市委会配合省委会工作，并联系相关人员参与座谈。

【对外宣传】 2016年，民建三明市委会对网站进行改版和升级，创建各基层支部微信群。2016年，民建三明市委会信息被民建中央网站采用28篇，民建省委会网站采用67篇，市委统战部刊物采用12篇，三明政协刊物采用15篇，各类媒体采用10篇。

【服务企业发展】 2016年年初，民建三明市委会主委李茂胜先后2次走访会员企业——福建幸福家园投资管理有限公司，了解会员企业发展状况。民建三明市委会注重自身社会服务品牌——三明民建中小企业发展讲坛的建设，10月，第七届“三明民建中小企业发展讲坛”，邀请厦门大学区域经济专业博士生导师李非作“当前台海局势与两岸关系走向”主题报告。

【帮扶困难群众】 2016年1月，民建三明市委会赴政和外屯乡参加民建省委“三下乡”活动，向对口联系村捐赠5000元。4月，民建三明市委会响应三明市“百企帮百村”精准扶贫行动，到挂钩村建宁县高峰村开展扶贫工作，为其解决扶贫资金5万元；引导会员企业三明万事达矿业有限公司在该村投资“高峰漂流”项目，助推乡村旅游发展。会员邹建明、周培金资助市委会机关挂职村——梅列区洋溪镇孝坑村困难学生6000余元。永安总支会员黄筱雄创办的永安市燕城爱心同盟被全国残联、团中央评为“全国志愿助残阳光基地”，其个人助残先进事迹分别被民建中央、新华网福建频道、《三明日报》等多家媒体报道 。

【扶助贫困学生】 2016年9月，民建三明市委会“思源佑华移民教育班”在宁化第七中学开班，招收50名贫困初中生，由中华思源工程扶贫基金会出资20万元，福建大丰文化基金会出资10万元，共计30万元，为每名学生提供6000元的补助，帮助其完成3年初中学业；新华网福建频道专门赴宁化七中拍摄《学而思源》专题纪录片。

【基层支部献爱心】 2016年6月，企业支部、永安第三支部分别赴三明市儿童福利院、永安市第三实验小学开展送温暖献爱心活动。7月，永安第二支部和永安水院支部联合到永安大湖镇开展支部互助拓展活动。10月，企业支部、城关一支部、城关二支部联合到三元区白水村开展捐赠活动。

（袁　景）

民进三明市委会

【概况】 截至2016年年底，中国民主促进会三明市委会（简称三明民进市委会）有支部8个，会员231人，会员中有省人大代表1人，市人大代表3人，市政协委员11人（常委2人），县、区人大代表3人，县、区政协委员12人。会员中大学学历以上的有153人、副高职称以上职称的有66人。2016年，民进三明市委会第六支部获“民进全国先进集体”称号；会员张钟钎被授予“民进全国先进个人”称号；第一支部获民进全省社会服务工作先进集体，会员刘佳、黄碧萍获民进全省社会服务工作先进个人。

2016年，民进三明市委会坚持做到市委每次会议都组织学习，每次活动都有安排交流，学习贯彻习近平总书记系列重要讲话精神，通过市委（扩大）会议、中心组学习会、骨干培训班、支部活动等形式，把学习全会精神与学习贯彻习近平总书记重要讲话精神相结合，学习中共中央《关于加强社会主义协商民主建设的意见》和《中国共产党统一战线工作条例（试行）》等，把思想和行动统一到中共中央和省、市委的部署上来。

【中国民主促进会三明市第四次代表大会】 2016年12月28日，中国民主促进会三明市第四次代表大会在三明瑞云山宾馆瑞云楼召开，民进省委副主委何强代表民进省委致贺词。会议听取并审议许清华主委代表民进三明市第三届委员会所作的《开启新征程 再上新台阶 奋力建设更富活力更具实力更有竞争力的新三明》的工作报告，审议通过《中国民主促进会三明市第三次代表大会选举办法》等有关大会文件，会议讨论通过中国民主促进会三明市第四次代表大会决议，选举出席民进福建省委第七代表大会的代表，选举产生王斌、王培忠、邓丽萍、许清华、李艳华、余晃晶、宋佳音、张建西、张钟钎、陈有森、陈秀娟、陈春明、陈珍炜、罗应贵、罗建新、段志、郭颖、黄明毅、蔡亦锋等19位组成民进三明市第四届委员会成员。四届一次全委会选举产生许清华、罗应贵、余晃晶、陈秀娟、李艳华、郭颖、宋佳音、张建西、张钟钎等9位常委，许清华任主任委员，罗应贵、余晃晶、陈秀娟等3人任副主任委员，四届一次常委会选举李艳华为秘书长。对2014~2016年度先进支部、优秀会员、优秀会务工作者、参政议政积极分子进行表彰。

【参政议政】 2016年，三明市政协九届五次全会期间，民进三明市委会提交提案17篇，大会发言10篇，其中会员王文雄撰写的提案《关于加强避灾场所建设，提升应急管理能力的建议》被列为政协九届五次会议的重点提案。会员许鲁宁代表市委会作题为《关于加强我市民间借贷监管 防范金融风险的建议》的专题发言，在即席发言中，会员宋佳音作题为《关于加大扶持力度加快建设“三明文艺家之家”》的发言，会员郭颖作题为《将三明闽江源设立为国家公园》的发言。1月8日，三明电视台记者就市委会会员秦彩杰市政协重点提案《加大民办幼儿园的扶持，加强民办幼儿园的管理》的办理情况进行专题采访。

【课题研究】 2016年，民进三明市委会完成调研课题申报工作选取11个调研课题上报会省委，9月获会省委立项3篇，即《关于我省传统行业供给侧改革实践的探讨与研究》《加快农村电商发展，推进精准扶贫》《基于〈乡村教师支持计划〉下的乡村学校教学的困境与对策》，11月通过验收。民进三明市委会在会省委调研课题基础上选取4篇调研课题作为市委会课题。民进三明市委会组织会员参加市政协和市委统战部等举办的各种论坛活动和专题调研活动。全年报送市政协论坛征文5篇，市委统战部论坛征文5篇。10月，民进三明市委会调研组到沙县第一中学调研新校区建设及办学情况。

【信息平台】 2016年，民进三明市委会做好三明民进网站建设，及时更新网站内容，维护会员微信群、支部微信群，搭建新的交流平台。与媒体交流联系，向《福建民进》《三明日报》、三明电视台、《三明政协报》、民进福建省委网站等有关新闻媒体报送信息40余条。

【履行社会责任】 2016年1月，民进沙县支部与民革、民盟、九三学社等民主党派共同举办座谈会暨联欢晚会，以推进县级民主党派交流协作。4月，市政协副主席、民进三明市委会主委许清华带领市委会种植、养殖业专家会员赴泰宁县上青乡崇际村开展精准扶贫活动。6月，民进沙县会员们前往三明生态新城湿地公园开展义务劳动，以自身行动宣传世界环保日。10月，民进三明市委举行2016年开展走访慰问在明退休老会员活动。

【主题实践活动】 2016年6月，省立医院副院长翁国星在三明市第一医院会议室举行“心血管外科的创新与挑战”专题讲座，三明民进界别会员、三明市第一医院相关医护人员近百名参加讲座。6月16日，民进福建省委副主委翁国星赴学习实践活动联系点民进三明市委沙县支部参加“我身边的先进”交流座谈会。

【组织力量增强】 2016年2月，民进三明市委会建立会员工作室，聘请会员张钟钎负责会员工作室各项运作。6月，会省组织处林龙金处长率组织处工作人员来三明开展组织建设调研。9月23日，民进三明市委会召开三届十四次全委会议，部署换届工作。与会人员讨论通过《民进三明市委会2016年换届工作方案（草案）》《民进三明市委会第四次代表大会代表产生办法（草案）》《民进三明市委会关于评选2014~2016年度会先进支部、优秀会员的通知（草案）》等文件。

【民进中央调研医改工作】 2016年3月，民进中央社法委调研组到三明专题调研“深化医药卫生体制改革及改善医患关系”，召开深化医药卫生体制改革专题座谈会，与应邀参加会议的三明市委会的医疗、教育、法律界别的会员就三明医改成效、存在的问题和如何看待三明医疗改革等议题进行交谈。

（饶菊花）

农工党三明市委会

【概况】 2016年，中国农工民主党三明市委员会（简称农工党三明市委会）履职，开展坚持和发展中国特色社会主义学习实践活动，召开农工党三明市第六次代表大会，完成换届政治交接工作；4月，农工党市委会第三支部、第四支部分别召开第六次党员大会，完成换届工作。全年共发展党员10人，其中硕士2人，中高级以上职称5人，平均年龄35岁。全市农工党员总数为348人，其中，医卫界135人，占39%，人口资源生态界29人，占8.3%。大专以上文化程度281人，占81%；中、高级职称287人，占82%。

3月13日，农工党三明市委会召开五届十二次全委扩大会，市委委员、各支部负责人、各部委办负责人近30人参加会议，学习传达全国人大副委员长、农工党中央主席陈竺在明视察重要讲话精神和省委会十一届七次全会精神、2016年全市统战长会议暨高校统战工作会议精神。10月29日，农工党三明市委员会召开中心组和骨干党员会议，传达学习中共十八届六中全会精神。

【农工党三明市第六次代表大会】 2016年12月27日，农工党三明市第六次代表大会召开，会议回顾总结市委会五年来取得的工作成绩和经验，部署今后五年工作目标任务。中共三明市委常委、统战部部长肖明光代表中共三明市委表示祝贺并做重要讲话。会议选举产生中国农工民主党三明市第六届委员会，陈欣当选为主任委员，赖荣、陈红梅、刘其森、邱凯当选为副主任委员，大会同时任命赖荣为秘书长。大会还选举产生出席农工党福建省第十二次代表大会的代表。

【建言献策】 2016年，农工党三明市委会向市政协九届五次全会报送团体提案26件，大会发言10篇，其中《关于在供给侧结构改革中，增强我市经济发展活力的建议》被列为市政协重点提案，《关于在供给侧结构改革中，增强我市经济发展活力的建议》《关于大力帮扶非公企业走出困境建议》2篇提案得到市政府杜源生市长批示和肯定，《关于加快我市高新技术企业发展的建议》《关于加强我市社区矫正工作的建议》被市政协评为2012~2015年度优秀提案受到表彰。

【专题调研】 2016年6月，农工党三明市委会围绕年度参政议政重心工作，选派优秀参政议政骨干开展调研，部署调研并组稿筹备参加市委统战部“我为精准扶贫献良策”，农工党三明市委会报送的论文《关于在产业转型升级背景下电商企业创新发展的思考与对策》在市政协第九届论坛活动中获三等奖，撰写者还做现场演讲交流。以《关于加强农村平安建设的建议》《关于加强基层农业技术推广体系建设的建议》《关于创业创新助推三明产业转型升级的建议》等论文上报省委会；其中《关于构建大武夷旅游圈特色文化旅游产品体系的建议》《福建非公企业供给侧改革面临的问题分析与对策建议》获农工党福建省委2016年优秀调研论文二等奖。

【反映社情民意】 2016年，农工党三明市委会先后于8月、10月、12月召开三次参政议政专题工作会议，通过选派参加和举办骨干培训班、老中青传帮带等形式建设人才梯队，先后选派5名骨干成员参加农工党省委会、市统信息培训班。刊行《三明农工》2期，向《三明政协》《统战动态》《农工闽讯》等刊物报送信息稿件，争取重要媒体支持，动态反映市委会参政议政实绩。市委会共向省委会、市政协、市委统战部报送社情民意社75件。《新老农保制度衔接中存在的问题》《关于全面推广随机抽查规范事中事后监管的几点建议》被省政协采用作为专报件。2016年，市委会被省委会评为2015年度社情民意信息工作先进集体，徐明华等4人被评为社情民意信息工作先进个人。

【争取医疗帮扶】 2016年，中国初级卫生保健基金会杏林公益基金（简称“初保基金会”）项目在将乐、尤溪试点开展“支持基层医疗机构设备援助项目”，向试点基层医疗机构捐赠343台套价值3990.41万元的医疗设备，捐赠设备安装到位并投入使用。开展“中医同行计划”，向尤溪县西城镇卫生院和大田县中医院捐赠中医设备14.94万元，资助尤溪县中医医院共20人次参加10期的中医专科实训学习，资助金额9万元。

【义诊活动】 2016年6月5日，农工党三明市委会赴梅列区中村白水村开展2016第九届中国环境与健康周宣传义诊活动，组织和邀请儿科、耳鼻喉科、中医皮肤科、内科、外科医疗、农业、环保共10多位专家，义诊群众200多人次，免费发放价值500多元的药品和卫生、农业环境、生态保护等科普宣传资料。11月12日，农工党三明市委会组织医卫专家8人赴陈大镇碧溪村开展第二十八届“国际科学与和平周”义诊活动。免费发放价值500多元的常用保健非处方药品，受益群众约300人。

【基层服务社会】 2016年，农工党三明市委会第四支部先后组织社会服务4次，分别赴三钢小蕉小学、三元荆东小学、三元龙安村、白水村，开展送书送农资、医疗、法律、农业三下乡服务活动，共计送图书4000册，有机农肥15吨。2016年，第二支部先后组织医疗专家21人次分赴三元中村松阳、白水等村镇及三明学院开展义诊服务，为村民发放药品800元，受益群众、学生约300人。

【开展精准扶贫】 2016年，农工党三明市委会先后与明溪县雪峰镇城东村、三元区中村乡白水村结对，开展精准扶贫活动。4月20日，农工党市委会赴明溪县雪峰镇城东村开展首次精准扶贫工作。调研组一行实地查看村委会办公场所及村办企业，详细了解贫困人口的整体状况，脱贫攻坚所面临的问题，交流探讨扶贫初步思路。8月，市委会组织农技、法律、文化界别专家学者7人再赴白水村，开展科技、法律、农资三下乡暨精准扶贫活动。

【主题学习实践】 2016年4月16日，农工党三明市委会专职副主委参加省委会组织的赴惠州市邓演达纪念园开展坚持和发展中国特色社会主义学习实践活动。农工党三明市委会以《紧扣主题 扎实推进 履职实践 务求实效》为题总结上报近年来开展坚持和发展中国特色社会主义学习实践”情况，参加全省学习实践经验交流。7月25日，农工党中央“走进基层，贴近党员，培育和践行社会主义核心价值观”百场宣讲大型报告会在市图书馆举办，全市各基层支部骨干党员，南平市委会部分骨干党员120余人参加报告会学习。

【人才队伍培养】 2016年，农工党三明市委会开展向市政协、梅列、三元区政协推荐农工党界别委员工作，省人大代表1人，市人大代表3人（其中常委1人），区人大代表7人（其中副主任1人，常委2人）；市政协委员11人（其中副主席1人，常委2人），区政协委员16人（其中副主席1人，常委3人）。先后选派10名成员参加市社院举办的2016年民主党派新发展成员培训班、2016年春季党外科干部培训班，选派2名骨干参加省社院第31期各民主党派、无党派人士进修班，选派10名骨干参加农工党全省基层骨干党员培训班、参政党理论工作培训班。

【宣传三明医改】 2016年，哈尔滨市政协副主席、农工党主委纪效民，宁波市委会副主委胡锡浩，江西南昌市政协副主席、农工党南昌市委会主委龙国英先后于4月10日、4月13日、7月5日先后率调研组分三批次23人历时7天在明调研三明医改，市政协副主席陈欣先后看望在明调研组成员，市委会副主委赖荣陪同调研。省政协副主席、省农工党主委陈绍军带领省委会分级诊疗调研课题组于6月27~29日赴三明市将乐县、尤溪县等地，通过召开座谈会，听取有关情况介绍及实地考察等对课题进行调研。

（陈路曼）

九三学社三明市委会

【概况】 2016年，九三学社三明市委（简称社市委）完成社市委换届工作，选举产生九三学社三明市第六届委员会，选举出席九三学社福建省第八次代表大会的代表。朱一勤为主任委员，郑季武、周建耀、罗裕明、李卫东为副主任委员。朱一勤、郑季武、周建耀、罗裕明、李卫东、李奇勇、郭宗碧、陈淑芬（女）、林建忠为常务委员。年内，社市委荣获社中央2016年度组织建设先进集体、社省委2016年度参政议政先进集体三等奖、信息工作先进集体。年内，新发展社员14名，平均年龄32.3岁，女社员5名，高级职称2名，中级职称5名，副科级干部4名，硕士4名，博士1名。截至2016年，有259名社员，平均年龄51.55岁，40岁以下的社员63名。其中，女社员91名，占35.14%；高级职称134名，占51.74%；中级职称87名，占33.59%。社员担任省政协委员的1人、市人大代表2人（其中常委1人）、市政协委员13人（其中副主席1人、常委2人）、区人大代表1人、县（市、区）政协委员27人（其中副主席1人，常委8人）。

【参政议政】 2016年，社市委向市政协九届五次会议研究提交的25件提案被立案办理，社员政协委员提交的9件提案被立案办理，向大会提交书面发言报告21篇。社员中的县（市、区）政协委员、人大代表向永安政协提交26件提案，4件大会发言，向梅列区政协提交6件提案，向三元区政协提交2件提案、2件大会发言，向沙县政协提交3件提案。

【建言献策】 2016年，社市委的《关于进一步完善绿道规划建设的建议》和郑季武的《关于加强我市水库漂浮物防治的建议》提案被列为重点提案。社市委的《关于做好工业转型升级，加快经济发展方式转变的建议》《关于创新人才集聚战略，提升三明人才吸引力的建议》，李奇勇的《关于加强市区饮用水源保护的建议》和刘桂康的《关于促进我市养老事业发展的建议》被评为优秀提案。永安基层委员会主委李卫东代表社市委作《关于进一步落实我市分级诊疗和双向转诊制度的建议》的大会发言，市政协常委李奇勇社员作《关于推进我市农村水源环境保护的若干建议》的大会发言，市政协委员邱美珠作《对三明市“大众创业、万众创新”热潮的冷思考》的即席发言。

【宣传学社工作】 2016年，社市委机关组织编辑《三明九三》6期，向有关刊物投递稿件60多篇次，12条社情民意专报件被社中央、中共福建省委八闽快讯、省政协采用，5条信息8件次得到省领导批示。其中《我省农村水环境整治的三个“短板”影响生态省建设》得到省委书记尤权、省长于伟国等省领导批示3件次。

【课题调研】 2016年，社市委《关于推进我省农村水环境整治的若干建议》，作为省政协第十一届第四次会议提案，并以《我省农村水环境整治存在三个“短板”》提案快报形式，得到省委书记尤权批示：“环境治理是我省环保工作的重点，文章提出的建议请志南（常务副省长）研究加以解决”；得到省长于伟国批示：“文章提出的我省农村水环境整治存在的三个短板，需要引起高度重视，请志南（常务副省长）召集相关部门研究，吸纳意见办理”。社市委向社中央提交《关于推进环境污染第三方治理的建议》《关于福建土堡申请世界文化遗产的调研报告》调研报告，3篇提案初稿。《我省流域生态环境管理权责碎片化、浅层化亟待解决》被省政协采用，《用两种生态补偿让农村小水电“舒筋活络”》被九三学社中央采用。

【调研成果】 2016年，社市委向省统一战线建言献策论坛提交《医疗救助扶贫是第一要务应抓紧补齐短板》《政策导向对福建林业供给侧改革的影响与思考》等关于精准扶贫和供给侧改革方面的论文4篇，向社省委提交《我省小流域生态保护存在的若干问题及建议》7篇调研报告，并形成7件提案初稿报送社省委。向市政协提交《纠正期望偏差引导林下经济“两化”前行》《关于提升三明乡村旅游创业创新发展的几点建议》等论文4篇。陪同社省委调研组赴永安埔岭汽车工业园的中科动力（福建）新能源汽车有限公司调研新能源汽车的发展前景、上下游企业配套建设、市场销售等。《关于生态保护的系列调研报告》获三明市第七届社会科学优秀成果二等奖表彰。

【“小流域水质监测与治理”调研】 2016年，社市委与社省委调研处合作，首次中标福建省社科规划办公布的2016年省政协特别委托6个研究课题之一，即《小流域水质监测与治理》，社市委承担省政协常委会2016年首场协商会调研报告、九三学社福建省委专题报告以及个人专家发言。期间，课题组历经区、市、省政协三级调研，遍历闽江、九龙江等流域。撰写省政协常委会协调会的调研报告，并提交此次常委会，为专题协商提供理论指导和智力支持。5月，十一届省政协常委会就“加强小流域水质监测与治理”开展专题协商。7月，省政府专门出台文件《福建省小流域及农村水环境整治计划（2016~2020）的通知》，对课题许多调研成果予以采纳吸收，课题研究成果入选福建《社科成果要报》。

【社会服务】 2016年，社市委确定梅列区陈大镇长溪村为扶贫挂点村，组织人员到长溪村调研精准扶贫前期工作，初步与镇村干部探讨通过改良种养业、申报乡村旅游项目等促进村财产生造血机能的可行性举措。召开市委会初步研究针对该村和扶贫对象的帮扶举措，强调要发动社员力量，为扶贫村的生产生活提供科技支持，争取政策和资金支持。

【岗位奉献】 2016年，社市委配合社省委和全省统战系统做好“百名专家进乡村入学堂”“海西春雨行动”和国际和平周活动，11月，组织社员赴三元区中村乡开展义诊、科技咨询等社会服务工作。9月，社员叶德俊在第14号超强台风“莫兰蒂”正面袭击厦门后，立即组织本公司30名有经验的林业工人，参与鼓浪屿上百株倒伏大树的清理，以及树木折枝的高空排险工作，在厦门做义工20天。厦门市委、市政府专门为他的公司发来感谢信。

【社员学术成果】 2016年5月，社员李奇勇在中共三明市委中心组学习会上做《学习贯彻十八届五中全会精神，推动三明绿色低碳发展》专题报告，李奇勇根据三明市建设国家级生态市的目标任务，探讨研究低碳经济“十三五”规划发展的顶层设计，提出发展低碳转型发展的分析建议。6月，社员覃淑英参与研究的《焦炉煤气常压富氧非催化转化制合成氨原料气优化研究与应用》荣获福建省科技进步三等。社员陈礼炜入选2016年度“福建省高校新世纪优秀人才支持计划”。11月，社员王永闽获国家发明专利3项，其中《衣柜木门门板专用纤维板研制》项目获福建省总工会颁发的五小创新项目三等奖。

【社员能力建设】 2016年，社市委拜访两区、永安、沙县党委主要领导及县（市、区）委统战部，走访骨干社员所在单位领导，为社员施展才华搭建平台。李奇勇升任三明学院资源与化工学院院长，林建忠升任明溪县副县长，赖龙君任三明市科技局副局长，胡艳华升任三元区民政局局长。选送5名社员参加九三学社中央“闽冀骨干社员培训班”，7名社员参加社省委培训班，2名社员参加省委统战部民主党派、无党派人士进修班，9名社员参加三明市社会主义学院举办的民主党派新成员培训班。

（陈淑芬）

市工商业联合会

【汇聚明商正能量】 2016年6月，市工商业联合会与市纪委、统战部联合开展“亲清润明商，促进两健康”系列宣传活动，确定宏光化工和顺源纺织两家企业作为明商廉洁文化建设示范点，并在“明商网”“明商”微信号开设专栏。8月，市工商业联合会会同市纪委、市委统战部联合举行“亲”“清”政商关系主题报告会，邀请市反贪局副局长张志杰作《民营企业家腐败风险防控》主题报告。

市工商业联合会重视思想政治学习。8月15日，市工商业联合会召开市工商联（总商会）七届五次常委会，组织市工商联常委以上企业家及各商会长、秘书长学习全市上半年经济工作会和省联常委会精神。11月23日，组织召开市直属商会会长座谈会，传达市委书记杜源生对市工商联换届工作的指示精神，了解各商会以及会员企业发展情况。

【先进典型培育】 2016年，三明市一部分非公企业、非公企业家获得全国、省、市各类荣誉。其中，金森林业、绕山纸业、宝华林实业、斯特力气动工具等4家企业被国家工商总局授予2014~2015年度“守合同重信用”企业；邓黄贵等5位企业家获得省政府表彰的“福建省非公有制经济优秀建设者”荣誉称号。

【企业调查研究】 2016年，市工商业联合会先后走访企业50余家，发放调查问卷200份，形成调研材料6篇。3月，根据市委领导的指示，市工商业联合会会同市委统战部在全市开展非公经济当前面临困难和存在问题的调研，召集12个县（市、区）工商联和22个直属商会对三明市非公经济整体发展情况进行调研，撰写《三明市非公经济发展现状调研报告》。

【服务企业】 2016年，市工商业联合会会同市委统战部协调法院、金融等有关部门，帮助会员企业协调有关法律诉讼、融资等问题，为企业办实事30多件。与市人社局、总工会等部门联合开展三方协调工作，3月22日三方四部门组成调研组前往梅列、沙县、尤溪开展“要约行动月”专项调研，推动非公企业构建和谐劳动关系。会同市人社局开展2015~2016年度非公企业专业技术人员职称评审工作。“明商网”进行第5次改版工作，新版“明商网”分为明商圈、明商融和明商购三大版块，由新闻信息服务向商务信息服务转型。

【推动明商回归】 2016年2月，市工商业联合会组织召开三明市境外社团暨异地三明商会经贸恳谈会，来自16个异地三明商会及意大利、美国等12个境外社团100多名回乡人士代表出席会议，宣传推介三明投资环境和产业项目。6月，组织30家异地商会企业参加市政府在福州举办的“投资三明项目推介座谈会”。全年接待深圳、厦门三明商会回乡考察团70余人，并到明溪、清流、宁化、泰宁、建宁和海西生态工贸区考察、对接项目。截至12月，全市有570多位在外明商回乡投资兴业，实施项目448个，总投资近670亿元。

【打造光彩品牌】 2016年3月15日，市委统战部、农办、工商联和光彩事业促进会共同举办三明市“百企帮百村”精准扶贫行动启动仪式。同时，成立三明市“百企帮百村”精准扶贫行动领导小组，下发《三明市“百企帮百村”精准扶贫行动方案》，要求各地工商联组织动员工商联执委以上企业与贫困村结对帮扶，力争在“十三五”期间实现有劳动能力的贫困人口全部脱贫。3月22日起，各小组到26个贫困村了解村情，并带领商会、企业现场对接、制定帮扶计划，全市91家非公企业，26家商会参加。

【非公经济捐资帮扶】 2016年，全市非公经济人士累计实施捐赠帮扶2648万元。其中助学助教资金1900多万元（海西·春雨光彩助学金151万元，全市共有628名贫困大学新生获得资助）；实施产业扶贫项目10个、商贸扶贫项目4个、合作扶贫项目6个，成立村集体经济发展基金3个，投入资金500多万元，安置贫困户就业400多人，技术培训1000多人；建立农产品种植基地1466公顷，带动村民种植农作物600多公顷，年内带动8000多户村民（贫困户600多户）增产增收。其中，宁化河龙贡米公司2016年带动全县15个乡镇100多个村的300多户贫困户种植河龙贡米优质稻107.67公顷，成为三明市精准扶贫的先进典型。

【组织建设】 2016年1月11日，南宁商会成立、8月29日上海三明商会成立，三明市异地三明商会达16家。2月下旬，市工商联领导带领机关干部分4个调研组到14家应换届未换届的市属商会进行走访调研，了解商会企业发展现状、换届筹备工作情况及换届过程中存在的困难问题。三明市安溪、福州商会分别于4月17日和26日完成换届，指导商会增强班子建设和制度建设，健全和完善会长、秘书长考察制度、重大事项报告制度、财务制度和异地商会联席会制度。

【“五好”县级工商联】 2016年，市工商业联合会指导尤溪、永安、沙县工商联通过全省“五好”县级工商联的评审，尤溪、沙县工商联还通过全国的评审，其中尤溪工商联连续两年获得全国“五好”工商联称号。9月，组织尤溪、永安、沙县工商联开展“五好”工商联自查，迎接全国工商联互查组的检查。推动清流、宁化、将乐工商联申报“五好”县级工商联，力争更多县级工商联达到“五好标准”。

【增进为民服务意识】 2016年6月24日、8月19日，市工商业联合会分别开展“坚定理想信念、增强‘四种意识’”和“坚守纪律底线，培养高尚情操”的专题研讨。8月3日，市工商联颜虎成书记为全体干部职工上了题为《学习谷文昌精神，做一名合格党员》的党课，同时发动党员干部自学《习近平论治国理政》系列书籍、抄写党章、参加网络知识竞赛、撰写读书心得等。泰宁“5·8”泥石流灾害期间，市工商联领导第一时间率领科室干部分赴挂钩村——宁化何屋、永安林山和梅列岩兜察看灾情、慰问群众，驻村干部始终坚守抗灾一线、带领村民抢险自救。

【换届工作】 2016年10月13日，召开由市委统战部、组织部、法院、检察院、公安、国税、地税、工商等15个部门相关人员参加的非公经济代表人士综合评价工作协调会。11月中旬开始，指导各县（市、区）工商联、商会组织严格按照中央统战部等14部委联合下发的《关于印发〈加强和改进非公有制经济代表人士综合评价工作的意见〉的通知》要求标准，于年底前完成换届。

（林志彻）

责任编辑：阳崇欣

人民团体·社会团体

MASS ORGANIZATIONS AND SOCIAL ORGANIZATIONS

三明市总工会

【创新创业服务】 2016年，市总工会推进“创先增速”“创新升级”“创优服务”立功劳动竞赛活动，打响“中国梦·劳动美”“五一”系列技能比武活动品牌。其中，市级技能比武活动覆盖造纸、建筑、交通、旅游、烹饪、电力、高速公路等15个行业，吸引1.27万名职工参加，授予90人市“五一劳动奖章”称号；各地工会在机械铸造、医疗卫生、农业种养、电商小吃等行业赛出一批“五一劳动标兵”和“五一劳动能手”。开展技术创新、技术改造、合理化建议活动，全市职工提出建议40.2万条，被采纳11.18万条；向省总申报“五小”项目232个，11个获一等奖、16个获二等奖、53个获三等奖。

【职工素质培训】 2016年，市总工会下拨培训资金150万元，开办培训班73期，培训学员8670人，通过网络教育、函授班为100余名职工开展学历提升教育。市职工校创新常态，开展“送教上门”活动，把技能培训班办到乡镇、企业。建立职工技能晋级奖励制度，筹措并下发职工技师、高级技师晋级奖励资金100万元。2月起，联合开展“春送岗位”就业援助活动，举办就业招聘会、创业援助会13场，帮助6900名下岗、转岗、待岗人员创业就业。

【发挥劳模作用】 2016年，三明市创建各类劳模工作室63个，其中农民工劳模工作室10个，推荐评选全国五一劳动奖章2人、奖状1个、工人先锋号2个，省五一劳动奖章14人、奖状6个、工人先锋号18个。4月27日，市委、市政府召开全市劳模表彰大会，表彰130名市劳模，联合东南网、三明日报、三明电视台开辟“展现劳模风采、奏响时代强音”“寻找最美劳动者”和“劳动最光荣”等专栏，“五一”期间，集中宣传125名各级劳模先进事迹。开展劳模身心和健康关爱活动，全年组织120名市劳模和市五一劳动奖章获得者疗休养，推荐66名省级以上劳模参加省级劳模疗休养和学习班活动。

【依法维权】 2016年1月25日，市总工会与市中院联合下发《关于开展“互联网+维权”工作的实施意见》，打造“互联网+”维权服务，市、县工会完成9个劳动争议调解视频平台建设，尤溪县总工会“互联网+维权”工作经验在全省法院、工会推进职工维权工作现场会上交流，被省总工会评价为“以‘互联网+’为突破点的尤溪经验”。推进劳动争议源头预防和矛盾纠纷排查化解，开展欠薪、工伤赔偿及劳动合同管理等信访问题研判，扩充人民陪审员和兼职律师调解员队伍，2016年，受理职工来信来访来电101件，涉及职工138人。

【精准帮扶】 2016年1月25日，市总工会制定下发《关于开展“精准帮扶”困难职工活动实施意见》，各级工会统筹生活帮扶、医疗帮扶、助学帮扶、就业帮扶、创业帮扶资源，开展困难职工“精准帮扶”活动。5月30日，市总机关建立“三二一”结对帮扶体系，28名机关干部与49名困难职工结成帮扶对子。各级工会也相应建立结对帮扶机制，实行一户一档案、一户一计划、一户一措施的精准帮扶，其中宁化县总工会精准帮扶工作经验在全省工会困难职工解困脱困工作推进会上交流。2016年，全市筹集发放帮扶资金1124万元，帮助2097户困难职工解困脱困。

【普惠服务】 2016年9月1日，市总工会制定出台《三明市第七期在职职工住院医疗互助活动实施办法》，第七期医疗互助活动吸引20.7万名职工参加，筹集互助金1125万元，2016年发放医疗补助金1206万元，受益职工1.35万人次。5月27日，市总工会出台《关于建立市级在病补助制度实行办法（试行）的通知》，为583名大病职工发放大病补助金129万元。“四季四送”发放“夏送清凉”慰问品429万元，新建“清凉驿站”43个，为5562名职工提供免费健康体检；筹集“金秋助学”资金160万元，帮助622名困难职工子女圆就学梦；“两节”期间共发放慰问金535万元，为4150名困难职工“冬送温暖”，并筹集80万元资金慰问泰宁“5·8”泥石流灾害、“尼伯特”和“莫兰蒂”强台风等受灾职工。

至2016年年底，全市已建成7个职工文体中心　（市总工会提供）

立技术工人帮带机制，开展“名师带徒”活动，帮助结成师徒对子1340对，并引导技术工人走进课堂、走上讲堂。

【职工服务】 2016年1月27日，市总工会制定下发《关于在县级工会开展“一县一主题、一年解决一问题”活动的实施意见》，各县（市、区）工会围绕辖区行业性、区域性、普遍性问题，查找问题，选好主题，研究制定服务措施，分别以职工服务和活动阵地建设、企业用工互助、农民工参与旅游众创、农业专业合作社建会建家等为切入点，开展“一县一主题、一年解决一问题”活动。全市12个县级工会查找出的问题全部得到解决。

【普遍建会】 2016年，市总工会开展“农民工入会集中行动”，市总工会依托福建一建集团工会牵头成立市直首个农民工项目工会，并与市交通系统工会联合推进205国道改建项目工会成立，吸收农民工会员700多人。各县（市、区）工会结合本地产业特色和区域特点，分别成立电商、农业合作社、汽车维修等行业工会和物流园、楼宇等区域工会。全市基层工会11157个，工会会员40.78万人，其中农民工会员14.02万人。推进镇街、园区达标和示范工会建设，全市建立镇街（园区）总工会38个，补充招聘镇街（园区）工会专干48名。在全省镇街工会达标验收中，三明市成为全省唯一全部镇街工会达标的地市。

【规范建家】 2016年1月20日，市总工会制定下发《关于开展“四双”活动、创“六好”工会的实施意见》，在全市选树培育143个涵盖镇街（园区）、国企、非公企业、机关和事业单位的示范点，带动基层工会普遍开展“四双、六好”活动。推进“职工之家”建设，抓好7个省总百家全国工会工作先进重点单位和40个市直基层单位培育，开展模范职工之家“1+X”示范带创活动，开展带创交流活动50多场，为市级以上模范职工之家非公企业工会主席发放岗位补贴26.16万元，评选表彰“职工最信赖的‘职工之家’”50家、“职工最信赖的‘娘家人’”50人。

【职工文体中心建设】 2016年，全市新开工建设清流经济开发区、清流台湾农民创业园、明溪经济开发区、大田经济开发区、永安尼葛经济开发区、宁化华侨经济开发区、沙县生态新城等7个职工文体中心，其中3个建成投入使用。至2016年年底，全市已建成7个职工文体中心。市总以各文体中心为阵地，以“春天的问候”为主题，进矿区、进园区、进企业举办6场文化大集活动，吸引4万多名园区职工参与。

【“女工憩园”建设】 2016年2月16日，市总工会制定下发《关于创建“女工憩园”的实施意见》，在全市女职工集聚的纺织、缝纫、服装等非公企业建立12个“妈妈班组”、3个“亲子室”，在汽车站、火车站、大型商场、高速公路服务站等公共场所建立52个“妈妈小屋”，在社区建立9个职工子女中途站，统一授予“女工憩园”牌匾，为1.8万名“妈妈职工”提供服务。实施“女职工关爱行动”，联合开展预防艾滋病宣传活动，搭建“幸福1+1”“为爱向前冲”等平台解决单身青年职工婚恋交友问题，组织207名困难女农民工开展“您的健康我关注”免费健康体检。

【“企业用工互助”经验推广】 2016年，市总工会推动社区“企业用工互助会”向企业、职工集聚的园区、镇街拓展，本地企业间的用工服务向异地间的互助延伸。各地工会相应建立企业用工信息服务平台。各级工会还推动企业建

【工会改革】 2016年，市总工会推动工会改革先行项目落实，各县（市、区）工会将委员中一线劳模和一线职工代表比例提高到15%以上，常委中一线劳模和一线职工代表比例提高到12%以上，并推动9个县级工会成立党组，11个县级工会配备兼职副主席。开展工会干部队伍建设活动，举办送教上门办班17期，举办现场学习观摩会7期，组织工会干部上挂下派学习70多人。做好“营改增”工会经费征收衔接工作，开展工会重大专项资金及县级工会全覆盖审计，强化工会经费“1+X”专项督查，落实审计和督查问题整改，促进工会资产、资金使用安全。

（范良勇）

共青团三明市委

【概况】 2016年，共青团三明市委（简称团市委）紧紧围绕市委、市政府的中心工作，以服务大局、服务社会、服务青年为宗旨，适应群团改革新要求，推动团的各项工作。全市共青团信息工作连续四年全省第一，服务青年创业就业、投身精准扶贫、暑期学生教育、信息宣传等工作走在全省前列。团市委先后获“2016年度三明市平安单位”“第一届全国青年运动会三明赛区组织筹办工作先进集体”等多项荣誉。柬埔寨人民党青年干部考察团、荷兰华人青年企业家协会、非洲国家重要非政府组织骨

干考察团和国家林业局、省市领导多次到公社考察指导工作并给予肯定。

【青少年思想引领】 2016年，团市委围绕建党95周年、红军长征胜利80周年等重大契机，开展“缅怀革命先烈，争当时代先锋”“我们学先锋，创造新生活”“高举团旗跟党走，红色基因代代传”“网络文明我先行 争当阳光好网民”等教育实践活动。5月，举办全市“我的未来，我的梦”少年儿童图文创作大赛，7月，举办“红色基因，我们传承——三明人与长征”主题演讲比赛，5月，主办《中国好声音》城市海选三明赛区选拔活动；“五四”期间，将选树的草根典型拍成《青春榜样》专题片进行宣传，设计推广共青团微信卡通形象代言人“明小团、明小青”文化产品，精心制作《争当好青年，争做好网民》网络文明动漫宣传教育片。

【创新创业服务】 2016年，团市委发挥全省地市级首个共青团省级众创空间基地优势，在创客中心设立青年创业产品展示区，引进创业团队15个、青年创客60名，帮助创客团队成功申请4个实用新型专利、1项专利成果转化；新培育“一品多特”品牌项目14个、特色项目25个。团市委举办首届三明创新创业大赛、首届全市“青安杯”安全生产知识竞赛、全市快递行业青工技能比武等活动25场，4个项目获全省青年创新创业大赛一等奖和三等奖、4个创业项目获得省24万元资金补助。

【青年创业培训】 2016年5月，团市委召开全市共青团助力脱贫攻坚战动员大会。与商务、扶贫协会等部门举办各类电商和实用技术培训班43场，承办全团促进就业创业示范培训班，培训创业青年、建档立卡户贫困青年3300余人，35名青年被评为省级农村青年致富带头人、2个合作社评为省级青年农民合作社优秀示范社，评定市级青年农民合作社优秀示范社7个。认定市级青年安全生产示范岗45家；组建全市青年创新创业投资人联盟，新成立4个县级青年创业协会、14个青年就业创业见习基地，发放青年创业贷款1002笔4646万元。

【文明创建服务】 2016年，团市委开展“青春志愿献三明，文明城市我先行”“青春志愿行，温暖回家路”“青春雷锋，美丽三明”等服务活动，每周六在“青年志愿服务驿站”推出特色便民利民志愿服务项目，巩固全国文明城市创建成果，2016年累计参与志愿服务团员青年15万余人次、服务群众40万人次。开展“青春雷锋，家园清洁”志愿服务、“绿色三明，青年当先”青年志愿者大型义务植树等活动，举办全市“念好发展经、画好山水画”青年摄影主题展、“筑爱三明，点亮星空”第二届公益彩虹跑，开展“爱三明，护绿道”“告别不文明行为”等主题志愿服务活动，参与青少年8万余人次。

【社会事务服务】 2016年，三明市各级团委建设各类青年林26个、省市级青春家园示范点19个。组建163支青年突击队服务保障发展和全市重点项目建设，认定市级青年文明号35家。组织100多名青年志愿者和59支应急抗洪抢险青年突击队投身泰宁“5·8”泥石流灾害的抗洪抢险工作。邀请国家卫计委和清华大学团组织组成医改联合考察团到三明市开展医改专题调研，调研成果得到市委主要领导审阅和肯定。

【组织青年精准帮扶】 2016年，团市委组织市区三所高校47支扶贫社会实践团队到各县（市、区）乡村开展1周至1个月的教育扶贫、电商扶贫、健康扶贫、乡村规划等社会实践活动；推动农村淘宝与泰宁县、三明学院与泰宁县达成扶贫结对共建意向，与人民银行、银监局分别组织36支金融青年志愿服务队和选派28名金融挂职干部开展“银团合作项目”。与市委组织部等部门联合开展“引凤计划”助力精准扶贫志愿行动，吸引省内外84名闽籍大学生组建9支实践团队到三明市7个县的驻村蹲点扶贫村开展20天的乡村休闲旅游开发、农产品包装设计、现代农业产业发展等志愿服务活动，活动得到《今日头条》等中央、省市媒体网站报道40余篇。

【困难青少年扶助】 2016年，团市委开展“阳光助学——播撒希望”驾驶人爱心捐助、“爱心助学圆梦行动”“青春同行”“助孤行动”“微心愿认领”阳光助残等活动，筹资112.34万元帮助397名学子圆“上学梦”，发放慰问物资123.5万元帮扶2136名青少年解决实际困难，争取省希望小学援建项目3个和“七彩小屋”及助孤项目8个、资金119.5万元，为5个县11所学校争取22台净水设备、价值44万元；持续推动市、县两级机关部门团组织与重点扶贫帮扶乡镇（村）团组织结对共建。

【关爱青少年成长】 2016年，团市委举办“轻松备考·12355与你同行”等公益讲座30余场次、为1万余名家长及学生提供考前心理辅导；成立全市首家市级青少年社工服务中心、首家青少年慈善社会团体青少年助学促进会、市希望公益服务中心，推动2个县级团委成立青少年事务社会工作服务中心，承接全省重点青少年群体社会工作项目2个、其中1个项目入选全国青年社会组织“伙伴计划”100个优秀项目（全省仅2个项目入选）。市县两级向两会提交有关青少年提案和建议20件；与市中院在15个美丽乡村建立青春法治宣传教育示范点，认定市级“青少年维权岗”30个，1个集体荣获全国“青少年维权岗”。

【预防青少年犯罪】 2016年，团市委与市禁毒办等部门到沙县和三所高校举办“让青春在禁毒中出彩”主题活动，开展“青春自护·平安春节”青少年自护教育活动123场、参与人数15万余人次。召开全市预青工作会议暨重点青少年群体服务管理和预防犯罪工作推进会，第三轮4个重点青少年群体服务管理预防犯罪工作试点县工作通过中央综治委“预青”专项组考评。

【青少年优异成绩】 2016年3月，三明市2个协会和1个项目分别获“省保护母亲河绿色团队奖”“省保护母亲河绿色团队提名奖”和“省保护母亲河贡献奖”。5月，涌现出“全国优秀共青团员”三明亿源电力工程建设有限公司带电检修工吴长翔、“福建青年五四奖章标兵”建宁县邮政局投递员帅珍珠等一批各个领域、各条战线的全国、全省先进典型。12月，2名青年志愿者和2个志愿服务项目分别获“中国青年志愿者优秀个人奖”和首届福建志愿服务项目大赛银奖、铜奖。

【发挥网络先锋模范作用】 2016年，团市委服务“双创”工作被三明日报专版报道，并得到“双创在福建”走进三明主题活动中央、省级媒体采访团的关注报道。针对网传泰宁“5·8”泥石流灾害不实信息，团市委第一时间发动“青年网军”和通过共青团微信公众号辟谣；官方微信粉丝数11.6万人，信息被团中央手机报和中国青年网采用数分别排全国地市级第一和全省第一，“青年之声”工作综合排全省第二。

【基层基础夯实】 2016年，团市委开展“两学一做”学习教育、“团干部如何健康成长”大讨论、“学讲话，话改革，谋发展”主题开放日和“走进青年、转变作风、改进工作”大宣传大调研活动，推动数字团建、星级团支部创建和“1+100”直接联系青年工作，新建非公及两新组织团组织53家、乡镇直属团组织78个、驻外团组织13家、青少年综合服务平台35个，录入团员信息92446人、205名团干部联系青年29659人，新发展团员11900名、推优入党1893名；12月，召开市青联七届一次全委会和学联第六次代表大会，举办基层团干部和少先队总辅导员培训班30期、1500多人次，在全省率先实现团教联合督导县（市、区）少先队工作，完成省少工委交办的少先队活动课教材编写。

【吴长翔获2015年度“全国优秀共青团员”】 2016年4月27日，共青团中央印发《共青团中央关于表彰2015年度“全国优秀共青团员”“全国优秀共青团干部”“全国五四红旗团委（团支部）”和2016年“全国向上向善好青年”的决定》，国网三明供电公司高压线路带电检修工吴长翔获2015年度“全国优秀共青团员”称号。

【第十三届“福建青年五四奖章集体”和“福建青年五四奖章”】 2016年5月3日，福建省举行纪念五四运动97周年暨“聚焦创新创业　助力脱贫攻坚”青年典型分享会，表彰第十三届福建青年五四奖章集体和个人，2015年度福建省五四红旗团委、团（总）支部，优秀共青团员，优秀共青团干部。三明市共有2个优秀青年集体获第十三届“福建青年五四奖章集体”、4名优秀青年获第十三届“福建青年五四奖章”。

（刘维敏）

三明市妇女联合会

【概况】 2016年，三明市妇女联合会（简称市妇联）围绕省妇联“五项行动”“一项工程”工作内容，推动三明市妇女儿童事业创新发展，为三明实现“十三五”良好开局贡献巾帼之力。市妇联被市委市政府授予2016年度平安先进单位、全市民族团结进步模范集体，被市直机关党工委授予先进基层党组织等称号。12月，完成三明市妇女第十一次代表大会工作，明确今后五年全市妇女工作的目标任务，选举产生新一届市妇联领导班子。“三明女性之声”微信公众号每周阅读量在全国地市级妇联公众号中排名三十左右，在全省排名第二。

【市妇联第十一次代表大会】 2016年12月14~15日，三明市妇女第十一次代表大会召开。市委书记杜源生、省妇联副主席王秋梅在开幕式上讲话。市妇联主席廖丽青代表三明市妇女第十届执委会作工作报告。大会选举产生三明市妇联第十一届执行委员会常委13名、执委49名，廖丽青当选三明市妇联第十一届执行委员会主席。

【女大学生创业培训】 2016年，市妇联实施“创业创新巾帼行动”，引导创业女性适应经济发展新常态，与三明学院、厦门市大学生创业促进会、新华网股份有限公司福建分公司在三明学院联合承办“共赢创新、筑梦未来”首届中国（福建）女大学生创新创业大赛三明动员会，举行三明巾帼创业导师聘任仪式，选聘女大学生创业导师，为女大学生创业搭建平台。与有关部门共同举办2016年就业援助专场招聘会，为妇女提供就业服务。组织女大学生参加首届中国（福建）女大学生创新创业大赛，三明职业技术学院女大学生张怡婷的“健康环保家居产品”项目荣获首届中国（福建）女大学生创新创业大赛实战组第一名及最佳人气奖。

【巾帼脱贫攻坚行动】 2016年，市妇联以“专家快车农村行”“巾帼致富种子工程”为载体，全市各级妇联组织联合“双学双比”成员单位举办城乡妇女实用技术、电子商务、家政服务等各类培训班，培训近1万人次。试点开展购买妇女儿童家庭服务，实施城乡贫困妇女创新创业提升就业素质技能服务项目暨家政培训项目。抓好妇女小额担保贷款、巾帼扶贫小额贷款和母亲创业循环金项目工作。全年完成巾帼小额信贷资金发放502万元，发放2015年度巾帼小额信贷贴息资金77.6万元。

2016年12月14~15日，三明市妇女第十一次代表大会召开　（周志鸿　摄）

【生态家园建设】 2016年，市妇联组织广大妇女参与国家生态市、国家森林城市创建，持续开展“巾帼美丽家园”创建活动，动员农村妇女和家庭开展家庭文明建设。推荐嵩溪爱珍豆腐皮合作社、冠瑞生物有限公司瓜蒌示范基地申报全国巾帼农业科技示范基地。新建省级巾帼示范基地6个，创建省级巾帼美丽家园示范村11个。

【巾帼圆梦行动】 2016年4月，市妇联邀请中国台湾农村美国际观光发展协会理事长黄翠文和台湾女企业家到三明市开展三明、台湾两地创业女性创意农业交流活动，促成中国台湾农村美国际观光发展协会与永安市吉福酒业、永安市绿健食品有限公司、泰宁县一点石食品有限公司等企业签订合作意向。10月，组织台湾“中华生产党”、台湾“中华旗袍推广协会”妇女代表到三明市开展“明台妇女合作发展”联谊交流和海峡两岸旗袍文化交流活动，组织明台妇女企业家进行合作发展交流座谈。

【维护妇女儿童权益】 2016年，市妇联推进“建设法治三明巾帼行动”，推动社会治理机制创新。抓住“三八”“六一”“6·26”“12·4”等节点，加大反家暴、禁毒、平安创建等普法宣传和培训，开展“三八”妇女维权活动和省、市、县妇联主席大接访，联合市中级人民法院举办“‘反对家庭暴力·共建和谐家庭’推进‘建设法治三明·巾帼行动’暨实施反家庭暴力法”大型宣传活动，编印宣传折页5万余份，引导妇女尊法学法守法用法。4月，与市中级人民法院联合成立三明市反家庭暴力联动中心，拨出专项经费15万元，购买社工服务，为家庭提供宣传、咨询、调解、援助等公益服务，探索司法实践与社会预防相结合的反家暴途径。

【全国“两纲”中期评估督导】 2016年1~4月，市妇联完善全市“两纲”（即妇女发展纲要、儿童发展纲要）实施情况的档案资料，在各县（市、区）开展“两纲”工作自查的基础上，组织民政、人社和妇幼保健等专家形成督查组，分赴各县（市、区）开展“两纲”中期评估督查，指导“两纲”迎检工作。5月，三明市作为福建省迎检点代表，通过以全国妇联副主席、书记处书记焦扬为组长的全国“两纲”中期评估督导组评估督导检查。

【“家庭文明建设工程”】 2016年，市妇联常态化开展“最美家庭”活动和“好家风好家训”宣传展示活动。举办“为文明点赞——家风家训’道德论坛”。邀请南京大学教授到县（市、区）举办5场和谐家庭公益大讲堂活动。在第八届海峡妇女论坛期间，发挥尤溪朱子文化家庭建设示范基地辐射作用，举办“南溪书院会讲”系列活动，搭建两岸家庭文化传承交流新平台，推动家庭教育、培训、观摩活动等工作常态化开展。

【市级文明家庭评选】 2016年，市妇联开展三明市第二届寻找“最美家庭”活动，挖掘和寻找“最美家庭”典型。通过组织推荐、自荐、互荐、网络投票评选、举办“最美家庭”揭晓暨五好文明家庭颁奖晚会等形式，评选出三明市“五好文明家庭标兵户”10户、“五好文明家庭”50户、“最美家庭”50户。启动三明市党员干部好家风建设活动，打造一批省市级家庭文明建设示范基地。

【家庭教育服务】 2016年，市妇联围绕贯彻落实中央关于未成年人思想道德建设工作总体部署，组织各级妇联开展适合儿童特点、丰富多彩的庆“六一”系列活动。邀请省、市家教骨干讲师，开展“家庭教育公益大讲堂”巡回报告会，省、市、县（区）共联合开展“家庭教育公益大讲堂”、家庭教育沙龙等活动50余场次。开展“我爱我家·同悦书香——亲子阅读活动”，开展线上线下亲子阅读活动，市妇联向部分学校、社区“儿童之家”捐赠少儿读物600余册，各级妇联组织开展各种经典诵读、阅读活动40余场次。

【为妇女儿童办实事】 2016年，市妇联召开“关爱女性健康”三明市女性安康保险工作座谈会。在全市范围内掀起开展新一轮“两癌”贫困母亲救助行动，扩大“两癌”贫困母亲的救助面，市本级为“两癌”贫困母亲募集爱心资金16.48万元，全市各级妇联组织共募集77.49万元，救助对象253名。实施“春蕾计划”，市本级发放资助款5.5万元，资助“春蕾女童”153名；争取省“春蕾圆梦”12.5万元，资助25名贫困女大学生，争取“恒大计划”5.4万元资助15名应届考上高中女生，“澳柯玛圆梦”11.54万元捐助115名小学贫困女生，基本解决贫困女学生的入学困难。

【“妇女之家”示范创建】 2016年，三明市建成“妇女之家”2050个，培树省、市级“先进妇女之家”示范点169个。注重组织覆盖向新兴群体、年轻女性、流动妇女等集中地拓展，做好培育、引导和联系工作，发挥三明心家园女性文化交流中心等“两新”组织“妇女之家”典型作用。

【兰爱珍获2016年“全国三八红旗手”】 2016年2月29日，纪念“三八”国际妇女节暨全国三八红旗手（集体）表彰大会2月29日在北京人民大会堂举行，大会表彰10名全国三八红旗手标兵、300名全国三八红旗手和200个全国三八红旗集体。其中，清流爱珍豆腐皮专业合作社理事长兰爱珍获2016年“全国三八红旗手”称号。兰爱珍是清流县嵩溪爱珍豆腐皮农民专业合作社理事长，中级经纪人。曾获“全国三八红旗手”“全国农村青年致富带头人”，福建省“三八红旗手”，福建省“优秀农村实用人才”等称号。

（蔡小榕）

三明市科学技术协会

【概况】 2016年，三明市科学技术协会（简称市科协）牢牢把握“四服务”即为科技工作者服务、为创新驱动发展服务、为全民科学素质服务、为党和国家科学决策服务的职责定位，以“搭建平台、资源共享”为工作思路，坚持“大联合、大协作”的工作方式，在继承中创新，在创新中发展，抓落实求实效。9月，中组部、中宣部、中国科协等国家九部委联合发文对在《全民科学素质行动计划纲要》实施工作中作出突出贡献的先进集体、先进个人进行表彰，三明市科协榜上有名。2016年永安市、宁化县在新一轮全国科普县（市、区）创建中获得表彰，尤溪县、建宁县、明溪县在新一轮福建省科普示范县（市、区）创建中获得表彰。

【专题研究科协工作】 2016年5月30日，市科协主席吴联派、三明市梅列区农村专业技术协会会长林达群出席中国科协第九次全国代表大会。8月9日，市委书记杜源生主持召开市委常委会会议，传达贯彻中国科协第九次全国代表大会精神，并听取科协工作情况汇报。市委市政府专门召开3次以上协调会，研究解决科协工作中遇到的实际困难和问题；各级党委政府贯彻落实市委、市政府制定下发的《关于进一步加强新时期科协工作的意见》，市人大常委会专题对《中华人民共和国科学技术普及法》《全民科学素质行动计划纲要》进行调研。

【推动科学普及】 2016年，市科协实施《三明市全民科学素质行动实施方案（2011~2015年）》，于5月制定《三明市全民科学素质行动实施方案(2016~2020年)》。开展全国科普日、会员日、科技人才服务周和科普进校园、进社区、进农村、进企业、进景区、进机关、进军营等“科普七进”活动；推进科普兴村计划和科普益民计划。

【科技普及惠及农村】 2016年，市科协开展农村实用技术培训和农村专业技术协会培训工作，2016年开展农村实用技术培训387期，参加培训15746人次。其中，农函大实用技术培训3720人次，一技一培短期培训10026人次，农技协科技扶贫专题培训2000人次。2016年，三明市具备科学素质公民的比例6.0%，比“十一五”期间提高2个百分点。

【科技人才培养】 2016年，市政府设立的第九届三明青年科技奖，有17名青年科技人才受到表彰。2016年，全市科协系统获得国家级表彰（竞赛）的集体33项，个人19项；获得省级表彰的集体48项，个人85项；获得市级表彰的集体有153项，个人有178项。

【推进学术交流】 2016年，市科协发挥科协举办三明市科学技术学术年会，组织政协科协界委员和科技工作者建言献策，提交30多篇政协提案和科技工作者建议案。同时，增强对市级学会（协会、研究会）的管理，对工作有特色的学会进行表彰，促进科技团体建设，参与社会管理创新和服务。

【创新驱动发展】 2016年，市科协邀请全国学会、省级学会15家到三明开展创新驱动助力工程调研和项目对接活动，与三明市有关企事业达成合作项目30余项。发挥学会在服务创新驱动发展的重要作用，探索学会有序承接政府转移职能成效显著。市生物医药学会、市茶叶学会、市心理健康协会、市食用菌协会、市老科技工作者协会、市气象学会、市科普作家协会等7家学会在推进科技评估、技术资格认定、专业学术研讨等方面工作。

【高端智力引进】 2016年，三明市新建3家院士专家工作站，分别是福建省谢华安种业产业园院士专家工作站、福建吉兴竹业有限公司院士专家工作站和沙县夏茂水稻良种繁育院士专家工作站。至2016年年底，全市院士专家工作站24家，其中省站21家。

【4家院士工作站被授予“福建省院士专家示范工作站”】 2016年6月18~21日，在第十四届中国·海峡项目成果交易会上，颜龙安和朱英国院士领衔的福建省禾丰种业有限公司院士专家工作站、谢华安院士领衔的福建省谢华安种业产业园有限公司院士专家工作站、张齐生院士领衔的福建省吉兴竹业有限公司院士专家工作站、王光谦院士领衔的福建水利电力职业技术学院院士专家工作站等4家院士工作站，被授予“福建省院士专家示范工作站”。其中福建省水利电力职业技术学院院士专家工作站为全省唯一获评省示范站的高校院士专家工作站。

【高端技术对接】 2016年，三明市搭建与高端智力的对接合作平台，赴外地开展院士专家座谈会和校地科技合作座谈会；促成与清华大学、北京大学、复旦大学、北京林业大学、厦门大学、华侨大学等著名高校和科研院所的合作；对接“院士专家八闽行”等活动，举办“院士专家三明行”活动，先后邀请院士专家80多人次到企业、重点项目开展技术诊断、决策咨询、项目合作。

【青少年科技竞赛】 2016年，三明市青少年科技竞赛获全国、全省表彰。尤溪县实验小学卓墨凡、陈奕璋、詹宇轩、詹梓彤同学代表福建省参加全国第十六届青少年机器人竞赛，获FLL机器人工程挑战赛小学组一等奖。参加全国青少年第七届影像节活动，获一等奖1项、二等奖2项、三等奖30项。参加青少年科技创新大赛，获全国科技辅导员科技创新项目二等奖1项，科幻画二等奖1幅、三等奖1幅，科技创意比赛优秀创意奖1项；获省科技项目一等奖3项，科幻画一等奖2幅，科技辅导员科教创新成果一等奖1项。同时，注重辅导员队伍建设，获省“十佳优秀教练员”1人、省优秀科技辅导员奖1人。

【第九届三明青年科技奖】 2016年5月，经基层单位推荐、市青年科技奖专家评审委员会评审、市青年科技奖工作领导小组审定，三明市政府发文，决定授予任雯等17位第九届三明青年科技奖，以表彰他们在基础研究、工程技术实践、科技产业发展、科学技术普及等方面做出的突出业绩。

【三明市全民科学素质行动计划纲要实施方案出台】 2016年12月14日，三明市政府印发《三明市全民科学素质行动计划（纲要）实施方案(2016~2020年)》，从背景和意义、方针和目标、任务和分工、组织实施与保障条件等明确提出要求。三明市将全民科学素质相关内容纳入到“十三五”国民经济和社会发展总体规划、科技发展规划等相关规划。力争到2020年，公民具备科学素质的比例超过10%，公民科学素质整体水平与全面建成小康社会和创新型城市的要求相适应。

【院士专家工作站系列报道播出】

2016年9月3日至11月4日，三明市科协与三明电视台联合制作的“三明院士专家工作站直通车”系列报道在三明电视台“三明新闻”连续播出。报道以10位院士领衔的三明13家院士专家 工作站为报道对象，涉及林业、农业、生物医药、汽车、旅游、水利电力等多个行业领域的企事业单位。新闻栏目深度报道企业、科研院所和高校依托院 士专家工作站这个引智平台，引进院士及其专家团队的智力与资源，在项目合作、技术攻关、创新成果及人才培育等方面开展合作，共同创造经济效益、社会效益。

（郑真珠）

三明市社会科学界联合会

【概况】 2016年，市社会科学界联合会（简称市社科联）发挥社科界理论先行、理论引领的作用，搭建宣传平台，在《三明论坛》开辟专栏，发表专家学者的体会文章；召开专题会议学习习总书记在哲学社会科学上的讲话精神；到基层宣讲，党组书记、主席蔡建境以市委宣讲团成员的身份，赴建宁、梅列宣讲十八届六中全会精神，赴大田、永安、沙县宣讲省第十次党代会精神；举办社科普及宣传周、社科专题报告会、讲坛讲座，开展宣传活动，帮助广大干部群众更好地领会和把握十八大以来马克思主义中国化最新理论成果。

【闽学文化课题研究】 2016年，市社科联提出建设闽学文化品牌“一个村、一场研讨会、一套丛书、一批书院、一批产业”的“五个一”工作方案。采取面上研究与重点研究相结合方法，进行闽学文化遗存、闽学村建设等前期调研。10月，完成《闽学与三明关系初步研究》《闽学四贤与翠云书院（岩前村）史料考证研究》《豫章书院及罗从彦墓莹史实考证》3个重点研究课题；在闽学村建设方面，明溪县紫云村开启闽学村建设的序幕，一批闽学村进入筹备建设阶段；10月，编著完成《闽学文化基础知识简明读本》。

【闽学文化理论研讨】 2016年11月16日，市社科联与市委宣传部联合主办首场“‘闽学与三明’学术研讨会暨明溪县紫云闽学村建设启动仪式”，近30名省专家学者到出席会议，市专家学者和理论工作者90名参加会议，56篇论文参会交流。6月11~13日，组织闽学研究专家学者28名，参加由尤溪县委、县政府主办的“第八届海峡论坛·朱子文化与旅游交流活动”，与中国台湾及各地嘉宾进行广泛的交流学习；11月18日，与尤溪县政府共同承办由福建省闽学研究会、安徽省朱子学研究会、台湾朱子学研究协会、上饶师范学院朱子学研究所主办的两岸四地朱子文化与中华民族核心价值学术研讨会，与全国各朱子研究名家、专家进行交流探讨。

【征文征稿活动】 2016年，市社科联与市委宣传部、市委文明办联合开展“为文明点赞·为三明点赞”活动；《三明论坛》开设“学习贯彻习近平总书记系列重要讲话精神”“红色文化”等专栏，向社会各界征集纪念建党95周年、纪念长征胜利80周年文稿活动，引导广大社科理论工作者更加重视红色文 化等方面的理论研究，优秀征文在《三明论坛》2016年第5期“纪念建党95周年暨红军长征胜利80周年”栏目发表。

【社科普及宣传周】 2016年10月16日，市社科联在福建省水利电力职业技术学院举行2016年度三明市社会科学普及宣传周启动仪式，并举行《福建历史文化名人丛书》《东南周末讲坛》《福建省第五期社科知识有奖竞答手册》等社科普及资料赠送仪式和市级社会科学普及基地授牌仪式。仪式前，市哲学学会、心理学会等联合举办“社会科学知识有奖竞猜”活动，2500多人参与知识竞猜，各县（市、区）社科普及周启动仪式同步举行。

【社科普及基地展示】 2016年10月，宁化县在客属文化交流中心举办以宁化山水风情和历史人文魅力为主题的“客家祖地·映象宁化”摄影展，在县革命纪念馆展示纪念红军长征胜利80周年湘江战役和红色苏区主题图片摄影展板35块，并在革命纪念园举办《纪念中国工农红军长征胜利八十周年》邮票首发式暨“弘扬长征魂、同筑中国梦”集邮展，展出邮集作品39部51框。建宁县开展爱国主义宣传宣讲、展览展示、“读吧·建宁”征文等活动。尤溪县利用“南溪书院大讲坛”平台，开展《不忘初心 继续前进》共10多场专题讲座，开展“朱子与当代中国的儒学复兴”系列会讲。10月，泰宁县在省级社科普及基地——泰宁县博物馆开展非物质文化遗产保护展览展示系列活动。

【社科普及基地建设】 2016年，市社科联对尤溪县南溪书院、建宁县中央苏区反“围剿”纪念馆、宁化县世界客家始祖文化园、泰宁县博物馆等省级社科普及基地进行工作指导。10月，尤溪县南溪书院获“全国社科普及示范基地”称号。建立三明市图书馆、宁化县革命纪念馆等13家市级社科普及基地并授予牌匾。

【社科普及基地命名】 2016年9月，市委宣传部、市社科联按照中共三明市委宣传部、三明市社会科学界联合会《关于开展市级社会科学普及基地申报工作的通知》要求，经有关单位申报，审核研究，命名三明市图书馆等13家单位为三明市社会科学普及基地。被命名的社会科学普及基地开发本基地社科普及资源，开展社会科学普及宣传活动。

【第五期社会科学知识有奖竞答活动】

2016年9~10月，市社科联组织广大干部群众参与在“八闽社会科学普及网”开展的以“树立发展新理念、加快建设新福建”为主题的第五期社会科学知识有奖竞答活动，有13600余人参与答题，三明市社科联、永安市社科联获优秀组织奖，清流县、宁化县、建宁县社科联获鼓励组织奖。

【基层组织建设】 2016年，市社科联坚持《三明市县（市、区）社科联工作联席会制度》，组织召开县（市、区）社科联工作联席会。8月中旬、12月下旬先后在将乐、沙县以“闽学文化名村与美丽乡村”“发挥社科联职能，服务中心工作”为主题，召开全市县（市、区）社科联工作联席会。按照《三明市社会科学界联合会章程》规定，推动学会（研究会、协会）规范化、制度化建设。

【“三明周末”讲坛举办】 2016年，市社科联举办“三明周末”讲坛48期，以人民群众需要、喜欢为标准，筛选每个周末讲坛的题目，内容涵盖闽学文化、红色文化、台海政治关系、金融、传统文化及医卫保健等。

（陈家锋）

三明市文学艺术界联合会

【概况】 2016年，三明市文学艺术界联合会（简称市文联）有作家、音乐家、美术家、书法家、摄影家、民间文艺家、戏剧家、曲艺家、电影家、电视家等11个文艺家协会以及钢琴、小小说等二级学（协）会8个，会员1万余人。2016年，三明市文联贯彻《中共三明市委关于进一步加强新形势下文联工作的实施意见》精神，按照市第五次文代会的部署，坚持以人民为中心的创作导向，团结带领全市广大文艺工作者，讲述三明故事，为建设更富活力更具实力更有竞争力的新三明发挥良好作用。市文联获省人力资源和社会保障厅、省文联授予“全省文联系统先进集体”称号，党组书记、主席黄莱笙当选第十次全国文代会代表和市第九次党代会代表。

【学习贯彻党中央文艺方针政策】 2016年，市文联以集中培训、专题讲座等形式学习习近平总书记在文艺工作座谈会上的重要讲话，特别是在全国第十次文代会、第九次作代会开幕式上的重要讲话精神，学习《中共中央关于繁荣发展社会主义文艺的意见》和党的一系列文艺方针政策。利用《三明文艺网》、三明文联公众号、三明文艺院公众号和市文联政务微信群、各直属文艺家协会、各县（市、区）文联微信群，及时推送学习内容，扩大学习教育覆盖面。12月18~20日，在省文联（泰宁）文创基地召开三明市文艺工作座谈会，全市文艺家代表70余人参加。会议组织学习习近平总书记重要讲话和党中央文艺方针政策，倡议全市文艺工作者正确把握文艺方向，树立为国家立心、为民族铸魂、为人民立传。市文联系统有3名干部获“全省文联系统先进工作者”称号。

【“讲述三明故事”活动】 2016年，市文联组织“讲述三明故事”非虚构文学作品征集活动，收到海内外应征作品219篇。《寂寞的大道》《诗意的栖居》2篇作品获得一等奖，《把乡愁包成客秋包》等4篇作品获得二等奖，《梅山，知青与先贤的翰墨缘》等8篇作品获得三等奖，另有16篇作品获佳作奖。3月31日会同三钢文联组织举办“讲述三明故事——‘闽光杯’非虚构文学作品征文颁奖晚会”，以音乐和歌舞形式演绎《七月莲荷》《我们的中国梦》《为你点赞》等精彩节目。作家黄莱笙分别在市老干局老年大学和文联机关举办《三明人自己的文学》专题讲座，系统介绍三明文学历史人物、重大事件及显著成果。

【文艺志愿服务行动】 2016年，市文联开展“到人民中去、向人民汇报、送欢乐下基层”文艺志愿服务活动。三明文艺界1名志愿者获国家级通报表扬、1人荣获省妇联“优秀巾帼志愿者”称号、3人获省文联通报表扬。1月8日，结合全市“三下乡”活动，组织三明大田等地10余位国家及省、市级书法家会员，为大田屏山乡亲现场书写对联500多幅。并为“结对子、种文化”挂钩乡——大田屏山茶乡文艺创作示范基地捐赠文学艺术及实用类书籍近千册，价值1万余元。5月24日，举办“三明市作家书库”捐赠仪式暨读者见面会。“三明市作家书库”作家代表向市图书馆捐赠自己的著作。作家代表、读者代表50余人参加捐赠仪式及读者见面会，现场进行互动交流。5月25~26日，作家黄莱笙与作曲家伍林发联手为全市“劳动歌曲创作与鉴赏”培训班讲授“歌词创作漫谈”“谈歌曲创作方法”等课程。从歌词创作的应知、应会、应戒及歌曲创作的记谱法、调式调性和声、各区域民族民间音乐、作曲创作手法等方面进行讲解和点评。

【国家公共文化服务体系示范区创建】 2016年，市文联被三明市创建国家公共文化服务体系示范区领导小组授予“三明市创建国家公共文化服务体系示范区先进集体”，1名干部被授予“三明市创建国家公共文化服务体系示范区先进个人”。联合三明军分区政治部、武警消防、市老干局、市“双拥办”举办“军民迎新春”文艺慰问演出、迎猴年新春警民联欢晚会、走进武警三明支队新训队与新兵联欢等活动。举办第二届“美丽三明·百姓舞台”欢乐新春文艺晚会和“迎国庆东方舞专场演出”等。推进“小童心·大梦想”主题教育实践活动的开展，组织书协、美协、摄协、民文协、舞协等文艺家协会常年开展“公共文化服务校园行”活动。7月1日晚，在市艺术馆百姓大舞台举办“党旗下的幸福娃”舞蹈专场文艺晚会，在列东广场举办“一片丹心跟党走”专场文艺演出。2月18日，协助文明办策划并指导举办“为文明点赞——我们的节日·春节元宵”主题晚会。4月29日，联合政法、公安、法院、检察院等在市艺术馆举办“平安三明”全市摄影展，展出首届“平安三明”全市摄影大赛入选获奖作品116幅（组）作品。12月27日，联合市委文明办、市检察院举办三明市“为文明点

2016年10月29日，三明市美术家协会工笔画学会成立　（市文联提供）

赞·为三明点赞”书画作品征稿与展示活动，展出反映三明文明建设新风貌新成果的书法、美术作品100余幅。

【红色题材文艺活动举办】 2016年2月28日，市文联启动“风展红旗如画——纪念中国工农红军长征胜利80周年”即三明市第二届摄影展，征集作品1860幅，评出一等奖1幅，二等奖2幅，三等奖作品3幅予以表彰。6月2~8日，市文联组织“重走长征路·纪念红军长征胜利80周年”专题采风活动。采风团由宁化出发，沿当年红军的足迹，经江西、湖南到达广西湘江，总行程3000多千米，采集大量的史料、图片、影像等珍贵资料。7月26日建军节前夕，在三明市博物馆启动为期一个月的《湘江战役与红色苏区摄影图片展》巡回展，展览分为“长征前夕、湘江战役、祭奠英烈、苏区形貌”四大部分，展出图片38板、照片150多幅，展示湘江战役的真实历史及红军战士视死如归的英勇献身精神。组织重点作者创作反映三明苏区生活的文学艺术作品，在全国各地发表、出版、展示；推出一批红色题材优秀文艺作品，推进重点作者鸿琳长篇小说《血师》等文学作品的创作出版。《三明文艺》杂志组织创作40件红色题材作品，以秋之卷整期推出“风展红旗如画”红色题材特辑。联合举办“忆长征、跟党走、奔小康”主题诗歌创作征集活动，面向全国征集突出三明元素、抒写三明苏区革命斗争历程和三明革命老区巨大变迁的主题诗歌，收到10余省份作者创作诗稿上百组（篇），最终评出一等奖作品1件、二等奖作品3件、三等奖作品5件。8月31日至9月15日，会同市委宣传部、市文广新局联合举办“纪念中国人民抗日战争暨世界反法西斯战争胜利70周年‘农商银行杯’三明书法大展”，展出三明市书法家作品120幅。9月30日至10月30日，举办“长征从这里出发”三明市纪念红军长征胜利80周年摄影、剪纸作品展，展出长征主题优秀摄影作品80幅及剪纸作品近百幅。10月25日，在市美术馆展厅举办纪念“中国工农红军长征胜利80周年——三明市美术书法作品展”，展出书画作品60余件。

【文艺展赛活动链】 2016年1月24日，市文联组织举办“三明市首届‘小戏小品’展演”，全市11个极富地域特色的传统戏剧剧目参加展演。1月1~15日，联合市文广新局在三明市书画院举办“三明风情”书画作品展。1月1日至2月23日，联合市委宣传部、市文广新局，在三明市博物馆举办三明市民间艺术品展。1月15~24日，联合三明学院、市文广新局，举办2016’省内外书画名家作品邀请展暨三明市首届书画装裱工艺展，“大漆之美”福建省美术馆馆藏漆画精品展。1月22日，联合省美协，在紫阳美术馆举办“春之韵——2016南京·三明中国画作品联展”，展出南京、三明画家近期中国画精品力作108件。4月29日，联合市总工会、市文广新局在三明书画院举办庆祝“五一”国际劳动节三明市美术书法作品展。5月3~10日，联合三明学院在紫阳美术馆举办“丹青人——张民军水墨人物作品巡展”，展出画家水墨人物作品120余幅。6月8日，举办第二届福建省当代花鸟画大展，展出福建省各地名家近期精品花鸟画作140余幅。6月11日，在泰宁文创基地举办“回眸乡愁”江启华油画风景作品展，展出画家《金湖早春》《四世一品》等油画作品33幅。8月21~31日，在市艺术馆三楼展厅举办“名家风范·张永山、戴建明双人书画展”。9月10~17日在市博物馆举办“问道翰墨”连长生书法精品展，展出连长生不同时期书法精品50余幅。9月29日，在紫阳美术馆举办“山海寄乡愁——2016年上海著名画家走进三明作品展”。10月7日，在市书画院举办“孝典广平——颜建光书法作品展”，展出书法家《全相二十四孝诗》古体诗和三明诗群现代诗书法作品98幅。11月6日，在市会展中心举办2016三明市第八届观赏石展销会暨首次“百石评估”作品展示观摩推介会，评估120方以闽江石为主的观赏石，总估价1270万元。11月18日，联合省书法研究会在市书画院举办“福建省书法研究会会员走进三明作品展”，展出全省九地市会员作品111幅。12月1日，联合省美协、市文广新局在市书画院举办“百年东山·丹青溢彩”东山当代工笔画七人八闽巡回（三明站）展览。12月30日，在紫阳美术馆举办“翰墨闽江源·明溪生态行——2016写生作品展”，展出三明市美协20余名画家到明溪各乡镇开展“明溪生态行”采风写生活动创作成果。

【文艺交流活动形式创新】 2016年8月4~8日，三明市与厦门、龙岩等地联手举办第十七届“红土地、蓝海洋”笔会，邀约北京、天津、安徽、浙江、厦门、龙岩等地名家70余人奔赴三明泰宁、建宁、宁化等地，开展“纪念建党95周年暨红军长征胜利80周年”文艺采风活动。通过山海文学创作漫谈座谈会、走访红军街、参观“中央苏区反围剿”纪念馆、拜谒客家祖地以及在宁化红军长征出发地缅怀先烈、敬献鲜花等活动，宣传发生在三明这块红土地上可歌可泣的红色历史。1月17日，协助省音协、省文艺志愿者艺术团音乐分团在泰宁文创基地举办文艺惠民音乐专业培训和教学讲座。4月，邀请大提琴演奏家朱亦兵来明举办大提琴音乐会及讲座。5月2日，邀请德籍华裔钢琴家谭璐在三明举办“珠江恺撒堡”钢琴之约音乐会。6月23日，邀请著名音乐教育家、厦大李未明教授举办《钢琴和声与即兴演奏》讲座。6月23日，邀请三明学院罗金华教授举办“诗与远方——古琴文化与审美”公益讲座。8月15日，邀请福州大学工艺美术学院郑景贤教授举办“花鸟画创作——工笔与写意，传统与创新”讲座。9月12~14日，邀请中国美术家协会会员、著名工笔画画家张贤明举办“花鸟画——工笔禽鸟画法”专题讲座。9月19日，邀请省歌舞剧院院长、著名歌唱家孙砾举办“经典歌剧”讲座。9月20日，邀请福建师大音乐学院硕士生导师林立君教授举办“声乐表演艺术唱谈讲座及授课”讲座。5月，黄文渊花鸟作品中国画在捷克“中国文化周”精彩亮相，展示传统与现代水乳交融的中国艺术作品的独特魅力。10月19日，郭舒参加在北京中国画院举办的“五岳归来”——当代中国画名家五人巡回展（北京展）暨学术研讨会；10月20日，“东寻西找·游火旺中国画作品巡回展”分在上海尚画美术馆举办，巡回展此前还在西安和福州等地展出。在“2014~2015年度福建省广播电视艺术奖”评选活动中，三明选送作品获得2

个一等奖、7个二等奖、9个三等奖好成绩。伍林发歌曲作品《蔚蓝的梦》在海峡两岸“追寻中国梦”征集活动中被评为优秀展播（演）作品。杨为春当选省摄影家协会副主席，刘晓迎当选省民文协副主席。

【发挥特色基地示范作用】 2016年，市文联夯实对14个省级特色文艺示范基地的规划、指导、宣传推荐工作。6月9日，举办“福建省特色文艺示范基地——三明诗群研创基地揭牌仪式”，与首批12位诗人签订创作合约，并就“繁荣发展三明诗群”主题进行研讨、交流。11月7日，在省文艺创作（泰宁）基地承接“福建小说创作高研班”开班式及福建省作家协会创作基地授牌仪式等活动。省文联副主席、省作协主席杨少衡，河北省作家协会副主席、鲁迅文学奖获得者胡学文、李浩及《长篇小说选刊》执行主编付秀莹等知名作家、评论家分别到场授课，全省各地市48名学员参加为期9天的学习。10月17~21日，联合福建省舞蹈家协会在泰宁文创基地，举办第一期海峡两岸及港澳地区青年舞蹈人才高级研修班，来自台湾兰陵芭蕾舞团、台湾舞度空间舞蹈团、香港演艺学院、福建师大、省歌舞剧院及宁德、龙岩、三明等地音乐舞蹈团体近100名舞者参加。

【文艺集群品牌影响扩大】 2016年，三明诗群发挥基地平台示范作用，通过创作、研讨、交流、推广，出人才出精品。诗人黄莱笙先后在三明学院开设“现代诗审美路径”讲座，在市图书馆开设“怎样阅读现代诗”讲座，普及与传播诗歌文化。8月14日，大田茶乡文学创作基地举办第三届三明（屏山）“中国梦·茶乡美”音舞诗会暨首届“大田·集美”山海诗会，100多位艺术家在茶山茶园品茗、寻韵、论诗。6月9日，举办“我们的节日——三明诗群研创基地.端午诗会”、融合诗歌、音乐、舞蹈等多种文艺元素，演绎“三明诗群”本土诗人优秀作品。《中国艺术报》专题刊载三明诗群诗学解析，向全国推介三明诗群创作经验。

【本土题材文艺精品创作】 2016年3月31日，市文联启动“由人而神”三明民间信仰人物故事征集活动，组织专家专业人士开展田野调查，整理民间信仰正能量人物传奇故事，开掘三明历史文化精神符号。年内，确定20位“由人而神”本土民间信仰人物素材进入采写范畴。组织市内外理论评论研讨会10余场，收集各类文艺理论评论作品结成7部个人专集、1部合集，汇编成《三明文艺理论评论丛书》一套，拟于2017年出版。绿笙创作的《金沙县》被省文联列为全国“茅盾文学奖”三部报送作品之一，新创作长篇小说《谢佑》出版。李正洪长篇小说《木水流》被《福建文学》“长篇小说专号”收为三部优质作品之一。宋经文《布衣画怪黄瘿瓢》、罗金川《开闽王》、余以琳《馋嘴品三明》以及罗建兴、陈开福《大儒里》等近10部描绘三明历史风情与人物的长篇著作相继出版。

【培植文艺新生力量挖掘】 2016年1月29日，市文联组织录制“金猴迎春”三明市第二届少儿春节联欢晚会，春节期间在三明电视台播出。7月14~16日，联手市文广新局举办“永远跟党走·文艺展风采——三明市第十二届‘文艺出新人’艺术大赛”活动。7月11日和8月25日，分别在三明学院教育与音乐学院和大田等地设立分赛场，全市近千名青少年儿童参加音乐、舞蹈、书法、美术、写作、摄影等项目的比赛。7月，组织节目参加福建省第二届“丹桂奖”少儿曲艺大赛，获节目二、三等奖3个，表演二、三等奖2个，并被省曲艺家协会推荐参加第七届全国少儿曲艺展演，市文联获“优秀组织奖”。11月20日，联合市委文明办、团市委、市文广新局、三明日报社共同举办“三明市首届优秀歌手大赛”总决赛，通过层层选拔，最终决出一等奖1名、二等奖1名、三等奖1名、网络人气奖1名、优秀奖12名。

（宋佳音）

三明市归国华侨联合会

【概况】 2016年，市归国华侨联合会（简称市侨联）贯彻落实中央和省委、市委关于统战工作、群团工作、侨联工作的指示精神，组织学习《中国侨联改革方案》。组织侨界群众参观纪念长征胜利80周年主题展，集中学习习近平总书记在纪念中国共产党建党95周年大会上的讲话，观看“风展红旗闽山碧”系列图片，凝聚侨界正能量。

【助推经济发展】 2016年，市侨联开展“敢担当、解难题、立新业”“服务项目带动、促进侨资回归”和“下基层、进侨企、解难题、促发展”等活动，引荐近20名省侨联港澳台和海外委员到三明考察生态新城，在泰宁举行项目推介；赴厦门参加“第八届海峡论坛·2016两岸侨联和平与发展论坛”、赴福州参加“产业转型升级和创新驱动背景下的中美投资策略论坛”、赴宁化出席第22届世界客属石壁祖地祭祖大典，接触海内外侨界朋友，增进交流联谊，宣传推介三明；2016年，全市各级侨联配合当地党委政府举办各类招商推介会17次，邀请参加侨商156人次。

【联系服务侨企】 2016年，市侨联落实“侨联服务联系点”制度，搭建与侨企联络联系渠道和平台，组成调研组先后赴三元区、梅列区、沙县、明溪县等县（市、区）开展实地调研，走访省市侨联服务联系点以及侨资、委员企业20家，召开座谈会4次，并根据调研情况起草《三明市侨资企业基本经营情况调研报告》，为有关部门制定相关政策提供参考。组织法顾委成员赴明溪县等地开展送法咨询服务活动，发放联系卡，到侨资企业，倾听企业法律诉求，从法律层面对企业发展提出建议。发动侨企参与申报有关评选表彰，推荐的沙县宏盛塑料有限公司获第六届“中国侨界（创新企业）贡献奖”。三明市侨联青年委员会会长魏佰兴获聘任中国侨联新侨创新创业联盟理事。

【依法维护侨益】 2016年，三明市各级侨联组织开展侨法宣传活动23场（次），接待侨界群众来信来访159人（次），处理信访件43起。牵头召集市中院、市外侨办联合在沙县召开2016年度三明市涉侨维权工作衔接互动机制联席会议，组织学习《福建省华侨权益保护条例》，形成涉侨工作的良性联动网络。做好“七五”普法工作，成立市侨联“七五”普法领导小组。及时到遭受暴雨泥石流灾害的泰宁等县（市、区）侨联，对受灾侨界群众表示慰问。市侨联对非洲加纳福建华人华侨联合会向泰宁灾区捐款20万元人民币的善举致信感谢。协助调处尤溪华福贸易有限公司房屋产权过户、康尔佳卫生用品有限公司借贷纠纷、傅企目、傅丁水兄弟祖房纠纷、薛云林宅基地纠纷等问题。

【服务侨界群众】 2016年，市侨联通过开展“送温暖、献爱心”“情暖侨界”活动，关注华侨农场、散居困难侨界群众的生产、生活，完善全市112名侨界最低生活保障线下和当地平均收入线下贫困归侨侨眷名单。元旦春节等节日期间，筹集12.72万元，慰问105户贫困户，走访看望4位侨联老朋友。争取金朝国际慈善基金会会长俞朝阳先生为大田、宁化等地贫困侨捐赠55台助听器、19辆手动轮椅、4辆电动轮椅，市场价值近60万元；成立三明市侨联扶贫开发领导小组，开展侨界困难群体摸底调查工作；会同市外侨办联合召开全市侨务扶贫工作会议，就开展侨界精准扶贫工作进行部署，并建立全市侨界困难群体信息数据库。推动省侨联“华侨留守家庭服务示范站”——明溪县雪峰镇城南社区服务站建设。

【关爱老年侨胞】 2016年6月29日，市侨联组织老归侨参观万寿岩遗址博物馆和大丰收提子观光园，学习中国侨联成立60周年纪念大会和三明市第九次党代会精神，举行2016年新春元宵茶话会等活动。展示闽籍归侨的高尚品德和精神风貌，征集关品乐、李裕香、刘瑞国、陈宣权、洪锡安、王秀芳、张元珍等7位归侨入编省侨联拟编辑出版的《共和国归侨》（福建篇）书目。1月，应邀参加在三明召开第八次海外侨胞《福建华侨史》修编工作座谈会，开展老归侨口述历史采访活动，采写口述历史9篇，其中《永远的瓜拉干部》《山水天地间》等6篇老归侨故事在福建侨报等刊物上刊发。

【密切侨社联系】 2016年，三明市各级侨联接待海外社团40余批次、700余人，与海外约31个国家及港澳台地区的50多个社团建立交流往来关系。5月17~24日，随省侨联出访德国、意大利，参加德国侨团举办的“新丝路中国讲坛”系列活动和旅意福建华侨华人同乡总会第六届换届庆典大会、拜会意大利明溪华侨华人联合会等，与旅德、旅意侨领乡亲座谈，邀请他们到三明参观考察，投资兴业。接待美国大费城华人工商联合总会会长李东闽、智利福建总商会常务副会长王银好、马来西亚关丹市议员、马来西亚客家公会联合会副会长叶运兴以及澳门莆仙商会会长关永道、秘书长蒋忠和率领的澳门莆仙商会经贸团等；赴明溪县等地看望回乡过年的意、俄、匈等国社团侨领、侨商。分别向旅意福建华侨华人同乡总会、德国华人妇女联合总会、柬埔寨福建总商会等发去贺电贺信。

【海峡两岸交流】 2016年12月20~26日，市侨联与宁化客家祖地文化园“中国华侨国际文化交流基地”负责人随省侨联赴台参加第五届“两岸侨界交流周”活动，拜访中华侨联总会、华侨协会总会等7个侨社团，邀请南投县120名青少年学生到三明参加为期十天的2017年夏令营活动，为两岸经贸合作、文化交流、青年互动牵线搭桥。参与做好第十二届林博会客商联络接待工作，“一对一”联络接待中华健康养生产业工会理事长杨崎英、中华劳工事务基金会执行长曾国隆等台商16人到三明参会，并拜会梁新华、何玲玲等台商和印尼荷尔梅斯有限公司董事长童嘉勇、总经理童嘉兴等印尼客商。

【参政议政建言】 2016年，市侨联采取考察交流、召开选题座谈会等形式，与侨界人大代表和政协委员畅通联络渠道。两会期间，市侨联及侨界委员、代表向市“两会”提交提案建议18件，其中大会书面发言1件，县（市、区）“两会”侨界提案、建议104件。10月，参加第九届三明市政协论坛，撰写《关于推进三明侨资企业发展的思考与建议》文章；10月，组织侨界政协委员、侨联委员赴梅列区开展“大力发展城郊型休闲观光农业”专题调研；8月，组织参与全省侨联系统“我为建设美丽福建献一策”活动，市侨联遴选26篇论文参评，其中有5篇论文入编，1篇文章获二等奖，市侨联连续四年获征文活动组织奖。

【推进侨情宣传】 2016年，市侨联落实《关于进一步加强侨联宣传信息工作的意见》，举办侨情信息专题讲座，细化考评标准，为获评2015年度市侨联系统信息宣传工作先进单位的泰宁县侨联、明溪县侨联等6家单位进行表彰。编辑《三明市侨联成立35周年》纪念专刊。编印《侨联动态》12期，反映三明市侨联工作的稿件202篇（条）在有关动态、网站或媒体上发表。向省侨联报送侨情专报件8篇，其中被中国侨

2016年12月9日，马来西亚华裔青少年“中国寻根之旅”冬令营福建三明营开营（三明侨报社提供）

联采用 7 篇，市侨联连续三年被省侨联授予“信息宣传工作先进集体”称号，尤溪县侨联被授予“信息宣传工作先进集体三等奖”称号，蔡亦锋、胡东生、周治杰三人被授予“先进个人三等奖”称号。

【文化交流】 2016 年 10 月 27 日至 11 月 3 日，市侨联与市外侨办共同主办三明市客家艺术团赴马来西亚开展文化交流活动。联办 2016 年中国台湾青少年学生“手牵手·海丝情”客家之旅三明夏令营、协办“海丝情·三明行”和“走进清新三明”两期 2016 年马来西亚华裔青少年“中国寻根之旅”三明冬令营，有 386 名来自中国台湾和马来西亚的青少年师生参加。9 月，发动归侨侨眷和海外侨胞参加第三届世界华侨华人美术书画展，尤溪籍旅美华人林圣元的美术作品《女孩和三国》、旅居意大利的三元区美术家协会会员王朝晖的油画作品《彼岸》入选，并在中国华侨历史博物馆展出。组织发动各级侨联参与中国侨联等部门联合举办的第十七届“世界华人学生作文大赛”。

【百侨帮百村】 2016 年，三明市及 12 县（市、区）侨联挂钩 13 个村（场），在扶贫帮困、爱心助学、促进就业、引智下乡、发展项目等方面提供支持服务，助推新农村建设，共建美丽家园。争取三广福慈善基金捐赠 25 万元助建泉上中心学校，澳门厦门联谊总会、厦门中澳城房地产开发有限公司、厦门中奥游艇俱乐部有限公司共同捐资 50 万助建泉上华侨农场“侨胞之家”和湖村镇中心校“互联网+”侨爱心教室，并举行捐赠仪式。年内，市侨联赴党建富民强村工程挂点村——泰宁县下渠乡王坑村走访调研，详细解村庄发展情况，与村两委进行座谈，并协助做好防汛救灾工作，走访慰问困难群众，送去祝福和慰问金。

【引捐公益事业】 2016 年，市侨联开展“侨爱心工程”“侨爱心 365”行动等活动，鼓励、引导侨界热心人士捐赠公益和慈善事业，全市广大归侨侨眷和海外侨胞捐资 309.35 万元，发放各类奖（助）学金 65.73 万元，奖励资助学生 476 人。争取省侨联、省东南科技产业开发研究院在三明开展“福建省百侨百企科教扶贫助学行动”，分别向泰宁县下渠乡中心小学、建宁县伊家乡中心小学、明溪县实验小学等，捐赠“科教文体包”150 个，价值近 8 万元。向 18 名侨界优秀贫困学子发放“骏马育才计划”助学款 2.7 万元，向 7 位学子发放“陈祖昌先生”助学款 1.75 万元，向 4 户贫困户发放“黄廷方慈善基金”帮扶款 0.8 万元。

【人才队伍建设】 2016 年 4 月 29 日，市侨联召开三明市华侨历史学会会长会议，在泰宁开展以“活力侨青，创业创新”为主题的市侨联青委会委员活动，推荐三明 21 位侨界青年参加福建省侨界青年联合会。上报王永檀、朱开勋、欧芳玲、张中斌、林惠生、柴秀凤、林春田、纪青云、童榕生、林金友 10 位从事侨联工作 20 年（含）以上人员获得中国侨联颁发荣誉证书。结合市、县换届工作，推荐 12 名归侨侨眷为市政协第十届委员会委员初步建议人选。杨纪杰、钟亚友等 2 名侨界代表出席市第九次党代会，柯秀珠、黄红梅、曾晓卉等 3 名侨界代表出席市妇女第十一次代表大会。指导督促永安市侨联完成换届工作，三元区侨联届中调整尤毅燕为主席、清流县侨联增补李卫为副主席、将乐县侨联届中调整汤群勇为主席。

【“侨胞之家”】 2016 年 3 月 11 日，市侨联召开三明市侨联六届六次全委（扩大）会议，为获省级“侨胞之家”称号的沙县侨联、明溪县雪峰镇城南社区侨联等 5 家单位授牌。推进宁化泉上华侨农场“侨胞之家”建设，下发《关于征集宁化泉上华侨农场建场 50 周年有关历史资料的启事》，协助编辑出版农场建场 50 周年纪念册，参加宁化泉上华侨农场举行的建场五十周年改革发展恳谈会，与会港澳侨友捐资 2.73 万人民币，用于开展农场贫困侨帮扶工作，并慰问 13 户农场贫困侨；申报宁化泉上华侨农场“侨胞之家”、明溪县城东社区、中山社区“侨胞之家”为省侨联系统“侨胞之家”。

（张中斌）

三明市台湾同胞联谊会

【帮扶台胞】 2016 年，市台联完成三明市定居台胞“困难补”和“老龄补”发放工作，共计 22. 8 万元，惠及 46 名困难台胞和 45 名老龄台胞。并完成 2017 年老龄台胞和困难台胞的调查、统计、材料收集、汇总与送审工作，有 54 名老龄台胞和 27 名困难台胞将享受两补政策。通过调查摸底、建立台账、上门看望等方式，做好特困定居台胞家庭帮扶工作，走访慰问 5 户特困台胞家庭，发放帮扶款 1.9 万元。

【慰问看望困难台胞】 2016 年 1 月，省台联会长江尔雄、联络处调研员许辉等 4 人到三明走访慰问困难台胞，看望慰问 8 位困难台胞，发放慰问金 8000 元。中秋节期间，走访慰问 8 位老台胞和 4 位台商。2016 年市台联帮助台胞协调解决问题 8 件。

【增进台胞感情】 2016 年 9 月，市台联组织 20 余名台联理事、台胞赴沙县开展中秋联谊活动，先后走访八晁林业科技有限公司、山富企业有限公司等 2 家台资企业，并在山富企业召开中秋茶话会。

【关心台胞成长】 2016 年 7 月 17~19 日，市台联选派 2 名青年台胞参加省台联举办的第三届海峡两岸青年台胞电子商务培训班，使他们初步掌握电子商务开店流程、产品发布、网店经营等专业技能。邀请台湾专家到特困家庭对种植养殖方面进行专业指导，提高他们的生产能力。

【服务台商】 2016 年，市台联先后到沙县、清流等地走访农业台资企业，与台商座谈交流，对企业的发展情况进行详细了解，重点询问企业经营中遇到的实际困难和问题，帮助协调相关部门，解决发展生产过程中存在问题，优化发展环境，加大服务扶持力度，助推三明台企发展。2016 年，市台联为三明市困难台企争取帮扶资金 8 万元，解决台企资金短缺问题，帮助他们摆脱困境、发展生产。11 月，召开成立青年台胞创业联谊会筹备组会议，筹建青年台胞创业联谊会。

【维护台商合法权益】 2016年，市台联为台商办6件实事,为台商在明发展创造良好环境。树立台商台企典范,三明市台商沈瑲藤入选福建省第二批优秀人才“百人计划”，这是继2015年郑博仁先生之后，三明市台商连续第二年再次入选。清流永信达生态农业开发有限公司，三明市清龙生态兰花有限公司，福建省兴辉食品有限公司，福建沙县山富企业有限公司，集辰（福建）农林发展有限公司，福建大田大方广茶叶有限公司6家台资企业列入2016~2018年度农业产业化市级龙头企业。

【合作平台搭建】 2016年2月11日，市台联邀请30余名台商参加全市各界人士经贸交流恳谈会。通过宣传三明，推介三明，吸引更多台商把资金和项目投资到三明，为三明产业转型升级、美丽乡村建设、光彩事业和慈善公益事业办实事、做贡献。7月2日，市台联邀请旅居澳大利亚台胞、澳中贸易促进会副会长林东峰先生到三明洽谈合作项目，与三明市新创科技有限公司合资创办企业，引进国际先进的环保设备项目。

【帮扶企业】 2016年，市台联与台湾金融集团联系，引进台湾永丰金融集团、第一银行金融集团、合作金库商业银行、彰化银行等四家大型金融机构对接三明企业，先后介绍汇华集团有限公司、普诺维机械有限公司、台明铸管科技有限公司、华灿制药有限公司等21家企业，9月，叶劲光会长亲自带领金融集团业务主管到企业实地走访，开展业务洽谈活动，5家企业建立业务合作关系，进行深度洽谈阶段。

【增进交流交往】 2016年7月19~28日，市台联联合相关部门举办“2016年台湾青少年学生‘手牵手·海丝情’客家之旅三明夏令营”，有160名台中青少年参加，通过参观三明科技馆、三明博物馆，学习书法艺术、中华武术、中医文化等传统文化课程，以及游览永安安贞堡、宁化客家祖地、清流灵台山等风景名胜，为三明、台湾两地青年合作交流构建平台。10月15日，第二十二届世界客属石壁祖地祭祖大典在宁化举行，来自中国台湾50个客属社团及当地姓氏宗亲1000人寻根谒祖。

【扶贫攻坚】 2016年4月27日，市台联根据《福建省定居台胞扶贫开发工作规划》的文件要求，结合三明市贫困台胞实际情况，制定三明定居台胞扶贫开发工作规划，发挥“台胞之家”的职责和作用，推动完成在明贫困定居台胞的扶贫攻坚任务，统筹帮扶城乡贫困台胞。做好帮扶挂包村工作，努力打造台湾农业示范园。组织15批20多名台商前往挂包村——永安市槐南镇梧桐洋村走访调研、考察项目，引入适合种植的台湾农产品。年内，该村种植0.4公顷台湾黄花菜、2200株台湾樱花树。帮助筹集资金180万元，用于改善基础设施，改善村容村貌，帮助修建公路。发展公益慈善事业。台北长安扶轮社连续4年资助三明市将乐县贫困学生，资助总金额9万元，资助学生60名。

【建言献策】 2016年1月25~28日，市政协九届五次会议期间，市台胞政协委员为三明的社会、经济发展建言献策，履行好参政议政职能。市台联提交《关于加快三明市红色旅游发展的建议》《关于加强我市社区建设的建议》《关于加强住宅小区电梯管理的建议》《关于规范管理广场舞活动的建议》等提案。其中《建议加强对台休闲农业合作提高我市休闲农业发展水平》的大会发言，涉及三明经济发展、城乡社情民生和与台湾交流交往等方面。

【台资企业调查研究】 2016年3月16日，市台联召开三明医疗专家和台商座谈会，围绕“如何进一步加强明台医疗合作”议题，邀请专家学者进行座谈会，就如何增进三明、台湾两地医疗合作进行讨论，分析现状，研究对策，提出意见和建议。7月5日，市台联组织人员赴将乐县考察台资企业，看望台商李锦铜、李彦纬父子，实地了解企业生产经营情况、如何推广台湾农业新品种。11月19日，市台联4人到清流县重点调研台资企业宏畅（福建）农牧科技有限公司发展情况，与台商就生产情况进行交流，并对企业下一步如何发展提出建议和意见。按照省台联和市委统战部的要求，开展两岸青年交流专题调研，撰写完成《关于两岸青年“体验式交流”的建议》。

【林博会服务】 2016年，市台联协助邀请20余名台商来明参加第十二届林博会。通过与台商们交流沟通，增加他们对三明的认识和了解，向他们宣传推介三明投资环境和产业项目。11月6日，召开台商座谈会，就如何办好林博会广泛征求台商意见，为办好下一届林博会做好准备。

（江　萍）

三明市残疾人联合会

【概况】 2016年，三明市残疾人联合会（简称市残联）以加快推进残疾人小康进程为主线，以改善残疾人民生为出发点和落脚点，全市有乡镇（街道）专职联络员160名，村（社区）配备联络员1885名，争取残疾人民生项目资金8000多万元，受益残疾人13.94万人次。获得第15届巴西夏季残奥会金牌1枚，实现三明市残奥会奖牌实现“零”的突破；沙县残工委被国务院残工委授予“全国残疾人工作先进单位”；残疾人辅具适配补贴经验在全省推广。

【残疾人优惠政策出台】 2016年3月，市残联出台《三明市人民政府关于加快推进残疾人小康进程的实施意见》，为实现残疾人全面小康提供保障。完善三明市残疾人辅具适配补贴办法、残疾学生和低保残疾人家庭子女助学补助暂行办法、残疾人意外伤害保险实施意见、扶持残疾人就业创业暂行办法、残疾人特殊困难临时救助办法等优惠政策，扩大受益人群，提高补助标准。6月，编制《三明市残联残疾人项目管理实施工作手册》《三明市残疾人联合会工作人员岗位工作职责》手册，12月，印发实施《关于进一步规范和加强残疾人民生项目与资金管理的通知》，强化残疾人项目、资金和人员的规范管理。

【残疾人社会保障和救助】 2016年，三明市有7万名残疾人领取两项补贴。实施残疾人意外伤害保险制度，为

54235名残疾人购买保险，其中356名残疾人或残疾人家庭获得理赔。建立特困残疾人临时救助制度，对因重大疾病、突发性灾难等特殊原因造成生活特别困难的残疾人，给予一次性的特困救助，为22户特困残疾人家庭发放临时救助金10.9万元。实施残疾人托养服务项目，投入380万元为1950名残疾人提供托养补助。

【残疾人康复】 2016年，市残联落实残疾人辅具适配补贴办法，残疾人辅具适配补贴和服务实现全覆盖。实施0~6岁残疾儿童抢救性康复、光明行动、一元钱安心计划、人工耳蜗、彩票公益金等康复服务项目。开展“办实事、献爱心、送温暖”辅助器具适配服务整乡推进活动47场。2016年，全市8000人(次)残疾人得到康复服务。其中配发辅助器具5182件，完成残疾儿童抢救性康复训练513名，光明行动1805例。组织康复、辅具业务人员培训班、残疾儿童康复机构师资培训班和家长培训班，受训对象300多人次。推荐康复工作人员参加全国、全省培训85人次，17名辅具业务人员考取国家执业证书。参加第一届全省残疾人辅助器具服务技能大赛，获得第三名和最具人气代表队。

【残疾人就业扶贫】 2016年，市残联筹措资金880多万元，为残疾人提供技能培训、资金扶持、职业介绍等就业服务，为2460人次残疾人提供免费职业技能培训、为700名农村贫困残疾人提供就业创业扶持，为1192名自主创业、个体创业的残疾人提供社会保险补贴，为120名残疾人提供小额贷款贴息。出台《三明市扶持残疾人就业创业暂行办法》，对新创办的小微企业、经济实体、个体工商户、电商服务业、盲按店等项目给予5000元~30000元资金扶持。举办残疾人就业援助月活动，组织专场招聘会、洽谈会35场，为残疾人提供职业介绍、登记、咨询等服务2000多人(次)。推进残疾人精准扶贫工作，协同市农办将残疾人纳入精准扶贫建档立卡范围，开展农村贫困残疾人家庭危房改造调查，全市纳入农村贫困残疾人家庭危房存量改造297户。

【盲人按摩行业提升计划实施】 2016年，市残联开展三明市盲人按摩示范店创建活动，对符合条件的盲人按摩店给予2万元~3万元资金扶持，对纳入医保定点结算单位的盲人保健按摩店，每年给予3000元资金扶持（扶持期限3年）。8月，出台《三明市盲人保健按摩示范店服务规范（试行）》。截至2016年年底，全市有省级福乐按摩店8家、市级盲人按摩示范店12家、医保定点盲人按摩店9家，举办初级盲人按摩培训班2期、盲人业主培训班1期，培训盲人业主142人。

【残疾人教育助学】 2016年，市残联做好未入学残疾儿童调查摸底、助学、残疾人高考服务、“扶贫助残大学圆梦行动”等工作。1月1日起，实施新修订《三明市残疾学生和低保残疾人家庭子女助学补助暂行办法》，最低补助标准由500元提高到1000元，补助范围高中阶段由残疾学生扩大到低保残疾人家庭子女，大学阶段由全日制教育扩大到自学考试、电大、远程教育的残疾学生和低保残疾人家庭子女。2016年，市残联为523名学生提供133.82万元助学补助。

【残疾人维权】 2016，三明市12个县（市、区）全部建立工作站，其中永安市、沙县、大田县法律救助工作站完成省级规范化建设示范点工作。开展残疾人法律援助。2016年，全市办理残疾人法律援助案128件、援助137人。办好“12385”残疾人服务专线，妥善处置各类残疾人来访、来信、来电。为837名残疾人给予机动车燃油补贴，完成残疾人家庭无障碍改造292户。

【残疾人文化体育】 2016年9月，三明市尤溪籍残疾人运动员柯丽婷在第15届巴西夏季残奥会上取得女子S7级100米仰泳金牌、S7级100米自由泳第七名、S7级50米自由泳第八名，实现三明市残奥会奖牌“零”的突破。8月，举办残疾人体育训练营、11月举办“扶残助残·爱满山城”摄影大赛等系列活动，5月，组织参加“第六届闽台残障人士书画作品展”、全省“集善助残”摄影大赛，获得二等奖1个、三等奖4个，6幅作品入围全省“积善助残”摄影大赛。

【残疾人事业宣传】 2016年1月，市残联在《三明新周报》开办《残联之窗》专版，集中宣传残疾人事业、助残政策、自强模范、扶残助残先进事迹，开通市残联官方微信公众号，改版三明市残疾人联合会网站，出版《筑梦——三明市残疾人事业“十二五”回眸》画册。2016年，《残联之窗》专版出刊53期，在线网站发布信息670条，微信公众号发布信息650条。

【扶残助残活动】 2016年，市残联举办“第26次全国助残日暨关爱孤残儿童爱心礼包发放仪式，向残疾儿童发放爱心礼包1500份。连续10年开展“爱心助学”活动，海峡都市报为三明市17名残疾学生和贫困残疾人家庭子女提供学费资助8.5万元。开展助残志愿服务“八项行动”，与团市委联合开展关爱残疾儿童“微心愿”活动，帮助78名残疾儿童实现微心愿。

【基础数据建设】 2016年，市残联完成残疾人基本服务状况和需求信息数据动态更新工作，全市完成1941个村（社区）97719人的数据动态更新，完成登记对象93840人，注销死亡残疾人3879人，入户率96.86%。

【综合服务设施建设】 2016年，三明市残疾人综合服务中心项目完成9220.79万元，进入装修阶段。永安市、建宁县、泰宁县、尤溪县、清流县、明溪县、大田县等7个县（市）残疾人综合服务设施建成或投入使用，梅列区、沙县、宁化县等3个县（区）残疾人综合服务设施开工建设。

（黄文平）

中国国际贸易促进委员会三明市支会

【招商引资】 2016年，市贸促会多次带领或会同各县（市、区）贸促会、国际商会和会员企业到越南、印尼、巴西等国家以及上海、广东、广西、浙江、福州、厦门、漳州、泉州、晋江、石狮等地考察交流、推介项目，取得一些成果。同时，还借助市里举办的专场招商会以及“5·18”“6·18”“9·8”“11·6”

等大型经贸活动。全年，邀请境外客商120多人次到三明市有关县（市、区）考察投资项目。

【对外联络】 2016年，市贸促会先后组织企业参加第十八届中国（晋江）国际鞋业（体育产业）博览会”“第二届中国（泉州）海上丝绸之路国际品牌博览会”“第十九届海峡两岸纺织服装博览会”“福建—海上丝绸之路国家经贸合作对接会”“第十五届世界商业领袖圆桌会议”“第十八届海峡两岸花博会”,为企业提供更多参与国内国际经济交流与合作的机会。2016年，接待来访团组23个，接待团组总人数279人。

【协调外商投诉】 2016年，市贸促会抓好外商投诉协调工作，坚持实施季度调研机制，每季度带领相关部室人员到外资企业进行调研，推进协调机制、解决实际问题。在市委、市政府组织赴境外招商和推介项目以及“9·8”“11·6”等重大活动前夕，组织相关人员到各县（市、区）进行排查，及时帮助外商解决其反映的问题。市贸促会外诉中心通过完善外诉案件“零报告”制度和季报制度，及时掌握各县（市、区）的外诉动态，增进与企业之间的联系、与相关部门的协调沟通，帮助企业尽早化解问题。年内，三明市外商投诉的结案率为100%。

【服务出口企业】 2016年，市贸促会做好出证认证工作，严格审查办证手续，提高办证速度和效率，坚持24小时全天候为企业办证提供服务，做到随到随签，确保网上签证不过夜。2016年，签发一般原产地证明书400多份，签证国别涉及40多个国家和地区。同时努力办好三明贸促网和《国际商情与三明开放》的服务平台，加大信息阅览量，为企业提供更具针对性和实效性的信息服务。

【出口企业培训】 2016年，市贸促会组织企业参加“中国—东盟自贸区优惠证培训”“企业‘走出去’之投资欧盟国家培训班”“一带一路贸易仲裁研讨会”“ATA业务推介和培训会”等相关业务培训，帮助企业更好地运用国家出台的各类优惠政策和提高应对国际贸易争端的能力和水平。

（苏颂茂）

三明市中华职教社

【概况】 2016年，三明市中华职业教育社（简称市职教社）落实全国职业教育工作会议和中华职业教育社第十一次全国代表大会要求，按照省中华职教社和中共三明市委的工作部署，践行办社理念。至2016年年底，全市有永安市、清流县、宁化县、将乐县、建宁县、尤溪县等6个县级职教社和1个沙县职教社筹备组，有团体社员单位110家、个人社员823人。

【建言献策】 2016年11月，市职教社向县级社、团体社员和骨干社员布置提案撰写、征集工作，挑选有价值的提案10篇，经再次筛选，向市政协报送7篇，涉及职业教育、民生保障、人才培养、文化旅游、城市建设等多个领域领域，政协第十届三明市委员会第一次会议将其中《关于加强学生托管机构规范化管理的建议》列为《专报件》，《关于在职业教育中倡导“工匠型”人才培训模式的建议》列为《重要提案摘报》，2件提案均获得三明市政府市长余红胜的批示。

【温暖工程实施】 2016年，市职教社指导永安职业中专学校、三明工贸学校实施好温暖工程教育移民项目，2016年，资助中职贫困生150名，按每生每年2000元标准予以资助，每期项目资助期为两年。将三明农校、三明工贸学校作为2016年秋季温暖工程教育扶贫助学项目计划上报省社。关心支持市创业职业培训学校在清流监狱开展创业培训工作，该校全年共为清流监狱出监中队207名即将刑满释放人员进行SYB（创办你的企业）创业培训。

【争取项目支持】 2016年2月24日，三明市政协副主席、市中华职教社主任曾明生，三明市中华职教社专职副主任陈永钰专程赴福建省中华职业教育社汇报工作，争取项目支持。5月26日，向省社报送《三明市中华职业教育社关于申请“中华同心温暖工程”扶贫项目计划的请示》，向中华职教社总社和省社申请“中华同心温暖工程”扶贫项目扶持。

【领导调研】 2016年5月23~24日，中华职业教育社社会服务部王朝霞部长、李伟副部长和省中华职业教育社党组成员、副主任彭钦华等6人到三明考察温暖工程项目，考察组先后实地考察三明市职教园区和三明农校实训基地等情况，听取三明市高级技工学校、三明农校领导对学校工作情况、存在问题以及拟申报温暖工程项目等的汇报。

【两岸职业教育学术研讨】 2016年6月，第八届海峡论坛·海峡两岸职业教育论坛在厦门举行，市职教社与省社沟通，争取增加参会名额，分配三明市名额由2人增加到6人。8月下旬至9月初，市职教社根据总社组织有关人员赴台参加和台湾贤德惜福文教基金会合作举办的职业教育高级研修班通知精神，三明工贸学校党委副书记张明森于11月初赴台学习。

【职业教育研讨交流】 2016年10月，市职教社组织三明职业技术学院和明溪县职业中学选送的3位教师参加在陕西西安由中华职业教育社主办、陕西省中华职业教育社和西安欧亚学院承办的“创新·教育·职业峰会暨研修班”学习。11月下旬，总社在济南与山东省中华职业教育社联合主办“黄炎培职业教育思想研究会2016学术年会”，专职副主任陈永钰参会并在会上作典型发言。

【课题研究】 2016年4月，三明林业学校等5个团体社员单位、周祥凤等10人经市职教社动员，参加中华职教社在天津召开“互联网+职业教育”课题开题会，申报5个子课题上报总社审批，其中4个子课题获得总社立项。

【社评先评优】 2016年7月初，市职教社按照省职教社《关于开展总社第五届黄炎培职业教育奖推荐活动和省社第三届“清海杯—黄炎培职业教育奖”评选活动的通知》精神，及时研究安排评选推荐工作，对全市申报参评的学校和个人进行评审、讨论，并商三明市教育局、人社局同意后，及时推荐上报参评名单。授予三明职业技术学院等13家单位为2015年全市职教系统信息工作先进单位、叶晓婷等18名为职教信息工作先进个人和陈则慧等7名为建言献策工作先进社员（团体社员）。

【市职教社获黄炎培职业教育团体、个人奖项】 2016年12月30日，福建省中华职业教育社七届四次社务委员会议暨第三届清海杯——黄炎培职业教育奖颁奖大会在福州召开，三明市中华职业教育社的团体社员——三明医学科技职业学院（原三明职业技术学院）获优秀学校奖，个人社员——大田职业中专学校校长、高级讲师林风瑮获杰出校长奖，三明医学科技职业学院（原三明职业技术学院）轻纺工业系副主任、教授朱祎俊和尤溪职业中专学校副校长、高级讲师于宗炫获杰出教师奖。

【市职教社五届四次会议】 2016年1月29日，市职教社召开五届四次社务委员会会议。会上，传达省中社七届三次社务委员会（扩大）会议和省温暖工程促进会第二次会议精神；总结三明社2015年工作，研究部署新一年的工作；审议通过市中华职教社第五届社务委员会届中人事调整的有关事项，依照章程规定，以无记名投票方式全票通过陈永钰担任市职教社社务委员、专职副主任，并通过李永富提出辞去市职教社社务委员、专职副主任的请求。

【职教宣传交流】 2016年1月起，市职教社复编印《三明职教简报》，做到每月1期；及时更新"三明市中华职业教育社"网站各栏目内容；增进县（市）社、团体社员院校、个人社员相互间交流、沟通和联系，年初建立"三明市职教社"微信群；发文动员各县（市）中华职教社、各团体社员院校以及广大社员关注"福建统战""三明统战"微信公众号。

（沈稚文）

三明市计划生育协会

【概况】 2016年，三明市计划生育协会（简称市计生协会）被中国计生协授予"2011~2015年全国计生协会工作先进单位"，吴金容等7名被授予全国计生协先进个人，谢启增、蔡雪娇分别荣任中国计生协副会长、理事。市计生协会被市委、市政府授予2016年综治平安建设先进单位。

【领导关怀计生工作】 2016年9月21日，中国计生协生育关怀基金管委会副主任李晓玉到三明市指导"生育关怀携手行·家庭健康素养促进行动"健康大讲堂等活动。9月26~28日，中国计生协国内工作部副部长刘秀萍到三明市调研计生协法律维权等工作。7月28日，市委常委会专题听取市计生协会贯彻中国计生协"第八届全面会员代表大会"精神及工作汇报，并提出工作要求。2月5日，市委副书记、市长杜源生，市委副书记余红胜，副市长张丽娟，市政府秘书长程鹏鹰到市计生协会看望慰问老领导并指导工作。

【计划生育宣传】 2016年，市计生协会专题举办贯彻中国计生协会第八次全国会员代表大会精神培训班和宣传报道培训班，县级计生协会"三长"和部分乡级业务骨干110人参加。建立"互联网+计生协会"宣传模式，网站和微信公众平台同步运行。印制宣传折页2.9万份，宣传全面两孩政策。全市各级计生协会在国家、省、市级发表信息稿件81篇；讲演35场；宣传活动305场次；队伍培训157场次；召开各类纪念座谈会181场，8492人次参加；表彰工作人员、好会长、优秀小组长及优秀会员1724人；志愿者服务510场次；发放计生宣传品19.23万份。

【计生慰问帮扶】 2016年，市计生协会与泰宁县计生协会以"5·29"会员活动日为契机，联合到朱口镇开展"送文艺、送知识、送法援、送医药、送温暖"活动。2016年，走访慰问1163人，发放慰问金42.74万元；帮扶2392户计生户，贷款额度8564.7万元。

【生育关怀】 2016年，三明市筹集生育关怀资金总额3569万元，用于计生户紧急救助、慰问关怀、帮扶资助等。将幸福工程作为机关党支部最佳服务品牌，投入幸福工程资金1361万元，帮扶贫困母亲647人。做好2015年计生小额贴息贷款贴息资金兑现，核实2015年贷款计生户3363户，贷款总额8189.4万元。9月27日，在建宁县举办计生扶贫生育关怀项目帮扶食用菌种植技术培训班，100户计生户参训。

【市计生协会法律援助】 2016年，三明市各级计生协会法律援助机构代理法律援助案件192件，惠及群众772人，挽回经济损失497.43万元；为计生户调解民事纠纷731宗，协调维权644件，挽回经济利益1159.11万元，接受咨询17448多人次。印发法律援助宣传折页2万份。

【计生家庭意外伤害保险】 2015年11月至2016年10月，三明市投入计生家庭意外伤害保险保费954.31万元、入户数190863户，保费与2015年同比增长12.16%。赔付1333件，赔付金额385.05万元，当年赔付率40.83%。

【关爱计生特殊家庭】 2016年，市计生协会把有417户失独家庭纳入关怀重点，为他们提供经济补助、生产帮扶、生活照料、养老关怀等服务。

【金秋助学】 2016年，市计生协会落实省级助学对象12名，资助每位大学生大学期间每年5000元助学金。筹资15万元，资助50名考取本二院校以上特困计生家庭女生，每人一次性资助3000元。

【"安居工程"】 2016年，市计生协会争取省计生协会"安居工程"帮扶对象32户，落实省、市、县配套资金192万元，帮助计生特困户解决实际困难和问题。

【关注市民健康】 2016年，市计生协会举办"生育关怀——育龄妇女生殖健康知识"巡回讲座43场次，受益群众3010多人次。5月和11月，市计生协会组织医疗服务队，分别到泰宁县朱口镇和沙县大洛镇，为600多名群众义诊，发放药品价值2万多元，推进幸福家庭创建。

【"婴幼儿及农村留守儿童早期发展项目"】 2016年，泰宁县被确定为全省婴幼儿及农村留守儿童早期发展项目工作试点县。4月，市计生协会召开婴幼儿及农村留守儿童早期发展试点项目工作动员会。组织7个示范村（居）的老师到省计生协会参加培训；设计并印制0~3岁婴幼儿早教测评表及早教宣传单各5000份，入户宣传发放，发放早教包399个。

【"幸福工程项目"】 2016年1月，市计生协会承接幸福工程国家组委会"幸福工程"项目，获得三年期幸福工程项目资金100万元，精准帮扶梅列、建宁87户贫困母亲发展生产。

【"家庭健康素养促进行动"】 2016年6月，市计生协会承接中国计生协"家庭健康素养促进行动"项目，在永安市举行项目启动仪式暨基线调查培训会，完成300户家庭入户调查数据的采集和上传，发放家庭保健箱500个。邀请中国人民解放军总医院内科临床部主任医师吴海云博士到三明市区、三明职业技术学院和永安举办3场健康大讲堂，1500多人受益。

【"创建幸福家庭活动——生殖健康援助行动蓝氧"项目】 2016年9月，中国人口福利基金会"创建幸福家庭活动——生殖健康援助行动蓝氧"项目在大田县和将乐县实施，免费为1698位育龄妇女"蓝氧"治疗2094人次。尤溪县被列为新增项目县。

【关爱留守儿童】 2016年3月，市计生协会承接中国计生协会关爱流动人口留守儿童项目，与大田县计生协会联合开展"关爱留守儿童陶瓷文化创意体验项目"，服务留守儿童4000多名。

【工作交流】 2016年，市计生协会组织部份县（区）、三明学院、三明市示范性综合实践基地等计生协会负责人，分别赴重庆、厦门、南平等地区学习考察交流项目工作经验；福州、漳州、龙岩等地区计生协会分别组织考察组，到三明市考察项目工作和组织建设工作，推动横向学习交流。10月，在全国"创建幸福家庭活动"致富发展项目座谈会、全国流动人口计生协工作经验暨年度工作研讨会上，市计生协会作经验介绍。

【"四联创"】 2016年，市计生协会推进"四联创"活动，完善各级计生协会组织，推动工作规范化，发挥乡级计生协会"一线指挥部"和村级计生协会"战斗堡垒"作用。开展基层群众自治示范村建设，建立示范点517个，占村（居）总数的26.97%，认定89个先进乡镇计生协会。推动流动人口计生协会建设，重点推进沙县夏茂镇流动人口计生协会的省、市级试点工作。

【青春健康项目】 2016年，市计生协会承接中国计生协青春健康项目，举行青春健康沟通之道家长培训项目启动仪式，各县（市、区）共300多人次参加培训，拓展和完善青春健康学校、家庭、社会三位一体工作模式。年内，建立三明学院青春健康教育示范基地1个、青春健康教育俱乐部7个。

（张声莫）

三明市关心下一代工作委员会

【市关工委第十七次全委（扩大）会议】 2016年3月11日，市关工委召开市关心下一代工作委员会第十七次全委（扩大）会议，主要任务是：深入贯彻落实党的十八届五中全会、省委九届十五次全会、市委八届十一次全会精神，传达贯彻省关工委第二十二次全委（扩大）会议精神，总结2015年工作，部署2016年任务。市关工委主任林纪承在会上作工作报告。

【"基层工作深化年"活动】 2016年8月24日，市关工委在将乐县肖坊村召开全市关工委"基层工作深化年"现场会，谋划"基层工作创新年"活动，总结推广肖枋村基层组织创新经验。在每个县（市、区）选择2个村，全市24个村参照肖坊村的经验做法进行试点，市关工委组织人员分别到24个试点村检查指导。2016年是村居基层党政换届年，全市在9月底完成村（居）关工委领导班子及人员的调整充实。全市基层关工委党政领导任主任同比增长39个，老干部任常务副主任同比增长73个；夯实基层关工委新班子、新成员的学习培训。全市举办关工委骨干培训班58期，参加培训人员2546人。

【爱国主义读书教育活动】 2016年4月，全国"中华魂"主题教育活动选题研讨暨经验交流会在三明市泰宁县召开，林纪承主任在会上作经验交流。7月，市关工委报告团编印《关心下一代报告资料》（纪念中国共产党成立95周年、红军长征胜利80周年专辑）。11月21~22日，市关工委在建宁县召开全市关工委开展党史国史教育经验交流暨关爱工作团工作会议，组织全体与会人员参观、瞻仰建宁中央苏区"反围剿"纪念园，接受党史教育。

【"两史""三爱"专题报告会】 2016年，市关工委组织报告团成员到市属中小学作"两史""三爱"专题报告22场次，受教育学生3580多人次。各级关工委做好"三个结合"，即结合纪念建党95周年、红军长征胜利80周年活动，结合"中华魂"读书活动，结合实践引导，把"两史""三爱"教育纳入老干部报告活动，通过编、写、讲、赛、观等形式开展教育活动。年内，全市开展主题教育活动985场次，参加主题教育活动青少年289023人次。

【青少年普法教育】 2016年，市关工委开展第三届"关爱明天，普法先行"活动，参与未成年人"零犯罪学校、村（居）"创建活动。4月，下发开展第三届"关爱明天、普法先行"青少年普法教育——创"未成年人零罪"学校、村（社区）活动方案。9月，市关工委举行三明市第三届"关爱明天、普法先行"青少年普法教育——创"未成年人零犯罪"学校、村（社区）活动启动仪式，向各县（市、区）关工委免费赠送2000册普法教育读本。梅列、三元、沙县、将乐、尤溪等创建"青少年普法教育示范区"。

【社会治理创新】 2016年，三明市各级关工委组织"五老"人员编写教材和课件，到学校、村（社区）开展法治宣传和普法教育。三明市创"未成年人零犯罪”学校、村（社区）工作从2012年开始，为检验创建成果，市关工委起草相关文件，配合市综治办到12个县（市、区）和市直学校对申报2012~2015年未成年人零犯罪学校、村、社区进行验收。9月，三明市召开全市创建“未成年人零犯罪”学校、村（社区）命名表彰大会，以市综治委的名义，命名表彰全市首批195个未成年人零犯罪学校、村、社区。

【“党建带关工委建设”试点】 2016年2月，三明市委专门召开常委会议听取市关工委工作汇报，同意“党建带关工委建设”工作在永安试点。关工委领导带领永安市委组织部、有关乡镇、街道分管副书记和关工委的工作人员到福鼎市学习考察，并多次到永安调研座谈，指导试点工作的开展。永安市委和关工委联合制定下发《关于建立健全“党建带关工委建设”工作机制试点工作的实施方案》，初步建立建全“党建带关建”的工作机制和考核、激励、督查的保障措施，建立“党建带关建”工作“党委带动，关工委主动，各方联动，典型推进，全面实施，健全机制，双促双建”的经验和“六带六增”工作机制。11月，市关工委在永安召开“党建带关工委建设”试点工作验收座谈会，总结永安的试点工作经验。

【为青少年服务】 2016年，市关工委与市委政法委等八部门联合到省未管所帮教55名三明籍未成年服刑人员，召开帮教大会，开展面对面帮教。资助三明学院新一学年200名家庭经济困难学生。与市高级技工学校联合举办市区未就业青年为期两个月的烹饪职业技能培训班及职业技能鉴定考试，16人全部取得初级技工证书，并推荐到有关单位就业，解决部分社区青少年就业问题。8月，市关工委和三明侨报社等单位联合举办2016年台湾161名青少年夏令营福建三明营。

【服务农业科技】 2016年，市关工委在永安贡川镇开展农业科技“三下乡”服务，发放科技书籍，为创业青年农民上门技术咨询。到各县（市、区）指导“种子工程”示范户建设，推动6家“市关工委种子工程进农企联系点”的调研指导。组织有关专家编印《三明市果蔬新品种及实用技术》一书。2016年，全市举办科技培训148期，参加培训的青年农民15492万人次。

【业务骨干培训】 2016年8月，市委组织部、市委老干部局、市关工委在三明市干部培训中心（名扬大厦）联合举办全市关工委干部培训班，市关工委各级组织成员100多人参加培训。市关工委主任林纪承传达省关工委干部培训班精神并作《探索建立“党建带关建”工作机制谋划基层工作创新年思路》辅导报告；永安市、建宁县、将乐县关工委作“党建带关建”和基层工作创新典型发言；各县（市、区）关工委、市直关工委座谈交流开展“基层工作创新年”活动的意见建议。

（范基福）

三明市客家联谊会

【概况】 2016年，三明市客家联谊会（简称市客联会）贯彻省长于伟国等领导有关客家研究联谊工作的批示精神，坚持客家研究联谊工作的正确方向，参与举办第二十二届世界客属石壁祖地祭祖大典和第四届石壁论坛,开展与海内外客家社团及乡亲的交流、联谊以及客家基本知识宣传年活动；建设三明客家宣传网络，研究客家文化，宣传三明，客家事业有新的发展和创新。

【纪念红军长征胜利80周年】 2016年，市客联会重视配合纪念红军长征胜利80周年系列活动。在36期刊物上专门开辟“纪念长征”栏目，刊登《不朽的丰碑》《湘江战役与红色苏区》《“左倾”错误与红军长征》等文章。9月，三明市“忆长征 跟党走 奔小康”主题拍摄影、剪纸艺术作品展活动中，市客联会廖允武负责设计制作剪纸连环画，长25米，包括红军长征途中有代表性的主要事件和三明革命老区在长征之前的重要历史。

【客家文艺创作】 2016年年初，市客联会成立客家民间艺术团，创作、排练多个客家节目，将民间艺术与歌舞表演、客家宣传融为一体，先后于5~11月到市内两区、沙县夏茂和将乐城关举行客家基本知识宣传年演出和送书活动，并开展三明市“民间艺术展览”与“第二届红红火火过大年剪纸艺术展”。11月，市客联会举办“科普剪纸展”等活动。市客联会举办多场读书班，由会长、副会长主讲客家基本知识的讲座。2016年年底，出版《第四届石壁客家论坛论文集》《客家系列丛书》(四集)、8月出版《沙县客家故事》等客家书籍。

【第二十二届世界客属石壁祖地祭祖大典】 2016年10月15日，第二十二届世界客属石壁祖地祭祖大典在宁化举行，活动由三明市客联会、宁化石壁客家宗亲会、马来西亚居銮客家公会、宁化张氏宗亲会等社团共同主办，海内外的111个客属社团及当地姓氏宗亲共4000多人 参加。

【第四届“石壁客家论坛”】 2016年10月14日，第四届“石壁客家论坛”在宁化客家祖地石壁召开。论坛主题为“传承弘扬客家祖训，建设发展祖地文化”，注重邀请台湾及内地各界企业家及研究文化产业方面的专家，采取实地考察、专题调研等方式，做好论坛前期的调研。论坛收到征集论文107篇，其中75篇入选《第四届石壁客家论坛论文集》。论坛主旨演讲由中国闽台缘博物馆原馆长、福建社会科学院客家研究中心研究员杨彦杰主持，刘大可（福建省委党校副校长）、周建新（深圳大学文化产业研究院执行院长）、许怀林（江西师范大学历史系教授、江西省政府文史研究馆馆员）、吴汉光（福建客家研究院常务副院长）、廖开顺（三明学院客家研究所教授）分别作主旨演讲。

【台湾青少年客家之旅】 2016年7月，中国台湾青少年学生到三明参加为期10天的“手牵手·海丝情”客家之旅三明夏令营，营员先后学习中医文化、中华武术、剪纸艺术、书法艺术和三明林业与海峡两岸林博会知识等文化课程，参观游览三明市科技馆，三明古玩城，三明市博物馆，宁化世界客家祖地、革命纪念馆、红军长征出发地、红军长征文化广场等景点。

2016年10月14日，第四届石壁客家论坛在宁化县举办　（三明侨报社提供）

【参加世界客商“一带一路”经贸文化论坛】　2016年5月26日，市客家联谊会会长刘振郁等赴北京参加2016世界客商“一带一路”经贸文化论坛活动。经贸文化论坛作为客家大型活动在北京首次亮相。三明市组织大量有关客家文化图片和文字资料，内容包括三明客家历史源流、客家重要建筑、文物展示、客家文化经贸活动、有关文艺作品等，在客家文化展区三明市展位和公共展位中展出。三明学院客家研究所所长廖开顺作题为《客家文化创意产业的融合发展》的演讲。

【客家艺术团马来西亚文化汇演】　2016年10月27日至11月3日，三明市客家艺术团赴马来西亚文化进行交流演出活动，举办大型演出2场，小型文化交流3次，拜会5家当地客家公会，受众3000多人。

【追思黄石华博士论坛】　2016年3月，三明市及宁化县由市客家联谊会会长刘振郁等受崇正总会的邀请，赴香港吊唁世界客属第一届恳亲大会的创办人、奠基者黄石华博士。代表们参加“海内外客属领袖追思黄石华博士论坛”以及黄石华博士公祭仪式。受市委、市政府的委托，三明市客家联谊会会长刘振郁在追思会上代表三明表达对黄石华博士的深切悼念之情。

【客家文化交流】　2016年，市客联会对客家姓氏研究联谊展开大量的工作，并在《三明客家》刊物和《三明侨报》“客家专版”以及三明客家网给予报道。6月25日，三明谢祐文化研究会（暨三明谢氏宗亲会）谢昌发会长、名誉副会长谢长青、副秘书长谢桂芳以及谢周炜、何建生、黄文丽等参加位于北京房山逊和之家消费金融中心开业庆典活动。

【市客联会基层建设】　2016年11月27日，永安市客家联谊召开三届四次理事会，永安市有关领导和客联会理事会理事等90多人参加会议，增补永安市客联会理事会2名理事。在总结工作的基础上，对2017年永安市客联会工作进行初步安排部署。上杭支乡协会、永定支乡协会也进行换届工作。

【同台湾客家联谊】　2016年4月2日，台湾客家乡亲邹氏后裔76人到泰宁县寻根谒祖，祭祀太祖邹应龙。11月2日，台湾彰化定光佛庙黄安盛主任委员到灵台山中华客家祖山文化园开展定光文化交流活动，参访团在灵台山举行定光佛朝觐祭拜仪式，并与县客联会人员进行定光文化交流，县客联会向参访团成员赠送客家文化书籍。

【客家文化宣传】　2016年，《三明客家》杂志出三期，发表大量宣传三明客家文化和客家研究成果的文章。《三明侨报》坚持每周一期，期期都有客家专版。三明客家网，作为三明市客家联谊会互联网站和《三明客家》杂志电子版，年内陆续上传相关资料500多篇。该网站与福建省客家研究联谊会、客家祖地网等客家特色网站，以及三明市政府门户网、政协三明市委员会等影响较大的当地网站互有友情链接。市客联会原副会长郑树钰按照林开钦先生《论客家民系》的大体思路和主要提法，创作一篇《客家民系》三字经。

（廖允武）

三明市红十字会

【概况】　2016年3月，三明市红十字会三明市无偿献血志愿者协会的宣传推动无偿献血志愿服务项目被评为福建省最佳志愿服务项目。5月，宁化县红十字会、三明市红十字会秘书长吴乃霜获福建省人力资源和社会保障厅、福建省红十字会联合表彰的全省红十字会系统先进集体和先进工作者。6月，三明市红十字会赈济救护部部长林瑞班获中共三明市人民政府办公室直属机关委员会先进基层党组织和优秀共产党员表彰。9月，林瑞班当选市党代会代表，出席会议，履行职责。

【福建爱心公益日活动】　2016年1月6日，市红十字会联合市总工会、团市委、市妇联、市残联、市社会志愿者协会以及梅列、三元两区红十字会、列东街道高岩社区联合开展第九个“福建爱心公益日”活动。来自三明学院的志愿者，在现场分发倡议书，加入到爱心公益行列。

【“世界红十字日”纪念活动】　2016年5月9日，市红十字会联合梅列区红十字会、三元区红十字会、梅列区列东街道高岩社区居委会等单位，联合开展纪念世界红十字日暨“防灾减灾日”活动。在活动现场进行心肺复苏演练，宣传应急救护、无偿献血、造血干细胞捐献、人体器官捐献等科普知识，开展心理健康咨询活动，并对急救免费应用“红十字急救掌上学堂”进行介绍，数十名群众通过扫描二维码下载该应用。

【“世界急救日”纪念活动】　2016年9月9日，市红十字会联合梅列区红十字会、三元区红十字会、列东中学、梅列区列东街道高岩社区居委会，到三明市列东中学举办以“儿童学急救，急救为儿童”为主题的纪念第17个“世界急救日”活动。活动结合初中一年级新生的特点，采取理论传授与实践操作相结合的模式，利用多媒体和人体模型重点讲解、示范心肺复苏技术。

【“红十字博爱送万家”活动】 2016年两节期间，市红十字会到各县（市、区）农村和市麻风康复中心开展“红十字博爱送万家”活动，全市有350户城乡困难群众收到省红十字会下拨和三明市红十字会自筹的价值10多万元的大米、线面、食用油、棉被等慰问物资。1月15日，三明市红十字会常务副会长刘岁美带领市、县红十字会干部，到本会挂钩联系“十个一”活动重点村——泰宁县梅口乡水际村看望慰问挂包困难群众。1月23日，三明市红十字会、梅列区红十字会及梅列区高岩社区红十字会在高岩社区举行“博爱送万家”慰问贫困清洁工人活动，为10户贫困清洁工人家庭送上大米、线面、食用油、棉被等生活物品，价值3000元。

【参加文化科技卫生“三下乡”】

2016年1月8日，市红十字会作为三明市文化科技卫生“三下乡”服务团成员单位，参加在大田县屏山乡举行的2016年三明市文化科技卫生“三下乡”活动启动仪式，为看望慰问活动提供10份慰问物资，并现场发放应急救护、器官捐献、红十字急救掌上学堂、体验式生命教育等相关宣传资料1000余份，所捐赠的物品总价值为1万元。

【捐资助学】 2016年，市红十字会组织红十字志愿者和爱心单位开展捐资助学活动，收到助学款12600元。5~6月，市红十字会与三元区、梅列区、沙县红十字会及部分红十字志愿者先后前往三元区中村中心小学、三明三中、梅列区列西小学、沙县三中，看望慰问32名贫困学生，送上红十字志愿者捐助给每人的300或600元的助学款。同时，年内市红十字会通过分发宣传书签、张贴宣传画等形式，开展“10699-99359”手机短信捐赠平台宣传活动。

【灾害救援慰问帮扶】 2016年5月7~9日，市红十字会及时向上级红十字会报告强降雨袭灾情，争取救灾物资，发放中国红十字会总会、福建省红十字会、厦门市红十字会捐赠的大米、灾害救助箱、衣服、压缩饼干等价值68.78万元的救灾物资。5月17~18日，市红十字会常务副会长刘岁美率机关工作人员前往重灾区宁化县察看灾情，看望慰问受灾群众，送上大米、灾害救助箱、衣服、压缩饼干等救助物资，参加在建宁县溪源乡都团村举行的“红十字救灾物资建宁县发放仪式”。7月9~10日，受“尼伯特”台风影响，三明市出现暴雨、大暴雨，市红十字会及时向上级红十字会报告灾情，争取省红十字会下拨20箱复方倍氯米松樟脑乳膏价值11.04万元。

【援建项目竣工】 2016年1月，市红十字会援建的宁化县安乐黄庄村水毁道路项目竣工。宁化县安乐黄庄村坑口组道路在2015年“5·19”洪灾中水毁严重，坑口组有农户78户，296人。黄庄村两委决定修建水毁道路，面临资金困难等问题，市红十字会闻讯后，决定援建该水毁道路工程项目，项目资金20万元，项目工程于2015年12月份动工。

【重特大疾病医疗救助完成】 2016年，市红十字会完成2015年度福建省红十字城乡困难居民重特大疾病医疗救助工作，全市有326人获得省大病救助金284.6万元。做好儿童白血病“小天使”基金和先心病“天使阳光”基金两个专项救助工作，12例小天使基金申请获批38万元，2例天使阳光申请获批3.5万元。2016年接收并及时转赠医疗器械价值340万元。

【生命工程救助行动】 2016年，市红十字会先后到12个县（市、区）开展无偿献血和志愿捐献造血干细胞宣传、报名登记、血样采集活动，向省红十字会上报造血干细胞血样200多份，全市临床用血保持100%来自自愿无偿献血。6月14~17日，市红十字会、三明市中心血站、永安市红十字会、永安市卫计局、永安市委文明办等单位联合举办主题为“血液连接你我”的世界献血者日活动。有307人无偿献血98100毫升，7名志愿者采集造血干细胞血样。全年实现3例器官捐献，2例角膜捐献，3例遗体捐献。

【造血干细胞捐献】 2016年6月30日，永安市小陶镇卫生院副主任医师仉世海实现造血干细胞捐献，这是永安市第3例、三明市第8例、福建省第152例造血干细胞捐献。8月8日，宁化县博物馆馆长、三明市无偿献血志愿者协会会员陈端实现造血干细胞捐献，成为宁化县第3例、三明市第9例、福建省第153例捐献者。12月29日，建宁县伊家中心小学教师熊自招在福建省肿瘤医院成功捐献造血干细胞，这是建宁县第1例、三明市第10例、福建省第162例、全国第6162例造血干细胞捐献，熊自招成为全市教育系统第一位造血干细胞捐献者。

【颁发三星级红十字志愿服务奖章】

2016年1月，市红十字会按照中国红十字会总会《关于在全国统一使用红十字志愿者星级证章的通知》精神，依据《中国红十字志愿者表彰奖励办法》相关规定，向徐婷等18位参加红十字志愿服务时间360小时以上的红十字志愿者，颁发2015年度三星级红十字志愿服务奖章。

【应急救护培训】 2016年，三明市参加红十字复训人员53人，初训的54人经理论考试和技能考核合格，全部取得初级急救员证。2月，三明市红十字会走进三元区白沙街道，为80余名街道和社区工作人员举办应急救护知识讲座。讲座采取理论讲解、示范操作、学员互动等方式进行，将救护知识理论、救护技能与日常生活实例相结合。3月，到三元区富兴堡街道永兴社区举办应急救护知识讲座，社区居民上百人参与。4月，到三明八中开设应急救护讲座，传播红十字知识，普及现场救护技能。11~12月，三明市红十字会联合市总工会分别在沙县金沙园及永安尼葛园开展“安康杯”三明市红十字应急救护进工业园区培训。

（吴乃霜）

责任编辑：阳崇欣

人民武装

ARMED FORCES

三明军分区

【建设服务于民】 2016年，三明军分区面临军队改革和全年转业人数较多的实际，做好一人一事的思想工作。协调保障省军区、军分区领导看望慰问“五老”人员和军烈属，出资200万修缮建宁县客坊乡原红军总部遗址，完善国防教育资源建设，协同市委宣传部开展“忆长征、跟党走、奔小康”系列活动，组织诗歌创作展、剪纸艺术展、摄影展等配套活动，纪念中国共产党建党95周年和红军长征胜利80周年。开展“四反”保密教育。严抓意识形态领域教育引导，组织观看警示性四反教育专题录像片，关注文化领域意识动向。

【防灾救灾演练】 2016年，三明军分区按照“两个不经”标准，突出快反核心能力，强化战备法规制度落实，确保随时能动能打。修订完善3个作战方案（大规模背景下防卫作战、人民防空、动员支前），9个非战争行动方案（低温雨雪冰冻灾害、协助地方维护社会稳定、地方交通事故救援、安全生产事故救援、突发地质灾害、抗台防汛、森林火灾、抗震救灾），在防抗第14、16、22号台风和泰宁“5·8”泥石流救灾中的检验方案的可行性；协助区外兵力2次预置。

【技术骨干培训】 2016年，三明军分区先后组织8次集训，包括专武干部、民兵营（连）长暨民兵情报信息员、预任军官、冲锋舟操作手、民兵情报员骨干、军事法规、防汛骨干和信息化骨干集训，强化业务骨干遂行军事任务能力；配合上级完成1次战场勘察（东部战区战场勘察）、2个上级组织的集训（全省通信分队军官、全省通信兵骨干）等活动。

【协调部队与地方纠纷】 2016年，三明军分区针对群众反映的宁化征兵举报线索、大田房屋租赁纠纷，纪律及时介入，实地核查，公开公正处理。改进工作作风，发挥综治考核杠杆作用，协调解决3例军人军属涉法涉诉和某旅发射阵地维护问题。清理排查机关营区环境，了解59名境外人员、19家“三资”企业、1个军营网吧、18名“五类”人员、100户上国际互联网家庭的相关信息，组织11种个别人情况排查，掌握1例“欠债较多”个别人员具体情况，督导落实三帮一制度。

【国防动员建设】 2016年，三明军分区按照“两上两下”要求和“四项改进措施”（优化方案、分级组建、广域抽组、以网聚兵），完成全市普通民兵、5类队伍基干民兵和预备役通信团预备役官兵组织整顿，其中基干民兵退伍军人比率、专业对口率比2015年分别提高2.2和2.4个百分点。

【国防动员保障】 2016年，三明军分区围绕如期形成国防动员保障能力，以三明生态工贸区建设为依托，拓宽军民融合途径，强化国防动员准备，组织市县两级91个国动委办公室汇总全市8类17种重点国防潜力数据；围绕“两保、一降、一杜绝”（保质量、保廉洁，降低退兵率，杜绝责任性退兵）总体目标，按照“政府主导、军地合力，关口前移、力量下沉，强化监督、确保质量”原则，完成新兵征集任务，其中大专以上文化程度占61.3%；完成直招士官工作。

【民兵装备管理专项检查】 2016年4~5月，三明军分区分别成立专项检查组，对各人武部、预备役通信团民兵武器弹药安全管理情况进行专项检查。通过检查，及时发现所属人武部在民兵装备管理方面存在的问题，为强化民兵装备管理提供有力依据，并将检查情况通报全区，促进各单位爱装管意识的提高和装备按理制度的落实。

【安全管理专项整治】 2016年2月20日至“两会”结束期间，三明军分区开展武器装备管理专项整治、车勤人员专项教育整训、警卫执勤力量专项演训、安全保密实力专项普查、重要岗位人员专项考察、重要人员专项摸底排查、营区环境专项清理排查、营区地质灾害专项排查、军人军车形象专项整治、安全管理专项检查验收等“十个专项”整治。

【新闻宣传助力发展】 2016年，三明军分区发动所属单位订阅33类2000余份党报党刊，聆听党的声音，关注意识动向，协调三明日报和市县两级电视台组建一支34人的随军记者队伍，融合军地宣传资源，弘扬爱国强军正能量。5月8日，强降雨造成泰宁县暴发大型自然灾害泥石流。三明军分区集中力量采集泰宁“5·8”泥石流灾害救灾时事新闻，在《解放军报》《中国国防报》、中央电视台和各类新媒体播发新闻稿30余件，宣传民兵预备役人员参与救援活动情况，扩大民兵参建的影响力。年内，部队增强政治氛围宣传，采取军营广播放军号、强军歌曲，营区灯箱、宣传栏和政工网宣传强军改革、战斗氛围。

【部队征兵宣传】 2016年，三明军分区在三明北高速出口、快速通道、城区、社区设立张贴海报300余幅，依托移动、联通、电信发送征兵公益短信200万余条；《三明日报》刊发《答记者问》《廉洁征兵公告》及征兵广告；市区电子显示屏、楼宇广告屏、出租车、公交车播放征兵宣传视频标语，基本形成报纸、广播、电视、网络、手机和户外媒体“六位一体”的多维立体宣传网络，助力完成新兵征集任务，中央电视台军事频道播发大田县欢送新兵入伍新闻消息。

【协调地方财政】 2016年，三明军分区与地方政府财政部门沟通协调，及时落实年度市财政预算经费和项目经费的拨入871万元，协助团级单位与各县(市、区) 财政局协调，落实各项财政经费拨入2988.16万元。

【停止有偿服务】 2016年，三明军分区149个空余房地产租赁项目需清理整治项目，停止11个人武部的所有租赁项目。机关本级和干休所按计划组织停止有偿服务，对所有即将到期承租户下达停止租赁通知，与承租户进行一对一协商腾退房产和部分承租户签订腾退承诺书，并分别迎接省军区戴副司令员和后勤部杨部长对停止有偿服务工作现场检查指导，及军委审计组对原教导队和原通信楼租赁项目审计。年内，上级认定的19个有偿服务项目中，停止3个可控托底项目、6个复杂敏感项目。

（王　翀）

武警三明市支队

【党委（扩大）会议】 2016年3月10日，市武警支队召开党委三届二次全体（扩大）会议，支队党委委员、基层中队主官和机关股以上人员72人参加。会议传达总部、总队两级党委扩大会议精神，总结分析2015年部队建设形势，部署2016年工作任务，表彰奖励一批先进集体和先进个人。8月16日，市武警支队通过视频会议系统召开党委三届三次全体（扩大）会议，支队党委委员在主会场出席，基层全体官兵在各分会场参加。会议传达学习总部基层建设暨士官队伍建设工作会、党委书记座谈会和总队三届十五次全体（扩大）会议精神，总结分析上半年部队建设形势，研究部署下半年工作任务。

【为民服务】 2016年，市武警支队投入17.4万元购买3577册励志书籍下发部队，建立网上电子图书、红色歌曲和电影库，以“一队一案”形式推进营区政治环境和荣誉室建设，组织100余名党员到红军长征出发地——宁化追根溯源，联合市文明办举办“崇尚道德模范·引领文明风尚”巡讲报告会及“在红色旗帜下前进”警民联欢会。市武警支队被武警总部评为纪念红军长征胜利80周年知识竞赛先进单位。4月，市武警支队拍摄的纪录片《爱的哨位》在中央七套播出。

【岗位执勤】 2016年，市武警支队组织执勤安全检查和“过勤务”活动，开展“抓规范、打基础、治隐患、保安全”教育整顿，推进“五防一体化”建设、监门哨上勤和隐患治理，购置24条助勤犬，调整勤务值班室“414”屏显模式，配发基层动态勤务管控终端，投入3万余元购置64台对讲手机，整治13处总队挂账的执勤隐患，完成3个单位勤务部署调整。持续开展哨位“送清凉”活动，安排机关干部赴基层站“高温哨”58人次。

【维稳训练】 2016年，市武警支队与市公安局联合制订《联勤武装巡逻运行规则》，规范梅列、三元、三明北动车站3个区域常态化武装巡逻秩序，落实机关“两指”、特勤排AB队备勤和装备以车代库制度，定期开展应急力量紧急出动演练，参加市委市政府抢险救援联演联训，组织“卫士—16”演习并作反思式总结，部队保持持续戒备、精确高效的战备状态。全年，出动兵力1986人次，完成泰宁“5·8”泥石流灾害抢险救援、清流监狱195名犯人移监、抗击台风、环闽武装设卡、联勤武装巡逻等各类勤务108起。

【作战比武竞技大赛】 2016年，市武警支队围绕“八落实”，用好“六种组训模式”，落实定期会操考核制度，督促干部组训、参训、跟训。精心组织新《军事体育训练与考核大纲》试训、专勤专训、勤训轮换、狙击手、应急班、教练员、冲锋舟操作手、特勤排“魔鬼周”训练和“精武杯”比武竞赛，在总队特战骨干集训和特战分队比武竞赛中，分别取得团体总分第三和第四的好成绩。投入14万余元采购17类2000余件通用训练器材配发部队，采取“截绿地、缩菜地、扩场地”等形式，筹措482.7万元推进教导队多功能训练馆和部队训练场地建设。

【精准帮带】 2016年，市武警支队开展“深入基层、研究基层、学习基层”和“过中队、过干部、过战士”活动，制定支队《年度挂钩蹲队住班和下队当兵实施办法》，采取“常委包片、股队挂钩、机关干部定点”的办法，对18个基层单位实施精准帮建，每季度安排常委带机关干部当兵蹲队集中帮建，专题召开部队建设形势分析会，针对问题研究改进措施，跟踪抓好督导落实。开展“远学成武、近学一中队”活动，在一中队举办基层主官业务培训会，对营区政治环境和安防设施建设以及相关软件资料进行统一规范。

【安全防范】 2016年，市武警支队开展“四个天天”群众性创安活动，整理汇编《安全常识100问》，每月召开安委会、下发《安全预防重点和对策》，逐级签订安全责任状，根植官兵安全理念。落实安全工作“八个规范”，开展安全工作“四项活动”，投入80余万元建设部队营房安防设施，先后3次派出常委带队的工作组下基层进行安全排查，整改6类73处安全隐患。

【应急保障能力】 2016年，市武警支队修订完善两大类12种应急保障预案，结合泰宁“5·8”泥石流抢险救援和“卫士—16”演习，规范“一组五队”抽组模式，抓实以物资装卸载、野战炊事操作、帐篷搭设、战伤救护、快速抢修为主的后勤保障要素训练和检验性拉动演练；采取以会代训、办班培训、一对一帮带等办法，开展后勤专业兵岗位大练兵活动，办班12期，培训235人次，在总队后勤专业兵比武竞赛中摘得团体总分桂冠。

【完成各类勤务】 2016年，市武警支队出动兵力1986人次，完成中央领导临时住地警卫、重大会议活动安保、泰宁“5·8”泥石流抢险救援、清流监狱195名犯人移监、抗击台风、环闽武装设卡、联勤武装巡逻等各类勤务108起。根据三明市委市政府统一部署和市公安局要求，报请总队批准，市武警支队每日出动执勤兵力9人，与公安机关联合担负三明市梅列区、三元区2个区域重要路段及三明动车站联勤武装巡逻勤务。

【泰宁“5·8”泥石流灾害抢险救援】 2016年5月8日凌晨5点左右，三明市泰宁县开善乡池潭村水电厂改建工地附近突发10万立方米以上大型自然灾害泥石流，冲毁施工单位生活住地和厂区办公大楼，群众生命财产面临严重威胁。市武警支队奉命出动1165人次、冲锋舟54艘、车辆45台次，携带生活探测仪等抢险救援装备50套，参与抢险救援行动，历时12天，转移群众76人，搬运遇难者遗体8具，清理废墟280立方米，搜寻河段150余千米。

【防抗“尼伯特”台风】 2016年7月10日，三明市尤溪县洋中镇际口村受1号台风“尼伯特”影响，发生洪涝灾害，4名村民被洪水冲走，全村数十间房屋倒塌。市武警支队接到命令后，迅速派出82名兵力，冲锋舟8艘，车辆19台次赶赴救灾一线展开搜救失联群众和灾后重建任务。

【环闽武装设卡】 2016年10月24~28日，市武警支队出动73名兵力，担负G72泉南高速闽赣检查站设卡防控勤务。任务期间，协助检查登记车辆3648台次，查获非法运输成品油车辆6台次，处置车辆强行冲卡事件4起，抓获涉嫌吸毒人员2人，查获冰毒5公斤，收缴管制刀具30余把。

【林业博览会安保】 2016年11月6日，三明市委、市政府举办第十二届海峡两岸（三明）林业博览会。国家林业局、省市有关领导、参展企业、群众近万余人参加开幕式。市武警支队出动56名官兵，完成开幕式现场安全保卫任务。

【抗洪抢险救援联合训演】 2016年11月2日，三明市组织开展抗洪抢险救援联演联训，市武警支队派出43名官兵参加演练。福建省防指领导、市四套班子领导、各县（市、区）党委或政府主要领导和政府分管领导、市防指部分成员单位领导参加观摩。

【双拥共建】 2016年，市武警支队组织地方青年学生200余人开展“社区青年进军营”活动，为三明市各个学校以及监狱等单位军训学生、干警2000余人次。结对帮扶孤寡老人3人，捐助失学儿童4名，逢年过节，慰问清流县林畲乡90高龄的烈士家属林节莲，精心照顾三明市新和社区伤残老人陈荣喜。成立10个“学雷锋小分队”，先后8批次组织便民服务小组到街道村镇，广泛开展清理卫生、义务巡诊、理发等爱民助民活动，服务群众315余人次，参加义务劳动800多人次、献血2万多毫升、植树700多棵。

（廖远涛）

三明市公安消防支队

【概况】 2016年，武警三明市消防支队（简称消防支队）争取地方消防经费9100余万元，其中基本支出经费4400余万元，增长5.1%；政府专职消防员经费1200余万元，增长21.4%。支队指挥中心和公寓房项目主体封顶。投入3900余元购置消防车11辆和器材装备9500件/套。全市13个集体、98名个人受到各级表彰。支队获评部局“执勤训练工作先进单位”，将乐大队党委获评部局“基层先进党组织”，泰宁大队被省厅记“集体三等功”，将乐、明溪大队被驻地政府记“集体三等功”，4个单位获评省级“青年文明号”，6个基层单位被驻地人大授予“人民满意消防队”称号，1人两项技术革新成果获国家专利，1人被部局评为“执勤训练工作先进个人”，1人被部局评为“优

2016年5月8日，泰宁县池潭村水电站工地发生泥石流灾害，市公安消防支队迅速参与抢险救援行动 （李 彬 摄）

秀指挥员"，1个家庭被省妇联授予"五好文明家庭"，1名家属被省妇联授予"三八红旗手"。

【党政主导消防工作】 2016年，市、县两级政府下达消防安全责任书315份、召开政府常务会14次、消防工作专题会议58次。市政府先后6次召开协调会，投入500余万元完成国务院安委会挂牌督办的三明市综合市场重大火灾隐患摘牌销案。市委书记杜源生、代市长余红胜、副市长陈育煌等市、县两级党委政府主要领导，带队开展消防安全检查71次，对消防工作做出指示批示33次。市政府明确把"十三五"消防规划列入市级重点专项规划予以颁布。

【火灾防控】 2016年，消防支队落实火灾隐患抄告、函告工作机制，函告410次，通报火灾隐患单位3900余家，公布消防安全不良行为为600余条；推动建成微型消防站706个、区域联防组织24个，安装独立式感烟火灾探测报警器1800余个，年内全市未发生较大以上火灾事故。夏季消防检查考评连续两年名列全省第一。

【执法服务】 2016年，消防支队推进"放管服"改革，简化前置审批条件5项，优化警务公开栏7个。2016年优质办理消防行政许可、备案抽查项目627个，为51个重点工程项目开通绿色通道，对97个省、市重点工程靠前服务、全程指导，所有审批项目均压缩至7个工作日。落实"三公示"工作，公示行政许可、处罚和重大隐患信息890条。年内在总队执法质量交叉考评中支队连续4个季度名列全省第一。

【部队管理】 2016年10月，消防支队率先在全省召开正规化建设现场会，全市正规化达标率95%以上。完善"1161"重点时段督察、视频回放每日巡查、部门轮值月督察、明察暗访4项制度，强化督察力度，组建由主官率领的暗访队，全年部队安全零事故。年内两个基层大队获全省安全工作先进单位。

【保障社会】 2016年，消防支队出色完成永安"4·23"氨气泄露事故、泰宁"5·8"泥石流救援、中燃"9·29"储罐阴燃事故，G20峰会、"9·8"投洽会，抗击"尼伯特""莫兰蒂""鲇鱼"3个超强台风等任务。承办全省泰宁隧道灾害事故跨区域演习，检验部队遂行作战能力。在总队比武竞赛中支队选手勇夺3个单项、1个团体冠军，占全省总数1/3。

【经验交流】 2016年，三明市建立4个政治工作协作区，开展3项12个方面交流协作，经验做法在《人民公安报》要闻版面刊载；创新推行科长授课讲评制度，启动授课和听课双向考核机制；与市委党校建立联学共育机制，138名官兵先后参加学习、接受党性教育；创建"三明政工"手机APP平台、推出基层党组织生活制度"一点通"等工作经验，被总队以创新工作推介。支队政治干部比武连续两年名列全省第二。

【专职力量】 2016年，市政府首次把乡镇专职队伍达标创建工作纳入政府目标责任考评范畴。宁化县水茜乡儒地村村委会主任谌章彪荣获公安部第三届全国119消防奖，是福建省唯一获得该奖项的个人。连续两届由政府组织举办专职消防队业务技能比武对抗赛。在总队比武中支队政府专职队获全省第一。

【宣传阵地】 2016年3月，消防支队《三明消防正能量》获评福建省广播电视艺术奖、电视文艺节目年度二等奖；10月，《风雨大营救》获第25届福建省摄影纪实新闻类银奖。消防支队官方微博粉丝突破15万人，在全省公安系统微博榜单中名列前茅；夏季消防检查宣传专项考评名列全省第一。

（陈盛飞）

武警三明市森林支队

【概况】 2016年，武警三明市森林支队（简称森林支队）党委严格落实指挥部和总队党委全体（扩大）会议部署要求，按照"抓干部强素质、抓实训保中心、抓基层打基础、抓法治正秩序、抓整改正风气、抓安全保稳定"的总体思路，锐意进取、狠抓落实，部队建设保持健康发展的良好态势。年内，贯彻落实《正规化管理规定》和武警部队"八严"要求，有力提高部队正规化建设水平和安全管理质效。专门召开正规化建设反思式检讨式形势分析会和正规化建设整改部署会，对查找的3类32个问题攻坚整改，拟制下发支队《正规化建设精准化管理措施》；始终围绕治理"五个重点问题"抓安全，开展"手机使用管理规范周""学规范、用规范""严纪律、治'四涉'、刹'三松'""百日安全竞赛"、部队人员驾驶地方车辆教育整顿等活动。

【安全稳定】 2016年，森林支队组织安全工作大检查，通过"拉网式"排查、"地毯式"清理，及时消除各类安全隐患27处。森林支队被武警部队表彰为"暑期百日安全竞赛活动优胜单位"和"安全工作先进单位"。

【现代后勤建设】 2016年，森林支队以"四个常态化"为抓手强化后勤人才队伍建设，举办后勤专业技能比武；落实伙食管理"五项制度"，科学合理调剂伙食，先后组织3批次集训，培养9名面点师、7名等级厨师，官兵对伙食满意度95%以上；开展卫生防病工作，定期组织卫生常识教育和巡诊，及时组织官兵体检和病号诊治。

【冬季野营拉练】 2016年1月，森林支队严密组织首长机关带部分官兵冬季野营拉练。此次拉练，共跨2市、4县，摩托化行军160余千米，徒步行军40余千米，总行程200余千米。拉练以"实战化练兵"为主题，按照真打实练，树立问题导向，重点强化体能技能训练，注重战术问题研练，昼夜连贯实施。

【泰宁"5·8"泥石流灾害抢险救灾】

2016年5月8日，泰宁县开善乡池潭村池潭电厂后山办公楼和厂房因暴雨被泥石流推倒掩埋，41名职工和群众下落不明。武警泰宁森林大队迅速出动66名官兵、8台车辆，携带皮划艇、救生衣、救生绳、铁锹等救援器材火速前往救援，主要进行搜救失踪人员，及时拆除坍塌掩体，开辟生命救援通道，协助维持现场救援秩序。

【增援厦门救灾】 2016年9月15~24日，森林支队官兵赴厦门市同安区抢险救灾,历经9个昼夜的连续奋战，转战7处，共清理道路21.9千米、锯伐倒树822棵、扶正倒树280棵、装运树枝5450立方米，完成救灾任务。

（朱远昌）

人民防空

【市内人防工程修缮】 2016年11月28日，市人防办完成130人防工程的防水堵漏工作；12月1日，完成市委后山防空洞电路改造工程和三明二中防空洞修缮工作。

【收取防空易地建设费】 2016年，市人防办对照《福建省人民防空条例》及国家、省政府的相关文件规定，对是否存在减、免、缓交的项目，各县（市、区）分门别类进行汇总报送当地检察院。坚持实事求是、尊重事实、不得瞒报、漏报原则，通过项目核查、调阅档案资料、走访相关部门和现场调查，全市核查项目5511个，摸清三明市结建审批基本情况，发现问题项目184个，及时催缴个别漏缴、少缴的易地建设费。

【人防指挥所建设】 2016年，市人防办依照法律法规及三明市招投标相关规定，推进三明市人防基本指挥所工程二期信息系统建设，先后完成工程招标控制价、工程量清单编制财审，工程内部防水堵漏招标、施工以及对招标报名企业进行资质预审等工作。12月底，完成指挥所信息系统集成监理招标文件编制及发布工作。

【防空袭预案评审】 2016年，市人防办组织全市各县（市、区）防空袭方案编写人员进行方案修订培训。通过培训讲解，各县（市、区）参训人员了解方案，并掌握基本方案、保障计划和附图附表的编写方法。11月，组织对全市方案进行集中评审工作。

【市区防空演习】 2016年12月18日，市区警报鸣放日，市人防办指导梅列区和三元区人防办分别在梅列区的滨江新城小区和三元区的康城水都小区开展疏散掩蔽演习作业，指导小区居民进行人防疏散隐蔽演练活动。同时，推进多媒体新型警报器的建设规划工作，推进全市警报系统建设。

【执法检查】 2016年，市人防办加大工程执法检查力度，组织人防执法人员对市辖区部分人防工程和各县（市、区）进行执法检查。2016年，市人防办检查全市14个新建人防工程，2个经群众举报立案的人防工程以及市区建人防工程和各县（市、区）人防工程等。针对22个违规人防工程的管理单位下发整改通知书，督促责任单位整改到位，各县（市、区）也增进相关执法工作。

（梁　慧）

责任编辑：阳崇欣

2016年12月18日，市人防办、三元区人防办在康城水都小区开展疏散掩蔽演习

（梁　慧　摄）

法 治

RULE OF LAW

综 述

【概况】 2016年，三明市政法综治工作适应形势新变化，防控社会各类风险，创新社会治理体制，提升维护稳定和服务大局能力，保障社会大局稳定，辖区内发生惊动中央、影响全省的重大案（事）件数为零。综治“三率”位居全省较前位次，其中群众安全感率94.54%，位列全省设区市第三名；平安建设知晓率61.82%，执法工作满意率91.71%，均位列全省设区市第四名。

【政法综治责任落实】 2016年，三明市贯彻落实中央《健全落实社会治安综合治理领导责任制规定》和省委、市委《实施办法》，各级党委政府把政法综治维稳工作摆上重要议事日程，建立定期分析研究政法综治维稳制度，推动政法综治维稳工作责任落实。市委、市政府主要领导带头履行政法综治维稳第一责任，每逢重要敏感节点、重大案（事）件，亲自部署抓落实。年内，结合市县乡集中换届，选优配强各级政法机关班子，全市142个乡镇（街道）全部配齐综治副书记。

【政治安全维护】 2016年，三明市深化打邪治非行动，坚决打击“法轮功”“全能神”“呼喊派”等邪教组织的非法活动，并教育转化。将乐县被评为全国“无邪教创建示范县”，三明市“家庭拒绝邪教”、沙县依托小吃培训中心拓展反邪教教育形式等经验做法，均得到中央防范办和省领导肯定；深化严打暴恐专项行动，妥善处置涉关注人员案（事）件，推动反恐重点目标建立联防联动机制，组建20支武装巡逻队伍。

【社会矛盾化解】 2016年，三明市推进领导干部大接访、大走访活动，完善领导干部定期接访、包案等制度，开展矛盾纠纷大排查活动，切实把问题发现在基层、稳控在基层、化解在基层。推进矛盾纠纷多元化解体系，在乡镇（街道）派出所开展“公调对接、民调进所”活动。落实社会稳定风险评估工作机制，对重大事项开展社会稳定风险评估，消除影响社会稳定的隐患问题。

【社会治安整治】 2016年，三明市政法系统始终保持严打高压态势，针对群众关注的两抢、盗窃、诈骗、黄赌毒等多发性案件开展专项打击整治。市委市政府连续三年把视频监控建设列入为民办实事项目，新建一批公安检查站和交警执法站，接入各类视频监控1.1万余路。统一开发市县乡村网格四级平台，配备网格员6875人。加强专群结合巡防队伍建设，12个县（市、区）、142个乡镇（街道）、1833个村（社区）组建专职巡防大队、中队、小分队。

【“六个专项治理”】 2016年，三明市严重精神障碍患者肇事肇祸问题专项治理。落实以奖代补、医疗救助等政策，建立推广精神障碍患者“133”救治救助机制；毒品问题专项治理。将禁毒工作列入各级党委（组）中心组学习内容，召开县乡村三级禁毒工作动员部署会，开展“飓风肃毒”会战专项行动，吸毒制毒贩毒蔓延势头得到遏制；电信诈骗和涉众型金融犯罪问题专项治理。成立三明市反诈骗中心，建立电信诈骗问题专项治理工作联席会议，落实警银、警通数据互联互通，电信网络诈骗上升趋势得到遏制；“执行难”问题专项治理。运用“互联网+执行”模式，建立失信被执行人发布规范，加大信用惩戒和拒不执行判决力度；寄递物流安全管理问题专项治理。落实收寄验视、实名寄递、过机安检三个100%；危险物品问题专项治理。创新民爆作业“一体化”管理与违反规定“顶格处罚”相结合的严管模式，查处一批改制射钉枪、“毒针”、枪爆物品等违法犯罪案件。

【服务改革发展】 2016年，三明市政法部门发挥在深化改革中的法治保障作用，市公安局开展打击非法集资犯罪、打击恶意逃废债引发经济犯罪和打击整治传销犯罪三个专项行动，市法院、检察院联合出台全省首个《关于办理环境民事公益诉讼案件若干问题的意见》，市法院审理全省首例检察机关提起的民事公益诉讼案件，市司法局加大法律服务和普法教育，65%行政村实现“一村（社区）一法律顾问”；市委政法委建立推广“平安三明”微信微博公众号，在人民网舆情监测周排名中连续多次位列全国政法委系统第一。

政法委

【概况】 2016年，市政法委与《三明新周报》联办政法专版，宣传报道政法工作和队伍建设特色亮点和工作成效。7月委机关党支部被市直机关党工委评为先进基层党组织，12月被评为2015年度市直机关绩效考评优胜单位。

【决策部署】 2016年1月4日，市委常委、政法委书记王刚主持召开委务扩大会议，总结2015年工作，研究部署2016年政法工作意见。1月15日，王刚主持召开综治委副主任和纪检、组织、人社等五部委主要领导会议，听取市综治办2015年综治检查情况汇报及评比结果，建议报市委常委决定表彰先进县（市区）、单位名单。3月2日，召开市委政法工作电视电话会议，部署2016年政法综治维稳信访工作。4月18日，市委政法委机关召开全体干部职工会议，市委常委、组织部部长陈炎标代表市委宣布，纪熙全任市委常委、政法委书记，王刚不再担任市委政法委书记职务。5月6日，纪熙全主持召开全市“六个专项治理”工作推进会。5月23日，纪熙全主持召开委务扩大会议，研究部署全市政法综治18个重点调研课题工作。6月7日，纪熙全主持召开涉军维稳协调会议，就涉军维稳疏导等问题提出明确要求。6月30日，纪熙全到沙县夏茂镇“两学一做”挂点村（长阜村）上党课和慰问困难党员7户，并对村容村貌进行调研指导。9月18~20日，省委常委、政法委书记陈冬到宁化、清流、明溪县调研政法综治工作。11月24~25日，召开全市社会治理创新现场（永安）推进会。12月5日，纪熙全主持召开委务扩大会议，总结2016年工作，提出2017年政法综治工作思路。

【执法监督制度完善】 2016年，市政法委接待来访59批66人，处理来信164件，其中书记批示件49件。推进执法监督工作的开展，共评查涉法涉诉信访案件347件，补正执法瑕疵18件、纠正执法错误1件。抓好防止干预司法“三个规定”的贯彻落实，制定实施意见，建立月报告制度。稳步推进涉法涉诉信访改革，推动律师参与化解和代理涉法涉诉信访案件，建立参与化解和代理涉法涉诉信访案件律师事务所名录和专门律师人才库，每月指派2名律师到市法院，不定期指派1名律师到市检察院、市公安局值班，参与化解涉诉信访案件。争取财政支持，将律师参与化解和代理涉法涉诉信访案件的工作经费纳入财政预算。加大司法救助力度，共救助案件70件，救助金额140.6万元。

【队伍建设】 2016年2月17日，市委政法委下发《关于进一步开展向永安市人民法院学习活动的通知》，协助市法院、永安市召开表彰大会和授牌仪式。4月，市委对市委政法委领导班子进行调整，肖文波任市委政法委副书记，冯明生任市委政法委委务会成员、防范办主任。委机关党支部、工会班子进行调整，肖文波任市委政法委机关党支部书记、工会主席。10月，组织参与市、县两级法院、检察院法官、检察官入额遴选考核及助理审判员、助理检察员入额遴选考试考核工作；组织推荐3名政法干警为2016年三明市劳动模范，推荐10户家庭参加全省政法系统“十佳百优”最美家庭评选。联合市委党校先后举办两期为期10天的全市政法综治维稳干部业务培训班，100余人参加培训。组织各县（市、区）委政法委书记、市委政法委分管领导参加全省党委政法委系统领导干部研讨班学习，选派委机关6名干部参加各级各类培训研讨班学习。

2016年11月23日，三明市委政法委组织法、检、公以及部分金融机构在三明市中级人民法院召开全市打击拒不执行判决、裁定罪专项工作推进会（刘日瑶 摄）

【政法综治优秀作品宣传】 2016年3月中旬，市政法委开展2014~2015年度三明市政法综治优秀新闻作品参评活动，共收到参评作品118件，推荐27件作品报送省委政法委参评，其中《百姓心中的“及时雨”》等3件作品获报刊类三等奖。6月15~17日，省委政法委组织“法治福建进行时”媒体采风八闽行活动走进三明，集中宣传报道全市政法系统在“六个专项治理”以及政法综治维稳方面的工作经验和先进典型，采编的“梅列区小区社会微治理”在福建电视台、东南网等媒体播出。7月14日，市委政法委官方微信、微博“平安三明”公众号正式上线,截至12月底，粉丝数6.2万余人，共推出112期336篇微文，有23篇入选当周“全国十大微文”，连续多周稳居全国政法委系统双微榜单前3名。11月中旬，组织拍摄微电影《勿入邪途》并报送省委政法委参评。6~12月，在全市政法系统及市直有关部门组织开展“新形势下社会风险防控和社会治理研究”“六个专项治理”等19个重点课题调研活动，评选表彰优秀调研论文并编印成册；组织撰写的《平安三明建设法治化的实践与探索》调研文章分别被省委政策研究室《调研文稿》、市委《决策参考》等刊物采用。

【法学会工作】 2016年4月，市法学

会与三明市总工会、三钢闽光集团公司工会、市律师协会劳动专业委员会联合举办“送法进厂区、维护职工合法权益”为主题的活动。5月，市委政法委、市法学会联合下发《关于开展2015年度优秀法学论文评选表彰及研讨交流活动的通知》，活动共评出一等奖3名，二等奖6名，三等奖10名。市委政法委、市法学会联合举办“政法讲坛”活动，先后于6月16日、11月1日，邀请市中级人民法院院长陈明、市人民检察院检察长张时贵分别作题为《司法体制改革实践的若干思考》和《习近平总书记依法治国新思想新战略浅读》的两场报告会。9月，市委政法委下发《关于进一步加强县（市、区）法学会建设的工作意见》,梅列、三元、沙县、明溪、清流、宁化、将乐、泰宁、建宁9个县（区）成立法学会，全市实现县级法学会全覆盖。年内，新发展会员944名，市法学会会员总数1541人，团体会员总数25个。编发《三明法学》4期，共刊登论文64篇。12月23日，市“双百”活动组委会在市委礼堂举办法治宣讲报告会，邀请湖南省人民检察院党组书记、检察长游劝荣作“关于法治思维和法治方式”的专题辅导报告。

（杜宝山）

综 治

【概况】 2016年，三明市综治（平安建设）工作推进“三化一龙头”和“六个专项”治理工作的落实，深化“平安三明、法治三明、公正三明”建设，保持社会安定稳定。2016年，三明市群众安全感平均率为94.69%，高于全省0.79%，位列全省第三名；平安建设知晓平均率为65.02%，低于全省0.96%，位列全省第五名；执法工作满意平均率为92.58%，高于全省2.54%，位列全省第五名。市委、市政府把综治和平安建设纳入经济社会发展总体规划，以经济社会发展同研究、同部署、同检查、同推进。市委书记、市长连续18年与县（市、区）党政一把手签订综治责任书。

【综治激励机制】 2016年2月10日，市综治委举行县（市、区）、市直单位党政主要领导综治责任书签订（颁发）仪式，市委、市政府表彰2016年度综治和（平安建设）工作前三名的县（区）和67个市直平安先进单位及69个市直平安单位。建宁县，泰宁县、沙县，将乐县、三元区、梅列区被评为综治（平安建设）先进县（区）。2016年度全市被综治一票否决单位44个，被挂牌督办单位20个，通报16个，约谈5个。

【重点整治与验收】 2016年2月16日，省、市综治委确定省、市重点整治点17个，其中省重点整治点3个。市委常委、秘书长、政法委书记王刚、市政府副市长肖明光作为省级整治点（大田县）挂钩领导，市政府副市长、公安局局长潘东升、市政协副主任蔡光信作为省级整治点（永安市洪田镇）挂钩领导，市人大常委会副主任廖小华、市政府副市长肖明光作为省整治点（将乐县古镛镇）挂钩领导。11月29日至12月2日，市综治办副主任陈鹏飞带队到宁化、清流、明溪、建宁、泰宁、将乐等县（市、区）检查验收省、市重点整治点工作。除尤溪县西滨镇未通过验收，其他整治点均通过验收。

【医疗纠纷化解】 2016年，全市医调委共受理医疗纠纷79起，调解77起，成功率96%，涉及补偿金额234.4万元。医疗纠纷呈下降趋势，化解工作基本走上制度化、程序化和规范化轨道。

【福建省综治诚信信息平台（三明市）构建】 2016年，市综治办首次开通福建省综治诚信信息平台（三明市），要求各县（市、区）、市直相关单位报送综治诚信信息，包括违法犯罪、失信人员、环保、安全生产重大问题等信息。截至2016年12月，完成三明市各县（市、区）、市直有关单位综治诚信信息的汇总，报送15万条信息。

【市综治否决、黄牌单位复查验收】
2016年11月24日至12月1日，市委政法委副调研员杨金江、综治二科科长罗爱清等3人，按照年初市综治委的要求，对2015年度被市综治一票否决的市协作办、福建三钢集团小焦实业发展有限公司、三明市第二医院和被黄牌警告的市林业局、福建三钢闽光股份有限公司烧结厂、市工商局、三元区莘口镇、永安市大湖镇、大田县上京镇、将乐县古镛镇、尤溪县西滨镇进行复查验收。经复查，除尤溪县西滨镇未通过验收，黄牌警告外，其余单位均通过验收检查。

【市综治（平安建设）检查验收】 2016年12月7~13日，三明市6个综治（平安建设）督导检查组分赴各县（市、区）督导检查党政领导落实综治（平安建设）责任书的重点情况，其中，第一名为建宁县，第二名为泰宁县、沙县，第三名为将乐县、三元区、梅列区。12月13~21日，8个市直综治（平安建设）督导检查组分别到市直副处级以上136个单位检查督导党政领导落实综治（平安建设）责任书的情况。其中，市委办等67个单位为平安先进单位，市委统战部等69个单位为平安单位。

【省综治委（办）领导调研督导】
2016年12月12~15日，省综治（平安建设）三明督导考评组组长王敏夫、副组长何晓清带领考评督导组人员分别对建宁县、将乐县、永安市、大田县和市区检查督导三明市党政领导落实综治（平安建设）责任书的重点工作。检查组肯定建宁县城乡网格化服务管理平台的实体化运作、将乐县县乡村三级反邪教工作体系及政府购买道路交通死亡事故等保险做法、永安市1+N联动模式预防化解劳动纠纷等创新工作。但是，还存在聚集上访较多、矿山安全和制毒问题易反弹、个别地方存在综治单打独斗现象等问题。

（罗爱清）

政府法治建设

【政府决策科学化、民主化、法治化推进】 2016年，三明市落实《三明市人民政府重大行政决策听取意见制度》和《三明市人民政府重大行政决策听证制度》，市政府及其部门对涉及重大公共利益和群众切身利益的决策事项，采取张贴公告、网上公开或召开听证会、座谈会的形式，畅通公众参与和政府决策的沟通渠道。通过公众参与、专家论证和政府决定相结合的决策模式，市里出台城市绿道管理办法、市区政府购买棚户区改造服务管理办法、公路灾后恢复重建实施方案等决策事项。坚持行政决策集体讨论决定制度，市政府重要事项和重要文件都由市政府常务会议或专题会议集体讨论决定。2016 年，市政府召开常务会议 15 次、专题会议 67 次，审议涉及安全生产、环境保护、供给侧结构性改革、化解金融风险以及交通基础设施建设、市区城市建设等 150 余项重要议题。加大对下级行政机关规范性文件的备案审查力度，受理规范性文件异议审查申请。2016 年，市政府向省政府和市人大常委会报备规范性文件 25 份，未被撤销或责令改正；审查下级机关规范性文件 117 份，责令自行纠正 2 份。12 月，制定《全面推行政府法律顾问制度的实施意见》，构建以政府法制工作人员为主体、吸收专家和律师参加的政府法律顾问团队，防范决策法律风险。2016 年，市、县两级政府聘请法律顾问 55 人，其中专家 8 人，律师 47 人。

【行政执法规范】 2016 年，三明市划分市、县两级行政执法队伍的执法权限，强化市级统筹、协调和指导职责，加强县级巡查、监管和处罚职责，凡属县（市、区）政府行政执法队伍行使更方便有效的行政执法权限，全部依法下放，理顺行政执法体制机制。加快推进执法力量下沉，把机构改革、政府职能转变调整的人员编制重点用于充实基层执法力量，公安、工商、质监、食药监等基层执法人员数量占人员总数的比例提升。推进市场监管、公共卫生、安全生产、文化旅游、资源环境、农林水利、交通运输、城乡建设、商务等领域的部门内综合执法，探索生态保护、城市管理等领域的跨部门综合执法。落实行政执法责任制，开展土地卫片执法监督检查、小流域环保执法检查、打击冻品走私、肉制品市场整治、奶粉及乳制品专项打击、食用植物油塑化剂专项治理、农资打假专项治理、交通运输市场秩序联合整治等行动，依法查处各类违法行为。落实裁量标准定期调整制度，落实执法案件主办人制度，建立重大疑难案件听证和集体讨论等制度。坚持行政执法主体资格和行政执法人员持证上岗制度，开展新一轮的行政执法主体和行政执法人员清理工作，并将清理结果向社会公告。推行执法全过程记录制度，健全行政执法决定法制审核制度，发挥法制审核对行政执法的规范、指引和监督作用。执行罚缴分离和收支两条线管理制度，未出现下达罚没指标或者将行政事业性收费、罚没收入同部门利益直接或者变相挂钩的情形。完善行政执法人员保障机制，对长期在一线工作的行政执法人员，在考核、奖励等方面予以倾斜。加强行政执法信息化建设，推动三明市网上行政执法平台、国土资源移动执法监察系统、数字城管系统、森林保护综合视频监控系统、农资监管平台等执法信息系统的建设运营，助推行政机关高效、精确执法。

【行政复议加强】 2016 年，三明市推进行政复议体制改革试点工作，拓宽行政复议受理渠道，发挥行政复议化解行政争议的职能作用。优化行政复议案件审理机制，采取综合运用书面审查、实地调查、听证、调解等办案方式，提高办案实效。推进行政复议机构规范化建设，配齐配强行政复议工作人员，落实办案场所、装备和经费保障。2016 年，全市办理行政复议案件 154 件，同比增长 35.1%，通过行政复议程序纠正不当或违法行政行为 6 件，其中市政府办理行政复议案件 47 件，审结 46 件，纠正不当或违法行政行为 6 件。

（林凤冠）

公　安

【概况】 2016 年，三明市公安机关践行“敏锐维稳、主动治安、实力应对”的理念，以深化公安改革和推进“四项建设”为主线，以 G20 杭州峰会安保工作为重点，坚持问题导向，聚焦风险防控，突出严打整治，深化改革创新，强化能力建设，着力补齐短板，确保各项重大活动安全，维护全市社会大局稳定。年内，全市公安机关获省级荣誉称号集体和个人各 4 个，6 个单位荣立集体二等功，11 个单位荣立集体三等功，1 名民警荣立个人一等功，10 名民警荣立个人二等功，118 名民警荣立个人三等功；将乐县公安局创作的小品《传家宝》荣获福建省“丹桂奖”青年曲艺大赛业余组银奖。2016 年，全市设有县级以上公安局 16 个，其中正处级公安局 1 个，县（市）公安局 10 个（正科级），行政区划公安分局 5 个（正科级 3 个，副处级 2 个合署办公），派出所 146 个（合署办公 30 个）。

【反恐处突机制完善】 2016 年，市公安局与武警部队和铁路部门联合行动，加强市县两级反恐应急处置最小作战单元力量配备和装备保障建设，调整组建“武装联勤”“路地联勤”“县级巡特警武装巡逻”队伍 22 支，加强重点区域巡逻。

【刑事犯罪侦查】 2016 年，市公安局突出侦查破案主业主责，实行“科学指挥、合成作战、现场必勘、专业研判、分类侦查、准确办案”打击犯罪新机制，开展打击“盗抢骗”、打黑、打拐、追逃等专项行动，2016 年，全市立刑事案件 16512 起，破获 9103 起，侦破公安部督办的张根秀等人拐卖儿童案，“1994·2·9 尤溪郭先晶”命案积案，大田“2016·12·24”炸药被盗案等一批危害严重、社会各界关注的大案要案。

【经济犯罪侦查】 2016 年，市公安局建立健全经济安全风险排查预警、协调联动和化解处置机制，协调市金融办、银监局、人民银行等金融监管部门建立部门联席会议制度，落实派驻税务联络机制，开展打击非法集资、恶意逃废债和传销犯罪等专项行动，建立涉企大要案领办、督办和包案制度，2016 年，全市公安机关破获经济犯罪案件 405 起，挽回经济损失 5276 余万元，协助检察机关劝返 1 名潜逃境外的“红通”经济犯罪嫌疑人。

【治安管理】 2016 年，市公安局紧盯群众反映强烈的食药环（食品、药品、环境）、黄赌（卖淫嫖娼、赌博）等地域性突出治安问题，3 月 16 日，市综治办确定 3 个省级重点整治督导点和 14 个市级社会治安突出问题重点整治点，2016 年全市公安机关查处治安案件 23372 起，查处治安违法人员 10293

人次。在市公安局治安支队加挂食品药品环境犯罪侦查大队机构牌子，建立打击食品安全违法犯罪联动执法和整治烟草市场秩序联合执法长效机制，破获食药环犯罪案件75起。3月18日，尤溪县公安局侦破公安部督办的尤溪万鑫肉业公司制售不符合安全标准食品案；9月20日，三元公安分局破获三元“2016·9·9”污染环境案；9月6日，市公安局联合市烟草专卖局破获清流郑新站等人生产销售假烟案等一批民生热点案件。

【危爆物品管控】 2016年，市公安局推行民爆作业“一体化”管理与违反规定“顶格处罚”相结合的严管模式，开展缉枪治爆和打击整治改制射钉器专项行动，组织危爆物品和烟花爆竹隐患排查治理等专项行动，2016年，全市公安机关查处涉爆案件16起、涉枪案件168起，收缴以及收到群众上交炸药1788公斤、各类枪支329支。2016年5月24日，将乐县公安局侦破省公安厅督办的特大网络制贩枪支案。

【禁毒工作】 2016年，市公安局开展“飓风肃毒”“雷霆肃毒”“网络扫毒”等专项行动，抓好毒品问题重点关注地区“摘牌”整治，2016年，全市公安机关打掉涉麻制毒窝点11个，破获毒品刑事案件330起，其中公安部挂牌督办6起、省公安厅挂牌督办8起。

【出入境管理】 2016年4月、12月，三明市先后启用电子台湾居民往来大陆通行证、电子大陆居民往来台湾通行证，推出“六天工作制”、优化境外人员到三明投资环境、外国人签证到期提醒等5项具有三明特色的便民服务举措。2016年，全市公安机关受理审批中国公民出入境申请15.96万人次，签发外国人签证、居留许可、出入境证612人次，查获“非法入境、非法就业、非法居留”外国人127人次。

【实有人口服务管理】 2016年，市公安局落实《福建省居民户口登记管理办法》和《关于解决无户口人员登记户口问题的实施意见》，放宽落户限制，加强户口清理整顿，2016年，全市公安机关注销各类假、错、重类户口504人，死亡注销13621人，纠正信息错误263笔，补录户口444人；10月25日在全市户籍窗口确立居民身份证异地受理、挂失申报和丢失招领三项制度，全市各派出所推广受理全国26个省份居民身份证事项，2016年全市各地户政办事大厅、派出所办理异地身份证13232张，证件挂失29134张，收到群众捡拾丢失证件74张。

【立体防控体系】 2016年，市公安局对全市公共安全视频图像资源联网整合，加强重点行业场所管控，全年全市282个加油站点安装销售系统，751家旅馆建设入住人员“二合一”系统，全力推动寄递物流企业实名收寄、验视、过机安检“三个100%”制度的落实，强化全市中小学、幼儿园安全保卫，690所公立学校技防设备与公安机关逐一联网，全市学校安装一键式紧急报警装置1110套。

【道路交通管理】 2016年，市公安局实施道路交通安全综合整治“三年提升工程”，推进“城市交通管理行动计划”和市区交通管理一体化改革，严查严处严管各类道路交通违法行为56万余起；完成11处省级道路交通隐患整改和168处农村道路交叉路口安全设施建设，建成12个普通公路交警执法站，全市道路交通事故死亡人数比降9.7%，一次死亡3人以上较大交通事故实现零发生，道路交通“六五普法”工作受到市委、市政府表彰。

【“清剿火患”战役】 2016年，三明市公安机关推动建成微型消防站706个、区域联防组织24个，安装独立式感烟火灾探测报警器1800余处；落实火灾隐患抄告、函告工作机制，函告410次，通报火灾隐患单位3900余家，督促整改火灾隐患2万余处，夏季消防检查考评位列全省第一，全市火灾事故死亡人数比降72.7%，较大以上事故实现零发生。

【执法规范化建设】 2016年，市公安局抓好以审判为中心的诉讼制度改革，联合市检察院制定实行重大疑难案件公安机关听取检察机关意见的规定，联合市法院、市检察院制定出台办理拒不执行判决、裁定刑事案件指导意见。强化涉案财物规范管理，在永安试点推动建立由党委政府主导、公检法司共用的涉案财物管理中心。推行派驻法制员制度，实现对办案单位执法监督全覆盖，5月份该经验做法被省公安厅“公安改革”和“四项建设”简报刊载。5~7月，全市公安机关开展减轻基层公安机关110接处警工作负担专项治理，查处恶意报警、扰警案件8起，于2016年年内修订完善制度规范24个，进一步规范110接处警工作。

【深化公安改革】 2016年，市公安局推动市“两办”出台实施《关于全面深化公安改革的实施意见》和《全面深化公安改革重点任务分工方案》，深化落实“放管服”改革，11月16日，市公安局推出便民利民服务新举措17条，稳步推进户籍制度改革，实施《居住证暂行条例》，落地执行异地办理、挂失、招领居民身份证和驾驶人网上自主预约考试、异地缴纳交通违法罚款等一批惠民措施。

【三明市反诈骗中心实体运行】 2016年4月27日，三明市反诈骗中心挂牌并进行实体运行。由市公安局牵头建立打击治理电信网络诈骗违法犯罪工作联席会议制度和警银通一体化协作机制，协调7家主要银行和移动、电信、联通3家通讯运营商接入数据资源并派专人入驻市反诈骗中心开展实体运作，合力围剿电信网络新型违法犯罪。共破获电信网络诈骗案件1217起，打掉诈骗团伙18个，捣毁诈骗窝点34个，挽回群众损失600余万元。

【泰宁“5·8”泥石流灾害抢险救援】

2016年5月8日，泰宁县池潭电站突发特大泥石流灾害，市公安局迅速组织警力参与投入抢险救援和善后处置工作，全力保障通往灾区道路畅通和善后稳定，这次抢险救援共搜救出被埋压人员35人，确定失联1人，做好灾区道路交通管控和尸源善后DNA比对确认工作。

【三明市公安局机场分局揭牌运行】

2016年10月31日，市公安局机场公安分局举行揭牌仪式。省公安厅机

2016年10月31日，三明市公安局机场分局举行揭牌仪式　(周铭榕　摄)

场公安局政委郑荫源，副市长、公安局长陈育煌，三明机场有限公司董事长陈小春、副总经理苏中才，市公安局机关和沙县公安局领导及机场相关部门人员参加仪式。

【情报合成作战体系构建】　2016年11月28日，市公安局调整情报合成作战中心组织构成，全部落实常态化实体运作，构建形成"实战引领、高效联动"的市县两级情报合成作战体系，支撑警务实战，全年市县两级通过情报合成作战平台，破获各类案件3200余起。

【强化能力素质培养】　2016年，市公安局开展"实战化训练行动年"活动，组织警种（部门）业务技能比武竞赛和全市公安机关民警教育训练综合对抗考核，全市公安系统开办警务实战轮训班52期2532人次。抓好13个重点警种18个项目技能比武，全市公安机关荣获2016年全省公安民警教育训练综合对抗考核第三名；全市公安经侦代表队、户籍代表队和巡特警代表队分别获得全省公安经侦技能比武第三名、全省公安机关户籍岗位民警技能比武团体总分第三名和全省县级公安巡特警岗位技能比武第三名。

【从优待警】　2016年，市公安局及时对接落实公安改革惠警措施，协调推进梅列、三元、永安、沙县、尤溪、宁化县（市）公安局长进同级党委政府班子，警衔津贴调整工作在全省较早完成。2016年，推进"暖警工程"延伸拓展，完成115个派出所"暖警工程"场所建设并通过省公安厅验收。加强民警心理健康服务保障，市县两级公安机关分别组建5人、3人的心理健康服务团队，7个县级公安机关建立心理健康服务站。强化民警依法履职权益保障，全市查处阻碍民警依法执行公务等案（事）件31起。

(郭慧云)

检　察

【概况】　2016年，三明市检察机关履行法律监督职责，推进司法体制改革和检察改革，推进"两提升五过硬"建设，各项检察工作取得新进展。有37个集体和22名个人获得省级以上表彰。三明市检察院被中宣部、司法部授予"全国法治宣传教育先进单位"，永安市检察院第四次被授予"全国先进基层检察院"，永安市、大田县检察院被授予全国检察机关"文明接待示范窗口"，三明市检察院、沙县检察院被授予全国检察机关"文明接待室"，三明市检察院系统被省委、省政府授予"文明行业"称号，三明市检察院和11个基层检察院被授予"省级文明单位"称号，宁化县人民检察院党总支被省委授予"全省先进基层党组织"称号。

【职务犯罪查办和预防】　2016年，三明市检察机关立案查办职务犯罪案件88件118人，涉案金额5914万元。其中，贪污贿赂案件74件98人，渎职侵权案件14件20人。依法查办省经信委原副主任徐铁骏受贿1.26亿余元、永安市委原副书记陈胜智受贿492万元等一批有影响案件。落实中央、省委和省检察院追逃工作部署，劝返逃至澳大利亚近8年的"百名红通人员"唐东玫回国投案自首。建立打击行贿犯罪常态化机制，依法查办"围猎"干部、主动行贿犯罪11人。加强职务犯罪预防，三明市检察院与市政府建立依法行政与检察监督工作互动机制；结合行政公益诉讼试点工作，生态环保领域专项预防和南龙铁路重点工程专项预防被列为最高检察院100个挂牌督办专项预防工作；2016年，开展警示教育宣传活动576次，提供行贿档案查询8728次。在全省H5廉政微片评选活动中，市检察院、永安市检察院分获"十佳H5廉政微片"和"最佳创意奖"。

【批捕起诉】　2016年，三明市检察机关加强与政法各部门协调配合，严厉打击各种刑事犯罪活动，维护社会和谐稳定，批捕刑事犯罪嫌疑人1689人，起诉4353人。突出打击重点，共批捕涉嫌故意杀人、绑架、强奸、抢劫等严重刑事犯罪嫌疑人81人，起诉83人；严厉打击毒品犯罪，共批准逮捕涉嫌毒品犯罪案件197件255人；突出惩治金融领域犯罪，4月18日，制定下发《关于开展电信诈骗和涉众型金融犯罪专项治理工作实施方案》，批捕非法集资犯罪嫌疑人20人、起诉32人，批捕金融诈骗嫌疑人39人、起诉97人。坚持宽严相济刑事政策，不批捕379人，不起诉150人。注重案件质量，加强非法证据排查，至2016年连续16年保持法院无判决无罪案件，没有未化解涉检信访积案。

【刑事诉讼监督】　2016年，市检察院加强刑事诉讼监督，共监督立案49件，监督撤案21件，纠正漏捕8人，发出书面《纠正违法通知书》95份、《检察建议书》173份，二审程序提出抗诉5件5人。1月，市检察院制定《三明市社区矫正衔接配合工作的若干规定（试行）》，探索跨区域帮教模式，开展财产刑执行专项检察监督和集中清理判处实刑罪犯未执行刑罚专项活动。4月，市检察院《坚持"四个强化"提升刑事抗诉工作质量效率》经验做法被最高检察院转发。加强民事行政检察监督，提请抗诉6件，提出再审检察建议3件；督促收缴防空地下室易地建设费、矿山生态环境恢复治理保证金1900余万元；开展执行案款集中清理工作，督促法院发放执行案款5000余万元。5月，沙县检察院开展涉罪未成年人异地帮教，未成年人刑事检察工作获得最高检察院表彰。加强刑事执行监督，开展“三类罪犯”刑罚变更执行专项检察。6月，建成全省首个视频监控异常行为预警系统。

【生态检察】 2016年，市检察院围绕推进福建省“国家生态文明试验区”建设，贯彻市人大常委会《关于加强生态检察监督推进生态环境保护的决定》，探索“部门协作、区域联动”生态治理机制，开展河流、矿山、工程建设等领域专项治理，推动沙溪河、巴溪河、文江河流域污染区域专项整治。三明市检察院和梅列、三元两区检察院，联合环保、国土、城建等部门加强源头治理，督促市区个别在建工程项目整改水土流失、植被破坏等问题，推行“补植复绿”“鱼苗放养”等生态修复工作机制。5月29日，市检察院作为福建省唯一参会单位在“全国生态环境保护检察监督高端论坛”上作经验交流，《福建法治报》专版介绍全市生态检察工作成果。市检察院服务生态文明建设被市委市政府评为“最佳服务发展举措”。

【“两提升五过硬”建设】 2016年，市检察院建立健全上级检察院对下级检察院巡察、下级检察院检察长向上级检察院述责述廉和评议测评、廉政提醒谈话等制度。编发《加强内部监督执纪指导手册》，指导抓好党风廉洁责任落实、遵守党纪检纪规定、规范司法等工作情况监督检查。连续17年每年突出一个主题，坚持开展春季队伍集中整训活动。推进检察人才建设工程，深化全员培训和岗位练兵活动，举办各类培训班18期，培训检察人员836人次。推进学历教育，与中国政法大学联合办学，共有58名检察干警参加在职法律硕士学习。2016年1月，《检察日报》地方栏目专版介绍三明市检察院加强“两提升五过硬”建设经验做法。

【检察改革机制创新】 2016年，市检察院根据《关于完善人民检察院司法责任制的若干意见》，2016年通过考核、遴选考试产生297名全市首批入额检察官。推进以审判为中心诉讼制度改革，探索刑事案件被告人认罪认罚从宽制度。检务公开、涉检信访、人民监督员制度等改革深入。市检察院联合有关部门，制定《关于切实做好环境民事公益诉讼相关工作的若干意见》，办理诉前程序案件83件，经层报省检察院、最高检察院审查批准同意，提起行政和民事公益诉讼案件5件，清流县检察院以行政公益诉讼人身份对清流县环境保护局行政违法及行政不作为案提起行政公益诉讼，获得法院判决支持，成为全国首批、全省首例、全国第二例判决胜诉的行政公益诉讼案件；市检察院针对苏某河等人为谋取经济利益，非法焚烧电子垃圾造成严重环境污染一案向三明市中级人民法院提起民事公益诉讼，是全省检察机关首例民事公益诉讼。

【规范司法行为】 2016年，市检察院坚守严防冤假错案、防止办案安全事故和廉洁自律三条底线，强化案件管理和纪律审查，规范举报线索管理，落实职务犯罪讯问全程同步录音录像制度。开展为期两年规范司法行为专项整治工作，建设规范化涉案财物保管室和电子卷宗系统。健全案件管理机构，加强案件质量评查。5月，制定《关于严格执行涉案财物“一案一清”的六条规定》，被省检察院作为工作经验转发。6月，制定《关于正确办理不起诉案件的工作意见》和《关于规范办理醉酒驾驶机动车刑事案件的指导意见》，规范不起诉案件办理。执行案件信息公开操作规范和技术标准，建立健全日常巡查和定期通报制度，督促办案部门按要求及时公开案件信息。

（许少明）

法 院

【概况】 2016年，全市法院围绕司法工作目标主线，加强执法办案，深化司法改革，抓好队伍建设和司法公信建设，发挥审判职能作用，为三明经济社会发展提供有力司法保障。全市法院受理各类案件80727件，办结69365件，同比上升19.84%和24.05%，其中，市中院受理7018件，审结6446件。

【刑事审判】 2016年，全市法院审结刑事案件3544件、判处罪犯3998人。妥善应对三明市部分地区涉毒形势严峻的局面，依法审结毒品犯罪案件189件。妥善处理涉众型经济犯罪，依法审理非法集资、金融诈骗等破坏市场经济秩序犯罪案件231件。加大贪污、贿赂、渎职等职务犯罪打击力度，审理职务犯罪案件146件。办理减刑、假释案件3073件，开展规范社会矫正衔接、暂予监外执行等工作。强化维稳责任，努力将矛盾纠纷吸附在当地，解决在基层，在全省各设区市法院中，三明法院涉诉信访工作综合排名保持最优。落实综合治理措施，严惩信息网络犯罪，参与禁毒斗争和扫黄打非、食品药品安全整治等专项行动，落实“七五普法”责任，加强审判白皮书和法院新闻发布等工作，开展送法进校园、社区、乡村、军（警）营等活动。

【民事审判】 2016年，全市法院审结民商事案件29727件、标的总额177.72亿元。妥善审结企业投融资、承包、参股，兼并重组、股权转让等案件243件，标的额0.94亿元。获批并设立金融与破产审判庭，预防和依法打击恶意逃废债务行为，稳妥审理破产案件。妥善采取财产保全措施，既保障债权，又尽力挽救企业。审结金融案件、民间借贷案14777件、标的额147.42亿元。加强知识产权保护，及时审结涉知识产权案件62件。稳妥处理房地产领域矛盾纠纷，审结房地产类纠纷案件446件。6月29日，制定出台《关于司法助力精准扶贫脱贫的实施意见》，创新打造司法助力精准扶贫脱贫工作载体平台。明溪法院审结全省首例行政公益诉讼案件，市中院审理全省首例检察机关提起的民事公益诉讼案件。永安法院设立“全省法院生态环境审判示范基地”。2016年，全市法院审结各类生态案件684件。加强涉台涉侨工作，邀请台胞陪审员、特邀调解员参与案件审理，审结涉外涉港澳台案件199件。开设涉民生案件“绿色通道”，审结婚姻家庭、抚养继承案件3116件，权属、侵权纠纷案件2814件。依法审结劳动争议案件843件、标的额2998.63万元。市中院制定反家暴指导意见，与市妇联共同设立“三明市反家庭暴力联动中心”，打造远程视频调解系统，推广反家暴联动机制。落实《福建法院国家司法救助实施细则》，为符合条件涉诉信访案件当事人办理司法救助申报手续，市中院为13名当事人发放司法救助金61万元。

【行政审判】 2016年，全市法院审理行政案件425件。加强非诉行政执行工作，执结非诉执行案件576件。顺应行政案件管辖机制改革，确定尤溪县、明溪县、建宁县法院对基层一审行政案件跨县域集中管辖，市中院开始受理以龙岩市两级政府为被告的行政案件。2016年，全市法院共受理跨行政区域一审案件22件。加强与行政机关信息交流、矛盾纠纷协调化解等方面的良性互动，推进行政机关负责人出庭应诉。

【案件执行】 2016年，全市法院贯彻落实最高法院关于“两年基本解决执行难”决策部署，开展执行案件清积活动，制定落实行动方案，做好任务分解，重点清理有财产可供执行的案件等“六类案件”。全市法院清理执行积案37980件，清理率83.44%。开展执行案款专项清理活动，落实执行约谈机制。开展清欠农民工工资等专项涉民生执行活动。部署开展公务人员拒执犯罪打击行动，永安法院成立全国首家涉执涉诉犯罪调查机构。加强拒不执行判决、裁定犯罪打击力度，制定拒执案件当事人刑事自诉程序实施细则，将涉嫌拒执的“老赖”移送公安机关刑事侦查。全市法院拘留651人，移送公安54件65人，有罪判决26件26人、裁定撤诉7件7人。加大信用惩戒力度，“老赖”信息纳入全国联网的数据库，公开曝光。全市法院执结案件30703件、标的额15.81亿元。

【多元调解和信访化解】 2016年，全市法院推进多元调解示范法院建设，推行调审适度分离机制，落实大调解“四四三”工作部署，联合市场监管、知识产权、工会、交警、工商联、税务、保险等部门、行业建立诉调对接机制，推进保险、医疗、消费、交通、物业等领域的纠纷联动化解，让更多纠纷在诉讼外解决。全市法院民商事案件调解撤诉率49.03%，市中院、将乐法院、尤溪法院被确定为全省多元化纠纷解决机制改革示范法院。推进涉诉信访法治化改革，实行诉访分离、信访责任终身负责制。联合市司法局召开律师参与代理和化解涉诉信访案件工作会议，与市司法局设立律师协助调解工作室19个。开展涉诉信访清积活动，全市法院62件信访积案全部化解,其中息诉31件，息诉率排全省各中院第一。

2016年，新改造的三明市中级人民法院诉讼服务中心，承担除庭审以外全部服务功能，实现“一平台共享，一站式服务” （刘日瑶 摄）

【诉讼服务水平提升】 2016年3月17日,全省面积最大、功能最齐全的三明市中院司法服务中心投入使用。服务中心面积近2000平方米，设置导诉、立案、审判、执行、调解、信访、民主监督等十五大服务功能区，对接审判辅助性、事务性、联动性服务，承担除庭审以外的全部服务功能。全省法院诉讼服务中心建设推进会在三明召开，“三明样板”在全省推广。完善巡回审判、驻点服务、法官工作室，规范诉讼服务志愿者聘请工作。提供网站、微信、微博等载体在线服务，提升网上司法服务体验；全市法院“一号对外”的“8212368”音视频诉讼服务热线开通，市中院微信微博排行全国法院前8名。

【信息化3.0版建设】 2016年，全市法院推进信息化3.0版建设，完善升级审判流程、裁判文书、执行信息、庭审活动“四大公开平台”。全市法院公布裁判文书41843份，视频直播案件庭审、执行2461场次。市中院先后召开生态审判、执行、少年与家事审判标准化、打击毒品犯罪、民事审判及民生权益保障情况、信息化建设新闻发布会。建成门户网站、微博微信等阳光司法线上体系。全市法院院区、审判法庭、派出法庭、重点办公区域纳入统一监控系统。建设网上办案、远程视频、业绩管理、应急指挥、后勤保障等十六大应用平台。法律数字图书馆、裁判文书纠错系统、“一案一账号”案款归集管理系统、同步视频作证室、执行自动查控“小帮手”等司法辅助信息技术应用。

【司法体制改革】 2016年，全市法院落实“让审理者裁判、由裁判者负责”。按照上级法院有关要求，完成法官等级重新评定工作，落实司法人员分类管理要求，全市法院从严选任首批入额法官387人。坚持以庭审为中心，落实疑罪从无、公开审判、出庭作证、法庭辩论等诉讼原则和制度。完善证据制度，规范案件举证责任及分配规则，落实庭审实质化。召开律师代表座谈会，征求意见建议，实施法官与律师良性互动共促司法公正若干意见。推进量刑规范化改革，庭审中设置独立的量刑辩论环节，促进量刑过程公开透明，杜绝“同案不同判”现象。明确规定审委会职责，试行审委会讨论抗诉、无罪、担保无效等案件全程公开公示。缩小案件请示的范围和程序，原则上不得请示个案的实体裁判。

【社会各界监督】 2016年，全市法院自觉接受人大及其常委会监督，执行工作报告、执法检查、法官任免等制度，向市人大常委会专题报告关于《市人大常委会会议对〈市中院关于规范司法行为工作情况的报告〉的审议意见》的整改落实方案46条，2016年边整边改46条；专题报告全市法院金融司法服务工作、涉诉信访工作、生态审判工作、道路交通安全执法工作等情况，市人大常委会通过《关于加强生态环境审判工作推进生态文明建设的决定》，支持全市法院生态环境审判工作，推进生态文明建设。办结2016年市“两会”期间代表意见建议2件。接受政协民主监督，加强与委员的联系沟通，加强委员提案办理工作。向市政府通报化解金融纠纷、生态司法保护等工作。

司法行政

【概况】 2016年，三明市司法行政系统高位启动《中央宣传部、司法部关于在公民中开展法治宣传教育的第七个五年（2016~2020年）规划》，推进“法治三明”建设；组织矛盾纠纷排查化解工作，发挥人民调解在维护社会稳定中的“第一道防线”作用，构建“大调解”工作格局；开展社区矫正和安置帮教工作“质量提升年”活动，重新犯罪率低于控制指标；推进公共法律服务体系建设，为全市经济社会发展和维护社会和谐稳定提供法律服务和法律保障。

【法律服务工作】 2016年，三明市建立11个县（市、区）法律服务大厅，142个乡镇（街道）法律服务站，1552个村（社区）法律服务联系点,共有345名法律服务人员担任1234个村（居）法律顾问，占全市行政村的64.6%，其中32.4%村（居）实现有偿法律顾问，均超过省考核指标。全市律师办理案件11449件，业务收入7621万元，纳税763万元。全市有8家公证处落实绩效工资，11个公证处落实独立法人地位。有7家公证处窗口建设达到省厅规范化建设标准，有11家公证处完成设备安装及上线试行办证。全市办理公证业务15622件，同比增长1.96%。全市办理法律援助案件1708件，为受援人挽回经济损失4542.3万元。新增1家司法鉴定所，扩展亲子司法鉴定范围，填补全市该领域的空白。全市办理司法鉴定2849件，业务收入247万元，纳税总额13.2万元。组织2016年度国家司法考试工作，全市有712人报名,508人参加考试,并获得该项工作年终考评全省第二名。

【人民调解】 2016年，市司法局开展“服务大局解民忧 春风化雨促和谐”人民调解专项活动，“公调对接”工作走在全省前列。落实人民调解“以案定补”制度，推行县、乡“两级同补”或县、乡、村“三级同补”机制。全年全市共调处人民调解案件15559件，调解成功率为98.5%，录入率100%。新华社以专题报道三明市人民调解工作经验，市司法局被中华全国人民调解员协会授予“人民调解工作先进单位”称号。11月30日，全省行业性、专业性人民调解工作现场会在建宁县召开。

【特殊人群管理服务】 2016年1月，市司法局与市中级法院、市检察院和市公安局联合制定《三明市社区矫正衔接配合工作的若干规定（试行)》。与市财政局联合制定社区矫正工作经费保障标准，各县（市、区）司法局联合当地财政部门制定符合当地实际的经费保障标准。创新社区矫正教育方法，建立社区矫正与法律援助工作对接机制，与三明市妇联、三明市心理健康协会合作，丰富教育形式，提升矫正效果。截至12月31日，全市接受社区服刑人员13610人，解除矫正11520人，在矫2090人，累计重新犯罪32人，重新犯罪率0.24%。全市累计接收刑满释放人员13147人，重新违法犯罪15人，重新犯罪率0.13%，均低于省定考评指标。《福建法治报》以《三明市探索有温度的社区矫正模式》为题报道全市社区矫正工作情况。

【基层基础建设】 2016年，三明市12个县（市、区）司法局业务用房建设有11个申请立项，有10个县局业务用房建设项目获国家发改委批准，争取国家和省级、县级司法局业务用房补助资金3000多万元。有9个县（市、区）司法局业务用房建设完成并投入使用。全市142个司法所完成司法所业务用房建设，全部达到省级规范化司法所标准，总建筑面积33101平方米，所均面积233.1平方米，争取国家、省、市补助资金3000多万元。司法所“三同”建设推进，全市司法所均被确定为副科级建制。

【法治宣传】 2016年5月26日,在北京召开的第八次全国法治宣传教育工作会议上,市依法治市办获“全国先进普法依法治理办公室”,建宁县获“全国法治宣传教育先进县”,市检察院获“全国法治宣传教育先进单位”,3名个人获“全国法治宣传教育先进个人”。11月14日,市司法局召开全市“六五”普法（《中央宣传部、司法部关于在公民中开展法治宣传教育的第六个五年（2011~2015年）规划》）总结表彰暨“七五”普法动员部署会。抓好领导干部、公务员、青少年、农民、企业经营管理人员等重点对象的法治宣传教育，推动法治文化广场、法治宣传一条街、青少年法治教育基地等法治文化宣传阵地建设。开展以“大力弘扬法治精神，协调推进四个战略部署”为主题的“12·4”国家宪法日宣传活动。

【人民监督员工作】 2016年10月29日，市司法局举办市人民检察院人民监督员专项培训班，全市50余名人民监督员参加培训。12月2日，全省人民监督员选任管理座谈会在建宁县召开。截至2016年12月31日，组织人民监督员对3起检察院自侦案件开展监督。

（张兆祜）

责任编辑：陈瑞敏

资源·环境

RESOURCES AND ENVIRONMENT

综　述

【土地使用情况】　2016年，三明市土地总面积229.65万公顷，其中，耕地面积19.54万公顷，占土地总面积8.51%；园地面积6.9万公顷，占土地总面积的3%；林地面积183.01万公顷，占土地总面积79.69%；草地面积3.44万公顷，占土地总面积1.5%；城镇村及工矿用地面积5.36万公顷，占土地总面积2.33%；交通运输用地面积2.75万公顷，占土地总面积1.2%；水域及水利设施用地面积4.52万公顷，占土地总面积1.97%；其他土地面积4.13万公顷，占土地总面积1.8%。

【土地资源管理】　2016年，市国土资源局坚决贯彻市委、市政府的决策部署，落实稳增长的一系列政策措施，在全省国土资源管理监测评价中，三明市总指标分值73.63分，居全省第二位。全市经国务院、省政府批准农用地转用总面积866.67公顷，保障发展评价97.12分，居全省第一位；全省“三比一看，国土保障”现场办公会项目用地报件组卷41宗，报批38件，占组卷数的92.68%，居全省第二位；全市批准供地1720公顷，供地平均用时631.38天，低于全省平均水平960.91天，居全省第二位；交地率97.45%，高于全省平均水平94.77%，居全省第一位。破解发展难题，为三明纺织有限公司等128家企业提供抵押按揭贷款服务，抵押面积约266.42公顷，抵押金额61.88亿元，化解企业金融风险。全年投入土地整理开发资金2.3亿元，完成高标准基本农田建设任务4953.33公顷，超省下达年度任务指标1380公顷，进度138.61%，高于全省平均水平119.31%，居全省第二位；完成补充耕地面积753.33公顷，超额省下达三明市年度补充耕地面积42.93公顷；占补平衡保障率160.91%，高于全省平均水平73.52%，居全省第一位；耕地质量平均利用等别增加0.0023等，居全省第三位；全市累计开展旧村复垦480个项目，增减挂钩指标交易金额57.5亿元，项目规模居全省第一位；划定永久基本农田15.65万公顷，中心城区划定进度居全省第一位。低丘缓坡地开发利用得到国土部、省国土厅肯定，建设用地占用耕地比例23.65%，低于全省均值40.28%，居全省第一位；梅列、明溪、宁化获第三届全国国土资源节约集约模范县，全市共有5个县获此荣誉，占全省16个模范县的31.25%，居全省第一位；土地节约集约利用工作方面取得显著成效，2016年获得国务院免督查奖励用地指标333.33公顷。对泰宁“5·8”泥石流地质灾害性质进行准确定性；完成地灾搬迁1165户，地灾搬迁进度53.4%，高于全省平均水平41.67%，居全省第三位；争取2017年地灾工程治理资金9900万元（全省共下拨各地资金1.3亿元），居全省第一位；开展市区地质灾害排查工作，共排查出76个地质灾害隐患点，并启动治理实施方案；城市地质调查工作启动；不动产统一登记工作推进。土地例行督察整改1112个，整改率95.2%，并出台一系列规范管理的制度，通过国家土地督察上海局核查验收；省级信访数量78宗，占全省总数3.35%，居全省第三少；省级行政复议案件数量6宗，占全省总数量2.52%，居全省第三少；矿业权招拍挂宗数比例100%，高于全省平均水平81.25%，居全省第一位。拓宽争取资金渠道，全年争取上级各类项目补助资金2.89亿元。

【环境保护】　2016年，三明市贯彻落实新《中华人民共和国环境保护法》，统筹推进环保各项工作，推进大气、水、土壤三大污染防治行动计划，取得较好成效。改善辖区环境质量，全市环境空气质量均达到或优于国家二级标准；县级以上集中式饮用水源地水质达标率100%；辖区三条主要水系18个国（省）控断面水质达标率100%。环保责任进一步落实，成立由市委书记任组长、市长任常务副组长的生态文明建设领导小组，建立环保“党政同责”“一岗双责”制度，年度党政领导生态环保目标责任书考评位列全省第三名。开展生态创建，明溪、建宁、将乐、沙县、清流通过国家级生态县考核验收，在永安市、沙县的9个村庄，组织开展农村环境综合整治项目建设。服务发展能力加强，完成环保违规建设项目清理整顿工作；推进重点减排项目实施，完成年度减排目标任务。执法力度加大，执行新环境保护法及其配套办法，严厉查处违法排污企业，在全省率先推进环保执法“双随机”抽查，建立健全环境监察网格化管理体系，办理群众信访投诉，妥善处置突发环境事件，辖区内未发生重、特大环境污染事故及生态破坏事件。环保改革创新深化，完善企业环境信用评价、排污权交易和环境污染责任保险三项改革，得到中央、省深改办的肯定并予以推广，环保部也进行专题调研总结；探索简政放权改革，优化发展环境。环保基础夯实，环保能力建设取得新进展。

（游荣庄　池文斌）

耕地保护与土地整理

【耕地保护】 2016年12月，市政府下发《进一步落实政府耕地保护目标责任的通知》，把耕地保护纳入各级政府领导任期目标责任和年度考核项目，围绕耕地保有量、基本农田保护面积等内容，签订目标责任书。全市有耕地19.5万公顷、基本农田面积16.74万公顷，分别超出上级下达任务指标8306.67公顷和8573.33公顷。

【高标准农田建设】 2016年，三明市完成高标准基本农田建设任务4953.33公顷，超省下达年度任务指标1380公顷，进度138.61%，高于全省平均水平119.31%，居全省第二位；完成补充耕地面积753.33公顷，超省下达三明市年度补充耕地任务42.93公顷；占补平衡保障率160.91%，高于全省平均水平73.52%，居全省第一位；对全市耕地的生产能力进行调查和评价，建立耕地质量等级评价制度，耕地质量平均利用等别增加0.0023等，居全省第三位。

【旧村复垦】 2016年，市国土资源局推进农村土地整治与城乡建设用地增减挂钩工作，审查项目申报材料，督促指导各县（市、区）实施旧村复垦。全市编制完成47个项目实施方案，项目规模192.23公顷，拟拆除旧宅基地186.1公顷，可新增耕地150.2公顷；省国土资源厅新增核定增减挂钩指标210.53公顷，指标转让交易168.07公顷，交易金额10.35亿元（其中交易外地市165.73公顷,金额10.23亿元；与市农业局联合完成72个项目、规模163.95公顷的竣工验收；完成137个项目、面积338.07公顷指标结算。

【永久基本农田划定】 2016年，市国土资源局制定工作方案，建立联席会议制度，协调推进永久基本农田划定工作。其中各县（市、区）中心城镇永久性基本农田划定工作于6月完成，并通过省级审核；全域划定永久基本农田15.65万公顷，划定方案于11月上报并通过省级审核确认，划定进度居全省前列。

用地服务管理

【用地预审】 2016年，市国土资源局把好建设项目规划审查关。全市办理兴泉铁路（三明段）、莆炎高速公路（尤溪中仙至建宁里心段）、南龙高铁三明南站片区枢纽工程、沙溪十里闽学文化长廊等建设项目用地预审444个，拟用地面积4193.05公顷，涉及耕地2321.03公顷，比2015年用地面积与占用耕地面积分别增加50.67%与59.67%；完成132个项目使用有条件建设区的规划调整审批，涉及调整面积375.74公顷，比2015年面积增加16.22%；完成17个批次农村村民建房农用地转用规划审查，用地面积54.7公顷，其中耕地面积32.57公顷，比2015年面积分别增加43.42%与49.06%。

【建设项目用地】 2016年，市国土资源局及时报批用地，帮助基层和业主做好项目前期工作，及时办理用地手续，做到项目用地应保尽保。2016年全市经各级政府审批农用地转用及土地征收866.67公顷，全省“三比一看，国土保障”现场办公会项目用地报件组卷41宗，报批38件，占组卷数的92.68%，居全省第二位。

【供地管理】 2016年，市国土资源局抓好供地审批，督促已供地建设项目按时动工开发，按合同约定完成工程建设。2016年全市提供各类建设用地265宗1720公顷，土地成交价23.17亿元，与2015年同期22.11亿元相比增长5.2%，供地平均用时631.38天，低于全省平均水平960.91天，居全省第二位。

【低丘缓坡地开发利用】 2016年，市国土资源局鼓励低丘缓坡地开发建设，拓展建设用地空间，缓解用地供需矛盾，保护耕地。2016年，经批准的农用地转用与土地征收批次中，低丘缓坡地面积合计558.71公顷，占新增建设用地面积的73.2%。推进国土资源部低丘缓坡荒滩等未利用地开发利用试点工作，根据开发进度适时合理调整试点区域规模，年内通过省厅农转用审批试点项目面积1803.19公顷，占试点总规模2200公顷的81.96%，比2015年增加用地面积252.99公顷。

【土地市场建设】 2016年，三明市区收储土地20宗252.27公顷，协议补偿金额2.59亿元；完成陈大棚户区改造项目等13个地块413户房屋征迁工作，建筑面积2.29万平方米，协议金额6156.52万元。2016年市区出让万达东和万达北两地块，地价成交额4.77亿元；全市经营性用地出让44宗74.45公顷，地价成交额20.31亿元，与2015年同期18.86亿元增长7.7%。催缴土地出让金，建立出让金清缴联动机制，成立由国土、财政等部门组成的出让金联合清缴小组，制定土地出让金清缴工作方案。全市累计清理清缴土地出让金33宗3.89亿元；累计清理清缴滞纳金63宗2.69亿元；清理土地出让金逾期未征收到位28宗5.72亿元。

矿产资源管理

【矿业权管理】 2016年，三明市级办理采矿权延续、变更16宗，转让登记2宗，转报省厅办理采矿权延续11宗、划定矿区范围3宗；市级出让采矿权价款（合同额）2246.42万元。做好采矿权人开发利用年度检查，做到与矿政宣传相结合、与缴交各类规费相结合、与矿山生态恢复治理相结合，2016年全市应年检矿山321个，实际年检矿山321个，年检率100%；因未按时缴交价款、保证金、矿补费等问题不予通过年检的矿山 62 个；按照不低于 15%的要求，共抽查（含内业）全市矿山 66 个，抽查率 20.56%。

【矿山植被恢复】 2016 年，市国土资源局落实矿山生态环境恢复治理保证金制度，实行矿山“边开采，边治理”。2016 年有 3 家矿山申请阶段性验收返还保证金，均符合验收保证金要求，返还保证金约 400 万元。做好矿山“青山挂白”治理，2016 年度实施省级废弃矿山“青山挂白”示范点治理项目 4 个，资金 520 万元，治理面积 9.04 万平方米。持续做好地质环境示范工程，全年投入 5458 万元实施矿山生态恢复治理；推进绿色矿山建设，年内福建金东矿业股份有限公司丁家山铅锌矿等 5 家矿山企业成为国家级绿色矿山试点单位。

【矿产资源整合】 2016 年，市国土资源局对布局不合理的勘查项目和开发矿山实施重组兼并，完成整合矿山 5 个，关闭淘汰煤矿 14 处，涉及采矿许可证 11 本。矿山数量由“十一五”末的 764 个减少到 2016 年年末的 433 个，探矿权 263 个。

【规费征缴】 2016 年，三明市、县两级发证矿山追缴采矿权价款 718.8 万元（其中市级 591.57 万元，县级 127.23 万元）；催缴矿山生态恢复治理保证金 2587.21 万元（其中市级 1546.64 万元，县级 1040.57 万元）；追缴矿产资源补偿费 742.52 万元（其中市级 129.26 万元，县级 613.26 万元）。

【地质勘查管理】 2016 年，三明市城市地质调查启动，编制完成该项目的总体设计和专题设计并通过专家审查，完成 1:5 万水工环外业调查；做好农业地质调查评价工作，永安市、将乐县、建宁县、宁化县、清流县、明溪县等 6 个县（市）1:5 万农业地质调查 1020 平方千米和 1:1 万农业地质调查 25 平方千米目标任务，全部完成招投标工作；公开出让探矿权 5 宗，收缴价款 452 万元；开展矿产资源储量管理，市级组织评审矿山储量 26 家。

地质灾害防治

【地质灾害隐患排查】 2016 年，三明市有地质灾害点 1868 处，高陡边坡 11418 处，落实群测群防人员 4091 人，修编群众转移预案 1047 个，发放“防灾明白卡”2119 份、“避险明白卡”8515 份；累计发布地灾预警信息 4749 条，1866 人次、累计转移地灾隐患点人员 37195 人。开展市城区沙溪河两岸地质灾害排查工作，排查出 76 个地质灾害隐患点，并启动治理实施方案。

【地质灾害防治方案编制】 2016 年 3 月，市国土资源局会同交通、水利、建设等部门，市、县两级均编制《2016 年度地质灾害防治方案》，并经同级政府批准公布实施，完善汛期值班、预警预报、群测群防、应急处置、灾情速报等制度。

【地质灾害工程治理】 2016 年，市国土资源局实施地质灾害工程治理项目 12 个，争取 2017 年地灾工程治理资金 9900 万元（全省下拨各地资金 1.3 亿元），居全省第一位；完成地灾搬迁 1165 户，搬迁进度 53.4%，高于全省平均水平 41.67%，居全省第三位。

【地质灾害应急处置】 2016 年，市国土资源局联合清流县国土资源局在清流县龙津镇屏山路地质灾害点开展突发地质灾害应急演练，并邀请各县（市、区）国土局分管领导及相关工作人员参加现场观摩、指导，全市国土资源系统应急处置能力进一步提升。主汛期期间，先后派出 19 个地灾防治检查组 57 人赶赴各县（市、区），对各地的地灾防御工作的落实情况进行现场检查，防御“尼伯特”“莫兰蒂”“鲇鱼”等台风的影响，特别是泰宁“5·8”泥石流灾害，省市领导靠前指挥，应急处置及时，得到中央领导表扬。

规划地籍测绘管理

【概况】 2016 年，市国土资源局开展全市高标准农田建设规划和“十三五”国土资源专项规划编制，强化土地利用总体规划实施管理，抓好土地变更调查和农村地籍和房屋调查相关工作，推进不动产统一登记，推进基础测绘与地理信息建设。

【编制规划】 2016 年 11 月 7 日，市国土资源局完成《三明市高标准农田建设规划（2016~2020 年）》、10 月 18 日完成《三明市“十三五”国土资源开发利用（含地质、测绘）专项规划》编制并通过市政府批准实施。强化土地利用总体规划实施管理，适时优化调整区域土地利用规划布局，依照规划修改程序，完成尤溪县、三元区、大田县、建宁县 16 个重点建设与民生工程项目局部修改乡级土地利用总体规划的方案审查并通过市政府审批，涉及修改规划用地 72.79 公顷。

【地籍管理】 2016 年 5 月，三明市 2015 年度土地变更调查整改完善成果数据通过国土资源部组织的内外业抽查验收。做好农村地籍和房屋调查相关工作，市、县两级制定实施方案，建立工作联席会议制度和工作联络员制度，设立政策技术指导组。全市完成农村地籍房屋调查的行政村 146 个，完成调查任务 26.89%。完成 2016 年度土地变更调查农用地变更为未利用地专报工作。

【不动产统一登记】 2016 年，三明市本级和 10 个县（市）提前完成省国土资源厅下达 2016 年 10 月月底前实施不动产统一登记的目标任务，实现不动产登记工作“四统一”（即统一登记机构、统一登记簿册、统一登记依据、统一信息平台），2016 年全市发放不动产权利证书 27591 本（其中市本级 4978 本）。

【测绘地理信息】 2016 年，三明市级地理信息数据库基本建成，对接应用数字城管、区划地名等 8 个系统。“数字明溪”“数字尤溪”项目通过省级验收，“数字泰宁”“数字宁化”项目经省测绘局批准立项，推进“数字建宁”“数字将乐”“数字沙县”项目省立项前期工作。同时，对涉密测绘成果和地图市场开展巡查，提高依法测绘、合理利用地理信息的法治意识。

执法监察

【土地例行督察整改】 2016年5月17日至6月5日，国家土地督察上海局福建督察组对三明市开展土地例行督察工作，针对指出全市土地管理和利用工作中发现的5个方面、17大类1168个具体问题，成立领导小组，召开动员部署会，通过制定整改工作实施方案，细化工作措施，倒排工作时间，编制《整改技术措施标准》《整改卷宗材料规定》，实行每日一问、每周一通报及约谈等制度，推进整改。同时，从管理制度层面上狠下功夫，市政府和市国土资源局制定出台规范管理的制度。经国家土地督察上海局核查，整改到位1112个，整改率95.2%，通过核查验收。

【执法监管】 2016年，市政府出台《关于进一步落实土地执法监管共同责任机制的意见》，加大日常动态巡查和处置力度，全市立案查处土地违法案件416件(面积83.53公顷)，立案查处矿产违法案件5件，办理12336举报线索62件，打击非法违法用地用矿行为。配合开展“两违”整治工作，各级国土资源部门配合各地治违机构围绕“四重点、五部位、六先拆”强力拆违，2016全市新拆除面积378.43万平方米，腾出土地利用面积227.96万平方米。利用手机移动执法平台，2016年开展动态巡查4.64万人次，发现违法用地行为87处，并全部得到制止，移动执法监察系统巡查到位率位于全省前列。

【卫片执法督察】 2016年3~4月，市国土资源局组成卫片督查组赴各地开展卫片监督检查工作，指导各地通过依法查处违法用地、做好符合报批条件的用地手续补办工作、抓好符合复耕复种条件的复垦及认定工作等各种措施，组织违法违规用地的整改，依法核实查处违法用地行为。经核查，全市实际新增建设用地1683.13公顷，其中耕地398.67公顷，违法用地444宗，涉及土地面积91.91公顷，其中耕地25.73公顷，违法用地比例5.46%，违法占用耕地比例6.45%，卫片执法检查工作通过省厅验收。

【耕地复耕鉴定】 2016年，市国土资源局做好耕地复耕和破坏鉴定工作，按照“谁破坏，谁复垦”的原则，依据各县（市、区）申请，及时组织农业部门的相关人员对5宗破坏耕地行为进行认定，对12宗复耕地块进行验收。

【打击非法采矿】 2016年，市国土资源局坚持对全市259个非法违法采矿点，落实每月2次的巡查，并建立每月通报制度，对巡查没有落实的地区进行通报，确保非法违法采矿点不发生“死灰复燃”；对煤炭行业化解过剩产能关闭的24处矿山全部列入巡查，对其全程监管；先后派出检查组36个，对辖区内所有矿山进行拉网式排查检查，发现问题22个，整改14个，正在整改的8个，函告相关部门18份。2016年，全市发现并制止非法违法采矿行为24起，其中立案查处10起，罚没款12.75万元，没收矿产品30吨（铅锌原矿），作出矿产破坏鉴定5份，移送公安机关2起，追究刑事责任5人，暂扣运输车辆32辆（含摩托车，三轮摩托车）。

【信访工作】 2016年，市国土资源局制定《三明市国土资源系统领导干部定期接待群众来访的实施意见》《三明市国土资源局关于建立健全矛盾纠纷排查化解机制的实施意见》和《三明市国土资源局关于印发国土资源领域通过法定途径分类处理的信访投诉请求清单及主要法律法规政策依据的通知》等文件，坚持每季度一排查、一通报、一反馈等信访工作制度，按照“属地管理、分级负责”“谁主管、谁负责”的原则，明确解决问题的时限，做到及时调解、及时处理、及时化解矛盾纠纷。2016年全市国土资源系统共受理群众信访298件次，与2015年同期390件次相比减少23.59%，信访事项办结率为100%。省级信访78宗，仅占全省总数3.35%，居全省第三少；省级行政复议案件6宗，仅占全省总数量2.52%，居全省第三少。

（游荣庄）

环境质量状况

【概述】 2016年，三明市环境空气质量保持优良，酸雨污染略有加重。全市水环境质量保持优良水平，集中式生活饮用水源地水质100%达标，湖库水质保持稳定，小流域水质有待提升。市区声环境质量略有改善。

【市区优良天数达标】 2016年，三明市区空气质量优、良天数合计359天，优良天数比例为98.9%，比2015年提高0.3个百分点。评价环境空气质量的六项主要污染指标中，二氧化硫（SO2）、二氧化氮（NO2）年均值和一氧化碳（CO）的特定百分位数浓度达到一级标准；可吸入颗粒物（PM10）、细颗粒物（PM2.5）年均值和臭氧（O3）特定百分位数浓度达到二级标准。

【空气质量优于国家二级标准】 2016年，三明市辖区十个县(市)全部实现空气质量6个项目自动监测，二氧化硫、二氧化氮、可吸入颗粒物、细颗粒物年均值和臭氧、一氧化碳特定百分位数浓度全部达到或优于二级标准，优良天数比例在97.5%~100%之间，其中二氧化氮、一氧化碳特定百分位数浓度全部达到一级标准；二氧化硫除建宁县外全部达到一级标准；可吸入颗粒物除大田县、沙县、永安市外其他7个县达到一级标准；细颗粒物宁化县、建宁县达到一级标准；臭氧特定百分位数浓度有清流县、建宁县、尤溪县、沙县达到一级标准。

【市区酸雨污染略有加重】 2016年，三明市区降水pH均值为5.58，比2015年下降0.03个pH单位，降水酸雨发生率为35.6%，比2015年上升7.5个百分点。

【水环境质量保持“优”】 2016年，闽江流域三明辖区沙溪、金溪、尤溪三条水系水环境质量保持为“优”，18个国（省）控断面年水质达标率100.0%，比2015年提高1个百分点。其中Ⅰ~Ⅱ类断面比例为76.2%，较2015年度(51.8%)提升24.4个百分点。全市4个主要湖泊水库（泰宁金湖、安砂水库、街面水库和东牙溪水库，其中街面水库为新增监测对象）中各项目年均值均符合地表水Ⅲ类标准，4个湖库均处于中营养状态。

【集中式饮用水源地达标】 2016年，三明市18个县级以上城市集中式饮用水源地水质保持优良状态，达标率100%，从2012年开始连续5年保持100%达标。

【声环境质量改善】 2016年，三明市区昼间区域噪声等效声级平均值为54.5分贝，比2015年下降0.1分贝，属“较好”等级，生活噪声源影响范围最广，其次为交通噪声源；昼间交通噪声等效声级平均值为68.0分贝，比2015年下降0.1分贝，属“较好”等级。市区四个功能区共5个测点，全年监测四次，功能区噪声昼间达标率95%，比2015年提高25个百分点，夜间达标率60%，比上年下降5个百分点。

（王雅琼）

环境污染治理

【概述】 2016年度，三明市推进环境污染治理，抓好大气污染防治行动计划落实，进一步提升市区空气环境质量，开展重金属和危险废物污染防治工作，加强重点污染源排污监测，重点行业排污水平总体得到较好的控制，完成年度污染减排任务。

【重点行业污染整治】 2016年，市环保局针对二氧化硫和氮氧化物排放主要集中在黑色金属冶炼、电力、水泥等行业的特点，推进燃煤电厂、钢铁企业、新型干法水泥窑、燃煤锅炉和工业炉窑除尘设施升级改造，完成全市火电、钢铁行业除尘设施升级改造，达到重点行业大气污染物排放标准，其中建成区内的钢铁、燃煤锅炉等废气排放达到特别排放限值；全市火电、钢铁、水泥等行业国控、省控重点企业均安装烟气排放自动监控设施，并与环保部门联网。推进挥发性有机物污染综合治理，推进储油库、加油站、油罐车的油气回收，治理完成率分别为100%，93.2%和100%，按时完成油气治理任务。

【大气污染治理行动】 2016年，市环保局制定并组织实施《三明市大气污染防治行动计划2016年实施方案》，重点加强福建三钢、三化的污染治理，督促指导福建三钢、三化实施完成年度大气污染防治重点项目12个。市政府印发《进一步提升市区空气质量行动计划》，明确工业烟（粉）尘治理、LNG替代、施工扬尘治理、市区煤场关闭搬迁、移动源及道路扬尘治理等5大治理任务，共安排13个重点项目，按序时推进。通过实施大气污染治理项目和企业环保升级改造，解决影响群众健康的突出环境问题，提升市区环境空气质量。

【机动车尾气污染治理】 2016年，三明市有12机动车检测站建成24条在用机动车排气工况法检测线，并开展工况法检测工作；制定印发《三明市2016年度黄标车淘汰工作计划》，分解下达机动车污染防治工作任务，全市年淘汰黄标车5988辆，超额完成省下达的年度任务（4940辆）。

【重金属污染防治】 2016年，市环保局加强涉重企业管理，完善重金属采选业选矿废水循环回用工程；尤溪县、大田县制订《铅锌行业综合整治方案》，完成年度整治任务。推进铅锌选矿企业“应急预案”备案工作，遏制重金属污染事件的发生；全市铅锌行业污染总体得到较好的控制，完成重金属污染整治年度任务。2016年，全市未发生涉重金属突发环境事件和公共卫生事件。

【危险废物污染防治】 2016年，市环保局加强危险废物全过程管理，结合环保大检查，对所有危险废物产生、经营单位进行排查，对未按规定落实危险废物规范化管理要求的企业，加大挂牌督办力度并纳入企业环境信用评价体系；将危险废物规范化管理纳入县（市、区）年度环保目标责任书、环境监察年度考核任务，提高危险废物规范化管理水平。严厉查处非法从事危险废物收集、贮存、处置经营活动的单位和个人，全市移送涉危险废物环境犯罪案件5起。加强危险废物法律法规宣贯工作，组织开展多次培训，提升管理业务水平，下发告知书，签订企业承诺书，指导督促企业落实危险废物污染防治措施。加强危险废物处理能力建设，建成大田红狮水泥有限公司水泥窑综合处置危险废物项目并投入使用；基本建成三明金牛水泥有限公司水泥窑协同处置危险废物项目。

【放射性物品治理】 2016年，市环保局制定并印发《三明市放射性物品专项治理实施方案》和《三明市放射性物品“一体化”监管改革实施意见》，市环保、公安、卫计等部门联合，对全市放射性物品使用单位开展专项检查，对放射性物品“一体化”监管进行试点，共检查放射性物品使用单位19家，放射源118枚，督促使用单位落实主体责任，强化安全使用和管理，消除辐射安全隐患，确保辖区辐射环境安全。

【完成污染物减排目标】 2016年，市环保局根据省政府下达的“十三五”减排目标任务及上年完成情况，制定2016年全市减排目标：化学耗氧量（COD）、氨氮（NH3-N）、二氧化硫（SO2）、氮氧化物（NOX）分别比上年削减400吨、38吨、466吨、324吨。围绕年度减排目标，三明市组织实施36个重点减排项目，其中，水项目32个、气项目4个。经核算，年度全市COD、NH3-N、SO2和NOX分别减排3061吨、169吨、3289吨和985吨，超额完成年度目标任务。

【重点污染源监督性监测】 2016年，三明市应开展监督性监测的国家重点监控（国控）排污企业为34家，其中废水12家、废气10家、污水处理厂12家；省重点监控（省控）企业28家，其中废水13家、废气13家、污水处理厂2家。国控企业主要污染物监督性监测完成率为99.6%，全指标监督性监测完成率为98.6%，其中国控企业废水、废气排放平均达标率97.5%（分别比上年提高1.7、3.5个百分点），城镇污水处理厂87.5%（比上年下降6.3个百分点）；省控重点企业主要污染物监督性监测完成率99.6%，其中省控企业废水、废气排放平均达标率分别97.7%、100%（比上年提高2.1、12.2个百分点），城镇污水处理厂75%（与上年持平）。

【重点污染源自行监测】 2016年，市环保局加强对企业自行监测工作的监督管理，适时开展重点污染企业自行监测监督检查，督促企业按时完成自行监测并公开监测结果。全年比对34台废水在线监测设备，合格率96.3%；26台废气在线监测设备，合格率96.2%。根据“福建省污染源自行监测数据管理系统”统计，2016年，全市污染源自行监测完成率99.9%，在全省排名第一。

【公开重点排污信息】 2016年，三明市加大企业事业单位环境信息公开监管工作力度，做到事前预公开，事中过程公开和事后结果公开。根据《企业事业单位环境信息公开办法》，印发《关于下达2016年度应当信息公开的企事业单位名单的通知》，明确240家企业事业单位应当如实向社会公开环境信息。全市重点排污企事业单位环境信息公开率100%。

（苏江海 王森 黄英志 王雅琼）

环保行政管理

【概况】 2016年，三明市围绕“水净、河清、天蓝、地绿、居怡”的建设总体目标，成立由市委书记任组长、市长任常务副组长的生态文明建设领导小组，建立环保“党政同责”“一岗双责”制度，加强环保行政管理和监督，落实建设项目“环评”和环保“三同时”制度，推进一批污染减排、大气环境整治、水环境整治、土壤环境整治等环保重点项目实施，完成年度工作目标。环保能力建设取得新进展，全市建成13座水质自动站、21座空气自动站，所有自动监测设施完成联网，监测数据实现实时上传。2016年，市环保局承办人大建议和政协提案13件，其中市人大建议8件、市政协提案5件，均全部按时按质答复人大代表及政协委员。

【生态环保目标责任书考核】 2016年，市环保局围绕建设“水净、河清、天蓝、地绿、居怡”美丽三明的目标，将省下达的任务、环保督查、检查发现以及群众反映的问题策划成423个项目，分解落实到各县（市、区）和市直有关部门。创新责任书考核内容，把资源消耗、环境损害、生态效益等纳入地方党委政府考核范围，大幅提高权重，实现环保从“督企”到“督政”的转变，较好地完成责任书确定的目标任务。2016年，三明市的年度党政领导生态环保目标责任书考核成绩位列全省设区市第三名。

【生态环保目标责任制】 2016年8月23日，市政府召开工作推进会进行专题研究部署；10月底，市环保局组织对2016年度党政领导生态环保目标责任书以及全市工作推进会上通报问题整改情况进行督查；12月底，由市委办、市政府办和市环保局、发改委、住建局、农业局、水利局等部门组成的考核组对各县（市、区）党政领导生态环保目标责任书履行情况进行考核。各县（市、区）责任书考核结果：泰宁县、将乐县、沙县位列前三名，之后依次为明溪县、建宁县、尤溪县、永安市、清流县、三元区、梅列区、大田县、宁化县。市直部门考核前十名的依次为市环保局、林业局、发改委、财政局、公安局、交通局、住建局、国土局、经信委、水利局。

【环境管理改革】 2016年，市环保局实施“市级及以下建设项目环境影响评价登记表审批改为备案制”“豁免购买排放小微污染物建设项目的排污权（对新建项目环评文件中4项主要污染物同时满足化学需氧量≤1.5吨、氨氮≤0.25吨、二氧化硫≤1吨、氮氧化物≤1吨的，豁免购买排污权及来源确认）”“免予部分建设项目竣工环保验收（对不实行排污许可证管理的建设项目，除涉及饮用水源保护区和重金属的项目外，免予项目竣工环保验收）”3项改革。全市有237个建设项目由环境影响登记表审批改为备案，3344个建设项目免予竣工环保验收，60个符合条件的排放小微污染物的建设项目豁免购买排污权。

【环境信用评价】 2016年，市环保局修订完善《三明市企业环境信用评价实施细则（试行）》。对全市重点污染企业开展排查筛选，2015年度参与评价的企业357家，比2014年度（178家）增加1倍多，其中26家企业被评为环保优秀企业，149家企业被评为环保良好企业，133家企业被评环保合格企业，40家企业被评为环保不良企业，另有9家企业因停产暂缓评价。2016年“6·5”世界环境日前夕，向社会公布2015年度357家参评企业的评价结果，并将评价结果通报金融、发改、经贸、财政、工会等部门，三明日报等媒体进行集中报道。此外，按照《福建省企业环境信用评价实施意见（试行）》的精神，对照评价范围再次进行调查，依照分级评价原则，将64家国控排污企业纳入省级评价，并筛选出400家排污企业纳入2016年度市级评价范围。

【排污权交易】 2016年，三明市在全省率先制定《三明市储备排污权管理和出让办法》，规定储备排污权的出让范围、出让价格、出让原则等，对省行动计划重大项目、省级重点建设项目、战略性新兴产业重点项目和集中供热（气）等优质项目给予一定的优惠，并确保其它工业建设项目的排污总量指标来源。实施排污权交易改革以来，三明市累计成交总额11463万元，位列全省第一，其中排名前6家企业的成交总额11302万元，获利9174万元；2016年度，全市出让储备排污权化学需氧量6.93吨，氨氮0.91吨，二氧化硫29.86吨，氮氧化物55.34吨，排污权交易成交总额6882万元，企业获利5550万元。

【投保环境污染责任保险】 2016年，三明市利用工业园区管理的整体性，将工业园区纳入污染责任险投保范围，推动园区管委会等责任单位对园区的污水处理厂、管道设施、以及所辖工业企业等进行投保，利用保险工具推动构建安全高效的优质园区。例如，三元经济开发区黄砂化工园区吸取2014年永丰化工污染事件的教训，在加强园区环境监管的同时，率先组织开展集体投保，以此撬动保险杠杆，与保险公司一道共管环境、共控风险。

【生态环保领域综合改革】 2016年，三明市深化生态文明体制改革，探索、先行先试，打好生态环保领域改革的“组合拳”，在“企业环境信用评价”“排污权交易”“环境污染责任保险”三个方面先行探索，推动形成企业从“要我改”转变为“我要改”的良好态势，取得企业、政府、社会共赢的效果，得到中央深改办、省深改办肯定并刊文推广；环保部也进行专题调研总结，并将调研成果在生态文明试验区(福建)实施方案中予以运用；《人民日报》等媒体头版刊发，中央电视台、福建电视台等也进行专题报道。

【环保行政许可】 2016年，市环保局实施项目告知承诺制，畅通服务环节，加快行政审批进度，对法律法规没有明确规定为前置条件的，一律不再作为环评审批前置条件，市环保局全年审核审批建设项目环评文件59项(其中报告书28项、报告表25项、登记表6项)，备案环境影响登记表9项，审批危险废物转移申报191项，核发企业排污许可证312家(其中市本级32家)、辐射安全许可证10项、医疗废物经营许可证1项。对符合环保准入要求的项目，特别是省、市重点项目，开辟环保审批“绿色通道”。全年完成54个建设项目的环保竣工验收，其中，工业类项目12个，生态类项目19个，辐射类项目23个。

【环保审批提效】 2016年，市环保局加强行政服务中心窗口建设，清理行政审批和公共服务事项，提高审批事项当日办结率和行政审批流程标准化程度。市行政服务中心环保窗口办理审核审批354件，窗口接待、解答环保业务咨询1280余次。

【违规项目整顿】 2016年，市环保局开展环保违规建设项目清理整顿工作。全市清查出环保违规项目1792个(其中名单内1677个、名单外115个)，其中未批先建的634个(其中名单内552个、名单外82个)；已批已建未验的1158个(其中名单内1125个、名单外33个)。组织市直有关部门进行联审，逐个提出处理意见、整改要求和完成时限，按照“三个一批”的要求完成清理任务，其中，完善备案项目438个，整顿规范项目1025个，淘汰关闭项目329个，对8家违法违规项目进行行政处罚。

【保障群众权益】 2016年，市环保局实行“互联网+政务”的投诉渠道，对接部、省建有“12369环保举报管理平台”，设有微信举报、“12369热线”举报、网络举报等方式，畅通投诉渠道，便民反映意见。该平台部、省、市、县四级联动，及时受理，按时办结，反馈投诉人，减少环境问题的存量，全年办结微信举报234件，电话举报1200件，网络举报37件，办结率均100%。

【环境信息公开】 2016年，市环保局加强环境信息公开，涵盖突发环境事件、行政处罚、排污费征收使用以及环保监察等。编撰并发布《2015年三明市环境保护状况公报》(《三明日报》2016年6月2日)。2016年，市环保局及时公开各类环境信息2923条，其中，政府信息312条，环境信息2611条，依申请公开政府信息8条。印发通知明确240家企事业单位应如实向社会公开环境信息，信息公开率100%。

【环境监管能力建设】 至2016年年底，三明市三年(2014~2016)环境监管能力建设项目全部完成，累计投入建设资金6400多万元，辖区各级环境监测、监察机构的仪器设备配置基本达到国家标准化建设要求；全市新增9座水质自动站、13座空气自动站全部建成、完成联网并投入使用，实现对所有县(市、区)环境空气质量和重点流域、湖泊、县(市)交界断面水质的自动监测。环境监测、环境监察、环境应急、固废监管及辐射监测能力建设项目全部完成设备采购并验收。

【媒体环保宣传】 2016年，《福建日报》(3月9日)、《人民日报》(11月16日)、《中国环境报》(11月22日)、东南卫视《新闻频道》(12月3日)、央视《新闻联播》(12月18日)等多家国家级、省级重要媒体报道三明市空气污染治理经验和环保做法及成效。全年在市级以上主流媒体上刊(播)发环保新闻报道107篇(条)。市环保局建立自媒体舆论宣传阵地，发挥三明环保局网站的作用，全年通过网站发布环保信息655条；于3月30日正式开通微信公众号“三明环境保护”，每周刷新1次。

【环保宣传活动】 2016年，市环保局开展纪念“6·5”环境日系列活动，举办2016年三明市环保开放日和环境日街区宣传活动，宣传环境保护和生态文明理念。辖区各地开展环境日纪念宣传活动。在第九届福建省“绿色世界”少年儿童艺术创作比赛中，三明市有11件绘画、4件摄影作品获奖，其中一等奖4名，市环保局被授予优秀组织奖。三明九中在国际环境小记者项目2016年新闻作品大赛国内选拔赛上，有9个作品分获文章类、照片类、视频类奖项。在第31届(2016年)全省青少年科技创新大赛中，尤溪七中的《关于尤溪县环城路段扬尘问题及其对城区的影响》获优秀科技实践活动3等奖。

【环保信息化建设】 2016年，市环保局完成县(市、区)环保局局域网改造，实现与省、市环保专网的联通。完成市环保办公综合业务管理系统(平台)和各县(市、区)环保会商系统的升级，并正式投入运行。完成市区空气质量预报栏目的建设，并在“三明环保”网站和市环保局LED屏上，向公众发布市区空气质量预报。开展省环境生态大数据平台三明分中心和三明市生态环境监管(北斗)云平台建设的前期工作。

(池文斌 张艺娟 钟宏锟 周治诚 张卉 邓朝祥 江建中 王森 严永明 罗建平)

自然生态保护

【概况】 2016年，三明市生态环境状况总体良好。森林覆盖率76.8%，居全省前列；生物多样性丰富；水土流失面积逐步减少，但农村和农业面源污染尚未得到控制。全市自然保护区总面积16.29万公顷。其中，国家级5处、面积6.81万公顷；省级6处、面积1.77万公顷；自然保护小区704处、面积7.71万公顷。省级以上自然保护区数量约占全省的1/3。

【闽江流域水环境综合整治】 2016年，市环保局以饮用水源保护、养殖污染治理、生活污染整治、工业污染防治、流域生态保护等为主要内容，开展闽江流域三明段及其小流域水环境保护和综合治理，向纵深推进和支流延伸。颁布实施《三明市水污染防治工作方案》，提出十项任务，确定26项年度治理项目。组织制定年度流域整治工作计划，投资7.75亿元实施57个重点项目。金湖、街面水库、安砂水库列入国家良好湖泊生态保护总体规划，其中，《金湖生态环境保护总体实施方案》通过国家环保部专家技术审核和省政府审查批准。

【饮用水源地保护监管】 2016年，三明市筹措专项治理资金近600万元，完成市区饮用水源地水体生态修复第一期工程验收，建成第二期工程，对第三期工程进行论证，提高水库自净能力，遏制水库富营养化趋势；加强中村乡生活污水人工湿地生态处理系统的维护和管理，减少生活污染对东牙溪水质影响；加大市区水源保护区巡查力度，密切关注水源水质和水库水位，保证市区饮用水源地水质安全。组织划定3个县级以上、5个乡镇级饮用水源地，并结合年度流域整治计划，重点推进宁化寨头里水库、隆陂水库水源地保护，实施大田坑口水库以及永安市、沙县、建宁县等10个水源地整治项目。

【完成市区第二水源建设】 2016年12月23日，三明市区第二供水工程正式通水，由第二水源引水系统和贵溪洋水厂两部分组成，投资2.6亿元，标志市区实现双水源供水。

【“河长制”全覆盖】 2016年，三明市落实“河长制”，实现市、县、乡、村四级河段长的全覆盖。总结推广大田的经验，设立河长办，建立日常巡河、定期督查、年终考评等制度，建立一系列常态、长抓、长效机制，确保河长制运行。开展流域污染调查，绘制河长责任区划图，并按“一河一策”的原则制定下发沙溪、金溪、尤溪流域河长制水环境治理实施方案，改善流域水质。4月5日，闽江流域河长制现场会在三明市召开，三明市的工作做法和成效得到张志南常务副省长肯定。

【生态检察监督开创先河】 2016年4月，三明市人大常委会出台《加强生态检察监督推进生态环境保护的决定》，在全省开创生态检察监督的先河。5月，在最高人民检察院法律政策研究室举办的“全国生态环境保护检察监督高端论坛”上作经验交流、在全国推广，是福建省唯一参会单位。

（钟宏锟　张艺娟）

环境执法监察

【概况】 2016年，三明市加大环保监察执法力度，落实新修订的《中华人民共和国环境保护法》《中华人民共和国大气污染防治法》及其配套的办法，适用按日连续处罚、查封扣押、限产停产、移送行政拘留等手段，打击环境违法行为。环境监察多项工作得到上级环保部门的肯定，2015年度考核成绩位列全省第一。在2016年全国环保执法大练兵活动中，三明市环境监察支队被评为表现突出集体（考评成绩位列全国地级市第二名），黄海诚、苏江海被评为表现突出个人，受到国家环保部通报表彰。

【环境监管执法机制】 2016年，市环保局印发《三明市网格化环境监管体系实施方案》，以市、县、乡镇三级政府为责任主体，明确相关部门环境监管职能，在全市建立设区市、县（市、区）、乡镇（街道）、村（社区居委会）四级环境监管网格。建宁县率先将环境保护融入综治城乡网格化服务管理平台，得到省环保厅认可。与北京数字政通科技股份有限公司合作，探索开展环境监管网格化平台建设。2016年3月，在全省环保系统率先印发《三明市污染源日常环境监管领域随机抽查机制规范事中事后监管的实施方案》，被省环保厅转发全省学习推广。全年实施污染源随机抽查1200余家次，在抽查中运用移动执法设备对随机抽查全程留痕。

【重点污染源监管】 2016年，市环保局加大国、省控污染源监督性监测超标、在线监控超标企业的查处力度，打击数据作假、设施不正常运行等违法行为。2016年，三明市国控重点污染源数据传输有效率99.6%，在全省9个设区市中排名第三。

【查处环境违法行为】 2016年，市环保局开展“危险废物检查”“小流域环保检查”“严查流域环境违法问题保障清水蓝天”等环保专项执法行动。全市出动执法人员2705人次，排查流域37条，检查排污企业1357家，发现问题企业87家，立案查处313家次（市本级38家次），罚款金额1235余万元（市本级405万元），取缔关闭工艺落后、污染严重企业35家，挂牌督办环境问题11个。查处适用新环保法及其“4个配套办法”案件360余起，其中，移送司法11起（市本级3起）、行政拘留77起（市本级15起），查封扣押166起，按日计罚10起，停产限产90起。

2016年11月，中共中央办公厅、国务院办公厅印发《关于全面推行河长制的意见》，三明全面深化实施河长制　　（陈广程　摄）

【三明最大环保“罚单”】 2016年9月1日，市环保局执法人员对西部水务（福建）有限公司例行检查时，发现其外排废水中氨氮超标排放，存在掉包水样、造假数据等恶劣的环境违法行为，向该公司下达《责令改正违法行为通知书》，对其处罚12余万元，同时将案件移交公安机关，该企业负责人被处予行政拘留7天。9月29日凌晨6点半，执法人员再次对该公司进行后督察。通过彻夜蹲守，发现该公司以逃避监管的方式再次超标排放废水，依法对其启动按日计罚162余万元。案件查处得到国家环保部批示表扬。

【排污费征收】 2016年，市环保局加大排污费的征收力度，提高排污单位申报的全面性和申报数据的准确性，掌握排污单位现状。规范排污费征收方式，推进排污费征收信息化工作，实现排污费电子开单，运用自动监控数据开展排污费申报核定征收。全市年征收排污费3678.85万元（其中市本级1168.24万元）。

【环境安全隐患排查】 2016年，市环保局开展环境安全隐患排查，督促化工、制药等重大环境风险企业完善应急池、储备应急物质和编制应急预案等应急措施。建立健全应急体制机制，建立全市环境应急管理指挥平台，完成应急防护装备和应急指挥车、无人机等的采购工作。加大应急物资储备，整合全市应急资源，结合三明市工业企业分布现状，在梅列区、永安市、尤溪县、清流县、大田县、将乐县6个县（市、区）设立环境应急物资储备库。通过日常检查和环境安全专项检查相结合的方式，在正常工作日和重要节日期间加大对高环境风险企业的监管。2016年，三明市妥善处置尤溪洋中高速路段油罐车柴油泄漏、三明高速北出口二亚硫酸钠货车燃烧、永安（福建）旺丰生态农业发展公司液氨泄漏和大田县镇石矿业公司尾矿库斜槽盖板断裂4起突发环境事件，未造成人员伤亡和重大财产损失。

【监控设施委托第三方营运】 2016年，市环保局开展全市重点污染源自动监控设施第三方社会化委托运行工作。在日常监管中，督促第三方运维商加快对重点污染源在线设备存在问题的更换进度，更换CEMS设备22台套、COD设备29台套、氨氮设备24台套，全部完成验收比对工作，确保在线监控的传输率及数据的有效性。省财政厅将三明的重点污染源自动监控设施第三方社会化委托运行工作作为全市公共服务供给新模式重点案例上报财政部并获肯定。

（周治诚）

责任编辑：阳崇欣

2016年，福建青山纸业有限公司污水处理厂 （市环保局提供）

综合经济管理

INTEGRATEL ECONOMIC MANAGEMENT

计划管理

【概况】 2016年，市发展和改革部门坚持稳中求进工作总基调，开展“敢担当、解难题、立新业”和“大干150天加快推进‘五个一批’项目建设”活动，进一步完善季度经济运行调研、分析工作机制，加强部门配合和信息沟通，及时跟踪主要经济指标完成情况及重大项目实施进展情况，强化参谋助手作用，全力以赴稳增长、调结构、促改革、防风险、惠民生，经济社会保持平稳健康发展，实现“十三五”良好开局。

【十三五规划纲要编制完成】 2016年2月，《三明市国民经济和社会发展第十三个五年规划纲要》印发实施。《规划纲要》围绕实现全面建成小康社会和经济社会发展目标，研究制定重点任务；注重凸显五大理念，以创新、协调、绿色、开放、共享五大发展理念，引领发展方式和发展动力转变，深化改革，扩大开放，大胆创新；注重把握发展趋势，主动认识、适应、引领新常态，更加重视供给侧结构性改革，突出把“互联网+”贯穿经济社会发展各个环节，按照经济转向中高速增长、产业迈向中高端要求，合理确定主要目标；注重突出地方特色，在体现中央要求、融入全省布局的前提下，重点推进“三区”（国家扶贫改革试验区、生态文明先行示范区、国家公共文化服务体系示范区）建设；注重补齐民生短板，突出问题导向，集中力量破解制约三明发展的瓶颈因素。此外，全市先后完成“十三五”生态文明建设、工业创新转型等23个市级重点专项规划编制。

【加强政策研究与对接】 2016年7月，市发改委提出《关于实施投资工程包的若干意见》。9月，提出《关于补齐发展短板扩大有效供给的实施意见》和《加快现代服务业发展的实施意见》。12月，提出《加快市区现代服务业重点项目建设工作方案》和《实施小流域生态修复与可持续发展试点工程的意见》。当年，抓住三明市成为全省唯一“免督查”地区契机，利用国家在专项建设基金申报、债券发行“直通车”等6个方面赋予的激励政策，争取国家发改委额外切块安排全市专项建设基金规模4亿元，核准发行企业债券规模23亿元。全年共争取中央和省级预算内投资10.99亿元，三个批次国家专项建设基金争取项目124个，基金规模79.31亿元。

【多领域推进改革】 2016年，市发改委研究提出贯彻落实《国家生态文明试验区（福建）实施方案》任务分工，梳理6个方面24项重点任务和30项改革成果要求，制定实施生态文明体制改革实施方案、国家第三批低碳城市试点实施方案、生态保护与建设示范区规划等一批文件。泰宁县纳入国家级重点生态功能区，实现市里国家级重点生态功能区“零”的突破。碳排放权交易工作启动，31家重点企业纳入全省碳交易市场；国家中小城市综合改革试点实施方案获批实施，明确6大项、16项具体任务。明溪药谷小镇、永安石墨小镇列入首批省级特色小镇试点创建名单；核准事项进一步取消和下放，投资项目并联审查审批加快推进。45家企业列入年度省重点上市挂牌后备企业名单，科荟种业、绿田股份在“新三板”挂牌，市交建公司13亿元、市国投公司10亿元企业债获准发行。

【加快重点项目建设】 2016年，全市470个省市重点项目完成投资762.18亿元，超序时进度23.6个百分点，三明南站片区枢纽工程等123个项目开工建设，三明烟草打叶复烤易地改造等166个项目建成或部分建成。全市列入省“五个一批”项目盘子总数为1005个，总投资6402.5亿元，其中2016年新增项目704个，新增项目总投资3530亿元。从“五个一批”项目库中，筛选253个项目开展“大干150天”项目建设活动，8~12月共完成投资192.65亿元，52个新项目开工建设，73个项目建成或部分建成。在交通、能源、市政、水利、美丽乡村、信息、环保、社会事业、工业、房地产等重点领域，策划生成366个重点项目，全年完成投资638.12亿元。对接省22个投资工程包，在城市公共停车场、农网改造升级、城市地下综合管廊等18个领域策划推出两批88个工程包项目，全年完成投资

66.67亿元，71个项目新开工，21个项目建成或部分建成。

【推动产业优化升级】 2016年，三明市推进7个产粮大县新增粮食产能田间工程建设，支持沙县双溪水库、闽江防洪工程三明段（一期）等水利设施项目建设；推进农村产业融合发展，全市68个县（乡、村）列入国家农村产业融合发展“百县千乡万村”试点示范工程。工业项目加快落地建设，中机院机械装备产业园、中节能环保产业园、中通用纺织产业园等重大产业项目加快建设，稀土、氟化工、石墨等产业加快发展。重点围绕转型升级、新兴产业、智能制造等领域，征集企业技术需求150余项，推动106项产业共性技术需求和前沿技术需求与相关高校和科研院所对接，促成一批科技含量高、示范带动作用强、社会经济效益好的项目对接落地。推动实施战略性新兴产业发展和技术改造、产业技术联合创新专项项目5个，争取资金补助1500万元。推进现代服务业发展，全年新增规模以上服务业企业73家，服务业对经济增长的贡献率41%。三明公路港和泰宁古城旅游休闲区列入首批29个省级服务业集聚示范区。发展“互联网+”新业态，永安“互联网+竹产业”、建宁“互联网+建莲产业”、沙县“互联网+沙县小吃产业”列入全省首批“互联网+”区域化链条化试点。海鑫钢网省级重点公共平台、金森北斗应用装备研发和网龙华渔教育（大田）县域VR产业示范区等互联网孵化项目加快建设。“6·18”项目对接成效显著，签约项目621个，动工率66%，完成年度投资43.65亿元，158个项目建成或部分建成。组织召开全国“双创”活动周福建分会场系列活动之“6·18”对接日——“创新农业技术资本对接会”，推介“养殖污染微生物治理及其副产物资源化利用”30多项最新农业科技成果，“田字一号自然生态系统工程”等3家企业融资路演。

【发展民生和各项社会事业】 2016年，市发改委牵头编制“十三五”社会事业7大领域44类专项建设规划，会同社会事业相关部门编制“十三五”教育、卫生计生、文化、旅游、体育、人力资源、社会保障等相关行业发展规划，并储备一批专项重点项目；争取社会事业建设资金7.32亿元，实施学前教育、义务教育学校标准化、普通高中、职业教育产教融合发展工程、重大疾病防控、妇幼健康、基层医疗卫生服务体系、公共文化体育、旅游基础设施、社会养老、基层就业和社会保障服务、残疾人康复与托养设施等专项建设，扶持建设项目116个；争取易地扶贫搬迁、以工代赈、国家扶贫改革试验区等国家和省级专项投资计划项目69个，获得补助资金近亿元，改善农村生产和生活条件。

（王　建）

统计工作

【概况】 2016年，三明市统计部门以提高统计数据质量为中心，深化统计改革，夯实统计基础，加强对主要经济指标的跟踪监测，研判经济发展态势，针对波动大和异常指标重点跟踪监测，做好预警预测分析，提出可行性建议，全年向市委市政府提供统计分析报告、呈阅件34篇。同时，围绕市委、市政府中心工作和决策部署，深入开展经济转型升级、电子商务、居民服务业等课题研究，形成了一批有价值的统计专题分析，《三明经济转型升级的总体评价及建议》《加快三明产业转型升级、促进供给侧结构性改革》《促进三明生态旅游产业健康发展的思考》等3篇分析被国家局、省局内网采用。新增编印《“十二五”三明统计手册》，精心编印《三明统计分析》《统计月报》《统计年鉴》《统计摘要》等统计数据产品，定期收集编印月（季）的数据对比分析资料和全市主要经济社会指标情况，供领导决策参考。

【农业普查】 2016年，市统计局落实第三次全国农业普查前期准备工作，市本级第三次农业普查总经费170万已拨款到位80万元，各县（市、区）普查经费累计落实1834万元，2016年当年落实1075万元；12个县级农普办均以落实办公场所，市县两级农普办共抽调144人集中办公；2016年10月8日，市农普办与市委宣传部联合下发《关于认真做好三明市第三次全国农业普查宣传工作的通知》，启动农业普查的宣传活动；全市共选调两员8381名，其中普查员6261名，普查指导员2120名，“两员”培训工作逐步开展。5月，完成在尤溪县开展的省级综合试点工作；10月，完成建宁县农普市级试点工作。

【统计专项调查】 2016年，市统计局严格执行国家各项统计报表制度，做好农业、工业、能源、商贸、投资、建筑业、房地产、劳工、服务业、科技、文化产业等专业的2015年年报和2016年定期统计报表工作，完成“四众”企业、人口抽样、非公人才状况、城市商业综合体、农业产业化龙头企业、工业景气等专项调查。10月，市统计局组

2016年5月13日，国家统计局三明调查队在大田县上京镇梅林村现场核实卫星遥感地形图　（张伊伊　摄）

织开展电信诈骗专项调查，向本市335个市民进行反电信诈骗问卷调查。

【样本抽取和核查】 2016年，国家统计局三明调查队各相关专业严格按照福建调查总队要求，开展样本抽取和核查工作。其中采购经理调查于1月23日完成替换工作，替换采购经理调查样本企业3家。限额以下商业4月完成全部样本核查工作，依照规范进行样本替换。工价调查样本轮换87家，在签领统计报表、台账、制度的基础上，针对工业生产者价格及固定资产投资价格调查样本下发样本确认书，要求企业盖章后寄回市队及当地统计部门。居民收支专业更换92户，换户率5.1%。畜禽专业对所抽中的畜禽调查单位信息进行核查，并做好企业名称变动记录。

【统计改革】 2016年6月8日，省政府提名永安市为全省编制自然资源资产负债表六个试点之一。根据省试点方案要求，国土、林业、环保、水利等部门完成相应报表数据填报工作。联合商务主管部门引导企业入驻正统网，全市入驻"正统网"电子商务企业328家，比2015年增加56家。

【统计保障】 2016年，市统计部门围绕贯彻落实省政府97号和市政府174号文件精神，重点推动县、乡两级统计基层基础建设进档升级，进一步细化工作流程、明确目标。同时，工业、能源、贸易等专业在一套表平台上增加审核公式和查询模块，细化审核内容，强化审核功能，提高平台数据质量。根据《福建省统计局关于开展"数据造假、以数谋私"专项治理的通知》精神，对照五项重点治理内容清单，市、县两级开展专项治理，杜绝"数据造假、以数谋私"；采用"双随机"抽查机制对四分之一的县开展统计监督检查，查纠漏报、瞒报、拒报、虚报等统计违法行为；做好省、市、县三级公示平台进行链接，实现统计失信企业公示工作全覆盖，提升统计公信力。建立局内部主要指标数据评估制度，采取多科室、多专业会商审核的办法，加强对地区生产总值、农林牧渔业增加值、规模以上工业增加值等主要指标的综合评估。综合运用农业、林业、发改、住建、金融、电力、经贸、商务等部门提供的财政收入、税收收入、用电量等数据，对GDP、农业、工业等指标数据进行评估，提高统计数据的匹配性和协调性。

（陈菊玉）

审计工作

【概况】 2016年，全市审计机关完成审计项目379个，查出主要问题金额377723万元，其中违规金额19365万元、损失浪费金额55万元、管理不规范金额358301万元；损益（收支）不实金额94315万元；审计处理处罚金额207384万元，其中应上缴财政17049万元、应减少财政拨款或补贴16768万元、应归还原渠道资金78750万元、应调账处理金额92750万元；审计发现非金额计量问题897个；审计促进整改落实有关问题金额99596万元，其中增收节支35494万元、已调账处理金额60969万元；审计促进拨付资金到位3964万元；审计后挽回（避免）损失16795万元。移送司法机关、纪检监察机关和有关部门处理事项10件，涉及5人，金额10741万元。出具审计报告和专项审计调查报告497篇，被批示、采用12篇；提交审计信息427篇,被批示、采用286篇。提出审计建议815条，被采纳534条；推动完善规章制度7项。向社会公告审计结果2篇。市局实施的2014年度本级预算执行及其他财政收支情况审计项目获得2015年度全省表彰审计项目。

【国家重大政策措施贯彻落实跟踪审计】 2016年，市审计局重点对简政放权政策落实、财政存量资金盘活使用、农信系统"营改增"政策执行、重大项目推进政策扶持、灾后重建资金管理使用、资源环境保护资金使用等6方面内容开展审计，并对64个省重点建设项目开展跟踪审计，市财政局共盘活市本级存量资金63055万元，通过持续的跟踪审计，着力反映政策落实不到位、项目建设缓慢、管理不规范等问题，研究提出解决问题的对策。

【财政审计】 2016年，市审计局落实新《预算法》，从传统的财政收支审计逐步转向以促进"税源培植、财政增收、支出增效、规范管理"为目标的全面审计，全市共组织预算执行审计项目98个,查出主要问题资金215554万元。市局完善预算支出标准体系、盘活存量资金、扩大国有资本经营预算、加强专项资金预算管理等方面，2015年度税收征管审计以及重点纳税行业审计调查报告引起市政府的重视，于2016年4月8日分别出台《关于进一步明确市本级固定收入企业税收预算级次的通知》《关于确定市本级重大项目企业名单的通知》两个文件，规范市区财政管理体制，3880万元已补入库，增加市本级财政收入。

【经济责任审计】 2016年，市审计局建立与组织、纪检部门提前沟通机制，推动建立经济责任轮审制度。将领导干部经济责任与预算执行审计、专项资金审计紧密结合，节约审计资源。把重大决策、履职尽责、管理绩效等作为经济责任审计的重点内容，促进领导干部决策的科学性，增强领导干部的责任意识、廉洁意识，促进机关依法行政。全市共对119个单位的131名领导干部开展经济责任审计，查出问题资金56478万元。移送纪检监察机关1人，涉案金额50万元；提交审计报告和审计结果报告233篇，审计提出建议254条，被采纳160条。

【民生审计】 2016年，市审计局开展全市保障性安居工程、全国医保基金、闽江流域（福州段）水污染防治资金交叉审计等民生项目审计，促进民生资金使用效益提高，切实改善和保障民生。在保障性安居工程审计工作中，创新形式，采取以上审下、异地交叉、领导挂包、中期协调、推进等多种方式，为全市开展"大兵团统一作战"积累成功经验。同时，客观如实地反映审计中发现的问题，引起市政府重视，三明市政府于2016年4月制定出台《三明市区2015年城镇保障性安居工程跟踪审计问题整改工作方案》、5月出台《三明市2016年度农村危房改造实施方案》、6月出台《三明市区政府购买棚户区改造服务管理办法》、8月出台《三明市人民政府关于市区公共租赁市场租金标准的批复》、10月出台《关于搭建商品房选购平台和统购公租房的实施意见》等5份规范性文件，进一步完善保障性安居工程的准入、准出和使用的管理制度,切实维护保障性住房群体的利益。截至12月底，各县市有关部门根据审计发现问题进行整改，取消农村危房改造保障资格或调整享受待遇108户，收回补助资金23.4万元，以其他方式进行整改的106户，取消保障资格或调整享受待遇的户数266户，收回住房补贴补助金额8.4万元，腾退收回保障性住房67套，通过提高租金、补缴差价等方式整改的保障性住房58户，收回外借保障房5套。

【扶贫审计】 2016年9~10月，全市开展生态效益补偿资金和林下套用资金的“最后一千米”专项督查以及全市精准扶贫专项审计调查，重点揭示扶贫资金制度建设、资金筹集管理使用中存在的困难和问题，推动精准扶贫政策措施落地，促成林业、财政等部门落实问题整改，规范资金项目管理。通过审计督查，至2016年12月10日各县（市、区）林业局已归还原资金渠道33.25万元，已上缴地方财政资金353.11万元，补发农民补偿金9.54万元，并促成市财政局、市林业局出台《三明市林下经济发展专项资金管理办法》。

【公共投资审计】 2016年，市审计局持续开展三明沙县机场跟踪审计、建泰高速公路决算审计、B05安置房和西江路审计，以及援疆项目和资金审计工作；强化政府投资审计业务的质量监管，保质量，防风险，进一步转变观念，理清思路，强化审计监督职能，确保政府投资审计稳步、健康运行。全市共完成投资项目审计757个，审计工程总造价45.56亿元，核减工程造价6.21亿元。

【金融审计】 2016年，市审计局完成尤溪县农信社和沙县农商行的2015年度资产负债损益情况的审计，揭示金融贷款风险隐患以及经营管理中存在的薄弱环节，以呈阅件的形式报送市政府，为防范全市金融风险提供审计支持。并对“两银行部分贷款调查报告不实、客户经理未按规定核实贷款用途证明材料原件”等造成不良贷款的问题，按程序向三明银监分局出具《审计移送处理书》，根据审计处理书，三明银监分局查实后分别对16人次责任人进行全县通报，给予处罚绩效工资1.4万元，并督促尤溪联社自查自纠，制定整改计划和实施步骤，明确整改部门和责任人规范业务操作行为，提高制度执行能力，加强跟踪借款人的财务状况，监测贷款风险变化，择机提前收回贷款，防范风险。同时，完成三元、尤溪和将乐三地的世行农村公路贷款审计。

（林慧升）

物价管理

【概况】 2016年，三明市物价部门以加快完善主要由市场决定价格的机制为主线，服务供给侧结构性改革，加强市场价格监管，为“十三五”开好局、起好步营造良好的价格环境。1~12月，全市居民消费价格指数涨幅累计平均为1.1%，低于市委、市政府下达的年度3.0%左右的调控目标。

【服务地方经济发展】 2016年，市物价局落实中央和省里取消、停征和减免收费政策，带头执行停征价格调节基金，减少相关行业企业负担。全年停征金额8800万元，其中市本级1800万元。2016年8月，市物价局与市烟草专卖局联合下发《关于鲜烟叶烘烤用电有关电价政策的函》，保障全市烟农享受农业优惠电价政策，全市烟农年节支540余万元。服务重点工程建设，为保障三明机场、南三龙铁路、三明台商投资区建设序时推进，及时准确地出具拆迁补偿价格认定意见书，标的金额6190万元。督促落实结晶硅生产用电优惠电价政策，及时清退多收的电费2540余万元。根据省物价局的部署，在全市范围内对2015年以来涉企收费政策落实情况进行督查，会同市财政局对市直21个单位，对国家和省明令取消的收费项目、暂停征收或免征、降低标准等行政事业性收费项目，以及政府管理的经营服务性收费项目进行逐个项目、逐个单位拉网式排查。通过督查，涉企收费政策基本都落实到位，全市落实涉企优惠政策年可减轻企业负担6024.46万元。重新梳理公布“三明市物价局关于公布涉企收费项目及优惠政策等目录清单的通告”，通过市政府和三明市物价局网站向社会公布6个清单，即：涉企行政事业性收费目录清单、涉企行政事业性收费优惠政策目录清单、涉企经营服务性收费目录清单、涉企经营服务性收费优惠政策目录清单、中介服务收费目录清单、行政审批前置服务收费目录清单，明确对未进入公示名单的收费单位或收费项目，被收费对象可以有权拒绝缴费。争取优惠电价政策，实现永安市石墨和石墨烯产业园生产用电执行结晶硅丰弃水期优惠电价政策。

【稳价控价】 2016年，市物价局落实省市稳价控价措施，分解下达全市2016年一季度和全年的控价任务，居民消费价格指数涨幅为1.1%。完善物价联动机制，会同相关部门明确，价格临时补贴采取“按月测算、按月发放”，月度补贴标准不足20元的，按20元发放。推进目标价格制度创新，永安、沙县全省率先试点，两地保险公司为菜农共赔付110余万元。落实价格监测制度，按要求定时定量完成国家、省局共19项431种报价任务，涵盖成品粮、居民食品、工业消费品、工业生产资料、运输等，及时提交月度市场价格巡视报告和生猪、住房价格调研报告。做好民生价格信息发布，做到新周报、导视频道、政府网站和官方微信平台全覆盖，合理引导市场价格预期。从7月1日开始，每月定期上报省局、国家发改委11个工种劳动力价格。做好协议价测算，优化采价频率、提升协议价合理性；组织价格志愿者拍照10家平价商店的价格、品相和堆头，适时上传微信圈，以利及时监控物价。组织召开全市平价商店建设管理现场会，统一全市平价销售区场地设置和标识，对平价商店销售数据调取和财政补贴计算分析进行培训指导。2016年春节启动平价商店运行机制，全市共有55家超市和商场参加，共发放补贴资金215万元，缓解因恶劣天气造成绿叶蔬菜价格提高给广大群众带来的消费压力。

【价格改革】 2016年，全市各县

(市)完成居民阶梯水价和调整污水处理费出台工作。11月29日，在全省率先制定下发三明市推进农业水价综合改革实施方案，完成省物价局布置的工作任务。

【价格监督检查】 2016年，市物价局开展全市景区价格、药品和医疗服务价格、涉企收费等专项检查，共查处各类价格违法案件45件，实施经济制裁总金额1515.98万元。其中，退还用户金额752.76万元，没收违法所得金额677.04万元，罚款金额86.18万元。根据群众举报，组织执法人员对厦门海联翔物业服务有限公司三明分公司违法收取装修管理费行为进行调查，依法对该公司作出没收54万元的行政处罚决定。该案的办理是三明市价格行政执法领域第一次召开价格行政处罚听证会、第一次进行案件社会影响效果评估、第一起价格行政复议案件，第一起价格行政诉讼案件。

【价格认证服务】 2016年，全市共受理各类价格认定案件880件，标的金额34461.92万元，其中涉案物品价格认定752件，标的金额10668.39万元；涉税房地产和店面认定案件8件，标的金额9137.29万元；涉纪检价格认定案件6件，标的金额121.41万元；价格争议调解11件，标的金额1950.41万元；民事案件56件，标的金额9928.75万元；服务政府8件，标的金额1945.31元；其他价格认定案件35件，标的金额650.35万元。

【价格成本监审】 2016年，市物价局落实省物价局《关于印发福建省政府制定价格成本监审工作规程》，整改价格成本监审工作中存在不规范以及文书不齐全等问题，并在6月制定下发《三明市物价局关于网上办事大厅事项办理流程图和清单的通知》和9月制定下发《三明市物价局关于印发审价会目录清单的通知》，规范价格成本监审和网上办事大厅工作；把握“农本是基础，质量是关键”的基本原则，为各项农本调查过程提供真实有效的数据；发挥成本监审的作用，为调定价费提供客观、公正、科学的依据。全市全年完成水利工程供水、自来水价格与生活污水处理费、燃气、供水管道建设费、城市客运出租车、老年公寓综合服务费、民办中学教育收费、幼儿园保教费、景区门票、殡仪收费11类共25项成本监审项目，核减不合理成本费用3709.24万元。

【医疗服务价格工作推进】 2016年，市物价局探索建立按项目、按病种等多种收费方式并存的医疗服务价格管理模式，开展对住院费用全部按病种付费调查工作，共采集6家公立医院（三、二级医院各3家）162602个出院病例，涉及病种数649个，为全市医保支付制度改革，市医管中心实行住院费用全部按病种付费提供参考依据；推行临床检验基本组合打包收费政策，促进临床检验人员合理选择检验方法和项目，规范临床检验项目收费行为；理顺医疗服务价格比价关系，会同相关部门制定在医养结合点和民营医疗机构实行药品零差率销售的政策，以及社区医养结合卫生服务站和乡镇卫生院在行政村设立的卫生所医疗服务价格。依据国家制定的全国医疗服务价格项目技术规范，制定出台新增医疗服务项目价格共9项，促进医疗新技术和新手段在三明推广应用。

【规范教育收费管理】 2016年，市物价局将公办幼儿园保育教育费纳入行政事业性收费管理，完成对全市公办幼儿园保育教育费标准的调整工作，平均调高幅度约25%，并于2016年秋季开学起执行。对各县公办幼儿园收费标准，可在不超过市属公办幼儿园收费标准的前提下，由各县（市）物价、财政部门核定。根据新出台的《福建省定价目录》规定，对原已下放委托县级物价部门管理的中等职业学校和普通高中住宿费收费管理权限，收回由三明市物价局管理。

【创新价格举报平台工作模式】 2016年，市物价局与福建广电网络服务集团有限公司三明分公司签订《12358价格监督平台呼叫系统坐席服务外包协议》，于6月1日起，将三明市价格举报电话12358话务业务外包给96311客户服务中心话务台。通过服务外包，既有利于将检查执法人员从繁重接听任务中解脱出来，回归监督检查本职工作，也有利于提升价格举报服务质量、提高12358价格举报电话接通率。2016年，全市各级价格举报中心共受理各类案件486件。其中，价格政策咨询388件，价格投诉44件，违法举报53件，意见建议1件。其中，受理来电443件，来访1件，来信3件，全国网上举报平台39件。已办结举报案件472件，办结率97.12%，实现经济制裁金额4387元。

（黄仁轩）

工商行政管理

【概况】 2016年，全市新设立市场主体31267户，其中企业7276家、个体工商户23991户，分别比增22.6%、26.7%、21.4%；至2016年年底，全市共有市场主体168330家，其中企业41460家、个体工商户126870户，比增均超过15%；比全国提早一年完成存量企业“一照一码”换照工作，企业电子营业执照发放率65.3%。商标品牌战略深入实施，全年商标申请量3081件，累计有效注册量12926件，比增45%、17%。办理股权出质登记和动产抵押登记460件，助企融资98亿元。全市企业、个体工商户、农民专业合作社年报率分别为86.16%、85.47%、85.31%。全省率先开展委托审计抽查、年报抽查结果交叉复核工作，推广“双随机”抽查机制，市工商局事中事后监管工作有关做法获得省工商局工作情况通报表扬。集中整治一批公用企业的不正当竞争行为，组织抽检农资、成品油、校服、插头插座等流通领域商品695批次，对其中173批次不合格样品进行立案查处。2016年，全市系统共查处工商类违法违章案件570件，罚没543万元，分别比增27%、164%，其中网络案件37件、广告案件72件、“双打”案件132件、合同案件19件、农资案件42件、成品油案件50件。消费维权工作着力提升“消费维权满意率”，全年共受理消费者咨询投诉举报1.03万件,为消费者挽回经济损失488万元，比增34.5%。

【“五证合一”登记制度改革实施】

自2016年9月份起（比全国统一时间提前1个月），三明市对住所设在

2016 年 11 月 10 日，国家工商总局副局长甘霖（左二）到三明调研市场监督工作（市工商局提供）

三明市内的企业和农民专业合作社，在“三证合一”的基础上，实行“五证合一”登记模式，进一步整合社会保险登记证和统计登记证，申请人只需填写“一张表格”，向“一个窗口”提交“一套材料”，由工商行政管理部门核发加载法人和其他组织统一社会信用代码的营业执照，该营业执照具有原营业执照、税务登记证、组织机构代码证、社会保险登记证、统计登记证的功能。此举进一步降低了创业准入的制度性成本，便利企业开办和经营。至 2016 年年底，全市发放“五证合一”营业执照 6879 份。

【个体工商户“两证整合”登记制度改革实施】 自 2016 年 10 月份起（比全国统一时间提前 2 个月），三明市实行个体工商户“两证整合”登记制度，即个体工商户登记时依次申请，分别由工商部门核发营业执照、税务部门核发税务登记证，改为一次申请、由工商部门核发加载法人和其他组织统一社会信用代码的营业执照，公民只需填写“一张表”，向“一个窗口”提交“一套材料”即可，该营业执照具有原营业执照和税务登记证的功能。此举进一步提高了个体工商户创业、经营的便利化程度，有助于激发公民创业热情。至 2016 年年底，全市发放“两证整合”营业执照 10974 份。

【企业简易注销改革实施】 2016 年 9 月 25 日，市政府办印发《三明市企业简易注销登记办法（试行）》（以下简称《办法》），该《办法》适用于三明市登记的未开业或已开业无债权债务的有限责任公司、合伙企业，但外商投资企业、企业分支机构除外，并罗列了不适用简易注销登记的八种情形。《办法》规定企业申请简易注销时，免于在规定的报纸上刊登清算公告，只需在国家企业信用信息公示系统（福建）发布拟清算公告；免于向登记机关提交清算报告及其确认文件、清算公告、清算组备案证明、分支机构的注销证明、清税证明等材料。该项改革极大简化了注销登记手续，方便企业快速退出。至 2016 年年底，已办理简易注销企业 22 户。

【推进大众创业万众创新】 2016 年 3 月中旬，市工商行政管理局联合市双创办制定出台《三明市深化商事制度改革促进小微企业创业创新发展的意见》，提出从市场准入、商标、合同、融资等 11 个方面促进小微企业发展，其中对获国家级、省级、市级公示的“守合同重信用”小微企业分别给予 10 万元、3 万元、0.5 万元的奖励，对新认定的驰名商标、著名商标、知名商标小微企业分别给予 20 万元、3 万元、0.5 万元的奖励，对新注册的地理标志商标给予 1 万元的奖励，对新注册的马德里国际商标根据指定国家或地区数量给予每件 0.2 万至 1 万元的奖励，调动小微企业诚信经营、创建商标品牌的积极性。2016 年共有符合条件的 101 家“守重”、48 家高知名度商标小微企业申报双创奖励合计 215.5 万元。同时，从市财政争取到 2015、2016 年度商事制度改革专项经费 500 多万元，保障全市商事登记窗口服务工作。

【深化“守合同重信用”企业公示活动】 2016 年，全市获国家级、省级公示的 2014~2015 年度“守合同重信用”企业分别有 10 家、71 家，新公示 2014~2015 年度市级“守合同重信用”企业 138 家。12 月初，召开三明市“守合同重信用”企业工作推进会，表彰“守合同重信用”企业，部署推进全市“守合同重信用”工作。市工商局“守合同重信用”工作有关做法获得省工商局工作情况通报刊登。

【开展全市企业信用信息归集】 2016 年，落实省建设国家企业信用信息公示系统的部署要求，市政府成立工作领导小组，召开全市专题部署视频会议，市工商局牵头做好方案制定、培训指导、督查通报等事项，组织各县（市、区）和 30 多个市直部门按要求归集各类涉企信息。至 2016 年年底，全市通过应急途径向该系统归集信息 4431 条，通过省监管协同平台在该系统中归集公示信息 120615 条。

【在全省率先出台公示信息委托审计办法】 2016 年 4 月，市工商局制定《三明市企业公示信息委托审计暂行办法》，规定三种情形下企业应当向实施年报公示信息抽查或投诉举报核查的机关提交经会计师事务所审计的相关报告，两种情形下企业在“补报移出必查”时应当向实施核查的机关提交审计报告，并规定委托会计师事务所审计的内容范围、如何委托选定会计师事务所、审计费用承担主体及来源等内容。从 4 月底起，全市工商、市场监管部门对因未公示年报而补报申请移出的企业，属《三明市企业公示信息委托审计暂行办法》规定情形的，均要求企业提交会计师事务所审计报告。

【打击传销和规范直销】 2016 年，全市推进“无传销县（市、区）”创建工作，各地争取支持保障、完善制度机制、开展“创建无传销城市宣传月”活动，全市公安、工商机关共查处传销案件7起、捣毁窝点17个，8个县（区）全部通过省考评组验收，实现12个县（市、区）全部创成“无传销县（市、区）”的目标。探索直销行业分级分类监管和行政指导，8月，出台全省首个《直销企业服务网点和经销商经营行为指引》，明确直销经营活动的相关要求；9月，印发《关于对我市直销行业实行分级分类监督管理的通知》，明晰市局、县级局、基层所三级监管体系的直销监管职责。

【广告监管与服务】 2016年，市工商和市场监管部门取消5项广告审批登记事项，通过邀请专家座谈、举办法规培训、开设微信交流群等形式加强对广告企业的行政指导，先后开展户外广告、旅游市场广告、非法集资广告、互联网金融广告等专项整治。全年共组织广告网络培训800多人次、集中培训100多人次，组织广告企业发布公益广告1000多条，立案查处各类广告违法案件72件。根据工商总局国家广告数据中心每月监测结果显示，2016年全年全市传统媒体涉嫌严重违法广告“零”条次。

【成品油市场整治】 2016年，市工商和市场监管部门力开展成品油市场专项整治行动，组织抽检成品油样品94个批次，认定不合格样品37个批次，共查处各类成品油案件50件，查扣成品油204.12吨，罚没130万元。其中大田县市场监管局查处成品油违法经营案件14件，没收成品油40.56吨，罚没65万元；沙县市场监管局查获走私燃油案件3件，没收燃油96.64吨；明溪县市场监管局查处2件非法运输、贮存、买卖无合法来源成品油案件，查扣成品油29.92吨。

【改造三明综合市场】 2016年3月，三明综合市场改造工程完成，先后合计投入经费500余万元。三明综合市场由于建成早、使用率高，造成各种设施和设备老化、损坏率高，存在较大消防安全隐患。市工商局牵头组织开展三明综合市场改造工程，坚持“安全、实用、美观”的原则，加强与财政、消防、规划、电力、供水等部门协调，争取资金、政策等方面支持，明确11项重点治理内容、4项治理措施及治理工作时间安排。该工程于2015年11月动工，主要拆除临时搭建的海水产区、天井临时搭盖的店面、沿窗搭盖的仓库、地下室冷库、楼梯间的防火卷帘分隔，将长闭式防火门全部改为长开式防火门，将二层消控室迁至市场一层，改造三楼用电线路，增设符合规范的消防指示标志、排烟窗户、双回路供水和双电源供电，对市场内的经营业主重新进行划行归市。

（林公福）

质量技术监督

【概况】 2016年，三明市质量技术监督局（以下简称市质监局）围绕市委、市政府“念好发展经、画好山水画”工作主题和省质监局“突出六个加强，提升六个力”工作部署，深入实施质量强市战略，以质量品牌为主业，特安监督担责任，标准计量作基础，努力为提升全市经济社会发展的质量和效益提供精准质量技术服务，顺利完成年初制定的各项目标任务。

【质量管理】 2016年3月，市政府出台《关于贯彻国务院质量发展纲要进一步推进实施质量强市战略的意见》，将“全面提升产品质量、大力提升工程质量、重点提升服务质量”列为三项主要任务，提出24项质量指标及其2016年、2020年目标值，明确质量强市战略目标,任务及分工。市质监局牵头做好市政府迎接省政府质量工作考核，继续获评A级，列全省第一方阵。

【市质量奖评审】 2016年，市质监局组织完成对县级政府质量工作2015年度考核，6个县为A级、4个县为B级。组织开展第三届暨2015~2016年三明市质量奖评审工作，首次增加县（市、区）政府推荐程序，经企业自愿申报、当地县（市、区）政府推荐、资格审查、经济指标公示、社会满意度测评、材料评审、现场评审、集体审议和新闻媒体公示等程序，三明亿力森达电气设备有限公司、三明市丰润化工有限公司、福建华盛集团三明冷冻食品有限公司等3家企业被市政府授予“2015~2016年度（第三届）三明市质量奖”。

【质量品牌建设】 2016年9月，市政府出台《关于印发三明市发挥品牌引领作用推动供需结构升级实施方案的通知》，将加强标准体系建设、强化计量基础支撑作用、提升检验检测和认证认可服务水平作为夯实质量品牌基础的重要举措。全市全年新申报福建名牌成品16项，总数137项，位居全省第六。新申报国家地理标志保护产品2个，全市总数24个，位居全省第一。指导帮扶的永安市“全国竹产业知名品牌创建示范区”获国家质检总局批准筹建。

【检验检测资质认证认可工作】 2016年，全市有35家企业获得强制性认证有效证书277张；共有86家机构获得检验检测资质认定，覆盖产品质量、建设交通工程、环境和空气质量、机动车、医药卫生、消防、特种设备、节能检测等多个领域。组织开展全市检验检测机构资质认定专项监督检查工作，在检验检测机构自查基础上，采用“双随机”方式，从全市检验检测机构数据库抽取6家检验检测机构进行监督检查。

【标准化工作】 2016年，三明市企业新增已发布的主导或参与国家标准4项，行业标准9项，省地方标准10项。实施“标准化+”行动，国家级沙县农村综合改革美丽乡村建设标准化试点和国家级建宁农业标准化综合示范县等项目相继通过验收；全国物流标准化试点城市建设花落三明，获得中央财政8000万资金扶持；国家司法辅助标准化试点项目进展顺利，联合市编办、气象、民政相关部门推进行政服务、家政服务等标准化行动和相关行业标准制修订工作。

【计量管理】 2016年，市质监局牵头抓好《三明市政府关于贯彻落实国务院计量发展规划（2013~2020年）实施意见》的任务分解，确保相关政策规定落实到位。对19家机动车辆安检机构开展专项监督检查，抽查22家重点用能企业计量器具配备、能源计量数据管理及人员配备和培训等情况，计量授权单位的监督检查覆盖面60%。组织对集贸市场电子计价秤、出租车计价器等重点计量器具开展计量专项监督检查，严厉查处未经检定使用的违法行为，共出动检查人员260余人次，查处不合格电子计价秤22台。

【产品质量监督】　2016年，市质监局围绕全市131家工业产品生产许可证获证企业，实施分类监管，推广集成式“双随机”监督抽查工作机制，推动企业落实质量安全主体责任，全市2016年共检查辖区获证企业130多家，出动近300余人次，对发现的问题企业提出整改要求。加大对省级监督抽查不合格产品生产企业跟踪检查力度，通过不合格产品处置、原因分析、问题企业约谈、整改复查、跟踪抽查等措施，制定相应整改措施，全年共落实17批次不合格产品的后处理工作。开展钢筋混凝土输水管、验配眼镜、食品相关产品和危险化学品等专项整治和消费品质量提升等专项行动，全市工业产品质量省级监督抽检合格率95.8%。

【特种设备安全监察】　2016年，市质监局推行特种设备安全监管网格化，推动基层特安监察网络建设，以基层市管所管辖区域，划分监察网格，实现市、县、乡监察职责、监察队伍、监察信息“三级三覆盖”，树立特种设备网格化监管示范所，总结其工作经验，编印特种设备网格化监管工作手册，8月，省质监局在沙县召开全省半年特安工作现场会，推广全市网格化管理的工作经验。开展电梯安全管理示范小区创建工作活动落实电梯使用单位安全管理主体责任，至2016年年底，全市建立电梯安全管理优秀示范小区14个，实现电梯使用安全管理达标小区220个，全市在用电梯定期检验一次合格率从2015年的87%跃升至2016年的98%，该项工作得到省质监局肯定并组织全省各地特安监察、检验有关负责人到全市进行现场观摩。9月，推动市政府安委会牵头组织对各县（市、区）政府电梯安全工作进行督查，推动各级政府、各有关部门落实电梯安全监督管理责任。全年未发生特种设备事故。

【质监稽查执法】　2016年，市质监局突出打击主观故意违法行为，探索“双随机”“首过不罚”机制，组织开展液化石油气、水泥、钢材、人造板、PVC管等专项整治，市质监局就“创新执法打假模式”方面在全省质监系统执法打假工作现场会上作典型经验介绍。2016年，市质监局共办办理案件28起（含移送县级局15起、公安2起）。

【实施科技兴检战略】　2016年，市质检所获批资质认定产品746个、参数8155项，通过实验室认可产品143个、参数或参数组合162个。市计量所建立社会公用计量标准68项、校准项目101项、检测项目6项，完成煤气表检测、量块检定等老旧检测项目省级改造。

（罗昌专）

食品药品监督管理

【概况】　2016年，市食品药品监督管理部门突出落实“党政同责”的政治责任和“四有两责”的监管责任，履职尽责，提升监管执法水平，促进食品药品产业健康发展，全市全年未发生较大食品药品安全事故。2016年全省药品满意率测评排省内第三名，列入全省年度治理工作目标的食品安全指标抽检合格率（含省抽）均达到或优于省定治理目标要求。全市9个县开展省级食品安全社会共治示范县创建工作，大田县、泰宁县通过省验收，成为全省首批食品安全社会共治示范县，明溪县、将乐县被列为2016年创建试点。落实“马上就办”“简政放权”，深化“比服务”活动，加强入驻行政服务中心的行政许可窗口建设。继续完善落实服务企业发展“十条”举措，制定扶持电商孵化基地发展“十条”意见，规范促进电商健康发展；重点推进市区“三明欣茂药业新型眼药生产项目”和“名佑（福建）食品有限公司蔬菜深加工生产项目”，帮促三明市三真药业有限公司取得药品生产许可证及完成生产地址的变更。

【食品安全综合协调工作】　2016年，市食药监局每季度召开一次食品安全季度工作分析会，不定期召开联席会议，分析协调解决市区各类食品安全监管工作问题。协调各部门，组织开展农村食品安全治理、节日期间食品市场、猪肉市场、农村集体聚餐食品安全、学校及托幼机构食堂食品安全检查、畜禽水产品抗生素禁用化合物及兽药残留超标等专项整治工作。同时，分半年和年终两次对县（市、区）食品安全工作进行督查考核，并委托第三方机构开展食品安全满意度调查，点对点通报县（市、区）食品安全工作考评中存在的问题。2016年，全市完成抽样检测主要食品123678件，省定15类19项抽检项目累计检出不合格产品132件，合格率99.89%。

【食品药品安全专项整治】　2016年，市食药监局组织开展打击冻品走私、肉制品市场、校园及其周边、奶粉及乳制品专项打击、食用植物油塑化剂专项、保健食品、茶叶市场、农村食品安全的专项治理、非法经营疫苗、不合格面膜类化妆品等药品等十余项专项整治，消除一批食品药品安全风险隐患，遏制食品药品领域一些突出违法违规行为.同时，坚持对食品药品违法违规行为零容忍态度，继续保持高压态势，做到有案必查，有查必果，2016年全年查办各类食品药品案件376件，罚没640.3万元，其中罚没同比增长132%。移送公安机关查处涉嫌犯罪案件11件，提供涉嫌犯罪案件线索10余条。

【食品生产环节监管】　2016年，全市核发食品生产许可证149本，小作坊“条件核准证书”31本；对全市364家食品生产单位，实现近两次的全覆盖的抽检，累计抽检食品594批次。组织开展重大节日食品安全保障、复原乳标签标识专项检查、食用植物油塑化剂专项整治、食用植物油小作坊专项整治、肉制品兽药残留重点治理等工作，出动执法人员近3163人次，监督检查企业912家次，下达责令改正通知书180份，下达责令停产通知书5份，立案查处45件。

【食品流通环节监管】　2016年，全市新建19个省级示范点，12家市级示范点。通过示范创建，增强食品经营者自律和诚信经营意识，健全完善食品流通

福建南方制药股份有限公司是福建省紫杉烷类产品生产基地　（市委宣传部提供）

监管长效机制，推动流通环节食品安全监管工作的落实；把好市场主体准入关，发放食品流通许可2206份。

【药品生产环节监管】　2016年，市食药监局以“严监管、补短板、保安全”为总体目标，突出重点、补齐短板、强化风险、落实责任，不断强化日常监管、跟踪检查、日常检查、飞行检查工作力度，完成全市药品生产企业的日常监督检查工作；做好企业GMP认证跟踪检查，2016年，通过新版GMP认证企业6家，全市应认证药品生产企业均已通过新版GMP认证检查；完成辖区内1家药品生产企业、1家药用辅料生产企业、2家医院制剂室的许可证换证工作。

【药品流通环节监管】　2016年，市食药监局对已通过新版GSP认证企业21家次开展药品零售企业GSP认证飞行检查，检查发现存在违规购进、违规设置仓库等违法违规行为140个，下达书面责令整改通知书18份、收回GSP认证证书3家、限期整改15家。同时，完成换发药品经营许可证193本，新开办药品零售企业45家，办理许可证变更事项248件，办理时限缩短至法定时限60%内完成，且实现零投诉、零复议、零诉讼。强化执法力度，先后开展疫苗流通使用专项检查、中药材、中药饮片飞行检查和监督抽验、特殊药品复方制剂专项、城乡结合部、农村等监管薄弱地区中小药店和个体诊所药品质量安全综合治理活动，全覆盖检查药品批发企业（含连锁总部）21家次，检查药品零售企业821家次，发现存在问题企业265家，下达责令整改通知书265份，移交稽查立案查处18起。

【医疗器械监管】　2016年，市食药监局开展打击非法制售和使用注射用透明质酸钠、医疗器械流通领域、体外诊断试剂质量评估和综合治理、等专项检查，立案查处医疗器械44件，罚没款155万；继续服务企业发展，开展创建《医疗器械生产质量管理规范》落实示范企业活动，创建示范企业3家；为新开办企业提供“菜单式”服务，提供技术支持和政策咨询，2016年有3家企业获得二类产品注册证及生产许可证。

【保健食品监管】　2016年，市食药监局实施《保健食品良好规范》，在原料管理、生产过程、质量检验等环节重点加强监督检查。推进保健食品生产企业质量受权人制度，2家三明保健食品生产企业备案其质量受权人。2016年，出动执法人员2442人次，检查保健食品等三类食品经营企业1090家，重点检查药店、超市的索证索票情况和台账管理制度落实情况。全市已换证396家，新申办126家保健食品经营企业。

【化妆品监管】　2016年，市食药监局对辖区内保健食品、化妆品生产经营企业生产安全状况进行摸底调查；开展国产非特殊用途化妆品网上备案工作，全年完成8个品种的网上备案工作，2016年，全市共完成5家企业14个备案品种。

【食品药品检验检测】　2016年，全市完成食品监督抽检4522批次（其中，食用农产品3144批次，保健食品10批次），合格率98.9%；完成药品监督抽验658批次，不合格率1.2%；完成医疗器械抽样45批次；完成化妆品监督抽样84批次，完成义齿专项监督抽检3批次。同时，对食品安全监督抽检信息进行公开，对133批次抽检不合格食品药品（其中药品8批次）进行处置。

（黄小锋）

国有资产监督管理

【概况】　2016年，市国资委以国资国企改革为中心，履行出资人职责，完善国资监管体制，全力保增、促稳、攻坚，市属国有企业保持平稳发展。12月，纳入国资系统快报汇编的市国资委出资企业资产总额525.4亿元，比2015年同期增加76.2亿元，增长16.96%；所有者权益总额306.19亿元，比2015年同期增加17.56亿元，增长6.08%；实现营业收入53.29亿元，比2015年同期增加1.81亿元，增长3.52%；实现利润6.39亿元（含投资收益），比2015年同期增加1.17亿元，增长22.41%。

【企业发债】　2016年，市国资委在企业债券、公司债券较为宽松的政策环境下，建议启动交建集团公司债券、国投公司三期、城投公司二期企业债券或公司债券发行。2016年，市交建集团13亿元公司债券完成，国投公司10亿元企业债券获国家发改委核准，城投公司8亿元公司债券报到深圳交易所审核。

【企业融资】　2016年，市国资委协助各市属国有企业开展担保融资，全年各出资企业（不含工业园区）通过资产抵押、公司互保、融资租赁等形式融资38.70亿元。其中，市城投公司项目建设融资31.27亿元，福建一建集团公司为申请特级资质引进兴业财富股权融资3亿元，缓解企业发展与重点项目建设资金难题。

【市国资委所属企业项目建设】 2016年，市国资委所属企业建设项目共34个。其中，纳入市“五个一批”重点项目12个，新策划生成项目22个。项目计划总投资137.2亿元，通过实行“定项目、定任务、定进度、定措施”的项目建设责任制，促进重点项目建设加快推进。截至12月底，共完成投资38.78亿元。

【市属国有企业业绩考核】 2016年12月，市国资委推进市属企业负责人薪酬改革工作，重新修订《三明市国资委出资企业负责人经营业绩考核暂行规定》和《三明市国资委出资企业负责人薪酬管理暂行规定》。并按照改革要求，在9户市属国有企业中推行新的薪酬管理办法。为提高改革的针对性、监管的有效性和考核评价的科学性，12月印发执行《三明市国资委出资企业分类监管实施意见》，将市属国有企业划分为商业一类、商业二类和公益类，其中商业一类企业5家、商业二类企业4家、公益类企业2家。

（张昱卿）

安全生产监督管理

【概况】 2016年，市安全生产监督管理部门履行安全生产综合监管职责，落实党和政府有关安全生产工作的决策部署，构建安全生产长效机制，开展重点行业领域专项整治、安全生产大检查，加大依法治理和“打非治违”力度，防范和遏制较大以上事故发生，全市安全生产形势保持总体稳定。2016年，全市各类生产安全事故起数144起；死亡82人，同比下降15.5%；没有发生较大以上生产安全事故；亿元生产总值死亡率0.053，同比下降46%；10万人生产安全事故死亡率3.88，同比下降41.9%。

【“十三五”安全生产专项规划编制完成】 2016年10月28日，市政府办公室印发《关于印发三明市“十三五”安全生产专项规划的通知》。根据市政府要求，市安监局牵头组织相关部门，以《中华人民共和国安全生产法》《三明市国民经济和社会发展第十三个五年规划纲要》为依据，完成《三明市“十三五”安全生产专项规划》编制。该规划确定三明市安全生产中长期目标任务，特别是明确三明市“十三五”时期要突出抓好7项安全生产主要指标、9项安全生产主要任务、6项安全生产重大工程项目，形成比较完善的安全生产防控目标体系。

【安全生产大检查铺开】 2016年，江西丰城发电厂“11·24”特别重大事故发生后，市政府立即成立以市政府主要领导为组长的大检查领导小组，开展安全生产大检查工作，三明市政府安委会组织9个安全生产检查组，在11月28日至12月10日开展在建项目安全、打击非法采矿、人员密集场所消防安全、落实隐患整改等4个专项检查，共检查重点在建项目49个，发现隐患和问题98项；检查人员密集场所消防安全，发现8个单位隐患和问题40项；检查永安市、尤溪县、大田县打击非法违法采矿情况，以及6个乡（镇）16个煤矿和非煤矿山，发现非法违法生产4起、隐患和问题11条。为确保全市安全生产大检查工作部署落到实处，市政府安委会组织4个督查组，赴各县（市、区）对集中开展安全生产大检查情况进行督查，督促有关县（市、区）和部门开展安全生产大检查，共抽查48个单位，其中乡镇（街道）政府和县（市、区）政府部门各8个，企业32家。11月下旬，市政府安办组织3个检查组，分别到相关企业指导、复核和督促整改。在对永安市曹远镇和大田县广平镇出现的煤矿非法开采问题进行调查核实后，展开严肃问责，对非法采矿的事主依法追究法律责任，对履职不到位、负有直接责任的相关人员分别给予撤职、免职、开除和责令作出深刻检查等处理，对所在镇党委书记、镇长给予全市通报批评。

【安全生产综合监管】 2016年，市安监局依法指导、协调和监督交通、建筑、教育、农业、林业、水利、特种设备、旅游、消防等19个行业和领域安全监督管理工作。配合市道安办开展道路交通安全综合整治“三年提升工程”，加强对各地道安办的监督考核，规范乡镇基层道安工作。会同公安消防等部门，继续开展消防安全专项整治，对存在火灾隐患和消防安全违法行为的企业责令限期改正，对存在重大火灾隐患的企业和区域，提请政府挂牌督办。与市旅游、交通联合开展对尤溪县“侠天下”景区进行安全检查，检查中发现玻璃栈道、仿真竹排存在较大安全隐患，提请政府挂牌督办。开展铁路施工安全检查，于11月对南三龙铁路各标段进行了安全检查，对发现的问题和隐患进行通报并督促整改到位。开展铁路道口专项整治，年内继续做好鹰厦线K334+215m油库道口拆除工作，解除“鹰厦线K353+010—400公路铁路并行路段大量建筑垃圾堆弃导致部分地段高于护栏严重安全隐患。与相关部门联合开展城市燃气和锅炉压力容器管道、电梯安全等专项检查，消除安全隐患，确保电梯安全运行。加强教育领域安全监管，10月份会同市综治办、教育局、公安局开展校园安全检查，对市第二实验幼儿园、市妇联幼儿园和三明阳光巴黎小金星幼儿园进行安全检查。

【安全生产应急体系建设】 2016年4月，市政府正式印发新修订的《三明市生产安全事故灾难应急预案》，市政府安委会印发新修订的《三明市非煤矿山生产安全事故应急预案》《三明市危险化学品生产安全事故应急预案》，其中市级生产安全事故应急预案3个（总体预案1个、专项预案2个），部门预案29个，其他预案33个，应急预案体系初步形成。同时强化企业、部门和地方政府三级预案的衔接，全市436家企业年内开展应急预案评审工作，通过预案评审并报当地安监局备案。全市各级各相关部门、企业加强应急救援预案演练，共开展应急救援演练活动500余场，5万余人参加。

【构建双重预防工作机制】 2016年6月30日，三明市出台《三明市防范和遏制重特大事故工作实施方案》以及遏制矿山、危险化学品和烟花爆竹等重特大事故工作实施方案和非煤矿山、危险化学品安全风险评估分级标准、煤矿事故隐患排查分级标准。组织对各区域、各领域主要风险点进行摸排，全市共排查出危险化学品、矿山、工业、道路交通等九个行业领域55个风险点，市政府将55个重点风险点列入清单管理，采取一月一督查整改销号管理，初步构建安全风险分级管控和隐患排查治理双重预防工作机制。

【首轮安全生产巡查】 2016年6月，三明市政府安全生产委员会制定《三明市安全生产巡查工作制度（试行）》。10月31日至11月25日，市政府安全生产委员会组成4个巡查组开展首轮安全生产巡查工作，对永安、将乐、尤溪、大田等4个县（市）贯彻落实安全生产法律法规及上级有关决策部署情况、安全生产责任和重点工作落实情况开展为期2周的巡查。共检查4个县级政府、13个县直部门、12个乡镇、2个工业园区、33家重点企业单位，发放问卷调查273份、召开座谈会7场、单独谈话37人次、受理安全生产投诉举报1起，发现隐患和问题354条。

【非煤矿山实行安全分类分级监管】 2016年，市、县两级安监部门共检查非煤矿山387家次，下达整改指令书293份，提出整改意见1678条，整改1626条，整改率96.9%。组织各地对“头顶库”进行再次摸排和现场核实确认，排查尾矿库安全隐患，全市3座“头顶库”制定治理方案，清除危库、险库。

【危险化学品安全专项整治】 2016年全国“两会”期间和G20杭州峰会期间，市安监局先后开展危险化学品领域反恐检查、危险化学品和非药品类易制毒化学品生产经营企业安全管理专项治理、危险化学品和易燃易爆物品安全大排查大整治、硝酸铵、硝化棉、氰化钠、危险化学品生产经营环节、危险化学品储存场所和危险化学品使用环节等安全专项整治，共检查危险化学品企业1573家次，发现隐患1516条，整改1451条，整改率96%；查处违法违规行为26处，临时查封2家，责令“三停”1家，立案处罚4起，注销危险化学品企业安全生产许可证6本。

【烟花爆竹安全专项治理】 2016年，市安监局组织开展烟花爆竹安全专项治理和烟花爆竹经营企业物流安全管理专项治理，对全市1500多家烟花爆竹批发企业和零售点进行检查，关闭不符合要求的烟花爆竹零售点193家。

【企业隐患专项治理】 2016年，市安监局继续开展工贸企业涉氨制冷、有限空间、粉尘防爆“三项治理”，组织对全市涉氨制冷、有限空间、粉尘防爆企业进行核查，查清全市共有涉氨制冷企业18家，涉及有限空间作业的工贸企业296家，粉尘防爆企业144家。各级各部门检查企业数296家次，发现隐患数1352条，整改隐患数1297条，整改率95.9%。市、县两级开展涉氨制冷、有限空间、粉尘防爆企业“三项治理”安全培训和事故应急演练。

【职业卫生安全专项整治】 2016年，市安监局开展水泥生产、石材加工、陶瓷生产和耐火材料制造企业粉尘危害专项治理，全市水泥生产企业16家，除1家停产外，其余15家完成整治工作；石材加工企业12家，均完成整治。同时，推进职业卫生基础建设活动，落实职业病危害告知、日常监测、定期检测评价、职业健康监护等措施，通过职业卫生监管系统完成基础建设上报的用人单位263家。开展涉及职业危害企事业调查摸底工作，进行职业病危害项目申报用人单位615家。

【建立“双随机”抽查制度】 2016年，市安监局推进安全生产监督检查随机抽查工作，建立行政执法人员和随机抽查对象名录库，制定随机抽查事项清单，形成安全生产监督检查随机抽查建议对象名单2016年内按照“双随机”抽查机制，对116家（次）企业开展执法检查。

【建立安全生产不良记录“黑名单”制度】 2016年，市政府安委会按照分级负责、属地管理与行业指导相结合的原则组织实施，各级安全监管部门对本行政区域内“黑名单”工作实施综合监督管理。全年全市将20家企业纳入安全生产不良记录“黑名单”管理。

【“安全生产月”活动】 2016年6月，市安监局组织开展以“加强安全法治、保障安全生产”为主题的第十五个全国“安全生产月”活动，发挥报纸、电视、网络、广播等新闻媒介作用，以及采用讲座、培训、知识竞赛等方式，开展安全生产宣传教育活动。“安全生产月”期间，全市开展“应急预案演练周”活动，共演练科目23类46项，动用主要装备器材100余台次（件、套），直接参加演练人数3万余人。市政府安办在全市范围内开展“守护生命”安全生产知识竞赛，举办受限空间作业安全知识讲座，巡回播放《生命不能重来》警示教育片。6月16日，全市各地开展宣传咨询日活动，增强公众安全意识。6月18日，全市各县（市、区）约1600余人参加营运大客车司机“安全宣誓”活动。

【安全生产标准化建设提升工程三年行动收官】 2016年，全市3970家企事业安全生产标准化建设达标，达标率100%。其中，冶金、有色、机械、轻工、纺织、烟草、商贸等八大行业应达标企业669家全部完成评定达标。

【沙县被命名为“福建省安全发展示范县】 2016年12月，福建省人民政府安全生产委员会授予沙县“福建省安全发展示范县”，沙县成为2016年全省唯一也是全市首个被命名为“福建省安全发展示范县”的县。

（肖元赏）

责任编辑：巫少鹏

农业·农村
AGRICULTURE AND RURAL AREAS

综　述

【概况】　2016年，三明市实现农林牧渔业总产值455.34亿元，增长4.4%，增幅居全省第2位；农民人均可支配收入13918元，增长8.7%，增幅居全省第4位；粮食总产量稳定在117万吨水平；有2.68万农村贫困人口实现脱贫，超省下达任务11.2个百分点。脱贫攻坚工作得到国务院扶贫办和省委、省政府的肯定；代表福建省接受国务院最严格水资源管理制度年度考评，结果为优秀。

【种植业发展】　2016年，三明市落实粮食生产责任制，坚持以市场为导向，调整农产品生产结构，推广优质品种，加快标准化生产。结合特色现代农业跨越发展行动计划，完善农业农村“三个一”（即一县一特色农业产业园、一县一特色农业农村改革示范点、一县一批特色农业产业化竞赛项目）重点项目工作机制，加快农业园区建设，加快“中国稻种基地”建设。全年粮食播种面积22.13万公顷，产量117.38万吨、同比下降3.3%；蔬菜播种面积11.13万公顷，产量275.6万吨、同比增长2.07%；果园面积8.01万公顷，产量122.06万吨、同比增长3.95%；茶园面积2.77万公顷，产量4.32万吨，同比增长9.64%；食用菌鲜品产量5.34万吨，同比增长5.68%；干品产量6.09万吨，同比增长5.23%。

【养殖业发展】　2016年，三明市以发展现代养殖业为目标，以转变养殖发展方式为主线，确保不发生区域性重大动物疫情，加大执法监管力度，保持养殖业健康发展。2016年肉蛋奶产量20.47万吨，同比增长7.34%；水产品产量11.1万吨，同比增长5.50%。

【水利资源管理】　2016年，三明市完成水利投入36.59亿元，比2015年增长11.7%。20个在建项目任务全部完成，新开工项目33个。年度目标责任考核名列全省第二；2015和十二五期间最严格水资源管理制度考评被省政府定为优秀等次；三明生态工贸区安全生态水系示范区项目得到省水利厅重点关注和支持，省水利厅与三明市政府联合批准实施，这在福建水利系统尚属首例。抓好民生水利发展，完成农村饮水巩固提升工程、小型农田水利重点县、灌区节水配套改造、山地水利工程、水库除险加固及农村水电增效扩容改造等的年度任务。加强水生态文明建设，加大水资源管理力度，深化河长制工作，安全生态水系建设铺开，加强水行政执法。推进水利改革创新，完成67个乡镇水利工作站标准化建设，创新小型农田水利设施管护模式。

【农业机械管理】　2016年，三明市农机总值（原值）16.7亿元，比2015年增长0.6%。农机总动力145万千瓦。拖拉机拥有量26096台（含多功能拖拉机）；旋耕机35377台；耕整机49781台；插秧机4656台，新增1036台，其中：乘坐式插秧机240台；联合收割机3085台，新增380台，其中半喂入式收割机694台。全市完成机耕面积21万公顷，比2015年增加0.4万公顷；机插面积4.34万公顷，比2015年增加0.18万公顷；机收面积10.47万公顷，比2015年增加0.47万公顷。三明市获评2016年度农机安全生产目标管理责任制考核先进单位，排名全省第一。

种植业

【园区建设】　2016年，三明市有2个省级农民创业园和9个省级农民创业示范基地获批列入新一轮省级农民创业园（省级农民创业示范基地），其中沙县农民创业示范基地升格为省级农民创业园，省级财政安排专项资金补助2800万元。全市12个特色农业产业园有6个在创业园（示范基地）区域，创建区内初步形成三元农产品生产加工产业、建宁莲子产业、沙县果蔬种植产业、尤溪食用菌产业等特色农业产业。截至2016年11月，全市省级农民创业园（示范基地）建设项目55个，其中在建39个，建成16个；完成投资7.02亿元，占年度计划87.77%；推进19个优势产业集中区建设，2016年新增投资8.45亿元，完成投资27.18亿元。

【粮食产能区建设】　2016年，三明市

大田县香浮水稻种植专业合作社采用古法种植生产“香浮村”富硒生态水稻，图为2016年水稻收割现场 （周进乐 摄）

推进山垅田复垦改造工程和新增粮食产能田间工程建设，实施面积3240公顷，完成总投资7620万元。永安、沙县等9个县（市）实施粮食产能区增产模式攻关与推广项目面积2.74万公顷，平均每公顷产35.79公斤，比全省粮食平均每公顷产增产7.63公斤。建成15个千亩以上产能区配套建设的水稻工厂化机插育秧示范点，全部通过县级组织验收，年增加一批次机械育秧供大田生产1000公顷。产能区内良种覆盖率、主推技术应用、测土配方施肥、病虫害专业化统防统治、耕种收综合机械化等基本实现100%。2016年5月，尤溪县被农业部确定为粮食生产功能区划定试点县。

【再生稻、超级稻推广】 2016年，三明市推广再生稻面积0.79万公顷，其中机收再生稻123.47公顷，头季稻平均每公顷产40.13千克，比2015年每公顷增1.86千克；再生季平均每公顷产19.07千克，比2015年每公顷增2.14千克，比种一季水稻总增稻谷3.96万吨。同时涌现出再生稻高产典型，如尤溪县溪尾乡长华村黄世荷种植再生稻0.74公顷，头季稻平均每公顷产52.61千克，再生季平均每公顷产32.54千克；永安市小陶镇大陶口村张先维种植机收再生稻0.09公顷，头季平均每公顷产45.65千克，再生季平均每公顷产22.46千克。全市推广天优3301、天优华占、两优616等超级稻品种5.45万公顷，平均每公顷产38.05千克，比种植普通杂交稻每公顷增产3.73千克。

【现代种业发展】 2016年，三明市种子产业园核心区“五通一平”工作进入收尾阶段。新建高标准制种基地0.17万公顷，全市制种面积1.28万公顷，产量3745万公斤。落实水稻制种保险，提高制种保额，制种投保面积突破0.93万公顷，投保率74.5%。全市有制种企业69家。其中，5家企业被认定为省级重点龙头企业、4家企业被认定为省级重点农作物种子企业、2家企业获得“中国种业A级信用企业”称号。禾丰种业院士专家工作站、谢华安种业院士专家工作站被授予福建省院士专家工作站称号。科荟种业在新三板挂牌上市，禾丰种业完成第二次股改。科荟种业水稻种子首次自营出口越南，并突破120万公斤。

【农业信息化】 2016年，三明市新增清流县省级试点县，尤溪、将乐和宁化3个部级试点县建设或改造村级信息服务站569个，依托村级信息点的电子商务成交额预计3000万元。推广12316手机农务通3.58万户，部署终端服务点105个，全年受理各类咨询6.54万次，挽回经济损失3986.2万元，新增经济效益3219.6万元。

【新型经营主体培育】 2016年，三明市实施新型职业农民培育工程，全市完成新型职业农民培训1944人，组织241名农民参加新型职业农民专科学历教育。全市在工商注册登记的农民合作社总数4083家、比2015年年底增加476家，家庭农场总数2088家、比2015年年末增加617家；全市有市级示范社226个、省级示范社155个、国家级示范社29个，市级示范场130个、省级示范场59个。

【土地确权】 2016年，三明市完成权属调查村1506个、占应确权村数的87%；完成审核公示的村1256个、占应确权村数的72.5%；完成合同签订的村864个、占应确权村数的49.8%。

【休闲农业】 2016年，三明市有农家乐、休闲农庄、休闲农业园区和民俗村在内的休闲农业经营主体510个，比2015年新增147个。从业人员数1.45万人，其中农民就业人数1.25万人，年接待812.38万人次，年营业收入6.89亿元，年利润总额1.67亿元。大田县东坂村、泰宁县际溪村2个村获得“中国最美休闲乡村”称号，是全市乡村首次获得此荣誉。新增宁化县杨边村、明溪县御帘村、三元区忠山村等3个“福建省最美休闲乡村”，最美休闲乡村总数6个。

【农产品质量安全】 2016年，尤溪县被命名为第一批“国家农产品质量安全县”（全省4个），大田县、建宁县被列入第二批“省级农产品质量安全示范县”创建试点（全省10个）。加强农产品质量安全检测，全市农残快速检测样品29263个，合格率99.55%。全市有442家农业生产企业和农业专业合作社纳入省级农产品质量安全可追溯平台，384家农（兽）药经营网点纳入农资监管平台。

【品牌创建】 2016年，三明市新增有机产品1个、绿色食品10个、无公害农产品18个，全市累计认证并使用标志的农业“三品一标”319个。“建宁水稻种子”成为全国唯一的水稻种子地理证明商标，“大田高山茶”成为全省首个国家级农产品地理标志示范样板。制作《首批农特产品十大龙头品牌》电视专题片10集和《三明日报》专访，组织农特产品龙头企业参加“9·8”投洽会、林博会、茶博会等展销会，江山美人茶在香港国际茶业展上荣获乌龙茶组冠军。首批农特产品十大龙头品牌企业2016年销售收入9.53亿元，同比增长18.6%。

【农业综合执法】 2016年，全市出动农业执法人员8559人次，检查农资经营店4314家。受理群众举报6起，受理纠纷投诉19起，协商调解纠纷投诉19起，农民获赔3.469万元。查办各类农业违法违规案件37件，结案33件，合计罚没款15.54万元。在查办的案件中，省督办案件19件（农药8件，肥料11件）、市督办案件21件，挽回经济损失4.08万元。

【农业面源污染治理】 2016年，三明市推广测土配方施肥技术面积21万公顷次，种植绿肥2.03万公顷，商品有机肥示范推广0.53万公顷，新农药3.87万公顷次，专业化统防统治面积2.53万公顷次。落实生态循环农业示范项目5个，完成全市1228家可养区存栏250头以下生猪养殖场（户）关闭拆除或改造任务，200家可养区存栏250~1500头生猪养殖场标准化改造任务，20家存栏1500头~5000头生猪养殖场标准化改造任务，15家存栏5000头以上生猪养殖场标准化改造任务。

养殖业

【优化结构】 2016年，三明市奶牛良种改造累计配种母牛460头。推广外三元杂交和配套体系优质肉猪，在三元区、尤溪县、沙县等3个县，开展生猪良种改造2.5万头。加大对尤溪县戴云山羊、宁化黄牛、泰宁县金湖乌凤鸡的品种保护改良项目补贴。全市新增工厂化鳗鲡养殖面积11万平方米，新增封闭式循环水养鳖面积0.8万平方米，新增工厂化泥鳅养殖面积0.6万平方米。其中鳗鲡产量增加1180吨，比增19.38%。全市有棘胸蛙粗放型养殖面积6公顷，精养池养殖面积5万平方米，种蛙2.3万组，年产量44吨。

【标准化规模场建设】 2016年，三明市新建工厂化养殖面积13万平方米，全市工厂化渔业养殖面积25万平方米。三明市鹤翔春生态农业有限公司等4家畜禽标准化规模场被推荐为国家级标准化示范创建项目，福建省大丰山禽业发展有限公司等16家畜禽标准化规模场被推荐为省级畜禽标准化示范创建项目。省市两级补助改造生猪养殖场合计38家。梅列龙源养殖场、沙县国营综合农场、三明合创农产品有限公司、清流万和农业发展有限公司等4家企业第八批福建省级农业标准化示范区建设。

【动物防疫】 2016年，三明市组建341个防疫小组，全年免疫高致病性禽流感1869.96万羽、牲畜口蹄疫426.01万头、猪瘟398.22万头、高致病性猪蓝耳病390.78万头、鸡新城疫1212.56万羽。市县两级全年监测血清学抗体42894份和病原学5826份。下拨消毒药41吨，对138个乡镇，1474个行政村，1737个规模场，155个畜禽交易市场，21个畜禽屠宰场进行消毒灭源，消毒面积3666.41万平方米。市农业局就动物疫病防控、净化和应急管理3个主题各举办1期培训班，有262人参加培训；各县（市、区）在春秋防期间共举办247期培训班，参训人员4815人。9月21日市农业局、宁化县农业局联合在宁化县城郊乡举行突发重大动物疫情现场演练。

【动物卫生监督】 2016年，三明市开展产地检疫：猪115.86万头，牛1.17万头，羊3.01万头，禽280.64万羽；屠宰检疫：猪64.25万头，牛羊4.43万头（只），禽288.39万羽。全市累计出动执法人员3761人次，监管2053场（次），共捣毁私屠滥宰窝点22个，责令整改30起，无害化处理病死猪102077头。年出栏千头以上的规模猪场和县级以上城区屠宰场监管实现全覆盖。全市养殖屠宰环节共检测尿样32809头份。其中屠宰场23121头份、猪场9190头份、牛羊场498头份、均未检出“瘦肉精”。

【渔业管理】 2016年，三明市开展巡查633次，检查养殖场222家次，发现隐患124条，下发整改通知69份，隐患全部整改。全年检查水产养殖单位186个，水产育苗场20家。新增水产品质量安全追溯企业4家。全市开展水上船舶突发事件应急救援演练8场次，参加演练船舶35艘、人员380人，投入资金23万元。2016年8月，省、市、县、乡渔业船舶水上突发事件应急演练在金湖渔港完成。清流县被评为2014~2015国家级平安渔业示范县。全市渔工人身平安险到期续保1349份，渔船到期续保413艘。2016年全市放流各类水生生物品种8个，300多万尾，改善河流渔业资源。

【饲料生产】 2016年，三明市新增1家饲料添加剂生产企业和1家配合饲料生产企业、新建一家配合饲料生产企业。全市共有13家饲料生产企业，其中配合饲料生产企业5家，单一饲料生产企业1家和饲料添加剂生产企业7家。全年产量约36.474万吨，产值约9.45亿元。

农村工作

【脱贫攻坚工作】 2016年，市农业局探索出家门口扶贫就业增收机制、扶贫资金量化折股增收机制、资产盘活和入股分红增收机制、水电资源扶贫增收机制等4项增收机制，构建乡村扶贫信贷担保、贫困家庭学生精准资助、保险扶贫防范和创业就业支持等4项政策扶贫体系。12月26日，全国扶贫改革试验区工作座谈会在三明市召开。建设造福工程集中安置区34个，造福工程动工26400人，占任务的132%，其中完工22189人，占任务的111%。国定、省定建档立卡贫困户搬迁分别动工8056人、1472人，分别占任务的101%、131%。有9个县（市）建立县级担保机构，59个乡镇（村）成立乡（村）扶贫担保基金，筹集扶贫小额信贷风险金及乡村扶贫担保基金1.4亿元。全市新增扶贫小额信贷担保农户2620户，发放风险担保贷款1.1亿元；为208家农民合作社和专业大户等经营主体提供担保服务，带动贫困户1015户。全年累计发放风险担保贷款1.71亿元。

【农村金融改革】 2016年，三明市有11个县（区）设立村级融资担保基金

138 个，募集基金 6783 万元，累计为 5.53 亿元的农户贷款提供担保。创新“一县一品”金融服务产品，初步形成永安林权、大田茶园、清流花卉、泰宁旅游、明溪土地承包经营权、沙县小吃等各类特色抵质押贷款品种。将新型农业生产经营主体纳入信息建档和信用评定范围，列为授信支持重点，支持各类新型农业经营主体贷款余额 34.79 亿元。推广农村住房抵押贷款，发放农村住房抵押贷款 1659 笔、2.34 亿元，农村承包土地经营权抵押贷款 23 笔、4337 万元。有 9 个县（市）建立县级担保机构，59 个乡镇（村）成立乡（村）扶贫担保基金，共筹集扶贫小额信贷风险金及乡村扶贫担保基金 1.4 亿元。全市新增扶贫小额信贷担保农户 2620 户，发放风险担保贷款 1.1 亿元；为 208 家农民合作社和专业大户等经营主体提供担保服务，带动贫困户 1015 户。全年累计发放风险担保贷款 1.71 亿元。

【产业化经营】 2016 年 7 月，市农业局出台《三明市农业产业化市级龙头企业评审办法》，通过企业自愿上报、专家评审、媒体公示、企业复议等程序，确定 289 家企业为三明市第四轮（2016~2018 年度）农业产业化市级重点龙头企业，其中 78 家企业获评第八轮农业产业化省级重点龙头企业，较上一轮增长 62.5%。全市 289 家市级以上龙头企业预计实现销售收入 363.97 亿元，与 2015 年同比增长 1.1%；实现订单总额 72.57 亿元，与 2015 年同比增长 2.3%。市级以上龙头企业带动基地面积约 47.61 万公顷，比 2015 年增加约 0.47 万公顷；带动农户数 72.17 万户，与 2015 年同比增长 1.3%；吸纳劳动力就业 3.86 万人，与 2015 年同比增长 3.1%；发放工资总额 13.01 亿元，与 2015 年同比增长 2.8%。建宁县被列为国家农村产业融合发展试点示范县。

【驻村蹲点】 2016 年，省派三明 42 个驻点村 2016 年完成党组织换届，并高票当选，共落实各类帮扶资金 3.13 亿元，实施项目 751 个，帮扶脱贫 2613 人，33 个村完成美丽乡村项目建设。创新省派驻村工作机制，在省级扶贫重点县泰宁县探索 6 个省派驻点村采取村财集中捆绑公司化运营的方式，建设“金湖牧歌”现代农业与休闲旅游综合体项目。

【农村“六大员”】 2016 年，三明市 141 个乡镇 1735 个行政村选聘农村“六大员”12154 名，精简 3285 人，其中：农民技术员 3255 名，综治协管员 1636 名，计生社保协管员 1804 名，国土规划环保协管员 1566 名，文化与食安协管员 1579 名，乡村医生 2395 名。举办各类培训班 1378 期，参加培训的“六大员”有 1.95 万人次，人均培训 1.6 次。

【美丽乡村创建工作】 2016 年，市农业局按照省级美丽乡村示范村“五清楚、两特色、一机制”验收评分标准开展最后一批 30 个市级美丽乡村示范村创建，集中力量清理村中乱摆放的生活资料，处理生活垃圾、沟渠污水排放和三格式化粪池的推广使用，打造山清水秀、宜居宜业的生态环境。30 个美丽乡村示范村创建通过省宜居环境项目验收。

（廖传翼）

2016 年 3 月 5 日，宁化东坑水库竣工蓄水　（宁化县方志办提供）

水利建设

【水利项目】 2016 年，三明市实施防洪工程、水库工程、流域综合治理、引调水及水务合作工程、安全生态水系工程 5 大类 61 个重大项目，完成重大水利项目投资 24.33 亿元，20 个在建项目任务全部完成，其中尤溪县兴头水库下闸蓄水，闽江上游金溪流域防洪三期工程及明溪县黄沙坑水库进入工程扫尾；新开工项目 33 个，重大项目前期加快推进。12 月，三明生态工贸区安全生态水系示范区项目建设规划通过省水利厅和三明市政府联合批复，其中碧溪、东牙溪河湖水系连通项目和安全水系项目开始实施。12 月 6 日，成立三明市水利投资建设有限公司，搭建市级水利投融资平台。

【民生水利】 2016 年，三明市农村饮水安全年度建设任务完成，实施沙县、明溪、清流、将乐等 10 个县（市）农村饮水安全巩固提升（拾遗补缺）工程，解决农村饮水不安全人口 4.3 万人。实施灌区续建配套与节水改造工程，推广节水灌溉新技术，新增、恢复灌溉面积 2447 公顷。开展 10 个小型农田水利重点县建设，基本覆盖主要农业县。完成 13 座水库常态化除险加固年度任务，完成 18 座农村水电增效扩容改造项目动工改造。完成冬春水利建设及水利水毁集中整治工程，山地水利工程建设任务按时完成。

【水生态文明】 2016 年，三明市深化“河长制”工作，实现沙溪、金溪、尤溪三大流域全覆盖，建立“一图一表一策一考评”机制和市、县、乡、村四级河道管护机制。万里安全生态水系建设铺开，12 个项目完成投资 1.63 亿元，建成安全生态水系 99.8 千米。水资源管理力度加大，完成县级 2015 年度最严格水资源管理制度考核工作。年内，完成梅列区第三批省级节水型社会，建宁、沙县、清流3个水库水源地水资源保护以及宁化、三元、将乐3个水生态修复保护工程建设。实施水土流失综合治理面积3.57万公顷。

【水利改革】 2016年，三明市完成67个乡镇水利工作站标准化建设。泰宁创新小型农田水利设施管护模式，在全省率先试点小型农田水利工程投保机制，解决灾后修复资金缺口问题。12月1日，市财政局、市水利局联合出台《三明市小型农田水利设施管护资金管理暂行办法》，规范资金用管，落实管护责任，保障小型农田水利工程运行。

【水利执法】 2016年，市农业局加强依法治水管水，出动执法人员1019人次，查处各类水事违法案件19起，调解水事纠纷9起，下发责令停止水事违法行为通知书19份、限期整改通知书12份。发放取水许可证1本，注销1本。全市征收入库水资源费6810万元，其中市本级征收入库3661万元。发放河道采砂许可证146本，全市征收河道采砂管理费315万元。

（刘晓娟）

农业机械

【农机安全生产】 2016年，三明市各县（市、区）农机部门联合公安交警、交通等部门开展联合执法行动82次，出动监理人员354人次，设置检查点34处，查处驾驶人违法115人，违反规定载人10起，逾期未报废车辆16台，非法改装车辆18台，无牌无证车辆11台。2016年全市发生一起死亡1人的一般事故。2016年，全市4家拖拉机驾驶培训机构均达到安全生产标准化三级企业标准，全年核发新驾驶证235本，办理到期换证563本。

【农机购置补贴】 2016年，三明市使用补贴资金7102.3万元，其中中央补贴资金5785.5万元，省级补贴资金1316.8万元，购补资金使用量占全省33.1%,居全省第二。购买补贴机具21992台（套），其中大中型拖拉机51台，手扶拖拉机1769台，水稻插秧机1384台，收割机520台，耕整地机械10719台，田间管理机具4966台，烘干机781台，受益农民14909户。

【平安农机建设】 2016年，三明市各县（市、区）农机部门开展农机现场安全宣传活动215次，发放宣传资料19039份，受益人数9777人次。将乐“平安农机”示范县以第一的成绩通过省级考评验收。市农机中心联合安监局对新一轮“平安农机”示范乡镇进行测评，确定永安曹远、沙县南霞为新一批市级“平安农机”示范乡镇。

【新型职业农民培训】 2016年，市农机中心根据福建省农业厅办公室《关于印发2016年新型职业农民（农机化专业人才）培育工作实施方案的通知》，制定工作方案，7个相关县（市）按照方案组织实施。截至2016年年底，全市培训新型职业农民1050人。

【水稻全程机械化】 2016年，沙县兴顺、永安市燕飞、将乐县健辉等13个农机专业合作社，承担省级水稻生产全程机械化示范基地建设项目，获得项目补助资金520万元。13家实施项目合作社投资1680.59万元，新增购置水稻生产全程机械化农机装备347台（套）；土地流转面积487.13公顷、建设相对连片的水稻生产全程机械化示范基地413.93公顷。示范基地实现水稻生产全程机械化，带动周边81%（平均水平61%）。

【农机合作社培育】 2016年，泰宁县引入社会资金，新办五谷丰农机合作社，填补泰宁县农机合作社的空白，至此，全市各县（市、区）都有农机合作社。至2016年年底，全市注册的农机服务类合作社299家，占全市各类合作社4083家的7.3%。全年全市农机专业合作社农机作业服务面积完成5.11万公顷，农机化服务总收入1.24亿元，其中田间作业收入8893.37万元、修理服务收入467.23万元、其他收入613.3万元。尤溪耀旺农机合作社被评为全国农机合作社示范社，大田满田春、建宁勤建2个农机合作社被省农业厅评为合作社示范社，沙县大兴等13家合作社被评为省农机合作社示范社。

【免收费便民惠民措施】 2016年5月1日起，三明市免收拖拉机号牌（含号牌架、固定封装置）费、拖拉机行驶证费、拖拉机登记证费、拖拉机驾驶证费、拖拉机安全技术检验费等行政事业性收费共计177480元。同时推广拖拉机免费实地检验便民措施，提高拖拉机“三率”的同时，还为每个机主节省误工、路费约200元。

（廖晓青）

农业科技

【水稻育种研究】 2016年，三明市新增市级以上科研项目2项，完成结题验收2项，通过现场测产验收3项，通过省级品种审定、认定品种2个，获得植物品种权保护品种4个，参加生产试验品种4个，参加区试和预试品种9个，育成优质水稻三系不育系“明特A”通过安徽省技术鉴定，并在两系不育系改良上着重利用稻瘟病抗性基因，达到不育性、抗性、配合力比较好的两系不育系，筛选出1个稳定的材料进行配合力测验和少量制种。

【蔬菜育种研究】 2016年，三明市新增市级以上科研项目3项，完成结题验收2项，通过省级品种审定、认定品种1个，辣椒新品种明椒8、9号提交申请植物新品种权保护，发表论文2篇。辣椒、苦瓜、黄瓜、豇豆新品种（组合）分别在海南、山东、甘肃等地进行制种；“明椒7号”在三明市沙县、宁化、清流、南平等地建立科技示范片38.13公顷，在福建、云南、广西、湖南、安徽、河南、新疆等地辐射推广种植213.33公顷；“明椒8号”辣椒在沙县、清流、宁化建立科技示范片13.33公顷，“明椒9号”朝天椒在宁化、建瓯、福鼎、武汉、广东湛江、江门等地多点试种示范取得较好成效、“明研4号”和“明研5号”黄瓜在三明市沙县、宁化、尤溪、永安、大田、南平建阳等地累计推广面积205.33公顷。

2016年7月，集科研、试验、教学、培训、展示等功能于一体的三明市农业科技创新中心投入使用 （市农科院提供）

【药用植物研究】 2016年，三明市新增市级以上科研项目5项，获得发明专利2个，发表学术论文4篇，获得植物品种权保护品种1个，生产铁皮石斛组培苗10万株、金线莲16万株、西洋甘菊sm-7种苗12.5万株、多花黄精2万株，搜集药膳植物28份种植于柱源大棚。

【花卉育种研究】 2016年，三明市新增市级以上科研项目2项，发表文章6篇，通过省级品种审定、认定品种1个，新引进非洲菊切花品种32个，筛选出6个盆栽非洲菊品种，进行花托诱导。红掌摩洛卡、白掌墨香、切花非洲菊紫霞分别被福建省第六届花卉精品展评为花王、金奖和银奖。2016年11月，经中国花卉协会通过，市农科院非洲菊种质资源库被林业部与中国花协评为首批国家非洲菊种植资源库。

【旱作育种研究】 2016年，三明市新增市级以上科研项目4项，通过省级品种审定、认定品种1个，发表论文3篇，项目结题1项，省星火项目“淮山新品种‘明淮1号’示范推广”在明溪县建立繁育基地2.13公顷，并通过专家验收，省星火项目“青贮榆木新品种‘明青贮1号’繁育与示范推广”在沙县建立6.67公顷制种基地，并通过专家测产验收。

【生物技术研究所】 2016年，三明市新增市级以上科研项目1项，发表论文1篇，配制早季节杂交水稻组合174份，晚季280份，针对水稻抗稻瘟病基因、白化基因及茸毛基因进行定位挖掘和相关功能分析，建构用于相关性状定位的F2群体并对其进行相应的遗传学分析，对福建六三种业有限公司1对亲本材料进行亲缘关系的鉴定分析，筛选出通过24对核心引物在内的SSR引物86对。

【“兴农谷”众创空间】 2016年9月，三明市“兴农谷”众创空间通过省级认定，于12月16日成为第一批通过科技部备案的农科汇星创天地。2016年，入驻“兴农谷”的企业及创业团队有11家，带动就业人员百余名，组织企业参加2016年三明市创新创业大赛，获得优秀奖。其中2015年6月注册的“田字一号”农业科技有限公司于市场估值5亿，创办的沙县生活馆于2016年11月19日正式营业。2016年，300余名大学生到院开展大学生创业实践，接纳永安市、大田县、晋江市等县市区农业局组织的新型职业农民培训400余人。

【科研基建】 2016年，市农科院投资31.5万元建设面积80平方米的低温低湿库。为改善水稻试验田田间设施，投资25万元修筑田埂1755.8米、排灌渠452.8米、排洪沟两条（27.3米、71.5米）、拦水坝一个。投资36万元建设一楼大厅LED屏幕和物联网+相关仪器设备。投资110万元建综合PCR分析室、电泳检测室和遗传转化培养室等600平方米。投资285万元购买荧光定量PCR仪、梯度PCR仪、荧光显微镜、多功能酶标仪、凝胶成像系统、超纯水仪、高速冷冻离心机、超低温冰箱、人工气候箱等仪器设备。

【三明市首届农业科技成果推介对接会】 2016年10月26~27日，三明市首届农业科技成果推介对接会在三明市农科院创新中心学术报告厅举办，由福建省科技厅、财政厅主办，向120多个农业企业、合作社、家庭农场等农业经营主体，展示推介市农科院自主选育及从省内外引进的名特优新品种400余个，有28家企业与市农科院5个研究所签订45项成果转化合作协议。

【科技助农】 2016年，市科技局在沙县高沙镇、富口镇、宁化县曹坊镇下赖村开展农业技术培训，累计培训616人次，开展南平延平区、清流县、永安市新型农民田间技术培训，累计培训200人。选派干部到沙县南阳乡大基口村、高砂镇开展驻村蹲点帮扶工作，开展资金申请、乡村改造、技术指导等多种方式的帮扶项目，壮大椒畔村和大基口村集体经济。

（傅梦洁）

责任编辑：陈瑞敏

林 业

FORESTRY

集体林权制度改革

【林改工作推进】 2016年4月，三明市政府办公室下发《关于做好整乡(镇）推进林改工作的指导意见》，确定梅列区洋溪镇等23个乡镇开展整乡镇推进林改。市林业局下发《关于做好林业新型经营主体示范单位评选工作的通知》，评选市级新型经营主体示范单位40家，每家补助5万元。2016年，三明市新增新型经营主体257家，累计2201家、经营面积59.1万公顷、占集体商品林面积的52.7%。

【林权抵押贷款】 2016年6月，三明市政府办公室下发《关于加快推进林权抵押贷款工作的指导意见》，完善林业信贷担保收储机制，建立健全风险防控机制，完善推广林权按揭贷款、林权流转支贷宝、林业互联网金融P2P等现有林业金融产品，探索开发用材林幼林、毛竹林、油茶林等抵押贷款新产品，推进林权抵押贷款工作。市林业局采取“银行+村委会+农户”方式，在三元区岩前镇星桥村和梅列区洋溪镇饱饭坑村开展试点3个，支持有林业生产、创业投资等资金需求的农户方便快捷贷款。2016年，全市新增林权抵押贷款10.6亿元，累计发放102.1亿元，余额42.7亿元，其中累计发放林权按揭贷款8.1亿元，林权支贷宝、林业金融P2P等林业金融新品种未发生不良情形。

【林权流转管理】 2016年，三明市依托福建金森集团有限公司成立三明市林权交易中心，并开通三明市林权流转交易网；县级依托林业服务中心，提供林权流转供求信息、组织林权交易拍卖、指导签订流转协议等服务，促进林业生产要素的优化配置。2016年，全市新增林权流转1745起，面积1.7万公顷，交易额4.7亿元。三明市林权交易中心在以宗地或小班为林权流转交易单位的基础上，借助无人机全景航拍、激光点云技术，制定适用于用材林各树种、各龄级的标准亩测算办法和交易规则，服务林权标准化流转交易。规定国有和集体经济组织经营的林权流转，必须经过森林资源资产评估，国有的报主管部门审批，集体的经村民代表会议讨论通过并报乡镇政府审批，同时应在公共交易平台发布信息、采取公开交易方式进行。

【国有林场改革】 2016年4月，市林业局组织收听全省国有林场改革电视电话会议，并学习有关精神，讨论征求意见。5月，召开全市国有林场改革座谈会。5月16日，市政府成立国有林场改革领导小组，市林业局成立国有林场改革工作小组。6月，开展国有林场改革专题调研，由林业部门牵头，与发改、编办等部门会商，明确功能定位，研究制定具体改革方案。11月17日，市政府常务会议讨论并通过《三明市省属国有林场改革实施方案》。11月21日，提请省林业厅审批。12月2日，省林业厅函复同意《三明市省属国有林场改革实施方案》。12月30日，市委、市政府印发《三明市省属国有林场改革实施方案》下发各县（市、区）委、政府以及市直各单位贯彻执行。

2016年12月10日，福建省将乐国有林场金溪森林公园被中国林业产业联合会授予“第一批全国森林康养基地试点建设单位” （将乐县方志办提供）

国家森林城市

【概况】 2016年，三明市以森林惠民、森林富民、森林育民为着力点，40项考核指标全部达标，被授予“国家森林城市”称号。三明市创建成果在全国森林城市座谈会上作典型发言，在首届亚太城市林业论坛中展示。

【城乡绿化】 2016年，三明市城区绿化覆盖率43.1%。其中，建设40个乡村生态风景林、村庄林木绿化率36.6%，道路林木绿化率89.5%、水岸林木绿化率90.7%。大田县获省级森林县城，全市实现省级森林城市（县城）全覆盖。

【民生工程】 2016年，三明市建成宁化县河滨绿地公园等项目，城区人均公园绿地14平方米。每个乡镇均有1个以上乡村公园。古树名木保护率100%，义务植树尽责率87%。2016年，累计建成城市绿道295千米。

【绿色宣传】 2016年，市林业局开展创建“十大亮点”“十大感动人物”评选，制作专题片、招贴画、《魅绿三明》画册，在中国绿色时报等专题报道，举办宣传活动105场，公众支持率和满意度均96%以上。

森林综合保护

【森林防火】 2016年，三明市发生森林火灾8起，受害面积72.7公顷，发生率0.43次/10万公顷、同比减少70%，受害率0.04‰、同比减少69%，均为历史最低水平，未发生重特大火灾和人员伤亡事故，并有一批集体和个人获国家级荣誉，如尤溪县森林防火指挥部被评为全国森林防火工作先进单位，三元区王文鉴被评为全国森林防火工作先进个人。

【林业有害生物防治】 2016年，三明市林业有害生物发生面积2.3万公顷，监测覆盖率98.16%，测报准确率95.82%。持续推广应用无公害防治技术，落实《2016年全省林业有害生物精准防治“质量年”活动方案》工作部署，无公害防治率100%，成灾率控制在0.57‰，同比下降23%。重点突出松材线虫病综合治理，全年实施采伐改造面积693公顷，择伐除治520公顷，疫木安全利用19858立方米；清理枯死木16041株；挂设诱捕器3552套，设置诱木688段，诱杀松墨天牛21.12万只；采用白僵菌、噻虫啉等生物，化学制剂防治松墨天牛面积4320公顷。加大检疫执法力度，林木种苗产地检疫率与调运检疫率均100%；开展“绿盾2016”专项行动与“双随机抽查”工作，并与三明出入境检验检疫局联合开展执法检查；共检查单位及企业826家，查实违规9起，立案查处7起，处罚金额1.1万元。推进林业有害生物普查工作，累计踏查206万公顷，调查标准地864块，共采集标本5489份，获取相关数码影像资料1.8万张，查实有害生物种类738种，发现2个福建新记录种（香樟长足象、悬铃木方翅网蝽）。扶持培育社会化防治组织，全市在县级森防机构登记备案的防治服务组织增至10家。

【自然保护区建设管理】 2016年，三明市建有自然保护区11个、总面积8.58万公顷，其中国家级5个、省级6个，拥有国家级自然保护区的数量占全省三分之一。1月30日，市林业局和永安市政府联合主办第20届“世界湿地日”宣传活动启动仪式，活动主题“湿地关乎我们的未来：可持续的生计”，参与人员500余人。3月26日，市林业局联合市农业局、市中级人民法院、市动物园管理处和梅列、三元两区林业局、森林公安局在三明城市绿道仙人谷、妙元山入口处和市动物园，同步举行以“让鸟儿与我们共享绿色发展”为主题的福建省第34届“爱鸟周”宣传活动，发放宣传材料2000余份，参与活动和受活动影响的群众数千人。5月2日，泰宁峨嵋峰自然保护区成为全市第5个、全省第15个国家级自然保护区。6月12~14日，全省自然保护区规范化（信息化）建设管理工作现场会在君子峰国家级自然保护区召开，总结和推广君子峰保护区在信息化建设方面的成效和经验。10月21日，由福建省野生动植物保护协会、市林业局和泰宁县政府在泰宁县人民广场联合举办福建省第26届保护野生动物宣传月暨峨嵋峰自然保护区晋升国家级宣传活动。

【涉林案件查处】 2016年，市林业局对重、特大复杂疑难案件及省局挂牌督办案件落实“四定”措施（定责任单位、责任民警、侦查措施、侦破期限），组织各分局集中警力，开展专案攻坚，省森林公安局及国家森林公安局（省林业厅、专员办）挂牌督办的7起案件全部告破。2016年，全市森林公安机关共受理各类森林和野生动物案件2225起，查破各类案件2152起，收缴立木1318.6立方米、木材5150.7方米，为国家挽回经济损失1246.65万元。

森林质量提升

【造林绿化】 2016年，三明市完成植树造林面积16653公顷、占省下达任务的110%，其中“两带一区”造林完成5199公顷、占任务103%（森林生态景观带建设293.8公顷、占任务102%；生物防火林带建设3628.5公顷、占任务102%；重点生态区位林分修复1277公顷、占任务104%）；其他人工造林更新完成11454.1公顷、占任务113%（其中珍贵用材树种造林2123.6公顷、占任务109%；不炼山造林1228.1公顷、占任务119%）。

【森林经营】 2016年，三明市完成森林抚育49028公顷、占任务103%（生物防火林带抚育8031公顷、占任务101%；重点林分森林抚育16607公顷、占任务102%）；封山育林完成23704公顷、占任务100%。

【森林管理碳汇项目】 2016年，三明市在全省率先开发碳汇项目并成立首家林业碳汇咨询服务公司。永安市林业局开发国际核证碳减排标准（VCS）森林管理碳汇项目，项目0.74万公顷，实施期限为20年（2010~2029年），该项目每年产生的减排量约5.2万吨，按全球现有碳减排交易价格3.0美元/吨，该项目排量获得交易后，预计每年可增加林农收入约100万元人民币。将乐县福建金森林业有限公司开发森林经营碳汇项目（CCER），项目0.63万公顷，实施期限20年（2006~2026年），年均减排3.2万吨，按照国内CCER10元~20元/吨的价格测算，项目总收益600万元。将乐县福建金森集团有限公司建立全省首家林业碳汇咨询服务公司，主营业务为林业碳汇项目开发、交易、咨询、培训服务、碳汇监测计量及碳金融服务。

【林木种苗】 2016年，市林业局持续推进林木良种基地建设，官庄林场和尤溪林场国家级林木良种基地完成抚育管理1156公顷，将乐林场省级林木良种基地完成抚育管理526.3公顷；永安市和尤溪县杉木三代种子园良种基地完成抚育管理各133公顷；新建闽楠采种基地37.7公顷、乳源木莲采种基地5.3公顷。争取中央财政林木良种苗木培育补贴项目4个、补助资金85万元，省级财政林木良种苗木培育补贴项目8个、补助资金297万元。市林木种苗站联合市执法支队对三元、永安、宁化、建宁等8个县（市、区）进行打击制售假冒伪劣林木种苗和无证生产经营活动，并开展林木种苗质量检查，涉及杉木、马尾松、楠木、油茶等33个苗批，合格率90%。2016年，全市大田育苗面积86.93公顷，完成容器育苗1487万株、组培育苗220万株，育苗总量7199万株，生产苗木能够满足造林绿化需求。

【科技兴林】 2016年5月9日，市林业局被国家林业局授予全国生态建设突出贡献先进集体。福建金森与南京林业大学等单位合作承担的“林木良种细胞工程繁育技术及产业化应用”项目获2016年国家科技进步奖二等奖。全市林业系统获得省政府科技进步奖6项占全省比例46%。全市“省地方标准制修订”项目发布3项、占全省的37.5%。8月17日，福建金森林业凭借紫薇品种选育、鹅掌楸细胞工程种苗繁育、林业管理上构建TD-LTE智慧林业平台等3个科技创新推广示范优势，被省林业厅认定为全省5个省级林业科技示范园区之一。创新科技研发平台，北京林业大学南方林区（福建三明）综合实践基地建设累计落户科研项目24个，国家林业局竹家居工程技术研究中心福建分中心、福建省竹制品公共检测服务中心、福建省竹天下众创空间等3个创新平台落户永安。成立三明市花卉、永安竹产业、三明市无患子皂苷、三明市雷公藤利用等4个工程技术研究中心。创新科技服务平台，全年科技下乡服务次数581次，活动涉及12个县（市、区）、82个乡（镇、街道）、484个村；出动宣传车13辆，分发资料20120份。

对台对外交流合作

【海峡两岸（三明）现代林业合作实验区建设】 2016年，三明市新批办福建大丰山生态农业开发有限公司等涉林台资企业台企10家、总投资2461万美元，合同台资310万美元。累计引进涉林台资企业141家，总投资7.96亿美元，合同台资3.58亿美元。全市新签订福建广聚生态农林开发有限公司乡村休闲生态旅游等涉林台资项目12项，总投资2.3亿美元，合同台资0.5亿美元。新引进小蜜西红柿、台湾蜜丝枣等台湾“五新”成果23项，推广面积88.7公顷。与金门县林务局、新竹县总工会、新竹木工工会等单位开展长期对接工作。通过林博会、清流台湾农民创业园等平台，与中国台湾有关单位建立长效合作机制，定期开展人员互动来往，有过千名中国台湾客商到三明考察对接林业项目。清流樱花基地、清流创新型油茶健康产业、沙县农林机械制造、永安木竹加工、明溪生物医药产业园、将乐乐台林业生态文化园、建宁无患子生物质能源、大田茶叶种植加工等特色示范基地的建设有序推进。

【第十二届林博会】 2016年11月6~9日，三明市举办第十二届林业博览会。本届林博会参会参展嘉宾和客商3632人，其中客商3075人、约占宾客总数85%，参会参展中国台湾嘉宾客商316人，有中华金门产业发展协会理事长杨应雄、嘉农发展基金会董事长蔡武璋、吴凤科技大学院长蔡宏荣等16个团组和中国台湾上趣智业景典文化发展有限公司、集辰农林发展有限公司等知名台企参展参会。签约项目101项、总投资146.7亿元，其中台资及外资项目19项、利用台资及外资2.2亿美元。共布设展区13个，参展企业556家、展品3071种，评选金奖产品58个，展会期间，现场参观人数12万人次，实现贸易订单和现场销售总额3396万元。同时举办“一带一路”投资贸易对接会、林业电子商务供需对接会、明台交流合作成果展、中美绿色教育产教融合国际论坛、三明小吃特色展、林下经济产业专场促销等活动。中央电视台新闻频道《新闻联播》、国际频道《中国新闻》报道开幕情况，《人民日报》、新华社、中新社、人民网、新华网等对林博会进行跟踪报道。

【林产品进出口】 2016年，三明市林产品进出口总值3.12亿美元，同比增长4.26%，其中进口0.75亿美元，同比下降23.36%；出口2.37亿美元，同比增长17.66%。

林产加工产业

【概况】 2016年，三明市完成林产工业产值704.14亿元，同比增长8.37%，其中规模以上产值688.52亿元，同比增长9.92%，占年预期目标670亿元的102.8%。

【主要林产品】 2016年，三明市主要林产品包括木竹加工产品、纸浆造纸产品、林产化工产品、森林食品等。木竹加工系列：人造板352.56万立方米，同比减少4.7%；集成材和指接板86.37万立方米,同比增长8.19%；家具家居用品195万件，同比增长9.65%；木竹地板796万平方米,同比增长0.29%。制浆造纸系列：纸浆31.47万吨,同比减少5.4%，纸及纸制品57.97万吨,同比减少5.24%。林产化工系列：松香、松节油及其系列加工产品11.96万吨,同比减少3.11%；木材热解类10万吨,同比减少11.36%，其中活性炭4.81万吨,同比减少20.59%。森林食品系列：笋制品28.98万吨,同比增长1.6%；茶籽油9427吨,同比减少9.56%。商品材120万立方米，比2015年同期118.85万立方米增长 0.97%，仅占年计划 160 万立方米的 75%。

【龙头培育及品牌建设】 2016 年，三明市将乐金森林业、清流春舞枝花卉、清流闽山化工、永安和其昌竹业等 4 家企业入选第二批国家林业产业龙头企业。截至 2016 年年底，全市林产工业规模以上企业 452 家，有国家级林业龙头企业 5 家、国家级农业龙头企业 2 家，省级林业、农业龙头企业分别为 19 家、26 家。2016 年，建宁铙山纸业获得“中国 500 家最具价值品牌”称号，是三明市唯一入选的企业品牌。全市拥有中国名牌产品 1 个、中国驰名商标 9 枚、省级品牌 86 个，居全省同行业、全市各行业之首。

【重点项目建设】 2016 年，沙县鸿源安新型生物质糖产业化项目等 40 项投资千万元以上重点项目总投资 91.2 亿元，2016 年计划投资 33.5 亿元,完成投资 26.4 亿元，占年度投资计划的 78.8%；开工率 90%。其中：投资亿元以上林业产业项目 22 项，项目总投资 81.0 亿元，2016 年计划投资 27.1 亿元，1~12 月完成投资 22.2 亿元，占年度投资计划的 82.0%；开工率 95.5%。22 个重点技改项目总投资 27.2 亿元，2016 年计划投资 13.0 亿元，1~12 月完成投资 9.3 亿元，占年度投资计划的 71.8%；开工率 81.8%。第十一届林博会签约林业及生物产业合同项目 47 项，项目总投资 62 亿元，拟利用区外资金和外资 53.7 亿元。截至 12 月底，有 42 个项目到资，累计到资 24.11 亿元，合同到资率 44.9%；开工建设 39 项，占合同项目 83.0%；投产或部分投产 23 项，占合同项目的 48.9%。

林业特色产业

【概况】 2016 年，三明市发挥特色资源优势，坚持“一产接二连三”发展模式，持续做大做强笋竹、油茶、花卉苗木、林下经济、森林旅游等特色产业共实现产值 363 亿元，实现绿水青山向金山银山的转化。

2016 年 10 月 18 日，3 个竹产业科技创新平台在永安市文创园举行揭牌仪式

（魏兴谷摄）

【笋竹】 2016 年，三明市新植竹林面积 120 公顷、丰产竹林基地建设 8000 公顷、累计 10.2 万公顷。完成低产竹林改造 2.1 万公顷、兴修竹山灌溉水池 9434 立方米、新开竹山道路 816.8 千米，生产商品竹约 1.2 亿根，鲜笋产量 72 万吨。全市完成竹业总产值 168.9 亿元，同比增长 19.3%。其中，实现第一产业产值 41.9 亿元、第三产业产值 1.46 亿元。永安、尤溪、建宁 3 县（市）实施 2016 年省现代竹业项目，明溪、清流、宁化、大田、沙县、将乐等 6 个县的 9 个乡镇实施 2015 年省现代竹业重点乡镇生产发展资金项目，共完成施肥 0.4 万公顷，建设蓄水池 186 个，完成竹山道路建设 406 千米。完成编制《三明市竹产业发展规划（2016~2025）》。

【油茶】 2016 年，三明市完成油茶造林 2000 公顷，占计划的 119.2%；完成油茶林抚育 2.6 万公顷，占计划 109.8%；完成油茶低改 6900 公顷，占计划 103.2%；实现产值 15.49 亿元,同比增长 1.5%。尤溪、明溪、泰宁申报农业综合开发林业项目油茶高产栽培示范 250 公顷、泰宁县铁皮石斛基地示范 4.3 公顷，总投资 2049.97 万元。尤溪、大田、清流、宁化、明溪和泰宁等现代农业（油茶）项目县获现代农业中央财政资金补助 1760 万元，实施 1200 公顷，开展以科学施肥、开设水平梯带、作业道、油茶林地灌溉系统建设和补植整形等为主要内容的现代农业（油茶）项目建设。按照《三明市油茶产业发展资金管理办法》和《三明市油茶产业发展项目申报指南》，宁化、建宁实施油茶高产示范培育计 40 公顷、沙县水南国有林场建设油茶科技示范园 1 个。

【花卉苗木】 2016 年，三明市有花卉苗木种植面积 1.93 万公顷，实现总产值 67.16 亿元。2016 年争取省级“现代农业（花卉）生产发展项目”资金 1000 万元，用于连拱钢架大棚、智能温室、苗木示范基地等设施建设。明溪县实施 2016 年花卉苗木品种引进与研发创新项目，引进茶花品种 45 个。清流县开展花卉种植保险试点工作，制定《2016 年设施花卉种植保险方案》并下发实施，除省级财政给予 20%的保费补贴外，县财政再给予 15%的补贴；全年保险理赔 161.3784 万元。第十八届海峡两岸花博会上获得 1 花王 7 金 6 银 14 铜，其中三明市农科院选送盆栽‘摩洛卡’红掌被评为花王。此外，在花卉种质资源保护取得突破，将乐县金硕生物科技有限公司紫薇种质资源库和沙县三明市农业科学研究院非洲菊种质资源库被中国花卉协会评为国家级花卉种质资源库。

【林下经济】 2016 年，三明市林下经济以“创新、协调、绿色、开放、共享”为发展理念，坚持以市场需求为导向、龙头企业为依托、科技服务为支撑，推动林下经济科学发展。以林药、林菌等为重点，加强黄精、草珊瑚、金线莲、红豆杉、铁皮石斛等示范基地建设，打造“一县一品”的特色发展格局。2016 年，全市林下经济新增基地面积 1 公顷，累计 22.3 万公顷，实现产值 110 亿元。

（陈圆媛）

责任编辑：何团元

工　业

INDUSTRY

综　述

2016年，三明市工业经济总体呈现“缓中趋稳、稳中向好”的发展态势，全市累计实现规模工业增加值845.78亿元、比增7.5%，增幅居全省第六位，较2015年提升1个位次；累计工业用电量97.72亿千瓦时；累计完成工业固定资产投资1024.7亿元，列全省第七位；全市战略性新兴产业完成产值551.7亿元、比增20.4%，占全市规模工业产值比重较2015年提升1.3个百分点。

【工业大盘稳定】 2016年，市经信委强化政策帮扶，落实各级惠企政策，全市共有489个项目（企业）获得各级各类专项资金补助约2.98亿元。强化挂包服务，实行委班子成员挂包县（市、区）和市区经济九大特色园区机制，加大对挂牌服务项目和市级“五个一批”工业重点项目的服务力度，定期开展走访调研，全年累计帮助企业协调解决问题200个以上。强化产融合作，发挥政府资金撬动作用，全市14家政府主导融资性担保公司累计为企业担保509笔、4.09亿元；共设立6亿元应急周转金，全年累计提供应急转贷金347笔、22.48亿元。鼓励全市小额贷款公司拓展业务，19家小额贷款公司共发放贷款455笔、13.99亿元。强化市场开拓，加快推进“手拉手”产品配套对接活动，全年举办对接会26场，860多家企业达成285项协议，实现交易金额68.6亿元；支持企业市外中标，有15家企业21个项目获得奖励资金1680万元。强化市区工业发展，2016年10月18日，三明市政府出台《关于做优做强市区工业的若干意见》，推动年度28个市区工业重点项目完成投资18.8亿元，占年度计划120.1%。强化安全生产，突出做好煤矿、民爆等企业安全监管工作，全年共排查51家（次）矿井，查出隐患382条，整改率100%；排查53家（次）民爆生产销售企业，查出隐患153个，规定时限内整改率100%。

【发展后劲增强】 2016年，三明市515个年度投资千万元以上工业重点项目共完成投资317.3亿元，占年度计划105.8%，翔丰华石墨负极材料产品生产、顺源纺织10万锭纺纱扩建等305个项目建成投产或部分投产。加快产业链项目延伸，全年共实施150个产业链项目，完成投资133.2亿元，占年度计划111%，金瑞高科半固态技术生产3C系列产品、德普惠智能旋转模切设备生产等82个项目建成投产或部分投产。加快招商项目对接，央企方面，深化与中纺院、国机集团、中化集团、中核集团合作对接，加快推进德国克劳斯玛菲公司整合三明化机公司、二氧化碳无水印染技术产业化、绿色纤维（竹天丝）生产等项目建设；省企方面，密切与省能源集团、轻纺集团等17家省属企业沟通联系，全年累计对接项目81个，已动工38个，完成投资35.4亿元；民企方面，全年开展专场招商活动14场，新签约合同项目142个，累计完成投资110亿元，建成投产或部分投产6个。

【技改创新转型升级方案实施】 2016年10月20日，三明市政府下发《三明市推动新一轮企业技术改造促进产业转型升级实施方案》，2016年，全年累计完成工业技改投资896.3亿元，比增4.5%，建新轮胎二期、奔鹿纺织生产扩建等216个项目建成投产或部分投产。深化两化融合，全年有130个项目列入省级两化融合重点项目库，项目数居全省首位，1家企业入选工信部两化融合管理体系贯标试点企业，15家企业获得省市两级两化融合到位补助资金610万元。实施智能制造，全年有7个项目列入2016年省级智能制造重点项目库，36家企业被评为市级智能制造试点示范企业；实施“机器换工”185台（套）。深化“双创”工作，全年共创建1个国家级小微企业“双创”示范基地（金沙园小微企业创业基地），3个省级小微企业创业基地，1个省级中小企业公共服务示范平台，12个市级中小微企业公共服务示范平台，7个市级小微企业创业基地，共发放各类平台补助资金1022万元。推动节能降耗，全市30个节能技改重点项目和20个循环经济重点项目完成投资15.7亿元，超序时完成燃煤锅炉节能环保整治工作；落实淘汰落后产能任务，全年共关闭退出煤矿14处、压减产能82万吨，超省下达任务8处、多压减产能51万吨。

【产业结构调优】 2016年，三明市共有21家企业列入省级龙头企业（含省属公司及集团公司下属子公司），企业数比增50%，其中市级负责跟踪的14家企业累计完成投资32.5亿元。突出新兴产业发展，加快推进战略性新兴产业发展，年度136个投资千万元以上战略性新兴产业项目完成投资105.4亿元，比增23.4%，建成投产或部分投产60个。突出工业园区建设，全市15个重点工业园区累计新增开发面积466.67公顷，新增入园企业80家；园区规模企业完成工业产值1400亿元，占全市规模工业产值约38.7%，全市产值超百亿元园区7个。突出企业兼并重组，全市有7个项目列入省经信委企业兼并重组项目库，共完成金东矿业资产并购尤溪浩泽矿业、尤溪奥翔体育塑胶收购永安阿兰士塑胶等4个兼并重组项目。

（阅道凯　陈加辉　陈永昱）

装备制造产业

【概况】 装备制造产业是三明市的传统优势产业，起步于20世纪50年代。三明市突出重大成套装备、通用专用基础装备、基础配套3个关键领域，通过“专项支持、优化结构、转型升级、两化融合、培育龙头”等措施，整合全市主机、配套零部件产业的研发和制造资源，至2016年初步形成汽车及其零部件、工程机械、橡塑机械、数控机床、冶金机械、矿山机械、农林机械、建材机械、铸锻件等9个优势行业的产业格局，产品涉及45个门类，产业体系较为完备。至2016年年底，全市拥有企业523家，产业从业人员3万多人，产业主要分布在三明市区、永安、沙县以及大田等地。2016年，全市汽车及机械装备产业实现产值445.37亿元、占全市工业产值的12.3%，实现增加值95.77亿元、增长9.6%。拥有中国重汽海西汽车公司、厦工三重、三明双轮化机、福建兵工装备、集辰农机、永安轴承、三明齿轮箱、汇华集团等一批重点优势企业。

【重点行业企业智能制造试点示范】

2016年，三明市在基础条件好、需求迫切的行业和企业中，突出制造关键环节，开展离散型智能制造、流程型智能制造、网络协同制造、大规模个性化定制、远程运维服务等5种智能制造新模式的试点示范。全市建成市级智能制造试点示范企业36家，其中离散型智能制造模式16家、流程型智能制造模式16家、大规模个性化定制模式3家、远程运维服务模式1家。在总结智能制造试点示范工作经验基础上，推进智能制造试点示范工作，更好地发挥试点示范的辐射带动作用。推进传统制造业智能化改造，继续注重智能化持续增长、关键技术装备安全可控、基础与环境培育，加快智能制造在制造业各领域推广。

【产业集群壮大】 2016年，三明市进一步培育提升厦工三重、海西汽车、华橡自控、毅君机械、集辰农机等龙头企业、高成长企业，在企业实施技术改自主创新、融资等方面加大扶持力度，鼓励龙头企业与中小企业配套协作，使龙头企业成为壮大产业集群的主体。至2016年年底三明市初步建成三明高新技术产业区金沙高端装备产业园、三明埔岭汽车工业园、金古农林机械产业园、将乐模具产业园，其中金沙高端装备产业园被国家科技部授予“国家大型装备高新技术产业化基地”，将乐模具产业园被省经信委授予省级“模具集聚示范区”。为引导三明市工业各产业链企业配套采购三明市机械生产企业的整机、原辅材料和零配件，促进三明辖区内企业与企业、企业与科研院所的产品与技术配套合作，带动整体企业的发展，6月中旬在三明市区举办由200多家企业参加的机械装备制造行业手拉手对接大会，12月在将乐县举办由60多家企业参加的轻合金及机械制造业产品配套对接活动，为壮大三明机械装备产业集群提供良好的交流合作平台。中国重汽福建海西汽车商用车2016年产量突破2万辆，产值近40亿元；其中出口非洲、朝鲜、东南亚等国家地区突破800辆，销售值近1亿，超过2015年全年出口量的100%。

【装备制造企业转型升级】 2016年，三明市打造福建三钢、机械科学总院（海西分院）、普诺维公司等3家省级智能制造示范企业。2016年，筛选上报省级智能制造重点项目15个，已列入2016年省级智能制造重点项目7个，其中购买关键重大智能装备项目2个：厦工（三明）重型机器有限公司大型盾构机智能装备购置项目、机械科学研究总院海西（福建）分院激光加工中心等项目；智能制造样板工厂（车间）项目2个:三明市毅君机械铸造有限公司大型汽轮机核心汽缸零部件智能制造新模式应用、中机精冲科技（福建）有限公司高档汽车零件精冲成形智能制造新模式应用等项目；智能制造企业试点示范项目3个：机械科学研究总院海西（福建）分院海西高端装备云制造服务平台、福建省大田县金门油压机制造有限公司新型无甲醛人造板热压与冷压可自动循环工作的联合机组设备生产、福建省将乐县长兴电子有限公司2520&2016微型金属封装石英晶体谐振器生产线智能制造升级改造等项目。

【新能源汽车推广】 2016年11月，三明市下发《2016年三明市新能源非公交汽车推广应用财政补贴实施细则》，通过强化行政推动，要求各级政府机关、公共机构、企事业单位更新车辆时，带头购置新能源汽车。并鼓励城市物流配送、农村环境卫生整治、企事业单位通勤等领域推广应用新能源汽车。引进上海一家公司在三明成立讯达新能源汽车城市运营有限公司，计划开展新能源汽车租赁、充换电设施建设和运营等服务，探索公私合营（ppp）、融资租赁、分时租赁、经营性租赁等模式，加快新能源汽车的推广应用。2016年，全市共推广国家鼓励提倡的新能源汽车179辆，其中119辆纯电动客车（总数375辆），应用于城市公共交通和城乡客运交通领域；60辆纯电动乘用车（总数75辆），应用于分时租赁及私人领域。

【电动汽车充电基础设施安全摸底排查】

2016年，市经信委组织相关县（市、区）经信局对辖区内的电动汽车充电基础设施进行排查，对全行业情况进行梳理。2016年三明市计有梅列、三元、沙县、永安、明溪、泰宁、将乐、尤溪等8个县（市、区）涉及充电站及充电桩的安装规划和使用，建宁县、宁化县、大田县、清流县4个县暂时还未涉及该项业务。全市共有直流充电桩78个，交流充电桩236个，其中交流充电桩200余个集中于永安市，直流充电桩60个集中于泰宁县，其余分布在其他6个县（市、区）。

（赖　勤　温林坤　高孝本）

冶金及压延产业

【概况】 三明市冶金及压延产业基础雄厚，2016年有规模以上企业80家，实现产值362.99亿元，完成增加值74.54亿元；主要产品有生铁、粗钢、成品钢材、中厚板、铝箔、轻合金产品、钨等，冶金产业主要产品产量：生产粗钢624.31万吨、增长4.3%，生铁603.41万吨、增长5.5%，钢材652万吨、增长7.8%。拥有福建三钢、宁化行洛坑钨矿有限公司、三菲铝业有限公司、福建省金瑞高科有限公司等一批在省内外具有较大影响力的重点骨干企业。并逐渐形成以福建三钢钢铁冶炼优势带动的钢材深加工产业链，以福建省金瑞高科有限公司和中国机械科学研究总院海西分院（将乐）半固态技术研究所为技术核心的轻合金制造产业链。初步形成梅列金属新材料产业园和将乐轻金属半固态新材料专业园两个较为专业化的产业聚集基地。

【品牌和企业技术中心】 至2016年，三明市冶金及压延产业有福建三钢闽光股份有限公司闽光牌优质碳素结构、碳素结构钢和低合金结构钢热轧厚钢板、船体用结构钢，福建省明光新型材料有限公司皓辉牌彩色涂层钢带，三明市三菲铝业有限公司三菲牌铝箔，福建天尊新材料制造有限公司天尊铸造用生铁等福建名牌产品。有福建三钢技术中心为省级企业技术中心，拥有三菲铝业、瑞奥麦特、行洛坑钨矿、毅君铸造、三重铸锻等市级企业技术中心。

2016年，福建三钢主要技术经济指标保持同类型企业先进水平，图为炼钢转炉生产线　（福建三钢提供）

福建省三钢（集团）有限责任公司

【基本情况】 2016年年底，福建三钢有职工1.63万人，其中专业技术人员2642人（高级职称464人，中级职称1193人），拥有资产总额263.63亿元，拥有全资及控股子公司16家（其中福建三钢闽光股份有限公司为上市公司），紧密型企业2家。

福建三钢三明本部主要装备情况：65孔焦炉4座（含曲沃闽光焦化公司2座），年末生产能力180万吨；180平方米烧结机2台、200平方米烧结机、220平方米烧结机各1台，年末生产能力890万吨，420立方米高炉3座、1050高立方米炉2座、1800立方米高炉1座，年末生产能力562万吨；100吨顶底复吹转炉2座、120吨顶底复吹转炉3座，年末生产能力620万吨；小方坯连铸机4套、板坯连铸机2套，年末生产能力660万吨；全连轧棒材轧机2套（其中1套租赁）、全连轧圆棒轧机1套、高速线材轧机2套、中厚板轧机1套，年末轧材能力610万吨。

福建三钢三安钢铁主要装备情况：90平方米烧结机2台、180平方米烧结机1台，年末生产能力360万吨，12平方米竖球1台，年末生产能力60万吨；550立方米高炉2座、1250立方米高炉1座，年末生产能力230万吨；50吨顶吹转炉3座，年末生产能力240万吨；小方坯连铸机3套，年末生产能力240万吨；高速线材轧机1套、全连轧棒材轧机1套、高速棒材轧机1套，年末轧材能力260万吨。

福建三钢罗源闽光主要装备情况：96平方米烧结机1台、120平方米烧结机1台，年末生产能力250万吨，12平方米竖球1台，年末生产能力60万吨；500立方米高炉1座、660立方米高炉1座，年末生产能力150万吨；50吨顶吹转炉2座，年末生产能力160万吨；小方坯连铸机2套，年末生产能力160万吨；高速线材轧机1套，年末轧材能力72万吨；高速棒材轧机1套，年末生产能力50万吨。

福建三钢主要产品有：“闽光”牌精品建材、优质金属制品材、中厚板、机械制造用材和圆钢等多种产品，其中热轧带肋钢筋、热轧盘条（牌号40、45、60、65）、冷镦和冷挤压用钢、Q345（A、B、C）板等产品获中钢协颁发的冶金产品实物质量“金杯奖”，热轧圆盘条、热轧光圆钢筋、优质碳素结构钢、热轧厚钢板等产品多年保持“福建名牌产品”称号。在“2016中国企业500强”中位居第499位，在“2016中国制造业企业500强”中位居第261位。

【主要指标】 2016年，福建三钢产钢1038.91万吨（其中本部624万吨），比增8.50%；生铁946.63万吨（其中本部569.32万吨），比增8.08%；钢材1036.27万吨（其中本部618.56万吨），比增9.54%；焦炭170.83万吨（其中本部86.24万吨），比降0.48%；入炉烧结矿1221.30万吨（其中本部716.17万吨），比增5.56%；总氨23.30万吨，比降21.19%；三化尿素13.05万吨，比降20.93%；完成工业总产值243.28亿元，比增18.03%；实现营业收入298.48亿元；利润12.26亿元；税金10.06亿元。

【资本运作】 2016年3月9日，福建三钢闽光重大资产重组方案经中国证监会审核无条件通过。4月5日，重组方案正式获得中国证监会核准批复。4月11日，三钢闽光购买集团公司中板、动能、铁路运输相关资产，三化公司土地使用权完成交割、过户。8月31日，三钢闽光配套募集资金30亿元全部到账。

【企业管理】 2016年，福建三钢实施国有、民营和核心员工持股的混合所有制改革，6月成立福建闽光软件股份有限公司。完成总部机关第二轮定岗定编，压缩处级机构5个、科级机构13个。持续优化岗位配置，推广实施操检合一，推行非核心业务外包。组织实施10项重点管理创新项目，“炼钢能源系统持续优化管理”成果获全国冶金企业管理创新成果三等奖，“以全新的激励机制深挖改善潜能”“跨行业资源整合新业态”两项管理成果，分别荣获省国资委管理提升成果二等奖、优秀奖。实施18项环保技改项目，持续优化厂区环境质量，2016年本部厂区空气质量优良率100%。

【技术创新】 持续开展技术攻关、改善提案管理等活动，2016年“SWRH82B钢绞线、预应力钢丝用热轧盘条研发”科技开发项目获省科技计划项目立项，“高炉炉顶煤气余压、烧结余热蒸汽联合发电机组技术开发与应用”“焦炉煤气常压富氧非催化转化制合成氨原料气优化研究与应用”“烧结机全烟气脱硫技术”和“40Cr合金结构钢热轧盘条研发”等4项成果分获省、市科技进步奖，“优钢项目部”获得省国资系统技术创新“先进团队”称号。2016年，集团本部65兆瓦高炉煤气发电机组、罗源闽光高棒工程和25兆瓦余能发电机组等一批项目建成投用。本部试验开发HJ20Mn2易切削圆钢，完成圆钢系列、PSB930精轧螺纹等的扩规格开发试验。

（范丽琴 乐晨涛）

建材产业

【概况】 2016年，三明市共有规模以上水泥生产企业16家，其中新型干法水泥生产企业13家，水泥年生产能力2388万吨。全市拥有新型墙体材料生产企业92家，新型墙体材料年产量24.7亿块标砖，发展蒸压加气混凝土砌块、煤矸石（粉煤灰）烧结多孔砖、硅酸钙板、混凝土空心砖为主导的新型建材产业。三明兴创建设有限公司与福建省建筑科学研究院合作的废旧沥青混合料热再生回收利用等4个项目列入2016年省级技术创新重点项目。福建鸿丰纳米科技有限公司企业技术中心被列入2016年第二十批市级企业技术中心。

【水泥工业结构调整】 至2016年年底，全市累计完成拆除水泥机立窑118座、立波尔半干法水泥窑2座，完全关闭机立窑企业76家，淘汰落后水泥产能1338.4万吨。

【推进新型建材的产品开发】 2016年全市散装水泥供应量813.85万吨，比2015年减少7%，使用量742.01万吨，比2015年减少4%，预拌混凝土发放量229.45万立方米，比2015年增加22.18万立方米。新型墙体材料产量约57.33亿块标砖，比2015年增加98%，推广使用新型墙体材料的建筑面积约256.25万平方米，比2015年增加37%。全市的加气混凝土砌块企业7家，生产能力200万立方米。

（陈永贵 胡笑妹）

纺织产业

【概况】 2016年，全市197家规模以上纺织工业企业完成工业产值458.26亿元，实现增加值99.28亿元、增长8.1%；全行业从业人员35051人，实现主营业务收入433.47亿元；主要产品产量：生产纱77.32万吨、增长5.3%，布21.85亿米、增长10.5%。永安市被中国纺织工业联合会授予“2016年度纺织产业集群创新发展示范地区”称号。纺织行业年内开展“手拉手”活动取得好成绩，共有30家纺织企业进行现场项目签约，签约金额近3亿元。

【项目建设】 2016年，三明市工业投资建设千万元以上重点项目有纺织工业项目28个，完成投资41.31亿元；其中，总投资20.7亿元的福建鑫森合纤科技有限公司年产12万吨差别化功能性改性锦纶纤维项目5#车间设备完成安装调试，一期投产；总投资18亿元的福建隆源纺织有限公司50万锭高性能多种功能性纤维混纺生产线建设项目一期工程（23万锭）基本建成投产运营；总投资8.12亿元的福建奔鹿纺织有限公司20万锭纱线及1600万米牛仔布生产项目，完成一期厂房及展馆建设，实现试生产。

【资金扶持】 福建鑫森合纤科技有限公司年产12万吨差别化及功能性改性锦纶纤维、福建顺源纺织有限公司10万锭高品质纱线扩增、福建祥源纺织有限公司多功能性纤维综合混纺开发高品质纱线扩容等项目获得2016年省级企业技术改造专项资金扶持；福建省浩特纺织科技有限公司建设高档织物面料织造生产线15条、后整理加工生产线2条、服装生产线25条的技改项目获得2016年度市级（双创）工业企业技术改造项目专项资金补助扶持。

（伍 平 乐晨涛）

化工产业

【概况】 2016年，三明市共有规模以上化工企业153家，工业总产值448.16亿元；工业销售产值441.13亿元，增长11.1%；出口交货值8.59亿元，同比下降6.0%；利税总额11.19亿元，同比下降37.6%，其中利润总额4.89亿元，下降48.3%。主要产品及产量为：硫酸（折100%）54.35万吨，盐酸（含量31%以上）0.05万吨，合成氨38.75万吨，农用氮、磷、钾化学肥料总计（折纯）9.61万吨。

【项目建设】 三明市2016年工业投资建设千万元以上重点项目有化工项目14项，当年完成固定资产投资约8.65亿元。总投资2亿元的福建省展化化工有限公司二期（年产过硫酸铵6万吨、过硫酸钠4万吨、过硫酸钾1万吨）扩建项目已建成投产；总投资3.6亿元的福建省沙县松川化工有限公司再生资源综合利用项目正进行基础设施建设；总投资4亿元的福建鸿燕化工有限公司年产30000吨纤维素酯项目项目正进行设备安装。

【技术创新】 福建三农化学有限公司纤维级聚四氟乙烯分散树脂关键技术研究及产业化项目列入2015年省级技术创新重点项目，福建三农化学农药有限责任公司企业技术中心被列入第十九批市级企业技术中心。

福建三钢(集团)三明化工有限责任公司

【基本情况】 2016年年底，三化公司在册职工1229人，其中内退职工418人,在岗职工811人，在岗各类专业技术人员159人，其中高级职称24人、中级职称65人、初级职称70人；高级技师2人、技师21人。

【经营情况】 2016年，公司完成工业总产值5.11亿元，总氨23.3万吨（其中：煤产氨12.9万吨、气产氨10.4万吨），尿素13.1万吨，液氨11万吨，氨水4.6万吨，精甲醇3.4万吨，甲醛1.3万吨。

【降本增效】 根据市场情况，及时调整尿素、液氨的生产负荷，做到产销平衡。2016年，通过内部挖潜，降低消耗增利1298.44万元。其中，煤耗、电耗、蒸汽耗显著降低，吨氨入炉煤耗1228千克同比降低54千克，降低成本514.73万元；吨氨电耗1423千瓦小时,同比降低39千瓦小时,降低成本329.88万元；吨氨蒸汽耗降低，成本减支629.52万元。但因尿素维持低负荷运行，与尿素相关联的各类消耗呈上升趋势。

【系统大修】 2016年3月15日开始，以4#氨塔检修为主线，组织实施为期19天的系统大修，此次大修共完成项目882项。通过大修消除单体设备隐患，完成特种设备定期检测，保证公用系统可靠运行。此外，完成水汽2#、3#泵节电改造，造气废热锅炉增设蒸汽过热器，尿素二氧化碳压缩机电机节电改造；净化变脱循环泵、螺杆膨胀发电机节电等7项技改项目，年实现节电800万度。

【排污权交易】 用好排污权交易政策，实行排污指标上网交易。通过授权公司安环科，及时快速响应，确保现有排污权保价、保量获得交易。2016年，排污权交易收益1240.51万元。

（陈永贵 胡笑妹）

新材料产业

氟新材料

【概况】 2016年，全市共有氟新材料产业企业8家，总产值大约30亿元，氢氟酸年产能13万吨以上，约占全国总产能的6%；氟化盐年产能2.5万吨以上，年产电子级氢氟酸1万吨；共有三元黄砂新材料循环经济产业园、明溪氟新材料产业园、清流氟化工产业园等3个氟化工专业园。东莹化工、三农氟化工、海斯福、海西联合药业等龙头企业发展势头良好，全市初步形成从萤石→氢氟酸→F22→四氟乙烯→六氟丙烯→六氟环氧丙烷→六氟异丙基甲醚→吸入式麻醉剂（七氟烷）一整条比较完整的氟化工主产业链；初步扭转单纯生产氢氟酸和氟化盐等资源初级加工产品的局面，向高端电子级氢氟酸、含氟聚合物材料以及含氟精细化学品等领域拓展延伸。

【2个新引进项目建成投产】 2016年，全力推动2个新引进项目建成投产，金氟公司年产2万吨氟钛酸钾、氟硼酸钾及新型焊剂氟铝酸铯等高端含氟无机盐项目已完成设备安装；锦浪公司首期年产1200吨微胶囊发泡剂项目已进行试生产，年产1000吨含氟医药中间体和含氟液晶显示材料项目已完成设备安装。

【重点企业技改提升】 2016年，重点抓好海斯福、三农、东莹化工等重点企业技改提升工作，其中海斯福全氟己酮、含氟润滑油等高端含氟精细化学品项目已完成土地报批及项目备案、选址、红线规划等前期工作；三农公司二期聚氯化铝（铁）、四氟乙烯、六氟丙烯生产装置扩建、聚四氟乙烯等项目已基本建成；东莹化工公司年产2万吨环保型含氟制冷剂五氟乙烷（HFC-125）项目已于9月份建成投产。

【3个新材料专业产业园建设】 2016年，三元黄砂新材料循环经济产业园、明溪氟新材料产业园、清流氟化工产业园等3个专业园区总规划面积约1066.67公顷,已开发面积约266.67公顷，园区内水、电、路、通讯、污水处理等相关基础设施建设基本到位，可以满足入园企业的需求。

石墨新材料

【概况】 三明市石墨资源主要分布于永安、大田等县，已探明资源储量156.55万吨，永安福川工业园和大田非金属产业园等2个石墨（烯）产业园规划建设加快推进，石墨（烯）产业引导基金正与国内有关基金管理团队洽谈，合作设立政府产业引导基金事宜，总投资5.9亿元的永安石墨产业“双创”孵化基地建设项目（一期）进展顺利，培育石墨加工企业3家（翔丰华公司、福建凯昱微晶石墨司、富友石墨科技公司），2016年石墨新材料产业完成产值3.5亿元。

【石墨（烯）产业发展列入全省布局重点】 2016年10月，省政府召开促进石墨烯技术研发和产业发展专题会议，明确将三明市石墨（烯）产业发展列入全省布局重点。同意永安市石墨和石墨烯产业用电参照执行铁合金行业丰弃水期电价（0.38元/度）。12月，市政府召开加快石墨和石墨烯产业发展专题会议，研究加快产业发展工作，明确“资源共享、共同推进、联合攻关、共促共为”的发展原则，并从资金安排、资源管理、平台建设等8个方面进行专项扶持。

【项目建设推进】 至2016年年底，翔丰华公司新能源汽车用锂电池石墨负极材料产品生产一期项目52条生产线正式投产，4条生产线正在安装，研发中心和仓库已投入使用，形成年产1.5万吨新能源汽车专用锂电池石墨负极材料生产能力；二期6.67公顷用地摘牌供地；福建凯昱公司微晶石墨提纯及加工项目，完成产品中试，并开始工业化生产设备设计；永安煤业公司大田仙亭煤矿微晶石墨深加工项目完成项目前期调研及上京矿区部分高变质伴生微晶石墨无烟煤样的普查送检工作，2016年11月2日与中南大学签订技术开发（委托）合同《煤基锂离子电池负极材料开发》，样品在实验研究过程中。

【2个石墨（烯）产业园建设】 2016年，三明市重点规划建设永安福川工业园和大田非金属产业园2个石墨（烯）产业园。其中，永安福川工业园规划开发面积18.5平方千米，建成110千伏变电站、日供水1万吨自来水厂和日处理1万吨污水处理厂等基础设施，初步具备产业项目落地条件；大田非金属材料产业园规划开发面积253.33公顷，至2016年年底已平整场地约46.67公顷，正进行基础设施建设。

【强化石墨项目引进】 2016年，永安市政府与中国航发北京航空材料研究院签订石墨烯研发及产业化有关合作协议和合作备忘录。永安市鼎丰碳素科技有限公司微晶石墨应用与等静压核石墨的研发及年产2万吨特种等静压石墨生产线项目，达成投资意向。大田县本益科技股份有限公司发起股权融资计划，首期融资金额为8000万元，拟全部投入大田项目，其中石墨开发项目2500万元。

稀土新材料

【概况】 三明市有丰富的稀土资源，主要分布在宁化、清流、明溪、三元、永安、将乐、尤溪等县（市、区），探明全市稀土氧化物储量200万吨以上，约占全省离子型稀土矿产储量的50%，为中钇富铕类型稀土矿。至2016年全市共有5本稀土探矿证（面积188.95平方千米）获国家国土部批准，其中中央地勘基金项目2个（永安小陶矿区、尤溪管前新阳矿区）、省级地勘基金项目3个（宁化城南矿区、宁化洋坊矿区、明溪后洋矿区），资源储量25.17万吨，潜在价值超过百亿。

【稀土产业项目招商推介】 2016年，三明市立足稀土产业实际，强化市县联动，共同策划年产5万吨石油裂化催化剂、年产2000吨钕铁硼永磁、年产5000吨稀土储氢材料等项目10个；共同赴北京、上海、厦门等地召开专场项目推介会，并参加宁波新材料与产业化国际论坛等重要论坛展会，邀请中石化催化剂、杉杉股份公司等企业到三明考察。

【加快稀土产业向中高端发展】 2016年，为加快稀土产业向中高端发展，持续深化与厦钨集团合作，共同设立福建省三明金明新材料公司，公司注册资本1亿元，厦钨公司占股70%，市国投公司占股30%，加快推进锂离子正极材料项目建设。形成钴酸锂产能7000吨，其中一期年产4000吨锂离子正极材料项目于2015年6月投产，二期年产3000吨锂离子正极材料项目于2016年8月投产。2016年全年共生产锂离子电池正极材料6955.39吨，产值突破10亿元，缴纳税收221.18万元。

【稀土产业园建设】 稀土产业园作为三明市重要新材料产业专业特色园区，至2016年累计完成投资7.5亿元、征地1333.33公顷，建成110千伏变电站、日处理5000吨污水处理厂等配套设施，已具备产业项目落地条件。

（陈永贵　胡笑妹）

生物医药及生物产业

【概况】 2016年，三明市有医药制造企业21家，年内实现产值45.42亿元、比增19%，增加值14.15亿元，比增6.1%。全市药用植物种植品种近30个，药材种植企业为25家、中药专业合作社56家，新建药材基地0.13万公顷。

【项目建设推进】 市生物医药办帮扶企业，推进项目建设，截至2016年，华灿制药完成生产线验收，取得药品GMP证书实现投产，3月取得医用射线防护喷剂的生产注册批件；汇天药业进行痛血康胶囊、来氟米特片等老产品的二次开发，开发大健康产品，计划开发甲氨碟呤片、塞来昔布胶囊等2个产品；欣茂药业保健食品及新资源食品投产，中药饮片生产线拟申请GMP验收；南方制药多西他赛及半合成紫杉醇获得原料药批文，伊马替尼获得临床许可，计划申报3个药号；艾迈博治疗性单克隆抗体生产基地项目，2016年9月动工建设；海西联合药业完成生产线建设，申报七氟烷、地氟烷等吸入式麻醉剂药品批文；德广中草药开发黄精系列保健品，2016年6月与日本三精医药株式会社合作，开发黄精系列酵素，并取得阶段性进展。

【专业研讨会举办】 2016年3月16~17日，市生物医药办与福建药师协会联合举办药品cGMP（动态药品生产管理规范）国际化发展趋势及最新动态研讨会，福建省30多家主要制药企业悉数到会，通过专家讲座、现场交流，提高企业GMP（生产质量管理规范）的实施水平，也加深制药企业之间的交流。同时会议期间安排推介金沙园生物医药产业园。

【信息服务平台共建】 2011年开始，市生物医药办与中国医药工业信息中心合作建立信息服务平台，截至2016年共编辑《生物技术与医药产业信息》62期，为企业无偿提供最新行业资讯、政策导向、前沿技术等信息服务。

【医药企业座谈会精神落实】 2016年4月，福建省委常委、常务副省长张志南到三明市调研，并召开医药企业座谈会。会后做三项具体工作：三明市政府5月16日，召开全市医药产业专题会议，对下一阶段三明市医药产业发展思路、突破路径和发展重点等进行研究部署；根据张志南常务副省长座谈会上的指示精神，三明市向省提交《三明市人民政府关于恳请协调支持三明市医药企业发展的函》；向福建省政府提交《三明市人民政府关于进一步支持我市医药产业发展的请示》，福建省经信委与相关部门沟通协商，从强化资金项目扶

2016年8月，泰宁铁皮石斛通过审查，成为国家地理标志保护产品　（许平南　摄）

持、完善福建省医药产业发展厅际联席会议机制等方面支持三明市医药产业发展，并对市政府提出关于企业上市和申报药品批准文号等问题提出意见。

【对接招商】　2016年，市生物医药办引进国药万博科技有限公司来三明市考察金线莲、铁皮石斛、龙脑樟等药材种植基地，探讨投资合作；引进中国台湾柏谛集团洽谈合作；联系生物芯片产业化项目筹建单位在金沙园生物医药产业园考察对接。

（沈双玲）

节能和循环经济

【概况】　2016年，三明市围绕年度节能目标任务，加快建设资源节约型、环境友好型社会。2016年万元GDP能耗0.745吨标准煤/万元、同比下降7.08%。

【重点节能工程实施】　全年完成节能技术改造重点项目30个、发展循环经济重点项目20个、总投资约15.7亿元。帮助12家企业获得省上节能与循环经济财政奖励专项资金649.5万元；56家重点用能企业提交的2015年度能源利用状况报告，通过省经信委审核。2015~2016年三明市共有福建三钢、青山纸业、三明南方水泥等37家企业通过福建省能源管理体系建设省级验收，其中福建三钢、永安林业、三明化工、饶山纸业等4家企业被列为“福建省能源管理体系建设示范企业”。

【节能评估审查制度实施】　严格按照审批管理权限和审批程序，把好项目立项、用地预审、能耗审查关，对新建项目未完成审批程序的一律不许开工建设，对不符合产业准入条件的项目坚决不予申报、审批，努力遏制高耗能、高污染行业发展。2016年对福建高砂水泥、将乐积善节能科技公司等2家企业开展“固定资产投资项目节能评估和审查制度执行情况监察”，上半年宁化行洛坑钨矿有限公司采选技改工程项目通过省经信委节能评估审查。

【节能监察监测力度加大】　2016年，三明市列入节能监察名单的企业共60家，8~9月省、市、县三级节能监察中心共同配合，完成全部监察任务。其中“固定资产投资项目节能评估和审查制度执行情况监察”2家、“铁合金行业能耗限额标准执行情况专项监察”1家、“钢铁行业能耗限额标准执行情况专项监察”1家、“水泥行业能耗限额标准（含阶梯电价执行情况专项监察）”13家、“电机能效提升计划执行情况监察”10家、“配电变压器能效提升专项监察”2家、“煤矿生产企业能耗专项核查”31家。

【落后产能淘汰】　围绕国家产业政策和省政府下达的2016年度节能目标责任，开展对能耗高、排污量大的建材、钢铁、化工、造纸等行业企业能源消耗和排污的定期监督检查，对能耗超标、减排达不到要求，以及不符合产业政策的企业，采取关停、拆除、责令限期整改等措施，加快落后产能淘汰。2016年全市关闭退出地方煤矿14处、退出产能82万吨/年，超额完成省上下达的任务。

（胡昆明　卢子芳　卓开焕）

煤炭工业

【概况】　2016年，三明市有煤矿61个（其中，省属煤矿11个；地方煤矿50个），地方煤矿生产能力公告矿井25个，公告生产能力136万吨。2016年，全市煤炭产量365.7万吨，同比下降17.9%，其中地方煤炭产量247.7万吨，同比下降19.6%；省属煤炭产量118万吨，同比下降14.1%。在煤炭行业供给侧结构改革作用下，煤炭价格逐步反弹。电煤1~9月价格为430元/吨至445元/吨，10月、11月、12月分别提高到485元/吨、585元/吨、615元/吨；冶金用煤1~9月价格为510元/吨至530元/吨，10月、11月、12月分别提高到740元/吨、840元/吨、840元/吨。地方煤矿安全生产形势持续向好，2016年申办安全生产许可证矿井6家。

【精准执法】　市煤炭管理局开展煤矿安全生产精准执法，于2016年4月5日，制定《三明市煤矿安全生产精准执法实施方案》，明确煤矿分类编制和执法类别，地方矿井15家划为一般执法类，49家划为重点执法类。对22家矿井开展精准执法，责令5家矿井停产（工）整改。

【重点环节监管】　2016年，市煤炭管理局按照“谁主管，谁负责”“谁验收、谁签字、谁负责”原则，严把节后复工复产验收关。批准复工复产矿井28家，复工率43.75%；其中市级复查23家，复查率82.14%；同时，加强元旦、春节、“五一”、国庆等重点时段以及雨季汛期的安全监管，对煤矿水害防治和顶板管理工作、煤矿建设项目进行专项监管，对辖区内煤矿事故隐患进行单项或者多项专项监管检查，2016年，累计开展市级监管45矿次，下达《现场检查笔录》45份，《现场处理决定书》45份。年内，推进矿井采掘工作面阳光化动态管理，完善生产建设矿井动态旬报制度和采掘工作面备案制度。

【安全生产大检查】 按照“全覆盖、零容忍、严执法、重实效”的要求，突出重点灾害、重点矿区、重点企业、重点部位，围绕查超层越界、查水害防治等十二查重点内容，对所有生产建设停产矿井进行检查。2016年市、县两级共开展安全生产大检查116矿次，责令3家企业停产整改，立案查处1家企业并予以行政处罚5万元。2016年11月9~12日国家煤监局先后到仙停煤矿（省属）、福建惠峰矿业有限公司甲魁煤矿和大田县金源煤矿有限公司笔架山煤矿（地方）开展安全生产检查，到永安市、清流县检查关闭矿井各项工作落实情况。

【安全专项整治】 2016年，市煤炭管理局重点开展煤矿瓦斯防治、水害防治、超能力生产、安全投入、安全培训、设备安全、建设项目等7个方面，开展专项监管检查。市级共抽查煤矿70矿次。

【重大灾害防治】 市安全生产委员会办公室先后于2016年4月28日下发《三明市煤矿重大灾害治理工作方案》、2016年8月3日下发《三明市标本兼治遏制煤矿重特大事故工作实施方案》和2016年10月24日下发《三明市煤矿重大事故隐患治理督办暂行办法》。为加强煤矿重大灾害治理工作，成立以市政府副秘书长为组长，市经信委副主任为副组长，市安监局、市国土资源局监察执法支队、市煤炭管理局领导为成员的煤矿重大灾害治理工作小组，各产煤县（市、区）相应制定实施方案，成立专门工作机构。市、县煤炭行业管理部门按照“一地一策、一矿一策、一灾一策”的要求，组织开展煤矿重大灾害治理和事故隐患排查治理自查自改，建立完善煤矿重大灾害治理调度制度和隐患排查治理机制，地方煤矿有25家编制重大灾害治理方案。

【水害治理】 2016年，市煤炭管理局坚持开展水害调查专家核实论证，补充完善水患调查与分析报告，完成补充调查矿井12个。进一步落实小煤矿集中矿区的区域性水害普查治理工作，全年完成区域性水害普查治理的井田7处。

【专项行动专家会诊】 市煤炭管理局落实福建煤监局工作部署，于2016年7月18日成立“百名专家技术会诊”专项行动领导小组，全力保障“技术会诊”专项行动实施，21家地方煤矿参加技术会诊。

【“三无”区队班组创建】 2016年，市煤炭管理局指导5家地方煤矿开展“个人无三违、岗位无隐患、区队班组无事故”的“三无”班组创建试点工作，促进煤矿安全基础进一步夯实，制度化管理进一步完善，职工规范操作意识和按章作业的自觉性明显增强，推动质量标准化工作持续提高。

【安全培训】 2016年6月安全生产月期间，市煤炭管理局分别在大田、永安、清流、将乐县（市）举办事故警示教育培训活动；举办新《煤矿安全规程》学习宣传贯彻培训5场，邀请省专家进行宣贯解读；在大田丰源煤业有限公司西井田煤矿举办煤矿透水事故应急演练，共70人参加演练观摩；推动煤炭执法业务培训，2016年有40名煤矿安全监管人员参加福建煤监局举办的执法业务培训班；开展煤矿救援能力培训，2016年有113名救护队员中的108名救护队员通过专业培训，考核合格；加强煤矿一线工人培训，2016年受训工人2376人。

【煤矿建设项目规范管理】 2016年，市煤炭管理局开展和规范煤矿建设项目管理，严格按审批条件、程序、申报资料、工作时限等要求，开展煤矿建设项目审批和网上办理，全年完成项目审批4个，资源整合方案审核2个，安全设施设计审批7份，办理项目开工备案6份；年内，简化项目管理审批环节，对净增生产能力未达到60万吨/年的煤矿资源整合项目，简化审批环节，不再履行项目核准程序，方案省级批复后即可委托设计单位进行整合技改设计；市煤炭管理局加强建设项目竣工验收指导，完成建设项目竣工验收6处，安全设施及条件竣工验收批复4处，批准综合竣工验收5处。开展违法违规建设项目清理专项行动，核实项目清理情况表17份。

【过剩产能化解】 2016年，市煤炭管理局落实供给侧结构性改革部署，全力推进煤炭行业化解过剩产能，抓好煤矿关闭退出组织实施工作，2016年地方煤矿关闭退出14处，压减产能82万吨，分别完成年度目标233%和265%。三明市煤炭行业淘汰落后产能，获得奖补资金共计5139万元。其中，省级奖补资金1031万元，国家级奖补资金4108万元。

（刘义龙）

电力产业

【概况】 截至2016年12月，全市共有发电装机容量326.77万千瓦，同比增长4.79%；其中水电装机222.38万千瓦，同比增长0.95%；火电装机102.95万千瓦，同比增长12.51%；生物质能装机1.2万千瓦，同比增长100%；光伏发电装机0.24万千瓦，同比增长503.26%。2016年，全市累计发电161.50亿千瓦时，同比增长23.79%；其中水力发电118.44亿千瓦时，同比增长36.12%；火力发电42.86亿千瓦时，同比减少1.36%；生物质能发电0.19亿千瓦时，同比增长100%；光伏发电0.0084亿千瓦时，同比增长463.33%。

2016年，三明地区累计全社会用电量132.50亿千瓦时，同比增长0.36%。全社会用电量居全省第6位。其中，第一产业用电量0.99亿千瓦时，同比增长29.44%。第二产业用电量99.37亿千瓦时，同比下降2.19%；第三产业用电量13.82亿千瓦时，同比增长7.58%。城乡居民生活用电18.32亿千瓦时，同比增长8.92%。三次产业和城乡居民累计用电比重由2015年同期的0.58∶76.95∶9.73∶12.74调整为0.75∶75.00∶10.43∶13.83。2016年，三明市区及所辖10个县（市）中，宁化、尤溪、沙县、大田、三明、泰宁等6个县（市）累计全社会用电量同比增长，其他县（市）呈负增长。其中：宁化、尤溪、沙县增幅居前三位，增幅分别为：宁化同比增长9.96%；尤溪同比增长8.82%；沙县同比增长4.79%。其他县（市）累计全社会用电量增幅从高到低依次是：大田同比增长1.26%；三明同比增长1.02%；泰宁同比增长0.37%；明溪同比下降1.71%；永安同比下降2.68%；清流同比下降5.09%；建宁同比下降6.83%；将乐同比下降12.76%。

【重要大客户用电】 2016年,三明地区用电量前200大客户，合计用电量68.59亿千瓦时，占全社会用电比重的51.77%，同比下降1.53%。其中，用电量前10企业为：市区三钢闽光、大田华阳光电、红狮水泥、永安智胜化工、谋成水泥、万年水泥、安砂建福水泥、永安建福水泥、尤溪顺源纺织、清流南方水泥。重要大客户中，大田华阳光电、市区三钢闽光、三农化学、尤溪顺源纺织、祥源纺织、永安谋成水泥、沙县明光新材料、将乐腾荣达制浆等企业用电增量较大；将乐通海镍业、大田金阳矿业、鑫城水泥、清流氨盛化工、南方水泥、永安智胜化工、万年水泥、金银湖水泥、泰宁明阳合金、建宁晶科硅业等企业电量减少较大。

【工业用电占主导地位】 2016年，全市工业用电量97.72亿千瓦时，占全社会用电量的73.75%，同比下降1.92%。累计工业用电量居全省第6位，增幅居全省第8位。采矿业用电情况，各类采矿业同比均为负增长。制造业用电情况，在20类制造业中，1~12月累计用电量14个行业同比增长，6个行业同比负增长。其中，石油加工、炼焦及核燃料加工业，化学纤维制造业，金属制品业增长较大居前三位，1~12月用电量比2015年分别增长246.88%、71.76%和31.15%；化学原料及化学制品制造业、食品、饮料和烟草制造业、木材加工及制品和家具制品业回落局前三位，1~12月用电量比比2015年分别下降39.42%、8.38%和5.59%。在6个主要用电行业中，1~12月累计用电量中纺织业、造纸及纸制品业、黑色金属冶炼及压延加工业同比增长，非金属矿物制品业、化学原料及化学制品制造业、木材加工及制品和家具制品业均呈负增长。从主要用电行业趋势看，黑色金属冶炼及压延加工业、造纸及纸制品业、纺织业增速，非金属矿物制品业、木材加工及制品和家具制品业降幅有所收窄，化学原料及化学制品制造业降幅呈继续扩大态势。

【电网滚动规划完成】 2016年，三明供电公司在电网建设工程中，调研全市电力需求，超前谋划电网发展规划，编制完成《2016~2021年三明地区配电网滚动规划》，及时满足三明各重点用户、省级及以上产业园区和全市经济社会发展用电需求。组织开展乡镇配电台区、工业园区、解决中压长线路、生态新城目标网架、小康示范县配电网等专项规划和专题报告编制，推进小城镇（中心村）及村村通动力电农网改造工程。

【电网建设】 2016年，三明全市电网建设累计完成固定资产投资11.7376亿元。截至12月份，开工220千伏变电站1座（宁化瓦庄变），容量18万千伏安；开工220千伏线路9条，长度148.24千米。开工110千伏变电站4座（三明双江二期、三明岩前二期、大田梅林变和大田铭溪，容量13.8万千伏安；开工110千伏线路7条，长度70.85千米，开工35千伏变电站2座（将乐黄潭#2主变、泰宁金湖#2主变），容量1.26万千伏安；开工35千伏线路2条，长度22.85千米。截至12月份，投产220千伏变电站2座（三明安居变、沙县镇头（凤岗）变），增加变电容量36万千伏安；投产220千伏线路2条，线路长度62.7千米。投产110千伏变电站4座（明溪雪峰#2主变、大田京口一期、尤溪西滨一期和明溪梓口坊一期），增加变电容量16.3万千伏安；投产110千伏线路6条，线路长度71.3千米。投产35千伏变电站3座（宁化曹坊一期、明溪夏坊二期和将乐黄潭#主变），增加变电容量1.89万千伏安；投产35千伏线路8条，线路长度72.84千米，坚强可靠的三明电网，为三明工农业生产和人民群众生活用电提供安全可靠的电能支撑。

【福建省首座110千伏智能移动变电站落户建宁】 2016年11月2日，位于建宁县供电公司黄舟变电站内，福建省首座110千伏智能车载式移动变电站投入运行。移动变电站具有智能集成化程度高、智能化水平高等特点，站内设备全部集成在两辆半挂“移动”拖车上，具有运输方便、占地面积小的特点，全站面积不足80平方米。变电站配置完善的保护监控系统，具备无人值班功能，具有安全可靠、方便灵活和紧凑节约等特点，运用110千伏、10千伏柔性电缆、全自动电缆盘等多项新技术，其中5项技术属国内首次应用，完善各类实用型新功能40余项，申报实用新型专利10项、发明专利3项。移动变电站配置110千伏、10千伏二个电压等级，变压器容量为20000千伏安，10千伏为单母线接线形式，可接5回供电线路。移动变电站具有装备完善、运行可靠等特点，在自然灾害、突发设备事故等紧急状况下能迅速替代常规变电站恢复供电。在高负荷季节投入运行，它可以临时解决区域供电不足问题，在城区发生大面积停电情况下可保证3万户居民用电。

【三明电网首座220千伏智能变电站投运】 2016年10月24日，三明电网首座220千伏智能变电站成功投入运行，变电站位于福建省三明沙县虬江街道镇头村境内。这座变电站广泛采用先进的“新技术、新工艺、新材料”，节能、环保、结构紧凑，用光缆取代传统的二次电缆，不同设备间实现无缝连接；变电站投运设备具有一次设备模块化、保护装置智能化、测控系统自动化、调控报文统一化的特点，集成化程度高，能够全天候、全自动、扩区域 完成站内各项设备信息的采集、测量、控制、保护及监测，提高电网供电的 能力和安全运行的水平。变电站建筑 及装修设计按国家电网公司“两型一化”变电站设计建设导则要求进行设计，总投资1.22亿元，于2014年11月动工建设，全站总建筑面积704平方米，设计主变压器1台，容量180兆伏安，220千伏出线2回，110千伏出线5回，10千伏出线8回；主变10千伏侧装设4组8兆瓦并联电容器。220千伏采用双母线接线，安装4台断路器；110千伏采用双母线接线，

2016年8月，福建省首座110千伏智能移动变电站落户建宁 (张玉生 摄)

安装7台断路器；10千伏采用单母线接线。220千伏、110千伏、10千伏设备短路电流水平分别按50千安、40千安、25千安选择。主变压器采用户外、三相、三绕组、自冷、有载调压变压器；220千伏和110千伏均采用户外GIS组合电器；10千伏采用户内金属铠装开关柜，配真空断路器。变电站的投运，提高沙县城乡、机场、工业园区的供电质量，为即将开通的南三龙铁路三明段提供用电电源支撑。

【业扩报装时间缩短】 2016年，三明供电公司以实现“服务方式便民、服务行为利民、服务结果惠民”为工作准则，深化业扩报装“提质提速提效”工程，最大限度地缩短业扩报装时间。“提质提速提效”工程包含：实行“一证受理、一站式服务、全容量放开、就近接入、先接入后改造”等服务举措，取消设计审查和中间检查；落实“绿色通道”要求，提高客户办电满意率和接电速度；实行“一园区、一小组、一方案、一责任”，采取灵活务实的服务手段，促进园区项目早落地、早送电。全年该公司实现办电业务“零投诉”的终极目标，回访满意率99.8%。公司组建共产党员服务队、重大项目服务团队，倾情服务客户。全地区成立11个大客户服务队、14支共产党员服务队，配合政府完成各类保电任务30余次。对省、市重点项目进行“全程式”“一对一”服务，实现重点项目早用电、用好电。该公司发挥各级党组织和广大党员干部的战斗堡垒和先锋模范作用，用电服务客户经理、党员服务队全程跟踪沙县机场、“南三龙”铁路、湄渝高速公路、碧桂园、万达房产等重点工程项目，协助客户解决涉电问题180余件，现场指导培训客户电工540余人次。

【泰宁“5·8”泥石流灾害供电抢修】 5月8日凌晨，泰宁县开善乡因暴雨发生泥石流，造成中国华电集团所属池潭水电厂扩建工程项目部1座办公室被冲垮、1座项目工地住宿工棚被埋压，41人失联。灾情发生后，三明供电网公司立即启动暴雨应急响应，落实各项应急措施，第一时间组织人员开展抢修工作。泰宁县成立现场救援指挥部，地点设在池潭村村部。由于灾后通往该村的10千伏线路被山体滑坡压断，救援指挥无法供电，而池潭发电厂内部的供电线路受损严重，短时间内无法恢复供电，于是向泰宁县供电公司求援。当天上午，三明供电公司组织3支共40人的党员服务队，带着柴油发电机、抢修物资赶赴现场；移动发电车也从三明风雨兼程向泰宁进发。5月9日15时，经过党员服务队7个多小时的奋力抢修，从开善变电站出线向池潭水电厂自供区送电的10千伏开岩线恢复供电；当晚19时，10千伏开善线也抢通复电，为泰宁“5·8”泥石流灾害救援用电安上“双保险”。

【完成保供电任务】 2016年，三明供电公司根据三明市各个阶段重点工作，开展特殊时段保电工作，保障重点用户的安全用电。根据福建省电力公司《关于开展中高考、医院类重要电力用户“四位一体”隐患治理工作的通知》要求，对接高招办、中招办、卫生局、医院等单位，对全区168所学校、医院开展隐患排查，共排查隐患37条，发放《用电检查结果通知书》134份，对三明市第二中学和永安市医院出具电源优化建议书各一份，并将各考点隐患报备三明市教委和卫生局，及时消除用户侧隐患20条；三明供电公司和三明市第二中学开展联合应急演练，模拟供电设备出现故障，供电中断，演习人员沉着应对，得当处置。通过演练活动，以检验特殊供电模式下供电方应急预案的实校性，以及用户侧应急预案的可操作性和用户电工的应急能力；为确保特殊时期重要用户的用电安全，该公司详细梳理省级生命线工程45户、地市级生命线工程57户，在重点保电时期，安排用电检查人员加强值班巡视、检查，发现安全隐患及时处理，避免各类供电事故的发生，2016年，三明供电公司共开展各项省、市级重点保电任务36次，完成各项保供电工作。

（陈学榕）

福建三明核电有限公司

【厂址适宜性论证】 2016年3月，福建三明核电有限公司委托中国核能行业协会编制三明快堆项目“十三五”期间建设可行性论证报告，论证方面包括快堆建设的必要性和时间紧迫性、引进俄方BN-1200的必要性、内陆建设快堆的安全保障、三明厂址建设快堆的适宜性、BN-1200的技术经济可行性等。7月26日组织国内核领域相关院士及权威专家对该报告进行论证。该论证报告指出，开展对俄合作建设BN-1200快堆项目，可加快中国快堆技术研发进程，提高中国快堆技术的自主研发及工程建设能力，有利于保障铀资源供应安全，有利于中国核能利用可持续发展，三明核电厂址已经列入国家《核电中长期发展规划》中重点保护和优先开发厂址，在该厂址实施中俄合作BN-1200快堆项目是适宜的。

【项目前期工作继续推进】 2016年6月25日，中俄两国元首签署联合声明，在核能合作方面明确“坚持一揽子合作原则，在平衡双方利益的基础上推动中俄核领域全面务实互利合作”。9月，中俄双方在北京举行中俄核问题分委会第20次磋商，推进核能合作项目。11月，中俄总理第21次定期会晤期间双方正式签署核能领域发展战略合作的联合声明，声明中明确“考虑到两国在中国实验快堆建造上的成功合作经验，并注意到快堆属于第四代技术，近期将进行中国境内合作建造示范快堆的协议文本谈判工作，以尽快签署该协议，并将编制与快堆相关问题的一揽子长期合作计划”。12月19~20日，中方国防科工局、能源局、中核集团与俄方原子能集团公司就快堆领域合作在京开展磋商，双方表达快堆合作各自立场和诉求，同意按照核能合作联合声明确定的利益平衡，互惠互利原则继续推动快堆合作会谈。公司在此基础上编制快堆电站对俄合作预案。

【可研专题后续工作继续完善】 2016年6月27日，福建三明核电有限公司向中国核电上报《关于上报福建三明核电厂（BN-1200）快堆项目建议书》，请求中国核电安排审查该并组织上报中核集团，争取国家能源局尽早批复同意开展三明核电前期工作。

【核电科普宣传】 2016年，福建三明核电有限公司组织三明、将乐当地中学生参加第四届中国核电“魅力之光”中学生科普知识竞赛，本年度共发动近6000名中学生通过知识竞赛活动来认识核电、支持核电，为三明核电项目的建设营造良好的氛围；组织中国核学会、三明电视台组成摄制组赴法国拍摄内陆核电运行情况纪录片，用具体实例向社会公众说明内陆核电的安全可靠；8月9~16日，在三明市举办第二届核科普公众开放周活动。

【厂址保护工作】 2016年福建三明核电有限公司严格按照厂址保护方案进行检查和巡视。公司安排专人收集现场信息，定期现场巡视，及时掌握厂址适宜性相关事项；对厂址区域的连续降雨、强降雨和高唐水电站泄洪情况，增加巡视次数，精心做好预案，重点关注，坚决防止次生灾害；配合将乐县相关部门做好“当地发展规划的评估”工作；及时对当地新上项目进行“对核电建厂的影响评价”。其间对发现的异常情况及时联系三明市电力办、将乐县政府进行处理，截至2016年年底，厂址保护处于受控状态。

（林宜道）

工业园区

【概况】 至2016年，三明市拥有15个重点工业园区，其中省级工业园区14个。总规划面积为347平方千米，开发面积115平方千米，累计投资基础设施建设341亿元。各重点工业园区坚持以项目引资、产业发展、财源培植、扩大就业为抓手，着力培育新的增长点，引进建设一批科技含量高、产业配套强、资源能耗低、财税贡献大的强势项目，增强区域经济社会可持续发展后劲。至2016年年底，15个重点工业园区累计入园企业1472家，累计完成企业固定资产投资1962亿元，全年实现规模以上工业总产值1478亿元，占全市规模以上工业总产值约41%。各开发区经济总量大幅增长，规模以上工业总产值超百亿元的开发区有7个。

【福建三明经济开发区】 2016年，福建三明经济开发区工作经济指标完成方面：全年完成规上企业总产值27.7亿元，同比增长26.08%；实现税收1.12亿元，同比增长10.89%；基础设施投入2.15亿元，同比增长40.52%；新增开发用地面积36.33公顷；获批土地25公顷；出让土地16.13公顷；企业固投7.51亿元。基础设施建设方面：全年共实施27个基础设施建设项目。其中，吉口园完成基建投资8200万元，开挖土石方250万方，新建道路面积10800平方米。完成丁坑水库引水隧洞、莆炎高速吉口互通连接线拓宽工程等10个项目建设。荆西园完成产业园控规编制以及汇盛重工项目场地平整、边坡挡墙、周边道路等建设。大坂园总投资3亿元的基础设施EPC项目即将招标并开工建设。征地拆迁方面：吉口园完成征地15公顷，拆迁1153平方米，林地报批10.47公顷，土地农转用3.93公顷，土地招租24.67公顷，房屋出租3100平方米。荆西园完成规划红线内土地权属分类和地面构建物摸底和汇盛重工二期2家企业征收工作。大坂园完成城东村、城南村54公顷土地的征收。招商引资方面：全年先后参加省政府组织的4场政府和社会资本合作对接会，以小分队形式到北京、上海、江苏、广州、厦门及港澳地区开展招商，邀请北京智远时空、上海国际汽车城、福建百城新能源、中国铁建、中石化催化剂公司、中信集团等近百家企业到三明考察。其中，吉口园新增福建智远时空、三明迅达新能源汽车等10家企业登记注册。荆西园，南昌铁路局明确将三明智能机械装备产业园作为南昌铁路局福建区域两个机械装备布局核心区之一。汇盛重工港口码头及铁路重型龙门吊制造、南昌铁路局通达公司轨道车辆大修项目已落户产业园，并成功从意大利引进考尔玛公司工务多功能作业车样机，开始南平线上调试。大坂园已完成兄弟物流项目入园协议签订工作。

【福建三明高新技术产业园区金沙园】 2016年，福建三明高新技术产业园区金沙园累计完成基础设施投资30亿元。引进机械科学研究总院海西分院、厦工三重、双轮化机、宏光实业、金杨科技等一批骨干企业。入园项目200多个，总投资200亿元以上，投产企业140多家，其中规模以上企业75家，国家高新技术企业9家，科技性企业17家、创新型企业9家，规模以上企业实现产值288亿元。

生物医药产业加快发展，生物医药产业园规划400公顷，其中二期333.33公顷与江中制药集团签订战略合作协议，协议在金沙园二期规划建设约200公顷的以天然植物为原料的产品和沙县小吃食材的大健康产业园。荣获全国小微企业创新基地，依托海西分院，突出抓好公共服务平台建设，加快高层次人才引进，加强产学研对接，精冲、特种焊接、轻量化等一批优秀科技成果落地转化，金杨科技、德普惠等一批成长性强的优质企业入园发展，被工业和信息化部评为第二批国家小型微型企业创业创新示范基地。招商推介签约成效明显，在厦门“9·8”投洽会和沙县“12·8”小吃文化旅游节中签约8个项目，其中金沙园签约4个项目，总投资为25.2亿元，分别为沙县农产品交易中心项目、闽中快递物流产业园目、江中药业生物医药产业园项目、中乐电商项目。开展企业资产按揭贷款。金沙园与兴业银行三明分行合作，在全市率先推进资产按揭贷款，成立融辉资产经营公司，为企业贷款提供增信支持，缓解小微企业贷款难问题。建设智慧园区及产业大数据服务平台。与软通动力信息技术有限公司合作，建设金沙园智慧园区与产业大数据服务平台。截至2016年年底，平台建设方案已通过审查，开始收集整理基础数据，构建智慧园区大数据平台框架。资产盘活取得突破，老潘头系列企业、爱乐园项目、金煌能源企业、鑫泉食品等7家企业资产盘活已完成重大突破。

【福建三明高新技术产业园区尼葛园】

截至2016年年底，福建三明高新技术产业园区尼葛园累计投资约109亿元，其中企业投资约100亿元，园区基础设施建设投资9亿多元，已开发土地526.67公顷，其中工业用地366.67公顷，道路及公共设施用地163.33公顷，基本完成“七通一平”。园区共有企业112家，其中规模以上企业66家，园区初步形成纺织、林竹、化工机械和新材料等主导产业集群，尤其是纺织产业形成纺纱—织布—染整—制革为一体的纺织产业链。园区拥有3个博士后工作站（永林、科宏、家丰），6家国家高新技术企业（宝华林、科宏、森美达、中瑞、新越、金声），6个驰名商标（宝华林、天清食品、永林蓝豹、智胜、新泰、英汉凯丰）。2016年，园区完成规模以上工业产值216.8亿元，完成固定资产投资17.3亿元，完成基础设施投资1.4亿，实现税收3.35亿元，其中地方实得1.5亿元，土地出让金收益0.38亿元以上，新增开发用地约20公顷。北部新城由尼葛开发区为核心进行统一编制规划，统一产业布局，统一招商引资，统一开发建设。北部新城一期规划面积约6.15平方千米，其中可开发工业用地约373.33公顷。截至2016年年底，北部一期已累计完成征地306.67公顷，报批173.33公顷，平整186.67公顷，修建主干道1400米，次干道1530米，基础设施建设基本能够满足项目落地条件。新签约新范科技、阿兰士、和其昌、易顺机动车检测等项目。

【福建梅列经济开发区】 2016年，福建梅列经济开发区工作经济指标完成方面：完成（区属）规模以上工业产值92.61亿元，比2015年增长11.69%；完成固定资产投资60.48亿元，比2015年增长10.01%。征地拆迁方面：全年完成土地收储167.63公顷，土地报批36.52公顷，其中已批16公顷。土地划拨、挂牌出让6个项目约31公顷，土地出让金约4700万元。基础设施建设方面：完成53.33公顷平台开发拓展。全年园区建设共投入资金5.34亿元，比2015年增长65%。特别是投入3.6亿元，于2015年年底开工建设的工业新城大道及小微企业创业园项目，在全市率先采用PPP模式融资建设，其中，新城大道建设项目完成投资1.2亿元，年内与205国道过境线对接，改善多年来制约园区发展的交通瓶颈；总投资1.8亿元的小微企业创业园项目完成投资1.1亿元，10幢标准厂房全部完工，项目建设超序时进度。生活配套服务区A、B、C地块和5条市政道路已完成前期钻探，A地块已动工建设，5条市政道路已完成设计。洋溪信息产业园平台建设已完成土石方招投标；支护工程，完成设计勘探及前期手续。另外还完成城市物流园及小蕉工业园3处地质灾害整治及物流园209平台的道路提升改造。招商引资方面：符合产业规划的大项目、好项目持续增加，全年签约亿元以上项目4个（总投资4亿元占地面积20公顷的融光车载模组项目、总投资3亿元占地7.33公顷的LED生产基地项目、总投资1.2亿元占地6.67公顷的PC绿色住宅建设项目、总投资1亿元的机制砂生产项目）。梅列小微企业创业园正在抓紧招商对接，已签订年产2万台/套高节能泵阀项目协议，同时与漳州富顺光电股份公司的对接，与泉州商会的纳川管材生产项目、专用汽车车厢制造项目、喷码机制造项目、新型建材设备生产项目等多个项目进行入园的磋商。重点项目建设方面：总投资6亿的梅列百特智能装备及物联传感器产业基地建设项目，已完成投资2.4亿元，电子车间主体全部完工，钢构厂房部分完工，综合楼、展厅已投入使用，部分车间投入生产；总投资2亿元的福建三明杭萧钢构公司住宅产业化生产建设项目，车间主体施工完成，部分设备正在安装；总投资3000万元的良腾机械项目部分建成投入使用；总投资1亿元的三明市电力物资配送中心项目竣工投入使用；总投资2000万元的永尤加油站项目建成投入使用。金融风险防控方面：梅列经济开发区搭建“银—政—企”合作平台，先后成立国有融资担保公司和资产经营公司。2016年，兴业融资担保公司累计发放95笔共计约6亿元的应急转贷资金，并实现资金的100%回笼，缓解企业融资压力，防范和化解金融风险。同时，公司还承担市金融办转贷任务，服务半径辐射周边县市区。

【福建三元经济开发区】 2016年，福建三元经济开发区实现规上工业总产值约152.61亿元，比2015年增长8.32%；完成规模以上工业增加值约35.87亿元，比2015年下降5.61%；完成企业固定资产投资约48.17亿元，比2015年增长25.02%；完成基础设施投资约1.312亿元，比2015年增长9.33%；新增开发用地42.67公顷，比2015年增长4.92%；获批土地面积37.2公顷，比2015年增长229.4%；完成土地出让6.73公顷，比增67.72%；缴交土地出让金2822.424万元，比2015年增长236.4%。2016年，委托三明市城乡规划设计院及南京大学城市规划院共同编制总体（扩园）规划，将三元区交通规划、各园区产业规划等纳入总规划，规划总面积20平方千米，各园区的控规修编工作已基本完成。

征地拆迁工作加快推进。三明大坂现代物流园已完成城东村40.35公顷和城南村13.67公顷土地的征迁工作；一期开发67.33公顷的造地范围内涉及耕地的17.93公顷土地农转用相关手续已完成，其余地块正分批次报批林转、农转手续。三明荆西智能机械装备产业园首动区66.67公顷范围初步确定，已开展征迁工作。黄砂新材料循环经济产业园已完成污水处理厂周边绿化用地征迁；盛达三期用地约2公顷已完成征迁。同时，协助三元国土分局做好闲置土地的处置工作，已收回荆东工业园兴和文化闲置地块；加快协商三元电控、九牧木业地块收回工作；督促永固机械、明达鑫、科斯诺、味孚等企业加快项目建设。

基础设施建设逐步完善。荆东工业园：完成污水处理厂迁建项目、垃圾压缩站建设、园区四千米人行道绿化工程、小微园道路工程和园区内部分道路及污水管道修补工程；公交车已入园。黄砂新材料循环经济产业园：完成园区道路及污水处理厂周边绿化工程；污水处理厂建成并投入试运营；开闭所建设项目供电部门已进场施工。大坂现代物流园：完成水保、环评、地灾等综合评价工作；园区核心区66.67公顷地块的土石方工程及市政道路项目已组织初步设计，并与相关单位洽谈EPC合作事宜。荆西智能机械装备产业园：汇盛铁路重工一期挡墙工程、道路改线工程、“三通一平”工作已完成，建设地块土地可按其施工进度及时交地。汇华工业园：自来水已完成净化改造工程并投入使用；垃圾压缩站已建成。台江工业园：豪鑫机械与台江安置地共建挡墙工程已建成。

招商引资工作推进。赴浙江、上海实地考察，全方位了解两地氟化工企业及研究院（所）基本情况，开展氟化工产业项目对接；联合区经信局组织企业参加3场由市、区举办的机械装备制造行业“手拉手”对接会，推进荆西智能装备产业园项目对接；福建汇盛重工有限公司港口码头及铁路重型龙门吊制造、南昌铁路局通达公司轨道车辆大修落户产业园；加快兄弟物流、夏商集团、省供销社等企业的项目落地大坂现代物流园；拓展招商引资工作新思路，利用招商专业机构的项目资源及渠道资源优势，研讨园区招商外包工作。接洽上海东方龙商务咨询有限公司，针对本区产业及资源优势，商谈园区项目推介事宜。

【福建将乐经济开发区】 2016年，福建将乐经济开发区规模以上企业完成工业总产值118.2亿元；完成企业固定资产投资28.6亿元；完成税收5334万元；完成园区基础设施投资3.7亿元。抓好平台建设，商服区规划在继续深化；四期主干道土石方工程前期手续已完成，准备上网招标；沿河道路设计初稿已完成；轻合金产业园平台整平已完成，服务中心大楼基础承台已浇完成，研发楼在办理施工许可证，三幢厂房开始桩基础施工，产业园道路工程在设计中，职工文体中心正在抓紧图审。抓好项目工作，重点抓好半固态轻金属加工、模具孵化器配套等产业链招商，推进将商回归工程，全年共签约落地项目5个，合同投资总额9.02亿元。落实重点项目代办和企业零距离服务，加快项目建设审批办证，帮助协调解决困难、问题，年内建成投产项目5个。抓好服务保障，联合县人社局、金融、供水、供电等部门，到企业走访调研，切实帮助协调解决用工、贷款问题，保障企业用水用电需求。成立将乐县金善资产经营有限公司，加强银企对接，进行资产按揭贷的办理，解决资金需求，扶持企业发展。2016年通过金森小贷平台、银行对接、应急周转资金等形式累计为20家企业解决1.97亿元资金需求，为2家企业申请国家专项建设基金1.04亿元。

【福建尤溪经济开发区】 2016年，福建尤溪经济开发区完成企业固投34.27亿元，同比下降22.9%；规上工业产值149.8亿元，比2015年增长14.5%；规上企业用电量4.8亿千瓦时，比2015年增长20.04%，占全县规上企业用电总量的71.96%。9个“五个一批”重点项目共完成投资14.92亿元。其中，城南工业集中区基础设施建设工程完成投资4亿元，完成年任务的100%；二期土石方工程动工实现新增供地面积53.3公顷；城南污水厂南入口道路及排水工程开始边坡防护施工、农转用报批手续已通过省国土资源厅网上审核；城西污水处理厂进入自控系统政府采购程序；城南孵化基地公共租赁房工程完成1#楼主体工程建设完成、2#楼7层主体工程建设、3#楼9层主体工程建设、4#楼主体工程建设完成；园区配套的路网、边坡挡墙、城南安置区1#桥等节点项目推进；城西园297套公共租赁房工程完成3次配租，已入驻50%；城西职工文体中心正常运转，每月为近2万名职工提供20场次以上的各种活动；城西公交首末站建成投入使用；城西、城南新增绿地面积33.33公顷。省重点项目鑫森科技二期、德为聚纤二期、隆源纺织混纺纱项目、顺源纺织高品质纱项目完成投资10.3亿元；华泰布业、鸿日针织、正泉布业等多家企业投入技改升级资金24亿元，进一步提升纺织、林产和食品三大产业的市场竞争力。沈郎油茶股份有限公司的上市前期工作进展顺利。尤溪经济开发区城西园被省、市授予小微企业双创示范基地；尤溪轻纺高新产业城被三明市授予“一县一特色”双创示范基地。

【三明埔岭汽车工业园区】 2016年，三明埔岭汽车工业园区实现规模以上工业总产值54.56亿元，比2015年增长12.3%；完成全社会固定资产投资16.02亿元，其中工业性固定资产投资13.42亿元；引进市外资金5.74亿元；完成外贸出口2003万美元，比2015年增长125%。基础设施建设方面，2016年累计完成工业用地平整20.67公顷。吉山甲大道、吉峰大道（一期）、中科物流

2016年3月30日，中国重汽·永安汽车出口签约暨发车仪式 （魏兴谷 摄）

路工程均已竣工通车,城东大道第一标段及与307省道交叉口、洛溪环路（一期）、吉洛支路建设工程序时推进，洛溪村安置过渡房（一期）、洛溪新村排水箱涵工程基本完成施工，吉山甲新村（二期）已交房45幢，封顶6幢。埔岭、马鞍甲、吉山甲（一期）安置小区市政配套工程完成并投入使用。拆迁安置方面，2016年完成征地补偿20.53公顷，房屋拆迁建筑面积5250平方米，土地报批10公顷，征迁投入10150万元，迁坟17座、征地补偿83户、发放各类补偿款1821万元；完成洛溪新村11栋45户安置房统建，共签订征迁安置协议52户，并安置洛溪征迁户28户、埔岭村12户安置工作；完成南三龙铁路建设项目用地14.44公顷交地工作。配套服务方面，成立物业管理部加强对园区资产、道路绿化卫生管护、水电污水处理费收缴等管理，园区职工活动中心投入使用。海西公司被列入工信部2016年两化融合管理体系贯标试点企业，市场销售取得突破，产量增长53.6%，销售增长67%，新增6家企业与海西汽车公司开展配套对接。新能源车方面，中科动力冲压、焊接、涂装、总装生产线全线投产，完全自主生产的新车型C1-S实现量产并上市，跟踪并参与讨论全国《四轮低速电动车技术条件》国家标准框架及草案，推进新款锂电池车型研发工作，全年实现生产销售比增142.4%。专用车方面，福迪车辆制造公司拓展项目完成厂房和研发中心建设并投入使用；赣州、漳州生产线完成搬迁安装，并着手开发新产品；新引进的挂车生产线项目完成公司注册并投入生产，已开发6×2公路运输车，正推进4×4车型改装。出口市场方面，2016年，实现外贸出口2003万美元，比2015年增长125%，其中重汽海西公司实现出口20多个国家，出口量比2015年增长479.4%，出口额比增333.3%。

【沙县金古工业区】 2016年，沙县金古工业区完成规模以上工业总产值129.98亿元，同比增长13.81%%；新上规上企业4家；完成企业税收1.0068亿元，同比增长69.44%；批发零售业销售额14.42亿元，同比增长14.49%；工业企业用电量1.06亿千瓦时，同比增长22.4%；完成土地征迁34公顷，开发工业用地33.33公顷，土地出让金收入1288万元；完成全社会固定资产投资48.28亿元，同比增长19.25%。全年园区园区共引进项目25个，总投资11.9亿元，分别同比增长10%和15%，涵盖节能环保、食品加工、新材料等领域。新引进金林低速电动汽车组装生产、巴汉夫环保型增塑剂生产等4个投资亿元以上大项目。在谈项目有朗乾坤高危有机（医疗）废弃物处理、粘胶剂、脂肪酸等9个，计划投资额10亿元。通过以商招商盘活原万安科技、金耀玻璃、三和食品等闲置厂房5万平方米，青州化工园引进巴汉夫环保型增塑剂、新瑞泰表面处理剂、万利增粘剂生产等3个项目。2016年，列入省市县重点项目24个，总投资54.9亿元，年度计划投资20.9亿元，完成投资21.95亿元，占年计划的105.02%，开工项目14个，竣工项目10个。列入生态工贸区重点项目5个，年度计划投资6.75亿元，已完成投资7.1063亿元，完成年任务的105.28%。海大生物饲料生产、松川再生资源综合利用等16个项目超序时进度，永光金属标准件加工等8个项目达序时进度，无滞后项目。

【福建宁化经济开发区】 2016年，福建宁化经济开发区完成基础设施工程建设投资1.44亿元，平整土地33.33公顷，总建筑面积10万平方米“双创”孵化基地竣工，8栋厂房、2栋职工宿舍楼、1栋办公楼及附属工程投入使用。城南工业园红色大道人行道及绿化、创业三路、福特科污水管网等工程完工，生物产业园一期道路及开发区职工文体活动中心等工程正在施工。全年累计完成规模以上工业产值32.36亿元，完成税收4502.3万元。加快推进工业项目建设，河龙贡米、月兔空调、福特科光电元件、通尔达电线电缆、奔鹿牛仔布及其配套纺纱、泡沫制品生产、斯凯捷鞋业、春辉茶叶、一笔峰茶叶、福仁食品、长宁纺织等27个重点工业项目累计完成投资13.17亿元，同比增长5.77%，奔鹿纺织8万锭纺纱生产线投产、泡沫制品生产投产、福仁食品部分投产。7家小微企业入驻孵化区，其中隆纺服饰已正常生产，凯进鞋服、诚友箱包等正在装修厂房。

【福建建宁经济开发区】 截至2016年年底，福建建宁经济开发区共有入园企业41家（当年新增入园企业3家），其中规模以上企业34家，投产企业35家，在建企业6家，投资亿元以上企业5家。已在“新三板”上市企业2家，为文鑫莲业、绿田食品；2016年启动“新三板”上市企业2家，为源容生物、禾丰种业。累计完成固定资产投资59.58亿元，其中2016年7.86亿元；工业总产值227.43亿元，其中2016年42.05亿元；实现税收41426万元，其中2016年7150万元。策划项目10个，当年新引进落户企业3家，为滨湖新材、绿森能源、思源竹业，总投资2.5亿元。实施开发区路网、路灯、管网、信息化平台建设和标准化厂房等基础设施建设项目，开发区基础设施投入4.51亿元，其中2016年1.15亿元，已建成标准厂房195000平方米，其中2016年新建15000平方米；新开发土地面积33.33公顷。拥有企业服务中心大楼4200平方米、职工公寓30000平方米、配套文化场馆设施3000平方米。

【福建大田经济开发区】 2016年，福建大田经济开发区基础设施投资1018万元，完成33.33公顷平台开发的扫尾工作，并引进企业入驻。110千伏变电站完成建设并投入使用，实现开发区内自主供电；公共配套的开发区幼儿园、职工文体中心正在建设当中，社区卫生服务站完成装修。至2016年年底，,园区有12家企业入驻，9家企业一期已建成，规模以上企业7家，其中2016年新上1家；新引进并开工的宇隆超纤、新盈彩铝、三明中工3个项目正在建设。继续巩固“一个产品连一线、一个企业带一串、一个产业扩一片”的模式，与泉州金志木塑板业“铝合金木塑模板”、江苏“绝缘膜”、苏州吉阿“天然等同香料”、南安“利豪科技”及物流等项目进行洽谈投资及合作事宜。年内，坚持不懈地推进“服务型园区”建设，建立健全《企业服务联络员工作制度》，推进“一线工作法”，掌握企业基本情况，动态了解企业生产经营状况，全力解决企业在生产建设中的实际困难。搭建政银企保合作，强化资金保障，成立京城资产经营有限公司，并与兴业银行三明大田支行签订协议，开展合作业务。至2016年年底，已为开发区已建投产、未贷款且有融资需求的大联发展完成融资服务1800万元，已发放贷款440万元；并将服务范围拓展至县内其他新建企业，三九军大企业达成贷款意向1300万元。实行入园企业手续资料全程代（协）办制度，及时高效为开发区企业办理需到外办理的行政审批等事项，及时协调解决项目落地、建设、生产过程中遇到的问题和困难，确保企业建设。2016年，完成工业产值25.91亿元，同比增长20.85%；实现税收3807.87万元；用电量14392.76万千瓦时，同比增长25.35%；企业固定资产投资7.14亿元（累计35亿元）。

【福建清流经济开发区】 2016年，福建清流经济开发区共入驻企业26家，投产企业24家（规模以上企业21家）。园区实现规模工业总产值28.95亿元，同比增长11.6%。企业完成固定资产投资7亿元；园区完成固定资产投资2亿元。年创税3684万元。依托农发行项目贷款、集美共建、基金项目等资金，继续加大园区基础配套设施建设力度。其中城南工业园已完成工业路隔离带绿化、太阳能路灯等设施建设。清流（集美）共建产业园小微双创基地“三通一平”等前期工作正有力推进。同时，配合电力部门做好110千伏变电站出线走廊及园区地下电网建设。金星工业园完成主干道人行道及绿化、部分支路建设，完善供水、供电、网络配套设施，为相关项目入驻做好准备。其中清流（集美）共建产业园已完成控制性详细规划，道路管网设计及预算、标准厂房地勘已完成，正进行施工图设计。城南园、金星园职工文体活动中心项目已完工。气枪厂整体搬迁项目一期两栋厂房及二期两栋厂房投产，并通过全市大干150天20个重点推进项目考评。镇源食品一期两栋厂房已投入使用。加强项目策划，围绕国家产业政策导向，加大项目策划工作力度，做好亿元以上项目的策划包装，完成总投资1亿元的思恩电器配电监测设备与配电自动化研发项目和总投资1亿元年产1.22万吨新型胶粘剂项目可研编制。突出产业链招商，强化重点产业的产业链招商，突出招商引资的跟踪、服务和推进工作，开展以商招商，跟踪洽谈广州白云电器、艾恩格、国电南瑞、居正电气、胶粘剂等项目。推进山海产业共建园。与集美区做好对接，利用集美区扶持的资金和县内贷款，已完成在城南园建设10万平方米标准厂房和小微企业双创孵化基地规划设计。

【福建明溪经济开发区】 2016年，福建明溪经济开发区经济指标方面：2016年园区实现产值48.64亿元，比2015年增长8.65%；实现税收8806万元，比2015年增长18.94%。征地报批方面：2016年度征地72.73公顷，迁移地面附着物40.93公顷，迁移坟墓215个。完成土地农转用报批8个项目，面积39.07公顷，为项目落地提供保障。工程建设方面：有序推进土地平整、道路建设、污水管网、建筑工程和饮水工程等10个项目。其中，土地平整工程，累计挖运土方130多万立方米，平整土地30.67公顷道路工程，完成博诺安科支路、锦浪支路砼路面及排水管道工程；实施工业集中区主干道（二期）建设，道路全长1.17千米，共开挖土方35万立方米、涵洞碾压14万立方米、路基换填5万立方米，已完成总工程量的50%。生态环境方面：工业污水处理厂完成土建和设备安装工程，铺设东部新城污水管网6千米，建成一座1000立方米的4号公共应急池。开展园区生活垃圾转运 外包服务，新增垃圾集装坑1个，园区生活垃圾集中收集点5个。建筑工程：完成明溪县雪峰农场新明安置小区一期8幢16户安置房建设及配套道路、供水、供电设施；完成建筑面积2050平方米的职工文体活动中心主体建设。村民饮水工程：从胡坊镇福西村芹菜湖跨行政区域调水供瀚仙镇石珩村村民使用，管网横穿3个行政村，铺设总长7.7千米，解决310多户、1300多人实现饮水问题。招商引资方面：通过“6·18”“9·8”“11·6”等招商引资平台，在厦门成功举办明溪精细化工产业链项目推介会。2016年新入驻的海斯福公司高端氟精细化学品项目（占地约13.33公顷）、福建南方制药股份有限公司扩建项目（占地约6.67公顷）、六氟磷酸项目（5.33公顷）、环保灭火剂（3.33公顷）等4个项目，企业总投资超过6亿元。公司组建方面：新成立福建明溪经济开发区建设投资有限公司和明溪工业园区资产经营有限公司。

【福建泰宁工业园区】 2016年，福建泰宁工业园区完成固定资产投资5.8亿元、工业产值41.9亿元、税收5985万元，以盘活闲置厂房为重点，引进企业4家（明源水泥制品公司、恒泰纺织布业公司、华之竹业公司、小小兵科技公司），盘活闲置厂房约1.3万平方米，4家企业均已投产；省级农业龙头企业科荟种业有限公司在新三板成功上市，县境内医药制造主要企业汉堂制药公司正在申请新三板挂牌；“醉泰宁”酒系列企业之一金湖酒业公司重组。全年园区基础设施完成投资约0.2亿元，其中大洋坪工业园，新开发用地13.33公顷，完成B区填方区土石方回填20万立方米，新建挡土墙400米，对各区域的排水排洪明沟和下埋管网进行检查、疏通，对重点区域的山体、边坡进行土方修整、绿化，新增面积3万余平方米。尤其是着力推进两个重点工程项目，一个是沿线入驻世丰实业、恒泰纺织、三凯建材、鑫华纺织、黄酒酿造等企业的大洋坪工业园七期道路工程，该道路总长900米（含强弱电、供水排水排污等管网下埋工程和挡土墙、人行道等附属工程），预算投资约1100万元，分两个标段建设，第一标段240米于上半年竣工并投入使用，第二标段660米（延伸段）于8月开工建设，至2016年年底完成工程总量的40%；另一个是辐射区域约40公顷的大洋坪工业园四中垅水土保持综合治理项目，该项目预算投资约4000万元，至2016年年底完成项目勘察、可研、规划设计等开工前期工程，项目进行公开招投标；丰元工业园，对人行道进行重新绿化和设栏栅维护，对区内的道路、管网进行检查和修复，完成大洋许小组安置地雨污管网工程总量的90%。

（林　尧　刘丽晶）

责任编辑：陈声华

交通·通信

TRANSPORTION, COMMUNICATION AND INFORMATION

公路建设与养护

【概况】 2016年，三明市围绕建立综合交通运输体系，促进交通运输发展方式转变，统筹考虑快速铁路、机场和高速公路、普通公路、客运枢纽衔接，印发实施“十三五”综合交通运输发展规划和中心城市综合交通路网规划，新规划一批高速公路省网联络线，加快高速公路和省市2014~2018年“一市一议”确定的普通公路、运输发展项目建设，交通运输现代化建设推进，综合交通枢纽作用显现。全市交通公路建设投资完成80.5亿元，占年计划75亿元的107%，比增10%。全市公路客货换算周转量同比增长7%，与全省平均水平持平。泉（州）三（明）高速公路成为福建省交通系统、高速公路历史上首次通过中国土木工程詹天佑奖最终评审项目。

【高速公路规划与建设】 2016年10月，新规划的三明岩前至明溪胡坊、武夷新区经顺昌至沙县、大田广平至石牌、建宁至龙岩等4条高速公路合计165千米纳入全省高速公路网规划，占全省新增高速公路总里程约19%，全市高速公路规划总里程1109千米，占全省规划总里程6984千米约16%。高速公路建设全年完成投资35.2亿元，占年计划35亿元的101%，同比增长15%。机场互通、大田上京互通建成通车，永安贡川、三元吉口互通完成建设，三元岩前互通加快建设；厦沙高速路基基本成型，开始路面施工；莆炎高速永泰梧桐至尤溪中仙三明段于11月29日开工建设；莆炎高速尤溪至建宁段项目工程可行性研究报告于12月30日获国家发改委批复，初设完成省内审查，并报部开展审查；三明至明溪胡坊高速启动项目前期。

【普通公路国省道项目建设】 2016年，三明市普通公路建设完成投资40.8亿元，其中国省道项目建设总里程185千米，建成5个项目79千米，在建9个项目106千米，完成投资25.6亿元。国省道路面改造完成投资11323万元，完成31.8千米（39.5万平方米），其中国道205线永安路段“白改黑”沥青砼路面33.5万平方米（25.8千米），省道307线大田路段水泥路面加铺6万平方米（6千米）。2016年全市国省干线生态示范路累计建成155千米，当年完成省道304线尤溪段50千米，304线将乐至泰宁段62千米，省道204线将乐段20千米，省道205线泰宁界至建宁段23千米。

【农村公路建设】 2016年，全市农村路网建设完成投资3.6亿元，建成农村公路275公里，占计划里程80公里的343%。完成农村公路安全生命防护工程340公里、病危桥改造26座、边沟完善330公里，基本完成全市农村公路指路系统建设。

【生态示范路建设】 2016年，全市国省干线生态示范路累计建成155千米，当年完成省道304线尤溪段50千米，304线将乐至泰宁段62千米，省道204线将乐段20千米，省道205线泰宁界至建宁段23千米。

（廖才林　李　聪　翁海琼　杨大章）

铁路建设

【概况】 2016年，三明市铁路建设办公室围绕市“两纵两横”铁路网的规划建设和铁路项目工作的要求，开展“敢担当、解难题、立新业”活动，以“大干150天加快推进‘五个一批’项目建设”活动为契机，实现市规划建设的铁路项目全部开工，完成“一线（南平至龙岩铁路三明段）建设、两线（浦城至梅州铁路建宁至冠豸山段、江西兴国至泉州三明段）开工”的年度目标任务。

【南平至龙岩铁路建设】 2016年，南平至龙岩铁路三明段红线内征迁完成，推进站房及配套设施建设，铺架工程展开，完成投资30.34亿元。征地拆迁完成主线征地160.27公顷，占总量的99%；完成主线房屋拆迁71789平方米，占总面积的99.5%；完成特构物评估补偿91宗；临时用地供地217.8公顷。工程建设开工累计完成路基土石方685万立方米、隧道及明洞90358米、辅助导坑4139米、涵渠工程2102横延米、桥梁工程16673成桥米、铺轨91

千米。三明南站、永安南站站房于10月25日开工建设，地方配套设施建设同步推进。按时足额完成年度1.97亿元资金出资任务。

【浦城至梅州铁路建宁至冠豸山段全线动工】 2016年1月，浦城至梅州铁路建宁至冠豸山段工程可行性研究报告获批，9月底初步设计获批；4月21日先行工程开工，11月1日征迁启动，11月25日全线工程开工，施工驻地、搅拌站等大临设施建设展开，全年完成投资约7000万元。

【兴国至泉州铁路三明段初步设计获批】 2016年6月中旬，江西兴国至泉州铁路的宁化至泉州段工程可行性研究报告获批，11月下旬，初步设计获批；8月底，兴国至宁化段工程可行性研究报告获批，完成初步设计鉴修；清流至西家山段先行工程于9月26日开工，推进征迁工作及路基、桥梁、隧道工程建设，全年完成投资15000万元。

（张钟奖）

机场建设

【概况】 三明沙县机场位于沙县城区东北侧、福银高速公路南侧，占地342.87公顷，距县城中心区约4公里，近期飞行区等级为4C级，场区内总投资估算25亿元，新建一条长2600米跑道、5个机位、3台旅客登机桥和航站楼、航管楼、停车场、货运仓库、业务用房，配套建设供水、供电、供油、供气、气象、通信、消防救援以及生产生活辅助设施；设立全向信标台、跑道双向Ⅰ类仪表着陆系统。2016年1月6~8日，由民航华东管理局、民航福建监管局、民航福建空管分局、民航华东质监站有关负责人、专家和使用单位负责人组成的行业验收委员会，对三明沙县机场的飞行区工程、航站区工程、空管工程、公安安检消防工程、供油工程、工程档案资料收集归档情况、工程概算执行情况，进行全方位检查并完成验收。1月27日，受民航华东地区管理局委托，民航福建监管局审查组对三明沙县机场开展行业验收复查和使用许可证颁证审查工作。1月28日，民航福建监管局审查组，完成对三明沙县机场使用许可证颁证审查。2月5日，中国民用航空华东地区管理局下发《关于颁发三明沙县机场使用许可证的批复》。截至12月31日19时40分，三明沙县机场全天航班结束，全年旅客总吞吐量70169人次，货邮运输总量63.599吨。

2016年9月12日，三明机场正式开通北京—武汉—三明航线

（三明沙县机场有限公司提供）

【三明沙县机场实现通航】 2016年3月7日，福建三明沙县机场实现通航，执飞航线为三明往返上海，每周一、三、五、七计四班（5月1日后，上海浦东至三明沙县的往返航班加密至每日一班）。由福建三明机场有限公司主办的“三明沙县机场通航活动”于当日上午在机场航站楼举行，民航系统、部队、三明市委、市政府等单位的300多位领导和嘉宾应邀参加通航仪式。

【三明沙县机场官方网站和微信平台正式上线】 2016年3月5日，三明沙县机场官方网站（www.smsxairport.com）、官方微信（微信号：smsxairport）同时实现试运行。该网站共航班查询、机场动态、旅客指南、航空运输、机场服务、驻场单位、关于我们、在线订票8个栏目，微信站设微站首页、机场简介、机场航班、机场地图、机场服务、企业文化6个栏目。

【三明往返北京深圳广州航线开通】 2016年9月12日，三明沙县机场开通北京往返三明的航线，经停武汉。同时行程时间也从15小时（Z72、Z308列车）缩短至5小时（飞机），极大程度得缩短出行的时间成本。2016年9月20日新开深圳宝安机场——三明沙县机场的往返航班。此航班由东海航空执飞，机型为波音737-800，每周二、五计两班。2016年11月1日由海南航空执飞B737-800每周二、四、六广州—三明—唐山航班。

（高　焱）

交通运输

【概况】 2016年，三明市完成道路旅客客运量2343.07万人，客运周转量185758.84万人千米；完成货运量9288.39万吨、货运周转量1013006.57万吨千米；客货换算周转量1031582.55万吨千米，同比增长6.96%。三明沙县机场全年旅客总吞吐量70169人次，货邮运输总量63.60吨。全市新增更新农村客运车辆32辆，完成投资470万元，符合运营条件的建制村全部开通农村客车，新增载货304吨位，旅游客车发展124辆，全市中高级客车比重提高至80%。

【客运站场设施建设】 2016年，三明市完成139个候车亭建设，建成三明汽车客运北站，开工建设三明汽车南站，续建大田汽车站、大田建设汽车站。截至2016年底，全市拥有等级站105个，其中一级站5个、二级站9个、三级站1个、四级站4个、五级站86个。

【公交服务】 2016年，三明全市分批新增、更新261辆公交车辆。全市建成公交电子站牌100个，三明汽车南站、梅列翁墩、永安城区、宁化城区等公交枢纽站陆续开工建设。全市公交车辆GPS安装率100%。全市新增公交线路10条，优化延伸公交线路19条。

【运输保障】 2016年，三明市有14家维修业户及44家驾培企业在开展的质量信誉考核中分别达到AAA和AA级别；全年培训驾驶人员59814名、培训营运驾驶员从业资格15期861人；受理船舶检验申请61艘次，完成12772辆营运车辆技术等级评定工作。

（陈婉莹）

交通安全生产

【概况】 2016年，市交通运输局以“平安交通”建设为抓手，开展“道路运输平安年”和道路交通安全综合整治“三年提升工程”等专项活动。开展“安全带—生命带”专项行动。规范客运企业经营行为并加强客车夜间通行安全管理。开展全市道路危货运输安全专项整治。开展营业性道路运输驾驶员从业资格培训考试工作，严把从业人员资格关，从源头上保障道路运输安全，交通安全生产目标责任和事故控制指标得到控制和落实，全市发生道路旅客运输安全一般责任事故1起、死亡1人。

【交通工程建设施工安全和质量安全管理】 2016年，市交通建设部门将“平安工地”考核、施工标准化建设、公路桥梁和隧道工程施工安全专项整治活动、普通公路工程监理专项整治行动、普通公路工程试验检测数据打假专项行动、普通公路隧道工程施工专项整治行动等有机结合，通过以信用考核为导向、“平安工地”建设为抓手、季度大检查为主轴、重大工序为手段、交工前检测为控制点，加强对公路水运工程建设质量安全管理。2016年，开展季度质量安全大检查暨信用考核工作、2次专项检查、1次季中检查及日常巡视检查,检查全市普通公路在建项目21个、建设单位17个、施工合同段27个、监理合同段21个、工地试验室22个，发出检查通报文件3份、抽查意见通知书21份，提出整改意见562条，要求停工整顿3处、返工9处，约谈2家参建单位。

【公路通行安全保障】 2016年，市交通公路部门加大路面改善、安保、灾防、危桥加固工程等投入，完成国省道路面改善工程39.5万平方米、投入11323万元，完善安保工程698处、投入722.87万元，灾害防治工程完成56处、投入1499.88万元，完成危桥加固改造10座、投入728.6万元，隧道改造工程3座、投入627.8万元。开展道路交通安全综合整治“三年提升行动”活动，全年投入77.42万元，共整治93处隐患。主要工程项目有：钢筋混凝土防护栏、波形防护栏、标志、标线、交叉口等。农村公路通行安全条件改善，农村公路安全生命防护工程完成340千米，完成投资1700万元；完成群养农村公路危桥改造26座，完成投资2610万元。

【公路联合治超】 2016年，市交通运政管理部门加强超限运输治理和公路路域专项整治工作力度，出动执法人员1436人次、执法车辆333辆次，检测运输车辆2687辆次，查处超限车辆145辆次，卸载超限部分物品2239.83吨，超限率控制在3.5%以内；查处“滴洒漏”污染公路36起，整治占道经营27起，清理堆放物品796起，查纠占用桥下空间违法搭盖、堆放等行为32起，查纠其他涉路违法行为50起。

【出租汽车及城市公共交通安全稳定】 2016年3月15日起，市交通运输局开展为期3个月的出租汽车从变相从事班线客运专项整治行动。5月5日起，市区集中公安、交通、工商、物价等部门执法人员48人开展打击非法营运和出租汽车治理专项行动。10月31日，市政府制定出台《关于深化改革推进出租汽车行业健康发展的实施意见》和《三明市网络预约出租汽车经营服务管理实施细则（试行)》。为进一步完善公交车辆车载安全设施设备安装，共设置车辆逃生窗2500余个，配置逃生锤4000余个和灭火器近2800个，张贴安全宣传标语2000余张，张贴《文明乘车公约》1200张；完成300辆新增公交车车载GPS视频监控系统的安装，安装率100%。市公交公司在市区139辆公交车上首次安装危险气体探测装置，对乘客携带挥发性危险气体的实时探测，保障公交车辆运营安全。

【内河水上交通安全监管】 2016年，市交通运输局落实《内河交通安全管理条例》，推进“平安渡口”“平安渡船”创建活动，严把水运企业资质关、船舶检验关、船员适任关，以“三溪三湖”和“两客一渡”为重点，加强与水利、旅游、渔业等相关部门的联合监督检查和执法力度，强化内河水上交通安全监管。同时，在金湖水域规划建设船舶超载智能视频监控系统、船员手机对讲系统、机舱可视化监控系统和客运码头安监系统“四大系统”，提高科技监管水平，打造“智慧海事”品牌。

【“打非治违”专项行动】 2016年，市交通综合执法机构出动执法车辆2985辆次、执法人员12647人次，检查客运企业360户、货运企业323户、维修企业252户、驾培企业134户、危货企业171户、出租车企业89户、租赁企业21户、客运站283个、货运站场111个，检查客车12411辆、货车51564辆、危货车辆1157辆，港口、码头、渡口107个，内河渡船及运输船舶629艘次。查处违法违规客运班车56辆、旅游客车18辆、出租车66辆、货运车辆1237辆、危货车辆6辆、教练车5辆，查处非法营运车辆156辆，因取证难以齐全警告45辆。

【安全生产标准化建设提升工程“三年行动”】 2016年，市交通运输局抓好“四个持续”（持续抓好企业巩固提升、持续抓好考评机制建设、持续抓好教育培训管理、持续抓好后续管理工作），提升全市交通运输企业安全生产标准化建设整体水平。在抓好新增企业达标创建的同时，重点针对达标证书有效期届满的已达标企业开展换证考评。2016年，全市交通运输行业原有三级达标企业 356 家，实际参加换证考评的企业共 281 家，100%完成换证考评验收工作。

（郭 敏）

邮 政

【闽中快递物流园建成运营】 2016 年，三明闽中快递物流园建成运营，是福建首个快递产业园区。圆通、韵达、中通、申通、百世等品牌区域分拨中心相继汇集沙县，产业集聚效应逐渐形成，为打造闽中及闽西北快递集散中心提供重要平台支持。在“12·8”沙县小吃节的推介会上，市邮政管理局与沙县签订《关于共同推进建设快递物流产业园战略合作框架协议》。

2016 年 5 月 31 日，三明市快递业管理精英挑战赛在三明学院举办。顺丰队荣获一等奖，邮政 EMS 队以及三明学院的尚捷诚运队获得二等奖 （陶春燕 摄）

【县域邮政企业服务质量评价体系实施】 2016 年，市邮政管理部门在普服网点分级管理的基础上，创新事中事后监管机制，出台《三明市县域邮政通信服务质量定期评价体系及实施办法（试行）》，通过“服务能力、服务质量、通信安全、转型升级、合规经营”五个维度共计 22 个监测指标，构建邮政普遍服务和特殊服务质量定期评价体系，综合评估县域邮政企业履行法定义务情况，按年度对县域邮政企业建立一对一监管评价结果通报机制。

【邮政普遍服务】 2016 年，三明市建立邮政企业参与本行政区域内新建城镇住宅楼信报箱设置验收工作机制，促成智能信报箱建设。市邮政分公司和三明闽运公司合作，通过整合当前邮政物流、仓储、邮政网点、实体加盟网点等线下资源和邮乐平台、农村电商创展平台、邮政便民服务平台、金融平台等线上资源，构建“一市一基地（三明惠农电子商务双创园）、一县一中心、一乡一站点、一村一乐店（邮乐购店）”四级邮政电商服务体系。三明惠农电子商务双创园即福建省邮政农村电子商务运营中心正式运营，当年为地方政府创税 600 万元至 800 万元；建成县级运营中心 1 个、乡镇服务中心 95 个、村级服务点 2400 余个。建立普服常态监管机制，做好审批和备案工作，出动 288 人次开展机要、邮票、时限、打黄扫非等各类检查，完成对辖区所有 52 个 C 级网点全覆盖检查，6 个 C 级网点获提 B 级。

【邮政行业监管】 2016 年，市邮政管理部门加强安全执法检查，保障 G20 杭州峰会和十八届六中全会寄递安全，相继开展无证无照清理、三项制度落实、危险化学品寄递专项整治、G20 安保等检查行动，出动市场执法检查 485 次，查处违法违规行为 103 处，保障寄递渠道安全。夯实行业安全基础，与全市寄递企业签订《2016 年度安全生产运营责任书》及《落实三个 100%工作措施承诺书》。开展快递企业安全生产等级评定工作，全市 84 家企业、分支机构评定 A 级企业 15 家、B 级企业 37 家、C 级企业 32 家，对 C 级企业将重点监控。推进实名收寄、开箱验视、过机安检三项制度落实，推行“安全验视卡”放置制度，试点收寄邮件、快件内件物品拍照，深化收寄验视制度落实；推广使用实名收寄系统，实名收寄录入数占安监系统业务量的比例居全省第一；在原有 3 个安检站的基础上，新建沙县金沙园等 2 个安检站，加强安检员培训，强化安检机使用规范。开展寄递企业综合服务能力考评，并注重结果应用，促进快递企业提升服务。以快递末端为突破口，落实行业安全强标，鼓励乡镇企业整合品牌资源，由单一品牌兼营模式转向多品牌专营模式，合力打造乡镇快递末端综合服务平台。探索公安协管快递企业模式，沙县县政府将 15 家寄递企业确定为县级治安保卫重点单位。深化寄递渠道专项治理。9 月出台《2016 年三明市邮政业禁毒、缉枪治爆专项行动工作方案》，印发《三明市群众举报涉毒违法犯罪奖励办法（试行）》，开展重点领域安全专项整治行动。10 月，组建沙县邮政管理局并获批。

（陶春燕 邓玉鹃）

无线电管理

【概况】 2016 年，市无线电管理局受理 46 个行政许可审批项目，频率审批 1 件，对讲机审批 2 件，销售备案 1 件，公众移动通信系统审批 28 件，雷达站审批 1 件，呼号转报 5 件，个人业余电台审批 5 件，其他审批 5 件，共办理电台执照 7083 本。对三明辖区各设台单位和个人，实施监督检查和事后监督，全年出动检查 30 余次数、90 多人次，移动基站 ID 路测 3500 余台，与公安联动 2 次，下达责令改正通知 3 份，查处“伪基站”3 起，责令拆除卫星电视干扰器 2 起，查出违章设台立案处罚 1 起，行政处罚没收设备 2 台。无线电监测累计监测约 2901 小时，移动监测约 318 小时，完成对水电防汛、森林防火、航空、广播电视等重点频段的常规监测和专项监测任务。检测、鉴定“伪基站”设备7台次，地球站计14台，检测各类对讲机、中转台19台。针对各类无线电安全保障工作累计出动78人次，监测保障87.5小时，完成8类考试保障任务。

【服务沙县机场】 2016年，无线电管理局为沙县机场建设和首航保驾护航，服务地方经济建设。2016年3月7日，为保障沙县机场建设和首航顺利，无线电管理局采取四项措施做好保障工作：建立机场电台执照申办全程绿色通道，指定专人负责跟进指导，提供一站式注册登记服务；配合机场建设办公室进行各类导航台的预选址工作，多次在预选址开展航空无线电专用频率的监测工作，提出设台建议；每月组织监测技术人员到三明沙县机场开展电磁环境专项测试工作，及时发现不明信号；联合工商、质检、公安等部门，多次对机场周边无线电台站进行专项检查，排查各类非法设台10余起，消除航空干扰隐患；组织精干技术队伍和设备全程参与机场校飞、试飞以及首航，完成无线电通信安全保障任务，市委领导王刚到市无线电管理局授予“无线通五湖，垄断成通途”牌匾，肯定无线电管理局在沙县机场建设中做出的贡献。

【服务航空和防汛】 2016年，无线电管理工作重点保障和排查航空、防汛等专用频率干扰隐患，维护空中电波秩序。沙县机场3月7日正式通航后，无线电管理局发挥淘金山固定站以及周边小型站的作用，加强航空导航频率以及沙县电磁环境保护区域日常无线电监测和无线电监督执法力度，及时发现和排查干扰隐患，确保沙县机场以及民航北扇区上空电波秩序良好有序，确保飞机飞行安全。汛期和台风来临前采取多项措施保障水文监测系统的用频安全。发挥各县市（区）固定站和小型站的作用，加大汛期和台风来临前水文监测系统用频的监测，确保及时发现和排查干扰。联系辖区内所有设置无线电电台的水库，了解和登记水文监测系统使用情况。提供技术支持，协助防汛部门解决水文监测系统内部干扰和设备故障，确保汛期水文监测系统的正常工作。

【打击电信诈骗】 2016年，市无线电管理局联合公安等部门开展防范和打击新型电信网络诈骗专项活动，维护社会和谐稳定环境，重点宣传和打击“伪基站、黑电台”，全年与公安联动，破获3起利用“伪基站”发送违法诈骗短信的案件，抓获多名犯罪分子，检测、鉴定“伪基站”设备7台次，并出具检测认定书及检测报告。在陈大高速北出口项目位置制作安装大型“打击电信网络诈骗，维护社会和谐环境”公益宣传牌，提高群众的防骗意识。

【组织国家软件等级考试】 2016年，受福建省电子信息教育中心委托，市无线电管理局组织做好国家计算机技术与软件专业技术资格（水平）考试工作，服务地方信息产业发展。2016年上半年三明考点19个考室约500名考生参加考试，无线电管理局具体负责考试实施和日常管理。

【无线电频率管理】 2016年，市无线电管理局加强机场及周边电磁环境保护，落实《三明沙县机场电磁环境保护管理规定》，并会同民航部门做好三明沙县机场开通前的民用航空专用频率清理保护工作，确保2016年3月机场启用时的无线电安全；做好铁路无线电频率保护。协调“南三龙”高铁建设用频。落实无线电干扰查处联络员制度，加强应急演练，提高应对高铁无线电突发事件的处置能力。完成无线电频谱使用评估专项活动。贯彻落实国家、省无管办文件精神，开展无线电频谱使用评估专项活动。及时对接省专项活动领导小组工作安排，与监测站配合完成卫星地球站的实地核查和三大运营商基站数据采集工作。推进“模数转换”。仔细比对省无管办下发的数字对讲机频率规划，清理调整不符合规划的频率。并按规划要求整理频率清单，根据当地实际谨慎指配频率。向销售渠道和设台单位宣传数字对讲机的优势，引导过渡更新至数字对讲机。2016年，三明地区促成两家全数字对讲机设台单位。按照无线电收费标准，核对辖区内无线电台站数量和种类，完成计费、收费、催费和无线电执照年检工作工作。截至2016年年底，收取频率占用费约16万元，规费缴纳比例95%以上。

【4G基站建设】 2016年，市无线电管理局支持和推进4G基站建设计划，以完善科学合理的基站审批流程为基础，开通绿色通道服务，做好4G设台审批工作。指导运营商提供更加翔实、规范的建站材料，保障4G基站数据库的准确性。结合基站验收，做好群众对基站电磁辐射投诉的协调工作，保护运营商设置基站合法权益。

【无线电安全保障】 2016年，市无线电管理局做好重要活动无线电安全保障工作。发挥电磁频谱预备役三明监测分队和无线电应急机动分队作用，综合应用各种手段，做好市委、市政府各类大型会议、重大活动无线电通信安全保障工作。年内，根据省经信委（省无管办）、省监测站下达的各项保障任务，完成全国高考、全国计算机软考、全国卫生专业技术资格、全国会计师资格考试、全国高职招生考试、全国二级建造师、全国职称外语考试、省公务员考试等11场重要考试无线电安全保障工作，出动人员78人次，累计保障时间87.5小时。

【无线电行政执法】 2016年，市无线电管理局打击“伪基站”“黑广播”、卫星干扰器等非法无线电设台。联合公安部门，多次与公安刑侦、网安、技侦等部门召开联席会议，共同商讨应对伪基站、黑电台联合处置办法，建立长期合作的齐抓共管机制。配合公安查办案件，共查处“伪基站”3起，并移交当地公案处理。指导运营商把好网络监控关，要求运营商对基站运行情况开展自查，密切关注基站运行异常情况，并每周上报自查内容。利用分布于各县区的17个监测站对电台信号进行监听分析，将每一个出现的信号与台站数据库比对，详细记录每一个监测站所能收到的电台信息。深化许可后监督检查。以卫星地球站、广播电视台站、铁路沿线公众通信基站、机场周边无线电台和专业通信台站为重点，开展许可后监督检查工作，规范台站设置使用，维护良好的空中电波秩序。规范公正文明执法。围绕“维稳、安全”等方面问题，发挥联动机制作用，加强与公安、工商等部门的配合，经常性开展联合无线电监督检查。无线电执法案件纳入行政执法信息平台，执法流程，规范执法行为，提高执法水平，强化监督检查，接受省、市效能办电子监察。贯彻落实军地协调机制。10月份，市无结电管理局牵头召集三明市文广电新局以及永安驻军代表就“永安广播电视中心无线电台（站）设置审批行政许可”事项召开协调会。按照兼顾支持国防建设和社会事业的发展的双赢原则，解决永安驻军用频受广电设备干扰事件。

【无线电法规宣传】 2016年，市无线电管理局与三明市公安局在三明宾馆及夏商百货大门口设咨询点，接受群众咨询，发放防范电信网络新型违法犯罪宣传资料，并接受三明电视台记者采访。在管理局互联网门户网站首页开办打击治理电信网络新型违法犯罪专题专栏，给群众传授识骗、防骗技能和措施。联合三大运营商发送防范电信网络新型违法犯罪相关短信，在城区繁华地段悬挂横幅，摆放法规宣传彩虹门，在三明高速北收费口附近树立大型宣传标牌。组织人员参加市纠风办开展的《纠风热线在线访谈》节目，解答热线听众提出的各类有关无线电管理的问题。在列东中学无线电科普教育基地举办无线电宣传活动，形式多样的各类宣传活动取得良好宣传效果。

【无线电技术设施建设】 2016年，市无线电管理局研究制定《三明市无线电监测分站技术训练方案》。2016年完成“常规无线电监测”“无线电干扰查找”“新基站测试系统”“对讲机发展与原理”等多个训练项目，提升全站人员整体理论技术和实际操作水平，为完成各类无线电监测、检测任务打下坚实的基础。规范无线电监测检测设备管理，提升设备使用效率。专用仪器设备分类建立管理档案。整理设备物资，将新旧、故障设备分门别类，打上标签，登记造册。建立长期保养维护制度，定期进行保养维护，检查设备运行情况，进行开机通电、设备自检、拆卸电池等规范化保养工作。分区域专人管理。将老旧故障设备转移至设备物资储藏室集中存放，并将无线电检测室划分为屏蔽检测区、监测设备区、检测设备区及应急保障设备区，达到整洁、美观的效果，同时指定专人管理，确保设备高效使用。对纳入周期检定管理的仪器设备，在投入使用前，送计量检定部门执行计量检定，检定不合格或过期的，不得投入使用。

（谢龙提）

电子政务

【概况】 2016年，市数字办以数字福建2016年工作要点为指导，贯彻落实国家和省关于加快“互联网+”行动方案、促进大数据发展实施方案等文件精神，树立“创新、协调、绿色、开放、共享”发展理念，以电子政务服务市委市政府的中心工作，推进电子政务建设应用创新试点项目建设，维护好政务内外网络、视频会议系统，办好市政府门户网站，提升市政务数据中心支撑能力，促进跨部门电子政务系统应用和资源共享，较好提升三明市电子政务绩效水平，集约建设和应用节省大量建设投资和维护费用。

【电子政务建设应用创新试点】 2016年，市数字办推进电子政务建设应用创新试点项目建设，云计算平台升级扩容项目完成验收，扩容后较大提升市直跨部门电子政务系统部署整合能力；市政务数据汇聚平台项目完成初验，该项目9月完成平台功能的开发、测试、初验工作，现汇聚500多万条数据、100多张数据表信息，与24家单位完成共享信息接口，涵盖社会保险、医疗保险、公积金信息、信用信息、法人信息、交通车辆GPS信息、天气数据、气象信息、经济指标信息、地理空间信息等，具备数据汇聚、整理、分析、交换、共享应用功能；市政府门户网站统一技术平台项目完成初验，该项目2016年1月启动建设，第一批建设的市级政府网站6月15日进入试运行，9月20日完成初验，2016年年底完成3个县政府网站、19个市直部门网站迁移上线工作。

【公共信用信息平台（一期）项目建设】 2016年，市公共信用信息平台是福建省级公共信用信息平台的组成部分，是公共信用信息系统的基础，是信用信息交换、存储、查询、发布的枢纽，公共信用信息平台包括数据采集、数据存储、查询共享、发布公示、异议接受、投诉接受、多元化应用等七大功能，具体是由“一个网站、五大系统”组成。该平台2016年10月实现上线试运行，实现省法人库的数据回流、省公共信用信息平台的数据回流和全省“一张网”数据回流，现有注销登记信息、企业基本信息、纳税人信息、行政许可、行政处理等相关信息20多万条。

【《三明市“十三五”数字三明专项规划》编制完成】 2016年，市数字办对十二五期间信息化基础设施、存在的困难问题，开展调研、问卷调查，摸清家底和现状；结合三明市实际编制切实可行、适度超前规划初稿；2016年多次召开部门座谈会和书面征求意见，多方论证、反复修改后报请市政府专题会议审定，2016年11月由市政府办正式印发《三明市人民政府办公室关于印发三明市“十三五”数字三明专项规划的通知》。

【政府网站建设管理】 2016年，市数字办贯彻省政府办关于政府网站绩效考核通知以及加快政府网站统一技术平台建设通知精神，两上作统筹安排、统一推进，以“市情、政务、服务、问政”4大类重新规划栏目，以市政府办名义印发通知，召开市直部门和县（市、区）网站建设负责人的会议，解读考核指标内容和报送保障要求，要求补充完整和规范网站政府信息公开专栏缺失内容。与市政务公开办联合开展网站信息公开专栏进行巡查和重点抽查，印发整改督办通知单，督促部门整改；开展网站新技术应用，开通“中国三明”微信公众号、微博、手机APP应用等。2016年网站发布政务信息1.2万条，在线访谈28期，调查征集26次。在“2016年中国政府网站绩效评估活动”中，市政府门户网居300余家地市级政府网站第43位，比2015年名次提升17名。在2016年度全省政府网站公众投票中获“公众满意设区市政府网站第一名”。

【电子政务基础设施维护】 2016年，市政务信息网（接入单位272家）、市政务外网（接入单位142家）、市电子政务云平台（部署市直19个部门37个跨部门应用系统）、政务网视频会议系统（全年召开115场）、市政府门户网站等，是三明市重要的电子政务基础设施，是政务公开、网上办公办事、政民互动、便民服务重要依托。年内，市数字办升级云平台，增加存储、交换设备，大幅提升电子政务应用系统部署能力；增加网络带宽，提高网络速率和效率；保障机房环境，保障恒温、消防、防雷、设备监控等系统正常运行；做好云平台通信线路、电路、网络汇聚层节点的维护，保证线路畅通和各应用正常运行。三明市大网络、大平台、高共享的电子政务集约建设模式，每年可节约直接运维费1000多万元。

【省数据汇聚会议在三明召开】 2016年4月，全省政务数据汇聚工程试点现场会在三明市召开，三明市作为全省唯一的电子政务建设应用创新试点市，介绍试点项目三明市数据汇聚平台建设的实施情况、演示试点初步成果；会议交流政府数据汇聚工程总体设计、实施计划和共享方案，对省直部门的数据需求共享方法及数据回流基层方式等工作，省数字办、各设区市、平潭综合试验区数字办（信息化办）、省直单位和三明市11个部门信息化工作负责人参加会议。此外，市数字办做好省法制办、省数字办5月在明召开的《福建省政府数据汇聚共享和开放开发管理办法》立法座谈会，以及省数字办11月在三明召开三明、南平、龙岩3市的市、县信息化工作机构调研会。

（陈知邦）

通 信

中国电信股份有限公司三明分公司

【概况】 2016年，中国电信三明分公司推进“宽带中国”，建设智慧三明。全年投资建设2.25亿元，进一步打造高速光宽带网络和天翼4G网络，4G网络覆盖所有乡镇、主要行政村以及高速公路、国道和AAAA景区，全市乡镇及以上全部实现光纤接入和光宽带业务全受理。落实“提速降费”，提升资费感知。宽带用户平均速率从7兆提升到40兆，单位带宽价格下降35%，手机流量资费下降33%。推进用户实名制，履行社会责任。把电话用户实名制工作纳入“一把手”工程，思想上高度重视，行动上做实做细，考核上严肃严格，实现新入网用户100%实名制，存量非实名用户按时完成阶段性实名补登记，做好打击通讯信息诈骗相关工作。聚焦实施“互联网+”，服务社会经济。采用云技术、物联网、金融支付等方式，投入2000多万元建设高效、稳定的管理平台，推广九大“互联网+行业”信息化应用，涉及政务、经济、民生三大领域，助力地方经济和社会发展。精细组织通信保障，奋力抗台救灾。面对“尼伯特”“莫兰蒂”“鲇鱼”等强台风，做好应急通信保障各项工作，得到各级党委、政府的高度肯定和赞许。

【推进“宽带中国”】 2016年，投资建设2.25亿元，进一步打造高速光宽带网络和天翼4G网络，实现网络质量行业领先，网络覆盖保持行业领先，网络上下行速率优良比行业最优。其中，投入1.71亿元新建4G基站1360个，4G网络覆盖所有乡镇、行政村以及高速公路、国道和AAAA景区，实现“村村通4G”；投入0.54亿元新增光宽带端口40万个，宽带光纤率90%，全市乡镇及以上全部实现光纤接入和光宽带业务全受理。6月30日，中国电信三明分公司关闭在三明服务时间长达27年之久的为当地通信事业发展和人们通信需求提供可靠保障的最后一台传统程控交换机，至此三明全市12区县所有传统程控交换机全部退出历史舞台，这也标志着三明市通信网络向智能化、IP化迈进，为智慧城市建设提供更加先进的网络基础。

【落实“提速降费”】 2016年，按照“百兆起步、主推200兆、试点千兆”的总体思路，通过免费提速、套餐升级等，宽带用户平均速率从7兆提升到40兆，光宽带用户占比96%，百兆宽带占比62%，单位带宽价格下降35%。实施当月手机流量不清零、ChinaNet+免流量费，推广10元1GB闲时省内流量包，手机流量资费下降33%。实施国内4G长市漫价格一体化，取消手机长途漫游费，下调国际漫游费，部分国家和地区最高降幅90%。

【推进用户实名制】 2016年，始终把用户实名制作为重要的政治任务和高压线，把用户实名制工作纳入“一把手”工程，思想上高度重视，行动上做实做细，考核上严肃严格，市、县两级协同，盯紧目标、明确责任、严格时限、强化整改，采取各种措施确保按时按量完成实名制工作。当年实现新入网用户100%实名制，存量非实名用户按时完成阶段性实名补登记，做好防范和打击通讯信息诈骗相关工作。

【聚焦实施“互联网+”】 2016年，采用云技术、物联网、金融支付等方式，投入2000多万元建设高效、稳定的管理平台，在益民服务、公共安全、绿色生态、现代农业、现代商贸、智慧能源、普惠金融、便捷交通、文创媒体等九大行业推广“互联网+”信息化应用，涉及政务、经济、民生三大领域，助力地方经济和社会发展。12月15日，中国电信福建公司与三明市政府签署《共同推动“十三五”数字三明建设暨加快发展互联网经济战略合作框架协议》，未来五年，中国电信福建公司将在三明投入和采购超过25亿元，贡献通信业务收入总计超33亿元，带动市内信息消费62亿元；双方将重点推进“智慧网络”“互联网+政务服务”“互联网+智能制造”“互联网+民生”“互联网+数据服务”“城乡统筹”六大工程建设，助力三明市实现“十三五”战略目标任务。

【创新推进服务提升】 2016年，树立“服务就是经营、服务就是发展”理念，要求所有人员把“用户至上、用心服务”兑现于日常工作中。通过设定“服务红线”，把服务质量与下属单位主要负责人的升迁、年度考核结合在一起，向社会各界公示服务承诺接受监督等办法，转变服务观念、改进服务质量、提升服务水平。实施服务互联网化，推进“先装后付”，提升客户服务能力，打造“优质网络服务、业务服务、渠道服务、终端服务、关怀服务”的4G“五优服务”，以及“装得放心、用得开心、修得省心、续得舒心、宽带宽心”的宽带

“五心服务”，提升客户满意度。2016年服务健康度得分每月均达优秀水平，年度总分全省排名第一；宽带修障及时率95.95%，装维好评率98.72%，均为全省第一。

【精细组织通信保障】 2016年，面对“尼伯特”“莫兰蒂”“鲇鱼”等强台风，迅速启动防汛应急响应预案，成立应急通信领导小组、应急通信指挥组、后勤保障组以及应急抢修分队，尽责尽力尽心落实应急通信保障各项工作，组织全市进行海事卫星电话拨测、应急油机运行检查、通信线路及易涝机房巡查，重点做好历次易受灾薄弱环节和安全隐患的整治，强化党政军、重要金融机构、防汛抢险救灾指挥所等重要部门业务的网络保障，全力保障汛期通信畅通，得到各级党委、政府的高度肯定和赞许。

（陈有江）

中国移动福建公司三明分公司

【概况】 2016年，三明移动“以客户为中心、以市场为导向”，深化企业内部机制改革，提升企业效率，全力参与“数字三明”建设，推动“智能网”升级建设，加速推进“互联网+”战略落地实施。全年完成总投资4.2亿元，建设TD-LTE站点1851个，4G站点5009个，4G网络规模超过2G网络，实现城区4G网络双优覆盖，乡镇、行政村100%覆盖，高速公路98%覆盖。投资5714万元用于宽带网络建设，新建杆路109.26杆程千米，布放光缆3302.50皮长千米，年内完成1798个小区的建设开通，实现光纤宽带行政村100%覆盖。发挥自身技术优势，以涵盖集团专线、流量800、IP多媒体子系统固话（IMS）、物联卡、ICT（Information Communications Technology，信息通信技术）。业务在内的全业务产品，为全市党政军、酒店、医疗、教育、金融提供集团整体型信息化解决方案。响应三明市医改规划，以打造“医疗专网+医疗云+智慧医疗”三合一体系为发展理念，推动全市医疗信息化建设。参与全国文明城市创建工作，全区5个省级文明单位届中考核均达标，1家省级青年文明号通过验收，1名员工被评为三明市劳动模范，5名员工被授予“三明市五一劳动奖章”称号，公司连续十六年被三明市综治委评为创建“平安单位”先进集体，连续六年被评为全国“安康杯”竞赛优胜单位，客户服务投诉处理组获评“2015~2016年度‘全国用户满意电信服务明星班组’”称号。落实提速降费、通信普遍服务建设任务等惠民政策，实施客户实名制、打击电信信息诈骗，完成泰宁“5·8”泥石流灾害、三大台风袭击等公共事件应急保障，企业社会影响力持续保持领先。

2016年，三明移动围绕“一二三四”工作主线，深化改革创新，全年实现通信服务收入11.74亿元，同比增长3.5%，高于当地行业平均增幅1.1PP；全年实现净利润1.634亿元，净利润率13.89%，EVA率5.69%，全年共缴纳各项税费8046.26万元，为央企“提质增效”、国有资产保值增值、地方经济发展发挥作用。

【4G领先战略成效显著】 2016年，三明移动以客户为中心，以提升触点营销能力为抓手，加大上、中、下游产业链资源整合，持续开展4G达标村承包、闭馆营销等活动，加速4G领先发展，4G客户突破80万大关，达到86.24万户，全年净增37.4万户，净增份额68.2%，4G统一套餐渗透率到70.2%，居福建移动九地市分公司之首，并提前两个月率先全省达成年度KPI考核目标。同时，4G客户DOU（每个客户月均流量消费额）年底突破1G，开启4G流量G时代。

【宽带电视业务构建可持续发展模式】 三明移动秉承“宽带元年”的经营战略，发挥前后端部门协同机制，通过营装维一体化模式、设置宽带触点达标体系等手段保障宽带电视业务发展，2016年，宽带到达份额29.0%，宽服站业务发展占新增比28.2%、魔百和互联网电视渗透率为48.5%，50兆及以上客户带宽占比31.8%，连续三个月沉默率3.8%，客户宽带业务及魔百和互联网电视活跃度较高，各项指标均居全省移动机构内前列，持续强化产品品质与客户服务能力。

【抗灾抢险保通信】 2016年，三明经历泰宁“5·8”泥石流灾害、“尼伯特”“莫兰蒂”“鲇鱼”三大台风灾害侵袭，全市多次遭遇特大暴雨。在“5·8”特大洪灾、泰宁池潭电站重大泥石流灾害发生时，三明移动于三家运营商中率先赶赴灾害现场，调试开通1条100兆互联网专线及无线WIFI，1个4G微站，出动人员146人次、车辆52车次，应急通信车2部，卫星通信车2台，海事卫星9台，油机发电192小时，保障受灾现场抢险救援指挥及信息传送通信畅通；灾后，3.5日内完成99.65%基站修复，整体修复时长同比提升33.3%。

【实现行政村4G网络100%覆盖】 2016年，三明移动进一步推进全市4G网络深度覆盖建设，加大LTE网络投资，全年共计投入金额18045.5万元，早规划早启动，组织“一把手”工程，介入参建队伍管理，全年共开通1940个站点，提前并超额完成省公司下达的开站任务，实现行政村以上4G网络的100%覆盖，4G用户网络承载比提升至98.12%，4G分流比提升至93.16%，城区连片覆盖率99.05%，均领先当地同行业其他运营商，达成4G网络覆盖“更深、更广、更厚、更精”的既定目标。

【医疗行业集团信息化建设取得重大突破】 2016年，三明移动响应三明市医改规划，以打造“医疗专网+医疗云+智慧医疗”三合一体系为发展理念，推动全市医疗信息化建设，打造三明市卫计委虚拟专用拨号网（VPDN）接入网，参与市第三医院医院信息系统（HIS）数据中心、第五医院机房、市社保中心与沙县中医院备份数据中心等医疗云建设，投建将乐卫计委视频会议项目，以信息化通讯能力助力三明市医改项目，为医疗行业客户提供稳定、流畅的多媒体通信服务。

【FTTB（光纤到楼）技术创新在全国推广】 2016年，三明移动利旧现有网络箱叠加熔纤盘、光分路器、适配器“三合一”定制板件升迁改造工艺，解决光 分纤箱、二次进场协调难等问题，达到简化维护安装，放宽环境条件，节省成本与时间的目的，在全市FTTB网络建设中速度提升四倍，共节省成本3500万元，该技术方案获2016年度全省移动系统内部工程建设领域最佳实践案例一等奖，并在全省和全国范围内推广。

【崇荣路宽服站模式得到全省认可】2016年8月，三明移动首家宽带电视服务站开辟“引入能人、发展下线、网络区域、产业链接”等多种方式结合的发展新模式，为三明移动宽服站建设项目起到示范建设作用，单网点累计发展宽带高901条，月均发展量高226条，获得省公司认可。公司年内以崇荣路为发展模式迅速复制出宽服站101家，月均发展宽带300余条，助力三明进入“三屏合一”、万物互联的多媒体信息化时代。

【持续防范打击电信网络新型违法犯罪工作】2016年，三明移动建立防诈骗常态化工作机制、成立专项工作小组、明确职责，持续配合打击治理电信网络新型违法犯罪工作。共计在营业厅、社会渠道投入入网拍照设备682台，制定《中国移动三明分公司实名制考核办法》，强化社会渠道电话入网和实名登记违规责任追究制度，严禁渠道不登记、虚假登记等违规行为，手机客户实名率100%。其次，公众宣传引导方面，累计发送10086防诈骗短信1204万条，推送微信防诈骗图文信息17条，并常态化在营业厅、社会渠道进行宣传教育，包括张挂横幅、视频宣传、张贴海报、LED走字等，分发资料数万份，覆盖人数近百万，并为16.76万彩印用户开通防诈骗提醒服务。同时，配备专职联络员负责对接公安机关关于涉案号码的相关操作申请，建立快速沟通的工作机制。协助公安机关查处“伪基站”案件5起，追查涉骗金额100万元，涉嫌发送垃圾短信30余万条，抓获犯罪嫌疑人12人。

（许　婧）

中国联通公司三明分公司

【概况】　中国联通三明市分公司隶属中国联通福建省分公司，下辖10个县（市）分公司，1个市区营销，2016年公司围绕“一切为了客户、一切为了一线、一切为了市场”的行动总纲以及“聚焦资源，迅速推动4G发展上规模”的工作主线，全力实施“沃赶超”行动计划，坚定不移地推进4G发展战略，网络覆盖、业务发展、经营效益得到提升。

【网络覆盖】　2016年，根据联通集团公司的聚焦战略，三明联通聚焦6个重点区县（市区、永安、沙县、尤溪、大田、宁化），加速3/4G网络投资，全年建成3/4G基站700多个，总量突破4400多个，移动网络能力提升20个百分点，全市4G基站1100余个，网络能力同比提升40个百分点，实现镇镇通。全市3G基站近3300个，人口覆盖率94%，较2015年提升5个百分点；行政村覆盖率88%，较2015年提升10个百分点，6个聚焦区县底层覆盖网和4G高速数据网基本成熟，移动网络的市场竞争力大幅度提升。市区4G路测良好覆盖率98.5%，3G路测良好覆盖率98%，核心区域与友商4G网络旗鼓相当。

【网络数据通信能力快速发展】　2016年，三明联通4G网络随时随地接入时间5.4秒；4G平均上网下载速率超过60兆。6个重点区县（市区、永安、沙县、尤溪、大田、宁化）在广度覆盖、深度覆盖、随时随地接入时间和上网下载速率上提升。

【参与和服务当地“智慧城市”信息化建设】　2016年，三明联通利用自身优势，参与和服务当地“智慧城市”信息化建设。智慧教育——“班班通”项目：2012年6月起三明联通在全市范围逐步推广和使用中国联通“班班通”教育信息化系统。截至2016年，“班班通”项目在全市重点中、小学校推广实施，2000个班级投入使用。智慧水利——水利单兵视频监控项目：打造一张“水利高速承载网”，至2016年实现省市县三级1800多个预警、水文站点水雨情信息的实时同步共享，实现与气象之间风情、雨情、雷达等信息的数据共享。智慧安全——平安三明监控项目：截至2016年12月，三明联通在三明市区、永安、尤溪、明溪、清流、泰宁等区域完成800多路监控点建设，其中2016年11月中标市公安局200路监控标改高项目，采用全光网络组网，搭建统一云平台，并基于联通3G/4G无线网络技术实现远程实时监控、管理。智慧煤监——煤矿远程监控项目：三明市煤监局使用该系统后，煤矿事故与死亡人数下降98%。项目被评为福建省“十一五”企业信息化示范工程，海西“6·18”优秀信息化项目。智慧法院——政务平台项目：通过法院政务平台，及时向公众公开相关司法信息，做到司法公正、公平、公开。公众也可以通过该平台实现网上立案、提交诉讼材料等一系列动作，简化办事流程；司法机关人员通过联通无线网络接入该平台。智慧交通——梅列区智能停车管理项目：项目覆盖梅列区1020个停车位的建设，上线后的系统可通过联通无线网络及车辆管理云平台实时监控路边车位状态、统计车辆停放时长、车主自助缴费。

【做好抢险救灾通信保障】　2016年，三明联通面对各种自然灾害，全力做好抢险救灾通信保障。在7·14“尼伯特”台风闽清水灾、9·12“莫兰蒂”厦门台风灾害和泰宁“5·8”泥石流灾害中，完成各项协同保障任务。

（赖荣林）

责任编辑：巫少鹏

城乡建设

URBAN AND RURAL CONSTRUCTION

城乡规划

【概况】 2016年，三明市推进规划编制，强化城乡规划管理，提升规划服务质量，做好规划服务工作。年内，实施中心城区单元控制性详细规划2项，完成专项规划3项，受理规划审批项目计330件次，办结330件，办结率100%。同时根据省、市宜居环境建设指挥部的统一部署，落实各县市“三边三节点”整治提升行动项目的城市设计，实施山体周边、水边、主要干道沿线周边，城市中心节点、市民活动节点、交通枢纽节点重要项目。在工作中注重互相连通，突出打造城市景观走廊，合理布局“三节点”商业、文化、行政、展示休闲交通等功能，塑造城市“客厅”“门户”形象。

【城市规划编制】 2016年，三明市实施《三明中心城区350402-01单元（列东片区）控制性详细规划》《三明中心城区350403-06（三元片区）单元控制性详细规划》，《三明市中心城区350402-03单元（徐碧—碧湖片区）控制性详细规划》《三明市中心城区350403-08单元（富兴堡片区）控制性详细规划》《三明市中心城区（梅列、三元主城区）海绵城市专项规划》规划编制工作进展顺利，完成《三明市中心城区（梅列、三元主城区）地下综合管廊专项规划》《三明市中心城区（梅列、三元主城区）地下空间专项规划》及《三明市中心城区（梅列、三元主城区）排水防涝及污水专项规划》，台江动车南站片区综合管廊建设启动。

【村镇规划】 2016年，三明市4个省级试点镇在完成道路交通等9个主要专项规划及控制性详细规划基础上，重点抓好镇区入口、主要道路景观和重点地段风貌控制性设计，同时对重点乡镇主街区所有构筑物整体立面进行整治性规划设计，集中规划建设一个设施配套齐全、环境绿化美化、建筑特色鲜明居住新区。提升“美丽乡村”规划设计成果，完成12个省重点扶持历史文化名村暨美丽乡村示范村规划优化提升工作；143个“千村整治、百村示范”美丽乡村建设工程村庄规划基本完成规划优化提升。

（余作健）

城市建设

市政建设

【概况】 2016年，三明市15个市政建设项目，完成投资约3420.97万元，完成市政设施维护1404万元。工程项目的建设和市政设施的维护完善市区路网、社区基础设施。

【市政建设专项工程】 2016年，三明市共建设15个项目，完成投资约3420.97万元。工程分别为2016年市区部分道路（崇荣路北段、和仁路等6条道路）LED节能改造工程、长安路路灯安装维修工程、列东街（东新二路至三路）沥青路面铣刨修工程、芙蓉路维修改造工程、东新二路等市区广告牌建设工程、三明翁墩立交桥伸缩缝维修工程（二期）、三明市台江大桥钢拱塔油漆工程、市政设施养护管理基地一期、徐碧铁路桥加固及景观改造工程、列西污水处理厂主干管及提升泵站（滨江新城片区）建设工程、2015~2016年市区污水管网雨、污水分流建设、改造提升工程——高岩路污水管网改造工程、2015~2016年市区污水管网雨、污水分流建设、改造提升工程——工业南路（城关大桥至西客站）、工业中路（索桥南侧至列东大桥）两个路段污水管网改造工程、2015~2016年市区污水管网雨、污水分流建设、改造提升工程——新市北路（乾景巷至东乾路）、新市中路（新泉路至下洋二路）等5个路段污水管网改造工程、市区江滨路城市文化广场至碧口桥路段改造工程、三明市徐碧铁路桥夜景照明工程。完成沥青路面1408平方米,水泥混凝土路面2116平方米，人行道1854平方米，铺设污水管约3210米，沥青路面铣刨4400平方米，路灯节能改造270盏，路灯灯杆97套，桩基153根，安装护栏270米，钢拱塔油漆1485.41吨，拉索锚头油漆75吨，混凝土锚座油漆160平方米，桥墩油漆500平方米，梳齿型伸缩缝更换 32.5 米。

【市政设施维护维修工程】 2016 年，全市道路划线 20498.80 平方米，制作更换交通设施牌 134 面，更换安装护栏 480 片，桥梁及栏杆油漆 3158.44 平方米，伸缩缝维修、更换、清理 1704.40 米，泄水孔清理 2147 个，修复、改造人行道 8688 平方米，沥青修补路面 9972 平方米，砼路面维修 1425 平方米，更换、维修障碍墩 188 个，路面清淤 894 立方米， 污水干管维修 5730 米，污水检查井清理 178 座，清淤 559 立方米，泵站清淤 345 立方米，泵站维修 64 台次，雨水检查井改造 39 座，雨水管道维修 26 米，更换窨井盖 240 片，清理窨井 4470 座，清淤 931 立方米，雨水管渠及拦渣坝、雨水边沟 14720 米，清淤 7407 立方米，路灯查修 3061 盏，线路维修 2178 米，夜景查修 2498 盏，完成 1404 万元。

（李　强）

园林绿化

【概况】 2016 年，三明市对市区公园绿地及广场进行设施维护维修和市区交通岛及道路等景观节点进行绿化提升，并对陈旧设施进行修缮维护；同时，完成宏宇花园挡墙边坡垂直绿化工程和自行车服务系统示范段（东安路至四路天桥）建设工程。年内累计总投资 655 万元。

【市区公园绿地维护】 2016 年，市园林管理局对麒麟山公园、江滨公园、东新公园、中山公园等公园绿地广场的破损园路地面、护栏、亭廊、坐凳、垃圾箱、水池、文明牌及安全警示牌及市区道路花坛、护栏、花箱及花墙等设施实施修复；对市区公园绿地、东新二路、东乾路等景观节点进行绿化提升。主要是在原有绿地的基础上，通过增加绿量、种植乔、灌、地被提升绿地及道路植物景观效果，总投入资金约 145 万元。

【宏宇花园挡墙边坡垂直绿化工程】

2016 年 10 月，市园林管理局进行宏宇花园后山绿道边坡锚杆挡墙立体绿化，面积约 2 公顷，投资约 420 万元。

【环沙溪自行车道示范段工程动工】

2016 年 12 月，三明市开始实施建设两岸自行车道路建设，投入资金约 90 万元。

（何丽晖）

环境卫生

【概况】 2016 年，三明市加强环卫考核，建设环卫设施，全市生活垃圾无害化处理率 98.7%，征收城市生活垃圾处理费 1503 万元。

【三明市环境卫生专项规划（修编）】

2016 年，三明市城乡规划设计研究院编制《三明市环境卫生专项规划（修编）》，规划范围为市区建设用地范围，包括梅列—三元主城区、岩前组团、洋溪组团、荆西—莘口组团。总建设用地面积为 71.5 平方千米，规划期限为 2016~2030 年。

【餐厨废弃物资源化利用和无害化处理试点城市建设】 2016 年，三明市优化市区收运线路，加大市区收运人力的投入，提升收运能力，提高市区餐厨废弃物收集量，市区日收集餐厨废弃物约 30 吨。至 2016 年，收集处理餐厨垃圾约 9.52 万吨，处理企业投入 320 多万建设废水处理设施，确保废水规范处理，达标排放，并投入 30 万建设有机肥堆沤场地。

【固废中心生活垃圾无害化处理】

2016 年 1~5 月，三明市完成市区、沙县城区 5.58 万吨城市生活垃圾的处理任务，确保进场城市生活垃圾无害化处理率 100%；自 5 月 9 日起，停止生活垃圾填埋处理，实施终场处理，库区总体终场约投资 350 万元，分填埋库区围栅封闭、填埋库区上游地下水截水井工程、库区雨污分流工程、库区表面防渗膜工程（二、三期）4 项工程。截至 12 月，前 3 项及二期膜工程基本完工，第三期膜工程进场施工。全年处理污泥 8070.42 吨，达标排放垃圾渗滤液 12 万立方米。

【生活垃圾焚烧发电项目】 2016 年，三明市垃圾焚烧发电项目总规划建设规模日处理生活垃圾 900 吨，项目总投资 2.99 亿元，由三明市金利亚环保科技投资有限公司以 BOT 模式（民间兴建营运后转移模式）投资建设。4 月 13 日，一期 600 吨垃圾焚烧发电建设通过初步完工验收，4 月 19 日开始接收市区、沙县转运的垃圾，6 月 8 日成功并网发电。截至 12 月，在试运行期间，累计接收生活垃圾 73851.21 吨，垃圾渗滤液处理量 16724 吨；累计发电 1929.1 万千瓦，上网电量 1546.4 万千瓦。

（许群晖）

2016 年 6 月 8 日，三明市生活垃圾焚烧发电厂正式运行　（市住建局提供）

城市供气

【概况】 2016年，三明市加快LNG（液化天然气）气化站建设，推进三明市北部天然气置换，加强出站管网及老旧管网改造及巡查，确保供气安全稳定。截至12月，全市有人工煤气用户70810户，天然气用户7260户。

【LNG气化站建设】 2016年3月，三明市天然气置换的关键工程LNG气化站开工建设。截至12月，土建工程全部完成，4座150立方米LNG储罐全部安装完成，工艺安装和管道、自动化控制系统、电器、仪表安装全部完成，打压自检、自动化控制系统调试、管道、设备预冷等都达到质量技术监督验收标准。

【北部天然气置换】 2016年，三明市编制《三明市北部城区天然气置换方案》，完成三明市北部片区天然气置换前入户安检、宣传、外管置换排查、阀门更换及测压试验、调压柜（箱）更换及断开隔离试运行等工作，并通过公开招标确定燃气具改造队伍及增值业务灶具热水器安装队伍。12月3日，启动三明市北部片区天然气置换，年内完成三明市北部第一至第四片区东新六路安置房、时代锦园、乾龙新村141幢及附楼、富仕餐馆、美地大道期、龙泽小区、中央领域、吉祥福邸、明辉花园、重机福利区、三农小区、龙辉小区6500多户居民的天然气置换工作。

【抓煤制气安全生产】 2016年，三明中燃城市燃气发展有限公司自产气原料消耗下降，折标后的平均块煤消耗指标（自产气/块煤）为1.648立方米/千克。公司组织对煤气厂重要设备进行停车检修：1000气柜侧壁的防腐和补漏；2、3号洗气塔出口水封更换及2号烟囱更换；造气出口煤气总管及1000气柜出口水封更换；净化3号罗茨风机改造；净化1#、2#及输配2#、3#罗茨机大修更换轴承；净化1#、2#脱硫干箱更换脱硫剂；造气循环污水池3个污泥清理，确保安全生产稳定供气。

【供气管网巡查改造】 2016年，三明中燃城市燃气发展有限公司加强对全市管网及设施的日常巡查管理，重点强化对使用年限长、老化、腐蚀严重管线的巡查与监管；做好全市燃气重大危险源、重点场站、瓶组站的日常巡查与监控工作，开展调压设备的安全性和风险性评估工作。全年累计更换蝶阀16个，凝水缸3个，井盖6座，波纹补偿器10个，调压器28台，碰口接拢46处，动火作业246次，DN100以上漏气抢险15次、隐患整改4处，庭院管漏气抢修3处，引入管、矮立管、立管、楼前管等漏气抢修112支，管道管堵疏通40支，更换庭院管6处，更换引入管、矮立管、立管、楼前管等40支，接处警2984次，更换煤气表1117台，更换考克89个，处理漏气511处，处理管堵67处，更换球阀35个，维修燃气具842台，110转警13次，其他1258次，管网抢险141次，管线巡查约2万千米，调压器检修588次。

2016年11月23日，三明中燃城市燃气发展有限公司工作人员到居民家中检查登记煤气表 （周志鸿 摄）

【气化站出站管网及老旧管网改造】 截至2016年12月，三明市完成6.2千米的管道建设，24处连头；为配合三明市天然气置换，对城区刚性接头的铸铁管、存在安全隐患的老旧管道进行改造，完成印染厂、列东小学2个项目，共计约0.9千米。

（胡振琳）

城市供水

【概况】 2016年，福建恒源供水股份有限公司完成售水量5848.26万立方米，完成年计划112.47%，其中浑水2592.21万立方米，完成年计划123.44%；清水3256.06万立方米，完成年计划105.03%。供水服务及时率100%，市区管网压力合格率100%，水质综合合格率99.96%。清水漏失量449.58万吨，清水漏失率12.08%。全年共安排管网改造、技改、维修及其他项目共59项。安装各类规格管道共约9万余米，完成调表2982架。全年接警2872次，处警2872次，修漏2872次；DN100口径以上管网抢修189次。

【水源监测】 2016年，三明市内有2座清水制水厂（富兴堡水厂、下洋水厂）水源均取自东牙溪水库。2016年，富兴堡水厂水质超Ⅲ类2.64%，符合Ⅲ类（其中Ⅱ类）97.36%（93.88%）；下洋水厂水质超Ⅲ类2.92%，符合Ⅲ类（其中Ⅱ类）97.08%（94.79%）。

【水质管理】 2016年，下洋水厂出厂水平均浑浊度0.35NTU（浊度单位），富兴堡水厂出厂水平均浑浊度0.35NTU。检测结果表明水质合格率符合国家标准，水质各项指标均在允许安全范围内。

【供水设施建设】 2016年，福建恒源供水股份有限公司共安排管网改造、技改、维修及其他项目共59项。主要供水项目有：三明市区第二供水工程、东泉新村一户一表改造、205国道荆东互通管网改造工程、德安工业园管网改造工程、黄砂村一户一表改造、徐碧村一户一表改造、公司职工宿舍一户一表

表 8　2016 年福建恒源供水股份有限公司水质合格率汇总　单位:%

月份	浑浊度	二氧化氯	色度	嗅和味	菌落总数	总大肠菌群	COD(Mn)	30 项	当月水质综合格率
1	100	100	100	100	100	100	100	100	100
2	98.94	100	100	100	100	100	100	100	99.87
3	98.94	100	100	100	100	100	100	100	99.88
4	99.00	100	100	100	100	100	100	100	99.88
5	100	100	100	100	100	100	100	100	100
6	99.05	100	100	100	100	100	100	100	99.88
7	100	100	100	100	100	100	100	100	100
8	100	100	100	100	100	100	100	100	100
9	100	100	100	100	100	100	100	100	100
10	100	100	100	100	100	100	100	100	100
11	100	100	100	100	100	100	100	100	100
12	100	100	100	100	100	100	100	100	100
平均	99.67	100	100	100	100	100	100	100	99.96

改造、建安路供水改造工程、台江高位水池改管工程、台江片区给水管网改造工程等。主要管网项目有：贵溪洋规划五路给水管道工程、贵溪洋规划四路给水管道工程。主要用户安装项目有：城南村南山新村一户一表供水工程，碧桂园供水工程，万达广场供水工程，水岸华庭一户一表供水工程，省一建西江悦供水工程，城投绿岩安置房供水工程，牡丹新村 18、19、20 幢一户一表供水工程，海鑫家具城供水工程，康城郦景供水工程，东安新村 104~106 幢一户一表供水工程。2016 年，共安装各类规格管道 9 万余米，完成调表 2982 架。2016 年，三明市区第二供水工程投产试运行。工程引水系统全长 16.6 千米，贵溪洋水厂一期规模 3 万立方米/日，从 12 月 8 日开始投入试运行向碧桂园供水。

（徐建彪）

城市公交

【概况】　2016 年，三明公交投资 7937 万元，采购公交车辆 124 台，投入线路运行。至 2016 年年底，三明公交共有营运车辆 493 台，折 449.3 标台，市区万人拥有公交车 15.2 标台；营运线路 63 条，线网长度 293.8 千米；全年完成客运量 7987 万人次，实现产值 9501.85 万元。1、2 路线被授予全国交通运输行业文明示范窗口、被省文明委授予（2015~2017）省级文明行业示范点。

【公交专项规划编制】　2016 年，市公交公司编制《三明市中心城区公共交通专项规划》并通过专家评审，规划 2020 年，城区公交线网总体密度不小于 2.5 千米/平方千米；300 米半径站点覆盖率 50%，500 米覆盖率 100%；新能源车辆 60%，万人拥有公交车辆 14 标台；公交进场率提升至 95%，公交分担比例 35%。2030 年，城区公交线网总体密度应大于 3.0 千米/平方千米；300 米半径站点覆盖率 70%，500 米覆盖率 100%；新能源车辆 70%，万人拥有公交车辆 16 标台；公交进场率 100%；公交分担比例 40%以上。

【公交线路新增优化】　2016 年，三明公交新增、优化公交线路 19 条。先后开通 22、26、61、63、36、K103、K107、K107（支）、K105（支）、绿道公交 1 号、2 号专线等 11 条公交线路及第一医院、集辰（福建）农林发展有限公司定制班线，实现公交线路进社区、进园区、进学校、进医院、进机场，填补绿道的公交出行空白；先后延伸、优化 17、20、37、K101、51、52、27 路、绿道公交 1 号线等 8 条线路。

【环保新能源车辆购置】　2016 年，市公交公司投资 7937 万元，新增车辆 124 台，其中购置纯电动新能源公交车 77 台。至年底，新能源公交车辆 124 台，占比 25%。其中，纯电动公交车 94 台、插电式混合动力公交车 30 台，形成包括纯电动车、混合动力车、天然气车、国五柴油车的绿色运力结构。同时，在上河城首末站、贵溪洋停车场同步配套建设 50 个充电桩，满足新能源车辆充电需求。

【智能公交体系建设】　2016 年，市公交公司投资 1200 万元，推进智能公交体系建设。至 2016 年年底，三明公交营运车辆全部安装车辆车载 GPS 终端设备、新建北站公交候车区 LED 信息发布屏及机场线路电子站牌、市区二期 136 座电子站牌。

【公交安防】　2016 年，市公交公司在全省率先为公交车安装易燃易爆挥发物监测告警装置，完成 161 台车辆的安装。

完成贵溪洋、三明北站公交候车区、上河城、水榭建材城公交场站视频监控系统以及三明北站停车场门禁系统、贵溪洋停车场巡更管理系统的建设。

【公交场站建设】 2016年，市公交公司总投资约1500万，分期分批新建（改建）市区185座公交候车亭。至2016年年底，投资396万元，完成37座新式站亭的安装。加快公交场站建设，翁墩公交枢纽站通过设计方案审批，基本完成土地勘察，施工图设计等项目招标前期工作；南站公交枢纽站开工、宏宇花园首末站建成投入使用、碧水蓝天首末站竣工、荆东工业园首末站完成选址、设计等前期工作。

【三明顺通环保检测站正式投入运营】 2016年9月20日，三明顺通环保检测站正式投入运营。该项目位于贵溪洋综合停车场的，投资近100万元，满足不同类型机动车的环保检测需求。

村镇建设

【概况】 2016年，三明市整治142个美丽乡村、12个示范村和12条美丽乡村景观带开展整治建设。全市有7个国家级、14省级历史文化名镇（名村）和34个中国传统村落，51个省级传统村落，98个市级历史文化名村（传统村落、红色文化村落）。

【美丽乡村建设】 2016年，三明市启动142个美丽乡村村庄环境整治，改善村容村貌，打造12个美丽乡村示范村，年度完成投资7.23亿元，累计整治裸房1490幢，新增垃圾转运处理能力265吨，新建污水处理设施59个，拆除临时搭盖建筑13.8万平方米，硬化村道6.8万平方米，新增绿化面积10.5万平方米。

【美丽乡村景观带建设】 2016年，三明市实施12条美丽乡村景观带，年度完成投资2.79亿元，累计建成特色景观带190千米。其中，永安市畲乡风情美丽乡村景观带、大田县屏山乡内洋村至济阳乡济阳村沿线特色景观带被省住建厅评选为2016年全省10条优秀美丽乡村景观带。

【历史文化名村改善】 2016年，大田县济阳乡济阳村和清流县赖坊乡赖安村两个村被列为2016年度全省10个重点扶持历史文化名镇名村；济阳村加大古建保护力度，着重对重要文物、建议历史保护建筑等进行抢救性修复，并整治周边环境，发展特色民宿，推进灵动济阳游客接待中心实质性运转，推动凤阳堡以民宿为核心功能的综合保护、开发和利用；带动墩仔寨、济山古街、锦云楼等其他特色乡村民宿开发，带动九龙峰、乌山头等现有木屋的改造和利用；赖安村完成古民居入口道路的修复，村内污水和自来水管网铺设，古廊桥修建、文昌溪河道环境治理等基础设施建设；重点抓好古民居街巷修复、古民居内大圳沟及水系修复、古戏台修复、部分公共建筑的修缮、赖坊民俗文化馆修建和环境治理等设施建设。

（游万里　李贵梁）

2016年，永安市曹远镇霞鹤村全景　（魏兴谷　摄）

住房保障和房地产市场监管

【概况】 2016年，三明市出台《三明市区棚改政府购买服务管理办法》《三明市区购买棚户区改造服务实施意见》《关于搭建商品房选购平台和统购公租房的实施意见》，基本建成由廉租房、公租房、经济适用住房、限价商品房等多种保障性住房组成的住房保障体系。面对房地产市场下行压力，围绕供给侧结构性改革目标任务，采取稳定调控市场一揽子政策措施，全市新建商品房销售面积和销售额逐渐回升，价格保持平稳。特别是去库存成效明显，全市及市本级商品房库存分别位列全省设区市第二少和设区市本级最少。

【保障性安居工程建设】 2016年，三明市开工保障性安居工程住房5863套，开工率101.5%。其中，城市棚户区改造开工3325套、货币安置2193户、工矿棚户区安置住房253套、垦区危房改造开工92套。2016年，全市保障性安居工程基本建成6375套（含竣工），基本建成率197.98%。截至12月底，全市历年开工各类保障性住房40135套，历年配租配售36440套，历年配租配售率90.79%。其中，公共租赁住房历年开工21091套，配租18389套；经济适用住房历年开工7692套，配售7666套；限价商品住房历年开工11352套，配售10385套。

【商品房市场交易】 2016年，三明市商品房批准预售面积234.87万平方米，同比增长28.28%；商品房销售面积244.46万平方米，同比增长3.57%；销售金额143.68亿元，同比增长7.6%。存量房成交面积136.6万平方米，同比增长6.20%；成交金额56.27亿元，同

2016年12月，三明市海西保障性住房一期、二期廉租房主体竣工 （程望育 摄）

比增长8.24%。其中，市区商品房批准预售面积74.41万平方米，同比增长24.39%；商品房销售面积71.17万平方米，同比下降4.76%；销售金额49.01亿元，同比增长12.5%。存量房成交面积41.63万平方米，同比增长20.67%；成交金额22.58亿元，同比增长20.67%。

【商品房去库存】 2016年，三明市商品房及商品住房月末累计可售面积335.99万平方米和205.95万平方米，分别同比减少30%和12%；比2015年分别减少140.91万平方米和52.85万平方米，去化周期分别为13.97个月和11.33个月。其中市本级商品房及商品住房月末累计可售面积48.77万平方米和34.93万平方米，分别同比下降43.24%和12.02%；比2015年分别减少37.15万平方米和4.77万平方米，去化周期分别为11.47个月和10.03个月。

【房地产投资】 2016年，三明市完成房地产投资104.37亿元，同比下降19.85%；施工面积1467.35万平方米，同比增长3.54%；新开工面积136.81万平方米，同比下降27.80%；竣工面积244.23万平方米，同比增长15.88%。其中市区完成房地产投资37.2亿元，同比增长1.78%；施工面积319.93万平方米，同比增长14.26%；新开工面积27.33万平方米，同比下降8.53%；竣工面积79.27万平方米，同比增长69.24%。市区房地产项目主要有万达广场、碧桂园、恒大御府、翡翠城、时代颐园、新都汇、中央领域、左岸名都、山水御园、碧水蓝天、书香世家、永嘉天地、华融广场、一建西江悦、康城郦景、瑞泉花园等。

【房地产行业管理】 2016年，三明市出台《关于化解房地产库存促进房地产市场稳定健康发展的指导意见》《关于分解落实房地产库存化解工作任务的通知》《关于加快化解我市商业办公地产库存的意见》《三明市区政府购买棚户区改造服务管理办法》《三明市区购买棚户区改造服务实施意见》等配套政策，出台等去库存政策实施细则；与农业银行签订《农民进城购房合作协议》，支持农民进城购房，推动棚户区改造、公积金组合贷款、住房专项资（基）金管理等领域发展；严格执行商品房预售许可条件、《三明市商品房预售资金监督管理办法》，出台《关于规范市区商品房预售行为的通知》《关于加强市区商品房预售许可变更预售方案变更备案管理的通知》，在销售现场实行“购买商品房风险提示制度”，加强市场风险防控；建立房地产交易信息日报制度，建成全市房地产交易信息系统，实现本行政区域内新建商品房销（预）售合同、二手房交易合同网签备案业务全覆盖，并同步实现省、市与各县（市）合同网签系统联网运行、交易数据联网传输，提升市场监测分析水平；出台《三明市既有住宅增设电梯指导意见》，推进既有住宅适老化改造，完善城市既有住宅使用功能；针对小区停车位产权争议大、租售矛盾突出、社会影响面广的现状，及时出台《关于规范房地产开发项目车位车库租售管理工作的通知》，明晰产权归属，规范租售行为。

【物业行业管理】 2016年，市住建局完成《三明市物业服务收费实施办法》《三明市普通住宅前期物业服务等级标准》和《三明市2015年普通住宅前期物业服务等级指导性收费标准》调整工作，于6月1日正式实施，出台《关于规范业主委员会委员条件的指导意见》等规范性文件，明确各相关主体的行为、职责，引导企业加强自律，强化诚信意识、服务理念，促进企业依法规范经营；牵头联合市委文明办、市民政局、市城市管理行政执法局制定《三明市区“2016物业管理年”活动工作方案》，开展市区物业服务项目考评工作，考评结果向社会公布。2016年1个项目获得省级物业管理示范项目称号，3个项目获得市级物业管理示范项目称号，同时做好已有物业管理示范项目复验工作，完成物业服务企业信用综合评价工作，推进“三明市易万家物业信息服务平台”系统研发建设，初步具备运行能力。

【房地产中介组织管理】 2016年，三明市出台《三明市房地产中介专项整治工作方案》《关于进一步加强房地产价格评估机构管理的通知》；完成房地产经纪机构和房地产估价机构信用综合评价工作，建立房地产价格评估机构和从业人员信用档案制度；会同物价等部门开展全市商品房销售明码标价专项检查；设立二手房交易资金专项监管账户；清理主体资格，打击中介机构和从业人员违法违规经营行为，落实各项管理制度，保障交易资金安全；开展房地产行业非法集资和金融风险专项整治，下发《转发省住建厅关于做好防范和处置房地产行业非法集资工作的通知》《关于做好防范和处置房地产行业非法集资工作的通知》《转发省住建厅办公室关于开展2016年涉嫌非法集资广告资讯信息排查清理活动的通知》《关于印发三明市房地产领域互联网金融风险专项整治行动实施方案的通知》《转发省住建厅办公室关于做好非法集资专项整治及通过互联网开展资产管理及跨界从事金融业务风险排查工作的通知》《转发市政府办关于做好 P2P 网络借贷风险专项整治工作的通知》，明确监管责任，按职责分工做好房地产行业摸排工作，保护当事人的合法权益，促进行业健康发展。

表 9　2016 年三明市房地产主要指标完成情况

	指标名称	2016 年完成数	同比%
1	房地产开发投资(亿元)	104.37	-19.85%
	其中市区(亿元)	37.2	1.78%
2	商品房销售面积(万平方米)	244.46	3.57%
	其中市区(万平方米)	71.17	-4.76%
3	商品房销售额(亿元)	143.68	7.59%
	其中市区(亿元)	49.01	12.51%
4	施工面积(万平方米)	1467.35	3.54%
	其中市区(万平方米)	319.93	14.25%
5	新开工面积(万平方米)	136.81	-27.80%
	其中市区(万平方米)	27.33	-8.53%
6	竣工面积(万平方米)	244.23	15.88%
	其中市区(万平方米)	79.27	69.27%
7	批准预售面积(万平方米)	234.87	28.28%
	其中:市区(万平方米)	74.41	24.39%
8	存量房成交面积(万平方米)	136.6	6.20%
	其中:市区(万平方米)	41.63	20.67%
9	存量房成交金额(亿元)	56.27	8.24%
	其中:市区(亿元)	22.58	21.64%

（林　彬　钟云佳）

建筑业

【概况】　2016 年，三明市完成建筑业产值 556.337 亿元,同比增长 0.2%，与 2015 年基本持平。新升级或增项施工总承包（房建、市政）二级企业 4 家，新审批成立或增项三级总承包企业 44 家。全市有 361 家建筑业企业。其中一级施工总承包 24 家、二级施工总承包 58 家。全市新建建筑按建筑节能率 50%和节能强制性标准设计、施工和验收，竣工验收阶段节能标准执行率 100%。完成福建省东南建筑设计院增项市政桥梁乙级、三明市建筑工程施工图设计文件审查中心增项市政（道桥）二类 B 审查资格等 63 家企业资质审批（换证）工作。开展每年度岩土勘察现场、勘察设计和施工图设计文件检查。全市 36 家勘察设计单位完成年产值 1.85 亿元。

【绿色建筑项目建设】　2016 年，三明市推广绿色建筑项目 22 个、建筑面积 111.8 万平方米，建发·永郡住宅小区、三明万达广场购物中心综合体 34.67 万平方米获得一星级绿色建筑设计评价标识；贯彻落实福建省绿色建筑行动实施方案，抓好三明碧桂园绿色住宅小区等 8 个绿色建筑行动重点示范工程。其中，将乐县 6 所中心小学校（白莲、南口、光明、安仁、大源、漠源）太阳能热水应用项目、永安市小陶镇五一村、美坂村及镇中心小学太阳能热水应用项目、永安市曹远镇太阳能热水建筑应用项目（永安市市第六医院村镇太阳能应用）、将乐县城区道路路灯节能改造项目 4 个项目完工。

【公共建筑改造】　2016 年 7 月，三明学院 33.5 万平方米公共建筑节能改造和全市 5000 盏城市公共照明节能改造任务分别上报省厅和分解各县、市。至 2016 年年底，三明学院投资 300 万元，新增学生公寓空调 2530 台，改造建筑面积 12.8 万平方米；完成 LED 路灯改造 30 盏，学生公寓 LED 灯管更换 1200 盏，新建北区后山步道新增新型太阳能路灯 35 盏。全市累计完成公共照明节能路灯改造 11833 盏。

【可再生能源建筑应用】　2016 年 1 月 28~29 日，将乐县折合可再生能源建筑应用任务指标面积 25 万平方米、建筑面积 75.58 万平方米的任务完成省财政厅、住建厅进行评估验收。

2016 年，三明市绿色建筑重点示范工程——碧桂园绿色住宅小区（市委宣传部提供）

【建筑业工程质量安全监督】 2016 年，三明市开展特种作业人员培训班 9 期，培训人员 1597 人；全市 478 个工程项目、1936 个单位工程纳入“福建省建设工程质量安全监管动态信息系统”管理，其中房建工程 441 个项目、1836 个单位工程，总建筑面积 1608 万平方米；市政工程 37 个项目、100 个单位工程，共 33.5 千米。质量、安全监督机构发出责令改正（整改）通知单 994 份；发现质量、安全隐患 2653，发出记分通知单 631 份，对总监计 6031.11 分、施工项目负责人记 9974.55 分。2016 年，全市发生 1 起安全生产责任事故。

（翟向东 廖育申 崔永德 余巧萍）

城市管理

【概况】 2016 年，三明市形成城市执法体制改革初步方案；出台《三明市城市市容和环境卫生管理条例》（简称《条例》），明确城市管理执法标准；推出《三明市城市管理质量标准体系》，明确城市管理质量标准；编制《三明城市管理行政执法实务手册》，明确规范执法路线图。截至 12 月，循环整治市区道路 33 条。其中，梅列区整治 21 条（列东中队整治 11 条）、三元区整治 12 条，市区 287 户流动摊点、309 户占道经营户得到较好的管控。年内，受理城市管理案事件 14802 件，办结率 91.96%。

【城市秩序整顿】 截至 2016 年 12 月 20 日，三明市区 56 处破路施工，开挖总面积 1416.37 平方米，实现作业现场标准化围挡；市城市管理行政执法局联合市烟草局、食药监局召开 4 次协商会、推进会，整治市区 153 家烟柜、126 家药店存在的占道经营、乱设置店内外广告等行为；结合创城迎检，协调三明公交公司拆除三角柱公交站牌 51 座、协调三明电信公司拆除九十年代建设的电话亭 21 座，协调三明邮政报刊公司，整顿市区 23 座书报亭，清除张贴的各种广告 161 块（张），换上 18 块社会主义核心价值观公益广告；9 月起，制订《三明市区户外广告、门牌字号和阳篷雨披专项整治工作方案》，组织调查市区户外广告，建立 1868 座户外广告档案，组织拆除户外广告 231 块 13772 平方米，其中梅列区拆除大型户外广告 154 块 8137 平方米；三元区拆除 27 处，面积约 1490 平方米；市市政维护处拆除 60 座，面积 4145 平方米；全年全市完成新调查摸底录入违建面积 340.35 万平方米，组织拆除违建 329.78 万平方米，完成省治违办下达目标任务 109.92%，腾出土地 285.25 万平方米，总利用率为 87.12%；定期对市区夜景项目进行巡查，及时通知维修部门整改发现存在问题 1687 处；协调支付社会单位夜景电费约 43 万元，全年投入资金 300 余万元，完成华融金融中心、城投公司、康城郦景、徐碧新村公寓楼等新建夜景项目建设并组织验收。

【市容市貌质量提升】 2016 年，三明市下拨 555 万元，支持梅列区完成乾龙社区公安、斑竹，高岩社区军分区小区改造示范点和“点亮楼道灯，温暖回家路”4 个项目建设，以及三元区环卫专用车辆采购、三元区环卫专用停车场前期基础工程、三元区部分社区基础设施改造工程；召开 5 场现场协调会，消除各类广场、公园、火车站、汽车站周边、校园周边等一批推诿不管的公共重点区域市容秩序管理盲点；组织开展为期三个月市区装修垃圾专项整治，印制、发放整治工作宣传提纲 1 万余份，编发专项整治通报 18 期，市区处置清理建筑装修垃圾、无主建筑垃圾 758 处（堆）；全市 493 辆渣土车，全部安装 GPS 系统，实行轨迹在线监督，组织查处外地牌照渣土运输车、超高超载运输和撒漏等各类违规现象和工地净车设施完备情况，立案查处 93 件处罚 9.82 万元；从 9 月底开始，采取“调查、宣传、收容、清洁”的方法整治三个月，在一定程度上遏制“养犬时尚文明跟不上”的问题，全年清理流浪犬、无主犬 230 只；2016 年，市区收处餐厨废弃物 9522.82 吨，日平均收集量 26.08 吨，和 2015 年相比，市区餐厨废弃物收集量增长 1138.55 吨，增长率 13.57%。

【城市治理结构调整】 2016 年，三明市构建市本级和区级城管专业队伍组成的“大城管”网络，每月召开一次协调会，每个重大活动召开市容保障部署会、现场问题“会诊”会、工作检查推进会；建立市容秩序、环卫、“两违”“街长”、渣土、数字城管、三明城管局长 7 个微信城管专业工作群；结合创城迎检、节日和重要活动，全年组织开展 3 次由市、区机关企事业单位干部职工、社区工作人员和志愿者参加的义务劳动，清理卫生死角，共同营造整洁、优美、干净的城市环境；坚持发挥市委老干部市容考评团志愿服务的作用，全年发现城管问题 1332 项，提出工作建议 65 条次，全部得到采纳和整改。在文明城迎检期间协调新建万达工地东北侧围挡 120 多米解决垃圾裸露问题、关闭垃圾房 3 座；调动 40 个社区配合开展犬类整治、僵尸车摸底。

（黄 颖）

责任编辑：徐 辰

开放开发

OPENING AND DEVELOPMENT

招商引资

【概况】 2016年，全市各级商务部门把招商引资作为“优结构、促转型、提质效”的主引擎和主抓手，围绕全市产业布局、生态资源禀赋，加强项目策划推介，通过产业招商、以商招商、平台招商、小分队招商等多种形式，加强与知名外企和重要客商的对接，推进与厦企项目合作，促进外资企业增资扩股，全力提升招商实效。推进商事制度改革，对外商投资实行负面清单管理制度，推动外资管理从事前审批向事中、事后监管和提供优质服务转变,不断提高投资便利化程度，营造良好的投资环境。年内新设立外商投资企业26家，总投资39682万美元。

【招商项目策划】 2016年，三明市围绕高端机械装备、精细化工、新材料、生物医药、生态旅游和文化创意产业等产业，共策划生成外商投资重点项目58个，总投资35亿美元，并翻译成英文，编辑印制成《2016年三明市外资招商项目》招商册，并在“9·8”“11·6”等各种招商活动和媒介对外宣传发布。

【股权收购及增资扩产】 2016年6月，清流县与昊天（中国）有限公司正式签约“创新型油茶大健康”项目，总投资3.9亿元，通过收购股权及增资扩股方式收购九利油脂公司、嘉成油茶有限公司，建设3333.33公顷高产油茶基地，实现年产2000吨精炼茶油加工。台明铸管科技有限公司年内完成6000万元增资备案，球墨铸管项目填补福建省该领域的空白，完成月产1万吨球墨铸管的目标。

【赴港澳台经贸活动】 2016年7月25~31日，市商务局与省商务厅联合赴港澳开展投资三明项目对接洽谈等经贸活动，在中国香港、中国澳门分别举办投资三明项目推介座谈会，走访香港贸发局、澳门贸易投资局、澳门绿色联盟等机构，拜访香港福建同乡会、香港三明联谊总会、香港两岸和平发展联合总会、澳门三明联会、香港恒联国际集团、香港小金星国际教育集团、澳门新大陆万博公司等社团组织及知名企业总部，参加2016澳门国际连锁加盟展会，促成6个投资项目签约，项目投资额共3.37亿美元，另外对接4个新的投资意向项目。8月，赴台开展小分队招商，推进绿景农生态与中国台湾威晶公司拟合作有机米种植项目，推进茂叶生态公司拟与台湾乡村旅游发展协会合作开发乡村旅游项目。2016年新批和备案的26家外资及港澳台资企业中，港澳台企业19个，占新批和备案总数的73%。

【“9·8”投洽会招商成效】 2016年9月6日，市领导余红胜、林俊德带领市直有关部门负责人走访第19届中国国际投资贸易洽谈会厦门三明商会，看望在厦明商，并与部分明商代表座谈交流。9月7日，在厦门举办“共享新机遇、共建新三明”为主题的投资三明项目推介会，市委书记杜源生在会上致辞，代市长余红胜主持推介会，市委常委、常务副市长黄建波推介三明重点产业及项目，300多位央企、省企、民企，以及来自美国、意大利、新西兰、荷兰、加拿大、新加坡、以色列等国家和港澳台地区的嘉宾、客商出席推介会。“9·8”期间，建宁县在厦门召开“莲乡情·鹭岛缘”项目推介会，明溪县举办“精细化工·生态旅游项目推介会”，清流县举办“厦门台商推介座谈会”，将乐、沙县举办招商项目推介会。2016年“9·8”投洽会，三明代表团签约外资项目18个，总投资5.83亿美元，拟利用外资3.6亿美元，增长5.2%，增幅位居全省第四，其中：总投资5000万美元以上的项目共3个，总投资1亿美元以上的项目1个。

【厦企项目合作对接成效】 2016年9月7日，三明市在厦门专门举办“三明·厦门企业项目合作座谈会”，市领导余红胜、黄建波、林俊德和12个县（市、区）主要领导出席会议，邀请厦门国资委和厦门建发集团、厦门港务集团、厦门翔业集团、夏商集团、厦门国贸控股集团、厦门钨业集团等近50家企业负责人参加座谈会。座谈会上，达成12项初步合作意向。年内，三明与厦门企业共对接项目32个，总投资157.87亿元。

【外商投资管理改革】 2016年10月8日开始，市商务局对外商投资准入实施特别管理，对特别管理措施范围之外领域的外资企业设立及变更由审批制变为备案制，与内资统一管理。做好管理方式转变的衔接和服务，加强宣传，为投资者提供准入指南服务，增强外资政策透明度。施行备案制后，年内备案外商投资企业10家，其中新设外商投资企业4家，变更6家。

【外资及港澳台资利用】 从1984年引进第一家外资企业起，至2016年三明市累计批准和备案外资及港澳台资企业1100多家，批准合同外资及港澳台资近325.8亿美元，实际利用外资及港澳台资226.85亿美元。其中港澳台地区的项目占90%以上。2016年，正常生产经营的外资及港澳台资企业218家，从业人数12299人，全年实现销售收入约49.7亿元，纳税约2.5亿元。

（吴光忠 翁 敏 汪诗杰）

2016年三明市新批港资企业

表10 单位：万美元

企业名称	企业性质	投资者名称		经营范围	投资总额
		内 地	中国香港		
三明市金洪盛矿业有限公司	独资		香港洪盛国际投资有限公司	矿产品、建筑装修装饰材料的批发和零售；凤岗马岩旅游项目的开发，商务信息咨询。	3000
福建昊天生态林业开发有限公司	独资		昊天投资（中国）有限公司	油茶种植、培育、加工、销售；农业技术开发、推广应用和转让；林下经济投资和开发、加工、销售；农业休闲观光旅游投资和开发。	4500
将乐塔德斯机械科技有限公司	独资		香港鸿海国际集团有限公司	精密刀具数控磨床的技术开发及技术服务。	2000
大田县捷兴矿业有限公司	独资		中国香港林爱国	矿产品、建材产品的批发和进出口活动；尾矿利用及处理。	515
尤溪合盈空间建筑设计有限公司	合资	上海艺檀装饰工程有限公司	香港升辉国际控股(集团)有限公司	承接各类建筑室内、室外装修装饰工程的设计及施工；承接公用、民用建设项目的水电设备安装；建筑装饰设计咨询、服务；家具制作。承接各类建筑室内、室外艺术品设计、施工；软装配饰设计、施工；环境导视系统设计、施工。承接各类型建筑幕墙工程的设计、生产、制作、安装及施工；承接金属门窗工程的加工、制作及施工；木制品制作；建筑石材加工。承接机电设备安装工程的制作、安装(凭资质证书许可经营)；承接城市园林绿化工程的设计与施工（凭资质证书许可经营)；承接园林古建筑工程的设计与施工(凭资质证书许可经营)；承接消防设施工程的设计与施工（凭资质证书许可经营)；民用、公用建筑工程设计(凭资质证书许可经营)。(依法须经批准的项目，经相关部门批准后方可开展经营活动)	18
福建和记纺织品有限公司	独资		香港和记黄埔投资发展有限公司	纺织品制造，生产销售。	9000
三明市茂季农业发展有限公司	独资		香港沈郎生物科技集团有限公司、林竞伟	农产品种植、加工、销售。	150

续表 10

企业名称	企业性质	投资者名称		经营范围	投资总额
		内　地	中国香港		
清流建鸿林业有限公司	独资		香港优颖有限公司	培育经营森林与苗木资源；林下种植、养殖；营林造林、木材采伐与销售；林业技术推广、应用服务。	90
三明市华渔教育科技有限公司	独资		香港捷曜控股有限公司	教育咨询；数据信息咨询；图书、期刊、报纸、电子出版物的零售及网上销售；网络系统的设计、开发、应用及相关信息服务；手机新媒体技术的开发与应用；计算机软件、硬件的开发与销售；通讯终端和通讯设备的销售；系统集成服务；虚拟现实产品技术的开发与销售；职业技能培训；会议服务、餐饮服务、住宿服务；承办设计、制作、代理、发布各类国内广告；与业务相关的技术咨询和技术服务	1478
合　计					20751

2016 年三明市外商直接投资分行业(产业)情况

表 11

行　业	合同项目(个)	合同外资金额(万美元)	实际利用外资金额(万美元)
农、林、牧、渔业	8	2730	8065
制造业	10	6176	7871
电力、燃气及水的生产和供应业	0	0	0
建筑业	1	9	0
信息传输、计算机服务和软件业	1	1478	0
批发和零售业	4	4211	846
租赁和商务服务业	2	1006	308
科学研究、技术服务和地质勘查业	0	0	0
文化、体育和娱乐业	0	0	0
总　计	26	15610	17090

进出口贸易

【概况】　2016 年，全市外贸进出口工作围绕“稳增长、调结构、转动力、提质量”的目标任务，着力优化外贸发展环境，减轻外贸企业负担，提高贸易便利化水平，在巩固外贸传统优势的基础上，加快培育竞争新优势，推动出口提质、进口增效，促进外贸稳中有进、稳中有质。2016 年，全市有进出口实绩的企业 300 家，其中生产型企业 130 家，流通型企业 170 家，共完成进出口总额 141.8 亿元，增长 8.8%。年内，培育一批进出口示范企业，丰润化工获批中国出口质量安全示范企业，永林集团获批福建出口竹木草制品质量安全示范企业，华盛集团三明冷冻食品有限公司、尤溪红树林木业有限公司 2 家企业获批出入境检验检疫信用等级 AA 级企业，福建省瑞森文化创意有限公司、沙县恒通木业有限公司 2 家企业获批 2016 年中国进出口质量诚信企业，百营木业、红树林木业进入中国木产品出口企业 50 强名录。

2016 年，全市出口 131 亿元，增长 12%，增幅位居全省第二；新批和备案外商投资企业 26 家，实际利用外资 1.71 亿美元，增长 9.3%，增幅位居全省第四。

（吴光忠）

【出口扶持政策】 2016年6月，三明市出台《三明市2016出口企业出口信用保险保费扶持管理办法》，开辟生产型出口企业的保单融资业务，推动市农商行加快“助保贷”业务的拓展步伐，对全市生产型出口企业和规范出口退税的流通外贸企业出口信用保险保费扶持比例提高到100%，发挥出口信用保险对出口的促进作用，鼓励出口企业开拓国际市场，帮助出口企业防范风险。年内，为63家出口企业免费购买出口信用保险，出口信保覆盖率达17.2%，位居全省前列。市农商银行为福建华盛集团三明冷冻食品有限公司、三明市兴源物资贸易有限公司等企业发放助保金贷款590万元。

【口岸通关环境优化】 2016年，三明市商务（口岸）、海关、国检等涉外部门加强配合，继续推动贸易通关改革，用好跨关区联动电子关锁，推进“单一窗口”建设，实施关检合作“三个一”和通关作业无纸化等工作便捷措施，完成永安公共保税仓库建设，口岸通关环境更加优化。2016年，跨关区电子关锁完成业务量46票，累计货值353.68万美元，跨关区电子关锁联动模式被福建自贸试验区聘请的毕马威评估机构评为“全国首创”模式，被福建省省委常委、秘书长梁建勇评价为“一把钥匙开两把锁”。2016年，三明陆地港完成进出口集装箱1.5万个标箱，增长6.12%，其中出口标箱1.12万个，增长13.6%。累计货值约55464.29万美元，增长10.8%，其中，出口货值2.34亿美元，增长51.5%。

【推动地产品出口】 2016年，三明市生产型企业出口4.05亿美元，占全市出口额的20%，同比增长7.7%，全市生产企业供货转自营出口累计新增出口额2925万美元，地产品出口按规模排序有：林产品出口1.45亿美元，同比增长21.8%；化工产品出口8020万美元，同比增长11.4%;食品出口5113万美元，同比增长37%；纺织品出口3557万美元，同比下降8.8%；纸品出口1621万美元，同比下降15.9%；金属制品出口1609万美元，同比下降5.3%；矿产品出口1548万美元，同比增长8.25%；机械产品出口1294万美元，同比增长16.4%；橡胶产品出口1282万美元，同比增长123.7%。

【主要出口和销售市场】 2016年，三明市与160个国家和地区有贸易往来，对南美洲、非洲、大洋洲、欧洲等新兴市场出口分别增长59.87%、41.02%、37.34%和57.1%；出口“一带一路”的国家和地区达56个，共出口9亿美元，增长11.98%。出口东盟4.26亿美元，同比增长14.74%；美国3.14亿美元，同比下降5.90%；出口欧盟2.56亿美元，同比增长26.78%；出口韩国1.04亿美元，同比增长28.21%；出口日本9204万美元，同比增长17.31%；出口俄罗斯联邦2036万美元，同比增长36.83%；销售到中国香港的金额1829万美元，同比下降93.39%；销售到中国台湾的金额6677万美元，同比增长67.34%。

【特色产业出口】 2016年，三明市烤鳗企业集齐出口全球所有国家的“通行证”，烤鳗出口国家增加到14个，出口达3749万美元，增长76%。海斯福化工出口突破3000万美元，是全市最大的生产型出口企业。华商国际、银丰贸易出口突破2000万美元。建新轮胎、科宏生物、廷荣生活用品、鑫森合纤科技出口增幅分别达165.4%、246.9%、84.4%、139.6%。厦工（三明）重型机器有限公司土方机械首次出口苏丹；海西汽车重汽、永安启胜矿产2016年自营出口业务有了实绩。

【各县（市、区）进出口】 2016年，出口方面，按增幅排序分别是：三元（9.77亿元、29.21%）、尤溪（14.07亿元、23.2%）、宁化（8.42亿元、16.94%）、大田（10.41亿元、15.66%）、明溪（8.74亿元、15.57%）、清流（8.64亿元、14.29%）、永安（14.12亿元、14.27%）、沙县（13.05亿元、14.27%）、建宁（8.18亿元、13.66%）、将乐（8.59亿元、13.66%）、泰宁（7.84亿元、8.89%）、梅列（19.28亿元、1.68%）。进口方面，按进口总量排序分别是：沙县3.97亿元，大田3.11亿元，永安1.37亿元，尤溪0.84亿元，建宁0.6亿元，将乐0.15亿元，明溪0.14亿元，梅列0.12亿元，清流0.026亿元，宁化0.013亿元，三元0.012亿元，泰宁0元。

2016年三明市主要出口商品情况

表12

商品名称	累计金额(亿美元)	同比(%)
机电产品	2.26	-56.03
林产品	2.37	17.66
纺织制品	1.29	-1.76
化工产品	1.33	6.95
高新技术产品	0.26	-78
塑料制品	1.29	12.51
纸制品	0.57	7.17
食品	0.51	30

表 13

2016 年三明市对主要国家和地区出口情况

国家/地区	出口额(亿美元)	同比(%)	进口额(万美元)	同比(%)
亚洲	11.08	-12.12	3210	-38.72
亚洲	4.26	14.32	1411	-38.35
亚洲	1.04	28.17	67	-3.00
日本	0.92	17.31	811	102.78
印度	0.37	2.24	1	39.67
欧洲	3.35	37.36	6535	50.91
欧盟	2.56	26.18	5674	55.84
北美	3.42	-5.47	2881	-51.65
美国	3.14	-5.90	1189	-41.52
南美	0.87	36.05	1097	-57.91
非洲	2.07	32.28	308	-62.75
尼日利亚	0.17	-57.85	30	-84.14
大洋洲	0.28	17.50	2051	-19.59
澳大利亚	0.22	30.41	1290	-9.33

【重点出口企业】 2016 年，市商务局筛选一批出口企业进行重点培育，通过“一对一”重点跟踪帮扶，不定期召开全市重点出口企业座谈会，与企业面对面沟通、对接，及时帮助协调解决突出问题，推动企业发展壮大。年内，新批进出口经营权企业 150 家，备案登记的企业累计达 1189 家，年出口达千万美元以上的企业 74 家，占出口额的 82.3%，其中出口额 5000 万美元以上的企业 4 家，2000 万美元~5000 万美元的企业 30 家，1000 万美元~5000 万美元的企业 40 家。

（吴光忠　黄晓娟　林　岩）

表 14

2016 年三明市出口超千万美元的生产型企业

单位：万美元、%

序号	企业名称	2016 年出口额	2015 年出口额	同比
1	三明市海斯福化工有限责任公司	3448	3020	14.16
2	福建银丰进出口贸易有限公司	2430	2032	19.61
3	福建省华商国际贸易有限公司	2438	1845	32.17
4	三明市丰润化工有限公司	1594	1648	-3.3
5	福建尤溪洁梅工艺品有限公司	1119	1630	-31.35
6	福建省尤溪百营木业有限公司	1644	1211	35.76
7	三和进出口贸易(三明)有限公司	918	1171	-21.65
8	福建金泉贸易有限公司	1713	1127	52.02
9	大田县南湖针织时装有限公司	1084	1048	3.47
10	福建省青山纸业股份有限公司	457	1026	-55.42
11	永安市安泰重晶石有限公司	621	1023	-39.33
12	大帝(福建)科技有限公司	0	0	-100

海关监管

【概况】 2016年，三明海关落实《福州海关 三明市人民政府关于共同促进三明开放型经济稳定发展合作备忘录》，密切与地方政府部门协调配合，以“服务经济，促进发展”为重点，推动地方经济又快又好发展。2016年，三明海关全年征收关税、增值税合计4.08亿元。全年共办理进出口报关单3429票，同比增长34.8%，标箱9974个，同比增长24.5%，货运量557万吨，货值32.6亿元。其中，三明陆地港全年进出口报关单281票，进出口标箱621个，货运量3485吨，货值1.8亿元。减免税方面，2016年全年共办理减免税备案3份；办理减免税货物审批8份，合计减免税款542万元；办理加工贸易手册设立25份，合同金额1.7亿元；企业管理方面，2016年企业备案总数达1063家；稽核查方面，全年对11家企业开展稽查，核查7家，稽核查追补税144.8万元。全年移交缉私局违法违规案件4起，立案3起。

【通关环境优化】 2016年，三明海关继续深化“泛珠”四省区域通关一体化改革，加强与马尾、海沧、大榭等口岸海关联系配合，理顺通关流程，提升通关便利。与检验检疫合作，定期召开联席会议并形成会议纪要，日常信息实时进行沟通互换，对陆地港保税仓库进口相关事宜共同进行通关指导。与市国税局加强沟通联系，告知海关对出口货物的监管流程，协调解决企业因出口退税不畅而出口受阻的问题。复制推广自贸区创新制度，让改革的红利惠及辖区更多企业。2016年，复制推广的海关监管创新制度6项，自主申报创新制度2项，其中以三明陆地港为试点单位的电子关锁跨直属关联动模式为全国首创。坚持企业协调员制度，协调企业、职能部门、口岸海关三方，一对一解决企业通关难题，企业快速通关率显著提高。在2016年上半年口岸通关便利化测评中，在福州关区各现场中位列第6。

【稽查业务改革推进】 2016年，三明海关稽核查工作着重“监督企业进出口活动、查发企业各类问题、验证企业守法状况、完善海关内部管理”，2016年全年开展常规稽查作业6家，专项稽查5家，查发问题后移交缉私部门2起；保税核查6起；对4家企业开展减免税设备核查，查发问题后移交缉私部门2起。适应海关稽查业务改革新常态，及时学习贯彻总署近年稽查业务改革相关文件，引入社会中介机构协助稽查工作。2016年引入中介稽查2家企业，并发现1家擅自转让海关保税货物情事，案值447万，涉税132万，已移交缉私警察进一步处理；另一家发现有违反海关加工贸易监管规定行为。发挥处置单管理系统的效能，提高处置单系统的实际应用能力。全年上报总署风险信息10条，转化处置有效5条，办结处置单17份，提供风险参数5条。

2016年9月28日，三明海关与三明港务发展有限公司签订《合作备忘录》
（三明海关提供）

【推进海关企业信用管理体系建设】 2016年，三明海关组织学习企业管理相关规定，履行职责，将企业的信用、要求和海关的政策法规有机结合，以服务企业为核心，以自律和信用为导向，推进海关企业信用管理体系建设。开展“诚信兴商宣传月”等活动，先后通过《三明日报》、地方商会短信平台等渠道进行宣传报道，帮扶企业开展高级认证、一般认证、CTPAT等。严查违法违规行为。开展地理信息采集，打击虚假贸易，依法实施通关锁定。2016年对52家注册企业开展实地巡查工作，并建议对11家注册信息不实的企业进行通关锁定，2家注册信息失实的企业降级，对风险隐患较大的5家企业设置风险信息参数。此外，还与三明市工商局联动，对一批工商营业执照已注销同时未向海关报送年报的企业进行海关注销处理。

【支持三明陆地港建设】 2016年9月28日，三明海关与三明港务发展有限公司签订《关于促进陆地港健康发展合作备忘录》，发挥双方优势，拓宽合作领域，进一步推动三明陆地港建设，促进三明港务发展有限公司所辖海关监管场所、保税仓库规范管理、高效运营；与厦门关区跨关区电子关锁应用进一步成熟。加强与厦门口岸海关、福建电子口岸对接，年内草拟《福州海关、厦门海关推进陆运转关作业无纸化改革试点的实施方案（讨论稿）》，多次修改并通过监通处发厦门海关联合审议；密切业务科室联系配合和信息资源共享，提高陆地港监管工作的整体效能。严格落实监管查验各项工作制度；与市反恐办、打私办、禁毒办保持密切联系，参加相关联席会、部署会，密切关注辖区货运渠道走私动向。加强陆地港监管场所的卡口进出管理；落实监管场所每月巡查制，及时对监管场所发现的问题进行督察整改。以天津港“8·12”大爆炸事故为经验教训，先后3次对陆地港监管场所及仓库进行大检查，配合福州关安全检查组联合检查，及时对监管场所发现的问题进行督察整改；学习知识产权保护知识，提高关员知识产权保护意识，宣传海关知识产权保护条例，促进企业守法经营；牵头组织市出入境检验检疫局、三明港务建设有限公司等口岸单位开展防恐防暴演练。2016 年三明陆地港业务量稳步增长，进出口报关单 281 份，增长 9.8%，进出口标箱 621 个，增长 21.5%，监管货值 1.8 亿元，增长 70.8%。

（庞宏伟）

检验检疫

【概况】 2016 年，三明出入境检验检疫局共完成出入境货物检验检疫 11106 批、36832 万美元，同比分别增长 16.5% 和 2.5%。其中出境检验检疫 10820 批、34499 万美元，分别增长 16% 和 11.8%；入境检验检疫 286 批、2333 万美元，分别增长 36.8% 和 -54.2%。在全省首次实现不同检区之间的进口直通。三明出入境检验检疫局在 2016 年度福建省食药监系统食品安全监督抽检和风险监测项目第一批招标中是福建检验检疫系统唯一中标单位。在三明出入境检验检疫局历史上首次获省、市、县三级食药监部门委托的食用农产品安全抽检监测任务。在中央驻明行政机构中唯一获市委全市先进基层党组织表彰，获福建检验检疫局先进基层党组织；连续 6 年获福建检验检疫系统绩效考核 优秀单位，连续 2 年获三明市绩效考评优秀等次；连续 2 年半、5 个测评周期获省口岸通关便利化测评综合得分奖等。

【筑牢屏障】 2016 年，三明出入境检验检疫局保障进出口产品安全，出口产品连续 9 年保持境外“零通报”，进口工业品、出口危化品、出口食品不合格检出率均居福建检验检疫系统前列。保障国门生物安全，截获外来有害生物批次、种次及检疫性有害生物种次数均实现两位数以上增长。保障国境卫生安全，出入境人员传染病检出率 2.95%，疾病检出率 53.4%，高于全国平均水平。

【新的检疫制度和管理办法推行】 2016 年，三明出入境检验检疫局对三明陆地港公共保税仓库首批进口货物实行“三通两直”“统一申报、集中查验、分批核放”模式和预先检验检疫制度。在二氧化硅出口企业推广精益制造等先进质量管理办法，推动二氧化硅产品由工业用升级为饲料添加剂用，促进产品升级、产业转型。利用原产地政策助力三氯蔗糖出口企业赢得全球 40% 以上的市场份额等。

【服务发展实现突破】 2016 年，三明市烤鳗企业通过国际的全部注册，出口市场增至 21 个，首次出口欧盟。稻种出口货值增幅翻番。帮扶实现三明进口肉类产品“零突破”；南方红豆杉枝叶全省首次出口；建成三明首家供港蔬菜基地、首家进境水生动物指定隔离检疫场，首次对进口鳗鲡苗开展隔离检疫。帮扶全省首家“新三板”上市种业企业福建科荟种业股份有限公司获得出口注册登记资格。

【诚信企业培育】 2016 年，三明市福建省尤溪县红树林木业有限公司、福建华盛集团三明冷冻食品有限公司获批为出入境检验检疫信用等级 AA 级企业，三明市丰润化工有限公司获批为中国出口质量安全示范企业，福建省瑞森文化创意有限公司、沙县恒通木业有限公司获批为 2016 年中国进出口质量诚信企业，永安林业（集团）股份有限公司获批为福建出口竹木草制品质量安全示范企业等。

【检测实力提升】 2016 年，三明出入境检验检疫局在 2016 年度福建省食药监系统食品安全监督抽检和风险监测项目第一批招标中是福建检验检疫系统唯一中标单位。在三明出入境检验检疫局历史上首次获省、市、县三级食药监部门委托的食用农产品安全抽检监测任务。

（陈锦丽）

经济协作

【概况】 2016 年，三明市经济协作按照“内强素质，外树形象，主动作为，奋力争先”的工作要求，做好经济协作、山海协作与对口帮扶、区域协作、援疆工作。三明市协作办利用闽东北五市一区经济协作区、闽西南五市经济协作区、闽粤赣十三市经济协作区、闽浙赣皖福州经济协作区的协作平台，参与、配合有关部门开展一系列协作交流活动。三明市协作办推动区域经济协作工作，本着“自愿平等、真诚守信、互惠互利，讲究实效”的原则，强化项目意识、服务意识，发挥自身的优势，多领域开展区域经济协作。2016 年全市经济协作引进内资项目 163 项，总投资 190 亿元，已到资 77.5 亿元，完成全年任务。三明市协作办获得闽东北经济协作区办公室授予 2016 年度区域协作工作先进单位和闽西南五市区域经济合作办公室授予的 2016 年度区域合作工作先进集体。

【协作活动】 2016 年，市协作办组织《“十三五”闽东北区域合作发展规划》的实施和“福州联席会议”各项工作的落实，在发改、交通、旅游、林业、经信、农业、环保、文化、警务合作等领域开展形式多样、富有成效的协作活动。2016 年 1 月 29~30 日，市委书记邓本元、市长杜源生、副市长林俊德参加 2015 年度闽东北经济协作区市委（工委）书记、市长（主任）（福州）联席会议。2016 年 12 月 9~10 日，市委书记杜源生、市长余红胜、副市长张元明、市政协副主席陈欣参加闽东北经济协作区市委（工委）书记、市长（主任）（南平）联席会议。

【产业先行推进突破】 2016 年，按照《推进闽粤赣十三市区域经济合作行动纲领》，加强推进工业、交通、农业、工商、旅游、港口、物流等 7 个产业先行突破，推进企业对接。对接“一带一路”主题，三明市发挥生态、资源、产业、区位等方面的相对比较优势，主动对接、积极融入，为区域协调发展做出应有的贡献。2016 年 11 月 21~22 日，副市长张元明到广东揭阳市参加闽粤赣十三市党政领导第二十次联席会议。

【闽浙赣皖十四市经济协作区紧密型实质性合作推进】 2016 年，三明市推进闽浙赣皖十四市经济协作区紧密型实质性合作，进一步开展高层互访、部门走访、民间交流等合作活动，推进各领域的合作发展；探索在调整产业结构、转变增长方式、培育新经济增长点等方面的合作，促进新兴产业的合作发展；继续深化交通、旅游、教育、科技、文化等专题合作。对接“推进供给侧结构性改革，力促经济持续健康发展”主题，贯彻落实中央关于加强供给侧结构性改革的战略部署和区域经济一体化加速发展的重要举措，搭建协作区各兄弟市之间相互学习和寻求合作的平台。2016年9月29~30日，副市长张元明到安徽安庆市参加闽浙赣皖福州经济协作区第十八次市长联席会议。

【合作项目引进资金】 2016年，三明市与闽东北经济协作区兄弟市合作项目61项，总投资66.6亿元，客方拟投资66亿元，已到资26亿元；与闽西南经济协作区兄弟市合作项目51项，总投资74.5亿元，客方拟投资71亿元，已到资28.5亿元；与闽粤赣十三市经济协作区兄弟市合作项目68个，总投资97.3亿元，引进资金36.6亿元；闽浙赣皖十四市经济协作区兄弟市合作项目27个，总投资15亿元，引进资金10亿元。

【亿元项目落地】 2016年，一批续扩建、新建亿元以上项目落地，成为推动当地经济的重要助力。宁化县新引进总投资5亿元的华电（宁化）新能源有限公司风电项目，建成投产后将极大地改善当地产业结构。全年续扩建、新引进亿元以上项目共48个，总投资145.6亿，已到资42.6亿元,占总到资数的55%。

【制造业项目投资增加】 2016年，制造业项目87个总投资126亿元，已到资49亿元，比2015年项目数增加22个，多增加到资9亿元，仍然占引资项目主导；农业项目41个，与2015年25个项目相比有较大增幅；服务业项目数、到资数与2015年基本持平。

【山海协作与对口帮扶】 2016年，三明市协作办协调三明市5个省定对口帮扶县的对口帮扶资金落实。2016年到位山海协作对口帮扶资金6150万元，其中5个对口帮扶县6000万元，泉州市对口帮扶三明市150万元。推进三元区、明溪县、宁化县、泰宁县四个省级共建产业园区项目建设，协助清流县、建宁县申报省级共建产业园区工作，协助推进大田县、明溪县、宁化县、建宁县4个省级山海协作示范园区建设。

【对口援疆】 2016年，三明市实施“十二五”援疆规划后开启“十三五”规划新征程。“十二五”期间三明市的援疆资金达6416万元。建成游牧民定居点、学校、文化活动中心等一批公共服务设施。这些民生工程的实施，改善农牧民的生产、生活方式，带动农牧民就业创业，提升广大干部群众生活水平，使有限的资金发挥最大的社会效益和经济效益，为玛纳斯县的民生改善和社会经济发展贡献宝贵力量。2016年援疆项目实施11个，计划投资3248.5万元，援疆资金1531万元。其中，工程类项目7个，计划投资3075.5万元，三明市投入援疆资金1358万元；非工程类项目4个，计划投资173万元，全部为三明市投入援疆资金。

（蔡春蕾）

非公经济

【概况】 2016年，三明市非公经济发展适应经济发展新常态，以提高发展质量和效益为中心，以推进供给侧结构性改革为主线，推进经济平稳健康发展。全市新增私营企业4915家，累计私营企业总户数为31875家，注册资本为1806亿元、比2015年增加248亿元，从业人员为29.5万人、比2015年增加3.6万人，与2015年相比分别增长18.2%、16%和14.3%。全市港、澳、台、外商投资企业总数为608家、与2015年相比增长8.7%，注册资本13.99亿美元、与2015年相比下降7.9%。全市个体工商户总户数120870户、资金数额为121.33亿元、从业人员为259590人，与2015年相比分别增长14.5%、18.3%和15.4%。全市非公企业总产值（含销售收入）1657.38亿元、完成税收82.869亿元，与2015年相比分别下降4.6%、15.2%。

【三明市非公企业特点分析】 2016年，三明市非公企业呈现三个特点：第一，民间投资持续增加。全市民间各类投资项目2545个、总投资1599亿元，与2015年相比分别增长7.8%、4.3%。第二，工业企业保持增长。全市非公规模以上工业企业1734家、实现产值743.75亿元，与2015年相比分别增长2.9%、4.0%。第三，出口创汇有所回升。全市现有出口实绩非公有制企业367家、创汇21.07亿美元，与2015年相比分别增长1.1%、10.4%。

【调查研究】 2016年，市工商联配合全国工商联和省工商联在全市各级工商联、商会组织中开展非公经济人士学习领会习总书记重要讲话精神专项调查、年轻一代非公经济人士问卷调查、2015年度上规模民营企业调研，制造业民营企业发展状况和民营企业知识产权保护等专题调研，先后走访企业50多家，发放调查问卷200份，及时摸清企业家的思想动态和企业发展状况，并形成调研材料6篇。3月，会同市委统战部在全市开展非公经济当前面临困难和存在问题的调研，撰写《三明市非公经济发展现状调研报告》，就如何进一步优化发展环境、解决当前非公经济发展面临的困难问题提出合理化建议和对策。

【服务力度加大】 2016年，市工商联会同市委统战部协调法院、金融等有关部门，帮助会员企业协调有关法律诉讼、融资等问题，为企业办实事30多件。与市人社局、总工会等部门联合开展三方协调工作，3月22日三方四部门组成调研组前往梅列、沙县、尤溪开展“要约行动月”专项调研，推动非公企业构建和谐劳动关系。会同市人社局继续开展2015~2016年度非公企业专业技术人员职称评审工作。

【先进典型培育】 2016年，一批非公企业、非公企业家获得全国、省、市各类荣誉。其中，饶山纸业、宝华林实业、斯特力气动工具等3家非公企业被国家工商总局授予的2014~2015年度“守合同重信用”企业；邓黄贵、罗建峰、章旭升、谢伟东、郑逢源等5位企业家获得省政府表彰的“福建省非公有制经济优秀建设者”称号。

【重点非公企业名单】 至2016年年底，三明市重点非公企业有：福建天元集团有限公司、华盛置业集团有限公司、福建汇天药业有限公司、福建金牛水泥有限公司、三明市丰润化工有限公司、福建省永安万年水泥有限公司、福建和其昌竹业集团有限公司、福建格利尔印染有限公司、福建明一宏业电子商务有限公司、福建省清流县东莹化工有限公司、三明市海斯福化工有限责任公司、福建南方制药股份有限公司、福建省磐石混凝土工程有限公司、华宇(福建)置业集团有限公司、福建翔丰华新能源材料有限公司、福建省沈郎油茶股份有限公司、名佑（福建）食品有限公司、福建文鑫莲业股份有限公司、福建华盛集团有限公司、沙县宏盛塑料有限公司、福建闽新集团有限公司、福建海西联合药业有限公司、福建饶山纸业有限公司、永安市宝华林实业发展有限公司、福建汇华集团有限公司、福建顺源纺织有限公司。

（林志彻）

海西三明生态工贸区建设

【概况】 2016年，海西三明生态工贸区管委会贯彻“再上新台阶、建设新福建”战略部署，开展“敢担当、解难题、立新业”活动，落实“五个一批”项目工作机制，加快推进三明市区与沙县、永安同城化进程，实现海西三明生态工贸区各项事业稳步发展。生态工贸区全年生产总值921.7亿元；规模以上工业增加值1110.25亿元，比2015年增长9.0%；固定资产投资209.09亿元，比2015年增长2.6%；重点跟踪项目54个，完成投资50亿元。

【生态新城核心区建设提速】 2016年，市委、市政府明确生态新城核心区“五大板块”的总体定位，要求把生态新城建设成“商贸创业之城、教育文化之城、休闲旅游之城、医养健康之城、低碳宜居之城”。2016年，共完成工程项目21个，在建设项目35个；计划总投资64.4亿元，完成投资15亿元；核心区新注册企业22家；融资到位10.6亿元；完成土地征迁44.13公顷。其中：三明陆地港累计完成进出口集装箱15032个标箱，累计货值达55464.29万美元，同比增长4.4%；商贸区专业市场二期主体建筑封顶；仓储区闽中快递物流园建成投产，韵达快递、圆通快递入驻运营，月处理单量达400万件。三明电商产业园一期建成投产，签订入园协议企业43家，正式入驻企业26家。二期竣工。三明职教园一期建成，三明职业中专学校、三明市高级技工学校、三明市少年体育运动学校三所学校搬迁入园并正式开学。三明北大附属实验学校建成，初中部正式开学。湿地公园二期建成并对外开放。生态新城欢乐大世界闽中乐园正式对外营业，累计接待游客达10万人次；水上乐园启动建设。公共自行车系统建成投入使用，共投放600部自行车、布设23个站点覆盖沙县城区及生态新城核心区。此外，新城第一小学、人才社区、墩头溪安全生态水系等项目正在同步建设。

【绿色低碳工作推进】 2016年2月，《三明生态新城国家低碳城试点实施方案》获国家发改委批复，明确生态新城低碳城试点区域范围及具体创建工作，标志三明生态新城国家低碳城试点创建工作正式启动。2016年9月，三明生态工贸区生态新城集团有限公司被全国绿化委员会评为10个“全国绿化先进集体”之一，肯定生态新城核心区绿化工作。

【园区基础设施不断完善】 2016年，生态工贸区九个重点产业园区共完成基础设施投资34.57亿元，三明经济开发区莆炎高速吉口互通连接线拓宽工程、梅列经济开发区工业新城大道工程、三元经济开发区公交入园项目等一批基础设施项目投入使用，进一步强化园区交通基础配套，夯实产业发展基础；全年新增开发用地262.87公顷，吉口污水处厂管网走廊、梅列生活配套服务区等一批项目征迁难点取得突破，提升园区整体承载力，进一步扩大园区发展容量，为实现园区产业集聚发展打下基础；2016年3月，三明沙县机场正式通航，成为福建省继福州、厦门、泉州、武夷山、龙岩之后的第6座机场。

【“十同”建设推进】 2016年，规划同绘方面，《沙溪百里画廊旅游综合开发概念性规划》完成。《三明郊野国家地质公园规划》通过市政府批复，梅列、三元、沙县等县区着手开展各辖区内园区项目建设。交通同网方面，厦沙高速公路三明段路基土石方、桥梁工程上、下部结构及隧道工程开挖均完成95%以上；莆炎高速公路三明（莘口）至明溪（城关）段吉口互通全部完工；南龙铁路隧道基本贯通，铺架工作展开；三明机场高速互通工程、永安贡川高速互通工程建成通车。产业同布方面，新增物流3A级以上资质企业2家，认定省级孵化器1家，省级众创空间3家；福建通用飞机制造、铁路装备制造产业园等重大项目全年完成投资12.65亿元；一期钴酸锂项目产量6955.39吨，实现产值10.91亿元；海西重汽生产载货汽车实现产值40.12亿元，同比增长13.8%。人才同用方面，举办高校毕业生专场招聘会3场，组织生态工贸区300余家企业参会，提供就业岗位5000余个，吸纳高校毕业生就业2720余人；培养高级工1152人，技师126人；1人入选“省青年外国专家引进计划”，选送3人参加2015~2016年度百千万工程人选和青年高层次人才访学研修资助计划。医疗同享方面，深化分级诊疗制度，市第一医院、第二医院开展驻点医疗帮扶、对口支援工作。教育同城方面，职教园区建成，三明职业中专学校、三明市高级技工学校、三明市少年体育运动学校三所学校搬迁入驻，招收新生1450名；推行“名园办分园”模式，扩大普惠性优质教育资源，新增公办幼儿园2所。通信同域方面，继续加大三明、永安、沙县同城化的光网城市建设；继续加快快大三明、沙县、永安区域交通沿线、重要风景区及乡镇、城区、农村的4G无线信号覆盖。保障同标方面，累计发放社保卡85.3万张，完成任务数的100.4%；推进三明市民生信息公共服务平台建设。环境同保方面，三钢焦炉烟尘综合治理（二期）建成并投入运行。沙县双溪水库、永安水务工程（含溪源水库及并购项目）累计完成投资约3亿元，超额完成年度任务。治安同管方面，进一步完善沙县110报警服务台、CK联网报警系统与三明市区实现并台运行，提升CK报警的准确率，各网点报警率达91.6%。

（林　伟）

责任编辑：陈声华

商贸·旅游
COMMERCE , TRADE AND TOURISM

商贸服务

【概况】 2016年，全市商务系统把握商贸流通发展新趋势，实施“互联网+流通”行动计划，创新现代流通方式，完善商品市场体系，培育骨干流通企业，不断改善消费环境，挖掘消费潜力，在稳步扩大住宿、餐饮、商贸等传统消费的同时，围绕消费新业态，培育社区服务、教育培训、体育健身、养老保健、文化娱乐等新兴消费热点，不断拓展居民消费领域，实现商贸流通业健康有序的发展。2016年，全市实现社会消费品零售总额480.63亿元，比增9.6%，占全市GDP比重为25.8%。市区实现社会消费品零售总额113亿元，占全市社会消费品零售总额的23.5%。

【物流标准化试点城市建设获批】 2016年7月，三明市获批全国物流标准化试点城市，获得中央财政扶持资金8000万，试点建设期2年。10月，《三明市物流标准化试点实施方案》《三明市物流标准化试点专项资金使用和项目管理办法（试行）》下发，以快消品、农副产品、药品、第三方物流、商贸流通、电商等领域为重点，围绕标准化托盘循环共用体系和标准化的信息公共服务平台建设、提高电子商务物流配送标准化水平、创新物流循环共用与绿色发展模式、夯实物流标准化工作基础五大任务，对物流标准化试点项目按照投资额40%的比例补助，最高不超过500万，提升三明市物流标准化水平，降低流通成本，提高流通效率。年内，经各县（市、区）商务局、财政局、质监局联合推荐申报物流标准化试点项目的有17家企业和1家事业单位，项目投资总额3.05亿元。

【全市物流标准化试点培训班举办】 2016年11月9~10日，市商务局举办全市物流标准化试点培训班，邀请中国仓储与配送协会共同配送分会秘书长郭雷潮等5名专家对物流标准化建设意义、项目策划、政策解读进行培训，来自市发改、财政、经信、商务、农业、质监、食药监、邮政管理和各县（市、区）财政、商务、质监等部门以及试点项目预申报企业近150余人参加培训。

【市场供应保障】 2016年，三明市推进“菜篮子”工程建设，重点抓好46个省级城市副食品调控基地生产能力、供应能力建设，年内引导三明市育生农牧开发有限公司等5家企业省级城市副食品调控基地升级改造，引导三明金三元农业科技有限公司等3家基地企业开展商贸流通领域追溯建设，福建省恒祥农牧集团有限公司获得省级生猪活体储备补助，保障三明市副食品市场供应稳定。加快推进基地直销体系建设，截至2016年年底，市区累计建成105个副食品基地直销点，生活必需品市场应急保障网络逐步完善，确保重要商品市场供求稳定。建立三明市区生活必需品市场应急供应网络，在批发交易、商品零售、物流、仓储等环节选择实力较强的20家企业，参与确保市区肉、蛋、蔬菜等重要商品市场供求稳定工作，做到接到应急调控任务时，应急企业能够严格按照部署要求组织调运货源，增加市场供应，确保应急供应保障工作高效、有序开展。9月，受台风“莫兰蒂”影响，厦门蔬菜基地受灾严重，造成日常蔬菜供应紧张。根据市委、市政府要求和省商务厅的统一部署，落实对口支援厦门灾区绿叶蔬菜供应任务，永安农友蔬菜专业合作社按灾前价格销售，在受灾期间每天发送3车约0.75万公斤蔬菜至厦门，并安排2个省控蔬菜基地和1个蔬菜批发市场具体承接保供工作，完成省里下达支援厦门的绿叶蔬菜任务。

【市场运行监测】 2016年，市商务局加强对生活必需品的监测、分析、预警，及时控制和消除因自然灾害或突发事件引发的副食品市场异常波动，确保肉、蛋、菜等重要商品市场供求稳定。督促各企业及时通过网络上报商务部监测系统各类监测报表，各类企业监测报表共6类，监测样本企业102家，监测网络覆盖三明市主要大型商贸流通企业，定期报送肉、蛋、菜、粮油等主要副食品的价格、销售信息。全年市级商务预报共上报各类信息562条。督促各县（市）加快开通商务预报，县级商务预报开通率达100%，共报送信息420条。除做好日常市场运行监测及分析外，还特别注重搞好节日市场监测，按时报送元旦、春节、“五一”、中秋国庆黄金周节日准备情况、节日市场运行分析材料和日销售情况统计表。安排专人对粮油、肉食品、蔬菜等重要商品供求情况进行分析、预测，掌握市场动态，对大中商场及肉食品、蔬菜批发市场在节日期间启动日报制度。

【发展限上企业】 2016年，市商务局出台商贸流通业加快发展扶持政策，通过贷款贴息补助、新发展限上企业奖励等方式，壮大市场主体队伍。年内，发展限上企业69家，全市限上商贸企业累计达866家，限上企业社会消费品零售总额226.97亿元，增长9.3%，占全市社会消费品零售总额的47.2%。在限上企业商品零售中，通讯器材、服装鞋帽纺织品、化妆品、家具、家用电器、金银珠宝、粮油食品、汽车领域零售额分别增长51.1%、23.7%、22.6%、26.9%、12.4%、9.3%、3%、1.9%。

【商贸冷链物流】 2016年，全市冷链物流企业冷库容量共达12.18万吨，其中：高温库3.84万吨，低温库8.34万吨。各类冷链物流企业共32家，共有冷藏运输车辆63辆，其中：冷藏车31辆，冷藏集装箱20辆，保温车12辆。全市冷链物流以自营物流为主，冷库企业的冷藏设施主要为蓄禽肉制品生产加工自用及部分出租,冷链物流配送业务大多由生产商或经销商完成。全年策划“十三五”期间冷链物流重点项目14个，总投资14.5亿元，支持“沈佳农”有机蔬菜冷链物流仓库仓储配送中心等县级冷链仓库完成改造。

【展会服务】 2016年4月，市商务局出台《关于鼓励企业参加境内外展会的通知》，年内组织74家企业参加“2016年香港国际美食暨茶业展”“第十四届厦门食品博览会”“第二十五届中国食品博览会暨交易会”“2016年闽货华夏行.北京站展会”等展会，累计展费补助24.95万元，鼓励企业通过各类展会强化三明地产品品牌宣传，拓展市场，争取更多订单，扩大销售。

【家政服务】 2016年6月，出台《三明市家政服务业补短板实施方案》，建立三明市促进家政服务业发展联席会议制度。年内，全市工商注册家庭服务业企业49家，个体工商户182个，培育三明市洁亮保洁服务有限公司、沙县人洁家政服务有限公司、将乐万家保洁有限公司3家企业省级示范性家政服务站。三明市洁亮保洁服务有限公司荣获“福建省家庭服务业示范企业”称号。

【餐饮业活动】 2016年，全市限上餐饮业营业额9.42亿元，增长8.5%。5月，市商务局精心组织企业参加省餐饮烹饪行业协会“2016年福建10大名菜”评选活动，宁化客家生鱼片、沙县扁肉和三明宾馆获得“福建十大名菜”“福建十大名小吃”和“福建十大餐饮名店”称号。6月，在将乐日月潭大酒店举办各县市名厨、名菜技术交流会，三明、永安、沙县、大田、将乐、宁化、明溪、建宁、清流等共计40多人参加，各县（市）烹协分别展示各自的精湛厨艺并相互学习。12月，福建省餐饮烹饪行业协会成立三十周年之际对30年来对福建省餐饮行业做出贡献的个人、企业、餐饮社团进行表彰，三明市餐饮烹饪行业协会会员共有17人、2个餐饮企业，1个供应商获得表彰，3个协会获优秀社团称号。

【维护市场秩序】 2016年，市商务局建立“双随机”机制，4月，印发《关于推广随机抽查规范事中事后监管实施方案》，建立市商务局随机抽查工作机制和建市场主体名录库、执法检查人员名录库，推进随机抽查与社会信用体系相衔接，努力营造公平竞争的发展环境。年内，本局随机抽查事项占本部门市场监管执法事项的66.7%。规范商务行政执法，4月，组织全市商务系统152名干部参加商务行政执法资格考试，142人通过考试，通过率达93.4%，提升商务干部的法律素质。6月，印发《三明市商务局行政处罚自由裁量权适用规则》和《三明市商务局行政处罚自由裁量权细化标准》对成品油市场管理等7类行政处罚情形、处罚金额进一步细化、量化，严格限制自由裁量权，规范商务行政执法行为、促进依法行政。强化执法检查，年内，对成品油市场、单用途商业预付卡、酒类流通、报废汽车等方面组织开展商务综合执法检查189次，出动执法人员756人次，立案查处各类行政处罚案件12起，其中支队直接查办违法案件4件、市县联办违法案件8件，共处罚款15.1万元，送达责令限期改正通知书16份。

【推动流通升级】 2016年12月，市商务局出台《三明市“互联网+流通”行动计划实施方案》，以“互联网+流通”为载体，抓好七大类19项重点任务，强化政策保障和组织实施，进一步加快流通产业与互联网的深度融合，推动流通创新发展、转型发展、协同发展，拓展消费新领域，促进大众创业、万众创新，为全市经济社会发展提供新动能。年内三明市活禽批发交易市场、三明工矿设备交易市场、大田古银币交易市场建成运营，提升消费环境。三明陆地港进口商品直销中心三明北站体验店于12月运营，年内进口商品直销中心和动车北站体验店实现营业额452万元，促进部分域外消费回流。

【成品油市场管理】 截至2016年年底，三明市共有成品油经营企业345家。其中，批发企业3家；仓储企业1家；管理性公司9家；配送企业16家；加油站316家。2016年，全市成品油经营企业共销售成品油40.8万吨，同比下降13.4%。其中，汽油22.3万吨，同比增长4.7%；柴油18.5万吨，同比下降28.3%。依法依规做好行政审批和管理工作，2016年上报成品油市场管理行政许可项目36件、非行政许可项目7件；开展2015年度加油站年检工作，对年检中发现问题的零售企业要求进行整改，已全部整改完毕；结合内贸市场调研、打私专项活动等，开展成品油经常性检查和安全生产监督。

（吴光忠　陈礼群　黄寿生　姚　萍　张芮铖　陈　纶　林　岩　邱　炜）

电子商务

【概况】 2016年，三明市电子商务发展呈现政策资金推动有力、农村电商加快建设、培训孵化成效显著等良好局面。全市电商企业总数1661家，电商企业从业人员总数2.7万人，主营农产品、衣服鞋帽、玩具、生活用品等。全市328

家电商企业入驻“正统网”，比2015年增加56家。电子商务应用较广。全市电子商务应用企业2000余家，数万商户及个人在网上进行商品展示展销，电子商务相关从业人员达3万余人。全年快递服务企业业务量累计完成1727.78万件，增长57.2%，网销保持较快的增长速度；服务领域不断拓宽。B2C、O2O模式应用广泛，主要有门户网站、电子零售、网上预定、信息资讯服务等类型，普遍应用于商业零售、信息服务企业中，出现一批为消费者提供消费便利、生活资讯、互动空间的电商服务平台；农村电商发展迅猛。至2016年全市有5个县被列入“国家级电子商务进农村综合示范县”，5个县（市）被列入“省级农村电子商务示范县”，在全省率先实现电子商务进农村示范县全覆盖。网货下乡、农产品进城的网上通道逐步构建，农村网购网销快速增长。全市实现电子商务交易额413亿元，同比增长65.9%，增幅居全省第二位。

【政策资金推动】 2016年2月，出台《电子商务专项资金扶持办法（试行）》，安排专项资金对市辖区及市县共建的电商集聚区的入驻企业给予每月每平方30元以内的房租补贴，对10个县（市）的电商集聚区达到条件的给予最高100万元补助；对三明市老字号、著名商标、“三品一标”、特色工艺品等地产品，利用自营电子商务平台或第三方平台销售产品，年网上销售额超过一定额度的进行梯次奖补，最高给予50万元奖励；对电子商务基础人才及小微企业孵化达到要求的给予每期30万元培训补助。全年共支持5个电商产业园、17家电商企业、15期培训班共计980万元。10月，出台《关于开展2016年市级电子商务示范企业创建工作的通知》，评选10家电商示范企业给予扶持。

【参加福建电商大会】 2016年3月28日，以“新电商、新福建、新引擎”为主题的福建省电子商务大会在福州海峡国际会展中心盛大召开。市政府副市长林俊德带队参加大会。会上，对尤溪、沙县、明溪、清流、建宁获得“国家级电子商务进农村综合示范县”、清流县获得“第一批福建省电子商务示范县”和春舞枝花卉有限公司获得“2015~2016年度国家级电子商务示范企业”进行授牌。三明市商务局作为全省唯一“我有好经验”“我有好产品”的单位，在大会上对电子商务进农村工作经验和产品介绍。

【农村电商加快发展】 2016年，三明市先后引进阿里巴巴、赶街网、京东等知名电商企业进驻三明市，共同发展农村电商。阿里巴巴“千县万村农村淘宝计划”项目落户尤溪、建宁、宁化、永安；三元区、大田县、明溪县、清流县4个区县引入遂昌模式；沙县和邮政签订农村电商合作协议；建宁县与京东集团签订农村电商战略合作协议。将乐县和福建智慧家园电子商务创业园共同创建“农家宝”信息综合服务平台”。年内，通过阿里巴巴、赶街网、邮政等各种农村电商平台，在全市范围内设立农村电商服务网点3400多个，让农村居民和城里人一样享受网络购物的方便。阿里巴巴“农村淘宝”平台在三明市建立乡、村服务站点189个，服务村民达30万人次，服务金额达7000万元；赶街网已累计在三明市建立村级网点280个，服务村民27.2万人次，服务金额达3535万元，将乐“农家宝”在将乐县布点100个，交易额达500万元。

【电商园区建设】 2016年，三明各县（市、区）为推动产业集聚，根据产业集群特点，规划和建设电商产业基地（园区）、电商主题楼宇24处，实现“一县一电商产业园”，为电子商务企业和创业人员提供从办公场地、产品展示、企业孵化、人员培训、文创设计、市场开拓、仓储物流等多方面的公共服务。年内，入驻产业集聚区的相关企业近600家，约占全市电商企业的1/3。

【示范企业培育】 2016年，销售额超5000万元的电商企业超过10家。春舞枝花卉有限公司已成为全国花卉行业最大、最具影响力的电子商务平台，是中国第一家鲜花上市企业、福建省第一家电商上市公司，被授予“国家商务部2015~2016年度电子商务示范企业”。美宁电商（福建）企业管理有限公司现为福建省规模最大的专业电子商务运营企业之一，获批“2016~2017年度省级电子商务示范企业（平台）”。紫诚（福建）信息技术有限公司专获批“2016~2017年度省级电子商务示范企业（平台）”。“海鑫钢网”覆盖全福建省钢铁行业，是全国第7大钢铁行业网站，福建省第一钢铁行业网站。

【“食尚三明”公共品牌打造】 2016年7月，举办“食尚三明”公共品牌农产品网络销售启动大会，并通过企业化运作整合三明地域农特产品，推进“食尚三明”公共品牌的打造，促进全市农特产品抱团上网营销。截至2016年12月，“食尚三明”平台累计访问量达50万次，注册网店近2000家，累计实现线上线下销售额近3000万元。

【孵化人才培训】 2016年，市商务局举办的电商人才孵化班面向社会公开招

2016年3月31日，三明电商产业园正式启用　　（海西三明生态工贸区提供）

生，由政府出资，学员全程免费，公开遴选专业师资团队，对学员进行为期3个月孵化培训。培训期间师资团队和学员实行双向淘汰机制，严格把控教学质量，最终教会学员如何开网店、懂沟通、找货源、控品质、搞包装、做推广、打品牌、走物流、能盈利。2016年，全市12个县（市、区）推广电商孵化培训模式，开设电商孵化班22期，孵化电商专业人才1460多人，开设网店1500多家，注册小微电商企业300多家。2016年，各县（市、区）共开办各类电子商务培训班94期，参训人数达7225人次。

（吴光忠　乐泽怿）

物资流通

【概况】　2016年作为“十三五”规划的开局之年，市物资集团公司围绕市国资委下达的《经营业绩考核方案》，以“盘活资产、做大做强”为工作目标，以“抓改革、调结构、促创新”为工作思路，通过外抓机会，内建机制，推动企业健康发展。截至2016年12月30日，集团公司总资产3.68亿元，主营业务收入4334.97万元，实现各项税收457.23万元。拥有全资、控股、参股企业6家，代管企业7家；基层党委1个，基层党支部12个；在岗职工90人，离退休人员231人；党员总数145人。

【混合所有制企业股权结构调整】

2016年，直属企业三明市报废汽车回收拆解有限公司股权收购，市物资集团公司根据三元区人民法院的裁定收购福建省三明市物资再生利用有限公司所持有的三明市报废汽车回收拆解有限公司21.7%的股权。2016年10月28日，该公司的股权变更及公司章程修订已完成，市物资集团公司占股比例调整为65%。三明市海兴物资配送有限公司股权结构调整，继续推进国有资本、非公有资本交叉持股、相互融合方面的企业改革工作。结合海兴公司股权实际，采取抵债权清算调整和股权变更工作措施，公司持股海兴公司从40%的比例调整为52.87%。

【兴东市场项目（二期）收储】　2016年，根据市财政局《关于三明市机械设备交易市场二期（已完工部分）工程决算的批复》审定已完工工程决算金额6548.79万元，抵减三元区政府支付基础设施补助费1317.4万元后，剩余5231.91万元，市物资集团公司进一步协调三元区政府和市国土局等部门对项目（二期）建设用地进行收储改作它用，并对市物资集团公司实际投入项目（二期）的进行补偿。2016年12月，兴东公司已与市土地收购储备中心、三元区政府签订三方协议，收储费用为3652.7万元。

【民爆火工品业务】　2016年，市物资集团公司掌握市场动态，对接三明市辖区内的省、市重点项目建设，针对万达广场、205国道改线和二次供水等重点项目，工期短、时间紧和火工品需求量集中的情况，民爆业务经营团队克服人数少、任务重的因素，与项目单位协商，确保火工品供应。同时，加强与公安、经信等部门的联系，防止火工品外购，保障社会稳定。2016年受两区在建工程项目减少和部分单位省外采购火工品等因素影响，当年民爆公司销售的炸药、雷管数量大幅下降。其中，炸药销售1457吨，同比2015年销售4162吨，减少65%；雷管销售51万发，同比2015年销售161万发，减少68%。

【报废汽车回收拆解业务】　2016年，市物资集团公司采取网络公开招标的方式，通过客户分别报价、现场开标比价等招标程序对废有色金属进行销售。2016年，共举办3场招标会，吸引南京、连云港等多家省外、省内客户参与竞标；贯彻落实市政府出台《黄标车提前淘汰补贴方案（试行）》的文件精神，配合市、县两级淘汰黄标车联席办，做好淘汰黄标车的收车工作，并简化办理报废车流程，承诺全市辖区范围免费提供拖车服务，再租用0.27公顷的场地用于堆放黄标车。继续加强与公安、工商和经信委等有关部门的联系，打击私买私卖以及私拆报废汽车的违法行为，使报废汽车回收拆解工作进入良性循环。全年共收购报废车、废旧摩托车6914辆，收车数量同比增长228.3%，累计销售金额389.76万元。其中，向福建三钢销售废钢1653.85吨，合计金额196.82万元，销售可回收配件192.94万元（其中拆解的有色金属126.36万元、零配件66.58万元）。

【房屋租赁业务】　2016年，市物资集团公司面对经济下行压力，针对直属各仓储企业的特点，通过控制管理费用，对成本进行管控。各公司围绕集团公司下达经营目标责任，不断强化经营管理。加大修旧利废、增收节支力度，对部分老旧厂房、仓库进行改造、修缮。对接大型央企的租赁项目。对外参与竞争，海兴公司以公开招标的方式，与中国联通三明分公司签订中长期的仓储租赁合同，久安物业公司引入中国人寿三明分公司经营部入驻物资大厦。同时，海达、海兴两家仓储企业为满足部分客户淡旺季对仓储面积不同的需求，进行临时的升仓和减仓调整，稳定出租率。至2016年年底，几家仓储企业所辖的厂房、仓库出租率达90%。

【“双创”（创业、创新）资金补助】

2016年，根据市双创办、市经信委、市商务局《关于印发〈三明市闲置老厂房、旧仓库、存量商务楼宇扶持办法（试行）〉的通知》精神，协调直属各仓储企业做好申报工作，争取到“双创”扶持资金295万元。

（林　哲）

粮食流通

【概况】　2016年，三明市粮食部门坚持稳中求进工作总基调，以粮食供给侧结构性改革为主线，以落实粮食安全省长责任制为抓手，贯彻落实年初制定的各项工作目标任务,培育粮食产业发展新动能。全市纳入统计的粮食企业：购进粮食66.83万吨，其中省外购进18.29万吨；销售粮食32.99万吨，转化用粮31.37万吨；商品和储备库存19.08万吨。

【粮食安全省长责任制考核牵头责任】

2016年是三明市开展粮食安全省长责任制考核的第一年，市粮食局按照《三明市人民政府办公室关于印发三明市落实粮食安全省长责任制考核办法的通知》工作部署，落实粮食安全省长责任制考核工作牵头责任,全市落实粮食安全省长责任制成效显著，位居全省设区市之首。10月下旬，制定印发《关于印发〈三明市落实粮食安全省长责任制考核工作实施方案〉的通知》，及时分解工作任务，建立部门责任清单，细化129项具体指标任务，建立问题跟踪管理动态台账，强化过程跟踪问效，适时开展考核预评，分析存在问题，坚持抓关键、重细节，及时与省对接并汇总报告落实情况，推动责任单位各司其职，督促县（市、区）政府采取相应措施，强化领导，狠抓落实。先后多次召开落实粮食安全省长责任制考核工作组成员单位会议，部署督促推动全市粮食安全省长责任制考核工作落实。同时，建立健全考核组会议制度、办公室成员联络机制、与省部门对口协调机制、与各县（市、区）沟通指导机制、抽查考核机制、考核结果运用机制的“六个机制”。督促考核工作组各成员单位抓好对各县（市、区）粮食安全省长责任制完成情况的日常监督考核，及时协调解决存在的困难和问题；考核工作组办公室实行一月一调度，每月通报一次各县（市、区）各相关部门工作进展情况。

【储备订单粮食收购】 2016年，全市各级储备粮食订单收购计划10.57万吨，根据农业早季以种植烟叶和其他经济作物为主的结构特点，把握订单计划以晚籼稻为主的关键环节，5月下达分解计划，8月将储备订单分解落实到全市98个乡镇，888个村，与5.61万个农户签订收购合同。其中，2公顷以上种粮大户签订面积0.29万公顷，订单收购任务1.8万吨。截至12月31日，完成收购任务，为种粮农户增加收入约3500万元。会同市物价局、农发行等部门到将乐、尤溪就市场粮食收购价格情况开展调研，及时在三明启动2016年中晚籼稻最低收购价执行预案，切实保障种粮农民利益。开展宁化“河龙贡米”品牌稻谷储备订单粮试点，依质定价，优质优价，实现粮食购销公司、品牌粮食经营企业、区域特色稻谷发展多赢。各县（市）粮食购销企业开展好“优化服务方式、促进粮农增收”的“零距离”收购服务活动，全市落实粮食收购仓容13.04万吨，设置粮食收购网点111多个，及时维修渗漏仓库，做好空仓消毒，配齐各种收购器械、校验计量设备。落实粮食收购贷款资金1.8亿多元，确保粮食收购资金及时兑现到农户手上。

【仓储项目建设】 2016年，市粮食局按照省政府提出的“三年建库，十年无忧”的目标要求，围绕“粮安工程”建设，实施“仓储设施提升工程”。2016年争取国家和省资金补助12318万元。中心粮库建设走在全省前。尤溪、沙县、将乐等中心粮库建设总投资14729万元，总仓容7.6万吨。尤溪、将乐中心粮库4万吨全部投入使用，完成投资6929万元，沙县中心粮库进入扫尾阶段，完成投资5560万元。省县合作建库进展顺利，全市省县合作建库仓容5万吨，计划投资7000万元。2016年，沙县库已完成主体工程，完成投资2950万元，清流库完成基础工作，完成投资1000万元。拆旧建新项目持续推进。市粮贸公司荆东粮库、市粮食购销公司东站油库、建宁县斗埕粮库等拆旧建新项目总投资1360万元，总仓（罐）容1.66万吨，市粮贸公司荆东粮库、市粮食购销公司东站油库全部完工并投入使用，斗埕粮库完成“三通一平”。11月末，“危仓老库”维修改造工作完成，10个县（市）和市直属3公司（站）计划实施“危仓老库”维修改造83个库点、其中，一般维修仓容6.36万吨、大修仓容19.91万吨、功能提升仓容23.41万吨，计划投资6775.85万元，其中中央、省补助4900万元。

【粮食流通监督检查】 2016年，市粮食局按照省市检验检测工作任务部署，市粮油质量检测站开展企业委托储备粮和军供粮检测、新收获早、晚籼稻质量检测、粮食收购经营企业收购新稻检测、收获粮食污染监测等，抽检样品合格率97%以上。完善随机抽查事项清单，建立健全监督检查市场主体名录库和执法检查人员名录库等信息档案，推广运用“双随机”抽查工作机制，在粮食收购期间，依照《粮食流通管理条例》，开展对粮食经营者从事粮食收购、储存、运输活动和政策性用粮的购销活动以及执行国家粮食流通统计制度等情况的监督检查和“转圈粮”的专项整治工作。2016年，全市共开展粮食收购政策执行情况专项检查79次，检查粮食收购主体154个，并对纳入监管范围的172人粮食经纪人进行登记造册，进一步规范粮食经纪人行为，维护广大粮农利益。同时，加强跨行政区域粮食执法合作，构建毗邻地区粮食市场管理平台，维护粮食市场秩序。

【粮食产销协作和加工升级】 2016年，市粮食局组织参加“6·18”产销协作洽谈会，各种经济成分的粮食储存、加工和贸易企业29家企业64名代表参加粮洽会，与省内销区企业签订粮食购销意向合同24.8万吨，与省外粮食合作企业签订粮食购销合同13.1万吨。组织发动县（市）粮食局人员16名代表参加2016年黑龙江金秋粮油展销会以及首届内蒙古粮食产销协作会，为推进“引粮入明”工作打下良好基础。与省内销区建立合作关系，5月中旬，泉州市粮食局与泰宁县签订粮食产销协作协议。以闽赣边界（宁化）粮油批发市场为重点，加快“互联网+粮食”电商平台建设，打造“粮油网络经济”，12月份，闽赣边界（宁化）粮油批发市场主体工程通过验收，如期完成建设任务。有序发展混合所有制粮食经济，引进三明市元通农业发展有限公司对原三明市金粮米业有限公司的股份进行重组，注册成立新的福建三明山田乡粮油有限公司。

【粮食应急保障】 2016年，市粮食局组织开展市区粮食供应网点调查工作，在全省粮食系统率先健全市区应急粮食供应网店信息资源数据库，把骨干粮食企业（粮店）建设和市区粮食供应网点纳入粮食安全体系建设。2月，制定《三明市粮食局关于健全完善应急成品粮油储备机制的指导意见》，进一步健全应急成品粮油储备机制，建立应急大米食用油存储数量安全日报告制度并进行24小时实时视频监控。强化应急供应网络建设，11月11日，制定下发《三明市粮食应急供应网点管理办法》，出台《三明市区粮食应急调控体系建设资金补助（暂行）办法》，规范粮食应急供应网点的选定和管理，向被确认的13家应急供应网点、2家应急加工网点和1家应急配送中心进行授牌，争取市本级财政资金补助8.2万元。加强粮油市场动态与价格监测预警，提升对价格变动的敏感性，做好市区粮油价格监测周报，全市市场价格监测点国家级1个、省级3个、市县级15个。

【储备粮食规模和加强日常管理】 2016年12月，全市在全省率先完成2016年地方储备粮增储任务，截至12月，完成轮换任务。为确保全市各级储备粮油“数量真实、质量良好、储存安全”，做到粮安、仓安、人安，切实加强日常管理，严格遵守储备粮油各项管理办法，完善轮换管理和库存监管机制，重点推进收储制度改革，不断加强科技创新驱动，运用电脑、手机加强实时监管，推广应用先进成熟储粮新技术，探索应用绿色生态、低碳经济、无公害等前沿储粮新方法。使用粮食散装、散运、散卸、散存“四散”新工艺，降低粮食损耗和物流成本。不断更新设备，提高粮食购、销、调、存、加等各个环节现代化、自动化程度，降低员工劳动强度，提高劳动效率。抓早抓实有计划、分步骤推进“智慧粮库”建设前期工作。

（汪慧娟）

供销合作

【概况】 2016年，三明市供销社围绕全市“三农”（农业、农业、农民）工作大局，着力经营创新、服务创新、组织创新、管理创新，推进综合改革，各项工作取得成效。全系统实现销售总额110亿元，同比增长34%，增幅居全省第二。实现利润2527万元，同比增长18%。

【农业社会化服务】 2016年，各县（市）供销社依托农资企业选择1个条件较好的乡镇试点建设供销惠农服务中心，开展土地托管与流转服务，全年完成投资846万元,初步统计共开展土地托管与流转达866.67公顷。全市系统完成农资冬储9.03万吨，完成目标的129.02%，售给农民农业生产资料11亿元，同比增长20%。全市系统全年新增农资连锁配送中心1个，农资连锁经营网点41个，新建庄稼医院11家。

【农村电子商务】 2016年，全市系统实现电子商务交易额3.56亿元，同比增长137%，增幅迅速，电子商务销售额占销售总额比重达12%，排在全省第一位。市本级打造“掌上供销”电商项目，被列入市政府农口“五个一批”项目之一，打造六个功能板块，平台已拥有注册会员2062个、拥有店铺数量1320个，2016年获得“一键创业”等8项软件著作权，全部对接各县电商平台，初步形成全市供销电商“一张网”。全年累计完成84个基层网点信息化改造。

【项目建设】 2016年，全市系统实施“新网工程”建设项目19个，累计完成投资0.6亿元，实施农综开发项目2个，累计完成投资527万元，实施“惠农工程”项目23个，累计完成投资413万元。其中，永安笋竹交易市场三期、永安供销农副产品物流园等市场陆续投入使用助农增收明显。

【基层组织建设】 2016年，全市系统通过持续深化基层组织建设年活动，分类指导、示范带动，工作取得新的成效。市本级在当地“无资产、无人员、无业务”的情况下，通过吸纳当地村主干、专业合作社带头人办社的方式恢复重建梅列、三元2区4个乡镇供销社，至2016年年底，全市基层社乡镇覆盖面已达98%以上。在县级，各地利用美丽乡村建设契机，通过实施“惠农工程”项目，新改造升级永安小陶等10个基层社。全年全市系统领办创办各类专业合作社70家，培育3个省级农民专业合作社，组建农民专业合作社联合社4家。完成清流县农村社区综合维修服务体系示范县建设，新建66个村级综合服务社开展农村综合服务。

【社有企业集团发展】 2016年，市千合投资集团实施笋加工贸易、掌上供销项目，新筹划土地流转、再生资源回收等项目，全年实现销售收入6000多万元。永安百合集团加强对永安笋竹交易市场等流通设施的管理和提升，争取国家发改委2016年第一批专项建设基金5000万元。建宁莲蓉集团采取“市场+龙头+专业合作社+基地+农户”发展模式，开展建宁通心白莲、食用菌、山茶油、茶叶等深加工。3个企业集团销售总额约占全市系统企业的20%，利润约占系统企业的41%。

【联合社改革发展】 2016年，为加快建立联合社与社有企业双线运行机制，加强联合社对社有资产的监管，2016年，市县两级全部成立社有资产管理委员会，部分县市已建立相应的管理制度措施。为密切上下层级联系，统筹系统财力用于为农服务和基层建设，2016年，市县两级全部成立供销合作社合作发展基金，明确当年度本级社有资产收益按不低于30%的比例注入合作发展基金。

（林玉鑫）

烟草专卖

【概况】 2016年，全市烟草系统全年共实现税利16.39亿元，上缴财政收入15.49亿元，其中上缴投资收益2.45亿元、上缴财政专项利润2.75亿元、缴纳税收10.29亿元，为行业实现“两个超万亿”目标和地方经济社会发展做出应有的贡献。

【烟叶生产及烟基建设】 2016年，全市种植烟叶面积25412.7公顷，实际收购烟叶40395吨，烟农售烟收入13.25亿元，户均收入首次突破6万元，达6.01万元（含补贴），实现烟叶税2.74亿元。投入烟田基础设施建设补贴资金10988万元，实施烟叶生产基础设施建设项目17035项，其中，烟水路457项，新建烤房100座。宁化东坑水库，宁化黄山寮水库，清流岭官水库，清流俞坊水库等4座烟草行业援建水库完工验收。年度烟叶销售计划100%实现对接，实现“零库存”销售目标，烟叶工商交接等级质量连续第14年受国家烟草专卖局通报表彰。

【卷烟销售及专卖管理】 2016年全市开展“消费者在哪里，我们就到哪里”主题营销活动，切实抓好年度卷烟销售工作，全年全市销售卷烟47.56亿支，同比减少3.05亿支，降幅6.03%。以"两烟"物流一体化重点科技项目研究为契机，提升物流工作，通过全国3A级物流企业现场评估。完善卷烟物流配送体系，全市卷烟中转站数量由9个压缩到5个，送货路线由183条减少到172条。切实履行专卖管理职能，全年共查办各类涉烟违法案件250起，其中5万元以上涉假涉私案件10起，国标网络案件3起；刑拘24人，逮捕18人，判刑21人；查获真烟案件201起，同比增长200%；查获国产真品卷烟147.76万支、假冒品牌卷烟106.84万支、烟草机械4台、烟叶、烟叶烟丝104.8吨。持续加大证照管理力度，清理注销休眠户、无效户283户，取缔无证户107户，转化无证户47户。加强卷烟非法流通治理力度，全年查处5万元以上真烟案件6起，净化烟草专卖市场环境。

【复烤加工及项目建设】 2016年，市烟草局推进烟叶区域加工中心和区域仓储中心建设，完成金叶复烤易地技改项目的整体搬迁和投产使用。提高烟叶复烤加工质量，成品烟烟碱变异系数同比下降1.23个百分点，平均出片率达70.5%，同比提高5个百分点。先后挂牌成立江苏中烟、贵州中烟两个区域加工中心，分别衔接加工烟叶16500吨、4250吨。同时在区域仓储中心建设方面，与贵州中烟合作开展片烟醇化2800吨。2016年，金叶复烤加工烟叶2.07万吨，产出成品片烟1.88万吨。实现税利合计1507万元。

（白士忠）

盐业专营

【概况】 2016年，福建省三明盐业有限公司全年共购进盐产品16822.74吨。销售食盐16822.74吨，其中销售小包装食盐8708.49吨，销售食品加工用盐6394.8吨，小工业盐1719.45吨。非盐产品销售125万元，盐与非盐产品实现销售总额3700万元，完成利润150万元。

【食盐销售网络稳定构建】 2016年，为确保盐业市场安全，福建省三明盐业有限公司加强商网建设，提高客户服务水平，本着"方便群众、利于管理、布局合理、辐射到位"的原则，做好客户分类和客户信息补充和完善。2016年在全市各乡镇（城区）共设供应点240多个，保证城乡居民方便、快捷地购买到高品质和放心、合格的口食盐。加强345家食品加工作盐的管理和供应工作。

【食盐市场秩序维护】 2016年，受盐业改革影响，企业经营及市场监管难度加大。根据福建省经信委《关于印发福建省加强食盐市场管理打击制贩假冒食盐专项治理行动工作方案的通知》，结合三明市食盐市场监管实际情况，组织协调发改委、食安办、卫计委、公安局、工商局、质监局、食药局等部门，统一部署开展专项治理行动，2016年，累计出动次数48次、出动人数207人次、检查食品加工企业97家、流通客户354户、餐饮客户1321户、农户352户，查获食品加工企业萝卜干加工厂违法购进工业用盐用于食品生产加工案件一起，盐产品5吨。同时加强与卫生、工商、食药监局等相关执法单位日常工作联系与配合，共同做好"3·15""5·15"宣传活动。经常性开展市场宣传和检查工作，加大边界地区、销量异常区域和品种推广力度较大的地方的市场检查、宣传次数和力度，加强零售店、餐饮店、食堂、农户用盐情况的宣传检查、强化"食盐专营"在各级经销商和食品加工户及群众头脑中的意识，促使他们自觉遵守"食盐专营"有关法规、规章和政策规定，依法经营、守法经营，不擅自将自己生产（加工）所使用的食品加工用盐转卖他人或流入到入口盐市场，做到维护食盐专营的严肃性和市场秩序。

（叶嘉勇）

旅　游

【概况】 2016年，三明市围绕"清新福建·悠然三明"的品牌形象，唱响"好山好水好风情，数一数二数三明"旅游宣传主题，实施景区开发提升工程、乡村旅游双创工程、品牌整合营销工程、公共服务优化工程、产业融合发展工程等五大工程，旅游产业发展态势良好。全市接待游客2293.13万人次、同比增长17.5%；实现旅游总收入190.84亿元，同比增长27.2%；接待国内游客2286.62万人次，同比增长17.5%；实现国内旅游收入187.05亿元，同比增长27.2%；接待入境游客6.51万人次，同比增长23.5%，实现外汇0.57亿美元，同比增长18.1%。

【旅游项目建设】 2016年6月22日，三明市出台《三明市全面推进旅游产业创业创新扶持管理办法（试行）》，统筹资金1800万元，从乡村旅游、品牌创建、公共服务平台、市场营销、旅游商品、教育培训等六个方面，对旅游小微企业进行扶持奖励。11月9日，《三明市"十三五"旅游业发展专项规划》正式印发，拟于"十三五"期间开发建设旅游项目100个，计划总投资524亿元。2016年，全市41个总投资173.49亿元的旅游项目列入全省旅游系统重点项目，年度计划投资20.104亿元，全年累计完成投资18.52亿元，占投资计划的92.12%，泰宁旅游全域化建设项目被列入省级旅游专项资金竞争性扶持重大项目。年内，成功申报省级旅游专项资金4352.5万元用于扶持重点旅游项目建设，另有8个项目获得国家专项建设基金1.55亿元。泰宁、尤溪、建宁、永安入选国家和省级全域旅游示范区（县）创建名单。

【旅游公共服务】 2016年3月7日，三明机场旅游集散服务中心投入运营，集散中心设于机场航站楼，按一级旅游集散服务中心要求规划设计，为游客提供旅游集散、信息咨询、换乘、游程安排、投诉、候车休息等旅游设施和服务功能。9月26日，尤溪闽中旅游集散服务中心投入使用，由厦门春辉国际旅行社和福建闽通长运有限公司尤溪分公司共同出资建设，为来尤游客提供枢纽式集散服务，并将逐步打造成集吃、住、行、游、购、娱的旅游服务商业综合体。2016年，全市新改扩建旅游厕所110座，被国家旅游局表彰为"全国旅游厕所革命先进市"。

【旅游品牌创建】 2016年，尤溪朱子文化园景区被评定为国家AAAA级旅游景区；梅列仙人谷生态景区、永安霞鹤生态农庄、永安甘乳岩—玉带龙泉生态旅游景区、建宁修竹荷苑、沙县生态新城湿地公园、尤溪桂峰古民居、尤溪枕头山森林旅游景区、大田大仙峰“茶美人”景区等8家被评定为国家AAA级旅游景区。清流天芳悦潭景区、宁化天鹅洞景区、将乐龙栖山生态旅游区、尤溪九阜山景区被评定为省级生态旅游示范区。泰宁“一点石”食品厂、永安移山金线莲观光工厂、将乐金硕生物科技观光工厂被评定为“省级观光工厂”。4月28日，在武汉召开的“2016年百佳深呼吸小城榜单发布会”上，将乐县、泰宁县、沙县、建宁县、尤溪县上榜，其中将乐县以最高分荣登榜首，取得“三连冠”。将乐国有林场金溪森林公园成为全国首批36家森林康养基地试点建设单位之一。

【乡村旅游】 2016年5月11日，《三明市乡村旅游五年发展规划》正式印发，该规划由中国台湾上趣智业延展有限公司编制，高位嫁接台湾乡村旅游发展的先进理念和成功经验，统筹规划全市乡村旅游业态布局、要素配套和产品提升。2016年，泰宁县梅口乡、尤溪县联合乡、大田县桃源镇被评定为省级乡村旅游休闲集镇，梅列区列西街道洋山村、陈大镇砂蕉村，三元区岩前镇忠山村等22个村被评定为省级乡村旅游特色村，争取到省级旅游富民资金560万元，市级补助500万元。评定推出第二批“绿野乡居”特色民宿41家，泰宁县上青乡崇际村、朱口镇音山村被评定为特色民宿村。永安市霞鹤农庄、泰宁县杉城耕读李家、大田县东坂畲寨风情园、大田县雾海茶人家、明溪县御帘闽学文化古村、将乐县肖坊乡村幸福驿站、尤溪县高春山庄、尤溪县北宅园、宁化县鹫峰寨生态农庄、梅列区清枫谷生态农庄、梅列区白鹭山庄、清流县石下冷泉鱼庄被评定为“省级星级乡村旅游经营单位”。13个村列入国家级旅游扶贫村，全部完成乡村旅游扶贫规划，争取到省级旅游扶贫资金260万元；122个村列入全国旅游扶贫重点村，1877户6088人列入国家乡村旅游扶贫工程数据库。开展旅游“百企帮百村”专项行动，三明、泉州、莆田、平潭等地旅游企业与全市122个国家重点旅游扶贫村开展结对帮扶，采取安置就业、输送客源、定点采购等方式帮助建档立卡贫困人员脱贫，1家旅游扶贫公益规划示范成果、1家能人带户、3家示范项目受到国家旅游局表彰。

【森林旅游】 2016年，三明市森林旅游投入2855万元，接待旅客235万人次，同比增长2.0%；旅游总收入18602万元，同比增长8.7%。完成《三明市森林旅游发展规划（2016~2025）》编制。新增森林人家五星级1家、四星级3家、三星级3家。仙人谷国家森林公园和尤溪枕头山省级森林公园获批国家AAA旅游景区。泰宁猫儿山国家森林公园、建宁闽江源自然保护区荣获“全国森林旅游示范县”称号，建宁闽江源自然保护区荣获“中国森林体验基地”称号，泰宁猫儿山国家森林公园、三明仙人谷森林公园、建宁闽江源自然保护区、将乐龙栖山自然保护区荣获“中国森林氧吧”称号；将乐金溪森林公园荣获“中国康养基地”称号。

【旅游形象宣传】 2016年2月29日，三明品牌景区营销中心正式成立，全市16个重点景区加盟，通过统筹市县两级旅游宣传专项资金，着力构建宣传一体化和区域旅游一体化平台。5月1日起，东南卫视《福建卫视新闻》播出三明旅游形象广告，为期8个月；5月23日起，三明市旅游局联合福建电视台新闻频道打造全新真人秀旅游栏目《周末就出发·三明攻略》，先后在12个县（市、区）取景拍摄，共制作推出14集；8月9日，福建省首部城市旅游形象动漫宣传片《读懂三明》在三明市电视台开播；9月8~12日，2016中国旅游产业博览会在天津梅江会展中心举行，三明市旅游局组织梅列、三元、泰宁、尤溪、大田等地旅游部门和部分特色旅游商品企业负责人参加展会；9月9~11日，2016宁波国际旅游展在宁波国际会议展览中心举行，三明市旅游局组织泰宁、将乐、永安等地旅游部门和旅游企业参加展会，通过中心舞台推介，开展“扫码有礼”，召开旅游推介会等形式，向宁波市民全方位展示三明旅游形象。12月30日，2016年度中国自驾游路线评选结果在北京国家会议中心公布，三明市“客家寻源—探石壁·访苏区”获得短线探访类自驾旅游线路资源管理金奖、路线设计铜奖；“尤溪—银杏披金甲·梯田傍霞光”获得短线摄影类自驾旅游线路资源管理银奖、路线设计银奖；市旅游局获得“最佳组织奖”。

【清新福建·悠然三明四季行】 2016年，市旅游局联合各县（市、区）根据本地特色资源，分春夏秋冬四季推出“清新福建·悠然三明四季行”大型主题营销活动，着力从主题定位、产品创意、活动策划、线上推广、线下执行等方面创新突破，实现三明旅游品牌营销效应的最大化。3月27日，“建宁花海跑”暨“万紫千红看花海”赏花季在建宁溪口镇枫源村桃梨观赏园举行；6月26日，“泰宁淘气节”盛大举行，设计“撒野趣味赛、五彩水球大战、千人豆腐宴、经典淘气游”四大环节；10月30日，“将乐嘻游记”大型亲子游活动在将乐玉华洞景区举行，活动结合玉华洞景区特点和独特的绿茵优势，推出“拜师学艺、唐僧保卫战、哪吒闹海、蟠桃盛会”四大活动，打造富有地域特征的新型亲子游产品；12月11日，“沙县吃货汇”举办线上线下活动。

【旅游主题活动】 2016年5月21日，市旅游局在清流天芳悦潭景区举行中国旅游日三明“泡温泉，秀美腰，炫腹肌”主题活动，媒体记者、游客共1000余人参与。11月2日，“悠然三明”特色美食烹饪大赛在三明市区举办，来自各县（市、区）的18支代表队参加，经过评委当场评分，三明宾馆“天元之缘”“麒麟小景”“花好月圆”评为一等奖，清流县餐饮烹饪行业协会“姚坊红河芋香鸭”“双色九龙湖桂鱼”“畲乡酿心淮山丸”和宁化客家宾馆“客家海蜇鸡”“祖地献瑞”“翠江松鼠鱼”评为二等奖。

【航空市场开拓】 2016年3月7日，三明沙县机场正式通航，市旅游局联合三明机场启动实施“一牌在手，畅游三明”旅游优惠活动，26家上海旅行社组成踩线团乘坐首航班机到三明踩线，首站参观沙县AAAA级旅游景区沙县小吃文化城，并在小吃城品尝地道的沙县小吃；10月23日，三明市迎来首个大型包机旅游团队，正式拉开三明市旅游包机系列团序幕；11月18日，“清新福建·悠然三明”航空旅游推介会在唐山市盛世花园酒店召开，来自唐山市300多人参加推介会。

【旅游教育培训】 2016年，三明市旅游局举办各类培训班12期，培训旅游从业人员1518人。6月24~25日，首期“三明旅游大讲堂”在泰宁县开讲，北二外旅游管理学院院长厉新建、北京绿维创景规划设计院副院长王志联分别作“发展全域旅游的理念及加强旅游供给侧改革的新思路”“全域旅游下的公共服务体系建设与大众旅游时代的景区开发及如何做好旅游局长”的主旨讲座。7月25~29日，乡村旅游“创业创新”发展培训班在永安尼葛大酒店成功举办，县（市、区）旅游局、重点乡村旅游镇（街道）分管负责人及省级乡村旅游特色村、乡村旅游项目业主、负责人等100余人参加培训。9月22~23日，“中国梦·劳动美”2016年三明市导游风采大赛总决赛开赛，来自11个县（市、区）的38名选手参赛，来自建宁的选手姜媛摘得桂冠，永安市冯小明、宁化县邱彦、沙县林海等三位选手获得二等奖，泰宁县夏晓玲、梅列区李雪、建宁县夏莹莹、大田县郑丽婷、永安市李艳玲、建宁县姚美玲等六位选手获得三等奖。12月27日，三明市“互联网+旅游扶贫”培训班在市区开班，来自梅列区、三元区的省级乡村旅游休闲集镇、特色村、乡村旅游扶贫重点村负责人、星级乡村旅游经营单位所在村主干和业主等共100多人参加本次培训班。

【旅游行业管理】 2016年8月26日起，三明市实施“放心游福建·满意在三明”旅游服务承诺，推行“一口受理、限时办结、先行理赔”的投诉处理办法，全年受理旅游投诉38件，办结率100%。泰宁国家旅游标准化示范县创建工作和省旅游标准化3家试点企业通过终期评估。38家星级旅游饭店通过复核（评），取消1家AAA级旅游景区资格，对3家AAAA级旅游景区分别给予警告、严重警告和限期整改处理。2016年全省游客满意度综合测评中，三明市位列全省第二名。至2016年三明市有A级景区21家。其中，AAAAA级1家；AAAA级11家；AAA级9家。

至2016年三明市国家级旅游景区一览

表15

序号	单位名称	级别	通过评定时间
1	泰宁:泰宁(风景旅游区)	AAAAA	2011.1.1
2	永安:桃源洞——鳞隐石林景区	AAAA	2001.1.1
3	梅列:瑞云山	AAAA	2002.8.16
4	三元:格氏栲	AAAA	2002.8.16
5	沙县:小吃文化城	AAAA	2011.11.26
6	将乐:玉华洞	AAAA	2010.1.31
7	建宁:中央苏区反“围剿”纪念园	AAAA	2012.11.28
8	建宁:闽江源生态旅游区	AAAA	2014.4.29
9	宁化:客家祖地	AAAA	2014.4.29
10	清流:天芳悦潭	AAAA	2014.4.29
11	泰宁:明清园	AAAA	2014.12.15
12	尤溪:“侠天下”景区	AAAA	2015.12.25
13	清流:中华桂花文化园	AAA	2015.12.25
14	沙县:生态新城湿地公园	AAA	2016.12.18
15	尤溪:桂峰古民居	AAA	2016.12.18
16	尤溪:枕头山森林旅游景区	AAA	2016.12.18
17	建宁:修竹荷苑	AAA	2016.12.18
18	梅列:仙人谷生态景区	AAA	2016.12.18
19	永安:霞鹤生态农庄	AAA	2016.12.18
20	永安:甘乳岩—玉带龙泉生态旅游景区	AAA	2016.12.18
21	大田大仙峰“茶美人”景区	AAA	2016.12.16

永安市桃源洞—鳞隐石林风景名胜区

【概况】 2016年，永安桃源洞—鳞隐石林风景名胜区实现接待人数约49.98万人次，总收入约1950万元，分别同比增长6%和12%。其中，“五一”、国庆“黄金周”期间接待人数约19万人次、“笋竹节”当天免费接待游客约1.87万人次。2016年第二季度福建游客满意度调查中，桃源洞景区位居全省第二。2016年，由住建部批准通过修编的《桃源洞—鳞隐石林风景名胜区总体规划》，明确风景名胜区今后的建设框架及管理目标。

【景区项目建设】 2016年，永安桃源洞—鳞隐石林景区管委会实施旅游工程重点项目4个，完成固定资产投资约2.77亿元，招商引资8000万元，完成策划旅游项目3个。其中，桃源洞旅游景区综合提升工程完成桃源洞景区游客服务中心、鳞隐石林书院、通天亭观景平台等基础设施的改造，完善医务室、咨询台、卫生间、大屏幕等设施功能区，采用仿藤工艺修缮景区安全扶手，改造景区游路、栏杆、标识标牌等，安装景区智慧闸机电子门禁系统和高清电子监控设备；山地自行车公园项目完成自行车博物馆藏的添置及越野道、栈道规划设计和招投标工作；栟榈度假村建设项目完成初步设计方案和征地拆迁工作；沙溪河水上游艇项目完成沿岸景观美化及建设以及招商前期工作。

【景区资源保护】 2016年，永安桃源洞—鳞隐石林景区管委会监督和实施风景名胜区保护、开发等相关规划，配强景区管理人员，委托永安市金盾森林资源巡防大队专职护林员10人对景区森林资源进行巡查保护，定期汇报巡护情况；督促相关责任人依法依规审批3宗计8.07公顷的林木采伐申请；通过生态赎买机制，在山地自行车公园建立生态公益林保护区。

【景区宣传推介】 2016年，永安桃源洞—鳞隐石林景区管委会依托“桃源洞鳞隐石林”和“竹天下竹生活”微信公众平台，实时更新景区资讯；与微天下、芝麻游等旅游预订平台网站合作，对接新媒体，扫描微信售票；将桃源洞、鳞隐石林、山地自行车公园融入大武夷文化与生态旅游圈精品旅游线路；策划“七夕相约桃源洞”“骑游花海 你比花还美”等主题活动，开展“盛世桃源·千人游永安”“相约山水·齐聚永安”、中国台湾青少年“手牵手·海丝情”客家之旅夏令营等专场主题活动；邀请省内外旅游社100人以上大型踩线团来永安景区考察，广东、上海、江西等一批客源市场取得突破；《马氏仙姑传奇》入围省旅游局“清新福建 倾心600”佳作奖。

泰宁旅游景区

【概况】 2016年，泰宁旅游重点推进旅游营销专业化、旅游产业全域化，旅游服务标准化、旅游管理法制化、旅游改革深度化，全年主景区接待游客126万人次，实现旅游总收入32.5亿元，完成旅游固定资产投入24.5亿元。峨嵋峰升格为国家级自然保护区、猫儿山国家森林公园评为第二批“中国森林氧吧”。

【景区旅游活动】 2016年，泰宁旅游景区举办环大金湖世界华人山地马拉松赛、中国国际民间戏曲邀请赛、旗袍秀等赛事活动，策划开展“泰宁小城过大年”“最美女人花”“万人踏春旅游季”“泰宁音乐啤酒节”“泰宁淘气节”等系列活动，组织太极大师泰宁行、“寻找23℃的夏天”、文化小吃一台戏等主题活动；打造全域化写生基地，对接省内外高校125所，挂牌写生基地53块，招徕写生实践师生3.4万人次，中国人民大学艺术学院在北京专门举办“清新福建·静心泰宁”导师写生作品展；春季推出厨娘争霸、舞林大会、丹霞寻芳，夏季推出清凉一夏、户外帐篷、休闲骑行、亲子夏令营，秋冬季推出“食色泰宁”、孝游之旅、祈福养生等特色产品，研发推广农耕体验、嬉水捉鱼、杀猪菜、流水席等乡村旅游产品。

【景区项目建设】 2016年，泰宁旅游景区明清园、法尔缦小镇等旅游重点项目持续推进、金山旅游动工、金湖水上喷射艇国庆投入试营业、新天地VR主题公园正式开张。泰宁入选全国首批国家全域旅游示范区创建单位，长兴旅游自驾车露营地列入全国自驾车房车营地建设项目，李家创客坊入选中国乡村旅游创客示范基地；泰宁旅游全域化建设项目成为全省旅游重大扶持竞争性项目，古城旅游休闲区荣获省级现代服务业集聚示范区，“一点石魔芋”成为全省旅游观光工厂；泰宁列为三明“一县一特色”双创核心示范基地。同时，崇际村、水际村成为国家级旅游扶贫试点村，水际村家庭旅馆协会、泰宁风景旅游区上榜全国旅游扶贫示范项目。

【景区基础设施建设】 2016年，泰宁旅游景区完善旅游集散中心设施，新建旅游厕所5座、改建2座，建成长兴服务区鲤鱼跃龙门沙雕景观，70辆绿色纯电动新能源公交车投入运营，建成金湖“天眼”码头及游览步道、峨嵋峰放生池休闲栈道、庆云寺九龙壁画和3条科考线路，修缮完成世德堂古民居，开工新建上坊休闲岛、金湖仙寿山观景台、寨下景区主大道。

（郑文兴　黄兴学）

责任编辑：陈声华

财政·税务

GOVERNMENT FINANCE AND TAXATION

财 政

【概况】 2016年，三明市公共财政总收入134.37亿元，比2015年增加3.71亿元，增长2.84%，其中地方公共财政收入94.7亿元，同比增长1.08%。公共财政支出253.15亿元，同比增长5.18%。全市政府性基金收入37.73亿元，同比增长8.56%；支出36.11亿元，同比下降26.32%。市本级公共财政总收入31.47亿元，同比增长11.82%，其中地方公共财政收入18.9亿元，同比增长8.51%。市本级公共财政支出42.02亿元，同比增长0.65%。市本级政府性基金收入9.84亿元，同比下降16.46%；支出8.79亿元，同比下降37.22%。

【保障重点项目建设】 2016年，三明市本级预算安排重点项目前期经费1000万元，推进工业、交通、农业、服务业等重点项目前期工作。市本级筹措资金累计9.29亿元，保障机场建成通航和航线培育；筹集资本金20.35亿元，支持厦沙高速公路、浦梅铁路、兴泉铁路等建设；统筹资金6.71亿元，推进市区205国道、306省道改线建设；安排资金1.25亿元，支持三明南站建设。推广政府和社会资本合作(PPP)模式，鼓励和引导社会资本投资，全市落地项目3个，总投资18亿元，引入社会资本11.4亿元。

【促进产业转型升级】 2016年，三明市本级预算安排企业发展专项资金4500万元，争取中央、省各类扶持企业发展资金3.01亿元。落实结构性减税政策，推开营改增试点改革，执行取消、减免、暂停征收行政事业性收费和政府性基金各项政策。支持房地产去库存，市本级发放住房公积金贷款13.2亿元，带动全市发放贷款27.5亿元，保障三明市购房职工刚性和改善性住房贷款需求。

【小微企业帮扶】 2016年，市财政局出台32个双创扶持政策文件，设立创业创新发展风险基金、小微企业信贷风险补偿专项资金，推行“一县一特色”示范基地建设，推进小微企业创业创新基地城市示范，在全省唯一开展创业担保贷款贴息，全市合计投入双创资金约15亿元，带动社会投入约100亿元。

【支持市区经济发展】 2016年，市财政局围绕拓展市区发展空间，支持交投公司、国投公司等做好发债及项目融资工作，市区土地收储和中心城市路网建设。围绕完善城市基础设施，市本级统筹资金2.3亿元，保障市区第二水源、列东大桥改造等项目建成投入使用和城市绿道三期建设。围绕市区产业发展，市本级筹措资金7.97亿元，促进市区特色产业园建设，支持园区企业资产按揭贷款试点，缓解园区企业融资难。围绕市区社会事业提质，市本级筹集资金4.75亿元，支持市职教园、市中小学生实践基地建成投入使用，补助城市公交政策性亏损、车辆更新、智能化和场站建设，以及市第一医院外科综合楼建设。

【财政运行平稳】 2016年，市各级财税部门强化政策协同，改进税收征管方式，规范非税收入管理，盘活财政存量资金，增强政府宏观调控能力。争取上级支持，全市争取各类专项资金、财政转移支付资金137.57亿元；争取地方政府债券资金163.52亿元。其中，置换债券资金133.85亿元、新增债券资金29.67亿元、年节约利息支出近4亿元。按照“小调整，大稳定”原则，在财力困难情况下，市本级安排资金12.28亿元，用于保障人员经费和机关正常运转，确保中央调整工资、公安警衔津贴、公务用车制度改革和年终绩效考核等政策落实兑现。加强资金调度和统筹力度，保障三明市医改、林改、金改、国资国企等重点领域改革实施。贯彻落实中央厉行节约有关规定，严格执行差旅费、会议费、培训费等经费管理办法，严控行政成本，除编制内增人和政策性增支外，机关运行经费保持零增长，全市“三公经费”逐年下降。

【财政支出优化】 2016年，市财政局优化支出，促进民生改善。市本级与民生相关的重点支出32.96亿元，增长2.39%，占一般公共预算支出比重比2015年提高1.34个百分点。保障市委、市政府23个为民办实事项目资金需求。

全市筹集落实资金4.9亿元，专项用于实施精准扶贫，做好造福工程搬迁、扶贫小额信贷风险担保金和贴息资金管理、整村扶贫开发、救助因病致贫和因灾致贫群体等工作。全市落实“两免一补”政策资金1.37亿元，及时兑现普通本科高校、中高等职业学校和技校国家助学金政策。全市筹措资金1.59亿元，推进农村义务教育薄弱学校改造、中小学扩容和校安工程建设，基本完成义务教育学校标准化建设。争取资金6984万元，实施第二轮学前教育发展三年行动计划，新建公办幼儿园项目17个，新增学位4350个。提高社会保障待遇水平，农村低保、城乡医疗救助、城乡居民医保、城乡居民基本养老保险和基本公共卫生政府补助标准分别提高15%、100%、13%、18%、13%，连续第十二年提高企业退休人员基本养老金。全市筹集资金10.04亿元支持保障性安居工程建设。全市下达就业补助资金1.17亿元，完善城乡均等化公共就业创业服务体系。贯彻实施降低社会保险费率政策，按省定标准落实到位。市本级安排医改补助9725万元，对公立医院综合改革、卫生人才培养、医疗设备配置等领域进行补助，推行全病种付费改革，完善药品（耗材）联合限价采购，实行第三次精准补助机制。完善公立医院财务和预算管理制度，率先在全省县级以上公立医院设立总会计师岗位。在全市21家县级以上公立医院设立医保服务站，派驻医保服务人员，提供医保便民服务。加大创建国家公共文化服务体系示范区投入，通过国家审核验收。市本级下达文化专项资金2701万元，支持文化场馆免费开放、农村文化事业发展及新闻出版广电文化惠民工程。市本级争取体育产业专项资金750万元，用于全民健身和保障青运会、奥运会、残奥会三明籍运动员参赛。

【协调城乡发展】 2016年，三明市突出重点，按照基本公共服务均等化要求，整合各类财政资金，推进城乡协调发展。本级安排支农专项6600万元，向上争取涉农资金30.05亿元，落实农业支持保护补贴、农机购置补贴和政策性农业保险等政策，支持农业基础设施建设，推进现代农业产业、设施农业发展和新型农村经营主体培育。全市安排资金4.32亿元，做好一事一议财政奖补工作，支持农村公益事业、老区基点村、美丽乡村建设和传统村落保护，推进宜居环境建设。争取救灾资金1.93亿元，灾害地区恢复生产生活。市本级安排对县（市、区）转移支付、补助资金2.63亿元，缓解县乡财政困难，支持基层社会事业发展。完善政策保障机制，市本级安排综治和平安建设经费1.14亿元，保障城乡综治、平安创建、安全生产、食品药品安全、市场监管、疾病防控等工作。全市落实水利资金9.81亿元，支持重点水利项目、防汛和水利工程修复及小型农田水利重点县建设，推进农村饮水安全工程及实施水土流失综合治理。全市安排重点流域补偿资金2.88亿元，用于饮用水源保护、城乡污水垃圾处理设施建设、水生态修复等流域生态保护和污染治理。全市下达森林生态效益补偿资金1.56亿元，通过“一卡通、一折通”及时将补偿资金拨付到户。筹措资金，保障创建国家级森林城市。

【财政资金监管】 2016年，三明市强化监管，提高财政管理水平。围绕提高资金效益，推动重点领域和关键环节改革,提升财政科学化管理。批复部门预算，推进预决算公开，市本级260家部门单位公开预决算和“三公”经费预决算，实现市本级应公开单位全覆盖。将预算绩效管理工作纳入对市直部门的年度绩效考评，审核批复139个项目绩效目标，对104个项目开展财政支出绩效评价。在全省率先启动国库集中电子化改革试点工作，同时上线运行市本级预算执行动态监控系统，加强国库集中支付资金申请、审核、支付等全流程监控。落实政府投资项目标前评审制度，加大项目预决算评审力度，节约财政资金，评审项目101个，审减金额3.97亿元，审减率14.03%。完善政府采购监管制度，调整政府采购目录及标准。推进政府购买服务工作，市本级公开22个单位66个项目购买服务目录。完善债务管理制度，将政府债务纳入预算，实行限额管理，清理甄别存量债务，推进分类化解，全市债务总体控制在省核定的限额以内。围绕落实中央八项规定精神、财政外借资金、会计信息质量、清理结余结转、“三公经费”、扶贫专项资金、涉农资金及重点民生资金使用等方面，加强政策落实督查和财政资金监管。

【一般公共预算】 2016年，三明市一般公共预算总收入134.37亿元，完成预算数的99.89%，比2015年增加3.71亿元，增长2.84%（按2015年可比口径计算，增长4.91%）。其中，地方一般公共预算收入94.7亿元，完成预算数的100.5%，比2015年增加1.02亿元，增长1.08%（按2015年可比口径计算，增长2.7%）。全市一般公共预算支出253.15亿元，比2015年增加12.47亿元，增长5.18%。市本级地方一般公共预算收入18.9亿元，完成预算数的103.35%，比2015年增加1.48亿元，增长8.51%。市本级支出42.02亿元，比2015年增支0.27亿元，增长0.65%。

【政府性基金预算】 2016年，三明市政府性基金收入37.73亿元，完成预算数的96.89%，比2015年增加2.98亿元，增长8.56%。全市政府性基金支出36.11亿元，比2015年减支12.9亿元，下降26.32%。市本级政府性基金收入9.84亿元，完成预算数的101.17 %，比2015年减收1.94亿元，下降16.46%。市本级政府性基金支出8.79亿元，比2015年减支5.21亿元，下降37.22%。

【国有资本经营预算】 2016年，三明市国有资本经营预算收入0.22亿元，完成预算的100.63%。全市国有资本经营预算支出0.16亿元，完成预算的94.19%。市本级国有资本经营收入0.11亿元，完成预算的100%。市本级国有资本经营支出0.11亿元，完成预算的100%。

【社会保险基金预算】 2016年，三明市社会保险基金预算收入完成31.11亿元，占预算的100.41%，同口径比2015年增加1.03亿元，同比增长3.92%。全市社会保险基金预算支出完成29.78亿元，占预算的97.17%，同口径比2015年增加3.67亿元，同比增长16.57%。

（郑洪荣）

表 16

2016 年度三明市一般公共预算收支情况

单位:万元

预算科目	决算数	预算科目	决算数
一、税收收入	578648	一、一般公共服务支出	245141
增值税	194937	二、外交支出	0
营业税	74828	三、国防支出	3906
企业所得税	51836	四、公共安全支出	148406
企业所得税退税	0	五、教育支出	514457
个人所得税	29438	六、科学技术支出	44261
资源税	12402	七、文化体育与传媒支出	47703
城市维护建设税	32823	八、社会保障和就业支出	229454
房产税	23223	九、医疗卫生与计划生育支出	279656
印花税	7718	十、节能环保支出	63101
城镇土地使用税	17061	十一、城乡社区支出	181817
土地增值税	42282	十二、农林水支出	425372
车船税	7242	十三、交通运输支出	88729
耕地占用税	13967	十四、资源勘探信息等支出	55038
契税	43648	十五、商业服务业等支出	62502
烟叶税	27243	十六、金融支出	566
其他税收收入	0	十七、援助其他地区支出	4483
二、非税收入	368330	十八、国土海洋气象等支出	22128
专项收入	72151	十九、住房保障支出	61572
行政事业性收费收入	60049	二十、粮油物资储备支出	4839
罚没收入	29201	二十一、其他支出	17622
国有资本经营收入	44509	二十二、债务付息支出	36203
国有资源(资产)有偿使用收入	134898	其中:地方政府一般债券付息支出	34652
其他收入	27522	二十三、债务发行费用支出	1064
本年收入合计	946978	本年支出合计	2538020

表 17

2016 年度三明市本级一般公共预算收支情况

单位:万元

预算科目	决算数	预算科目	决算数
一、税收收入	125167	一、一般公共服务支出	32555
增值税	60620	二、外交支出	0
营业税	14306	三、国防支出	825
企业所得税	8465	四、公共安全支出	35005
企业所得税退税	0	五、教育支出	57706
个人所得税	6072	六、科学技术支出	5723
资源税	180	七、文化体育与传媒支出	8723
城市维护建设税	12107	八、社会保障和就业支出	34776
房产税	7555	九、医疗卫生与计划生育支出	93116

续表 17

预算科目	决算数	预算科目	决算数
印花税	2359	十、节能环保支出	3647
城镇土地使用税	4842	十一、城乡社区支出	35414
土地增值税	5608	十二、农林水支出	24391
车船税	3007	十三、交通运输支出	28219
耕地占用税	0	十四、资源勘探信息等支出	11822
契税	46	十五、商业服务业等支出	11814
烟叶税	0	十六、金融支出	50
其他税收收入	0	十七、援助其他地区支出	4091
二、非税收入	63802	十八、国土海洋气象等支出	1609
专项收入	28322	十九、住房保障支出	21105
行政事业性收费收入	15525	二十、粮油物资储备支出	849
罚没收入	4866	二十一、其他支出	723
国有资本经营收入	132	二十二、债务付息支出	4232
国有资源(资产)有偿使用收入	5082	其中:地方政府一般债券付息支出	4232
其他收入	9875	二十三、债务发行费用支出	165
本年收入合计	188969	本年支出合计	416560

国 税

【概况】 2016年，市国税局做好组织收入、征管体制改革、营改增、金税三期、从严治队等各项工作任务。全市国税总收入完成62.73亿元，同比增收13.5亿元，增长27.4%。扣除海关代征后国税部门组织的税收收入完成58.78亿元，同比增收12.9亿元，增长28.1%，其中，扣除四大行业累计入库50.79亿元，同比增收4.9亿元，增长10.7%。分级次看，中央级税收收入入库39.62亿元，同比增收3.94亿元，增幅11%；地方级税收收入23.11亿元，同比增收9.56亿元，增幅70.6%，其中市本级财政收入6.07亿元，同比增收3.14亿元，增长107.1%。

【“营改增”试点】 2016年，省国税局下发三明市“营改增”纳税人清册33736户，市国税局采取建立奖惩机制、创新宣传方式、深化国地税合作等措施，完成营改增各项准备工作。经确认，应办理税务登记的纳税人17144户，办理17144户，办理率100%。其中，一般纳税人1877户，小规模纳税人15289户，应推行增值税发票管理新系统3197户。5月1日试点纳税人开票、6月1日试点纳税人申报，税制实现平稳转换。全年共组织营改增收入10.97亿元，其中四大行业入库增值税7.99亿元。通过测算，6~12月，全市营改增四大行业与同期营业税相比直接减税5.6亿元。其中，建筑业3.24亿元，减税1.4亿元；金融服务业1.62亿元，减税0.78亿元；生活服务业0.23亿元，减税1.91亿元；房地产业2.74亿元，减税1.5亿元。

【税收优惠落实】 2016年，三明市纳税人享受优惠11.32亿元（含征前减免），同比增长39.9%。其中，改善民生1.78亿元，鼓励高新技术0.29亿元，促进小微企业发展1.59亿元，支持三农1.27亿元，全年办理出口退税2.34亿元和先征后退0.5亿元。

【国地税合作】 2016年，市国税局落实《国家税务局 地方税务局合作工作规范（3.0版）》，运用项目化管理的方式，逐项分解51个国地税合作事项到具体责任人。各地国地税密切合作，联手开展欠税管理和非正常户认定管理，互相推送单位纳税人信息、非正常户认定及解除信息、欠税信息。全市国税部门共代地税部门征收地方税费928.84万元，联合办理设立登记13180户，联合办理变更登记18036户，联合采集财务报表17850份，共同认定非正常户1438户，对376户纳税人联合发布欠税公告，对328户纳税人共同采取清缴措施，清理欠税762.85万元。贯彻国家税务总局关于国地税合作县级示范区工作部署，打造清流县国地税合作示范区，与集美国税局签订合作协议，开启税收山海合作模式，被评为全国百佳国地税合作示范区。

【税收征管改革】 2016年，市国税局落实《深化国税、地税征管体制改革方案》，完善纳税人分级分类管理，明确科室职能，纳税服务事项由纳税服务部门主要负责，基础管理事项由税源管理分局主要负责，风险管理事项根据风险等级分别由纳税服务科、税源管理分局、稽查局负责，法制事务事项主要由政策法规科负责。各地结合实际划分税源管理分局的征管范围，区域特征明显的，以区域为主，兼顾行业及规模等其他因素进行划分；行业特征明显的，以行业为主，兼顾区域及规模等其他因素进行划分。各地税收风险管理工作领导小组及其下设办公室主要负责风险管理规划、综合性风险分析识别、风险任务管理、监控评价及对风险管理工作实施统筹管理，统一扎口推送风险应对任务等工作。各县（市、区）局推行税收风险管理，组建专业化纳税评估工作团队，加强对纳税人税法遵从状况的分析和应对。税收风险管理工作领导小组及其下设的"风险评审委员会"负责税收风险工作任务结果审定。

【税收信息化建设】 2016年，市国税局承接省国税局办税事项二维码一次性告知制作工作，累计制作福建国税办税事项八大类233个二维码图标，进一步优化办税流程，纳税人参与率87%。受省国税局委托，打造覆盖全部税收业务事项的综合规范电子平台，将各项规范进行分解，与税收具体业务、工作要求相配套，直接传达基层一线，使人均查找和落实的时间30分钟。受省国税局委托研发企业所得税管理系统，从8月1日起在全省推广，自上线以来补缴企业所得税及滞纳金1.17亿元。

【金税三期推广】 2016年，市国税局制定《三明市国家税务局金税三期工程推广工作方案》等文件，倒排工期，按表推进，明确每个节点责任科室和完成时限。先后完成系统差异化分析、技术基础环境搭建、系统初始化、异常数据清理、数据迁移、操作培训、特色软件改造、定向演练、验证测试、三个阶段全员全业务全量双轨试运行和人海压力测试等11大项重点工作。3月11日，沙县国税局率先启动"金税三期"优化版双轨试运行。6月6日，全市12个县级局同步启动金税三期双轨试运行，7月8日单轨运行成功。金税三期上线推广工作历时8个月，全市共完成53张系统初始化代码表数据采集，涉及数据项1643项，采集数据条数4.5万条；全市上线前累计清理异常数据18.8万条，清理呆账、预缴、欠缴及留抵等异常会统数据5.8万条，确认会统数据1.4万条。

【出口退税管理】 2016年，全市办理出口退（免）税总额2.94亿元，同比减少0.52亿元，减幅15.03%。其中，办理退税额2.34亿元，办理免抵税额0.6亿元。生产性出口企业退税1.07亿元，占退税总额的45.73%，同比增加0.05亿元，增幅4.90%；外贸企业退税1.27亿元元，占退税总额的54.27%，同比减少0.07亿元，减幅5.22%。学习《退税规范》（1.1版），严格按照岗位设置要求和制约机制，重新定岗定员，明确工作权限，理清工作职责。推广无纸化试点,按照"严控风险、企业自愿"的原则，从每个县（市、区）局税法遵从度良好的出口退（免）税一、二、三类企业中选取1~2户企业，推广出口退（免）税无纸化试点，围绕"放管结合"的要求，加强无纸化试点企业的事前预警、事中审核审批和事后风险防控，做到为退税速度做"加法"，为退税风险做"减法"。全市推行无纸化申报试点的企业14户，正在办理的6户。推进企业分类管理,落实《出口退（免）税企业分类管理办法》，全市评定一类企业6户。完善预警评估机制，在总局确定的预警指标基础上，联系该市实际增加3个特色预警指标,对税负、免抵比重，特别关注行业、商品等重要指标，开展风险筛查和分析，对指标异常的企业通过告知预警、实地核查、发函协查、推送评估。完成预警评估任务71户，审核追缴入库增值税523.88万元、所得税22.38万元，加收滞纳金4.29万元，审核不予退税808.47万元。严格规范函调管理，对同一年度出口从同一供货企业购进的同类出口货物的，严格执行年内对省内供货企业发函不超过1次，对省外供货企业发函不超过2次的规定；对2015年发生的从省内供货企业购进的出口货物且当年出口货物核查正常的，当年度仍购进同类货物出口的不再发函，将复函时限从20个工作日缩短至15个工作日内。全市全年共发出核查函件89份，接收核实函件149份。

【办税服务】 2016年，市国税局完善首问责任制度，严格落实《国家税务总局关于强化国税、地税联合办税改进服务的通知》要求，建立国税、地税首问责任衔接制度，做到首问责任人即时受理涉税事项、建立登记台账和收件回执制度，缩短纳税人办税时间。落实限时办结制度，加强对非即办事项的管理和线控，对临近办理时限的涉税事项进行预警提醒。推广O2O发票申领、网络发票代开业务，发放专项宣传资料，开展专项培训，全市共推行O2O申领792户次，总计发票份数35791份。深化银税互动，新签交行、中国银行、农商银行等银行，召开诚信纳税金融服务推介会，每个季度更新一次纳税信用评价结果并向银监和协议银行推送。2016年内，为37户小微企业办理贷款8989万元。

【税收稽查】 2016年，全市国税稽查立案查处企业户数147户，有问题户数130户，审结户数132户，立案准确率98.5%，查补入库收入4627.97万元（其中滞纳金313.58万元，罚款126.35万元），占税收收入的0.83%。

2016年全市国税收入完成情况

表18 单位：万元

单位	年计划	总收入完成情况			扣四大行业累计入库		
		合计	增减	增长%	合计	增减	增长%
合计	535000	587806	12902	28.1	507923	49137	10.7
梅列	196500	221383	58416	35.8	198019	35052	21.5
三元	34200	36055	3023	9.2	30131	–2901	–8.8
永安	84100	93336	15087	19.3	80656	2407	3.1

续表 18

单位	年计划	总收入完成情况			扣四大行业累计入库		
		合计	增减	增长%	合计	增减	增长%
宁化	16600	19990	7696	66.3	13148	1127	9.4
大田	35600	37382	2822	8.2	32655	–1905	–5.5
清流	15300	17275	2450	16.5	14463	–362	–2.4
明溪	16200	16876	868	5.4	15040	–968	6
尤溪	45800	47417	14403	43.6	42496	9482	28.7
沙县	42000	45895	16326	55.2	36128	6559	22.2
将乐	23200	26600	4513	20.4	23511	1424	6.4
泰宁	13500	13227	2052	18.4	11301	126	1.1
建宁	12000	12370	1091	9.7	10375	–904	–8

2016 年全市国税行业税收情况

表 19 单位:万元

项目	税收收入		
	税额	增减	增减幅%
税收收入合计	587805	129021	28.1
一、第一产业	528	–28	–5
二、第二产业	338894	76327	29.1
(一)采矿业	29081	–3134	–9.7
(二)烟草制品业	1635	–349	–17.6
(三)纺织业	13865	1210	9.6
(四)纺织服装、服饰业	6529	–2673	–29
(五)石油加工、炼焦和核燃料加工业	2	2	0
(六) 化学原料和化学制品制造业	22335	–3429	–13.3
(七)非金属矿物制品业	34961	–311	–0.9
(八)黑色金属冶炼和压延加工业	57436	29815	107.9
(九)电力、热力生产和供应业	90780	28421	45.6
(十)机械制造业	9792	367	3.9
(十一)林产业产业	10957	1730	18.7
(十二)造纸及纸制品业	10336	3439	49.9
(十三)食品饮料	2778	–1085	–28.1
(十四)建筑业	37042	33982	1110.5
三、第三产业	248481	52820	27
(一)批发和零售业	112050	1966	1.8
1.批发业	97860	7614	8.4
其中:烟草批发	68512	1058	1.6
2.零售业	47571	1125	2.4
(二)交通运输、仓储和邮政业	7015	–1575	–18.3
(三)现代服务业	20292	9941	96

续表 19

项目	税收收入		
	税额	增减	增减幅%
(三)现代服务业	20292	9941	96
(四) 信息传输、软件和信息技术服务业	8021	-871	-9.8
(五)金融业	33421	5510	19.7
(六) 房地产业	30216	24978	476.9
(七)租赁和商务服务业	7770	4645	148.6

2016 年全市国税减免税明细

表 20

单位:万元

项目	合计	税收收入							其他收入合计	企业所得税月(季)预缴减免
		小计	增值税	其中:改征增值税	消费税	企业所得税	城市维护建设税	车辆购置税		
总计	128585	117097	82268	5322	233	13360	12059	9177	11488	18447
其中:征前减免	123394	111906	77080	5144	233	13357	12059	9177	11488	18447
退库减免	5168	5168	5168	178	—	—	—	—	—	—
抵顶欠税	23	23	20	—	—	3	—	—	—	—
一、改善民生	18498	17766	16543	569	—	310	913	—	732	383
1.住房	2	2	2	2	—	—	—	—	—	—
2.救灾及重建	152	149	68	—	—	77	4	—	3	355
3.军转择业	—	—	—	—	—	—	—	—	—	15
4.再就业扶持	—	—	—	—	—	—	—	—	—	—
5.社会保障	2541	2519	2262	45	—	233	24	—	22	13
6.提高居民收入	13282	12686	11933	145	—	—	753	—	596	—
7.其他	2521	2410	2278	377	—	—	132	—	111	—
二、鼓励高新技术	2877	2877	2	2	—	2875	—	—	—	2558
1.技术转让	2	2	2	2	—	—	—	—	—	
2.投资创业	2621	2621	—	—	—	2621	—	—	—	2558
3.高新技术	254	254	—	—	—	254	—	—	—	—
三、促进小微企业发展	16859	15914	13969	2487	—	1057	888	—	945	2381
1.金融市场	—	—	—	—	—	—	—	—	—	—
2.未达起征点	11928	11169	10502	1556	—	—	667	—	759	—
3.免征增值税和营业税政策	3860	3681	3460	931	—	—	221	—	179	—
4.其他	1071	1064	7	—	—	1057	—	—	7	2381
四、转制升级	57	54	51	42	—	—	3	—	3	—
企业发展	57	54	51	42	—	—	3	—	3	—
五、节能环保	4897	4886	3059	—	233	749	14	831	11	569
1.环境保护	1379	1368		—	233	290	14	831	11	81
2.电力建设	—	—	—	—	—	—	—	—	—	—
3.资源综合利用	3518	3518	3059	—	—	459	—	—	—	488

续表 20

项目	合计	税收收入							其他收入合计	企业所得税月(季)预缴减免
		小计	增值税	其中:改征增值税	消费税	企业所得税	城市维护建设税	车辆购置税		
六、促进区域发展	—	—	—	—	—	—	—	—	—	10
1.西部开发	—	—	—	—	—	—	—	—	—	10
七、支持文化教育体育	686	656	620	11	—	—	36	—	30	—
1.教育	49	48	47	3	—	—	1	—	1	—
2.体育	—	—	—	—	—	—	—	—	—	—
3.文化	637	608	573	8	—	—	35	—	29	—
八、支持金融资本市场	24409	17149	8347	619	—	1528	7274	—	7260	1122
1.资本市场	2522	2200	350	3	—	1528	322	—	322	1118
2.金融市场	21887	14949	7997	616	—	—	6952	—	6938	4
九、支持三农	12685	11960	4954	404	—	6209	797	—	725	10928
1.农村建设	6234	5519	4734	256	—	—	785	—	715	—
2.肥料饲料	79	76	72	—	—	—	4	—	3	—
3.金融市场	1007	1000	131	131	—	861	8	—	7	388
4.其他	5365	5365	17	17	—	5348	—	—	—	10540
十、支持其他各项事业	47617	45835	34723	1188	—	632	2134	8346	1782	496
1.飞机制造	—	—	—	—	—	—	—	—	—	8
2.基础设施建设	—	—	—	—	—	—	—	—	—	16
3.成品油	—	—	—	—	—	—	—	—	—	—
4.国防建设	2882	2753	2590	—	—	—	163	—	129	—
5.公检法	—	—	—	—	—	—	—	—	—	—
6.医疗卫生	509	486	457	457	—	—	29	—	23	—
7.公益	6	6	—	—	—	6	—	—	—	13
8.其他	44220	42590	31676	731	—	626	1942	8346	1630	459

（郑晶亮）

地　税

【概况】　2016年，市地税局适应新常态，落实新的发展理念，以组织收入为中心，深化改革，强化管理，优化服务，抓班子、带队伍、增活力，转作风、强基础、促发展，推进“三个满意”地税局建设，完成各项重点任务。在省地税局组织绩效考核中名列前茅，取得优秀等次，并获“全省先进基层党组织”称号。

【组织税费收入】　2016年，全市地税系统累计组织各项收入82.73亿元，扣除营改增因素，可比口径增长3.6%。其中：税收收入48.92亿元，可比口径增长3.8%；非税收入33.81亿元，增长3.4%，其中基本养老保险费收入15.82亿元，增长9.6%。

【服务地方经济发展】　2016年，市地税局完善税收优惠政策落实机制，强化宣传辅导，抓好落实。全年共减免税收9.53亿元，同比增长22.2%，支持供给侧结构性改革、推动产业结构升级调整。创新《三明地税调研》刊物的平台建设，修订课题管理办法，税收调研在量与质两个方面均取得新突破，获奖篇目蝉联全省地税系统第一，关于三明制造业转型升级和重点建设项目税收管征的2个调研课题报告。加强税收宣传，开展“八闽春风行、税法进万家”活动；推进领导干部挂钩联系重点企业和重大项目活动，帮助协调解决企业反映的困难问题；与中行、建行、交行、邮储银行等9家银行开展“银税互动”，服务小微企业发展，全年共发放抵押担保贷款6149万元，发放纯信用贷款发放2840万元，受惠小微企业37户。

【税制改革落实】　2016年，三明市“营改增”试点推开，从“开好票”到“报好税”，市县两级地税到岗到人，共移交3.37万户试点税源户，实现新旧税制的平稳转换，确保代征代开业务的运转，全市代征增值税6130万元。征管改革逐步深化，以落实《合作规范3.0版》为抓手，加强国地税合作，整合双方资源，完善“信息管税”“合作征税”“协同控税”“综合治税”四项机制，切实加强征管互助，提高征管效能。全市12个县（市、区）均实现联合办税，双方联合采集第三方信息3.3万条，纳税人对国地税联合服务的满意度超95%，清流县被国家地税总局评为全国百佳国地税合作示范区。资源税从价计征改革得到落实，做到税源摸底深、税率测算准、宣传辅导实、征管准备足、效应分析透，确保于7月1日开始改革实施。

【税收依法行政】 2016年，全市规范税收执法行为，做好重大案件审理、行政复议、行政诉讼。严格对营改增、组织收入、税收优惠政策落实情况开展执法督察，落实税收执法责任制。推进法治税务示范基地建设，做好任务分解、考评指导、组织协调和跟踪督导，三明市的全省法治示范基地增加到2个。整治维护税收秩序。9月，市地税局与市县两级法院建立执法共建联动机制。11月，市地税局与市公安局建立税警联合办案工作机制。深化稽查工作提速增效，严打涉税违法行为，全市稽查共检查企业92户，审结104户，有问题104户，选案准确率100%，位列全省第一；查补总额9237万元，结案99户，入库8202万元，查补收入与同期税收收入占比位列全省第一；查处发票违法企业42户，完成全年任务的120%。

【税收征管加强】 2016年，国家税收系统管理信息系统“金税三期工程优化版系统”在三明市平稳上线运行。期间，全市系统累计测试业务1.73万笔，清理修正不规范数据30余万条，对内培训14场、730人次，对外培训26场、3300人次。建立所得税风险管理团队，加强企业所得税后续管理及高收入行业的个税管理，共获取工商部门股权信息267条，涉及股权转让金额1.07亿元。做好企业所得税年度汇算清缴，全市共有6697户完成年度申报，汇算清缴面100%，差错率低于2%。个人年收入12万元以上自行纳税申报工作，以及推行以地控税，加强房产税、土地使用税管理等各项考核指标居全省前列。

【优化便民办税】 2016年，市地税局落实《纳税服务规范》，开展“便民办税春风行动”，补充完善首问责任、限时办结、预约办税、延时服务等制度；实行集中审批，“人岗”前移，增设“办税窗口+应急通道”，强化“预约服务+容缺受理”，优化市区二手房减免税业务流程，变事前审批为即办事项，提高办税效率；巩固和扩大“三证合一、一照一码”改革成果，全市一证一码新税务登记户5183户；推广自助办税终端至30台，实现各县市区全覆盖，其中24小时终端12台；推行二维码一次性告知，纳入“互联网+无忧办税”地税党建服务品牌创建；拓展12366功能，受理纳税服务投诉和税收违法行政行为举报，使其成为宣传、咨询、办税、维权的一体化综合平台；在全市范围推开3大类12个事项的省内通办。

【社保费管理创新】 2016年，市地税局开启“1+N”联合社保维权新模式，建立与财政、人社、残联、工会等部门的沟通协作机制。规范一套制度，协同人社部门、医保等部门，联合下发《深化协作专题会议纪要》《社保投诉举报案件管理办法》等制度，建立投诉、上访联动服务机制，明确各自工作职责，形成一家受理多家配合解决的局面。开通一条热线，在办税服务厅，设立社保缴费维权室，热情接待来访人员；通过12366热线系统处理办税缴费服务咨询及投诉，配置28个岗位人员及岗位权限。建立一个平台，依托三明市电子政务公共平台体系，地税部门、社保和医保等部门将各自采集维护的个人和单位基本信息都推送到协同平台，共享共用。联合开展养老保险费征缴检查，确定财政部门负责统筹协调，推动部门间的联动配合；人社部门负责组织人员实施检查，并对检查中发现的问题依法作出行政处理决定；地税部门负责前期宣传发动、自查辅导，并根据人社部门《处理决定书》确定社保费补缴数的入库工作。

2016年三明市地方税务局各项收入完成情况

表21 单位：万元

项目	税额	比2015年同期增减	
		绝对额	%
各项收入总计	827312	-105146	-11.3
一、税收收入合计	489199	-116247	-19.2
其中：中央级	91153	-8292	-8.3
省级	29776	-23680	-44.3
市级	63583	-20709	-24.3
县区级	304687	-63867	-17.3
二、非税收入合计	338113	11101	3.4
1.教育费附加收入	17403	287	1.7
其中：市县级教育费附加	16413	220	1.4

续表 21

项目	税额	比 2015 年同期增减	
		绝对额	%
2.文化事业建设费收入	76	-129	-62.9
3.税务部门罚没收入	26	-20	-43.7
4.税务行政性事业收费收入	0	0	0
5.社会保险基金收入	294896	15152	5.4
基本养老保险基金收入	158214	13867	9.6
失业保险基金收入	11147	-2132	-16.1
基本医疗保险基金收入	108998	5693	5.5
工伤保险基金收入	10479	-1926	-15.5
生育保险基金收入	6058	-349	-5.5
6.其他非税收入	25713	-4188	-14

表 22

2016 年 12 月份三明市地方税务局税收收入分税种完成情况

单位：万元

项目	本月入库				累计入库			
	2016.12	2015.12	比 2015 年增减		2016.12	2015.12	比 2015 年增减	
			绝对额	增长%			绝对额	增长%
税收收入合计	41982	78930	-36949	-46.8	489199	605446	-116247	-19.2
一、增值税	1188	0	1188	100.0	6130	0	6130	100.0
二、营业税	2100	36471	-34371	-94.2	103935	216321	-112386	-52.0
三、企业所得税	2489	7706	-5217	-67.7	71358	91603	-20245	-22.1
四、个人所得税	6564	9295	-2731	-29.4	73460	74012	-552	-0.7
五、房产税	2263	1688	575	34.1	23223	19514	3709	19.0
六、城市维护建设税	3626	3729	-103	-2.8	32768	32263	505	1.6
七、印花税	679	1036	-357	-34.5	7718	8632	-914	-10.6
八、土地使用税	1633	1056	577	54.6	17059	16255	804	4.9
九、资源税	1858	1357	501	36.9	12401	14065	-1664	-11.8
十、车船税	754	558	196	35.1	7242	6529	713	10.9
十一、土地增值税	8454	5982	2472	41.3	42281	34173	8108	23.7
十二、烟叶税	1472	0	1472	100.0	27243	30305	-3062	-10.1
十三、耕地占用税	3306	3940	-634	-16.1	13967	14925	-957	-6.4
十四、契税	5595	6110	-8.4	-8.4	50414	46848	3566	7.6

（黄　平）

责任编辑：邓长华

银行·保险

BANK AND INSURANCE

综 述

【概况】 2016年年底，三明市有各类银行分支机构网点525家。其中，农村信用社（农商行）法人11家，村镇银行8家，小额贷款公司19家,保险公司31家，银行业从业人员7339人。全年银行机构各项存款增长较快，贷款增速则持续下行，信贷结构中长期化，信贷风险持续暴露。

【新增额同比多增明显】 2016年年底，全市本外币各项存款余额1500.45亿元，同比增长11.71%，比全省平均增速高1.83个百分点，位居全省第2位，增幅同比提高1.05个百分点。全年各项存款增加157.26亿元，位居全省第7位，同比多增27.85亿元。分时序看，上半年增加93.74亿元，下半年增加63.52亿元。从增量结构看，存款增量主要集中于住户存款和非金融企业存款，其中，住户存款增加73.05亿元，同比多增23.38亿元，非金融企业存款增加51.99亿元，同比多增25.15亿元。

【基础设施贷款和个人住房贷款拉动信贷规模增长】 2016年年底，全市本外币各项贷款余额1264.91亿元，同比增长4.72%，比全省平均增速低7.43个百分点，位居全省末位，增速较二季度末回升5.69个百分点。全年各项贷款增加56.99亿元，位居全省末位，同比多增45.35亿元。分季度看，一季度新增贷款42.07亿元，二季度减少29.22亿元，三季度增加32.01亿元，四季度增加12.12亿元。若还原全年核销及转让的不良处置42.8亿元、辖区银行机构地方债务置换53.42亿元因素，实际增贷达153.21亿元，实际增幅达12.68%。

【不良资产处置加快】 2016年，三明市银行机构一方面收回沉淀在一些低效、产能过剩行业中的僵尸企业资金来提高资金的周转速度，通过"腾笼换鸟"使社会可贷资金增加，另一方面三明市银行机构加大呆账的核销和信贷资产、不良资产的转让，综合运用现金清收、重组转化、以物抵债、呆账核销、批量转让等手段，及时处置资产损失，从而腾出新的信贷空间，通过这些措施来盘活存量。全年全市银行机构处置不良贷款73.46亿元，其中核销26.24亿元，打包转让16.56亿元，现金清收12.48亿元。

货币政策与金融服务

【概况】 2016年，中国人民银行三明市中心支行（下称三明市中支）以"务实创新、改革发展、集智聚力、争先进位"为目标，坚持"经济转型"导向，贯彻稳健货币政策，提升金融稳定管理效能；坚持"普惠民生"导向，丰富拓展基层央行金融服务内涵，满足经济社会发展多样需求，促进区域经济金融平稳较快发展。2016年年底，三明市有各类银行分支机构网点525家，其中农村信用社（农商行）法人11家，村镇银行8家，小额贷款公司19家,保险公司31家，银行业从业人员7339人。全年银行机构各项存款增长较快，贷款增速则持续下行，信贷结构中长期化，信贷风险持续暴露。

【货币政策工具运用】 2016年，三明市中支依托宏观审慎评估体系，用好用足支农再贷款、再贴现、信贷政策导向效果评估、比例考核降准等货币政策工具，强化激励约束，推动金融机构适应经济转型升级和供给侧结构性改革的新要求，增强运营效率和服务实体经济的能力。做好地方法人金融机构合格审慎评估和定价行为评估，引导银行机构实现科学合理定价，降低实体经济融资成本。

【信贷窗口指导取得实效】 2016年，三明市中支引导金融机构优化机制及产品，在沙县首创新园区企业资产按揭贷款新模式并在全省推广，打造破解小微企业融资难题的"金钥匙"。7月，制定《关于优化金融服务促进实体经济发展的指导意见》，引导银行机构合理配置资源，优化信贷结构，创新"互联网+""轻抵押""增信"等信贷模式，着力支持小微企业融资解困、工业领域转型升级和现代农业规模发展。10月，在沙县召开全省金融创新服务实体经济工作现场会，三明市中支就园区资产按揭贷款作交流。引入信托、保险等增信机制，实现农村土地承包经营权抵押贷款试点破题。围绕产融合作对接新要求，全年推动辖区召开9场政银企对接会。引入六种金融扶贫模式，推动“县乡村”三级扶贫担保基金发展，2016年年末金融精准扶贫贷款余额10.19亿元，当年新增3.89亿元，同比增长61.75%。

【跨境人民币业务发展】 2016年，三明市中支共办理跨境人民币业务476笔，实际收付金额5.45亿元，同比减少69.84%。

【各项金融试点工作推进】 2016年8月，三明市中支参加在建宁召开的全省首届区域金融改革座谈会上交流，并在《金融时报》上推介。7月，推动大田县政府印发《大田县普惠金融发展行动方案（2016~2020年）》，率先在全省实现金融基础教育示范学校建设辖区全覆盖，金融知识纳入国民教育体系试点工作成效在《金融时报》登载。作为福州中支金融消费权益保护环境评估试点单位，完成全省首份金融消费权益保护环境评估报告。

【金融稳定履职水平提升】 2016年，三明市中支出台信贷风险防控十条措施，有效提高风险预防和不良处置效率，全年全市银行机构累计处置不良贷款73.46亿元。完成辖区19家地方法人投保机构存款保险评级工作。继续加强银、证、保三行业日常风险监测。推动地方政府出台《三明市防范和处置非法集资工作方案》，建立健全监测预警体系，有效开展非法集资风险排查和互联网金融风险专项整治活动。认真落实“两综合、两管理”工作要求，加强对中信银行三明分行、厦门国际银行三明分行以及交通银行碧桂园支行等3家新设机构的开业管理与服务，对中行三明分行、建行三明分行实施综合执法检查。

【外汇管理与服务巩固提升】 2016年，三明市中支做好“控流出、扩流入、稳预期”中心工作，保持全市结售汇、跨境收支“双顺差”的良好态势。加强监测分析，发现可疑团伙操纵账户大额分拆线索，获省分局领导高度重视。积极改进资本项目管理，服务实体经济，企业直接投资存量权益登记申报率居全省前列。规范开展外汇检查，2016年共立案查处违规行为8起、金额2583.1万美元。

【征信管理创新推进】 2016年9月，三明市中支成功开发运行新版“沙县农村信用信息管理系统”。5月，与全市金融信用信息基础数据库接入机构签订《征信信息安全管理责任状》，守牢征信安全底线。6月，自主开发接入机构用户管理系统，协助福州中支编写《全省接入机构用户监管系统业务需求书》。探索征信查询无纸化管理，参与全省无纸化管理流程设计。会同市发改委完成全市公共信用信息平台一期工程建设。创新开展征信动漫视频、征信知识进校园等特色宣教活动。

【国库改革创新】 2016年6月，三明市中支开始推广财政国库集中支付电子化管理系统，推进财政支出无纸化改革。6月、11月，联合财政分别制订《三明市本级国库集中支付电子化管理试点实施方案》《三明市市级国库集中支付业务电子化管理实施办法（暂行)》，规范推进预算单位和代理银行开展国库集中支付电子化业务。6月，三明市市本级在全省地市中支首家成功上线国库集中支付电子化管理系统，7月在辖内将乐县支库成功进行推广，实现市县级同步推进国库集中支付电子化业务，提高财政资金运行效率；12月，首次成功为中华水电企业（母公司）旗下的6家企业转让中银斑竹集团公司股权通过国外汇款方式办理外币缴纳税款及滞纳金的缴税业务，共计折合人民币1947.38万元；成功帮助沙县渝农商村镇银行跨省清算（代理清算行在重庆市）办理增值税电子缴税入库，有效解决跨省清算法人银行机构批量扣税电子化的难题；上线运行国库监管系统（事后监督子系统)，并做好事后监督系统上线的设备、参数、人员分工等，确保国库监管系统（事后监督子系统）正常运行。配合税务部门做好金税三期上线推广工作，组织全辖配合“金税三期”工程的推广上线和总工会经费收缴系统的参数设置和系统测试，以及在国库内部开设工会经费收缴账户，办理工会经费的代收、代付工作。

【反洗钱工作效能提升】 2016年，三明市中支建立“人行—税务—海关—公安”四方联动机制，形成洗钱犯罪打击合力。6月，永安市支行与永安市公安机关签订《涉毒反洗钱合作备忘录》。全年三明中支推动辖内3起毒品洗钱罪立案。加强反洗钱现场监管，注重提升可疑交易线索情报价值，年内共向公安机关移交资金监测线索16条、推动移交线索立案5起。完善洗钱风险提示制度，涉毒洗钱风险提示案例被福州中支推荐至总行。9月，组织全市金融机构开展“反洗钱履职十周年”演讲比赛。

【支付结算环境优化】 2016年，三明市中支共核准开立单位银行结算账户2773户，变更账户4499户，撤销账户948户。督促指导银行按“三证合一”登记制度改革相关规定做好账户资料的审核和录入工作；商业汇票电子化率比2015年同期提高31个百分点,排在全省前列；配合当地公安部门开展电信网络新型违法犯罪专项治理，全年全辖共劝阻可疑转账40余起，拦截冒名开卡30余起，涉及客户60余人次；成功破获客服短信诈骗的伪基站案件1起，为客户挽回损失9656元；成功堵截电信诈骗1起，挽回经济损失20余万元；利用止付平台客户挽回资金损失80余万元；在辖区大田、沙县、尤溪、将乐和泰宁等5个县公交行业应用，全年公交交易267.43万笔，金额204.70万元，居省内各地市之首。加强对银行业金融机构支付结算执法检查力度。全年分别对市农行1个网点、市中行所辖24个网点和市农发行4个网点共29个网点开展执法检查。做好联合整治全市支付结算重大违法犯罪案件协查、处置以及典型违法犯罪的防控工作。成立联合整治支付结算重大违法犯罪办公室，11月组织全市金融机构在新华都广场开展“三项联合整治宣传活动”专题宣传。

【货币金银管理加强】 2016年，三明市中支优化现金管理与服务水平，保障年度现金供应需求，优化流通中现金券别结构，提高流通中人民币整洁度。在永安市试点建立金融机构硬币清分处理体系，盘活社会沉淀硬币，打造硬币自循环流通生态环境。创设永安农村信用合作联社代理发行库，完善辖区发行基金供应体系。实施泰宁县支行发行库库房改扩建工程。转变纪念币发行方式，实行纪念币兑换预约管理，加强对纪念币发行兑换监管。11月，开展“让现金服务更贴心、让国家名片更亮丽”主题宣传活动。

（雷贵优）

银行业监督管理

【概况】 2016年，三明银监分局全面贯彻落实福建银监局、三明市委市政府各项工作部署，积极融入、主动作为、服务大局，切实提升防控风险和服务经济水平。2016年年末，三明市银行业机构共有六大类，营业网点525个，从业人员7339名。其中：政策性银行1家，为中国农业发展银行三明市分行，机构网点4个；大型商业银行5家，为中国工商银行三明分行、中国农业银行三明分行、中国银行三明分行、中国建设银行三明分行和交通银行三明分行，机构网点150个；股份制商业银行4家，为兴业银行三明分行、招商银行三明分行、光大银行三明分行和中信银行三明分行，机构网点18个；城市商业银行3家，为福建海峡银行三明分行、厦门银行三明分行和厦门国际银行三明分行，机构网点3个；邮政储蓄银行1家、机构网点144个；农村中小金融机构19家，其中农村信用合作联社9家、机构网点155个，农村商业银行2家、机构网点39个，村镇银行8家、机构网点12个。

2016年，三明市银行业总体实现平稳运行。年末，资产总额1712.75亿元，比年初增加158.59亿元，增长10.2%；负债总额1665.27亿元，比年初增加124.4亿元，增长8.07%；不良贷款余额64.87亿元，比年初减少9.28亿元；不良贷款率5.13%，比年初下降1.01个百分点；全年全辖银行业利润总额12.06亿元。

【信用风险防控加强】 2016年，三明银监分局制定“增贷化险”工作方案和任务分解表，建立重点督导和问题会商制度，按月召开信用风险防控协调会，班子带队走访银行51家次，约谈高管38人次；7次开展贷款风险排查测算，按月监测存量不良大户和重点区域信用风险情况。推动银银、银政、银法合作。按期完成全辖四批次111家债权人委员会组建，实现债权人委员会组建全覆盖，缓释29.07亿元贷款劣变风险；配合公职人员欠债追讨专项行动，促推427名公职人员归还欠款；推动法院开展运用刑事诉讼程序打击拒不执行判决、判定犯罪专项活动，两次报送涉嫌恶意逃废债名单，涉及企业101户、贷款12.73亿元。紧盯重点机构、行业和客户。推动市政府与省联社“三年帮扶战略合作协议”落地，实现平台贷款“零违约”。2016年年末，辖区不良贷款余额同比减少9.28亿元，不良贷款率同比下降1.01个百分点，降幅居全省第二位。

【操作性风险防控加强】 2016年，三明银监分局组织银行业机构按季开展案件风险排查，推动大型银行突出案防制度执行力建设，组织邮储银行和农合机构安全检查，与公安部门联合开展“两节”期间安保检查，开展邮储银行飞行检查，持续跟进建宁联社案防检查整改情况，狠抓薄弱领域，督促强化问题整改。开展交行和厦门银行开业运营后评估，针对10类26个问题提出监管意见11条。出台信息科技风险管理工作意见，对5家机构进行巡查，发现问题68个，提出监管意见29条。

【流动性风险防控加强】 2016年，三明银监分局推动农村中小金融机构落实流动性风险管理工作预案，组织开展流动性应急演练。修正存贷比指标监测值由75%提高至78%，指导开展压力测试，向流动性指标未达标的行社下发风险提示单65份。动态监测存款时点偏离情况，向问题行社下发风险提示单18份。

【防范社会金融风险向银行体系输入】 2016年，三明银监分局与公安部门联合召开全市打击治理电信网络新型违法犯罪工作警银合作专题会议，确立警银协作机制。组织银行业开展非法集资风险专项整治和涉嫌非法集资广告资讯信息排查清理，督促银行按季开展风险排查，坚决遏制员工违法违规行为。开展P2P网贷风险专项整治，成立市网贷风险专项整治联合工作小组，联动18个部门开展调查摸底，联合公安、工商等部门对跨省市经营的P2P公司进行调查。

【支持供给侧结构性改革】 2016年，三明银监分局引导银行业促进房地产去库存，审慎开展房地产开发贷款业务，增加个人购房贷款供给，年末，房地产开发贷款余额同比下降17.11%、个人住房贷款余额同比增长13.99%。督促银行业密切关注钢铁、水泥、纺织等产能过剩行业信贷风险，全年累计退出产能过剩行业贷款12.39亿元。推动银行业开展服务收费不规范清理工作，全年共退回不合理收费11.55万元，取消服务收费项目97项，降低收费标准27项，精简收费7项。

【加强小微企业信贷支持】 2016年6月，三明银监分局出台小微企业金融服务工作意见，配合制定《三明市小微企业贷款风险补偿管理办法》，及时传导小微企业金融服务工作新要求，引导银行主动融入全国小微企业创业创新试点城市工作，辖区法人机构小微企业贷款完成“三个不低于”工作目标。建立银税数据交换机制及“点对点”数据共享通道，引导银行业机构大力推广无还款续贷业务，2016年年末，无还本续贷笔数、金额占比为分别比年初增加10.04个百分点和11.92个百分点。

（注：“三个不低于”分别是小微企业贷款增速不低于各项贷款平均增速，小微企业贷款户数不低于上年同期户数，小微企业申贷获得率不低于上年同期水平）

【精准扶贫对接能力提升】 2016年5月、8月、11月，三明银监分局三次召开精准扶贫推进会，成立支持扶贫开发领导小组，5月，制订《关于推进银行业支持扶贫开发的行动方案》。建立主要涉农银行与扶贫办、村委会“金融扶贫联席会议制度”，搭建监管办与扶贫办、主监管员与扶贫办经办员、银行统计人员“点对点”的“两办、三员”沟通平台，推广“四类”10大扶贫模式。

2016年年末，辖区建档立卡贫困户经济信息建档率达100%，有效信贷需求满足率达95.26%，辖区银行业机构发放各类精准扶贫贷款1.89亿元，比年初增长84.75%，高于农户贷款增速84.55个百分点。

【促进银行业机构改革创新】 2016年，三明银监分局引进区外银行到三明设立分支机构，辖区光大银行在2016年3月、厦门国际银行在2016年10月正式开业，辖区中信银行在2016年9月对外试营业。开展农商行公司治理评估，有序推动永安联社改制农商行，推进三明农商行“执行力建设年”活动和村镇银行“结构调整年”活动。指导兴业银行在2016年8月系统内首创“园区企业资产按揭贷款”，2016年12月全省金融创新服务实体经济工作现场会在沙县召开，全面推广经验做法。指导海峡银行在2016年10月创新推出排污权抵押贷款，已落地全省首笔排污权抵押贷款150万元，为节能减排中小微企业融资需求开辟新渠道。推动银行业机构将村级融资担保基金做法拓展到林业、小吃等领域，促进各类新型农业经济主体快速发展，截至2016年年末，全市共设立151个村级融资担保基金，累计为5.74亿元农户贷款提供担保。

【加强金融消费者权益保护】 2016年，三明银监分局收到并妥善处理信访37件、消保投诉69件。推进理财专区“双录”建设，组织对115个网点开展专项督查。强化金融消费者宣传教育，开展金融知识进万家、送金融知识下乡、防范和打击非法集资宣传月等活动，并在三明电视台推出以“普惠金融服务—我们银行业在行动”为主题的15期系列宣传专题报道。

（杨　汀）

银　行

中国农业发展银行三明市分行

【概况】 2016年，中国农业发展银行三明市分行（以下简称农发行三明分行）2016年年末存贷款余额再创历史新高，各项贷款余额83.64亿元，比年初增加16.6亿元，增幅25%，贷款增量名列全市银行业之首，贷款总量列全省系统第三；各项存款余额41.22亿元，比年初增加21.11亿元，增幅105%，列全省系统第3。全年累计投入专项建设基金22.17亿元，年末信贷资产总额达105.8亿元，首次突破百亿元；全年实现中间业务收入156.17万元，账面利润17161万元；连续20年实现“六无”创建目标。2016年该行党委被总行授予“先进基层党组织”称号；经营管理绩效综合考核列全省系统第五名。

【保障国家粮食市场安全】 2016年，农发行三明分行及时保障国家粮油购调储资金需求，参与三明市政府落实粮食安全省长责任制有关考核工作。全年累放粮油储备贷款1.56亿元，支持粮油储备规模0.86亿千克；累放夏秋粮收购贷款1.45亿元，支持早晚谷收购6207万千克；提前实现2015年度“双结零”。切实加强粮油库存监管，积极做好“互联网+封闭运行”推广试点工作，落实安装企业5个。

【支持地方经济建设】 2016年，农发行三明分行坚持“跟着政府干、围着项目转、按银行规律办”的工作思路，落实省分行与三明市政府签订的《战略合作协议》，突出重点，优化服务，与三明市委农办、市住建局、交通运输局、水利局、农业局等联合召开项目对接座谈会，实施精准对接，推动项目落地，全年召开各类对接会30场，对接项目44个；采取分级推进，加快贷款投放，全年共获批中长期贷款项目22个，金额79.25亿元；累放中长期贷款项目37个，金额41.16亿元；已批待放项目25个，金额61.31亿元。年末中长期贷款余额72.85亿元。农发行三明分行累计支持政府主导项目98个、审批金额201.5亿元，累放贷款134.29亿元，所支持项目覆盖市本级（含两区）及9个县（市），覆盖率91.7%，项目类型涵盖路网建设、棚户区改造、水利建设、农民集中住房、城乡一体化等方面。

【服务脱贫攻坚】 2016年，农发行三明分行成立服务脱贫攻坚工作领导小组，统筹推进当地脱贫攻坚工作，明确宁化、清流、建宁、泰宁、明溪5个省级扶贫开发工作重点县贷款增速不低于全部贷款增速的工作目标。2016年9月份与三明市委农办联合举办政策性金融扶贫信贷对接座谈会，签订30亿元意向授信额度的支持脱贫攻坚合作协议，推动政银合力攻坚扶贫；11月份成功获批三明分行首笔易地扶贫搬迁项目贷款3亿元，用于宁化县易地扶贫搬迁进园区安置项目建设，并一次性投放贷款1.2亿元；全年对5个省级扶贫开发工作重点县共投放各类贷款6.52亿元，重点建设基金项目8.94亿元；实施精准扶贫2.06亿元，服务建档立卡贫困人口822人，结对帮扶扶贫对象3户，开展各类帮扶活动3次。

【创新贷款品种】 2016年，农发行三明分行研究信贷新政策，拓展新业务，实现整体城镇化、改善人居环境、应急救灾等贷款品种的零突破，其中三明市南部新城台江片区整体城镇化项目获总行审批25亿元，为三明分行成立以来金额最大的贷款项目；积极开展PSL（抵押补充贷款）业务，与三明市水利、交通部门联合发文、建立项目库，全年获批PSL项目贷款3个、金额5.5亿元，累放PSL贷款0.6亿元。

【投资业务】 2016年，农发行三明分行密切与当地发改部门的沟通协作，完成三批农发重点建设基金项目48个，为三明市争取重点项目资本金15.56亿元，项目覆盖三明市各县域，个数为全省系统第一，金额为全省系统第二，资金到账率100%。

【信贷基础管理】 2016年，农发行三明分行推进信贷流程管理规范化，成立信贷流程管理规范化工作领导小组，严格执行总行信贷流程管理规范化工作指引，实行全流程管理；建立信贷流程规范化试点行，加强基层行工作辅导，及时答疑解惑，通过组织培训、现场观摩交流、业务知识测试以及按季专项检查等活动，以考促学，以查促改，提升全行办贷管贷水平；落实省分行贷后尽职管理指引，通过开展“贷后管理年活动”，不断完善提升全行贷后管理水平，辖内永安市支行被省分行表彰为贷后管理年活动样板行，三明分行信贷基础管理工作经验在全省系统进行先进 交流。

【严守风险底线】 2016年，农发行三明分行发扬“敢拼敢闯”精神，多点突破、全力攻坚，反复沟通协调，争取理解支持，坚持“一企一策”“一企多策”，事先制定多套化解处置方案，2016年共退出风险企业11家；清收不良贷款4家，收回贷款本金3950万元及欠息约86万元；对3家不良贷款企业进行起诉。

（陈萍萍）

中国工商银行股份有限公司三明分行

【概况】 2016年，中国工商银行三明分行全辖共有31个网点（含16个直管支行和15个网点支行），13个内设部门和5个直属机构，年末在册员工人数983人。2016年年末本外币各项贷款余额196.27亿元，存量市场占比29.23%，保持同业第一；比年初增长11.75亿元，增量市场占比跃居同业第一。本外币全部存款余额145.22亿元，比年初增长10.32亿元；存款日均余额139.74亿元，同比增加14.71亿元，增量系统排名第三、增幅系统排名第二。年末不良贷款19.15亿元，较年初下降1.51亿元；不良率9.76%，较年初下降1.44个百分点；剪刀差贷款2.60亿元，较年初下降7.24亿元；全部逾期贷款金额21.75亿元，较年初下降8.75亿元，完成上级行下达的资产质量管控任务，实现不良贷款额、不良贷款率、剪刀差贷款、逾期贷款“四下降”目标。

2016年，在省分行对二级分行行长经营绩效“一总四分”考评中，内控专业考核系统第一、对公专业线考核系统第二；信用卡业务专业考核、工会工作目标考核全省系统第二；资产管理业务专业考核系统第三；获省分行“服务面貌专项整治季”活动先进单位。

【开展内控合规“基础强化年”主题活动】 2016年4月19日，工行三明分行召开“基础强化年”主题活动动员大会，成立由分行行长任组长、各部室、中心负责人为成员的活动领导小组，明确活动目的、活动原则、活动组织等总体要求，在2015年开展的“经营管理大反思”“防风险、促合规、谋发展”系列主题教育活动基础上，与分行各项重点工作结合起来，开展2016年主题活动。

【银行卡“芯”应用推广】 2016年，工行三明分行以金融IC卡的安全、多用途为切入点，推进金融IC卡的发卡和行业应用，促进工商银行服务品牌与三明区域经济文化发展特点的有机融合。截至6月末，该分行发行金融IC卡41.16万张，其中闪酷卡1.51万张；新增发卡中IC卡占比98.90%，银行卡消费中IC芯片卡消费额占比51.58%，两项指标同业领先。

【二维码支付业务在同业率先推出】 2016年7月15日，中国工商银行正式推出工银二维码支付产品，基于更安全、更便捷、更通用的思路，打造客户体验更优、应用范围更广、安全系数更高的移动支付产品。通过简单的“扫一扫”即可覆盖线上线下和O2O支付全场景。

【营销拓展资本市场业务机会】 2016年，工行三明分行积极推荐总行理财资金做优先级的安全垫业务投资项目，资本市场业务取得新突破。此笔业务交易背景是上市公司三钢闽光股票获证监会批准实施定向增发不超过30亿，获得项目信息后，省、市、支行三级联动营销，并设计安全垫业务交易模式，由总行理财资金做优先级的投资，理财资金投资规模4.06亿，及时上报总行资产管理部进行投资审批，于8月30日高效完成本笔业务投资。

【首笔知识产权并购贷款发放】 2016年5月18日，工行三明分行成功为青山纸业股份有限公司收购超声波制浆技术发放1.8亿并购贷款，成为该行首笔并购标的为专利技术知识产权的并购贷款。

【重大不良贷款处置与化解】 2016年，工行三明分行在6个大项目（5个房地产开发项目+宁化客家国际大酒店项目贷款）不良贷款处置和化解上取得实质性进展，其中：宁化客家国际大酒店2亿元贷款于12月20日成功实现重组和风险化解；实施沙县“和顺”房地产风险化解方案，12月22日实现现金清收1300万元。

【政银企合力化解不良】 2016年，工行三明分行呈报的政务信息《工行三明分行化解不良贷款2个亿做法获总行肯定推广》在中共三明市委主办的《三明快讯》刊发，其中政银企合力化解不良贷款的做法获市委、市政府充分肯定。2016年年初工行三明分行成立大户不良资产化解领导小组和项目推进工作小组，形成部门合力、分支行上下联动机制，根据各级政府防控化解区域金融风险、维护社会稳定、扶持困难企业渡过难关的工作要求，本着最大限度维护工行债权安全，快速压降不良贷款、减轻经营包袱的原则，各方在战略上达成高度共识，明确“政府出手、工行让利、企业积极主动作为、县委县政府各部门积极配合”的合作思路，通过政府方实际出资、银行方政策优惠、经营扶持等措施支持困难企业脱困，于12月20日成功化解宁化客家国际大酒店19953万元不良贷款。通过银、政、企齐心协力，工行三明分行在大户不良贷款项目重组和风险化解上达到事半功倍、合作共赢的成效，2016年年末实现不良贷款额、不良贷款率、剪刀差贷款、逾期贷款“四下降”目标。

【“服务面貌专项整治季”活动启动】 2016年10月初，工行三明分行启动“服务面貌专项整治季”活动，聚焦网点服务环境优化、服务态度改善和服务效率提升，实现“半年服务面貌迅速改观”。人力资源部牵头负责落实网点靓化达标率100%、专职大堂经理配备率100%工作，综合管理部牵头“零发生”服务态度类投诉、“零发生”恶性服务事件、“六严禁”服务要求落实和总行星级网点创建覆盖50%网点工作，个人金融业务部牵头落实超时网点数量和 超时等候客户数下降30%工作，工会办公室牵头负责“服务面貌专项整治”系列服务竞赛活动，团委牵头负责“优 质服务我先行”青年同业服务调研体验活动。

【举办“心中有标准、服务讲规范”员工风采大赛】 2016年11月12日，工行三明分行举办“心中有标准、服务讲规范”员工服务风采大赛。经初步选拔后的列东、三元、永安、沙县、尤溪、宁化和市区扁平化支行联队等7支队伍参赛，每支参赛代表队服务风采展示对“临柜服务六步法”“厅堂微沙龙”“营销服务场景”等内容进行有机融合，评委从职业形象、言谈举止、专业规范、创意设计等方面进行综合评分。

（邱淑芸）

中国农业银行股份有限公司三明分行

【概况】 2016年，中国农业银行股份有限公司三明分行（简称农行三明分行）截至2016年年末，全行本外币各项存款突破200亿元，余额201.43亿元，比年初增加13.42亿元，同比多增4.28亿元，增量市场份额四行第二。

精准支持地方实体经济。支持省市重点项目、新型城镇化、水利水电、交通基础设施、能源、民生等重点领域项目12个，授信金额49.5亿元，累计向重点项目、重点客户新增投放8亿元，信贷结构持续调整优化。支持房地产市场稳健发展，推广个人一手房、二手房贷款和农民安家贷等业务，2016年累计投放8.7亿元，个人按揭贷款比年初增加5.29亿元，新增支持按揭楼盘项目11个，授信额度14.76亿元。

切实做好金融扶贫工作。围绕推进农业供给侧结构性改革工作主线，持续提升“三农”金融服务水平，大力支持地方品牌农业、生态农业、智慧农业发展，大力推广农民安家贷，支持农民进城购房，2016年，累计投放农民安家贷共发放800笔、金额3.11亿元。做好金融扶贫工作，认真贯彻落实关于扶贫开发的工作要求，坚持把服务脱贫攻坚与服务“三农”同研究、同部署、同落实。积极主动摸清建档立卡贫困农户的基本情况，在扶贫目标对象上做到精准定位、精准发力、精准施策，实现“五个一批”，完成4743户、14298人建档立卡贫困户建档工作，占全市贫困人口26%。开展“百村千户”“人才双百”等行动，结合优势产业链金融服务，创新“龙头企业+农户”“专业合作社+农户”等多形式产业链金融服务模式。清流、宁化、明溪、泰宁、大田5个支行完成“扶贫小额信贷风险担保金”签约，清流、宁化、明溪、泰宁、建宁、大田、沙县、尤溪7个支行与当地政府签订战略合作协议。5个扶贫重点县贷款总额25.76亿元，比年初增长1.91亿元，增幅8.01%，贷款增速高于全行贷款同期增速16.73个百分点。

【推进业务经营转型发展】 2016年，农行三明分行开展市场营销“比学赶超”活动，以支行和网点为单位，按周监测、按月评比、按季兑现、年度总评，加强营销管理过程管控，客户拓展、市场营销、服务能力逐步提升。强化信贷管理，完成放款中心建设，建立分中心10个，加强对支行放款分中心制度的落实执行检查，落实信贷的“三查”“六真”要求，推动全行用信管理的高效规范运作。

【农民安家贷推出】 2016年，农行三明分行响应市政府提出的房地产市场“去库存”的指导要求，加快农民工市民化，推进城镇化建设的国家方针政策，2016年在金融系统中率先设计并推出灵活、适应市场需要且风险可控的“农民安家贷”。“农民安家贷”是农行三明分行率先推出专门为农民进城购房量身打造的创新贷款产品，可支持一手住房贷款和二手住房贷款，具有准入门槛低、利率优惠、手续简便、还款灵活等特点，旨在解决农民进城购房准入难、申贷难、费用高等问题，有效解决农民工购房贷款难点，且借款农民可选择按月、按季、半年或按年进行还款，契合农民收入的季节性特点。2016年，本行累计发放农民住房贷款815笔，金额合计3.13亿元。

【扶贫小额信贷风险担保金担保贷款推出】 2016年，农行三明分行响应市政府《关于打赢脱贫攻坚战的决定》的号召，推出扶贫小额信贷风险担保金担保贷款，“扶贫小额信贷风险担保金担保贷款”是指农行为建档立卡贫困户或能够带动贫困户发展的新型农业经营主体提供的，由扶贫小额信贷风险担保金提供担保、由扶贫小额信贷贴息资金提供贴息的贷款。该产品主要特点有：担保倍数10倍以内；执行基准利率；政府贴息,贫困户1~3年,带动贫困户新型农业经营主体1年。2016年，累计发放建档立卡贫困户扶贫贷款406户金额1823万元，其中“扶贫小额信贷风险担保金担保贷款”38户金额137万元。

【“两权抵押”——“农村土地承包经营权抵押贷款”推出】 2016年，农行三明分行为顺应农村产权改革和现代农业发展趋势，丰富“三农”业务担保方式，推出“两权抵押”——“农村土地承包经营权抵押贷款”。沙县作为“农村土地承包经营权抵押贷款”业务试点县，农行沙县支行主动与当地政府联系，通过确权登记将符合条件的农村土地承包经营权追加到本行存量农户贷款抵押，截至2016年年底共办理追加抵押1546万元。

【首次通过股权拍卖处置方式收回不良贷款】 2016年，农行三明分行首次通过企业股权拍卖处置方式，成功收回4户企业不良贷款，本息合计6310万元。

（夏旺华）

中国银行股份有限公司三明分行

【概况】 2016年，中国银行股份有限公司三明分行（以下简称三明中行）资产总额133.41亿元，负债总额134.17亿元，实现拨备前利润3.03亿元。人民币各项存款日均余额为100.59亿元，历史上首次突破日均百亿元大关，较年初新增10.12亿元，创历史新高。人民币各项贷款余额140.48亿元，累计化解清收不良资产8.1亿元，不良率6.82%，较年初下降0.17个百分点。

【支持地方经济建设】 2016年，三明中行以信贷结构调整支持产业结构优化，推动国民经济加快转型升级，加大对全市重点战略项目、大型集团客户下属企业、产业龙头企业、新兴产业和优质中小企业等的投放力度，全年公司贷款投放33.02亿元，其中大力支持交通运输、房地产、农业、电力、新能源以传统制造业等领域的新增贷款投放约15.5亿元。深化与相关政府性机构的合作关系，成功推介三明城投境外发债项目，实现投行业务零的突破。先后与三明人防办、三明中院、三明万达、三明中燃燃气、三明农发行、三明武警支队开展战略合作，积极营造良好的金融生态。积极支持三明地区房地产去库存工作，成为万达地产、碧桂园、建发地产和海翼地产等大型房企的主办行，2016年新发放开发贷款4.92亿元，其中支持三元棚户区改造（马道山—新田巷片区）项目贷款投放1.73亿元。加大小微企业支持力度，结合三明地区实际情况，先后推广“助保贷”“税贷通宝”“中银流水贷”“中银快贷”“网络通宝”等产品，全面完成小微企业贷款“三个不低于”目标。

【外汇与跨境业务管理】 2016年，三明中行加强购付汇管理，保持外汇收付汇平衡，规范资本项目登记操作，确保业务合规。为顺应外币储蓄存款增长，避险投资需求增多和移动互交易渠道创新等三大趋势，做好外汇黄金等贵金属投资理财业务工作，同时因地制宜地调整结汇点差优惠政策，加大对出国优惠季产品的奖励力度，并通过开展跨境主题系列活动、网点海淘沙龙活动、出国金融品牌宣传、建立外汇业务内训师队伍等手段，不断扩大金融的品牌影响力，实现境外消费额增幅和结售汇收入大幅提升。积极宣导人民币双边波动趋势，紧抓业务时间窗口，成功为5家委贷客户叙作组合期权远期售汇业务，帮助客户提升资产价值的同时，也推动客户规模、业务规模上新台阶。2016年年末，中行国际结算业务市场份额、跨境人民币业务市场份额分别为35.95%、31.26%，分列全市同业第一、第二。

【中银E贷——个人网络消费贷款推出】

2016年，三明中行推出“中银E贷——个人网络消费贷款”，成为“后房贷时代”消费金融业务的新增长点，全年批复授信额度2.1亿元。“中银E贷——个人网络消费贷款”是中行依托大数据平台和网络贷款相关系统，通过对行内存量客户数据进行整合分析，以行内优质代发薪客户为目标客户群体推出的一种纯信用个人网络消费贷款产品，客户可在线申请、在线审批和在线提还款的全流程线上融资服务，客户足不出户即可完成贷款业务的各项操作，为个人客户提供更高效、便捷的线上融资服务。

【机关社保职业年金业务】 2016年8月初，建宁县机关社保中心的“职业年金”收入、支出专户落户建宁支行，标志着自2015年3月以来对重点拓展的机关社保养老金业务成功。

【“智慧法院”项目合作】 2016年，三明中行推介智慧法院“互联网+”的新理念、“司法便民”工程的优势，得到三明市中级法院领导的认可，2月，三明中行与三明市中级人民法院达成合作意向，并签订“ITC诉讼服务自助终端”服务管理协议书。

【智能化网点建设】 2016年，三明中行新增3家离行式自助银行，11台自助发卡机、2台硬币兑换机。建成17家智能化网点，强化电子渠道对柜台简单业务的分流功能，加强线下业务线上迁移水平，有效提高客户服务水平。

【增强风险防控质效】 2016年，三明中行累计重组重整14户、2.67亿元，化解潜在不良资产1.4亿元。保持对清收不良的高压态势，加强与地方政府、金融办、法院等部门的走访与沟通，加速推进诉讼执行进程，综合运用现金清收、呆账核销、批量转让、重组上调等手段加快处置不良资产，实现腾规模、回拨备，全辖累计实现表内不良资产清收化解8.1亿元，同时加大现金清收力度，全年累计实现表内外不良现金清收3.76亿元，现金清收额在全省中行系统内排名第一。

【孙中山纪念币兑换】 2016年11月，三明中行认真部署，提前确定兑换网点和预约兑换数量，加强对外宣传公示，提前组织预约兑换点现场布置，开放预约兑换的专用窗口，安排大堂经理现场引导，并实行专人巡查，完成社会公众和中行客户预约兑换任务。每枚面值5元，实际兑换量是661096枚。

（叶晓燕　黄文荣）

中国建设银行股份有限公司三明分行

【概况】 2016年，中国建设银行股份有限公司三明分行（简称三明建行）至2016年底，一般性存款余额204.26亿元、各项贷款余额180.14亿元、单位人民币结算账户总量1.9万户、借记卡累计发卡143.43万张、电子银行总客户数达168.3万户，主要业务指标均居当地同业前列。不良贷款余额6.35亿元，不良贷款率3.12%，资产质量保持当地四行最好水平。企业软实力不断提升，获评全省“先进行业”称号，分行本部及辖属三元支行被授予“省级文明单位”；连续7年被市委市政府授予“平安先进单位”称号。

【服务实体经济】 2016年，三明建行强化综合服务能力，支持实体经济发展，在公司类基础设施行业、小微企业、民生、新兴行业等领域贷款保持快速增长。服务政府重点项目和龙头企业发展，落实“三大一高”战略，加大与政府项目和重点企业的合作，全方位地提供融资授信服务，全年发行政府债务置换理财产品13.75亿元，在全省建行系统“银政通”业务考核中居第1位。以创新为驱动缓解小企业融资难题，针对专业市场、特色产业集群，积极谋求搭建银企合作平台，为中小企业融资提供便捷通道，举办大数据产品专场推介会2场，小微企业贷款余额21.33亿元，比年初增加5128.97万元，增长2.46%，全面完成“三个不低于”监管要求。

【智能银行转型】 2016年，三明建行通过加快网点布局、自助设备投放、推广线上视频柜员服务等举措，努力为全市居民提供更加优质高效的金融服务。全年新增5家离行式自助银行，离行式自助银行与网点机构数量的比例达到1：1；全年新增自助机具28台，新增智慧柜员机173台；2016年，在运行的自助银行55家（其中离行式22家），ATM机87台，存取款一体机174台，自助终端52台，自助发卡机38台，填单机34台。

【全国首发朱熹和顺银行卡】 2016年3月，三明建行在全国首发以朱熹诞生地及朱熹塑像为卡面设计要素的银行卡。该卡被省建行作为文化教育金融生态圈的重点推荐产品在全省大力推广，三明分行年发卡量达5.90万张。

【分期通业务推出】 2016年6月，三明建行针对特定优质客户（房贷客户）推出信用卡“分期通”产品。该产品额度最高可达15万元，期限最长为3年，支用灵活，快速放款，全方位满足客户“衣食游娱购”等各类大额消费信贷需求。全年为883名客户提供该项服务，交易金额超过8500万元。

【“学易收”业务】 2016年6月26日，全省建行系统首户“学易收”系统在三明一中正式投入使用。该系统满足学校按学号编制、按班级清分资金等个性化需求，既方便家长，免去排队之苦，随时随地轻松实现学费及各种费用缴交，又减轻学校财务的负担。该业务被列入全省建行重大营销案例在全省大力推广。全年拓展电子化缴费单位46户，居全省建行系统第1位。

【设立市分行渠道管理部】 2016年7月26日，三明建行设立渠道管理部，承担全行物理渠道（包含物理网点、自助渠道及合作渠道）战略发展规划、机构设置、建设、网点分类评价和服务效能管理、网点岗位设置与劳动组合优化、网点业务操作规范管理、综合营销支持与管理、服务质量管理、督导检查、自助业务以及在线金融业务管理等职能。同时，明确渠道管理部与个人金融部合署办公，并将个人金融部更名为个人金融部（渠道管理部）。

【转型业务】 2016年，三明建行成为全省建行系统首个实现烟草手机支付业务全区域覆盖的二级行，烟草跨行交易量达3.01亿元，居当地同业第1位；相继实现8个市县机关社保业务承办权，居全省建行系统第1位；加快物理渠道转型进程，智能设备交易替代率提升18.47%，柜面现金可替代率下降19.67%，网点客户经理充足率居全省建行系统第1位。

【“智慧法院”系统推出】 2016年，三明建行与三明市中级人民法院合作建设“金融+互联网+诉设服务+渠道”四维一体的法院24小时自助服务系统，全力打造“一站式、全景化、智能型”法院，最终将实现全国范围内自助终端的互联互通，实现司法数据与法官、当事人、代理人（律师）之间的共享、查询与交互，实现IC卡、微信支付、二维码支付、云闪付、网上支付等多种缴费方式，真正让群众获得满意值较高的司法服务。

【银医通与排队分诊系统开发】 2016年12月20日，三明建行成功为大田县医院开通银医自助服务和排队分诊服务，该系统将为当地居民提供更加便捷、高效的医疗与金融服务。

【完善用卡环境】 2016年，三明建行加大自助机具升级改造，提升客户交易安全性及用卡体验。升级改造后的自助设备可通过云闪付、龙支付、脸部识别、声音指纹等非接触方式取现。2016年，支持非接触方式取现的自助设备有235台，改造比例达到87%。

（陈德昶）

兴业银行股份有限公司三明分行

【概况】 2016年，兴业银行股份有限公司三明分行（以下简称兴业银行三明分行）2016年度分行综合考评在四类区行评比排名第三名，比2015年提升两位。在全市综治考评中被市委、市政府授予平安先进单位，1人被市政府授予“三明市劳动模范”。截至2016年12月31日，兴业银行三明分行本外币各项存款余额112.82亿元，比年初增加8.21亿元。本外币各项贷款余额122.64亿元，比年初增加8.83亿元。不良贷款余额控制在总行和当地政府下达的控制计划内。报告期内，分行累计实现扭亏为盈。2016年兴业银行三明分行取得许多经营成果：兴业银行三明分行业务结构得到持续的良性调整。通过加强交易产品推广、加大创新产品力度，强化与政府、上市公司和重要客户合作力度，大力吸收结算型存款，法定利率存款大幅增加，活期存款占比逐步提高，高成本负债比例明显下降；在经济下滑的大背景下，分行存贷款规模仍稳步增长；资产质量的控制比预期要好。不良贷款率2.84%，较年初下降2.22个百分点，控制在总行和当地政府下达的控制计划内；实现扭亏为盈，企金、零售条线EVA转正，改变前两年持续为负的状况。

【促进形成差异化竞争优势】 2016年，创办园区资产流转贷款新业务。为了解决园区企业贷款难问题，分行经过多方协调和论证，借鉴林权按揭贷款模式设计出园区企业资产流转贷款流程，在当地政府和总行的大力支持下，创立园区资产流转贷款新品种。截至2016年年末，分行已与5个工业园区签订战略合作协议，已向8家企业投放1.59亿元，已储备部分项目客户，涵盖沙县、永安、大田等各区县。该项产品业务模式属全国首创，该产品的突破，扩大分行的区域影响，密切银政关系，提升业务品牌，为推动地方经济起到示范作用。同时，加快明股实债业务、绿色债券、政府购买服务、技改基金、产业基金等新兴业务推动。根据当前产品热点，分行认真研究明股实债业务、PPP项目、政府购买服务、产业基金、绿色债券等新兴业务产品，成功落地福建省一建明股实债业务3亿元、福建省技改基金项目1.18亿元。

【分行业务转型升级】 2016年，兴业银行三明分行推行结算先行，强化交易银行建设。加快内部机制体制改革，完善管理、考核机制，成立由企金、零售、科技3个部门组成的跨条线互联网金融创新推广运用小组，整合条线间资源，出台交易银行竞赛方案，提供各类技术支持。同时，根据交易银行业务专业性强、技术要求高、区域跨度大等特点，试点推行交易银行团队专营，提高营销的专业性；强化业务产品突破和支付体系构建，推动兴E付（支付宝、微信）、兴业管家、兴业管家卡和兴业通的培训及使用，结合应用场景持续完善支付产品架构，落实沙盘作业，重点突破民生消费、公益、大型连锁商超等行业。强化产品标准化与服务能力，针对公共事业领域客户如水务、教育、物业和公益等重点行业提供移动支付需求标准化解决方案；针对旅游、电商等行业引入第三方公司参与解决方案，上线桃源洞景区、洗车有礼、八闽票务等线上平台；改变移动医疗产品营销策略，跟踪已上线医院项目使用情况，上线三明市第一医院掌上医院项目、沙县中医院银医通项目、启动大田县中医院掌上医院、银医通项目,沟通市卫计委，筹备推动“健康通”项目。加强系统平台上线建设，锁定支付场景。通过利用总行相关系统产品，如财资管理云平台，对省一建、闽通长运集团、城投、交投等重点目标客户沙盘进行重点营销，同时加大分行自建系统投入，通过永安监狱一卡通项目、电力多经资金管理系统和钢铁交易平台建设以及制定医保、社保等机构的缴费系统解决方案，带动上下游集群营销和客户结算；持续推动用卡环境建设，构建“织网工程”。通过企金与零售联动，引入“兴E付”渠道商地推团队、交叉营销提高客户黏性和业务结算量。截至2016年年末，移动支付拓展商家4200余户，总交易笔数突破100万笔，总交易金额突破3亿元，主要涵盖智慧校园、智慧物业、智慧公益和兴E付等总行主推四个产品系列。

【“降旧控新”】 2016年，兴业银行三明分行结合区域经济金融形势，按照“有保、有控、有压”的区别授信政策，从严控制个人经营类贷款、无经营网点的信贷业务，禁止各经营机构跨区域、跨条线多头授信，并按照有利于风险控制，有利于化解，有利于收息的“三个有利于”原则，做好转贷、续贷工作。同时，为快速回补因大量不良资产出清出现的缺口，将分行业务拉回正常发展轨道上，维护分行在三明业务市场份额，按总行“一大一小”的企业金融投向策略，大力拓展风险较小的政府或政府主办的融资项目、当地主流国有大中型企业，以及具有创新特色的园区中小企业，2106年实际有效投放贷款35亿元，位居区域同业第一名。在降旧方面，分行积极推动实现“两个转变”即从单纯依赖核销、转让向以清收、重组为主转变，提高不良资产处置成效。在实际操作中分行贯彻落实总行资产质量防控的有关要求，按照“后手不劣于前手”“实质重于形式”原则，根据企业实际情况采用一企一策分类帮扶和差别化处置措施，加快推进风险化解。2016年，兴业银行三明分行通过资产转让、核销、重组化解、诉讼清收等手段，共处置表内外不良资产15.97亿元。

（倪远余）

福建省农村信用社联合社三明办事处

【概况】 截至2016年年底，三明市农信社、农商行（以下简称三明农信系统）辖内共有9家县（市）农村信用合作联社、2家农村商业银行，拥有营业网点194个，金融服务便民点1742个，在册员工1793人，是至2016年三明辖内金融机构中人员与网点分布最广泛的金融机构。三明农信系统资产总额433.18亿元，比年初增加42.07亿元，增长10.76%；各项存款余额370.16亿元，比年初增加38.05亿元，增长11.46%；各项贷款余额217.98亿元，比年初增加2.99亿元，增长1.39%，若剔除表内不良贷款核销、剥离9.54亿元的因素，贷款实际增加12.53亿元，增幅5.83%；存款、贷款市场份额分别达到25.46%、17.24%，各项存款、贷款余额以及存款增量继续稳居全市各家金融机构首位。2016年，实现各项收入21.15亿元，各项支出20.10亿元；在资产减值损失提取9.26亿元的基础上，实现利润总额1.05亿元、净利润0.38亿元；缴纳各项税金1.93亿元，多数县（市）农信联社、农商银行已成为当地纳税大户，并进入前五名，地方贡献度明显增强。2016年6月28日，根据《中共福建省农村信用社联合社委员会关于成立中共三明市农村信用社系统委员会的通知》，成立中共三明市农村信用社系统委员会。

【普惠金融发展】 2016年，省农信社三明办事处指导辖内农信系统发展普惠金融，开展进村入社区业务营销活动，推广“普惠金融卡”“万通宝”、安居贷等普惠金融产品，全方位满足农村生产、消费信贷资金需求。至2016年年末，三明市农信系统共发放普惠金融卡8.17万张，授信金额达41.87亿元。同时，通过开展普惠金融活动，贷款客户数有效增加。至2016年年末，三明市农信系统贷款客户数达13.93万户，比年初增加4.03万户，增幅达40.71%，超额完成全年计划新增3万户的目标任务。

【精准扶贫推进】 2016年，三明市农信系统开展贫困户信用建档活动，对列入市扶贫部门建档立卡的19500户贫困户全面开展信用建档，做到信息全、底数清、情况明。至2016年年末，三明市农信系统对有信贷需求且符合信贷条件的贫困户授信2078户，授信金额达7828万元，覆盖率和满足率均达100%，实现全覆盖目标。同时，创新精准扶贫贷款方式，结合实际，创新推出扶贫担保基金担保贷款、产业扶贫贷款、信誉党员结对帮扶贷款，有效解决贫困户发展生产的资金需要。至2016年末，三明市农信系统共发放扶贫担保基金担保贷款余额2121万元、产业扶贫贷款余额3863万元、信誉党员结对帮扶贷款余额3775万元。

【新型农业发展】 2016年，三明市农信系统加大对农民专业合作社、专业大户、家庭农场等新型经营主体的信贷支持力度，促进全市新型农业加快发展。至2016年年末，市农信系统发放农民专业合作社贷款余额1.13亿元，家庭农场及专业大户贷款余额913万元。

【金融扶弱工程推进】 2016年，三明市农信系统推进金融扶弱工程，独家或主要承办小额扶贫贴息贷款、巾帼扶贫贴息贷款、就业再就业贴息贷款、“计生户”贴息贷款、小额林业贴息贷款、生源地信用助学贷款，充分发挥民生金融主力军作用。至2016年年末，市农信系统已发放以上各类贴息贷款余额达7.36亿元。

【信贷产品创新】 2016年，三明市农信系统根据业务发展新形势，因地制宜创新信贷产品，灵活满足广大客户多层次、多样化的金融服务需求。如：三明农商银行创新推出“房易贷”“车易贷”“政府采购贷”以及村级林业担保基金担保贷款模式，永安联社创新推出“安吉·好房贷”，尤溪联社创新推出“朱子·惠民卡”等具有自身特色的金融产品，深受广大客户的青睐。同时，推广沙县“农金改”经验，积极推广村级融资担保基金担保贷款业务，至2016年年末，辖内各农信联社、农商银行均已开办此项业务，累放此项贷款5.74亿元，实现全市农信系统全覆盖目标。

【电子业务发展】 2016年初，市农信系统加大自助机具布设力度，提升客户服务便利度，打通农村金融服务“最后一千米”问题。至2016年年底，三明市农信系统已布设ATM机113台，存取款一体机356台，自助终端81台；布设POS机4448台，居家银行1855台，小额支付便民点1742个，布设量及覆盖率均居全市各银行机构之首。同时，积极顺应电子化业务需求，加大手机银行、网上银行、电话银行、微信银行、短信银行等电子化业务营销力度，不断提升电子交易占比，加快业务转型步伐。至2016年年末，全市农信系统电子交易占比达86.52%，比年初上升1.99个百分点，其中手机银行交易占比达31.94%。

（叶聿帮）

福建三明农村商业银行股份有限公司

【概况】 截至2016年年末，三明农商银行资产总额65.35亿元，比年初增加6.87亿元。各项存款余额49.54亿元，比年初增加2.61亿元，增长5.55%，市场占有率达11.07%，在三明市区15家银行业金融机构位居第4名。各项贷款余额32.79亿元，贷款市场份额6.09%；全年实现各项收入28616.42元，当年缴纳税费2911.16万元，比2015年增加1988万元。

【助力民生业务】 2016年，三明农商银行推进金融扶贫，完成贫困户建档立卡286户，建档率100%，并对尚有生产劳动能力的贫困户给予信贷帮扶；加大对农村弱势群体的信贷扶持力度，截至2016年年末，农村青年创业贷款、下岗失业人员贷款等创业类贷款余额1513万元，通过“造血式”扶贫，帮助他们脱贫致富；对接新农村、安置房建设，截至2016年年底，“安居贷”贷款余额2400万元；持续开展“福万通”慈善基金捐资助学活动，2016年内捐助10名贫困大学生，同时对贫困大学生给予信贷支持，截至2016年年末生源地助学贷款317户，余额414.49万元，为贫困学子完成学业贡献一份力量；依托社保卡“立等可取”窗口，加强社保卡服务。

【普惠金融推行】 2016年，三明农商银行开办“普惠金融百村推介会”122场、开展“三扫五进”、进机关企业推介等活动大力推广普惠金融卡。截至2016年年末，三明农商银行普惠金融卡发卡17330张，月均发卡1094张，普惠金融卡业务发展指标位列全省第3名。同时，利用普惠金融卡做好“1+N”营销，即普惠金融卡+麒麟卡+手机银行+短信银行。麒麟IC卡总量达88844张，新增手机银行客户数15834户。荣获全省农信“电子银行业务优胜奖”殊荣。

【特色金融品牌】 2016年，三明农商银行成立林业金融事业部，创新推出普惠制林业金融产品“福林贷”，并在饱饭坑、星桥村、砂蕉村开展试点。截至2016年年末，“福林贷”授信128户，金额1205万元，发放“福林贷”44笔，金额389万元。“福林贷”推出后，作为三明地区“绿色金融”名片参展林博会及全国林业厅局长会议，后续将在三明地区全面推广。同时，推进与林业企业、收储公司合作，探索“金融+林农+收储”模式，深耕绿色金融。

（陈泽松）

中国邮政储蓄银行三明市分行

【概况】 2016年，邮储银行三明市分行加大信贷投入，优化信贷结构，创新信贷产品，支农惠民，助力中小微企业，不断加大对实体经济的支持力度，2013~2016年连续四年贷款增量位于全市前列。在稳步发展的同时，始终坚持审慎的风险偏好，不断强化风险管理能力，实现不良率稳中有降的良好态势，不良贷款率低于全市同业金融机构平均水平。2016年，永安市支行黄雨燕获得全国“十佳明星大堂”荣誉称号，清流县支行龚佳辉获总行2016年度安全保卫能力提升征文比赛二等奖、公司业务部陈玲玲获2016年贸易金融产品经理技能竞赛优秀奖。

【精准扶贫工作】 截至2016年年末，邮储银行三明市分行完成全市11820户、31829人的贫困户建档立卡工作，建档立卡贫困户台账完成率54%。在做好贫困户建档立卡工作的基础上，加快推动与扶贫办合作的扶贫担保贷款业务，参与政府建立的县级、乡镇、村级扶贫信贷担保金以及扶贫贷款贴息和风险补偿金政策，通过政府建立的扶贫担保金解决贫困户担保难问题。同时结合贫困户实际需求，对该类扶贫贷款进行产品创新，推出惠农易贷扶贫担保贷款专属产品，通过提供扶贫贷款资金支持，让贫困户贷得到、用得好、还得上、逐步致富。邮储银行三明市分行在永安、明溪、宁化、将乐、泰宁、清流、尤溪等7个县与当地扶贫办签署合作协议，大田、建宁和沙县已达成合作、拟近期签署合作协议。累计对建档立卡贫困户发放贷款149笔、金额586万元，帮带贫困户致富的专业大户发放贷款538笔、金额2431万元，带动1363人次。

【涉农类贷款】 2016年，邮储银行三明市分行优化调整小额贷款产品要素，推出家庭农场、农民专业合作社等新产品，在沙县、建宁、明溪、永安、宁化、泰宁县均与当地农业局合作开办政府担保金类贷款；农业产业链贷款产品在建宁禾丰种业公司落地；林权抵押按揭贷款除与市中闽收储公司合作外，在尤溪等县与当地森信林业担保公司合作贷款已落地。

【小微企业贷款】 2016年，邮储银行三明市分行加大对诚信纳税企业的融资支持，通过“税贷通”产品解决小微企业无抵物的难题，发放系统内全省首笔税贷通贷款；对接市内各县国有林场的贷款需求，已有永安、清流、尤溪的林业公司办理贷款；加大对医院的贷款支持，2016年发放医院贷1300万元、贷款结余4户，金额4000万元。永安、沙县、清流、尤溪、明溪、建宁支行保证保险贷款均有突破，在行业开发方面，着重对涉农行业、弱周期民生行业进行批量开发，2016年帮助22个水电行业客户进行技术改造、增效扩容及流动资金补充等。

【融入沙县农村金融改革】 2016年，邮储银行三明市分行创新农业保证保险贷款，通过银行、政府、保险风险共担的模式，将农业大棚设施纳入担保范畴，累计放款10笔362万元；参与沙县村级融资担保基金贷款，产品已获得总行批复，并已对接多个行政村；土地承包经营权抵押贷款，已受理调查1户金额15万元，将争取尽快落地；支撑沙县特色小吃行业，创新推出“小吃贷”，覆盖小吃户开店、盘店、购房、购车等综合金融需求，2016年年末结余7200万元，其中小吃创业小额贷款2600万元，购房消费贷款4600万元。

【风控能力提升】 2016年，邮储银行三明市分行通过强化风险管理部门履职管理，充分发挥风险联络员作用，强化对分支机构风险管理工作的督导，持续推进全面风险管理体系建设。加强案防组织建设，落实案防制度，推进案件治理；以基层案防综合治理水平为落脚，提升案件防控水平；聚焦重点业务、重要岗位和关键环节的风险排查，严防民间借贷风险热点渗透；加强监督检查力度，强化责任追究和问题整改；广泛开展“内控达标年”活动，不断提升员工的合规理念；坚持“风险为本”原则，扎实推进开展反洗钱工作。2016年，柜面累计拦截诈骗事件20余起，为客户挽回直接经济损失45万元。

【服务能力提升】 2016年，邮储银行三明分行到小陶镇五爱村，走访慰问在“莫兰蒂”台风期间受灾的小额贷款农户，详细了解五爱村的受灾情况和面临的困难，鼓励他们要振作精神，做好复产工作，并送上慰问品。开展“找差距、促规范”“杜绝投诉、规范服务”等形式多样的服务主题活动，同时加大服务检查力度促整改，强化网点现场管理降投诉，开展明星大堂经理竞赛抓队伍，加强网点定置定位管理完善网点服务环境，服务水平持续提升。在总行组织的第三方神秘人现场检查中，邮储银行三明市分行自营网点成绩排名全省第一；在福建省分行组织的“明星大堂经理”大赛中，邮储银行三明市分行获团队第一名；代理网点选手刘芳获“中国邮政储蓄银行全国百佳明星大堂经理”。

（邱宝金）

交通银行股份有限公司三明分行

【概况】 2016年12月，交通银行股份有限公司三明分行（以下简称三明交行）新设碧桂园支行，不断延伸基层服务网点，扩大金融服务半径。截至2016年年底，各项存款余额13.10亿元，比年初增加3.13亿元，增幅31.47%。各项贷款余额20.95亿元，比年初增长6.05亿元，增幅40.57%。2016年，三明交行获得交通银行福建省分行“2016年度先进集体”荣誉；获得交通银行总行和福建省分行“先进基层党组织”荣誉、同业理财业务“省辖分行全覆盖”活动优秀辖行奖、福建省行党建工作考评第一名及党风廉政建设工作考评第一名。营运条线劳动竞赛全辖范围内均名列前茅。

【服务地方经济】 2016年，三明交行优化信贷结构、开展金融创新、完善配套政策，通过加大信贷营销力度，依据客户需求进一步拓宽银企业合作渠道。2016年，实现各项贷款累计投放11.52亿元，信贷支持领域涉及机械、建材、批发、仓储运输、科技文化、教育等多个行业，多个县域地区实现信贷投放，批复三明生态新城新型城镇化产业基金10亿元，是三明地区同业中第一支真正意义的产业基金。

【助力小微企业】 2016年，三明交行完善金融产品，助力小微企业发展。3月28日，三明交行与国税局、地税局签订战略合作协议，共同推出“税融通”业务，助力优质小微企业健康发展，纳税信用也成为小微企业获得融资的一把“金钥匙”。同时，三明交行致力于推广和升级各类小微信贷模式，包括4月的“快捷抵押贷”、6月的“政府采购贷”以及“园区厂房按揭贷款”等创新金融产品，让三明当地更多的小微企业能够分享金融创新的成果，实现多方共赢。

【消费者权益维护】 2016年，三明交行始终坚持普及性和普惠性、公益性和服务性、持续性和集中性相结合的原则，建立消费者权益保护体系，通过在营业大厅设置金融知识咨询台，滚动播放防范电信网络诈骗视频，每季度开展金融知识进学校、进社区、进企业，于5月10日开展三明市纠纷热线、6月25日“小小金融家”财商训练营等形式多样的金融知识宣传教育活动，不断提升公众的金融意识和金融素质。

【风险管控加强】 2016年，三明交行始终坚守风险管控底线，分析三明经济发展特点，严把信贷投向，认真落实交通银行总行2016年行业政策投向指引和授信与风险政策纲要，严格实施重点领域管控，加强风险预警，强化重点行业的管理。同时，全面落实贷后管理要求，提高风险管控能力，落实好“一户一策”，通过落实“八看”和“四个及时”，切实发挥前中后台“四道防线”在贷后管理中的作用。2016年年末，分行无不良贷款。

（杨欣娜）

保　险

【概况】 2016年，三明保险业保费收入52.96亿元，比2015年增长15.2%。其中寿险公司保费40.65亿元，较2015年增长17.8%，财险公司保费12.31亿元，较2015年增长7.5%。2016年全市保险深度为2.85%，保险密度2076.9元/人。赔款支出11.38亿元，同比增长9.7%。其中财产险理赔支出4.9亿元，同比增长6.4 %，人身险各项给付支出6.5亿元，同比增长12.3%。至2016年年年末，三明地区共有保险公司31家。其中，财险公司17家，寿险公司14家。平安养老保险公司于2016年9月成立。保险服务网点163个，代理公司4家。

（江　梅）

表 23

2016 年三明保险公司经营情况

单位:万元

公司名称	公司简称	保费收入	市场占比(%)
中国人民财产保险股份有限公司三明市分公司	人保财险	50164.59	40.8
中国平安财产保险股份有限公司三明中心支公司	平安财险	16045.40	13.0
中国太平洋财产保险股份有限公司三明中心支公司	太平洋财险	14301.56	11.6
中国大地财产保险股份有限公司三明中心支公司	大地财险	6667.02	5.4
安邦财产保险股份有限公司三明营银销服务部	安邦财险	1314.14	1.1
长安责任保险股份有限公司三明中心支公司	长安责任	1347.40	1.1
都邦财产保险股份有限公司三明中心支公司	都邦财险	495.04	0.4
华安财产保险股份有限公司三明中心支公司	华安财险	4510.06	3.7
天安财产保险股份有限公司三明中心支公司	天安财险	1168.33	0.9
中华联合财产保险股份有限公司三明中心支公司	中华联合	8649.30	7.0
中国人寿财产保险股份有限公司三明市中心支公司	国寿财	9642.72	7.8
英大泰和财产保险股份有限公司三明中心支公司	英大财险	1779.73	1.4
阳光财产保险股份有限公司三明中心支公司	阳光财险	2621.30	2.1
永诚财产保险股份有限公司三明中心支公司	永诚财险	573.43	0.5
紫金财产保险股份有限公司三明支公司	紫金财险	1098.42	0.9
亚太财产保险有限公司三明中心支公司	亚太财险	932.94	0.8
太平财产保险有限公司三明中心支公司	太平财险	1762.63	1.4
中国人寿保险股份有限公司三明分公司	中国人寿	139123.36	34.2
中国平安人寿保险股份有限公司三明中心支公司	平安人寿	50331.24	12.4
中国太平洋人寿保险股份有限公司三明中心支公司	太平洋人寿	13064.89	3.2
泰康人寿保险股份有限公司三明中心支公司	泰康人寿	9198.60	2.3
新华人寿保险股份有限公司三明中心支公司	新华人寿	27517.95	6.8
民生保险三明中心支公司	民生人寿	8077.83	2.0
富德生命人寿保险股份有限公司三明中心支公司	生命人寿	98293.10	24.2
中国人民人寿保险股份有限公司三明市中心支公司	人民人寿	38596.51	9.5
信泰人寿保险股份有限公司福建分公司三明中心支公司	信泰人寿	6248.85	1.5
农银人寿保险股份有限公司三明中心支公司	农银人寿	10638.83	2.6
太平人寿保险股份有限公司三明中心支公司	太平人寿	3238.34	0.8
华泰人寿保险股份有限公司三明中心支公司	华泰人寿	1816.68	0.4
英大泰和人寿保险股份有限公司三明中心支公司	英大人寿	392.35	0.1
平安养老保险股份有限公司三明中心支公司	平安养老保险	0	0

中国人民财产保险股份有限公司三明分公司

【概况】 2016 年，中国人民财产保险股份有限公司三明市分公司（以下简称人保财险三明市分公司）以对标市场为引领，持续推进以业务发展为中心各项事业发展。2016 年，全市系统共完成保费收入 5.0165 亿元，较 2015 年同期增长 2.72%，首次突破 5 亿元历史大关；赔付率 52.64%，综合成本率 91.16%，实现承保利润 3878 万元；市场份额 40.76%。

【新业务新项目创新发展】 2016 年，人保财险三明市分公司在面临车险商业费率改革，面对消费观念、经营方法、管理模式等转变带来的考验，两级公司重点加强政府公务车辆、国税、华电、烟草等统保业务的续保、招标工作，加强内部管理，提升发展能力。本公司抓住商业非车险改革契机，转型开辟新领域，创新发展一批新业务，如：公路财产综合险、水库大坝及引水隧洞工程项目、兴泉铁路宁化至泉州段 1 标段工程项目、低保人群意外险等等。泰宁公司试点承保的全县小型农田水利财产保险，还被《福建日报》等省内主流媒体显著报道，并在全省水利系统进行推广。全市养老机构责任险、环境污染责任险业务、诉讼财产保全责任险、环卫工人雇主责任险等分散性业务承保面持续扩大。农险业务重点加强对业务的规范管理和风险管控工作，以规范促发展，市县两级公司加强与政府部门沟通，建立良好的业务互动机制，发展一批新项目，如：永安莴苣价格指数保险、清流花卉种植保险、宁化河龙贡米保险等。

【特色扶贫模式开创】 2016年10月，人保财险三明市分公司与三明市人民政府扶贫办签署《三明国家扶贫改革试验区保险扶贫试点协议》，范围覆盖全市12个县（市、区），涉及6.6万人的贫困人口、1000多名贫困学生，以及7333.33公顷贫困户种植的土地；内容涵盖大田农作物保险、贫困人员意外伤害保险和贫困学生平安保险三个方面，帮助农村因病、因残、因学、因灾贫困户规避风险。

【经营依法合规】 2016年，人保财险三明市分公司在健全内控制度、完善管理流程的基础上，开展合规检查，规范业务管理。落实保监会关于农业保险专项治理整顿年要求，组织相关部门对全区农险业务进行三轮专项检查，重点对可能存在问题的内容进行梳理整治，排除合规隐患；对违规问题进行清查，对全市13个经营单位的32个营销服务部和营销服务部负责人任职资格进行清理，清理不符合要求的营销服务部24家，变更营业场所1家，变更营销服务部负责人1家；组织相关部门对各经营单位、农村网点的单证、印章管理进行多次检查整改，从机构人员、内控制度、操作流程、关键环节进行健全和规范。加强对系统集中采购管理，加强授权项目重点环节管控，规范采购流程，控制采购成本，推进资源整合，规避经营风险。结合开展“两个加强、两个遏制”回头看自查工作，认真落实中央巡视整改、审计署审计整改和福建保监局现场检查要求，对治理整顿发现的问题进行整改，在全市系统内开展全面风险排查，防范和处置非法集资，排除从业人员案件风险，健全规章制度和防控措施，预防各类违规风险和案件的发生。

【受灾企业和群理赔众】 2016年，人保财险三明市分公司全市系统员工全力投入抢险救灾工作，结案14790起，用最短的时间将赔款送到灾民手中。特别是泰宁“5·8”泥石流灾害，灾情重、影响大，市、县两级公司启动紧急预案，开辟绿色通道，特事特办，第一时间为受灾企业和群众提供2871万元赔款，对灾区恢复生产生活、稳定社会起到重要作用。2016年全区有效立案数较2015年增加2000多件，理赔效率指标继续保持全省系统中上游，案件处理率达到101.14%，结案率94.13%。

（罗庆东）

中国人寿保险股份有限公司三明分公司

【概况】 2016年，中国人寿保险股份有限公司三明分公司（以下简称“人寿保险三明分公司”）坚持“价值先导、规模适度、优化结构、注重创费”的经营思路和“打造品牌福建、实现强司富员”的经营策略。全年实现股份总保费收入13.9亿元，比增32.36%。其中长险首年保费收入6.48亿元，比增44.20%；短期险保费收入7099万元，比增12.97%；续期保费6.72亿元，比增24.74%。各项指标的市场份额继续保持有效领先，牢牢占据市场主导地位。公司认真履行保险经济补偿职能，共支付各种赔款给付14407件，赔付金额5410.83万元。同时，公司累计培训社会人员10000人次，提供稳定就业岗位3000余个。

【三明国寿品牌打造】 2016年，人寿保险三明分公司提出“牵手国寿 健康同行”主题文化，举办2016年第六届“中国人寿杯”少儿绘画活动，收集作品近万幅，吸引上万名客户参与本次活动，活动参与率较往年大幅度提高，大力提升服务品牌影响力。组织开展绿道健康走、国寿大讲堂、超高端客户拜访、白金级VIP客户年会活动、贵宾级VIP客户年会活动、VIP俱乐部高端客户健康体检、“国寿资讯通”幸运大抽奖、“官微绑保单 迎新有惊喜”活动、特约商家特惠活动等丰富多彩的客户服务活动，增加营销员拜访客户量，促进VIP客户权益升级，服务中高端客户千余人次，惠及客户万名。同时开展服务流程体验活动，收集改进服务意见及建议。

【参与社会公益活动】 2016年，人寿保险三明分公司参与为计生贫困户开展两节慰问、金秋助学、安居工程活动，为贫困母亲献爱心活动。同时，自2014~2016年累计为136名特困生，其中，2014年36名、2015年50名、2016年50名。提供助学金共计32.2万元，连续3年每年为全市300名特困生赠送学生平安保险。连年开展“每人10元，为见义勇为勇士献爱心”活动。同时，组织开展全国保险公众宣传日活动、保险消费者权益保护活动、丰富群众保险知识。

【服务“三农”】 2016年，人寿保险三明分公司创新开发扶贫定向保险，为解决贫困户（城乡低保对象、精准扶贫对象、重点优抚对象、特困供养人员）、重度残疾人、计生特殊家庭等“因病致贫”的风险，切实提高精准扶贫的水平，探索“开展医疗保险和医疗救助脱贫”，通过针对贫困户的医疗补充保险，加大贫困家庭医疗费的补偿；全面推广农村小额保险，为城乡居民提供保障适度、保费低廉、保单通俗的小额人身保险完善社会保障体系，防止“因病致贫”“因意外致贫”通过保险市场化机制放大补贴资金使用效益，为贫困户提供普惠的基本风险保障；巩固提升计生家庭意外伤害保险，年内，加深与市、县区计生协会的合作，并联合当地计生协会开展多种宣传活动，为计生户特别是计生困难户初步建立意外风险保障；持续做好学生平安保险，公司为三明学子提供学生平安保险，保障范围涵盖身故、重疾、伤残、住院医疗等；年内，启动女性安康保险，通过宣传发动，为逾万人办理女性安康保险，进一步提高贫困地区妇女对“两癌”的预防和救助能力；主动打造“县、乡、村”三级服务体系，为更好地做好宣传，服务三农，推进政保业务，持续推进乡、村两级保险服务网点建设，完善多层次保险服务组织体系。

（卢前进）

编辑：陈声华

教育·科技
EDUCATION AND TECHNOLOGY

综 述

【教育发展】 2016年，三明市有普通全日制各级各类学校991所，在校生474319人，教职工36978人。学前三年适龄幼儿入园率97.23%，小学学龄人口入学率100%，初中学龄人口入学率99.18%，初中毕业生升学率94.12%，初中学生三年巩固率99.04%，九年义务教育巩固率92.21%，高中阶段毛入学率95.2%，三类残疾儿童义务教育阶段入学率97%，专科上线率96%。终身教育体系更加完善，基本满足不同阶段、不同人群学习的要求。中等职业教育和普通高中招生比例大体相当，高等教育加快发展。

【科技创新】 2016年，三明市以建设创新型城市为目标，8月市委审议通过《关于实施创新驱动发展战略建设创新型城市的实施意见》，9月市政府办公室印发《三明市“十三五”科技发展和创新驱动专项规划》，确定今后5年科技创新发展的目标任务和工作重点。结合小微企业创业创新示范基地城市建设，先后制定出台孵化众创运营管理、科技成果购买补助、研发费用税前加计扣除后补助、科技创新券等一系列补助政策，新增设立专利发展专项资金、科技创新奖励专项资金，兑现各类科技创新补助奖励资金超过3000万元。发挥财政资金引导作用，督促金融部门配合支持，形成多元化投入机制。2016年，全市财政方面的科技支出约为4.7亿元，全市科技支出占一般财政支出比重约为1.55%。2016年，全市新增设立首期规模1.1亿元的中小企业创新创业发展风险基金，重点优先投向高新技术、产业转型升级、重大创新平台以及创新创业大赛获奖项目。落实“一把手抓第一生产力”的工作责任制，完善科技创新工作目标责任考评和激励机制，将“R&D经费占GDP比重”“高技术产业增加值占规模以上工业增加值比重”“高新技术企业数量年增长率”“专利指数”等科技创新指标纳入政府绩效考核指标，作为县（市、区）党政主要领导考核评优和提拔任用的重要依据。面对科技创新的新形势、新要求，强化领导干部挂包县（市、区）科技工作、科技创新指标通报及市县会商工作制度，2016年多次召开全市科技工作推进会、科技局长座谈会。

教育综合改革

【教育改革试点】 2016年7月，市教育局收集编撰《教育改革试点项目典型案例》，总结推广“先学后教”“学、导、用”等县域课堂教学改革成功经验，打造三明特色的高效课堂教学模式。深化义务教育“小片区”管理和薄弱校委托管理试点工作，整合优质教育资源，拓展协作领域，由单一教研交流向学校管理、课程建设、师生交流等层面纵深推进。8月，市教育局制定下发《三明市加强小学校本课程开发工作指导意见》，首批确定市级小学校本课程开发基地校23所。“名园集团化”办园模式逐步推广，大田、沙县以省、市级示范园为龙头，组建县域幼教集团，2016年全市有公办幼儿园集团化办园及名园办分园12所。

【考试招生制度改革】 2016年，市教育局推进初中毕业与升学考试和普通高中招生制度改革，下放提前批招生权力，对三明二中提前批招生名额进行调整，2016年面向全市招收中美合作班55人、特长生50人。6所学校自主命题招生，录取后报中招办备案。适度扩大优质高中定向生招生比例，达到招生计划总数的50%左右。2016年在市区小学首次实行一套住房六年内只向一户家庭提供学位的办法。建立以居住证为主要依据的随迁子女入学政策，2016年秋季实现义务教育阶段进城务工人员随迁子女小学100%、初中98%以上进入公办学校就读目标。2016年，三明市教育局对各考区考点试卷安全保密、监控系统、外语听力播音系统等进行检查，督促各地各校及时整改存在问题。组织“百人千场”高考志愿填报指导咨询会，举办咨询服务活动150余场次，制作《高考平行志愿政策解读》动漫视频免费提供下载、播放，受益考生1.2万余人次。全年组织各级各类考试35场次，考生累计25万余人次，审核颁发证书 3.5 万份。

【学前教育巡回支教走教】 2016 年 6 月，市教育局在宁化县召开全市农村学前教育巡回支教试点工作现场会，总结推广试点工作经验。2016 年，全市设立支教点 262 个，招募志愿者 412 人，入园幼儿 3900 余人。

【教师人事制度改革】 2016 年，市教育局健全县域内公办义务教育学校教师、校长轮岗交流机制，促进师资均衡配置，2016 年全市县域内义务教育学校校长、教师交流 2320 人，占应交流人数的 10.6%。

学前教育

【概况】 2016 年，三明市有幼儿园 573 所，其中城区 98 所（教育部门办 16 所、其他部门办 3 所、地方企业办 4 所、集体办 3 所、民办 72 所）、镇区 257 所（教育部门办 89 所、其他部门办 2 所、地方企业办 3 所、集体办 7 所、民办 156 所）、乡村 218 所（教育部门办 167 所、其他部门办 3 所、集体办 38 所、民办 10 所）；全市公办幼儿园占比 58.5%，位居全省前列。新增市级示范幼儿园 6 所、县级示范园 6 所，全市有省、市、县级示范幼儿园 180 所。入园幼儿 45457 人，在园幼儿 103823 人，离园幼儿 34016 人。教职工 7839 人，其中专任教师 4842 人，保健员 150 人。

【普惠性学前教育资源】 2016 年，市教育局认定第二批普惠性民办幼儿园 34 所，下达购买服务补助资金 871.96 万元，全市普惠性学前教育资源覆盖面扩大到 69.8%。11 月，市教育局被国务院妇工委授予“2011~2015 年度全国实施妇女儿童发展纲要先进集体”称号。

【办园水平和保教质量】 2016 年，市教育局启动市级幼儿园特色项目评选活动，首批认定特色项目园 9 所。深化“片区管理”，全市划分 49 个片区，49 所省、市级示范幼儿园与 524 所农村园、薄弱园、民办园开展对口帮扶、片区联动。推进《3~6 岁儿童学习与发展指南》实验工作，开展专项工作研讨交流活动 4 场，汇编游戏优秀案例 109 篇、典型经验 61 篇，活动案例 62 篇。

义务教育

【概况】 2016 年，三明市有小学 234 所，其中城区 33 所（教育部门办 33 所）、镇区教育部门 104 所、乡村 97 所（教育部门办 97 所）。有独立设置少数民族学校 1 所。教学点 299 个，其中城区 4 个、镇区 13 个、乡村 282 个，均为教育部门办。招生 35328 人，在校生 184882 人，毕业生 26279 人。教职工 12189 人，其中专任教师 11238 人。初中 143 所，其中完全中学 19 所、初级中学 96 所、九年一贯制学校 27 所、十二年一贯制学校 1 所。招生 26391 人，在校生 75792 人，初中毕业生 25411 人。6 月，市教育局对全市首批 27 所义务教育管理标准化学校进行评估验收，首批认定特色项目校 32 所，评估验收农村标准化教学点 102 个。

【明厦教育交流合作】 2016 年 12 月 16 日，代市长余红胜、党组成员张文珍带领全市教育部门及市属、区属学校校长赴厦门开展教育学习考察活动，实地考察厦门实验小学、一中、外国语学校及双十中学等市属重点学校，并举行教育交流座谈会，签署两地《关于开展山海协作对口帮扶工作备忘录》，明确今后两地在结对帮扶、资源共享、挂职交流、职教互通、学生互访等 5 个方面开展教育交流合作。

【“义务教育发展基本均衡县”工作】

2016 年 1 月，宁化、建宁、尤溪、大田 4 个县“义务教育发展基本均衡县”通过国家督导评估认定。10 月，清流县和泰宁县“义务教育发展基本均衡县”接受国家复检。

普通高中教育

【概况】 2016 年，三明市有普通高中 35 所。其中完全中学 19 所，高级中学 15 所，十二年一贯制学校 1 所。高中毕业生 14713 人，招生 15887 人，在校生 47564 人。2016 年，尤溪五中被确认为省二级达标高中，建宁一中、清流一中创建省一级达标高中通过市级评估验收，全市 90.53%以上的普高学生在达标校就读。

【高中教育课程改革】 2016 年 12 月 28 日，三明一中、三明二中入选首批福建省普通高中课程改革基地校。三明市被确认为福建省普通高中学生综合素质评价改革实验区，实验工作从 2016 年秋季启动。12 月，确认第二批市级普通高中学校特色项目建设学校 5 所。

【高中教育质量】 2016 年，市教育局建立行政、教研、学校三级联动机制，对接高考全国卷，创新普高联盟合作模式，高考成绩位居全省前列。2016 年，全市有 13320 人报名参加高考，比 2015 年减少 1620 人，本一上线人数首次突破 3000 人（不含艺体类考生数），被清华、北大录取 10 人（不含医学部），理科成绩名列全省第三。

职业教育

【概况】 2016 年，三明市有中等职业学校 14 所，其中教育部门办 11 所，其他部门办 2 所，民办 1 所。毕业生 12417 人，招生 11682 人，在校生 30701 人。教职工 1557 人，其中专任教师 1304 人。2016 年秋季，全市完成中职招生 1.18 万人，占省下达任务的 94.4%。

【职业教育基础能力建设】 2016 年，三明市新增 3 所达标中职学校，达标中职学校比率 84.62%。1 月，7 所职业院校被纳入省示范性现代职业院校培育项目院校，3 个专业群被列入省首批职业院校服务产业专业群培育建设项目。8 月 22 日，三明市职业教育公共实训基地被纳入省示范性公共实训基地，获补资金 500 万元。

【职业教育集团化办学】 2016 年 8 月

22日，三明职业技术学院牵头成立的首个多元投资主体企业法人型职教集团——三明市商贸旅游职教集团成为省首批5个示范性职教集团之一，获补资金100万元。

【职业教育人才培养模式】 2016年4月19日，三明市3个项目被纳入省第二批“现代学徒制”试点，全市有5所学校共7个项目入选省试点；2个专业被纳入省首批“二元制”技术技能人才培养模式改革试点项目。2016年，全市6所中职学校和5所高职院校联办“五年专”，全市职业院校与300多家企业开展订单培养3000多人。

【大中专毕业生就业创业】 2016年，市教育局建立健全大中专毕业生就业创业工作指导队伍，引导毕业生到基层就业，到战略性新兴产业、现代服务业等领域就业创业。2016年，组织大中专毕业生参加各类招聘活动，举办中职学校毕业生供需见面会8场，全市应届中职毕业生就业率97.81%，比2015年高出2.8个百分点。其中，对口就业人数8326人，对口就业率82.96%，比2015年高出2.9个百分点。

高等教育

【概况】 2016年，三明市有高等学校4所。其中，三明学院在校生14192人，毕业生3817人，招生3591人，教职工936人，其中专任教师681人；三明职业技术学院在校生4757人，招生1741人，毕业生1285人，教职工296人，其中专任教师248人；福建水利电力职业技术学院在校生6000多人，毕业生1882人，招生1878人，教职工319人，其中专任教师210人；三明电大开放教育在读生4760人，毕业生1644人，招生2506人，教职工53人，其中专任教师38人。

三明学院

【概况】 2016年，三明学院面向28个省（市、自治区）录取新生3591人（报到率96.27%），录取分数高于同类高校；招收本地生源497人，同比增长0.92%；招收外国留学生33人。毕业生就业率98.72%，同比增长3%。学院向应用型本科院校转型发展，完善学科建设，新增3个本科专业，新增2个省级实验教学示范中心，“设计+”众创空间入选省级众创空间。获批建设“福建省铸锻零部件工程技术研究中心”“小流域水质监测与治理”获省社科规划项目立项，13个项目获省科技厅立项，获资助经费81万元。11个项目获省中青年教师教育科研项目立项，创建“福建省微小型增程式电动汽车动力汽车公共服务平台”，获补助资金200万元。牵头建设“福建省大学生创新创业基地（三明）”，获省补资金500万元。2016年，获市“AAAAA级”平安校园称号、市平安单位称号和校园安全标准化建设一级达标校称号。

【办学影响力】 2016年3月9日，中国两化融合服务联盟公布第二批160家两化融合管理体系贯标咨询服务机构，三明学院成为全国首家获得“两化融合管理体系贯标咨询服务机构”品牌的高等院校。2016年，校县合作项目金额接近650万元，同比增长27%，学校“地方智库”和“产业伙伴”功能有效释放。11月5~7日，举办全国首届中美绿色教育产教融合国际论坛，树立中国应用型本科绿色教育新标杆。成为福建省唯一入选中美应用技术教育“双百计划”的首批全国试点院校。成立教育部应用技术教育标准研究院绿色教育研究分院和三明学院村镇绿色发展学院，成功探索一条既符合国家发展理念又契合地方特色元素的绿色教育发展之路。2016年实施“服务三明产业发展行动计划”和“人文社科与基础教育研究提升计划”，建成21个省级科技创新与服务平台，新增8个契合地方经济社会和生态文明发展的智库平台。

【合作办学】 2016年3月24日，三明学院召开首次对外交流合作与国际化进程建设会议，开放办学纳入学校发展战略和总体布局。2016年，首个来华留学生本科学历班开班，新增英国林肯大学、俄罗斯克拉斯诺达尔国立文化学院、中国台湾南台科技大学、台湾中央大学和台湾虎尾科技大学5所国（境）外友好院校，国（境）外合作院校增至25所。

【教育综合改革】 2016年，三明学院推进以大学章程为核心的制度体系建设，在《三明学院规章制度总纲》基础上，全年修订规章制度35项，新建15项。加强校院二级管理，强化系一级主体作用，完善目标管理绩效考核和二级单位目标管理考核指标体系。10月学院引进丹田物业，实现物业整体对外托管。加强三明高等教育书店等校办企业管理，推进资产管理科学化、制度化。启用财务预算系统和项目库管理系统，实现财务全过程信息化管理。12月10日，新成立三明学院校友会广东分会。

2016年12月7日，三明市大学生职业技能竞赛开幕式 （周志鸿 摄）

【学科专业建设】 2016年9月，三明学院土木工程、机械设计制造及其自动化等两个专业入选第二批IEET专业认证名单。6月，生物技术专业获批“3+1”闽台联合培养人才项目,闽台联合培养人才7个专业（项目）以全A成绩通过评估。推动资源化工、智能制造、ICT、土木与园林、文化创意及衍生产品创新设计等五大专业群建设。2月16日，学院新获批通信工程、光电信息科学与工程和数字媒体技术等三个专业。7月，学院新申报材料化学、电子商务两个本科专业。8月19日，学院申报的化学工程与工艺、物联网工程、产品设计、服装与服饰设计等7个专业获批福建省服务产业特色专业建设项目。4月，车辆工程专业获得学士学位授予权，招生专业增至42个。

【教育教学】 2016年，三明学院深化“343”人才培养模式改革，引进成果导向课程体系，完成四期12个试点专业校内培养工作。2016年，三明学院实施《三明学院绿色教育实施方案》，将“绿色教育理念与实践”纳入课程体系，探索培养具有绿色理念、掌握绿色技能的应用型人才。引进尔雅、智慧树等网络课程近300门次，立项建设4门在线课程。推进大学生创新创业教育，成立创新创业教育学院，聘请67名创新创业导师，遴选首批23个项目入驻；校内大学生创新创业基地获省高校大学生创新创业标准园区创建验收，资助金额50万元；6月，福建省大学生创新创业基地（三明）获批建设，资助金额450万元。7月，学院申报的“大学物理‘微课程+翻转课堂’教学模式改革与实践研究”被列为教育部重点课题，实现三明学院在全国教育科学课题立项零的突破。2016年，有11个教改项目、6门创新创业教育改革精品资源共享课获省级立项，结项省级及以上大学生创新创业训练计划项目31项，推荐申报22项国家级、42项省级大学生创新创业训练计划项目，新建教学实践基地16个，2个实验室获得省级实验教学示范中心立项建设。

【人才培养】 2016年，三明学院学生在国际国内赛事获奖增长，共获国家级荣誉135项，省级竞赛荣誉121项，同比增长40%。在中国机器人大赛、大学生计算机设计大赛、BIM应用技能比赛、软件和信息技术专业人才比赛等学科竞赛中获全国桂冠；在中国高校美术作品学年展、全国应用型人才综合技能大赛等展赛中蝉联全国第一；参加柏林华语电影节、台北设计奖和两岸三地艺术设计邀请展。9月24日，三明学院成立马克思主义学院，以“追忆长征精神，传承红色基因”为主题的暑期大学生思想政治教育活动受到《福建日报》等主流媒体关注。2016年学院加大学生资助力度，全年减免学费356人，减免金额58万元；精准扶贫学生368名，2318人获得生源地助学贷款1526万元；推荐26人参评国家奖学金、570人参评国家励志奖学金，发放国家助学金807万元。

【科学研究】 2016年，三明学院完成横纵向立项项目183项，计划到位经费1804万元，同比增长16%。获国家自然科学基金项目1项，国家社科基金项目2项；获省科技进步奖1项，省第十一届社会科学优秀成果奖1项，省自然科学优秀论文奖6项；获三明市科技进步奖3项。新增1个省发改委公共服务平台，1个省教育厅高校创新平台，1个省级众创空间。申请专利251件，同比增长29%；获授权专利151项，转化专利1项；SCI、EI、CSSCI检索论文42篇。2016年，由学院牵头与中国动力（福建）新能源汽车有限公司合作的“福建省微小型增程式电动汽车动力系统公共服务平台”获省发改委批准，被列入2016年省级预算第二批投资计划，获200万元资助。2项研究成果和1项“设计+”众创空间工作成效获省领导批示，1篇学术文章在《人民日报》理论版刊发，1项研究成果首次入选福建《社科成果要报》。邀请贺克斌院士等著名专家学者作学术报告30余场，组织“智哺”宣讲20场，主讲3场次省百场社会科学专题报告会。加强继续教育招生宣传，完成社会培训与考试人数1878人，教师和校长（园长）培训2005人。加强图书文献资源建设和全校性阅读推广，2016年新增馆藏纸质图书3.3万种9.67万册，生均馆藏图书95册；古籍保护工作成效明显，12月，由学院图书馆编辑的《三明学院图书馆古籍普查登记图目》出版发行，该书入选国家图书馆“中华古籍保护计划成果”。

【师资队伍建设】 2016年，三明学院召开6场人才工作专题会议，举办47场青年教师职业发展讲座，培训教师1600余人次。引进闽江学者讲座教授3人，省级高层次人才1人、博士9人、硕士21人，柔性引进中国台湾博士16名，博士教师占专任教师比例突破10%。选派71名教师参加各类进修和企业实践，选送41名优秀中青年骨干教师赴国（境）外高校访学进修，协议委托培养6名博士、7名硕士,5名教师取得博士学位，27名教师取得硕士学位，16人晋升正副高职称。2016年，专任教师中硕士以上学位比例76%，高级职称比例36%。9月，学院开展首届“卓越教学奖”表彰活动。

【基础设施建设】 2016年，三明学院实现各项经费收入3.78亿元。其中各级财政拨款2.68亿元，办学收入1.1亿元。加强内部控制和规范化建设，累计节省预算支出300余万元。2016年，三明学院工科实训大楼和学生活动中心开工建设，文体实训大楼完成设计招标，学生服务中心完成主体框架建设；推动限价房二期工程建设，完成北区后山步道一期工程，完成学生宿舍2530台空调采购及安装工程；完成教室多媒体集控和标准化考场一期工程。

（陆发信）

三明职业技术学院

【概况】 2016年，三明职业技术学院落实全国职教会议和省政府《关于加快发展现代职业教育的若干意见》《关于加快发展现代职业教育若干意见的实施细则》精神，围绕“一确保三争创”的奋斗目标和“三转一响”的总体思路，突出“落实定位、深化改革、提高质量、强化内涵”的工作主线，抓改革、促发展，提升办学水平。9月，省政府批准学校更名为三明医学科技职业学院，进入教育部备案阶段。学院通过第十三届省级文明学校初评，获得福建省第三届“清海杯—黄炎培职业教育优秀学校奖”、2016年度“三明市平安先进单位”。

【招生与就业】 2016年，三明职业技术学院共录取大专新生1941人，实际报到1741人，计划完成率93.77%，较2015年（90%）提高3.77个百分点；录取率为全省第8名，报到率89.70%，也高于2015年（89.32%）。通过中高职衔接和校企“二元”协同招生项目，招录五年制高职新生459人、“二元制”试点项目新生181人。各类成人教育专业招生440人；完成各类社会培训5899人。至2016年年底，全校在校生总数6419人，其中全日制在校大专生总数4757人，自办五年专459人，合计5216人，其余为中专生。2016年学院新申报康复治疗技术、电子竞技运动与管理、汽车营销与服务等3个专业，2017年1月13日获教育部审批通过。2016届大专毕业生1284人，就业率97%。

【教育教学改革】 2016年，三明职业技术学院结合职教集团组建、省级公共实训基地建设及省级现代示范性职业院校建设标准，按照创新创业理念引领教育教学改革的要求，修订2016级人才培养方案。3月，成立高职教育研究所，依托高职教育研究所，出台《职业教育教学改革研究项目立项指南》，确定实施教改项目及网络课程立项工程40项，落实“科学发展、教改先行”“抓教改促质量”，提升专业内涵建设。8月22日，学院牵头建设三明市公共实训基地获批立项，首批建设资金500万元到位；“多元投资职教集团”获批立项，建设资金100万元和省教育厅重点教改课题经费10万元到位。省级行业职业教育指导委员会建设项目获得省教育厅批准，到位经费30万元。全年获央财、省财质量提升奖补资金1439万元，教育教改经费总计获得24多万元。2016年成为学校的“教改年”“项目年”。

【“二元制”改革试点】 2016年，三明职业技术学院与9家合作企业接洽，联合实施福建版“二元制”技术技能人才培养模式改革试点，完成招生189人，成为全省招生规模最大的“二元制”改革试点学校之一。其中，与福建三钢联合举办的机械专业教学班，首次实现“二元制”（招工招生一体化）本土化规模办学。在此基础上，新申报酒店管理、染整、服装设计等第二批“二元制”试点专业。

【师资队伍与科研工作】 2016年，三明职业技术学院共录用专业教师16人，引进硕士研究生8名，高级职称1名。评聘高级职称10人（其中教授1人）、中级职称33人。全校有在编教职工297人。其中，专任教师252人，副高以上职称90人（其中正高5人，中级职称108人，硕士以上学位93人，“双师素质”教师92人）。2016年，全校教师共获得各类科研项目立项48项。其中，省教育厅中青年教师教科研项目12项，职业教育重点课题研究专项1项；省教育科学规划课题1项；市社科规划课题9项；市科技计划项目2项；省教育厅“杰青人才”立项1项，校级课题23项，年度科研到账经费38.7万元。结项各级各类课题49项，其中，省社科联1项，省教育厅18项，市社科联9项，校级课题21项。教师共发表论文137篇（2015年为112篇），其中核心和权威核心期刊8篇，获得实用新型专利授权3项。

【职业技能竞赛】 2016年，三明职业技术学院先后承办2017年全省高职院校技能大赛电子商务赛项、市职业院校电子商务和企业沙盘模拟经营技能竞赛、市中职护理技能竞赛。获省高职院校技能赛第一批赛项一等奖1项、二等奖3项、三等奖14项。6~10月，在与市总工会联合举办第二届“中国梦·劳动美”教师技能大赛中，张琳芳、林克明、蔡先等三位教师分别获得“说课程”“说专业”“辅导员职业技能”三个赛项的第一名，11月14日被市总工会授予“五一”劳动奖章。11月，学院人文系音乐教研室被福建省总工会和福建省教育厅授予“五一先锋号”荣誉称号。开展全校性的教师“说课程”“说专业”比赛与各类学生技能训练、技能竞赛，在专业教育中融合“工匠文化”“职业文化”“创业文化”。

【三明职业技术学院更名改建】 2016年6月，三明职业技术学院成立工作组，筹划启动更名改建工作。经调研论证，与省教育厅、卫计委和市直有关部门反复对接，确定将三明职业技术学院整体更名改建为“三明医学科技职业学院”的组建方案。9月，省政府批准学校更名为三明医学科技职业学院，进入教育部备案阶段。市政府决定将原高级技工学校3.6公顷及校舍2.5万平方米、原行政干校2.87公顷及校舍0.59万平方米划拨三明医学科技职业学院使用，并拨款更名改建专项经费200万元。

【“双创”工作】 2016年，三明职业技术学院出台《深化创新创业教育改革实施方案》等系列文件，建成“大学生创新训练中心”“创新产业园”“校外大学生创新创业教育实践基地”等平台，成立“大学生创新创业基金”，落实国家“互联网+”与“大众创业、万众创新”战略，与“新华网创客大学”合作开发“创新创业课程——电商4.0”课程。2016年，校创新创业园（梦8）有11个项目入驻，涉及电子商务、文化创意、医疗保健、机械制造、3D打印、产品设计、摄像摄影等多个领域。启动农村电子商务公共服务平台的建设，并组织学生参加教育部第二届互联网+竞赛。“帮帮团”和“爱创意DIY”等5个团队参加第六届全国大学生电子商务“三创”挑战赛福建赛区选拔赛，2个团队荣获二等奖、3个团队荣获优秀奖。轻纺系服装设计专业2013届毕业生张怡婷获得“首届中国女大学生创新创业大赛”实战组第一名及网络最佳人气奖，并获20万元奖励和100万元的创业投资基金。

【学生工作】 2016年5月和10月，三明职业技术学院先后举办团校两期团学干部培训班。举办“和我‘易’起回家吧”“宿舍吉尼斯挑战赛”“网薪换实物”“EGPA排行榜奖励活动”等活动。10月，三明职业技术学院举办首届辅导员职业能力大赛。同月，修订完善《三明职业技术学院班主任管理办法》，补充专任辅导员制，选派6人次辅导员参加专题培训，1名辅导员参加省第五届辅导员职业能力大赛获得优秀奖。校易班账号师生认证3000余人，客户端活跃用户数4000多个，创建轻应用10个，校网薪值登上易班日网薪排行榜第一名4次、第三名1次、第五名1次，登上周网薪排行榜第二名1次，其中

"第十一届校园技能文化节颁奖典礼暨社团成果展"活动登上易班网"头条"。针对"校园贷"骗局等问题，开展法律知识讲座。开展"理论下乡 调研三明"暑期社会实践活动，组织推荐五篇调查报告，均获得三等奖。开展线上思想引领工作，校学生宣传中心在由共青团中央学校部、中国青年报社、中国高校传媒联盟主办的"2016寻找全国高校最受欢迎的百强校园媒体"活动中入选全国百强最受欢迎校园媒体。学生资助管理中心通过省资助中心组织的2016年全省资助工作巡查。校心理咨询与健康教育中心被省心理咨询与健康教育研究会授予大学生心理咨询与健康教育基地，成为市心理咨询师协会常务理事单位，并获市财政专项补助经费50万元。校图书馆与市图书馆共建，加入福建高校数字图书馆（FULINK平台），在共享平台支撑下，结合学生读书活动，开展11项阅读推广活动。

【基础设施建设】 2016年，三明职业技术学院三期工程竣工并完成主体总体验收，梦园5号、梦园6号两幢学生公寓总建筑面积2.37万平方米，新增标准学生公寓床位2268个。校园北大门、文化广场和硅PU篮球场等配套设施、梦7#、梦8#公寓楼的装修改造和学生公寓楼的智能水电计费系统升级改造工程均按期完成。校园电网二期改造工程，增容电力至4230千伏安，彻底改善校园电力供应。完成师源2#楼相关设施设备搬迁及楼体拆除，文体活动中心负二楼机电系生产性实训二车间机房改造，医护学院药学校内实训基地改造，行政办公楼前值班岗亭边挡墙周边水沟窨井整治及路面整理硬化等工程，修整改造299登峰路东南面林地，种植1.3万平方米的早晚樱观赏林。校园安全监控一期初步完成，二期建设方案制定并完成招标工作。校园北区基础设施建设基本完成，校园面貌焕然一新，成为连接城市绿道的新窗口、新名片。通过与三明市城投集团及三明市高级技工学校协调，逐步完成南校区技工学校地块各楼幢的基建图纸、钥匙等移交及水电过户手续工作。

【综合治校工作】 2016年6月6日，三明职业技术学院《三明职业技术学院章程》获教育厅审议通过。2017年1月12日召开二届三次教代会，审议通过2016年讨论制定的《三明医学科技职业学院章程》《三明职业技术学院专业技术职务聘任工作暂行办法》等文件。开展文明校园建设，通过第十三届省级文明学校初评。开展综治创安、人口计生、档案管理、关工委、统战等工作，通过各级考评组的考评检查。12月，获得福建省第三届"清海杯——黄炎培职业教育奖"优秀学校奖、优秀教师奖（朱祎俊）、2016年度三明市综治平安建设工作平安先进单位。

（余赛平）

福建水利电力职业技术学院

【概况】 2016年，福建水利电力职业技术学院校区占地面积70.8公顷，在校生6000多人，学院招收高职生1878人。设有5个专业教学系和公共基础部、思政教研部，有水利工程类、电力工程类、建筑工程类、机电类、信息工程类等5个专业群38个专业。正式在编教职工319人，其中专任教师210人，校外兼职教师80人。其中，正高13人，副高57人，高级职称教师占专任教师的比例为33.8%，专任教师中具有硕士及以上学位教师（含在读）160人，占专任教师的75.8%，"双师素质"教师129人，占专任教师的61.4%，其中专业课（含专业基础课）教师中"双师素质"教师114人，占专业课（含专业基础课）教师的73.1%。1月，学院被省教育厅、财政厅确定为"福建省示范性现代职业院校建设工程"A类培育项目9所院校之一。

【"福建省院士专家示范工作站"设立】 2016年6月18日，福建水利电力职业技术学院院士专家工作站被中共福建省委组织部、福建省财政厅、福建省科学技术协会、福建省科学技术厅联合授予"福建省院士专家示范工作站"称号。这是全省高校唯一获此殊荣的院士专家工作站。

【"二元制"现代学徒制项目】 2016年，福建水利电力职业技术学院作为实施"二元制"现代学徒制人才培养项目试点，与福建水利投资开发集团有限公司试点招生"水利水电工程管理"全日制高职专业，与福建恒安集团有限公司试点招生"电气自动化技术"全日制高职专业。年内，2个专业（其中水投集团30人，恒安集团30人）共60名学生完成二元制入学考试、招生录取及注册入学等环节工作，并完成本学期部分课程面授教学任务。

【承办福建省职业院校测绘技能竞赛】 2016年12月6~8日，福建水利电力职业技术学院承办2017年福建省职业院校技能大赛测绘技能竞赛。本次比赛共有来自全省22个高职院校的88位选手参加，是历届参赛规模最大的一次，也是学院首次承办福建省职业院校技能竞赛项目。学院获得2017年福建省职业院校技能大赛测绘赛项团体总分第一。

【科研课题立项】 2016年，福建水利电力职业技术学院获教育厅中青年教师教育科研课题立项20项、教育厅其他专项研究项目3项、水利厅重点研究课题1项、三明市社科课题等地（厅）级课题1项、院级课题9项，获得国家专利局授予的专利4项。

【师资队伍建设】 2016年，福建水利电力职业技术学院引进1名全日制博士研究生，9名全日制硕士研究生教师，其中5位还具有行业企业工作经历；聘请46名具有行业企业工作经历的专业技术人员和高技能人才作为兼职教师；派出101位老师到行业、企业一线参加实践锻炼或调研活动，选派40位骨干老师参加国培省培等各种中短期技能培训，选派10名专业骨干教师参加闽台联合培养师资培训，选派2名专业带头人分别到福州大学和武汉大学做访问学者。

（庄方琪）

特殊教育

【概况】 2016年，三明市有特殊教育学校8所，在校生2149人，毕业生453人，招生410人。教职工189人，其中专任教师159人。

【特殊教育资源整合】 2016年8月，市教育局依托市特殊教育学校在全省率先成立市特殊教育资源与指导中心，通过建立全市特殊教育信息管理系统、搭建市特殊教育信息网络平台和远程互动直播平台、开展教学研讨观摩活动等，整合全市特殊教育资源，发挥市特殊教育学校的引领、示范和辐射作用，指导全市特殊教育学校（班）及普通学校随班就读的教育教学工作。

【特殊教育标准化学校建设】 2016年12月，三明市7所特教学校全部通过省特殊教育标准化学校评估，创建率居全省前列。争取省资金140万元,建设普通学校特殊教育随班就读资源教室7个，为随班就读残疾学生个别化教育和康复训练提供支持。

【特殊教育送教上门】 2016年，市教育局推进“医教结合”和“普特融合”教育试点，开展重度残疾儿童少年送教上门工作，2016年共为确实不能到校就读的92名重度残疾儿童少年提供送教上门服务，参与送教上门专任教师122人，并将送教对象纳入特殊教育学籍管理，按特殊教育生均标准核拨公用经费共66.53万元。

民办教育和终身教育

【民办教育】 2016年，市教育局落实《三明市普惠性民办幼儿园认定管理及政府购买服务实施办法》，鼓励和支持社会力量兴办教育。批准设立三明北大附属实验学校，在招生政策、教师支教等方面给予支持，2016年秋季招收初一年段新生177名。

【终身教育】 2016年，三明市终身教育体系健全，成立社区大学1所、社区学院10所、社区学校142所、社区学习点292个，建立市、县、街道（乡、镇）、村（居）四级教育网络，形成社区牵头、学校配合、家庭支持的“三位一体”教育格局。市、县、乡（镇）三级老年教育建校率100%，村级建校率61.4%，形成市、县、乡（镇）、村（居）四级老年教育办学网络。全市社区教育机构自主开发的优秀教材在全省评比中获三等奖以上8项，总成绩位居全省前列。2人被中国成人教育协会授予“2016年百姓学习之星”称号。梅列区获全国终身教育“优秀组织奖”，尤溪县、将乐县获全国终身教育“成功组织奖”。

素质教育

【社会主义核心价值观教育】 2016年，市教育局加强爱国主义、中华优秀传统文化、公民意识、生态文明教育，开展纪念建党95周年和红军长征胜利80周年书法、绘画、征文和演讲等系列主题活动，全市参与“网上祭英烈”“向国旗敬礼”网上签名寄语活动师生97.48万人次，居全省第二。

【德育队伍】 2016年7月11~12日，市教育局组织470多名班主任参加全市中小学班主任培训班。2016年，共组织165名专兼职心理健康教师参加全市中小学心理健康教育师资培训，开展优秀班主任教育故事评选，12篇征文在全省中小学班主任“我的教育故事”征集活动中获奖，5篇征文在全国“我的书屋，我的梦”农村少年儿童阅读实践活动中获奖，15名师生在全省“向上向善”中小学生邮集贴片制作和教师“微课”教学竞赛中获奖。评选优秀心理健康教育论文45篇。41个德育研究课题获省、市级立项，48个课题结题。入选省中小学德育建设示范项目14个，确定市级研学旅行课题24个。开展“调研三明”暑期社会实践活动，评选优秀调研报告67篇。

【校外实践基地建设】 2016年9月，泰宁县、大田县、清流县、建宁县4个县级中小学生社会综合实践基地被评为省级示范基地，各获补助资金5万元。

【心理健康教育和法治教育】 2016年，三明市创建首批中小学心理健康教育特色学校省级6所、市级24所。加强法治、反恐、反邪教、毒品预防教育，45.35万人次学生观看禁毒影视片和禁毒专题片，15.1万名学生参加禁毒主题征文创作，评定市首批“毒品预防教育示范学校”27所，3月31日，依托三明学院继续教育学院成立“三明市毒品预防教育师资培训基地”。加强留守儿童和困境儿童关爱保护工作。2016年，全市“爱心妈妈”“爱心家长”人数1.1万人，与留守儿童和困境儿童帮扶结对1.39万对，630多所学校创办“家长学校”“流动家长学校”。

【艺体和科技创新教育】 2016年，三明市建立市、县、校三级中小学校园足球联赛机制，5月，在由市教育局协办的2016年福建省小学生足球联赛（三明赛区）比赛中，组织各地各学校参加各级足球联赛215次，3076人参加比赛。创建校园足球特色学校国家级19所、省级38所、市级100所。做好学生体质健康测试，创建全国学校体育工作示范校10所。2016年，全市举办中小学生武术、羽毛球、乒乓球、举重、篮球等体育联赛，共有625名中小学生参赛。3月，市教育局会同三明核电公司举办全市中学生“魅力之光”核电知识竞赛活动。7月，市教育局获福建省第二届“丹桂奖”少儿曲艺大赛中荣获优秀组织奖。9月，市教育局制定并以市政府办名义下发《三明市加强和改进学校美育工作实施方案》，全市中小学音乐课、美术课、书法课等开课率100%。抓好40所市级农村学校艺术教育试点工作，遴选70所中小学开展学生艺术素质测评试点，全市中小学校艺术工作等级评估良好率91.2%，学生艺术社团活动参与率86%。开展优秀传统艺术进校园活动70余场。举办全市第六届中小学生艺术节活动，评审出71个表演类节目进行现场展演。2016年，学生参加各级各类学科竞赛、青少年科技创新大赛、机器人竞赛、电脑作品竞赛等活动获省三等奖以上230多人。

【健康教育和国防教育】 2016年，市教育局推进健康教育进课堂，抓好中小学控烟教育、青春期教育，加强传染病防治和预防艾滋病宣传教育工作，全市中小学、幼儿园未发生聚集性病例。开展学校和托幼机构“餐桌污染”治理，加强学校食堂标准化建设，新增A级标准学校食堂16个，A级食堂增至88所，B级食堂增至430所。加强国防教育，各驻三明部队、武警部队和人武部共派出 353 名官兵，为 1.58 万名高中学生开展军训活动。各地各校建立国防教育基地和少年军校，举办军事夏令营 90 余期。2016 年，全市中小学接纳驻明部队官兵子女就读 312 人，为 969 名应征青年进行在校表现鉴定和学历审核。

【语言文字工作】 2016 年 3 月 5~6 日，市教育局举办全市首届学生汉字听写大会，并组队参加全省学生汉字听写大会并获得第四名。创建市级语言文字规范化示范校 24 所，推荐 17 所学校参加省级语言文字规范化示范校评选。2016 年，市教育局组织全市学生规范汉字书写大赛并选送作品参加省赛，共有 103 件作品在第七届福建省学生规范汉字书写大赛中获奖。5 月 27 日，市教育局在宁化举办全市书法教育现场观摩活动，推进全市中小学书法教育，宁化县被评为“国家书法教育示范区”。2016 年全年组织普通话水平等级测试 8 场，测试人数 9797 多人。12 月 8~9 日，建宁县通过三类城市语言文字工作达标评估，全市二、三类城市语言文字工作达标评估工作完成率 100%，成为全省第二个完成达标评估任务的设区市。

教师队伍建设

【师德师风建设成效】 2016 年，三明市 2 人获“省杰出人民教师”称号，1 人获“全国五一劳动奖章”称号，4 人获“省五一劳动奖章”称号，12 人获“市劳动模范”称号，1 人入选“中国敬业奉献好人榜”，1 人获评 2015 年度全省践行社会主义核心价值观基层“最美人物”，2 人分别获评 2015、2016 年度全市践行社会主义核心价值观基层“最美人物”。评选表彰市首届杰出人民教师 15 名，表彰市优秀教师 150 名、先进教育工作者 30 名。福建水利电力职业技术学院建筑工程系《齐心共建师德“三千工程”》入选全国师德建设优秀案例，系福建省唯一入选案例。

【教师培训】 2016 年，三明市组织教师参加国培、省培 5213 人次，培训市第四期骨干教师 370 名。组织市级校长任职资格培训 53 人、校长提高培训 40 人，组织中小学教师信息技术能力提升培训 2.01 万人次。

2016 年 5 月 5 日，三明市评选表彰市首届杰出人民教师 15 名 （市教育局提供）

【壮大骨干教师】 2016 年，三明市 6 人入选省首批中小学名校长，8 人入选省“十三五”中小学教学名师培养对象，12 人入选省“十三五”中小学名校长培养对象，评审认定市学科带头人 156 名，职业院校“双师型”教师 1241 人。成立第二批市级名师工作室 29 个、县级名师工作室 37 个，2 个名师工作室入选省首批中小学名师工作室，组织特级教师、名师工作室成员、骨干教师、学科带头人开展送培送教下乡活动，受益农村中小学教师 2890 余人。

【完善教师补充机制】 2016 年，三明市招聘新任教师 870 名，其中 23.6% 为音体美、英语、信息技术等紧缺学科教师，新任教师招聘重点向农村学校和紧缺学科倾斜，62.8% 补充到乡镇及以下学校任教。

【教师职称评聘】 2016 年，三明市评审中小学教师职称 742 人。其中，中小学正高级 7 人、中学高级 227 人、小学幼儿园高级 57 人、小学幼儿园一级教师 274 人、中学一级教师 177 人。中等职业学校高级讲师说课、讲课，实践情况考评推荐 40 人。

教育督导工作

【督学责任区】 2016 年，三明市、县两级建立中小学校督学责任区 64 个、督学工作室 28 个，聘请优秀专（兼）职责任督学 232 名。2016 年 12 月，梅列区、永安市“全国中小学校责任督学挂牌督导创新县（市、区）”创建工作通过首批省级评估，在全省评选的 36 篇中小学校责任督学挂牌督导工作优秀案例中，全市占 7 篇。

【义务教育质量监测】 2016 年 5 月 26 日，永安市、尤溪县完成国家义务教育质量监测任务。9 月 21 日，三元区、宁化县完成省义务教育质量监测任务。

【完成教育督导课题研究】 2016 年 4 月，市政府教育督导室牵头完成省中青年教师教育科研项目《福建省“两项督导”标准修订工作研究》和《福建省“两项督导”评估办法修订研究》课题研究，形成《福建省县级人民政府教育工作督导评估标准（十三五测试版）》，由省政府教育督导办下发全省各设区市试测，并指定永安市等 9 个县（市、区）开展自评试测试点。

校园安全工作

【概况】 2016年，三明市组织校园安全隐患排查组484个，出动隐患排查人员1257人，出动督查组178个，排查校园安全隐患3100项，整改校园安全隐患3095项，整改率99.84%，落实隐患整改经费767.1万元。9月1日，三明市教育局获全省安全教育示范单位称号，梅列区、沙县教育局荣获全省安全教育示范县（区）单位称号，7所学校荣获全省安全教育示范学校称号。9月，三元区中村中心小学、三明市实验小学荣获全国安全教育示范校称号。

【师生家长安全教育】 2016年，三明市有617所学校开设安全课程，8601位教师参与授课，32.3万多名学生和家长参与学习。70.3万多名师生和家长参与“第四届全国中小学生安全知识网络竞赛”活动，学生参与率居全省首位。

【学校安全标准化验收】 2016年，三明市“学校安全标准化建设提升工程三年行动”考评验收513所，考评率100%，“平安校园等级创建”考评验收473所，考评率92.2%，全市教育系统未发生校园内和由学校组织活动的师生非正常死亡事故。

教育惠民工程

【概况】 2016年，三明市先后实施各类教育建设项目261个，争取省级以上资金4.73亿元，新建、改扩建校舍面积30.31万平方米，新增学位12989个。

【为民办实事教育项目】 2016年，三明市实施全面改善义务教育薄弱学校基本办学条件项目150个，总投资约1.23亿元，争取省级以上资金1.05亿元。完成投资1.07亿元，占年投资计划的115.1%，项目完成进度位居全省前三。实施新建、改扩建公办幼儿园建设项目17个，总建筑面积6.25万平方米，总投资1.75亿元，其中争取省级以上补助资金6984万元，新增学位4350个。累计完成投资1.08亿元，占年投资计划的100%。

【教育建设重点项目】 2016年，三明市实施城区中小学扩容工程项目13个，规划建设面积4.39万平方米，争取省补助4661万元，新增学位5039个，累计完成投资4642万元。实施校舍安全长效机制建设项目36个，规划总面积6.78万平方米，争取省补助9061万元，完成投资3417万元。实施薄弱公办幼儿园改造提升项目42个，争取省级补助资金2576万元，新增学位3600个，项目全部完工，完成投资3569万元。市职教园区建设项目一期工程全部竣工投入使用，累计完成投资2.6亿元，三明职业中专学校、三明市高级技工学校整合搬迁入驻，秋季招生1400人，超原计划75.4%。市中小学生示范性综合实践基地建设项目二期工程竣工验收，年内共完成投资3975万元。

【教育信息化建设】 2016年，三明市义务教育阶段学校宽带网络进教室比率、师生网络学习空间普及率、普通教室配备多媒体教学设备比率均100%。开展“一师一优课、一课一名师”活动，85名获部优、229名获省优。建立市属学校千兆教育城域网，接入因特网校均带宽提速至200兆以上，实现市直属学校带宽网络校校通。三明一中被授予“福建省教育信息化示范学校”称号。

【教育精准扶贫】 2016年，市教育局选派20名骨干教师到5个扶贫开发工作重点县支教，选派100名扶贫开发工作重点县教师到福州、厦门优质学校跟岗学习。实现资助工作从学前教育到高等教育全覆盖，全年共发放各类国家助学金2.3亿元，受益学生32.6万人次，尤溪县学生资助管理中心获评全省首批标准化建设达标单位。实行特殊教育全免费教育，特教学校生均公用经费每年每生6800元，寄宿生生活费补助标准提高到每年每人3000元，寄午学生按寄宿生补助标准的一半予以补助。

（陈瑞迈　付　斌）

附：中小学选介

三明学院附属小学

三明学院附属小学创建于1963年，前身是三明市大桥小学，1966年更名为三明市东方红小学，1972年再次更名为三明师范附属小学，于2004年6月更为现名。是三明市基础教育的“窗口”学校。

至2016年，学校占地面积7809平方米，有34个教学班，1900多名学生，102名教师。学校共有全国优秀教师2名，省劳动模范1名、特级教师7名，省、市学科带头人10名，正高级教师1名，高级教师28名，区、市骨干教师20多名，大学专科学历100%，大学本科学历90%，其中硕士2人。

在历史沿革发展基础上，学校遵循“从小事做起，把小事做好”的校训，提出“福泽思想办幸福教育”的主张，牢固树立“为学生幸福人生奠基”的办

2016年11月11日，三明学院附属小学地质地貌研学旅行　（三明附小提供）

学理念，实施“名师、名校”发展战略，先后被国家教育部等授予全国艺术教育先进集体、全国无偿献血促进奖单位奖，全国文明交通示范学校、连续六届被福建省委、省政府授予省级文明学校共180多项全国、省、市级集体荣誉称号。中央电视台、福建电视台和《人民日报》《光明日报》《中国教育报》《福建日报》等宣传媒体曾对学校特色办学多次给予报道，原国家教育委员会党组书记何东昌、副主任柳斌、原副省长潘心诚等领导给予很高的评价。

2016年，三明学院附属小学先后被授予全国青少年校园足球特色学校、全国无偿献血促进奖单位奖、“中国好老师”公益行动福建基地校、福建省读写教学研究基地校、福建省安全教育示范校、三明市未成年人零犯罪学校、三明市“2016年度健康教育工作先进单位”“三明市特色项目学校”等10多项市级以上称号；《中国教育报》第六版“中国好校长·领航者系列”栏目，以《林启福：一千个孩子就有一千种幸福》为题刊登校长办学风采；福建教育学院主管刊物《福建基础教育研究》图文并茂报道学校特色办学风采，师生获区级以上各级各类荣誉表彰500多人次。

2016年，被鉴定为D级危房的梅列区双园新村24幢红砖楼历经22年之后终于拆除。支部班子发扬“真抓实干，马上就办”精神，配合城投公司完成新建项目图纸规划，推进学校扩容工程进展。支部书记林启福作为教育部首期中小学名校长领航班学员，开展教育帮扶活动，在省市教育主管部门领导下，以工作室建设发展为平台，赴云南怒江等地开展教育帮扶，在领域内和区域内开展逐级传递和领航帮扶的工作举措和实效，个人工作室建设成果被《中国教育报》校长周刊·人物版新开“中国好校长·名校长工作室系列”栏目刊登首个报道。作为福建省首批名校长，书记林启福完成闽宁教育帮扶5位宁夏校长、6位市中小学校长班学员的跟岗指导学习，支委庄声财、杨乾妹，党员幸卫芳、陈永进被省教育厅确定为“十三五”第一批中小学名校长培养人选和学科带头人。

三明市第二中学

福建省三明市第二中学创建于1959年，坐落在三明市梅列区丁香新村，校园面积4.7万平方米，建筑面积5.2万平方米，绿化面积0.95万平方米。校园布局合理，环境整洁优美，文化氛围浓厚，是一所集绿化、美化、香化、诗化于一体的省级花园式学校，享有“文明城市先进校”的美誉。

学校1982年被确定为省第二批重点中学，1996年被确定为省一级达标学校，2006年被确定为省首批高中新课程实验样本校，2016年被确定为省首批高中课程改革基地校。学校曾获全国中小学现代教育技术实验校、省级文明学校、省五一劳动奖状等47个省级及以上荣誉。现有专任教师174人，全国优秀教师3人，市拔尖人才1人，特级教师2人，正高级教师2人，高级教师70人，一级教师64人，省、市级学科带头人21人，省、市级骨干教师47人，硕士研究生11人，省劳模工作室1个，市名师工作室2个。现有教职工194名，47个教学班，2468名学生。

学校坚持科研兴校，实施名师引领，实施“3·6·9”（3年达合格、6年成骨干、9年有特色）教师成长工程，力促教师走科研型、创新型、信息型之路，打造高效课堂，努力提升办学效益，高考成绩优异，学科竞赛、自主招生硕果累累。近十年来，高考夺得7次理工类市状元、5次文史类市状元，46人被清华、北大录取，本一万人上线率在全省各县（市、区）名列前茅，本一上线人数在全市遥遥领先；学生参与各类学科竞赛荣获全国奖5人次，省级一等奖48人次。

教育教学成绩突出。2016年高考再创佳绩，摘得市理科状元、艺术类省状元。全省排名前50名，理科3人，吕士宏、龚梓桑、林文镔同学包揽理科全市前三名，录取清华、北大5人，录取“985”院校91人，录取“211”院校206人，录取国外名牌大学3人，中美班到国外高中深造4人。本一上线506人，本一本二上线人数共计812人。2016年学校竞赛、创新大赛辅导再上新台阶，共获省级奖31人次，市级一等奖80多人次。

学校建立学校、家庭、社会三位一体的德育系统，进一步优化“三明二中德育网”。本年度先后开展“告别不文明行为”“知我三明、爱我家乡”、学生跳蚤市场义卖捐赠等系列主题活动，有关事迹在三明电视台、三明日报、福建日报作报道。

教育科研逐步深入。2016年，被福建省教育科学研究所授予“福建省教育科研基地”。学校开展研究的课题有26项：省级7项、市级8项、区级11项，本年度共发表CN级论文28篇。加强教师外出交流学习，或参加各级各类培训及教研会议，或外出开课和开设专题讲座。2016年，教师外出学习227人次，外出开设市级及以上观摩课和专题讲座37人次。

教师成长渐入佳境。2016年，1名

2016年6月23日，三明二中“福建省教育科研基地”授牌仪式 （三明二中提供）

教师被评为福建省基层最美教师，5位教师为市学科带头人培养对象，5位老师被确认为市骨干教师培养对象，5位教师被确认为区学科带头人培养对象，12位教师被确认为区骨干教师培养对象，“一师一优课”4节获部级奖、5节获省级奖、16节获市级奖，7位教师获梅列区优秀教师称号，12位老师在省级、市级比赛中获奖。

辐射带动作用凸显。主持召开两次全市B片区高中联盟校工作研讨会；组织学年第一学期期末统考工作；组织开展9位优秀教师网上授课及在线实时展播、互动活动。4位老师参加了市教育局组织高三学科指导组赴全市各地讲学活动。学校联合市优秀教师在高考前对今年高考重点进行预测，每科命制两份试卷供全市高三老师参考。今年选派19位青年教师到尤溪五中、大田五中、泰宁一中开展送教下乡活动。2016年，玛纳斯县一中李玉峰校长助理、朱文虎教务处副主任到学校跟班交流。

社会效益日渐显著。近年来，学校先后荣获“第十二届省级文明单位”“福建省五一劳动奖状”“全市先进基层党组织”“2015年度平安单位”“三明市五四红旗团委”等称号。优秀教师林保平、吴健的先进事迹，龚梓桑、林文镔、赖雨轩三位优秀毕业生以及学生跳蚤市场义卖捐赠活动在三明电视台、福建电视台、《三明日报》《福建日报》作报道。

三明市第九中学

三明市第九中学创办于1959年，前身为三明化工总厂中学，1998年6月从企业剥离，2006年5月被省教育厅确认为省一级达标中学（我省第一所跻身省一级达标中学的企业剥离学校）。现有39个教学班，学生2100多人，教职工172名，专任教师156人，本科学历率100%，研究生学历12人，特级教师1人，高级教师55人，省级学科带头人2人，市县（区）级学科带头人实践导师、市级学科带头人、骨干教师等23人，近三年，有15位教师在省、市级教师教学技能大赛中获奖。占地6.68公顷，建筑面积2.98万平方米，校园绿地面积2.9万多平方米。每年都有300多名学生录取到高校美术类本科专业学习。近三年有12名学生录取到中央美术学院和中国美术学院，17名学生考入意大利佛罗伦萨美术学院、西班牙瓦伦西亚理工大学等国外著名高校。连续十年，美术类学生专业、文化本科双上线人数以绝对优势列全省高中校第一。办学模式创新。2014年4月，与北京外国语大学签订合作办学协议，合作举办国际课程班（面向全市初中毕业生招生），并针对高三毕业生开通留学意大利、西班牙直通车课程班。按照协议，三明九中学生在意大利、西班牙留学期间，学费全免。

2016年10月11日，三明市第九中学劲牌阳光班开班仪式　（三明九中提供）

引入公益项目，阳光圆梦学子。2016年4月，三明九中与劲牌公司签订捐资助学协议，劲牌公司捐资60万在该校开办劲牌“阳光班”。2016年9月，首届劲牌“阳光班”成立，劲牌阳光班学生由家庭特别困难、成绩特别优异、才艺特别突出的50名学生组成，采取行政班建制、走班制教学的办班模式。阳光班同学在各类比赛中频频获奖。

成立教育联盟，学校联动发展。2016年6月，三明九中牵头成立闽浙赣三省高中美术特色教育联盟（15所联盟校）并在该校召开首届高峰论坛。联盟章程明确联盟校将在校本教材开发、课题研究、教师交流、学生培养等方面加强合作、共同发展。联盟的成立，一方面发挥学校的辐射示范作用，同时也扩大三明基础教育的影响力。

山海牵手协作，谱写发展新篇。根据三明市教育局与厦门市教育局签订的教育协作备忘录精神，三明九中与厦门大学附属科技中学签署互助合作协议，明确将在学科教研、科技竞赛、学生互访等多个领域开展互助合作。此外，三明九中还与宁德市高级中学签署互助合作协议。

社团百花齐放，学生多元发展。一年来，34个社团先后举办第二届社团文化节、2016年科技艺术节、汉字缘百人书写大赛、辩论赛、校园棋王争霸赛、书画摄影作品展、科技系列竞赛等活动，丰富校园文化生活。180余人次在绘画、器乐、演唱、摄影、舞蹈、科技、演讲、影像制作以及学科竞赛等领域获得国家、省市级荣誉。在《海峡教育报》《三明新周报》等媒体发表作品20多篇。

科技成果与推广

【概况】　2016年3月，三明市出台《三明市小微企业科技成果购买补助管理办法（试行）》，9家企业获科技成果补助资金115.19万元。2016年，全市获度福建省科学技术奖的项目9项，其中一等奖1项、二等奖2项、三等奖6项。评出2016年度三明市科技进步奖成果20项，其中一等奖2项、二等奖8项、三等奖10项，办理技术合同认定登记114项，交易总额8797.53万元，比增12.3%。

表 24

2016年度福建省科技奖三明市获奖项目

科学技术进步奖(175项)			
一等奖			
序号	项目名称	完成单位	主要完成人
11	金柑加工及综合利用关键技术的创新与产业化	福建农林大学、福建省轻工业研究所、福建赛福食品检测研究所有限公司、福建省闽中有机食品有限公司、福建省潘氏食品有限公司	张　怡、曾红亮、欧霖拱、王建新、郑宝东、陈日春、林梅西、潘建聪、黄秀娟、郑冰昕
12	杉木速生优质高产新品种定向选育研究与应用	福建省林业科学研究院、南京林业大学、福建省洋口国有林场、福建省沙县官庄国有林场、福建省林木种苗总站、福建省将乐国有林场	郑仁华、施季森、陈孝丑、谢国阳、边黎明、许鲁平、欧阳磊、李　勇、李林源、方禄明
二等奖			
序号	项目名称	完成单位	主要完成人
13	新一代TMCP工艺减量化中厚板生产技术的研究及应用	福建省三钢(集团)有限责任公司、福建三钢闽光股份有限公司、东北大学	陈军伟、王国栋、何天仁、王昭东、田　勇、詹光曹、胡真明
17	环境友好植物纤维树脂基复合材料制备关键技术及产业化应用	福建农林大学、福建省林业科学研究院、福建金森集团股份有限公司、福建海博斯化学技术有限公司、福建鑫华股份有限公司	邱仁辉、刘文地、陈　涵、王国熙、张新聪、吴　锐、林华忠
三等奖			
序号	项目名称	完成单位	主要完成人
51	福建省高速公路沥青路面材料、结构技术提升与示范应用	福建省高速公路建设总指挥部、交通运输部公路科学研究院、三明建泰高速公路有限责任公司、莆田莆永高速公路有限责任公司	潘向阳、严二虎、杨金栋、高晓影、曾俊铖
57	离心铸造气缸套数字化精密成形技术的研究与产业化应用	三明学院、福建汇华集团东南汽车缸套有限公司	吴　龙、高　浩、魏茂金、晋芳伟、刘建军
73	南方红豆杉观赏型优良种质选择及定向培育技术	明溪县林业科技推广中心、福建农林大学园林学院、沙县林业科技推广中心、江西省喜果绿化有限公司	欧建德、周东雄、康永武、董建文、潘　军
79	葡萄新品种引进与避雨栽培关键技术集成应用	福建省农业科学院果树研究所、福安市经济作物站、三明市梅列区种植业技术推广中心	雷　龑、王道平、刘鑫铭、詹小敏、陈　婷
86	油料能源用途的竹柏良种选育及栽培关键技术研究	福建林业职业技术学院、福建三明林业学校	黄云鹏、李宝银、周俊新、周小华、黄云玲
87	林地土壤有机碳遥感估测及保持机制研究	福建农林大学、国际竹藤中心、三明学院	刘　健、余坤勇、范少辉、官凤英、姚　雄

表 25

2016 年度三明市科技进步奖获奖项目

序号	项目名称	完成单位	主要完成人
一等奖			
1	基于大数据分析的高精细中厚板轧制控制技术集成	福建省三钢(集团)有限责任公司 福建三钢闽光股份有限公司 东北大学	谢永华、王　君、詹光曹、何纯玉、矫志杰、许智平、丁敬国、魏重增、吴志强、陈　帅
2	建选 35 号莲子新品种选育与应用	福建省建宁县莲籽科学研究所	魏英辉、吴景栋、罗银华、饶学雄、杨盛春
二等奖			
1	材用型南方红豆杉优良种质选育与林下高效培育技术	明溪县林业科技推广中心 沙县林业科技推广中心 福建喜果红豆杉科技发展有限公司	欧建德、陈绍栓、康永武、潘　军、罗　宁、陈香秀
2	废弃生物油脂(地沟油等)制备工业炸药专用油相材料的研究	福建海峡科化股份有限公司	吴彩洪、叶志文、苏明阳、吴善泽、刘真茂、洪春晓
3	腹腔镜联合宫腔镜手术在不孕症诊疗中的临床研究	三明市第二医院	林怡生、杨　美、蒋　玲、张淑珍
4	茎用莴苣褪绿心腐病发生与防控技术研究及应用	永安市农业科学研究所 三明市植保植检站 永安市植保植检站	林积秀、严叔平、纪翠红、黄培枝、刘建密、陈文乐
5	节能环保型尾矿混凝土自保温墙体砌块技术研发	三明学院 福建省新创化建科技有限公司	刘纪峰、张会芝、林生利、吴建胜、崔秀琴、李生钉
6	窄冠福建柏新变型特征与培育关键技术研究	福建三明林业学校 三明市林业科技推广中心	黄云鹏、周东雄、范繁荣、李兆丰、苏松锦、王金盾
7	废弃轮胎裂解炭黑的高性能改性技术及工业化应用	三明学院 明溪县宝福再生资源开发中心	苏志忠、林明穗、崔国星、罗正根、王仁章、张启卫
8	克痉方湿热敷对中风后遗症肌张力障碍的效果研究	三明市中西医结合医院	邓书梅、苏文理、刘　欣、刘尧斌、陈春花、陈清祥
三等奖 (排名不分先后)			
1	10B21 冷镦钢盘条研发	福建省三钢(集团)有限责任公司 福建三钢闽光股份有限公司	曾兴富、蔡常青、严海峰、魏　勇、刘云英
2	钟萼木生长性状遗传多样性与栽培技术研究	三明市林业科技推广中心 福建省速生丰产用材林基地办公室 大田县赤头坂国有林场	郭祥泉、钱国钦、施向东、吴载璋、董晨玲
3	绿竹主要害虫研究	尤溪县森林病虫害防治检疫站	詹祖仁、童文钢、魏开炬、郑　宏、张龙华
4	畦栽青大豆小型采收机研制	三明学院	张锐戈、罗斯进、岳金喜、肖荣辉、苏志部

续表 25

序号	项目名称	完成单位	主要完成人
5	血气分析和肺功能在尘肺病致残程度鉴定应用中的研究	三明市疾病预防控制中心	林　潮、林述连、朱道斌、刘　健
6	氯胺酮相关性膀胱功能障碍临床治疗研究	三明市第二医院	陈　剑、唐　华、王永富、郭昌平、俞　婷
7	降钙素原指导中药八正散临床用药及疗效分析	三明市中西医结合医院	林　松、涂文瑞、白发臣
8	闽西北森林非木质利用主要模式分析与应用	大田县林业科技推广中心	苏亨荣、李建民、曾建新、邱兴荣、张锦斌
9	杉木第三代种子园平衡施肥关键技术研究及应用	福建省沙县官庄国有林场 南昌工程学院生态与环境科学研究所	许鲁平、刘文飞、郑双全、张子文、孟庆银
10	新型网络化智能病死畜禽无害化处理机	三明学院 集辰(福建)农林发展有限公司	任　雯、黄友星、赖森财、吴　龙、刘建军

【高新技术与工业科技】 2016年，三明高新区完成产值500.53亿元，比2015年增长5.3%，完成固定投资66.15亿元，比2015年增长36.8%。逐步形成从科技型企业到高新技术企业的培育体系，壮大发展一批科技型企业，实现34家企业（含7家复审企业）通过高新技术企业认定，总数65家，高企总数创历史新高。新增备案省级科技型企业19家，总数335家；新增省级创新型企业9家，总数48家（其中国家级2家）；组织实施培育科技小巨人领军企业行动计划，启动遴选64家企业进入省第一批“科技小巨人领军企业”，获各类奖励补助资金636.49万元。组织企业围绕发展新产业、新技术、新平台、新业态、新模式，策划生成“五新”项目103个，首批遴选推荐17个“五新”重点项目上报到省创新驱动协调办，7个项目入围福建省第一批重大创新项目。重点推进“智能挤压铸造生产专用设备研发”“智能工程机械关键零部件及产品研究与开发”等高新技术项目，推进高新区企业创新知识管理云服务平台、海西高端装备云制造服务平台、高新技术创业园中试基地等公共服务平台建设，完善“创新助理”服务体系。

【农业与农村科技】 2016年，市科技局围绕农业“五新”推广和产业关键共性技术进行攻关，组织实施省级以上农业科技计划项目17个，其中星火项目14项、区域发展项目3项，支持设区市农科院所建设定向项目。2016年共有12个农业项目获省科技计划立项，争取科技经费428万元。组织开展星创天地建设和培育工作，11月18日，兴农谷、鑫众创客空间、中国大田高山茶创业联盟、茶香金湖等4家星创天地被科技部列为第一批国家级“星创天地”；推动农业科技创新平台建设，2016年新增3家农业领域省级企业工程技术研究中心，支持福建文鑫莲业食品有限公司设立“福建省建莲副产物综合利用企业工程技术研究中心”。组织实施省级扶贫工作重点县人才支持计划，选派26名科技人员支持全市扶贫工作重点县。

【全国小微企业创业创新基地城市示范工作】 2016年4~8月，三明市举办第五届创新创业大赛（福建·三明赛区）暨首届三明市创新创业大赛，吸引135家企业和团队报名。推荐部分企业和团队进入国家行业赛和省赛，1家获全国先进制造行业总决赛优秀奖，2家获省赛企业组二等奖2家，7家获省赛优胜奖。8月10~11日，举办“双创在福建”走进三明主题活动。优秀创客、优秀创业导师及众创空间代表进行经验交流；市政府、市直有关部门领导现场在线解读省、市扶持“双创”的有关政策，与创客空间运营代表及创客代表沟通全市双创工作主要做法、经验及成效。

2016年8月6日，三明市首届创新创业大赛总决赛　　（市科技局提供）

【科技企业孵化器和众创空间工作】 2016年，市科技局开展省级科技企业孵化器和众创空间推荐工作，7月22日，信迈润土（尤溪）电子商务产业园通过省级互联网孵化器认定，兴农科创孵化器获得省级科技企业孵化器备案。7月29日，市科技局开展市级科技企业孵化器和众创空间的申报认定工作，新认定21家众创空间和3家科技企业孵化器11月16日，制定《三明市众创空间认定和管理办法（试行）》，5月6日，制定《三明市科技企业孵化器认定和管理办法》，12月30日，制定《三明市科技企业孵化器、众创空间财政资金补助办法》。

科技服务

【科技政策制定及宣讲】 2016年，市科技局开展在线访谈节目三次，宣讲和解读企业研发费用税前加计扣除政策"新政"、科技小巨人领军企业研发费用税前加计扣除减免所得税财政资金奖励政策、小微企业创新创业扶持政策等科技优惠政策。3月14日，制定出台《三明市小微企业研发费用税前加计扣除后补助管理办法（试行）》，对小微企业研发费用按税务部门核定后的加计扣除额的40%进行补助，引导企业加大研发投入，2016年全市研发投入增长超过20%。

【科技政策落实】 2016年，市科技局落实企业研发费用税前加计扣除和高新技术企业所得税减免政策，兑现企业核准研发费用加计扣除额2912万元，减免高新技术企业所得税2062万元。协助市直相关部门拟定"双创"涉及金融方面的政策和实施，运用好省厅与三明市联合出资的科技型中小企业风险补助金，推动银行加大对科技型中小企业的授信力度，截至2016年年底办理助保贷37笔，发放项下贷款1.23亿元。

【机械科学研究总院海西分院】 2016年2月16日，海西分院孵化器二期建设项目启动，总投资7000万元的"双创中心"及配套重型厂房11月完成主体建设。在智能制造、铸造成形、再制造等多个重点突破领域申报项目15项，获批7项，获批科研经费2151万元。2016年申请专利17项，发表论文6篇，制修订国家标准3项，于3月发布实施。2016年，海西分院智能制造事业部先后为金杨科技、宏盛塑料、天泰药业等公司开发"韩国三星18650电池体的检测包装线""塑料原料自动包装码垛系统""药品说明书自动投放系统"等项目。同时为莆田易太、东源食品、华隆机械等企业提供智能化升级解决方案。半固态技术研究所与南京康尼合作共同开发支架体、挂架体两种新产品，通过60万千米运营考核。自主开发的滤波器与爱立信达成首次合作。7月，参加"第十八届广州建博展"和"第十七届成都国际家具生产设备展"，共锁定意向客户40多家。中机精冲公司门铰链国外订单突破3万套/月，为奔驰、采埃孚传动、施耐德电气等国际知名企业稳定供应产品。中机铸材公司新开发的高温煅烧彩砂得到厦门固克涂料、东宝涂料、固力克涂料等多家建材涂料公司的订单。2015年下半年，中机焊业开始拓展西南市场，在2016年8月云南建材集团第一次辊压机、立磨堆焊项目招标中以第一名的身份中标，由中机焊业总包服务的该集团下属企业10家,新增产值800万元。2016年，海西分院包括中机系产业化公司在内的人员规模增至235人，引进高层次人才4名，聘请智能制造技术顾问2名。4月20日，与三明市高级技工学校签订校企合作协议，实施"工学一体化"的现代学徒制培养模式，满足分院生产一线对高技能人才多元化的需求。

【科技平台建设】 2016年，市科技局启动实施企业研发机构广覆盖计划，11月16日，制定出台《三明市工程技术研究中心认定和管理办法》，认定首批23家市级工程技术研究中心。新增金森林业林木细胞繁育、绿田实业莲子精深加工、沈郎公司油茶精加工、文鑫莲业莲副产物综合利用和中机院海西分院高端机构装备等5家省级工程技术研究中心。在永安市建设全国首个竹产业知识产权运营交易中心，该中心的线上平台（www.izjtech.com）于6月18日投入试运营。促进竹产业技术成果推广和知识产权运用，推动全市竹产业转型升级。提升"三明市机械产业先进制造公共技术服务平台"服务能力，2016年全年共服务中小企业220多家，提供零部件、拉伸试验、冲击试验、硬度检测、机械工件精密测量、三维工程扫描、机械图纸设计等各项服务600余项次；开展涉及研发设计、机械检验检测、先进制造、逆向工程、3D打印、知识产权咨询等多种形式服务280余项次，采编和发布机械行业信息共1260多条。实现与福建省中小企业服务平台的互联互通,完善中小企业服务体系，2016年新加盟"三明市中小企业服务联盟"的服务机构15家，签约创新助理会员企业206家。三明高新区企业创新知识管理云服务平台为科技型企业提供先进的产业情报、科研成果、专利信息、标准信息、先进技术等"一条龙"式系列服务。

科技管理

【科技计划项目及经费】 2016年，市科技局围绕主导产业、新兴产业和特色产业的发展，按照延伸拓展产业链，发展壮大骨干企业的思路，策划生成等一批自主创新水平较高、产业带动性较强、有发展前景的项目。全年有50个科研项目被列入省级及以上科技计划盘子，获科研经费3352万元。下达市科技计划项目63项，投入市本级技术研究与开发经费535万元，其中：高新技术与工业科技项目39项、经费302万元；农业科技项目13项、经费125万元；社会发展科技项目11项、经费108万元。提升各创新主体承担和实施各类科技计划项目的能力，重点推进中央引导地方科技发展专项、省科技重大专项、中科院STS合作项目、区域发展重点项目的实施，带动新增研发投入约1.9亿元。

【知识产权管理】 2016年，三明市专利申请总量4190件，同比增长41.94%，其中发明专利申请482件，同2015年比增长56.49%；专利授权总量2962件，同2015年比增长11.73%，其中发明专利申请137件，同2015年比增长65.06%；万人发明专利拥有量

1.69件；新增8家福建省知识产权优势企业。组织实施专利产业化项目、专利权质押贷款贴息项目，提高企业专利转化运用能力，共有7个专利项目获省专利技术实施与产业化计划立项，共获扶持经费140万元；7家企业通过专利权质押获金融机构贷款授信额度2.60亿元。加强专利执法维权工作，2016年共查处涉嫌假冒专利案件126件，处理专利纠纷5件。做好专利执行险申报推荐工作，组织全市6家企业的34项发明专利投保专利执行险，帮助企业降低维权成本，增强企业持续创新能力。组织开展"知识产权宣传周""世界知识产权日"等集中宣传活动，提高全社会尊重和保护知识产权的意识；承办2016年福建（三明）企业专利实务培训班1期，培训人员184余人。3月14日，制定《三明市小微企业专利发展专项资金管理办法（试行)》，开展2015年度小微企业专利发展资金申报工作，对全市1049个项目获得奖励，发放资金170.9万元。开展专利申请资助工作，共资助专利项目1146件，其中发明专利95件,实用新型专利1048件，PCT申请3件，资助金额共104.86万元。

【科技宣传与普及】 2016年，三明市以第五届创新创业大赛（福建·三明赛区）暨首届三明市创新创业大赛、"双创在福建"走进三明主题活动和第十五届鼓岭科技会议等大型活动为契机，加大双创政策的宣传和解读力度，激发社会创新创业活力，努力将三明打造成为"创新之城、创业之地、创客之乡"。5月，科普宣传周开幕式在三明广场启动，当天布置科学展板160多幅，发放宣传材料3000多份，免费义诊180余人次。深入明溪、宁化、大田等地乡镇村居开展科技、文化、卫生三下乡活动，发放农业实用新技术丛书等科普书籍5千多册，宣传材料10万多份，义诊2千多人次，培训农民11654人次。开展科教进社区活动，邀请市医院血管专家到社区开展科普健康知识讲座，提升居民健康意识。为社区居民免费体检300多人次，接受健康咨询100余次，发放健康宣传资料1000多份。

2016年8月11日，福建省高新技术产权交易所三明营运中心揭牌 （市科技局提供）

科技交流与合作

【对外科技交流合作】 2016年，三明市对外交流合作进一步加强。8月承办"双创在福建"走进三明主题活动和9月承办在永安举办的第十五届鼓岭科学会议，组织本地企业参加2016年第三届"6·18"闽台社会治理创新智库论坛、第四届中国南亚博览会、厦门"9·8"投洽会、第十三届中国—东盟博览会、第十八届中国国际高新技术成果交易会、第十二届海峡两岸（三明）林业博览会、省闽港创新科技交流会，促进项目、技术、资本和人才等各类创新要素的对接合作；2016年全市共有4人入选第二批"国家高层次人才特殊支持计划"科技创业领军人才，1人入选2016年"国家创新人才推进计划"科技创新创业人才；加大高层次人才对接力度，先后对接、邀请中科院、上海有机所、清华大学、厦门大学、武汉理工大学、中国纺织科学院等一批知名专家教授、行业领军团队，共建氟化工、石墨（烯）、绿色纺织、新能源材料重大产业研发平台或科技成果转化中心，并达成合作意向。

【科技招商】 2016年，尼葛园经济开发区引导企业延伸产业链条，同时鼓励传统产业通过转型升级和"二次招商"，以建新轮胎和新越金属为龙头，延伸产业链，签约多彩铝板、和其昌树脂、阿兰士塑胶等3个项目，总投资6亿元，盘活企业10家。金沙园融辉资产经营公司平台，加快企业债务化解，盘活闲置资产，实现"腾笼换鸟"。老潘头（金立）系列企业资产盘活工作与中华供销总社所属企业普惠金融交易中心（大连）有限公司达成战略合作协议；爱乐园项目闲置商服和工业用地盘活启动，引进申通、中通2个物流项目，盘活闲置厂房3万多平方米。新签约入园项目16个，电商企业9家，快递分拨中心3家，合同金额12.8亿元。

（文健平）

防震减灾

【概况】 2016年,三明市地震局在省地震局组织的2016年市、县防震减灾工作综合评比中获"优秀单位"称号；在全省地震应急救援评比中，荣获2015年度一等奖、2016年度二等奖；尤溪县城关镇沈塔社区、明溪县雪峰镇紫岭社区等两个社区被评为国家地震安全示范社区。中国地震局主办的《市县防震减灾工作》2016年第一期刊登题为《福建省三明市防震减灾科普教育实践与启示》文章，系统介绍全市开展防震减灾宣传教育的经验与做法。7月12日，三明市地震安全示范社区创建现场推进会在国家地震安全示范社区——尤溪县城关镇东城社区召开。截至2016年年底，三明市共有8个社区被评为国家地震安全示范社区。

【震情监测及群测群防】 2016年，市地震局对全市辖区内监测到的地震活动信息、前兆观测数据等，进行跟踪、分析、研判，形成年中、年度会商报告提交省地震局，并于9月21~23日参加福建省年度地震趋势会商会。加大群测群防的工作力度,加强防震减灾“三网一员”队伍建设，及时更新各县（市、区）“三网一员”信息，并加强日常业务培训。加强宏观观测点管理，出现异常情况及时核实上报，及时更新观测点信息，按时上报观测情况表。加强三明市信息网络节点管理，定期巡检机房软硬件安全情况，做好设备维护工作。配合省地震局做好地震预警系统建设，与三明学院联合开发地震预警警铃，同时配合省局完成全市12个地震预警服务试点学校选点工作。

【编辑出版《农村民居抗震设防指南》】 2016年12月，由三明市地震局牵头，联合三明市住建局、城乡规划局、国土资源局共同编写的《农村民居抗震设防指南》由福建科学技术出版社正式出版发行。在收集本地区及相似地区相关资料的基础上，从实用性出发，从当地地震地质背景、农村民居安全存在的隐患、如何建抗震设防房等方面，将知识普及和技术指导融为一体，可以为建设安全房提供指导。

【防震减灾宣传】 2016年，市地震局在“5·12”全国防灾减灾日、“科技活动周”、“7·28”唐山地震纪念日、“科普宣传日”等重点时段，开展防震减灾宣传活动。“5·12”宣传周和“科技活动周”期间，市地震局在新华都广场和三明广场开展防震减灾宣传活动，通过发放防震减灾科普资料、展示科普展板和挂图、接受群众咨询、播放专题教育片等形式，向市民宣传防震减灾知识。7月下旬开展纪念唐山大地震40周年系列宣传活动，通过网站和微信公众号长期播发地震预警公益广告片，开展地震预警知识宣传教育活动。全国科普日期间，分别联合市科协在沙县农校、市老科协在老干部活动中心举办全国科普日活动，向广大师生、老干部宣传普及地震科普知识。《三明日报》安排专版刊发防震减灾工作和地震科普文章。三明市地震局网站及时传递防震减灾科普知识和有关震情信息。联合移动等通信部门，在“5·12”防灾减灾日群发防震减灾公益短信，唤起公众对防震减灾工作的关注。参加“公共文化服务进校园”活动，组织人员到三明十中、梅列二实小、三元莘口小学等学校，进行地震应急逃生技能指导、举办地震科普知识和应急避险知识讲座等。向中小学校分发《福建省数字地震科普馆》，利用中小学多媒体教学设施开展防震减灾科普教育。应邀为三明市学校安全管理人员共180人授课，讲授有关防震减灾知识。

2016年5月12~13日，代号为“闽动-2016”的县级地震灾害紧急救援队跨区联合演练现场 （市地震局提供）

【防震减灾知识剪纸艺术作品展】 2016年12月7~23日，市地震局在紫阳美术馆举办防震减灾知识剪纸艺术作品展，共展出45幅防震减灾知识剪纸艺术作品展作品，内容包含习近平总书记对防震减灾工作重要指示，地震监测预报、震害防御、应急救援、应急避险等方面知识，采用传统剪纸艺术和现代动漫结合的方式展示防震减灾知识。

【地震紧急救援能力建设】 2016年1月12日，市地震局指导大田县对新建的7处应急避难场所检查验收，应急避难场所设施完备、功能齐全，符合要求，验收合格。对三明市区应急避难场所的应急设施进行巡查，对应急设施进行必要维护，确保应急避难场所在应急时能发挥作用。加强地震灾害紧急救援能力建设，运用三明市地震应急救援手册，协助做好各项应急准备工作，推进各地、各部门、各单位开展地震应急预案修订。

（张晓艳）

责任编辑：陈瑞敏

文化·体育

CULTURE AND SPORTS

综　述

【文化事业发展】　2016 年，三明市文化系统按照全省文化、新闻出版广播影视工作会议的部署要求，围绕“五位一体”总体布局和“四个全面”战略布局，牢固树立和贯彻创新、协调、绿色、开放、共享的发展理念，突出“念好发展经、画好山水画”工作主题。三明市获国家公共文化服务体系示范区荣誉，市文化广电新闻出版局获“全国新闻出版统计工作先进单位”“安全生产目标责任制考评先进单位”“平安先进单位”等荣誉。

【体育事业发展】　2016 年，全市制定出台《全民健身十三五实施计划(2016~2020)》，加大投入，构建便民利民的健身服务网络，将完善城市社区体育场地设施建设纳入为民办事实项目，为社区增加体育场地面积 18192 平方米；扶持市级体育社团建设，建有县级以上体育总会 13 个，各体育单项协会(俱乐部) 152 个，形成市、县（市、区）、乡镇（街道）、村（社区）四级全民健身组织网络；在 2016 年巴西里约第 31 届夏季奥运会上，三明籍运动员邓薇、乐慧林、葛曼棋入选参赛，是本市运动员入选参加人数最多的一届奥运会。其中，邓薇获女子 63 公斤级举重冠军，是三明籍运动员获得的首枚奥运会金牌，实现零的突破；全市做好体育与旅游融合发展工作，依托三明市独特的丹霞地貌和山水风光，发挥资源优势，打造一系列如泰宁环大金湖世界华人山地马拉松赛等“运动山水”特色体育赛事。

公共文化

【概况】　2016 年，三明市在国家公共文化服务体系示范区创建工作中，围绕提升公共文化服务效能，把三明精神文明创建“好在共建、贵在坚持、重在建设”经验引入公共文化服务建设，探索出“六联六创”服务方式，形成政府主导、部门联动、社会参与、共建共享的工作机制，被福建省委、省政府列入全省全面深化改革第一批复制推广典型经验。根据 2014 年三明市委办、市政府办联合下发《关于推行“六联六创”服务方式进一步提高公共文化服务效能的意见》，推动全市集中力量解决影响公共文化服务效能发挥的突出问题，提高公共文化服务水平和质量。10 月，三明市被正式列入第二批国家公共文化服务体系示范区名单。

【公共文化服务体系创建】　2016 年 1~5 月，文化部、财政部组织开展第二批国家公共文化服务体系示范区（项目）验收工作，三明市通过包括制度设计课题答辩、群众满意度测评、过程管理考核、实地检查验收、集中评审答辩等所有检查和评审程序。4 月，省文化厅在三明市召开全省公共文化服务体系创建工作经验交流现场会和全省区域交流活动。10 月，三明市等 32 个城市被正式列入第二批国家公共文化服务体系示范区名单。三明市选送的朱子文化研究课题入选 2016 年度国家公共文化服务体系示范区创建优秀课题（全国共 10 个）。

【文化志愿服务】　2016 年 4 月，三明市开展创建国家公共文化服务体系示范区十佳文化志愿者和最美文化工作者评选活动，激励文化工作者成为开展基层公共文化活动的骨干力量。9 月，受三明市邀请，中国儿童艺术剧院开展“温暖童心”优秀剧目走进三明公益演出，除在三明市区表演儿童剧《特殊作业》外，还在沙县、将乐等地演出《小吉普·变变变》等儿童剧共 11 场，获评国家艺术院团志愿服务走基层典型案例(全国共 14 个)。12 月，“三明公共图书馆‘家·阅读’服务联盟文化志愿服务”被文化部评为 2016 年文化志愿服务活动典型案例，尤溪县文联原主席周治彬被评为 2016 年文化志愿个人。

【基层综合文化服务中心建设试点】　2016 年，三明市完善《三明市基层综合文化服务中心建设试点工作实施方案》，安排 220 万元以奖代补，扶持 12 个基层乡镇（街道）的综合文化站示范点建设。三明市获财政部补助资金 60 万元，共补助市内 30 个社区，用于配置文化设备和组织开展群众文化活动，通过示范带动作用，推进基层公共文化服务标准化建设。5月11日，在全国第四次文化馆评估定级工作中，三明市有9个文化馆（市艺术馆与梅列、永安、清流、泰宁、将乐、沙县、尤溪、大田文化馆）被评为一级馆，4个文化馆（三元、明溪、宁化、建宁文化馆）被评为二级馆。同时，开展2013~2016年度三明市文化先进乡镇（街道）和先进个人评选活动，完成24个申报评选乡镇（街道）的验收工作。

【公共文化服务】 2016年，三明市推开“半台戏”公共文化服务配送工作。“半台戏”是市、县两级宣传文化部门联合开展的以送戏下乡为主的公共文化服务配送新模式，配送的内容包括文艺演出、非遗展示、公益讲座、主题展览、培训辅导等，在公共文化配送时，实施市、县两级的联动配送。其余节目的编排、演出、组织工作由地方负责，通过分级购买，形成“一台戏”。全年市、县、乡三级共计配送演出、讲座、培训、展览共900多场次。全市实施政府购买公共文化服务“三百”工程，以市客家文化艺术中心为主体，举办百场文艺演出，组织流动舞台车文艺下乡巡演77场。以公共图书馆为平台，举办《三明周末公益文化讲坛》，邀请专家学者开展百场讲座；依托艺术馆、博物馆、美术馆，在节假日、重要节庆日，举办专题书法、绘画、摄影、剪纸、收藏品、图片、非遗等百场展览。2016年6月20日，三明市第21届群众广场文化活动开幕，以“忆长征·跟党走·奔小康”为主题，新设多个广场演出点，共举办30次文艺专场演出。实施“周周有戏”惠民工程，组织三明市客家文化艺术中心、泰宁梅林戏非遗保护中心、沙县肩膀戏非遗保护中心等地方剧种剧团开展公益演出活动255场次。推广公共图书馆“家·阅读”联盟服务，仅市图书馆、少儿图书馆组织演讲沙龙、心理学沙龙、周六沙龙、双语沙龙、绘本故事会等11个系列阅读活动900多场，参与人数近10万人次。同时，开展“百姓大舞台，想秀你就来”“文化志愿服务”“艺术扶贫”“你看书、我买单”等深受群众喜爱的公共文化活动以及宁化客家祭祖大典、朱子文化艺术节、泰宁丹霞文化旅游节、中国（沙县）小吃文化节、永安竹具博览会、中国（大田）高山茶文化节等地方特色文化活动。10月11~14日，三明市还赴西藏林芝市开展“春雨工程——全国文化志愿者边疆行”活动，举办三明市客家剪纸作品展、剪纸技艺培训等一系列活动。

【基层文化队伍培训】 2016年6月20~24日，市文广新局与市委党校联合举办“提升公共文化服务能力主题培训班”，全市各县（市、区）政府分管领导、文化局长、文化馆长、乡镇（街道）综合文化站长等共162人参加培训。学习培训内容包括三明市“半台戏”公共文化服务配送模式实践与探索，如何提高基层文化队伍履职能力，“六联六创”实践探索和案例分析，坚持创新发展、增强发展内生动力，基层综合文化服务中心建设工作等，旨在进一步提升基层文化队伍的综合素质、业务水平和创新发展能力。

2016年10月15日，第22届世界客属宁化县石壁祖地祭祖大典在石壁镇举行
（赖全平 摄）

【文化精品创作】 2016年，三明市重点组织创作生产反映客家文化、朱子文化、红色文化、抗战文化、小吃文化等具有地域特色的文艺精品。歌舞剧《行走三明》荣获第六届福建艺术节优秀剧（节）目展演奖三等奖、表演奖二等奖、节目奖、导演奖、舞美奖三等奖。舞蹈节目《筑梦围家》参加“第七届华东专业舞蹈展演”荣获表演三等奖。推动美术事业发展，提升美术馆展厅功能，与山东荷泽等地举办各类书画作品交流展12场，推荐民营紫阳美术馆参加文化部“全国美术馆优秀项目”评选，获优秀展览项目。

【“书香三明”全民读书月活动】 2016年，三明市开展“书香三明”全民阅读系列活动。成立“2016书香三明”全民阅读组委会，向12县（市、区）印发《关于开展2016年“书香三明”全民阅读工作的通知》和《关于开展2016年全民阅读活动暨第十届“书香三明”全民读书月活动的通知》。通过举办读书演讲、读书征文活动、读书沙龙、经典诵读等活动，重点组织全市青少年学生开展经典诵读、知识竞赛、演讲比赛等活动，开展《三明周末讲坛》公益讲座、三明公共图书馆（家·阅读）联盟、明师微课堂等阅读品牌活动。全民读书月期间，全市开展全民读书月启动仪式系列活动，2016年10月，举办第十届“倡导全民阅读，建设书香三明”惠民书展、举办“金秋阅读·书香三明”文艺演出。三明公共图书馆（家·阅读）联盟获得2016年福建省全民阅读案例三等奖，论文《营造体验场景推进全民阅读——以三明市图书馆推进全民阅读实践活动为例》获得2016年中图学会年会论文二等奖。2016年，全市有4家实体书店获得省文化局扶持资金，助推全市阅读活动开展。

【农家书屋】 2016年，市文广新局向省争取资金129万元，扶持各县（市、区）对农家书屋的出版物进行补充更新，完善农家书屋的管理，督促各地做好书屋开放、借阅登记、财产的基础管理工作。在全市农村中小学中组织开展“我的书屋、我的梦”农村少儿阅读实践活动，推荐参加全国征文获奖数居全省之首。

文化遗产保护

【概况】 2016年，三明市万寿岩遗址、南山遗址被列入全国大遗址保护“十三五”专项规划名单。永安市槐南镇洋头村、西洋镇福庄村，尤溪县台溪乡书京村，大田县桃源镇东坂村、华兴乡杞溪村、屏山乡许坑村6个村落入选第五批省级历史文化名村。截至2016年年底，三明市共有中国历史文化名镇名村7个，省级历史文化名镇名村14个，市级历史文化名村98个，中国传统村落20个，省级传统村落51个。永安市吉山村、将乐县良地村等5个村落列入国保、省保集中成片传统村落整体保护利用计划；永安市获国家级抗战纪念设施遗址建设保护项目资金4000万元，明溪县城关乡翠竹洋村入选2016年中央财政支持范围的750个中国传统村落名单。启动三明红色文化遗址保护工程，起草《三明市红色文化遗址保护管理办法》。2016年，全市第一次可移动文物普查工作任务完成，推进万寿岩国家考古遗址公园建设。

【文物保护】 2016年，三明市对全市涉及19类行业系统2365家国家机关、事业单位、国有企业及国有控股企业进行普查，编制全市29家国有单位收藏单位名录。各级财政预算安排普查专项资金382.76万元，投入普查人员638人，举办培训95场次，培训人数2092人次。完成中村窑遗址、大田土堡群、南山遗址等一批全国重点文物保护规划方案的编制；完成中村窑遗址防洪堤维修，做好中村窑遗址文物园区原回瑶小学旧址改造的前期工作；永安吉山村抗战旧址群安防、消防技术方案编制完成并送省文物局评审；尤溪玉井坊郑氏大厝修缮工程完成招投标；南山遗址本体及载体加固保护工程方案获省文物局批复；泰宁尚书第建筑群灾后抢修工程完成总工程进度的85%。组织对全市文物保护单位进行“两节”期间文物消防安全检查，共抽查全国重点文物保护单位5处，省级文物保护单位18处，市县级文物保护单位11处，三普文物点1处，查出安全隐患53处。

【三明市第一次可移动文物普查工作】

2016年，三明市完成全市第一次可移动文物普查工作任务，对全市涉及19类行业系统2365家国家机关、事业单位、国有企业及国有控股企业进行地普查，基本摸清全市国有收藏单位文物家底，编制全市29家国有单位收藏单位名录。全市国有可移动文物收藏量为25151件/套，实际数量32746件，其中新发现1582件/套。共拍摄照片10万余张，数据存储量500G。全市各级财政预算安排普查专项资金382.76万元，共投入普查人员638人，举办培训95场次，培训人数2092人次。组织编制完成《第一次全国可移动文物普查验收表》和《三明市第一次全国可移动文物普查工作报告》。

2016年7月26日，三明市举办纪念中国工农红军长征胜利80周年“湘江战役与红色苏区”摄影图片展 （市文联提供）

【万寿岩遗址项目建设】 2016年，万寿岩遗址纳入国家《大遗址保护“十三五”专项规划》，万寿岩考古遗址公园建设完成环境整治清渣项目、船帆洞展示工程和万寿岩遗址景观供水工程等重点工程建设项目，万寿岩遗址环境整治、景观绿化、征地拆迁、防洪堤建设等在建项目推进全，年完成投资2890万元，累计完成投资12350万元。万寿岩遗址环境整治（二期）立项获得国家文物局审批，三明万寿岩遗址博物馆扩建及公园配套设施建设项目建筑设计方案委托编制单位设计，同时在工程建设、质量控制、项目监督、资金争取、项目协调、形象宣传等方面取得新进展。

【文化遗产宣传】 2016年5~6月，三明市利用“国际博物馆日”（5月18日）“文化遗产日”（6月11日）活动契机，加大对文化遗产的宣传力度，开展系列宣传活动。市文广新局编辑印制《记得住乡愁——三明98个古村落》图集，市文广新局等部门举办三明市历史文化名镇名村和传统村落图片展、“忘不了的乡愁—山水相依的三明古村落古民居”摄影展。市博物馆开展“5·18”国际博物馆日系列活动如“三明民俗摄影图片展”“福建土堡图片展”“湘江战役与红色苏区——纪念长征胜利80周年图片展”等，进学校、军营、社区、乡镇开展50余场巡回展览；6月份市文广新局等部门组织“土堡神韵——三明客家民俗文物展”走进昙石山遗址博物馆、沈阳新乐遗址博物馆及吉林省博物院展览；举办各项红军故事演讲、红军标语书法比赛，开展“奇石文化论坛”“花灯艺术”等讲座，开展“刻版拓印”“剪纸”“捏陶”等系列亲子活动。全年市博物馆接待省内外团体及个人参观11万多人次。建宁县博物馆走近县消防大队举办“红色历史文化进军营”系列活动；宁化县革命纪念馆举办红色小导游活动；万寿岩遗址博物馆实现馆校共建，开展爱国主义教育实践活动。6月11日，省文化厅和三明市政府联合举办“三明非遗进坊巷”系列活动，三明市33支非遗“团队”共300余人在“三坊七巷”开展“非遗华光 好戏连台——三明非遗展演”“盛世遗珍 闽中瑰宝——三明非遗精品展”“舌尖上的非遗——三明传统小吃制作技艺展”等系列活动。

【优秀文化传承发展】 2016年，三明市完成地方戏曲剧种普查工作，共登记戏剧团体54个、剧种18个。7月5日，三明市地方文化研究中心在三明学院成立，推动“戏曲文化”“旅游文化与传播”等方面的研究和开发。促进客家文化建设，2016年，三明市申报国家级客家文化（闽西）生态保护实验区。朱子文化建设,总投入5亿多元的朱子文化园建成对外开放。在尤溪举办第八届海峡论坛朱子文化与旅游交流活动。抗战文化建设，永安抗战旧址群被列入2016年国家级抗战纪念设施、遗址保护建设项目，获得建设保护项目资金4000万元。

文化产业管理

【概况】 2016年，三明市文化产业重点项目进展良好，全市确定60个文化产业重点推进项目，新开工项目20个，总投资38.65亿元，当年投资8.6亿元；重点续建项目30个，总投资134.68亿元，当年投资22.73亿元；重点招商和前期项目10个，计划投资22.7亿元。其中，11个项目列入省政府年度重点项目，17个列入市级年度重点项目。尤溪朱子文化旅游开发有限公司被命名为第九批省级文化产业示范基地。

【参加厦门文博会】 2016年11月4~10日第九届厦门文博会上，三明市参展标摊展位36个，参展单位23家，签约项目14个，总签约金额10.73亿元；参加“中华工艺精品奖”评选获2金4银3铜；参加“中华工艺优秀作品奖”评选获2金3银3铜；参加“两岸高校设计展”入围作品36件，获优秀奖作品7件，三明学院获“优秀组织奖”；参加“福建最具创意文化产品”入围作品70件；由沙县承建的以“沙县小吃文化”为主题的三明特装馆获“最佳展览展示铜奖”。以小吃文化为主题的“满汉全席”工艺精品备受关注和多方报道。同时，市文广新局将编印的“文创发展逐浪高”丛书在文博会上进行分发交流,丛书对全市近百家文化企业和历年参加厦门文博会的企业进行详细推介。经组委会评选，三明市文广新局获文博会优秀组织奖。

【文化产业小微企业扶持】 2016年4月，市小微企业创业创新基地城市示范工作领导小组办公室、市文广新局、市教育局印发《三明市文化教育产业小微企业财政扶持资金管理办法（试行）》，对文化创意和设计服务、出版印刷及发行、动漫游戏制作、广播电影电视创作与传播、工艺美术品生产、文化信息传输以及重点出口文化企业的专业软件研发应用、公共服务平台建设等进行重点扶持，委托第三方会计师事务所对10家入围企业进行财务审计，创新工作机制，完善审核程序，对符合政策条件的首批10家企业进行补助。

文化市场管理

【概况】 2016年，三明市对全市12个县（市、区）文化行政部门开展文化市场政策落实和行政审批规范工作情况进行督查，确保全市文化行政部门全部推广使用“全国文化市场技术监管与服务平台”，并通过平台办理文化市场行政审批和综合执法日常业务，全市文广新部门办理承诺件时限压缩50%以上。市文广新局以市区为重点，向省推荐5家娱乐场所为娱乐行业转型升级示范点，探索文化市场监管的新途径。全市围绕“扫黄打非”工作的重点和任务，开展“清源”“净网”“秋风”“剑网”“护苗”五大专项行动。

【文化市场安全生产监管】 2016年，三明市将安全生产纳入文化市场日常监管的重要内容，加强对网吧、游戏娱乐场所、演出场所和出版印刷行业等经营单位的消防安全检查，对检查中发现的问题，督促业主及时整改。在元旦、春节、全国“两会”、G20杭州峰会、国庆等重要时间节点开展文化经营场所消防安全专项检查，提高业主安全防范意识，消除安全隐患。2016年，市文广新局共会同消防部门组织开展2次消防应急演练，召集市区200多名文化企业经营者和管理层员工参加现场演练。

【文化市场“双随机”执法检查】

2016年，三明市依托全国文化市场技术监管与服务平台，建立文化市场经营主体名录库和执法检查人员名录库，通过摇号随机抽取检查对象、随机选派执法检查人员开展现场检查，并对投诉举报多、列入经营异常名录或有严重违法违规记录等情况的区域市场主体。2016年，全市共出动执法人员13040人次，检查网吧、电子游戏、歌舞娱乐场所等各类文化经营单位共7196家次，受理群众举报线索11件、查办文化市场各类违规案件35起，责令停业整顿6家，取缔非法游商地摊8家。

【“扫黄打非”专项行动】 2016年，三明市围绕“扫黄打非”工作的重点和任务，开展“清源”“净网”“秋风”“剑网”“护苗”五大专项行动，抓好查堵反制港台反动出版活动、扫除网络淫秽色情不良信息、打击“三假”和侵权盗版出版活动等主要任务。推进“扫黄打非”进基层工作，努力实现无缝隙、全覆盖的“扫黄打非”监管格局。4月21日，为迎接“4·26”世界知识产权日，开展侵权盗版及非法出版物集中销毁和“绿书签行动”活动，销毁侵权盗版及非法图书制品1万多册，非法录像制品6000多张，出动执法人员121人次，检查出版物经营场所257家次。

【实施“剑网行动”】 2016年，三明市实施打击网络侵权盗版“剑网行动”(打击网络侵权盗版专项治理)。加强对相关网站等网络平台的梳理，明确检查对象，做到有目的，有范围的开展巡查工作。开展阶段性的排查，加强对贴吧、论坛、网络文学网站检查，重点整治辖区内有通过网络平台从事图书、杂志、电子出版物、音像制品等出版物批发、零售的经营单位，切实做到及时发现，及时查处。加强与公安等相关部门的沟通协作，形成齐抓共管、各负其责的机制，对网络出版物市场进行监督管理。全市2016年共办理上级督办的各类“扫黄打非”案件7件，刑事立案1起。

广播电视

【概况】 2016年，三明市完成广播电视节目无线数字化覆盖工程，在全市10个高山无线广播电视发射台基本实现12套中央、2套省级、1套市级电视节目的无线数字化覆盖。全市广播人口综合覆盖率98.37%，电视人口综合覆盖率99.24%。沙县广播电视台被中国广播电影电视社会组织联合会评为第三届全国县级广播电视系统“十佳广播电台”。市广播电视台广播新闻通联工作荣获全国地市台“十强”荣誉称号，被省广播影视集团授予“2015年度全省供稿工作先进单位”，一名记者被评为“2015年度全省新闻宣传工作先进个人”。电视新闻通联工作位列全省前列，电视新闻部荣获2016年福建省“新春走基层”活动先进集体荣誉称号，是三明市唯一获此荣誉的新闻单位。

【新闻报道】 2016年，市广播电视台共推出广播、电视新闻专栏（系列报道）近70个。三明医改三次登上央视《新闻联播》。在抗击暴雨洪灾及泰宁“5·8”泥石流地质灾害期间，配合中央台和省台进行及时报道，受到中央电视台《新闻联播》、福建电视台《福建新闻联播》《福建卫视新闻》等主要栏目密集关注。2016年，共有近600条电视新闻在省台新闻中心各档主要新闻栏目播出，《福建三明：医改补短板 医保再延伸》《第十二届林博会在福建三明举办》等多条新闻在中央电视台《新闻联播》《中国新闻》等新闻栏目中播出。600多条广播新闻被福建新闻广播采用，在中央人民广播电台“中国之声”发稿44篇。全年全台共创作、引进、播出300多条公益广告宣传片，两套广播节目每天播出公益广告不少于55分钟，两套电视节目每天播出公益广告不少于50分钟，每月合计播出超过3000分钟，播出量创历史之最。

【广播电视节目创优】 2016年，三明市开展2015年度“三明广播电视新闻奖”“三明广播电视播音与主持作品奖”“三明广播电视优秀论文奖”评选，评出优秀广播电视节目（论文）137件。6月，在首届“福建省广播电视艺术奖”评选中，市广播电视台创作的纪录片《琢砚人生》获得一等奖，12件作品分获二、三等奖。7月，组织参加2015年度“福建新闻奖”评选活动，市广播电视台选送的广播新闻专题《八闽抗战纪事——福建抗战省会永安：歌笔作枪 抗战到底》、广播系列报道《三明林改改出生态富民路》、电视消息《“章公祖师”肉身坐佛跨国诉讼案正式启动》、电视消息《线上“买”碳汇 足不出户也能植树》、电视专题《陈春花：“有花的世界，便是春”》、新闻论文《要“吸睛”更要“走心”：信息传播价值的回归》等作品分获二、三等奖。11月，在省新闻出版广电局举办的《中国梦·福建故事》评选中，市广播电视台选送的纪录片《打起赤脚唱起歌》《闽笋故事》分别获得三等奖和鼓励奖。

【媒体融合】 2016年12月7日，由广电总局人才中心联合新媒体大数据机构——新榜发布，经过大数据筛选和入围单位调研数据分析，市广播电视台微信公众号“三明电视台”入围“2016全国地方广电微信公众号最具影响力TOP10”（进入十强）。截至年底，微信公众号“三明电视台”粉丝量超过10万，每月阅读量在80万以上，实现与广播电视节目的互联互动，推出微信直播、节目回看等功能，成为三明地区最具影响力的新媒体平台之一。新闻综合广播和都市生活广播节目通过手机客户端实现网络在线广播，播出平台关注率均突破五万人。电台直播室实况还通过视频直播平台同步直播。

【广播电视事业建设】 2016年，全媒体融合生产发布平台项目被省局列入传统媒体和新兴媒体融合发展重点扶持项目，获得20万元专项资金扶持，项目以高清新闻网为基础，涵盖全媒体汇聚、全媒体生产、全媒体发布等各环节，拥有50个高清新闻网编辑制作工位和30多个新媒体编辑制作工位，建成之后将成为市广播电视台媒体融合采编业务的核心技术支撑平台。建设手机APP客户端，向多业态转型发展，智慧城市APP被列入2017度市专项规划重大项目，获得市政府支持。APP标识、功能版块及内容设计展开。该APP客户端具备新闻门户、视频直播、视频点播、生活服务等功能，设置交通路况、政务办公、城市服务、公共安全、医疗挂号、公交打车、旅游出行、气象信息以及环保、城管、工商业活动等版块，为涉及民生的各种需求提供整体解决方案，实现城市智慧管理和运行，带动市广播电视台实现跨行业、多业态发展。广播调频发射设备搬迁工程，扩大信号覆盖。把97.5兆赫兹新闻综合广播和105.6兆赫兹都市生活广播搬迁到发射条件更好的七〇五台中心机房和锣拔顶机房，改善广播节目信号覆盖范围和质量。

【广电惠民工程】 2016年，全市完成本年度农村电影放映工程，全年农村公益电影放映20948场，观影人数214万余人次，实现全市1736个行政村每村每月放映一场电影的目标任务。完成农村电影室外转室内放映试点建设任务，全市8个县（市、区）10个农村电影室外转室内放映试点全部建成。三明七〇五台完成市区广播电视节目无线数字化覆盖工程，市民可以免费收看16套无线电视节目（CCTV-12社会与法频道、福建公共频道、三明新闻综合频道）。

新闻出版

【概况】 2016年，三明市文广新局，组织开展报刊出版领域意识形态工作责任制落实情况的检查，督促报刊出版单位加强对新闻从业人员的管理，对内部资料性出版物的编印内容进行严格把关。对假冒学术期刊网站进行专项整治，制定专项整治工作的实施方案，建立工作联系机制、设立举报电话等工作措施。通过“双随机”工作机制的落实，进一步加强党报党刊和连续性内部资料性出版物出版发行行为的规范化。

【政府机关软件正版化建设】 2016年，市版权局按照“政府主导、财政保障、部门落实、版权监管”的工作思路，组织协调和推进全市的机关软件正版化工作，严格落实“一把手”负责制。6月初，三明市研究制定《三明市直机关使用正版软件工作考核评定办法》《2016年三明市推进使用正版软件工作实施方案》，明确相关部门的工作职责和任务，确保软件正版化工作开展。2016年，全市政府机关单位累计拥有正版操作系统16644套、办公软件13092套，杀毒软件12231套，市、县（区）两级政府机关使用软件基本实现正版化。

【印刷业“放管服”工作】 2016年，三明市加强对印刷审批事项下放后的工作指导，组织开展对印刷业的“双随机”检查工作，共组织检查印刷企业300多家次。为企业的转型升级争取项目支持，中煌3D印刷产品在中国（上海）国际印刷展上受到总局和产商的好评，产品获国家大奖。组织企业开展质量提升活动，在全省“3·15”质量评比和2016的包装印刷产品质量活动中，有12项产品获全省优质奖。

【三明日报社】 2016年，三明日报社被中国报协评为全国地市级党报百强，被福建省委宣传部、省司法厅、省依法治省领导小组评为全省法治宣传教育先进单位。《三明日报》担当党的新闻舆论工作职责和使命，围绕中心，服务大局，唱响主旋律，传播正能量，完成一系列重大战役性的宣传报道任务，采编业务能力有新的提高。

三明日报社在中央、省、市重大方针、政策、会议宣传报道中，突出宣传党的主张，为宣传报道治国理政的新思想。年初，在二版、三版要闻版连版刊发新华社长篇通讯《风帆高扬，向着伟大复兴的光辉彼岸——党的十八大以来以习近平为总书记的党中央治国理政纪实》，解读党中央治国理政的新理念新思想新战略；时政要闻版、理论版开设“治国理政新实践”专栏，刊发系列文章，解读治国理政的新内涵；在总书记系列重要讲话精神报道中，突出核心意识报道；在“5·8”泰宁泥石流和防抗超强台风“莫兰蒂”等重大突发事件采访报道中，记者到一线采访，突出报道全市各级上下同心抗灾抢险、克服困难的精神面貌。一年来，报社策划开展从解读党中央治国理政到中央、省、市领导重要活动报道，再到连续开展经济发展新常态、项目建设，医改、林改、金改及供给侧结构性改革、“一带一路”建设等重大主题系列宣传报道，突出宣传党的主张、方针和政策；开设“新农村新气象”“建设国家扶贫改革试验区”等专栏，刊发全市各级党委政府攻坚扶贫，助力群众脱贫致富的报道；要闻版、副刊版结合版面特点，讴歌各行各业顽强拼搏、奋力进取精神；时政版、百姓版集中宣传优秀党组织、优秀共产党员和各行各业的先进事迹，挖掘报道感人故事，弘扬主旋律，传递正能量；要闻版、体育版宣传女排精神、奥运精神，大篇幅报道三明市奥运冠军邓薇事迹；关注版、电商版等版面共刊发相关报道上百篇，记者到一线调查采访，直面问题，对于股市楼市、就医就学等热点问题以及网上流传的一些虚假信息，以新闻事实为基础，正确引导舆论。

编辑记者的编采水平得到新提升，报社围绕中心报道工作得到上级政府部门的肯定，有不少版面、新闻稿获得省级以上好版面、好新闻奖。报社全年的新闻获奖作品有30多篇。报纸广告经营发展，在经济下行，新兴媒体竞争激烈的背景下，报社拓展业务空间，寻找新的广告经营点。组织策划“十三五”开好局起好步、三明机场通航、“五一”劳模、大众创业万众创新、生态工贸区建设、国家公共文化示范区创建、农业普查等系列专版。发行方面，报社实行自办发行，终端与邮政代发结合发行的方式，保证效益，降低成本，报纸发行量有新的增长，发行成本进一步降低，发行质量有所提高，发行渠道更畅通，上门征订率、送达报纸率均99%以上。三明日报现代印刷物流网络中心建成，新的双面彩印刷机开始试运行，印刷质量提升。报社打造媒体融合新格局。至2016年年底，报社共拥有1种报刊、1个网站、1个微博机构账号、2个微信公众号及2个手机客户端，形成一个《三明日报》媒体方阵，覆盖总用户50万人。

【三明新周报社】 2016年，三明新周报社初步形成“一报一刊一网一微”（指《三明新周报》《时代三明》杂志、三明都市网、三明新周报微信公众号）和影像制作的全媒体发展运营格局。《三明新周报》坚持以“本土·生活·服务”的办报理念，调整传统办报模式和报纸定位，突出服务功能，扩大与社会各界的合作。与市残联合作开辟《残联之窗》专版，与三明学院合作开设《校园·三明学院》专版，与市总工会合作开设《职工港湾》专版，与三明国旅合作开设《旅游》专版，与市政法委系统（市公安局、检察院、法院、司法局）合作开设《法治》专版，同时加强与市物价局、市社保公司、市电业局等部门与单位的合作，联办多个民生资讯、政策解读类专栏，使报纸内容更加贴近民生，提升报纸的附加值。

《时代三明》杂志虽由原单月刊变更为双月刊，但仍延续2013年以来确定的“一字一专题，一年一系列”思路进行整体策划，在已推出的36期特色专题基础上，又推出“三明的莲”“三明的湖”“三明的园”“三明的源”和“三明的她”等专题，使专题报道更加深入，本土识别更加凸显。加上其他版块展现三明社会、历史、生活、文化等方方面面，使《时代三明》成为海内外人士喜欢阅读与收藏的本土人文读本，成为展示三明文化的新名片。

《三明都市网》（www.smdsw.cn）在发布《三明新周报》主要内容和《时代三明》杂志电子版的基础上，通过开展专题影赛，与社会各界联办10余项影展影赛，提升网站的运营效益。同时，加强三明新周报微信公众号的运营管理，通过专人负责和加大原创内容采编力度，进一步提升微信公众号和报刊的品牌影响力，推动传统媒体与新媒体的融合步伐。

公共文化场馆

市图书馆（少儿图书馆）

【概况】 2016年，市图书馆和市少儿图书馆（以下简称两馆）图书均实现自助化借阅，全年共接待读者77.94万人次，图书年外借流通量64.43万册次，开展各类阅读推广活动700余场（次），截至2016年年底，两馆共建立馆外图书流动服务点53个，全年开展馆外流动服务82次。9月，市图书馆被中共三明市委宣传部、三明市社会科学界联合会授予“三明市社会科学普及基地”。12月，市图书馆被文化部公共文化研究上海图书馆基地核定为“文化部公共文化研究上海图书馆基地实验基地”。

【市图书馆（少儿图书馆）馆藏资源体系建设】 2016年，两馆完善馆藏资源体系建设，加强纸质文献资源建设，两馆共订阅报纸183种，期刊831种，新增图书2.77万册，可供读者借阅的图书有39万册。同时，加强数字资源建设，年内共完成三明市图书馆政府公开信息32000条和地方特色资源公开课40讲加工制作，读者可访问的数字资源库有21个，资源量31TB（Terabyte，太字节，计算机常用的存储单位），其中自建数字资源库7个，资源量为6.7TB。

【三明公共图书馆（家·阅读）服务联盟】 2016年，两馆把阅读联盟活动纳入制度化管理渠道，与民间组织签订推动全民阅读活动协议，常态化开展的活动有亲亲老师讲故事、绘本故事会、阅读文化体验沙龙、心理学沙龙、幼小衔接写字入门公益班、公益美术学习、周六沙龙、作文公益讲坛、演讲沙龙、情商文化交流会、双语沙龙、中华经典——家长课堂和中华经典——孩子课堂等13个系列，不定期开展国学诵读活动。三明公共图书馆（家·阅读）服务联盟文化志愿服务项目入选文化部2016年100个基层文化志愿服务活动典型案例，列入省图书馆培训课程目录，并在省图书馆业务培训班上进行介绍、宣传。在由福建省图书馆主办的全省阅读推广案例大赛中，市图书馆提交的体验式阅读活动案例获得三等奖。

【三明周末讲坛】 2016年，市图书馆举办的《三明周末讲坛》秉持“让学术走进百姓、让知识开阔视野、让文明净化心灵、让文化丰富生活”的宗旨，推动活动开展，成为市图书馆的品牌服务项目。截至2016年年底，《三明周末讲坛》举办73期，参与读者13371人次。其中，年内共举办41期，参与读者6663人次。在年内举办的讲座活动中，讲座主题既有人们关注的南海问题、台海局势、房地产问题，也有养生、保健话题，又有传统文化教育、为人父母、读书分享等系列话题。

【市图书馆（少儿图书馆）未成年人阅读服务】 2016年，市图书馆专门设置亲子借阅室（0~8岁）、未成年人借阅室（8~18岁），并开辟未成年人上网专区，开展绘本故事会、亲亲老师讲故事，举办少儿书法、美术培训班等活动。市少儿图书馆专门设有“我的绘本馆”，并根据不同年龄段未成年人的需要开展音乐游戏、亲子故事会、少儿电影欣赏、少儿手工、悦读绘本、小荷童画班、小剪刀剪纸班等公益活动。2016年，市少儿图书馆获“2016~2017年度省级青少年维权岗”创建单位称号。市少儿图书馆选送作品参加2016年全国少年儿童阅读年系列活动，获得佳绩。其中，在“寻访红色记忆”征文比赛中，获得中学组一等奖1名，优秀奖2名；在“童声里的红色记忆”全国少年儿童故事大赛中，获得小学组二等奖1名，低幼组三等奖1名；在“经典阅读绘画大赛”中，获得儿童组银奖1名，优秀奖1名；在“讲述红色故事，演绎红色经典”全国少年儿童党史连环画故事大赛中，获得三等奖1名。

市艺术馆

【概况】 2016年，市艺术馆深化文化体制改革，把握全市创建国家公共文化服务体系示范区的契机，开展群众性广场文化活动、百姓大舞台、艺术扶贫及“半台戏”公共文化服务等品牌活动，推进全市文化事业发展的各类文化活动，各项文化工作任务取得较好业绩。

【市艺术馆公共文化服务】 2016年，市艺术馆共主办、承办9场文化活动、12场文艺演出、6场培训讲座、7场展览、7场比赛，大型巡演18场，非遗巡展12场。其中展览活动有“纪念朱熹诞辰885周年”全国书法展、第二届三明迎新春剪纸作品展、“四味影像”摄影作品展、“三明市艺术馆公益美术作品展”“名家风范：张永山、戴建明双人书画展”等大型展览。在年内举办的三明市“半台戏”公共文化服务配送活动中，全市共计开展“半台戏”系列配送活动963场次，包括非遗类31场次、讲座类134场次、培训类150场次、展览类119场次、演出类529场次，其中由市艺术馆配送的活动共计73场。6月20日至10月16日，三明市开展第二十一届群众性广场文化活动，活动由中共三明市委宣传部、市文化广电新闻出版局主办，市艺术馆、市歌舞团和三歌文化传媒总公司承办，以“忆长征·跟党走·奔小康”为主题，举办19场系列文艺晚会，参演人数3000人次，观众50000人次。

【市艺术馆免费开放服务】 2016年，市艺术馆根据财政部文化部联合下发的《关于推进全国美术馆、公共图书馆、文化馆（站）免费开放工作的意见》，开展艺术课程免费培训和场地免费开放。3~12月，市艺术馆共举办3期艺术课程免费培训，开设的艺术门类包括美术、舞蹈、音乐、器乐、形体训练、主持与表演、太极拳等20多个项目，免费培训针对幼儿，少儿、少年、成人等各个年龄阶段，受益人数1000人次。

【市艺术馆文化交流】 2016年3月24日，省文化厅副厅长陈吉率省督查组到三明市艺术馆督查创建国家公共文化服务体系示范区建设工作进展。3月31日至4月1日，由福建省委宣传部、福建省文化厅主办，福建省艺术馆、三明市文化广电新闻出版局承办，三明市艺术馆、三明市图书馆协办的2016年全省综合文化站长暨村级文化协管员培训班（三明片）在市图书馆多功能厅举行，来自三明各县（市、区）180名综合文化站长、村级文化协管员、文化馆、图书馆业务人员等参加培训。4月23日，按照文化部、财政部关于创建国家公共文化服务体系示范区有关工作的部署要求，以文化部全国公共文化发展中心副主任陈胜利为组长的文化部检查组，到三明市艺术馆实地考核验收创建国家公共文化服务体系示范区工作，实地查看市艺术馆公共文化设施建设、免费开放等情况。市艺术馆按照第二批国家公共文化服务体系示范区创建规划指标，通过检查验收。同日，市艺术馆举办由福建水之声合唱团创办的“爱在歌声里”音乐公益系列活动。8月23日，举办中乌萨克斯·钢琴艺术交流（三明站）公益音乐会。9月19~20日，由市教育局、市文联联合主办，市艺术馆、市音乐家协会、市教科所等单位承办的三明市音乐教育讲座在市艺术馆演艺厅举行，特邀世界级男中音歌唱家、福建省歌舞剧院院长孙砾和戏剧女高音歌唱家、福建师范大学音乐学院硕士生导师林立君教授作专题讲座，来自全市12个县（市、区）的中小学音乐教师、三明学院音乐教师、市音乐家协会骨干会员等共300余人参加讲座。9月29日，举办《山海寄乡愁》——2016年上海著名画家走进三明作品展。12月1日，举办“邯郸·三明两地创意摄影艺术作品展”，并邀请邯郸市群众艺术馆研究馆员王运良为摄影爱好者做题为《创意摄影》的讲座。12月7日，市艺术馆女子合唱团参加在福清市举办的2016福建省城市合唱艺术节，获评中老年组“B级合唱团”荣誉称号。

【市艺术馆文化遗产保护】 2016年2月，市艺术馆组织大田板灯龙、祭祖习俗（石壁客家祭祖习俗）、泰宁梅林戏、永安大腔戏4个项目进行国家级非物质文化遗产保护专项资金申报工作；推荐朱熹祭典（尤溪）、永安安贞旌鼓等4个项目进行省级非物质文化遗产保护项目申报。4月1日，市艺术馆在洋溪中心小学开展“非物质文化遗产·戏曲进校园”活动。5月，推荐将乐竹纸制作技艺的两名传承人赴中国科学科技大学接受为期一个月的研修培训。6月11日，在福建省非遗博览苑开展“三明非遗走进三坊七巷”活动。8月1日至12日，组织泰宁梅林戏、永安大腔戏、尤溪小腔戏进行三明市“半台戏”公共文化服务非遗传统戏剧全市配送巡演活动，近40名演员参加巡演。

市博物馆

【概况】 2016年，市博物馆紧密结合三明文博的实际，做好创建全国公共文化服务体系示范区验收迎检的材料报送工作，在宣传突出地方特色、创建地方品牌、开展文化文物交流展览等方面，为建设更具活力更有竞争力的三明博物馆发挥作用。

【文博工作】 2016年，三明市完成第一次全国可移动文物普查工作，实现文物藏品信息100%建档并备案。市博物馆完成文物征集工作，征集351件/套文物；完成新征文物的定级工作，其中二级文物1套96件；完成国保单位正顺庙的保护规划立项工作，编制正顺庙消防工程方案，完成正顺庙附属建筑荣先祠屋面、门窗修缮工作及白蚂蚁防治工作。

【市博物馆文化品牌服务】 2016年，市博物馆举办精品临时展览，引进地域特色、文化特色、民族特色的文物专题展13场展览；举办公益讲座10场，免费向公众开放，普及传播历史文化知识；围绕时事热点，制作完成《湘江战役与红色苏区——纪念长征胜利80周年图片展》，进学校、军营、社区、乡镇及各县开展50余场巡回展览；每周提供文物咨询、寄存，全年接待省内外团体及个人参观15万多人次；《土堡神韵——福建三明客家民俗文物展》走进县石山遗址博物馆、沈阳新乐遗址博物馆及吉林省博物院展览。

市客家文化艺术中心

【概况】 2016年，市客家文化艺术中心坚持以推动非物质文化遗产传承保护为重点，开展文化传习服务，进一步培育三明地域特色文化品牌。年内，市客家文化艺术中心开展一系列公益惠民表演活动，创作排演的大型歌舞剧《行走三明》获得第六届福建艺术节优秀剧（节）目展演奖三等奖。市客家文化艺术中心三歌艺术培训学校也开展一系列送艺术进校园、进特校培训活动。

【市客家文化艺术中心公益惠民演出】

2016年，市客家文化艺术中心以“忆长征·跟党走·奔小康”为主题，开展77场流动舞台车百场文艺下乡巡演活动。6~10月，承办全市创建国家公共文化服务体系示范区暨第21届“忆长征·跟党走·奔小康”群众广场文化活动，在三明广场操作演出20余场。开展50场古琴公益雅集，如在市政府礼堂举办以《和雅·琴歌》为主题的杨青古琴音乐会等。同时，为市民引进歌舞、戏剧、音乐、话剧等高雅艺术，如京剧《红灯记》、越剧《玉蜻蜓》、儿童剧《疯狂动物城之冰雪大冒险》《特殊作业》《小吉普·变变变》、孙砾大师课、林立君教授唱谈讲座等13场演出。三歌艺术培训学校与三明市特殊教育学校、崇和小学、市实验小学、洋溪幼儿园、三明市妇联幼儿园等学校建立“手拉手”关系，于每周一至周五选派优秀教师开展公益性舞蹈、声乐、器乐等艺术进校园、进特校培训活动，每月开展20余场。

【市客家文化艺术中心创作节目获奖】

2016年1月，市客家文化艺术中心创作表演的歌舞剧《行走三明》获第六届福建艺术节优秀剧（节）目展演奖三等奖，童桂贤、蒋新文获作曲奖二等奖，万艺获表演奖二等奖；歌舞剧《行走三明》之《鼓韵客家》《筑梦为家》获节目奖三等奖，邓统明获导演奖三等奖，张春英、唐雅丹、杨庆鸿等获舞美奖三等奖。3月5日，市客家文化艺术中心文化志愿服务队获福建省“最佳志愿服务组织”荣誉称号。5月，创作舞蹈《筑梦围家》代表福建省参加第七届华东六省专业舞蹈比赛，获表演三等奖。江锦华获“全国艺德标兵”。

（廖允武）

档案工作

【概况】 2016年，全市各级档案部门贯彻落实全国、全省档案局馆长会议精神，在档案文化宣传、农业农村档案工作、档案信息工作、党建服务品牌创建等方面取得新突破。6月26日，三明市委办、市政府办印发《关于和进一步加强和改进新形势下档案工作的实施意见》，为档案事业发展提供政策依据和法制保障。市档案局对接中央、福建省档案事业发展“十三五”规划要求，与三明市国民经济和社会发展“十三五”规划衔接，制定《三明市档案事业发展“十三五”规划》。2016年，围绕三明市深化医药卫生体制改革，市档案部门重点抓好医改档案工作。

【档案服务经济】 2016年，市、县两级档案部门贯彻落实市委市政府决策部署，将全市“十百千”重大项目工程和339个省在建重点项目列入工作要点，对项目建设档案全程进行前端控制、跟踪服务和同步管理。市档案局以督导海西三明生态工贸区管委会档案工作为重点，指导其制定《海西三明生态工贸区管委会档案管理暂行办法》，并到园区举办一期专题培训班，对档案基础知识、档案法律法规以及园区的文书、科技、照片、基建等档案的整理办法进行辅导，管委会全体干部职工共计60余人参加此次培训。

【档案服务民生】 2016年，市档案局对市公安局、市检察院、市中级人民法院、市社保中心、市劳动服务中心、市人社局工伤鉴定科等部门和单位的专业档案数量、立卷情况进行摸底统计，对下一步适时接收进馆做好准备。市档案馆总结跨馆查询服务经验，制定《三明市国家综合档案馆档案跨馆利用服务办法（试行）》，共提供跨馆代查109例，实现跨区域的“一站式”档案查阅利用。在年内开展的全市干部人事档案专项审核工作中，市档案局配合，开展预约查档、函电代查等多种档案查阅利用服务形式，共接待查阅干部人事档案675人次，利用档案1509卷次，复印证明材料431份。

【档案服务农业农村】 2016年9月7日，市委办、市政府办制定出台《关于实施“村档乡管”模式加强农村档案工作的意见》和《“村档乡管”工作管理办法》，市档案局编制《“村档乡管”工作手册》。市委、市政府在建宁县召开“村档乡管”工作现场会，省档案局黄建峰副局长，市委常委秘书长王刚，市政府副市长张文珍出席会议并对“村档乡管”工作进行动员和部署；市、县两级档案部门贯彻国家档案局《农村土地承包经营权确权登记颁证档案管理办法》，推进三明市土地确权档案管理工作；市县两级档案部门对“美丽乡村”档案工作进行监督指导，坚持以点带面，有序推进农业农村档案的收集、归档、保管和利用。

【档案信息化建设】 2016年，三明市实施“存量数字化、增量电子化”战略，加大传统载体档案数字化步伐。市委常委会同意“十三五”期间拨付350万元用于馆藏传统载体档案数字化，其中2016年追加30万元。永安、建宁、宁化、梅列、清流、尤溪、大田等县（市、区）档案馆先后开展此项工作。

【档案资源体系建设】 2016年，市档案局征集八闽古城古镇古村照片265张；接收在2016年里约奥运会勇夺第六金的三明籍运动员邓薇捐赠的一批照片26张，接收有关领导到三明考察调研的照片300张和各类录音录像光盘；贯彻落实国家档案局第8、9、10号令。完成市食品药品监督管理局、市农业局（市委农办）、市行政服务中心管委会、市政府办、市卫计委、市工商局等6家机构改革单位《机关文件材料归档范围和文书档案保管期限表》的修订与审核工作，完成对清流、沙县档案馆收集档案范围实施细则的审核批复工作；推进机关事业单位档案工作。在市直单位及市直二级立档单位推行档案整理质量合格证制度，并建立回溯制度，加大专业档案的监督、指导力度，在档案整理质量检查中，实行“一票否决”，逐步规范立档单位各门类档案的管理；推进国家重点档案保护与开发项目，安排人员对馆藏涉及的抗日战争档案进行清查，同时指导督促各县局对抗日战争档案进行摸底，及时收集整理上报，为下一步开展编纂工作初步打好基础。同时以《闽西北中央苏区党的历史档案开发——宣传工作篇》为题牵头8个县（市、区）完成国家重点档案保护与开发项目申报工作，并获立项。

【“记忆三明”精品战略】 2016年，市档案部门按照市委常委会的要求，开展习近平在福建工作期间调研、三明老工业基地建设、精神文明创建、地方特色文化等专题资料的收集整理；提出“办好一期征集、开设一个专栏、编印一本画册、举办一系列展览”四步走打造“记忆三明”档案编研品牌的思路。以庆祝党的95周年华诞暨中国工农红军长征胜利80周年为契机，组织开展三明市“五老”（老照片、老证书、老票据、老信函、老音像）珍贵家庭档案投票评选活动。7~11月，共有72人报名参加，共征集到450份参选作品。

【“乡村记忆档案”示范项目建设】

2016年，三明市档案局加大对“乡村记忆档案”示范项目建设的指导和监督。永安市档案局“乡村记忆档案”工作以霞鹤村为试点展开，多次赴霞鹤村商讨具体工作事宜，至年底，建设方案正式确定，首批建设资金拨付到位。霞鹤村购置档案防护装具等基础设施，完善场所建设，同时根据分类方案进行档案整理工作。宁化县档案局多次派出业务人员到县农业局经管站宣传相关政策，并督促指导试点村先行做好归档材料收集工作。建宁、泰宁、将乐、尤溪档案局分别对客坊乡龙溪村、新桥乡大源村、古镛镇梅花村、管前镇东上村“乡村记忆档案”示范项目开展特色档案征集、完善场所建设、帮助提高信息化程度等工作。

【档案宣传】 2016年“6·9国际档案日”，市档案馆会同两区档案馆至三明职业技术学院开展宣传活动，深挖馆藏资源，制作展板20余块，内容包括“档案与民生”“三明珍贵历史档案展”“抗日烽火中的台湾义勇队档案图片展”等，带领学院师生走进档案、了解历史。发放档案法制宣传册、档案知识宣传单共计500余份，设立档案咨询服务台，细致解答师生们关于学籍档案、个人档案、家庭档案及档案利用等方面的问题。利用市区中心路段最大LED屏幕，滚动播出“档案与民生”“档案为您证明”“档案帮您解忧”“利用民生档案的方式”等主题海报，开通“三明档案”微信公众号，深挖馆藏资源，定期推送推文，以图文并茂的方式回忆老三明城的人物与风情。在2016年度档案系统微信平台全国排行中，三明市获得第14位。

【档案队伍建设】 2016年，市档案局建立“三比三看”（即横向比亮点、看位次，纵向比提升、看效率，自身比创新、看成效）绩效考评制度；年内，举办福建省档案人员持证上岗（三明）培训班两期，共有213人参加培训；11月，召开档案专业中（初）级技术职务评委会，共有71位档案从业人员获得档案专业技术职称，其中档案馆员20

人，助理馆员45人，管理员6人；2016年，组织三明市档案学会会员撰写档案业务论文参加省档案学会学术论文交流，收到交流论文20篇，入选省档案学会论文集13篇，三明市档案学会荣获“优秀组织奖”。

（梁艳斌）

地方志工作

【概况】 2016年，三明市方志委按照全国、全省地方志工作机构主任会议部署要求和市委市政府工作安排，二轮修志、年鉴编纂、网馆建设、地情整理等各项工作有序推进。3月份被省人力资源和社会保障厅、省方志委评为全省地方志系统先进集体，6月份被省方志委列入福建省年鉴精品工程试点单位。12个县（市、区）全部编纂地方综合年鉴，其中《梅列年鉴（2016）》等9部由出版社正式出版发行；《大田年鉴（2012）》《清流年鉴（2013）》在全国地方志优秀成果（年鉴类）评奖中获奖。二轮志书编修提速推进，年内《泰宁县志（1988~2005）》出版发行；《大田县志（1993~2008）》等4部志书进入印制出版阶段。截至2016年年底，共有《三明市志（1993~2005）》《尤溪县志（1986~2000）》《将乐县志（1991~2005）》《建宁县志（1988~2005）》《泰宁县志（1988~2005）》正式出版，完成二轮志书编修规划任务数的38.46%。

【三明市方志委被列入福建省年鉴精品工程第一批试点单位】 2016年3月，市方志委被省方志委列入福建省年鉴精品工程第一批试点单位。7月，三明市方志委印发《关于印发〈三明市年鉴精品工程试点工作实施方案〉的通知》，启动实施综合年鉴精品工程。

【《泰宁县志（1988~2005）》正式出版发行】 2016年6月，《泰宁县志（1988~2005）》由方志出版社正式出版发行。该书编纂历时13年，共有政区·自然环境、环境保护、国土资源管理、人口、城乡建设、交通、邮政·通信以及大事记、人物等30卷174万余字。

【《大田年鉴（2012）》等2部年鉴获评全国地方志优秀成果奖项】 2016年7月15日，在中国地方志指导小组办公室举办的全国地方志优秀成果（年鉴类）评比中，《大田年鉴（2012）》获评二等奖，《清流年鉴（2013）》获评三等奖。

【《大田县志（1993~2008）》等4部志书进入印制出版阶段】 2016年，三明市又有《永安市志（1990~2005）》《明溪县志（1991~2000）》《宁化县志（1988~2005）》《大田县志（1993~2005）》等4部志书完成编纂，交由出版社出版。

【部门、专业、特色志书编纂】 2016年，市方志委协调、指导相关单位编纂《三钢志》《三明电业志》《三明艺术馆志》等，完成《福建茶志》三明部分编纂工作；清流方志办组织编纂《长校镇志》，并申报中国名镇志文化工程；永安方志办协助编纂《永安茶叶志》《青水畲乡志》，做好《曹远镇志》的修改重刊工作；尤溪方志办指导编纂《尤溪县中医医院志》《象山村志》、《葛竹村志》等；大田县方志办完成《大田县志》（明、清版）旧志点校和出版工作。

【《三明民俗风情》等地情读物出版发行】 2016年6月，市方志委编纂的《三明民俗风情》正式出版发行。该书共48万字，由海峡文艺出版社出版。泰宁县方志办编纂出版《行走泰宁》《解读泰宁》《邹铉和他的养生之道》等3部泰宁文史丛书。

【地方志法规宣传月活动】 2016年5~6月，市方志委在全市举办地方志法规宣传月活动，开展志鉴和地情读本进军营、进社区、进机关、进农村活动，推动读志用志广泛开展。市方志委向街道、社区赠送《三明市志(1993~2005)》《三明历史名人》《三明市情概览》《三明客家纪略》《三明风光览胜》等多种史志和地情读物；永安市方志委“七一”前夕向永安驻军某部队赠送《三明市志》《永安县志》《永安年鉴》等各类志鉴及地情书籍500册；大田县方志办到乡镇赠送《大田县志》《大田年鉴（2015）》等书籍，在县直机关单位分发材料、赠送志书和年鉴；清流县印制《地方志法规选编》200册和《优秀传统家训选读》500份免费发放相关部门和干部群众。

（徐 辰）

群众体育

【概况】 2016年，三明市人民政府根据国家、省全民健身实施计划目标任务要求以及全市全民健身“十二五”评估报告，在广泛征求全市全民健身领导小组成员单位意见的基础上，于12月30日制定出台《全民健身十三五实施计划(2016~2020)》。各县（市、区）全民健身“十三五”计划也全部在省里时限要求前制定出台。全市在全民健身“十三五”规划的引领下，加大投入，构建便民利民的健身服务网络，开展全民健身活动。全市全年共举办各级各类全民健身活动205场，参与人数近6万人次。共选派近500名运动员参加全国、全省全民健身比赛活动，获得60个金奖、69个银奖、64个铜奖。

【健身服务网络建设】 2016年，三明市抓好健身路径维护和更换工作，开展服务群众零距离——“体育进社区”建身边场地活动，保障社区居民健身需求。在各社区中聘请工作人员，对辖区内的健身路径进行看护，加强常态化管理，确保健身路径的正常使用。同时，将完善城市社区体育场地设施建设纳入为民办事实项目。2016年，完成城市社区多功能运动场14个、室内健身房6个、笼式足球场6个、拼装式游泳池1个，为社区增加体育场地面积18192平方米。争取中央体彩公益金转移支付建设项目8个，补助资金390万元。

【全民健身运动】 2016年，三明市自觉参加经常性健身运动的人群占全市人口40%以上。年内以“一起动起来，全民健身与您同行”活动主题，2016年11月及2017年1月分别在大田东坂、尤溪管前举办三明市全民健身运动会与“全民健身百村行”活动；开展老年人体育活动，推进“老年人健身康乐家园”创建活动，全市共有100个村（社

2016年7月31日，建宁县举办“花海骑行·追美建宁”活动 （周志鸿 摄）

区）获市“老年人健身康乐家园”称号，35个村（社区）获省级“老年人健身康乐家园”称号；三明市广泛开展职工体育活动，引导开展工间操活动，4月举办五一职工健康跑、10月举办第七届市直机关运动会、11月举办首届体育系统干部职工健身运动会等健身活动；推动残疾人体育活动，提供适合残疾人特点的体育健身与体育康复项目，在社区、学校、农村等建立家福乐健身站，每年不定期开展残疾人健身活动；开展体育进社区活动，全年先后在20个社区举行趣味健身活动40场，科学健身讲座8场，参与人数8000余人，进一步丰富居民文体活动。各县（市区）、街道（乡镇）开展全民健身运动会覆盖率为100%，各县（市、区）开展全民健身日活动覆盖率为100%。

【公共体育服务】 2016年，三明市完成体育文化服务平台建设论证、召开文化体育产业研讨会、平台网站建设、申请微信公众号及其他新媒体培训等工作。开展国民体质监测，进一步完善三明市国民体质测试与运动健康指导站建设，投入近20万元对场地进行修缮，并根据实际需要，投入80万元采购测试仪器设备，到市区各社区开展国民体质测试。

【体育组织网络建设】 2016年，三明市建有县级以上体育总会13个，各体育单项协会（俱乐部）152个，形成市、县（市、区）、乡镇（街道）、村（社区）四级全民健身组织网络。加强社会体育指导员管理，全年全市共培训国家级社会体育指导员21人、一级57人、二级200人、三级132人。全市社会体育指导员共有5838人，全市各级各类社会体育指导员占全市人口的2.31‰。全市经常服务健身站点的社会体育指导员占全市社会体育指导员的比例60%，全民健身志愿服务活动覆盖率72%。

【体育产业发展】 2016年，三明市发展体育产业。清流县、泰宁县体育中心动工建设，市少体校新校区建成投入使用。规定体育场馆免费向群众开放的时间段，向社会公开，把体育场馆当作体育部门的重要窗口，服务群众。全市共有5个大型体育场馆获得国家免费低收费开放补助资金162万元。“体育+旅游”融合发展，各县（市、区）依托三明市独特的丹霞地貌和山水风光，发挥资源优势，打造“运动山水”特色体育赛事。其中，7月，建宁举办花海跑、花海骑行系列活动，宁化举办重走长征路山地自行车骑行比赛；9月，尤溪举办联合梯田山地马拉松赛；10月，泰宁县举办环大金湖世界华人山地马拉松赛，以华人为全新主题，邀请奥运冠军邓薇、徐云丽、侯玉珠参与马拉松赛领跑，吸引来自澳大利亚、加拿大、英国等15个国家和地区的近5000名华人马拉松爱好者参赛；将乐围绕金溪休闲文化打造水上运动基地，于12月举办国际皮划艇马拉松公开赛，邀请山东省皮划艇运动队150名队员到将乐水上运动基地集训并开展皮划艇花样展演活动。2016年，全市共争取省级体育产业竞赛表演类补助资金420万元，健身休闲服务类补助资金150万元，公共服务平台建设补助资金180万元。体育彩票工作平稳有序健康发展，全市新增网点98个，体彩销售3.97亿元，比2015年增长6.17%。

竞技体育

【概况】 2016年，三明市抓住本市尖子运动员冲击备战奥运会重点，做好有关后勤保障服务工作，让运动员集中精力全身心地投入备战训练。在2016年巴西里约第31届夏季奥运会上，三明籍运动员邓薇、乐慧林、葛曼棋入选参赛，是本市运动员入选参加人数最多的一届奥运会。其中，邓薇以打破举重女子63公斤级挺举和总成绩世界记录的成绩获得冠军，是福建省体育健儿在里约奥运会上获得的首枚金牌，也是福建省女子举重获得的奥运会首枚金牌，实现三明奥运金牌零的突破。三明市体育局被省体育局授予“福建省参加第31届里约奥运会突出贡献奖”。

【梅列籍运动员邓薇获里约奥运会女子举重冠军】 2016年4月，在全国女子举重锦标赛63公斤级比赛中，梅列籍运动员邓薇以抓举115公斤、挺举149公斤和总成绩264公斤获得三项冠军。其中，149公斤的挺举成绩打破全国纪录，264公斤的总成绩超世界纪录。8月10日，在巴西里约热内卢举行的第三十一届夏季奥运会女子举重63公斤级比赛中，邓薇以262公斤（抓举115公斤，挺举147公斤）的总成绩获得冠军，同时挺举成绩和总成绩创造新的世界纪录。这是福建省女子举重项目获得的奥运会首枚金牌，也是三明籍运动员有史以来获得的首枚奥运会金牌，实现三明奥运金牌零的突破。

【沙县籍运动员乐慧林参加里约奥运会女子花剑比赛】 2016年3月14日，国际剑联女子花剑奥运资格赛最后一站古巴站比赛结束，沙县籍运动员乐慧林以世界排名第十三的成绩获得代表中国参加里约奥运会女子花剑个人项目的资格。8月10日，乐慧林出战里约奥运会击剑项目女子花剑个人赛，以15:4的成绩战胜摩洛哥选手扎卡拉尼，晋级16强。但在随后的1/8决赛中，以13:15的成绩惜败法国选手蒂布斯，无缘8强。9月21日，2016年全国击剑锦标赛在安徽合肥举行，乐慧林获女子花剑个人比赛冠军。

【清流县籍运动员葛曼棋田径比赛成绩斐然】 2016年3月4日，2016年全国室内田径锦标赛在南京结束第二站比赛，清流县籍运动员葛曼棋以24秒09获得女子200米冠军。3月9日，2016年全国室内田径锦标赛在西安结束第三站比赛，葛曼棋以7秒37获得女子60米冠军。6月18日，在重庆进行的2016全国田径冠军赛暨大奖总决赛中，葛曼棋以11秒51的成绩获女子100米冠军。8月18日，葛曼棋代表中国队出征里约奥运会，参加女子4×100米田径接力赛，以排名第八的成绩晋级决赛，但因原本出局的美国队进行申诉，单独重赛后进入决赛，中国女队最终被挤出八强无缘决赛。11月9日，在日本川崎举行的2016年田径黄金挑战赛女子4×100米接力比赛中，由袁琦琦、韦永丽、葛曼棋、梁小静组成的中国队以42秒83夺冠，并打破赛会纪录。

【尤溪籍运动员柯丽婷获里约残奥会女子仰泳金牌】 2016年9月9日，在巴西里约举行的第15届夏季残奥会女子S7级100米仰泳决赛中，尤溪籍运动员柯丽婷以1分23秒06的成绩夺得金牌，并打破该项目残奥会纪录。这是里约残奥会上福建省获得的首枚金牌，也是三明籍运动员获得的首枚残奥会金牌。

【体育人才培养】 2016年，市体育局制定下发《2016年三明市学校体育竞赛计划》和《2016年三明市少儿锦标赛暨中小学生竞赛规程》，举办市少儿锦标赛暨中小学生联赛足球、举重、田径等12个项目的比赛，共有2000人参赛。做好省年度赛参赛工作，共获得省运会带入金牌2枚。强化基层业训工作，抓好“市队县办”训练，突出绩效考核，以运动员到位率、训练成效、输送、竞赛成绩，对各训练单位进行进行考核测试，针对各点存在的主要问题，提出改进措施，督促基层抓好落实。完成“2017年~2020年周期国家高水平体育后备人才基地”评估工作，市少体校被评为国家重点高水平体育后备人才基地，沙县少体校被评为国家高水平体育后备人才基地。

【市少体校新校区建成】 2016年9月，市少体校正式迁入新建成的校区。新校区位于三明职教园，由三明城投集团负责承建，项目总用地面积53333平方米，分教学区、运动训练区、学生生活区。项目一次规划分期建设，一期建设规划总建筑面积约22446平方米，建设射击馆、综合馆、教学办公综合楼、运动员公寓楼各1幢，并配套建设室外50米标准游泳池、标准400米田径场各1个、田径风雨跑道1条、标准网球场2个、标准篮球场1个等相关的配套设施工程。新校区教练、教师人数60人，可容纳在校训练运动员600人，开设17个运动项目及相关理论课程，开办15个教学班。

（市体育局）

责任编辑：邓长华

2016年9月，市少体校正式迁入位于三明职教园的新校区　（程望育 摄）

卫生·计生

HEALTH AND FAMILY PLANNING

综　述

2016年，全市卫生计生系统完成“十三五”区域卫生规划和卫生计生事业发展专项规划编制，完成“十三五”医疗卫生领域建设项目储备库的编制工作，并按“十三五”规划要求组织实施，全年争取省项目补助资金4.2亿元，市级安排专项经费3000多万元。全市拥有医疗卫生机构2615个（含村卫生室、个体诊所），其中，县及县以上医院42个（三级甲等综合医院1所、三级乙等综合医院1所，三级甲等中西医结合医院1所，三级乙等中医院1所），妇幼保健机构11个，疾控中心13个，卫生监督所13个，采供血机构1个，专科疾病防治院、所2个，疗养院1个，门诊部19个，乡镇卫生院123个，医务室、诊所500个，社区卫生服务中心22个，社区卫生服务站42个，村卫生所1812所，计生技术服务机构2年，在职培训机构4个，其他卫生机构8个；市直属医疗卫生计生单位15个，分别是市第一医院、市第二医院、市中西医结合医院、市疾控中心、市卫生监督所等5个副处单位，市第四医院（市台江医院）、市第五医院、市皮肤病医院、市妇幼保健院、市中心血站、市医改政策研究中心、市医疗事故鉴定办公室、市计划生育药具管理站、市流动人口计划生育服务站、市人口文化促进中心等10个科级单位。全市医疗机构床位数13641张,比2015年增加119张,增长0.88%；千人均拥有床位5.35张，比2015年增加0.01张。卫生技术人员15303人，比2015年增加100人，增长0.66%；千人均拥有卫技人员数6.00人,比2015年减少0.01人。全年医院床位使用率85.62%,比2015年增加1.78个百分点%；全市卫生事业步入快速发展通道，2016年全市门急诊总量1442.94万人次，住院人次46.68万人次，分别比2015年增长8.66%、6.04%。出院者平均住院床日8.7日,与2015年持平。

（杨伟萍）

医药卫生体制改革

【概况】　2016年，三明市医改工作贯彻落实全国卫生与健康大会精神，坚持医药、医保、医疗“三医联动”和市、县、乡、村“四级联推”，巩固完善公立医院和基层医疗卫生机构综合改革成果，让城乡居民共享改革发展成果。2月23日，习近平总书记主持召开中央深改组第21次会议，专门听取三明市医改工作情况汇报，并予以肯定。3月25日，国务院批转国家发展改革委《关于2016年深化经济体制改革重点工作意见的通知》，提出协调推动医疗、医保、医药联动改革，在部分综合医改试点省推广福建省三明市医改做法和经验。4月6日，李克强总理主持召开国务院常务会议，确定2016年深化医药卫生体制改革重点，三明市药品联合限价采购、“两票制”等做法得到体现并在全国推广。8月19日至20日，在全国卫生与健康大会上，三明市又作典型经验发言。8月30日，在中央深改组第27次会议上，肯定包括三明在内的医改先进典型和经验做法。11月8日，中共中央办公厅、国务院办公厅转发《国务院深化医药卫生体制改革领导小组关于进一步推广深化医药卫生体制改革经验的若干意见》，该意见中“三医联动”的改革经验就是三明的做法。

【医改成效】 2016年，医改红利得到释放，群众看病负担明显减轻，群众个人自付费用不但没有年年高幅增长，反而下降。全市22家公立医院城镇职工医保住院次均费用由改革前2011年的6553元下降到2016年的5344元，其中个人次均自付费用由改革前2011年的1818元下降到2016年的1645元；城乡居民次均住院费用略有上升，由改革前2011年4082元提高到2016年的4275元，但个人次均自付费用，由改革前2011年的2194元下降到2016年的1667元。公立医院人均收入大幅提高，2011年全市22家公立医院工资总额从改革前3.82亿元增加到2016年9.83亿元，改革5年工资总额增加157.33%。2011年22家医院医务人员平均工资由改革前4.22万元增加到2016年9.4万元，年平均增长17.5%。医院收入结构更趋合理，从2012~2016

年全市22家县级以上医院医药总收入由改革前2011年的18.90亿元增加到25.9亿元，年平均增长8.96%，相比于2006~2011年年均19.4%的增长速度，明显放缓。其中医务收入由2011年改革之前的6.75亿元（占总收入的40%），增加到2016年的17.33亿元（比重上升到67%），净增加10.58亿元；药品耗材由2011年改革前的10.15亿元（占总收入的60%），下降到2016年的8.60亿元（占总收入的33%）。城镇职工医保基金安全运行，全市城镇职工医保在赡养比逐年下降的情况下，医保基金扭亏为盈，连续五年保持盈余，2012年至2016年分别结余2209万元、7517万元、8637.5万元、12996.8万元、8561.84万元。城乡居民医保平稳运行，2016年结余6278.47万元。

【医改反响】 2016年2月，国务院大督查情况通报表扬三明市医改成效。2月17日至18日，全国政协副主席、九三学社中央主席韩启德率领"深化医药卫生体制改革"专题调研组一行到三明市调研医改工作。韩启德副主席表示，医改是非常复杂的世界性难题，三明市委、市政府高度重视深化医改工作，坚持问题导向，以公立医院改革为切入点，以虚高药价为突破口，挤掉药价水分，为医保可持续运转创造条件，为提高医疗服务质量创造空间。同时，坚持以人为本，完善薪酬制度改革，医疗服务体系价格合理，百姓获得更高质量的医疗服务，切实减轻看病负担，在推进医药卫生体制改革上走出新路子，创造好经验，形成可复制、可推广的"三明模式"。随着医改所触及的深层次矛盾越来越多，难度也越来越大，希望三明完善医改各项配套制度，推动医改工作再上新台阶。他表示，全国政协将进一步加强调查研究，支持福建和三明先行先试，更好地发挥对全国医改的示范带动作用。7月20日，世界银行行长金墉、世界银行常务副行长兼首席行政官杨少林等一行到三明考察医药卫生体制改革工作，实地调研尤溪县医院、西城镇七尺村卫生所等地，听取省、市有关情况介绍，并举行座谈交流。中央电视台《新闻联播》《焦点访谈》等栏目先后播出《改革追踪看落实》系列报道：《破除利益藩篱的医改"三明路径"》《福建三明：医改补短板、医保再延伸》《"三医联动"向医疗痼疾开刀》《深读深改：不改怎知改不了》，深度报道三明医改经验。国家卫计委2016年部分医改重点联系省份工作座谈会、全国城市公立医院综合改革推进会、城乡居民医保整合工作座谈会、世界银行医疗卫生改革促进项目鉴别会议先后在三明市召开，由国务院医改办主办的公立医院综合改革培训班继2015年后在三明市分期举办4期，包括行政管理层面、各级医院院长等共计950多人，此外，三明市还接待各地政府部门、专家、学者医改考察团278批次共计3198人次。

【药品耗材联合限价采购联盟】 2016年9月12~13日，药品耗材联合限价采购三明联盟第一次联席圆桌会议在三明市召开，宁波、珠海、乌海、鄂尔多斯、玉溪、铜仁、太原、三明、厦门9个城市和河北唐山、邯郸、沧州、衡水、邢台、张家口6个试点城市及28个示范创建县等相关代表共80多人参加会议。自三明市建立跨地区药品采购联盟以来，截至2016年，有宁波、珠海、乌海、玉溪、太原、鄂尔多斯、漯河、濮阳、庆阳、铜仁、贵阳和河北省的6个试点城市、28个示范创建县以及青海互助县加入联盟。

（周显葆）

疾病预防与控制

【概况】 2016年，三明市扩大国家免疫规划，全市适龄儿童免疫规划疫苗接种率以乡镇为单位，巩固在95%以上，连续24年无脊髓灰质炎野病毒引起的麻痹病例。全市严重精神障碍患者在册率4.54‰，居全省地市级首位。沙县开展第三轮全国艾滋病综合防治示范区工作。全市麻风患病率控制在基本消灭范围指标之内。结核病痰涂片镜检室间质量保证体系盲法复检覆盖率100%。开展市区空气污染（雾霾）对人群健康影响监测项目。市职防中心于11月23日取得"建设项目职业危害评价（放射卫生）乙级资质"。

【传染病疫情防控】 2016年，全市12个县（市、区）共报告乙类传染病15种，计6597例，死亡12例，发病率为260.75/10万，死亡率0.47/10万。加大对流感、手足口病、H7N9、麻疹、鼠疫等重点传染病防控，提高疫情监测敏感性和预警预测能力。全市共报告突发公共卫生事件及苗头事件6起，其中一般事件3起，苗头事件3起。

【国家免疫规划扩大】 2016年，全市机构资质认定率、预防接种人员资质和培训考核合格率均100%；儿童预防接种信息系统建设使用率100%；每半年整理和核查辖区适龄儿童预防接种卡的预防接种单位比例100%。小学和托幼机构开展预防接种证查验的机构覆盖率100%，适龄儿童预防接种证查验率>95%；建卡、建证率98%以上。AEFI监测报告144例，县区覆盖率100%。15岁以下儿童AFP病例报告发病率3.75/10万，麻疹排除病例发病率为2.37/10万。

【性病艾滋病防治】 2016年，全市累计报告HIV/AIDS病例509例（按2016年住址统计），有357例艾滋病病人正在接受免费抗病毒治疗。完成自愿咨询检测7215人次，最近6个月随访403人次，随访率95.3%。全市承担国家级哨点监测人群包括暗娼、性病门诊男性就诊者、孕产妇，共监测2010人，检测出梅毒阳性38例，HIV阳性8例，HCV阳性7例。全市共对15家监管场所新入所的5874人进行筛查，检出HIV阳性7例。

【慢性非传染性疾病防控】 2016年，全市严重精神障碍患者在册11389例，在册率4.54‰，在册患者管理数10661例，管理率93.61%，规范管理率84.85%，在管患者服药率70.2%。全市户籍死亡数16036人，户籍粗死亡率5.61‰。全市完成医院HIS系统改造升级的24家医疗机构，共报告4种慢性病26478例。对2284人开展土源性线虫感染率监测，其中改良加藤法调查钩虫、鞭虫、蛔虫、蛲虫2046人，阳性率9.58%；肛拭纸涂片法采集3~6岁儿童238名镜检蛲虫，阳性率31.09%。开展高氟病区改水工程运行情况调查和氟斑牙病情监测，改水工程合格率为

100%。监测96人8~12岁学生氟斑牙，氟斑牙检出率为1.04%，氟斑牙指数为0.03。在梅列、清流、宁化、尤溪、沙县、将乐、泰宁、建宁8县（区）开展碘盐监测，共监测盐样1600份，碘盐覆盖率99.75%，碘盐合格率96.80%，合格碘盐食用率96.56%，碘盐中位数为23.3毫克/千克。在三元区、永安市、明溪县和大田县开展碘缺乏病情监测，完成8~10岁学生监测829名，甲状腺肿大36人，肿大率4.34%，甲状腺结节146人，结节阳性率17.61%。完成孕妇监测403名，尿碘中位数164.5微克/升。

【结核病防控】 2016年，全市接诊初诊病人2396例，共查痰2365例，查痰率98.7%。共发现和治疗909例活动性肺结核,其中涂阴病人463例和涂阳病人446例，涂阳病人中新涂阳病例430例。活动性、新涂阳任务完成率分别为86.0%、90.9%。全市治疗满一年的新涂阳病人488例，治愈460例，治愈率为94.3%。全市非结防机构网络直报病例1310例，重报率11.50%；实际报告1159例，转诊率94.6%，转诊到位率61.6%；需要追踪478例，追踪率93.3%，追踪到位率93.3%，总体到位率95.0%。全市登记涂阳肺结核患者488例，接触者登记661人，接触者筛查661人，筛查率100%。结核病痰涂片镜检室间质量保证体系盲法复检覆盖率100%。以县（市、区）为单位DOTS覆盖率保持100%。

【饮用水、公共场所监测】 2016年，全市共监测各类饮用水3190份，合格率为66.18%。其中市、县级水厂1002份，合格率为98.60%；二次供水315份，合格率为98.10%；乡镇水厂414份，合格率为60.63%；农村小型集中式供水1316份，合格率为37.16%；分散式供水143份，合格率为51.75%。2016年，共监测市区集中式供水278份，合格率为100%；监测市区二次供水169份，合格率为99.41%。公共场所共监测58家，检测221个点，1907项次，合格1743项次，项次合格率91.40%。用品用具检测455份，合格410份，合格率90.11%。集中空调通风系统监测21家，检测风管内表面细菌总数、真菌总数样品210份，合格率100%；对游泳场所经营单位共开展游泳池水检测30户次，检测游泳池水质卫生常规指标124份，513项次，合格449项次，项次合格率为87.52%。

【卫生检验检测与评价】 2016年，全市做好治理“餐桌污染”建设“食品放心工程”工作，完成省市下达的食品污染物监测任务，完成各类样品项目总数3839项次，完成率100%。完成常规监测包括6大类食品中10个微生物指标，样品130份，计397项次；完成专项监测包括3大类12个微生物指标，样品128份，计560项次。应完成各类样品项目总数850项次，完成各类样品957项次，完成率112.6%，检出致病菌10株，检出率3.88%。分别于2月、5月、8月和11月对梅列区康裕餐具配送商行等6家的集中式消毒餐饮具生产单位进行餐饮具抽检，合格率99.3%。加强食源性疾病监测工作，25家食源性疾病监测哨点医院覆盖12个县（市、区）和4个乡镇卫生院（社区卫生服务中心）。报告食源性疾病病例信息2657份（其中生物样本259份），完成率115.02%，食源性疾病爆发事件15起。

【雾霾项目监测】 2016年，每月10~16日完成PM2.5现场采样，全年共计220份，分析PM2.5中11种重金属和类金属元素、16种多环芳烃和4种阴阳离子等的含量。开展社区人群健康影响调查工作，共调查1253户，收回调查问卷4400份；对三元区白沙小学、陈景润小学和梅列区东安小学开展1226名小学生健康影响问卷调查，完成316名学生肺功能检测。完成雾霾特征污染物(PM2.5)监测数据和成分分析数据、死因监测资料、人口统计资料、小学生肺功能监测数据、医院门诊资料、急救中心接诊资料、小学生和居民健康影响调查数据等相关资料的录入、审核工作，并上报至国家空气污染对人群健康影响监测信息系统中。

【健康教育与健康促进】 2016年，三明市以创建健康促进医院和健康城市为契机，推进全市健康教育与健康促进工作。其中三明市第一医院、三明市中西医结合医院、沙县医院、尤溪中医院等6家医疗服务机构作为三明市首批创建健康促进医院工作的试点，全部通过省级验收并给予授牌。10月，永安市作为全国首批健康促进试点市，通过国家卫计委组织的健康促进市评估工作领导小组评估验收。在健康教育与健康促进工作方面，三明市全年共参与拍摄《全国医改看三明》专题片、制作《最美医务工作者表彰大会》专题片、《身边专家谈健康》DVD片375套；在《三明日报》刊登“科学就医、聪明就诊和合理用药”等112篇科普文章，在《健康三明》网站上传健康教育知识内容258期，包括各类科普文章1616篇，健康视频258个，在《人人健康微信》公众平台推送健康科普文章214期，健康知识文章1058篇，在三明电视台制作《人人健康》栏目13期，健康教育协会与健康界社区合作收集整理的各类健康教育资源包8000多个。开展“世界无烟日”宣传，到学校开展“我要告诉你，因为我爱你”烟包警示展，在全省控烟工作暗访评比中名列第二。

【职业病防治】 2016年，市职防中心开展职业性健康体检10305人，发现各类职业禁忌证304人次。全市诊断职业病314例，其中尘肺新诊断病例287例，铅中毒18例，慢性中毒性肝病1例，一氧化碳中毒4例，急性二甲基甲酰胺中毒2例，噪声聋2例。尘肺新发病例中尘肺Ⅰ期231例，尘肺Ⅱ期37例，尘肺Ⅲ期19例。另有尘肺晋级病例24例。尘肺病发病地区以大田县、永安市为主，主要分布在煤矿采掘行业。完成医用X线机周边环境放射防护检测70台，防护措施预评价和控制效果评价48台、应用性能检测90台和全市放射工作人员外照射个人剂量检测2050人次。完成2016年全市重点职业病监测与职业健康风险评估、职业性放射性疾病监测与职业健康风险评估、医疗卫生机构医用辐射防护监测工作任务，项目工作区县开展率100%。完成重点职业病个案体检数据上报3587份(3788人次)、自选三种职业病危害因素职业健康检查个案卡1016份。

【麻风病防治】 2016年1月31日，三明市卫计委疾控监督科组织人员前往沙县虎跳麻风村慰问住院麻风病人，开展“世界防治麻风病日”的宣传活动。5月12~13日，市卫计委组织召开全市皮防工作会议暨麻风病性病防治培训班。按照省麻风防治项目实施方案，进行任务分解，开展麻风调查、送药，对永安、沙县、尤溪、明溪、将乐、宁化、梅列开展专项督导。收到麻风可疑线索56条，发现3例麻风新病例，共有8例现症病人在接受治疗，联合化疗接受率100%，规则治疗率100%。发生重症麻风反应1例，神经炎1例，临床治愈2例，未愈因病死亡1例，尚有现症5例，累计发现病人1880例。

（石剑锋）

爱国卫生运动

【概况】 2016年，三明市卫生计生系统贯彻落实《国务院关于进一步加强新时期爱国卫生工作的意见》和《三明市人民政府关于进一步加强新时期爱国卫生工作的实施意见》，发动全社会，开展爱国卫生运动，普及健康生活方式，广大群众文明卫生素质提升；强化环境卫生综合整治，环境卫生得到改善，影响健康的主要环境危害因素得到治理；有利于健康的社会环境和政策环境改善，重点传染病、慢性病和精神疾病等公共卫生问题防控干预取得成效。

【城乡环境卫生整洁行动】 2016年，市卫计委按照《三明市人民政府关于实施2016年宜居环境建设行动计划的通知》《三明市爱卫会关于印发三明市城乡环境卫生整洁行动方案（2015~2020年）》等文件要求，推进宜居环境建设和城乡环境卫生整洁行动，实施公园、道路、重要节点、小区、单位“五个”绿化提升工程，加大城市立体绿化、城市片林建设；开展城乡污水处理、黑臭水体治理和海绵城市建设；4月19日建成日处理垃圾900吨的三明市垃圾焚烧发电厂并投入使用，该项目的建成将解决市区、永安、沙县三地的城市生活垃圾；全市还开展20个乡镇生活垃圾转运系统建设，实施“千村整治”，对160个行政村进行垃圾治理；围绕“水要净、河要清、天要蓝、地要绿、居要怡”的生态市建设目标，在全市所有大小河流实行河长制，实现县、乡、村三级“河长”全覆盖，通过实行分段管理、分段监控、分段考核、分段问责，推动流域水环境保护和生态修复工作。

【病媒生物综合防制】 2016年3月3日，三明市爱卫办按照春季灭蚊工作部署要求，联合梅列区爱卫办在新华都广场开展以“清洁家园，灭蚊防病”为主题的宣传活动，发放防蚊灭蚊知识、《人人动手、消灭蚊子——致全体市民的一封信》等宣传单位6000多份、接受群众咨询500多人次，发放灭蚊药品200多份；发动群众开展环境综合整治，翻盒倒罐，排除积水，疏通房前屋后水沟，清除蚊虫孳生地；组织除四害专业队伍，对地下车库、仓库和防空洞等场所开展化学药物杀灭越冬成蚊；对密闭市政管网的管道井、地下室、地下车库的集水井、建筑工地、废旧轮胎积水等不能清除的积水，采取投放长效灭蚊药剂控制蚊虫孳生；对绿化带、树林、竹林、灌木丛等植物比较密集的蚊虫栖息地进行消杀。组织开展春秋季统一灭鼠，处环境消杀和地沟灭蟑活动，全市共投放各种鼠药63吨，投入奋斗呐、氯氰菊酯等消杀、消毒药品87.5吨，累计消杀灭面积约12000万平方米。

【农村改水改厕】 2016年，全市结合新农村建设、村庄环境整治、生态文明建设和美丽乡村建设等，因地制宜推进农村无害化卫生厕所建设，有条件的地区开展四格式、集中式的生态改厕，教育和引导群众正确使用卫生厕所，提高无害化卫生户厕普及率。联合旅游部门开展旅游景点公厕检查督导，泰宁县对9个景点公共厕所进行整治，尤溪县荣获“福建省旅游公厕先进县”的称号。2016年，全市投入农村改厕资金1302.6万元，新（改）建卫生厕所9900个，全市农村化卫生厕所普及率93.06%。完成永安、沙县、宁化、明溪、大田、尤溪、将乐、泰宁、建宁等9个县（市）369个检测点1476份水样检测任务。每个季度对市区市政水厂的出厂水、末梢水和二次供水水质进行监测，并将监测情况在媒体公布。

（邱盛瑾）

卫生监督

【概况】 2016年8月21日，市卫生局卫生监督所正式更名为市卫生计生监督所。依法落实行政权力清单和责任清单制度，清理、规范行政审批项目，下放部分行政审批事项和日常监督职责。组织开展2016年度卫生监督稽查和绩效考核工作，做好食品安全企业标准备案。开展公共场所卫生、生活饮用水卫生、学校卫生、传染病防治、放射卫生、职业卫生、医疗市场等各项卫生监督综合执法工作，加强餐饮具集中消毒单位日常卫生监督，实施餐饮具集中消毒单位卫生监督量化分级管理，做好市党代会、人大、政协、林博会等重大活动期间卫生保障工作。

【稽查受理监督】 2016年，全市强化依法行政，开展农村卫生监督协管工作，夯实基层卫生执法网底。做好卫生行政许可证件发放管理及网上公示工作，建立双随机抽查机制，规范事中事后监管。做好新建、改建、扩建项目预防性卫生审查工作，完成市行政服务中心市卫生计生委窗口的日常工作和行政审批项目的相关工作。

【食品卫生监督】 2016年，全市完成88个食品安全企业标准首次备案及延续、修订、变更备案工作。其中54个企业标准符合国家食品安全强制性标准的要求，给予首次备案，8个企业标准给予修订备案。26个企业标准均不符合国家食品安全的要求，不予备案。开展三明市企业的食品安全国家标准跟踪评价工作。

【公共卫生监督】 2016年，全市共有公共场所经营单位2911户，换发卫生许可证1020户，从业人员体检11950人。对全市54家游泳场所开展专项检查，合格率87.04%。全市二次供水单位79户抽检合格率100%。在三明电视台《都市全接触》栏目上向社会公布市区市政水厂管网末梢水20个监测采样点的检测结果，并在三明市卫生计生委网站向社会公布。对全市351所学校进行饮用水卫生、传染病防控工作的检查，对134所学校107912名学生开展健康体检。参与闽清“7·9”特大洪灾救灾工作，开展饮用水安全保障工作。

【放射卫生监督】 2016年，市卫生计生监督所对全市166家放射诊疗机构和放射工作人员进行监督检查，持证率100%，完成放射性疾病监测与健康风险评估工作。开展放射工作人员个人剂量监测2598人次，放射工作人员职业健康检查265名，全市放射工作人员个人剂量监测率和职业健康检查率均为100%。全年举办六期放射防护培训班，共计312名放射工作人员参加培训。完成对沙县医院、大田县疾控中心等10家医疗机构医用X射线影响诊断建设项目放射防护设施现场验收工作。完成尤溪、大田、清流、宁化、将乐、泰宁6家疾控中心职业健康检查机构资质复评审和建宁县疾控中心职业健康机构资质评审工作。

【传染病监督】 2016年，开展医疗卫生机构和托幼机构H7N9、手足口病等传染病防控监督检查，抓好医疗机构污水处置日常监督检查和监测工作。山东“问题疫苗事件”后，开展预防接种专项监督检查，对接种单位存在的购进第二类疫苗未索证、公示项目不全等问题要求限期整改。对全市36家餐饮具集中消毒单位进行抽检，共抽检集中式消毒餐饮具916份，合格906份，合格率98.9%。

【医疗市场监督】 2016年，对市第一医院等10家市属医疗机构（分支机构）和中心血站（采血点和储血点）的执业行为进行监督检查。实行医疗市场监督情况抄告单和抄报单制度，采取联合或突击检查的方式，组织开展执法检查。开展校园周边环境专项治理行动，对辖区内的中小学校周边200米内的医疗机构进行检查，并对违法行为进行立案查处。开展集中整治“号贩子”“网络医托”、打击非法行医、非法采供血、非医学需要胎儿性别鉴定和选择性别的人工终止妊娠行为等专项工作。

（石剑锋）

医疗保健

【概况】 2016年1月，三明市被确定为第二批国家中医药综合改革试验区。5月20日，三明市政府办印发《三明市人民政府办公室关于印发推进国家中医药综合改革试验区建设（2016~2018）工作方案的通知》，以推进国家中医药综合改革试验区建设步伐，建立可在全国复制、推广的中医、康复服务模式，发挥中医药在医药卫生体制改革中的作用。三明市按照“1236”的工作模式，即围绕“创建国家中医药综合改革试验区”为目标，抓好“保障与引导”两条工作主线，实行“医药、医保、医疗”三医联动，实施“大协作、大网络、大盘子、大康复、大扶持、大氛围”六大发展战略，推进国家中医药综合改革试验区建设，全年全市门诊中药饮片处方514820人次（2015年同期263726人次），选择中医药服务的人群同比上升95.21%。5月，国务院妇儿工委“两纲”中期评估督导组抽查梅列区和尤溪县，对三明市妇幼健康服务工作给予高度评价。与2015年同期相比，2016年全市婴儿死亡率由4.6‰下降至4.4‰，5岁以下儿童死亡率由5.8‰下降至5.7‰，3岁以下儿童系统管理率由90.9%上升至91.5%，孕产妇死亡率由15.15/10万下降至11.6/10万，全市妇幼健康重点指标变化趋势向好。

【中医药事业】 2016年，三明市采取多项措施，发展中医药事业。在全国率先实行中药饮片费用全额报销。7月1日起城镇职工门诊中药费用上调至100%报销。新农合、城镇居民医保门诊报销40元/次，一年门诊累计报销120元/人，城镇职工医保门诊累计报销3000元/人。仅1~10月，累计报销中药费用2300.54万元，其中，职工医保累计报销1490.28万元，城乡居民医保累计报销810.26万元。在全国率先让中医药人员吃上“皇粮”。将全市公立医院中医类在编专业人员的基本工资由当地财政核拨。有宁化、沙县、将乐等3个县将中医药人员基本工资列为财政核拨。并将中医学等相关专业列入三明市年度人才引进和招聘紧缺急需专业，由医院自主招聘；公立医疗机构在人才引进和招聘时向中医药人才倾斜，每年新招聘中医药专业人员占新招聘人员的比例10%以上，2016年全市同比新增招聘中医药专业41人。全国首创强制要求临床科室邀请中医会诊。7月8日，市医改办和市卫计委联合下发《关于加强中医临床联合查房会诊带教工作的通知》，要求各医疗机构建立院内中医临床科室与其他临床科室密切配合的协作机制，明确中医药参与治疗的方案；各医疗机构平均每个西医临床科室申请中医会诊次数≥10次/月，申请中医会诊的西医临床科室占全院西医临床科室的比例≥80%，并列入医改年薪制考核指标。做大中医服务网络体系。加强市级中医龙头建设，市中西医结合医院为“三甲”中西医结合医院，2016年市级财政通过各种途径投入3630万元收购紧邻医院的办公楼，划拨给医院；组织三明市第二医院申报全国综合医院中医工作先进单位。夯实中医服务网络基层基础，全市共投资建设33个中医馆；全市所有社区卫生服务中心以及94.3%的乡镇卫生院设置有中医科、中药房。

【免费孕前优生健康检查】 2016年，市政府将免费孕前优生健康检查纳入民办实事项目，全市全年计划怀孕夫妇优生科学知识知晓率122%以上，目标人群检查覆盖率110%。三明市在全省2016年第二次临床检验室室间质量评价优秀率100%。

【出生缺陷综合防治】 2016年，三明市推广出生缺陷一级防治措施，加强社会宣传和健康教育，倡导婚前保健服务，推进免费孕前优生健康检查，为孕前及孕早期妇女增补叶酸。以“出生缺陷预防宣传周”等活动为载体，利用微信公众号等平台，广泛开展出生缺陷防治社会宣传和健康教育，让群众能及时、便捷地获取出生缺陷防治知识；落实出生缺陷二级防治措施，扩大产前筛查人群覆盖面，提高孕期出生缺陷发现率和干预率。组织实施免费产前筛查诊断项目，完善产前筛查诊断网络，加强专业队伍建设和质量管理，提高产前筛查诊断水平；加强出生缺陷三级防治措施，提高新生儿疾病筛查率，扩大新生儿疾病筛查病种，促进患儿早诊早治。

努力减少出生缺陷发生，提高出生人口素质。2016年，新生儿疾病筛查36766人，确诊甲状腺功能减低症29人，新生儿疾病筛查率85%；新生儿听力筛查38500人，确诊听力障碍0人，新生儿听力筛查率89.01%；出生缺陷发生率控制在7.79‰。

【妇幼保健和计划生育服务资源整合】 2016年，各地“妇幼保健院”加挂“计划生育服务中心”牌子，将原市、县计划生育技术服务站的人、财、物以及工作职责划归到妇幼保健院。截至年底，全市组建成立妇幼保健计划生育服务机构市级1家、县级12家、乡级135家，共计148家。

【妇幼重大公共卫生服务项目】 2016年，全市25725名农村孕产妇获得住院分娩补助，共发放补助资金1029万元；分别有22293名、5000名农村妇女享受到免费的宫颈癌和乳腺癌检查服务，宫颈癌HPV检测试点项目完成2000例；已婚低保妇女常见妇女病免费检查项目累计完成3888人；农村妇女孕前和孕早期增补叶酸预防神经管缺陷项目新增21234名农村育龄妇女补服叶酸；免费产前筛查诊断项目累计完成血清学筛查15244人、B超筛查14508人；地中海贫血防控试点项目全年共完成筛查数2259对，新增试点项目县泰宁县。

【妇幼健康优质服务示范县创建】 2016年，永安市、大田县被省卫计委确定为2016年度省级妇幼健康优质服务示范县。三明市将优质服务示范工程创建工作，落实全市妇幼健康服务各项工作，在创建过程中及时进行总结并推广好的经验做法，使优质服务制度化、常态化。

（李贵龙　上官雪鸿　卓传涛　林　航）

卫生管理

【概况】 2016年，三明市推进改善医疗服务行动计划，完成省政府立项挂牌指标，第四季度全市二级以上医院自助设备配备率100%，三级医院平均预约率65.3%。组建全市三级医疗质控体系，强化医疗质量监管，采取PDCA循环模式，开展医疗质量培训和评价，逐条落实问题整改，促进医疗质量管理与医疗服务水平的提高；落实边远小型医疗机构医疗废物“小箱进大箱”工作，实现医疗废物集中处置全覆盖。落实分级诊疗制度，以病人利益为导向，建立各级医疗机构之间的便捷转诊绿色通道，筑牢农村医疗卫生服务“网底”等措施，逐步建立完善基层首诊、双向转诊、分级诊疗的就医制度，县域内患者就诊率91.98%。支持重点学科建设和扶持薄弱学科建设，加强对医学薄弱短板学科扶持力度，培育具有竞争力的学科优势，补足“短板”，提高全市整体医疗技术水平和服务能力，12月16日，市卫计委出台《三明市卫生和计划生育委员会关于印发三明市支持医学重点学科建设和扶持医学薄弱学科建设实施方案的通知》，确定医学重点学科建设项目7个，薄弱学科建设项目9个，共下拨专项经费880万元。

【卫生人才工作】 2016年，全市医疗卫生计生单位享受高层次人才生活津贴共有142人。其中，“百千万人才工程”人选1人，市管拔尖人才3人，具有博士学位的人员4人，正高级卫生专业技术人员265人，副高级卫生专业技术人员1167人，中级卫生专业技术人员3255人，初级卫生专业技术人员6994，全年引进人才7名；开展2016年度卫生系列高级职务专业技术实践考试，共有595人报考，实际参加考试573人，考试通过469人，通过率81.85%。2016年参加高级专业技术职务评审346人。其中，参加市副高级职务评审236人，通过194人，通过率82.2%；参加省高级职务评审110人（其中正高32人，副高78人），评审通过77人，通过率70%。全市2016年共申报基层高级卫生专业技术职务54人。其中，省评基层正、副高30人，通过25人，通过率83.3%；市评基层副高24人，通过21人，通过率87.5%；全市卫生专业技术资格考试和护士执业资格考试报名3212人。其中，全国卫生专业技术资格考试1783人（纸笔考试1381人、人机对话考试402人）、卫生管理技术资格考试38人、护士执业资格考试1391人，考试成绩合格1541人，合格率47.98%；全市12县市区共招聘505名毕业生，其中硕士研究生21人，本科182人，大专178人，中专124人；以委托福建医科大学、福建中医药大学、莆田学院以定向培养的方式，为全市10个基本财力保障县县级医院定向培养本科临床医学生，全年共签约定向本科生41名。开展为基层卫生院定向培养本土化全日制大专层次医学生工作，全年共签约定向专科生67名。全市全年共招聘全科特岗医师8名。

【医疗卫生系统行风建设】 2016年，三明市根据福建省卫生计生委《关于2015年全省二级以上医院满意度调查情况的通报》，出台《三明市卫生和计划生育委员会关于2015年医院满意度调查情况的通报》，分析总结全市行风工作存在的主要问题，并要求各医疗机构针对存在问题限时整改。根据省卫计委“红包”案件通报，市卫计委要求各医疗机构杜绝收受“红包”行为。通过开展警示教育活动、鼓励主动上缴红包行为等，整治“红包”专项行动取得一定成效。年内，医务人员退还、上交患者“红包”175人次，金额16.37万元。在全市范围内开展“拒绝不当利益，弘扬医者仁心”专题教育活动，提倡心正方能行正，着重抓医务人员思想教育，提高医务人员的廉洁自律意识，做到拒绝和抵制商业贿赂和红包等不良执业行为。

【“平安医院”建设】 2016年，全市推进预防和处置医患纠纷“五位一体”长效机制，医患纠纷得到妥善化解，医患双方合法权益得到维护。市医患纠纷人民调解委员会办公室全年共受理立案医患纠纷案51例，调解51例。2016年11月，市卫计委联合其他10个部门出台关于贯彻落实《福建省医疗纠纷预防与处理办法》的实施意见；同月，联合其他7个部门出台《关于印发三明市严厉打击涉医违法犯罪专项行动方案的通知》。全年发生严重扰乱医疗秩序事件3件，涉医案件2件，公安机关依法出动警力13次，受治安处罚案件4起。

【医疗审批】 2016年年初，三明市卫计委出台《关于明确社会办医设置和登记管理事项的通知》，将不设床位和床

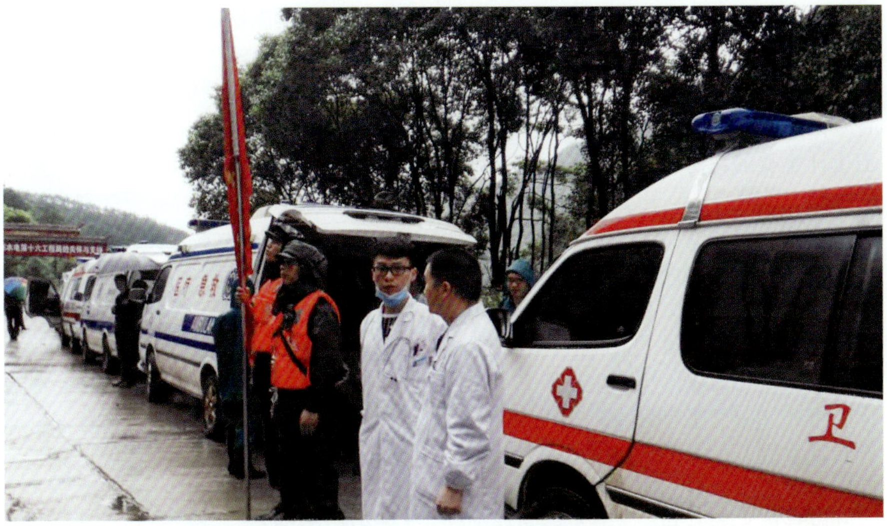

2016年5月8日，市卫生应急队员第一时间赶赴泰宁“5·8”泥石流事发地参与紧急医疗救治 （林宏亮 摄）

位不满199张的综合医院、中医院、中西医结合医院、专科医院、康复医院、疗养院、专科疾病防治机构、护理院等的设置审批权限下放至各县（市、区）卫计局，同时，社会举办的医疗机构实行属地管理，由医疗机构所在县（市、区）卫计行政部门负责执业登记和变更登记；出台《三明市卫生和计划生育委员会关于下放〈麻醉药品、第一类精神药品购用〉行政审批项目的通知》，将“麻醉药品、第一类精神药品购用印鉴卡”审批项目下放到各县（市、区）卫计局。

【医疗救治】 2016年5月8日凌晨，泰宁县开善乡池潭村发生泥石流，市卫计委在第一时间派出医疗救治专家组到事发地点开展紧急医疗救治工作，将伤者转送泰宁县医院，开通绿色通道，组织最强的医疗技术力量，协调市第一医院紧急调配急救药品，对14名幸存者伤者全力以赴开展救治工作。

【科教工作】 2016年，三明市共推荐卫生计生科教评审专家库专家12名和医学教育专家（考官）库专家88名；完成2015年度专业技术人员继续教育证书2100人次验证和高级专业技术职务任职资格评审中继续教育材料400人次的复核验证；培养定向县级医院的本科层次临床医学人才41人，定向培养本土化全日制大专层次医学毕业生67人；组织228人参加西医类别助理全科医生西医类别全科医生转岗等培训。

【卫生应急】 2016年，市委市政府将“加强卫生应急队伍建设”列入为民办实事项目，市财政投资300万元，为项目建设单位（市疾控中心、市第一医院、市第二医院）配备传染病防控类、中毒处置类、医疗救援类等装备，其中由市第一医院采购的医技体检车填补全市紧急医学救援现场处置的空白；组织开展6期野外培训、训练、演练工作，利用森林公安、武警、警察特警等训练基地，邀请蓝天救援队员、特警、公安等人员授课；参加全省在长泰举办的综合演练。

【卫生信息化】 2016年8月16日，三明市深化医药卫生体制改革领导小组办公室印发《关于将信息化建设列入公立医院院长年薪制考核的补充通知》，推进卫生信息化建设工作进度落实。2016年，根据医改对信息化建设需求，梳理整合全市医改系统软件47套。卫生信息化应急综合指挥平台投入使用，联通全市医疗卫生机构探头252路。政务外网卫计专网合理提速。健康三明平台访问量超过1000万人次，手机端APP正式上线。区域远程诊断平台在尤溪上线运行。计划生育服务平台建设获得国家肯定。医药耗材采购平台投入使用。成立三明市医学会卫生信息分会，共有分会委员81人。

（王凯 林航 李贵龙 林宏亮 陈欣）

基层卫生工作

【概况】 2016年，三明市通过创建群众满意乡镇卫生院、实施社区卫生服务提升工程、开展基层卫生技能竞赛等载体，加强基础设施和核心工作制度建设，提高基层卫生服务能力；通过推进家庭医生签约服务，实现基层卫生服务模式由以医疗服务为主向健康管理转变。全市144家基层医疗机构参与基层卫生技能竞赛活动，1851名基层卫技人员参与练兵，获奖279人，颁发奖金94800元。其中，获得市级五一劳动奖章3人，省级个人项目三等奖2人，省级团队二等奖1支。2016年，全市投入1815万元，用于12家乡镇卫生院业务用房改扩建项目；家庭医生签约居民694364人，签约率27.93%；15家卫生院获得国家卫生计生委“2015~2016年度群众满意的乡镇卫生院”称号。

【乡村卫生服务一体化管理】 2016年年初，全市启动乡镇卫生院在行政村设立卫生所工作，将乡镇卫生院的服务功能延伸到村，建立起一种紧密型的乡村卫生服务一体化管理，突出政府在行政村举办具有公益性的医疗卫生服务机构。按照“筑牢网底、基层守门、开通医保、送医到村、预防为主、医养结合”的基本要求，全市1705个行政村，规划乡镇卫生院延伸设立1112个村卫生所，按标准要求建成1110个，聘用乡村医生1565人；县乡村三级共投入村卫生所房屋装修和设施设备配置经费1443.2万元，村卫生所硬件设施得到明显改善，实现小病不出村、基层首诊和分级诊疗；开通城乡居民医保1014个，村民到家门口的村卫生所看门诊，每次只要交2元的诊疗费就可享受药品零差率并即时报销60%药费。

【医养结合服务新模式探索】 2016年，市卫计委按照市委、市政府“以医带养、以医助养、以医促养”原则，加强社区卫生服务机构建设，依托社区医养结合卫生服务机构，以基本医疗、基本公共卫生服务为基础，助推社区养老、居家养老等养老服务的开展，使老年人就近能够享受到医疗康复、日间照料等服务，探索符合三明市情况的医养结合新模式。2016年，全市主城区共有社区居委会132个，规划设置医养结合卫生服务站92个，累计投入828万元，建立社区医养结合卫生服务站39个，与30546名老年人和特殊人员签订服务协议。

【基层卫生综合改革】 2016年，三明市在初步建立基层医疗卫生机构管理、财政经费保障、绩效考核和工资分配、基层人才队伍建设等体制机制基础上，推进基层卫生综合改革。通过理顺基层医疗卫生机构管理体制，明确财政经费定项补助三大项目，探索基层医疗卫生机构工分制绩效分配办法，完善全面动态的绩效考核评价机制，强化基层人才队伍建设等改革措施，提升基层医疗卫生机构功能和作用。全市基层医疗卫生机构主要实现"三增一降一减"：基层卫生服务量增加。2016年，全市基层医疗卫生机构门急诊人次337.8万人次，比2015年同期239.6万人次增加98.2万人次，增长40.9%。医务性收入有所增加，全市基层医疗卫生机构全年医务性收入14506.6万元，与2015年相比增加4008.3万元，增长38.2%。基层医务人员收入有所增加。基层医疗卫生机构院长（主任）全年平均收入12.2万元，与2015年相比增加1.69万元；在岗职工平均收入6.79万元，与2015年相比增加0.71万元。药品收入有所下降，全市基层医疗机构全年药品收入10981.48万元，药占比43.48%，与2015年同比下降7.85百分点。群众就医负担有所减轻，基层医疗机构全年每门诊次均费用54.07元，比2015年57.67元同比减少3.55元，下降6.16%。

（叶廷奎）

计划生育

【概况】 2016年，全市出生政策符合率为92.32%，比责任指标高2.32个百分点；人口自然增长率为9.65‰；出生人口性别比为109.84，比责任指标低5.16个比值；免费优检覆盖人数超过省下达责任目标人群数，完成省委省政府下达的年度责任目标。结合改革计划生育服务管理的要求，三明市推行的"丰富登记方式，拓展服务内容，提高生育登记服务工作水平"的做法得到国家卫生计生委的肯定，在全国计划生育基层基础工作暨基层队伍建设现场会上作经验介绍。同时，先后11次在国家卫生计生委举办的培训上介绍三明市计划生育工作经验做法。10月21日，由中共福建省委办公厅主办的《八闽快讯》上专版刊发题为《落实计生政策　突出计生服务——三明市加快新时期计生工作转型发展》的文章。10月28日，由国家卫生计生委办公厅主办的《计划生育基层指导工作专刊》上刊发《福建省三明市突出生育服务，打造精准计生加快计生工作转型发展》文章。全市各地开展创建新一轮全国计划生育优质服务先进单位活动，永安市、尤溪县获2014~2016年新一轮全国计划生育优质服务先进单位称号。

【计划生育服务管理改革】 2016年，三明市根据群众需求，突出问题导向，解决生育登记办证难问题，丰富生育登记方式，拓展服务内容，提高生育登记服务工作水平，共有现场登记、信息共享登记、网上登记等3种方式10种渠道。现场登记包括村（居）登记、乡镇卫生计生办登记、行政服务中心登记；信息共享登记包括孕妇保健信息、出生分娩信息、预防接种信息、婚检信息、儿童访视信息；网上登记包括网页登记和微信登记，网上登记成功，系统自动生成并发送短信告知，并提醒相关服务信息。运用"互联网+计生"的理念，开发计划生育服务平台，通过网上就可以进行生育登记和办证等服务，实现"让数据多流转、让群众少跑腿"的目标。全年一孩、二孩生育登记37416人。其中，现场登记9985人，占28.4%；网上登记1127人，占3.2%；信息共享登记24037人，占68.4%。在市政府门户网站专门制作《在线访谈》，举办有市、县、乡三级计生干部共300人参加的专题培训班，做好释疑解惑；开展生育一孩家庭再生育意愿和妇幼保健能力建设专题调查，加强出生人口监测预警。全市符合全面两孩政策当年生育5980人。

【计划生育奖励扶助制度落实】 2016年，市卫计委修订完善《三明市计划生育特殊家庭救助帮扶意见》，切实保障计划生育家庭合法权益。全年兑现计生家庭奖励扶助4028.112万元，受益58926人。其中，农村部分计划生育家庭奖励扶助5008人，低保户721人，共发放687.48万元；计生特殊家庭853人，低保90人，发放特别扶助金748.92万元；城镇独生子女家庭奖励扶助7973人，低保户97人，共发放968.4万元；农村部分计划生育家庭贡献奖励3192人，发放114.912万元。

【性别比治理】 2016年，市卫计委制定《关于规范孕十四周以上终止妊娠工作的通知》，明确14周以上终止妊娠对象、程序、管理等内容，把终止妊娠对象分为医学需要、非医学需要、需紧急终止妊娠三种情形，规范医疗机构和卫生计生行政部门的行为；加大"两非"案件查处力度，2016年，"两非"案件共立案105件，结案99件，其中重大案件14件。

【计划生育工作培训】 2016年4月18~19日，市卫计委举办全市计划生育工作培训班，各县（市、区）卫生计生局局长、分管计生基层指导、政策法规、出生性别比治理领导，负责计划生育政策法规、出生性别比治理、基层指导工作的干部和各乡（镇、街道）计生办主任200多人参加培训。

【国家卫计委基层指导司副司长到三明调研】 2016年8月10~11日，国家卫计委基层指导司副司长魏云鹏带领调研组到三明市调研计划生育工作。调研组先后到大田县桃源镇、永安市燕东街道林业新村社区、尤溪县妇幼保健院等地，通过实地查看、翻阅资料、听取汇报、询问交流等方式，详细了解乡村两级开展生育登记服务情况、卫生计生资源整合、计划生育技术服务、乡村计划生育专干工作职能转变以及基层工作机构、人员、待遇等情况。

（郑光镜　洪卫宾　丁康龙）

责任编辑：邓长华

人力资源和社会保障

HUMAN RESOURCES AND SOCIAL SECURITY

就业创业

【概况】 2016年，三明市城镇新增就业1.98万人，完成全年任务数的104.04%；城镇失业人员再就业1.38万人，完成任务数的102.46%；就业困难人员再就业4147人，完成任务数的103.68%；农村劳动力转移2.79万人，完成任务数的107.28%；城镇登记失业率2.37%，控制在年初目标3.8%以内。

【就业形势研判】 2016年，市人社局开展重点企业和本地停产半停产企业生产情况和员工去向、2015年本地人员就业去向、全面实施二孩政策对女性就业影响和钢铁煤炭行业过剩产能中人员安置等多个专题调研，做好重点企业监测工作，建立失业动态监测企业流失人员跟踪机制，开展人力资源市场及工业园区定点监测试点工作。第四季度全市求人倍率达1.16，人力资源市场总体较为平稳。与年初比较，全市60家失业动态重点监测企业累计减员759人，减幅为3.3%，减员企业数达56.7%。

【公共就业服务】 2016年，市人社局推动基层公共服务平台标准化建设，全市142个乡镇（街道）有124个完成基层平台标准化建设，完成率达87.32%。开展充分就业星级社区创建，跟踪指导2个国家级、17个省级充分就业星级社区工作，在2015年确认20个第一批市级充分就业星级社区基础上，2016年推荐评选第二批市级充分就业星级社区14个，并给予每个社区3万元的奖励。发挥微信、劳动就业网站等平台发布各级就业创业政策信息，利用举办招聘会、求职人员到人力资源市场求职等时机，开展就业指导、政策咨询、创业项目推荐等活动，发放宣传资料9.5万份，接受各类就业创业政策咨询5万多人次。同时，推动就业创业服务信息化建设，新建"三明民生就业创业服务网"，于年底前投入试运行，实现用人单位、求职人员网络"一站式"服务。

【服务企业用工】 2016年，三明市举办专场招聘会73场，辖区内外1800多家用人单位、提供就业岗位3.5万个，进场求职人数5.6万，达成就业意向1.27万人。通过《三明新周报》专栏、网络平台、人力资源市场LED屏等渠道发布就业和求职信息4.7万条次。

【就业援助服务】 2016年，市人社局开展"春风行动"、就业援助月、部队随军家属和退役士兵就业服务月等活动，做好就业困难人员援助对象的申请和认定，对就业困难人员等重点群体实行"一对一帮扶"，根据援助对象的特点和就业需求制定就业帮扶措施。落实社会保险补贴、公益性岗位补贴和灵活就业人员接续社会保险补贴等政策措施。全市2015年度享受社保补贴1.12万人。其中市本级发放2015年度灵活就业人员社保补贴2384人次、133.3万元，2016年全市受理社保补贴申请1.9万人。通过公益性岗位安置就业困难人员100名，消除"零就业"家庭64户。

【"双创"工作】 2016年，市人社局会同财政等有关部门，出台市级孵化基地评定标准、互联网创业孵化基地资金补助管理办法、创业导师队伍建设、创业场地补贴、双创期间创业担保贷款、双创期间求职创业补贴、创业项目库征集建设等政策文件。实施"十百千"创业创新计划，全市征集优秀创业项目134个、市级创业孵化示范基地11个（确定3个基地为市级创业孵化示范基地，给予每个项目20万元的资金扶持）、创业创新典型128个（确定30个优秀项目进行扶持，给予每个项目3万元至5万元的资金支持）。做好创业培训和双创期间创业担保贷款工作，全市完成创业培训51期，参训学员1492人；新增创业担保贷款2968.5万元，直接扶持283人创业，带动就业1132人。出台《三明市创业导师开展创业帮扶活动管理暂行办法》，全市共征集市、县两级创业导师251名，推荐省级创业导师28名，入选市级创业导师79名。组织推荐布兰琦洗衣店等23个团队申报2016年福建省高校毕业生省级资助项目，其中布兰琦洗衣店等4个项目获省24万元扶持。组织推荐福建省老土农业有限公司等11个互联网企业申报福建省2016年互联网经济优秀人才创业资助项目，其中福建省老土农业有限公司获得省互联网经济优秀人才创业资助 30 万元。

【失业保险管理】　2016 年，市人社局对全市 2012~2015 年失业保险基金开展自查，开发失业保险财务管理系统（网络版）平台，建立全市失业保险基金财政专户管理对账制度，制定下发《三明市失业保险业务操作规程》，通过实施比对机制，对领取失业保险金后重新就业人员及时停发相关待遇。2016 年，全市失业保险参保人数 32.05 万人，与同比增长 4.86%；基金征收 11115.39 万元，基金支出 10014.85 万元。其中，发放失业金支出 7192.68 万元、支付医疗保险费 1716.97 万元、丧葬抚恤金 9.09 万元、转移支出 6.78 万元、农民工一次性生活补助支出 257.8 万元、稳岗补贴 757.28 万元，享受失业金人数为 1.34 万人，8.27 万人次。

【失业保险保障】　2016 年，市人社局通过落实降低失业保险缴交费率和失业保险支持企业稳定岗位政策，减轻企业负担，支持企业稳定就业岗位。根据全省统一部署，三明市失业保险费率在 2015 年由 3%降至 2%的基础上，从 2016 年 5 月 1 日起，单位缴费部分费率再降 0.5%，执行期限 2 年，2016 年为企业减负达 8443.05 万元。将稳岗补贴范围扩大到所有符合条件的不裁员、少裁员企业。到重点园区和企业，宣传稳岗补贴政策，指导做好申报工作。向福建三钢、福建恒源供水、福建海峡科化等 20 家企业，发放 2015 年度稳岗补贴 757.28 万元，受益职工 16006 人。

【精准就业扶贫】　2016 年 6 月 12 日，市人社局制定下发《关于实施农村贫困家庭精准就业扶贫工作的实施意见》，11 月 7 日，制定下发《关于做好全市人力资源社会保障精准扶贫工作的通知》，明确三明市精准就业扶贫指导思想、目标任务和工作措施。通过工作调研、重点走访、召开部署会等措施，指导和督促各县（市、区）按进度推进各项工作。2016 年，全市农村贫困中有劳动能力家庭 11846 户、19172 人。其中，有就业意向农村贫困家庭 583 户、874 人，有培训意向 204 户、285 人；已成功推荐农村贫困家庭实现“家门口”就业 203 户、241 人。

【钢铁煤炭行业去产能企业职工安置】
2016 年，市人社局成立关于化解过剩产能职工安置工作协调小组，由市人社局局长为组长，各有关分管领导为副组长，并下设办公室，挂靠市劳动就业中心。8 月 18 日，市人社局制定《关于做好化解钢铁煤炭行业过剩产能中职工安置工作有关安排的通知》。完成永安煤业有限责任公司东坑仔煤矿等 5 家过剩产能企业、1314 名职工分流安置工作。其中，转岗安置 859 人、退养 83 人、解除终止劳动关系 372 人。

【大中专毕业生就业服务】　2016 年，市人社局开展“人社局长进校园”活动，通过举办就业创业政策系列宣传讲座、校园招聘会，举办“三明市 2016 年大学生职业技能大赛”以及组织辖区 3 所高校部分毕业生参加就业创业体验和座谈、发放《三明市高校毕业生就业创业保障服务宣传手册》和《三明市 2017 年大中专毕业生就业岗位信息汇编》等形式，为 2017 年高校毕业生送政策、送指导、送岗位、送服务，实现就业创业。强化人事人才优质服务窗口建设，规范服务内容、服务流程、服务时限。落实各项促进高校毕业生就业优惠政策，为 477 名毕业生发放就业见习经费补助、高校毕业生求职创业补贴、安家补贴费、储备人才生活补贴共 142.63 万元。

【毕业生就业平台搭建】　2016 年，市人社局搭建用人单位与毕业生双向交流、沟通平台，先后举办“三明市 2016 年春季大中专毕业生专场招聘会”“三明市 2016 年离校未就业毕业生专场招聘会”等 7 场招聘会，1300 余家省市知名企业参会，提供就业岗位 2.2 万个，达成就业意向近 4000 人次。同时，结合三明市产业需求，先后组织中燃城市燃气、海西重汽、青山纸业等 3 批次 22 家企事业单位分别参加昆明、南昌、武汉三个地方的跨区域巡回招聘会。

【高校毕业生“三支一扶”计划】　2016 年，市人社局组织实施高校毕业生“三支一扶”计划（即大学生在毕业后到农村基层从事支农、支教、支医和扶贫工作），完成省、市级高校毕业生“三支一扶”计划招募工作，招募派遣“三支一扶”高校毕业生 121 名。其中，省级 99 名、市级 22 名。完成对 151 名“三支一扶”高校毕业生年度考核和服务期满考核工作，优秀等次为 47 人。同时，做好省级服务期满“三支一扶”高校毕业生就业跟踪统计工作。截至 12 月，三明市共有服务期满“三支一扶”高校毕业生 502 名。其中，在各级党政机关（含参公单位）就业共 64 人、事业单位就业 225 人、在企业就业 82 人、自主创业 10 人、升学 3 人、编外聘用 53 人、待就业 65 人。

【人力资源市场管理】　2016 年，市人社局实施县（市、区）公共就业服务机构和人才服务机构的整合工作，基本完

2016 年 2 月 17 日，市人社局在三明广场举办三明市 2016 年山海协作暨春季大中专毕业生现场招聘会　（市人社局提供）

成各项整合改革任务。梅列区、三元区、清流县、沙县、尤溪县、明溪县6个县（区）人力资源市场管理职能归一个科（股）室行使，并建立统一的人力资源公共服务机构；永安市、宁化县、大田县、将乐县、泰宁县、建宁县6个县（市）成立人力资源市场管理协调机构行使市场管理职能，其中永安市、大田县、泰宁县3个县（市）设立统一服务场所，宁化县、将乐县、建宁县3个县的人才公共服务中心和就业中心互设服务窗口。

（胡玉华　任法斌　李昌枝　张春花　余一凡　邓荣贵　刘金灿）

职业技能培训

【高技能人才培养】 2016年，市人社局加强职业（技工）院校建设，培养职业技能人才。全年培养高级工以上2731名（含技师高级技师115名）。厦工三明重机公司电工高级技师唐建明被评为第二批省技能大师，获省政府人才奖10万元。

【大师工作室建设】 2016年，市人社局建立第二批市级技能大师工作室20家，全市市级以上技能大师工作室43家，扩大技能大师工作室的行业（工种）覆盖面，发挥省、市级技能大师工作室名师带高徒的作用，以参与技术创新、项目攻关为载体，加强大师工作室成员及员工理论培训与技能操练，组织技术交流研讨，培养企业需要的高技能人才。

【职业技能实训基地建设】 2016年年初，三明市宁化县、明溪县、清流县、建宁县和泰宁县等5个省级扶贫开展重点县职业技能实训基地建设全部投入使用，12月通过省人厅初步考评。2016年，5个实训基地开展电工、特色小吃、茶叶加工、农艺工等专业技能培训，8000多人参训，转移就业1.1万人。

【职业技能竞赛】 2016年12月,市人社局举办首届全市大学生职业技能竞赛，辖区3所高校3000多名在校生参加预赛，300名参加决赛，7个比赛项目30名学生（团队）获奖。开展职业教育宣传周、“世界青技能日”等活动。组队参加第44届世界职业技能大赛全省选拔赛，1名取得焊工第4名获省二等奖。支持福建三钢举办全省钢铁行业第二届职工技能大赛，共5个工种23名技工得奖。支持烹饪、美发等行业开展职业技能竞赛，培养一批行业高技能人才。支持各县（市、区）及市有关行业部门开展职业技能竞赛活动。

【技校建设与发展】 2016年8月，市职教园开园，市高级技校按时入园开学。2016年，2校共招收29专业新生1075人同比增长61.8%。市人社局指导2所市属技校同福建三钢、海西机械总院、海西重汽等开展校企合作，推行现代学徒制，共同培养企业需要的高技能人才。1月，三明市第二高级技校通过省高级技校评估。在2所技校招收37名农村贫困家庭学子，与沿海发达地区企业联办精准扶贫班，学成100%就业。

（饶志伟　杜福全）

社会保障

【概况】 截至12月底，三明市企业职工养老、工伤、生育保险参保人数分别达到33.25万人、37.90万人、30.62万人，分别完成2016年省下达参保任务的100.36%、109.13%、105.97%；养老、工伤、生育保险费征缴收入分别为158213.19万元、10486.4万元、6053万元，分别完成2016年目标任务的98.86%、100.41%、123.78%。城乡居民养老保险参保120.85万人，综合参保率达99.1%，续保缴费率达94.07%，基金征收1.33亿元。

【工伤保险】 2016年1月1日起，三明市将机关和参照公务员管理事业单位工作人员列入工伤保险市级统筹。截至12月底，新增机关和参照公务员管理事业单位工作人员工伤保险8.78万人。

【工伤预防试点工作】 2016年，市人社局开展以“深入实施工伤预防三年行动计划，切实保障劳动者生命安全”为主题的工伤预防试点工作，对与工伤预防相关法律法规和政策进行“点、线、面”全覆盖宣传，举办《工伤保险与您风雨同舟》工伤预防宣传文艺会演、工伤预防培训班等；组织职工健康体检，对容易发生职业病工作岗位的职工采取补助的方式进行体检。

【工伤认定及劳动能力鉴定】 2016年，三明市做出工伤认定2754件，工亡或视同工伤死亡56人。做出劳动能力鉴定结论1780例。其中鉴定为一至四级131例、五至六级35例、七级至十级1435例、未达等级标准71例。受理因病伤残劳动能力鉴定108例。其中，鉴定为完全丧失劳动能力78例、大部分丧失劳动能力29例、未达丧失劳动能力定级标准1例。

【“同舟计划”专项工作】 2016年7月12日，市人社局会同住建、安监、工会等部门成立专项行动领导小组，制订《三明市推进建筑业参加工伤保险工作专项行动实施方案》，实现各负其责、齐抓共管的工作局面，开展“同舟计划”专项宣传活动，通过召开建筑施工企业座谈会，实现新开工项目应保尽保。

【企业离退休人员养老金待遇提高】 2016年1月1日起，三明市有119815名企业退休人员参加养老金待遇调整，其中特调3180人。全市人均月增加养老金155.25元，调整后全市人均月养老金由原来的2206.95元提高到2362.20元。全市有611名企业离休干部、“5·12”退休干部和建国前参加工作老工人，从2016年7月1日起参照机关工作人员标准增加离退费。其中，离休干部384人、“5·12”退休干部121人、建国前参加工作老工人106人，月人均增加金额446.19元，月人均养老金水平由原来的2277.31元提高到2723.49元。

【城乡居民养老保险基础养老金标准提高】 2016年，三明市城乡居民养老保险基础养老金标准由85元提高至100元，为全市33.57万60周岁以上城乡居民一次性补发养老金计3114万元。落实《关于完善城乡居民基本养老保险制度的若干意见》，全市发放缴费年限养老金669万元、丧葬补助金1668万元。

【老农保与城乡居民保障制度衔接过渡】 2016年，三明市完成老农保与城乡居民保障制度衔接10.61万人，完成衔接任务的79.48%，发放老农保居民过渡性养老金265万元。

【被征地农民养老保障金标准提高】 2016年，三明市发放被征地农民养老保障金4699万元，并为参加企业养老保险的被征地农民发放社保补助或养老金879万元。

【社会保险待遇领取资格认证方式创新】 2016年，市人社局以三明民生平台建设为契机，开发人脸识别领取资格认证信息系统，给全市230多个社区配备自助服务一体机，离退休人员和领取定期工伤待遇人员只需到所居住的社区通过自助服务一体机或在家里通过手机APP运用人脸识别身份认证技术就能完成社会保险待遇领取资格认证。

【冒领养老金追讨专项工作】 2016年，市人社局开展冒领养老金追讨专项工作，对历年来尚未进行养老金领取资格认证而被暂停发放养老金的945名离退休人员进行数据比对，查找出321人注销户口，落实冒领人数35人，冒领金额51.28万元，追讨被冒领的养老金51.28万元。

【第二批全民参保登记计划】 2016年，市人社局根据《关于实施全民参保登记计划的通知》有关要求，成立试点工作内部协调小组。新增的梅列区、三元区、泰宁县、将乐县、永安市等5个试点县（市、区）对全民参保登记工作进行宣传、公告，泰宁县、三元区召开启动会议，将乐县、永安市、泰宁县分别落实全民参保登记工作经费10万元，三元区落实工作经费12万元。截至12月底，三元区、泰宁县、将乐县和永安市前期准备工作完成，待系统数据完善后进行入户调查登记。

【机关事业单位工作人员全员参保】 2016年，三明市正式启动机关事业单位养老保险制度改革，参保范围由试点期间的差额拨款、自收自支事业单位等“六种对象”扩大到含公务员在内的全员参保，养老保险缴费比例调整为28%（单位缴20%，个人缴8%），职业年金缴费比例为12%（单位缴8%，个人缴4%），其中财政全额供款的单位职业年金单位缴费部分采取记账方式，其余皆为实账积累。至12月底，三明全市机关事业单位在编人员均已纳入养老保险参保缴费，参保人数（含离退休）12.11万人，同比增长30.77%（2015年9.26万人）。全年基金征收18.62亿元，基金支出16.56亿元，职业年金收入2.58亿元。

【机关事业单位离退休人员与企业退休人员调整养老金待遇】 2016年，市人社局根据《福建省人民政府关于2016年调整退休人员基本养老金的通知》文件，实行机关事业单位养老保险制度改革以来首次退休人员调待，采取定额调整、挂钩调整与适当倾斜相结合的办法，实现机关事业单位和企业退休人员基本养老金同步调整。此次调待从2016年1月1日起执行，惠及全市机关事业单位退休人员3.66万人，人均月增加养老金257.68元，调整后全市人均月养老金由3293元提高到3550.68元。

【机关事业单位养老保险业务】 2016年6月，福建省机关事业单位养老保险核心业务信息系统经过本地化测试后，三明市本级会同省局、福州市率先在设区市中开展新系统上线运行，在做好数据采集、银行协调、发放衔接等相关工作的基础上，首次将财政核拨机关、事业单位工作人员纳入养老保险制度参保。通过新信息系统接手发放，一改原来由机关社保中心给几家银行分别打包发放的模式，实现由一家银行负责一次性跨行发放到位的便捷模式，养老金拨付至单位账户，实现发放零差错。

【基金户和职业年金账户开设】 2016年，三明市各县（市、区）通过公开竞标等方式确定养老保险基金存储银行，开设基金户和职业年金户。年内永安市、大田县、尤溪县、将乐县、泰宁县、明溪县、清流县等7家经办机构开立职业年金户，主要开户在工行、建行及信用社。

【社保经办机构窗口标准化建设】 2016年，三明市人社局将社会劳动保险管理中心、市机关事业单位社会保险管理中心成建制整体迁入行政服务中心，实行集中统一对外服务；2016年，三明市6家经办机构如大田、永安、将乐、建宁、明溪、清流等地通过场所搬迁或整合实现养老保险业务经办场所“三保合一”。

【人社信息化】 2016年11月16日，三明市民生信息公共服务平台公共服务应用及软件接口开发通过验收，总投资6000多万元。自助服务终端累计部署500台，服务延伸至乡镇和社区；手机APP与网站注册用户近1.2万人次，提供服务106万余次，发放各式宣传材料50万余份。各类应用系统（就业创业服务网、人事人才档案管理系统、工伤申报系统、仲裁办案系统、全国自主择业工作信息平台等）上线运行，线上线下相衔接，简化办事流程。

【人脸识别资格认证推行】 2016年5月初，三明市本级、梅列区和三元区社保中心在全省范围内率先使用人脸识别系统。利用手机、自助终端和柜台的摄像头，完成社会保险待遇资格认证近3.5万人。

【社保卡制发服务】 2016年，三明市县级制发卡服务窗口和乡镇社保卡代办服务网点新增制卡6.9万张，补换卡2.7万张。截至12月底，三明市累计制作社会保障卡约280万张，基本覆盖常住人口。社保卡应用工作纳入市人社局《2016年度业绩考评工作实施方案》，三明市社保卡不仅在医疗就诊、医保结算中开展应用，逐步展开城乡居民养老保险费用缴交、各类福利待遇发放，以及一些农林补贴发放和粮食、烟叶收购款支付等领域的应用。两家社保卡合作银行中，兴业银行社保卡内沉淀资金约1.6亿元，信用社（农商行）社保卡内沉淀资金约15.9亿元。

【社会保险欺诈查处和防范】 2016年，市人社局与省厅联网在全市范围内推广社保基金监督信息系统，实时跟踪检查养老、工伤、生育保险预警疑点信息，制定下发《三明市人力资源和社会保障局、三明市财政局、三明市公安局查处和防范社会保险欺诈工作联席会议制度》，建立由公安信息系统、社保经办机构和参保单位三方共同核查的机制，加强离退休人员生存认证工作。落实社保基金要情报告制度，避免80余万元社保基金缺失。加强社保基金内控制度和企业职工退休审核审批等专项检查，完善内控制度、审核审批程序流程和档案管理等工作。查处社保欺诈案件，三明市宁化、明溪两县发现3名退休人员已死亡未及时申报现象，追回冒领养老金22395元。2016年，三明市查处3起社保欺诈案件，涉案基金种类分别为养老基金2起、工伤保险基金1起；涉案基金总金额为89.7万元。

（卢云华　陈立军　刘　健　吴新冠　周国萌　连益财　赖秉贤）

人才引进

【概况】　2016年，按照市委、市政府有关“重才、育才、聚才、用才”的要求，围绕三明经济社会发展大局，市人社局推进人才强市建设，继续落实《三明市“海纳百川”高端人才聚集计划(2015~2019年)》等6个人才政策文件，引进、培养高层次、高技能人才。围绕全市重点产业、行业、领域、项目，组织开展各类人才选拔推荐工作。调整省引进人才的申报条件，将现行的“双省外”身份（省外生源、省外院校）调整为“单省外”（省外院校）身份，吸引在省外院校读书本地学生回明就业。2016年引进符合《福建省2016年度紧缺急需人才引进指导目录》的研究生或具有高级技术职称的高层次人才26人，新增享受政府特殊津贴专家1名，入选省第二批专家服务基地1家企业，获批国家引智项目2项、入选省“高端外国专家团队引进计划”团队1项、省“青年外国专家引进计划”1人，入选省“服务重点扶贫县、革命老区苏区发展及闽台合作引智专项计划”4项，获资助资金99.5万元，选送3人参加2015~2016年度福建省百千万工程人选和青年高层次人才访学研修资助计划。

【各项人才待遇落实】　2016年，市人社局组织慰问各类高层次人才191人，发放慰问金15.28万元；审核拨付博士后科研工作站新招收博士后研究人员资助经费，国务院政府特殊津贴、省引进人才生活津贴和市高层次人才津贴，以及专家“一带一”和百千万人才工程人选科研资助经费297.42万元；审核符合享受干部保健待遇高层次人才11人；推荐2名专家参加省专家休假活动。审核确认福建省引进高层次人才10人。其中A类1人、B类2人、C类7人，发放补助375万。审核确认福建省工科类青年人才19人，年发放补助79.8万元。

【高端人才智力对接】　2016年6月，市人社局组织三明学院、福建华橡自控有限公司等单位参加第十四届中国国际人才交流大会、“6·18”海峡两岸人才交流合作大会，拓展三明市高端招才引智渠道，宣传推介三明市人才政策；面向全市广泛征集引进国外高层次人才智力和项目技术需求信息，全市9项引智项目获国家和省外专局批准，获批资助经费99.5万元；组织开展国家和省引智项目执行及经费使用管理情况巡查工作，提高引智工作效能；11月17~23日，邀请2位英国专家分别为全市眼科、神经内科医务工作人员作专题讲座，并到市第一医院、三明闽中眼科医院进行实地考察指导，推动三明市眼科、神经内科学专科建设；指导申报2017年国家引智项目，推荐上报国家高端外国专家示范项目1项、重点项目8个。

【高端人才聚集平台】　2016年10月，市人社局组织推荐永安市林竹产业人才聚集基地等3家单位申报第二批福建省产业人才聚集基地，福建金森集团有限公司等4家单位申报第二批福建省企事业人才高地。开展专家服务基地工作，推荐等4家单位申报福建省专家服务基地，其中福建省谢华安种业产业园有限公司入选省第二批专家服务基地。发挥博士后科研工作站在重大项目研发、高层次人才培育、科技交流合作等方面的作用，组织全市10家博士后科研工作站和创新实践基地，采取柔性引进高端人才的办法，加大博士后研究人员招收工作，给予2家博士后科研工作站新招收博士后研究人员经费补助10万元。加强对新设立的福建文鑫莲业股份有限公司博士后科研工作站的建站指导，帮助新设站单位做好站点挂牌、制度建设以及博士后研究人员招收工作。

【“千名干部服务千家企业”活动】
2016年，市人社局通过召开选派干部代表座谈会、举办惠企政策业务培训和2次专项督查，加强首批选派干部服务企业的日常跟踪管理，推动企业发展和干部培养锻炼实现双赢；推进第二批选派工作，召开全市第二批选派干部动员会议，并对第二批选派到321家企业服务的356名干部进行培训，同时，在调整充实机械、纺织、司法重整3个技术服务组的基础上，新成立市金融服务组、物流服务组、司法服务组，更好地为企业提供政策、项目、要素、技术等方面的帮扶服务。

（郭良贵　任法斌　洪晓阳）

公务员管理

【机关事业单位工作人员年度考核】
2016年，市人社局贯彻《公务员考核规定（试行）》和事业单位考核相关规定，核准优秀等次比例，完善定性考核与定量考核，将年度考核与文明城市创建、经济（项目）工作有机结合，并向市重点项目工作有功人员倾斜，完成三明市政府机关公务员和事业单位工作人员2015年度考核工作。全市市直行政机关、事业单位科级及科以下（不含党群、人大、政协、法院、检察院及其所属事业单位）参加考核的人数12677人。其中，优秀1952人，占15.40%；称职10306人，占81.29%；基本称职3人，占0.02%；不称职6人，占0.04%；不定等次344人，占2.71%。

【评选表彰规范】　2016年，市人社局贯彻执行中央办公厅国务院办公厅《评比达标表彰活动管理办法（试行）》、市委办市政府办《关于进一步规范评选表彰工作的通知》有关要求和规定，严格程序，审核把关，做好中央、省统一开展的评比表彰工作。2016年，会同市公安局等25个市直部门单位推荐、上报全国和省级先进集体41个，全国、省先进个人103人。

【公务员主管部门公务员申诉公正委员会组建】 2016年7月22日，市人社局根据《中共福建省委组织部福建省人力资源和社会保障厅福建省公务员局关于组建福建省公务员主管部门公务员申诉公正委员会有关问题的通知》，会同市委组织部、统战部、市中级人民法院、市人民检察院、市政府法制办、市审计局等部门成立主管部门公务员申诉公正委员会及其办事机构。同时，各县（市、区）组建县级公务员申诉公正委员会及其办事机构。

【公务员考试录用】 2016年，三明市计划招录公务员和参照管理单位工作人员565名（全省统一招考524名，公安应届毕业生39名，特警2名）。全省统一招考的524名中，政府系统402名、党群系统122名；有11903人报名笔试，8809人选择三明考区应考，A类考生5867人，B类考生3640人；组织开展1380名考生面试和201名公安（含森林公安）、法院、检察院等职位的心理测评、体能测试；完成拟录用人员的初检、复检和补检工作；完成2016年度政府系统拟录用公务员和参照公务员法管理单位工作人员八批次计401人的公示工作。其中，公务员289人、参照公务员法管理单位工作人员112人。

【考官、工作人员和监督人员管理】 2016年，市财政核拨50万元的面试经费，4万元添置监控设备。其中，添置笔记本电脑13台、打印机13台、考官桌48张。加强面试考官队伍建设，对全市344名公务员面试考官（政府198名、党群146名）进行资格认证、上报注册，组织50人参加全省新任考官培训班学习，49人获得考官资格，并在2016年公务员面试中担任见习考官。

【公务员队伍建设】 2016年，市人社局开展公务员日常登记工作，将公务员登记作为职务职级晋升、公务员身份认定的重要依据。2016年，审批登记试用期满的新录用公务员和调任、选任的公务员282人。继续抓好科级非领导职务职数的审核审批工作，办理市直行政单位科级非领导职务职数使用审核37人，核增科级非领导职数2名，代市政府办理干部人事任免24件，145人次。因机构改革或事业单位清理规范等原因，对三明市部分已列入参照公务员法管理事业单位存在更名或重新整合组建现象，根据省公务员局、省人力资源开发办公室《关于规范政府系统参照管理动态管理工作的通知》精神，向省公务员局上报确认“三明市三元区农村综合改革工作办公室”等11家单位继续列入参照管理。

【职务与职级并行】 2016年，三明市开展县以下职务与职级并行工作，市级派驻机构完成159人晋升工作。其中，晋升正处级2人、副处级13人、正科级16人、副科级128人。

【军队转业干部安置】 2016年，市人社局贯彻中央和省关于做好深化国防和军队改革期间军转安置工作部署，推行“阳光安置”。2016年，三明市接收安置军转干部37名。其中，计划安置26名、自主择业11名。计划安置军转干部中团职14名（正团职2名），营职以下（含专业技术干部，下同）12名。严格按照全省军转安置工作会议上明确的9月底定岗定位。11月底，完成军转干部安置任务的总要求抓好落实，按期完成26名军转安置任务。其中，市直党政机关的15人、县（市、区）直党政机关的8人、乡镇（街道）基层的3人。

【自主择业军转干部管理服务】 2016年，市人社局为全市自主择业军转干部办理年度医疗保险，为3名从事个体经营和创办实体的自主择业军转干部向省申请一次性经济扶持金3万元/人。

【企业军转解困政策落实】 2016年，市人社局为市属企业退休军转干部发放生活补助、高龄补助、医疗补助、下岗未就业补助、体检费、慰问金等各类解困资金227.4万元；调整企业退休军转干部体检费标准和发放制度，自2016年起，将体检费标准由原来的300元/两年调整为500元/两年，2016年提高部分结合春节慰问予以补发，自2018年起，每年1季度按250元/人标准发放1次。

【军人随军家属就业安置政策落实】 2016年，市人社局根据市双拥办和军分区提出的2016年市区随军家属调动安置计划，对10名要求随调和25名要求解决就业的随军家属的身份和条件进行审查、核实，提出安置意见，经市委常委议军会议研究同意对符合随调条件的10名机关事业单位工作人员，按照身份不变、单位性质不变、专业对口的原则，分别由市公安局、林业局、教育局、民政局、住建局和梅列区、三元区予以调动安置；同时对25名要求解决就业的随军家属，采取事业单位公开定向招聘和国有企业安置等办法协调解决。

（叶华全　郑　萍　任法斌　江　临）

事业单位人事管理

【专业技术人员任职资格评审】 2016年，市人社局制定年度中高级职称评审年度计划，统筹做好评审安排，会同市直各职改办拟定2016年度评审通知。规范评委会建设，定期更新和完善职称评审委员库，评审前随机从评委库中抽取评委。全年完成13个系列的职称评审，批准确认1024人专业技术职务任职资格。其中，高级215人、中级640人、初级169人。经审核，开具委托评审函246份，推荐714位专业技术人员参评省专业技术职务任职资格评审。公布省里评审通过的专业技术职务任职资格18个系列445人。其中，正高级55人、副高级378人、中级10人、初级2人。做好大中专毕业生专业技术职称考核确认和省外职称确认工作，有172名专业技术人员通过确认取得中初级专业技术职务任职资格。

【工艺美术专业技术中级职务评审委员会成立】 2016年8月29日，市人社局会同市城镇集体工业联社，成立工艺美术专业技术中级职务评审委员会，组建工艺美术专业技术中级职务评委库。着手拟定符合三明市实际的工业美术专业评价标准，在标准的制定中，淡化学历、论文，突出业绩、水平。

【专业技术资格考试】 2016年，市人

社局审核消防工程师、管理咨询师、全国投资建设项目管理师、社会工作师、注册计量师、测绘师、全国环境影响评价工程师、经济专业、审计专业技术资格等专业技术资格（执业资格、职业资格）报考2666人。公布2528人通过考试取得专业技术资格（执业资格）。会同相关部组织好全国职称外语、卫生专业技术资格、护士执业资格、会计中初级专业技术、一级建造师执业资格、二级建造师执业资格、执业药师等专业技术资格考试的考务工作。

【事业单位公开招聘】 2016年，全市核准市属及12个县（市、区）903个事业单位招聘计划2585人。其中，核准市属104个事业单位招聘计划637人、梅列区20个单位计划招聘69人、三元区41个单位计划招聘89人、永安市80个单位计划招聘177人、明溪县92个单位计划招聘211人、清流县71个单位计划招聘188人、宁化县62个单位计划招聘154人、大田县62个单位计划招聘196人、尤溪县105个单位计划招聘279人、沙县74个单位计划招聘134人、将乐县47个单位计划招聘179人、泰宁县95个单位计划招聘183人、建宁县46个单位计划招聘89人。市人社局做好市属事业单位招聘非紧缺急需专业人员统一笔试和面试的监督指导工作，全市事业单位公开招聘通过三明市人事考试网平台面向社会发布招聘公告、公布招聘岗位信息、实现网上报名、网上缴费。

（庄元明　任法斌　江　临）

培训教育

【公务员培训】 2016年，市人社局依托市委党校举办科级干部任职班、科级干部进修班6期，参训人数270人；依托市人才培训中心、行政学院和市人民警察训练学校，举办公务员初任培训班7期，培训559人；落实公务员调训计划，选派市直和各县（市、区）共58人次参加“扶贫开发重点县公务员能力提升班”等5个班的培训；按省、市培训要求，公务员初任培训课程新增五大发展理念、政府信息公开、应急管理、生态文明等学习内容，党风廉政建设教育课程的学时占到全部培训学时的30%。

【专业技术人员继续教育】 2016年，市人社局贯彻落实专业技术人员继续教育每年不少于90学时的新规定和要求，组织专业技术人员继续教育学习培训。2016年列入省级高中级研修班9期，其中省级示范班6期（争取省专项资金5.4万元），普通班3期；根据三明市实际，确定12个高研班为市级示范班，向市财政申请示范班经费补助6万元。组织事业单位新聘（录）用人员转正定级培训6期，培训514人。依托三明市广播电视大学网络平台在全市专业技术人员中开展创新能力培养与提高公共课培训，年内有37377人报名参加培训，其中33715人培训考试合格。会同有关部门选派市直和县（市、区）9名相关学科专业技术人员参加“山区工程退化土壤修复”“大数据技术及其应用”“海洋材料产业中石墨烯技术应用”“智能制造装备与信息技术”“新一代电子商务”等高级研修班培训。此外，依托福建省专业技术人员继续教育培训平台和三明专业技术人员继续教育网开展专业技术人员继续教育专业科目网络培训。

【机关事业单位工勤人员继续教育】

2016年，市人社局根据省公务员局、省人力资源开发办公室《关于开展2016年全省机关事业单位工勤人员岗位继续教育工作的通知》，按照机关事业单位中已经取得技术等级岗位证书以及技师、高级技师岗位任职资格的工勤人员，每年参加政府人事部门组织的岗位继续教育培训不少于42学时，其他工勤人员每年参加的岗位继续教育培训不少于24学时的要求，继续采取远程网络继续教育培训形式，开展工勤人员继续教育。2016年，全市有4979人（含县市区）报名参加继续教育培训学习。

【机关事业单位工勤人员技术等级岗位升级考核】 2016年，全市有885人报名4个等级（初级、中级、高级和技师）55个工种3个科目升级考试，审核申报参加技师资格评审47人。取得初、中、高级机关事业单位工勤人员技能等级岗位证书。其中，初级81人、中级42人、高级54人、技师42人。

（叶华全　温荣猛）

劳动关系

【构建和谐劳动关系实施意见】 2016年，由市人社局牵头，会同市协调劳动关系三方各部门（市总工会、市企业与企业家联合会和市工商业联合会）组成起草小组，在摸清三明市劳动关系总体情况基础上，参考其他设区市的实施意见，草拟三明市构建和谐劳动关系的初步实施意见。广泛征求市人大法工委和市直三十几个部门意见，9月5日，形成《三明市构建和谐劳动关系实施意见（送审稿）》。

【劳动合同和集体合同制度实施】

2016年3月，市人社局根据省协调劳动关系三方四部门联合下发的《关于开展2016年集体协商“要约行动月”活动的通知》，及时召开市协调劳动关系三方会议组成人员2016年会议，研究制定活动方案，转发省三方四部门《关于开展2016年集体协商“要约行动月”活动的通知》。各级协调劳动关系三方努力完成省三方实施集体合同制度攻坚计划提出的“设区市每年要培养5个以上企业集体协商工作的典型、3个以上行业性集体协商工作的典型。各县（市、区）每年至少培养3个以上企业集体协商工作的典型、新增1~2个行业开展集体协商签订集体合同”的目标要求。3月下旬，市协调劳动关系三方四部门办公室组织三方各部门（人社、工会、企联和工商联）有关领导和组成人员，到梅列区、三元区、沙县和尤溪县等县（市、区）了解“要约行动月”工作开展情况，了解企业集体协商典型培育及行业区域性集体合同签订情况。全市实施劳动合同制度，提高劳动合同签订率和履行质量，依法规范企业裁员和劳务派遣用工行为，全市劳动合同签订率达96%以上。全市已建工会企业集体合同和工资专项集体合同签订率保持在85%以上，集体合同和工资专项集体合同报审率达到80%以上。

【企业工资分配调控】 2016年，市人社局根据省人社厅办公室《关于举办劳动就业用工管理信息系统培训班的通知》，组织全市人社局经办企业薪酬试调查工作的工作人员参加全省举办新版企业薪酬试调查软件操作业务。6月21~24日，市人社局劳动关系和监察科相关人员到各县（市、区）举办全市企业薪酬试调查培训班，培训对象为各县（市、区）参与组织实施企业薪酬试调查的人力资源社会保障系统分管领导和工作人员、市本级和各县（市、区）薪酬试调查样本企业负责劳动工资和财务相关人员。2016年，通过对全市采集数据进行审核并按时上报，全市抽查样本企业312家、样本员工47062人，其中上报人社部抽查样本企业181家、样本员工36640人。根据2016年全市经济社会发展主要预期目标，按照全省确定统一的企业工资指导线测算公式（即线性回归法、四分位法）测算，同时参考全省工资增长指导意见，并考虑受经济下行压力影响和企业生产经营困难较多等因素，确定并及时发布全市2016年企业工资增长指导意见。确定以企业职工工资增长7%作为工资增长基准线，以企业职工实际平均工资增长5%~10%为合理增长区间；以企业职工实际平均工资增长12%作为工资增长的上线（预警线）。以企业职工实际平均工资增长3%作为工资增长下线。对2015年企业薪酬调查数据进行整理、分析、汇总和修正，形成本市人力资源市场部分工种（职位）工资指导价位和企业人工成本信息，并予以公布。利用企业工资增长指导线、人力资源市场部分工种（职位）工资指导价位、行业人工成本信息等宏观调控信息的公布，为用人单位开展工资集体协商、合理确定工资分配水平提供依据，促进企业工资正常增长机制的建立和完善，促进中低收入职工工资合理增长。

【国有企业负责人薪酬制度改革】 2016年6月7日、8日，三明市先后召开市政府常务会议、市委常务会议，审议通过三明市《关于深化市委管理企业负责人薪酬制度改革的意见》。市委、市政府审议确定后，按程序以市政府请示件上报省深化国有企业负责人薪酬制度改革工作联席会议审批，并将改革意见起草说明予以上报审核批准。7月13日，收到省联席会议《关于三明市深化市委管理企业负责人薪酬制度改革意见的批复》后，以市委、市政府名义印发《关于深化市委管理国有企业负责人薪酬制度改革的意见》。以三明市深化国有企业负责人薪酬制度改革工作领导小组办公室名义印发《市属国有企业负责人绩效年薪调节系数和核增值参考表等有关数据的通知》，开展国有企业工资内外收入检查，通过对市属生产经营正常国有企业进行调查摸底、汇总分析测算，得到2015年市属国有企业在岗职工平均工资为5.18万元，作为2016年市属国有企业负责人薪酬计发基数。

【劳动标准研究】 2016年，市人社局加强对企业职工休息休假制度管理，做好企业不定时工作制和综合计算工时工作制审批备案工作，准许部分企业按照有关规定实行相对集中工作、集中休息、轮休调休、弹性工作的不定时工作制和综合计算工时工作制的特殊工时工作制度，维护职工休息休假权利。截至2016年年底，全市审批实行特殊工时制度企业59户职工3353名，其中有56户企业2906名职工实行综合计算工时工作制，有16户企业447名职工实行不定时工作制。加大夏季高温天气期间执法力度，加强夏季高温天气劳动保护工作，推动落实职工带薪年休假制度，落实女职工和未成年工特殊保护制度。联系选定三明职业技术学院轻纺工业系联合开展纺织行业劳动定员定额标准课题研究单位，布置开展纺织行业劳动定员定额标准研究制定工作。

【和谐劳动关系创建】 2016年5月，市人社局在全市开展构建和谐劳动关系宣传月活动，5月15日市协调劳动关系三方与梅列区协调劳动关系三方在三明列东沃尔玛广场联合集中开展构建和谐劳动关系咨询宣传活动，现场发放《中共中央、国务院关于构建和谐劳动关系的意见》《福建省委、福建省人民政府关于构建和谐劳动关系的实施意见》和劳动保障法律法规以及政策的宣传资料2000余份。根据2016年省协调劳动关系三方四部门分配劳动关系和谐单位的名额，在各县（市、区）协调劳动关系三方择优推荐下，三明市向省三方推荐乡镇2个（乡和镇各1个）、企业10家，作为劳动关系和谐单位表彰对象。

（黄金容　黄　谆）

劳动监察

【概况】 2016年，三明市检查用人单位4435家，涉及劳动者9.43万人。受理举报投诉（咨询）案件3104件，立案577件，结案率100%，督促补签劳动合同1764份、社保登记12户345人、补缴纳社会保险费32户366人16.51万元，为劳动者追发工资等待遇7959.26万元，涉及劳动者7582人。

【清理整顿人力资源市场秩序专项行动】 2016年，市人社局开展清理整顿人力资源市场秩序专项行动，打击扰乱人力资源市场秩序的违法行为。2016年，全市出动检查人员396人（次），检查单位（含自查）412家。

【解决碧桂园工程项目欠薪问题】 2016年10月21日，市人社局际联席会议成员单位针对三明碧桂园工程项目欠薪频发问题，到项目工地召开专题会议，房地产开发商组织施工企业对农民工工资支付情况进行自查自纠，摸清工程总包、分包、班组等企业或实际施工人（包工头）的农民工工资支付情况，督促尽快清欠拖欠的农民工工资，一时无法全部清欠的，督促制定解决方案。12月27日，市住建、人社等部门联合约谈三明碧桂园房地产项目存在欠薪问题的5家施工企业法人代表。将福建省惠五建设工程有限公司上报省住建厅，拟列入省级“欠薪黑名单”，并对福建省惠五建设工程有限公司、湖南拓展建设工程有限公司、南通启益建设集团有限公司、中天建设集团有限公司等4家企业进行通报批评。

【用人单位遵守劳动用工和社会保险法律法规情况专项检查】 2016年6月15日至7月31日，市人社局在全市开展用人单位遵守劳动用工和社会保险法律法规情况专项检查工作（以下简称专项检查），重点是招用农民工较多的建筑市政、高速公路和铁路工程项目、加工制造、“四小场所”（小砖窑厂、小煤矿、小矿山、小作坊）、餐饮企业等劳动密集型企业及钢铁、煤炭企业。全市检查各类企业2143户，涉及劳动者48998人，责令补签劳动合同1055份，责令支付工资58.1万元，督促办理社会保险登记21户，督促缴纳社会保险费19户56万。6月21日，下发《关于开展用人单位遵守劳动用工和社会保险法律法规情况专项检查的通知》。成立专项检查工作领导小组，领导小组办公室设在市劳动保障监察支队，同时从6个部门中专门抽调人员作为执法检查人员。

【企业工资拖欠问题局际联席会议制度】 2016年10月，市政府办公室转发《福建省人民政府办公厅关于全面治理拖欠农民工工资问题的实施意见》。建立由分管副市长任总召集人的三明市解决企业工资拖欠问题局际联席会议制度，联席会议定期研判形势，制定解决突出问题的具体措施，部署并指导开展农民工工资支付情况专项检查，协调解决重大疑难问题，督办拖欠工资案件。

【解决企业工资拖欠问题专项执法检查】

2016年，三明市检查用人单位3238户，涉及劳动者9.53万人，为劳动者追讨工资5186.92万元，涉及劳动者5646人。其中，农民工工资4649.1万元，涉及农民工5218人。

【打击拒不支付劳动报酬的犯罪行为】

2016年，市劳动保障监察机构向公安机关移交拒不支付劳动报酬涉罪案件8件。其中，市本级1件、大田县3件、清流县1件、尤溪县1件、宁化县3件。涉及劳动者347人，涉及欠薪金额342万元，公安机关立案2件（市本级、清流县各1件）。检察院提起公诉2件（2015年移送的案件），人民法院宣判2件，其中梅列区人民法院判决林某犯拒不支付劳动报酬罪，判处有期徒刑一年，并处罚金人民币10000元。尤溪县人民法院判决银力公司法人代表陈某犯拒不支付劳动报酬罪，判处有期徒刑7个月，并处罚金人民币1万元。

【企业工资保证金制度落实】 2016年，三明市建筑领域工资保证金账户余额为15897.67万元，涉及772个工程项目，其中市本级工资保证金账户余额有645万元，涉及企业64户，实现工资100%按时足额发放，未出现因欠薪而引发的群体性事件。

【劳动保障监察“网格化”】 2016年，三明市一、二级网格共协助查处案件215件、受理并调处简单劳动纠纷案件492件、预防劳动争议纠纷事件374起，追讨农民工工资、押金218.05万元，涉及农民工894人。

【劳动监察信息管理系统建设】 2016年，市劳动保障监察机构累计采集更新各类用人单位劳动用工基本信息8679户，占已登记职工养老保险用人单位数9537户的91%，基本建立数据库。

【“三无欠薪”活动创建】 2016年，市劳动保障监察机构开展创建“三无欠薪”活动，新增25个二级网格、2个工业园区开展创建“无欠薪网格”“无欠薪工业园区”活动；107个政府投资在建工程项目全部开展创建“无欠薪项目部”活动。

（董继秋　肖世业）

劳动人事争议调解仲裁

【基层调解组织建设】 2016年，市人社局推动大中型企业、行业商会（协会）建立健全劳动争议调解组织建设，完善乡、镇（街道）劳动争议调解组织的建设。各县（市、区）开展基层调解员业务培训和指导，并把向省人社厅订制的1200本调解员资格证书发放给调解员。组织调解员参加省厅2016年全省劳动人事争议调解员业务培训班的培训学习。下半年，市人社局与市综治办联合转发《人力资源社会保障部、中央综治办关于加强专业性劳动人事争议调解工作的意见》，选择宁化县和泰宁县作为开展专业性劳动争议调解示范点。

【办案程序规范】 2016年，三明市各仲裁办案机构规范办案程序，细化庭审规范和工作流程，对集体劳动争议案件，做到优先立案、优先审理；对少数疑难复杂的案件，加强与人民法院的协调，促进裁审衔接。2016年，开展劳动人事争议案件评查工作，对2014至2015年的全市劳动争议案件办理情况进行绩效评估；案件评查结束后，对案件评查情况进行通报，各县（市、区）对照分析本辖区在劳动人事争议处理中存在的突出问题，及时整改。2016年，全市劳动人事争议仲裁机构共受理劳动人事争议案件1032件，涉及劳动者人数2643人。全市当期审结案件988件，全市年度仲裁结案率达95%。

【仲裁宣传和咨询】 2016年，市人社局利用日常工作和法律宣传活动日的机会，印制劳动人事争议仲裁指南小册子2000份，帮助劳动者学法、知法、用法，督促用人单位规范管理、守法用工。同时，对用人单位和劳动者的咨询及所反映的问题以法律规定和释义为基础给予解答，从源头上预防劳动人事争议的发生，将预防争议的关口前移，及时化解矛盾。

【仲裁机构实体化工作完成】 2016年，三明市成立13个劳动人事争议仲裁委员会，有12个整合到位；13个劳动人事争议仲裁院设置成立，核定编制在3至6名之间。为提高仲裁办案人员业务水平，先后组织两批新聘仲裁员45人分别参加省厅和人社部举办的仲裁员聘前培训班学习。

（张支舜　张伦灵）

责任编辑：徐　辰

民政·民族·宗教

CIVIL AFFAIRS, ETHNIC AND RELIGIOUS AFFAIRS

赈灾救助

【概况】 2016年，三明市应对风雹、洪涝、台风等13次自然灾害影响，完成20个省级自然灾害避灾示范点建设，新创建6个国家级综合减灾示范社区，下拨冬春救助资金600万元，发放大米、食用油、棉被等各类物资，救助困难群众26985人。全市共有灾后恢复重建对象233户，其中统规自建15户、分散重建199户、进城购房19户。2016年完成229户农村住房灾后恢复重建任务，4户放弃重建。全市农村低保标准、全市"五保"（国家对农村无劳动能力、生活无保障的成员实行的社会保险，即保吃、保穿、保住、保医、保葬）对象分散和集中供养提高，梅列、三元、永安再次提高农村低保标准，共核查城乡低保对象52856人，清退13538人。全市摸排农村留守儿童20787人，占全省19.26%。

【救灾救济】 2016年，三明市先后遭受"3·8""4·5""4·26""5·3"风雹和"5·8""5·21""6·15""7·19""9·10"洪涝以及"7·9尼伯特""9·15莫兰蒂""9·28鲇鱼""10·22海马"台风影响，全市累计12个县（市、区）138个乡镇50.86万人受灾，死亡40人，失踪2人，紧急转移安置6.38万人，农作物受灾面积2.40万公顷，9293间房屋不同程度倒损，直接经济损失28.96亿元。市、县两级民政部门及时启动灾害救助应急预案，到灾区查灾核灾，做好灾民安置，指导受灾群众开展抗灾救灾工作，及时足额下达中央自然灾害生活补助资金3027.74万元，下拨救灾帐篷40顶、棉被3300床、发电机6台、棉衣300件、折叠床90张、蜡烛20箱等救灾物资送往受灾地区。全市接收捐赠款1066.58万元，完成灾后重建户229户重建和330户农房修复。

【农房政策保险实施】 2016年，三明市农房统保、自然灾害公共责任险、农房附加室内保险3项保险投保总保费1013.56万元。其中，农房统保690万元、自然灾害公众责任险266.35万元、农房附加室内保险57.21万元。3项保险累计决赔1117.28万元。其中，农房统保707.05万元、自然灾害公众责任险400万元、农房室内保险10.23万元。

【全国综合减灾示范社区创建】 2016年，市民政局开展防灾减灾示范点创建活动，梅列区列东街道三路社区、三元区富兴堡街道东霞社区、永安市燕南街道将军山社区、泰宁县杉城镇水西社区、沙县凤岗街道府前社区、尤溪县洋中镇梅峰新城社区共6个社区获得"全国综合减灾示范社区"称号。

【防灾减灾宣传】 2016年5月13日，市民政局在新华都购物广场宣传防灾减灾知识，开设宣传展板，并现场解答群众200余人提问。在"防灾减灾日"宣传周期间，全市共开设电视、网络、广播宣传专栏28个，市二套、三套电视台滚动播出防灾减灾宣传字幕，通过微博、微信、博客等手段转发防灾减灾信息50余万条，发放宣传资料1.5万余份、各类防灾减灾手册6000本，悬挂（张贴）宣传标语150余条、减灾宣传图片1800余张；有128个社区、学校、工厂、福利机构组织应急演练。

【农村低保和五保对象供养标准提高】 2016年1月起，三明市农村低保标准从每人每年2300元~2820元提高至2650元~3000元；从2016年7月1日起，梅列区提高到每人每年5904元，实现城乡低保一体化；三元区提高到每人每年3504元，永安市提高到每人每年3720元，略高于全省扶贫标准；全市农村低保救助14524户、31531人，发放资金7570.71万元，人均月补助185.84元，同比提高18.8元；城市低保救助4196户、6325人，发放低保资金3304.99万元，人均月补助水平388.4元，同比提高59.4元。五保对象分散供养平均标准由每人每年6330元提高到6816元，集中供养平均标准由每人每年7552元提高至8004元，全市农村五保救助4947人，发放资金3605.21万元，人均月补助594元，同比提高58元。

【城乡医疗救助制度完善】 2016年，三明市各县（市、区）对原有的医疗救助办法进行修订和完善，扩大救助对象范围，及时调整特殊门诊和住院救助的分类救助比例，将住院救助比例从60%提高到70%、特殊门诊救助比例从50%提高到60%。将医疗救助筹集标准从每人每年200元提高到400元。2016年，全市共实施城乡医疗救助22.67万人次，3314.04万元，资助8.99万医疗救助对象参加基本医疗保险，资助金额1079.49万元。

【临时救助制度完善】 2016年，三明市各县（市、区）对原有临时救助办法进行重新修订和完善，明确救助范围、救助标准、审核审批程序以及主动发现受理机制等，提高临时救助筹集标准，由当地户籍人口每人每年4元标准提高至7元，救助金最高限额由5000元提高到8000元。2016年，全市共实施临时救助9469人次，发放救助金863.93万元。

【低保救助精准化】 2016年，市民政局按照全省低保对象精准识别工作的部署要求，依托省经济状况核对平台，通过公安、税务、住建、人力资源保障、工商、银行、证券、保险等部门信息查询，核对其家庭收入、财产信息，结合入户调查情况，综合评估家庭经济状况，确保低保救助精准化。2016年，全市共核查城乡低保对象52856人，清退13538人。

【流浪乞讨人员救助】 2016年，市救助管理机构共救助各类求助人员6329人次。其中，未成年人239人次、青壮年5538人次、老年人552人次，救治救助疑似精神病患者202人次、智障人员119人次、肢体残疾248人次。市救助站救助共救助1902人次。其中，未成年人63人次、青壮年1644人次、老年人195人次，救治救助疑似精神病人55人次、智障人员31人次、肢体残疾127人次，护送返乡71人次。

【“流浪孩子回校园”专项行动】

2016年，市救助管理站通过购买服务、聘请专业社工，以及与三明学院在市救助站内设立教学实践基地开展合作教学，对流浪未成年人开展有针对性的专业教育矫治，提供心理咨询、帮教辅导、代偿教育等方面的救助服务，完成为期三年的“流浪孩子回校园”专项行动。这一做法被民政部写入《全国“流浪孩子回校园”专项行动总结》中，6月6~7日，中央电视台委托福建省电视台专题采访这一工作的做法和成效。

【寻亲工作】 2016年，市救助管理站为长期滞留的2名流浪未成年人办理户口登记手续，转移至公办福利机构供养，为52名滞留人员采集DNA，发布寻亲公告67条，成功为55名滞留人员找到家人。

（朱何辉　黄其锋　赖秀珍）

社会福利

【概况】 2016年，三明市在全省率先建立养老服务工作联席会议制度，推进形成“居家为基础、社区为依托、机构为补充、医养相结合”的多层次养老服务体系，推行养老机构责任保险制度，增强养老机构防范风险能力。三明市被民政部、国家卫计委纳入首批医养结合试点地区，市级“互联网+医养”居家养老信息服务平台建成投入使用，全市护理型养老机构增至4个，护理型床位1500张，建成投用社区医养结合卫生服务站39个。为全市乡镇（街道）购买养老救助协理员岗位142个，落实购买服务资金326.6万元。全市362个建制村为老年农民建立农村养老金和固定生活补贴制度，惠及5.4万多名老年人。出台残疾人“两项补贴”的实施意见，全市为3.4万困难残疾人发放生活补贴1864.45万元、为3.6万重度残疾人发放护理补贴2195.67万元。完成福彩销售15787.95万元，筹集各级公益金4900多万元。出台《三明市邮爱民生慈善超市试点工作实施方案》，全省首家邮爱民生慈善超市揭牌运营，投入资金150万元，打造30个试点门店。

【养老服务机构建设】 截至2016年年底，三明市投入使用养老机构147个。其中，市、县福利中心11个、乡镇敬老院128个、民办养老机构8家，养老总床位数1.32万张、每千名老年人拥有床位31.5张。年内，下拨民办养老机构开办补助和床位运营补助资金41.1万元。实施2016年第一批养老服务投资工程包、“五个一批”“补短板”等项目，累计完成投资1.78亿元，争取预算内投资、省养老产业投资基金、彩票公益金资金扶持。

【居家养老服务建设】 2016年，三明市建有社区居家养老服务中心（站）161所，覆盖率100%，新建在建社区老年人日间照料中心13所，有9万多名老年人享受到生活照料、医疗服务、文化娱乐等居家养老服务。建成农村居家养老服务站285所，农村幸福院383所，覆盖25%的建制村。

【“互联网+医养”信息服务平台】

2016年，三明市制定出台《“十三五”社区居家养老补短板实施方案》，实现市、县两级“互联网+医养”信息服务平暨“一键通”台全覆盖。采取政府购买服务方式，对特困供养人员、低保对象、建档立卡贫困人口、重点优抚对象、计生特殊家庭成员、重度残疾人中的老年人以及80周岁以上老年人共7000多人提供线上呼叫信息服务和线下实体服务。市级平台分别由禾康智慧、海都公众两家专业养老服务组织，在三元、梅列运营，落实政府购买服务资金240万元。

【养老服务机构责任险】 2016年，三明市推行养老服务机构责任保险制度，在保费每人每年180元保持不变的基础上，提高保险责任限额，死亡伤残赔偿责任限额、医疗费用责任限额分别由原来的每人12万元、1.5万元提高到每人20万元、5万元，累计责任限额按机构规模划分，最高300万元。7月，完成本年度保险合同（协议）签订，惠及约140个养老服务机构1000多名老年人。

【市医养结合服务中心项目启动】

2016年3月，市民政局启动“市医养结合服务中心”项目，将市社会福利中心5号楼改造为市康复疗养院老年科，并加挂“三明市医养结合服务中心”牌子，项目占地面积862平方米，建筑面积5650平方米，共7层，建设床位150张，项目总投资约2000万元。

【三明市获评首批国家级医养结合试点单位】 2016年6月，国家卫计委、民政部联合下发通知，确定北京市东城区等全国50个市（区）为第一批国家级医养结合试点单位，三明市作为福建省首推两个试点城市之一，位列其中。

【养老服务联席会议制度建立】 2016年9月，三明市建立养老服务工作联席会议制度，主要职能是在市政府领导下，研究分析全市养老服务业发展形势，协调处理养老服务业发展中的重难点问题，督查通报市直有关单位及各县（市、区）人民政府落实养老服务有关政策情况，定期向市政府报告养老服务业发展情况。

【“三无人员”以奖代补制度落实】 2016年，三明市在全省率先制定出台《关于进一步落实“三无人员”严重精神障碍患者监护人以奖代补制度的通知》，针对无劳动能力、无生活来源、无赡养人和抚（扶）养人的精神病患者，由收治的精神卫生机构和县级以上民政部门共同认定，由所在单位、村（居）民委员会或民政部门与乡镇街道签订监护协议，明确监护责任和以奖代补资金申办拨转程序，落实看护管理奖金每人每年不少于2400元。至2016年年底，三明市康复疗养院收治的三无人员签订监护协议31份，覆盖全市9个县（区）。

【农村“三留守”人员排查摸底】 2016年，市民政局开展农村留守儿童摸排工作，经初次摸排统计，全市共有农村留守儿童20787人，占全省19.26%，农村留守老人28128人、农村留守妇女4318人。针对摸排情况，制定出台《加强农村留守儿童关爱保护的实施意见》，开展“合力监护，相伴成长”关爱保护专项行动，建立农村留守儿童关爱保护机制。

【孤儿基本生活保障】 截至2016年年底，三明市共审批孤儿548人。其中机构供养208人、社会散居339人、艾滋病病毒感染儿童1人，发放基本生活保障金477.59万元。制定出台《关于加强困境儿童保障工作实施意见》，提升孤儿保障水平，明确从2017年1月起，孤儿基本养育标准提高为社会散居孤儿每人每月不低于900元，机构供养孤儿每人每月不低于1500元；孤儿年满18周岁后，仍在高中（含中等职业教育）就读的，可继续按标准享受基本生活补助。

【“8491”国防工程支前民兵矽肺病患者补助】 2016年，三明市下达“8491”国防工程建设支前民兵矽肺病患者补助经费161万元。其中，省级补助131万元、市级补助30万元。2016年，共补助371人。其中，三期47人、二期119人、一期159人，疑似46人，年内死亡7人。

【残疾人“两项补贴”发放】 2016年，三明市政府出台《关于完善困难残疾人生活补贴和重度残疾人护理补贴制度的实施意见》，明确补贴发放对象及标准。困难残疾人生活补贴标准为每人每月50元，一级重度残疾人护理补贴标准为每人每月100元，二级重度残疾人护理补贴标准为每人每月50元。全年共为33897名困难残疾人发放生活补贴1893.86万元，为36018名重度残疾人发放护理补贴2324.07万元。

【慈善事业】 2016年8月，市民政局制定《学习宣传贯彻慈善法实施方案》，8月中旬举办首个“中华慈善日”系列宣传活动；7月27日，出台《三明市“邮爱民生”慈善超市试点工作实施方案》，9月1日，全省首家邮爱民生慈善超市在三明市揭牌运营，投入资金150万元，打造30个试点门店，集中实现困难群众购物优惠、民政领域保障资金和生活物资发放功能。

【医疗康复设备与设施改造】 2016年，市福利中心投入50万元添置医疗康复设备，加大医疗康复设施保障，提高残疾儿童康复效果。完成1、2号楼顶屋面玻璃雨披工程和院民绿化实践基地的建设项目、更换院民起居室橱柜等生活设施，优化院内生活环境。12月，市福利中心8号楼大门改造，增设养老服务事业。

【特教渠道拓展】 2016年，市民政局推动在院儿童院外学习教育机会，定期组织孤残儿童参观市博物馆、市青少年科技馆、市影剧院等公益场所，开拓他们的视野；选送5名儿童就读三明市特殊教育学校。

【福利彩票发行】 2016年，三明市销售福利彩票1.58亿元，同比下降6.51%。全年筹集公益金4870万元，其中市级公益金1350万元。全年开展快3游戏3300万元大派奖、七乐彩亿元派奖等一系列促销活动。在各类活动期间，在全市范围进行包含户外广告、宣传车、电子广告屏等形式的宣传，并组织福彩讲师和片区管理员开展活动培训和彩民座谈会。规范化建设46家投注站，全市规范化建设投注站点143家，占全市投注站点数的46.89%。

（郑　潇　童　松　夏慧秀　吴章宏）

基层政权和社区建设

【实施高校毕业生服务社区计划】 2016年4月，市民政局、人社局制定《关于组织实施2016年高校毕业生服务社区计划工作的通知》，明确招募对象和条件、报名方式、报名时间、审查考核等要求，全市共有157名高校毕业生报名。6月下旬，组织入选的57名高校毕业生签订《福建省高校毕业生服务社区计划协议书》，参加省民政厅举办的岗前培训，派遣到所服务社区报到上岗。7月，市民政局会同市人社局开展2014年派遣的服务社区高校毕业生服务期满考核和2015年派遣的服务社区高校毕业生年度考核工作，2014年50名（解除协议10名）服务社区高校毕业生中，服务期满考核优秀13名，合格27名；2015年50名（解除协议3名）服务社区高校毕业生中，年度考核优秀15名，合格32名。

【社会工作】 2016年，三明市社工职业水平考试报名人数360人，合格人数95人，持证社工数量增长20%，考试合格率28.5%，创历年新高。邀请福建师范大学、集美大学、厦门大学高校讲师举办社会工作专题培训班、社工考试辅导培训班，培训320人。5名优秀社工入围省社会工作专业人才服务“三区”

（边远贫困地区、边疆民族地区和革命老区）计划，市救助站站长赖秀珍入围省第三批优秀社工人才遴选考核对象。全市成立市县社会工作协会各1家、民办社工机构14家。政府购买社工服务经费110万元。会同市委文明办做好全国志愿服务记录试点工作，完成中国志愿服务网与志愿云系统升级对接。

【社区党组织书记岗位培训】 2016年12月19~21日，市民政局、市委组织部举办社区党组织书记岗位培训班，117名社区党组织书记参训。培训班采取专题辅导、现场教学、经验交流、代表发言等多种形式，邀请有关部门的领导和专家，授课内容包括社区居民自治、社区党建、全面从严治党、廉政履职、化解基层矛盾纠纷、服务群众技巧等方面。

【社区综合服务站建设】 2016年，三明市建成14个社区综合服务站，总建筑面积6739平方米，总投资999万元。其中，县级投入金额849万元、省级补助资金150万元。采取新建、扩建、调剂使用等方式建设。其中，新建5个（永安市燕东街道东门社区、永安市燕南街道龙岭社区、尤溪县洋中镇梅峰新城社区、尤溪县城关镇东祥社区、明溪县盖洋镇柳里社区），扩建4个（大田县均溪镇白岩社区、宁化县翠江镇小溪社区、泰宁县杉城镇水东社区、将乐县万安镇翔安社区），调剂使用5个（梅列区列东街道东安社区、梅列区列东街道圳尾社区、三元区莘口镇杉口社区、沙县凤岗街道东门社区、沙县凤岗街道城北社区）。

【社区配套用房】 2016年，市民政局按照《关于落实房地产开发企业按比例无偿提供社区配套用房的实施意见》精神，明确房地产开发建设单位必须按照总建筑面积3‰的标准，无偿提供社区配套用房。全市共为社区居委会提供2559平方米社区办公用房，其中两区提供1394平方米。

【智慧社区平台搭建】 2016年，市民政局、福建广电集团三明分公司联合开展智慧社区建设试点工作，利用福建广电网络搭建的智慧社区综合服务平台，将政府服务、社区服务、养老服务、医疗服务等和电子商务整合到“电视屏、手机屏和电脑屏”上，实现智慧社区多屏应用。在梅列区乾龙社区、圳尾社区和三元区芙蓉社区、永兴社区开展试点工作，取得经验后逐步推开。截至2016年年底，4个试点社区平台搭建完成。

【社区民主协商】 2016年4月，市民政局确定梅列区列东街道高岩社区、三元区城关街道芙蓉社区、永安市燕西街道大溪社区、沙县凤岗街道城东社区等15个社区开展协商示范点建设，通过明确协商内容、确定协商主体、拓展协商形式、规范协商内容，保障人民群众享有更多更切实的民主权利。同时，不断总结和推广梅列区列东街道三路社区推行的社区、物业公司和小区业委会“三位一体”社区民主协商的经验做法。11月，市民政局转发省民政厅、省社区建设联席会议办公室《关于深入推进城乡社区协商工作的通知》，推进城乡社区协商制度化、规范化和程序化。

【农村社区建设】 2016年，市民政局抓好梅列区洋溪镇羊口仔村、三元区岩前镇岩前村等17个第一批农村社区建设省级示范单位建设。5月，全省农村社区建设推进会在永安市召开，总结提升永安市农村社区建设的经验做法，并在全省推广。12月，市民政局指导永安市曹远镇霞鹤村对照《全国农村社区建设示范单位指导标准》，按照创建标准和程序，申报全国农村社区建设示范单位。

（费晏忠　曾焕平　郑　潇）

双拥工作

【概况】 2016年，三明市累计投入1.5亿多元支持驻明部队“四项设施”建设，开展向驻明部队和广大优抚对象“送光荣、送问候、送温暖”活动。确定全市参战退役人员补助标准统一为638元/月，落实革命“五老”定补标准与优抚对象抚恤补助标准同步增长机制，定补标准每人每月980元，高于省定标准。接收安置退役士兵1035人，安置率100%。安置市区驻军随军随调家属10人，全部对口安置到市、区机关事业单位。发放自主就业退役士兵地方经济补助2210万元。三明市、永安市再次获评“全国双拥模范城”荣誉称号。

【转业退伍军人和随军家属就业安置】 2016年，三明市共安置军转干部26人（其中团级14人），全部安排到党政机关；安置退役士兵1006人，28名符合政府安排工作条件的退役士兵均落实安置，自主就业退役士兵978人，发放优待金2980.83万元。市本级安置随军家属随调10人，全部对口安置到市、区属相关单位。市委编办和市人社局、民政局、国资委配合，拿出6个事业编制定向招聘市区驻军无工作随军家属，另由市属国企安排3个岗位帮助就业。

【驻军部队慰问】 春节、“八一”期间，市、县（市、区）党委、政府和相关部门通过走访慰问驻军、召开军地座谈会、军民联欢联谊会等形式，开展向驻明部队和广大优抚对象“送光荣、送问候、送温暖”活动。2016年年初，市委书记杜源生等市四套班子领导及有关部门分组走访慰问驻明部队团以上单位和干休所、军休所共19个单位。11月10日，市委副书记黄建平带市拥军慰问团到浙江舟山军港慰问海军“三明舰”官兵。春节前和5月份，市双拥办分别慰问在三明境内实兵演练的武警福建总队官兵、市区驻军9个艰苦基层分队。

【支持驻军部队“四项设施”建设】 2016年，三明市投入资金1.5亿余元支持驻明部队“四项设施”建设。其中市本级财政投入2890万元，重点支持三明军分区、市武警支队、消防支队、森警支队和三明陆军预备役通信团等驻军指挥中心、执勤装备、武器库、信息网络、训练场地等项目建设。

【退役士兵职业教育和技能培训】 2016年，三明市免费开展退役士兵职业教育和技能培训，举办退役士兵与随军家属专场招聘会，共培训823人，招聘达成就业意向277人。永安市、沙县、泰宁县等地举办各类函授、培训班26期，培训官兵400多名，有220多名获得各种大中专学历证书和专业证书。

【科技文化教育法律拥军活动】 2016年，三明市各级法院维护官兵合法权益，当年审结涉军维权案件11件，无一上诉、信访，挽回经经济损失300余万元；司法系统到部队开展法律知识讲座、咨询、展览和座谈活动65场次，送去法律书籍1600多册，发放宣传资料2万余份；市民政局投入10万元用于永安73296部队文化活动中心建设和三明陆军预备役通信团空气能热水器安装工程；三明学院、三明职业技术学院、市文联、市三歌文化传媒公司、艺术馆、图书馆等单位开展“文艺进军营”“军营联欢会”“图书进军营”等活动20余场，市工人文化宫和职工艺术团、灯谜协会、摄影协会在“八一”期间走进军营，与部队官兵联合举办文艺演出、灯谜展猜、摄影作品展等文体活动。

【支前保障建设】 2016年，三明市完成三明北军供站管理使用权交接，投入280万元完善硬件设施和景观绿化，建成容纳千人就餐的现代化餐厅；市支前办抓好6个县（市、区）支前物资供应站规范化建设和支前快餐食品供应网络建设，指导永安、宁化、沙县3个支前物资供应站应急保障演练，组织3期军地两用人才培训。

【拥政爱民活动】 2016年，驻明部队投入兵力支持和参与驻地安全防控、三明“十项工程”建设、生态环境治理等活动。其中，三明军分区投入300万元用于建宁县客坊乡水尾村红军部门旧址修复、红军电台旧址复建和共建学校改善教学设备、整治校园环境，并组织走访慰问困难群众72人次；市武警支队派出官兵500余人次对三明市、三明北动车站实行常态化联勤武装巡逻，在重要活动、重大节假日及敏感时期，配合公安巡逻值守，完成G20峰会、林博会等重大活动安全保卫任务；市消防支队全年共接警1335起，出动1369次，抢救被困人员355人，抢救财产价值1910.7万元；市森警支队先后出动3000余人次进行28次防火宣传，组织植树造林2000余棵。特别是在泰宁“5·8”泥石流地质灾害、尤溪“7·9”洪灾发生后，驻军部队和民兵预备役人员快速反应，冲锋在前，军民共御自然灾害。同时，驻三明各部队和人武部共派出466名官兵和民兵预备役骨干为全市40多所高级中学和中职学校的21989名学生，开展军训和国防教育活动。

（宁春晖）

优抚安置

【抚恤补助待遇落实】 2016年，残疾军人、“三属”“两红”三类对象增长15%，其余各类对象按照自然增长机制，相关标准均有所提高。2016年，全市共发放各项抚恤补助资金6736.81万元，其中市级财政配套资金587.81万元。落实义务兵家属优待金2980.83万元。

【优抚对象困难解决】 2016年，三明市明确为困难且有劳动能力对象优先安排公益性岗位，参考省内周边地市补助标准，确定全市参战退役人员补助标准统一为638元/月。新增春节慰问200元/人。下拨医疗补助资金604.42万元减轻患病优抚对象医疗负担，发放慰问资金350万元，帮助解决重点优抚对象住房、医疗、生活方面的实际困难。

【烈士公祭活动】 2016年9月30日，三明市各县（市、区）在当地烈士陵园开展烈士公祭活动，各地区主要领导、部队官兵代表、老战士代表、烈属代表、学生代表等各界2900余人参加活动。

【退役士兵接收安置】 2016年，三明市接收2015年秋、冬季退役士兵1007人为选择自主就业退役士兵发放地方经济补助金2210万元，接收符合政府安排工作条件退役士兵28人，100%落实岗位安置待遇。

【退役士兵专场招聘会】 2016年10月21日，人力资源和社会保障部门劳动就业服务中心在市劳动就业中心大院内召开随军家属和退役士兵专场招聘会。78家企业参与招聘会，主要针对退役士兵特点，以服务业为主，涉及机械工程师、网络工程师、保安、物业、销售业务、电商网络等工种，提供1500多个岗位，共有退役士兵700多人到场，达成就业意向277人。

【退役士兵教育培训】 2016年，三明市通过电视、报纸、网络等宣传形式，网络宣传等形式向退役士兵宣传有关教育培训政策，使退役士兵教育培训政策知晓率100%。2016年，共组织570名退役士兵报名参加免费教育培训。

【军休军供工作】 2016年，三明市完善市军休所办公和活动中心设施设备，新增4个事业编制，购买一批老年活动器材，增添部分景观，完成院内零星修缮工程；强化军供站管理，针对军供大楼安全设施陈旧问题，多次组织消防安全专项检查，完成设备改造更新，通过消防部门验收。

（许德范　林瑞良　林　彬）

社会事务

【概况】 2016年，市殡仪服务中心首次推行“牌位祭祀”方式，开展节地生态安葬，海葬方式实现零突破，新补录历史数据信息11.71万条；推进婚姻家庭服务，做好国内居民、涉港澳台华侨及外国人结婚登记、离婚登记工作，规范国内收养登记119件、涉外送养2件；落实社会组织信用代码制度，赋码率98%，6个社会组织参与社会服务项目通过中央、省财政支持社会组织立项，获得项目资金共105万元，推广梅列“1+2+3”服务管理模式，开展智慧社区建设试点工作，年内完成19家行业协会的督查。

【殡葬设施项目建设】 2016年，市殡仪服务中心完成省重点督查项目暨殡仪馆火化设施设备环保技改项目建设，全市殡仪馆火化设施设备环保技改除省厅同意延迟实施的永安馆外，其余10家殡仪馆均完成技改任务。三明富兴陵园城市公益性公墓2016年完成投资2285万元，完成项目建设用地审批与征迁、项目控规与详规设计；沙县金莲花陵园（一期工程）完成道路连接线招标、规划设计和道路投标设计以及土地征收协议签订；永安市殡仪馆改造提升项目完成火化吊唁楼、救灾物资仓库封顶；大田县殡仪馆升级改造工程完成图纸设计、规划许可审批及图审、预算。

【泰宁“5·8”泥石流灾害善后服务】2016年5月8日，泰宁县泥石流灾害发生后，市殡仪服务中心先后调拨冷藏柜36门、冰棺19台、殡仪车8辆及各县（市）殡仪服务人员前往支援。调集福建生命和市殡仪馆以及兄弟县市殡仪馆殡仪服务工作师31位。省、市民政部门专门成立善后殡仪服务工作组，驻扎泰宁，统筹协调组织遇难者遗体善后殡仪处理工作。5月11日，完成35具遇难者遗体清洗、整容、化妆和整形重塑工作；5月18日上午，35位遇难者遗体全部火化，完成善后服务任务。

【清明节等祭祀保障服务】 2016年，市殡仪服务中心首次推行“牌位祭祀”方式，免费提供丧属灵位牌3500个。参与海葬活动宣传组织，与福州海葬活动主办单位对接，帮助市区一退休干部完成其爱人骨灰撒海，为三明市首例。泰宁县殡仪馆开展骨灰撒葬活动，并将群众撒葬过程制作成专题片，在县电视台滚动播放。全市以纪念殡葬改革60周年为契机，开展殡葬主题宣传活动；节前开展重点祭扫场所安全隐患排查；建立部门联动和信息共享机制，协调公安、消防等部门做好群众祭扫服务和应急处置。清明期间，全市发放殡改宣传资料5万份，出动宣传车50多台次，接待祭祀群众20万人次，安排现场引导服务人员1435名，清明祭扫安全文明有序。

【基本殡葬服务均等化】 2016年6月1日，清流县执行县政府办公室《关于免除城乡居民殡葬基本服务费的通知》，免除该县户籍居民殡葬基本服务费1200元。至此，有大田、将乐、永安、沙县和清流5个县（市）先后出台政策实现户籍人口殡葬基本服务费全免。2016年，三明市火化遗体16145具，火化率99.9%以上，其中免除殡葬基本服务费7609具、851.31万元，占全年遗体火化总数的47%。

【清查整治违规建墓】 2016年，三明市政府办下发《关于开展大墓豪华墓“活人墓”清查整治“回头看”专项行动暨做好清明祭扫安全保障工作的通知》，市殡仪服务中心组织全市开展大墓豪华墓“活人墓”专项整治“回头看”活动。各县（市、区）结合墓地生态建设整治存在的问题及薄弱环节，开展“三沿五区”违规建墓行为的清查。按照“一迁、二改、三植树”等方式进行整治，清理整治大墓、豪华墓、“活人墓”21个，遏制乱埋乱葬、违规新建、改建和翻建墓地等回潮反弹现象。

【婚姻收养登记服务】 2016年，三明市办理国内居民结婚登记22655对、离婚登记5882对，补领婚姻登记证件5744件；办理涉港澳台华侨人员及外国人结婚登记145对、离婚登记19对，补领婚姻登记证件6件。办理国内收养登记119件（含涉港收养登记1件）、补领收养登记证件1件，涉外送养2件。办理群众私自收养子女福利院落户过渡402件。

【历史婚姻档案补录】 2016年，三明市婚登机关根据民政部《关于加强婚姻登记信息化建设工作的通知》要求，组织乡镇工作人员、志愿者等加快历史数据补录，基本完成1990年以来历史婚姻登记信息补录工作，补录历史数据信息11万余条。其中市本级、三元、梅列、明溪、清流、宁化、泰宁、沙县和尤溪9县（市、区）完成数据补录任务。

【婚姻登记服务】 2016年，市民政局开展婚姻家庭辅导和颁证服务。全年开展家庭辅导367次，成功辅导离婚夫妻214对；为3252对新人开展颁证服务，其中明溪县婚登处于“5·20”当天邀请县领导为结婚当事人举办颁证仪式。

【社会组织登记管理】 至2016年年底，三明市登记注册社会组织2778家。其中社会团体1794家（行业类298家、专业类829家、学术类223家、联合类444家），民办非企业单位479家（教育类250家、劳动类33家、文化类31家、体育类15家、科技类28家、卫生类77家、民政类34家、中介类1家、其他10家），非公募基金会5家；市级社会组织353家，其中社会团体288家（行业类82家、专业类77家、学术类80家、联合类49家），民办非企业单位64家（教育类13家、劳动类22家、文化类3家、体育类2家、科技类8家、民政类14家、其他2家），非公募基金会1家。2016年，新审批登记社会组织131家（其中社会团体88家、民办非企业单位39家、非公募基金会4家），有48家社会组织申请办理注销登记。

【行业协会商会与行政机关脱钩】2016年3月，市委办、市政府办出台《三明市行业协会商会与行政机关脱钩工作实施方案》。6月，市联合工作组下发《三明市行业协会商会与行政机关脱钩试点方案》，向社会公布第一批参加脱钩试点的22家行业协会商会试点名单。截至12月底，第一批22家脱钩试点的行业协会商会实现在机构、职能、资产财务、人员、党建、外事等方面与业务主管单位的分离，完成脱钩试点工作。

【社会组织信用建设】 2016年2月，市民政局召开全市社会组织统一社会信用代码工作部署会，通过对社会组织统一代码制发软件的操作培训，统筹码段资源管理，实施源头赋码，准确制发信用代码。至年底，全市完成2309家社会组织的赋码工作，应赋码社会组织赋码率100%。

【社会组织参与社会服务项目立项】2016年2月，将乐县慈善总会申报的“空巢老人、困境儿童和贫困学生‘三关爱’示范项目”（C类）通过民政部2016年中央财政支持社会组织参与社会服务项目立项，获得项目资金50万元。6月，三明市阳光社会工作服务中心“爱心敲敲门情暖社区老人心示范项目”（A类）、宁化张显宗文化研究会“留守儿童救助关爱示范项目”（B类）、明溪县志愿者协会“暖心五个一志愿服务示范项目”（B类）、三明市慈善总会“社会组织人员及登记管理人员培训示范项目”（D类）通过省民政厅2016年省财政支持社会组织参与社会服务项目立项，获得项目资金55万元。

【社会组织党组织建设】 2016年9月，市民政局对辖区内有实体、有人员、有活动的社会组织进行详细摸查，统计汇总全市社会组织的党建数据，掌握社会组织数量、运营状况、法人身份、党员和职工人数、党群组织设置和党建工作情况。至2016年年底，全市社会组织党组织覆盖率50%以上，党建工作覆盖率100%。

【社会组织监督管理】 2016年，市民政局审批市级社会组织各类登记事项88件；完成2015年度社会组织年检270件，下达年检不合格社会组织整改通知书73份。3月，转发《福建省社会团体选举指引》；4月，转发《福建省民间组织管理局关于规范社会组织档案归档的通知》《福建省民间组织管理局关于规范社会组织登记服务指南的通知》；12月，转发《福建省社会组织内部管理制度范本》，同月制作《三明市社会团体行为规范手册》，为社会组织规范加强内部管理、规范化建设提供政策支持。

【社会组织随机抽查机制推广】 2016年8月，市民政局根据市民政局关于推广随机抽查机制规范事中事后监管的实施方案，社会组织按照5%的随机抽查率，开展社会组织“双随机”抽查工作，年内完成18家社会组织随机抽查工作。

（李　明　曹建生　李冬妹　迟建斌）

老区工作

【老区影视宣传】 2016年2月29日，中央电视台新影制作中心摄制组在永安市小陶镇、青水乡等多处革命旧址拍摄文献电视片《大会师》相关画面。7月1日，由中共三明市委、三明市人民政府、中共宁化县委、宁化县人民政府、厦门蓝火焰影视、厦门乐众文化联合出品的中国首部反映红34师革命题材电影《绝战》在宁化首映。《绝战》是纪念中国共产党成立95周年、红军长征胜利80周年，缅怀红34师宁化烈士的献礼电影，是福建省唯一一部反映长征历史的电影。

2016年2月3日，省委书记尤权（右二）在市委书记邓本元（左一）等领导的陪同下，看望慰问泰宁县革命“五老”人员　（周志鸿　摄）

【纪念长征胜利80周年摄影及诗歌创作大赛】 2016年三明市委宣传部、三明军分区政治部、市民政局、市文广新局等部门联合举办“风展红旗如画—纪念长征胜利80周年”摄影及诗歌创作大赛”。4月，面向社会广泛征集作品，于11月在三明市艺术馆举行作品展示，旨在以“忆长征·跟党走·奔小康”为主题，用摄影、诗歌作品追寻长征足迹，重温红色历史，弘扬长征精神，传承红色文化。

【革命“五老”人员及遗偶信息采集】 2016年6月，三明市开展革命“五老”及遗偶信息采集工作。此次革命“五老”对象入户采集的信息，包括二代身份证复印件、个人半身照拍摄、“五老”人员基础信息更新等。6月30日，各县（市、区）准确掌握革命“五老”对象的身体健康状况和自然减员情况，对死亡后户口注销的及时上报，按时停发定期补助资金。

【革命基点村和重点老区村市级补助资金管理】 2016年1月，市财政局、市农业局、市老区办联合发文下达三明市2015年革命基点村和重点老区村建设项目补助资金800万元，惠及68个村。其中，扶贫开发工作重点村项目资金700万元、部分老区村项目资金100万元。重点用于贫困老区村基础建设、村级扶贫担保基金、村级教育助学扶贫基金、家门口扶贫就业工程、民生公益类项目。

【革命“五老”人员补助经费管理】 2016年，省财政厅、省老区办下达省级革命“五老”人员补助经费411.43万元。其中，定期生活补助资金390.23万元、医疗补助资金21.2万元。各县（市、区）足额落实配套资金，统筹安排使用补助经费，加强资金管理，确保专款专用。

【老区专项经费管理】 2016年，省财政厅、省老区办下达三明市老区专项经费245万元。其中，革命遗址维修专项经费105万元、老区科技示范项目专项经费140万元，分别比2015年增加21万元和40万元，同比分别增长25%和40%。将全部用于老区革命遗址遗迹维修保护和扶持老区科技示范项目基地建设，涉及9个老区县（市）的14个项目。

【老区扶贫资金管理】 2016年，省财政厅、老区办下达三明市第二批老区扶贫建设资金196万元。该资金用于宁化、大田、清流、明溪、将乐、泰宁、建宁、尤溪等8个老区县的17个基础设施建设。

（王生波　陈　玮）

老龄工作

【概况】 2016年，三明市召开市老龄委第九次全体（扩大）会议，以市政府办名义印发《2016年三明市老龄工作要点》，调整充实老龄委成员单位28个，制定完善老龄委各成员单位工作职责，健全老龄委联席会议制度，初步建立各司其职、各负其责的老龄工作机制。加强养老服务体系建设，市老龄委配合市民政局制定出台《三明市"十三五"社区居家养老服务补短板实施方案》，推动社区居家养老专业化服务组织落地；市老龄委做好高龄补贴制度提标扩面工作；在元旦、春节、"敬老月"等重要节点，组织开展敬老爱老送温暖慰问活动；市老龄委开展"敬老文明号"创建活动，有3个单位荣获全国第二届"敬老文明号"称号；市老龄委开展老龄工作课题调研，有3篇调研报告被省老年学学会评为优秀调研报告，编撰出版《三明老龄问题研究论文选集》，发布2015年度老年人口状况与老龄事业发展统计公报。

【养老服务体系建设】 2016年，市老龄委配合市民政局制定出台《三明市"十三五"社区居家养老服务补短板实施方案》，推动社区居家养老专业化服务组织落地，海都公众、禾康智慧、泽惠、夕阳红、蓝丝带等5家社会组织落地服务，全市有9个县（市、区）完成落地。依托社区医疗卫生服务网络，推进医养结合，建成社区医养结合服务站39个，为孤寡老人、空巢老人、行动不便的失能老人等提供签约和免费上门服务。建立为老服务网点，全市有1700多家商业服务网点和家政服务企业签订为老服务协议，让老年人切实得到优惠的服务。建立专职助老服务员制度，全市有7个县建立助老服务员公益性岗位，配备65名助老服务员。推广永安"三自"（自愿参与、费用自理、风险自负）、"三助"（家庭自助、老人互助、社会帮助）互助养老模式，2016年，新建农村居家养老服务站（颐老院）33个，新建农村幸福院38家。

【敬老优待】 2016年，市老龄委做好80周岁及以上老年人享受高龄补贴制度提标扩面工作，沙县高龄补贴制度覆盖全县企业退休职工，覆盖率100%；尤溪县80岁至89虚岁老年人由每人每年400元提高到每人每年600元。截至12月，全市有57650名老年人享受高龄补贴，年发放高龄补贴2981.7万元。12个县（市、区）全部制定出台政府购买养老服务政策，为6584位老年人提供每月20元的基础信息服务，为1519位65周岁以上特困供养人员、低保对象、建档立卡贫困人口、重点优抚对象、计划生育特殊家庭成员、重度残疾人等群体中的老年人提供每月50元的实体援助服务。推动有条件的村（居）为老年人建立养老金或固定生活补贴两项制度，2016年，全市有362个建制村建立两项制度，发放标准为每人每月30元至1300元，2016年，全市近4.36万名老年人享受到两项制度，发放金额3081.4万元。开展"敬老文明号"创建活动，经过逐级考评推荐和上级考核验收，三明市中级人民法院、尤溪县闽通公共交通有限公司为第二届全国"敬老文明号"先进集体，庄彩男等5名个人为全国"敬老爱老助老模范人物"。

【老年维权】 2016年，全市老龄系统走访慰问百岁老年人108人，特困、高龄、五保、孤寡及低保老人5.7万人次，送去慰问金750万元；"敬老月"期间，市老龄办与太平洋人寿保险三明分公司联合为三元、梅列两区150名困难、失独、空巢和"三无"老年人办理意外伤害保险；全年共办理老年人法律援助案件151件；全市老龄系统受理老年人来信59件，来访305人次。

【基层老龄工作】 2016年，三明市投入30余万元支持有示范效应的基层老年活动中心（室）或社区居家养老服务站阵地建设。全市共建立1863个老年协会，有970个老年协会达到规范化建设标准，占老年协会总数的52.1%；多渠道筹措资金1263.8万元，新建老年活动中心（室）45个，全市基层老年活动中心1992个。2016年，全市老年学校有1311所，老年学员5.2万人，占老年人总数的11.9%。组建老年志愿队伍和老年学雷锋互助志愿服务队伍，2016年，全市有老年志愿者队伍750支，登记在册的老年志愿者1.55万人。

【老龄文体宣传】 2016年，市老龄委开展"敬老月"系列活动，老年节期间，市政府分管副市长、市老龄委主任肖华鑫在《三明日报》上发表题为《弘扬敬老爱老传统美德 提升老龄事业发展水平》的慰问信；三明日报社、三明电视台、三明广播电台等本市主流媒体专门开辟宣传专栏和专题，开展敬老月宣传主题教育活动。2016年，在《中国老年报》《中国老龄》《福建老年报》等各大媒体用稿40余篇，共编辑《三明老龄动态》9期，宣传全市老龄工作中的经验做法。

（蓝建英）

民族事务

【概况】 2016年，三明市民族工作贯彻执行党的民族政策，巩固和发展平等、团结、互助、和谐的社会主义民族关系，开展民族乡村挂钩帮扶和脱贫攻坚工作，落实少数民族造福工程优惠政策，传承发展少数民族优秀文化，开展民族团结进步创建活。永安青水畲族村、大田东坂畲族村、宁化下沙畲族村被命名为第二批"中国少数民族特色村寨"，三明市列东中学被国家民委命名为"全国民族团结进步创建活动示范单位"。

【民族乡村挂钩帮扶和脱贫】 2016年，三明市实现43个民族村市县部门挂钩帮扶全覆盖，对12个2014年自有村财零收入的空壳民族村进行重点帮扶，指导172户建档立卡的少数民族贫困户脱贫；补助42.7万元为427名少数民族群众实施造福工程危房改造搬迁。全年市直各挂钩帮扶单位协调投入资金2400多万元扶持民族村，市县两级财政安排资金301万元扶持民族乡村发展特色产业、改善基础设施。

【少数民族项目资金帮扶】 2016年，市民宗局向上申报民族经济社会事业、特色村寨、高山族等项目73个，争取中央、省专项扶持资金625万元；组织对各县（市、区）2013~2015年三年来中央少数民族发展资金、省市民族补助款、少数民族特色村寨、民族寄宿制改造、高山族专项等项目进行逐项监督检查，对基层资金拨付不及时等问题及时督促整改；选派具有专业特长的科级干部入驻清流县松溪镇鑫牌豆腐皮厂开展服务工作，帮助培养“鑫珍”牌豆腐皮获国家地理标志，企业负责人兰爱珍被推荐评为“全国三八红旗手”。

【少数民族特色村寨和美丽乡村建设】 2016年，永安青水畲族村、大田东坂畲族村、宁化下沙畲族村被命名为第二批“中国少数民族特色村寨”，东坂畲族村列入“中国美丽休闲乡村”和“福建省历史文化名村”；选定上报永安柯山畲族村、永安汀海畲族村、宁化治平畲族村、宁化湖背角畲族村、明溪官坊回族村开展第三批少数民族特色村寨建设；6月23~24日，在永安青水畲族乡和大田县桃源镇东坂畲族村召开全市少数民族特色村寨暨美丽乡村建设现场经验交流会，推动创建民族风情浓郁、生态环境优美、特色经济发展的精品少数民族村。

【少数民族优秀文化传承】 2016年，市民宗局推进永安市青水畲族乡、宁化县治平畲族乡畲乡风情文化广场、集镇环境改造等项目建设。4月，青水畲族乡举办首届“三月三”畲族文化节活动，展示当地畲族的美食、歌舞、祭祀、手工艺品、民族传统体育等传统优秀文化；9月，市民宗局组织参加全省少数民族文化展示周活动，设计制作少数民族文化展板6幅，现场展示刺绣、剪纸、玉扣纸和全市少数民族优秀传统文化；11月，协助省民宗厅举办第五届全国少数民族文艺会演节目到民族乡开展巡回演出活动。

【民族团结进步宣传月活动】 2016年9月5~15日，市民宗局开展帮扶少数民族应届贫困大学生“圆梦工程”和慰问内地民族班、民族学校教师“暖心工程”活动，到永安市民族中学、永安市民族中心小学、宁化县民族学校和永安市青水畲族乡、宁化治平畲族乡、列东中学西藏部，走访31名少数民族贫困大学生，发放助学金5.1万元，看望慰问长期从事民族教育的优秀和困难教师20名，发放慰问金1万元。

【少数民族干部和人才培养】 2016年，三明市县乡换届中，少数民族人口较多的永安市、宁化县、清流县党委政府政协班子配备4名少数民族处级干部，2个民族乡乡长由少数民族公民担任。5~6月，组织14名少数民族电子商务人才到宁德参加“福建八闽电商行——走进少数民族电子商务大讲堂”等特色技能培训活动；10月，举办全市民族村主干培训班，42名村主干参加培训，学习民族工作有关政策和电子商务知识；11月，组织5名少数民族处科级干部参加为期1个月的第10期全省少数民族干部培训班。

【民族团结进步事业】 2016年10月18日，三明市人民政府下发《关于表彰全市民族团结进步模范集体和模范个人的决定》，对全市在贯彻执行党的民族政策，巩固和发展平等、团结、互助、和谐的社会主义民族关系，促进少数民族和民族乡村经济社会发展中作出突出贡献的30个模范集体和20名模范个人进行表彰；12月20日，三明市列东中学被国家民委命名为“全国民族团结进步创建活动示范单位”。

（陈树康）

宗教事务

【概况】 2016年，三明市宗教工作系统和宗教界学习贯彻全国宗教会议精神，开展“宗教政策法规学习月”活动，推进宗教工作法制化，全市有11名道教教职人员和27名佛教教职人员在省民宗厅完成备案；规范佛、道教活动场所管理，开展文明敬香、合理放生、建设生态文明寺观活动。做好宗教活动场所财务监督管理，加强宗教活动场所安全工作，市民宗局组织人员到12个县（市、区）的21处宗教活动场所开展安全大检查，开出19份整改通知书，督促受检场所按期完成整改；加强爱国宗教团体组织建设，市基督教“两会”召开五届五次会议、市佛教协会召开六届二次理事会、市道教协会召二届三次理事会，市天主教爱国会做好省天主教爱国会第八次代表会议代表、委员和常委人选的推荐工作；开展以“规范”为主题的和谐寺观教堂创建活动，泰宁南禅宫、市佛教协会副会长释明性分别被授予第三届全国创建和谐寺观教堂先进集体、先进个人称号。以“宗教慈善周”活动为主题，开展一系列宗教慈善公益活动。

【贯彻全国、全省宗教工作会议精神】 2016年6月21日，市委统战部、市民宗局组织召开全市统战部长、民宗局长会议，号召全市统战、民宗系统干部和宗教界人士学习全国、全省宗教工作会议精神和省委、省政府出台《关于加强和改进新形势下宗教工作的实施意见》和《关于做好民间信仰工作的实施意见》2个规范性文件。11月18日，市委召开市委常委会议，传达贯彻全省宗教工作会议精神，研究初步贯彻意见。

【市天主教爱国会教友培训班】 2016年4月26~30日，三明市9个县（市、区）40多名教友骨干在将乐县参加天主教爱国会教友培训班。

【佛、道教场所规范化管理】 2016年4月28日和5月5日，市佛教协会和市道教协会分别在沙县性天寺和永安市唐王庙举行佛教、道教活动场所标识牌授牌揭牌仪式，对全市登记的350处佛教寺院、104处道教宫观开展标识挂牌工作。

【美国基督教友好机构“中国伙伴”访问】 2016年5月23~24日，美国基督教友好机构“中国伙伴” 在省基督教两会的安排下，到三明市进行友好访问，参观市基督教培训中心及永安福音堂，并与两地同工进行交流座谈。

【宗教界慈善公益活动】 2016年，三明市宗教界共组织义工1000多人次，募捐善款427万余元，捐赠物品折合人民币30万余元，围绕敬老、助学、助残、帮困、修桥、铺路等形式开展一系列宗教慈善公益活动。

（陈树康）

责任编辑：徐　辰

县(市、区)

COUNTIES(CITIES,DISTRICTS)

梅列区

【基本情况】 梅列区是三明市政治、经济、信息、商贸、文化中心，位于闽江主源流沙溪河谷中段的梅列盆地，东北与沙县接壤，西北与明溪县毗邻，南连三元区，地理坐标北纬26°16′~26°25′，东经117°30′~117°47′。2016年年底，梅列区辖2个镇，3个街道办事处，1个省级经济开发区，26个社区居委会，23个村民委员会，总面积351.19平方千米，全区人口总户数48160户，户籍人口143970人，常住人口18.1万人，城镇化率97.9%。

2016年，梅列区地区生产总值246.92亿，比2015年增长7.0%。其中，第一产业增加值4.43亿元，增长1.9%；第二产业增加值125.92亿元，增长7.4%；第三产业增加值116.58亿元，增长6.8%。农业总产值完成6.83亿元，增长1.94%。全区规模以上工业增加值399.32亿元，现价同比增长12.6%。其中，区属企业实现产值223.65亿元，现价同比增长16.1%。全区区属规模以上工业增加值51.74亿元，比2015年增长7.5%。社会消费品零售总额74.87亿元，增长3.2%，其中限上零售额完成48.58亿元，增幅0.3%。限额以上批发业销售额174.46亿元，比2015年增长15.9%。全区公共预算总收入9.65亿元，比2015年增长2.3%。其中，地方公共预算收入7.37亿元，比2015年减少3.3%。验资口径实际利用外资1482万美元,增长7.9%，出口总值19.28亿元，比2015年增长1.7%。全体居民可支配收入33091元，比2015年增长8.7%。其中，城镇居民人均可支配收入33803元，比2015年增长8.6%，农村居民人均可支配收入15393元，比2015年增长9.4%。

【产城融合发展】 2016年，梅列区打好城市管理、征地拆迁、园区建设“三大攻坚战”；获“省级社区治理和服务创新实验区”，启动“智慧梅列”建设，建立“微城管”平台，完成环卫GPS定位系统和1020个道路停车泊位建设；完善“街长制”等长效机制，推动中心城区管理科学化和精细化；12月30日，三明万达广场开业；推进梅列工业新城、立丰棚改、三明饭店、新老六路、列西小学二期、乳牛场等地块征迁，拆除“两违”面积30万平方米；园区承载能力增强，推进新城大道、工业新城生活配套服务区等基础配套设施，新签约高节能泵阀、车载模组、LED生产基地等投资亿元以上项目。开展“进企业、解难题、促发展”活动，协调解决辖区企业各类困难和问题80多个，发挥政府主导的新业融资担保公司平台作用，为69家企业转贷114笔6.66亿元，处置不良贷款24.05亿元，辖区不良贷款率从8.44%降至7.08%，其中区属贷款不良率控制在3%以内。

【重点项目建设】 2016年，梅列区实施“中国制造2025”和科技创新驱动战略，推进12项投资亿元以上转型升级重点工业项目和28项投资千万元以上技改重点项目，中煌3D塑胶荣获“十二五”轻工业科技创新先进集体，新创化建、和众生物获得省级创新型企业认定，普诺维机械、三洋造纸机械等5家企业入选省科技小巨人领军企业培育发展库。全年专利申请量305件、专利授权量234件；新引进全国互联网家装电商平台齐家网入驻梅列，三明惠农电子商务双创园成为全省邮政电子商务运营中心，新增入园电商企业30家；云创工坊”入选国家级众创空间备案。推进农村综合改革，推进农村土地确权工作，创新农村林业融资方式，洋溪镇饱饭坑村普惠制林业金融改革试点经验在全市推广。

【合作开放】 2016年，梅列区把握“一带一路”和沿海产业转移的战略机遇，对接引进福州、泉州和浙江等临海地区实体经济，引导外资向先进制造业、现代服务业、现代农业等领域拓展，鼓励大型企业在梅列设立地区总部、研发中心、采购中心等；落实项目成果和技术对接75个，投资6.7亿元，批办伟钛机械、新易真等外资项目；新增中信银行、厦门国际银行、国泰君安证券等金融机构；台明科技成为全市最大的台资企业；支持企业扩大东盟、欧美等市场，全年外贸出口突破3亿美元，总量位居全市第二。

【社会事业发展】 2016年，梅列区推进为民办实事项目，社区医养结合服务站、社区综合服务中心、社区基础设施提升改造、智能城市管理系统、城乡垃圾处理基础设施、农村视频监控系统、农村饮用水管网改造等7个重点项目基本完成；列东大桥、城市绿道三期、“点亮楼道灯，温暖回家路”等一批民心工程竣工；以优秀等级通过省级教育两项督导评估，获“福建省教育工作先进县”称号；徐碧街道东乾社区被中宣部评为全国社区宣传思想文化工作示范点；东安社区邱菊珍家庭入选首届全国文明家庭。拨付资金3295万元提高教育经费保障水平。安排资金2700万元用于三明十中、梅列区第一实验学校、区属幼儿园等教育设施建设和教学设备投入；重视特殊教育建设，保障残疾儿童就学权利；构筑困境儿童关爱网络，开展爱心妈妈结对帮扶活动。投入1785万元建设基本公共卫生、城乡医疗救助、社区医养结合卫生服务站及基层医疗机构项目。拨付资金3385万元保障城镇居民医疗补助、城乡居民社会养老保险、低保等，确保民生政策资金足额发放，各项社会保障标准提高，城乡居民基础养老金从每人每月85元提高至100元，新农合参合率100%。2016年，全区城镇新增就业人数1655人，城镇失业人员再就业1103人，就业困难人员就业442人，城镇登记失业率为2.33%。失业保险参保20509人，实现征缴入库683万元。

【生态文明建设】 2016年，梅列区深化省级生态区创建工作，实施节能和循环经济项目14项，辖区工业危险废物无害化处置率100%；完成渔溪村、砂蕉村、连茂村等美丽乡村建设，其中渔溪村被评为福建省第二批“美丽乡村”示范村；落实“河长制”，推进流域水环境综合整治，饮用水源地达标率保持100%；完成造林绿化面积313.33公顷，全区森林覆盖率82%，位居全省各县（市、区）第二，连续26年无森林火灾；坚持“惜土如金”理念，推动资源利用方式根本转变，加强全过程节约管理，大幅提高资源利用综合效益，被国土资源部授予“国土资源节约集约模范县”荣誉。

【邓薇获得三明首枚奥运金牌】 2016年8月10日，三明梅列籍运动员邓薇在巴西里约热内卢举行的第31届夏季奥林匹克运动会女子举重63公斤级的比赛中，以抓举115公斤、挺举147公斤、总成绩262公斤获得举重女子63公斤级冠军，同时在挺举和总成绩上均创造新的世界纪录，为中国军团带来本届奥运会的第6枚金牌，实现三明市奥运会金牌零的突破。

（雷文春　王培敏）

2016年8月15日，奥运冠军邓薇（右一）与主管教练陈勇（右二）回到家乡梅列区饱饭坑村　（周志鸿　摄）

三元区

【基本情况】 三元区位于三明市区的西南部，介于北纬26°01′~26°19′，东经117°16′~117°45′之间下辖2个乡、2个镇、4个街道，有51个建制村、28个社区居委会，全区面积811平方千米。2016年年底，全区人口总户数46238户，户籍人口139921人，常住人口20.1万人，城镇化率85.3%。

2016年，三元区完成地区生产总值131.8亿元，增长8%；农业总产值20.3亿元，增长4.5%；规模以上工业增加值79.5亿元，增长7.8%；地方公共财政收入3.5亿元，增长-13.7%；固定资产投资206亿元，增长20%；出口总值9.8亿元，增长57%；社会消费品零售总额37.8亿元，增长13%；城镇居民人均可支配收入3.2万元，增长9.6%；农村居民人均可支配收入1.6万元，增长10.4%。

【产业发展】 2016年，三元区策划13个现代特色农业项目，总投资25.8亿元。围绕传统产业，全年实施技改项目27个，完成投资16.5亿元；金明新材料公司扩大规模，锂离子正极材料项目产能1万吨；三农有机氟二期四氟乙烯、丰润化工水合二氧化硅自动化生产线等项目建成投产。区电商创业园入驻率85%，森购商城入驻红星美凯龙。

【重点项目建设】 2016年，三元区26个列入省行动计划重大项目完成投资50.9亿元、11个省重点项目累计完成投资35.2亿元，分别超过年计划40%和19%，33个市级重点项目完成投资60.1亿元，超额完成计划投资任务。列入全市“大干150天”竞赛的20个重点项目完成投资14.02亿元，占后五个月计划110.1%，在全市“五个一批”项目考评中名列第四位。

【城乡建设】 2016年，三元区书香世家、华融广场等项目主体工程竣工，推进世纪城、恒大御府等项目；岩前、莘口小城镇建设，格氏栲至万寿岩特色景观带进行沿线绿化和重要节点施工，建设莘口龙安等一批美丽乡村。2016年，

2016年7月5日，三元区农村饮水安全工程水质检测中心揭牌仪式在福建省地质矿产局三明实验室举行　　　　（三元区政府办提供）

三元区306省道改线及配套工程通车，205国道改线主线工程、莆炎高速吉口互通建成通车，534国道槐林至荆东段、205国道台江连接线项目开工建设。台江制药厂危桥改造、三明经济开发区路网吉瑶大桥竣工，马道山至新田巷市政道路、大坂物流园西园区路网进行施工；绿道网建设项目育才路、省安小区连接线完工。荆东工业园完成污水处理厂迁建项目、垃圾压缩站建设、园区四千米人行道绿化工程、小微园道路工程和园区内部分道路及污水管道修补工程。黄砂新材料循环经济产业园完成园区道路及污水处理厂周边绿化工程，污水处理厂建成并投入试运营。荆西智能机械装备产业园汇盛铁路重工一期挡墙工程、道路改线工程、“三通一平”工作完成，建设地块土地可按其施工进度及时交地。汇华工业园自来水完成净化改造工程并投入使用；垃圾压缩站建成。

【社会事业发展】　2016年，三元区80周岁以上老人统一纳入保障范围，农村五保、低保标准提高。启动中西医结合医院医技楼改造、三明十二中扩容、三明三中教学楼重建等重大社会事业项目，市中小学生综合实践基地建成投入使用，推行“互联网+医养”居家养老服务，建成4个医养结合示范点，培育富兴乐龄家园“三三三”养老服务模式。

【生态文明建设】　2016年，三元区开展白水、埔头城、蕉坑、大焙坑、松阳5个村农村环境综合整治项目，建设生活污水处理设施5座，垃圾中转站6座，配套无动力一体化处理设施97套。完成省、市下达闽江流域水环境综合整治重点项目6个，完成投资5185万元。淘汰黄标车578辆，超额完成市里下达的任务。通过2016年度创城工作实地测评，通过全国及全省文明城市和省级文明城区实地测评工作。

（陈占东）

永安市

【基本情况】　永安市位于三明市南部，地处沙溪上游、鹰厦铁路的中心，居于武夷山脉和戴云山脉的过渡地带，介于北纬25°33′~26°12′，东经116°56′~117°47′之间。东西长82千米，南北宽71千米，总面积2942平方千米。全市辖4个街道、8个镇、3个乡（其中1个民族乡），33个社区居委会、228个村委会。2016年年底，全市人口总户数96622户，户籍人口333232人，常住人口35.3万人，城镇化率67.5%。2016年，永安市完成地区生产总值352亿元，增长8.5%；规模以上工业增加值192亿元，增长8%；地方一般公共预算收入17.2亿元，与2015年度基本持平；固定资产投资287.6亿元，增长11.2%；外贸出口14亿元，增长13%；社会消费品零售总额85亿元，增长10%；城镇居民人均可支配收入30850元，增长8.1%；农村居民人均可支配收入15395元，增长11%；居民消费价格指数101.5%。连续22年保持全省县域经济实力“十强”。

【产业发展】　2016年，永安轴承、海峡科化、安砂建福水泥等投资19.6亿元的7个项目列入省技改重点项目。重汽海西公司汽车监控平台项目、建新轮胎公司智能密炼生产线等投资21.72亿元的9个项目列入国家重大建设储备项目。其中，海西重汽节能环保渣土运输车在全省示范运营推广获得省政府“一企一策”支持，完成车架智能生产线改造，机器人切割项目投入使用，新增产值3.6亿元，出口总额增长464%，取得建厂以来最好成绩；智胜化工转型生产高纯二氧化碳，宝华林自主研发高端特种水溶纱、超高强高模维纶高性能纤维等产品达到世界领先水平。石墨和石墨烯产业引起省政府高度关注和肯定，占地30平方千米的石墨和石墨烯产业园启动规划建设，被列为全省重点产业基地，给予永安石墨和石墨烯产业园全省唯一丰弃水期电价优惠政策。清华大学、武汉大学、厦门大学等一批高校和教授着手在永安设立研究分院，贡川石墨特色小镇入选省首批特色小镇。永安市作为全省唯一一个县级单位，成为全省石墨烯产业技术创新战略联盟共同发起单位。翔丰华新能源材料公司有52套生产线建成投产，形成1.5万吨产能，带动新材料产业实现产值21.59亿元，同比增长31%；中科动力新能源汽车四大工艺生产线全线投产，自主研发生产的C1-S新车型实现量产并上市销售；英国兰卡斯特大学石墨烯芯片、鼎丰特种等静压石墨等一批石墨（烯）项目签约落地。培育云竹、有竹、永安E家人、来去购和永安超购网5个自建电商服务平台，打造“红黑田园”“笋帮公栈”“竹天下”等一批“互联网+农林产业”品牌，永安市“互联网+竹产业”区域化链条化项目列入全省首批9个试点县之一。构建“3+1”产业发展融资服务综合平台（“3”指：永安市国有担保有限公司、永安市新源通资产管理有限公司、永安市嘉和投资有限公司，“1”指石墨和石墨烯产业发展基金）。推动竹家居工程技术研究分中心、省竹制品公共检测服务中心和“6·18”虚拟研究院竹产业分院在永安成立，筹

2016年10月18日，国际（永安）竹具博览会颁奖晚会　　（罗联永　摄）

建中纺院福建分院、清华大学先进制造研究院永安基地等技术成果转化平台，并先后制定出台地产品采购、人才住房保障等配套文件。永安市被确定为全省首批创新驱动助力工程示范区。

【重点项目建设】　2016年，永安市78个省级亿元以上“五个一批”项目完成投资67亿元，27个省级重点项目完成投资44.8亿元，45个三明市重点项目完成投资60亿元，175个市本级重点项目完成投资97.2亿元，各级重点项目均完成年度投资任务。豪德森达商贸城、溪源水库、金牛水泥等32个项目开工建设，完成投资51.2亿元。2016年累计洽谈对接项目92个，总投资130亿元，其中签约开工项目78个，总投资117亿元，引进贡川风电场、新嵛柔性电路板等项目。

【城乡建设】　2016年，南三龙铁路加快推进，兴泉铁路启动规划，高铁南站站前广场开工建设，泉三高速公路贡川互通口完工。完成2.4千米城市慢线和12公顷景观绿化，实施北部污水处理、燃气管道铺设、海绵城市建设等城建重点工程，城市功能更加完善。国家新型城镇化综合试点启动，开展“五项整治”、美丽乡村建设、传统村落保护工程。

【社会事业发展】　2016年，永安市投入12.76亿元，推进年初安排的10类45项民生实事项目，落实背街小巷综合整治、保障性安居工程、北塔学校等一批关系群众安居、教育、卫生等群众诉求。三明市第二高级技工学校一期工程竣工并投入使用，中小学管理标准化工作走在全省前列。乡镇卫生院延伸举办村卫生所或分院150所，137个村卫生所纳入城乡居民医保定点机构。一批特色文化博物馆启动规划设计，2016国际（永安）竹具博览会举办，通过国家级公共文化服务示范区创建工作验收。完成977人的脱贫工作和1813人的造福工程建设。建成“三自三助”颐老院94个，惠及老人9000多人。获第四届省级文明城市称号、全国计划生育优质服务先进县、国家健康教育试点县等称号。

【生态文明建设】　2016年，永安市“森林永安”累计筹集资金1.16亿元，赎买重点生态区位商品林2133.33公顷，占全省3773.33公顷的56.5%，永安市被列为全省重点生态区位商品林赎买改革试点县。碳排放权交易市场启动，建福水泥、永安华电、智胜化工等9家企业拟纳入全国碳排放交易试点企业名单。发展绿色智能公共交通，更新投放新能源公交车44辆、清洁能源出租车130辆，推广纯电动“自助公交”160辆。累计淘汰黄标车1700多辆。

【行政效能建设】　2016年，永安市争取上级资金8.9亿元，争取国家专项建设基金额度10.5亿元，促进各项工作取得新进展、新局面。出台化解房地产库存新政，通过实施“以房抵债”、扩大补贴契税奖励范围、打通库存商品房转换通道、推进开发项目竣工交房等措施消化库存、化解风险，销售商品房4088套、43.1万平方米。

（苏程斌）

明溪县

【基本情况】　明溪县位于福建省西北部腹地，地理坐标为北纬26°08′~26°39′，东经116°47′~117°25′之间，东邻三明市三元、梅列区和沙县，南毗永安，西接清流、宁化，北界将乐、泰宁、建宁，东西长78千米，南北宽58千米，总面积1730平方千米。辖4镇、5乡、88个建制村、8个居委会。2016年年底，全县人口总户数34298户，户籍人口119021万人，常住人口10.2万人，城镇化率50.9%。全县耕地面积1.29万公顷，林业用地面积14.77万公顷。县政府驻地在县境中部的雪峰镇，距三明市区67千米。

2016年，明溪县地区生产总值63.13亿元，增长7.6%；固定资产投资91.37亿元，增长20%；规模以上工业增加值31.53亿元，增长7.1%；地方一般公共财政预算收入2.5768亿元，完成调整预算数的100%；外贸出口8.5亿元，增长10.8%；社会消费品零售总额15.71亿元，增长7.1%；城镇居民人均可支配收入25781元，增长8.6%；农村居民人均可支配收入11072元，增长9.6%，居民消费价格总水平上涨2.5%。

【现代农业发展】　2016年，明溪县完成硒锌农产品商标注册11个，建立硒锌农产品种植基地0.2万公顷，被列入第一批省级富硒农业产业开发重点县、省级现代渔业项目县。县电子商务产业园建成投入运营，建成农村电商运营服务网点62个，全县电子商务交易额8.18亿元、增长71.5%，网络零售额4.07亿元、增长37%。省级富硒农产品产业园动工建设，获评“中国硒锌农产品之乡”，被列入第一批省级富硒农业产业开发重点县、省级现代渔业项目县，南山遗址被列入国家大遗址保护“十三五”专项规划，明溪药谷小镇入选全省首批特色小镇创建名单，政策红利释放。通过国家生态县、国家淮山标准化示范区验收。

【产业发展】 2016年，明溪县落实“五个一批”项目工作机制，开展“大干150天重点领域重点项目”建设活动，完成项目投资90.5亿元，增长19.8%。海斯福公司锂电池电解液添加剂、环保型灭火剂等6个含氟高端精细化学品生产项目完成前期准备工作即将动工建设；锦浪公司含氟微胶囊发泡剂、博诺安科医药中间体等一批重大工业项目建成试产；南方制药公司厄洛替尼口服固体制剂获临床批件，并与匈牙利洛特斯龙公司合作开发离心色谱分离纯化技术；恒信纵横电子光学系列新材料等一批新兴产业项目落地。在厦门、东莞举办专场招商推介会，签约合同项目20个，与巴西坎皮纳斯市签订战略合作协议。工业园区新征用土地71.67公顷，平整28.67公顷。争取上级各类补助资金9.7亿元，被列为全省第三批“人才强县”试点县。成立国有融资担保公司和县乡扶贫担保基金。园区工业污水处理厂、电子商务产业园、气动工具产业服务平台、生态硒锌产品展销馆建成投入运营。获得国家专项建设基金支持10个2.09亿元，全年争取各类补助资金11.38亿元，增长6.06%，获地方政府债券资金支持3.75亿元。被列入全省财政扶贫资金整合优化试点县，整合各类财政扶贫资金3977.5万元用于精准扶贫、乡村基础设施等建设。

【城乡建设】 2016年，明溪县国省干线横六线大焦至上坊段等一批项目进展顺利，兴泉铁路明溪段、莆炎高速公路明溪至建宁段全线动工。黄沙坑水库完成工程量的80%。实施市政提升“五千工程”，实施全民健身活动中心、绿色家园广场提升改造等项目，新建、改造城市道路和地下管网15.5千米，新增城市绿道5千米。盖洋镇湖上村、沙溪乡梓口坊村、枫溪乡枫溪村等10个村庄被列入全国乡村旅游扶贫重点村，夏坊乡苎畲村入选第四批中国传统村落名录，夏阳乡御帘村入选中国最美村镇，瀚仙镇列入省级农村产业融合试点示范镇。

【社会事业发展】 2016年，明溪县民生支出10.51亿元，占公共财政支出的比重78.43%。农村居民最低生活保障、城乡医疗救助基金等补助标准进一步提高。县实小迁建、老干部妇女儿童活动中心等重点民生工程取得重大突破，完成县福利中心（二期）、残疾人康复中心等民生项目建设，新开工棚户区及危旧房改造391户，建成各类保障性住房456套。推进光伏扶贫、“菜单”扶贫，贫困户结对帮扶实现全覆盖，全年脱贫2626人，占建档立卡贫困人数的51.1%。

【“闽学与三明”学术研讨会暨明溪紫云闽学村启动仪式举办】 2016年11月15~16日，由市委宣传部、市社会科学界联合会主办、县委宣传部、县社科联、三明市闽学研究会和夏阳乡人民政府承办的的“闽学与三明”学术研讨会暨明溪紫云闽学村启动仪式在明溪县举行。市委常委、宣传部部长林斌、省开闽姓氏文化研究院名誉院长、省委统战部原常务副部长、省姓氏源流研究会原会长游嘉瑞及三明市直有关部门、各县市宣传部、社科联有关人员等近200人出席会议或参加启动仪式。研讨会上，嘉宾们就“闽学与三明”的主题进行演讲和学术交流。活动期间，夏阳乡紫云村举行闽学文化村建设启动仪式和闽学文化研究普及基地授牌仪式。与会人员还考察瀚仙镇龙湖村杨时故里、紫云村闽学展览馆、闽学村——紫云“三坊一道”项目点。

（李桂花）

2016年11月16日，明溪县夏阳乡紫云村举办“闽学与三明”学术研讨会暨明溪紫云闽学村启动仪式 （明溪县方志办提供）

清流县

【基本情况】 清流县位于三明市城区西部，地处北纬25°46′~26°22′，东经116°38′~117°10′。全县土地面积1806.30平方千米，辖6个镇、7个乡、111个建制村、8个社区居委会。2016年年底，全县人口总户数41795户，户籍人口157325人，常住人口13.7万人，城镇化率46.4%。全县耕地面积1.02万公顷，林地面积15.42万公顷。森林覆盖率78.70%，森林蓄积量1436.26万立方米。

2016年，清流县实现地区生产总值89.02亿元，比2015年增长9%。其中第一、二、三产业增加值分别为17.26亿元、42.31亿元和29.44亿元，分别增长45.8%、7.7%和13.1%。三次产业结构为19.4:47.5:33.1。全县财政总收入47969万元，比2015年增长1.2%；其中，县级一般收入33189万元，比2015年下降3.5%。税性收入占比64.52%。县级一般预算支出123684万元，同比增长24.2%。其中，公共安全、社会保障等8项重点支出11.5亿元，同比增长30.3%，占一般公共预算支出76.67%。全年压缩“三公”经费支出415万元，比2015年下降21.19%。全县金融机构本外币各项存款54.41亿元，比年初增长10.3%。其中，住户存款余额303997万元，比年初增加22344万元；非金融企业存款余额108524万元，比年初增加25998万元。各项贷款余额26.51亿元，比年初增长1.2%，不良贷款余额1.45亿元,不良率5.5%。

【现代农业发展】 2016年，清流县农林牧渔业总产值28.08亿元，比2015年增长5.99%。花卉、苗木、淡水鱼、肉羊、茶叶、油茶、豆腐皮等优势产业规模扩大。投建光伏农业科技大棚、推进创新型油茶健康产业、生态蛋鸡养殖加工产业化、生态农业科技园等农业产业重点项目。年内，新增果园37.33公顷、花卉种植面积66.33公顷、苗木种植面积72.33公顷、设施蔬菜面积9.87公顷。建立竹荪基地1个、香菇生产基地1个，成立食用菌生产专业合作社5个。申报并通过的“三品一标”（即无公害农产品、绿色食品、有机食品和农产品地理标志）5个，苏福茶叶获第十四届中国国际农产品交易会金奖，出口可口可乐公司干茶600吨。全县获无公害产地认定和无公害农产品认证28个、农产品获绿色食品农产品认证5个、获国家地理标志保护产品6个。九龙湖白刀获省十大渔业品牌，“宏态”牌白鹜鸭蛋被福建省人民政府评为2015年度福建省名牌产品称号。清流县被农业部、国家安全监管总局评为2014~2015年度国家级平安渔业示范县。龙峰渔业公司等4家水产养殖场被农业部授予“水产健康养殖示范场”称号。爱珍豆腐皮专业合作社被评为“全国农产品加工示范专业合作社”和三明市首届“双十佳专业合作社”。年内被评为省级农业龙头企业7家，市级农业龙头企业23家。闽山化工有限公司、春舞枝花卉有限公司入选第二批国家林业重点龙头企业，清龙生态兰花有限公司入选福建省科技小巨人领军企业培育发展库。新增农民专业合作社20家，累计368家。其中，省、市级示范社15家，累计21家；新增家庭农场47家，累计190家，其中省、市级示范家庭农场6家；新增专业大户10家，累计256家。新增新型林业经营主体10家，累计198家，拥有林地面积4.49万公顷，占集体商品林面积50.2%，建成市级新型林业经营主体示范点5个、县级新型林业经营主体示范点14个。深化林业改革，探索林权抵押贷款新机制，全县共办理林权抵押39笔，贷款金额3120.6万元，抵押面积1800公顷。县林业有限责任公司与三明中闽林权收储有限公司联合成立中闽（清流）林权收储股份有限公司，办理按揭贷款面积7606.67公顷，贷款金额1.91亿元。办理林权流转39起，流转面积993.33公顷，流转金额1515.8万元。推进森林综合保险工作，商品林在保面积8.51万公顷，占应保面积84.50%。完成清流水利“十三五”规划编制工作，年内投资2.43亿元，建设农田水利项目29个。烟草援建水源项目俞坊、岭官2座水库完工，完成闽江防洪工程三明段（一期）清流段建设任务，推进城北溪（桥下溪）安全生态水系、农村饮水安全提质增效工程、农业综合开发、土地整理、烟田基础设施等一批项目。99个村852个村民小组完成土地确权工作第一轮审核公示，占全县总数90%，60个村完成第二轮审核公示。全县耕地经营权流转面积2940公顷，占全县总耕地面积29.3%。

【工业转型升级】 2016年，清流县制定出台《关于实施创新驱动发展战略建设创新型清流的实施意见》，推动工业稳增长促转型、企业降成本，扶持建筑业发展。全年争取战略性新兴产业发展、传统产业升级改造、科技创新、民营经济发展等领域上级扶持项目18个。年内新增规模以上企业6家，总数109家。全年实现工业产值121.20亿元，比2015年增长10.40%；实现工业增加值31.88亿元，同比增长7.10%。全社会工业用电量4.36亿千瓦时，比2015年下降9.70%。新增亿元企业5家，总数23家，实现工业总产值58亿元，占全县规模以上工业企业总产值52.80%。气枪厂、伊科电子、华晟无纺布等企业实施“机器换工”51台（套）。博鑫光电、东莹化工、高宝矿业等5家企业进行节能技改，年节约标准煤1.50万吨。依法关闭田源中渡、沙芜上坪、沙芜马地、李家长灌4家煤矿，缩减煤炭产能27万吨。推进范阳竹炭、鸿久新能源颗粒燃料等6个循环经济项目，年利用废竹、木等下脚料1.80万吨。对列入国家万家重点用能企业名单的3家企业开展节能监察，组织相关部门开展燃煤锅炉提升工程联合执法。11项节能和循环经济项目全部竣工。全年企业争取到省市智能制造、节能和循环经济、技改、增产增效、“两化融合”等项目补助资金2100多万元、县级补助资金400多万元。东莹化工年产2万吨环保型制冷剂五氟乙烷项目9月投产，气枪厂气枪配件生产项目完工投产，高宝矿业第三条生产线建设项目完工试产。4个省级重点项目和6个市级重点项目全部投产，32个县级工业重点项目动工建设23个，完工投产13个。全年引进工业项目10个，总投资4.62亿元，实际到资2.34亿元。

【提振房地产业】 2016年，清流县从税收政策等方面扶持建筑业。引进三级资质建筑企业2家，全县建筑企业16家，其中一级3家、二级3家、三级10家。2016年完成建筑业产值42.67亿元。实现全社会建筑业增加值13.20万元，比2015年增长8.10%。针对房地产市场低迷状态，采取“一盘一策”促进房地产市场复苏，多措并举盘活资产、融通资金，防范和化解系统性风险。2016年销售商品住房434套、5.06万平方米、商铺32间、2565.23平方米。做好烂尾楼盘复工工作，化解社会矛盾。迎屏佳苑、北山天城、龙津华府、文华新城等楼盘陆续复工。全年实施宜居环境建设行动暨城乡建设领域投资项目67个，完成投资9.20亿元。其中，省级美丽乡村示范村（整治村）15个，完成投资7062万元。市政公用设施建设项目34个，完成投资8.20亿元。

【非公经济发展】 2016年，清流县个体工商户6471户，比2015年增长24%；从业人员14444人，同比增长26.10%；注册资金8.50亿元，同比增长32.50%。私营企业1892家，同比增长21.70%；从业人员14564人，同比增长47.80%；注册资本92.10亿元，同比增长21.10%。上缴税收3.19亿元，同比增长9.20%。全县上市非公企业1家；产值超亿元非公企业31家，比2015年增长63.20%；创税100万元以上非公企业33家，其中税收1000万元以上企业2家；出口创汇企业15家，出口创汇1.28亿美元，同比增长13.27%；县规模企业（非公企业）完成工业增加值31.88亿元，同比增长11.21%；上缴税金4.03亿元。全年新上项目139个，完成民间投资45亿元，比2015年下降21.37%。年内，全县非公有制经济新增“福建省著名商标”1件，总数8件；新增“三明市知名商标”2件，总数19件；新增“三明市名牌产品”1件，总数42件。

【第三产业发展】 2016年，清流县实现第三产业增加值29.44亿元，比2015年增长13.10%。实现社会消费品零售总额21.20亿元，比2015年增长11.90%。其中，限额以上零售额9.90亿元，同比增长14.90%，占社会消费品零售总额46.70%；限额以下零售额1.13亿元，同比增长9.40%，占社会消费品零售总额53.30%。个体及私营经济有较大发展，全年新增个体户1244户，比2015年增长24%；新增内资企业337户，比2015年增长21.70%。年内新批办外资企业7家，完成验资口径实际利用外资1099万美元，同比增长10.90%；完成外贸出口8.64亿元，比2015年增长14.30%。

现代物流服务范围延伸。物流供应链建设项目完成项目用地三通一平、方案设计工作，诚晔物流供应链交易系统获国家版权局“计算机软件著作权登记证书”，运营平台进入试运营。物流产业中心项目中的公路港部分区域开始运营，入驻汽车维修企业1家、二手车交易公司1家、加油站1家，与4家物流企业签订入驻合同；清流邮政公司在实施县、乡、村三级物流网络公共服务体系建设，以解决农村电子商务物流配送“最后一千米”问题。全县拥有申通、圆通、韵达、顺丰、菜鸟物流、宅急送、同城快递等物流快递企业26家，快递派送点115个，电子商务产生的物流快递量日均670件。全年交通运输、仓储和邮政业共完成增加值6.37亿元，比2015年增长4.30%。全年客货运周转量36307万吨千米，比2015年增长7%；邮务收入456万元。

旅游开发有新进展，启动原05兵工厂、北斗山景区建设；PPP项目——清流县赖坊生态文化旅游建设项目完成古民居入口广场、农贸市场拆迁工作，实施赖坊卫生院、文昌街立面改造以及道路和景观工程；中华桂花文化园项目完成游客购物中心布置、桂花主题相关旅游产品的开发和展示，游客服务中心完成基础工程；毛泽东旧居、朱德旧居、林畲乡村游等项目有序推进。策划举办首届“樱花文化旅游节”“中国旅游日”和“清流旅游上海推介会”等系列活动。主要景区（天芳悦潭）接待游客68347人次，比2015年增长1.11%。

【固定资产投资】 2016年，清流县固定资产投资完成98.83亿元，同比增长8.50%。其中项目投资完成98.14亿元，比2015年增长9.50%；房地产开发投资6818万元，比2015年减少53%。第一产业投资24.83亿元，同比增长69.80%，第二产业投资29.45亿元，下降27.80%，其他行业投资43.86亿元，同比增长28.20%。全年实施县重点建设项目139个，完成投资45.25亿元，36个项目建成投产或部分投产。开展“大干150天，加快推进‘五个一批’项目建设活动”，推进20个市重点项目建设，完成投资6.60亿元。

【招商引资】 2016年，清流县招商引进项目52个，其中外资、台资项目6个，总投资45.27亿元。全县新注册落地项目52个，实际到资4.5亿元，完成固定资产投资3.74亿元。引进落地嵩溪现代农业大棚光伏电站、创新型油茶健康产业化等总投资亿元以上项目5个；新引进台企4家，总数46家。

【国家级电子商务进农村综合示范县建设】 2016年，清流县以企业为主、专项补助为辅的原则，投入2000万元资金，加快电子商务进农村综合示范工作。总建筑面积6264平方米的电子商务产业园于5月30日开园，入驻企业29家。引入进省级电商示范企业家世比家具有限公司在清流设立起点百分百贸易有限公司。成立县电子商务行业协会。开展电子商务进农村技术指导、业务培训以及推广工作，举办电子商务培训班8期，参训400余人次。引进“赶街”“阿里巴巴村淘”。2016年末，全县有电子商务法人企业82家，电商从业人员2359人。农村有赶街网点87个，村淘网点15个。在全县范围内初步形成“协会+公司+合作社”的电子商务发展模式，构建起工业品下乡和农产品进城的现代农村流通体系。全县实现电子商务交易总额7.20亿元，网络零售额4.61亿元。

【城乡建设】 2016年，清流县实施城区火车站周边地块概念性规划和火车站前广场设计。浦梅、兴泉铁路和省道204线林畲蛟井至黄沙口、县道白石至白塔道路工程开工建设。嵩口上坪至田源、城拔线一期、林畲红色标语遗址公路建成通车。开通清流—宁化城际公交，符合通车条件的建制村客运班车通达率100%。新扩改乡村道路50千米，改造危桥9座。实施城西路、北山至新交警、水东路等路面改造及新建迎宾大道二期交通信号灯系统、新一中校园周边交通渠化等项目，城西路改造等部分项目完工。实施桥下人工湖景观等一批“三边三节点”工程。清流县苏区公园

2016年，清流县城夜景 （林旭煌 摄）

建成并通过验收。建设雁塔、九龙广场周边、原党校地块停车位150个。修复重建雨（污）管道16千米，扩展城区保洁面积5.5万平方米。动工建设城市燃气项目并完成撬瓶组站建设，部分小区实现联通供气。投入6895万元，实施15个省级美丽乡村示范村、整治村建设。9月，赖坊乡撤乡设镇。

【社会事业发展】 2016年，清流县安排重点民生项目18个，有15个开工建设，完成投资8129万元。其中，新一中整体搬迁新建项目基本建成、县体育中心建设项目开工建设。国家公共文化服务体系示范区创建工作通过终期验收。全县居民消费价格总指数101.40%，价格水平逐步回落，完成3%的控价目标。城镇居民人均可支配收入25863元，比2015年增长8.10%，农村居民人均可支配收入13217元，同比增长7.20%，城乡收入比从2.2缩小到1.9。全县精准识别贫困户1113户、3403人；确定整村推进示范村5个、县级示范村10个、乡级示范村20个、贫困空壳村23个、建档立卡贫困村31个和重点贫困乡3个。推广扶贫资金折股量化、家门口就业等典型，1501名贫困人口实现脱贫。落实国定建档立卡易地扶贫搬迁55户、183人，其中开工建设39户、130人，竣工17户、69人。全县完成保障性住房即城市棚户区改造101套、公共租赁住房132套。全县居民人均可支配收入18293元，比2015年增长7.60%。其中，城镇居民人均可支配收入25863元，增长8.10%；农村居民人均可支配收入13217元，增长7.20%。年末参加企业基本养老保险参保人数11773人，参加职工医疗保险人数14206人，享受政府最低生活保障城镇居民320人、农村居民2471人。新农合、新农保实现全覆盖。农村低保标准从2300元提高到2650元，人均月补助水平182.19元；农村集中供养五保金每月638元提高到每月687元，分散供养五保金每月374元提高到496元。医疗救助基金筹资标准提高到每人每年400元。为全县60周岁以上老人发放基础养老金，给80周岁以上社会老年人发放高龄补贴。县光荣福利院重建工程基本完工，6月1日起，免除城乡居民殡葬基本服务费。

【生态文明建设】 2016年，清流县完成全县自然保护小区划定新建工作，划定保护小区30处、面积6198.97公顷，新建保护区面积1776公顷；划入生态保护红线管控土地总面积782.84平方千米，占全县国土面积43.24%；全县完成造林面积1827.2公顷、实施李家乡河背、早禾排小流域，长校镇校溪小流域，嵩溪镇等水土流失治理面积1026.67公顷。建设水土保持生态村1个。落实“河长制”，推进流域水环境保护。开展生猪标准化升级改造、“两违”治理，淘汰黄标车232辆。清流县通过国家级生态县技术评估和专家验收。实施园区污水处理工程、重点企业减排工程、城区污水管网修复工程等项目建设。推行排污权有偿使用和交易。全县规模以上工业企业综合能源消费量32.20万吨标准煤，比2015年下降11.36%；单位GDP能耗累计下降3.60%。完成循环经济项目11项，其中节能改造项目8项、循环经济项目3项；3家重点用能企业节能量累计完成6.12万吨。化学需氧量、氨氮、氮氧化物分别比2015年削减21.20%、21.10%和21.50%。

【对台交流合作】 2016年，清流县接待台湾同胞经贸、文化、社会等往来86批次、780人。嵩溪镇、嵩口镇、林畲乡等7个乡镇分别与苗栗县大湖乡、南投县水里乡等6个乡镇结为友好乡镇，签订互访合作框架协议5份。清台民间姓氏宗亲交流互访活动频繁。年内引进台资企业和台资项目5个，总投资2710万美元。引进新品种16个、新技术3个。林业博览会期间，签约台、外资项目2项，投资额6500万美元；台资企业清流县九利油脂有限公司的九利牌茶籽油、三明市清龙生态兰花有限公司的铁皮石斛、清流县闽晖农业发展有限公司的洋桔梗3个产品获林业博览会金奖。

（唐功轩）

宁化县

【基本情况】 宁化县地处三明市西部，闽赣边界武夷山南段东麓，北纬25°58′~26°40′、东经116°22′~117°02′之间，地势西高东低，低山、丘陵和盆地占全县总面积的96%，全境南北长78.29千米，东西宽68.08千米，总面积2407.19平方千米。2016年年底，全县设9镇、7乡、18个社区居委会、210个建制村。全县人口总户数89875户，户籍人口379828人，常住人口28.4万人，城镇化率42.7%。

2016年，全县生产总值118.7亿元，比2015年增长8.4%；地方公共财政预算收入5.81亿元，增长6.15%；固定资产投资（不含农户）175.37亿元，增长14.1%；城镇居民人均可支配收入23975元，增长9%；农村居民人均可支配收入12538元，增长10.3%。全社会固定资产投资、地区生产总值、规模以上工业总产值、金融机构存款等4项指标突破百亿。地区生产总值、地方公共财政预算收入、贷款余额、存款余额、社会消费品零售总额、验资口径实际利用外资等6项指标连续5年增幅居全市前6位。市委、市政府把宁化县从长期以来的第三方阵提升到第二方阵，列入全市发展中坚之一。

【现代农业发展】 2016年，宁化县实现农林牧渔业总产值47.79亿元，增长4.2%。全国商品粮基地、全国油茶产业发展重点县地位提升，烟叶收购量连年居全省第一，“两米两茶一稻种”（河龙贡米、薏米、油茶、茶叶、水稻制种）朝产业化、规模化发展；全县“三品一标”（有机食品、绿色食品、无公害农产品、国家农产品地理标志）43个。

【工业经济发展】 2016年，宁化县规模以上工业增加值33.87亿元，增长8.1%。月兔空调、长宁纺织、福特科光电、奔鹿纺织等一批重点企业竣工投产，推进行洛坑钨矿改造提升工程，白色家电、矿产加工、特色食品、纺织服装和新兴产业“4+1”重点产业加快发展。全上实现产值82.16亿元，占规模工业总产值的66.40%。

【第三产业发展】 2016年，宁化县社会消费品零售总额35.21亿元，增长12.1%。推进文化、旅游、电商、商贸融合发展，开通宁化至清流县际公交，市级以上知名商标19件；齐家网等40

余家企业入驻电子商务城，阿里村淘全县布点42个；宁化列入全国红军长征精品旅游线路；客家小吃产业从业人员9000余人，县外开店3000多家，15个品种评为“中华名小吃”。

【重点项目建设】 2016年，宁化县新(改)建省道18.15千米、农村公路182千米，改造危桥30座，完成农村公路安保工程920千米，兴泉铁路、浦梅铁路全线动工；110千伏青塘输变电站投入运营，鸡公岽风能发电项目开工建设；“一区多园”(华侨经济开发区、工业园、小微企业孵化园、莲塘食品工业园)加快推进，新增开发用地301.33公顷，建成10万平方米“双创”孵化基地；完成高标准基本农田建设6666.67公顷，新建东坑水库、黄山寮水库等烟基水源工程。先后实施“五大战役”“四百工程”“五个一批”重点项目，建设县级以上重点项目186个，完成投资108.80亿元。争取国家专项建设基金项目10项、获批贷款3.23亿元。

【城乡建设】 2016年，宁化县新增建成区面积4平方千米，城区面积12平方千米。实施客家慈恩文化园、城市东扩新区组团开发，翠华西路、高堑桥等城市主干道路、桥竣工投入使用，新增城区路网12.7千米。新建江滨沿河绿化景观、紫竹法制公园、东溪沿河两岸景园、城区两个农贸市场、石壁长征广场等竣工，实施一中连接线及操场改造，建成一批绿化亮化美化工程。加强房地产风险楼盘防控，实施进城购房补助政策，房地产市场健康发展，全年销售商品房22.63万平方米，下降4.8%。城区常住人口超过10万人，城镇化率43%。开展“客家风情·美丽乡村”行动，结合旧村复垦，培育20个美丽乡村示范点。

【社会事业发展】 2016年，宁化县举办红军长征胜利80周年系列庆祝活动，拍摄《绝战》等影视作品，举办第22届石壁客家祖地祭祖大典。实施两孩政策，完成13个乡(镇)卫生院改造提升，村级卫生所实现全覆盖。优先发展公交便民服务，村村通客车工程实现重大突破。2016年10件实事有5件基本完成，4件按计划推进(1件暂缓)。深化“平安宁化”建设，基本建成覆盖城乡的治安防控体系。加强安全生产监管，抓实群众关注的食品安全，未发生重大及以上安全事故。2016年，宁化县开工建成各类保障性住房1004套，5年累计建成5789套，受益1.7万余人。实施校安工程、城区学校扩容等项目42个，获“全国书法教育示范区”称号，“义务教育发展基本均衡县”通过国家验收。卫生资源总量快速增长，推进公共卫生服务中心、卫校实训中心，县医院新建PPP项目列入财政部第三批示范项目。实施农村饮水安全工程，解决13.6万人安全饮水问题。

【精准扶贫】 2016年，宁化县出台小吃、教育、金融、医疗、搬迁、大病救助、家门口就业等扶贫政策，对贫困户采取“一对一”“多对一”结对帮扶，全县脱贫1.7万人，减贫幅度69.2%，“空壳村”消除。

【生态文明建设】 2016年，宁化县推进国家级生态县创建，围绕生态文明试验区建设，推进大气、水、土壤污染防治，完成省级生态县创建，4个乡(镇)获国家级生态乡(镇)命名，9个乡(镇)通过国家级生态乡镇考评验收。建设污水处理管网12.3千米，建成防洪工程城区段22.99千米、乡镇49.5千米；开展流域水环境综合治理，落实“河长制”，实施饮用水源保护和工业污染、生活污染、畜禽养殖污染治理等。

【中国宁化山地自行车骑游文化节举办】 2016年10月22~23日，中国·宁化山地自行车骑游文化节在宁化举办，活动以“骑聚红土地 重走长征路”为主题，由省体育局、省旅游局、省委党史研究室、市人民政府主办，市体育局、市旅游局、市委党史研究室、县人民政府承办，来自全国的49支车队、800余名骑友参加。从宁化红土地纪念广场出发，途经上畲村驿站、湖头村驿站、济村村驿站、新田村驿站、隆陂水库驿站等，至客家祖地石壁红军医院纪念园结束，全程53.78千米。沿途通过主题展板再现红军长征途中著名的湘江战役、遵义会议、四渡赤水、强渡大渡河、突破腊子口、会宁大会师等重大历史事件。“骑聚红土地·重走长征路”全国山地自行车骑游文化节大型活动，是宁化有史以来最大规模的山地自行车活动，是宁化县重点打造的城市品牌活动。

【央视七套《乡约》栏目走进宁化】 2016年12月24日，央视七套大型户外相亲访谈节目《乡约》栏目组在宁化县客家祖地祭祀广场录制2016年的最后一期节目——《乡约福建宁化县·给大路村土鸡哥说媒》，吸引2000多名市民到场观看。除录制节目外，《乡约》还推介宁化农特产品，推介宁化客家祖地、长征出发地、地质公园、客家小吃、木活字印刷术等特色名片。

(刘建军)

2016年9月24日，福建省委文明办、福建日报社、三明市文明委在宁化县举办“重走长征路 千人健步行”活动 (李玉琴 摄)

建宁县

【基本情况】 建宁县位于福建省三明市西北部闽赣边界、武夷山脉中段，为闽江源头。地处北纬26°32′23″~127°06′19″，东经116°30′18″~17°03′49″。向莆高速铁路穿境而过并设站点，福银高速公路纵贯境内。境内东西宽54千米，南北长61千米，总面积1718平方千米。2016年，全县辖4镇5乡，92个村委会、7个社区居委会，全县人口总户数41157户，户籍人口157161万人，常住人口12.3万人，城镇化率42.9%。2016年，建宁县全年完成地区生产总值87.55亿元，增长8.2%；地方公共财政收入3亿元，增长6%；固定资产投资112.01亿元，增长17.4%；验资口径实际利用外资1018万美元，增长8.9%；社会消费品零售总额21.58亿元，增长15.9%；城镇居民人均可支配收入24283元，增长8.8%；农村居民人均可支配收入12849元，增长9.6%。2016年，建宁县被世界著名品牌大会评选为“中国最具投资潜力特色魅力示范县200强”，再次入选全国“百佳深呼吸小城榜”“中国森林氧吧”“中国森林体验基地”，通过国家级生态县验收；获2016年“全国森林旅游示范县”称号,建宁县入选第二批国家全域旅游示范区创建名单，列入全省12个全域旅游试点县之一，被评为全国“六五”普法先进县。

【现代农业发展】 2016年，建宁县农牧渔业总产值30.39亿元，增幅5.08%，实现粮食总产10.7万吨、建莲3628吨、水果10.2万吨、种子2.9万吨。笋竹、油茶、无患子产业提速增效，林下经济利用面积2.47万公顷，实现产值10.2亿元。水利工程建设完成投资14410万元，新建闽江上游金溪流域三期防洪堤5千米、水源水库1座、除险加固水库1座、河道整治10千米，完成濉溪镇、均口镇小农水建设项目。落实制种面积9000公顷，创建杂交水稻制种基地20个。加快国家级种子产业园建设，完成种业科技中心主体工程，启动禾丰种子生产仓储加工等建设。“建宁水稻种子”成为全国唯一水稻种子地理证明商标，禾丰种业、华安种业2个院士工作站获“福建省院士专家工作站”授牌，现代种业“育繁推”一体化体系逐步形成。完善“万亩带、千亩片、百亩点”建莲产业布局，落实莲子种植面积3333.33公顷，建成标准化生产基地1000公顷，“建莲+文化”“建莲+旅游”“建莲+健康宜养”“建莲+互联网”产业加快发展，文鑫莲业、闽江源绿田先后在“新三板”上市。优化“两桃一梨”品种结构和品质，改造果园8000公顷，打造里心花果山、欧洲风情园等一批生态果园。深化农村综合改革，推动土地有序流转与适度规模经营，完成土地流转面积5566.67公顷。开展农村土地承包经营权确权登记颁证工作，入户调查、权属调查、审核公示等指标完成率均达到省市要求。深化集体林权制度改革，完成林权流转面积966.67公顷，林权抵押贷款8013万元。深化金融体制改革，建立村级融资担保基金2家。

【工业经济发展】 2016年，建宁县出台《建宁县产业发展专项资金管理暂行办法》，安排企业应急转贷专项资金4000万元、工业用电奖励金100万元，开展“手拉手”市场开拓活动，扶持铙山纸业、闽江源绿田等龙头企业做大做强。深化“四转四争”“三挂三帮”活动，梳理各类难题82个，协调解决47个，发放应急转贷资金2.37亿元，帮助45家企业解决资金难题。冠瑞吊瓜子产品深加工、三泉复合包装材料生产等一批项目建成并投产，兴辉食品果汁饮料、新生竹制品生产加工等项目加快推进，新增规模以上工业企业12家，完成企业技改投资41亿元。深化“两化”融合，推进“智能制造”“数控一代”等行动，完成企业“机器换工”32余套（台），申报省级智能制造示范企业1家。

【重点项目建设】 2016年，建宁县实施重点项目232个，完成投资51.54亿元。其中，浦梅铁路建宁至冠豸山段、明一国际生态高新科技园、九华山水库、闽江源矿泉水生产等37个项目新开工建设，国家水土流失小流域治理、黄舟坊至河南路“白改黑”、均伊公路、城关至报国寺公路等82个项目竣工建成或部分建成。莆炎高速、省道纵八线福新至长吉公路等前期进展顺利。争取国家基金项目15个，到位各类项目资金补助和转移支付资金10.2亿元，被国家发改委列为国家农村产业融合发展试点示范县，是三明市唯一入选的县。发挥对公存款激励作用，落实增贷2.1亿元。2016年，处置化解不良贷款7963万元，全县不良贷款率为2.9%，不良率防控指标位列全市第二。深化对口帮扶工作机制，与省直部门和台江区开展资源开发、产业扶持、人才培训、劳动力转移就业等多领域交流合作，争取到位帮扶资金1300余万元。发挥“两高”综合效应，动车经停建宁县北站车次和旅客接运量增加。落实外贸出口奖励政策，外贸出口值7.79亿

2016年3月27日，福建首届“花海跑”活动在建宁桃梨观赏园举办 （刘 玲 摄）

元，增长29.8%。申报省市科技项目4项，省星火计划立项2项。获批省级小巨人领军企业4家，新增高新技术企业2家。强化创新平台建设，新建众创空间、孵化器各3家，新增省级（企业）工程技术研究中心1家。实施知识产权战略，全年申请专利167件，专利授权95件。

【旅游产业发展】 2016年，建宁县围绕打造全域赏花地和国内知名乡村旅游目的地，推进枫源百花乡村主题公园、香溪花谷、修竹荷苑、西门莲塘、中央苏区反“围剿”纪念园等景区提升改造工程，旅游基础设施PPP项目完成招投标。举办“悠然三明四季行”建宁花海跑和“为荷而来”中国建莲文化旅游嘉年华、采摘季系列活动。联合三明市摄影家协会举办“清新花乡·福源建宁”摄影大赛，在均口镇举办“祈福闽江源耕读鸳鸯湖——农耕之旅”活动，在溪源乡举办稻花香“鲤”说丰年——打造生态食材·传承美食文化活动、“蟹蟹你来”——闽江源荷蟹丰收季全民嗨等活动。中央电视台《乡约》等栏目组在建宁县录制节目。修竹荷苑被评为国家AAA级旅游景区；中央苏区反“围剿”纪念园获全国“十一”旅游安全保障最佳景区；金铙山入选中国百佳四季春游好地方口碑榜；建宁旅游产业基础设施项目入选2016全国优选旅游项目名录。福建闽江源绿田实业投资发展有限公司被评为福建旅游龙头企业，修竹村、高峰村入选福建2016新版最美乡村大全。全年接待游客102万人次、旅游收入9.1亿元，分别增长26.7%和24.6%。

【电商产业】 2016年，建宁县闽赣省际电商产业园集聚功能提升，阿里巴巴、诚晔盛世等62家电商企业入驻，培育建宁公主、文鑫莲缘、明一宏业3家年电商交易额超1000万元企业，建成城区“O2O示范街区”、农产品网货中心，举办三明市首届微商大会。全年实现电商交易额9.94亿元，增长87.58%。

【城乡建设】 2016年，建宁县完成黄舟坊南路至河南路“白改黑”、东山公园环山步道等市政建设，加快推进城区路网、公共停车场、雨污水管网、老城区供排水系统改造扩建、垃圾中转站等城市基础设施建设。推进荷花路、闽江源路等城区重要节点绿化、花化、彩化改造和“一河两岸”夜景提升。优化城区环境，加快推进城区数字化、网格化管理，开展占道经营、车辆乱停放、乱设摊点、“两违”等专项治理，完成拆违面积36万平方米。实施“千村整治、百村示范”工程，完成投资1.27亿元，推进14个省级、3个县级美丽乡村建设。完成“动车站—水南—溪口”清新花乡特色景观带绿化种植。金铙山入选中国百佳春游好地方，修竹村和高峰村入选福建新版最美乡村大全，上坪村列入首批中国传统村落名录。完成农村公路硬化、升级改造23千米，同时，推进农网改造、安全饮水等工程。

【社会事业发展】 2016年，建宁县实施37个民生工程项目，全年民生支出11.5亿元，占财政总支出的78.4%。推进城乡教育均衡发展，城区学校布局调整实施，实验小学新教学楼、荷苑幼儿园、伊家中心幼儿园等建成，2016年获评“国家义务教育基本均衡县”。深化医疗卫生体制改革，规划设立3个医养结合卫生服务站。完成健身馆·图书馆、万星影城3D影院建设，举办全省青少年篮球锦标赛、排球锦标赛和2016中国·建宁国际自行车公开赛等系列赛事，创建国家公共文化服务体系示范区通过验收。出台《建宁县特困人员救助供养实施办法》，发放各类社会救助和救灾资金452万元。落实就业再就业政策，扶持高校毕业生和困难群体就业，城镇新增就业人数1124人，农村劳动力转移就业1792人，城镇登记失业率2.32%。推进保障性安居工程，新增保障性住房77套，完成危旧房改造133户。在全市率先建成乡村视频监控网络体系，城乡网格化服务管理工作走在全市前列。强化电信诈骗、金融风险、毒品问题、危险物品安全监管等专项治理，群众安全感率97.75%。加大矛盾纠纷排查化解力度，调解成功率98.7%。落实安全生产“党政同责、一岗双责、失职追责”制度，开展重点行业、重点领域安全生产专项行动，强化安全生产隐患排查治理。2016年度综治考评全市第一。

【精准扶贫】 2016年初，建宁县开展建档立卡“回头看”工作，确认未脱贫建档立卡贫困户1913户5454人，并按一户一档规范建档；2016年年底对建档立卡贫困对象进行动态调整，确定2016年符合退出的脱贫对象共804户2558人，完成市下达任务数105.7%。开展“抓增收送项目、抓就业送岗位、抓兜底送保障、抓扶智送技术、抓挂钩送温暖”的“五抓五送”活动，鼓励支持企业、社会团体、慈善组织等社会力量参与扶贫开发，有文鑫、海宏达等100多家新型农业经营主体和志愿者联谊会等10多家社会团体参与扶贫，形成政府、市场、社会协同推进的扶贫格局，探索形成闽赣省际农机植保综合服务中心抱团脱贫、里心精准农机专业合作社量化折股、文鑫公司村企共建等一批扶贫模式和扶贫经验。出台精准扶贫“1+N”系列扶持政策，突出特色产业带动，推进莲业、种业、果蔬、林业、烟叶、旅游、电商等七大扶贫产业，落实一村一主导产业、一户两增收项目。突出扶贫搬迁推动，新建福宁小区、鑫埠小区等5个集中安置区，落实造福工程搬迁2326人。突出金融扶持撬动，全县发放扶贫小额信贷2684万元，解决616户贫困户和12个新型经营主体产业发展资金短缺问题。突出民生保障促动，加大政策性兜底和贫困户因病致贫返贫保障力度，农村低保标准提高至2652元，筹集临时救助资金100万元。全年实现贫困人口脱贫2561人，贫困村脱帽12个。

【生态文明建设】 2016年，建宁县实施水、大气、土壤污染防治行动计划。深化“河长制”，建立“智慧河长”平台，交界断面水质监测站和空气自动监测站投入使用，集中式饮用水源水质达标率100%。开展辖区扬尘粉尘、油烟直排、黄标车等专项治理，空气质量位居全省前列。推进节能减排，实施节能技术改造和循环经济项目10项，万元生产总值能耗下降4.25%。完成造林绿化1466.67公顷、水土流失治理3800公顷，守住4.47万公顷生态公益林红线，巩固木材经营企业清理整顿成果，实施4个村“禁柴改燃”，森林覆盖率提高至76.1%。强化环境网格化管理，运用“生态通”APP、电子监控等形式，逐步将环境监管网格细化延伸到自然村。

【中国建莲文化旅游嘉年华系列活动】 2016年7月15~31日，建宁县举办中国建莲文化旅游嘉年华系列活动。本次活动由中国建莲文化旅游嘉年华活动开幕式暨世瑜会启动仪式、美食娱乐嘉年华、桃梨采摘季之梨王派对、三明市首届微商大会、“中国·建宁”国际自行车公开赛等5项活动组成，系列活动主办和支持单位涵盖福建省旅游局、省体育局、三明市旅游局、三明市商务局、建宁县人民政府、世界瑜伽联合会等多个部门和社会团体。活动历经时间长，涉及范围广，社会参与度高，吸引美国、澳大利亚、印度、日本等国家和中国香港各类游客、社会团体、各年龄层次人群参与。央视综合频道、央视新闻频道、福建东南卫视、福建海峡卫视、央视网、新华网、今日头条网共100余家媒体对活动进行报道。活动期间经过在新浪网首页、新浪福建首页和新浪福建旅游频道进行宣传，累计点击量114万余人次；网页专题访问量超1000万人次；话题阅读量384.4万次；微博阅读量213.7万；微信公众号累计阅读量26万人次；网红现场直播“建宁梨王派对”活动，网络观看直播的观众超过17万；自行车赛结束后有350余家业内媒体传播赛事信息、大众媒体200余家转载比赛报道，微信视频、照片转发至全国各地。其中，中国建莲文化旅游嘉年华开幕式暨世瑜会启动仪式活动受到CCTV-1综合频道、CCTV-13新闻频道《朝闻天下》并机播放；活动邀请王瑞才（世界瑜伽联合会中国分会秘书长）、莫汉（印度）、希瓦·帕萨德（印度）等三位世界瑜伽大师进行现场教学。千人瑜伽秀活动于万荷争芳的瑶池之上，将瑜伽与千年莲乡契合，推广建宁“‘瑜’悦身心，富氧生活”的健康养生环境，世界瑜伽联合会授予建宁县“瑜伽圣地”称号。

美食嘉年华汇聚建宁县小吃、农特产品，打造建宁县美食文化名片；采摘季活动利用“互联网+”推动农产品与乡村旅游有机融合，吸引游客形成“夏季来建宁采摘”的惯性思维，推广建宁县夏季采摘；微商大会通过企业运作，利用互联网拓宽农特产品销售渠道，为建宁县名特优农产品提供新的舞台，推动传统农产品“网上触电”；国际自行车公开赛活动以“花海骑行·追美建宁”为主题，打造在花海中穿越的自行车赛。

（艾玲朝）

泰宁县

【基本情况】 泰宁县位于福建省西北部，武夷山脉中段的杉岭支脉东南侧，地处北纬26°34′~27°08′、东经116°53′~ 117°24′之间。全县总面积1539.38平方千米，下辖2镇7乡，111个建制村和6个居民委员会。2016年，全县人口总户数36955户，户籍人口138128人，常住人口11.3万人，城镇化率48.8%。

2016年，泰宁县实现地区生产总值90.27亿元，比2015年增长7.8%；农林牧渔业总产值26.83亿元，增长5%；规模以上工业增加值23.09亿元，增长6.8%；固定资产投资102.38亿元，增长17.2%；社会消费品零售总额22.05亿元，增长10.5%；城镇居民人均可支配收入27185元、增长7.2%；农村居民人均可支配收入13106元，增长8.4%；银行存款余额60.64亿元，同比增长14.6%；银行贷款余额33.63亿元，增长10.7%。

【现代农业发展】 2016年，泰宁县粮食播种面积1.31万公顷。培育47家县级以上农业产业化龙头企业、226家农民专业合作社。特色农业规模稳中有升，年产金湖有机鱼1000吨、茶叶种植面积1533.33公顷、金湖乌凤鸡养殖30万只、栽培食用菌2800余万袋、铁皮石斛原生态种植面积4000公顷、水稻制种面积1066.67公顷。泰宁铁皮石斛获得国家地理标志保护产品认证，科荟种业成为全省首家在“新三板”挂牌上市的种业企业，“茶香金湖”项目列入省级农民创业示范基地项目，泰和生态茶在上海股权交易中心挂牌。

【工业经济发展】 2016年，泰宁县开展“敢担当、解难题、立新业”“千名干部服务千家企业”活动，“一企一策”解决实际问题。出台工业经济“开门红”奖励和促进工业经济发展八条措施，先后举办竹制品、旅游商品、茶产业等“手拉手”对接活动，成立政府性融资担保公司和资产经营管理公司，帮助企业落实应急转贷资金1576余万元，拨付企业发展专项“即征即奖”资金195万元。新增规模以上企业5家，规模以上工业总数增至103家。改造林产加工、旅游商品加工等2条传统产业链，培育生物产业、硅和有色金属、新材料新能源等3条新兴产业链，5条产业链产值占全县工业总产值八成以上，49个重点技改项目有30个建成投产或部分投产。

【旅游产业发展】 2016年，泰宁县与

2016年11月12日，泰宁县与比利时艾瓦耶市签订友好合作意向书，泰宁县成为三明市第一个与国外城市缔结友好交流城市意向关系的县 （市外侨办提供）

厦门建发国旅合作开展市场营销，举办环大金湖世界华人山地马拉松赛、淘气节、旗袍秀等赛事活动，全年旅游接待390万人次。打造全域化写生基地，对接省内外高校125所，挂牌写生基地53块，招徕写生实践师生3.4万人次。入选首批国家全域旅游示范区创建单位，泰宁全域化旅游建设项目成为全省旅游重大扶持竞争性项目，长兴旅游自驾车露营地列入全国自驾车房车营地建设项目，泰宁古城旅游休闲区列入首批省级现代服务业集聚示范区，明清园、法尔缦小镇等旅游重点项目加快推进、金山旅游动工，“一点石魔芋”成为省级旅游观光工厂。开展“行业管理提升年”活动，创建省级文明旅游示范区，新建改建7座旅游公厕，成为全省首个全国旅游标准化试点县。

【改革创新发展】 2016年，泰宁县实施“双百”（百个项目、百亿投资）行动计划，掀起大干150天、推进‘五个一批’重点项目建设热潮，固定资产投资首次突破百亿元大关。对接国家专项建设基金项目11个2.67亿元。“三医联动”推进医药卫生体制改革，展开农村土地确权颁证登记工作，在全省首创小型农田水利工程投保机制。推动大众创业万众创新，成为三明市三个“一县一品”小微企业创业创新核心示范基地之一，状元茗茶列入国家科技部首批“星创天地”。与比利时列日省艾瓦耶市缔结友好城市关系。

【城乡建设】 2016年，泰宁县总投资14.6亿元的金湖生态环境保护项目总体实施方案获省政府批复，实施闽江上游金溪流域防洪三期工程（泰宁段）、杉溪干流河道治理工程、里家源水库、泰宁县杉溪安全生态水系建设等20个重点水利项目。推进生猪养殖面源污染防治，完成环保违规建设项目清理和年度黄标车淘汰任务，建成新能源公交充电场站（桩）86个，新能源公交车实现全域化营运。完成城区1.1万平方米的临街背巷道路改扩建，建成朝京门等7个城区重要节点景观，下渠至大龙公路竣工通车。12个村以及上清溪旅游公路列入全省“千村整治、百村示范”美丽乡村建设工程，“五朵金花”旅游专业村建设初显成效。

【社会事业发展】 2016年，泰宁县2339名贫困人口实现脱贫，水际村、崇际村成为全国旅游扶贫试点村。新增城镇就业1248人次，农村劳动力转移就业1895人次。提高农村低保、医疗救助、临时救助标准和机关企事业单位退休人员基本养老金，由乡镇卫生院延伸设立村卫生所64个，实现基本医疗服务全覆盖。县中医院病房综合楼、县老年活动中心投入使用，开工建设全民健身活动中心，城东五谷幼儿园进入装修阶段，高考成绩再创佳绩，被省政府授予“福建省教育先进县”称号。编修出版《泰宁县志（1988~2005）》，梅林戏应邀赴日本、韩国交流演出，创建国家公共文化服务体系示范区。

【“5·8”泥石流自然地质灾害】 受厄尔尼诺现象持续影响，2016年，泰宁县降雨天数达74天，比正常年份同期多20天，降雨量1239毫米，超出多年平均降雨量的65.5%。5月7日20时到8日5时，泰宁县出现暴雨到大暴雨，9个区域站和泰宁县站降水量超过100毫米，强降雨造成全县山洪爆发并伴发大范围山体滑坡，城区最高水位达278.4米，超过汛限水位1.4米。特别是8日凌晨4时至5时，开善乡池潭村两小时降雨量达82.4毫米，5时许，池潭村突发10万方以上大型泥石流自然灾害，泥石流冲毁了中国华电集团池潭水电厂扩建工程(该工程位于泰宁县开善乡池潭村，2015年11月动工建设;施工企业为中国水利水电第十六工程局、第十二工程局，监理单位为湖南电力建设监理咨询有限责任公司，平时现场施工人员70~80人)施工单位生活营地和池潭水电厂厂区办公大楼。因时值凌晨，大部分工人都在熟睡，部分工人被泥石流掩埋，造成35人遇难，1人失联。灾情发生后，党中央、国务院高度重视，习近平总书记、李克强总理立即作出重要指示批示;福建省委书记尤权、省长于伟国，省领导张志南、郑晓松、黄琪玉等和三明市委书记邓本元、市长杜源生等有关市领导第一时间作出部署，各级各部门迅速组织开展抢险救灾工作。

【国家重点生态功能区】 2016年，泰宁县纳入国家重点生态功能区，是三明市唯一纳入国家重点生态功能区的县。根据要求，泰宁主要承担对风景名胜区、自然保护区以及湿地、水源地等重点生态功能区的水源涵养功能。泰宁县位于福建西北部，闽江上游。近5年来，投入4亿余元用于生态建设和环境保护，造林绿化1.33万公顷，治理水土流失1.2万公顷，森林覆盖率提高5%。

【峨嵋峰国家级自然保护区】 2016年5月，峨嵋峰自然保护区被国务院批准为国家级自然保护区。自然保护区地处武夷山脉西南麓，保护区总面积约1.03万公顷，其中核心区面积3500公顷，属野生生物类型自然保护区。保护区森林覆盖率94.39%，保护区内有东方水韭、海南虎斑鳽等世界性珍稀濒危物种及东海洋中山沼泽湿地群是闽江上游重要生态屏障之一。

（吕谋文）

将乐县

【基本情况】 将乐县位于福建省西北部，武夷山脉东南面、闽江支流金溪中下游，地处北纬26°25′25″~27°04′06″，东经117°05′03″~117°39′59″。福银高速公路纵贯境内，向莆铁路穿境而过并设点建站。连续三年获得“全国百佳深呼吸小城”榜首，通过国家生态县验收，接受全国扶贫改革试验区工作座谈会现场考察，被确定为“福建省推进干部能上能下工作示范县”。辖区东西最大距离57.9千米，南北最大距离71.5千米，总面积2241.1平方千米。其中陆地2209.9平方千米，占98.6%；水域31.2平方千米，占1.4%。辖13个乡镇，135个村委会和8个社区居委会，1个国家级自然保护区。2016年年底，全县人口总户数46050户，户籍人口186667人，常住人口15.1万人，城镇化率53.2%。

2016年，将乐县地区生产总值108.64亿元，比2015年增长6.7%；财政总收入7.86亿元，比2015年增长0.4%；固定资产投资122.4亿元，比2015年增长13%；农林牧渔业总产值30.67亿元，比2015年增长4.4%；规模以上工业增加值50.09亿元，比2015

年增长 6.6 %；社会消费品零售总额 22.62 亿元，比 2015 年增长 10.7%；城镇居民人均可支配收入 28349 元，比 2015 年增长 6.6 %；农村居民人均可支配收入 13714 元，比 2015 年增长 8.3 %。城镇登记失业率 2.37%。人口出生率 14.23‰，人口自然增长率 10.27‰。

【产业发展】 2016 年，将乐县对接中央和省、市惠企政策，争取国家专项建设基金 3.82 亿元，争取技改专项、两化融合、用电奖励等政策补助资金 1600 余万元惠及 30 家企业。开展“千名干部服务千家企业”以及企业“零距离”服务等活动，县规模企业运行保障周转资金累计为 9 家企业发放贷款 11 批次 5850 万元。企业零距离服务总队收集企业需要协调解决的问题 919 条，解决 907 条。助推祥源纺织、新航凯等 12 家企业新增生产线投产达产。开展“敢担当、解难题、增实效”和“大干 150 天全力推进‘五个一批’项目建设”活动。列入省级“五个一批”的 79 个项目，总投资 621.55 亿元。122 个六大攻坚项目完成投资 24.97 亿元。38 个省行动计划重大项目，完成投资 41.75 亿元，超序时进度 30%。34 个市级以上重点建设项目完成投资 40.34 亿元，超序时进度 2%。实施“走出去、引进来”战略，围绕轻合金、生物医药等重点产业链推进将商回归、以商招商。全年参加“6·18”“9·8”、林博会以及旅博会等大型活动 4 次，签约项目 31 个，其中亿元以上项目 10 个，在谈项目 51 个。半固态铝合金水冷式电机外壳、新石器工艺美石产业化建设等 签约落地。关停 2 家煤炭企业和 14 家矿业企业，产能分别减少 10 万吨/年和 1 万吨/年；完成不良企业兼并重组项目4 个，涉及企业 7 家、金额 1680 万元。规模以上工业企业产品库存下降 20%；商品房销售面积在需求不活跃的情况下，略有下降；商品房待售面积 42.82 万平方米，截至 11 月底规模以上工业企业资产负债率 51.83%，同比下降 2.22 个百分点；全年不良贷款减少 12273 万元，不良率由年初的 5.1%减少到 2.96%。向省财政厅争取债券转贷资金 97015 万元，节省利息支出 4080 万元，化解和降低县的债务风险。规模以上工业企业每百元主营业务的成本是 89.56 元，同比下降 1.03 元。加大对农业、扶贫开发、城市以及园区等基础设施和教育、卫生等社会事业的财政投入。

2016 年 7 月 4 日，将乐南词《山无粮水无税》参加福建省第二届“丹桂奖”少儿曲艺大赛电视总决赛获得金奖 （市文联提供）

【改革创新发展】 2016 年，将乐县以金森集团为龙头，探索建立村民企股份合作和林地托管模式，推动林业生产与资本、科学技术等要素对接，推进林业生产经营组织再造。新增林业经营主体 12 家，新增林权抵押贷款 1.1 亿元、流转林地 2000 公顷，新增合作经营面积 6666.67 公顷。申请福建省碳汇试点，承接全省森林资源二类调查业务。在全省率先建立县乡二级分级诊疗模式，率先实施县医院、县中医院和所有乡镇卫生院的人、财、物资源整合集团化、现代化管理。县医院北区投入使用。投入 4600 多万元配备 DR、彩超、生化仪、1.5T 核磁共振、DSA 等一批县、乡医疗设备，投资 720 万元新建介入治疗专科，医疗服务水平大幅提升，县医院硬件设施达到全市县级医院最高水平。推进“人才强县”试点工作，引进重点产业发展急需的博士、硕士、高级职称人才 16 名，3 位高层次人才入围第五批省引才“百人计划”；金乐医药专家团队申报省“外专百人计划”；3 名专家入选福建省引进高层次人才。与南京林业大学共建林业科技研究院。与福州大学联合成立的轻合金精密成型研发中心投入使用。金森公司参与研发的“林木良种细胞工程繁育技术及其产业化应用项目”获 2016 年度国家科技进步二等奖。设立首期规模为 5000 万元的产业基金，依托积善公司，在严格审核企业和项目、引入第三方评估、严格审批程序、严格控制风险、建立推出机制和确保国有资产保值增值的前提下，对符合条件的企业采取现金或现有土地和厂房作价入股等方式进行投资。通过国家生态县验收，金溪森林公园成为全省唯一被中国林业产业联合会授予“第一批全国森林康养基地试点建设单位”。策划并举办“中国·将乐国际皮划艇马拉松公开赛”等活动，优美生态逐步成为将乐的靓丽名片和核心竞争力。全县申报双创项目 29 项，收到市下达双创项目资金 300 万元。东南新材料获评省创新型企业，实现零的突破；6 家企业获省科技小巨人认定，居全市前三；电商产业园入驻企业 60 家、营业额 3600 万元，新注册小微企业 15 家。在 12 个乡镇、82 个村建立电商服务平台，销售总额 3.2 亿元。依托老厂房、旧仓库建立的上岛 @PICP 和众联创客 2 家众创空间有 36 家企业在孵化。

【供给结构优化】 2016 年，将乐县种植粮食面积 1.49 万公顷，产量 8.2 万吨。建立高优水稻制种基地 200 公顷。依托温氏养禽项目发展设施养鸭大棚 53 座，年出栏 90 万羽。通过“全国平安农机示范县”省级验收，省级农产品质量安全县创建取得实效，37 个农产品通过国家或省级认证。全年新增农业专业合作社 15 家，家庭农场 28 家，培育市级以上示范社 24 家。23 家企业被评为省、市农业产业化重点龙头企业。列入新兴产业生产能力建设项目的18家企业产值占规模以上工业总产值的18.9%。轻合金产业项目集聚，产业链初具规模。实施技改项目87个，竣工53项，完成投资39.25亿元，完成年度目标126.6%，同比增长114.5%，完成比例及增速居全市第一。列入自动化、智能化改造提升项目的22家企业产值占规模以上工业总产值的33%。华田家具、恒盛达、鑫隆光伏等一批重点企业“爬坡过坎”、转型扩产。泰达高新材料、缘福木质素、鸿燕化工等企业有望2017年投产。以连续三年获“全国深呼吸百佳小城”榜首为契机，围绕玉华洞、龙栖山、大宋古镇，创新思路，整合资源，构建旅游大县的步伐加快。玉华洞景区国家AAAAA级景区和国家地质公园创建工作取得新进展。建设龙池谷生态休闲旅游、蛟龙古镇农耕文化园、万全良地历史文化名村等一批乡村特色旅游项目。肖坊完成明清古建筑保护修缮和候鸟基地建设，获评国家传统村落和四星级乡村旅游经营单位。全年接待游客220.7万人次，旅游门票收入1323.5万元。

【社会事业发展】 2016年，将乐县建档立卡贫困户脱贫1494人，其中国定标准对象脱贫1036人，占年度任务数的112%。造福工程扶贫搬迁动工244户952人，其中国定对象95户271人，占年度任务数的104.2%，竣工211户889人。成立规模1200万元的扶贫小额信贷担保基金，累计为59户贫困户和4家经营主体提供信贷担保329.8万元。探索贫困村村财增收途径，33个贫困村建设温氏养鸭大棚36座，每座大棚年可为贫困户带来6万元至8万元的收益，实现村财增收3.5万元。实施扶贫综合保险，万全乡、南口乡等5个乡镇与中国人寿将乐支公司合作，每年由乡财政出资为所有贫困户投保每人每年500元的综合保障险，增强贫困户抗风险、抗意外的能力。生态产业扶贫接受全国扶贫改革现场考察并得到肯定。23项城市建设重点项目完成投资15亿元。龙井路、三华北路、龙池溪南岸上段道路及城区背街小巷等一批基础设施改造项目完成，府前路地下人防工程、党校和档案馆等一批新建项目进展有序。积善学校、西郊二期安置房竣工投入使用。推进金湖商贸中心、碧水庄园、水岸幸福里等一批房地产项目。14项小城镇和农村公路项目完成投资2.1亿元。水南、高唐、光明等9个乡镇完成集镇提升改造，实施农村公路建设工程，铺设农村公路26千米。美丽乡村建设、“五千工程”、三边三节点景观提升整治建设等55个宜居环境建设项目，完成投资11.5亿元，54个项目提前完工。新增农村劳动力转移就业2206人，新增城镇就业1411人。社保、医保扩面，城乡低保、五保和困难家庭临时救助标准提高。投资2.3亿元推进积善学校、实验幼儿园教学综合楼等9个城乡中小学项目。推进乡镇卫生院门诊综合楼和首批42个建制村卫生所建设项目。强化教师和医疗人才队伍，新招聘41名教师、46名医疗专业技术人才。开展金融风险、电信诈骗、毒品、危险物品等各类专项治理活动。创新实施精神障碍患者肇事肇祸治理“133”工作机制，获得全市推广。化解矛盾纠纷，调处房地产项目欠薪、交房问题，全县治安总体平稳，没有发生集体越级上访，没有发生群体性事件，没有发生重大恶性案件。

（邱泽骅）

沙 县

【基本情况】 沙县位于福建省中部偏西北，闽江支流沙溪下游，地处北纬26°6′~26°40′，东经117°32′~118°6′。疆域东西窄，南北长，呈火炬形。全境总面积1815.09平方千米，辖6镇4乡2个街道，171个村民委员会和13个居民委员会。2016年，全县人口总户数77692户，户籍人口269587人，常住人口23.1万人，城镇化率63%。境内有金沙园1个国家级高新技术产业开发区、海西三明生态新城1个省级开发园区和金古园1个省级循环经济示范园。2016年，沙县完成全县地区生产总值207亿元，增长8.3%；农林牧渔业总产值48亿元，增长5%；规模以上工业增加值135亿元，增长8%；地方公共财政收入8亿元，下降15.95%；城镇居民人均可支配收入30676元，增长9.5%；农村居民人均可支配收入16107元，增长10%。

【现代农业发展】 2016年，沙县推进现代农业“一园两带”建设，扶持发展高优种业、花卉苗木、蛋鸡养殖、小吃配料等特色农业产业，三明（沙县）国家农业科技园区被认定为国家级农业科技园区和省级农民创业园，克劳沃花卉、田字一号等一批农业龙头项目建成投产，中国绿色超级稻全国现场会在沙县召开。扶持龙头企业发展，加强品牌创建认证，新增市级以上龙头企业47家，认证有机、绿色、无公害农产品企业38家、产品55个。培育新型农业经营主体，新增农民专业合作社42家、家庭农场27家。

【工业经济发展】 2016年，沙县围绕创新驱动和供给侧结构性改革工作，全年实施县级重点项目221个，完成投资151亿元，145个项目竣工或部分竣工投产。生态新城核心区、金沙园、金古园、马铺化工园等产业平台完善，总投资5.3亿元的艾迈博生物医药、总投资1.2亿元的德普惠智能旋转模切和清洁热处理中心等一批项目加快建设，通过“二次招商”，盘活金耀玻璃、万安电源、辉捷制造等企业闲置厂房。全县64家企业实施智能化改造，18个省级智能制造项目建设进展顺利，培育省、市级众创空间各1家、省级创新型企业1家，金沙园小微企业创业基地入选第二批国家小微企业创业创新示范基地。4月26日，福建金杨科技股份有限公司成为沙县首家在上海股权交易中心挂牌的企业。

【第三产业发展】 2016年，沙县以被列入全国电子商务进农村综合示范县和全国首个县级下一代互联网产业试点基地为契机，引进IPv6智能数据交换中心项目，加快“四园区、两平台、一中心”电商产业格局建设，全县新增网店1204家，电子商务交易额7.25亿元，同比增长34%。加快物流产业发展，陆地港、保税仓库等物流配套设施逐步完善，建设闽中快递物流园，落地快递物流企业30多家，申通、中通等快递公司入驻金沙园设立分拨中心。加快小吃产业连锁发展，在全国成立18家餐饮连锁子公司，发展连锁店100家以上，“互联网+沙县小吃产业”工作被列入全省首批“互联网+”区域化链条化试点，小吃产业转型升级步伐加快。旅游吸引力增强，获中国候鸟旅居县称号，湿地公园二期、欢乐大世界闽中乐园一期建成投入运营，全年接待游客数首次突破200万人次大关、旅游总收入突破22亿元。

【改革创新发展】 2016年，沙县建成村级融资担保基金105个，为农户提供贷款担保5433笔5.2亿元；试点设立乡镇级的青州镇村级融资担保基金。在全市率先探索开展企业资产按揭贷款，为科飞新材、金杨科技等7家企业办理资产按揭贷款1.32亿元，突破企业融资难、融资贵问题，全省、全市现场会在沙县召开。深化集体林权制度改革，推进新型林业经济合作组织建设，年内新增林业公司、家庭林场、专业合作社、合作联社等林业合作经济组织65家，新增规模经营面积1.2万公顷。推进林地经营权流转，完善林地经营权流转登记制度和林权抵押贷款模式，累计办理林地经营权证330宗2486.67公顷，完成林权流转面积1880公顷，发放中幼林、林地经营权证等新型抵押贷款28笔1.45亿元。创新生态公益林联防联动管护模式、推进重点生态区位商品林赎买等改革试点。深化农村产权制度改革，推广以村为单位的土地信托流转模式，发展农业适度规模经营，共组建土地股份合作社26家，流转土地9320公顷，流转率70.4%。探索开展农村集体经济组织产权制度改革，农村产权交易、鉴证、抵押贷款等程序进一步规范。

【社会事业发展】 2016年，沙县为贫困户发放扶贫贷款346万，建立63个村集体发展基金，全国扶贫改革试验区工作座谈会推介沙县小吃产业扶贫经验做法，全年有1630人贫困人口实现脱贫。实施14个为民办实事项目，推进鹰厦线城区段改线工程、河岸景观工程、金莲花陵园（一期）、双溪水库水源地保护和观音山森林保护区建设等项目，七峰山公园项目完成初步规划设计。坚持教育优先发展，三明职教园一期、北大附属实验学校、三官堂小学、第三幼儿园建成投入使用。推进基层医疗卫生机构第二轮改革，建成城东、城西等6个社区医养结合卫生服务站，完善覆盖城乡居民的社会保障体系。文体事业投入近2000万元，弘扬本土文化，保护和传承红色文化，推进国家公共文化服务体系示范区建设。加快城镇化发展，加快与三明市区的同城化步伐。三明（沙县）机场通航，开通北京、上海、广州等城市航线，城市快速通道二期、际口至官庄段公路等交通基础设施加快推进。围绕创建全国文明城市，加快中心城镇和美丽乡村建设，逐步形成以产促城、以城兴产、产城融合的发展格局。围绕打造低碳生态宜居区的目标，推进生态新城国家低碳城试点建设，连续三年进入全国深呼吸小城百佳，获全国绿化模范县称号，通过国家级生态县考核验收。

2016年12月11日，沙县小吃节千人宴活动在小吃文化城举办 （周志鸿 摄）

【三明现代农业科技示范园列入国家农业科技园区】 2016年3月8日，科技部下发《科技部关于公布国家农业科技园区评估结果的通知》，三明现代农业科技示范园列入第七批国家农业科技园区，是三明市首家。三明现代农业科技示范园位于三明生态新城，包括省级农业示范园区一个、省级农民创业园一个、省市级农业龙头企业11家、农民专业合作社18家、家庭农场21家。园区以水稻、蔬菜、花卉、药用植物种苗产业为主导，坚持科研机构选育，种苗企业繁育，种植企业推广，形成以高优农作物种苗为主导的“育、繁、推”一体化的种苗产业链。园区常年与中国农科院、福建省农科院、福建农林大学、南京农业大学等建立科技合作关系。由市农科院选育的全国种植面积最大、效益最显著的水稻品种——“汕优63”，年销售收入7亿元以上，直接带动农户2.5万户。至2016年园区在水稻、蔬菜、花卉等研究领域取得突出成果，获得国家级奖4项、省部级奖33项、市级奖31项。近5年来，园区承担国家、省、市科技重大项目76项。同时，园区强与三明电子商务产业园协作，引进福建田宇一号网络科技有限公司等企业落户园区，开通12396星火科技服务热线，构建智慧农业综合平台等现代化高端农业信息服务平台。

【三明沙县机场通航】 2016年3月7日上午，航班号为HO1109的上海吉祥航空公司空客A320飞机满载158名旅客缓缓降落三明沙县机场,标志着新建成的三明沙县机场首航成功。三明沙县机场属国务院批准的《全国民用机场布局规划》项目，是福建第三个纯民用和第六个民用运输机场。项目总投资约25亿元，场区占地面积约333.33公顷，1984年开始选址，2011年重新开工建设，定位为支线机场。机场飞行区技术指标层级为4C，具备双向起降条件，可起降波音737系列、空客A320系列等C类机型。开通上海至三明往返航班，后续拟开通三明至北京、深圳等航线。

【“下一代互联网产业试点基地”授牌】 2016年6月26日，在北京召开的

"中国下一代互联网建设及应用峰会"上，沙县被国家下一代互联网产业技术创新战略联盟授予"下一代互联网产业试点基地"，成为全国首个县级下一代互联网产业试点基地。

【沙县小吃步入品牌餐饮连锁时代】 2016年6月26日，首届沙县小吃餐饮连锁经营管理暨经营师资质认证培训在沙县小吃城举办，来自全国各地沙县小吃集团餐饮连锁子公司70多名学员集中学习餐饮管理基础、公司运营管理、餐饮业互联网营销思维等方面知识。至2016年，沙县外出经营小吃人员有6万多人，在全国的经营店近3万家，年营业额超过80亿元。至2016年，沙县在北京、上海、广州、深圳等地成立15家沙县小吃餐饮连锁子公司，5家公司注册，基本覆盖全国一、二、三线城市，发展餐饮连锁店约500家。

【金沙园入选国家小型微型企业创业创新示范基地】 2016年11月23日，三明金沙园小微企业创业基地入选第二批99个国家小型微型企业创业创新示范基地，是全省5家之一、全市唯一一家入选单位。至2016年，开发区小微企业创业创新基地建设入驻三明市先进制造公共技术服务平台、机械科学研究总院（三明）装备技术创新公共服务平台、海西智造高端装备云制造服务平台等。基地还引入机械科学研究总院海西（福建）分院、福建省云创集成科技服务有限公司、三明市高新技术创业服务中心等一批企事业单位作为服务机构，为基地企业提供智能制造、创业指导、知识产权、服务外包、信息技术等全方位服务。至2016年，三明金沙园小微企业创业基地有小微企业81家。基地通过开展高位嫁接，引进战略投资，引进科技型央企机械科学研究总院海西分院，设立中国医药工业研究总院三明分院，引进金杨科技、金煌能源、傲农生物、世恒科技等战略性新型产业企业，培育孵化中机铸材、中机精冲、中机焊业、中机数控等4家中机系企业。年内，金沙园形成一批行业领军企业，其中三和食品发展成全国最大的水煮笋生产加工出口企业，出口份额占日本水煮笋市场的26%，并获得国家级农业产业化龙头企业称号；厦工三重是全国最大的筑路、养路、护路机械和垃圾压实机械制造企业；宏光酚醛模塑料项目，是全国最大的酚醛模塑料生产企业。

（茅露娅）

尤溪县

【基本情况】 尤溪县是南宋著名理学家、教育家朱熹的诞生地，位于三明市东部、福建省中部，地处北纬25°50′36″~26°26′30″，东经117°48′30″~118°40′之间，东邻闽清和永泰县，南接德化县，西连大田和沙县，北毗南平市。是福建省首个被联合国地名专家组授予"千年古县"称号的县，被中央党史研究室确认属于原中央苏区范围，是福建省首个"中国革基布名城"，是"中国金柑之乡""中国绿竹之乡""中国竹子之乡""中国油茶之乡"。2016年，全县土地面积3463平方千米，辖9镇6乡，250个建制村，15个居委会，全县人口总户数117465户，户籍人口446360人，常住人口35.8万人，城镇化率43.1%，是三明市人口第一大县。全县耕地面积2.85万公顷，是全国商品粮基地县；林业用地面积28.4万公顷，其中有林地面积25.27万公顷，森林覆盖率74.46%，是全省林业大县。

2016年，尤溪县实现地区生产总值205.78亿元，首次突破200亿元，比2015年增长7.9%。三次产业比重由2015年的25.3：43.4：31.3调整为25.0：42.1：32.9。实现农林牧渔业总产值83.04亿元，比2015年增长3.8%；实现规模以上工业总产值298.22亿元，其中纺织、服装业，林产工业，矿产矿物制品业三大主导产业实现工业总产值248.43亿元，占比83.3%。规模以上工业增加值65.50亿元，比2015年增长8.2%。地方公共财政收入7.36亿元。固定资产投资（不含农户）220.85亿元，比2015年增长14.7%。社会消费品零售总额44.59亿元，比2015年增长11.1%。全县居民人均可支配收入19686.51元，比2015年增长8.6%。其中城镇居民人均可支配收入28482.94元，增长7.5%；农村居民人均可支配收入14428.57元，增长9.2%。全县居民人均生活消费支出14284.00元，比2015年增长7.3%。其中城镇居民人均生活消费支出为20141.54元，增长5.7%；农村居民人均生活消费支出为10751.42元，增长8.3%。

【现代农业发展】 2016年，尤溪县完成粮豆播种面积3.65万公顷，实现粮豆产值5.54亿元。推进农产品供给侧改革，完成尤溪红茶、有机蔬菜等8个农产品生产标准制定，82家生产主体纳入追溯平台，被农业部评为"国家农产品质量安全县"。发展特色农业，建立农业标准化示范基地66个，茶叶、油茶、笋竹、食用菌、金柑五大特色产业实现产值42.81亿元，比2015年增长8.2%。加快省级农民创业园建设，引进项目17个，完成投资2.3亿元。支持"三品一标"认证，全年新增"三品一标"认证绿色产品4个、有机产品1个。

2016年，尤溪南溪书院内的半亩方塘　　（尤溪县方志办提供）

【工业经济发展】 2016年，尤溪县实施40个“中国制造2025”行动计划项目，完成机器换工30台（套），祥云生物科技等5家企业被列入省科技小巨人领军企业；培育成长型企业。以顺源、隆源、德为、鑫森四大高端企业为龙头提升纺织产业，带动传统产业向高端迈进。全县规模以上纺织企业84家，完成产值180亿元，成为尤溪县第一大主导产业，获“中国混纺纱名城”称号。奥翔塑胶、沈郎食用油、金东矿业、长波水力4家企业被列为省重点上市后备企业；壮大出口型企业。以打造全省最大木材高效利用和木制品出口基地为目标，推动林产企业向文化创意、建筑材料等转型发展，促进林产业成长为外贸出口的中坚力量，带动全县完成出口总值14.07亿元，比2015年增长23.2%。

【重点项目建设】 2016年，尤溪县建成或部分建成项目33个，完成投资85亿元。68个团队重点项目进展顺利，完成投资33亿元。实施省级重点项目23个，市级重点项目51个，分别占全市总数的12.57%和10.85%，完成投资28.76亿元和50.19亿元,在全市项目考评中获一等奖。在六大领域推出两批投资工程包项目33个，完成投资7.02亿元。建立“每两个月签约一批项目”机制，签约33个重点旅游开发项目，总投资30.02亿元。对接争取上级资金补助力度加大，有40个项目获得上级补助，到位补助资金1.79亿元；获得国家专项建设基金支持3.26亿元。

【第三产业发展】 2016年，尤溪县侠天下景区建成全省首条悬空玻璃天桥，33个全域旅游项目完成投资1.44亿元。新增枕头山、桂峰古民居两个国家AAA级旅游景区，接待游客103万人次，比2015年增长41.4%。实现旅游收入6.2亿元，比2015年增长40.3%，被列为国家全域旅游示范区创建单位和全省全域旅游试点县。新增电商企业66家，电商从业人员2000人以上，实现电商交易额8.85亿元，比2015年增长43%。商贸流通更活。京东县级服务中心投入运营，建有信息快递服务网点400多个，基本实现乡村物流快递全覆盖。建成闽中综合市场，“我家美食街”开业。全年实现社会消费品零售总额44.59亿元，比2015年增长11.1%。

【城乡建设】 2016年，尤溪县推进水东片区闽中经贸大厦开工建设，三奎片区基础设施、安置房、河滨景观工程等项目。西城新区开发启动，西迎宾大道、安坑小区等重点项目征迁取得突破。中心城翠帷花园、毓秀花园、文公书院主体工程完工。洋中镇级小城市和坂面、西城两个重点乡镇实施项目68个，完成投资11.02亿元。5个交通项目完成投资2.9亿元，莆炎高速尤溪中仙段动工建设，完成农村公路硬化72千米；48个水利项目完成投资6.22亿元，汶潭水利枢纽工程动工建设，兴头水库下闸蓄水；3个供电项目完成投资0.43亿元，西滨110千伏输变电、台溪长门35千伏配电工程建成投入使用。

【社会事业发展】 2016年，尤溪县通过转移就业、发展产业、异地搬迁、教育扶持、医疗救助、社会保障兜底等措施推动贫困人口脱贫，全年实现脱贫872户2655人，占任务的112%。落实就业创业政策，新增城镇就业2639人，城镇登记失业率控制在2.3%以内。完成机关事业单位养老保险制度改革工作，实现新老农保制度平稳过渡。新开工建设保障性住房508套，完成各类棚户区改造340套。1月，尤溪县被省政府授予“福建省2012~2014年度计划生育工作先进单位”称号。优先发展教育事业，收购民办文公高级中学，实行文公初级中学、尤溪一中初高中剥离办学，初步完成城区学校布局调整。文化体育事业繁荣发展，6月，举办第八届海峡论坛·朱子文化与旅游交流活动；9月，举办联合梯田山地马拉松大赛；11月，召开尤溪土堡文化遗产保护论坛；11月，首届南溪书院学术奖颁奖大会等活动，9月，尤溪县游泳选手柯丽婷获得里约残奥会全省首金。精神文明建设加强，获“省级文明县城”称号。

【生态文明建设】 2016年，尤溪县实施造林绿化2767公顷，完成10个村6.7公顷生态景观林建设，珍贵用材树种种植268公顷，不炼山造林149公顷，改造提升中心城区一重山森林生态景观84公顷，重点生态区位林分修复项目建设133公顷，生物防火林带建设569公顷。落实“河长制”，开展畜禽养殖污染、企业排污等专项整治，严惩环境违法行为，立案调查环境违法行为48起，责令限产停产企业17家，完成黄标车淘汰任务和环保违规项目清理工作。推进生态环境保护，荣获中国候鸟旅居县“诗意田园十佳”称号，连续两年荣登全国“深呼吸小城百佳榜”，半山村被中国绿色发展基金会授予“中华鹭鸟保护地”。重点抓好10个市级、20个县级“美丽乡村精品”建设，“仙境联合”“蔬活汤川”“茶乡台溪”“悠游下村”等一乡一品、一村一景格局初步形成。开展全域环境综合整治，推行“八不”行为规范。

（肖玉兰）

大田县

【基本情况】 大田县别名“岩城”，明嘉靖十四年（1535），延平府通判以“山隘险阻，民多聚盗”为由奏请置县，获准后割尤溪、永安、漳平、德化等县的边缘地带设置一县，取名大田县，属延平府。位于福建省中部、戴云山脉西侧；北纬25°28′53″~26°09′42″,东经117°28′58″~118°03′13″，全境总面积2233.12平方千米。2016年，全县设8镇10乡，辖8个社区居委会和266个建制村；全县人口总户数101641万户，户籍人口403424万人，常住人口31.6万人，城镇化率48.7%。

2016年，大田县地区生产总值完成174.52亿元，比2015年增长8.6%；农林牧渔业总产值54.79亿元，同比增长3.6%；规模以上工业增加值100.92亿元，同比增长7.8%；地方公共财政收入6.92亿元，同比增长0.7%；全社会固定资产投资272.04亿元，同比增长18.7%；出口总值（海关口径）1.69亿美元，同比增长15.66%；实际利用外资1936万美元，同比增长13.8%；社会消费品零售总额48.39亿元，同比增长10.7%；城镇居民人均可支配收入2.97万元，同比增长9.1%；农村居民人均可支配收入1.41万元，同比增长9.0%；居民消费价格指数为101.7%；城镇登记失业率2.33%。

【产业转型升级】 2016年，大田县新增省级科技型企业7家、科技小巨人领军企业2家、省著名商标3个，新获国家授权专利189件，“永大陶瓷众创空间”被认定为市级众创空间。抓好矿产品深加工五条产业链延伸，22个工业经济重点项目完成投资19.48亿元，263个技改项目完成投资112.14亿元，中工塑胶、宇隆超纤、新盈彩铝等项目动工建设，红狮水泥列为省级龙头企业，金门油压“人造板热压冷压循环工作机组生产线”列入省级智能制造重点项目，岩兴工业气体“液体空分及水电解制氢项目”列为省级“两化”融合重点项目。实施第三产业重点项目50个，完成投资38.5亿元，大田创业创新产业园建成运营，新增限额以上商贸企业14家、电商企业78家；新培育四星级乡村旅游经营单位2家，桃源镇、吴山乡和洋村分别获评省级乡村旅游休闲集镇与特色村，桃源镇东坂村入选“中国美丽休闲乡村——特色民居村”“大仙峰·茶美人”景区创建国家AAA旅游景区，实现大田县国家A级景区零的突破，全县游客接待量、旅游总收入分别增长13%和16%。在稳定粮食生产的基础上，开发富硒产业，扶持茶产业创新升级，实施现代农业产业化重点项目16个，建立富硒农产品基地1333.33公顷，新培育家庭农场45个、专业合作社28家，“大田高山茶”创建国家级农产品地理标志示范样板，“江山美人茶”获香港国际茶展乌龙茶组金奖，“大田雪山萝卜”获国家地理标志证明商标，为县内首见，国家“雪山萝卜”栽培标准化示范区通过验收。

【重点项目建设】 2016年，大田县开展“百名干部服务百家企业”活动，出台工业稳增长10条、货物运输业6条等综合措施，兑现产业发展资金4125万元，减免各项税费6508万元,提供应急转贷资金3570万元以“五个一批”项目为载体，开展“大干150天，加快推进重大项目建设”活动，全县7个重大项目组144个重点项目完成投资73.82亿元，58个项目开工建设，44个项目建成或部分建成。争取各类资金17.16亿元。组建7个招商联络组，依托第十一届高山茶文化节和“6·18”“9·8”“11·6”等平台，加大“三维”招商力度，全年新签约项目64个，总投资72.06亿元，实际利用外商直接投资1875万美元，比2015年增长10%。

【城乡建设】 2016年，大田县26个城市规划重点建设项目完成投资17.58亿元，碧桂园·天誉动工建设，水岸人家、岩城明珠建成，河滨东路改造、城市健身绿道等市政基础设施投入使用。市级中心镇、屏山茶香小镇等特色小城镇建设初显成效，实施美丽乡村整治村16个，济阳村列为省级美丽乡村整治示范村，杞溪、香坪、建国、张坑等4个村入选第四批中国传统村落，东坂、许坑、杞溪等3个村入选第五批省级历史文化名村。完成公路改造49.82千米、安保工程22.5千米，建设镇汽车站、京口110千伏输变电工程建成使用，梅林、铭溪110千伏输变电工程完成技改扩容，农村电网改造提升工程实施，推进闽江上游尤溪流域防洪二期工程。生态环境保护指挥中心建成使用，均溪河安全生态水系、鸭蛋山垃圾填埋场治理动工建设，推进万湖矿山生态治理企业化运作项目，完成造林绿化1473.33公顷，治理水土流失3480公顷，被授予“省级森林县城”称号。

【红色文化产业】 2016年，大田县加强红色资源的保护与开发，打造“闽中红色文化传承创新区”“闽中苏区文化传播中心”，保护抗战时期“第二集美学村”旧址，申报一批革命遗址群列入国保单位，建设一批国家级省级爱国主义教育基地。1月6日，由大田县委、县政府和八一电影制片厂、北京霏霖子千传媒有限公司联合在济阳乡开机摄制革命题材的电影《无悔的心》。电影以大田县早期共产党员叶炎煌（大田县华兴乡京口村人）的革命历程为原型，讲述在土地革命时期，大田人赵松岩英勇斗争、壮烈牺牲的故事。2月1日，中央电视台重大题材栏目摄制组到大田取景拍摄《大会师》大型纪录片部分镜头，先后在县城、均溪、湖美拍摄红军北上抗日先遣队攻占大田的革命史迹。

【社会事业发展】 2016年，大田县基本完成23件为民办实事项目年度任务。全县城镇新增就业1769人，农村劳动力转移就业3207人；城乡低保、五保供养、医疗救助、临时救助等标准提高，建成县居家养老信息服务中心和8个社区养老服务站，老年人休闲娱乐中心投入使用；推进精准扶贫，选派干部驻村蹲点和“千名干部结穷亲”活动，实施造福工程426户、危房改造307户，新开工保障性住房684套，3910个贫困人口实现脱贫。县实验幼儿园城南分园、均溪中心小学教学楼建成使用，县实验幼儿园开发区分园动工建设，改造农村薄弱校28个，新增幼儿园学位630个、小学学位700个。完善公共文化服务体系，县图书馆、档案馆建成使用，闽中戏曲文化创意产业园动工建设，全民健身运动广泛开展，凸显红色文化、土堡文化、二十四孝文化、章公祖师文化等特色文化。推进乡村卫生服务一体化，县妇幼保健院搬迁投入使用，乡镇卫生院延伸设立村卫生所132个，两孩政策稳妥实施。

【VR产业示范区形成】 2016年11月23日，网龙华渔教育（大田）县域VR产业示范区启动仪式在大田县创新创业产业园举行，全省首个县级VR产业示范区——大田县VR产业园同时揭牌。

【泉南高速上京互通建成通车】 2016年12月28日，泉南高速公路大田上京互通及连接线工程建成通车，大田上京征费所当日12时投入运营。该项目位于大田县上京镇三阳村境内，总投资2.8亿元。其中，互通主线长1056米，采用双向4车道高速公路标准建设，设计行车速度80千米/小时；连接线从上京镇溪口村西侧经溪口、三阳、灵川、隆美、梅林5个建制村，与省道306线、307线相连接，全长6853米，采用双向2车道二级公路标准建设，设计行车速度60千米/小时。

【新汽车站建成使用】 2016年12月16日，大田县新汽车站投入使用。该项目系省重点项目，按一级汽车站标准设计，共投资1.2亿元，占地面积2.33公顷，中心站房总建筑面积2.7万平方米，设有候车大厅、售票大厅、停车场、站前广场、商业服务区等。日发班次280班，日客流量5000人以上。

【岩城健身绿道建成使用】 2016年2

月，大田县白岩公园至仙亭山公园健身绿道修建完成，该项目南端起于南大门彩虹桥头，北至白岩公园镇西桥交叉处，全长6281米，宽4.5米，主要建设健身道路、绿化、观景平台、驿站、挡墙及排水、照明系统等工程，具有“山水城镇、梯田山谷、山野林地”的典型景观。

【弘扬嘉庚精神】 2016年3月3~4日，厦门市委常委、统战部部长黄菱率厦门市各民主党派领导参访大田县“第二集美学村”，并与三明市副市长张丽娟、大田县政协主席郑建勋和县委统战部部长江太生等座谈，共商加强两地协作、保护抗战时期“第二集美学村”旧址和弘扬嘉庚精神工作，大田县方面向厦门市赠送陈嘉庚大田抗日演讲历史文献片光碟和集美职校抗战内迁文史资料。8月，大田县成立“第二集美学村”旧址保护与开发指挥部，由县委常委、统战部部长施正立任指挥长、副县长涂林瑢、政协副主席陈庆建任副指挥长，统筹党史、文化、教育、旅游、城乡建设等部门着手旧址保护与开发事宜。大田、厦门两地相关部门多次往来、加强交流，民革、农工党、九三学社等民主党派厦门市委先后组团参访大田，为弘扬陈嘉庚精神和保护“第二集美学村”旧址建言献策。10月，大田县城二小（前身为“集美职校附属玉田国民学校”）与厦门同步开展“嘉庚精神宣传月”活动，指挥部派员到厦门高校宣讲“嘉庚精神与中国梦”。12月22~23日，厦门集美校友总会、陈嘉庚纪念馆组织80多名集美校友和社会名流赴大田开展“寻访前贤足迹，担纲时代使命”教育活动。大田县领导林金龙、施正立、黄芳、涂林瑢、陈庆建等3000多人参与互动。

【弘扬孝道文化】 2016年4月2日，大田县委党校讲师廖生明查得《全相二十四孝诗选》编撰者郭居敬的生平注明“今隶大田”。郭居敬在大田县广平镇出生、成长、传道，提倡孝道文化，编纂《全相二十四孝诗选》。5月28日，大田县举办全县中小学幼儿园艺术节暨十佳小孝星颁奖晚会，表彰获得首届“孝道故里——十佳小孝星”称号的学生，并将小孝星们的行孝故事编印《孝满岩城》一书，作为学生课外读物。10月7日，《中华孝道（二）》特种邮票首发仪式在大田县城区岩城文化广场举行。10月9日，大田县委宣传部、县文明办在白岩山公园举行“居敬”孝老志愿服务队成立仪式，并在赤岩社区成立“居敬”孝老志愿服务工作站，组织辖区单位志愿者根据服务对象的需求采取定期或不定期为社区老人开展志愿服务活动。12月25日，大田县委党校召开大田县郭居敬孝文化研究会成立暨首届会员大会，研究会将挖掘和整理郭居敬孝文化资源，致力于研究和弘扬孝道文化，推动社会道德建设；组织编写孝文化研究论著，不定期出版会刊、开办网站，开展各种孝德文化教育活动等。

【职专体操队获全国啦啦操赛双冠军】

2016年11月26~27日，在杭州举行的2016~2017年全国啦啦操联赛暨中国啦啦之星争霸赛上，由12名队员组成的大田职专体操啦啦队获学校俱乐部少年甲组集体自由舞蹈自选动作、花球规定动作（第二套）项目双冠军，并取得世界啦啦操大奖赛参赛资格。比赛由国家体育总局体操运动管理中心、中国大学生体育协会、中国中学生体育协会主办，来自全国的117支参赛队伍的2100多名运动员参赛。

（陈　妮）

责任编辑：张　宣

2016年8月29日，大田县举办第四届农民运动会，图为开幕式现场千人广场舞　（大田县方志办提供）

先进个人和集体

ADVANCED INDIVIDUAL AND COLLECTIVE

2016年优秀共产党员、优秀党务工作者和先进基层党组织

2016年6月29日，三明市召开市直机关纪念建党95周年暨优秀共产党员、优秀党务工作者和先进基层党组织表彰大会。会议表彰52名全市优秀共产党员、50名全市优秀党务工作者、80个全市先进基层党组织。

2016年6月30日，福建省举行庆祝中国共产党成立95周年大会。会议表彰98名全省优秀共产党员、99名全省优秀党务工作者和200个全省先进基层党组织。其中，三明市有9名全省优秀共产党员、7名全省优秀党务工作者、15个全省先进基层党组织。

省优秀共产党员（9人）

王清芳（女）　永安市燕西街道新安社区党委书记、居委会主任
陈聪水　清流县医院副院长、主任医师
陈小英（女）　泰宁第一中学高级教师
罗培英（女）　将乐县高唐镇常口村党支部组织委员、计生管理员
罗德倩（女）　尤溪县公安局城关派出所教一员
涂萃林　大田县农业局（农办）办公室主任
刘金福　三明市公路局三元分局荆东公路站站长
雷晓宁　三明学院教育与音乐学院心理健康教育中心副主任
郑秀毅　福建三钢闽光股份有限公司炼铁厂维修车间主任

省优秀党务工作者（7人）

邓如镇　永安市燕南街道南郊村党总支书记
廖善定　宁化县水利局党组成员、桥下水库管理处党支部组织委员、主任
陈丽萍（女）　建宁县行政服务中心管理委员会主任
刘文胜（女）　沙县环境卫生管理处党支部书记、副主任
吴　禾　尤溪县西城镇党委委员、纪委书记
张知松　大田县委宣传部副部长、县宣传系统党委副书记、县文联主席
胡志刚　福建省三明双轮化工机械有限公司党委办公室主任、高级政工师

省先进基层党组织（15个）

三明市梅列区十中青山学校党总支
三元区富兴堡街道富文社区党支部
永安市罗坊乡党委
福建南方制药股份有限公司党支部
清流县灵地镇大坪村党支部
宁化县人民检察院党总支
建宁县均口镇隆下村党支部
泰宁县梅口乡水际村党支部
将乐县医院党总支
沙县富口镇党委
尤溪县人民法院党总支
大田县环境卫生管理处党支部
三明市地方税务局机关党委
三明市农业学校常委
福建三钢闽光股份有限公司中板厂党委

市优秀共产党员（52人）

何笑爱（女）　梅列区列东街道东安社区党委书记、居委会主任
罗金芳（女）　三元区莘口镇党委办公室主任、纪委委员
王　红（女）　三明市公安局三元分局警务保障室副主任
张世袍　三明市第二医院内科第一党支部书记、心内科主任，副主任医师
林学飞　永安市洪田镇磉溪村党支部书记
吴兴明　永安市农业局农业技术推广党支部书记，市农业科学研究所所长
黄永森　永安市公安局刑事侦查大队诈骗案件侦查中队指导员

陈永先　智胜化工股份有限公司总经理助理、造气车间主任
朱敏珍(女)　永安市燕南街道将军山社区党支部书记、居委会主任
黄俊根　明溪县沙溪乡梓口坊村党支部书记
张志峰　明溪县医院检验科主任,副主任检验师
陈卓英(女)　清流县余朋乡卫生和计划生育办公室负责人、妇联主席
吴同坂　清流县公安局交通警察大队党支部组织委员、副大队长
曾国寿　宁化县安远镇永跃村村委会主任,镇国寿中草药种植专业合作社负责人
邹志峰　宁化县公安局泉上派出所民警
俞祥波　宁化县委报道组组长、县新闻中心主任
罗珍宝　宁化县第三中学党支部书记、校长,高级教师
吴　青(女)　国网福建宁化县供电有限公司线损专责
吴显财　宁化县妇幼保健院院长,主治医师
黄善辉　建宁县溪源乡东溪村党支部书记
黄秀英(女)　建宁县城关小学校长,高级教师
龚衍生　泰宁县委宣传部副部长,县文体广电出版局局长
严爱华(女)　泰宁县新桥乡汾信村党支部书记、村委会主任
傅金贤　泰宁县开善乡池潭村党支部书记
张汉隆　泰宁县开善乡池潭村民兵营长
王勇乐　将乐县环境卫生管理站党支部书记、站长
聂林顺　将乐县万安镇正溪村村委会主任
杜旭华　福建金牛水泥有限公司办公室副主任、党建干事
杨孙忠　沙县富口镇白溪口村党支部书记
姜　超　机械科学研究总院海西(福建)分院副院长、高级工程师
吴康海　沙县金古工业园管委会招商科科长
吴金勋　沙县高砂卫生院党支部书记、院长
陈志武　三明高新技术产业开发区金沙管委会征地科科长助理
章　琳(女)　尤溪县水利水电工程质量监督站站长
纪在钦　福建省尤溪县东欣纺织有限公司党支部书记
陈锡明　尤溪县梅仙镇梅仙村党支部书记
吴章文　尤溪县实验小学校长、特级教师
傅秋菁(女)　尤溪县司法局台溪司法所所长
詹玉莲(女)　尤溪县新阳中心卫生院院长
肖基传　大田县桃源镇蓝玉村党支部书记
郭显海　大田县均溪中心小学总务处主任
杨连熠　大田县上京镇卫生院院长,主治医师
章赞德　大田县农田建设与土肥技术推广站站长
陈　君　大田县公安局刑事侦查大队副教导员
王新华　三明市公安局刑事侦查支队副支队长
冯光英(女)　海西三明生态工贸区管委会综合办公室副主任、主任科员
张小东(女)　三明市建筑工程施工图设计文件审查中心办公室主任
罗忠清　三明市特殊教育学校副校长、一级教师
童德财　福建闽通长运股份有限公司宁化分公司经理
管　强　三明学院信息工程学院数学系副主任、副教授
朱志勇　福建三钢闽光股份有限公司焦化厂党委书记、厂长
胡文祥　福建三钢闽光股份有限公司烧结厂第一烧结车间主任、烧结高级工程师

市优秀党务工作者(50人)

翁　晖　梅列区委非公企工委常务副书记、组织部组织科科长
邓玉珍(女)　梅列区列西街道翁墩社区党总支书记、居委会主任
王文泽　三元区第二实验小学党支部委员、工会副主席
程晓茵(女)　三元区委区直机关工委副书记、纪工委书记
洪桂贤(女)　永安市大湖镇上甲村党支部书记
刘鸿晖　永安市人民法院党组成员、政治处主任、机关党委副书记
涂述灵　永安市委非公企工委专职副书记、组织部组织科科长
江　俊　永安市曹远镇纪委书记
罗春华(女)　永安市上坪乡党委副书记
宋超环　福建省永安轴承有限责任公司磨工车间党支部书记
晏七生　明溪县城关乡上坊村党支部书记
范远辉　明溪县委副科级组织员、组织部办公室主任
郑晓青(女)　清流县嵩溪镇党委副书记
陈志明　清流县嵩口镇沧龙村党总支书记
邓燕琼(女)　清流县医院党支部副书记
谢起森　宁化县济村乡党委副书记
邱思翔　宁化县水茜镇石寮村党支部书记
邱长林　福建长宁纺织有限公司党支部书记
伊理安　宁化县地方税务局党总支副书记、副主任科员
余义先　建宁县委组织部干部科科长
朱菊媛(女)　建宁县濉溪镇水南社区党支部书记
严绪文　泰宁县朱口镇党委副书记
邓永平　泰宁县杉城镇胜二村党支部书记
肖　琳(女)　将乐县直机关党工委副书记
潘启勇　将乐县农村党员远程教育中心主任
肖声良　将乐县光明乡际下村党支部书记
罗发潘　沙县虬江街道党工委书记
黎永川　沙县虬江街道城南社区党总支书记
张发柳　福建省青山纸业股份有限公司党委副书记、纪委书记
陶汉文　沙县金沙高级中学党支部副书记

詹明昭　尤溪县联合乡党委书记
张章秀　尤溪县林业局党委办公室主任
卓德文　尤溪县管前镇绿柳村党支部书记
吴　坚　尤溪县坂面镇党委副书记
周　莹（女）　尤溪县经济和信息化局党委办公室主任
林朝喜　大田县文江乡后洋村党支部书记
费苏华　福建格林实业（三明）有限公司党支部书记、行政部经理
陈春辉　大田县均溪镇赤岩社区党支部书记、居委会主任
杨玉全（女）　大田县委副科级组织员、组织部干部科科长
田尾香（女）　大田县实验幼儿园党支部书记
马艺安　三明市民政局机关党委专职副书记
黄柏松　三明市第一医院党委办公室副主任、工会副主席
杨怀珠（女）　三明市农业局机关党委专职副书记
林薇薇（女）　中国邮政集团公司三明市分公司党群部副主任
邓奕秋　三明市国家税务局机关党委专职副书记
褚智江　三明职业技术学院党委工作部部长
蒋永奇　三明市委教育工委组织部部长
李宜娴（女）　厦工（三明）重型机器有限公司党委综合党支部组织委员
廖景榕　三明学院机电工程学院党总支书记
朱建爱（女）　福建省三钢（集团）有限责任公司动力能源公司供电车间党支部副书记、副主任

市先进基层党组织（80 个）

三明市梅列区十中青山学校党总支
三明市原林汽车销售服务有限公司党支部
福建明海鑫企业股份有限公司党支部
三元区中村乡米洋村党支部
三元区白沙街道桃源社区党支部
永安市洪田镇党委
永安市青水畲族乡党委
永安市曹远镇埔头村党支部
永安市大湖镇岭干村党支部
永安市燕西街道大溪社区党支部
永安市妇幼保健院党支部
永安市人力资源和社会保障局机关党支部
永安市金声机械有限公司党支部
中国重汽集团福建海西汽车有限公司党委
福建兵工装备有限公司科三党支部
明溪县夏阳乡御帘村党支部
明溪县第一中学党支部
明溪县公安局刑警大队党支部
清流县嵩溪镇元山村党支部
清流县人民检察院机关党支部
清流县爱珍豆腐皮专业合作社党支部
宁化县中沙乡楼家村党支部
宁化县淮土镇禾坑村党支部
宁化县翠江镇中山社区党支部
宁化县农业局党委
宁化县行政服务中心管委会党支部
宁化县交通警察大队党支部
宁化县市场监督管理局城郊所党支部
中国移动通信集团福建有限公司宁化分公司党支部
建宁县溪口镇枫元村党支部
建宁县黄埠乡黄埠村党支部
建宁县第一中学党总支
建宁县卫生和计划生育局机关党委
泰宁金湖旅游经济开发区管委会党委
泰宁县朱口镇龙湖村党支部
福建省泰宁国有林场党支部
将乐县第一中学党支部
福建祥源纺织有限公司党支部
将乐县公安局党委
将乐县古镛镇积善村党支部
将乐县万全乡常安村党支部
沙县夏茂镇俞邦村党支部
集辰（福建）农林发展有限公司党支部
沙县公安局第四党支部
沙县中医医院党支部
沙县凤岗街道城北社区党支部
沙县地方税务局党总支
沙县虬江街道柱源村党支部
三明市农业科学研究院党委
尤溪县纪律检查委员会党支部
福建沈郎生物科技集团有限公司党支部
尤溪县城关镇东城社区党支部
尤溪县人民检察院党支部
尤溪县坂面镇坂面村党支部
尤溪第一中学党总支
尤溪公路分局党支部
尤溪县西城镇团结村党支部
尤溪县中仙中学党支部
中国移动通信集团福建有限公司尤溪分公司党支部
大田县行政服务中心党支部
大田县重点项目建设管理办公室党支部
大田县石牌镇长溪村党支部
大田县湖美乡西燕村党支部
大田县成功矿山工程机械有限公司党支部
大田县第六中学党支部
大田县均溪镇南街社区党支部
大田县屏山乡内洋村党支部
三明市委办公室机关党委
三明市质量技术监督局机关党委
三明市发展和改革委员会机关党委
三明出入境检验检疫局党支部
三明市商务局机关党支部
三明市教育局机关党委
三明市第二中学党总支
夏商百货集团三明有限公司党委
福建恒源供水股份有限公司三水供水工程有限公司党支部
三明学院团委学生处党支部
福建三钢闽光股份有限公司炼铁厂高炉车间党支部
福建三钢闽光股份有限公司铁路运输部运输段党支部
福建省三钢（集团）三明化工有限责任公司合成车间党支部

2016 年获五一劳动奖状、奖章和工人先锋的个人和单位

2016 年 4 月 17 日，三明市召开劳动模范表彰大会，纪念“五一”，表彰先进，动员和号召全市广大职工以劳动模范为榜样，爱岗敬业、恪尽职守，扎实工作、奋力拼博，推进三明又好又快发展，为建设新福建、再上新台阶作出更大贡献。会议表彰 130 名 2013~2015 年度市劳动模范。

2016 年 4 月 28 日，福建省举行庆祝“五一”国际劳动节劳模报告会。会上，往届劳模为 2016 年全国、福建省五一劳动奖获得者代表颁奖。三明市有

6个先进单位获得福建省五一劳动奖状、14名先进个人获福建省五一劳动奖章、18个先进团体获福建省工人先锋号。

2016年4月29日，庆祝“五一”国际劳动节暨全国五一劳动奖表彰大会在北京人民大会堂举行。会议表彰全国五一劳动奖状192个，全国五一劳动奖章898名，全国工人先锋号896个。其中，三明市有1个先进单位获全国五一劳动奖状，1名先进个人获全国五一劳动奖章，2个先进集体获全国工人先锋号。

全国五一劳动奖状（1个）

三明市农业科学研究院

全国五一劳动奖章（1人）

林保平　福建省三明市第二中学教师

全国工人先锋号（2个）

福建省三明双轮化工机械有限公司总装车间钳工二段

福建恒源供水股份有限公司工程公司安装二队

省五一劳动奖状（6个）

福建省泰宁县国家税务局

将乐县人民检察院

中国工商银行股份有限公司明溪支行

尤溪县人民法院

福建省宁化第一中学

福建省大田职业中专学校

省五一劳动奖章（14人）

陈林海　明溪县环境保护局职工

吴晓敏（女）　清流县人民检察院公诉科长

刘义忠　福建长宁纺织有限公司工艺主管

陈奕乾　建宁县溪口镇计划生育服务所所长

范子辉　泰宁县三晶光电有限公司机修班长

吴祥生　福建省将乐县第一中学教师

张庆林　福建省水利投资集团（沙县）水务有限公司安装维修队队长

刘秀妹（女）　福建省尤溪第一中学教务处副主任

王雯君（女）　大田县实验幼儿园园长

颜丽珍（女）　福建省三明市第十中学、三明市梅列区青山小学两校校长、党总支书记

王录华（女）　三明市三元区环境卫生管理处清扫工

杨华娟（女）　三明市中西医结合医院护士

俞　灏　中国邮政集团三明市分公司总经理

唐筑成　福建省三钢（集团）有限责任公司动力能源公司经理

省工人先锋号（18个）

闽晟（福建）建设工程有限公司土石方班组

福建明海鑫企业股份有限公司螺纹库工人班组

建宁县华新食品有限公司清水车间

将乐嘉信矿业有限公司机电维修班组

福建斯特力气动工具有限公司装配组

中国重汽集团福建海西汽车有限公司总装备部动力班组

福建中化智胜化肥有限公司生产部一轮班

福建省大田桃源国有林场湖美森林保护站

大田红狮水泥有限公司制成车间巡检班组

三明福特科光电有限公司涂墨胶合车间

福建泰宁旅游有限公司上清溪排工班组

清流县嵩溪爱珍豆腐皮专业合作社集中培训车间

尤溪县地方税务局办税服务厅

福建奥翔体育塑胶科技有限公司胶水车间

福建省沙县水南国有林场资源管理科

福建省沙县侨丹实业有限公司精制车间

三明市公共交通公司第一营运分公司闽GY2998

三明市公安局交通警察支队驾管大队

市劳动模范（130人）

陈长巧　三明市普诺维机械有限公司部门经理

林雯玲（女）　三明市海都公众信息服务有限公司乾龙服务中心助老员

李　明　三明市梅列区城市管理综合执法大队列东中队中队长

黄世钟　三明市公安局梅列分局交通警察大队事故处理中队中队长

陈　亮　梅列区人民法院副院长

叶瑞芳　三明市梅列区列西街道小蕉村村委会主任

郑小洁（女）　三明市三元区东霞幼儿园园长

张玉贞（女）　福建三明兄弟公路港有限公司财务总监

周　锋　三明市三元区人民法院调解速裁庭副庭长

张瑞鑫　三明市冶金机械轧辊有限公司车间工艺员

庄月兰（女）　三元区莘口镇炉洋村支委、妇女主任、治保主任

傅黎明　福建省三明金明新材料有限公司值班长

熊金生　福建闽通长运股份有限公司永安客运一分公司支部书记、经理

赖志永　中国重汽集团福建海西汽车有限公司车技部副主任

余　虹　福建华电永安发电有限公司燃料运行主管

廖兰秋　福建海峡科化股份有限公司工程事业部部长

古伦华　中科动力（福建）新能源汽车有限公司研发中心经理

张建萍（女）　智胜化工股份有限公司造气车间主任工程师

陈　燕（女）　福建英汉凯丰纺织染整有限公司办公室主任

易泽平　建新轮胎（福建）有限公司车间主任

郑凌峰　永安市林业局局长、党委副书记

洪宗相　永安市第一中学教师

谢金华　永安市公安局青水派出所教导员

陈盛用　福建省永安市地方税务局科员

罗德谟 永安市交通运输局工程管理站工程科副科长
曾 慧 中共永安市委办公室科员
王宏住 永安市青水畲族乡龙吴村支部书记
吴连奎 永安市洪田镇大科畲族农民
钟国锋 福建盘兰生态茶业有限公司职工
聂志辉 明溪县发展和改革局支部书记、局长
姜文海 明溪县第二实验小学科技总辅导员
钟章生 明溪县医院外科主任
黄大泰 漳州市美洁物业服务有限公司明溪分公司维修工
张运文 三明市海斯福化工有限责任公司科研项目主管
杨时金 明溪县瀚仙镇岩里村党支部书记
关 毅 福建省清流县地税局局长
廖祥群（女） 福建省清流县医院护士长
蔡忠新 清流县人民法院法警大队长
郭家伟 国网福建清流县供电有限公司项目负责人
刘建和 清流县百合花卉合作社合伙人
邱丽洪（女） 福建清流汽枪厂有限公司报关员
温一黄 国网福建宁化县供电有限公司总经理
赖根发 宁化县福祥家具木业有限责任公司总经理
王飞凤 宁化县人民法院湖村法庭副庭长
邓春福 宁化行洛坑钨矿有限公司选矿部细泥车间技师
赖国强 福建省宁化第一中学教师
刘佑光 福建省宁化县隆陂水库管理处工管组组长
杨婉君（女） 三明福特科光电有限公司前工程四车间副主任
张运勤 宁化县淮土镇团结村党支部书记
罗朝焰 福建省建宁县国家税务局党组书记、局长
江竹贞（女） 福建省建宁县第一中学办公室主任
杨富贵 福建省建宁县林业局伊家林业站站长
李腾明 福建冠瑞生物科技有限公司职工
艾美龄（女） 福建建宁县建宁公主电子商务有限公司职工
傅兴安 建宁县绿源果业有限公司总经理
翟 权 福建省泰宁旅游管理委员会副主任
邓毓莲（女） 泰宁县司法局杉城司法所所长
杨道荣 泰宁县殡仪馆馆长
张启君 华电福新能源股份有限公司池潭水力发电厂机修班长
黄盛腾 福建泰宁旅游有限公司排工
李显达 泰宁县朱口镇梅林村支部书记
廖冬平 将乐县医院院长
刘开平 将乐县司法局主任科员、古镛司法所所长
邢永辉 国网福建将乐县供电有限公司工会副主席
邱玉祥 福建金森集团有限公司职工
张敦祺 福建绿景农生态农业有限公司副董事长
张冬秀（女） 将乐县大源乡肖坊村支部书记
伍小华 中节能海西（三明）绿建科技有限公司董事长
陈杜满 福建省青山纸业股份有限公司营林经理兼规划发展部经理
刘文胜（女） 沙县环境卫生管理处清扫队长
严建福 福建省三明市公路局沙县分局高砂公路站站长
赵彦启 中机精冲科技（福建）有限公司技术开发部经理
吴泽勇 沙县公安局交警大队副大队长兼城区中队中队长
黄能炳 沙县第三中学教研室主任
黄建英（女） 沙县官昌水库管理处职工
乐仁祥 沙县医院儿科主任
林坤剑 沙县南阳乡大基村村委会主任
范一平 三明市青杉活性炭有限公司总经理
钱美清（女） 沙县金富兰茶厂技术员
蔡尊水 尤溪县第五中学校长
杨 彬 尤溪县食用菌技术推广站站长
张锦玉（女） 尤溪县汤川乡卫生院医生
陈锡桓 尤溪县林业科技推广中心工程师
程宏琦 尤溪县规划勘测设计院院长
郭先飞 国网福建尤溪县供电有限公司运检部主任
詹祖亮 尤溪县医院超声科主任
肖启良 福建德为聚纤有限公司会计
周开跃 尤溪县溪尾乡溪尾村农民
柳建民 国网福建大田县供电有限公司党委书记兼副总经理
李勤模 大田县人民法院建设人民法庭庭长
陈细慧（女） 大田县林业局办事大厅副主任
陈开佳 中国人民银行大田县支行信贷调统股股长
郭传科 大田县城建监察大队市容中队长
章瑞任 中国邮政速递物流股份有限公司大田营业部见习客户经理
杨春燕（女） 大田县南湖针织时装有限公司后整查补车间主任
叶清城 福建育灯纺织有限公司职工
肖基传 大田县桃源镇兰玉村党支部书记
欧金怀 厦工（三明）重型机器有限公司技术中心副主任、总工艺师
张淑云（女） 三明职业技术学院轻纺工业系主任
吕仙桃（女） 三明市少年儿童业余体育学校举重教练
包著彬 三明市卫生和计划生育委员会主任、党组副书记
邓水珠（女） 三明市第一医院手术室护士长
邱杭发 三明市公安局交警支队科设大队副大队长
陈长回 福建省三明市检察院宣传处处长
邓淑萍（女） 福建省三明市中级人民法院审监庭庭长
张清明 三明市烟草专卖局局长(经理)
林志宏 中国移动通信集团福建有限公司三明分公司总经理
罗克伟 国网福建省电力有限公司三明供电公司总经理
吴新冠 三明市社会劳动保险管理中心主任
廖善谷 三明市财政局预算科科长
高 鹏 兴业银行股份有限公司三明分行党委书记、行长
林 铮 福建三明三重铸锻有限公司造型车间外模班班长

陈　明　福建三农化学农药有限责任公司六氟车间主任
谢淑忠　福建省三明纺织股份有限公司牛仔布作业区作业长
谢超志　三明市毅君机械铸造有限公司熔炼工段长
李　勤　三明市特殊教育学校校长
刘持标　三明学院信息工程学院副院长
曾艳娟（女）　三明市列东中学教师
刘宝强　福建省三明第一中学教研组副组长
陆小均　三明市市政工程管理处职工
陈海仙　三明市交通建设投资有限公司副总工程师
原钟霖　福建省三明市公共交通公司党委书记、总经理
张财生　三明机场建设总公司工程技术部经理
王善东　福建省三明双轮化工机械有限公司总装检验班长
林锡功　三明市城市建设投资集团有限公司总经理助理
严海华　三明市明源水电有限公司劳服公司副总经理
卢芳颖　福建省三钢（集团）有限责任公司常务副总经理
林先对　福建省三钢（集团）有限责任公司三化公司生产科科长
庄建文　福建省三钢（集团）有限责任公司中板厂中板车间工段长
郭建腾　福建省三钢（集团）有限责任公司高线厂高线车间工段长

2016 年“全国三八红旗手”

兰爱珍　清流爱珍豆腐皮专业合作社理事长

2015 年度“全国优秀共青团员”、第十三届“福建青年五四奖章集体”和“福建省青年五四奖章”

2016 年 5 月 3 日，福建省举行纪念五四运动 97 周年暨“聚焦创新创业　助力脱贫攻坚”青年典型分享会，表彰第十三届福建青年五四奖章集体和个人，2015 年度福建省五四红旗团委、团（总）支部，优秀共青团员，优秀共青团干部。三明市共有 2 个优秀青年集体获第十三届“福建青年五四奖章集体”、4 名优秀青年获第十三届“福建青年五四奖章”。

“全国优秀共青团员”

吴长翔　国家电网三明供电公司高压线路带电检修工

第十三届“福建青年五四奖章集体”

机械科学研究总院海西分院团队
沙县公安局青州派出所

第十三届“福建青年五四奖章”

帅珍珠　建宁县邮政局投递员
马兰英　三明市特殊教育学校高级教师
蔡光璟　尤溪县管前镇政府高级农艺师
江锦华　三明市客家文化艺术中心党支部书记

责任编辑：张　宣

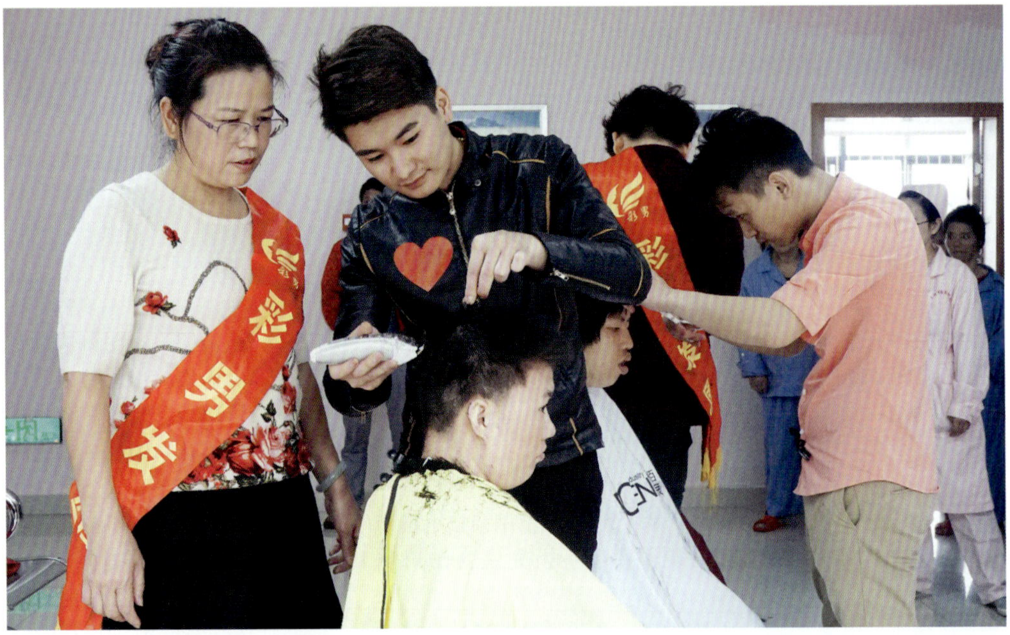

2016 年 11 月 15 日，“中国助人为乐好人”庄彩男（左一）与三明市美容美发协会、梅列区道德模范身边好人联谊会的爱心理发师、“身边好人”一起来到市康复疗养院，开展奉献日活动　（周志鸿 摄）

附 录

APPENDIX

统 计 资 料

2016 年三明市国民经济主要指标

表 26

项 目	单位	2004 年	2005 年	2006 年	2007 年	2008 年	2009 年	2010 年	2011 年	2012 年	2013 年	2014 年	2015 年	2016 年
1、地区生产总值	万元	3444700	4062277	4705847	5717644	7230052	8002444	9751020	12118142	13348211	14864567	16212064	17130478	18608197
第一产业	万元	869200	931355	1023234	1188069	1385046	1462808	1682631	1952978	2109988	2255944	2448379	2520836	2755911
第二产业	万元	1298500	1626192	1924892	2405715	3271254	3653587	4802226	6108960	6777888	7810702	8509797	8751635	9321998
第三产业	万元	1277000	1504730	1757721	2123860	2573752	2886049	3266163	4056204	4460335	4797921	5253888	5858007	6530288
财政总收入	万元	332963	375454	430265	532877	631510	671791	821625	1054580	1216843	1369011	1349599	1306681	1343736
地方财政收入	万元	173776	193328	220268	274867	329580	379648	496415	645368	774353	898450	909210	936821	946978
金融系统人民币存款年末余额	万元	173776	3380751	4021972	4255097	5131207	6372382	7544711	9032853	10686543	11845647	12057316	13337535	14900918
金融系统人民币贷款年末余额	万元	2086789	2338762	2867335	3470883	4070225	5570083	6947590	8267179	9850351	11153646	11936828	12071004	12644809
2、年末户籍总人口	万元	267.94	268.13	268.63	269.50	270.15	271.06	272.73	273.35	274.24	278.46	284.01	284.21	287.46
3、全社会从业人员	万元	115.42	117.17	—	133.11	137.07	140.41	147.34	152.62	161.08	162.20	166.95	172.23	179.01
#在岗职工	万元	20.85	20.70	20.69	20.71	20.55	20.58	20.59	21.35	21.6	21.55	21.33	21.58	20.81
城镇个私劳动者	万元	9.90	11.64	15.14	16.23	17.75	19.82	23.53	25.79	29.28	31.97	35.27	40.65	47.89
4、固定资产投资	万元	1247147	1601400	2321151	3514163	4985812	6609257	8273469	9001956	10928616	13341251	16030831	19120197	21417227
5、物价指数(以上年价格为 100)	%	104.2	102.2	101.1	104.5	104.9	98.5	103.4	105.1	102.3	102.4	102.0	101.4	101.1

续表 26

项　目	单位	2004年	2005年	2006年	2007年	2008年	2009年	2010年	2011年	2012年	2013年	2014年	2015年	2016年
6、人民生活														
职工平均工资	元	15050	16203	18412	21356	24181	27384	30610	37603	42299	47374	52087	57807	62712
城镇居民人均可支配收入	元	9968	11397	12627	14246	16013	16500	18194	20778	23429	22890	25197	27393	29677
农村居民人均可支配收入	元	3886	4209	4568	5141	16013	6327	6949	8205	9375	10530	11665	12806	13918
城乡人民币储蓄存款年末余额	万元	1717262	2046218	2350928	2392333	2937814	3515300	3972498	4553820	5375274	6010434	6302771	6758402	7434856
7.农林牧渔业总产值	万元	1388629	1527664	1608131	1890678	2212071	2332157	2691728	3131565	3379237	3683102	3997522	4149018	4553426
8.全部工业总产值	万元	3586513	4333554	5341499	7024947	9596566	10405752	13946392	20502619	23500242	26761039	31283416	33768802	37150570
9.社会消费品零售总额	万元	983107	1084176	1221998	1426030	1720929	2016513	2395618	2844796	3190736	3603936	4048452	4444655	4806339
10.进出口总额	万美元	32107	53677	60500	87112	79360	88190	127893	177437	238300	163218	204291	212252	216668
出口总额	万美元	24861	46025	53769	80942	70049	76233	112724	154530	220200	134355	177815	190744	200286
进口总额	万美元	7246	7652	6731	6170	9311	11957	15169	22907	18100	28863	26476	21508	16382
实际利用外商直接投资金额(验资口径)	万美元		4632	5100	5350	6600	7460	8635	9201	10300	12500	14033	15636	17090

表 27

2016 年九个设区市主要经济和社会指标对比（一）

	地区生产总值(GDP)(亿元)				农林牧渔业总产值(亿元)				规模以上工业增加值(亿元)				固定资产投资(亿元)			
	绝对值	位次	增幅(%)	位次	绝对值	位次	增幅(%)	位次	绝对值	位次	增幅(%)	位次	绝对值	位次	增幅(%)	位次
全省	28519.15	—	8.4	—	4155.68	—	3.7	—	10644.80	—	7.6	—	23107.49	—	8.5	—
福州	6197.64	2	8.5	3	866.25	1	4.1	4	1954.32	2	7.7	4	5184.36	1	6.8	7
厦门	3784.27	3	7.9	6	43.70	9	-4.9	9	1266.38	4	5.4	9	2159.81	5	14.4	2
莆田	1823.43	7	8.9	2	230.54	8	1.3	8	800.32	5	8.2	1	1938.08	7	11.8	5
三明	1860.82	6	7.8	7	455.34	5	4.4	2	745.16	6	7.5	6	2141.72	6	12.0	4
泉州	6646.63	1	8.0	5	357.26	7	2.5	7	2907.74	1	7.7	4	3748.01	2	10.0	6
漳州	3125.35	4	9.3	1	766.10	2	4.3	3	1310.50	3	8.1	3	2827.93	3	12.4	3
南平	1457.74	9	6.8	9	555.03	3	4.5	1	456.63	9	7.2	8	1694.40	8	-4.5	9
龙岩	1895.67	5	8.1	4	378.03	6	3.8	6	532.46	8	7.4	7	2188.04	4	15.2	1
宁德	1623.11	8	7.5	8	503.44	4	4.0	5	671.26	7	8.2	1	1225.15	9	-2.6	6

注：全社会固定资产投资=固定资产投资+农户投资，固定资产投资=项目投资+房地产开发投资

(二)

	社会消费品零售总额(亿元)				出口总值(亿元)				实际利用外资(验资口径、亿美元)				公共财政总收入(亿元)				地方公共财政收入(亿元)			
	绝对值	位次	增幅(%)	位次	绝对值	位次	增幅(%)	位次	绝对值	位次	增幅(%)	位次	绝对值	位次	增幅(%)	位次	绝对值	位次	增幅(%)	位次
全省	11674.54	–	11.1	–	6838.87	–	–2.2	–	81.95	–	6.7	–	4297.91	–	3.7	–	2654.78	–	4.4	–
福州	3763.14	1	11.6	3	1406.79	2	8.9	3	18.14	2	8.1	5	934.06	2	10	1	598.91	2	6.9	2
厦门	1283.46	3	9.8	8	3094.22	1	–6.7	8	22.24	1	6.2	7	1083.31	1	8.2	2	647.92	1	6.9	2
莆田	623.13	6	11.5	4	199.15	6	1.5	5	4.00	5	6.0	8	180.09	6	–2.8	7	115.73	6	0.1	7
三明	480.63	9	9.6	9	131.02	8	12.0	2	1.71	8	9.3	4	134.37	8	2.8	5	94.70	8	1.1	6
泉州	2724.65	8	10.8	5	1072.72	3	–5.0	7	16.28	3	3.0	9	769.86	3	–4.3	9	424.08	3	9.2	1
漳州	875.59	4	12.7	2	478.77	4	3.3	4	11.64	4	7.2	6	287.68	4	4.7	4	187.64	4	4.8	5
南平	556.68	7	10.5	6	79.06	9	13.4	1	1.62	9	11.8	1	119.26	9	–4.0	8	82.97	9	–4.0	9
龙岩	729.00	5	14.0	1	156.52	7	–1.8	6	2.95	6	10.0	3	266.07	5	–1.4	6	131.41	5	5.5	4
宁德	512.35	8	10.1	7	213.07	5	–12.1	9	2.31	7	10.1	2	155.09	7	5.2	3	100.97	7	–3.3	8

(三)

	金融机构本外币存款余额(亿元)				金融机构本外币贷款余额(亿元)				居民消费价格总指数(%)				城镇单位在岗职工(含劳务派遣工)平均工资(元)				土地面积(平方千米)		常住人口(万人)		城镇化水平(%)	
	绝对值	位次	增幅(%)	位次	绝对值	位次	增幅(%)	位次	12月	位次	1-12月累计	位次	绝对值	位次	增幅(%)	位次	绝对值	位次	绝对值	位次	绝对值	位次
全省	40487.03	-	9.9	-	37787.26	-	12.2	-	101.9	-	101.7	-	63138	-	7.5		123951.20	-	3874	-	63.6	-
福州	12432.31	1	10.3	5	12538.24	1	12.8	3	102.4	1	102.3	1	67630	2	8.2	4	12250.70	6	757	2	68.5	2
厦门	9788.27	2	10.3	5	8617.24	2	13.9	1	102.2	2	101.7	2	69218	1	7.6	7	1699.40	9	392	4	89.0	1
莆田	1712.39	6	6.5	8	1654.16	5	12.8	3	101.3	8	101.3	7	56511	9	7.9	6	4130.80	9	289	5	58.1	4
三明	1500.45	8	11.7	2	1654.16	8	4.7	9	101.1	9	101.1	9	62712	3	8.5	2	22964.80	2	255	9	57.5	5
泉州	6790.41	3	2.7	9	5865.47	3	8.0	5	101.9	3	101.7	2	57141	8	5.7	9	11286.60	7	858	1	64.5	3
漳州	2558.26	4	9.0	7	2167.30	4	13.7	2	101.9	3	101.5	4	61085	5	8.6	1	12879.60	5	505	3	56.2	6
南平	1577.90	7	11.4	4	1172.09	9	7.0	6	101.4	7	101.3	7	59537	6	8.1	5	26279.70	1	266	7	54.8	7
龙岩	1763.93	5	11.6	3	1454.14	7	5.6	8	101.9	3	101.5	4	59329	7	7.0	8	19027.60	3	263	8	53.8	9
宁德	1364.33	9	11.9	1	1493.69	6	6.6	7	101.6	6	101.4	6	61309	4	8.3	3	13432.00	4	289	5	54.4	8

（四）

	全体居民人均可支配收入(元)				城镇居民人均可支配收入(元)				农村居民人均可支配收入(元)				全体居民人均生活消费支出(元)				城镇居民人均生活消费支出(元)				农村居民人均生活消费支出(元)			
	绝对值	位次	增幅(%)	位次	绝对值	位次	增幅(%)	位次	绝对值	位次	增幅(%)	位次	绝对值	位次	增幅(%)	位次	绝对值	位次	增幅(%)	位次	绝对值	位次	增幅(%)	位次
全省	27608		8.7		36014		8.2		14999		8.7		20167		7.0		25006		6.3		12911		7.9	
福州	30045	3	8.1	7	37833	3	8.2	5	16346	3	7.5	9	21913	2	6.5	7	26392	2	6.3	7	14033	2	6.7	9
厦门	43143	1	8.7	4	46254	1	8.6	3	18885	1	7.6	8	29211	1	6.8	6	30867	1	6.7	4	16300	1	6.8	8
莆田	23623	4	8.9	3	31818	4	8.7	2	15131	5	9.0	3	17335	4	7.5	3	21584	4	6.8	3	12932	4	8.2	3
三明	22173	6	8.5	6	29677	7	8.3	4	13918	7	8.7	4	16142	5	6.9	4	21183	6	6.4	6	10598	8	7.8	6
泉州	30855	2	7.6	9	39656	2	6.4	9	17179	2	8.3	7	20617	3	6.1	9	25210	3	5.0	9	13480	3	6.9	7
漳州	22784	5	10.1	1	30726	5	9.7	1	15320	4	10.5	1	16075	6	8.5	1	21467	5	7.5	2	11006	5	9.5	1
南平	21073	8	8.6	5	27818	9	6.5	8	13331	9	8.7	4	14585	9	6.9	4	18503	9	9.0	1	10087	9	7.9	4
龙岩	22142	7	8.0	8	30408	6	7.8	7	14429	6	8.7	4	15592	7	6.5	7	20784	7	5.9	8	10748	6	7.9	4
宁德	20905	9	9.0	2	28164	8	8.2	5	13516	8	9.1	2	15355	8	7.6	2	19982	8	6.5	5	10646	7	8.4	2

（五）

	国内游客（万人次）		国内旅游收入（亿元）		入境游客（万人次）		旅游外汇收入（亿美元）		旅游总人数（万人次）		旅游总收入（亿元）	
	2016年	增幅（%）	2016年	增幅（%）	2016年	增幅（%）	2016年	增幅（%）	2016年	增幅（%）	2016年	增幅（%）
全省	30864.30	18.1	3495.21	24.9	680.79	15.1	66.26	19.1	31545.09	18.1	3935.16	25.3
福州	5413.66	18.6	573.87	25.3	108.68	12.5	13.47	12.2	5522.34	18.5	663.3	24.7
厦门	4903.88	14.9	765.55	20.7	292.72	10.2	32.33	35.8	5196.60	14.6	980.24	25.4
莆田	2315.67	18.8	186.01	28.6	31.14	15.4	2.71	14.6	2346.81	18.7	203.97	28.1
三明	2286.62	17.5	187.05	27.2	6.51	23.5	0.57	18.1	2293.13	17.5	190.84	27.2
泉州	4380.20	18.2	580.81	23.4	131.00	17.9	11.26	–0.2	4511.20	18.2	655.60	21.3
漳州	2605.88	18.9	276.74	25.9	55.47	30.7	3.15	–2.2	2660.55	19.2	297.63	24.2
南平	3404.71	17.8	452.60	26.9	37.01	21.8	1.65	–2.9	3441.72	17.9	463.57	26.3
龙岩	3045.22	20.7	247.69	28.6	13.90	40.9	0.86	43.9	3059.12	20.8	253.42	29.1
宁德	2205.92	20.2	193.79	29.7	3.29	31.5	0.22	51.0	2209.21	20.2	195.23	29.9

2016年三明市国民经济和社会发展统计公报

三明市统计局　国家统计局三明调查队

2017年3月6日

2016年，面对国内外复杂严峻的发展环境，全市凝心聚力、攻坚克难，全力以赴稳增长、促改革、调结构、强动力、惠民生、防风险，全力推动三明科学发展跨越发展，各项事业建设取得新成效。

一、综合

2016年年末，全市常住人口255.0万人，比上年末增加2.0万人，其中城镇常住人口146.6万人，占总人口比重为57.5%，比上年末提高1.2个百分点。全年出生人口3.8万人，出生率为15.0‰；死亡人口1.7万人，死亡率为6.8‰；自然增长率为8.2‰。

2016年年末人口数及其构成

表28

指标	年末数(万人)	比重(%)
常住人口	255.0	100.0
其中:城镇	146.6	57.5
农村	108.4	42.5
其中:男性	133.4	52.3
女性	121.6	47.7
其中:0~14岁	41.3	16.2
15~64岁	189.2	74.2
65岁及以上	24.5	9.6

国民经济平稳增长。初步核算，全年实现地区生产总值1860.82亿元，比上年增长7.8%。其中，第一产业增加值275.59亿元，增长4.3%；第二产业增加值932.20亿元，增长7.3%；第三产业增加值653.03亿元，增长10.0%。人均地区生产总值73261元，比上年增长6.9%。第一产业增加值占地区生产总值的比重为14.8%，第二产业增加值比重为50.1%，第三产业增加值比重为35.1%。

就业持续增加。全年城镇新增就业1.98万人，有1.38万下岗人员实现了再就业。年末城镇登记失业率为2.37%。

价格水平涨幅较低。全年居民消费价格比上年上涨1.1%，其中，食品烟酒价格上涨3.4%。商品零售价格上涨0.9%。工业生产者出厂价格下降0.9%。

2016年居民消费价格比上年涨跌幅度

表29

指标	全市(%)	城市(%)	农村(%)
居民消费价格总水平	1.1	1.0	1.3
食品烟酒	3.4	3.1	4.2
其中:粮食	0.1	0.7	-1.0
畜肉	8.7	7.8	10.8
食用油	1.1	1.7	1.2
蛋类	-3.1	-2.9	-3.6
鲜菜	12.3	10.9	16.8
鲜果	-4.4	-6.5	1.3
烟酒	2.5	2.6	2.4
衣着	1.4	1.6	0.9
居住	-1.7	-1.7	-1.9
生活用品及服务	-0.1	0.1	-0.5
交通和通信	-0.8	-0.7	-1.2
教育文化和娱乐	1.1	1.2	0.8
医疗保健	3.4	3.1	4.0
其他用品和服务	1.9	1.8	2.2

财政收入平稳增长。全年公共财政总收入134.37亿元，比上年增长2.8%，其中，地方公共财政收入94.70亿元，增长1.1%；公共财政支出253.15亿元，增长5.2%。全市国税总收入（含海关代征）62.73亿元，增长27.4%；全市地税系统组织各项收入82.73亿元，下降11.3%。

二、农业

农业生产增势较好。全年农林牧渔业完成总产值455.34亿元，比上年增长4.4%。粮食种植面积331.97万亩，比上年增加0.23万亩，其中稻谷面积216.27万亩，减少1.93万亩；烟叶种植面积46.46万亩，减少0.06万亩；油料种植面积20.48万亩，增加0.76万亩；蔬菜种植面积166.95万亩，增加3.15万亩。

全年粮食产量117.38万吨，比上年减少0.36万吨，下降

0.3%。其中，稻谷产量 88.68 万吨，减产 1.30 万吨，下降 1.4%。

2016 年主要农产品产量

表 30

产品名称	产量(万吨)	比上年增长(%)
粮食	117.38	-0.3
春收	5.51	5.0
夏收	12.16	-3.7
秋收	99.71	-0.2
油料	3.14	5.2
其中:花生	2.74	4.8
油菜籽	0.37	7.9
糖料	5.13	-1.5
甘蔗	5.13	-1.5
烤烟	6.05	-1.6
茶叶	4.32	9.5
水果	122	4.0
蔬菜	275.60	2.0
食用菌	11.44	5.4

全年肉蛋奶总产量 21.59 万吨，比上年增长 13.2%。肉类总产量 19.07 万吨，增长 14.8%。其中，猪肉产量 13.66 万吨，增长 8.3 %；牛肉产量 0.47 万吨，增长 4.8%；羊肉产量 0.33 万吨，增长 7.1%。年末生猪存栏 98.24 万头，下降 7.0%；生猪出栏 172.50 万头，增长 8.1%。牛奶产量 0.37 万吨，下降 0.9%。

全年水产品产量 11.11 万吨，比上年增长 5.5%。

全年新增（恢复）有效灌溉面积 3.68 万亩，新增节水灌溉面积 16.86 万亩。

农业产业化持续推进，新增 476 家农民专业合作社，总数达 4083 家。促进和规范农村土地承包经营权流转，新增土地流转面积 4.41 万亩，累计流转面积达到 79 万亩，占承包耕地面积的 33.5%。

三、工业和建筑业

工业生产平稳运行。全年规模以上工业增加值 845.78 亿元，比上年增长 7.5%。

全市规模以上非公企业实现增加值 743.75 亿元，增长 8.3%，高于全市平均水平 0.8 个百分点；其中私营企业实现增加值 653.79 亿元，增长 8.8%，高于全市平均水平 1.3 个百分点。

2016 年规模以上工业增加值主要分类情况

表 31

指标	绝对数(亿元)	比上年增长(%)
工业增加值	845.78	7.5
其中:国有控股企业	75.79	-0.6
其中:国有企业	0.74	11.8
集体企业	19.05	5.4
股份制企业	762.78	7.8
外商及港澳台投资企业	42.36	2.2
其中:私营企业	653.79	8.8
轻工业	286.29	8.8
重工业	559.49	6.9

全市规模工业中冶金、林产等七个主要产业实现增加值 714.55 亿元，占全市规模工业增加值总量的 84.5%；增长 8.0%，高于规上工业增速 0.5 个百分点。

2016 年规模工业主要产业增加值情况

表 32

产业	总量(亿元)	比上年增长(%)
主要产业合计	714.55	8.0
冶金	67.23	6.6
林产	165.56	7.1
机械	95.77	9.6
采矿	110.44	6.3
纺织	99.28	8.1
化工	97.96	8.3
建材	78.30	11.8

规模以上工业的 38 个行业大类中有 34 个行业增加值实现增长，其中有 17 个行业实现两位数较快增长，占全市工业大类行业的 44.7%。高技术产业实现增加值 20.72 亿元，比上年增长 7.5%。

2016 年规模以上工业企业主要工业产品产量

表 33

产品名称	单位	产量	比上年增长(%)
布	亿米	21.85	10.5
合成纤维	万吨	13.03	35.7
机制纸及纸板	万吨	65.76	0.4
塑料制品	万吨	30.38	7.8
化肥	万吨	9.61	-42.0
化学原料药	吨	4720.53	-20.9
粗钢	万吨	624.31	4.3
生铁	万吨	603.41	5.5
钢材	万吨	652.00	7.8

续表 33

产品名称	单位	产量	比上年增长(%)
人造板	万立方米	727.17	-8.1
发电量	亿千瓦时	127.31	14.7
水泥	万吨	2176.18	1.6
汽车	辆	22923	14.6

全年规模以上工业企业实现利润 86.71 亿元，比上年增长 38.1%；其中国有及国有控股企业 12.59 亿元，增长 2.8 倍；国有企业 0.08 亿元，下降 12.3%，集体企业 0.27 亿元，下降 27.2%，股份制企业 79.76 亿元，增长 40.6%，外商及港澳台商投资企业 4.34 亿元，增长 19.7%；私营企业 62.97 亿元，增长 3.2%。规模以上工业企业每百元主营业务收入中的成本为 91.65 元，主营业务收入利润率为 2.54%。

全年全社会建筑业实现增加值 180.38 亿元，比上年增长 6.4%。全市具有资质等级的总承包和专业承包建筑业企业完成建筑业总产值 556.34 亿元，增长 0.2%；房屋施工面积 4642.62 万平方米，下降 1.1%；房屋建筑竣工面积 1811.11 万平方米，下降 12.8%。

四、固定资产投资

固定资产投资较快增长。全年固定资产投资（不含农户）2141.72 亿元，增长 12.0%，其中房地产投资 104.37 亿元，下降 19.9%。

2016 年固定资产投资(不含农户)情况

表 34

指标	投资额(亿元)	比上年增长(%)
固定资产投资(不含农户)	2141.72	12.0
按购成分		
项目投资	2037.36	14.3
房地产开发投资	104.37	-19.9
按产业分		
第一产业	146.69	43.1
第二产业	1026.88	-0.8
其中:工业	1024.74	-0.6
第三产业	965.15	25.0

在固定资产投资（不含农户）中，第一产业投资增长 43.1%；第二产业投资下降 0.8%，其中，工业投资下降 0.6%；第三产业投资增长 25.0%。从到位资金情况看，全年到位资金 2058.75 亿元，比上年增长 13.5%。其中，国家预算资金增长 121.8%，国内贷款下降 14.5%，利用外资增长 1194.7%，自筹资金增长 14.5%，其他资金下降 5.2%。

2016 年分行业固定资产投资(不含农户)情况

表 35

行业	投资额(亿元)	比上年增长(%)
总计	2141.72	12.0
农、林、牧、渔行业	149.69	43.1
采矿业	80.56	-9.8
制造业	891.04	-1.3
电力、燃气及水的生产和供应业	53.14	35.2
建筑业	2.13	-43.1
批发和零售业	116.19	28.5
交通运输、仓储和邮政业	234.82	-3.5
住宿和餐饮业	17.46	-35.6
信息传输、软件和信息技术服务业	8.07	410.9
金融业	1.17	153.4
房地产业	141.71	-11.3
租赁和商务服务业	25.47	249.5
科学研究和技术服务业	17.37	145.4
水利、环境和公共设施管理业	301.77	76.7
居民服务、维修和其他服务业	6.41	-2.1
教育	27.83	42.0
卫生和社会工作	23.09	68.8
文化、体育和娱乐业	22.06	19.2
公共管理、社会保障和社会组织	21.72	245.9

全年房地产开发投资 104.37 亿元，比上年下降 19.9 %。其中，住宅投资 69.56 亿元，下降 23.6%；办公楼投资 3.34 亿元，下降 33.2%；商业营业用房投资 15.32 亿元，下降 20.3%。

2016 年房地产开发和销售主要指标完成情况

表 36

指标	单位	绝对数	比上年增长(%)
投资完成额	亿元	104.37	-19.9
其中:住宅	亿元	68.56	-23.6
其中:90 平方米及以下	亿元	16.56	-30.1
房屋施工面积	万平方米	1467.35	3.5
其中:住宅	万平方米	946.77	0.2
房屋新开工面积	万平方米	136.81	-27.8
其中:住宅	万平方米	91.21	-25.4
房屋竣工面积	万平方米	244.23	15.9

续表 36

指标	单位	绝对数	比上年增长(%)
其中:住宅	万平方米	188.50	17.6
房屋销售面积	万平方米	225.21	-3.1
其中:住宅	万平方米	193.38	-2.4
本年资金来源	亿元	107.27	-25.8
其中:国内贷款	亿元	6.16	6.6
其中:个人按揭贷款	亿元	18.86	-28.1
本年土地购置面积	万平方米	10.82	-50.8
土地购置费	亿元	19.04	-0.8

五、国内贸易

市场销售平稳增长。全年社会消费品零售总额 480.63 亿元，比上年增长 9.6%。其中：限上企业零售额 226.97 亿元，增长 9.3%；限下企业和个体户零售额 253.66 亿元，增长 9.8%。

电子商务交易活跃。全年限额以上企业实现网上零售额 38.23 亿元，比上年增长 28.7%。“正统网”入驻电子商务企业 328 家,比上年增加 56 家。

在限额以上企业商品零售额中，通讯器材类零售额比上年增长 51.1%，服装鞋帽针纺织品类增长 23.7%，化妆品类增长 22.6%，家具类增长 26.9%，家用电器和音响器材类增长 12.4%，金银珠宝类增长 9.3%，粮油食品类增长 3.6%，日用品类增长 3%，汽车类增长 1.9%，石油及制品类下降 16.3%。

六、对港、台及对外

出口较快增长。全年进出口总额 141.82 亿元人民币，比上年增长 8.8%；以美元计价为 21.68 亿美元。其中，出口 131.02 亿元人民币，增长 12.0%，以美元计价为 20.03 亿美元；进口 10.80 亿元人民币，下降 19.2%，以美元计价为 1.65 亿美元。进出口顺差 120.22 亿元人民币，比上年增加 15.88 亿元人民币。

2016 年进出口主要分类情况

表 37

指标	绝对数(万美元)	比上年增长(%)
进出口总额	216820	8.8
出口额	200306	12.0
其中:一般贸易	208121	10.0
加工贸易	2607	64.9
其中:机电产品	25005	-59.4
其中:高新技术产品	2598	-78.0
进口额	16500	-19.2
其中:一般贸易	14811	-23.8

续表 37

指标	绝对数(万美元)	比上年增长(%)
加工贸易	1245	-34.8
其中:机电产品	1087	218.8
其中:高新技术产品	333	566.0

2016 年对主要国家和地区进出口情况

表 38

国家和地区	出口额(万美元)	比上年增长(%)	进口额(万美元)	比上年增长(%)
美国	31371	-5.9	1189	-41.5
欧盟	25597	26.2	5674	55.8
东盟	42632	14.7	1411	-38.4
日本	9204	17.3	811	102.8
香港地区	1829	-93.4	0	-100.0
台湾地区	6677	67.3	742	-42.9
韩国	10448	28.2	67	-3.0
俄罗斯联邦	2036	36.8	663	148.3

批准设立和备案外商直接投资项目 26 个，比上年下降 3.7%。实际利用外商直接投资 1.71 亿美元，增长 9.3%。

2016 年分行业外商直接投资情况

表 39

行业	合同项目(个)	实际利用金额(万美元)
总计	26	17000
农、林、牧、渔业	8	8065
制造业	10	7871
建筑业	1	
批发和零售业	4	86
信息传输、软件和信息技术服务业	1	
租赁和商务服务业	2	308

七、交通、邮电和旅游

交通运输保持增长。全年交通运输、仓储和邮政业实现增加值 109.07 亿元，比上年增长 4.4%。公路通车里程 14915 公里，增长 2.0%；其中高速公路 652 公里，高速公路通车里程居全省前列。三明沙县机场自 2016 年 3 月 7 日通航以来，先后开通了上海–三明、北京–武汉–三明、深圳–三明、广州–三明–唐山四条往返航班航线。

2016 年各种运输方式完成货物运输量情况

表 40

指标	单位	绝对数	比上年增长(%)
货运量	万吨	9978.72	7.5
铁路	万吨	690.32	-6.6
公路	万吨	9288.39	8.7
水运	万吨	0	
民航	万吨	0.01	

2016 年各种运输方式完成旅客运输量情况

表 41

指标	单位	绝对数	比上年增长(%)
旅客发送量	万人	303201	3.3
铁路	万人	648.07	2.8
公路	万人	2343.07	3.2
水运	万人	33.85	-3.1
民航	万人	7.02	

年末全市汽车保有量 21.00 万辆，比上年末增长 12.5%，其中私人汽车保有量 18.28 万辆，增长 15.0%。轿车保有量 12.13 万辆，增长 15.7%，其中私人轿车保有量 11.28 万辆，增长 17.0%。

全年完成邮政业业务总量 5.87 亿元，比上年增长 33.0%；邮政业务收入 5.85 亿元，增长 19.0%；邮政业完成邮政函件业务 242.22 万件，下降 37.0%；包裹业务 2.41 万件，下降 44.5%；快递业务量 1727.78 万件，增长 57.2%。全市电信业务总量 56.96 亿元，增长 42.3%；电信业业务收入 20.35 亿元，增长 5.7%。年末全市电话用户总数 286.69 万户，增加 0.98 万户，其中：固定电话用户 48.71 万户，减少 1 万户；移动电话用户 237.98 万户，增加 1.98 万户，其中,4G 电话用户 132.49 万户，净增 55.87 万户。全市互联网用户 238.02 万户，增加 36.18 万户，其中:固定宽带用户 62.15 万户，增加 14.80 万户；移动互联网用户 157.87 万户，增加 21.39 万户。移动电话基站 1.57 万个，增长 12.0%。

全年接待游客 2293.13 万人次，实现旅游总收入 190.84 亿元，分别比上年增长 17.5%和 27.2%。其中，接待国内游客 2286.62 万人次，增长 17.5%，国内旅游收入 187.05 亿元，增长 27.2%；入境游客 6.51 万人次，增长 23.5%，国际旅游外汇收入 0.57 亿美元，增长 18.1%。

八、金融

金融市场运行总体平稳。年末全市金融机构本外币各项存款余额 1500.45 亿元，比上年末增长 11.7%；金融机构本外币各项贷款余额 1264.91 亿元，增长 4.7%。

2016 年全部金融机构本外币存贷款情况

表 42

指标	年末数(亿元)	比上年末增长(%)
各项存款余额	1500.45	11.7
其中:非金融企业存款	350.09	15.4
住户存款	765.29	10.6
其中:人民币存款	1490.09	11.7
各项贷款余额	1264.91	4.7
其中:非金融企业及机关团体贷款	725.55	6.0
住户贷款	539.31	3.0
其中:人民币贷款	1264.48	4.8

全年内外资保险公司保费收入 52.77 亿元，比上年增长 15.9%；支付各类赔款及给付 14.87 亿元，增长 31.9%。

九、人民生活和社会保障

城乡居民收入继续增加。2016 年全市居民人均可支配收入 22173 元，比上年增长 8.5%；扣除价格因素，实际增长 7.3%。其中，农村居民人均可支配收入 13918 元，比上年增长 8.7%，扣除价格因素，实际增长 7.3%；城镇居民人均可支配收入 29677 元，比上年增长 8.3%，扣除价格因素，实际增长 7.2 %。农村居民食品消费支出占消费总支出的比重为 38.2%，城镇居民为 35%。

年末全市城镇企业职工养老保险人数 45.70 万人，比上年增加 0.95 万人。其中，在职 33.25 万人，离退休人员 12.45 万人，全部实现养老金按时足额发放。参加城乡居民社会养老保险人数 120.85 万人,比上年增加 0.51 万人,其中参保缴费城乡居民 87.06 万人,领取养老金 33.79 万人。参加职工基本医疗保险 40.29 万人；参加城乡居民基本医疗保险 221.21 万人,增加 0.29 万人。参加失业保险人数 32.05 万人，增加 1.49 万人。年末全市领取失业保险金人数 0.62 万人，减少 0.02 万人。纳入城市最低生活保障的居民 0.58 万人，减少 0.30 万人；纳入农村最低生活保障的居民 3.15 万人，减少 1.05 万人；“五保”供养对象 0.49 万人。

年末全市养老机构床位数增至 13286 张，每千名老人拥有养老床位 31 张。全市建立各类社区服务机构 492 个，其中社区服务中心（站）185 个。全年销售社会福利彩票 15788 万元，筹集社会福利资金 1400 万元，直接接收社会捐赠款 1067 万元。

十、教育和科学技术

教育和科技事业持续发展。全市普通高等教育招生 7155 人，在校生 24648 人，毕业生 6984 人。成人高等教育招生 2506 人，在校生 4760 人，毕业生 1644 人。各类中等职业教育招生 1.03 万人，在校生 3.07 万人，毕业生 1.24 万人。普通高中招生 1.59 万人，在校生 4.76 万人，毕业生 1.47 万人。普通初中招生 2.64 万人，在校生 7.58 万人，毕业生 2.54 万人。普通小学招生 3.53 万人，在校生 18.49 万人，毕业生 2.63 万人。特殊教育在校生 0.21 万人。幼儿园在园幼儿 10.38 万人。

初中毕业生普高升学率62.6%，初中阶段适龄人口入学率99.18%。小学学龄人口入学率100%。幼儿入园率97.24%。全市高考文史、理工类报名人数1.4万人。全市5351人、9037人次参加自学考试，5347人次获得单科合格证书，118人获得本、专科毕业证书。

全年研究与试验发展（R&D）经费支出15.21亿元，比上年下降2.0%，占全市生产总值的0.89% [4]。全市列入省级及以上科技计划项目有50个。其中中央引导地方科技发展专项资金项目1个、省科技重大专项2个、省区域发展项目6个、中科院STS专项1个。新认定34家国家高新技术企业，共有65家。新增省级知识产权优势企业8家，共有国家级知识产权优势企业4家，省级知识产权优势企业37家。新增省级创新型试点企业9家，共有国家创新型试点企业2家、省级创新型企业48家、省级创新型试点企业28家、省级科技型企业335家。新增省级（企业）工程技术研究中心3家，共有重点实验室6个、省级（企业）工程技术研究中心39家；新增省级企业技术中心1家、市级企业技术中心5家，共有省级企业技术中心21家、市级企业技术中心68家。全市共建成市级及以上众创空间28家，其中1家经国家级备案、7家经省级认定；建成市级及以上科技孵化器15家，其中7家经省级认定、6家经省级备案；申报省级星创天地11家，其中4家经科技部备案。获2016年度省科学技术进步奖2项。全市专利申请总量4190件，同比增长41.9%，其中发明专利申请482件，增长56.5%；专利授权总量2962件，增长11.7%，其中发明专利授权137件，增长65.1%。全年共登记技术合同114项，技术合同成交金额8797.53万元。

全市新增“福建名牌产品”16个，累计达157个。新增国家地理标志保护产品2个，累计达24个；“中国驰名商标”19件。年末全市共有产品检测实验室86个，国家产品质量监督检验中心1个。全年制修订国家标准9项、行业标准10项、地方标准12项，累计全市共制订国家标准58项、行业标准63项、地方标准184项。

年末全市共有国家级地面气象观测站11个，其中国家基准气候站1个、国家基本气象站3个、国家一般气象站7个；天气雷达观测站1个。共有地震监测综合台1个，测震台7个，强震台3个，烈度速报台9个，GPS基准站16个，流动重力观测点25个，跨断层短水准场地3个，地磁台1个，流动地磁观测点12个，电磁波观测站1个，地下流体观测台站2个,钻孔体应变观测点1个。

十一、文化、卫生和体育

文化和卫生事业不断进步。年末全市文化系统共有艺术表演团体4个、文化馆（艺术馆）13个，公共图书馆13个，图书馆藏书总量327.54万册，博物馆（纪念馆）13个，可移动文物32746件。共有中国历史文化名镇名村7个，省级历史文化名镇名村14个；中国传统村落20个，省级传统村落51个。

在全市10个高山无线广播电视发射台实现12套中央、2套省级、1套市级电视节目的无线数字化覆盖。全年农村公益电影放映20948场，观影人数214万余人次,实现全市1736个行政村每村每月放映一场电影的目标任务。有线电视用户49.76万户，其中数字电视用户45.78万户。全市广播人口综合覆盖率98.37%，电视人口综合覆盖率99.24%。

年末全市共有各类医疗卫生机构2646个，其中医院42个，卫生院123个，疾病预防控制中心13个，妇幼保健院（所、站）11个。拥有医疗机构床位13691张，卫生技术人员15584人。

全市参加全国性群体比赛240人次，获得5金；参加全省性群体比赛375人次，获得61金72银65铜。参加国际性竞技比赛6人次，获得2金2银；参加全国性竞技比赛98人次，获得30金18银9铜；参加全省性竞技比赛900人次，获得37金40银42铜。

十二、资源、环境和安全生产

初步核算，全年能源消费总量1280.44万吨标准煤，比上年下降0.4%。其中，全社会用电量上升0.4%。万元地区生产总值能耗下降7.58%。

全年植树造林总面积24.99万亩，其中，人工荒山造林3.16万亩；人工迹地更新17.95万亩，人工促进天然更新1.41万亩，低产低效林改造1.01万亩，林冠下造林1.47万亩。全市森林覆盖率76.8%。商品材产量120.43万立方米，下降1.7%。全市城市新增建成区绿地面积126.17公顷，绿地率39.1%；新增公园绿地面积30.08公顷，人均公园绿地面积14.19平方米。

全市共有国家生态县1个、生态乡镇（街道）121个、生态村17个；省级生态县（市、区）9个、生态乡镇（街道）134个、生态村218个。共有省级以上自然保护区11个，其中国家级5个；自然保护区总面积8.58万公顷,占全市土地面积3.74%。有风景名胜区7处，其中国家级3处、省级4处，风景名胜区总面积352万公顷，占全市土地面积的1.5%。

全市污水处理率86.3%，其中市区达87.0%，分别比上年提高1.1个和1.0个百分点；生活垃圾无害化处理率98.7%，其中市区达98.6%，分别比上年提高0.2个和0.1个百分点。三明境内三条主要水系水中，金溪、尤溪水质达标率继续保持在100%；沙溪12个省控断面达标率为100%，较上年提高1.4个百分点。市区空气质量达到二级和优于二级的天数占98.9%，比上年提高0.3个百分点；市区道路交通噪声平均等效声级为68.0分贝，比上年下降0.1个分贝，噪声超过70分贝的路段占41.9%，比上年上升16.4个百分点。

全市共发生较大森林火灾8起,受害面积72.7公顷,森林火灾发生率、受害率分别为0.43次/十万公顷和0.04‰。

全市各类生产安全事故共181起，比上年下降63.4%；死亡99人，下降41.4%。未发生较大以上生产安全事故。亿元生产总值生产安全事故死亡人数为0.0532人,下降46%。

注：

1.本公报所列数据为初步统计数

2.本公报地区生产总值、各产业总产值和增加值绝对数按现价计算，增长速度按可比价格计算

3.人口性别结构和年龄结构按六普数据推算

4.全年研究与试验发展（R&D）经费支出所列数据为2015年数据

重要文件选刊

中共三明市委 三明市人民政府
关于加快发展特色现代农业 实现全面小康目标的实施意见

各县（市、区）党委和人民政府，市直各单位：

“十二五”时期，我市紧扣“念好发展经、画好山水画”工作主题，围绕建设农业强市目标，实施千亿现代农业跨越发展行动计划，突出改革驱动、项目拉动、产业带动，探索农业农村发展新机制，培育农业农村经营新主体，激活农业农村发展新活力，特色现代农业稳步发展，农业农村改革不断深化，农村基础设施持续改善，精准扶贫试点扎实推进，全市农业农村发展成效显著。

“十三五”时期农业农村工作的总体要求是：全面贯彻落实党的十八大和十八届三中、四中、五中全会精神，以邓小平理论、“三个代表”重要思想、科学发展观为指导，深入贯彻习近平总书记系列重要讲话精神，认真落实省委九届十五次全会和市委八届十一次全会部署要求，围绕全面建成小康社会、全面深化改革、全面依法治国、全面从严治党的战略布局，把坚持农民主体地位、增进农民福祉作为农村一切工作的出发点和落脚点，用发展新理念破解“三农”新难题，加大创新驱动力度，继续实施千亿现代农业跨越发展行动计划，推进农业供给侧结构性改革，加快转变农业发展方式，提高农业质量效益和竞争力，走产出高效、产品安全、资源节约、环境友好的农业现代化道路，促进特色现代农业加快发展和农民持续增收；统筹城乡协调发展，补齐农业农村短板，推动新型城镇化与社会主义新农村建设双轮驱动、互促共进，让广大农民平等参与现代化进程、共同分享现代化成果，为我市经济社会发展再上新台阶提供有力支撑。

到2020年，特色现代农业建设取得明显进展，粮食和重要农产品供给保障更加有效，农产品供给体系的质量和效率显著提高；农民生活达到全面小康水平，实现农村居民人均收入比2010年翻一番目标，农村贫困人口全部实现脱贫，城乡居民收入差距继续缩小；新型城镇化建设加速推进，欠发达地区发展步伐加快，省级扶贫开发工作重点县全部摘帽；农民素质和农村社会文明程度显著提升，社会主义新农村建设水平进一步提高；农村基本经济制度、农业支持保护制度、农村社会治理制度、城乡发展一体化体制机制进一步完善。

2016年，我市农业农村工作要以创新发展激发农业农村发展活力，以协调发展补上农业农村发展短板，以绿色发展引领农业农村发展方向，以开放发展拓展农业农村发展空间，以共享发展增进农民福祉。围绕建设农业强市，坚持一二三产融合发展，着力抓特色现代农业发展，大力推进精准扶贫和国家扶贫改革试验建设，实现农业强、农民富、农村美，为“十三五”经济社会发展开好局、起好步打下坚实基础。主要预期目标是：农林牧渔业总产值增长4.5%，农村居民人均可支配收入增长10%。

一、发展特色现代农业，提高农业质量效益和竞争力

1.提高粮食综合生产和保障能力。加强对粮食生产的组织领导，确保全年完成粮食播种面积334万亩、总产116万吨以上。继续推进9个粮食主产县生产能力建设，扶持发展粮食适度规模经营，建成连片500亩以上的粮食产能区40万亩以上。落实粮食安全首长责任制考核制度，健全粮食应急供应保障体系和粮食质量安全体系，确保粮食安全。

责任单位：市农业局、粮食局、财政局，各县（市、区）人民政府

2.继续实施千亿现代农业产业跨越发展行动计划。围绕发展高优粮食、绿色林业、精致园艺、生态养殖、现代烟草等五大产业和水稻制种、优质米、粮食制品、木制品加工、笋竹制品加工等20条产业链，继续抓好特色农业产业园区、特色农业产业化项目、特色农业农村改革示范点建设，充分发挥永安市和尤溪县国家现代农业示范区、三明现代农业科技示范园、清流台湾农民创业园、省级农民创业园（示范基地）等“一区三园”的示范引领作用，积极推动用电、税收、信贷、保险、科技创新、强农惠农、扶持中小微企业发展等政策在园区的有效落实，促进产业向园区集聚、企业向园区集中、生产要素向园区流动、二三产业向园区集群。全年计划在“一区三园”实施60个农业项目完成投资额30亿元以上。继续实施“三个一”项目工作机制，打造现代农业示范样板。
责任单位：市农业局、林业局，各县（市、区）人民政府

3.加快推进一二三产融合发展。要树立大农业、大食物观念，发展农业新型业态，拓展农业多种功能，推动粮经饲统筹、农林牧渔结合、种养加一体、一二三产业融合发展。大力推进规模化、工厂化现代化畜禽养殖和农产品生产项目建设，发展畜禽水产加工业，延伸木竹加工、制浆造纸、林产化工等产业链。在发达地区发展信息农业、设施农业、工厂化农业，重点加快标准化蔬菜生产基地和生态茶园建设，新增设施农业面积达5000亩以上。优化烤烟生产布局，严格控制烟菜轮作模式，种植烤烟38.3万亩，收购烟叶95.8万担。在城镇郊区发展观光农业、休闲农业和都市农业等，重点打造4个乡村旅游示范县，20个乡村旅游休闲集镇和特色村、30家“绿野乡居”特色民宿。开展农特产品品牌创建活动，进一步提高富有三明特色的地方农产品档次和市场竞争力。
责任单位：市农业局、林业局、烟草局

4.建设“中国稻种基地”。重点围绕“一园一站六工程”及扶持六三种业、禾丰种业、科荟种业等具有较强实力的种子企业挂牌上市，推进“中国稻种基地”建设。“一园”，投

资8100万元，建设三明（建宁）国家级种子产业园核心区160亩五通一平、种业科技中心、种子质量检测中心和种子信息中心，引导2~3家企业入驻。“一站”，加强与中国工程院沟通联系，推进禾丰种业院士专家工作站、三明市杂交水稻种子产业院士专家工作站、夏茂镇杂交水稻良种繁育院士专家工作站和谢华安种业院士专家工作站等4个院士专家工作站项目对接，合作培育具有市场潜力的突破性品种。“六工程”，实施田间生产能力提升、机械化生产能力提升、产地仓储加工和种子质量检测能力提升、种子物流能力提升、基地管理及服务能力提升、水稻育种科研能力提升等六个工程。2016年，计划选育8个新品种；建成优势种子生产基地10万亩，年产杂交水稻种子1000万公斤以上；加大力度培育1-2家竞争力较强的“育繁推一体化”现代农作物种子企业。

责任单位：市农业局、发改委、科协、农科院，建宁县人民政府

5.提升农业科技创新水平。深化与高校和科研院所合作，举办福建农林大学、省农科院等省内外高等院校和科研院所与我市农业产业化龙头企业在科研成果、科技人才和项目等方面的对接交流会，引导农业科技创新资源、成果与龙头企业需求有效对接，推进农业科技成果向现实生产力转化，促进产学研深度结合，实现科研单位与企业双赢。加快推进以市农科院为龙头的涉农研发机构建设和功能完善，形成以农业企业为主体、涉农科研院所为依托的农业科技创新体系。加快推进三明烟叶生产技术中心科研试验基地、三明（沙县）现代农业科技研发示范园、三明生物科技孵化中心等项目建设。开展农业“五新”成果项目推介和对接，引进和培育高优农作物品种400个以上，良种覆盖率达到97%以上。

责任单位：市科技局、农业局、林业局、教育局、农科院、烟草局

6.加强农业信息化建设。大力推进“互联网+”现代农业，应用云计算、大数据、移动互联等现代信息技术，推动农业全产业链改造升级。完善三明市“三农”综合服务中心，整合全市“三农”服务资源，改进“三农”服务质量。发挥尤溪、将乐、宁化3个全国信息进村入户试点县示范作用，加强村级信息服务站建设，推进信息进村入户。建立健全12316“三位一体”服务平台，将全市高级农业专家和农技人员全部纳入12316农村信息服务网络管理。健全农村电商服务体系，促进农村电子商务加快发展，加快对供销社基层经营服务网点信息化改造，建成一批农村电子商务服务站点。抓好尤溪闽中农产品电子商务产业园、宁化电商产业园和明溪电商创业园建设，推进梅列春舞枝电子商务及花卉苗木展示交易中心等电商项目建设。举办专题培训班，对村级信息员、农业干部、种植大户和新型经营主体负责人进行引导和培训，提高农产品电子商务服务和经营水平。深入开展电子商务进农村综合示范，做好我市5个国家级电子商务进农村综合示范县创建工作。

责任单位：市农业局、商务局、数字办、经信委、科技局、林业局、供销社、农科院

7.健全农业社会化服务体系。加强基层农技推广公益性与经营性服务机构建设，补充县乡农技推广机构紧缺人才，职称评聘向乡镇农技推广人员倾斜。加快发展经营性社会化服务组织，支持多种类型的新型农业服务主体开展代耕代种、联耕联种、土地托管、专业化统防统治和农产品保鲜、冷藏、烘干、运输、销售等专业化规模化服务。推动供销合作社由流通服务向农资供应、配方施肥、统防统治、农产品购销等全程农业社会化服务延伸。新建农资配送中心3个，提升改造农资经营网点20个。开展政府向农业经营性服务组织购买公益性服务机制创新试点。

责任单位：市农业局、林业局、人社局、供销社

8.加大农村人才培养力度。加大农村人才培养力度，利用好应急视频会商指挥系统，开展农村实用技术远程培训，全年培训10万人次以上。以农业实用技术和职业技能为重点，开展贫困村贫困农户“雨露计划”培训。继续实施新型职业农民素质提升工程，每年选送一批青壮年农民到省内农业职业院校免费接受大中专学历教育和技能培训。在宁化、永安、清流开展新型职业农民培育示范的基础上，全面开展新型职业农民培育工作，建立健全职业农民扶持制度，落实相关扶持政策向符合条件的职业农民倾斜。办好三明市农业学校和各县（市）职教中心、省级扶贫开发重点县公共技能实训基地，鼓励农民通过“非全日制”“半农半读”“短期培训”等形式，就近接受职业教育或技能培训。

责任单位：市农业局、教育局、人社局

二、推动协调共享发展，提高新农村建设水平

9.提升农业农村基础设施建设水平。实施粮食产能田间工程和山垅田复垦改造项目，完成改造面积4.86万亩；完成土地整理6.7万亩；建设标准农田11.3万亩；加快大中型灌区续建配套与节水改造。落实小型农田水利重点县建设项目，加强农村河塘清淤整治、田间渠系配套等建设。加快中型水库、“五江一溪”防洪工程、流域综合治理、引调水工程及农村水电扩容增效项目建设。推进农村饮水安全巩固提升工程建设，解决1.4万人安全饮水问题。完善“十三五”基本烟田规划，推进烟草水源工程和完善烟田基础。集中实施一批水、电、路、讯等基础设施。推进贫困地区县乡道路提级，拓宽改造村道，打通联网路，构建贫困村“外通内联”的交通体系。实施农村电网改造升级工程，加快行政村光纤宽带建设，持续推进50户以上行政村光纤宽带的接入，推动农村互联网提速降费，继续完善村级公益事业一事一议财政奖补机制，推进建设公益性乡村债务清理化解试点。

责任单位：市农业局、水利局、发改委、烟草局、财政局、交通局、电力公司、电信公司、通讯发展管理办公室

10.促进农村公共服务均等化。深入实施第二期学前教育三年行动计划，新建一批公办幼儿园，扩大普惠性学前教育资源，解决偏远乡村幼儿就近接受学前教育的需求。全面改善农村义务教育薄弱学校基本办学条件，实施建设校园校舍85所，建设项目93个。实施城区中小学扩容工程项目13个，保障进城务工人员随迁子女平等接受义务教育的权利。提升农村基本医疗保障和基本公共卫生服务水平，新农合补助标准提高到每人每年410元、基本公共卫生补助标准提高到每人每年45元。全面实施城乡居民大病保险制度。落实计划生育奖励扶助政策，加强农村计划生育基础建设，提高出生人口素质。完善提升农村公共文化服务设施，继续实施文化惠民项目，推进基层综合性文化服务中心建设，开展农民体育

健身活动。落实提升城乡居民基本养老保险管理服务水平。提高农村社会保障水平，省定农村居民最低生活保障标准提高到家庭年人均收入2650元、医疗救助对象筹资标准提高到每人每年400元。完善农村低保申请家庭经济状况精准识别、精准核查机制，确保农村低保对象应保尽保。健全完善临时救助政策，解决贫困人口突发性、紧迫性、临时性生活困难。建立健全农村留守儿童和妇女、老人关爱服务体系，确保中小学中家长学校建校率100%。切实维护农村妇女在土地确权等财产分配、婚姻生育、政治参与等方面的合法权益。实施居住证制度，促进有能力在城镇稳定就业和生活的常住人口有序实现市民化。健全财政转移支付同农业转移人口市民化挂钩机制，逐步实现基本公共服务对常住人口的全覆盖。切实维护进城落户农民的土地承包权、宅基地使用权、集体收益分配权，支持引导其依法自愿有偿转让上述权益。

责任单位：市教育局、卫计委、人社局、文广新局、民政局、公安局、国土局、体育局、妇联

11.推进美丽乡村建设。科学编制村庄建设规划，强化乡村建设规划许可管理。实施新一轮“千村整治、百村示范”美丽乡村建设工程，整治改善130个以上村庄，创建12个美丽乡村示范村，打造5条以上美丽乡村景观带，做好沙县国家级美丽乡村标准化建设试点验收工作，继续评选一批市级美丽乡村示范村。坚持城乡环境治理并重，逐步把农村环境整治支出纳入地方财政预算。开展生态乡村建设，推广绿色建材。推进农村宜居水环境建设，实施农村清洁河道行动，加快乡镇污水处理。实施农村生活垃圾治理5年专项行动，全面落实农村垃圾收集、处理和保洁的投入分担保障机制，普遍建立村庄保洁制度。加强乡村生态环境和文化遗产保护，大力发展民宿生态旅游，实施乡村旅游“十镇百村”工程，打造一批乡村旅游示范县、一批乡村旅游休闲集镇和特色村，鼓励大众参与乡村旅游项目开发，开发特色精品旅游产品。

责任单位：市住建局、农业局、林业局、旅游局、环保局、质监局

三、围绕扶贫改革试验区建设，打赢精准脱贫攻坚战

12.推进扶贫改革试验区建设。在精准扶贫到户方面探索创新“348”精准扶贫工作机制、干部结对帮扶、创业就业帮扶、扶贫搬迁、权益保障等5项机制；在精准扶贫到村方面探索创新贫困村党建扶贫、项目帮扶、干部驻村帮扶、经营组织再造、村财增收、资金互助等6项机制；在精准扶贫到县方面探索创新扶贫开发重点县发展路径、特色产业扶贫、区域扶贫联动、城乡一体化、社会扶贫等5项机制。大力实施“五项工程”“三大行动”，推进“百企帮百村”精准扶贫行动。着力在扶贫开发机制创新上先行先试，努力打造一批扶贫资金量化折股试点、乡村扶贫担保试点、家门口扶贫就业试点、贫困空壳村村财增收试点、扶贫资金整合试点、开发性金融扶贫试点、贫困人口保险保障试点，探索建立贫困户资产性收益机制。

责任单位：市农业局、财政局、人社局、银监局、工商联，各县（市、区）人民政府

13.打好精准脱贫攻坚战。扎实开展精准识别“回头看”工作，深化提升“348”精准扶贫工作机制，落实精准扶贫2015~2018年行动计划，2016年，全市计划减贫2万人。实施对贫困户实施医疗救助、扶残助残、教育资助、灾后救助、技能培训、金融扶持、劳动互助、重树信心、易地搬迁等“九个一批”和对低保户实行最低生活保障、实行个人医保缴费保障等“两个保障”以及对五保户提高标准供养、自愿集中供养等“两个供养”等帮扶措施。大力推进产业扶贫，扶持建设一批贫困人口参与度高的特色农业基地，深入实施乡村旅游扶贫工程。落实“一户一培训、一户一就业”政策，促进农村贫困家庭劳动力转移就业。实施造福工程搬迁脱贫，完成1.5万人搬迁任务，建设20个省级造福工程集中安置区。在现有千户以上贫困人口的10个县（市）全面建立扶贫小额信贷风险担保金，扩大扶贫小额信贷覆盖面。

责任单位：市农业局、民政局、卫计委、教育局、人社局、住建局、旅游局

四、加强资源保护和生态修复，推动农业绿色发展

14.加强农业资源保护和高效利用。坚持最严格的耕地保护制度，完善耕地保护补偿机制，确保全市280.03万亩耕地保有量、243.04万亩基本农田保护不减少。大力实施农村土地整治，推进耕地数量、质量、生态“三位一体”保护。落实和完善耕地占补平衡制度，坚决防止占多补少、占优补劣、占水田补旱地，严禁擅自毁林开垦。推进建设占用耕地耕作层剥离再利用。实行建设用地总量和强度双控行动，严格控制农村集体建设用地规模。实施“地力提升1112工程”，每年种植绿肥100万亩、秸秆还田100万亩、推广应用商品有机肥100万亩，重点抓好耕地地力保护和粮食产能提升。划定农业空间和生态空间保护红线。落实最严格的水资源管理制度，强化水资源管理“三条红线”刚性约束。

责任单位：市国土局、农业局、水利局

15.加快农业环境突出问题治理。加强农业领域减排，严控面源污染，严格控制全市生猪出栏总量在190万头以内，关闭拆除禁养区内养殖场、经改造仍未实现达标排放或未提出改造方案的养殖场；进一步加强可养区内生猪养殖场标准化改造。大力发展高效生态循环农业，大力推广猪-沼-果（草、林、菜）、达标排放、漏粪地面-免冲洗-减排放和生物发酵垫料床零排放四种环保养殖模式。2016年，对存栏250头以下不能达标排放的生猪养殖场全部关闭、拆除，对我市60家250~1000头、24家规模1000头以上生猪养殖场进行升级改造。推广畜禽养殖废弃物综合利用，确保经改造后生猪养殖场达标排放。加强巡查力度，防止养殖污染回潮行为。推进测土配方施肥，推广应用生物农药、高效低毒低残留农药，打击违规用药、用肥，逐步实现化肥和农药“零增长”。按照市政府《关于加强库区渔业生产管理的通知》和有关水域养殖规划要求，严格控制水产网箱养殖数量、位置和密度，保护水库水质。

责任单位：市农业局、环保局

16.推进农业生态保护和修复。实施山水林田湖生态保护和修复工程，进行整体保护、系统修复、综合治理。划定并严守生态保护红线，完善管控制度，推进农业生态环境保护。全面实施河长制，落实重点流域生态补偿办法，在沙溪、金溪、尤溪开展流域水环境综合整治，增加东牙溪水库水源地保护投入。在加大饮用水源保护力度的同时，重点整治养殖、工业、生活、工程等污染，持续改善流域水质。开展加快推

进水生态修复工程建设，抓紧推动划定河道岸线和生态蓝线，纠正违规弃土弃渣行为，建设安全生态水系125公里。健全水土流失治理长效机制，加强重点区域水土流失治理，重点实施国家水土流失治理重点县、省级重点乡镇水土流失综合治理项目，全年完成治理面积25万亩。建成国家森林城市，坚持“三个必造”，完成植树造林21.8万亩。推广生态公益林“五结合”“双统筹”管护机制，鼓励重点区位商品林赎买。责任单位：市环保局、农业局、林业局、水利局

17.强化农产品安全质量监管。坚持严格执法监管和推进标准化生产两手抓、“产出来”和“管出来”两手硬，用严谨的标准、严格的监管、严厉的处罚、严肃的问责，努力确保不发生较大农产品质量安全事件，切实维护人民群众“舌尖上的安全”。大力推进农业标准化,创建10个省级园艺作物标准园和畜禽养殖标准化示范场等各类标准化生产基地，新认证农业“三品一标”20个以上。做好建宁国家级农业标准化综合示范县验收工作，扎实推进4个国家级、省级农产品质量安全县创建活动，强化检验检测和行政执法，在尤溪县先行探索食用农产品质量证明机制，进一步提升农产品质量安全保障水平。加强农资监管平台和农产品质量安全可追溯平台建设，将市级以上农业产业化龙头企业、进入超市前的规模种植养殖场（基地）的食用农产品纳入重点监管范围，实现大宗食用农产品质量可追溯。

责任单位：市农业局、林业局、质监局、食药监局、出入境检验检疫局

五、深化农村改革，激发农业农村发展内生动力

18.持续深化林业改革。加快培育发展多种形式并存的新型林业经营主体，引导各类新型林业经营组织规范完善运营机制。规范完善林权收储和林业担保机构、互保基金的运行机制，建立健全风险防控机制，推广各类林权抵押贷款品种，探索开发林权抵押贷款新模式，引导社会资本投入林业，全市新增林权抵押贷款15亿元以上。加强林业服务中心（林业要素市场）建设，推进林地所有权、承包权和经营权“三权分置”改革。积极开展林业社会化服务改革试点，推动林业中介机构的加快发展。加强与收储担保机构的合作，对林权抵押贷款的林木，积极推行商业性叠加森林综合保险，探索林权贷款信用保证保险等新模式，扩大森林保险业务范围。

责任单位：市林业局、人行、金融办、工商局、国税局、地税局

19.深化农村金融改革。推广沙县农村金融制度改革试验区经验，推进农村合作金融机构股份制改革，鼓励有条件的县组建政府出资为主、重点开展涉农担保业务的县域融资担保机构或担保基金，推广和支持组建村级融资担保基金。在风险可控前提下，稳妥有序推进农村承包土地的经营权和农民住房财产权抵押贷款试点。推进农村信用体系、担保增信体系建设，在有条件的县（市）建立新型农业经营主体信贷重点支持名录库。发展农村普惠金融，推动金融资源更多向农村倾斜，努力破解融资难、融资贵的问题。完善农业保险制度，扩大农业设施、设施果树、蔬菜、花卉、能繁母猪、育肥猪等的保险覆盖面，增加烟叶种植保险，提高风险保障水平。

责任单位：市金融办、财政局、农业局、林业局、物价局、烟草局、银监局、人行、中华联合保险公司

20.深化农村集体产权制度改革。一是深化农村土地承包经营制度改革，坚持中央关于稳定农村土地承包关系并保持长久不变的重大决策，在农村耕地实行所有权、承包权、经营权“三权分置”的基础上，按照依法自愿有偿原则，开展农村承包土地经营权抵押、担保试点，引导农民以多种方式流转承包土地的经营权，以及通过土地经营权入股、托管等方式，发展多种形式的适度规模经营。二是分类推进农村集体资产确权到户和股份合作制改革，在基本完成农村集体土地所有权确权登记颁证的基础上，按照不动产统一登记原则，加快推进宅基地和集体建设用地使用权确权登记颁证工作，2020年前完成全市确权登记颁证任务。对非经营性资产，尽快摸清家底，制定集体统一运营管理办法，引导农村集体所有的荒山、荒沟、荒丘、荒滩使用权有序流转。探索将土地整理和确权登记增加的耕地作为占补平衡补充耕地和城乡建设用地增减挂钩指标，建立指标有偿使用和交易收益分配机制。三是深化小型农田水利工程产权制度改革，创新运行管护机制，鼓励社会资本参与小型农田水利工程建设与管护。深入推进供销合作社综合改革，提升为农服务能力。促进农垦改革发展，稳步推进农场企业化、垦区集团化。

责任单位：市农业局、水利局、国土局、供销社、林业局

21.培育新型农业经营主体。积极推动财政支农项目与农民合作社广泛有效对接，允许财政补助形成的资产转交合作社持有和管护。支持龙头企业发展标准化生产基地、改造提升技术装备，鼓励龙头企业通过兼并、重组、收购、控股等方式组建企业集团，推动龙头企业上市融资，加快形成一批产业龙头和行业领军企业。加大对家庭农场、农民合作社、龙头企业的扶持力度，新增市级以上示范社50家、示范家庭农场50家，完成第四批市级以上农业龙头企业评审工作。加快农产品市场建设，健全市场体系，发展冷链物流，创新农产品流通业态，鼓励农村经纪人和新型农民搞活农产品流通。健全基层农村经营管理机构，加强对土地流转和规模经营的管理服务，推动土地经营权规范有序流转。完善财税、信贷保险、用地用电、项目支持等政策，市级财政安排200万元扶持农业新型经营主体建设，落实好培育新型农业经营主体的有关政策。允许将集中连片整治后新增加的部分耕地，按规定用于完善农田配套设施，满足新型农业经营主体和服务主体发展的需要。鼓励发展家庭林场、股份林场、林业专业合作社、“公司+基地+林农”、托管经营模式等新型林业经营主体，全市覆盖面达50%以上，分级建立各类经营主体名录及经营者培训制度，扶持培育一批经营示范主体、示范基地，参与实施林业技术推广项目，推进林地经营规模化、集约化。

责任单位：市财政局、农业局、林业局、供销社

六、加强和改善党的领导，推进农村基层民主政治建设

22.持续加大“三农”投入力度。要始终把“三农”作为财政支持重点，优先保证“三农”投入稳定增长，坚持将农业农村作为固定资产投资的重点领域，确保力度不减弱、总量有增加。充分发挥财政政策导向功能和财政资金杠杆作用，通过基金、贴息、担保等途径，鼓励和引导金融资本、工商资本更多投向农业农村。加大国家专项建设基金争取力度，支持水利、农村产业融合发展、农产品批发市场、扶贫等

“三农”领域重点项目和工程建设。发挥一事一议财政奖补资金作用，多层级深入推进涉农资金整合统筹，改进资金使用绩效考核办法。将种粮农民直接补贴、良种补贴、农资综合补贴合并为农业支持保护补贴。落实农机购置补贴政策，进一步提升水稻机插机收比例，积极发展畜牧业和渔业机械化。切实加强涉农资金监管，建立规范透明的管理制度，杜绝任何形式的强占掠夺、虚报冒领、优亲厚友、贪污挪用，切实提高涉农资金投入绩效。

责任单位：市发改委、财政局、农业局、水利局

23.加强党对农村工作的领导。坚持把解决好“三农”问题作为全党工作重中之重，以更大的决心和气力加快补齐农业农村这块全面小康的短板。各级党委和政府要把握好“三农”战略地位、农业农村发展新特点，顺应农民新期盼，关心群众诉求，扎实做好“三农”工作。巩固和拓展党的群众路线教育实践活动和“三严三实”专题教育成果。进一步减少和下放涉农行政审批事项。全面落实“168”机制、“六要”群众工作法，深入实施“党建富民强村”工程，加强村级组织带头人队伍建设，强化农村基层党组织的领导核心作用，不断夯实党在农村基层执政的组织基础。健全农村基层民主管理制度，以扩大有序参与、推进信息公开、健全议事协商、强化权力监督为重点，不断健全村党组织领导的充满活力的村民自治机制，多渠道探索村民自治的有效实现形式。依法加强农民负担监督管理。

责任单位：市委组织部，市农业局、民政局

24.加强农村精神文明建设。深入开展中国特色社会主义和中国梦宣传教育，弘扬优秀民族文化，传承中华文明美德，提高农民思想道德素养，持续推进农村宣传思想文化工作示范乡镇创建活动，修订完善乡规民约，持续提升文明乡镇创建水平。整合农村公共文化体育资源，建立健全农村重点文化体育工程合作共享机制，提高设施利用效能，有效发挥公共文化服务在农村精神文明中的平台和支撑作用。广泛开展具有乡土特色的文化活动，加大农耕文化、乡土文化保护力度，留住乡韵、记住乡愁，推动农村文化有效保护和传承。深化农村精神文明创建活动，开展农村社会风气突出问题专项治理，树立农村文明新风尚。

责任单位：市委宣传部、文明办，市文广新局、民政局

25.维护农村社会公共安全。全面深化新一轮“平安三明”建设，加快建立城乡一体、互联互通、运行高效的农村网格化服务管理新体系。积极推进农村立体化治安防控体系建设，推进县乡村三级综治中心建设，健全调委会、治保会等村级自治组织，加强城乡结合部、农村地区公共区域视频监控系统建设，创建平安和谐村居，持续开展农村治安稳定突出问题重点整治，做好农村重大案件事件防范处置工作。持续深化法律进乡村活动，推进农村法治文化环境建设，打造一批法治文化建设示范点，将法治教育与法治实践工作纳入农村精神文明创建重要内容。健全农村多元化矛盾纠纷化解机制，引导和支持农民群众通过合法途径维权，理性表达合理诉求。

责任单位：市综治办、公安局、司法局、民政局

中共三明市委 三明市人民政府

2016年4月4日

中共三明市委　三明市人民政府

关于实施创新驱动发展战略建设创新型城市的实施意见

各县（市、区）党委和人民政府，市直各单位：

为深入贯彻落实全国科技创新大会和省委九届十六次全会精神，根据《中共中央、国务院关于深化体制机制改革加快实施创新驱动发展战略的若干意见》、《国家创新驱动发展战略纲要》及《中共福建省委、福建省人民政府关于实施创新驱动发展战略建设创新型省份的决定》，特提出如下实施意见。

一、坚持创新第一动力，准确把握总体要求

（一）深刻领会创新发展重大意义。党的十八大以来，市委、市政府认真贯彻落实中央和省委、省政府重大决策部署，大力实施创新驱动发展战略，积极培育经济发展新动能，加快形成经济发展新动力，全市经济社会保持健康稳定发展势头。但也要看到，目前我市在创新投入、创新能力、创新效率和创新体系上与经济发展还不适应，特别是我市科技创新基础薄弱，科技创新指标与省内其他先进地市相比仍存在较大差距，实现发展动力转换的任务还很艰巨。全面实施创新驱动发展战略，是落实中央和省上重大决策部署、助推加快建设“机制活、产业优、百姓富、生态美”新福建的必然要求；也是落实我市“念好发展经、画好山水画”工作主题，培育区域竞争优势、加快形成经济社会发展新引擎，促进转型发展的必然选择。

（二）牢牢把握创新发展总体要求。深入贯彻党的十八大和十八届三中、四中、五中全会以及习近平总书记系列重要讲话精神，深入贯彻全国科技创新大会精神和省委九届十六次全会精神，按照“四个全面”战略布局和五大发展理念，把创新驱动发展作为优先战略，加快发展新产业、新技术、新平台、新业态、新模式，切实增强自主创新能力，推进区域创新体系建设，推进经济社会的全面转型升级，加快建设创新型城市，为全面建成小康社会和加快建设新三明提供强大支撑。

（三）明确创新发展的主要目标。到2020年，以建设创新型城市为目标，加快构建具有三明特色的区域创新驱动发展体系，产业结构、人才结构、创新环境持续优化，自主创新能力显著增强，科技综合实力明显提升。主要目标：

——创新型经济格局初步形成。创新能力大幅增强，依靠创新驱动培育新动能、发展新经济，全社会研究与试验发展（R&D）经费投入年均增长15%以上，占地区生产总值（GDP）比重达1.7%，高新技术产业增加值和战略性新兴产业增加值占地区生产总值的比重分别达到12%和15%，每万人口发明专利拥有量2.0件，科技进步对经济增长的贡献程度明显提高。

——企业创新主体地位基本确立。在重点产业、领域新建一批产业技术重大研发平台和科技成果转化平台，组织实施一批重大科技计划项目，培育60家高新技术企业、50家创新型企业、100家科技小巨人领军企业，促进企业成为技术创新决策、研发投入、科研组织和成果转化的主体。

——区域创新体系进一步完善。形成以三明国家高新区、三明国家农业科技园为主的创新区域，科技与经济融合更加顺畅，创新治理更加科学，创新效率大幅提升，创新链条有机衔接，科研管理体制更加合理，人才体系更加健全，技术更新和成果转化更加便捷。

——创新创业环境更加优化。激励创新的政策体系更加健全，知识产权强市战略有效实施，创新创业公共服务体系持续完善，知识产权综合发展指数、公民具备基本科学素质显著提升。

二、加强科技创新引领，实现产业创新发展新跃升

以传统产业转型升级为重点，以壮大战略性新兴产业为突破口，大力实施“五新”项目（即新产业、新技术、新平台、新业态、新模式），培育经济发展新动能。

（四）推动高新技术与传统制造业融合。对接“中国制造2025”和供给侧结构性改革，广泛应用智能装备和“数控一代”，积极推进高新技术集成应用，促进优势传统产业向高端化、集群化、绿色化发展。

——冶金及压延产业。以三钢集团为龙头，加快金属复合材料、轻合金制造等产业发展，突破高等级建筑结构用钢材、高性能装备零部件用合金钢、冷轧硅钢板、工程钢结构、钢筋焊接网等产品，加快延伸冶金下游精深加工产业，提升产品品质和附加值。

——汽车及机械装备产业。围绕建设全省商用汽车和新能源汽车生产基地、省级铸锻生产基地，以三明国家大型机械装备高新技术产业化基地、机械科学研究总院海西分院为依托，加大新工艺、新技术、新产品研发和推广力度，推动汽车、工程机械、橡胶机械、数控机床、农林机械、纺织机械等传统产业向中高端发展。

——林产加工业。围绕打造全国重要的现代林业产业基地，重点发展人造板及家具、木竹制品、纤维产品、林产化工、森林食品，开发高强度大幅面竹基板材、竹基产业用材、纤维素功能材料等产品，推动林产加工业由初级加工向深度开发提升。

——纺织产业。围绕打造全省最大产业用纺织品生产基地，延伸拓展高附加值产业链条，推动形成化纤、织造、染整、服装、纺机产业链，重点突破超临界CO2无水染色技术、新一代聚酯基功能性复合型产品，发展水溶性纤维、高强高模PVA纤维、差别化纤维、生物质纤维等高性能纱线、织物，提升革基布档次，大力发展家纺、箱包、鞋服等纺织终端产品。

责任单位：市发改委、科技局、经信委、林业局，各县（市、区）党委和人民政府

（五）推进战略性新兴产业发展壮大。以科技创新引领战略性新兴产业发展，立足产业基础和潜在优势，加快突破技术链、价值链和产业链关键环节，打造上中下游密切衔接、配套完善、具有核心竞争力的战略性新兴产业集群。

——新材料产业。着力突破稀土、氟、石墨、钨等新材料的研发与应用。稀土新材料以三明稀土产业园为中心，重点突破稀土分离冶炼环节，大力发展磁性材料、发光材料等产业链。氟新材料突出三元含氟聚合物材料、明溪全氟聚醚润滑油及含氟化学品、清流环保型制冷剂五氟乙烷等项目研发，大力发展氟精细化工产业，延伸拓展无机氟化物、含氟医药等高端领域。石墨新材料重点抓好永安石墨（烯）高新技术产业园建设，重点发展石墨烯应用、锂电池负极材料等静压石墨，培育石墨精深加工产业集群。钨新材料重点突破超细晶硬质合金、表面涂层等关键技术，培育硬质合金及工具、整体刀具等产业。新型建材产业以整合提升水泥产业为重点实现转型发展，大力发展新型墙体材料、保温隔热材料等产业，推进梅列住宅产业化生产基地建设。

——生物医药及生物产业。重点发展现代中药及天然植物药、医用酶制剂、生物技术药械等领域，培育以植物药为特色、以抗肿瘤药物为核心的医药板块。推进道地特色药材规范化、规模化种植，延伸开发保健品、功能食品、美容护肤品等大健康产品。推进原料药产品开发，链接配套下游产业，加快仿制药和新药研发进程，推动医药中间体、原料药向高端制剂升级。

——节能环保产业。突出节能环保装备和资源循环综合利用，培育壮大节能环保产业。加快中节能环保产业园建设，打造集研发、孵化、生产、展示、销售、服务为一体的节能环保示范园区。稳妥推进尤溪省级固体废物综合处置与循环再利用中心、大田生态环境工程治理及研发中心建设，促进大宗固体废弃物、尾矿伴生矿综合利用及建筑废弃物资源化利用。

——新能源产业。以大力发展太阳能、生物质能、风能、新型环保电池为突破口，继续推进快堆核电、抽水蓄能项目前期工作，向配套材料、关键装备和中下游应用产品等方向延伸，在全市重点园区推广分布式太阳能发电，构建全省重要的绿色能源基地；推动永安、三元以动力电池核心技术研发和产业化为重点，加强正负极材料、电解液和电芯等电池核心件配套生产，开发电池模组及电池管理系统，打造新型动力电池制造和研发中心。

责任单位：市发改委、科技局、经信委、环保局、卫计委、食药监局，市生物医药办，各县（市、区）党委和人民政府

（六）促进现代农业科技创新。以三明国家级农业科技园区为载体，大力培育农业高新技术产业。依托三明市农科

院，着力在生物育种、设施农业、循环农业等领域取得重大突破。围绕现代种业，加快“中国稻种基地”建设，培育“育繁推一体化”种业龙头企业。加大农业新品种、新技术、新装备等研发、示范和推广，不断提高农业规模化、集约化、标准化水平。加强农业科技创新平台建设，探索构建“产学研用”的农业科技创新体系，努力形成一批具有重大应用价值和自主知识产权的农业科技成果，打造一批农业农村领域星创天地。深入推行科技特派员制度，抓好精准扶贫科技示范。

责任单位：市委组织部，市发改委、科技局、农业局，市农科院，市科协，各县（市、区）党委和人民政府

（七）以新业态引领服务业升级。大力发展与制造业密切相关的科技服务、信息服务、现代物流、服务外包等生产性服务业，促进服务业与制造业有机融合、互动发展。积极培育互联网、物联网新业态，完成国家物流标准化试点城市建设，提升电子商务、现代物流、现代商贸等产业智能化发展水平，推动“平台+应用+终端+内容”网络化运营模式在生态旅游、健康养老、家庭服务中融合发展与创新应用，引导生活性服务业升级发展。推广开放式研发设计新模式，推进网络化制造模式，促进互联网商业模式创新，鼓励跨界融合发展智慧化、绿色化、健康化、社交化的新业态，并推动转化为新产业。

责任单位：市发改委、科技局、经信委、交通运输局、商务局、旅游局，各县（市、区）党委和人民政府

（八）以新平台强化科技支撑。围绕我市产业发展的特色、重点和方向，在氟、稀土、石墨新材料，新能源汽车及关键核心部件、生物医药及生物、绿色纺织、林竹加工等产业，引进国内知名高校、院所开展产学研合作，共建产业技术研究院或科技成果转化平台。进一步推进机械科学研究总院海西分院、中国重汽工程技术研究中心海西分中心建设，拓展服务范围，在汽车及零部件、铸锻工艺及设备、机械装备共建一批市级及以上工程（技术）研究中心，围绕关键技术突破、高端产品开发、产业链延伸，联合开展技术攻关。鼓励企业、高校、院所、行业协会、商会和投资机构以产学研合作形式创办新型研发机构。

责任单位：市发改委、教育局、科技局、经信委、林业局，市科协，各县（市、区）党委和人民政府

三、突出创新主体地位，提升企业自主创新能力

（九）激发企业研发创新活力。落实高新技术企业所得税减免、研发费用税前加计扣除、固定资产加速折旧、创业投资企业投资抵扣和技术转让税收减免等创新优惠政策。引导企业建立研发准备金制度，鼓励企业自主决策、先行投入、开展重大产业关键共性技术、装备和标准的研发攻关。支持企业享受研究开发、购买和使用首台（套）产品方面的奖励政策。充分发挥企业在创新决策中的重要作用，扩大企业在创新决策中的话语权，吸收更多企业参与研究制定科技发展规划、计划和政策、标准。

责任单位：市发改委、科技局、经信委、财政局，市国税局、地税局，各县（市、区）党委和人民政府

（十）加大企业研发机构建设。加快研发机构建设力度和广度，支持企业加大对创新基础设施的投入，引导企业自建、共建“五有”研发机构（即有场地、有人员、有投入、有装备、有特色业务），加快认定一批市级科技研发机构，扩大规模以上工业企业研发机构覆盖面。注重提升研发机构建设水平，坚持研发机构建设目标由企业主导提出，创新资源由企业主导配置，引导我市行业龙头企业、科技型企业建设省级及以上重点实验室、工程实验室、工程技术研究中心、企业技术中心等自主创新研发平台，鼓励企业合作共建院士专家工作站、博士后科研工作站、博士后创新实践基地等产学研合作平台。

责任单位：市发改委、科技局、经信委、人社局，市科协，各县（市、区）党委和人民政府

（十一）培育壮大高新技术企业群体。落实新修订的高新技术企业认定管理办法，把推动高新技术企业发展情况列入考核创新发展的重要指标。建立完善高新技术企业培育体系，对处于种子期、初创期、成长期企业进行精准施策，从中发现培育一批科技型、创新（试点）型、知识产权优势企业，推动各类科技型企业发展成长为高新技术企业。实施培育科技小巨人领军企业行动计划，加快培育和发展一批科技小巨人领军企业。支持企业技术创新、管理创新、商业模式创新，开展龙头企业创新转型试点。

责任单位：市发改委、科技局、经信委、财政局、知识产权局，各县（市、区）党委和人民政府

四、拓展创新支撑平台，完善区域创新体系建设

（十二）推动科技园区创新发展。实施高新区创新提升计划，在项目布局、基础设施建设、公共服务配套、专项资金投入等方面给予支持，促进创新资源向高新区聚集。推进省级产业集聚区和各类经济开发区、工业园区创建省级高新区。提升三明国家农业科技园区、将乐国家可持续发展实验区建设水平，有条件的县（市、区）要积极申报国家农业科技园区、国家可持续发展实验区。

责任单位：市发改委、科技局、经信委、财政局、环保局、住建局、农业局，各县（市、区）党委和人民政府

（十三）推进众创孵化平台发展。完成小微企业创新创业基地城市示范建设，重点推进机科院科技企业孵化器、中节能节能环保产业孵化器申报国家级孵化器，发挥“云创工坊”入选国家级众创空间效应，提升三明电商产业园创客中心综合服务能力，与福建省教育厅共建三明大学生创新创业基地，打造一批省级及以上重点孵化器、众创空间、星创天地。加强管理和引导，开展众创、众包、众扶、众筹等试点，采用财政奖补、创业投资等方式，支持社会资本参与科技企业孵化器的建设与运营，推进孵化器向“孵化器+加速器+产业化基地”链条延伸，促进众创空间向市场化、专业化、集成化、网络化发展，拓展服务功能，提升孵化能力。

责任单位：市教育局、科技局、经信委、财政局、人社局、农业局、商务局，团市委、市妇联，三明学院、三明职业技术学院、职教园，各县（市、区）党委和人民政府

（十四）完善创新公共服务体系。大力发展研发设计、中试熟化、创业孵化、检验检测认证、知识产权等科技服务机构，积极构建面向中小微企业的社会化、专业化、网络化技术创新服务平台。支持三明市科技型中小企业云创新协同服务平台、海西高端装备云制造服务平台、三明市精准医疗

中心、沙县圣智清洁热处理公共服务平台、福建省竹制品公共检测服务中心等公共服务平台建设。落实科技创新券制度，鼓励创业者和创新企业购买科技创新服务。

责任单位：市发改委、科技局、经信委、财政局、农业局、林业局、卫计委、质监局，各县（市、区）党委和人民政府

（十五）扩大对外创新合作交流。抓住“一带一路”建设和我省建设“21世纪海上丝绸之路核心区”的机遇，加强与沿线国家以及国内创新发达地区的交流，深入开展对外人才、技术、项目、知识产权等方面合作，引进一批先进技术，建设一批科技合作示范基地。完善明台对接机制，鼓励台湾企业、科研机构和科研人员来明投资创办科技型企业、研发机构。支持台商合资、独资、合作企业联合或独立承担科研项目。

责任单位：市委台办，市科技局、经信委、财政局、人社局、商务局、外侨办、知识产权局，各县（市、区）党委和人民政府

五、加强人才队伍建设，建设创新人才集聚区

（十六）实施更加创新的育才机制。围绕我市产业发展的战略需求，培养一批产业发展急需的战略科技人才、科技领军人才、企业家和高技能人才。创新人才培育模式，充分发挥三明本土专家、技能大师“传帮带”功能，以新时期学徒制等方式培养技能型产业工人和高技能人才。支持大中专院校采取“定向委培”等方式，联合培养产业发展急需紧缺的专业技术人员、农村实用人员、乡镇医疗卫生人员，加快现代新型职业人才培育。

责任单位：市教育局、科技局、经信委、人社局、农业局、卫计委，各县（市、区）党委和人民政府

（十七）实行更加开放的聚才机制。深入实施三明市“海纳百川”高端人才聚集计划，认真落实推进人才集聚的十条措施等6个人才政策，优先支持引进我市重点产业重点领域急需紧缺人才和创新创业团队。总结推广明溪县“五个一”产业人才工作机制（即引进一名领军人才、集聚一批创新人才、创办一家龙头企业、催生一个工业园区、形成一条产业链），推动人才发展与产业发展互促共赢。发挥科协组织系统优势，加强与中国科学院、中国工程院、全国性科技社团联系，支持院士专家工作站建设；深化与国内知名高校合作，拓展合作项目内容，引进优秀博士、硕士研究生来明挂职和社会实践。

责任单位：市委人才办，市教育局、科技局、人社局，市科协，各县（市、区）党委和人民政府

（十八）健全更加科学的用才机制。对高校、科研院所和医院等创新人才聚集明显的单位，探索实施“按需设岗，竞争择优，自主聘用”的人才管理体制。深化科技人员职称评定制度改革，突出用人主体在职称评审中的主导作用，推动高校、科研院所和国有企业自主评审。建立健全科研人员双向流动机制，并通过“星期天工程师”“假日教授专家”等柔性引才形式，实现借智发展。整合高端人才资源，组建三明市院士博士创新创业联盟。依托三明学院建立“三明市高层次创业创新人才工作驿站”，为创业创新人才提供沟通交流服务平台。

责任单位：市委人才办，市教育局、科技局、人社局、国资委，市科协，三明学院，各县（市、区）党委和人民政府

六、优化创新发展环境，营造创新创业良好生态

（十九）健全创新投入体系。建立稳定的财政投入增长机制，统筹安排、优先保障重点科技支出需求，市县财政科技支出占比达到法定要求。充分发挥财政科技投入的引导作用，提高财政科技投入绩效，加快构建多元化科技投入体系。设立三明市中小企业创业创新发展风险基金，争取省科技创新创业风险投资基金支持，引导各类资本在我市建立基金支持科技型初创项目、中小企业发展。鼓励银行、保险等机构开展专利权质押贷款、科技保险、科技创投等业务，支持福建省高新技术产权交易所三明营运中心依法开展非公开股权转让交易，拓宽技术创新的融资渠道。

责任单位：市发改委、科技局、经信委、财政局、工商局、金融办，各县（市、区）党委和人民政府

（二十）促进科技成果加快转化。落实国家、省政府有关政策，提高高校、科研院所等事业单位对科技成果的使用权、处置权和收益权，提高对科技成果完成人和作出重要贡献人员的奖励比例。允许国有企业按规定以协议方式转让技术类无形资产。采用许可使用方式转化科技成果，试行国有企业科技成果转移转化所得收入作为企业上缴利润抵扣项。试行奖励支出和学科带头人、核心研发人员薪酬在企业预算中予以单列。加大科研人员股权激励，对高等学校和科研院所等事业单位以科技成果作价入股的企业，放宽股权奖励、股权出售对企业设立年限和盈利水平的限制。

责任单位：市发改委、教育局、科技局、经信委、财政局、人社局、国资委，各县（市、区）党委和人民政府

（二十一）健全知识产权运用和保护机制。完善知识产权服务体系，推动优势产业知识产权交易平台建设，提升科技成果转化水平。健全知识产权保护机制，完善市、县两级知识产权行政执法体系。实施标准化提升行动，支持企业将有知识产权的创新技术转化为标准，参与国际、国家、行业标准制修订。推动品牌建设，加快完善质量诚信体系，形成一批品牌形象突出、服务平台完备、质量水平一流的优势企业和产业集群。

责任单位：市科技局、经信委、工商局、质监局、知识产权局，各县（市、区）党委和人民政府

（二十二）推进创新领域简政放权、放管结合、优化服务。进一步简政放权，对应由市场作主的事项，政府做到少管、不管，深化商事制度、“多规合一”等改革，打破制约创新的行业垄断和市场分割，促进各类科技创新要素按经济发展规律自由流动。改革科研项目组织方式、支持方式和形成机制，加强科技创新项目申报、立项、实施、验收等环节的放管结合、优化服务，形成管理规范、注重绩效的科技项目、资金管理体系。

责任单位：市委编办，市发改委、科技局、财政局、工商局，各县（市、区）党委和人民政府

七、加强组织领导，统筹推进创新驱动发展

（二十三）加大工作协调推进力度。强化党政一把手落实创新驱动发展的责任机制，按照“第一动力”“第一生产

力”和“第一资源”的要求来谋划工作格局、摆布工作内容，确定工作优先序。建立市创新发展联席会议制度，统筹推进科技体制改革和创新驱动发展工作。各县（市、区）要建立相应的创新驱动推进工作机制，加强工作统筹安排、沟通衔接和督促检查。建立健全科技创新考核体系，把创新驱动发展成效纳入市、县党政领导干部年度绩效考核。健全和完善县（市、区）级科技管理机构，加强队伍建设。

责任单位：市委办，市政府办，市发改委、科技局、经信委、财政局、统计局，各县（市、区）党委和人民政府

（二十四）建立科学决策机制。积极探索建立科技咨询支撑行政决策的科学决策机制，引进新型高端智库支撑创新决策，发挥好科技界、智库对创新决策的支撑作用。建立市县两级科技决策咨询制度，赋予企业家、专家学者、科技人员在制定创新规划、政策、标准中更多的话语权。

责任单位：市委办、人才办，市政府办，市发改委、科技局、经信委，市科协，各县（市、区）党委和人民政府

（二十五）大力营造创新创业社会环境。培育创新文化，弘扬创新精神。深入实施《全民科学素质行动计划纲要》，以科普信息化为核心，扩大“全国科普日”和“科技活动周”作用，提高公民科学素质和创新意识。发挥科协服务科技创新的独特作用，组织引领广大科技工作者开展创新争先行动。加强对重大科技成果、杰出科技人物以及创新企业的宣传，加大对创新创造者的表彰奖励力度。大力培育创新文化，在全社会努力营造尊重人才、尊重创造、鼓励创新、宽容失败的浓厚氛围。

责任单位：市委宣传部、人才办，市科技局、经信委、人社局，市科协，各县（市、区）党委和人民政府

各级各部门要根据本意见制定相应配套实施方案，明确任务，落实责任，确保实施创新驱动发展战略、建设创新型城市的重大举措和政策措施落到实处，取得明显成效。

中共三明市委　三明市人民政府

2016 年 9 月 1 日

中共三明市委　三明市人民政府
关于印发《三明市推进供给侧结构性改革总体方案(2016~2018 年)》的通知

各县（市、区）党委和人民政府，市直各单位：

《三明市推进供给侧结构性改革总体方案（2016~2018 年）》已经市委、市政府研究同意，现印发给你们，请结合实际认真贯彻执行。

2016 年 9 月 1 日

三明市推进供给侧结构性改革总体方案(2016~2018 年)

为深入贯彻落实中央和省委、省政府部署，加快推进供给侧结构性改革，有效缓解我市经济社会发展中的深层次结构矛盾和问题，提升供给质量和效率，促进全市经济社会发展再上新台阶，特制定本方案。

一、总体要求

（一）指导思想

全面贯彻党的十八大和十八届三中、四中、五中全会和中央、全省经济工作会议，以及习近平总书记系列重要讲话精神，牢固树立和主动践行创新、协调、绿色、开放、共享五大发展理念，坚持市委“念好发展经、画好山水画”工作主题，突出去产能、去库存、去杠杆、降成本、补短板五大任务，着力推进供给侧结构性改革，有效发挥市场在资源配置中的决定性作用和更好发挥政府的导向作用，扩大有效和高端供给，提升供给质量和效率，提高全要素生产率，加快形成发展新动能，增创竞争新优势，为再上新台阶、建设新三明和全面建成小康社会提供有力支撑。

（二）推进原则

突出市场导向。充分发挥市场在资源配置中的决定性作用，运用市场机制，调动企业主体积极性，实现优胜劣汰和有序退出，提高生产端资源配置效率。更好地发挥政府引导

作用，通过简政放权、放管结合，进一步优化服务，营造更加公平有序的市场环境，激发市场活力和社会创造力。

突出因地制宜。根据中央、省有关工作总体部署，立足三明实际，加强统筹谋划，坚持问题导向，梳理摸清供给侧结构性改革各关键领域的短板痛点、实施难点和突破重点，以精准识别引导精准施策，通过“一业一策”“一地一策”，量化任务，细化措施，落实责任，提高政策措施的针对性和有效性。

突出双向发力。坚持供给侧改革和需求侧管理双管齐下，以推进供给侧结构性改革为主线，在适度扩大总需求的同时，扩大中高端和有效供给，矫正供需结构错配和要素配置扭曲；加强需求侧管理，聚焦短板环节，鼓励民间投资投入，加大政府对创新产品与服务的购买力度。坚持新兴动能培育和传统动能提升双轮驱动，在增强传统产业和现有企业发展动力的同时，推进大众创业万众创新，加快技术、产品、业态、商业模式等创新，打造经济发展新引擎，实现新旧动能的有效接续和转换。

突出统筹兼顾。坚持立足当前和着眼长远有机统一、深化改革和调整结构紧密结合，合理把握改革力度和节奏，强化政策配套与部门协同，补短板、兜底线、防风险、保稳定，加快形成有利于提质增效、可持续发展的长效机制，确保各项工作稳妥推进，确保“去降补”取得实效。

（三）主要目标

经过3年努力，供给侧结构性改革取得较大进展，供给能力和水平明显提升：

——去产能方面。到2018年底，全市关停并拆除400立方米及以下炼铁高炉、5000千伏安以下矿热炉等落后生产设备，压减炼铁产能36万吨左右；压减地方煤炭产能91万吨左右，退出煤矿16处，产能总量控制在420万吨/年左右；关停并拆除直径3米及以下水泥磨机、1000吨/日以下水泥干法旋窑，压减产能40万吨；推动林产、化工、纺织等传统行业一批低端低效产能转型提升。

——去库存方面。到2018年底，全市商品房库存规模比2015年底的472万平方米减少约20%，即在合理控制商品住房项目供地投放规模、保持2016~2018年商品房销售500万平方米的基础上，提升楼盘品质、完善配套，扩大有效需求，打通供需转换通道，力争再化解94万平方米的商品房库存，使全市商品房库存去化周期控制在20个月以内，其中商品住房库存去化周期力争控制在15个月以内；严控新增商业办公地产项目供地，缩短商业办公地产库存去化周期。市区商品住房库存去化周期基本控制在12个月以内，各县（市）商品住房库存去化周期基本控制在18个月以内。

——去杠杆方面。到2018年底，全市金融机构杠杆率更趋合理，金融服务实体经济质量和效率持续提升，信贷服务持续改进；直接融资达100亿元以上，力争占全部融资比例达30%，企业资产负债结构进一步优化，杠杆率和融资成本进一步降低。政府债务保持合理水平，区域金融运行稳定，银行不良贷款率力争降到合理水平，坚决守住不发生区域性、系统性金融风险的底线。

——降成本方面。到2018年底，通过深化审批制度改革、落实各项税费及阶段性保费调整政策、完善应急转贷机制、降低工业电气价格、清理规范物流收费，最大程度地降低制度性交易成本、企业税费负担、人力成本、生产要素成本、物流成本，提升企业盈利能力。

——补短板方面。到2018年底，基础设施领域，综合交通发展更加协调平衡，初步形成区域性重要综合交通枢纽和对接“一带一路”重要战略通道；防洪排涝能力进一步增强；建成结构合理、安全可靠、智能高效的现代农村电网。城市建设领域，中心城区首位度明显提高，“一县一特色”格局基本形成，建成一批特色小镇和美丽乡村；城市综合承载力明显增强，城市路网进一步优化，公共停车场、充电桩等基础设施加快建设，公交便利化水平提升。产业发展领域，创新驱动能力明显增强，建成省级工程（技术）研究中心和重点实验室50个以上，规模以上工业企业研发机构覆盖率达15%，战略性新兴产业规模持续扩大，主导产业链拓展延伸，企业技改、智能制造大力推进，生产组织水平不断提升；特色农业加快发展，优质农产品供给能力增强，建成若干国家农村产业融合发展试点；现代服务业发展提速、结构优化、占比提升。社会事业领域，教育资源趋于均衡发展，入公办幼儿园难问题有效缓解，义务教育薄弱学校办学条件全面改善，中高等院校朝内涵式、应用型、特色化转变；医改工作不断深化，医疗卫生体系更加健全，疾控中心加快建设，医疗资源布局更加优化，分级诊疗制度建设取得突破性进展。民生保障领域，国家扶贫改革试验区建设取得实效，完成造福工程搬迁6万人，现行国定扶贫标准的农村贫困人口全部脱贫；居家养老服务体系日趋完善，初步建立多层次养老服务体系；环境污染治理力度加大，大气、水、土壤质量明显改善，生态优势进一步凸显；食品安全工作切实加强。

二、重点任务

（一）积极稳妥去产能，优化产业结构

1.严禁新增过剩产能。严格执行国家产业政策，严把新上项目准入关，全面落实钢铁、水泥、煤炭等行业等量置换或减量置换措施，严禁违规建设新增过剩产能项目。加强全市重大项目规划布局，鼓励引导行业协会等第三方机构，对主要行业的市场需求、产能等进行定期评估，提高决策的精准度和科学性，防止出现新的重复投资和低效产能。

责任单位：市发改委、经信委、环保局、国土局，人行三明市中心支行、三明银监分局，各县（市、区）人民政府

2.淘汰压减低效产能。坚持依法依规，对环保、能耗、质量、安全、技术不达标的违规产能，应在规定时限内整改到位；对达标无望的项目及企业予以关停清退。加大执法检查力度，坚决取缔淘汰非法生产经营企业。对国家和省产业政策明令淘汰的装备、工艺和产品，实现应退尽退。鼓励资源利用率、产出率低下以及产品缺乏市场竞争力的企业，加大技术改造力度，提升工艺、装备水平和智能化程度，实现转型发展；无力提升的企业，加快引导其有序退出。

责任单位：市发改委、经信委、国土局、环保局、质监局、安监局，人行三明市中心支行、三明银监分局，各县（市、区）人民政府

3.分类处置“僵尸企业”。严格认定和精准识别“僵尸企业”，按照“企业主体、政府推动、市场引导、依法处置”的原则，对已停产、半停产、连续亏损三年以上，且不符合结

构调整的“僵尸企业”，采取债务重组、产权转让、关闭破产等方式进行处置，实现有序退出。对解困有望的企业，加强各方协调，整合现有政策资源，引导优势企业开展联合兼并重组，帮助企业走出困境，实现“二次创业”。

责任单位：市经信委、国资委、发改委、人社局、财政局、金融办，市国税局、地税局、三明银监分局，各县（市、区）人民政府

4.推进企业兼并重组。充分发挥兼并重组在帮助困难企业脱困、低效产能退出、先进产能扩大等方面的重要作用，通过政策引导、市场化运作，支持钢铁、煤炭、水泥等行业优势企业搭建产能整合平台，实施兼并重组，减少低效产能，优化产能布局，提升产业集中度。围绕产业链延伸扩展和产业短板填平补齐，鼓励本地龙头骨干企业或引进央企、大型民企，开展创新型企业并购重组，提升创新优势，拓展新兴领域，培育壮大增长新动能。简化兼并重组行政审批和办事流程，落实相关优惠政策，为兼并重组项目实施创造良好环境。

责任单位：市经信委、财政局、发改委、国土局、住建局、环保局、质监局，各县（市、区）人民政府

5.拓展产能发展空间。加强产能对外合作，积极引导企业融入“一带一路”建设，推动我市优势产业“走出去”，参与境外产业分工配套，拓宽产能发展空间。鼓励金融机构加大信贷投入，帮助企业争取海外项目贷款、内保外贷、外保内贷、“境外项目+出口信贷”等融资产品，支持企业开展国际产能合作。

责任单位：市发改委、商务局、经信委，人行三明市中心支行，各县（市、区）人民政府

6.妥善处理职工安置。严格遵循“保人不保企”的原则，把人员安置作为工作的重中之重，指导企业根据自身实际细化职工安置方案和风险处置预案，做到“一企一策”“一厂一策”“一矿一策”，依法处理劳动关系矛盾，维护职工合理诉求，妥善接续社会保险，加大就业培训与援助力度。通过企业转岗、内部退养、再就业、自主创业、社会救助等方式稳妥分流安置职工。

责任单位：市人社局、发改委、经信委、国资委，市总工会，各县（市、区）人民政府

（二）着力推进去库存，稳定房地产市场

7.加大购房消费支持力度。按照“一县一策”原则分县施策。库存量大的县（市、区），要在落实购买首套房和改善性住房信贷税收优惠政策的基础上，制定扶持合理购房消费的契税奖励等优惠政策。创新金融产品，加大进城农民购房信贷支持力度。加大住房公积金支持力度，扩大住房公积金制度覆盖面，全面开展住房公积金异地个人住房贷款业务。加大改善性住房支持力度，放宽回购商品房用于公租房和廉租房的面积限制。落实户籍改革方案和居住证制度，简化农业转移人口购房落户手续。建立健全农民工进城的财税及土地配套制度。对造福工程搬迁户、农村危旧房改造、农民进城购房给予财政补助。

责任单位：各县（市、区）人民政府，市住建局、财政局、国土局、公安局、农业局，人行三明市中心支行、三明银监分局、地税局，市公积金管理中心

8.推进住房制度改革。建立购租并举的住房制度，大力发展住房租赁市场。鼓励房地产企业将空置商品房改售为租，支持发展以住房租赁为主营业务的专业化租赁企业，对投资购买库存商品房经营房屋出租业务的房屋租赁企业给予税费奖励。转变住房保障方式，逐步实现公租房货币化。提高棚改和房屋征收项目货币化安置比例，引导棚改住户和被征迁、被保障家庭购、租商品房，做好保障房、安置房需求与商品房去库存的衔接。降低住房保障准入门槛，逐步将公租房保障范围扩大到非户籍人口，将符合条件的农业转移人口纳入住房保障范围。

责任单位：各县（市、区）人民政府，市财政局、住建局，市住房保障中心，市地税局、人行三明市中心支行、三明银监分局

9.优化房地产开发用地供应。科学制定年度供地计划，合理调控用地结构和数量。对非住宅库存特别是商业办公库存在供过于求的地方，暂停商业办公用地供应。允许在不改变用地性质及容积率的前提下，合理调整住房套型结构。非住宅库存去化周期较长的县（市、区），在符合土地利用总体规划和城乡规划的前提下，允许未开发的非住宅商品房项目用地整体或部分转型。

责任单位：各县（市、区）人民政府，市国土局、规划局、住建局，市消防支队

10.推进房地产业转型升级。促进房地产业兼并重组，引导品牌好、实力强的房企“接盘”，促进风险项目如期交房。引导房地产企业调整营销策略，实施“团购”优惠。鼓励房地产业跨界发展，将库存商品房转为总部经济、软件、电商、众创空间和旅游、养老、文化、教育等项目的，享受国家和省、市有关优惠政策。除原土地出让合同中有明确约定条件的品牌商业地产项目外，允许尚未对外销售的商业部分调整转型，用于新兴产业、体育、旅游、“互联网+”等符合市场需求的项目建设。

责任单位：各县（市、区）人民政府，市规划局、国土局、住建局，市消防支队，人行三明市中心支行、三明银监分局

（三）防范风险去杠杆，强化金融支撑

11.降低市场主体杠杆率。加强融资指导和服务，引导企业聚焦主业，加快转型升级步伐，调整融资结构，通过资产重组、盘活存量、收缩投资等方式“瘦身”，稳步做“减法”，降低融资杠杆。结合房地产“去库存”推动房地产行业去杠杆，强化房地产行业风险监测，政银企联合化解困难房地产项目风险。加强与金融监管部门的沟通衔接，组织地方法人金融机构开展杠杆风险排查，对杠杆偏高的机构，采取减少风险资产、规范同业业务、控制业务过度扩张等措施，降低资产规模和业务风险级别；构建三明市政府和福建省农信联社战略合作关系，促进三明农信系统转型发展。

责任单位：人行三明市中心支行、三明银监分局，市金融办、发改委、经信委、国土局、住建局，各县（市、区）人民政府

12.防范化解企业信贷风险。进一步完善困难企业协同帮扶处置机制，组建、配强工作团队。建立企业分类处置名单，“一企一策”开展分类帮扶化解，“一链一策”化解担保链风

险，严控信贷风险蔓延。筛选有救助价值的企业推动破产重整并持续做好跟踪服务。支持国有资本、民间资本发起设立企业兼并重组基金，参与企业破产重整、兼并重组、产业链整合。加快金融案件诉讼、审查办理及处置执行效率，通过转让、核销、清收等多种途径加快不良资产处置。

责任单位：各县（市、区）人民政府，三明银监分局，市中级人民法院，市金融办、经信委、国土局、住建局，各银行业金融机构

13.维护区域金融稳定。加强银行贷款“三查”管理，提高金融机构风险风控能力。推动小额贷款公司、融资担保公司、典当行、融资租赁公司等准金融机构规范和健康发展。开展互联网金融风险专项整治，打击违法违规经营活动。进一步加强非法集资研判预警，防范各类苗头性风险。加强利用互联网、媒体的广告监测和检查，强化媒体自律责任，封堵涉嫌非法集资的资讯信息。加强同业信息共享，加大对债务人资金流向追查力度，坚决打击恶意逃废债的企业和个人。建设全市公共信用信息平台，完善守信激励和失信惩戒机制。做好债务置换工作，合理确定债务限额，引导债务率较高的县（市、区）适度控制新增债务规模，确保政府债务控制合理水平。

责任单位：各县（市、区）人民政府，人行三明市中心支行、三明银监分局，市金融办、经信委、财政局、公安局、工商局

14.增强金融服务实体经济能力。创新信贷服务模式，扩大有效信贷供给，加大对我市主导产业填平补齐、战略性新兴产业倍增计划、重点产业提质增效的信贷支持，持续做好补短板项目、重点项目工程包信贷服务。做大直接融资规模，推进我市企业改制上市、挂牌交易，推动符合条件的企业或项目发债，推进各类产业股权投资基金设立运作。引导保险资金通过股权投资计划和股债结合等方式扩大对我市的项目投资。

责任单位：人行三明市中心支行、三明银监分局，市发改委、经信委、财政局、金融办，各县（市、区）人民政府

（四）多措并举降成本，营造良好环境

15.降低制度性交易成本。深化行政审批制度改革，全面推行行政审批清单制度，完善电子政务平台建设，提高行政审批和公共服务事项的网上办理比例，实行“一口受理、同步审批、限时办结、信息共享”的投资项目并联审批机制。压减行政审批前置事项，取消无法律法规依据的前置条件，精简企业办事条件。实施涉企行政审批中介服务事项清单管理制度，进一步清理规范中介服务，放宽中介服务准入条件，建立行政审批网上中介超市，建立中介组织不良行为记录和黑名单制度，加强中介服务机构行业自律和收费监管。

责任单位：市委编办，市行政服务中心管委会、发改委、经信委、财政局、工商局、物价局，各县（市、区）人民政府

16.降低企业税费负担。按照国家和省上实施营改增工作部署，做好税制衔接，切实降低税收成本。落实小微企业税收优惠政策，对符合条件的增值税小规模纳税人暂免征收增值税。落实固定资产加速折旧企业所得税优惠政策，对符合条件的固定资产可由企业选择缩短折旧年限或采取加速折旧。加快清理规范涉企收费，实行涉企收费目录清单常态化公示制度，政府定价和指导价的涉企经营服务性收费，一律按下限执行。

责任单位：市财政局、物价局、质监局，市地税局、国税局，各县（市、区）人民政府

17.降低人力资源成本。落实阶段性降低社会保险缴费费率调整政策，允许经省人力资源和社会保障厅审批的经营困难企业暂缓缴纳养老保险费，缓缴期限最长不超过一年。实施失业保险援企稳岗政策，扩大政策实施范围，由实施兼并重组企业、淘汰落后和过剩产能企业、转型升级企业、国务院和省政府批准的其他行业及企业，增至所有符合条件的不裁员、少裁员企业。

责任单位：市人社局、财政局，市地税局，各县（市、区）人民政府

18.降低生产要素成本。规范金融机构服务收费，提高政府设立的企业应急资金使用效率，降低企业“过桥”融资成本。健全政府主导的融资性担保体系，用好用活货币政策工具，鼓励金融机构开展金融创新，为实体经济提供更低成本的融资服务。落实省上用电优惠政策，支持企业多用电、多生产。根据天然气购气成本变动情况及时调整到达城市的门站气价，加强对城市燃气公司的成本监审和工业用户气价监管，确保上游降价空间及时传导到工业用户。探索实行工业用地长期租赁、先租后让、租让结合供应方式，鼓励小微企业购买、租赁标准厂房，鼓励工业用地使用权人在符合城乡规划、不改变原用途的前提下，提高工业用地土地利用率和增加容积率，不再增缴土地出让金，免收城市基础设施配套费用。

责任单位：人行三明市中心支行、三明银监分局、各银行业金融机构，市金融办、经信委、发改委、物价局、财政局、国土局、住建局，各县（市、区）人民政府

19.降低企业物流成本。清理规范物流收费，简化规范通行证审批，帮助企业降低运输成本。落实进出口税费优惠政策。发挥“三明陆地港”作用，加强与沿海的无缝对接，全面推进国际贸易单一窗口建设和关检合作“一次申报、一次查验、一次放行”，提高通关效率，打造便捷高效的“出海通道”。

责任单位：市物价局、交通运输局、商务局，三明海关、出入境检验检疫局，各县（市、区）人民政府

（五）精准施策补短板，厚植发展优势

20.实施基础设施提升工程

推进交通运输体系建设。对接“一带一路”战略，畅通内外联系，全面推进综合交通、智慧交通、绿色交通和平安交通建设，构筑福建省连接中部地区的重要大通道。依托机场、动车和高速公路枢纽，建设立体综合客运枢纽，促进航空、铁路、公路、城市公交等一体化衔接。推进“两纵两横”铁路网、“一纵三横四联”高速公路网建设，实现国省县道干线乡镇全覆盖。加快民航事业发展，增加三明至北京、深圳等主要城市航线，发展航空货运，规划建设永安、泰宁通用机场，推进沙溪航道通航。

责任单位：市交通运输局、铁路办、机场办、发改委，相关县（市、区）人民政府

推进宽带工程建设。深入实施“数字三明·宽带工程”，持续开展宽带提速行动，加大既有小区光纤到户改造力度，提升城市光网覆盖水平。实施宽带入乡进村工程，实现全市建制村“村村通”。实施无线宽带接入网扩容工程，提升4G网络覆盖面，推动重要公共区域Wi-Fi免费开放。

责任单位：市通信管理办、数字办，各县（市、区）人民政府

推进海绵城市建设。以建设“海绵城市”为目标，坚持城市防洪排涝、综合管廊、防灾减灾等基础设施与海绵城市规划建设有机统一，进一步完善排水防涝体系，加快重点排涝工程建设，全面完成排水设施清疏，基本消除城市内涝点。在城市新区、各类园区、成片开发区域的新建道路同步规划建设地下综合管廊。

责任单位：市住建局、水利局，各县（市、区）人民政府

推进农村电网建设。加快建设一批110千伏、35千伏变电站，改造10千伏中压供电网络，提高配电网互联转供能力，基本消除用户“低电压”，2017年底前完成小城镇和中心村电网改造升级。

责任单位：市供电公司，市发改委、规划局，各县（市、区）人民政府

21.实施城市优化工程

优化城市布局。实施“三城整合、多点联动、中心提升、特色支撑”的空间发展战略，加快三明市区与沙县、永安同城化，促进人口向中心城市集聚，提升中心城市首位度，打造区域性中心城市。大力发展市区经济，推进生态工贸区内九个专业园区差异化、特色化发展，加大生态新城“一带六区”开发力度，打造全市经济发展的新引擎。促进中小城市产城融合发展，加快“一城（县城）、一镇（次中心乡镇）、一园（产业园）”建设，推进特色小镇规划建设。

责任单位：市发改委、住建局、国土局、经信委、财政局，海西三明生态工贸区管委会，相关县（市、区）人民政府

优化城市风貌。强化城市空间规划管控，按照主体功能区规划要求，合理划定城镇、农业、生态三类空间范围，精准确定城镇开发边界、永久基本农田、生态保护红线，推动形成“多规合一”。立足城市空间形态及特色资源，提出城市色彩、建筑风格、建筑小品等建筑景观控制要求，提升城市特色品位。持续推进美丽乡村创建活动。

责任单位：市住建局、规划局、发改委、环保局、农业局，各县（市、区）人民政府

优化城市交通。完善城市主次干道路网，推进中心城市综合交通路网建设，强化各功能板块间的路网衔接，拓宽一批老城区支路、小巷。着力解决停车难问题，提高各类建筑停车设施配建标准，在大型商场、城市公园等人群密集场所规划建设一批公共停车场。落实公交优先战略，在连片居住社区、城市综合体及主要景区同步配套公交场站，增加清洁能源、新能源公交车辆投放。加快充电基础设施建设，推动公共服务领域、新建住宅、大型公共建筑、社会公共停车场、高速公路、重点景区等配建充电基础设施。

责任单位：市住建局、交通运输局、发改委、旅游局、经信委、财政局，市供电公司，各县（市、区）人民政府

22.实施产业提升工程

提升创业创新驱动能力。加强创新平台建设，深化产学研协同创新，推进重点研发机构建设和成果转化。引导行业龙头企业加大研发投入，建立完善企业技术中心，培育一批科技小巨人企业。用好全国小微企业创业创新基地城市示范政策，创建一批国家级、省级双创示范基地，打造众创、众扶、众包、众筹的重要载体。

责任单位：市科技局、经信委、发改委、财政局，各县（市、区）人民政府

提升制造业整体实力。实施新兴产业培育工程，大力发展新材料、新能源、节能环保、生物医药及生物等新兴产业，提高高新技术产业增加值占GDP比重。改造提升传统产业，围绕汽车及机械装备、冶金及压延、林产加工、纺织等主导产业，加大技术改造，调优产品结构，填平补齐关键、缺失环节，壮大三明特色产业集群。强化龙头引领，做大做强做优重点骨干企业，新增一批省级龙头企业。提升制造模式，落实《三明市实施“中国制造2025”行动方案》六大工程，推动“两化”深度融合，培育一批智能制造试点示范企业和基地，推动制造企业服务化发展。实施增品种、提品质、创品牌战略，提升定制生产能力，加快商业模式创新，增强企业市场竞争力。

责任单位：市经信委、科技局、林业局、发改委、国资委、质监局、商务局，各县（市、区）人民政府

提升现代农业组织化程度。加大农业“五新”推广力度，推行“首席专家+领军企业+示范基地”集成创新模式。推进农业“一区三园”建设，全力打造高优粮食、绿色林业、精致园艺、生态养殖、现代烟草等五大特色农业。推动农业“接二连三”，借力互联网打响三明特色品牌，扩大特色农产品销售。加快中国稻种基地建设，实施“一园一站六工程”，扶持种子龙头企业发展，集聚和培育“育繁推一体化”种子企业。

责任单位：市农业局、林业局、科技局、商务局，各县（市、区）人民政府

提升服务业供给水平。围绕适应制造业转型升级和新型消费需求结构升级的需要，推动现代物流、服务外包、科技和信息服务等生产性服务业社会化、专业化、高端化，促进生态旅游、健康养老、商贸流通、家庭服务等生活性服务业便利化、精细化、品质化，形成消费与供给良性互动。提升物流业发展水平，着力构建物流信息互联共享体系，提升仓储配送智能化水平，鼓励发展冷链物流，完善农村电商物流配送体系。提升发展旅游业，实施景区开发提升、乡村旅游双创、品牌整合营销、公共服务优化、产业融合发展五大工程。推动家政服务业发展，整合社会零散的中介机构和家政服务小微企业，培育家政服务龙头示范企业。

责任单位：市发改委、商务局、旅游局、交通运输局、民政局，各县（市、区）人民政府

23.实施均衡发展工程

促进教育事业均衡发展。实施第二、三期学前教育三年行动计划，通过新建改扩建一批、新建小区同步配套建设一批、支持普惠性民办幼儿园发展一批、农村学前教育巡回支教走教扩大一批等措施，拓展学前教育资源，持续提升公办幼儿园占比。发挥高校师资优势，主导与政府共建公立幼儿

园和中小学，推动义务教育均衡发展，实施“全面改薄”和中小学扩容工程，加强旧城改造和新建住宅小区配套学校建设，改善农村教师办公及居住条件，缩小区域、城乡义务教育差距。促进中高等院校特色化发展，支持三明学院争创示范性应用型本科高校；加快实验实训基地、科技创新平台、新型智库建设；推动三明职业技术学院更名建设为“三明医学科技职业学院”，扩大增设一批卫生、医学紧缺专业，面向闽西北地区培养基层医疗卫生人才；加快三明职教园区建设，整合全市职业教育资源，开展现代学徒制试点。

责任单位：市教育局、人社局、财政局、发改委、物价局，各县（市、区）人民政府

促进卫生事业均衡发展。优化医疗资源配置，提升三甲医院整体医疗水平，进一步加强基层医疗卫生服务体系建设。加强儿科、产科、精神科等重点专科建设，推进国家中医药综合改革试验区建设，建成一批市级中医重点专科，全面落实中医药发展扶持政策。推进全市疾控机构达标建设，加强预防接种信息化管理。持续深化医改工作，健全分级诊疗运行机制，建立健全基层首诊制度和双向转诊制度，实现“基层接诊检查、上级诊断、下级诊治”，促进医疗资源纵向流动。

责任单位：市卫计委、财政局、发改委，各县（市、区）人民政府

促进人才队伍均衡发展。加强产业人才队伍建设，实施“海纳百川”高端人才集聚计划，依托院士工作站、重点实验室、科技企业孵化器等平台集聚一批人才；健全完善柔性引才机制，鼓励企业运用互联网在线设计平台、“星期天工程师”“假日教授专家”等多种形式，吸引“海鸥族”，借智发展；对紧缺或亟需引进的领军人才，实行“一事一议”协商引进政策。加强乡村教师队伍建设，定向培养本地生源师范类学生，完善农村教师补充机制，推进县域内校长教师交流轮岗，引导骨干教师向农村学校、薄弱学校流动。加强医疗卫生队伍建设，选派一批临床专科带头人及专业骨干人才，到省内外一流的医学院校和医院进修学习，研究制定保障激励政策，稳定优化乡村医生队伍，促进乡村医生逐步向执业助理医师转化。

责任单位：市教育局、卫计委、人社局、发改委、人才办，各县（市、区）人民政府

24.实施惠民幸福工程

打好脱贫攻坚战。推进三明国家扶贫改革试验区建设，实施精准扶贫“五项工程”“三大行动”“九个一批”，确保到2018年现行国定扶贫标准的农村贫困人口全部脱贫。落实造福工程扶贫搬迁政策，加快造福工程扶贫搬迁及集中安置区配套基础设施建设，做好搬迁后续帮扶工作，帮助搬迁群众尽快实现就业增收。

责任单位：市农业局、民政局、教育局、人社局、卫计委、发改委、财政局、国土局，市残联，各县（市、区）人民政府

构建养老服务体系。主动应对人口老龄化问题，推进医养结合试点、养老服务业综合改革试点，建立以居家为基础、社区为依托、医养结合的多层次养老服务体系。加快三明智慧城市“互联网+医养”暨“一键通”呼叫服务信息平台建设，按标准建设一批老年人日间照料中心、农村幸福院。鼓励社会力量参与举办健康养老服务机构。

责任单位：市民政局、发改委、卫计委、财政局、住建局，市电信公司，各县（市、区）人民政府

加强宜居环境建设。突出问题导向，打好大气、水体、土壤污染防治三大战役。推进大气环境整治，实施燃煤电厂超低排放改造，突出抓好市区大气污染防治，持续推进重点企业节能减排，加大机动车尾气、扬尘治理力度，提高市区空气达标天数。推进水环境整治，加强饮用水源保护和备用水源建设，深化重点行业废水深度治理，全面落实差别化排污收费政策，促进污水处理厂扩容提升和管网扩面。推进土壤环境整治，加强工矿企业环境监管，抓好危险废物规范化处置，开展大规模国土绿化行动，推进废弃矿山生态修复和“青山挂白”、水土流失治理。推进垃圾无害化处理，加快垃圾处理厂及转运设施建设。

责任单位：市环保局、住建局、经信委、水利局、国土局，各县（市、区）人民政府

全力保障食品安全。推动市、县检验检测资源整合，构建分工明确、定位清晰的综合检验检测体系。加强食品产业链全过程监管，推进全程追溯体系、风险监测网络体系建设，提高食品生产加工、经营和餐饮服务监测水平。加快发展冷链运输和低温销售，实现产地市场和销地市场冷链物流高效对接。

责任单位：市食药监局、商务局，各县（市、区）人民政府

三、保障措施

（一）强化组织领导。各级各部门要切实把思想和行动统一到市委、市政府关于推进供给侧结构性改革的总体部署上来，健全工作机制，加强组织领导，强化统筹协调，形成整体合力。

（二）强化职责落实。各级各部门要按照本方案要求，结合各自实际，细化工作内容和措施，制定专项实施意见，完善配套政策体系，明确目标任务，落实职责分工，创新思路举措，精准施策，靶向发力，确保实效。

（三）强化宣传引导。充分利用报刊、广播、电视、互联网等各类新闻媒体，广泛宣传供给侧结构性改革的重大意义、目标任务，加强政策解读，正确引导社会预期，及时总结推广典型经验做法，集智聚力，最大限度调动社会各界的积极性和创造性，凝聚推进供给侧结构性改革、促进全市经济社会持续健康较快发展的正能量。

（四）强化督查考核。建立健全目标责任机制，将供给侧结构性改革列入市委、市政府重点督查事项和绩效考核内容。各级各部门要加强工作落实情况的全过程跟踪，定期向市政府报送推进落实情况。市委、市政府督查室要会同相关部门，加强对各级各部门推进落实供给侧结构性改革有关情况进行检查、督办、考核，对政策执行不力、工作落实不到位的予以问责。

中共三明市委　三明市人民政府

2016年9月1日

中共三明市委办公室　三明市人民政府办公室
关于加快构建现代公共文化服务体系的实施意见

各县（市、区）党委和人民政府，市直各单位：

2013年以来，我市以创建国家公共文化服务体系示范区为契机，加强组织领导，加大文化投入，强化创建责任，推进文化惠民，全市公共文化服务体系建设呈现出整体推进、重点突破、全面提升的良好发展态势。但与新的形势需要，与我市公共文化服务体系发展的规划要求，与人民群众日益增长的精神文化需求相比还存在差距，有待进一步完善和提高。为全面贯彻落实中办、国办《关于加快构建现代公共文化服务体系的意见》（中办发〔2015〕2号）和省委办公厅、省政府办公厅《关于加快构建现代公共文化服务体系的实施意见》（闽委办发〔2015〕58号）精神，结合我市国家公共文化服务体系示范区创建实际，现提出如下实施意见。

一、总体目标

深入贯彻落实党的十八大和十八届三中、四中、五中全会精神和习近平总书记系列重要讲话精神，大力培育和践行社会主义核心价值观，坚持以人民为中心的工作导向，积极发展社会主义先进文化，切实保障广大群众的基本文化权益。创新发展思路和体制机制，着力解决制约我市公共文化服务体系科学发展的突出矛盾和问题，坚持政府主导和社会参与相结合，促进文化与科技融合，推进文化事业和文化产业协调发展，不断壮大文化事业发展的内生动力，激发全社会的文化创造活力。以标准化推动均等化，整合各方资源，统筹城乡发展，重点解决区域、人群、城乡之间公共文化服务不均衡问题，让全市人民共享文化改革发展成果。推动公共文化服务体系建设转型升级，从重硬件建设向提升服务效能转变，从单向供给向供需对接转变，提升公共文化服务的质量和效能，满足人民群众多样化、多层次的文化需求。

到2016年，立足当地实际，形成网络健全、结构合理、发展均衡、运行有效、惠及全民的公共文化服务体系，推动公共文化服务广覆盖、高效能，为构建东部山区基本完善的公共文化服务体系提供制度示范实践样本。到2020年，全面建成覆盖城乡、便捷高效、保基本、促公平的现代公共文化服务体系，城乡一体化公共文化设施网络全面覆盖，公共文化服务的内容和手段更加丰富、更有特色，服务质量和水平显著提升，公共文化管理、运行和保障机制进一步完善，政府、市场、社会共同参与公共文化服务体系建设的格局全面形成，人民群众基本文化权益得到更好保障。

二、重点任务

（一）统筹推进公共文化服务均衡发展

1.加强公共文化基础设施建设。制定实施市区公共文化建设“一城（闽学文化城）、二圈（南北公共文化圈）、三纵（三条贯穿市区的城市健身休闲文化绿道）”发展规划，扩大城市公共文化服务领域。结合“绿色三明”“美丽乡村”“古村落保护”等工作，因地制宜，合理规划布局县、乡、村公共文化设施建设，鼓励结合绿道建设和城市改造等，增加艺术雕塑、文化驿站和文化景观。推进城乡标准化建设，推进“沿河两岸公共文化服务带”建设，完善沿河两岸基本设施、活动内容、评价体系；推进基层综合文化服务中心建设，乡镇（街道）和村（社区）普遍建成集宣传文化、文明创建、党员教育、科学普及、普法教育、体育健身等功能于一体，资源充足、设备齐全、服务规范、保障有力、群众满意度较高的基层综合文化服务中心，并配套建设文体广场。提档升级四级公共文化设施网络。将文化工程建设列入各级党委、政府为民办实事项目，实现“全覆盖、全达标”的建设目标。实施公共文化服务场馆提升工程，全面推动公共图书馆、文化馆、博物馆、纪念馆、美术馆、影剧院等公共文化设施提档升级，完善网络化布局。2016年，全市100%的公共图书馆、文化馆达到国家二级馆以上标准，其中一级馆达到50%；到2020年，力争全市80%的公共图书馆、文化馆达到一级馆。全市县级政府所在地建有公共体育场馆、多功能体育场、健身步道等全民健身活动场所。实施广播电视“村村通”工程和农村有线广播“村村响”工程，全市广播电视覆盖率100%。实施“全民健身场地建设”和“农民体育健身工程”，全市所有乡镇、社区、行政村健身场地和设备100%覆盖。建设和完善面向未成年人、老年人以及残障人士的公共文化设施。支持改善戏曲创作生产场地条件，把简易戏台纳入村级公共服务平台建设范围。

2.统筹城乡公共文化资源配置。把城乡基本公共文化服务均等化纳入国民经济和社会发展总体规划及城乡规划。以国家新型城镇化综合试点为契机，统筹城乡公共文化设施布局、服务提供、队伍建设、资金保障，均衡配置全市公共文化资源。整合现有各类公共文化设施，统筹管理使用城乡、企事业单位文化设施，实现资源共享、联合服务。完善公共图书馆总分馆制分块式模式，推进文化馆、博物馆总分馆制建设，建立运行机制，加强集约管理。建设“一县一品、一乡一队、一村一户”服务网，组织开展“大馆带小屋”活动，支持以社区共建、结对共建、军地共建、村企共建、民间共建等形式，推动公共文化设施、资源共建共享、互联互通，提高公共文化产品和服务供给能力和资源集约利用。推进城乡“结对子、种文化”，加强城市对农村文化建设的帮扶，形成常态化工作机制。统筹城乡出版物发行网点建设，以街道、乡镇为基础制定出版物发行便民网点规划，支持实体书店发展。

3.保障特殊群体基本文化权益。切实保障好老年人、未成年人、残疾人、农民工、农村留守妇女儿童、生活困难群众等特殊群体的基本公共文化权益。将农民工文化建设纳入常住地公共文化服务体系，满足农民工群体尤其是新生代农民工的基本公共文化需求。发挥工会、农办、人社、科协等成员单位优势，面向农民工开展“公共文化大礼包”派送、“文化大集”进园区、视频科技讲座、实用技术培训、文艺支教结对帮扶等系列服务活动和项目。开展关爱留守儿童“艺术扶贫”工程、学龄前儿童基础阅读促进工作；开展中小学“互联网+图书馆（室）”和“书香校园”建设，向中小学生推荐优秀出版物、影片、戏曲；开展文化艺术和科技普及活动，将中小学生定期参观博物馆、美术馆、纪念馆、科技馆和观看爱国主义教育影片纳入中小学教育教学活动计划。加强乡村学校少年宫建设，实施青少年体育活动促进计划。市县两级图书馆、文化馆（艺术馆）、博物馆、影剧院和有条件的基层文化设施要为残疾人提供无障碍措施，设置方便残疾人的活动区域和服务项目，配备视听读物等。鼓励和支持有条件的电视台增加手语节目或加配字幕。

4.完善基本公共文化服务标准体系。根据《福建省基本公共文化服务保障实施标准（2015~2020年）》，制定完善三明地方实施标准（详见附件），明确基本公共文化服务的内容、种类、数量和水平，明确政府保障底线，做到保障基本、统一规范，并抓好推进落实。建立三明市公共图书馆服务体系、文化馆服务体系行业标准和乡镇（街道）文化站服务标准，规范服务行为、优化服务流程、固化服务指标、提高服务质量，以标准化促进均等化。

（二）加强公共文化产品和服务供给

1.丰富公共文化产品供给。各级公共文化事业单位、国有文化企业和文化团体要为群众生产和提供丰富优质的公益文化产品。公共图书馆、文化馆、博物馆、美术馆、纪念馆等要不断丰富藏书、藏品，加快展览展示更新频率，拓展服务领域规模。要加大广播电视文化类、生活服务类节目制作和作品创作力度，落实国家公共文化收听、收看广播电视标准。鼓励广大文艺工作者深入生活、扎根人民，创作生产更多更好的公共文化产品。引进和培养文化名家大师和领军人物，开展“名师名家一带一”，鼓励和推动艺术创新，优先扶持反映地方特色以及思想性、艺术性、观赏性有机统一的优秀文艺作品，努力打造在国内外有重大影响、受市场欢迎的精品佳作。培育和扶持民间创作力量，继续开展三明市“百花文艺奖”文艺作品评选。采取政府购买公共文化服务等方式，引导和支持文化企业生产质优价廉的公共文化产品，在商业演出和电影放映中安排低价场次或门票，出版适应群众购买能力的图书报刊。鼓励网络文化运营商开发更多低收费业务，鼓励互联网文化企业创作健康有益的网络剧、微电影等网络视听节目。

2.繁荣群众文化生活。继续办好三明市音乐舞蹈节、群众广场文化节、文艺出新人大赛、百姓大舞台·想秀你就来、百姓健康舞、故事大王比赛等体系化活动。积极开展国际博物馆日、全民读书月、世界阅读日、中国文化遗产日等节庆活动。推进社区文化、乡土文化、校园文化、企业文化、家庭文化等建设，培育积极健康、多姿多彩的社会文化形态。鼓励公共文化服务机构送书、送戏、送电影到农村、社区、学校、企业，开展艺术普及、阅读欣赏、体育健身、科普法治等培训。组织开展“周周有戏演”“民俗文化展演”“非遗展演展示”“城里下乡，农村进城”“村村串联”等惠民文化活动。鼓励农家文化中心户、文化大院和文化祠堂建设。鼓励群众自办文化活动，支持民间职业剧团、农村业余演出队开展经营性文化服务。推进广播电视生活服务类涉农节目、栏目制作和文化作品创作。

3.提升“半台戏”公共文化服务配送品牌。积极探索公共文化服务改革创新，进一步完善“半台戏”公共文化服务配送制度规范，深入推进横向拓展和纵向延伸，丰富配送项目内容，加大跨部门、跨行业、跨地域资源整合力度，推动公共文化服务平台全面升级。以群众需求为导向，市、县、乡三级分级采购配送文艺演出、非遗展示、公益讲座、主题展览、培训辅导等服务项目，形成市、县（市、区）、乡镇（街道）、村（社区）四级联动服务体系，保障“老、少、边、穷”乡村群众的基本公共文化需求，推动公共文化服务供给由粗放式向精准式转变。

4.持续深化流动文化服务活动。广泛开展以“城市下乡服务、乡村进城展演”为主的流动文化服务活动。建立市、县流动文化服务协调机制，深入开展“三下乡”等集中示范活动，组织开展“百场演出、百场展览、百场讲座”进基层活动，实施农村电影放映工程，完善公共图书馆、博物馆、文化馆（艺术馆）等文化事业单位流动服务制度，推动三明诗群、摄影群、书画集群、戏曲群等艺术门类群开展“送欢乐到基层”“采风创作到基层”“艺术培训到基层”“文艺志愿服务到基层”的文艺“四到基层”活动。建立文化展演展示平台，组织乡村文艺社团和文化能人参与广场文化、文艺汇演、文化节庆等专场演出，以及“百姓大舞台·想秀你就来”海选活动，把乡村优秀文艺节目纳入政府采购演艺资源库，组织非遗项目进城参与“一月一县一轮展”等活态展示传承活动。

5.传承优秀传统文化。加强历史和传统文化资源的传承利用。统筹农村环境保护、美丽乡村建设、文化遗产保护等工作，加强历史文化名城名镇名村、历史文化街区和传统村落的申报、认定和保护。推进历史文化、传统文化传承教育工作，开展非物质文化遗产和“我们的节日”进校园活动，加快建设非物质文化遗产传习基地，建立中小学生定期参观利用博物馆的长效机制。组织开展非物质文化遗产展示展演活动。加大对民间文学、民俗文化、民间音乐舞蹈戏曲等遗产项目的抢救性投入。县级以上（含县级）文化馆要综合设置戏曲排练演出场所，鼓励文化馆（站）等，通过资源共享、项目合作等方式，为戏曲艺术表演团体免费或低价提供排练演出场所。贯彻市政府《关于印发朱子（闽学）文化品牌建设实施方案》，争取设立朱子文化生态保护实验区，打造朱子文化系列品牌。以“闽学文化城”建设为核心，建成闽学十里文化长廊、闽学文化园和闽学文化广场，积极推进宁化客家文化、红色文化、永安抗战文化、泰宁丹霞文化、将乐杨时文化等“一县一品”文化品牌的挖掘保护和提升工作。

6.开展“菜单式”“订单式”服务。组织开展群众文化需求调研活动，通过走访、座谈、填写问卷或组织专业机构进行调查，了解各类人群的文化需求。建立公共文化服务资源库，整合全市可利用调节的文艺演出节目资源、讲座资源、展览展示资源、辅导人才资源等多种公益文化产品和服务，完善公共文化服务目录清单，编制《公共文化服务菜单》，推行“公共文化服务包”订制服务。健全完善公共文化服务发布机制，通过制作刊播公益广告、搭建公共文化网络短信平台、设立文化官方微博微信、发布《三明市公共文化活动指南》等措施，及时将公共文化服务信息向社会公布。

（三）实施公共文化服务数字化工程

1.提升公共文化服务现代传播能力。加快构建现代公共文化传播系统，灵活运用宽带互联网、移动互联网、广播电视网等手段，拓宽公共文化资源传输渠道。大力推进“三网融合”，加强广播电视台、发射（台）站、监测台（站）建设，积极推进有线电视网络建设和数字化双向化改造，努力实现广播电视户户通，完善应急广播电视覆盖网络。推动手机终端软件（APP）、微信、微博等基于新媒体的数字文化服务。加强市、县两级广播电视、主流报纸和各级政府网站的公共文化频道频率、专栏建设，努力为群众提供多层次、多样化、专业化、个性化的文化服务。通过直播卫星、无线模拟、数字音频提供的广播节目，通过直播卫星、地面数字电视提供的电视节目，达到国家标准。确保村村通广播电视，努力为群众提供多层次、多样化、专业化、个性化的文化服务。

2.加快公共数字文化服务网络建设。进一步加强数字文化馆（艺术馆）、数字图书馆、数字博物馆、农村数字电影放映等建设，以国家数字图书馆推广工程、全国文化信息资源共享工程、公共电子阅览室全覆盖工程为依托，加快推进公共文化机构数字化建设。完善三明市公共文化服务平台，涵盖图书馆、文化馆（艺术馆）、博物馆及其他各类公共文化服务领域，并将全市公共文化服务项目全部整合到网站进行统一发布，搭建覆盖全市公益性文化单位的“一站式”管理信息平台。依托省图书馆数字资源，在全市乡镇（街道）文化站实施“数字图书”全覆盖建设工程。建立“三明图书服务信息港”，整合教育、科研等系统数字图书资源，结成文献单位服务联盟。加快乡镇（街道）、行政村、社区和市区车站、广场、学校、银行服务点等人员密集场所“文化一点通”配置步伐，为群众提供多渠道、可选择、便利化的基本文化服务。

（四）增强公共文化服务发展动力

1.培育和促进文化消费。充分考虑群众的基本文化需求和多样化文化需求，推动公共文化服务向优质服务转变，促进文化事业和文化产业协调发展，实现标准化和个性化服务的有机统一。广泛开展公益性文化艺术活动，培养群众健康向上的文艺爱好，扩大和提升文化消费需求。通过政府购买公共文化服务方式，支持艺术表演团体提供公益性演出，加强文化创意产品研发，创新文化产品和服务内容。推动经营性文化设施、非物质文化遗产传习场所和传统民俗文化活动场所等向公众提供优惠或免费的公益性文化服务。加强文化创意产品设计与研发，不断创新文化产品和服务内容。积极发展与公共文化服务相关联的教育培训、体育健身、演艺会展、旅游休闲等产业，引导和支持各类文化企业开发公共文化产品和服务，满足人民群众多层次的文化消费需求。

2.鼓励和引导社会力量积极参与。完善政策措施，出台政府购买公共文化服务指导性意见和目录，并建立长效机制，将政府购买公共文化服务资金纳入财政预算。通过政策倾斜、资金补助、精神激励、品牌提升、文化赠送（文化福利）等奖励措施，推动形成政府主导、社会参与、共建共享的良好氛围。继续实施政府购买“三百”（百场演出、百场讲座、百场展览）工程、“半台戏”公共文化服务配送，完善购买程序，丰富公共文化产品供给。完善工艺美术作品收藏与捐赠管理办法，丰富馆藏藏品，调动本土工艺美术家们创作积极性。推广运用政府和社会资本合作等模式，促进公共文化服务提供主体和提供方式多元化。鼓励支持社会力量通过投资或捐助设施设备、兴办实体、资助项目、赞助活动、提供产品和服务等方式参与公共文化服务体系建设。创新公共文化设施管理模式，探索市区文化场馆、乡镇（街道）文化站、基层综合文化服务中心服务外包和县向乡镇（街道）下派文化辅导员、文化志愿者工作机制，开展绩效评估。

3.培育和规范文化类社会组织。加强对文化类行业协会、基金会、民办非企业单位等社会组织的引导、扶持和管理，促进规范有序发展。引导图书馆、文化馆、博物馆等公共文化机构建立地方性行业协会，鼓励民间文艺社团成立行业协会，建立民间文艺团体联谊会，发挥其在行业自律、行业管理、行业交流等方面的重要作用。支持民间文艺社团发展，引导各类民间文艺社团登记注册，文化部门加强业务指导，实施定向补助，激励民间文艺社团参与基层公共文化服务。发展群众自办文化，大力推广“一乡一队”“一村一队”“一社一队”“一企一队”，丰富面向基层、面向群众的文化服务种类和数量。民间文艺社团组织开展公益性文化活动，由政府设立的各类公益性文化设施要提供场所便利，图书馆、文化馆（艺术馆）等公益文化事业单位要提供专业支持。进一步明确文化类社会组织的功能定位，严格执行社会组织的年检和评估制度，引导文化类社会组织依法依规开展公共文化服务。

4.广泛开展文化志愿服务。实施文化志愿者行动计划，构建文化志愿服务体系。逐步建立以三明文化志愿者协会为龙头，各级文化志愿者组织为骨干的组织架构。广泛吸纳文化工作者、业余文艺骨干以及热心公益文化事业的团队和人士参与文化志愿服务，不断提高文化志愿者的比例，壮大志愿者队伍。完善《三明市文化志愿者管理办法》，加强文化志愿者注册管理系统和文化志愿服务信息平台建设。健全评价激励机制，完善三明市文化志愿者星级评定办法，适时表彰星级文化志愿者。加强对文化志愿者的培训，提高参与公共文化服务能力和水平。组织文化志愿者惠民巡演、春雨工程、文化志愿者大舞台等活动，广泛开展导览、导读、送戏、助残、扶弱等文化志愿服务，更直接、更有效地对接基层群众文化需求。

（五）创新公共文化管理体制和运行机制

1.规范公共文化设施管理。建立全市公共文化设施基础数据库，开展公共文化设施巡查、暗访、测评，健全公共文化设施运行管理和服务标准体系，落实好《关于进一步加强农村公共文化服务体系建设的意见》（明委办〔2011〕145号）等文件精神，保证公共文化设施和相关设备器材不被擅自拆除、挤占、挪用，或者改变其功能、用途。落实文化部《乡镇综合文化站管理办法》等各类公共文化设施管理规定，完善公共文化设施内部管理制度，提高管理人员素质，提升管理科技含量。创新公共文化设施管理模式，开展公共文化设施社会化运营试点，通过委托或招标等方式吸引有实力的社会组织和企业参与公共文化设施的运营。

2.深化公共文化“六联六创”工作机制。坚持和完善创建国家公共文化服务体系示范区的协调机制，在规划编制、政策衔接、标准制定等方面，加强部门统筹、整体设计和协调推进。认真落实市委办、市政府办《关于推行“六联六创”服务方式 进一步提高公共文化服务效能的意见》（明委办发〔2014〕23号），进一步丰富工作内容、工作项目、工作载体，集中力量解决影响公共文化服务效能发挥的突出问题，形成多管齐下、广泛参与的长效工作机制。通过设施联建、活动联抓、部门联动、组织联盟、培训联办、机制联立创网络化、多样化、集聚化、社会化、专业化、常态化的服务格局。

3.推进文化事业单位理事会制度试点。深化完善市少儿图书馆理事会制度试点工作，创新体制机制，强化服务功能，增强发展活力，发挥公益性文化事业单位公共文化服务的骨干作用，推动政府部门由办文化向管文化转变。逐步扩大公共文化机构的试点范围，积极探索推进公共图书馆、博物馆、文化馆等组建理事会，形成多种模式的公共文化机构理事会制度。吸纳有关方面代表、专业人士、各界群众参与管理。建立公共文化机构年度报告制度，完善绩效评估。

4.创新基层公共文化管理机制。发挥城乡基层群众性自治组织的作用，推动开展民众参与公共文化服务治理，推广居民、村民评议等做法，健全民意表达和监督机制，引导居民、村民参与公共文化服务项目规划、建设、管理和监督，维护群众的文化选择权、参与权和自主权。调动驻村（社区）单位、企业和社会组织等多方面力量，形成多元联动格局。

5.完善公共文化服务评价工作机制。建立公共文化服务考评体系，制定公共文化服务考核指标，纳入对各县（市、区）目标责任制考核，作为考核评价领导班子和领导干部政绩的重要内容。加强对重大文化项目资金使用、实施效果、服务效能等方面的监督和评估。建立群众文化需求征询、评价和反馈机制，研究制定公众满意度指标，引入第三方评价机制，增强公共文化服务评价的客观性和科学性。

三、组织保障

（一）强化组织领导。各县（市、区）和市直各有关部门要根据目标任务要求，结合“十三五”规划和文化专项规划的编制，制定完善相关配套政策，明确责任，统筹建设，协同推进，狠抓落实。各县（市、区）党委和政府要将构建现代公共文化服务体系纳入本地区国民经济和社会发展总体规划，纳入重要议事日程，切实加强组织领导，并结合实际制定实施方案、规划或专项行动计划，明确责任和时间表、路线图，结合国家公共文化服务体系示范区创建，集中力量推进工作落实。要抓好宣传和舆论引导工作，形成全社会支持和参与现代公共文化服务体系建设的良好氛围。

（二）加大资金保障。健全财政投入保障机制，继续设立“公共文化服务体系建设专项资金”“农村文化建设专项资金”，把主要公共文化产品和服务项目、公益性文化活动纳入公共财政经常性支出预算。建立公共文化机构免费开放和运转经费保障机制，保证公益性文化机构，特别是乡镇、村基层文化机构正常运转和开展公共文化服务活动所需的必要经费。县（市、区）要结合当地实际，加大财政投入，落实配套资金，确保现代公共文化服务体系建设各项工作任务顺利推进。同时，要进一步拓展资金来源渠道，创新公共文化服务投入方式，采取政府购买服务、贷款贴息等政策措施，鼓励包括文化企业在内的各类社会文化机构参与提供公共文化服务。落实鼓励社会组织、机构和个人捐赠公益性文化事业所得税税前扣除政策规定。加强对公共文化服务资金管理使用情况的监督和审计，开展绩效评价。

（三）加强队伍建设。按照控制总量、盘活存量、优化结构、有减有增的要求，加强市、县两级文化事业单位队伍建设。对实行免费开放及实行图书馆、文化馆总分馆制后工作量大量增加、现有机构编制难以满足工作需要的公益性文化事业单位，要结合实际和财力，配足工作人员。各县（市、区）要配齐配强基层文化工作力量，乡镇（街道）综合文化站工作人员按不少于国家公共文化服务体系示范区创建标准（东部）配备，规模较大的镇（街道）可适当增加。落实乡镇（街道）文化站站长相关规定待遇，吸引优秀文化人才服务基层。加强各级文化专兼职人员的培训，建立先培训后上岗制度，不断提高业务能力和工作水平。

中共三明市委办公室
三明市人民政府办公室
2016年3月31日

三明市城市市容和环境卫生管理条例

（2016年10月19日三明市第十二届人民代表大会常务委员会第三十五次会议通过，2016年12月2日福建省第十二届人民代表大会常务委员会第二十六次会议批准）

第一章 总则

第一条 为了加强城市市容和环境卫生管理，创造整洁、优美、文明的城市环境，保障公民身体健康，根据国务院《城市市容和环境卫生管理条例》、《福建省城市市容和环境卫生管理办法》和相关法律、法规，结合本市实际，制定本条例。

第二条 本条例适用于本市行政区域内的城市建成区，以及县（市、区）人民政府确定实行城市化管理的其他区域。

第三条 市容和环境卫生工作坚持政府统一领导、部门协作、分级管理、公众参与和社会监督相结合的原则。

第四条 市、县（市、区）人民政府应当加强市容和环境卫生工作的领导，将市容和环境卫生纳入国民经济和社会发展规划、城市总体规划，列入文明建设考评体系，促进市容和环境卫生事业的发展，使之与本行政区域经济、社会发展以及文明建设相适应。

第五条 市市容和环境卫生行政主管部门负责全市市容和环境卫生管理工作的组织、协调、指导和监督。

县（市、区）市容和环境卫生行政主管部门负责本行政区域内市容和环境卫生管理工作。

规划、国土资源、公安、卫生、交通运输、水利、环境保护、食品药品、工商等管理部门按照各自职责，做好市容和环境卫生管理的相关工作。

街道办事处、镇人民政府按照职责分工负责本辖区内市容和环境卫生管理工作。

第六条 城市市容和环境卫生实行综合执法。市、县（市、区）城市管理行政执法部门行使本条例规定的市容和环境卫生行政处罚权。

市城市管理行政执法部门负责全市市容和环境卫生综合执法工作的指导、监督和考核，以及跨区域和重大复杂违法案件的查处。

县（市、区）城市管理行政执法部门负责本辖区内的市容和环境卫生综合执法工作。

第七条 城市管理行政执法部门应当建立完善行政执法责任制，制定行政裁量权基准等制度，规范执法行为；应当建立常态化的执法巡查机制，及时发现、制止和依法查处违反市容和环境卫生管理的违法行为。

第八条 市、县（市、区）人民政府应当建立和完善城市市容和环境卫生网络管理信息平台，将市容和环境卫生管理纳入城市网格化管理体系，促进管理的高效化、精细化。

市、县（市、区）人民政府应当在市容和环境卫生服务领域引进市场机制，推广先进设备和技术的使用，推进服务的市场化、专业化，提高市容和环境卫生服务的质量和效率。

第九条 市容和环境卫生行政主管部门、城市管理行政执法部门、文化广播电视新闻出版、卫生等部门应当加强市容和环境卫生科学知识的宣传教育，倡导文明行为规范，提高公民自觉维护市容和环境卫生的意识。

教育主管部门和教育机构应当将市容和环境卫生相关知识规范纳入教育教学内容，引导学生养成维护市容和环境卫生的良好习惯。

报纸、广播、电视、网络等公共媒体应当安排市容和环境卫生方面的公益性宣传内容。

机场、车站、旅游景区等公共场所和公共交通的经营者或者管理者，应当采取各种形式开展市容和环境卫生的宣传教育。

第十条 机关、团体、企事业单位等应当参加市容和环境卫生共建活动，开展市容和环境卫生志愿服务。鼓励和支持个人参加市容和环境卫生志愿服务、公益活动。

鼓励和支持社区居民委员会、业主委员会、物业管理公司组织居民制定维护市容和环境卫生的公约，动员社区居民参加市容和环境卫生治理工作。

第十一条 任何单位和个人对损害市容和环境卫生的行为，有权劝阻并可以向城市管理行政执法部门投诉、举报。城市管理行政执法部门应当建立和完善投诉举报受理、奖励与保密制度，向社会公布举报电话、公众微信平台等，方便公众举报，并及时核查处理。

鼓励新闻媒体对损害市容和环境卫生的行为进行曝光。

第十二条 任何单位和个人应当尊重市容和环境卫生工作人员的劳动，不得妨碍、阻挠市容和环境卫生工作人员正常作业。

第二章 市容和环境卫生责任

第十三条 市容和环境卫生维护实行责任区和责任人制度，责任区和责任人的确定依照下列规定：

（一）城市道路、桥梁、街巷、地下人行通道、公园、广场等公共区域，环境卫生由环境卫生作业单位负责，市容维护由管理者负责；

（二）住宅区实行物业管理的，由物业管理公司负责；未实行物业管理的，由社区居民委员会负责；

（三）文化、体育、娱乐、休闲、餐饮、住宿、游览、商贸等场所，以及机场、车站、码头、停车场、公路、铁路等区域，由经营者或者管理者负责；

（四）机关、团体、企事业单位等管理区域，由本单位负责；

（五）施工工地由施工单位负责，待建建设用地由使用权人负责；

（六）河道、人工湖、库区等水域及岸线和排污、泄洪沟渠，由管理者负责。

责任区或者责任人不明确的，由县（市、区）市容和环境卫生行政主管部门会同所在街道办事处、镇人民政府确定；责任区跨行政区域责任不明确的，由共同的上一级市容和环境卫生行政主管部门确定。

第十四条　市容和环境卫生责任人应当遵守下列规定：

（一）保持责任区内市容整洁，不得违反规定实施搭建、堆放、设摊、停车、张贴、涂写、刻画、吊挂等行为；

（二）保持责任区内环境卫生整洁，无暴露垃圾、粪便、污水等现象；

（三）按照规定设置环境卫生设施，保持整洁、完好；

（四）法律、法规规定的其他市容和环境卫生责任。

市容和环境卫生责任人对责任区内他人违反市容和环境卫生管理规定的行为，应当劝阻、制止；劝阻、制止无效的，应当向城市管理行政执法部门反映。

第三章　市容管理

第一节　建筑物、构筑物容貌及景观照明管理

第十五　条建筑物、构筑物的容貌应当符合下列规定：

（一）新建、扩建、改建的建筑物、构筑物符合规划设计要求，造型、装饰等与周围环境协调；

（二）建筑物、构筑物的外立面保持完好、整洁、美观；

（三）建筑物的屋顶和公共楼道保持整洁，不得堆放杂物；

（四）主要街道两侧和重点区域建筑物的阳台外、窗外不得堆放、吊挂物品；

（五）主要街道两侧和重点区域建筑物的外立面安装的窗栏、防护网、遮阳（雨）篷等设施符合城市容貌标准，并保持安全、整洁、完好。

建筑物、构筑物的外立面出现污损影响市容的，管理者应当及时整修、清洁。

第十六条　市、县（市）市容和环境卫生行政主管部门应当按照城市照明专项规划，制定景观照明设施管理规定，并向社会公布。

第十七条　城市标志性建筑、主要街道两侧建筑、景观河道、商业街区、大型广场、公园等，应当按照城市照明专项规划和景观照明设施管理规定设置景观照明设施。

景观照明应当符合城市容貌标准和环保、节能要求，并按照规定控制外溢光、杂散光，避免影响道路交通安全和市民正常生活。

景观照明应当按照规定的时间开启、关闭；出现损坏的，管理者应当及时修复。

第十八条　城市雕塑和各种街景小品应当内容健康，造型、风格、色彩与周边环境协调，出现污损、破旧的，管理者应当及时更新、修复或者拆除。

第二节　城市道路及公共设施容貌管理

第十九条　城市道路及其附属设施的容貌应当符合下列规定：

（一）道路路面保持平整、完好，人行步道砖保持无破损、无松动，路缘石、无障碍设施保持完好；

（二）立交桥、人行天桥、地下通道保持整洁、完好；

（三）道路和桥梁上设置的隔离墩、防护栏、防护墙、隔音板和照明、排水等设施保持整洁、完好、有效；

道路及其附属设施出现污损、移位、空缺的，所有者或者管理者应当及时清洁、修复、更换、补齐。

第二十条　城市道路及其周边的供水、排水、供电、交通、通信以及健身、休闲等公共设施的设置应当符合规范，外形、色彩与周边环境协调，出现污损、破旧的，所有者或者管理者应当及时清洁、维护。

架空管线的设置应当符合城市容貌标准，主要街道和公共场所上空不得擅自新建架空管线设施；已设置的架空管线不符合城市容貌标准的，所有者应当逐步改造。

在道路两侧和公共场地设置的书报亭、售货亭等便民设施，外形、材料、色彩应当与周边环境协调，并保持美观、整洁。亭内各类物品摆放应当整齐有序，不得超出门和窗台营业。

第二十一条　城市道路和其他公共场所设置的各种井盖、沟盖应当保持齐全、完好。发现松动、破损、丢失或者移位的，所有者或者管理者应当立即设置安全警示标志、护栏等临时防护措施，并在发现后二十四小时内进行处置。

第二十二条　单位和个人不得擅自占用道路、桥梁、人行天桥、地下通道、广场以及其他公共场所设摊经营、加工生产、兜售物品、维修清洗车辆或者堆放、晾晒物品。

在方便群众生活、不影响交通通行和市容环境的情形下，县（市、区）人民政府可以确定特定路段、时间段，允许摆摊设点。

第二十三条　主要街道两侧和重点区域的商铺经营者应当遵守下列规定：

（一）保持门店外立面美观、整洁，牌匾、标识、灯箱等规范、整洁；

（二）店内设置垃圾收集容器，并按规定的时间、方式投放垃圾；

（三）不得向店外清扫、倾倒垃圾、污水、油污等废弃物；

（四）不得超出门、窗进行店外经营、作业或者展示商品；

（五）不得在店外堆放、吊挂、晾晒物品；

（六）不得在人行道上设置隔离墩、车位锁等障碍物；

（七）不得设置道路路缘接坡。

第二十四条　城市园林绿化养护管理单位应当保持街道、街巷的行道树、绿篱、花坛、草坪以及公共绿地的整洁、美观，定期对树木、花草进行修剪，及时清除绿地内的垃圾杂物。

第三节　广告设施与牌匾、标识容貌管理

第二十五条　市、县（市）市容和环境卫生行政主管部门应当会同规划、工商、公安等部门，根据户外广告专项规划和城市容貌标准等，制定户外广告、牌匾、标识设置的管理规定，并向社会公布。

第二十六条　户外广告、牌匾、标识的设置单位或者个人，应当负责设施的日常维护保养，保持其整洁、完好、美观、安全。对污损、陈旧或者图案、文字、灯光显示不全的，应当及时维修、更新或者清洗；对存在安全隐患的，应当立即修复或者拆除。

第二十七条　县（市、区）市容和环境卫生行政主管部门应当按照便民原则，会同街道办事处、镇人民政府选择适当地点设置公共信息栏，满足公众信息发布需要，并负责日常管理和保洁。

第二十八条　禁止在建筑物、构筑物的外墙、公共楼道以及户外设施和树木上擅自张贴、涂写、刻画、吊挂。

对擅自张贴、涂写、刻画的文字、图案以及擅自吊挂的广告、宣传品，城市管理行政执法部门应当及时组织清除。

鼓励和支持采用特殊贴膜、防涂防贴涂料等先进技术防治非法广告。

第四章　环境卫生管理

第一节　公共环境卫生维护与管理

第二十九条　禁止下列影响公共环境卫生的行为：

（一）随地吐痰，乱扔果皮、纸屑、烟蒂、饮料瓶罐、口香糖、包装袋等废弃物；

（二）随地便溺，乱倒污水、粪便、垃圾；

（三）从建筑物向外抛掷废弃物；

（四）法律、法规规定的其他影响环境卫生的行为。

第三十条　限时经营的便民临时市场开办者或者管理者应当按照规定配置垃圾收集容器，负责市场清扫、保洁和垃圾清运，并在闭市一个小时内完成垃圾清扫和清运工作。

限时经营的便民临时市场经营者应当自备垃圾袋（桶），即时收集产生的垃圾，保持摊位及其周边干净、整洁，在规定的时限内撤离市场，并按照指定的地点投放垃圾。

第三十一条　从事车辆维修清洗、废品收购和冷作加工等经营作业的，应当采取措施防止污水、油污外流或者废弃物向外散落，保持经营场所及其周围环境卫生整洁。

第三十二条　运输煤炭、矿石、砂石、土方、渣土、垃圾以及其他散体、流体物品，应当采取密闭、覆盖等防护措施，不得沿途泄漏、遗撒、飞扬。

车辆泄漏、遗撒运输人未即时清理的，城市管理行政执法部门应当立即委托环境卫生作业单位清理，并依照公布的合法收费标准，向责任人收取清理费用。

第三十三条　养犬应当遵守有关规定，不得在居住区公共空间养犬；对犬在城市道路和其他公共场所排泄的粪便，携犬者应当即时清除。

第二节　城市废弃物管理

第三十四条　市、县（市、区）市容和环境卫生行政主管部门应当按照环境卫生专项规划，统筹安排城市垃圾的收集、处置，科学制定各类垃圾管理实施办法，规范各类垃圾收集、运输和处置，明确各类垃圾投放时间、地点、方式，并通过网站等公共媒体向社会公开。

推进垃圾减量化、资源化、无害化处理和综合利用。推行生活垃圾袋装分类投放、收集、运输和处置。鼓励对建筑垃圾实行综合利用，优先将建筑垃圾用于建设项目回填工程。

第三十五条　生活垃圾的收集，应当采取方便居民、防止污染环境的方式。环境卫生作业单位应当定时、定点收集、运输生活垃圾。单位和个人应当按照规定的时间、地点、方式投放生活垃圾。

第三十六条　废旧大家电、废旧家具等大件垃圾和装修垃圾不得混入生活垃圾堆放，应当单独运送、投放到指定场所。

单位和个人无法按照规定运送、投放的，可以通过所在的物业管理公司或者社区居民委员会，委托环境卫生作业单位清理运送，环境卫生作业单位依照公布的作业服务收费标准收费。

第三十七条　化粪池应当定期维护、疏通、清掏，发现堵塞、外溢的，管理单位应当在二十四小时内疏通、清除。

管理单位未及时或者没有能力疏通、清除的，城市管理行政执法部门接到相关投诉、求助，应当立即委托环境卫生作业单位疏通、清除，并依照公布的合法收费标准，向管理单位或者责任人收取疏通、清除费用。

第三节　环境卫生设施和作业服务管理

第三十八条　市、县（市、区）市容和环境卫生行政主管部门应当按照城市环境卫生专项规划、环境卫生设施设置标准和行业技术规范等，组织建设公共厕所、垃圾转运站、大件垃圾投放点以及生活垃圾、建筑垃圾消纳场所等环境卫生公共设施。

第三十九条　环境卫生设施的管理者应当负责设施的日常维护保养，保持其整洁、完好。公众应当爱护和正确使用环境卫生设施，维护环境卫生设施整洁、卫生。

公共厕所应当免费向公众开放，管理者应当保持公共厕

所干净、整洁。

第四十条　市、县（市、区）市容和环境卫生行政主管部门应当制定环境卫生作业规范，组织环境卫生作业人员培训；应当建立考核和监督机制，对环境卫生作业情况进行考核和评估，并向社会公布。

第四十一条　环境卫生作业服务单位对道路和公共场所的清扫、保洁应当遵守环境卫生作业规范，符合城市容貌标准和环境卫生质量标准，并按规定的时间作业，尽量减少对道路交通和市民休息的影响。

禁止将垃圾扫入下水道或者堆积在道路、绿化带、花坛，防止造成对环境的二次污染。

第五章　法律责任

第四十二条　违反本条例市容管理规定的，按照下列规定予以处罚：

（一）违反本条例第十五条第一款第（五）项、第二款和第十八条规定的，责令限期改正；逾期未改正的，处五百元以上二千元以下罚款；

（二）违反本条例第十五条第一款第（三）项、第（四）项、第二十三条第（二）项、第（五）项规定的，责令改正；拒不改正的，处二百元以上一千元以下罚款；

（三）违反本条例第十七条第三款、第二十二条第一款、第二十三条第（一）项、第（三）项、第（四）项、第（六）项、第（七）项、第二十八条第一款规定的，责令改正；拒不改正的，处五百元以上二千元以下罚款；

（四）违反本条例第二十条第一款规定对出现污损、破旧的公共设施未及时清洁维护、违反第二款规定擅自在主要街道和公共场所上空新建架空管线设施、违反第三款规定超出门和窗台营业的，责令限期改正；逾期未改正的，处五百元以上二千元以下罚款；

（五）违反本条例第二十一条规定，对出现松动、破损、丢失、移位的井盖、沟盖未在发现后二十四小时内进行处置的，责令改正，处二千元以上一万元以下罚款；造成他人损害的，依法承担赔偿责任；

（六）违反本条例第二十六条规定，对污损、陈旧或者图案、文字、灯光显示不全的设施未及时维修、更新、清洗的，对存在安全隐患的设施未立即修复、拆除的，责令限期改正；逾期未改正的，处五百元以上二千元以下罚款。

第四十三条违反本条例环境卫生管理规定的，按照下列规定予以处罚：

（一）违反本条例第二十九条第（一）项规定的，责令清理；拒不清理的，处五十元以上二百元以下罚款；

（二）违反本条例第二十九条第（二）、（三）项规定的，责令清理，处一百元以上五百元以下罚款；

（三）违反本条例第三十条规定的，责令改正；拒不改正的，对个人处五十元以上二百元以下罚款，对单位处一千元以上五千元以下罚款；

（四）违反本条例第三十一条、第三十七条第一款规定的，责令改正，处五百元以上二千元以下罚款；

（五）违反本条例第三十三条规定的，责令改正；拒不改正的，处五十元以上二百元以下罚款；

（六）违反本条例第三十六条第一款规定的，责令改正，对个人处五十元以上二百元以下罚款，对单位处五百元以上三千元以下罚款。

第四十四条　市容和环境卫生行政主管部门和其他有关职能部门及其工作人员违反本条例规定，有下列情形之一的，由所在单位或者上级主管部门、监察机关责令改正；情节严重的，对直接负责的主管人员和其他直接责任人员依法给予行政处分；构成犯罪的，依法追究刑事责任；给当事人造成损失的，依法承担赔偿责任：

（一）对依法应当受理的投诉、举报不受理，或者不依法处理的；

（二）对依法应当予以制止或者处罚的违法行为不予制止、处罚，或者不依法处理的；

（三）包庇、纵容违法行为人的；

（四）其他玩忽职守、滥用职权或者徇私舞弊的行为。

第四十五条　阻碍市容和环境卫生行政主管部门和其他有关职能部门工作人员依法执行职务，或者侮辱、殴打市容和环境卫生作业人员的，依照《中华人民共和国治安管理处罚法》的规定处罚；构成犯罪的，依法追究刑事责任。

第四十六条　本条例规定的违法行为，法律、法规已有规定的，从其规定。

第六章　附则

第四十七条本条例自 2017 年 3 月 1 日起施行。

索 引

说 明

一、本索引采用主题分析索引法，按主题词首字的字母顺序排列；
二、索引后面用数字标明内容所在的页码，并用 a、b、c 分别表示在该页的左、中、右位置；
三、表格除了标明页码外，还括注“表”；
四、主题词中涉及本市的内容，一般省略“三明”二字，涉及“2016 年”的，均省略；
五、特载、专记、大事记、先进个人和集体、附录不做索引。

0~9

A

B

C

D

F

G

K

L

M

N

S